Josef H. Biller Hans-Peter Rasp

München
Kunst & Kultur

Stadtführer und Handbuch

Ludwig

Moriskentänzer von Erasmus Grasser, 1480, Münchner Stadtmuseum.

Seite 1: *Stadtwappen* von Erasmus Grasser, 1477, Münchner Stadtmuseum.

Ich gebe ja zu: Es gibt schon München-Bücher. Eine ganze Menge sogar. Sie füllen Regalbretter, ja ganze Bibliotheken. Ich habe so eine. Sie lädt immer wieder zum Schmökern ein. Zum Nachlesen in der Stadtgeschichte, in Zeitzeugnissen und Stadtteil-Schilderungen, zum Blättern in farbenprächtigen Abbildungen. Aber verlangt sie auch nach weiteren München-Büchern? Das nicht unbedingt, solange nicht völlig neue Seiten der Stadt entdeckt werden.

Aber die Bibliothek des München-Liebhabers verlangt durchaus nach der Neuauflage eines Klassikers, nach einer aktualisierten Fassung des vergriffenen Bandes »München – Kunst & Kultur«. Dies ist kein Bilderbuch für Touristen, kein Reiseführer für Unkundige, keine chronologische Stadtgeschichte für Hobby-Historiker, sondern... ja, wie soll man den Band am besten beschreiben? »Baukunstführer« oder »Gebäudelexikon« trifft es noch am ehesten, klingt aber schrecklich.

Ich versuche es lieber mit einer Gebrauchsanweisung: Man nehme dieses Buch als Lebensabschnittsgefährten bei der näheren Erkundung der bayerischen Landeshauptstadt. Das Buch wird sich bei jeder Spazierfahrt und jedem Stadtteilbummel als sachkundig, auskunftsfreudig und urteilssicher erweisen. Was man immer schon über historische Gebäude oder moderne Bauten, über die Architektur von Kirchen oder die Schöpfer von Jugendstilfassaden wissen wollte – hier steht es präzise und kompakt, leicht auffindbar über die Adresse.

Seit der ersten Auflage hat sich architektonisch – entgegen dem landläufigen Urteil über die angeblich rückständige ehemalige Residenzstadt, die nach den Olympischen Spielen von 1972 in einen Dornröschenschlaf gefallen sein soll – sehr viel getan. Die Neuauflage berücksichtigt diese jüngsten Entwicklungen – bis hin zum Siemens-Forum von Richard Meier, zu den 5 Höfen von Herzog/de Meuron, der Bebauung der Theresienhöhe nach den Plänen von Otto Steidle und der Pinakothek der Moderne von Stefan Braunfels, ja sogar bis zu den Projekten der BMW-Welt von Coop Himmelblau und dem Fröttmaninger Stadion von Herzog/de Meuron.

Diese Aktualisierung hat uns wirklich noch gefehlt!

Christian Ude

Vorwort zur 15., völlig neu bearbeiteten Auflage

Der Stadtführer begann 1972 mit einer Ausstattung von 185 Seiten (im Format von 11 x 21 cm) und umfasste im Hauptteil 350 Objekte, die neben 153 einfarbigen Fotos mit insgesamt 91 Plänen, Grundrissen und Schaubildern analysiert und visualisiert waren. Schon zu Beginn war die Ausstattung mit Grundrissen die reichste, die je ein Münchener Stadthandbuch geboten hat – für viele Nachahmer ein unerwartet reicher Fundus.

Nach einer Wandlung des äußeren Erscheinungsbildes 1978 in der ***5. Auflage*** *(25. Tausend) erschien sodann im Jahre 1985 die auf 272 Seiten erheblich erweiterte* ***7. Auflage*** *mit nunmehr 600 Sehenswürdigkeiten und 156 Grafiken. Gleichzeitig wurde die Fotoausstattung auf 178 Abbildungen erhöht und auf Farbe umgestellt.*

Mit dem Übergang vom Süddeutschen Verlag an den Ludwig Verlag erlebte der Führer die bedeutendste Veränderung seines Äußeren: In der ***9. Auflage*** *(mit dem 65. Tausend) wuchs 1994 das Format dann auf 17 x 22 cm an und nahm damit die Gestalt eines Reise-Paperbacks an. Hand in Hand damit ging eine Neugestaltung der Typografie und eine*

Im Jahre 1972 erschien das vorliegende Werk zum ersten Mal im Süddeutschen Verlag, damals noch mit dem Untertitel »Kunst- und Kultur-Lexikon«, der 1997 auf die griffigere Bezeichnung »Kunst und Kultur« verkürzt wurde. In den nun mehr als 30 Jahren seiner Laufzeit hat das Buch nicht nur zahllose Benutzer und Freunde gefunden, sondern sich unter anspruchsvollen Kennern auch den Ruf des unübertroffen besten Münchenführers erworben. Die über Jahrzehnte hin bewährte enge Zusammenarbeit der beiden Autoren drückt sich am deutlichsten darin aus, dass dieses Handbuch und Lexikon inzwischen mit ihren Namen gleichgesetzt wird, was – wenn man so will – einem Adelsprädikat unter Büchern gleichkommt. Dieser Auszeichnung hoffen sie mit dieser vorliegenden Neubearbeitung einmal mehr gerecht zu werden. Seit der ersten Auflage hat das Werk, von Anfang an als »Stadtführer und Handbuch« bezeichnet, viele Wandlungen erfahren. So ist es angebracht, eine kurze historische Rückschau auf die Entwicklung dieses Handbuchs von der ersten Ausgabe im handlichen Taschenformat bis zum jetzigen voluminösen Nachschlagewerk zu halten. Diese bibliographischen Angaben sind in der nebenstehenden Marginalie aufgeführt.

Verbunden mit den sukzessiven Aktualisierungen und Erweiterungen ergab sich allerdings ein Ungleichgewicht bei der Behandlung der Stichworte. Waren die ersten Texte von 1972 in der Grundanlage noch auf rasche Information des Kulturreisenden unmittelbar vor den Objekten abgestimmt, so eröffnete sich mit dem allmählichen Anwachsen des Umfangs die Möglichkeit, die neu aufgenommenen Objekte ausführlicher zu würdigen. In dieser 15. Auflage kam zu einer umfassenden Revision aller Stichworte und zu weitgehend neuen Textfassungen. Gleichzeitig wurde die Auswahl der Objekte um rund 50 vermehrt, wobei in einigen Fällen die Stadtgrenzen leicht überschritten wurden, um besonders beachtenswerte, in ihrer Art ungewöhnliche oder mit München in besonderer Weise verbundene Sehenswürdigkeiten aufzunehmen, so etwa die Filialkirche von Salmdorf mit der ergreifenden Pietà aus der ehemaligen Gruftkirche, die Filialkirche von Pullach mit ihrem gotischen Flügelaltar der Münchener Schule oder die beiden Pavillonbauten beim Schloß Lustheim, die nach langem Dornröschenschlaf und nun eingeleiteter Restaurierung demnächst dem Kunstfreund wiedergeschenkt werden.

Eine Folge der Umfangerweiterung durch ausführlichere Texte und Information war die Erhöhung der Zahl der Grafiken – Grund- und Aufrisse, Lagepläne und Schemata – um 55 Zeichnungen, darunter eine Reihe neu entwickelter Pläne wie der des *Alten Hofes* mit seiner komplizierten historischen Entstehungs- und neuzeitlichen Nutzungsgeschichte, teilweise ein Rekonstruktionsversuch, der in dieser Form noch nie vorgenommen wurde. Besonderes Bemühen wurde auch auf die Beschreibung und Erklärung der reichhaltigen Figurenprogramme gelegt, wie sie vor allem die Bauten des Historismus auszeichnen, allen voran das *Neue Rathaus*, den *Justizpalast* und das *Museum für Völkerkunde*, dessen frühere Bestimmung als Bayerisches *Nationalmuseum* an der Fassade deutlich ablesbar ist. Den Autoren ist die Vermittlung kunstgeschichtlicher Zusammenhänge und Fakten sowie kulturhistorischer Besonderheiten ebenso wichtig wie die Charakterisierung der Objekte unter der Rubrik *Bedeutung*, bei der durchaus auch subjektive Wertungen den Zugang zum jeweiligen Objekt erleichtern mögen.

Neue Architektur in München: die *Herz-Jesu-Kirche* in der Lachnerstraße (links) und die Einkaufspassage *Fünf Höfe* in der Theatinerstraße (rechts).

Die zahlen- und vor allem umfangmäßig erhebliche Ausweitung hatte ihren Preis: Der Textumfang dieses Hauptteils war damit so angewachsen, dass zur Kompensation dieser gewaltigen Erweiterung an anderer Stelle eine Straffung bzw. Streichung von bisherigen Kapiteln zu suchen war. Aus diesem Grunde musste nun auf die Abteilungen »Leben mit München« und »Zahlen – Namen – Fakten« mit den statistischen Angaben und dem Adressenteil verzichtet werden. Dennoch ließ sich auf diesen Schlussteil noch am ehesten verzichten, da auch eine Reihe von regelmäßigen Publikationen heute diese Informationen bieten, so vor allem das offizielle Monatsprogramm des Fremdenverkehrsamtes der Stadt München und Programmzeitschriften wie *Applaus* oder *in München* und das Kulturprogramm der Tagespresse. Für die Adressen von Bibliotheken, Archiven und kulturellen Vereinigungen kann das jährlich neu erscheinende *Münchener Stadtadressbuch* herangezogen werden, das übrigens auch statistische Angaben, Termine von Festen und Dulten, eine Liste der Münchener Türme und Brunnen sowie die Sitzpläne der wichtigsten Münchener Theater enthält. Nicht vergessen sei auch das Medium Internet als Informationsquelle.

Trotz der erheblichen Zunahme an Text-, Plan- und Bildausstattung – wofür die Autoren dankenswerterweise ein verständnisvolles Gehör beim Verlag fanden – mussten auch diesmal wieder zahlreiche Vorhaben hintangestellt werden, so die Vermehrung der Zeittafeln um die – eigentlich längst schon überfälligen – Kapitel *Frauen in München, Kirchliches Leben, Urbane Entwicklung, Wirtschaft, München und seine Isar, Bier und München* und ähnliche Themen, für die schon reichlich Material gesammelt ist und zum Teil bereits auch Manuskripte vorliegen; weiter die Aufnahme von *Verzeichnissen der Brunnen, Brücken und Denkmäler* sowie von Karten mit den Namen früher *Siedlungsstätten und Orte* des Münchener Raums oder von *Fundstätten* vor- und frühgeschichtlicher Ausgrabungen im Münchener Stadtgebiet und im Umland von München.

Auch diesmal haben sich die Autoren für zahlreiche Hinweise, Auskünfte und bereitwillige Unterstützung bei der Daten- und Stoffsammlung sowie Vorlagenbeschaffung zu bedanken, deren Urheber alle namentlich zu benennen leider unmöglich ist. Für stetige Anteilnahme an der Entwicklung unseres Führers und anspornende Informationsvermittlung wird einer Reihe ausgewiesener Kenner und Forscher, insbesondere Dr. Gabriele Dischinger und Frau Elfi Zuber, den Herren Ernst Götz, Dr. Heinrich Habel, Dr. Hans F. Nöhbauer, Dr. Heinz Selig, Dr. Helmuth Stahleder sowie Prof. Dr. Ludwig Wamser aufrichtig gedankt, der entgegenkommenderweise die Ergebnisse seiner jüngsten Grabungen auf Burg Grünwald zur Verfügung gestellt hat. Schließlich sei der Texterfasserin Margaret Dallmeier gedankt und dem Grafikerteam Christian Martin Weiß und Regina Bocek für den unermüdlichen Einsatz bei der adäquaten Bebilderung und Optimierung des Layouts.

So hoffen die Autoren, dass dieses Werk nach der jahrelang vorbereiteten umfassenden »Renovierung« seinem Anspruch noch mehr als bisher gerecht wird, dem Benützer die bestmögliche Unterrichtung über den Kunst- und Architekturdenkmälerbestand Münchens zu bieten.

München, im August 2003 *Josef H. Biller/Dr. Hans-Peter Rasp*

Neubearbeitung des Textteils, die eine Erhöhung des Umfangs auf 359 Seiten erbrachte, eine Vermehrung der besprochenen bzw. erwähnten Objekte auf 700 und der Bildausstattung auf 200 Fotos, davon 140 in Farben, sowie auf 163 Zeichnungen und Pläne. In dieser, von Auflage zu Auflage aktualisierten Form erreichte das Werk 2001 in der 6. Auflage der Neuausstattung (bzw. insgesamt ***15. Auflage*** *seit Erscheinen 1972) eine Gesamtauflage von rund 80 000 Exemplaren.*

Der 1895 eingeweihte *Wittelsbacher Brunnen* am Lenbachplatz

LAND UM MÜNCHEN

Wesen und Werden der Münchener Landschaft

Tertiär: etwa 60 Mio.–1 Mio. Jahre v. Chr.
Die geologische Voraussetzung für die Gestalt der heutigen oberbayerischen Landschaft und damit auch für den Münchener Raum stammt aus dem Tertiär: weitere Auffaltung und Übereinanderschiebung der bereits in der Kreidezeit (130–60 Mio. Jahre) gefalteten Alpen, die dabei Hochgebirgsformen annehmen. Vor ihnen erstreckt sich ein ca. 150 km breiter See, dessen Ablagerung die bis über 1000 m mächtige lehmartige Sedimentschicht des *Flinz* bildet. Seit dem Ende des Tertiärs nochmals langsame Hebung der Alpen und in geringerem Maße auch des dadurch nach Norden abfallenden Vorlandes. Abfließen des Sees sowie Einsetzen einer allmählichen Abkühlung und vermehrter Niederschläge, die zur Vergletscherung der Alpen und des Alpenvorlandes führen.

Quartär: etwa 1 Mio. Jahre–10 000 v. Chr.
Die maßgebende Formung erhielt die Oberfläche der oberbayerischen Landschaft, wie sie heute weitgehend in Erscheinung tritt, in den Eiszeiten des Quartärs: abwechselndes Vordringen der Gletscher in den – nach herkömmlicher Auffassung – vier Perioden: der so genannten Günz-, Mindel-, Riß- und Würm-Eiszeit von den Alpen ins Vorland bei Klimaverschlechterung sowie Abschmelzen und Zurückweichen bei Wärmeanstieg. Die vom Gletscher unter, vor und neben sich hergeschobenen Schuttmassen (Grund-, Seiten-, Endmoränen) sowie die von den Schmelzwassern der Gletscher aufgeschütteten Schuttfächer ergaben eine durch Hügel, Täler und Ebenen reich gegliederte *Moränenlandschaft,* in deren Senken Gletscherreste zu den heutigen Seen schmolzen.
Die entscheidende Gestaltung aber des Münchener Gebietes geschah in den beiden letzten Eiszeitperioden. In der *Riß-Eiszeit* weitestes Vordringen von Gletschern bis knapp südlich von München und – bei deren Zurückweichen – Aufschüttung einer Schotterschicht durch die Schmelzwasser auf dem tertiären Flinz. Am Ende der *Würm-Eiszeit* Ablagerungen einer weiteren Schotterschicht, die sich als *Münchener Schotterebene* über 1485 qkm erstreckt, wegen des großen Gefälles von 250 m auf 75 m auch *Münchener Schiefe Ebene* genannt. Einzelne Terrassenschotterflächen der vorletzten Riß-Eiszeit, von den Schmelzwassern der letzten Würm-Eiszeit umspült, aber nicht überlagert: Auf ihnen bildet sich durch Ansammlung von Flugstaub der *Löss,* im Stadtgebiet z. B. die *Haidhausen-Bogenhauser Lösszunge,* früher ein bedeutendes Ziegeleigelände.

Holozän: ab etwa 10 000 v. Chr.
Letzte Prägung erfuhr das Gebiet in der Epoche der erdgeschichtlichen Jetztzeit. Entstehen der Isarterrassen durch stufenweise erfolgende Erosion des reißenden Flusses, der zugleich mitgeführtes Geröll und Sand aus den Alpen ablagert.

Geografie des Stadtgebietes und Umlandes

Lage 48° 8′23″ nördl. Breite, 11° 34′28″ östl. Länge; 530 m über NN, höchster Punkt im Stadtgelände 579 m, eines Turmes 800 m (Olympiaturm), tiefster Punkt 482 m.
Ausdehnung 310,41 qkm; ***Umfang*** der Burgfriedensgrenze 118,9 km, größte Länge 20,7 km, größte Breite 26,9 km.
Stadtgebiet auf 14,1 km von der Isar durchflossen, die weitgehend von Auen und Grünanlagen gesäumt ist. Trotz Citybildung, zunehmender Versteinerung und Industrialisierung des Stadtgebietes großer Anteil an Grün- (3809 ha) sowie an Waldflächen (1361 ha).
Umland der Verstädterungszone im Norden in heideartige Ebene und schüttere Kiefernwälder, im Osten, Süden und Westen in größere zusammenhängende Forste, im Nordosten in die Ebene des Erdinger Mooses übergehend. Entfernung zu den Voralpen 50 km, zu den Hochalpen 75 km.

Klima
Durch Lage im Herzen Mitteleuropas *Übergangsklima* zwischen dem westlich-maritimen und östlich-kontinentalen sowie dem nördlich-subpolaren und südlich-subtropischen Klima, dem allerdings Einflüsse des nahen Alpenmassivs eine gewisse Rauheit verleihen. Nach Klima und Lufthygiene ist München eine grundsätzlich *gesunde* Stadt: Lage auf Schotterebene sorgt für guten Luftaustausch (im Gegensatz zu Kessellagen wie etwa in Stuttgart, die smoganfällig sind).
Temperaturen infolge schneller, oft überraschender Wetterumschläge von beträchtlichem Gegensatz. Im Jahresdurchschnitt 8 °C, dabei im Sommer 11,9 °C, im Winter –1,5 °C. Höchste Temperatur der letzten 10 Jahre 34 °C, tiefste –34 °C.

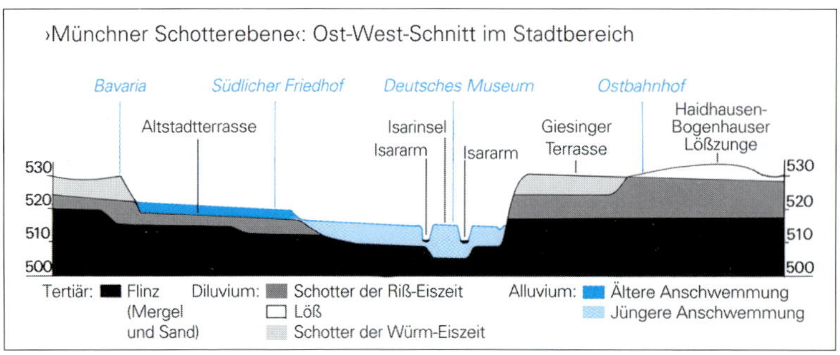

Nebel und Hochnebel zeitweilig, vornehmlich im November und Dezember, besonders bei Hochdrucklagen, durch Dunstglocke begünstigt.
Niederschläge durch Alpennähe und Höhenlage beinahe 959 mm/Jahr: am häufigsten im Winter und Frühjahr, dabei Februar/März normalerweise schneereich, mitunter bereits im November Schneedecke, jedoch zumeist über Weihnachten Tauwetter; im Frühsommer nicht selten nasskalte Periode. Im Sommer öfter Gewitter, 2–3 Hagelfälle.
Schönwetterperioden trotz wechselhaften Wetters – gerade in den letzten Jahren – besonders im Januar (Föhn), im Sommer (mit wenigen schwülen Tagen) und hauptsächlich im Herbst (Oktober bis Novembermitte oft mit sommerlichen Temperaturen untertags, jedoch Kälte und sogar Frösten nachts).
Winde nicht sonderlich stark: meist zarte Brise von 2 m/sec, überwiegend aus SW und W, jedoch zuweilen mit großen Gegensätzen zwischen Windstille bis Böen, besonders im Föhnsturm.
Relative Luftfeuchtigkeit durchschnittlich 79%, bei Föhn nur 10%.

Föhn
Entstehen: Sinkt der Luftdruck Oberbayerns unter jenen Oberitaliens, entsteht von Norden kräftige Saugwirkung: am Alpensüdrand (bei Niederschlägen: Regen oder Schnee) aufsteigende und sich dabei abkühlende feuchtwarme Luft strömt dadurch als Südföhn nach Norden und weht – nach Abregnen über Südtälern und Alpen – als trockener, sich erwärmender *Fallwind* (1 °C Aufwärmung pro 100 m Fall) oft mit großer Heftigkeit ins Alpenvorland und bewirkt dort Wolkenauflösung.
Kennzeichen: am Randgebiet des Föhneinflusses *Föhnmauer,* beim Zusammenprall mit dichter Bewölkung Aufrollen dieser Schicht *(Föhnwalze)* oft unter starkem, böenartigem Wind *(Föhnsturm).* Im Föhngebiet selbst die typischen *Föhnwolken:* meist feine, lang gezogene Wolkenfäden.
Wirkung: (oft unvermutet) schönes, sonniges Wetter, v. a. im Winter das Alpengebiet wie von Zauberhand aufgerissen, während das übrige Deutschland unter einer dichten Wolkenschicht liegt. Klare Atmosphäre, gute, oft ausgezeichnete Fernsicht: von Salzburger bis zu Allgäuer Alpen.
Auswirkung auf den Menschen: Anfälligkeit gegen dabei auftretende Druckschwankungen niedriger Frequenz unterschiedlich. Bei *Einheimischen* von belebend bis meist abspannend und ermüdend, Kopfschmerzen, Herzbeschwerden, Schlaflosigkeit und Kreislaufstörungen verursachend. Von *Besuchern* meist nicht wahrgenommen, bei *Zuzüglern* Anfälligkeit erst nach längerer Zeit (etwa 5 Jahren) auftretend. Nach neuesten Forschungen sind elektromagnetische Wellen im Gefolge des Föhns (auch bei Gewittern und Kalt-Warm-Fronten) für die erwähnten Auswirkungen verantwortlich.

Menschen und Kulturen

Die Vorgeschichte des Münchener Raumes: Die frühesten Funde von großen *Landtieren* (Urelefanten) im Münchener Stadtgebiet reichen ungefähr 12 Mio. Jahre zurück. Die ersten Spuren *menschlicher Siedlung* in Bayern stammen aus der Zeit um 150 000 v. Chr. und finden sich an Donau und an Altmühl. Südlich der Donau ist menschliches Leben jedoch erst viel später nachweisbar: widrige Naturverhältnisse – erst eiszeitliche Gletscher, dann Moraste und dichte Wälder – verhinderten die Niederlassung von Menschen so lange, bis trockeneres Klima dann in der Jungsteinzeit Heide und waldfreie Flächen entstehen ließ. Seitdem rege Siedlungs- und Kulturtätigkeit, allein im Münchener Raum ist diese durch mehrere tausend Ausgrabungsfunde – Gräber, Keramik, Schmuck, Waffen – deutlich belegt.

Neolithikum (Jungsteinzeit) 4500–2300 v. Chr.
Älteste Siedlungszeugnisse des Münchener Raums sind Wohnstattspuren aus dem mittleren Neolithikum, insbesondere eines bayerischen Zweiges der *Rössener Leute* und der *Münchshöfener Kultur.* Gegen das Ende der Jungsteinzeit erscheinen die wohl aus Spanien eingewanderten *Glockenbecherleute* (um 2500); für sie typisch die Hocker-Gräber.

Bronzezeit 2300–1200 v. Chr.
Neben den weiter nachweisbaren Hocker-Gräbern Aufkommen von Brandbestattung (Urnengräber). Gegen 1500 Übergang zu Hügelgräbern.

Urnenfelderzeit (Früh-Hallstattzeit) 1200–800 v. Chr.
Wieder Rückkehr zur Brandbestattung und Anlage großer Urnengrabfelder. Die Beigaben an Schmuck und Gebrauchsgegenständen deuten auf Sonnenkult.

Hallstattkultur 800–500 v. Chr.
Aufkommen eiserner Waffen und Werkzeuge; der Dolch löst das Schwert, die Fibel die Nadel ab. Anlage großer Hügelgräber mit Grabkammern; Leichenbestattung und -verbrennung werden nebeneinander und gleichzeitig angewendet.

Latène-Zeit 500–15 v. Chr.
Kelten (Vindeliker, von den Römern Gallier genannt), die eine erste wirtschaftlich-industrielle Organisation sowie übergreifende staatlich-kulturelle Form entwickeln: Hauptstadt in Manching bei Ingolstadt. Bei den Kelten Anlage von Flachgräbern, Aufkommen der Töpferscheibe, Auftauchen der ersten Gold- und Silbermünzen. Gewaltsamer Untergang des keltischen Staatsgefüges durch innerkeltische Auseinandersetzungen sowie Römer- und Germaneneinfälle.

BAYERN UND MÜNCHEN

Frühe Geschichte Bayerns bis zur Gründung Münchens 15 v. Chr.–1158

15 v. Chr.–488 n. Chr. Römerherrschaft
15 v. Chr. Tiberius und Drusus (Stiefsöhne des Kaisers Augustus) erobern das Alpenvorland, besiegen die Kelten und errichten die römische Provinz *Raetien:* damit auch das Münchener Gebiet Teil des weltumspannenden Imperium Romanum.
17 n. Chr. In Gauting (röm.: Bratananium) Militärposten eingerichtet, der nach Truppenabzug 46 als Zivilsiedlung bis 250 fortbesteht. Weitere römische Siedlungen in Denning und Grünwald.
117–138 Unter Hadrian Bau des *Limes.*
172 Erster Nachweis des Christentums in römischen Donaulagern.

440–550 (ca.) Stammesbildung der Bajuwaren
1. Phase (1. Hälfte des 5. Jh.): Vor Mitte des Jh. Zug von Elbgermanen aus Böhmen an die obere Donau, wo sie als Söldner in römischen Kastellen und Grenzposten (Regensburg, Straubing, Passau u. a.) Dienst nehmen und nach ihrer Herkunft *Baiovarii – Männer aus dem Land Baia (Böhmen)* genannt werden.
2. Phase (spätes 5. und frühes 6. Jh.): Nach Herrschaftsende und Abzug der Römer bilden die *Baiovarii* im Donauland einen kleinen Kristallisationskern, um den sich Angehörige verschiedener Volksgruppen scharen: zugewanderte Alanen, Ostgoten, Langobarden, Thüringer, die im Lande verbliebenen Romanen sowie verstreute Reste aufgeriebener Stämme wie Rugier, Heruler und Gepiden.
3. Phase: Im Verlauf des 6. Jh. verschmelzen diese heterogenen Volksgruppen zum neuen Stamm der *Bajuwaren,* ein Vorgang, der sich in den Grabfunden jener Zeit deutlich niederschlägt: Die charakteristischen Merkmale von Bewaffnung, Schmuck und Hausgerät der verschiedenen Volksgruppen münden in eine einheitliche bajuwarische Kultur.
450–488 Wegen ständiger Germaneneinfälle Aufgabe der Provinz Raetien durch die Römer: Entstehen eines politischen Vakuums, in das nun Alemannen, Elbgermanen und andere Stämme einwandern.
476 Germanenfürst *Odoaker* setzt Romulus Augustulus ab: offizielles *Ende des Römerreichs.*
488 überträgt der oströmische Kaiser Zeno die Herrschaft in Italien – und damit auch in Raetien – den *Ostgoten.*
493–526 Gotenkönig Theoderich herrscht über den raetischen Raum.

526–788 Bayerisches Stammesherzogtum der Agilolfinger
526 Nach dem Tode Theoderichs Zusammenbruch der Ostgotenherrschaft. Unter aufkommendem fränkischen Einfluss Herrschaftsbildung der (vielleicht aus Thüringen kommenden) Agilolfinger. Ausgeprägtes stammesstaatliches Gefüge schafft rasch stabile politische Verhältnisse und lässt Bayern zum ersten eigentlichen Staat des nachantiken Europa werden.
530/550 etwa Besiedelung des Münchener Raums durch die Bajuwaren: Entstehen der sog. -ing-Orte (Pasing, Sendling, Schwabing).
537 treten Ostgoten in Italien, im Krieg gegen Kaiser Justinian von Byzanz in Bedrängnis geraten, das Gebiet der Bajuwaren an das *Frankenreich der Merowinger* ab. Abhängigkeit bis 554.
550–700 (ca.) ***Reihengräber-Zivilisation***
551 etwa erstes Auftauchen des Volksnamens ›Baibari‹ bei dem ostgotischen Geschichtsschreiber Jordanes.
555 Garibald I., als erster Stammesherzog geschichtlich bezeugt, residiert in Regensburg, das bis 1255 mit wechselnder Bedeutung Hauptstadt des Herzogtums, zeitweise sogar des mittelalterlichen deutschen Reiches ist.
565 Erste Erwähnung der *Baiern.*
568 ff. Freundschaft und Bündnis mit den in die Lombardei eingewanderten Langobarden.
589 Theodolinde, die Tochter Garibalds I., heiratet Langobardenkönig Authari.
630 ff. Von Frankreich her 1. Missionierung.
650–700 2. Missionswelle: Emmeram, Rupert und Korbinian.
700 etwa Abfall Bayerns vom Frankenreich.
725/28 Karl Martell rückt in Bayern ein und stellt fränkische Oberhoheit wieder her.
737–748 Herzog Odilo: Anfänge der bayerischen Ost- und Südostkolonisation.
739 Bonifatius errichtet (bereits 716 geplante) bayerische Kirchenprovinz.
744–748 *Lex Baiuvariorum* (Bayerisches Volksrecht) erstmals aufgezeichnet: einer der ältesten Rechtskodizes Deutschlands.
788 Herzog Tassilo III., der letzte Agilolfinger, von Kaiser Karl dem Großen abgesetzt: Bayern wird Provinz des Frankenreichs.

788–895 Bayern unter den Karolingern
788 ff. Regierungsgewalt in Händen von Statthaltern.
803 Nach Karls Sieg über die Avaren (1.) bayerische Kolonisation der Ostmark (bis 907).
817 Bei der Teilung des Karolingerreichs durch Ludwig den Frommen fällt Bayern an Ludwig den Deutschen.
826 ff. residiert Ludwig als *König der Bayern* in Regensburg, das ab 843 mit dem Aufstieg Ludwigs zum deutschen König Hauptstadt des Ostfränkischen Reichs wird.

895–947 Bayern unter den Luitpoldingern
895 König Arnulf verleiht Bayern seinem Verwandten, Markgraf Luitpold von Kärnten.

907 Niederlage Luitpolds († 907) gegen die Ungarn bei Preßburg: daraufhin bis 955 verheerende Ungarneinfälle in Bayern.
909 Der Sohn und Nachfolger Arnulf nennt sich wieder *Herzog von Bayern* und errichtet damit das *Jüngere Stammesherzogtum*.
916 Arnulf führt die erste Säkularisation von Kirchengütern durch (deshalb: *Arnulf der Böse* genannt).
921 Arnulf beugt sich der Oberhoheit König Heinrichs I.: Eintritt Bayerns in das mittelalterliche deutsche Reich.

947–1027 Bayern unter den Sachsen
947 Kaiser Otto I. der Große verleiht Bayern seinem Bruder Heinrich I.
952 Die Marken Friaul, Istrien und Verona fallen an Bayern.
955 Schlacht auf dem Lechfeld: die vernichtend geschlagenen Ungarn ziehen sich endgültig zurück.
955–976 Heinrich II. der Zänker: unter ihm erreicht Bayern seine größte Ausdehnung. 2. Bayerische Ostkolonisation.
976 Kärnten und Verona mit Friaul und Istrien wieder abgetrennt, Ostmark wird eigene Markgrafschaft unter den Babenbergern.
1002 Der bayerische Herzog Heinrich IV. wird als Heinrich II. deutscher König und
1014 deutscher Kaiser († 1024, 1146 heilig gesprochen).

1027–1070 Bayern unter den Saliern
spielt als Randgebiet des nun am Rhein zentrierten Reichs untergeordnete Rolle.

1070–1180 Bayern unter den Welfen
1121 Wittelsbacher erhalten Pfalzgrafenamt in Bayern.
1156 Heinrich der Löwe mit Bayern belehnt: gründet 2 Jahre später München.

Münchens früheste Stadtansicht: Handkolorierter Holzschnitt von 1492 nach Vorlage des Nürnberger Malers und Dürerlehrers Michael Wolgemut (1434 bis 1519) aus dem ›Liber chronicarum‹ (lateinische Ausgabe) bzw. ›Buch der Chroniken‹ (deutsche Ausgabe) von Hartmann Schedel, gemeinhin bekannt als ›Schedelsche Weltchronik‹, gedruckt 1493 in der Offizin von Anton Koberger in Nürnberg. Da Wolgemut 1470/71 in der Werkstatt des Münchener Stadtmalers Gabriel (Angler oder Mälesskircher?) tätig war, kannte er die Stadt aus eigener Anschauung und konnte so ein für damalige Ansprüche realistisches Abbild der Stadt zeichnen. Die von Osten, von der Gasteighöhe aus, aufgenommene Ansicht (20,2 x 50,8 cm) ist freilich keine authentische Vedute im neuzeitlichen Sinn geworden, sondern vereinigt – mit zahlreichen Lücken und Fehlern – die markantesten Bauwerke einigermaßen lagerichtig zu einem anschaulichen Idealbild der herzoglichen Residenzstadt. Zu identifizieren sind unter anderem:

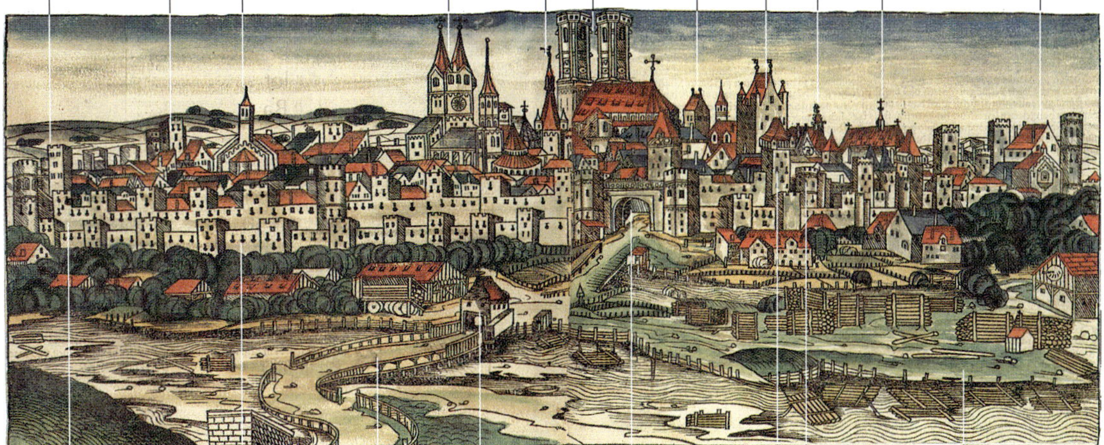

Synchronoptische Geschichte Bayerns und Münchens

Bayern

1156 Der Welfe *Heinrich der Löwe* erhält Bayern (mit der Hauptstadt Regensburg); gleichzeitig Abtrennung des alten bayerischen Kolonisationsgebietes der *Ostmark* und Erhebung zum Herzogtum Österreich: Die stammesgleichen Länder Bayern und Österreich gehen von nun an getrennte Wege!

1176 *Heinrich der Löwe* verweigert Friedrich Barbarossa die kaiserliche Heerfolge.
1180 Heinrich der Löwe in die Reichsacht erklärt; Bayern fällt an *Otto von Wittelsbach* und verbleibt bei diesem Hause bis 1918. Abtrennung der Steiermark.

1208 König Otto IV. garantiert Herzog Ludwig I. und seinen Nachkommen Erblichkeit des Herzogtums Bayern.
1214 *Pfalzgrafschaft bei Rhein* fällt an das Haus Wittelsbach: Bayern erhält damit die *Kurwürde.*

1255 Erste der drei bayerischen *Landesteilungen:* bis 1504 existieren zeitweise drei bis vier Teilherzogtümer. Die Uneinigkeit der Wittelsbacher verhindert starke Politik gegenüber dem aufkommenden Habsburg.
1258 *König Ottokar v. Böhmen* bei Mühldorf geschlagen.
1268 Bayern erbt einen großen Teil der staufischen Ländereien in Schwaben.

1290 *Verlust der Kurstimme* an Böhmen: Abdrängung Bayerns von der Königswahl.
1294–1347 Herzog *Ludwig der Bayer.*

München

Frühes 11. Jh.: Funde im Bereich Alter Hof (→ S. 73) lassen auf vorurbane Siedlung schließen.
1158 Heinrich der Löwe zerstört Oberföhringer Isarbrücke und verlegt Flussübergang und Markt unter gleichzeitiger Gründung einer Münzstätte an die Stelle der Siedlung *Ze den Munichen.* Am 14. 6. Bestätigung Kaiser Friedrich Barbarossas: Brücke, Markt- und Münzrecht bleiben in München. Der Tag des Erlasses gilt als Gründungstag der Stadt.
1175 etwa erster *Mauergürtel* (ca. 1500 m lang) angelegt; Fläche rd. 16 ha.

1180 Friedrich Barbarossa verhängt über den unbotmäßigen Heinrich den Löwen, seinen Vetter, die Reichsacht und widerruft die Sanktion von 1158: München soll zerstört werden. Vollstreckung unterbleibt, dafür wird der Bischof von Freising Stadtherr.
1208–1330 etwa allmähliche *Stadterweiterung* bis zum Sechsfachen (!) der bisherigen Ausdehnung (ca. 92 ha).
1214 München erstmals als *Stadt* bezeichnet.

1221 Erster nachweisbarer *Stadtbrand.*
1240 München fester Besitz der Wittelsbacher.
1255 München wird *Residenzstadt* des Teilherzogtums Bayern-München (die anderen sind: Landshut, später auch Ingolstadt und Straubing).
1255–ca. 1290 Bau der zweiten *Stadtmauer* (ca. 4 km).
1266 Konradin von Hohenstaufen im Alten Hof: erster sicher bezeugter Königsbesuch in München.
1271 Teilung des Stadtgebiets in 2 Pfarrsprengel: *St. Peter* und *St. Maria.*
1285 *Judenpogrom:* fast ganze jüdische Gemeinde in der Synagoge an der Gruftstraße eingeschlossen und verbrannt.
1294 Erste stadtrechtliche Befugnisse durch Herzog Rudolf, Bruder Ludwigs des Bayern, verliehen. Hofhaltung in München. *Bürgeraufstand* wegen Münzverschlechterung.

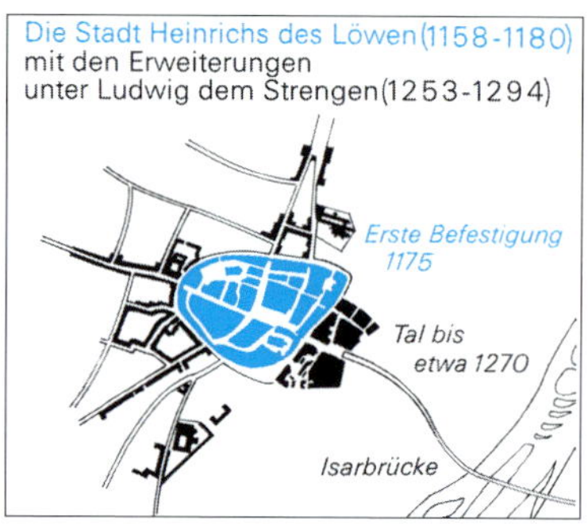

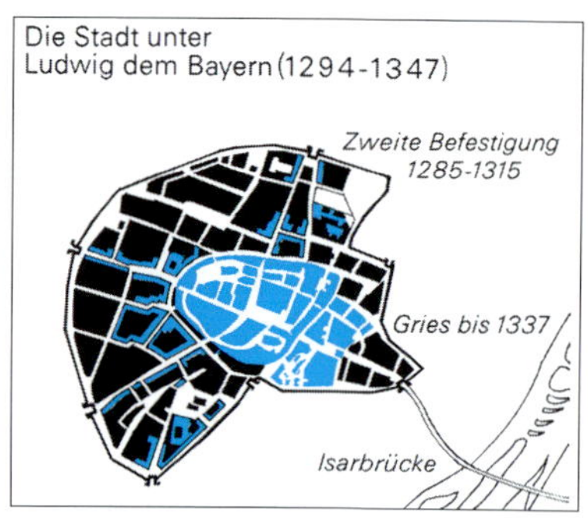

Links: ›*Portrait*‹ *Heinrichs des Löwen* von seinem Grabmal im Braunschweiger Dom, um 1250.

Bayern

1314 Wahl des Herzogs zum *Deutschen König.*
1322 *Schlacht bei Mühldorf und Ampfing:* Die Münchener Bäcker zeichnen sich im Kampf besonders aus.
1325 *Vertrag von München:* Friedrich der Schöne von Österreich wird Mitregent in Bayern.

1328 *Kaiserkrönung* Ludwigs des Bayern.
1329 *Hausvertrag von Pavia:* Ludwig der Bayer tritt *Rheinpfalz* und *Oberpfalz* seinen Neffen Rudolf und Ruprecht ab, wobei die Kurwürde zwischen Bayern und der Pfalz alternieren soll. Oberpfalz kehrt 1628, Rheinpfalz 1777 zu Bayern zurück.

1349 *Zweite Teilung* Bayerns.
1355 Ruprecht I. von der Pfalz verkauft Teil der Oberpfalz an Kaiser Karl IV., der dafür *Kurwürde* allein der Rheinpfalz zuspricht (erst 1623 wieder an Bayern).
1363 *Tirol* fällt an das Haus Habsburg.

1392 *Dritte Teilung* Bayerns.

Wappen des Herzogtums Bayern bis 1623.

1420–22 *Bayerischer Krieg.*

1440 Albrecht III. schlägt die angebotene Königskrone Böhmens aus.

1462 *Herzog Ludwig IX. der Reiche* von Landshut besiegt Kaiser Friedrich III. in der Schlacht bei Giengen.
1467–1509 Herzog *Albrecht IV.,* der erste Humanist unter den Wittelsbacher Herzögen.
1472 Gründung der *Universität Ingolstadt.*

1504/05 *Landshuter Erbfolgekrieg* mit Wiedervereinigung der bayerischen Landesteile.

München

1310 *Stadtbrand.*
1314–47 München *Hauptstadt* des Reiches.

1324–50 befinden sich *Reichskleinodien* in München (wohl wenigstens zeitweise in der Hofkapelle des Alten Hofs). Die Reichsfarben Schwarz und Gold werden zu den *Farben der Stadt.*
1327 *Brand* vernichtet Drittel Münchens.

1340 Große *Stadtrechtsverleihung* Ludwigs des Bayern.
1341 König *Johann von Böhmen* (aus dem Haus Luxemburg) zu Besuch in München.
1342 Herzog Ludwig V., zugleich Markgraf von Brandenburg und Gemahl von Margarethe Maultasch, stellt in München den ›*Tiroler Freiheitsbrief*‹ aus: Magna Charta Tirols.
1343 Erstmals *Fronleichnamsprozession* nachgewiesen.
1347 Ludwig der Bayer als erster Wittelsbacher in München begraben.
1349 Erstmals Auftreten der *Pest* in München (bis 1680 25-mal!); in deren Folge *Judenpogrom.*

1385 *Bürgeraufstand* gegen Herzöge Friedrich und Stephan.
1390 München die *höchstbesteuerte* Stadt des deutschen Südens.
1393 Beginn der *Straßenpflasterung* am Schrannenplatz (Marienplatz).
1397–1403 *Bürgerrevolution:* Aufstand der Zünfte gegen die Patrizier.
1407, 1418, 1420 *Stadtbrände.*
1422 *Belagerung* der Stadt durch Herzog Ludwig den Gebarteten von Bayern-Ingolstadt.
1429 Verstärkung der Stadtmauer durch *zweiten Mauerring* (Hussitengefahr); abgeschlossen 1480er Jahre.
1434 Kaiser Sigismund besucht München.

1442 *Judenvertreibung.*
1460 *Stadtbrand.*

1473 Kaiser *Friedrich III.* in der Stadt.
1489 und **1491** König *Maximilian (1508 Kaiser)* in München.
1493 Erste *Stadtansicht* in Schedels Weltchronik (→ S. 9).
1498 *Aufstand* der Handwerksgesellen.
1504 Bombardierung der Stadt im *Landshuter Erbfolgekrieg.*

Bayern

1506 *Primogeniturgesetz* verhindert weitere Landesteilungen und sichert Einheit.
1508–50 regiert Herzog *Wilhelm IV.*, der nach anfänglichem Schwanken die Katholizität des Landes bewahrt.

1528 Bayern bewirbt sich vergeblich um die böhmische Königskrone.
1549 Berufung der *Jesuiten* an die bayerische Landesuniversität Ingolstadt.
1550–79 Herzog *Albrecht V.* Er beginnt die traditionelle Kunst- und Kulturpolitik der Wittelsbacher.

1579–97 Herzog *Wilhelm V.*, setzt die katholische Politik konsequent fort.
1583 *Kölner Krieg:* Bayern unterstützt die kaiserliche katholische Partei gegen den zum Protestantismus übergetretenen Kölner Erzbischof und besetzt bis 1761 den dortigen Stuhl als bayerische Sekundogenitur. Erstes bayerisches *Konkordat,* das über 200 Jahre gültig bleibt.
1597–1651 *Maximilian I.:* politischer Aufstieg Bayerns.

1607 Sanktion gegen das evang. *Donauwörth:* Die freie Reichsstadt wird bayerisch und rekatholisiert.

1618–48 *Dreißigjähriger Krieg.*

1620 Herzog Maximilian Sieger in der *Schlacht am Weißen Berg* vor Prag.
1623 Die *Kurwürde* von der Pfalz auf Bayern übertragen.
1628 Bayern erhält die *Oberpfalz* – 1329 mit an die Rheinpfalz gefallen – zurück.
1632–34 Nach der unglücklichen *Schlacht bei Rain am Lech* Einfall der Schweden nach Bayern.

1648 Bei Zusmarshausen (Schwaben) letzte Schlacht des Dreißigjährigen Krieges.

1651–79 Kurfürst *Ferdinand Maria:* Beginn der italienisch beeinflussten Barockkultur in Bayern.

München

1505 München alleinige *Hauptstadt Bayerns.*

1522 In der ›*Grünwalder Konferenz*‹ beschließen die bayerischen Herzöge Wilhelm IV. und Ludwig X., endgültig gegen die Protestanten vorzugehen.
1528 Verfolgung der *Wiedertäufer.*
1530 Festlicher Besuch Kaiser *Karls V.*

1555 ff. Errichtung der ersten *Brunnhäuser* für Wasserversorgung.
1563 München Zentrum der einsetzenden *Gegenreformation. Jesuiten* seit 1559 in München.
1572 Entstehung des *Sandtnerschen Stadtmodells.*

1580 Der hl. Benno von Meißen wird Stadtpatron.

1600 ff. *Laurentius v. Brindisi* wiederholt in München: betreibt europäische Fürstenallianz gegen die Türken.
1609 Gründung der katholischen *Liga* in München.
1613 Erster *Stadtplan* von Tobias Volckmer.

1619 Kaiser Ferdinand II. und Herzog Maximilian schließen *Vertrag von München* zum Vorgehen gegen Böhmen.
1619–32 Erster Bauabschnitt der neuzeitlichen *Befestigungsanlage* (Plan → S. 27).

1623 München wird *Kurfürstliche Residenzstadt.*
1628 Erste Münchener Zeitung erscheint: *Wöchentliche Ordinari Zeitung.*
1632 Übergabe der Stadt an König *Gustav Adolf* von Schweden: 300 000 Taler Brandschatzung durch Geiselstellung erzwungen.
1635 Rückkehr der Schwedengeiseln.
1634/35 Pest (15 000 Todesopfer).
1638–45 Fortifikation der Stadt mit Wall, Graben und Bastionen vollendet (Pläne → S. 26 f.).
1648 Am 6. 10. Überfall der bayerischen und österrischen Generäle Enckevoert und Werth auf den schwedischen General Wrangel zwischen Dachau und Allach: *letztes Gefecht des Dreißigjährigen Krieges.*

1653 Kaiser *Ferdinand III.* in München.

Bayern

1657/58 *Ferdinand Maria* lehnt die angebotene Kaiserkrone ab.
1664 Offizielle Zulassung der *Thurn-und-Taxis-Post* im Kurfürstentum Bayern.
1679–1726 Kurfürst *Max Emanuel:* treibt letztlich erfolglose Großmachtpolitik. Hinwendung zur französischen Spätbarockkultur.
1683 Max Emanuel eilt zum *Entsatz Wiens* von den Türken.

1688 Der bayerische Kurfürst von ganz Europa als *Eroberer Belgrads* gefeiert.
1691 Bayern tritt der *Großen Allianz* gegen Frankreich bei.
1692 *Generalstatthalterschaft* Max Emanuels in den Niederlanden (bis 1701).
1699 stirbt Kurprinz *Joseph Ferdinand,* der designierte Erbe des Königreichs Spanien, eines plötzlichen Todes. Bayerns Großmachtpläne erleiden erste große Niederlage.
1701–14 *Spanischer Erbfolgekrieg:* Bayern an der Seite Frankreichs gegen Kaiser und Reich, Niederlande und England.
1704 *Schlacht von Höchstätt:* Niederlage des französisch-bayerischen Heeres. Flucht des Kurfürsten nach den spanischen Niederlanden. Ende der Großmachtpläne Bayerns.

1706 Der Kurfürst in der *Reichsacht.*
1714 *Max Emanuel* erhält sein Land zurück.

1724 *Wittelsbachische Hausunion* regelt Erbfolge zwischen Kurbayern und Kurpfalz.
1726–45 Kurfürst *Karl Albrecht:* er versucht die Großmachtpolitik seines Vaters nochmals aufzunehmen.
1731 Einspruch Bayerns gegen die *Pragmatische Sanktion* der Habsburger.
1740–48 *Österreichischer Erbfolgekrieg:* Bayern wieder an der Seite Frankreichs gegen Österreich.

Wappen des Kurfürstentums Bayern 1623 bis 1777.

Stadtwappen von Grasser (Stadtmuseum).

München

1658 Besuch Kaiser *Leopolds I.*

1664 München erhält erstes *Postamt.*

1684 *Prinz Eugen* verlebt den Fasching in München.

1690 Treffen Max Emanuels mit Kaiser *Leopold* und König *Joseph I.* in Blutenburg.

1705–14 München von den Österreichern besetzt, Einrichtung einer *Kaiserlichen Administration* unter einem *Kaiserlichen Statthalter;* München heißt jetzt *Kaiserliche Hauptstadt in Bayern.*
1705 *Sendlinger Mordweihnacht:* Aufstand gegen die drückende Besatzung wird blutig niedergeschlagen.
1714 *Rückkehr* des Kurfürsten aus dem Exil.
1721 Letzte *Hexenhinrichtung.*

1729 Einführung der *Straßenbeleuchtung.*

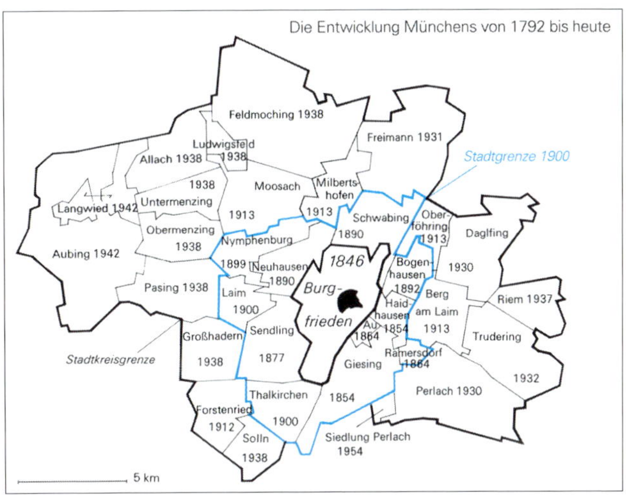

Bayern

1741 Kurfürst Karl Albrecht lässt sich in Prag als *König von Böhmen* huldigen.
1742 Karl Albrecht zum *Kaiser* (Karl VII.) gekrönt (1742–45). Gleichzeitig erste *Okkupation* Bayerns durch Österreich.
1743 Zweite *Okkupation* des Landes.
1745 Dritter *Einmarsch* der Österreicher in Bayern. Tod Karls VII. (20.1.). Bayern vor dem *Staatsbankrott:* 35 Mio. Gulden Schulden.
1745–77 *Max III. Joseph* gibt die Großmachtpolitik endgültig auf. Mit ihm stirbt die altbayerische Linie der Wittelsbacher aus.
1777 *Karl Theodor* von Pfalz-Sulzbach sukzediert auf den bayerischen Thron: Bayern und Pfalz, seit 1329 getrennt, wieder vereint. Der neue Landesherr bringt 20 Mio. Gulden Schulden der Pfalz mit.

1778/79 *Bayerischer Erbfolgekrieg (Kartoffelkrieg):* König Friedrich II. von Preußen verhindert Anschluss Bayerns an Österreich (Erstes *Tauschprojekt*). Der Alte Fritz als Retter Bayerns gefeiert.
1779 *Friede von Teschen:* Bayern verliert das Innviertel.

1785 Zweites *Tauschprojekt* Karl Theodors (Bayern gegen österreichische Niederlande) von Friedrich II. von Preußen verhindert.

1792 Im Verlauf der französischen Revolutionskriege geht linksrheinische *Pfalz* verloren.
1795 Bayern schlägt Gründung einer süddeutschen *Zollunion* vor.
1796 *Franzosen* dringen nach Bayern vor. Waffenstillstand von Pfaffenhofen.
1799–1825 Kurfürst *Max IV. Joseph* (ab 1806: König *Max I. Joseph*) aus der Linie Pfalz-Zweibrücken, beraten vom Minister Montgelas, gelingt durch geschicktes Lavieren zwischen Frankreich und Österreich, Bayern zu erhalten und sogar zu vergrößern.

1801 Bayern schließt sich Frankreich an.
1802 Größe Bayerns rund 40 000 km².
1802/03 *Säkularisation:* u. a. große Landgewinne durch Mediatisierung geistlicher und weltlicher Territorien sowie Reichsstädte: bis 1815 Zuwachs von 35 000 km².
1805 *Friede von Preßburg:* Bayern erhält Tirol (bis 1815) und andere Gebiete.
1806 Bayern wird *Königreich* und tritt dem Rheinbund bei. *Augsburg* und *Nürnberg* zu Bayern.
1808 Übernahme der *Taxis-Post* durch das Königreich Bayern. Verfassungsähnliche ›Konstitution‹.

München

1741 Im *Nymphenburger Vertrag* sichert sich der Kurfürst die Unterstützung Spaniens bei der Kaiserwahl.
1742 München de jure *Reichshauptstadt unter Kaiser Karl VII.; erste Besetzung* der Stadt durch die Österreicher.
1743/44 Zweite *Besetzung* der Stadt durch die Österreicher.

1770 Einführung der *Hausnummerierung.*
1776 Erster *Blitzableiter* in München angebracht.
1777 München Mittelpunkt einer Patriotenpartei unter Führung von Herzogin *Maria Anna,* die Karl Theodors Tauschprojekt (Bayern gegen Niederlande) zu hintertreiben versucht; politische Verbindung zu Friedrich dem Großen.

1781 Kaiser *Josef II.* inkognito in München.
1782 Papst *Pius VI.* in München. Errichtung einer päpstlichen Nuntiatur, der ersten Deutschlands.

1788/89 Karl Theodor verlegt Residenz aus Verärgerung über Münchener Rat vorübergehend nach *Mannheim.*
1791 Festungseigenschaft Münchens aufgehoben.

1796 Artilleriegefecht der Österreicher und Franzosen auf dem Gasteigberg.

1800 Besetzung Münchens durch die Franzosen nach der verlorenen *Schlacht von Hohenlinden.*
1801 Erster *Protestant* erhält Münchener Bürgerrecht.

1802/03 Durch Säkularisation 13 Klöster in München aufgehoben, 6 in den Vororten.

1805 Einzug *Napoleons* in München, diesmal als Verbündeter.
1806 München wird *Königliche Haupt- und Residenzstadt.*

Bayern

1809 *Friede von Schönbrunn:* Bayern erzielt weitere Landgewinne.
1810 *Bayreuth* und *Regensburg* an Bayern.

1812 Bayerisches Kontingent von 30 000 Mann zieht mit Napoleon nach *Russland* und wird fast völlig aufgerieben.
1813 Bündnis Bayerns mit Österreich gegen Frankreich. *Judenedikt* gewährt Glaubensfreiheit und Indigenat.
1815 *Wiener Kongress:* Bayern wird souveräner Teil des Deutschen Bundes.

1817 Zweites bayerisches *Konkordat.*
1818 Bayern erhält als erstes deutsches Land eine *Verfassung.*

1825–48 König *Ludwig I.*
1826 Verlegung der Landesuniversität von Landshut nach München.
1832 Prinz *Otto,* Sohn Ludwigs I., wird König von Griechenland. *Hambacher Fest* in der bayerischen Pfalz.
1834 Bayern schließt sich dem *Deutschen Zollverein* an.

1848 Ludwig I. genehmigt Märzforderungen der Literaten: Bayern erhält als erstes deutsches Land u. a. *Pressefreiheit* und *Geschworenengerichte.*
1848–64 König *Max II.*
1861 Aufhebung des Matrikelparagraphen gewährt den Juden volle *Niederlassungsfreiheit.*

München

1810 Erstes Oktoberfest aus Anlass der Vermählung von Kronprinz Ludwig mit Prinzessin Therese von Sachsen-Hildburghausen.

1814 Kaiser *Franz I.* von Österreich und die *Zarin Elisabeth Alexejewna* (Prinzessin Luise von Baden) besuchen München.
1816 *Vertrag von München:* Bayern erreicht bis 1819 teils durch Landabtretungen, teils Gebietszuweisungen etwa den noch heute bestehenden Umfang (ohne Pfalz).
1818 München wird Sitz des im folgenden Jahr eröffneten *Bayerischen Landtages,* ebenso Sitz des neuen *Erzbistums München-Freising* (bis 1803 in Freising).
1821 Amtsantritt des ersten Erzbischofs.

1826 München wird *Universitätsstadt.*

1836 *Choleraepidemie.*
1839 Zar *Nikolaus I.* in München. – Eröffnung der ersten von München ausgehenden *Eisenbahnstrecke* nach Lochhausen.
1845 Erster *Briefkasten* angebracht.
1846 München erreicht als 3. deutsche Stadt (nach Berlin und Hamburg) *100 000 Einwohner.*
1848 März-Unruhen in Folge der Affäre um Lola Montez führen zur Abdankung *Ludwigs I.*

1850 *Münchener Übereinkunft* zwischen Bayern, Württemberg, Sachsen und Hannover zur geplanten deutschen Verfassungsreform. – Einführung der *Gasbeleuchtung.*

1852 *Münchener Zollkonferenz.*

1854 ›*Erste allgemeine deutsche Industrie-Ausstellung*‹ im Glaspalast.

1854/55 *Choleraepidemie* (fast 3000 Todesopfer).

1857 Legendäres ›Geburtsjahr‹ der *Weißwurst* (Überlieferung nur bis 1935 zurückzuverfolgen).

1861 *Pferde-Omnibus:* Erstes fahrplanmäßiges öffentliches Verkehrsmittel in München.

Kurfürstentum Bayern 1800 (ohne Pfalz) *mit seinen Rentämtern und der Oberpfalz*

Freistaat Bayern *mit seinen Regierungsbezirken*

Bayern

1864–86 König *Ludwig II.*
1866 *Deutscher Bruderkrieg:* Bayern unterliegt an der Seite Österreichs und der Bundesstaaten gegen Preußen. Danach Abschluss des *Schutz- und Trutzbündnisses* mit Preussen.
1870 Eintritt Bayerns an der Seite Preußens in den *Krieg gegen Frankreich.* Ludwig II. schickt den von Bismarck konzipierten *Kaiserbrief* mit dem Angebot der Deutschen Kaiserkrone an Wilhelm I. von Preußen. Eintritt Bayerns in das *Deutsche Reich* als nichtsouveräner Gliedstaat mit Reservatrechten.

1886 *Tod König Ludwigs II.* im Starnberger See (13.6.)
1886–1912 Prinzregent *Luitpold.*

1806 - 1835

Wappen des Königreichs Bayern.

1806 - 1835

1912 Zentrum löst Liberalkonservative ab: größte politische Zäsur in Bayern seit 1866.
1913–18 König *Ludwig III.* (1912/13 zunächst unter dem Titel *Prinzregent*)
1914–18 *Erster Weltkrieg,* in dem 190 000 bayerische Soldaten fallen.
1918 Revolution: Kurt Eisner ruft *Freien Volksstaat Bayern* aus. Der König flieht.
1919 *Räterepublik:* Bürgerkrieg zwischen Weißen und Roten. *Weimarer Verfassung* beseitigt Sonderrechte Bayerns.
1920 *Coburg* kommt zu Bayern.

1924 Drittes bayerisches *Konkordat.*
1933 Gleichschaltung der Bayerischen Regierung; vollziehende Gewalt geht auf den *Reichsstatthalter Franz Ritter von Epp* über (10.4.). – In Dachau wird das erste KZ eingerichtet.

München

1866 Der Krieg gegen Preußen bewirkt eine zunehmende *Politisierung* der bislang überwiegend kulturell ausgerichteten Stadt.

1871 *Münchener Konferenzen:* Vorbereitungen zum Eintritt in das Bismarckreich.
1873/74 *Choleraepidemie.*
1876 Einführung der *Schienenpferdebahn.*
1883 Inbetriebnahme der ersten zentralen *Wasserversorgung:* München besitzt seitdem das beste (Quell-)Trinkwasser unter allen Großstädten Deutschlands. – Beginn des *Telefonverkehrs.*
1886 Beginn der *Isarregulierung* innerhalb des Stadtgebiets.
1888, 1891 und **1906** Kaiser *Wilhelm II.* in München.
1889 Schwabing erhält noch vor München *elektrische Straßenbeleuchtung.*
1893 bereits ist München die *bestbeleuchtete Stadt* des Kontinents. Erster *Faschingszug.*
1900 München erreicht als 3. deutsche Stadt (nach Berlin und Hamburg) *500 000 Einwohner.*
1900–02 *Lenin* lebt in München und redigiert zwei revolutionäre Zeitschriften.

1916 Erster und einziger französischer *Luftangriff* auf München: Abwurf von drei Bomben.
1918 Revolutionsunruhen, Gründung des *Spartakistenbundes* in München.
1919 *Kurt Eisner* erschossen.

1920 Erste Massenversammlung der NSDAP.
1922 Letzte *Postillione* fahren durch München.
1923 *Hitler-Putsch* und Marsch zur Feldherrnhalle.

1933 Sog. *Nationalsozialistische Revolution* (9.3.) mit Einsetzung eines kommissarischen ersten Bürgermeisters der NSDAP (20.3.).
1934 ›*Röhm-Putsch*‹.
1935–45 München führt den Titel *Hauptstadt der Bewegung.*
1938 *Münchener Abkommen* zwischen Chamberlain, Daladier, Mussolini und Hitler. Antisemitische Ausschreitungen in der so genannten *Reichskristallnacht.*

Bayern

1939-45 *Zweiter Weltkrieg.*

Wappen der Stadt München 1818 - 1835.

Großes Stadtwappen (1957).

1945 Am 8.5. deutsche Kapitulation. In Bayern *Amerikanische Militärregierung* eingesetzt, die die Eigenstaatlichkeit Bayerns (ohne Pfalz) wiederherstellt.
1946 *Verfassung* des Freistaates Bayern. – Franz. Besatzungsmacht verfügt Bildung eines »Rheinpfälzischen Landes«: Verlust der linksrheinischen bayerischen Pfalz.

1949 Bayern wird zweitgrößtes *Land* der Bundesrepublik.
1950 Verabschiedung eines bayerischen Schulorganisationsgesetzes durch den Landtag
1954 Landtagswahlen; Bildung der so genannten *Viererkoalition* unter Ministerpräsident Wilhelm Hoegner (SPD)
1957 Zerfall der Viererkoalition, Rücktritt Hoegners; Bildung einer neuen Koalition unter CSU-Führung. Wahl von Hanns Seidel (CSU) zum Ministerpräsidenten.

1960 Rücktritt von Hanns Seidel, Hans Ehard wird Ministerpräsident.

1962 Gründung der Universität Regensburg als vierte *Landesuniversität* (es folgen seit 1969 Augsburg, Bayreuth, Passau, Bamberg).

1968 Einführung der *Christlichen Gemeinschaftsschule* nach Volksentscheid.
1970 Einrichtung des ersten *Umweltschutzministeriums* in Deutschland.
1971–76 Neuorganisation der Gemeinden und der Verwaltungs- und Gerichtsbezirke.
1973 Mit einer Volksabstimmung wird die öffentlich-rechtliche Struktur des *Rundfunks* verfassungsmäßig abgesichert.

1978 Freistaat Bayern übernimmt *Patenschaft* für die Landsmannschaft Ostpreußen.

München

1939 Missglücktes *Attentat* auf Hitler im Bürgerbräukeller.
1940 Erster *Luftangriff* des Zweiten Weltkrieges (insgesamt 74 Luftangriffe).
1943 Widerstandsbewegung *Weiße Rose* der Geschwister Scholl.
1944 Weitgehende *Vernichtung* der Stadt durch Luftangriffe.
1945 Aufstand der *Freiheits-Aktion Bayern.* Am 30.4. Einmarsch der Amerikaner. – Bereits im Sommer Stadtratsbeschluss: *Wiederaufbau der Altstadt* in alter Form.
1947 Die *Ministerpräsidentenkonferenz* scheitert an der vorzeitigen Abreise der Ostzonenvertreter. Einweihung der neuen Synagoge auf dem Reichenbachplatz.
1948 Thomas Wimmer wird Oberbürgermeister (bis 1960).
1949 Staatsbesuch von Bundespräsident *Theodor Heuss.* – Gründung des *Deutschen Gewerkschaftsbunds (DGB)* in München.

1957 Gründungsakt der Katholischen Akademie in Bayern. München wird *Millionenstadt.* Inbetriebnahme des Kernreaktors »Atomei« in Garching.
1958 Festliche *800-Jahr-Feier* der Stadt.
1959 Erste *Herztransplantation* in der BRD
1960 Beginn der Anwerbeabkommen für Gastarbeiter nach München. *37. Eucharistischer Weltkongress.* Hans-Jochen Vogel (SPD) wird Oberbürgermeister (bis 1972)
1962 Etwa 100 000 ehemalige Soldaten des zweiten Weltkrieges kommen zu einem Versöhnungstreffen nach München.
1965 1. *Münchener Konferenz für Sicherheitspolitik.*
1966 Die Münchener Ludwig-Maximilians-Universität hat 22 000 Studierende und ist die größte deutsche Universität. Abschaffung der letzten *Gaslaterne.*

1971 Eröffnung der ersten *U-Bahn-Linie* (begonnen 1966).
1972 Georg Kronawitter (SPD) wird Oberbürgermeister (bis 1978, 1984-93).
1972 München Austragungsort der *Sommerspiele der XX. Olympiade.* Die Atmosphäre der Heiteren Spiele unterbricht jäh der *Überfall* einer arabischen Terrorgruppe auf die israelische Mannschaft. – Aufnahme des *U- und S-Bahn-Verkehrs.* Eröffnung der *Fußgängerzone.* – Bisher *höchster erreichter Bevölkerungsstand* mit 1 338 924 Einwohnern.
1974 Eröffnung des *Herzzentrums* an der Lothstraße.
1976 Münchener Trambahn feiert 100-jähriges Jubiläum.

Bayern

1978–88 † Franz Josef Strauß Ministerpräsident.

1984 *Umweltschutz* in Bayerischer Verfassung.
1985 Die deutsche Gesellschaft für Wiederaufarbeitung von Kernbrennstoffen (DWK) entscheidet sich für *Wackersdorf* als erste kommerzielle Wiederaufarbeitungsanlage in der BRD. Nach jahrelangem wird das Vorhaben 1989 gestoppt.
1988–93 Max Streibl Ministerpräsident

1992 Eröffnung des *Rhein-Main-Donau-Kanals.*

1993 Edmund Stoiber Ministerpräsident

1995 Volksentscheid über Einführung von Bürgerbegehren »Mehr Demokratie in Bayern«. Gesetzentwurf zur Neuregelung der Anbringung von Kruzifixen in Klassenzimmern.
1996 Herzog Albrecht von Bayern (* 1905) in Schloß Berg gestorben. Nachfolger: Sohn Herzog Franz (* 1933).
1998 In einem Volksentscheid stimmt die Mehrheit für die *Abschaffung des Bayerischen Senats.*
2000 Fertigstellung des Neuen Museums Nürnberg und Eröffnung des Museums Georg Schäfer in Schweinfurt.
2001 Eröffnung des Museums der Phantasie – Sammlung Buchheim in Bernried.
2002 Kanzlerkandidatur Edmund Stoibers.
2003 Herzog Franz von Bayern, Chef des Hauses Wittelsbach, feiert seinen 70. Geburtstag in Schloß Nymphenburg. Raumordnungsverfahren für den *Transrapid.* Das größte Biovoltaik-Kraftwerk der Welt wird im oberpfälzischen Hemau in Betrieb genommen; es deckt den Strombedarf von 4500 Menschen.

Großes Wappen des Freistaats Bayern (1950).

Kleines Staatswappen (1950).

Kleines Staatswappen (1957).

München

1980 Baubeginn des *Großflughafens München II* im Erdinger Moos (Eröffnung 1992). *Europ. Patentamt* eröffnet.
1981 Einrichtung eines *Umweltreferats* in München.
1983 Internationale Gartenschau IGA 83.

1985 Gasteig-Kulturzentrum eröffnet.
1987 Zweiter Besuch des Papstes mit Seligsprechung von P. Rupert Mayer SJ. Der evangelische Landesbischof J. Hanselmann wird zum Präsidenten des Lutherischen Weltbunds gewählt.
1988 Großer Trauerkondukt für Ministerpräsident F. J. Strauß. – Hofbräuhaus (Braustätte) nach Riem verlegt. – Große 200-Jahr-Feier des Englischen Gartens.
1990 Rotgrünes Bündnis von SPD und Grünen im Rathaus, das bis heute regiert.
1992 Besuch von Michail Gorbatschow. – 18. Weltwirtschaftsgipfel in München. – Eröffnung des neuen *Flughafens München II.* – Verabschiedung der US-Truppen. Soldatensender AFN stellt Tätigkeit ein. – Erste *Lichterkette* Deutschlands gegen Ausländerfeindlichkeit. – Neugliederung der Stadtbezirke: nun 24 statt 36 Bezirke.
1993 Christian Ude wird Oberbürgermeister.
1994 500-Jahr-Feier der Frauenkirche.
1995 Gründung der *Arbeitsgemeinschaft Isarplan* zur Renaturierung der Isar (bis 2005).

1996 Bügerentscheid zum *Tunnelbau* am Mittleren Ring.
1997 Eröffnung des *Literaturhauses.*
1998 Eröffnung der *Neuen Messe* in Riem. Inbetriebnahme München Airport Center (MAC); Architekt: Helmut Jahn.

2001 Bürgerentscheid zugunsten des neuen Stadions in Fröttmaning.
2002 Petueltunnel fertig gestellt.
2003 Grundsteinlegung für das *Jüdische Zentrum* am Jakobsplatz. Eröffnung der Einkaufspassage »Fünf Höfe«; Architekten: Herzog und de Meuron. Baubeginn des *Richard-Strauss-Tunnels.* 2. Terminal des Flughafens eröffnet. Chris Dercon löst Christoph Vitali als Leiter des Hauses der Kunst ab. Gunther von Hagens' Ausstellung »Körperwelten« spaltet das Münchner Publikum. Bis zum Ende der Ausstellung im August 850.000 Besucher. 100 Jahre *Deutsches Museum;* Eröffnung des Verkehrszentrums auf der Theresienhöhe. Wiedereröffnung der *Münchener Kammerspiele* nach über 3-jähriger Generalsanierung. Erweiterungsbau der U- und S-Bahn-Bahnsteige unter dem Marienplatz. Der Stadtrat beschließt, keine Produkte aus Kinderarbeit anzukaufen. Stadtratsbeschluss zur Einführung des Betriebssystems *Linux.* Die *Fraunhofer-Gesellschaft* bezieht ihre neue Zentrale an der Hansastraße; Architekt: Gunter Henn.

Die Wittelsbacher in München

Herzöge	1180–1183	Otto I.
	1183–1231	Ludwig I. der Kelheimer (1191 mündig erklärt)
	1231–1253	Otto II. der Erlauchte
	1253–1294	Ludwig II. der Strenge
	1294–1347	Ludwig IV. der Bayer *1314 König, 1328* **Kaiser,** *1294–1317 mit Bruder Rudolf I., dem Stammler, regierend*
	1347–1349	Ludwig V. der Brandenburger, Stephan II. mit der Hafte, Ludwig VI. der Römer, Wilhelm I., Albrecht I. und Otto V. der Faule – Söhne Ludwig des Bayern
	1349–1351	Ludwig V., Ludwig VI., Otto V.
	1351–1361	Ludwig V. allein
	1361–1363	Meinhard
	1363–1375	Stephan II.
	1375–1392	Stephan III. der Kneißl, Friedrich, Johann II.
	1392–1397	Johann II., ab 1395 mit Stephan III.
	1397–1402	Stephan III., Ernst, Wilhelm III.
	1402–1435	Ernst, Wilhelm III.
	1435–1438	Ernst allein
	1438–1460	Albrecht III. der Fromme
	1460–1463	Johann IV., Sigismund
	1463–1465	Sigismund allein
	1465–1467	Sigismund, Albrecht IV. der Weise
	1467–1508	Albrecht IV. der Weise allein
	1508–1550	Wilhelm IV., 1516–45 mit Bruder Ludwig X.
	1550–1579	Albrecht V.
	1579–1597	Wilhelm V., seit 1594 mit Sohn Maximilian I.
Kurfürsten	1597–1651	Maximilian I., *ab 1623 Kurfürst*
	1651–1679	Ferdinand Maria
	1679–1726	Max II. Emanuel
	1726–1745	Karl Albrecht, *ab 1742* **Kaiser** *Karl VII.*
	1745–1777	Max III. Josef *mit ihm die altbayerische Linie ausgestorben*
	1777–1799	Karl Theodor ← Linie Pfalz-Sulzbach
Könige	1799–1825	Max I. Josef, ← Linie Pfalz-Zweibrücken (Birkenfeld-Zweibrücken) *bis 1805 als Kurfürst Max IV. Josef*
	1825–1848	Ludwig I.
	1848–1864	Max II.
	1864–1886	Ludwig II.
	1886–1916	Otto I. *für ihn regieren die* **Prinzregenten:**
	1886–1912	Luitpold
	1912–1918	Ludwig, *ab 1913 König Ludwig III.*

Albrecht IV. (der Weise), * München 15.12.1447, † München 18.3.1508, ∞ Innsbruck 3.1.1487 Kunigunde, Tochter Kaiser Friedrichs III. (* 16.3.1465 Wien, † 6.8.1520 München). Zuerst 1465-67 mit seinem Bruder Sigismund (1439-1501), dann nach dessen Verzicht mit seinen Brüdern Christoph (1449-93) und Wolfgang (1451-1514) regierend, ist er der erste (durch Studium in Italien gebildete) Humanist auf dem bayerischen Thron. Nach erfolgreich bestandenem Landshuter Erbfolgekrieg (1504/05) – der Bayern allerdings die Tiroler Ämter Kufstein, Kitzbühel und Rattenberg sowie das Zillertal und Mondseer Land kostete – und der Wiedervereinigung der beiden Landesteile erlässt er 1506 das Primogeniturgesetz, das für die Zukunft die Einheit des Landes sichert. Unter dem Mäzenatentum des Bruders Sigismund Blüte spätgotischer Kunst: *Frauenkirche*, Schloß und Kirche *Blutenburg*; die Kirchen *St. Martin* in Untermenzing und *St. Wolfgang* in Pipping. Schaffenszeit von Erasmus Grasser und Jan Polack.

Wilhelm IV. (der Standhafte), * München 13.11.1493, † München 7.3.1550, ∞ München 5.10.1522 Jakobäa Maria, Tochter des Markgrafen Philipp von Baden (* 25.6. 1507, † München 16.11.1580). Regiert ab 1508, anfangs unter Vormundschaft bis 1516, dann zusammen mit seinem Bruder Ludwig X. (1495-1545) und nach dessen Tod wieder allein. Wahrt die Katholizität des Landes, dringt auf innerkirchliche Reformen und beruft 1549 die Jesuiten nach Ingolstadt. Wählt erstmals die *Neuveste* zum ständigen Wohnsitz und leitet damit die konsequente Entwicklung der Residenz ein. Legt 1518 ersten *Hofgarten* (am Marstallplatz) und um 1530 die erste bayerische *Gemäldegalerie* an, für die H. Refinger, H. Wertinger und vor allem Altdorfer (Alexanderschlacht) tätig sind. Sein Bruder Ludwig holt die italienische Renaissance nach Bayern: Mit der *Stadtresidenz* in Landshut (1536-1543) entsteht die reinste Schöpfung dieses Stils auf deutschem Boden.

Albrecht V. (der Großmütige), * München 29.2.1528, † München 24.10.1579, ∞ Regensburg 19.6.1546 Anna, Tochter des Kaisers Ferdinand I. (* Prag 7.7.1528, † München 16.10.1590). Regiert seit 1550, fördert die Gegenreformation und beruft die Jesuiten nach München, dessen Ruf als Kunststadt er zugleich begründet. Seine Hofkapelle unter Orlando di Lasso die bedeutendste, seine Bibliothek (ab etwa 1560) nach Ankauf der Bücherschätze Hartmann Schedels, Johann Albrecht Widmannstetters (1558) und Johann Jakob Fuggers (1571) eine der größten Europas. Errichtet mit der *Kunstkammer* im Münzhof (1563-67) und dem *Antiquarium* (1569-71) die ersten deutschen Museen. Beauftragt Philipp Apian mit der ersten methodisch vorgenommenen *Vermessung des Landes* (ab 1554): Die darauf basierende Landkarte Bayerns bleibt praktisch 250 Jahre lang (bis zur Vermessung durch Adrian von Riedl 1801ff.) verbindlich.

Wilhelm V. (der Fromme), * Landshut 29.9.1548, † Schleißheim 7.2.1626, ∞ München 22.2.1568 (mit dem glanzvollsten Renaissancefest Münchens) Renata von Lothringen, Tochter des Herzogs Franz I. von Lothringen (* Nancy 20.4.1544, † München 22.5.1602). Regiert von 1579 bis 1594 allein, dann bis 1597 zusammen mit seinem Sohn Maximilian (Abdankung wegen Staatsbankrotts: Schuldenlast 300 000 Gulden). Gewinnt dem Herzogtum im Kölner Krieg 1583 gegen den protestantisch gewordenen Erzbischof Gebhard Truchseß eine politisch wichtige Sekundogenitur, die für 200 Jahre die Präsenz der altbayrischen Wittelsbacher am Rhein begründet. Blüte der niederländisch-italienisch orientierten Renaissancekultur: Bau des *Grottenhoftrakts* der Residenz (1581-86), Jesuitenkirche *St. Michael mit Kolleg* (1583-97), *Maxburg* (1590 ff., urspr. Wilhelmsburg genannt) und des *Alten Schlosses Schleißheim* (1598-1600). Hohe Zeit des Erzgusses unter Gerhart, Reichle, Krumper und Petel.

Maximilian I. (der Große), * München 17.4.1573, † Ingolstadt 27.9.1651, I ∞ Nancy 6.2.1595 Elisabeth Renate, Tochter Herzogs Karl II. von Lothringen (* Nancy 9.10.1574, † Ranshofen/Braunau 4.1.1635), II ∞ Wien 15.7.1635 Maria Anna, Tochter Kaiser Ferdinands II. (* Graz 13.1.1610, † München 25.9.1665). Regiert ab 1594 zusammen mit seinem Vater, ab 1597 allein. Politisch bedeutendster Herrscher Bayerns von ausgeprägtem Pflichtbewusstsein, aufrechter, geradezu asketischer Haltung sowie strenger Herrschertugend und Staatstreue: gewinnt dem Land 1623 die Kurwürde und 1628 die alte Oberpfalz zurück, überlebt als einziger deutscher Fürst den 30-jährigen Krieg. Großartiger Ausbau (1600-1620) der *Residenz* auf doppelten Umfang im Zeichen nahenden Barocks: *Vierflügelanlage* um den Kaiserhof, *Brunnenhof, Hof-* und *Reiche Kapelle.* Die *Mariensäule,* zum Dank für Errettung aus Schweden- und Kriegsnot 1638 errichtet, wird zum Vorbild für den katholischen Süden.

Ferdinand Maria (der Friedfertige), * München 31.10.1636, † Schleißheim 26.5.1679, ∞ München 25.6.1652 Henriette Adelaide, Tochter des Herzogs Viktor Amadeus I. von Savoyen (* Turin 6.11.1636, † München 18.3.1676). Regiert ab 1651: Seine Friedenspolitik fördert die Erholung des Landes von den Schäden des 30-jährigen Krieges, bewirkt mit der Abwendung von Habsburg ab 1670 eine Anlehnung an Frankreich und bringt auf kulturellem Gebiet eine ungeahnte Blüte des Hochbarocks in Bayern unter besonderer Anteilnahme seiner musischen Gemahlin: *Theatinerkirche* (1662-75), *Prunkgemächer* in der Residenz (1665-67), *Schloß Nymphenburg* (Mitteltrakt 1664-75), *Opernhaus* (am Salvatorplatz, 1651-57). Große italienische Kolonie in München: Baumeister (Zuccalli, Barelli), Stukkateure, Maler, Komponisten, Sänger und Instrumentalisten. Glänzende Feste auf dem Starnberger See mit dem Prunkschiff »Bucentaur« und im Schloßpark Nymphenburg.

Max II. Emanuel, * München 11.7.1662, † München 26.2.1726, I ∞ Wien 15.7.1685 Maria Antonia, Tochter Kaiser Leopolds I. (* Wien 18.1.1669, † Wien 24.12.1692), II ∞ Wesel 12.1.1695 Therese Kunigunde, Tochter König Johanns III. Sobiesky von Polen (* Warschau 4.3.1676, † Venedig 10.3.1730). Regiert ab 1679: Schöpfer des neuzeitlichen bayerischen Heeres zur Verfolgung hochfliegender, aber letztlich erfolgloser Pläne; Türkensieger, Eroberer Belgrads, absolutistischer Barockheros und Kraftnatur. Während des Spanischen Erbfolgekrieges (1701-14) in der Reichsacht, sein Land unter österreichischer Besatzung (Bauernaufstand 1705/06). Hohe Spätbarockkultur erst italienischer Prägung *(Schloß Lustheim),* dann französischer Richtung: *Nymphenburg* (Erweiterung), *Neues Schloß Schleißheim, Pagoden- und Badenburg, Magdalenenklause, Schloß Fürstenried).* Aufstieg der bayerischen Kunst zu europäischem Rang; beginnende Ablösung ausländischer Künstler durch einheimische Kräfte.

Karl Albrecht, * Brüssel 16.8.1697, † München 20.1.1745; Kurfürst 1726, ∞ Wien 5.10.1722 Amalie, Tochter Kaiser Josefs I. (* Wien 22.10.1701, † München 11.12.1756). 1741 im Verlauf des Österreichischen Erbfolgekrieges (1740-48), der dem Land und seiner Hauptstadt wiederholt Okkupation einbringt, zum König von Böhmen und 1742 als Karl VII. zum römisch-deutschen Kaiser gekrönt. Nicht die lang ersehnte, nun politisch für die Dauer unwirksame Kaiserkrone bringt dem Land die Sternstunde, sondern die Kunst: Bayerisches Rokoko – größter Beitrag des Landes zur Weltkunst. *Reiche Zimmer* (1730-37) und *Grüne Galerie* (1731-33) der Residenz, *Amalienburg* (1734-39: »Schönstes Rokoko der Welt«) und *Rondellbauten* in Nymphenburg (1728-40 ff.). Bedeutende Palast- und Sakralarchitektur: *Palais Preysing* (1723-28) und *Holnstein* (1733-37), *St. Anna* im Lehel (1727-39), *St. Michael* in Berg am Laim (1738-51), Asamkirche *St. Johann Nepomuk* (1733-41), *Damenstiftskirche* (1732-35).

Max III. Joseph (der Vielgeliebte), * München 28.3.1727, † München 30.12.1777, ∞ München 9.7.1747 Maria Anna Sophia, Tochter Kurfürst Friedrich Augusts II. von Sachsen bzw. König Augusts III. von Polen (* Dresden 29.8.1728, † München 17.2.1797). Regiert ab 1745: letzter Herrscher der altbayerischen Linie; feinsinniger Ästhet und – gleich seiner Schwester Maria Anna Walpurgis – anerkannter Komponist sowie Instrumentalist (Gambe). Seine Friedenspolitik, die auf Großmachtansprüche endgültig verzichtet und sich mit dem Rang Bayerns als eines Mittelstaates begnügt, begünstigt Kulmination und Ausklang des Rokoko: *Cuvilliés-Theater* (1751-55) und *Steinerner Saal* in Nymphenburg (1756/57); Bustellis und Ignaz Günthers Figuren Höhepunkte europäischer Porzellan- und Schnitzkunst. Einsetzen der Aufklärung: 1759 Gründung der Akademie der Wissenschaften, 1771 allgemeine Schulpflicht. Die Chance, 1777 Mozart für München zu gewinnen, wird jedoch – aus Sparsamkeit – versäumt.

Karl Theodor von Pfalz-Sulzbach, * Droogenbosch/Brüssel 11.12.1724, † München 16.2.1799, I ∞ Mannheim 17.1.1742 Elisabeth, Tochter des Pfalzgrafen Josef Karl Emanuel von Sulzbach (* Mannheim 17.1.1721, † Weinheim 17.8.1794), II ∞ Innsbruck 15.2.1795 Maria Leopoldine, Tochter Erzherzog Ferdinands von Österreich-Este (* Mailand 10.12.1776, † 23.6.1848 Wasserburg). Regiert seit 1733 in Pfalz-Sulzbach, seit 1743 in der Kurpfalz und sukzediert nach Aussterben der altbayrischen Linie 1777 als Kurfürst der vereinten Landesteile Bayern und Pfalz. Zwischen fortschrittlicher Aufklärung und reaktionärem Absolutismus schwankend, kann er die Zuneigung der Altbayern nicht gewinnen, wird aber für Entwicklung Münchens – voll Verständnis für moderne Erfordernisse und unter Beratung des Reformers Graf Rumford – wirksam: Anlage des *Englischen Gartens* (ab 1789), *Niederlegung der Wälle* und beginnende *Stadterweiterung* (ab 1791), Bau eines *Galeriegebäudes* für die Münchener und überführten Bilderschätze.

Max IV. Joseph von Pfalz-Zweibrücken, * Mannheim 27.5.1756, † München 12.10.1825, I ∞ Darmstadt 30.9.1785 Auguste Wilhelmine Maria, Tochter Landgraf Georg Wilhelms von Hessen-Darmstadt (* Darmstadt 14.4.1765, † Rohrbach bei Heidelberg 30.3.1796), II ∞ Karlsruhe 9.3.1797 Karoline, Tochter des Erbprinzen Karl Ludwig von Baden (* Karlsruhe 13.7.1776, † München 13.11.1841). Seit 1799 Kurfürst von Pfalz-Bayern und ab 1806 als **Max I. Josef** König von Bayern (aber nie gekrönt!). Zusammen mit seinem Minister Maximilian Graf Montgelas Schöpfer des gewaltig vergrößerten und modern organisierten Neubayern sowie der 1. Bayerischen Verfassung. Die rigorose Säkularisation jedoch verschleudert und zerstört wertvolle kirchliche Kulturgüter. Sein und des Kronprinzen Wirken für München jedoch voll Weitblick: *Generalpläne* von 1808, 1810 und 1812 für die großzügige Erweiterung nach Norden und Westen: *Brienner Straße, Maxvorstadt;* Aufstieg der Stadt zur klassizistischen Metropole: *Glyptothek, Nationaltheater, Marstall, Prinz-Karl-Palais.*

Ludwig I., * Straßburg 25.8.1786, † Nizza 29.2.1868, ∞ München 12.10.1810 Therese, Tochter Herzog Friedrichs von Sachsen-Hildburghausen (* Hildburghausen 8.7.1792, † München 26.10.1854). Regiert von 1825 bis zu seiner Abdankung 1848: Bayerischer Monarch von ausgeprägt »teutschem« Nationalbewusstsein, begeisterter Kunstfreund und Philhellene, größter deutscher Kunstinitiator und Schöpfer des neuen München: *Königs-* und *Odeonsplatz* sowie *Ludwigstraße mit Prachtbauten, Residenzausbau, Pinakotheken, Ludwigs-, Bonifaz-* und *Allerheiligen-Hofkirche, Feldherrnhalle, Siegestor, Ruhmeshalle* und *Propyläen.* Dem aufkommenden technischen Zeitalter teils aufgeschlossen, teils reserviert gegenüberstehend: 1835 erste deutsche *Eisenbahnlinie* zwischen Nürnberg und Fürth, 1838-45 Bau des *Ludwig-Donau-Main-Kanals* und damit Verbindung von Nordsee mit Schwarzem Meer.

Max II., * München 28.11.1811, † München 10.3.1864, ∞ München 12.10.1842 Marie, Tochter des Prinzen Wilhelm von Preußen (* Berlin 15.10.1825, † Hohenschwangau 17.5.1889). König seit 1848 nach Abdankung seines Vaters. Als »Gelehrter« auf dem Thron (der am liebsten Professor geworden wäre) besonderer Förderer der Wissenschaften: Berufung der *Nordlichter:* Riehl, Bodenstedt, Bluntschli, Dahn, Jolly, Siebold, Liebig, Lingg, Heyse u. a. Architektonische Initiative geht immer mehr auf Bürgertum und Wirtschaft über. Einziger Ausdruck fürstlicher Baugesinnung: *Maximilianstraße* mit Monumentalgebäuden *(Regierung, Völkerkundemuseum, Maximilianeum)* sowie *Wittelsbacher Palais* (zerstört). Betonte Anwendung neuer technischer Möglichkeiten: *Glaspalast* (nach Londoner Vorbild, erster des Kontinents), Dachkonstruktion der *Bahnhofshalle* (damals bahnbrechend) und (erste) *Großhesseloher Brücke* (einer der frühesten reinen Ingenieurbauten Deutschlands).

Ludwig II., * München-Nymphenburg 25.8.1845, † bei Berg im Starnberger See 13.6.1886, verlobt 22.1.1867 mit Prinzessin Sophie, Tochter des Herzogs Max in Bayern (München 1847-1897 Paris), entlobt Oktober 1867. König ab 1864, seit der Reichsgründung 1871 jedoch nicht mehr souverän. Feinsinniger Schwärmer, dessen Traum vom hehren Königtum an der Realität des bürgerlichen Zeitalters zerbrechen musste. Vielbelesener Kenner von Literatur und Poesie, enthusiastischer Liebhaber des Theaters, großer Verehrer des bourbonischen Königtums. Wachsende Menschenscheu und Weltflucht treiben ihn in die Einsamkeit der Alpenwelt, wo seine Märchenschlösser entstehen: *Linderhof, Neuschwanstein, Herrenchiemsee* (unvollendet). Seine Planungen für München (2 Prachtstraßen, Semperscher Festbau) unausgeführt. Großzügige Förderung Richard Wagners: Uraufführung der Opern *Tristan und Isolde* 1865, *Die Meistersinger von Nürnberg* 1868, Rheingold 1869 und *Die Walküre* 1870 in München.

Luitpold, * Würzburg 12.3.1821, † München 12.12.1912, ∞ Florenz 15.4.1844 Auguste, Tochter des Großherzogs Leopold II. von Toskana (* Florenz 1.4.1825, † München 26.4.1864). Prinzregent seit 1886 (anstelle des geisteskranken Königs Otto, der jedoch die Krone formell bis 1913 trägt). Beliebter Grandseigneur und Mäzen, unter dem die Stadt den letzten Glanz der ausgehenden fürstlichen Ära erlebt: »München leuchtete«. Umfangreiche Bautätigkeit im malerisch aufgefassten Historismus eines Gabriel von Seidl und Friedrich von Thiersch bzw. im klassizierenden Secessionismus eines Franz von Stuck und Emanuel von Seidl: *Prinzregentenstraße* und *-theater, Bayerisches Nationalmuseum, Friedensengel, Justizpalast, Deutsches Museum, Villa Lenbach* und *Villa Stuck.* Auflehnung gegen das Kunstdiktat des Lenbachkreises: Secession und Jugendstil, der in München neben Wien und Darmstadt ein bedeutendes Zentrum findet. Erneuerung der Plastik aus klassischem Geist durch Adolf von Hildebrand.

Ludwig III., * München 7.1.1845, † Sarvar/Ungarn 18.10.1921, ∞ Wien 20.2.1868 Maria Theresia, Tochter des Erzherzogs Ferdinand von Österreich-Este (* Brünn 2.7.1849, † Wildenwart/Chiemgau 3.2.1919). Regierungsantritt 1912 als »Verweser des Reichs«, dann 1913-1918 Annahme des Titels König (obwohl der geisteskranke König Otto erst 1916 stirbt). Populärer Bürgerkönig, der in entscheidender Stunde der Revolution 1918 energisches Auftreten versäumt und die Monarchie, eine der längsten in Deutschland seit 1178, aufgibt, obwohl er nie offiziell abdankt. Erste Flucht 1918 nach Anif bei Salzburg, zweite nach der Ermordung Eisners 1919 in die Schweiz. Seinem befähigten Sohn, Kronprinz Rupprecht (1869-1955), von größerem politischen Weitblick und wittelsbachischem Kunstsinn, bleibt Herrschaft (trotz royalistischer Bestrebungen in der Weimarer Republik und zur Eindämmung des aufkommenden Nationalsozialismus) versagt. Im Architekturbild der Stadt kein königlicher Wille mehr spürbar.

Die Bürgermeister Münchens

Stadtrat und Bürgermeister im alten München Der 1286 erstmals urkundlich erwähnte Rat, wahrscheinlich zwischen 1279 und 1286 von Herzog Ludwig dem Strengen konstituiert oder bestätigt, umfasste zunächst 12 Mitglieder, die sich monatlich im Amt des ›Ratsredners‹ (1310 erstmals erwähnt) oder ›Bürgermeisters‹ (1363 erstmals genannt) abwechselten. Zu diesem ›Inneren Rat‹ traten Anfang des 14. Jh. ein ›Äußerer Rat‹ von 24 Ratsherren sowie eine Bürgerschaftsvertretung von 36 Mitgliedern. Diese zahlenmäßige Zusammensetzung wurde durch die Ratsverfassung vom 31. August 1403 paraphiert und scheint sogar noch im Wahlbrief Kurfürst Karl Theodors vom 1. Dezember 1795 auf. Der ehrenamtlich wirkende Rat erhielt zwar 1561 im sog. ›Albertinischen Receß‹ durch Herzog Albrecht V. die volle Gerichtsgewalt, geriet aber in der Regierungszeit des absolutistisch gesinnten Herzogs und Kurfürsten Maximilian I. zunehmend unter die Kuratel des Hofes und seiner Behörden, so dass Rat und Bürgermeister (seit 1581 nur mehr 4 mit jeweils vierteljähriger Amtszeit, seit 1597 zwischen 5 und 8 schwankend, meist 6 umfassend) zu Befehlsempfängern der Wittelsbacher Stadtherren wurden. Aus diesen Verhältnissen ist es verständlich, daß dem Amt des Bürgermeisters – selbst wenn es so einflussreiche Familien wie die Barth, Ligsalz, Nockher oder Ridler oft generationenlang versehen haben – nicht jene politisch-wirtschaftliche Bedeutung zukam wie heute und dass deshalb auch eine – schon zahlenmäßig sehr umfangreiche – Liste der Bürgermeister des alten München wenig sinnvoll wäre.
Nachdem 1802/03 die Stadt unter Aufsicht eines Staatskommissars stand, 1804 ein begrenztes Ratsregiment (mit je 2 rechtskundigen Bürgermeistern und Räten, einem Baurat und 7 Magistratsräten) eingerichtet, aber bereits 1808 wieder durch einen Polizeidirektor ersetzt wurde, begann erst durch das Gemeindeedikt vom 17. Mai 1818 die Epoche kommunaler Selbstverwaltung. Mit dieser Verordnung über »die Verfassung und Verwaltung der Gemeinden im Königreich Baiern« traten an die Spitze von Städten mit mehr als 2000 Familien zwei Bürgermeister, von denen einer ›rechtskundig‹ sein sollte.

Bis zur Vollendung des ersten Bauabschnitts des Neuen Rathauses (→ Marienplatz 8) 1874 tagte der Stadtrat im Kleinen Rathaus südlich des Rathausturms. Dabei trat der Innere Rat in der *Inneren Ratsstube* zusammen, die 1415/16 im 2. Obergeschoss des 1412/13 erbauten *Stadtwaag*-Gebäudes (zwischen *Unterer Fleischbank* links und dem *Ratsturm* in der Mitte) eingerichtet worden war. Anschließend dahinter befand sich die ältere *Große Ratsstube*, die 1392 im Gollierhaus (hier nur mit Satteldach und Kaminen sichtbar) entstanden war. In ihr tagte lange der Äußere Rat, bis er 1642 ebenfalls in die Innere Ratsstube umzog, die daraufhin auch *Plenum* genannt wurde. Seit 1876 dem Standesamt am Petersbergl dienend, wurden beide Räume im Bombenkrieg 1944 völlig zerstört.

Das Alte Rathaus von Osten mit der 1778/79 von August Demmel im Louis-Seize-Stil geschaffenen Fassadenmalerei. Radierung von Ferdinand Bollinger aus der 1805 von Anton Baumgartner herausgegebenen ›Münchener Polizey-Übersicht‹. Vgl. dazu auch → Marienplatz 15.

Die Bürgermeister und ihre Amtszeiten von 1818 bis heute

Erster Bürgermeister bzw. Oberbürgermeister (OB)*		Zweiter Bürgermeister		Dritter Bürgermeister	
1818–36	Franz P. von Mittermayr	1818–23	Josef von Utzschneider		
		1823–33	Jakob Klar		
		1833–36	Josef von Teng		
1836–37	Josef von Teng				
1838–54	Dr. Jakob Bauer	1837–54	Kaspar von Steinsdorf		
1854–70	Kaspar von Steinsdorf	1854–70	Anton von Widder		
1870–87	Dr. Alois von Erhardt	1870–88	Dr. Joh. von Widenmayer		
1888–93	Dr. Joh. von Widenmayer	1888–93	Wilhelm G. von Borscht		
1893–1919	W. G. von Borscht (ab 1907 OB)	1893–1914	Dr. Ph. Brunner		
		1914–17	Otto Merkt		
1919–24	Eduard Schmid	1918–34	Dr. Hans Küfner		
1925–33	Dr. Karl Scharnagl (ab 1926 OB)				
1933–45	Karl Fiehler	1934–35 1935–40	Dr. Karl Tempel (Ständ. Vertreter des Bm. und 1. Beigeordneter Bm.)		
1945–48	Dr. Karl Scharnagl OB	1945	Dr. Otto Hipp (Mai–Juni) Dr. Franz Stadelmayer (Juni–November)	1945	Thomas Wimmer (August–November)
		1945–48	Thomas Wimmer (ab Dezember 1945)	1945–47	Dr. C. Lacherbauer (Dez. 1945–Jan. 1947)
1948–60	Thomas Wimmer OB	1948–49	Dr. Karl Scharnagl		
		1949–56	Dr. Walther von Miller		
		1956–60	Adolf Hieber		
1960–72	Dr. H. J. Vogel OB	1960–68	Georg Brauchle	1960–72	Albert Bayerle
		1968–72	Dr. Hans Steinkohl		
1972–78	Georg Kronawitter OB	1972–78	Helmut Gittel	1972–78	E. Müller-Heydenreich
1978–84	Erich Kiesl OB	1978–90	Dr. W. Zehetmeier	1978–84	Helmut Gittel
1984–93	Georg Kronawitter OB	1990–93	Christian Ude	1984–90	Dr. Klaus Hahnzog
1993–	Christian Ude OB	1993–	Gertraud Burkert	1990–96	Sabine Csampai
				1996–	Hep Monatzeder

* Der Titel Oberbürgermeister wurde vom Innenministerium gegen Ende der Monarchie und dann ab 1922 an besonders verdiente berufsmäßige erste Bürgermeister verliehen. 1933 erfolgte die Titelverleihung durch Beschluss des Stadtrats. Seit 1935 gilt dieser Titel als Amtsbezeichnung aller Ersten Bürgermeister.

Die Ministerpräsidenten des Freistaats Bayern von 1918 bis heute

1918–19 Kurt Eisner (USPD)
1919–20 Johannes Hoffmann (MSPD)
1920–21 Gustav von Kahr (parteilos, der BVP nahestehend)
1921–22 Hugo von Lerchenfeld (BVP)
1922–24 Eugen von Knilling (BVP)
1924–33 Heinrich Held (BVP)

Nach Gleichschaltung des Landes:
1933 Franz Ritter von Epp (Reichsstatthalter, NSDAP)
1933–42 Ludwig Siebert (NSDAP)
1942–45 Paul Giesler (NSDAP)

Nach Wiedererrichtung des Freistaats:
1945 Fritz Schäffer (CSU)
1945–46 Wilhelm Hoegner (SPD)
1946–54 Hans Ehard (CSU)
1954–57 Wilhelm Hoegner (SPD)
1957–60 Hanns Seidel (CSU)
1960–62 Hans Ehard (CSU)
1962–78 Alfons Goppel (CSU)
1978–88 Franz Josef Strauß (CSU)
1988–93 Max Streibl (CSU)
1993– Edmund Stoiber (CSU)

Äußeres Schwabinger Tor (wegen Nähe zur Salvatorkirche auch *Unsers Herrn Tor* genannt), vor der heutigen Feldherrnhalle etwa in der Flucht des Festsaalbaus der Residenz gestanden: Torturm 1318/19 errichtet, die viereckigen Flankentürme (erste Entwicklungsstufe) zwischen 1400 und 1430 errichtet; 1817 abgebrochen.

1. Wall- (oder Mauer-) Ring ab ca. 1175: heute noch im Verlauf von Hofgraben, Schäffler- und Augustinerstraße, von Färbergraben und Rosental sowie entlang der ›Altstadt-Terrasse‹ (d. h. Sparkassen- bis Pfisterstraße) mit ca. 1400 m Länge ablesbar: *›Heinrichs-stadt‹* (›Welfen-Ei‹ oder ›Urbs Leonina‹) mit ca. 17 ha Fläche (→ Plan S. 10). 1173/74 schriftlich ein Ortolf (»qui preest muro«), der um diese Zeit vermutlich eher einen Wall (»murus«) aus dem Aushub eines vorgelegten (wahrscheinlich gefluteten) Grabens hatte anlegen lassen als eine echte Mauer (ebenf. »murus«); einbezogen an Nordostecke vielleicht ein herzoglicher Fronhof (Michael Schattenhofer) oder Wohnsitz des Stadtherrn (als → *Alter Hof* wohl nach 1255 entstanden: Helmuth Stahleder). Wo die einmündenden bzw. beginnenden Überlandstraßen den Bering erreichten, sind im Wall bereits feste Tore anzunehmen: *Talburgtor* im Osten (bis 1944 im Turm des Alten Rathauses, → Zeichnung, S. 241) *Kaufinger-/Kufringerturm* im Westen› (→ Kaufingerstraße), *Krumleinsturm* im Norden, *Ruffini-/Blauententurm* (›Ruffiniturm‹, → Rindermarkt 10) im Süden, alle (Tor-) Türme zu Beginn 19. Jh. geschleift. – *Erste Stadterweiterungsphase* gegen Osten unter den Herzögen Ludwig I. und Otto II. bis etwa Mitte 13. Jh. durch Einbeziehen des Vorgeländes bis zur heutigen Linie Radlsteg-Hochbrückenstr.; dabei Anlage des Hei-

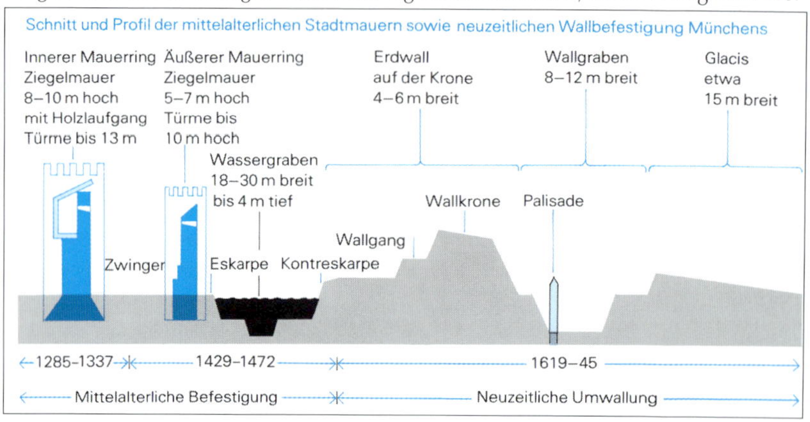

liggeistspitals (wahrscheinlich 1208) sowie Bau zweier Nebentore: *Graggenauer Tor* (beim Kosttor) und *Drächselturm* (beim Rosental). ***2. Mauerring:*** Ansiedlungen außerhalb der Urbs Leonina (seit Anfang 13. Jh.) führten unter Herzog Ludwig II. zur Anlage eines zweiten Berings, bis zu Ludwigs Tod 1294 im Wesentlichen abgeschlossen; Einbeziehen des ehem. ›Gries‹ (→ Tal) bis zum 1337 vollendeten Isartor unter Kaiser Ludwig dem Bayern. Dieser zweite (Innere) Mauerring schützte ein ca. 100 ha großes Stadtgebiet; er bestand aus einer zwischen 8 und 10 m hohen Mauer mit Laufgang; bei rd. 4 km Länge 49 vorspringende Türme für flankierende Verteidigung (bis 13 m hoch) sowie 5 Stadttore (mit Hauptturm, Wehrhof und zur Feldseite vorgeschobenen 2 Flankierungs- bzw. Zwingertürmen zu Torburgen ausgebaut) und 2 Einlässe: *Schwabinger Tor* (›Unsers-Herrn-Tor‹, abgebrochen 1817, → Odeonsplatz); *Neuhauser Tor* (›Karlstor‹ → Karlsplatz); *Sendlinger Tor* (→ Sendlinger-Tor-Platz); *Angertor* (›Oberländertor‹, Hauptturm 1804, Wehrhof und Flankentürme 1869/71 abgebrochen, → links); *Schiffertor* am Einlaß (›Einlaßtor‹, abgebrochen 1824); *Isartor* (→ Tal 50), nordöstlich davon Errichtung des ›Lueginsland‹-Turms (um 1340, → Schaubild S. 242); *Kosttor* (abgebrochen 1872). An NO-Ecke ab 1385 (Bürgeraufstand) Errichtung der ›Neuveste‹ (→ Max-Joseph-Platz 3) als Wasserburg unter Einbeziehung zweier Türme der neuen Stadtmauer, jedoch Öffnung der Stadt zur Neuveste (Funktion einer landesherrlichen Zwingburg). Von 1429 (Hussitengefahr) bis 1499 Verstärkung der Befestigung durch ***Äußeren Mauerring*** (5–7 m hohe Ziegelmauer) mit 35 (Schalen- und Artillerie-)Türmen (bis 10 m hoch) und Anlage des 18–30 m breiten und bis 4 m tiefen Wassergrabens; zwischen beiden Mauern in Abschnitten unterteilter Zwinger. – Bei Bauarbeiten 1984 Aufdeckung von Fundamenten des inneren und äußeren Mauerrings im Bereich nördlich

Angertor (nach Sandtners Stadtmodell von 1572), etwa an der Stelle des heutigen Hochhauses am Unteren Anger gelegen: Torturm ca. 1300–1310 entstanden, abgebrochen 1804; die dreiviertelrunden Zwingertürme (letzte Entwicklungsstufe) um 1460–70 errichtet, 1869 abgetragen.

des Isartors (→ Schaubild S. 242); für die äußere Mauer bemerkenswert der Unterbau aus Buckelquadern.
Als *Deckungswerk* am stadtseitigen Brückenkopf Errichtung eines »torhäusl auf der Isarbrucken« 1421, noch bestehend 1493 (München-Ansicht in Schedel-Chronik; → S. 9); Neubau eines festen *Torturms* 1517/19, ›Roter Turm‹ (Name durch Bemalung oder Blankziegelbau?). Hier Gemetzel beim Oberländer Aufstand 1705, von den Franzosen 1796 so schwer beschädigt, dass Abbruch notwendig. – Verbürgt die reiche *Bemalung* der Tore und Türme durch Polack (1488), aber keine Bildquellen (wohl ähnlich dem ›Bayertor‹ in Landsberg/Lech, 1425); dagegen spätere Dekorationen der Türme *in* der Stadt (z. B. ›Schöner Turm‹/Kaufinger Tor) in bildlichen Darstellungen überliefert.
Ausbau zur ***Festung*** (1619–32 und 1638–45) durch Umwallung mit Erdwall, Wallgraben (8–12 m breit, durch Palisade verstärkt) und Glacis; neuitalienisch-niederländisches System aus 9 *Bastionen,* z. T. durch *Kavaliere* verstärkt, einige der *Kurtinen* mit Mittelbastionen; vor dem Sendlinger und Neuhauser Tor Anlage einer *Barbakane* (→ Zeichnung S. 184); Zugang zu Schwabinger und Isartor in den Waffenplatz der Kurtine einbezogen. Da eine bereits um 1583 geplante Festungsanlage »auf dem Isarberg« (wohl Gasteig) nicht ausgeführt wurde, bestand die Schwäche der Festung München schon zur Zeit ihrer Anlage; im Verlauf des ausgehenden 17. und vor allem im 18. Jh. zunehmender Verfall der Festungsanlagen und Überbauung durch private Nutzung (Bastionsschlößchen, Gärten, gewerbliche Nutzung); deshalb gegen Ende des 18. Jh. Aufgabe der Festung: mit Niederlegung der Neuhauser Bastion (1791) allmählicher Beginn der ***Entfestigung*** und nachfolgende städtebauliche Neugestaltung (→ Maximiliansplatz, → Odeonsplatz, → Sendlinger-Tor-Platz) sowie beginnende Stadterweiterung (→ Maxvorstadt). – Nach C. v. Fischers und F. L. v. Sckells Konzept der Stadterweiterung mit fließenden Grenzen zum Umland entwarf Klenze im Auftrag des reaktionären Kronprinzen Ludwig ab 1816 die Anlage einer neuen festen Stadtbegrenzung durch palisadenbewehrten Wall mit vorgelegtem Trockengraben, der nach dem Wiener Vorbild von 1704 (!) als ***›Linienwall‹*** bezeichnet wurde. Mit Einbindung von Stadttoren am Königsplatz (Propyläen), am Ende der Ludwigstraße (Siegestor) und am Gasteig Verlauf des rd. 17,5 km langen Berings 1822 festgelegt; Baugenehmigung 1824 und Beginn der Vermessung; 1825 erster Abschnitt abgesteckt – jedoch 1826 Abbruch des Unternehmens wegen zu hoher Kosten. (Ähnliche Anlagen in Rom, Porta del Popolo, die ›Barrieres‹ in Paris, die ›Zollmauern‹ in Berlin.)
Schutzbauten im 2. Weltkrieg Luftschutzbauten in ganz Europa bereits in 1920er Jahren; bereits bei Kriegsbeginn(!) Errichtung von Schutzbauten (Hoch- und Tiefbunker) nach lufttaktischen Überlegungen in dicht bevölkerten Vierteln. Planung und Ausführung durch Baureferat (K. Meitinger) der Stadt: 21 mehrstöckige *Turmbauten* (z. B. Hotterstr. 1; Riesenfeldstr. 2) mit Sanitär- und Belüftungsanlagen für rd. 200 bis 800 Schutzplätze sowie sog. ›Geschossbunker‹ an Wohnbauten (→ Prinzregentenstr. 99–111); ferner 6 *Tiefbunker* (z. B. Elisen-/Luisenstr.) mit durchschnittlich je 700 Schutzplätzen. (Großteils zwischen 1990 und 1992 entwidmet.) Noch im Krieg Anlage eines bombensicheren Operationsbunkers unter Klinikum links der Isar (durch Universitätsbauamt). – *Neuere Schutzbauten* als im Stadtgebiet verteilte Großschutzanlagen (wie Tiefgaragen) konzipiert.

Sendlinger Tor (nach Sandtners Stadtmodell): Torturm ca. 1310 vollendet, 1810 abgebrochen, die (in Wirklichkeit 6-eckigen) Zwingertürme (vorletzte Entwicklungsstufe) um 1450 entstanden und verändert erhalten. Die gleichzeitig errichtete Barbakane nach 1810 in mehreren Etappen geschleift.

Der Verlauf der ehem. *Befestigung* in München heute nicht mehr klar sichtbar (wie Ringstraßen z. B. in Wien, Köln), am deutlichsten in Schräglage des Maximiliansplatzes (vor Kreuzviertel) oder im Verlauf der Sonnenstraße (vor Hackenviertel).

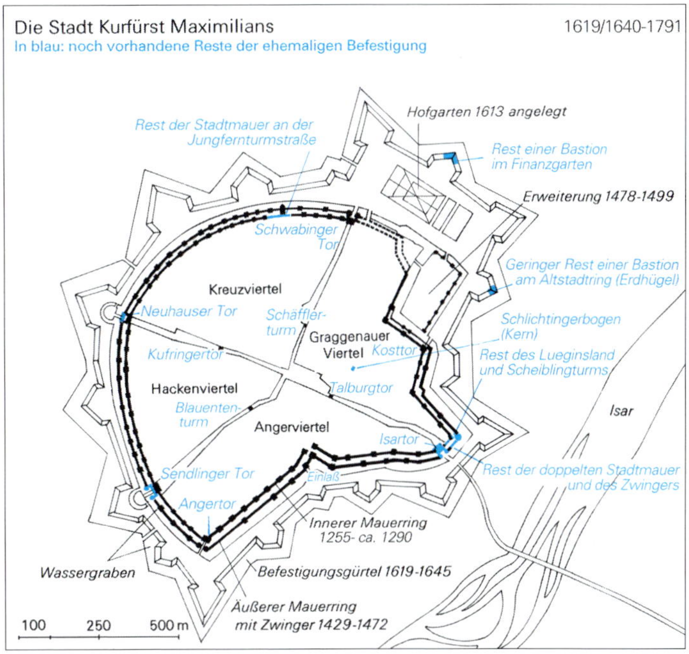

Das Altmünchener Bürgerhaus

Das frühe Münchener Bürgerhaus ist eine auf städtische Bedürfnisse mit geringer Ökonomie zugeschnittene, selbstständige Weiterentwicklung der beiden einheimischen Bauernhofformen – des im Süden der Stadt verbreiteten alpenländischen Blockhauses mit flachem, steinbeschwertem Legschindeldach und des im Westen und Norden vorherrschenden Holzständerbaus mit steilem Strohdach.

Flachdachhaus

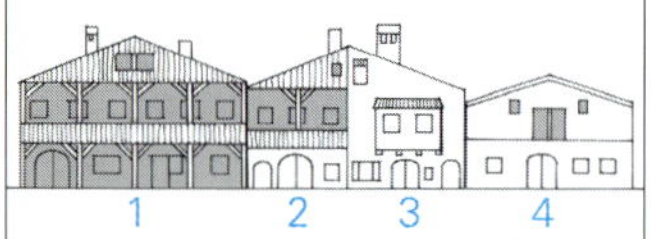

Romanik und Gotik Ursprünglicher Typ war das ein- oder zweigeschossige schindelgedeckte und mit Isarsteinen belegte *Flachdachhaus*, dessen weit über die Stirnwand vorgezogenes Pfettendach das Anlegen von Trockenböden und Holzlauben ermöglicht (**1**). Dabei häufig Anwendung des sog. ›Mittenwalder Schemas‹: Vereinigung zweier Anwesen unter einem First (**2, 3**). Schon früh Übergang zu teilweise (**4**) oder ganz (**3**) in Ziegel ausgeführtem und seit dem 14. Jh. verputztem Bau, der durch Flacherker akzentuiert wird (Fachwerk dagegen war in München nie heimisch). Die letzten vier Häuser dieses altertümlichen Typs standen noch 1572 an der Wein- (**1–3**) und Sendlinger Straße (**4**) und sind zwischen 1597 und 1613 verschwunden.

Grabendachhaus
Punktiert: Neigung des Grabendaches

Vorschriften von 1342 und 1370, die Holzdächer verbieten bzw. deren Ummantelung mit Feuermauern fordern, führen zur Sonderform des – vor allem von den Inn- und Salzachstädten her bekannten – *Grabendachhauses* mit horizontaler Giebellinie. Abweichend von der Innstadtbauweise besaß diese in München schon im 17. Jh. rückläufige und heute gänzlich verschwundene Hausform jedoch nur einen Dachgraben in Hausmitte (**5, 8**) oder ein seitlich (**6**) oder nach rückwärts geneigtes Pultdach (**7**) zwischen den Vorschussmauern, die ihrerseits mit Zinnen und später mit Schweif-›Giebeln‹ versehen sein können.

Straßengiebelhaus

Das daneben übliche, aber seltenere *Straßengiebelhaus* mit einfachem glatten, nach altbayerischer Sitte ohne Dachüberstand konstruiertem Giebel (**10**: Pfisterstr. 10, heute zum Traufenhaus verändert) wächst von anfangs zwei (**11**) auf drei Geschosse (**12**) an, wird mit Treppe (**9**) und Zinnen (**11**), teilweise nach Landshuter Art auch mit Lisenen (**12**) oder Blendarkaden im Giebelfeld und mit abwechslungsreichen, oft asymmetrisch angebrachten Flacherkern bereichert. Feuerpolizeiliche Vorschriften von 1489 führen zur Münchener Sonderform des *Halbgiebelhauses* (**13**: → Hotterstr. 18).

Traufenhaus mit und ohne Gauben

Seit Ende des 15. Jh. Übergang vom Giebel- zum *Traufenhaus* (**14**: St.-Jakobs-Platz 15), dem aus praktischen Gründen künftig bevorzugten Haustyp Altmünchens, der freilich die Einführung eigener Aufzugsgauben erfordert, um Lagergut in den Dachraum zu befördern. Diese manchmal in Hausmitte, meist aber an einer (**15**: Platzl 2) oder beiden Kommunmauern (**16**: Sebastiansplatz 7) – auch zusätzlich zur Mittelgaube (**17**: Burgstr. 5) – angebrachten Gauben werden unter dem Begriff ›Ohrwaschln‹ ebenso zum Charakteristikum des Altmünchener Bürgerhauses wie die im Innern durch alle Geschosse in einem Lauf führende steile ›Himmelsleiter‹ (Burgstr. 5).

Zierformen der Renaissance

Von der Renaissance zum Klassizismus bleiben *Giebel-* und vor allem *Traufenhaus* als Grundtypen des Altmünchener Bürgerhauses im Kern gleich, nur ihre äußere Erscheinung ist stilistischem Wandel unterworfen. Das Grabendachhaus stirbt im Verlauf des 18. Jh. aus oder wird zum Traufenhaus umgebaut. Im 16. Jh. kennzeichnen *Anwachsen der Höhe* bis zu 4 und 5 Geschossen in Verdichtungszonen sowie *Formenreichtum* die nun – im Verein mit der überkommenen Bausubstanz – sehr abwechslungsreiche Hauslandschaft; Lauben im Erdgeschoss (**5**) und Innenhöfe, Eckerker mit Zwiebelhauben (**18, 21**), Schweifgiebel (**18, 20**), Schwibbogen, oft als Verbindung zwischen den Aufzugsgauben (**21**; historisierend nachempfunden am Verbindungsbau des Stadtmuseums am Oberanger) und bewegt gestaltete Vorschussmauern über der Trauflinie

(**19, 21**). Zahlreiche Fassaden durch Putzdekor mit Felderteilung oder großzügige dekorative und szenische Bemalung hervorgehoben (einzig → Burgstr. 5 erhalten).

Im **Barock** erfolgen häufig Aufstockungen oder Neubau, bevorzugt in Form des Traufenhauses, wobei Vereinigung benachbarter Anwesen zu breiteren Fronten führt. Anspruchsvollere Fassaden werden weiterhin freskiert (**22**: Asam-Schlößchen noch 1729/30, → Maria-Einsiedel-Str. 45) oder zeichnen sich – dem Adelspalast nacheifernd – durch *architektonische Gliederung* mit Gesimsen, Lisenen, Segment-, Spreng- oder Dreiecksgiebeln über den Fenstern aus (**23**: ehemaliges Maffeihaus 1685 ff.).

Seit dem **Spätbarock** Aufbringen von zeittypischem *Stuckzierat* (**24** Bandelwerk, → Promenadeplatz 15), der im **Rokoko** zur Asymmetrie neigt und in Einzelfällen in freier Entfaltung bis zur Negierung der Tektonik geht (Asamhaus → Sendlinger Str. 61, vgl. Abb.), sich im **Louis-seize** wieder beruhigt und architektonisch verfestigt (**25** → Damenstiftstr. 41). Die *Fassadenmalerei* reduziert sich im 18. Jh. auf kleinere dekorative Gliederungen oder figürliche Darstellungen, vor allem Hausmadonnen (auch in Relief: Oberanger 8). Die Mittelschicht behält oft die ältere *Putzgliederung* (**26**: → Hackenstr. 10) oder *Felderung* (Tal 16), dem Zeitgeschmack angepasst, bei, das Kleinbürgertum sogar die einfache, schmucklose spätgotische Form des Traufenhauses mit und ohne Gauben (Sebastiansplatz 3–8). **Klassizismus** und **Historismus** führen zur Aufgabe lokaler Eigenheit und damit zum Ende des Altmünchener Bürgerhauses.

Der Regionalismus der Jahrhundertwende (1900)– vor allem unter G. v. Seidl und seiner Schule – entdeckt die Altmünchener Hauskultur wieder neu und bedient sich ihrer Formensprache in der großbürgerlichen Miethausarchitektur. Seine Nachschöpfungen sind heute bereits wieder Dokument geworden: Sie führen Fassaden vor, deren originaler Typus durch die Baulust der Gründerjahre und die Zerstörungen des Krieges verloren ist (Fürstenfelder Str. 10, Salvatorstr. 2 u. a.)

Musterbeispiele für die Wiederbelebung heimischer Bauformen sind die *Ruffinihäuser* (→ Rindermarkt 10) von Gabriel v. Seidl (1903–05).

KUNST IN MÜNCHEN

Tendenzen, Höhepunkte und Ausstrahlung

1. Hälfte 11. Jh. (mehr als 100 Jahre vor der Stadtgründung): 1. Peterskirche auf dem Petersbergl.
1120/30 ›Milbertshofner Kruzifixus‹: älteste Plastik des Münchener Raumes (Bayerisches Nationalmuseum).
1221 *St. Jakob am Anger* (zerstört): ihr Kreuzrippengewölbe einer der frühesten Ansätze der Gotik in Bayern.
1271 Romanische *Marienkirche* als 2. Pfarrkirche errichtet: Vorgängerin des jetzigen gotischen Doms.
1281–92 Neubau von *Sankt Peter.*
1290–94 *Augustinerkirche erbaut.*
1357 1. Erwähnung eines einheimischen Steinmetzen *Ulrich Maurer.* Bis dahin Wanderkünstler zeitweise in München tätig.
1370 In München arbeiten 10 *Goldschmiede* (mehr als in Frankfurt, Hamburg oder Straßburg).
gegen **1400** *Schrenkaltar* (Peterskirche): einziger an Ort und Stelle original erhaltener gotischer Altar Münchens.
1400 ff. Aufkommen bodenständiger Malerei.
1405/10 Gabriel Angler in München geb., bedeutendster Stadtmaler († nach 1486).
1430 *Walter von München* geschätzter Steinbildhauer in Italien.
1434–37 Hochaltarbild von Gabriel Angler in Liebfrauenkirche teuerstes Altarbild seiner Zeit (verschollen).
1453 ff. Frühe Münchener Malerschule unter *Gabriel Mälesskircher.*
1468–94 erbaut *Jörg von Halsbach* († 1488) die *Frauenkirche:* größte spätgotische Hallenkirche Süddeutschlands.
1470 ff. Münchens Anziehungskraft auf Maler und Bildhauer zusehends wachsend. Spätgotik: Erster Höhepunkt der Kunst in München. Bis 1475 *Altes Rathaus* als 1. überragende Leistung weltlicher Kunst entstanden.
1474–1518 *Erasmus Grasser* in München tätig: Vollender der süddeutschen spätgotischen Plastik (Moriskentänzer 1480).
1479–1519 *Jan Polack* in München: Gipfel spätgotischer Malerei.
1490 *Blutenburger Apostel* weiterer Höhepunkt spätgotischer Plastik.
1493 *Peter Hemmel von Andlau,* bester Glasmaler der Zeit, schafft das *Scharfzandt-Fenster* im Dom.
1500 ff. Blühende Plattnerkunst: Prunkrüstungen der französischen Könige in München angefertigt.
1505 etwa der Münchener Erzgießer *Gilg Sesselschreiber* zum Bau des Maximiliansgrabes nach Innsbruck berufen.
1508–50 *Wilhelm IV.:* Eindringen der Renaissance, Anlage der 1. Gemäldegalerie.
1518 Anlage des 1. *Hofgartens* an der Stelle des jetzigen Marstallplatzes.
1525 Frauentürme erhalten *Welsche Hauben:* Siegesmal der Renaissance.
1528–40 *Barthel Beham* Hofmaler.
1541–73 *Mielichs* Porträtkunst sichert Führung Münchens vor Augsburg und Nürnberg. Seine illuminierten Handschriften erreichen den höchsten Stand der Renaissance-Buchkunst und gehören damit zu den schönsten Büchern der Welt.
1550–79 *Albrecht V.* begründet Ruf Münchens als Kunststadt. Münchener Sonderleistung: eigenständige deutsche Frührenaissance mit den folgenden beiden Bauten:
1563–67 *Münzhof,* urspr. mit *Kunstkammer,* einem der 1. Museen nördl. der Alpen;
1569–71 *Antiquarium:* größter Profanbau der deutschen Renaissance, zugleich 1. deutscher selbständiger Museumsbau.
1578–90 etwa *Georg Hoefnagel,* Spezialist genauester Naturwiedergabe, in München tätig.
1579–97 Unter *Wilhelm V.* (wie seinem Nachfolger) 2. Höhepunkt der Kunst: München Zentrum des internationalen Manierismus.
1580 Berufung von *Friedrich Sustris* und weiteren italienischen wie niederländischen Künstlern.
1581–88 *Grottenhof* (Residenz): kostbarster Freiraum seiner Zeit.
1583–97 *Michaelskirche:* größte Renaissancekirche des Nordens, zugleich einmalige Initialleistung als Vorbild über 2 Jahrhunderte hin. Dadurch künstlerische Basis für den kommenden Barock.
1586 2. Berufungswelle: u. a. *Candid* und *Gerhart.* 1. Blüte des Münchener Erzgusses.
1588 *Jan Sadeler* aus Antwerpen lässt sich in München nieder: begründet zusammen mit Raphael und Egid Sadeler bedeutende Kupferstechertradition.
1590–96 etwa *Hans von Aachen* in München tätig.

Seeoner Vesperbild, um 1400, (Bayerisches Nationalmuseum).

1597–1651 *Maximilian I.:* München nach Augsburg und Prag Kunsthauptstadt Süddeutschlands. Betont nationaler Zug: Bevorzugung und Förderung deutscher Künstler. *Krumper:* Vollender einheimischer Renaissance. Übergang zum Barock.
1601–18 *Maximilianische Residenz:* größte Schloßanlage ihrer Zeit.
1604 Gründung der *Teppichmanufaktur.*
1610 etwa geht Münchens führende Rolle in der Malerei an Augsburg über.
1613 Anlage des 2. (jetzigen) *Hofgartens.*
1616 *Kaisertreppe* (Residenz): 1. monumentales Treppenhaus nördlich der Alpen.
1628 Der Dürerbewunderer Kurfürst Maximilian erwirbt die *Vier Apostel.*
1637–38 *Mariensäule:* als politisch-religiöses Mahnmal beispielgebend für süddeutsch-österreichisch-böhmischen Raum.
1651–79 *Ferdinand Maria:* Blüte höfischen Hochbarocks unter Führung der von Henriette Adelaide favorisierten italienischen Kräfte.
1654–60 *Karmelitenkirche:* 1. Barockkirche Münchens.
1663–90 *Theatinerkirche:* 1. Großbau des Hochbarocks in Deutschland.
1664–76 *Schloß Nymphenburg* (Kernbau): nach dem Vorbild italienischer Landvillen.
1674 *Kuppel* der Theatinerkirche: Gipfel italienischen Kuppelbaus in Süddeutschland. Ablösung der italienischen durch *Graubündner Kräfte,* die bis etwa 1725 beherrschend bleiben.
1679–1726 Unter *Max Emanuel* weiterer Höhepunkt: Kurfürstenbarock. Bis zur Jahrhundertwende beherrscht der *Italianismus* noch Malerei und Architektur; Ausbildung einer von Italien unabhängigen Plastik unter Ableithner und Faistenberger.
1685 ff. Schloß *Lustheim:* Erstes Beispiel spätbarocken Schloßbaus und der Großmalerei in Deutschland.
1690 ff. Statthalterschaft des Kurfürsten in den Niederlanden: daher niederländisch-französische Einflüsse auf Münchener Kunst. Große Käufe für die Bildergalerie, darunter 101 Gemälde in Antwerpen: Grundstock der Niederländer- und Barockabteilung der späteren Alten Pinakothek.
1692 *H. G. Asam* (Vater der Brüder Asam): 1. barocke Gewölbemalerei in München (Kapelle der Englischen Fräulein, zerstört).
1693/94 *Palais Portia:* 1. Barockpalais der Stadt.
1701 ff. *Schloß Schleißheim* (unvollendet; erst durch Ludwig I. 1847/48 ausgebaut).
1702 ff. Ausbau *Nymphenburgs* (mit 685 m Gesamtbreite) zum größten Barockschloß Deutschlands.
1704–14 Exil des Kurfürsten in Niederlanden und Frankreich bringt entscheidende Wende zur französischen Kunstauffassung im höfischen Barock. Im Kirchenbau weiterhin italienischer Geschmack vorbildlich. Österreichische Okkupation der Stadt lässt Münchener Künstler nach Österreich wirken: Faistenberger liefert Kruzifix für Mariazell, Wolff Hochaltarbild nach Kremsmünster, Gumpp und Steidl freskieren im oberösterreichischen St. Florian (1. gewölbeüberspannende Deckenmalerei im kirchlichen Bereich).
1706 Josef Ignaz Appiani in München geboren († 1785).
1715 ff. Allmähliche Ablösung italienischer Kräfte durch deutsche Künstler. *Brüder Asam* entwickeln eigenen römisch beeinflussten Asam-Barock. Münchener Künstler nun vom Rhein bis Mähren, von Westfalen bis Südtirol tätig.
1724 *Magdalenenkapelle* (Nymphenburg): ganz frühes Beispiel der Ruinenarchitektur mit gotischen Stilelementen.
1726–45 Unter *Karl Albrecht:* Künstlerische Sternstunde Bayerns und Münchens. *Bayerisches Rokoko* und *Münchener Hofkunst* eine der größten Epochen der Weltkunst. *Reiche Zimmer* (Residenz): »Schönstes Rokoko der Welt« (J. Burckhardt).
1726–68 *Simon Troger,* bedeutendster Elfenbeinschnitzer des Rokoko, wirkt in München.
1730 *Januarius Zick* in München geboren († 1797 Ehrenbreitstein), Sohn des Malers Johann Zick, der von 1728 bis 1744 in München lebt.
1732–35 *St. Anna* am Lehel: 1. Rokokokirche Bayerns (Verbindung von Längs- und Zentralraum).
1734–39 *Amalienburg* (Nymphenburg): schönstes Rokokolustschlösschen der Welt.
1743–75 *Ignaz Günther* in München tätig: Vollender der Rokokoplastik.
1745–77 *Max III. Josef:* Vollendung und Ausklang des Rokoko. Übergang zum Klassizismus.
1751–53 *Cuvilliéstheater:* Schönstes Rokokotheater der Welt.
1754–63 (†) *Bustelli* in München: Höhepunkt der Porzellanplastik (Commedia-dell'-arte-Figuren).

Hochbarocker italienischer Stuck in der Theatinerkirche St. Kajetan.

›Reiche Zimmer‹ in der Residenz (1730–37): *Paradeschlafzimmer.*

Bustelli: *Leda* aus der ›Ital. Komödie‹.

St. Bonifaz: *Kapitelle* der Eingangshalle.

Ehem. Wittelsbacher Palais, Historische Ansicht.

Erzstandbild der *Bavaria*, enthüllt 1850.
Franz Hanfstaengl (1804-1877).

1768 *Winckelmann* in München.
1777–99 *Karl Theodor:* unsichere Stilhaltung zwischen absterbendem Rokoko und gemäßigtem Klassizismus.
1781 *Öffnung* der kurfürstlichen Gemäldesammlung in der Hofgartengalerie für die Allgemeinheit.
1788 1. Kunstausstellung in München.
1805/06 Überführung der Düsseldorfer und Mannheimer Galerie nach München.
1808 Gründung der *Kunstakademie.* – Maler Carl Spitzweg geboren († 1885).
1808, 1810, 1812 Generalpläne legen die Stadterweiterung (u. a. Maxvorstadt) fest.
1811 Beginn der von der Akademie veranstalteten Kunstausstellungen.
1811–18 *Nationaltheater:* letztes Opernhaus in klassischer Stiltradition.
1813 Kronprinz Ludwig erwirbt *Ägineten* für München (Glyptothek).
1814 *Klenze* berufen: Schöpfer des klassizistischen neuen München. Ausstrahlung des Münchener Klassizismus bis nach Sankt Petersburg und Athen.
1820 ff. Erneuerung der Freskomalerei durch P. Cornelius; Entwicklung des monumentalen Historienbildes.
1823 Domenico Quagli *n* in Deutschland.
1824 ff. 2. Blüte des Bronzegusses (Johann Baptist Stiglmaier und Ferdinand Miller).
1825–48 *Ludwig I.:* letzter Höhepunkt eigenständiger Münchener Kunstentwicklung. Die Stadt wird neben Berlin Zentrum des deutschen Klassizismus. Aufstieg Münchens zur Kunstmetropole Deutschlands.
1826–36 *Alte Pinakothek* größter Galeriebau seiner Zeit.
1827 König Ludwig I. erwirbt die *Sammlung Boisserée* aus Privatmitteln und begründet durch Kabinettsorder die staatliche *Denkmalpflege.* Ablösung Klenzes durch *F. Gärtner* im Bau der *Ludwigstraße:* Aufkommen der romantisch-historisierenden Baugesinnung.
1828 Hofmaler *Josef Stieler* porträtiert Goethe in Weimar.
1831 Franz *Hanfstaengl* gründet Lithographieanstalt und wird zum gesuchtesten Porträtlithographen Deutschlands (ab 1852 Porträtfotograf mit gleichem Erfolg). *Gesellschaft für teutsche Alterthumskunde von den drei Schilden gegründet* (1837 im *Historischen Verein* aufgegangen): Beginn der Neugotik auf wissenschaftlicher Basis sowie der Denkmalpflege.
1840–90 Blütezeit Münchens als *Kunststadt:* Bevorzugter Studienplatz angehender Künstler des In- und Auslandes, denen die freiheitliche Atmosphäre der Stadt mehr Möglichkeiten zur persönlichen Entfaltung gibt als Wien oder später auch Paris.
1848–64 *Max II.:* Ausbildung des historisierenden *Maximilianstiles,* eines Münchener Spezifikums.
1851 Gründung des *Bayerischen Kunstgewerbevereins:* Reaktion auf den lebensfremden Lehrbetrieb der Akademie der Bildenden Künste.
1853 *Glaspalast:* Erster moderner Glas-Eisen-Großbau des Kontinents (1931 abgebrannt).
1855 Gründung des *Bayerischen Nationalmuseums.*
1858 1. *Allgemeine deutsche Kunstausstellung* im Glaspalast.
1864–86 *Ludwig II.:* Seine zunehmende Weltflucht lässt alle Schloßbauten außerhalb Münchens entstehen. Der einzige größere Plan für München, Sempers *Festbau,* der eine der großartigsten Neurenaissanceschöpfungen geworden wäre, scheitert: ›Abdankung‹ des Königtums als stadtbaukünstlerischer Faktor.
1869 *1. Internationale Kunstausstellung:* Leibls ›Bildnis der Frau Gedon‹ größtes Ereignis. 1. Besuch Courbets in München.
1876 und **1888** im Gefolge *richtungsweisender Ausstellungen* Blüte des Kunsthandwerks: München steigt zum Zentrum der Ausstattungskünste im Deutschen Reich auf.
1876–84 arbeitet *Max Liebermann* bevorzugt in München, wo 1879 sein ›Zwölfjähriger Christus im Tempel‹ entsteht und auf der Internationalen Kunstausstellung im Glaspalast Skandal auslöst, der antisemitische Züge trägt.
1884/85 Lenbach porträtiert Papst *Leo XIII.* in Rom und 1879–95 wiederholt *Bismarck:* Er ist der gesuchteste und teuerste Porträtmaler Deutschlands.
1880 *Franz Marc* in München geboren (gefallen 1916).
1886–1912 *Prinzregent Luitpold:* historisierende bürgerlich-konservative Richtung unter dem beherrschenden Einfluss von *Lenbach* bringt die letzte eigenständige Münchener Kunstblüte.
1892 Gründung der ersten *Secession* in Deutschland. Erster Wettbewerb für *Stadterweiterungsplan,* im folgenden Jahr von Theodor Fischer Erstellung eines *Generallinienplans.*

1896 Zeitschrift *Jugend* gegründet: gibt der Kunstepoche bis zum Weltkrieg den Namen. München neben Darmstadt und Wien Zentrum des Jugendstils.
1897–1916 lebt und wirkt *Wassily Kandinsky* in München.
1902 erscheint Thomas Manns Erzählung ›*Gladius Dei*‹ mit den Anfangsworten »München leuchtete«, die heute meist in falschem Sinne zitiert werden, damals aber ironisch gemeint waren und eine harte Kritik an der äußerlich blühenden, innerlich aber weitgehend hohlen Kunst jener Zeit bedeuteten. Der norwegische Zeichner O. Gulbransson übersiedelt nach München († 1958 Tegernsee).
1905–09 Giorgio *de Chirico* lebt in München und besucht 2 Jahre die Akademie.
1906–21 *Paul Klee* in München.
1907 *Deutscher Werkbund* in München gegründet.
1910 *Kandinsky* malt in Schwabing das erste abstrakte Bild.
1911 Manifest *Der Blaue Reiter;* die Malerei dieser Gruppe als »die vorläufig letzte Sternstunde der Malerei in München« bezeichnet (Parallelgruppe ist ›Die Brücke‹ in Dresden).
1913 *Deutsche Werkstätten* gegründet.
1931 *Glaspalast* abgebrannt: u. a. 110 Bilder deutscher Romantiker vernichtet.
1934 Hitler ruft München zur ›Stadt der Deutschen Kunst‹ aus.
1937 *Tag der Deutschen Kunst:* Einweihung des Hauses der Deutschen Kunst. Gleichzeitig Verfemung der Moderne durch Ausstellung *Entartete Kunst.*
1940–45 Unersetzliche Verluste an Baustubstanz und Originalausstattungen durch 71 Luftangriffe.
1948 *Bayerische Akademie der Schönen Künste* gegründet.
1956 Erste *Deutsche Kunst- und Antiquitätenmesse* veranstaltet.
1960 ff. Zunehmende Verluste alter Bausubstanz durch Verkehrsausbau und Citybildung.
1975 Bayer. Staatsgemäldesammlungen erwerben mit ›Ostende‹ das erste Gemälde *W. Turners* in einer deutschen Galerie.
1981 Eröffnung der *Neuen Pinakothek* im Neubau an der Barer Straße.
1983 Stiftung der Sammlung *Wormland* an die Staatsgalerie moderner Kunst. – München besitzt die meisten Museen unter allen Städten der Bundesrepublik und weist die höchste Zahl an Besuchern auf.
1984 Eröffnung der reorganisierten und erweiterten *Staatsgalerie moderner Kunst* im Haus der Kunst.
1988 Bayerisches Nationalmuseum erhält *Museumspreis des Europarats.*
1992 Stefan Braunfels gewinnt Ersten Preis im Architekturwettbewerb für die *Dritte Pinakothek* (Pinakothek der Moderne).
1996 Erster Spatenstich zur *Pinakothek der Moderne* (Fertigstellung: 2002).
1998 *Museenlinie* (Bus 53) eingerichtet: dadurch 16 Museen mit einer Buslinie erreichbar.
1999 München ist *Auktionsstadt Nr. 1* in Deutschland. Umsatz der 18 Auktionshäuser rund 60 Mio. DM jährlich. – Renate Eickelmann Nachfolgerin im Amt des Generaldirektors des Bayerischen Nationalmuseums Reinhard Baumstark, der in gleicher Position zu den Bayerischen Staatsgemäldesammlungen wechselt.
2002 Eröffnung der *Pinakothek der Moderne.* Sie umfasst fünf Sammlungen: Staatsgalerie Moderner Kunst, Staatl. Graphische Sammlung, Neue Sammlung (Design) und Architekturmuseum der TU.

Manifest der Künstlergruppe *Der Blaue Reiter,* 1911.

Innenraum des 1823–28 von L. v. Klenze errichteten und 1944 zerstörten *Odeons* nach Norden.

Künstler in München (Auswahl)

Jörg von Halsbach (1410-88).

Jan Polack (1540-99).

Jörg von Halsbach (der Zuname *Ganghofer* erst seit 18. Jh. nachweisbar!), * um 1410 wohl Halsbach bei Burghausen, † 6.10.1488 München. Nach seiner Tätigkeit für die Klöster Ettal und Polling war er 1468-88 Stadtmaurermeister in München, wo er mit der *Liebfrauenkirche (Dom)* die größte Hallenkirche Süddeutschlands schuf: in der kraftvollen Tektonik und fast schmucklosen Monumentalität eine Münchener Sonderleistung (1468-88). Von ihm auch das *Alte Rathaus* (1470/74), wohl auch die *Allerheiligenkirche am Kreuz* (1480/85) sowie Erweiterungsbauten am Alten Hof und an der nicht erhaltenen Neuveste (ehemals an der Nordostecke der Residenz, vgl. S. 263).

Jan Polack, * um 1450 in Polen, † 1519 München. Erster bekannter zugewanderter Künstler und bedeutendster spätgotischer Maler Münchens; nach Ausbildung in Krakau, in Prag sowie in Franken und in den Niederlanden ab etwa 1477 hier tätig, 1482 erstmals erwähnt, 1488 Stadtmaler, als der er die Türme und Tore der Stadtmauer wie auch der Neuveste mit Wappen, Weckenmuster und religiösen Szenen schmückte. Werke in München im Liebfrauendom, in St. Peter, der Schloßkirche Blutenburg, der Dorfkirche Pipping sowie in Alter Pinakothek und Städtischer Galerie im Lenbachhaus.

Friedrich Sustris, * um 1540 wohl in Italien, † um Pfingsten 1599 München. Maler, Architekt und Kunstintendant Wilhelms V. Brachte die verfeinerte Kunst des niederländisch-italienischen Manierismus nach München, das damit zur süddeutschen Kunstmetropole der Spätrenaissance aufstieg. Hauptarchitekt von *St. Michael* (1583-95), das als größte Renaissancekirche des Nordens zugleich für den frühbarocken Sakralbau Bayerns richtungsweisend wird; von ihm auch *Jesuitenkolleg* (1585-97), *Grottenhof* der Residenz (1581-86), Umbau des *Antiquariums* (1581), Entwurf des *Perseusbrunnens* (um 1592). Außerhalb Münchens an Fürstenbau und -trakt der Burg Trausnitz ob Landshut, an Fuggerbau und St. Ulrich zu Augsburg und an Pfarrkirche von Dachau tätig.

Agostino Barelli, * 1627 Bologna, † 1687 oder auch später in Bologna (?), Architekt, 1663–74 in bayerischen Diensten, von Enrico Zuccalli abgelöst, dann Ratsbaumeister in Bologna. Leitet als wichtiger Vermittler italienischen Formguts und Stilwillens, die für die weitere Entwicklung des Barock in Bayern von größter Bedeutung werden sollten, die reichste Bauperiode Münchens ein: Leitung der ersten Bauphase an der *Theatinerkirche* (1663–69, dann wegen eines Kunstfehlers – Verwechslung des Bologneser und Bayerischen Fußes – Bauleitung durch den Theatinerpater Antonio Spinelli), am Kernbau von *Schloß Nymphenburg* (1664-74) und Entwurf zur Ausstattung der *Päpstlichen Zimmer* in der Residenz (1665-67).

Hans Krumper, * um 1570 in Weilheim, † zwischen 7. und 14.5.1634 München. Bildhauer, Stukkateur, Altarbauer, Architekt und Kunstintendant Herzog Wilhelms V. sowie Maximilians I. Seit 1584 für den Hof tätig, 1599 Nachfolger von Friedrich Sustris, 1609 Hofbildhauer, der die bayerische Plastik aus dem niederländisch-italienisch bestimmten Manierismus zum kraftvollen eigenständigen Frühbarock entwickelt. Münchener Werke: *Maximilianische Residenz* mit Stuckausstattung (v. a. in der *Hofkapelle,* 1614, und *Reichen Kapelle,* 1607) und *Patrona Boiariae* (1616; Fassade an der Residenzstraße), *Grabmal Kaiser Ludwigs des Bayern* (1619-22) in der Frauenkirche, *Hofgartentempel* (Putten, 1613), *Epitaphien* in Frauenkirche (*Priesterbruderschafts-Epitaph,* 1620), Heiliggeist (*Herzog Ferdinand,* um 1619), Allerheiligen am Kreuz (*Epitaph Götz,* 1627).

Enrico Zuccali, * um 1642 Roveredo (Graubünden), † 8.3.1724 München. Führender Baumeister des Münchener Hochbarocks ab 1669 in München, 1672 Hof-, 1677 Oberhofbaumeister. Löst 1674 Agostino Barelli im Ausbau von *Schloß Nymphenburg* und *Theatinerkirche* ab, mit deren bizarren Turmkuppeln er eine barocke Sonderschöpfung erbringt. Weiteres Wirken in der Stadt: *Raumgestaltung* in der Residenz, *Josephsburg* in Berg am Laim (1691-93; abgegangen), Mitwirkung an *Dreifaltigkeitskirche* (1713 ff.),

Schloß Lustheim (1684-88), Entwurf und 1. Bauphase des *Neuen Schlosses Schleißheim* (1695-1704), dort auch *Kanalsystem* (1687-94), sowie *Palais Portia* (1693/94), mit dem der hochbarocke Adelspalast das Münchener Stadtbild mitzuprägen beginnt. Außerhalb Münchens auch am Kloster Ettal (Kirche 1720-24, Kloster 1714-20) und an der Kurfürstlichen Residenz zu Bonn tätig (1697-1702).

Josef Effner (1687-1745).

Josef Effner, * 4.2.1687 Dachau, † 23.2.1745 München. 1715 Hof-, 1724 Oberhofbaumeister. Als Schüler Boffrands in Paris vollzieht er den Stilwandel vom italienischen zum französischen Geschmack, muss aber – so wie er den alten Zuccalli verdrängt hatte – seinerseits dem aufsteigenden Genie des Rokoko, Cuvilliés d. Ä., weichen. Von ihm in München das *Preysing-Palais* (Residenz-/Theatinerstraße, 1723-28), Schloß *Fürstenried* (1715-17), *Baden-* und *Pagodenburg* (1718-21 bzw. 1717-19), *Magdalenenklause* in Nymphenburg (1725–28, Beispiel vorromantischer Ruinenarchitektur mit neugotischen Elementen!), *Ausbau* der Schlösser *Nymphenburg* (1714 bis etwa 1730) und *Schleißheim* (1715-26) sowie *Zimmerfolgen* (1726-29) in der Residenz. Die nebenstehende Zeichnung gibt Effner nach einem verschollenen Porträt J. Amigonis wieder.

George Desmarées (1697-1776).

George Desmarées, * 29.10.1697 (alten Stils) Österby (Schweden), † 3.10.1776 München. 1730 bayerischer Hofmaler. Einer der bedeutendsten Vertreter französisch orientierter Bildkunst und führender Porträtist des Münchener Rokoko, auch für die Höfe in Bonn, Kassel und Würzburg tätig. Aus seinem weniger charakterisierenden als Repräsentation mit subtiler Koloristik verbindenden Œuvre Beispiele in der Residenz, Alten Pinakothek, Städtischen Galerie im Lenbachhaus und im Bayerischen Nationalmuseum sowie in den Schlössern Schleißheim, Nymphenburg und in der Amalienburg.

Kosmas Damian Asam (1686-1739).

Kosmas Damian Asam, * 28.9.1686 in Benediktbeuern, † 10.5.1739 in München. Maler, Freskant und Architekt. Schuf – meist in idealer Künstlergemeinschaft mit seinem Bruder Ägid Quirin – Altarblätter, Deckengemälde, prunkende und mystisch gestimmte Gesamtausstattungen im Sinne des barocken ›Theatrum sacrum‹, das er während seines Studiums in Rom (1711-13) kennen gelernt hatte. In München tätig an *Heiliggeistkirche* (1726/27), *Damenstifts-* und *Dreifaltigkeitskirche* (1732-35 bzw. 1714/15), *St. Johann Nepomuk* (Asamkirche), *St. Anna* im Lehel (1729-39), *Maria-Einsiedel-Kapelle* (1730) in Thalkirchen, wo er auch sein Privathaus, das *Asam-Schlößchen* (1724-30), errichtete, sowie im *Neuen Schloß Schleißheim:* in der Kuppel über der Haupttreppe eines seiner wenigen profanen Fresken (1721). Außerhalb Bayerns auch in Baden, Böhmen, Schlesien, Schweiz und Tirol tätig.

Ägid Quirin Asam (1692-1750).

Ägid Quirin Asam, * 1.9.1692 Tegernsee, † 29.4.1750 Mannheim. Bildhauer, Stukkateur und Architekt. Obwohl die frühere Annahme, er habe mit seinem Bruder Kosmas Damian 1711/13 in Rom studiert, wohl irrig ist, orientierte er sich mit seiner Kunst am römischen Spätbarock, vor allem an Berninis ekstatischer Pathetik. Er war – meist Zusammenarbeit mit seinem Bruder – überwiegend im sakralen Bereich tätig und schuf Werke unverwechselbarer Harmonie und farbsatter Pracht (Asam-Barock). In München wirkte er v. a. an seiner Privatkirche *St. Johann Nepomuk* mit *Wohnhaus,* dann an *Damenstifts-, Peters-* und *Heiliggeistkirche* sowie *St. Anna* im Lehel; außerhalb Münchens u. a. in Aldersbach, Einsiedeln, Freising, Osterhofen, Regensburg und Rohr.

Johann Michael Fischer, * 18.2.1692 Burglengenfeld in der Oberpfalz, † 5.5.1766 München. Bekanntester und bedeutendster Baumeister des altbayerischen kirchlichen Rokoko, das er durch seine Zentralbauideen zu den originellsten Raumlösungen entwickelt. Nach Wanderzeit in Böhmen und Mähren 1718 in München ansässig, 1723 Meisterrecht. Von den 32 Kirchen und 23 Klöstern seines Lebenswerks stehen in München: *St. Anna* im Lehel (mit der er die erste Rokokokirche überhaupt schuf) und *St. Michael* in Berg am Laim. Mitwirkung an *St. Georg* in Bogenhausen und an *St. Elisabeth.*

Johann Baptist Straub (1704-1784).

François de Cuvilliés (d. Ä.), * 23.10.1695 Soignies im Hennegau, † 14.4.1768 München. 1720–24 Studium in Paris, 1725 Hof-, 1753 Oberhofbaumeister, jedoch bereits seit 1728 (mit Unterbrechung 1745–50) für das Hofbauwesen bestimmend. Genialster Architekt und Dekorkünstler des süddeutschen Rokoko: *Cuvilliéstheater, Reiche Zimmer* (»Schönstes Rokoko der Welt«), *Hofgartenzimmer* und *Grüne Galerie* der Residenz, *Palais Preysing* (Prannerstr.) und *Holnstein, Amalienburg* im Nymphenburger Park sowie *Fassade* der Theatinerkirche (Mittelteil).

Johann Baptist Straub, * 25.6.1704 in Wiesensteig/Württemberg, † 15.7.1784 München. Bildhauer, lernte in München und Wien, ließ sich 1735 hier nieder, 1737 zum Hofbildhauer ernannt. Vater der bayer. Rokokoskulptur und Wegbereiter I. Günthers. Meist für Kirchen und Klöster tätig: Altaraufbauten und Kanzeln von harmonischer Einfügung in die Architektur, Figuren von volksnahem Ausdruck. Werke in München: in der *Dreifaltigkeitskirche, Allerheiligenkirche am Kreuz* und der Klosterkirche *St. Anna* im Lehel, *St. Georg* in Bogenhausen, *St. Michael* in Berg am Laim, in *Residenz* und *Cuvilliéstheater,* im Schloß und Park *Nymphenburg* sowie im *Bayerischen Nationalmuseum.*

Ignaz Günther (1725-1775).

Ignaz Günther, * 22.11.1725 Altmannstein (Oberpfalz), † 28.6.1775 München. Höhepunkt und Vollendung der Rokokoplastik. Lernte bei Straub in München, Egell in Mannheim, in Wien und Olmütz; ab 1754 eigene Werkstatt in München, im selben Jahr Hofbildhauer. Seine Schnitzfiguren von höchster Eleganz und subtiler Charakterisierung, überwiegend für Kirchen und Klöster Ober- und Niederbayerns entstanden. In München: Werke in *Dom, Bürgersaal, St. Peter, St. Johann Nepomuk* (Asamkirche), *St. Sylvester* und in den ehemaligen Dorfkirchen von *Bogenhausen, Thalkirchen* und *Johanneskirchen,* am Neuen Schloß zu *Schleißheim,* im *Bayerischen Nationalmuseum* und im Park von Schloß *Nymphenburg.*

Carl von Fischer (1782-1820).

Carl von Fischer, * 19.9.1782 Mannheim, † 11.2.1820 München; seit 1808 Professor für Baukunst an der Akademie München und Leiter aller großen Bauten der Stadt. Erarbeitete zusammen mit Sckell im Generalplan von 1812 die Grundzüge der großen neuzeitlichen Stadterweiterung, die hundert Jahre lang gültig blieben. Schuf 36 private und öffentliche Bauwerke in München, darunter das *Prinz-Karl-Palais* und das *Nationaltheater;* der Großteil seines Œuvres jedoch zerstört (darunter die Erstbebauung des Karolinenplatzes: Palais Asbeck, Palais Hompesch, Palais Törring und Haus Kirchmaier; dann Palais Degenfeld und die Häuser Kellerhoven und Baron Zentner). Feinsinniger, früh vollendeter klassizistischer Architekt französischer und Wiener Schulung.

Leo von Klenze, * 28.2.1784 in Bockenem bei Hildesheim, † 27.1.1864 in München; 1808–14 Hofarchitekt König Jéromes von Westfalen, seit 1816 in München im Dienste Ludwigs I., wird im selben Jahr Hofbauintendant. Hauptwerk in München: *Hofgartentor, Palais Leuchtenberg, Marstallgebäude,* südlicher Teil der *Ludwigstraße* bis zur *Bayerischen Staatsbibliothek, Glyptothek, Alte Pinakothek, Königs- und Festsaalbau* der Residenz, *Propyläen, Allerheiligen-Hofkirche* und *Ruhmeshalle;* außerhalb Münchens: *Walhalla* bei Donaustauf und *Neue Eremitage* in Sankt Petersburg. In Klenze fand Ludwig I. seinen kongenialen Baumeister, der der Stadt den klassizistischen Charakter gab.

Friedrich von Gärtner (1792-1847).

Friedrich von Gärtner, * 10.12.1792 Koblenz, † 21.4.1847 München; 1819 Professor und Generaldirektor der Kunstdenkmäler, 1842 Akademiedirektor in München. Löste Leo von Klenze 1827 de facto, offiziell aber erst 1832, im Ausbau der Ludwigstraße ab, da er dem König rascheren Arbeitsfortgang zusicherte. Durch ihn kommt das romantische Element in den bis dahin strengen Klassizismus Klenzes: Neuromanik, Neugotik, Byzantinik. Schuf u.a. die *Ludwigskirche, Bayerische Staatsbibliothek, Universität, Feldherrnhalle, Siegestor;* war auch für Bad Kissingen, Bamberg, Zwickau in Sachsen und Athen tätig.

Friedrich Bürklein, * 30.3.1813 Burk in Franken, † geistig umnachtet 4.12.1872 Werneck; Oberbau- und Generaldirektionsrat, Schüler Gärtners, dessen romantischen Klassizismus er zu einem eklektizierenden teils trockenen, teils aber auch geradezu phantastischen Historismus weiterentwickelte. Schöpfer der *Maximilianstraße* und damit des so genannten *Maximilianstiles* aufgrund eines von König Max II. ausgeschriebenen Wettbewerbs, *einen einheitlich zeitgemäßen Baustil zu ersinnen.* Baute neben dem Münchener *Bahnhof* (dem Vorgänger des heutigen) mit epochemachender kühner Holzkonstruktion v .a. *Regierungsgebäude, Postbank* sowie *Maximilianeum.*

Friedrich Bürklein (1813-1872).

Franz von Lenbach, * 13.12.1836 Schrobenhausen, † 6.5.1904 München. Ursprünglich Baumeisterlaufbahn einschlagend, 1857 Eintritt ins Atelier Piloty in München. Führender deutscher Porträtist, vor allem der Gesellschaft der Gründerzeit, mit fast unübersehbarem Œuvre (berühmt seine Porträts von Fürst Bismarck, Helmut von Moltke und Papst Leo XIII.). Sein beherrschender Einfluss im Münchener Kunstleben führte zu ausgesprochenem Kunstdiktat: Der ›Lenbach-Kreis‹ bestimmte weithin das Kunstgeschehen der Stadt. Anspruch und Attitüde des Malerfürsten dokumentieren sich in der zusammen mit Gabriel von Seidl entworfenen Lenbach-Villa.

Franz von Lenbach (1836-1904).

Gabriel von Seidl, * 9.12.1848 München, † 27.4.1913 ebenda. Bedeutendster Vertreter der eklektizistischen Architektur in München. Beherrscht unter dem Patronat Lenbachs fast eine Generation lang das Bauwesen der Stadt: *Bayerisches Nationalmuseum* (1894-99), *Künstlerhaus* (1892-1900), *Karlstor-Rondell* (1899-1902), *Ruffinihäuser* (1903-05), *St. Anna* (Pfarrkirche, 1887-92), *St. Rupert* (1901-08), *Deutsches Museum* (1908-14, vollendet von seinem Bruder Emanuel), *Villa Lenbach* (1887-91), *Palais Schrenck-Notzing* (1904–06), *Haus Böhler* (1904/05) u. a.

Adolf von Hildebrand, * 6.10.1847 in Marburg, † 18.1.1921 München. Bedeutendster Bildhauer neuklassischer Richtung seiner Zeit. Durch seine großen Brunnenschöpfungen wie durch beratende Tätigkeit wurde er für das Münchener Stadtbild von großer Bedeutung: *Wittelsbacher Brunnen* (1893-95) am Lenbachplatz, der »schönste Brunnen in Europa seit der Fontana Trevi« (Hausenstein), *Vater-Rhein-Brunnen* (1897-1902) an der Ludwigsbrücke (ursprünglich in Straßburg), *Hubertusbrunnen* (1904-07), jetzt am Ostende des Nymphenburger Kanals, *Wohnhaus* Maria-Theresia-Straße (1897-98), Mitwirkung bei Anlage der *Luitpoldterrasse* (1891) als Abschluss der Prinzregentenstraße.

Gabriel von Seidl

Friedrich von Thiersch, * 18.4.1852 in Marburg, † 23.12.1921 München. Einer der bedeutendsten deutschen Architekten des Historismus. In München von ihm der *Justizpalast* (1891–98), bester seiner Art: durch Entwurfeinheit von Bau, Plastik und Ausstattung ein eindrucksvolles Gesamtkunstwerk (das durch Kriegseinwirkung seiner schönsten Innenräume, die teilweise in Bayerischem Rokoko gehalten waren, beraubt worden ist), *Haus Bernheimer* (1887–89), *Neue Börse* (1899/1900), *Cornelius-, Reichenbach-* und *Maximiliansbrücke* (1901–05) u. a. Seinem Bruder August gelang mit der Ursulakirche erstmals die Abwendung vom mittelalterlichen Vorbild im Kirchenbau.

Franz Marc, * 8.2.1880 München, † 4.3.1916 Braquis/Verdun, 1917 Überreste exhumiert und im Friedhof von Kochel beigesetzt. Als Maler, Zeichner, Holzschneider und Plastiker ein Wegbereiter der Moderne. Auf der Suche nach dem innersten Wesen, das sich hinter dem Äußeren der Dinge verbirgt, fand der Frühvollendete zu eigenwilliger Formgebung und explosiver Farbkraft, v. a. in Tierbildern, in denen er Abstraktion und Wirklichkeit, Sensibilität und Expressivität auf sehr persönliche Weise vereinigte. In revolutionärer Abwendung vom spätbürgerlichen Kunstdiktat gründete er mit Kubin, Kandinsky und Münter 1911 die avantgardistische Künstlergruppe ›Der Blaue Reiter‹, der sich später noch Jawlensky und Klee anschlossen. 1912 gab er mit Kandinsky den gleichnamigen Almanach heraus, eines der bedeutendsten Manifeste moderner Kunst.

Franz Marc (1880-1916).

Einige Daten zur Kunst in München seit 1950

1957 Gabriele-Münter-Stiftung für die Städtische Galerie im Lenbachhaus.
1958 Die Maler Helmut Sturm, Hans-Peter Zimmer, Heimrad Prem und Lothar Fischer gründen die Gruppe SPUR (bis 1965)
1959 Die Münchner Künstler Helmut Rieger, Florian Köhler, Heino Naujoks, Reinhold Heller und Hans Matthäus Bachmayer gründen die Gruppe WIR (bis 1965).
1961 Der Maler Karl Schmidt-Rottluff erhält den kulturellen Ehrenpreis der Stadt München. Liesl-Karlstadt-Brunnen von Hans Osel an Viktualienmarkt wird enthüllt.
1965 Die Malergruppe »Geflecht« bildet sich mit den Mitgliedern Hans Matthäus Bachmayer, Reinhold Heller, Florian Köhler, Heino Naujoks, Helmut Rieger, Helmut Sturm. Hans-Peter Zimmer (bis 1967) Stiftung Bernhard und Elly Köhler mit Hauptwerken von Franz Marc und August Macke an die Städtische Galerie im Lenbachhaus.
1970 Schwabinger Kunstpreis für Malerei und Graphik an Karikaturisten Ernst Hürlimann.
1975 Gründung des Kollektivs Herzogstraße
1977 Gründung der Künstlergruppe »King Kong Kunstkabinett« durch die Maler Walter Amann, Wolfgang Schikora und Ulrich Zierold.
1983 Stiftung der Sammlung »Wormland« an die Staatsgalerie Moderner Kunst.
1984 Eröffnung der Hypo-Kunsthalle und der Staatsgalerie Moderner Kunst.
1979 Schwabinger Kunstpreis für Malerei u. Graphik an SZ-Karikaturist Ernst Maria Lang.
1999 Der Freistaat sichert sich die Kunstsammlung von Annette und Udo Brandhorst. Der Sitz der Stiftung Brandhorst wird München.
2002 Eröffnung der Pinakothek der Moderne; Architekt: Stefan Braunfels.

Das 1999 fertig gestellte Siemens-Forum.

Ausgewählte Münchener Architektur ab 1950

1952-57 Hans Döllgast rekonstruiert die Alte Pinakothek.
1959-63 Wiederaufbau des Nationaltheaters. 1959 Eröffnung des Volkstheaters.
1961 Wiedereröffnung des neu aufgebauten Künstlerhauses am Lenbachplatz.
1963 Beginn der Bauarbeiten für den Isarring II, Eröffnung des Isarrings I.
1966 Die Prunkräume der Residenz sind als Museum wieder zugänglich.
1966-72 Olympiapark; Architekten: Günter Behnisch und Partner, Stuttgart
1970 Fertigstellung des Arabella-Hochhauses in Bogenhausen.
1972 Fertigstellung des BMW-»Vierzylinder« am Petuelring; Architekt: Karl Schwanzer.
1975 Grundsteinlegung für die Neue Pinakothek; Architekt: Alexander von Branca.
1977 Architekturpreis der Stadt an Günter Behnisch und Partner Günther Grzimek. Fertigstellung des 17-stöckigen Rundfunkhochhauses an der Arnulfstraße.
1978 Baubeginn des Kulturzentrums Gasteig durch das Architektenteam Raue, Rollenhagen, Großmann und Lindemann (bis 1985).
1981 Vollendung des Hypo-Bank-Verwaltungszentrums in Bogenhausen; Architekten: Walther und Bea Betz.
1983 Architekturpreis der Stadt an Alexander von Branca.
1991 Bau von Wohnanlagen in der Messestadt Riem.
1993 Fertigstellung des Neubaus der Bayerischen Staatskanzlei (seit 1984).
1994 Architekturpreis der Stadt an Peter C. von Seidlein.
1996 Architekturpreis der Stadt an Thomas Herzog. Eröffnung des Alpinen Museums.
1997 Bauvorhaben auf der Theresienhöhe (ehem. Messe; beteiligt sind die Architekten Wilhelm Beltsch, Emil Freymuth, Otto Steidle u. Partner, Hiller & Sattler, Ortner & Ortner.
1997-99 Bau des Siemens-Forums nach Plänen des New Yorker Architekten Richard Meier.
2000 Architekturpreis der Stadt an Otto Steidle.
2002 Erster Spatenstich für das Allianz-Stadion.

Futuristische Architektur in München: Das geplante BMW- Erlebnis- und Auslieferungszentrum.

Museen in München

Viele Museen sind üblicherweise an folgenden Tagen **geschlossen: ganztägig** *jeden Montag, an zahlreichen der 13 gesetzlich gebotenen Feiertage und an verschiedenen Festtagen: 1.1. (Neujahr), 6.1. (Dreikönig), Faschingssonntag, Karfreitag, Ostersonntag und -montag, 1.5. (Tag der Arbeit), Christi Himmelfahrt, Pfingstsonntag und -montag, Fronleichnam (2. Donnerstag nach Pfingsten), 15.8. (Mariä Himmelfahrt), 3.10. (Tag der Deutschen Einheit), 1.11.(Allerheiligen), 25. und 26.12. (Weihnacht);* **halbtags** *(ab 12 oder 13 Uhr) am Faschingsdienstag, 24.12. (Heiliger Abend) und 31.12. (Silvester). Abweichungen von dieser Regel und Änderungen von Öffnungszeiten sind der Tagespresse zu entnehmen sowie dem offiziellen Monatsprogramm »München im…« (Monatsname), dem Verzeichnis Die Museen in München (beide herausgegeben vom Fremdenverkehrsamt München) oder dem 14-tägig erscheinenden und gratis verteilten Programm-Magazin »in München«. Zur gezielten Planung sind im Folgenden jene Museen, die wider die Regel montags geöffnet haben oder sonn- und feiertags freien Eintritt gewähren, besonders hervorgehoben. Die* **Abendöffnungen** *entfallen an Feiertagen. Die Ermäßigung bei Eintrittspreisen gilt meist für Schüler, Studenten, Bundeswehrangehörige, Behinderte, Arbeitslose und Senioren. Auskunft, auch über Sonderausstellungen, erteilen die Telefon-Infodienste 0190 05 55 55.*

GEMÄLDEGALERIEN (z. T. mit Plastiken und Skulpturen)	*Eintritt EUR*	*Geöffnet*
Alte Pinakothek 80333 M, Barer Str. 27, Eingang Theresienstr., Ruf 2 38 05/2 15-2 16, Fax 2 38 05-221 *Europäische Malerei vom 14. bis 18. Jh* ***Sonderausstellungen***	5,–, erm. 1,–/3,50 Kombiticket für alle drei Pinakotheken und Schack-Galerie 12 bzw. 7,– **Sonntag Eintritt frei**	Mi, Fr–So 10–17 Di und Do 10–20
Neue Pinakothek 80799 M, Barer Str. 29, Eingang Theresienstr., Ruf 2 38 05/1 95, Fax 2 38 05-221 *Europäische Malerei und Skulptur vom Ende 18. bis Anfang 20. Jh.* ***Sonderausstellungen***	5,–, erm. 1,–/3,50 Kombiticket für alle drei Pinakotheken und Schack-Galerie 12 bzw. 7,– **Sonntag Eintritt frei**	Mo, Fr–So 10–17 Mi und Do 10–20 **Montag geöffnet**
Pinakothek der Moderne 80333 M, Barer Str. 40, Ruf 2 38 05/360, Fax 2 38 05/221 *Sammlung Moderner Kunst (Gemälde, Skulpturen und Plastiken des 20. Jh.), Staatliche Graphische Sammlung (→ S. 40), Architekturmuseum der TU München (→ S. 48), Die Neue Sammlung: Staatl. Museum für angewandte Kunst (mit Schaudepot → S. 41),* ***Sonderausstellungen***	9,–, erm. 5,– Kombiticket für alle drei Pinakotheken und Schack-Galerie 12 bzw. 7,– **Sonntag Eintritt frei**	Di, Mi, Sa, So 10–17 Do, Fr 10–20
Schack-Galerie, 80538 M, Prinzregentenstr. 9, Ruf 2 38 05/2 24, Fax 2 38 05-221 *Deutsche Malerei des 19. Jh. (Romantik, Klassizismus, Realismus) sowie Kopien venezianischer, niederländischer und spanischer Renaissance- und Barockmalerei (Sammlung des Grafen Schack)*	2,50,–, erm. 1,–/2,– Kombiticket für alle drei Pinakotheken und Schack-Galerie 12 bzw. 7,–	Mi–Mo 10–17 **Montag geöffnet**
Städtische Galerie im Lenbachhaus 80333 M, Luisenstr. 33, Ruf 2 33 03 20, 23 33 20 00, Fax 23 33 20 03/04 *Münchener Malerei von der Gotik bis Gegenwart; Lenbachräume; Kunst des 19. und 20. Jh., vor allem Jugendstil, Blauer Reiter (Kandinsky, Münter, Marc, Macke, Klee); Kubin-Archiv; Graphische Sammlung* ***Sonderausstellungen***	6,–, erm. 3,– Sonderausstellungen: Sondereintritt	Di - So 10–18
Erwin-von-Kreibig-Museum 80638 M, Nymphenburg, Südliches Schloßrondell 1, Ruf 1 78 11 69 *Werke des Malers und Grafikers E. v. Kreibig (1904–61);* ***Sonderausstellungen*** *junger und moderner Künstler*	2,–, erm. 1,– Kinder frei	Di - Do, Sa, So 14–17

Museum	Eintritt EUR	Geöffnet
Sammlung Goetz 81925 M, Oberföhringer Str. 103, Ruf 959 39 69-0, Fax 959 39 69-69 *Auswahl aus umfangreicher Privatsammlung internationaler zeitgenössischer Kunst, gezeigt in unregelmäßiger Folge in halbjährlichem Wechsel*	**frei**	Öffnungszeiten nach Vereinbarung
ALTE UND AUSSEREUROPÄISCHE KULTUREN		
Staatliches Museum Ägyptischer Kunst 80539 M, Nordflügel der Residenz, Hofgartenstr. 1, Ruf 29 85 46 Verwaltung: 80333 M, Meiserstr. 10, Ruf 55 91-486, Fax 5 50 37 54 *Ägyptische, koptische, nubische, meroitische und assyrische Kunst* ***Sonderausstellungen***	3,50 erm. 2,50	Di – Fr 9–17 Di auch 19–21 Sa, So und Fei 10–17
Staatliche Antikensammlungen 80333 M, Königsplatz 1, Ruf 59 98 88 30 Verwaltung: 80333 M, Meiserstr. 10, Ruf 5 59 15 51, Fax 5 50 38 51 *Antike Vasen, Terrakotten, Bronzen, Schmuck und Gläser*	3,– erm. 2,– Doppelkarte mit Glyptothek 10,– bzw. 6,– **Sonntag Eintritt frei**	Di–So 10–17 Mi 10–20
Glyptothek 80333 M, Königsplatz 3, Ruf 28 61 00 Verwaltung: 80333 M, Meiserstr. 10, Ruf 5 59 15 51, Fax 5 50 38 51 *Griechische und römische Skulpturen* ***Sonderausstellungen*** *(Sondereintritt)*	3,– erm. 2,– Doppelkarte mit Antikensammlungen 10,– bzw. 6,– **Sonntag Eintritt frei**	Mi, Fr–So 10–17 Di und Do 10–20
Museum für Abgüsse klassischer Bildwerke 80333 M, Meiserstr. 10, Ruf 28 92 76 90, Fax 28 92 76 94 *Archäologische Lehr- und Studiensammlung: Abformungen von antiken Skulpturen*	**frei**	Mo–Fr 10–17 Fei geschlossen **Montag geöffnet**
Archäologische Staatssammlung – Museum für Vor- und Frühgeschichte 80538 M, Lerchenfeldstr. 2, Ruf 2 11 24 02, Fax 21 12 44 01 *Bayerns Vor- und Frühgeschichte von der Steinzeit bis zum 9. Jh. n. Chr., Vorgeschichte des Mittelmeerraumes und Vorderen Orients* Zweigmuseum Burgmuseum Grünwald (S. 46) ***Sonderausstellungen*** *(Sondereintritt)*	2,50 erm. 0,50–1,50 **Sonntag Eintritt frei**	Di–So 9–16.30
Staatliches Museum für Völkerkunde 80538 M, Maximilianstr. 42, Ruf 21 01 36-100, Fax -247 *Außereuropäische Kunst, besonders: Afrika, Alt-Amerika, Süd- und Ostasien sowie Ozeanien* ***Sonderausstellungen.*** Zweigmuseum in Seefeld → S. 46	3,– erm. 2,– Familienkarte 15,– **Sonntag Eintritt frei**	Di–So 9.30–17.15

Museum	*Eintritt EUR*	*Geöffnet*
KUNST- UND KULTURHISTORISCHE MUSEEN, ANGEWANDTE KUNST		
Bayerisches Nationalmuseum 80538 M, Prinzregentenstr. 3, Ruf 2 11 24-01, Fax 2 11 24-2 01 *Kunst, Kunsthandwerk wie Volkskunst Europas, vor allem aber Süddeutschlands, aus neun Jahrhunderten* ***Sonderausstellungen*** *(Sondereintritt)* Zweigmuseen: Meißener Porzellan-Sammlung → Schloß Lustheim (S. 44), Das Evangelium in den Wohnungen der Völker → Altes Schloß Schleißheim (S. 44)	3,– erm. 2,– **Sonntag Eintritt frei**	Di–So 10–17 Do bis 20
Kunstsammlung des Herzoglichen Georgianums 80539 M, Professor-Huber-Platz 1, Ruf 2 86 20-1 *Sakrale Kunstwerke (Gemälde, Plastiken, Geräte, Gewänder) 11.–19. Jh.*	**frei**	Zugänglich Mai–Juli und Nov.–Februar nach Voranmeldung **Montag geöffnet**
Die Neue Sammlung – Staatliches Museum für angewandte Kunst Verwaltung: 80333 M, Türkenstraße 15, Ruf 27 27 250, Fax 27 27 25 561 ***Ausstellung und Schaudepot*** *zu Form- und Umweltgestaltung vom 18. bis 20. Jahrhundert in der → Pinakothek der Moderne*		
Staatliche Münzsammlung 80333 M, Residenzstr. 1, Residenz (Westflügel), Ruf 22 72 21, Fax 29 98 59 *Nach Berlin die größte Sammlung von Münzen und Medaillen aller Zeiten und Länder, Gemmen aus vier Jahrtausenden* ***Wechsel- und Sonderausstellungen***	2,– erm. 1,–/1,50– **So /Fei Eintritt frei**	Di–So 10–17 Do 10–19
GRAPHISCHE SAMMLUNGEN		
Staatliche Graphische Sammlung 80333 M, Meiserstr. 10, Ruf 28 92 76 50, Fax 28 92 76 53 *Europäische Zeichnungen und Druckgraphik vom 14. bis 20. Jh.,* *amerikanische Grafik des 20. Jahrhunderts* ***Studiensaal***	**frei**	Di, Mi 10–13 und 14–16.30 Do 10–13 und 14–18 Fr 10–12.30 Fei geschlossen
Sonderausstellungen in der ›Pinakothek der Moderne‹, Barer Str. 40 Ruf 2 38 05-360	9,–, erm. 5,– **So/Fei Eintritt frei**	Di, Mi, Sa, So 10–17 Do, Fr 10–20
Graphische Sammlungen u. a. auch in der → Städtischen Galerie, im → Münchener Stadtmuseum, → Deutschen Theatermuseum, → Diözesanmuseum Freising und → Bayerischen Armeemuseum (Ingolstadt)		

Museum	*Eintritt EUR*	*Geöffnet*
STADTGESCHICHTLICHE MUSEEN		
Münchener Stadtmuseum 80331 M, Sankt-Jakobs-Platz 1, Ruf 23 32 23 70, Fax 2 33 50 33 *Münchener Stadtbild, Bürgerliche Wohnkultur, Handwerk und Brauchtum in München, Waffenhalle, Moriskentänzer, Puppentheater- und Schaustellermuseum,* Ruf 23 32 44 82, *Musikinstrumentenmuseum,* Ruf 23 32 23 67, *Fotomuseum,* Ruf 2 33 24 15. Bis Frühjahr 2004 geschlossen ***Sonderausstellungen*** *(Sondereintritt)*	2,50 erm. 1,50 Schulklassen und Kinder unter 6 frei Familienkarte 4,– Jahreskarte 18,– **So /Fei Eintritt frei**	Di–So 10–18
Filmmuseum, Ruf 23 32 23 48, Fax 23 32 39 31,	4,–, erm. 3,–	Vorstellungen: Mo–Do 19, 21.15 Fr, Sa 18, 20.30, 23 So 18, 20.30
Graphische Sammlung, Studiensaal im Marstallgebäude (3. Stock) *Topographie Münchens und Oberbayerns vom 15.–20. Jh., Foto-, Plakat- und Dokumentensammlung, Populärgraphik*	**frei**	Mo mit Fr 9–12 Feiertags geschlossen
Außenstellen: **Von-Parish-Kostümforschungsinstitut,** 80639 M, Kemnatenstr. 50, Ruf 17 77 17, Fax 178 10 65 *Spezialbibliothek zur Kostümkunde*	**frei**	Mo-Do 8–16 Fr 8–15 Feiertags geschlossen
Herbergenmuseum/Üblacker-Häusl in Haidhausen, 81667 M, Preysingstr. 58, Ruf 480 76 79 *Wohnverhältnisse sozialer Unterschichten* ***Sonderausstellungen***	**frei**	Di, Do, So 10–12 Mi, Fr 17–19 Geschlossen: Sa, Mo und Fei
Münchener Feuerwehrmuseum 80336 M, An der Hauptfeuerwache 8, Ruf 23 53-31 86/-31 87 *Entwicklung des Feuerwehrwesens in München von den Anfängen bis heute*	**frei**	Sa 9–16 u. nach Vereinbarung Geschlossen: an allen Feiertagen
Valentin-Karlstadt-Musäum 80331 M, Tal 43 (Südlicher Isartorturm), Ruf 22 32 66 *Komiker- und Volkssängermuseum, Kuriositätenschau, Volkssängerlokal* ***Sonderausstellungen***	1,99 erm. 1,49 Kinder unter 6 Jahren frei	Mo, Di, Fr, Sa 11.01–17.29 So 10.01–17.29 **Montag geöffnet**
Haidhausen-Museum, 81675 M, Kirchenstr. 24 (Trägerverein: Haidhauser Stadtteilmuseum; Leiter: Hermann Wilhelm, Ruf 4 48 52 92, 4 80 17 77) *Jährlich 2 bis 3* ***Wechselausstellungen*** *zur Kunst-, Kultur-, Politik- und Sozialgeschichte des Stadtteils Haidhausen, teilweise mit Buchveröffentlichungen der Ausstellungstexte. Kino im Museum: für Jugendliche*	**frei**	Mo mit Mi 16–18 So 14–18 Geschlossen: an allen Feiertagen die auf Do, Fr, Sa fallen **Montag geöffnet**
RAUMKUNSTMUSEEN (z. T. mit Spezialsammlungen)		
Alter Rathaussaal, (Spätgotische Halle, rekonstruiert), 80331 M, Marienplatz 15	**frei**	Mai–Oktober Mo–Fr 10–13 Sa, So, Fei geschlossen **Montag geöffnet**

Museum	*Eintritt EUR*	*Geöffnet*
RAUMKUNSTMUSEEN (z. T. mit Spezialsammlungen)		
Residenzmuseum, 80539 M, Eingänge: Max-Joseph-Platz 3 und Residenzstr., Ruf 29 06 71, Fax 29 06 72 25 *Teil I und II: Schauräume von der Spätrenaissance bis zum Klassizismus, Porzellan- und Silbersammlung, Reliquien- und Paramentenkammern* Teil I: Vormittagsrundgang 9–13.30 (Do –14.30) Teil II: Nachmittagsrundgang 13.30–18 (Do ab 14.30)	Teil I und II je 5,– erm. 4,– Jugendliche bis 18 Jahre frei	Täglich 9–18 Einlass bis 17 **Montag geöffnet**
Schatzkammer der Residenz 80539 M, Eingänge: Max-Joseph-Platz 3 und Residenzstr., Ruf 29 06 71, Fax 29 06 72 25 *Schmuck, Kroninsignien, Tafelaufsätze, Pokale, Waffen, Reliquiare, sakrale Geräte und Kleinkunst von der Antike bis zum Klassizismus*	5,– erm. 4,– Jugendliche bis 18 Jahre frei	Täglich 9–18 **Montag geöffnet**
Altes Residenztheater ›Cuvilliéstheater‹ 80333 M, Residenzstr. 1, Ruf 29 06 71, Fax 29 06 72 25 *Wegen Sanierung von Ende 2003 bis 2005 geschlossen*	2,– erm. 1,50 Jugendliche bis 18 Jahre frei	Täglich 9–18 **Montag geöffnet**
Schloß Nymphenburg 80638 M, Ruf 17 90 80, Fax 17 90 86 27 *Schauräume des 17. bis 19. Jh. und Schönheitengalerien Max Emanuels und Ludwigs I.*	Schloß 3,50 Gesamtkarte 7,50 erm. 6,– Winter 6,50 erm. 5,50	*1.4.–30.9.:* Täglich 9–18 *1.10.–31.3.:* Täglich 10–16 **Montag geöffnet**
Amalienburg im Schloßpark	1,50 / erm. 1,– Kombikarte Parkburgen 3,–/erm. 2,–	*1.4.–30.9.:* Täglich 9–18 *1.10.–31.3.:* Täglich 10–16 **Montag geöffnet**
Badenburg im Schloßpark **Pagodenburg** im Schloßpark **Magdalenenklause** im Schloßpark	1,50 / erm. 1,– 1,50 / erm. 1,– 1,– / erm. 0,50 Kombikarte 3,–/erm. 2,–	*1.4.–30.9.:* Täglich 9–18 **Montag geöffnet**
Marstallmuseum im linken Flügel des Schlosses, Ruf 179 08-0 **Nymphenburger Porzellan – Sammlung Bäuml** im linken Flügel des Schlosses im Obergeschoss des Marstallmuseums, Ruf 179 08-0 *Umfassender Überblick über die Produktion der Manufaktur vom Rokoko bis zum Jugendstil*	2,50 / erm. 2,– Eintrittspreis in jenem des Marstallmuseums inbegriffen	*1.4.–30.9.:* Täglich 9–18 *1.10.–31.3.:* Täglich 10–16 **Montag geöffnet**
Schleißheim, Neues Schloß 85764 Oberschleißheim, Max-Emanuel-Platz 1, Ruf 3 15 87 20, Fax 31 58 72 50 *Schauräume des 18. Jh. und Staatsgalerie (Europäische Barockmalerei)*	3,– / erm. 2,50 Sammelkarte mit Lustheim 4,50 / erm. 3,50 Jugendliche bis 18 Jahre frei	*1.4.–30.9.:* Täglich 9–18; *1.10.–31.3.:* Täglich 10–16 Fontänen im Park April – Sept. 10–16 **Montag geöffnet**

Museum	*Eintritt EUR*	*Geöffnet*
Schloß Lustheim und **Meißener Porzellan-Sammlung** (Stiftung Ernst Schneider) *Bedeutendste Sammlung Meißener Porzellans neben Dresden* Schloßpark Schleißheim, Ruf 3 15 87 20, Fax 31 58 72 50	2,50 / erm. 2,– Kombikarte mit Neuem Schloß 4,50 / 3,50	Wie Neues Schloß Schleißheim
Altes Schloß Schleißheim, Maximilianshof, Ruf 3 15 52 72, Fax 31 59 74 03 *Frühbarockschloß Maximilians I. mit teilweise rekonstruierten Räumen und Zweigmuseum des Bayerischen Nationalmuseums:* ***Das Gottesjahr und seine Feste,*** Das Evangelium in den Wohnungen der Völker (Sammlung Prof. Gertrud Weinhold)	2,–50 / erm. 1,50 **So /Fei Eintritt frei**	Di–So 10–17
Museum Villa Stuck, 81675 M, Prinzregentenstr. 60, Ruf 4 55 55 10, 45 55 51 25, Fax 45 55 51 24 *Münchener Künstlerwohnsitz, Innenräume und Gemälde von Franz von Stuck, Wechselausstellungen zu Jugendstilthemen, angewandte Kunst, Klassische Moderne, Gegenwartskunst* ***Sonderausstellungen*** *(Sondereintritt)*	2,–	Di–So 10–18 Historische Räume wegen Restaurierung bis etwa Frühjahr 2004 geschlossen.
TECHNISCHE MUSEEN		
Deutsches Museum, 80538 M, Museumsinsel 1, Ruf 2 17 91, Fax 21 79-3 24 (automatische Ansage 21 79-4 33) *Größtes technisch-naturwissenschaftliches Museum der Welt: Meisterwerke der Naturwissenschaft und Technik*	7,50 erm. 3,–/5,– Familienkarte 15,–	Täglich 9–17 **Montag geöffnet**
Flugwerft Schleißheim, 85764 Oberschleißheim, Effnerstr. 18, Ruf 3 15 71 40, Fax 31 59 88 50 *Museum für Luft- und Raumfahrt (nördlich vom Alten Schloß Schleißheim)*	3,50/erm. 2,50 Kinder frei (beide Museen)	Täglich 9–17 **Montag geöffnet**
amazeum, 80538 M, Museumsinsel 1, (im ehem.Kongreßsaal) Ruf 2 11 25-0; *Modernes Wissens-, Bildungs- und Erlebniszentrum mit* ***Planetarium, Sonderausstellungen*** **IMAX-Theater** (Großleinwandkino), 80538 M, Museumsinsel 1, *Naturwissenschaftlich-technische Filme (45 Minuten)* **Planet Dome** (Musik- und Lasershows)	ab 7,– / erm. 6,–	Täglich 9–23, Spielzeiten und Progr. siehe Tagespresse Täglich: 9–23 **Montag geöffnet**
Deutsches Museum Verkehrszentrum 80339 M, Theresienhöhe 14 a, Ruf 21 79-529, Fax 21 79-515 *Sammlung der Landverkehrsexponate unter dem Motto »Mobilität und Technik« in Halle III des ehem. Ausstellungsparks* (Abt. »Stadtverkehr« in Halle I und »Reisen« in Halle II bis 2005 geplant).	2,50 / erm. 1,50	Täglich 9–17 Do bis 20 **Mo und Fei geöffnet**
BMW-Museum, 80809 M, Petuelring 130, Ruf 38 22-33 07, Fax 38 22 36 22. *Dauerausstellung ›Zeithorizont‹* *Wegen Sanierung des Gebäudes ist das Museum vom April 2004 bis Anfang 2007 geschlossen, wird sich aber ab etwa Juni 2004 in einer Interimsausstellung im Olympiapark präsentieren.*	3,–; erm. 2,–	Täglich: 9–17 Einlass bis 16 **Mo und Fei geöffnet**
SiemensForum München, 80333 M, Oskar-von-Miller-Ring 20, Ruf 63 63 26 60, Fax 63 63 26 16 *›Technik erleben – begreifen – verstehen‹* ***Sonderausstellungen,*** *Vortragsreihen, Archiv*		Mo–Fr 9–17 So 11: Matineeführung 1. Di des Monats –21 **Montag geöffnet**
Zähler-Museum der Stadtwerke München, 80802 M, Franzstr. 9, Ruf 38 10 13 61 *Internat. Entwicklung des Elektrizitätszählers*	**frei**	Mi 9–12 und nach Vereinbarung

Museum	Eintritt EUR	Geöffnet
SPEZIALSAMMLUNGEN		
Deutsches Theatermuseum (früher Clara-Ziegler-Stiftung), 80539 M, Galeriestr. 4 a und 6 (Hofgartenarkaden), Ruf 21 06 91-0, Fax 21 06 91 91 *Sammlung, Bibliothek und Archiv zur Weltgeschichte des Theaters* ***Archiv, Bibliothek und Studiensammlung*** ***Sonderausstellungen*** **Münchener Spielplan,** 80539 M, Galeriestr. 4 a, Ruf 21 06 91 28	**frei** 3,–/ erm. 2,– **frei**	Bibliothek: Di–Do 10–12, 13.30–16 Fotosammlung: Di 10–12, Do 14–16 Di–So 10–16 Di–Fr 10–16
Jüdisches Museum München, 80539 M, Reichenbachstr. 27, Ruf 20 00 96 93, Fax 20 24 48 38 Ab etwa Frühjahr 2006 im Städtischen Jüdischen Museum am St.-Jakobs-Platz. *Sammlung von Zeugnissen jüdischer Kultur, Tradition und Geschichte* – ***Sonderausstellungen***	**frei**	Di 14–18 Mi 10–12, 14–18 Do 14–20
Das Kartoffelmuseum, Stiftung Otto Eckart, 81671 M, Grafinger Str. 2, Ruf 40 40 50, Fax 40 81 86 *Sammlung von Exponaten rund um das Thema Kartoffel (im ehemaligen Pfanni-Werk)*	**frei**	Fr 9–18, Sa 11–17 Di–Do nach Vereinbarung Fei geschlossen
Münchener Puppenmuseum, 80939 M, Gondershauser Str. 37 (Freimann), Ruf 3 22 89 50; *Sammlung E. v. Massenbach: Puppen und Spielzeug 1780–1930*	3,– erm. 1,–	Mo, Do 11–17 ab 10 Pers. n. Vereinbarung, **Mo geöffnet**
Spielzeugmuseum im Alten Rathausturm – Sammlung Ivan Steiger 80331 M, Marienplatz, Ruf 29 40 01 *Entwicklung des industriell gefertigten Blech-, Holz-, Papier- und Stoffspielzeugs von 1780 bis heute*	3,– erm. 1,– Familienkarte 6,–	Täglich (auch Fei): 10–17.30 **Montag geöffnet**
ZAM – Zentrum für außergewöhnliche Museen 80331 M, Westenriederstr. 41, Ruf 2 90 41 21 *Sieben kulturgeschichtlich einmalige Museen auf 500 qm Fläche: Tretauto-Museum – Sisi-Museum (zum Gedenken an Kaiserin Elisabeth von Österreich) – Nachttopf-Museum – Bourdalou-Museum – Korkenzieher-Museum – Schlösser-Museum – Museum der Düfte – Osterhasen-Museum* – ***Sonderausstellungen***	4,– erm. 3,–	Täglich (auch Fei): 10–18 **Montag geöffnet**
NATURKUNDLICHE MUSEEN		
Alpines Museum des Deutschen Alpenvereins → S.48		
Deutsches Jagd- und Fischereimuseum 80331 M, Neuhauser Str. 2, Ruf 22 05 22, Fax 2 90 40 37 *Jagd und Fischerei in der Kunst, Jagdwaffen, Fischereigerät, Trophäen, Tierdioramen* ***Sonderausstellungen***	3,50 erm. 1,–/2,50 Familienkarte 7,–	Täglich 9.30–17 Do bis 21 (außer Fei) **Montag geöffnet**
Museum Mensch und Natur 80638 M, Schloß Nymphenburg (Nordflügel), Ruf 17 95 890, Fax 17 95 89 100 *Ständige Ausstellungen: Unruhiger Planet Erde; Bunte Welt der Minerale; Geschichte des Lebens; Nahrung für die Menschheit; Von der Vielfalt der Arten. Spielerische Naturkunde – nicht nur für Kinder: Von der Art des Menschen; Nerven und Gehirn; Gen-Welten.* ***Sonderausstellungen***	2,50 erm. 0,75/1,50/2,–	Di–So 9–17

Museum	Eintritt EUR	Geöffnet
Münchener Tiermuseum, 81825 M, Truderinger Str. 219, Ruf 43 69 07 28 *Sammlung mit über 1000 Tierpräparaten*	2,50 erm. 1,25	Mo–Fr 10–18 Sa 10–15, Fei geschl. **Montag geöffnet**

MUSEEN AUSSERHALB DES STADTBEREICHS

Hier sind Sammlungen aufgeführt, die in enger Verbindung zu Münchener Museen sowie zur Kunst- und Kulturgeschichte der Stadt stehen

Burgmuseum Grünwald, 82031 Grünwald, Zeillerstr. 3, Ruf 6 41 32 18 Zweigmuseum der Archäologischen Staatssammlung *Vor- und frühgeschichtliche Funde aus der Region München, Geschichte der Burg,* Turmbesteigung ***Sonderausstellungen***	2,–50 erm. 1,50	*15.3.–30.11.:* Mi–So 10–16.30
Kallmann-Museum in der Orangerie, 85737 Ismaning, Schloßstraße 3 b, Ruf 0 89/9 61 29 48, Fax 96 38 12 *Zeichnungen, Ölbilder und Pastelle von Prof. H. J. Kallmann (1908–91)* ***Sonderausstellungen***	3,–; erm. 1,50 Sonderausstellungen: 6,–/3,–	Di–So 14.30–17
König Otto von Griechenland, Museum der Gemeinde Ottobrunn (im Rathaus) 85521 Ottobrunn, Rathausplatz 1, Ruf 0 89/6 08 55-480 und -172 *Gemälde, Grafiken und Erinnerungsstücke an Otto von Griechenland (Namengeber der Gemeinde) und an die bayerisch-griechische Zeit*	**frei**	Do 15–18 Sa 10–13 und nach Vereinbarung Geschlossen: an allen Feiertagen, auch 24. und 31.12.
Diözesanmuseum für christliche Kunst des Erzbistums München und Freising, 85354 Freising, Domberg 21, Ruf 0 81 61/4 87 90, Fax -/48 79 25 *Museum für christliche Kunst aus Bayern, Salzburg und Tirol vom 11. bis 20. Jh. Weihnachtskrippen aus Bayern, Tirol und Neapel.* ***Sonderausstellungen***	2,– erm. 1,–	Di–So 10–17
Bayerisches Armeemuseum (bis 1944 in München, seit 1969 in der ehemaligen bayerischen Landesfestung Ingolstadt), Neues Schloß und Reduit Tilly 85049 Ingolstadt (Donau), Paradeplatz 4 (Neues Schloß), Ruf 08 41/93 77-0, Fax 93 77-200 *Herzogsschloß des 15. Jh. mit bedeutender Innenarchitektur. Sammlung von Waffen, Fahnen, Prunkgeschützen und Heeresgerät vom 16.–19. Jh.* ***Sonderausstellungen***	Beide Häuser 4,–/erm. 3,– Schloß oder Reduit 3,–/erm. 2,50 **Sonntag Eintritt frei**	Di–So 8.45–16.30
Schloß Seefeld, Zweigmuseum des Staatl. Museums Ägyptischer Kunst 82229 Seefeld/Obb., Schloß, Ruf 0 81 52/7 06 52, 7 93 94; ***Nur Sonderausstellungen***	2,50 erm. 0,50/1,50	Di–So 10–17

Kunstausstellungsräume

Aktionsforum Praterinsel, 80538 M, Praterinsel 3–4, Ruf 21 23 83 33. Geöffnet Di–Sa 14–21, So, Fei 10–18. *Sonderausstellungen Klassischer Moderne.*

Galerie für angewandte Kunst des Bayer. Kunstgewerbevereins, 80333 M, Pacellistr. 8, Ruf 2 90 14 70. Geöffnet Mo–Fr 10–18.30, Sa 10–18, So/Fei geschlossen.

Galerie der Künstler des Berufsverbands Bildender Künstler München und Oberbayern e.V., 80538 M, Maximilianstr. 42, Ruf 22 04 63, 21 99 600. Geöffnet Di–So 11–18. *Wechselausstellungen.*

Haus der Kunst, 80538 M, Prinzregentenstr. 1, Ruf 2 11 27-0. Geöffnet bei Ausstellungen täglich (auch Fei). 10–22. *Internationale Kunst- und Wanderausstellungen* (Frühjahr u. Herbst); *Große Kunstausstellung München* (Sommer) der drei großen Münchener Künstlergruppen ›Neue Gruppe‹, ›Münchener Secession‹ und ›Neue Münchener Künstlergenossenschaft‹; *Frühjahrs- und Sommerausstellungen* der ›Münchener Künstlergenossenschaft‹ und des ›Kunstsalons‹; *Sonderausstellungen; Workshops für alle Ausstellungen:* Ruf 2 11 27-1 18.

HypoVereinsbank-Veranstaltungszentrum, M 80337, Kardinal-Faulhaber-Str. 1, Ruf 3780. *Vorträge, Konzerte, Theateraufführungen.* Ab Ende 2004.

Kinder- und Jugendmuseum, 80335 M, Bahnhof, Eingang Arnulfstr. 3 (Seitenflügel Starnberger Bhf.), Ruf 54 54 08 80. Zu *Sonderausstellungen* geöffnet: Di–Fr 14–17.30; Sa, So, Fei, Ferien 11–17.30.

Kultfabrik, 81671 M, Grafinger Str. 6, Ruf (Info-Line): 49 00 29 28, Fax: 49 04 35 35. Öffnungszeiten wechselnd, täglich meist 10–2, Flohmarkt Sa bereits ab 7. Kommerzielle multimediale Erlebnis- und Vergnügungsstadt auf dem ehem. Fabrikgelände der Pfanni-Werke mit Hallen für Automatenspiele, Skating, Konzerte, Tanz, Kabarett, Kino, Partys, Club Nights, Antik-, Bücher- und Flohmärkte (auch auf dem Freigelände), Kunstforum und Gastronomie mit wirtschaftlich selbstständigen Bars, Restaurants, Cafés, Diskotheken und Biergarten.

Kunstausstellung der Krauss-Maffei AG, 80997 M, Krauss-Maffei-Str. 2, Ruf 8 89 90. Mo–Fr von 8 bis 16, Eintritt frei. *Wechselnde Ausstellung neuerer Kunst.*

Kunstbau, Ausstellungshalle der Städtischen Galerie für wechselnde *Werkschauen der Klassischen Moderne und Einzelausstellungen zeitgenössischer Künstler* über dem U-Bahnhof Königsplatz, Eingang Luisenstraße.

Kunstforum Arabellapark, 81925 M, Rosenkavalierplatz 16, Ruf 9 28 78 10. Geöffnet bei Ausstellungen Mo–Fr 10.30–19. *Wechselausstellungen zur zeitgenössischen und avantgardistischen Kunst.*

Kunsthalle der Hypo-Kulturstiftung, 80333 M, Theatinerstr. 8, Ruf 22 44 12. Geöffnet täglich (auch Fei) 10–20. *Regelmäßige Ausstellungen alter und neuer Kunst.*

Kunstpavillon im Alten Botanischen Garten, 80333 M, Sophienstr. 7 a, Ruf 59 73 59. Geöffnet bei Ausstellungen Di–So 10–17. *Wechselausstellungen zeitgenössischer Kunst.*

kunstraum münchen, 80799 M, Ziebландstr. 8, Ruf 54 37 99 00. Geöffnet Mi–So 15–18, Fei geschlossen. *Wechselausstellungen zeitgenössischer, besonders avantgardistischer Kunst.*

Kunstverein München, 80539 M, Galeriestr. 4, Ruf 22 11 52. Geöffnet Di–Fr 11–16, bei Ausstellungen Mi–Fr 14–21. *Wechselausstellungen zeitgenössischer Kunst.*

Landesbank-Galerie im Arkadenhof der Bayerischen Landesbank, 80333 M, Oskar-von-Miller-Ring bzw. Brienner Str. 18. Geöffnet Mo–Fr 10–18, Sa 10–14, So und Fei geschlossen. *Ausstellungen kunst- und kulturgeschichtlicher Themen.*

lothringer 13/halle/LADEN, 81667 M, Lothringer Str. 13, Ruf 4 48 69 61. Täglich 13–19 h. Eintritt frei. *Sonderausstellungen zeitgenössischer experimenteller Kunst.*

Mohr-Villa, Bürgerhaus Freimann, 80939 M, Situlistr. 73, Ruf 3 24 32 64. Geöffnet zu Ausstellungen meist Fr 19–21, So 11–13.

Orangerie im Englischen Garten, Englischer Garten 1 (Nähe Eingang Tivolistr., Chinesischer Turm). *Sonderausstellungen zu Kunst, Fotografie und Geschichte.*

Pasinger Fabrik, 81245 M, August-Exter-Str. 1, Ruf 82 92 90 79, Di–Fr 16.30–20.30, Sa/So 15–21. Geöffnet bei Wechselaus-

Kunsthalle der Hypo-Kulturstiftung.

Bergsteiger am Eingang zum *Alpinen Museum.*

Nur wenige Schritte sind es vom Tal in die Sterneckerstraße, wo sich ab 2004 das *Bier- und Oktoberfestmuseum* befindet.

stellungen in der Regel Di–Fr 16–20, Sa/So 14–20. *Wechselausstellungen zeitgenössischer Künstler mit Schwerpunkt München und zu kulturhistorischen Themen.*

Rathausgalerie (ehem. Kassenhalle), Rathaus, 80331 M, Marienplatz 8, Zugang durch den Prunkhof. Geöffnet Di–So 10–18. *Wechselausstellungen verschiedener Institutionen.*

Seidl-Villa, Das Haus für Schwabing, 80802 M, Nikolaiplatz 1 b, Ruf 33 31 39, Fax 34 02 95 66. Geöffnet bei Ausstellungen täglich 14–20. *Wechselausstellungen zeitgenössischer Kunst, kulturelle Veranstaltungen.*

Versicherungskammer Bayern, Ausstellungsraum. 80530 M, Maximilianstr. 53, Ruf 21 60-0. Geöffnet Mo–Fr 9–18, Sa 10–13. *Wechselausstellungen.*

Vestibül der Bayerischen Staatskanzlei, Franz-Josef-Strauß-Ring 1, EG und/oder OG, Ruf 21 65 27 03, werktäglich meist 10–18. *Zwei- bis viermal jährlich historische Ausstellungen des Hauses der Bayerischen Geschichte (Sitz in Augsburg).*

Kulturhistorische und naturkundliche Sammlungen sowie populärwissenschaftliche Institute

Alpines Museum des Deutschen Alpenvereins im Haus des Alpinismus, 80538 M, Praterinsel 5, Ruf 21 12 24-0, Fax 21 12 24 10. Geöffnet Di–Fr 13–18, Sa, So 11–18; Mo, Fei geschlossen. *Dauerausstellung zu den Themen ›Gebirge, Wissenschaft und Kunst‹; Sonderausstellungen; Geologische Schausammlung im Freigelände mit Installation ›Antlitz der Alpen‹.* Im selben Haus auch die **Alpenvereinsbücherei,** die weltweit größte ihrer Art, sowie **Archive** für Alpinistik und Vereinsgeschichte.

Anthropologische Staatssammlung, 80333 M, Karolinenplatz 2 a, Ruf 59 52 51 (Magazine: 80333 M, Theresienstr. 37–41). Besichtigung nach Vereinbarung Mo–Frei 8–17, Eintritt frei. *Studiensammlung von Orang-Utan- und Gibbonschädeln, jungpaläolithischen und mesolithischen Menschenresten (u. a. Ofnet-Schädel, Oldoway-Skelett aus Ostafrika).*

Fachausstellung Arbeitsschutz und Sicherheitstechnik im Bayerischen Landesamt für Arbeitsschutz, Arbeitsmedizin und Sicherheitstechnik, 80538 M, Pfarrstr. 3, Ruf 21 84-1. Besichtigung nur nach Anmeldung Mo–Do 8–16, Fr 8–14 und nach Vereinbarung; Eintritt frei. *Arbeitsschutz und Arbeitsmedizin in über 20 Themenbereichen (Elektrischer Strom, Brand und Explosion, Maschinen und Geräte, Gefahrenstoffe, Schutzausrüstungen) mit Originalen, Modellen und Experimentalvorführungen zu Risiken und Schutzmaßnahmen.*

Architekturmuseum der Technischen Universität, 80333 M, Arcisstr. 21, Eingang 6: Luisenstr., Ruf 28 92 24 93. Geöffnet Mo–Fr nach Anmeldung, Benützung frei. *Rund 300 000 Pläne und Entwürfe sowie Nachlässe deutscher und vor allem Münchener Architekten des 18. bis 20. Jh.* Wechselausstellungen in der Pinakothek der Moderne, S. 39.

Bier- und Oktoberfestmuseum, 80331 M, Sterneckerstr. 2, Museum im Aufbau im viertältesten,1338/29 errichteten Bürgerhaus; Eröffnung im Jahre 2004 vorgesehen.

Botanische Staatssammlung, 80638 M, Menzinger Str. 67, Ruf 17 86 10. Zugänglich nur für Botaniker während der Dienstzeit, Eintritt frei. *Herbariensammlung zu den Floren von Europa, Süd- und Südwestafrika sowie Südamerika und Vorderasien (insgesamt rund 4 Mio. Einheiten).*

Geldscheinsammlung der Bayerischen Hypo- und Vereinsbank, 80538 M, Am Tucherpark 16, Ruf 37 84 49 54, Fax 37 84 43 72. *Eine der bedeutendsten Sammlungen der Welt mit derzeit rund 300 000 Scheinen (von Albert Pick erworben und durch ständige Ankäufe erweitert).* Besichtigung nur für Spezialinteressenten nach Voranmeldung zu den Bank-Geschäftszeiten.

Geologisches Museum München, 80333 M, Luisenstr. 37, Ruf 21 80 65 13. *Sammlung zur Allgemeinen Geologie, Geologie des Münchener Raumes sowie von ehemals Deutsch-Südwest- und -Ostafrika zur Sedimentpetrografie und Erzlagerstättenforschung.* Dauerausstellung ›Erdkruste im Wandel‹ (Erdgeschoss) und ›Bodenschätze der Erde‹ (1. Stock) Mo–Fr 8–18, Fei geschlossen; Eintritt frei.

Maxvorstadt: historisch – aktuell, Stadtteilbüro: 80799 M, Schellingstr. 28 a, Ruf 22 80 26 73, Fax -74. Wandel eines ›klassischen‹ Münchener Stadtviertels zwischen Altstadt und Schwabing. Geöffnet Di 18–19 und nach Vereinbarung.

Michael-Ende-Museum, Internationale Jugendbibliothek, Schloß Blutenburg (Obermenzing), Ruf 89 12 11-0. Geöffnet Di–So 14–17. *Bücher, Fotos und Erinnerungsstücke des Schriftstellers.*

Museum grafischer Maschinen und Geräte (Privatmuseum Goldschagg), 81829 M, Karl-Schmid-Str. 20 (Gewerbegebiet am Moosfeld). *Einblick in das Bleizeitalter der Satz- und Drucktechnik.* Vermittlung von kostenlosen Führungen (ca. 1 Std.) durch die Kontaktstelle »Unternehmenskommunikation« im Süddeutschen Verlag, Ruf 21 83 83 17, Fax 21 83 83 15. Ein- bis zweimal im Jahr ›Tag der offenen Tür‹, bekannt gegeben in der Tagespresse. Auf Wunsch auch Anschlussführungen durch das moderne Druckzentrum des SV (1,5 Std. mit Videovorführung).

Museum Reich der Kristalle, 80333 M, Theresienstr. 41, Ruf 21 80 43 12. Dauerausstellung der Mineralogischen Staatssammlung, geöffnet Di–Fr 13–17, Sa, So, Fei 13–18. Eintritt 2,50, erm. 1,50. *19 000 Mineralien aus aller Welt, darunter der Takowaya-Smaragd, Leuchtenbergit- und Rubellit-Kristall. Neu: Fluoreszenzraum* und *Ausstellung über Entstehung von Mineralien und Kristallen.*

Münchener Rotkreuz-Museum, 81379 M, Boschetsrieder Str. 33 (Rückgebäude). Besichtigung nur nach Anmeldung, Ruf 74 21 69 55; Eintritt frei. *Dokumente zur Rotkreuz-Historie sowie Geräte und Utensilien der Rotkreuz-Praxis*

Schulcomputermuseum im Thomas-Mann -Gymnasium, 81477 M, Drygalskiallee 2, Besichtigung nach Vereinbarung unter Ruf 75 04 11. *Mehr als 100 Exponate aus 40 Jahren Computergeschichte.*

Staatl. Naturwissenschaftliche Sammlungen Bayerns, Generaldirektion, 80638 M, Menzinger Str. 71, Ruf 1 78 20 66. Zu den Sammlungen der einzelnen Institute siehe auf dieser Seite sowie Seite 48.

Paläontologisches Museum, 80333 M, Richard-Wagner-Str. 10/2, Ruf 21 80 66 30, Fax 21 80 66 00. Schausammlung geöffnet Mo–Do 8–16, Fr 8–14, jeden 1. Sonntag des Monats 10–16 (an diesem Tag auch Tonbildschau 10.30, 11, 12, 13, 14, 15 zu verschiedenen Themen), Eintritt frei; Fei geschlossen. *Forschung und Dokumentation von Flora und Fauna aus erdzeitlicher Vorgeschichte aller Erdteile, besonders aber Bayerns (paläontologische, mikropaläontologische, paläobotanische, historisch-geologische und regional-geologische Sammlungen). Eine Auswahl aus den rund 1 Mio. Stücke umfassenden Beständen in einer Schausammlung (mit den Themengruppen: Großtiere des Tertiärs in Bayern, Eiszeittiere, Entwicklung der Saurier, Münchens Erdgeschichte, Fossile Fische und Reptilien des Jura in Bayern und Württemberg, Begrabene Pflanzenwelt, Nördlinger Ries) zugänglich. Sonderausstellungen.*

Staatliche Porzellan-Manufaktur Nymphenburg, 80638 M, Nördl. Schloßrondell 8, Ruf 17 91 97-10. Geöffnet Mo–Fr 8.30–17, Sa 10–16, Fei geschlossen, Eintritt frei. *Ausstellungsraum mit Sammlung von historischem und gegenwärtigem Nymphenburger Porzellan* (Besichtigung für Gruppen nach vorheriger schriftlicher Anmeldung).

Volkssternwarte München mit Planetarium, Observatorium für Himmelskunde, 81671 M, Rosenheimer Straße 145 a, Ruf 40 62 39, Fax 49 49 87. *›Münchener Sternstunden‹ mit Planetariumsvorstellung, Führung und Fernrohrbeobachtung bei klarem Himmel* Mo–Fr ab 20 (Winter) bzw. 21 (Sommer), jeden 1. und 3. Fr des Monats 17 Kindervorstellung (bei jedem Wetter). Fei geschlossen, auch 24.12.–6. 1. Eintritt 4,–, erm. 2,50.

Öffentliche Sternwarte im Deutschen Museum, 80538 M, Museumsinsel 1, Ruf 21 79-399 oder -456. Täglich Führungen 10.30–11.30 (Feiertagsregelung → S. 44.) durch die Volkssternwarte, Ruf 40 62 39). Im Winterhalbjahr (1. So im Oktober – letzter So im März) bei klarem Himmel jeden Sa 20–21.

MVG-Museum, Museum der Münchener Verkehrs-Gesellschaft mit Sammlung historischer Straßenbahnwagen, Omnibusse und U-Bahn-Züge von damals bis heute, z.T. aus dem Besitz *der Freunde des Münchener Trambahnmuseums e. V., Gesell-*

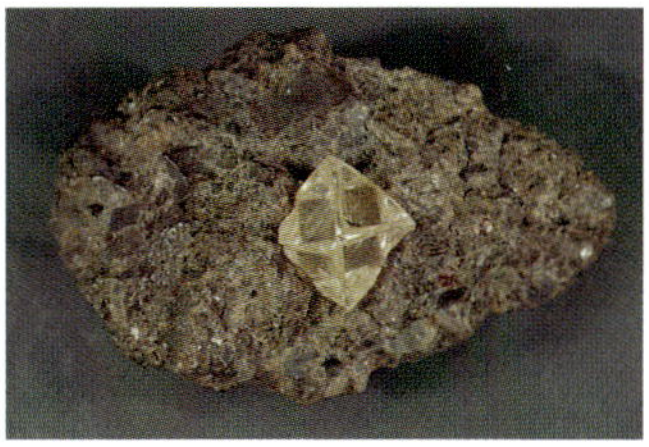

Museum Reich der Kristalle: *Ludwigs-Diamant.*

Porzellanmanufaktur Nymphenburg: Gruppe *Capitano Spavento und Leda* aus Bustellis Italienischer Komödie.

BavariaFilmstadt: Szenenbild aus dem Film *Das Boot* (oben) und *Stunt-Vorführung* (unten).

Botanischer Garten mit dem Gebäude der Botanischen Universitätsinstitute und Botanischen Staatssammlung.

schaft für Trambahngeschichte und *des Omnibus-Clubs München.* 81549 M, Ständlerstr. 20; Eröffnung voraussichtlich Ende 2004.

Zoologische Staatssammlung, 81247 M, Münchhausenstr. 21 (Obermenzing), Ruf 81 07-0, Fax 81 07-300. *Größte deutsche (und zu den 5 bedeutendsten der Welt zählende) Sammlung von 15 Mio. Objekten zur rezenten Tierwelt mit den Schwerpunkten: Säugetiere, Kriechtiere, Lurche, Insekten, Asseln, Milben, Stachelhäuter, Tausendfüßler und Zehnfußkrebse (nur für Zoologen nach Absprache zugänglich). Wechselausstellungen und Dauerausstellung im Rahmen des* ›Museums Mensch und Natur‹ → S. 45.

Besucher-, Erlebnis- und Freizeitparks, naturkundliche Lehrpfade

BavariaFilmstadt, Bavariafilmplatz 7 (Geiselgasteig), Ruf 64 99 20 00, Fax 64 99 31 52 (Info und Gruppenanmeldung). Führungen durch bekannte Kulissen aus Film und Fernsehen; Erlebniskino. Täglich 9–16, Action Show 12, bei Bedarf 13.30 und 15. Eintritt 10,–, Ki (4 bis 14) 7,–, Familienkarte 29,50; Erlebniskino 4,–; Action Show 7,–.

Besucherpark Flughafen München Dimension M, geöffnet täglich 9.30–18, Flughafenrundfahrten (Personalausweis nötig) Mo–Sa 11.30, 13.30, 15.30, So und Fei 11.30 stündlich bis 15.30 (5 Mal). Besucherhügel, Multimediashow, historische Flugzeuge je 1,–; Programm: *Airbus*, Komplettprogramm mit Rundfahrt 10,–, erm. 5,–; Programm: *Dimension M* (Multimediashow, historische Flugzeuge, Besucherhügel) 2,–, Kinder bis 14 Jahre frei. Gruppenanmeldung und Information: Ruf 97 54 13 33, Fax 97 54 13 46.

Botanischer Garten, 80638 M, Menzinger Str. 65, Ruf 17 86 13 10 (Verwaltung), 17 86 13 50 (Eintrittskasse). Freigelände täglich ab 9 bis 19 (Mai–Aug.) bzw. bis 18 (April und Sept.) und bis 17 (Okt.–März) geöffnet. Gewächshäuser täglich 9–11.45 und von 13 bis jeweils eine halbe Stunde vor Schließung des Freigeländes. Im Winter nur Gewächshäuser geöffnet täglich 9–11.45 und 13–16.30. Eintritt 2,–, erm. 1,–, Kinder bis 12 Jahre frei. → S. 287.

Geologiegarten im Denninger Anger, nördlich des Zamilaparks zwischen Friedrich-Eckart-, Daglfinger und Eggenfeldener Str., Nähe S-8-Bahnhof Daglfing. Die von der Hauptabteilung Gartenbau des Baureferats geplante, von Dipl.-Geol. Winfried Englisch konzipierte und 1995 eröffnete Anlage am östlichen Stadtrand Münchens ermöglicht einen – jederzeit frei und kostenlos durchführbaren – *Spaziergang durch die Erdgeschichte Bayerns.* Die Aufstellung von 23 ausgesuchten heimischen Gesteinsarten folgt den geografischen Landschaftszonen Bayerns: *Alpen und Alpenvorland, Schwäbisch-Fränkisches Schichtstufenland sowie Altes Gebirge Nord- und Ostbayerns.*

Münchener Tierpark Hellabrunn, 81543 M, Tierparkstr. 30, Ruf 62 50 80, Fax 6 25 08 32. Täglich im Sommer 8–18 (1. 4. bis 30. 9.), im Winter 9–17 (1. 10. bis 31. 3.). Schließung der Tierhäuser eine halbe Stunde früher. Fütterung: täglich 10, 14, 16 Menschenaffen; außer Di und Fr 15 (im Winter 14) Tiger, 16.30 (im Winter 15.30) Löwen; Polarium: Pinguine 11 und 15, Robben 11.30 und 14.30, Eisbären 16; nur Mi und So: Aquarium 15. Eintritt 7,–, erm. 5,50, Kinder 4,–. → S. 432.

Olympiapark → S. 316.

Planetenweg Von der Astronomieabteilung des Deutschen Museums 1995 angelegter *Weltraumparcours*, der auf einer Länge von 4,57 km zwischen dem Ausgangspunkt ›Sonne‹ im Hof des Deutschen Museums und dem Zielpunkt ›Pluto‹ am Eingang des Tierparks Hellabrunn die Dimensionen im All erfahrbar machen will. Der beschilderte und frei zugängliche Weg von 5900 Schritten und gut einer Stunde Dauer entlang dem rechten Ufer der Isar – vorbei an den auf Stelen maßstabsgetreu wiedergegebenen und mit Texten erläuterten Bildern der Planeten Merkur, Venus, Erde, Mars, Jupiter, Saturn, Uranus und Neptun – stellt die reale Entfernung von knapp 6 Milliarden km im Maßstab 1:1,29 Milliarden dar.

Rosengarten, 81543 M, Sachsenstr. 8, Ruf 2 33-76 85. Der vom städt. Gartenbauamt 1955 geschaffene ›*Rosensichtungsgarten*‹ dient der Züchtung und bis zu fünfjährigen Erprobung von rund 200 Arten von Rosen sowie anderer Pflanzen für die städtische Begrünung. 1986–89 neu gestaltet und auf 4500 qm erweitert, steht der Garten auch der Öffentlichkeit offen: sowohl als ***Erholungsgelände*** mit Ruhebänken und Skulpturengruppen wie auch als ***Lehrgarten*** mit den Abteilungen *Trockentälchen, Duft- und Giftgarten.* Täglich je nach Tageslänge geöffnet (Winter ca. 9–16, Sommer 7–20), Eintritt frei. Fachführungen auf Voranmeldung.

Gedenkstätten

DenkStätte ›Weiße Rose‹ am Lichthof der Universität (→ S. 76), 80539 M, Amalienstr. 58 bzw. Geschwister-Scholl-Platz 1, Ruf 21 80-30 53. *Ausstellung, Informationsraum und Bibliothek.* Geöffnet Mo–Do 10–16, Fr 10–15 und auf telefonische Anmeldung. Eintritt frei.

KZ-Gedenkstätte Dachau mit Museum, 85221 Dachau, Alte Römerstr. 75, Ruf 0 81 31/66 99 70. (Verkehrsmittel S 2 bis Dachau und Bus 726 bis KZ-Gedenkstätte Haupteingang.) *Dokumentation in fünf Sprachen. Dokumentarfilm (22 Minuten) 11 und 15 (deutsch), 11.30 und 15.30 (englisch).* Eintritt frei. Geöffnet Di–So 9–17, auch an allen Feiertagen. Führungen für Einzelbesucher Do, Sa, So, Fei 14 (deutsch), 13.30 (englisch); Voranmeldung für Gruppen: Ruf 0 81 31/66 99 71 31.

Fürstengrüfte, Kaiser- und Königsgräber

St. Bonifaz, Karlstraße 34. Im rechten Seitenschiff frei zugänglich: *Hochgrab von König Ludwig I. Seine evangelische Gemahlin Therese von Sachsen-Hildburghausen in der Krypta beigesetzt.*

Dom (Frauenkirche), Frauenplatz 1. Bischofs- und Fürstengruft in der Krypta unter dem Presbyterium, freier Zugang. *Älteste wittelsbachische Grablege in München: teils in Gemeinschafts-, teils in Einzelsärgen liegen hier die Gebeine Kaiser Ludwigs des Bayern und der bayerischen Herzöge von Ludwig V. bis Albrecht V. sowie von König Ludwig III.* Das sog. Kaisergrab im rechten Seitenschiff der Kirche ist nur ein Gedächtnismal.

Theatinerkirche St. Kajetan, Theatinerstr. 22. Zugang zur Fürstengruft durch die westliche Gittertüre im rechten Querschiff. Geöffnet vom 1.5. bis 2.11. Mo–Fr 10–13, 13.30–16.30, Sa 10–15, So und Fei geschlossen. Eintritt 2,–/1,–. *Sarkophage der bayerischen Kurfürsten von Ferdinand Maria bis Karl Theodor, darunter auch von Kaiser Karl VII., sowie der Könige Max I. Josef und Otto von Griechenland und des Prinzregenten Luitpold.* In der 3. Kapelle des rechten Seitenschiffs der Kirche befinden sich die *Sarkophage von König Max II. und Königin Marie.*

St. Michael, Neuhauser Str. 6. Zugang zur Fürstengruft neben dem rechten vordersten Seitenaltar. Geöffnet Mo–Fr 9.30–16.30, Sa –14.30, an Allerheiligen (1.11.) vom Ende des Hochamts (etwa 10 Uhr) bis abends. Sonst So und Fei geschlossen. Eintritt 2,–/1,–. *Sarkophage des Herzogs Wilhelm V., Kurfürsten Maximilian, Königs Ludwig II. sowie zahlreicher bayerischer und pfälzischer Wittelsbacher.*

DenkStätte ›Weiße Rose‹: *Sofie Scholl.*

St. Michael: *Blick in die Fürstengruft.*

Seit 1556 in München: *Orlando di Lasso.*

Mozart war 6 Jahre alt, als er 1762 zum ersten Mal in München auftrat.

MUSIK UND KONZERT

1450 Der blinde Cunrad Paumann, erster namentlich bekannter und fassbarer deutscher Musiker, wird Organist an der Frauenkirche und Leiter der herzoglichen Kantorei (1475 †; Grabstein im Dom): gilt als Erfinder der Lautentabulatur.
1452 Das erste seiner *Fundamentum organisandi* benannten drei Orgellehrbücher erschienen: zugleich erste praktische Kompositionslehre.
1483 Gründung der Münchener *Kantorei* durch 2 englische königliche Kapellmitglieder: Conret Smyth und Peter Skeydell.
1513 Hans Sachs vervollkommnet sich bei Münchener Leinwebern in der Singkunst.
1523 Ludwig Senfl wird Leiter der Hofmusik. Als Freund Luthers steht er mit ihm in lebhaftem musikalischen Schriftwechsel.
1526 Gründung der Hofkapelle durch Senfl.
1542 Ludwig Senfl gestorben.
1556 Orlando di Lasso berufen, gibt der Hofkapelle höchsten internationalen Rang (1594 †); Münchens Sternstunde als Musikstadt.
1572–89 Der Münchener L. Daser Hofkapellmeister des Herzogs von Württemberg.
1573–98 Mit den 12 Bänden des *Patrocinium Musices* des Buchdruckers A. Berg Höhepunkt des *Notendrucks* in Europa.
1575–79 Giov. Gabrieli Mitglied der Hofkapelle; studiert bei Orlando di Lasso.
1578–79 Komponist Vincenzo Galilei, Vater des berühmten Astronomen, in München.
1600 ff. Durch eine gezielte Sammeltätigkeit erhält herzogliche (heute Staats-) Bibliothek eine der reichsten Musiksammlungen der Welt. Gleichzeitig München bedeutende Geigen- und Lautenmacherstadt (Saitenherstellung!).
1604 *Magnum Opus Musicum* mit Lassos Werken durch dessen Söhne herausgegeben: erste gedruckte Gesamtausgabe eines Komponisten.
1607–31 M. Galilei, Lautenist und Bruder des Astronomen, Mitglied der Hofkapelle.
1635 ff. Johann Kuen (1606–75), neben Balde Begründer des neuen deutschen Liedes.
1651 ff. Kurfürstliche Agenten werben Spitzenmusiker an italienischen Höfen ab: So flieht 1671 der Bassist Dario Mancini aus der Sixtinischen Kapelle und kommt 1673 nach München.
1653–73 Zweite Blüte der Hofkapelle unter Johann Kaspar Kerll: Nach Schütz 1. deutscher Komponist von Bedeutung.
1654 Kurfürstin Henriette Adelaide pflegt besonders das barocke *Ballett.*
1661–93 S. Auer Chorregent bei St. Peter: erlaubt erstmals Frauen Mitwirkung in einem Münchener Kirchenchor.
1667 ff. Ausbildung des genialen Agostino Steffani zum Opernkomponisten und Geheimdiplomaten.
1674–87 Ercole Bernabei Hofkapellmeister; von nun an beherrschen die Italiener die Hofkapelle bis 1787.
1680 etwa Arcangelo Corelli in München.
1691–1738 F. X. A. Murschhauser wirkt an der Frauenkirche.
1692 Hofkapelle zieht mit Kurfürst Max Emanuel nach Brüssel, in München nur Kirchenmusik bis 1701.
1704–42 Evaristo Felice dall'Abaco wirkt in München. Unter ihm erreicht Instrumentalmusik europäischen Rang, ja übertrifft sogar Corelli.
1715–22 Oboist und Komponist Jacques Loeillet Mitglied der Hofkapelle.
1722 Tommaso Albinoni in München.
1727 Johann Pertrich, erster deutscher Tenor, verpflichtet.
1762 Mozarts erste Reise nach München, weitere Besuche **1763** und **1766.**
1774/75 Im Winter Mozarts vierte Reise nach München.
1777 Fünfter Besuch Mozarts in München, der im Gasthof zum Schwarzen Adler ein Liebhaberkonzert gibt. Sein Anstellungsgesuch aber lehnt Kurfürst Max III. Josef ab: München verpasst seine größte Chance. – Hofkonzerte nun öffentlich zugänglich.
1778 Ein Teil der weltberühmten *Mannheimer Kapelle* siedelt mit dem Kurfürsten Karl Theodor nach München über.
1778/79 Mozart zum sechsten Mal in München.
1780/81 Mozarts siebter und letzter Aufenthalt in München: komponiert die Oper *Idomeneo.*
1783 führt Hofmusikdirektor Christian Cannabich öffentliche *Musikakademien* ein: Beginn des kommerziellen Abonnement-Konzertwesens in München.

1798/99 C. M. von Weber studiert in München; komponiert hier *Große Messe.*
1798–1825 P. v. Winter Hofkapellmeister; 1808/09 studiert Bettine von Arnim bei ihm Gesang.
1811 Hofmusik konstituiert sich als *Musikalische Akademie.* München versäumt die Gelegenheit, Karl Maria v. Weber zu gewinnen.
1816 Neuaufführung des *Miserere* in der Michaelskirche leitet Renaissance der klassischen Vokalpolyphonie ein. Unter K. Ett und J. K. Aiblinger wird München die führende deutsche Stadt der Kirchenmusik.
1823 Der elfjährige Liszt spielt in München. Grundsteinlegung zum *Odeon.*
1826 Gründung des ersten *Liederkranzes.*
1828 *Odeon* eröffnet: Münchens schönster und akustisch bester Konzertsaal (1944 vernichtet und nicht wieder aufgebaut).
1829 Felix Mendelssohn-Bartholdy und Nicolò Paganini treten auf.
1832 ff. Th. Böhm entwickelt verbesserte Flöte (sog. *Böhmflöte*).
1835 Johann Strauß dirigiert in München.
1836 Franz Lachner Hofkapellmeister: bedeutende Hebung des Münchener Musiklebens.
1846 Franz Hauser gründet *Konservatorium.*
1859–1901 Josef Rheinberger wirkt in München.
1862 Bei der Feier des 44. Verfassungstages erklingt erstmals die von Michael Öchsner gedichtete und Konrad Max Kunz vertonte *Bayernhymne* (›Gott mit dir, du Land der Bayern‹), seit 1966 – nach Textneufassung von Josef Maria Lutz – als Landeshymne des Freistaats Bayern offiziell empfohlen.
1864 Richard Strauss in München geboren. Richard Wagner trifft in München ein: Freundschaft mit Ludwig II.
1867 Konservatorium wird durch *Staatliche Musikschule* ersetzt (vgl. 1892).
1867–69 Hans v. Bülow Hofkapellmeister.
1868–70 Friedrich Smetana in München.
1870 Johannes Brahms komponiert seine *Lieder op. 59/61–64* in München.
1872 Hermann Levi Hofkapellmeister.
1874 und **1876** Johannes Brahms spielt und dirigiert eigene Werke.
1882–1907 unterrichtet Ludwig Thuille an der Akademie: sein von ihm ausgebildeter Komponistenkreis einflussreich als *neuromantische ›Münchener Schule‹.*

1885 Anton Bruckner erlebt mit Uraufführung seiner (dem König von Bayern gewidmeten) *7. Symphonie* größten Erfolg seines Lebens.
1890 Hugo Wolf in München.
1892 Staatliche Musikschule zur *Akademie der Tonkunst* erhoben.
1893 Kaim-Orchester gegründet, seit 1924: Münchner Philharmoniker.
1894–98 Richard Strauss 1. Hofkapellmeister.
1895 Deutsche Erstaufführung von Bruckners *Zweiter Symphonie c-moll.*
1896 Felix Mottl dirigiert erstmals in M.
1901 Mahlers *4. Symphonie* uraufgeführt.
1901–07 Max Reger in München; in dieser Zeit Organist in St. Johann Baptist in Haidhausen.
1902 Paul Marsop gründet *Städtische Musikbibliothek:* bis heute unerreichtes Vorbild einer musikalischen Volksbücherei.
1903–11 Felix Mottl Generalmusikdirektor.
1907 L. Thuille und R. Louis veröffentlichen ihre berühmte *Harmonielehre:* für die Zukunft die einflussreichste Lehrmethode.
1910 Gustav Mahler dirigiert erstmals seine *Achte Symphonie.* **1911** *Das Lied von der Erde* uraufgeführt.
1911–45 Das Münchener Musikleben weniger durch avantgardistische Entwicklung ausgezeichnet als vielmehr durch hervorragende Aufführungen der herkömmlichen Konzertliteratur unter Bruno Walter, Hans Knappertsbusch, Clemens Krauß und Oswald Kabasta.
1924 ff. Angeregt noch von Ludwig Thoma, unterstützt von den Wittelsbachern und seit 1925 in enger Zusammenarbeit mit Prof. Kurt Huber befasst sich der *Kiem Pauli* mit der Erforschung und Wiederbelebung der Volksmusik.
1925 Fedor Iwanowitsch Schaljapin gastiert in München.
1929 ›Vereinigung für zeitgenössische Musik‹ veranstaltet jährlich *Woche für neue Musik.*
1930–35 veröffentlicht Carl Orff sein *Schulwerk.*
1936 Uraufführung *Friedenstag* von R. Strauss. – Werner (Mayer) Egk erhält Goldmedaille für künstlerischen Ausdruck seiner Kompositionen *Einzug der Jünglinge, Wettkampf.* – R. Strauss gewinnt Wettbewerb für die *Olympische Hymne.*

Gustav Mahler (1860-1911).

Carl Orff (1895-1982).

1945 Erste Aufführung der *Musica Viva*, gegründet von Karl Amadeus Hartmann. Das bis vor dem Kriege betont konservativ gehaltene Musikleben der Stadt engagiert sich nun für die Avantgarde. Durch Wirken von Carl Orff, Werner Egk und Karl Amadeus Hartmann führende Rolle Münchens.
1947–92 wirken als Generalmusikdirektoren in München: *Georg Solti, Rudolf Kempe, Ferenc Fricsay, Josef Keilberth und Wolfgang Sawallisch.*
1951–81 Karl Richter in München. Blüte der Bachpflege: gründet 1953 Bachchor und 1955 Bachorchester.
1952 Münchener Rundfunkorchester gegründet.
1953 *Herkulessaal der Residenz* eröffnet, erbaut von Rudolf Esterer. Carl Orffs *Astutuli* uraufgeführt.
1955 *Studio für neue Musik* gegründet.
1957 Igor Strawinsky und Darius Milhaud dirigieren Musica-Viva-Konzerte.
1979–1996 † Sergiu Celibidache Generalmusikdirektor.
1980 Rundfunkprogramm *Bayern 4 Klassik* eingeführt: 1. seiner Art in Deutschland.
1982 Carl Orff gestorben (begraben in der Klosterkirche Andechs).
1983 Werner Egk gestorben.
1983–93 Sir Colin Davis Chefdirigent beim Bayerischen Rundfunk.
1984 Hanns-Martin Schneidt als Nachfolger Karl Richters nach München berufen.
1985 Eröffnung der *Philharmonie* und des *Carl-Orff-Saales* im Kulturzentrum am Gasteig: München besitzt 7 Konzertsäle.
1990 Eröffnung des *Orff-Zentrums* in der Kaulbachstraße.
1993 Lorin Maazel Chefdirigent des Sinfonieorchesters des Bayerischen Rundfunks. – W. Sawallisch übernimmt Philadelphia-Orchestra.
1996 Mega-Event im Olympiastadion: die 3 Tenöre José Carreras, Placido Domingo und Luciano Pavarotti im Open-Air-Konzert. – *R. Kubelik,* langjähriger Leiter des Rundfunk-Sinfonieorchesters, gestorben.
1998–2003 Marcello Viotti Chefdirigent des Rundfunkorchesters.
1999–2004 James Levine Chefdirigent der Münchener Philharmoniker.
2002 *Sergiu Celibidache-Festival* (Biennale) erstmals veranstaltet.
2003 Mariss Jansons Chefdirigent des Sinfonieorchesters des Bayerischen Rundfunks.
2004 Christian Thielemann Generalmusikdirektor der Münchener Philharmoniker.

Innenraum des ersten Münchener *Opernhauses am Salvatorplatz,* 1651 von Marx Schinnagl eingerichtet, 1655–57 von Francesco Santi umgebaut und erweitert, 1802 abgetragen.

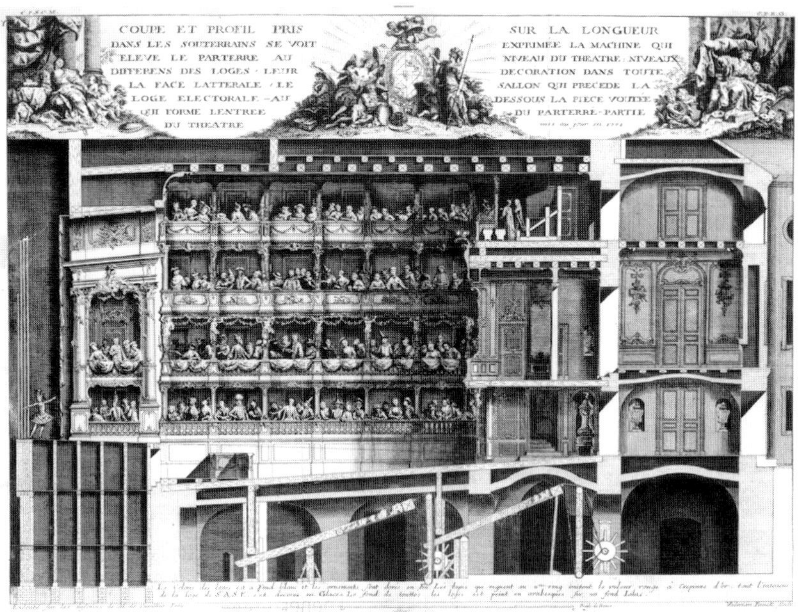

Schnitt durch das *Cuvilliés-Theater* mit der einstigen Maschinerie zur Hebung des Parketts bei Hofbällen (Kupferstich 1771).

OPER UND BALLETT

1651 Erste opernartige Aufführung *(Comoedia cantata)* im Georgssaal der Residenz. Marx Schinnagl beginnt den Umbau eines Kornspeichers zum ersten frei stehenden Opernhaus Deutschlands.
1653 Erste eigentliche Opernaufführung: *L'arpa festante* von G. B. Maccioni in der Residenz.
1654 Erste Opernaufführung im Opernhaus am Salvatorplatz.
1655–57 Umbau und Erweiterung des Opernhauses durch Francesco Santi (nicht Santurini, wie oft fälschlich zu lesen!).
1658 Opernszenerie zeigt zum ersten Mal Innenräume.
1671 Auftreten der ersten Opernsängerin (Antonia Rivani).
1680 ff. A. Steffani entwickelt den Münchener Typus der Kontrapunktoper.
1681 Erste Oper in deutscher Sprache von Veit Weinberger aufgeführt.
1685 Einbau einer Kurfürstenloge (nach Dresden die zweite Deutschlands) in das Opernhaus. – Erstes Auftreten weiblicher Darstellerinnen auf einer deutschen Bühne (Ballett in ›Servio Tullio‹). – Die Brüder Domenico und Gasparo Mauro führen den hochbarocken Ausstattungsstil der *Maschinenoper* ein.
1701 ff. Vernachlässigung der Oper zugunsten des französischen Schauspiels.
1705–55 Die Münchener Metzgerstochter Anna Rosina Maria Schwarzmann, erste bekannte Sängerin und Primadonna des deutschen Sprachraums, gelangt unter dem Künstlernamen *Rosa Bavarese* zu internationalem Ruhm.
1722 ff. Neue Blüte der italienischen Oper: in der Inszenierung Hinwendung zum Spätstil der Galli-Bibiena.
1729 ff. Opernaufführungen auch im Komödienhaus von Nymphenburg.
1740 N. G. Stuber bricht die Vorherrschaft der Italiener in der Bühnenmalerei und richtet Rokokobühne in der Residenz ein (1750 bei Residenzbrand untergegangen).
1751 Grundsteinlegung zum *Neuen Opera-Hauss (Residenztheater)* von F. Cuvilliés.
1753 Erste Aufführung im Residenztheater.
1775 Mozarts *Gärtnerin aus Liebe* im alten Hoftheater am Salvatorplatz uraufgeführt.
1778 Erste deutsche Oper *Alceste* von Wieland und Schweitzer aufgeführt.
1781 Mozarts *Idomeneo* uraufgeführt.
1787 Verbot von italienischen Karnevalsopern.
1788 Große italienische Oper aufgehoben.
1802 Opernhaus am Salvatorplatz wegen Baufälligkeit abgerissen.
1811 Grundsteinlegung zum *Hof- und Na-*

Richard Wagner (1813–1883).

Richard Strauss (1864–1949).

tionaltheater am Max-Joseph-Platz von Carl von Fischer: letztes im klassischen Stil gestaltetes großes Opernhaus Europas. Webers *Abu Hassan* uraufgeführt.
1812 *Jephtas Gelübde* von Giacomo Meyerbeer in Anwesenheit des Komponisten uraufgeführt.
1816–25 Wiedererrichtung einer italienischen Oper neben der deutschen.
1818 Eröffnung des *Nationaltheaters.*
1825 Nach Brand 1823 Wiedereröffnung des *Nationaltheaters.* Auflösung der italienischen Oper durch Ludwig I.
1831–57 *Residenztheater* aus Abneigung gegen das Rokoko ausgebaut und verlagert.
1844 Fanny Elßler Gast im Nationaltheater.
1854 ff. Franz von Dingelstedt beginnt seine berühmten Mustervorstellungen.
1865 Wagners *Tristan und Isolde* uraufgeführt. *Aktien-Volkstheater* gegründet, heute *Theater am Gärtnerplatz,* dient der Operette und Opera buffa.
1868 *Die Meistersinger von Nürnberg* und **1869** *Das Rheingold* uraufgeführt. 1869 bis 1875 Lucile Grahn Ballettmeisterin am Nationaltheater.
1870 Uraufführung *Die Walküre.*
1872 ff. Die berühmten *Separatvorstellungen* für König Ludwig II.
1878 *Der Ring des Nibelungen* erstmals vollständig zyklisch aufgeführt.
1883 Als erstes deutsches Theater *Residenztheater* elektrisch beleuchtet.
1893 Erstmals *Richard-Wagner-Festspiele.*
1896 Erste Drehbühne der westlichen Welt von Karl Lautenschläger im *Residenztheater* eingerichtet.
1901 *Prinzregententheater* von Max Littmann erbaut. Uraufführung *Feuersnot* von Richard Strauss.
1904 Erweiterung der *Richard-Wagner-Festspiele* durch Mozart-Zyklus.
1917 Hans Pfitzners Oper *Palestrina* uraufgeführt.
1924–30 Post macht Opern- und Konzertaufführungen aus München über Drahtfunk in ganz Bayern und der Pfalz zugänglich.
1942 Strauss' *Capriccio* uraufgeführt.
1943 *Nationaltheater* zerstört, 1944 das *Residenztheater* (Einrichtung kurz vorher ausgebaut).
1945–63 spielt die Oper im Prinzregententheater.
1948 Ballett *Abraxas* von W. Egk uraufgeführt.
1957 Beginn der *Münchener Opernfestspiele* der Nachkriegszeit.
1958 *Altes Residenztheater (Cuvilliéstheater)* wiedereröffnet. Dient saisonmäßig der Oper. Hindemiths *Die Harmonie der Welt* uraufgeführt.
1963 *Nationaltheater* nach Wiederaufbau im alten Stil wiedereröffnet.
1980–92 *Wolfgang Sawallisch* (1923 in München geboren), Direktor der Münchener Oper; übernimmt 1992 das Philadelphia Orchestra.
1983–93 August Everding im neugeschaffenen Amt des Generalintendanten.
1988 Wiedereröffnung des Prinzregententheaters nach Teilrestaurierung und Modernisierung 1985–87. – *1. Münchener Biennale* für neues Musiktheater unter künstlerischer Leitung von H. W. Henze.
1989 Ballett der Bayerischen Staatsoper wird eigenständiges *Staatsballett.*
1993 Peter Jonas Intendant der Staatsoper, Peter Schneider Chefdirigent, Gerd Uecker künstlerischer Betriebsdirektor. – A. Everding Staatsintendant und Präsident der neugeschaffenen Theaterakademie.
1996 Eröffnung des voll restaurierten *Prinzregententheaters,* das Domizil und Hausbühne der Bayerischen Theaterakademie sowie Spielstättenalternative der Staatstheater wird.
1998 Zubin Mehta Generalmusikdirektor. – Konstanze Vernon übergibt Ballettdirektion an Ivan Liska.
1999 A. Everding gestorben. Die auf seine Initiative 1996 begründete Bayerische Theaterakademie in *August-Everding-Akademie* umbenannt.
2006 Kent Nagano Generalmusikdirektor der Bayerischen Staatsoper.

Probe im Gärtnerplatztheater.

THEATER · SCHAUSPIEL · FILM · FERNSEHEN

1510 1. belegte Theateraufführung: *Jedermannspiel* auf dem Schrannenplatz.
1530 3 festliche Straßentheateraufführungen zu Ehren Kaiser Karls V.
1540 etwa erstes Auftreten berufsmäßiger Schauspieler im Alten Hof.
1554 1. Ratskomödie im Rathaussaal.
1560 1. Aufführung des Jesuitentheaters.
1568 1. *Commedia dell'arte* in München.
1597 1. Auftreten englischer Komödianten: spielen in englischer Sprache. Der *Triumphus Divi Michaelis Archangeli* zur Einweihung der Michaelskirche mit mehr als 900 Mitwirkenden größtes Schauspiel des europäischen 16. Jh.
1609 1. öffentliche Aufführung des *Cenodoxus* von Jacob Bidermann: größtes und bedeutendstes Drama des Frühbarock.
1650 etwa bilden Stadtmusikanten eigenes Theaterensemble, 1784 verboten.
1660/61 Turnierhaus am Hofgarten (Westseite) erbaut, diente bis zum Abbruch 1823 Festaufführungen und Reiterkarussellen.
1670–96 *Deutsches Schauspiel* unter Michael Daniel Treu.
1671–74 Französische Komödiantentruppe in München.
1684–91 Italienische Truppen (Namini und Calderon).
1701 ff. Hinwendung zum französischen Schauspiel, das **1715–20** 1. Blütezeit erfährt.
1718 *Redoutenhaus* an der Prannerstraße errichtet, bis 1818 in Betrieb, danach Landtagsgebäude.
1721 Privileg für bürgerliche Theatertruppe, die im Faberbräu auftritt.
1730–40 2. Blüte des französischen Hofschauspiels.
1749 1. stehende französische Schauspielertruppe am Hof.
1760 etwa Truppe von Therese von Kunz berufen.
1770 Passionsspiele im Zug der Aufklärung verboten, **1784** auch alle anderen geistlichen Spiele.
1771 J. B. Nießer eröffnet 1. regelmäßig spielende Bühne.
1773 Jesuitentheater geschlossen.
1775 Lessing wohnt Aufführung seiner Werke in München bei.
1777 *Hamlet* erstaufgeführt, in der Titelrolle Emanuel Schikaneder.
1778 Eröffnung der *Nationalen Schaubühne* durch die von Mannheim berufene Marchandsche Truppe im Opernhaus am Salvatorplatz, bis 1802.
1831 Ferdinand Raimund gastiert mit eigenen Stücken (ebenso 1832 und 1835).
1845 Johann Nestroy tritt in eigenen Rollen auf.
1850 Um die Jahrhundertmitte allmählich Bedeutungszunahme des – gegenüber der Oper – vernachlässigten Sprechtheaters.

Modell des von Gottfried Semper 1864–67 auf der Isarhöhe geplanten *Festbaus*.

Münchener Marionettentheater, 1900 eröffnet.

Das ehemalige Künstlertheater (1908–44).

Werbeplakat des Literarischen Kabaretts *Elf Scharfrichter* von Bruno Paul, 1903.

1852 Uraufführung von Hebbels *Agnes Bernauer* erregt Theaterskandal.
1864–67 Semper plant *Festbau* für München: wäre der bedeutendste Theaterbau der Jahrhundertmitte geworden (→ Abb. S. 67).
1865 *Aktien-Volkstheater* gegründet, heute *Theater am Gärtnerplatz.*
1872–85 *Separatvorstellungen* für König Ludwig II. im Residenz- und Nationaltheater (insgesamt 209 Vorstellungen).
1876 Nationaltheater erhält 1. Regenanlage Deutschlands.
1880–83 tritt *Josef Kainz* am Hoftheater auf.
1883 Die Meininger gastieren in München.
1889 Einrichtung der Shakespeare-Bühne am Nationaltheater durch Josza Savits.
1891 Ibsens *Hedda Gabler* uraufgeführt.
1895–1905 Ernst von Possart Generalintendant.
1896 *Deutsches Theater* eröffnet, Beginn des modernen Theaters in München. – 1. *Filmvorführung* im Panoptikum (Kaufingerstraße).
1897 Kathi Kobus eröffnet den *Simplicissimus. – Akademisch-dramatischer Verein,* Vorkämpfer der Avantgarde, gegründet. Erstes *Kino* eröffnet.
1900 *Marionettentheater* erbaut: Erste ständige Einrichtung dieser Art in der Welt.
1900–01 *Münchener Schauspielhaus* von Littmann und Riemerschmid als 1. und heute neben Cottbus einzig erhaltenes Jugendstiltheater erbaut.
1901 1. Literarisches Kabarett Deutschlands *Elf Scharfrichter* eröffnet, bis 1903.
1906 Die *Kammerspiele* gegründet (Augustenstraße).
1908 *Künstlertheater* im Ausstellungspark eröffnet, entwickelt die berühmte *Münchener Reliefbühne.*
1910 Uraufführung von Hofmannsthals *König Ödipus* durch Max Reinhardt.
1911–60 A. Kutscher wirkt in München und begründet die *Theaterwissenschaft.*
1912 Erste Bühneninszenierung des *Jedermann* im Hoftheater.
1915 Otto Falckenberg beginnt seine Inszenierungen an den *Kammerspielen.*
1919 Beginn der Filmproduktion in *Geiselgasteig.*
1921 Hofmannsthals *Der Schwierige* uraufgeführt.
1926 Fusionierung von *Schauspielhaus* und *Kammerspielen,* die in die Maximilianstraße ziehen: *Münchener Kammerspiele im Schauspielhaus.*
1928 Hofmannsthals *Turm* uraufgeführt.
1929 Max Reinhardt mit seinem Ensemble gastiert in München.
1945 *Schaubühne* an der Reitmorstraße eröffnet als 1. Theater nach dem Krieg.
1946 *Franz Xaver Kroetz* in München geboren: seit 1972/73 meistgespielter Dramatiker deutscher Sprache.
1948 Karl Valentin gestorben (geboren 1882 in München).
1949 Weiß-Ferdl gestorben (geboren 1883 in Altötting).
1951 *Neues Residenztheater* an der Stelle des Rokoko-Residenztheaters eröffnet.
1954 *Bayerisches Fernsehen* nimmt Betrieb auf.
1958 *Altes Residenztheater (Cuvilliés-Theater)* im Apothekenstock der Residenz eingebaut und wiedereröffnet, dient saisonmäßig auch dem Schauspiel.
1960 Liesl Karlstadt, langjährige Gefährtin Valentins, gestorben (geboren 1882 in München).
1966 Internationales Puppenspiel-Festival.
1975 Schauspielerin *Therese Giehse,* Tänzer *Heinz Bosl* und Regisseur *Hans Schweikart* gestorben.
1983 Neues *Münchener Volkstheater* eröffnet, *Deutsches Theater* nach langjährigem Umbau wiedereröffnet.
1986 *1. privates Fernsehprogramm* ausgestrahlt.
1992 1. IMAX-Filmtheater Deutschlands eröffnet.
1993 München besitzt 6 staatliche, 3 städtische sowie rund 60 private Theater und Kleinkunstbühnen.
1995 Filmischer Nachlass von Orson Welles gelangt ins Münchener Filmmuseum.
2000 Schauspieler und Regisseur B. Wicki gest., begr. Friedhof Nymphenburg.
2002 Frank Baumbauer Intendant der Kammerspiele, Dieter Dorn des Residenztheaters.
2003 Eröffnung der restaurierten und mit moderner Bühnentechnik versehenen *Kammerspiele im Schauspielhaus.*
2003 Caroline Link (München) Oscarpreisträgerin für den besten ausländischen Film »Nirgendwo in Afrika« von 2001.

LITERATUR

1294–1347 Kaiser Ludwig der Bayer besitzt eine der berühmtesten *Bibliotheken* des Abendlandes. Seine Hofkanzlei bildet eigenes *Hochdeutsch* aus und bereitet damit gemeindeutsche Schriftsprache vor.
1335 etwa trägt Hadamar von Laber im Alten Hof seine *Jagd* vor: bedeutendste Minneallegorie des späten Mittelalters.
1. Hälfte 14. Jh. Heinrich von München verfasst seine *Weltchronik.*
1394 Heinz Sentlinger überarbeitet und ergänzt Heinrichs *Weltchronik.*
1400–69 Jakob Pütrich von Reichertshausen: bester Kenner und zugleich einer der letzten Vertreter der deutschen Minnedichtung.
1423 Oswald von Wolkenstein in München.
1427 Hans Schiltberger schreibt erstes Reisebuch eines Bayern über seine Erlebnisse in der Türkei, in Persien und Ägypten.
1447 München erhält durch Stiftung seine 1. Stadtbibliothek.
1455 erscheint 1. deutscher Kalender in München.
1478–81 verfasst Ulrich Fuetrer seine *Bayerische Chronik.*
1482 Erstes in München gedrucktes *Buch* durch den Wiegendrucker Hans Schauer vollendet.
1512 druckt Hans Schobser die 1. Gelegenheitszeitung Münchens.
1522 Wilhelm IV. erläßt 1. Zensurgesetz.
1537 Münchener Stadtschreiber S. F. Schaidenreißer (als Humanist: Minervius) vollendet 1. deutsche Homerübersetzung.
1547–53 Der Humanist Hieronymus Ziegler Stadtpoet und Lateinlehrer in München.
1553–59 Martinus Balticus, Schüler Melanchthons, in München: entwickelt deutsches *Schuldrama.*
1558 Herzog Albrecht V. kauft die *Bibliothek J. A. von Widmanstetters:* Grundstock der gleichzeitig gegründeten Hof-, jetzt Staatsbibliothek.
1571 Erwerbung der *Bibliotheken Jakob Fuggers* und *Hartmann Schedels* durch Albrecht V.
1580 Michel de Montaigne in München.
1587 Wilhelms V. festliche Hochzeit mit Renata von Lothringen (1568) erscheint als Szene in der ›Historia von Doctor Fausten‹.
1597–1651 Unter Maximilian I. vielseitiges, für damaliges Deutschland einmaliges literarisches Schaffen. Bedeutendste Namen seines *Münchener Dichterkreises* sind Aegidius Albertinus, Jakob Balde, Jakob Bidermann und Jeremias Drexel.
1593–1620 der Niederländer Aegidius Albertinus in München, wird zum beliebtesten Volksschriftsteller und gibt durch die freie Bearbeitung des *Guzman de Alfarache* den Anstoß zum deutschen Schelmenroman.
1606 Geistlicher Barockdichter und Komponist *Khuen* in Moosach geboren († 1675).
1609–16 Jakob Bidermann am Jesuitengymnasium: eine der größten Begabungen der deutschen Barockliteratur.
1611–38 Jeremias Drexel in München: der fruchtbarste aszetische Schriftsteller seiner Zeit.
1626–28 und **1637–50** Jakob Balde in München: berühmtester lateinischer Dichter seiner Zeit (der *Bayerische Horaz*).
1628 Ältestes bekanntes Münchener Wochenblatt erscheint: *Gewisse und warhaffte Wochentliche Ordinari Zeitungen.*
1647 veröffentlicht der Jesuit Johann Bisselius mit *Argonauticon Americanorum* den 1. Roman eines Deutschen über Amerika.
1661 Erstes *Pflichtexemplargesetz* zugunsten der Hofbibliothek.
1662/63 *Annales Boicae gentis* von P. J. Vervaux S. J. erschienen: 1. wissenschaftlich erarbeitete Bayerische Geschichte.
1702 1. bayerische literarische Zeitschrift in München erschienen: *Nutz- und Lust erweckende Gesellschaft der vertrauten Nachbarn am Isarstrom.*
1722 G. Hieber, E. Amort und A. Kandler gründen gelehrte Zeitschrift *Parnassus Boicus* und treten für deutsche Sprachkultur ein (bis 1740).
1772 Erste bayerische Leihbibliothek in München eröffnet.
1773–74 Chr. F. D. Schubart in München.
1775 G. E. Lessing in München. Mit der Aufklärung wieder Einsetzen regen Literaturbetriebes in München: Hauptvertreter Lorenz von Westenrieder.
1779 erscheint anonym Westenrieders *Leben des guten Jünglings Engelhof:* bedeutendster Aufklärungsroman Bayerns.
1782 Westenrieder gibt erste Stadtbeschreibung Münchens heraus.

Jakob Balde (1604-1668).

Lorenz von Westenrieder (1748-1829).

Thomas Mann (1875-1955).

Lena Christ (1881-1920).

Titelseite der ab 1896 erscheinenden satirischen Zeitschrift.

1786 Goethe in München auf Durchreise.
1789 Hofbibliothek öffentlich zugänglich.
1800 ff. München leistet bedeutenden Beitrag zur Romantik (Görres und sein Kreis, Schelling) und wird zu einem der führenden literarischen Zentren Deutschlands.
1812 Goethe verfasst die Inschrift zum Tor des Alten Botanischen Gartens.
1820 Jean Paul besucht München.
1822–44 Fjodor Iwanowitsch Tjutschew, einer der berühmtesten russischen – dennoch in Deutschland weitgehend unbekannter – Lyriker, lebt in München.
1827 Ch. de Coster, Dichter des *Uylenspiegel,* in München geboren († 1879).
1827–28 lebt Heine in München und hofft vergeblich auf Anstellung.
1833 H. Chr. Andersen zum ersten Mal in München (dann 1840, 51, 52 und 1854).
1833–42 Cl. Brentano in München, verfasst hier u.a. *Hinkel, Gockel und Gackeleia.*
1836–39 Friedrich Hebbel in München.
1840 Gottfried Keller in München: schildert seine Erlebnisse im *Grünen Heinrich.*
1843 Gründung der *Münchener Stadtbibliothek,* ab 1879 erst für das Publikum zugänglich; heute größtes kommunales Bibliotheksystem Deutschlands.
1844 *Münchener Fliegende Blätter* gegr.
1848 ff. König Max II. sucht durch Berufung der Nordlichter auch das literarische Leben der Stadt zu fördern: *Münchener Dichterkreis* mit F. Bodenstedt, F. Dahn, E. Geibel, M. Greif, W. Hertz, P. Heyse, H. Lingg, M. Meyr, W. H. Riehl u. a.
1856 P. Heyse versucht vergeblich, Fontane für München zu gewinnen.
1866 Alphonse Daudet in München.
1870 Annette Kolb in München geboren († 1967).
1871 Chr. Morgenstern, Dichter der *Galgenlieder,* in München geboren († 1914 Untermais/Meran).
1875–91 lebt Ibsen in München und verfasst 6 seiner Dramen.
1884 L. Feuchtwanger in München geboren († 1958 Los Angeles).
1891 Johannes. R. Becher in München geboren († 1958 Ostberlin).
1893 Th. Mann übersiedelt nach München (emigriert 1934 in die Schweiz).
1895 Uraufführung der *Fahnenweihe* von J. Ruederer, begründet moderne bayerische Literatur, die dann Ludwig Thoma als selbständiges Element in die deutsche Literatur einbringt. Weitere Pflege durch L. Christ, J. Hofmiller, G. Queri, Ed. Stemplinger u. a.
1896 Zeitschrift *Jugend* gegründet: namengebend für den ›Jugendstil‹. – Albert Langen und Th. Th. Heine gründen *Simplicissimus,* der sich unter dem Redakteur L. Thoma und den Zeichnern Reznicek, Wilke, Arnold, Thöny und Gulbransson zum künstlerisch besten Witzblatt, das je existiert hat, entwickelt (1944 eingestellt).
1896/97 Rainer Maria Rilke in München.
1900 ff. Um die Jahrhundertwende wird München literarisch-dichterisches Zentrum Deutschlands: O. J. Bierbaum, M. G. Conrad, S. George, M. Halbe, Ricarda Huch, H. Lautensack, Th. Mann, R. M. Rilke, K. Wolfskehl, F. Wedekind u. a. *Elf Scharfrichter,* 1. deutsches literarisches Kabarett (bis 1903).
1900–02 lebt Lenin in München: schreibt Revolutionsfibel *Was tun?* und redigiert hier die Zeitschriften *Iskra* (Funke) und *Sarja* (Morgenröte).
1901 Ernst von Wolzogens *Das dritte Geschlecht,* erster Schwabinger Roman, erscheint.
1902 Zeitschrift *Hochland* gegründet. G. Apollinaire besucht München.
1904 *Süddeutsche Monatshefte* gegründet.
1905–40 Dichter und Essayist *Konrad Weiß* in München.
1907–12 lebt *Carl Sternheim* in Pullach vor München.
1907 und **1922** Jean Giraudoux in München, schildert Erlebnisse in *Siegfried.*
1910 Nobelpreis an Paul Heyse.
1911 T. S. Eliot besucht München.
1913–16, 1919–23 lebt Ödön von Horváth in München.
1916 Franz Kafka in München.
1918 übersiedelt J. R Becher nach Berlin: literarischer Expressionismus geht an München vorüber. Reicheres literararisches Leben erst wieder in den 20er und 30er Jahren: G Britting, H. Carossa, Annette Kolb, M. Lichnowsky, J. Wassermann, K. Weiß u. a. Die bayerische Dichtung und Literatur gepflegt von P. Dörfler, W. Diess, O. M. Graf u. a.
1920 Freitod von Lena Christ im Waldfriedhof.
1928 Th. Wolfe in München, ebenso Bert Brecht: Er bewundert Karl Valentin.

1929 Nobelpreis an Th. Mann.
1933 Exodus der Literatur: L. Feuchtwanger verlässt München, ebenso O. M. Graf, dann **1934** Th. Mann.
1935 *Literaturpreis* der Stadt München an Georg Britting verliehen. – Karl Valentin gibt erste und einzige *Valentin-Zeitung* heraus.
1936 O. Spengler in München gestorben.
1958 Münchener Verlage rücken in der Titelproduktion an die erste Stelle unter den deutschen Verlagsstädten.
1962 München beherbergt die meisten deutschen Verlage.
1973 *Klaus-Mann-Archiv* gelangt in die Städtischen Bibliotheken.
1975 Deutschlands erster Frauenbuchladen eröffnet.
1976 Eugen Roth (geb. 1895 in München), dessen Werke 4,3 Mio. Gesamtauflage erreichten, in München gestorben.
1980 Bayr. Staatsbibliothek erwirbt Bibliothek der Fürsten Oettingen-Wallerstein.
1982 München nach New York zweitgrößte Verlagsstadt der Welt: Über 300 Verlage mit rund 10 000 Neuerscheinungen.
1984 Städt. Bibliotheken beziehen neues Domizil im Kulturzentrum Am Gasteig.
1989 Carl Amery Vorsitzender des internationalen PEN-Zentrums (bis 1991).
1996 Die Schriftsteller *Wolfgang Koeppen*, *Sigi Sommer* (* 1914) und *Michael Ende*, erfolgreichster deutschsprachiger Autor der Nachkriegszeit, in München gestorben.
1997 Eröffnung des *Literaturhauses München* am Salvatorplatz.
2002 Luise Rinser in München-Unterhaching gestorben (geb. in Pilzing/Obb.).

Ludwig Thoma (1867-1921).

Literaturstadt München heute

Während 1946 22 Verlage eine Lizenz besitzen, gibt es 1964 bereits 238 Buchverlage, 1988 ist München mit 241 Verlagen und 141 Buchhandlungen nach New York die zweitgrößte Verlagsstadt der Welt. Heute macht die Münchener Bücherschau das breite Angebot bekannt, im Literaturhaus hat die Szene eine Heimat gefunden, und Buchhandlungen wie Lehmkuhl, Literatur Moths und die Literaturhandlung von Rachel Salamander organisieren regelmäßig Lesungen. Neugründungen wie die »blumenbar«, die auch verlegerisch tätig ist, bedienen vor allem das junge Publikum.

Nach dem zweiten Weltkrieg dauert es nicht lange, bis München wieder eine überaus lebendige Literaturszene aufweist. Viele Schriftsteller, die ins Exil getrieben worden waren, kommen zumindest besuchsweise zurück, etwa Thomas Mann, dessen Kinder Klaus und Erika am literarischen Leben beteiligt sind. Annette Kolb, die in ihrem Werk der Stadt eng verbunden ist, kehrt 1945 aus dem amerikanischen Exil zurück und wird 1950 mit dem Kulturpreis der Stadt für Literatur geehrt. Oskar Maria Graf weilt 1958 in München und schockt durch einen Auftritt in Lederhose im Cuvilliés-Theater. Joachim Kaiser wird 1959 Feuilleton-Redakteur der »Süddeutschen Zeitung« und begleitet über viele Jahre das kulturelle Leben der Stadt. Zu den mit den Münchener Kammerspielen eng verbundenen Dramatikern zählen u. a. Heinar Kipphardt, Tankred Dorst, Herbert Achternbusch und Franz Xaver Kroetz.

Im Jahr 1967 leben über 500 Schriftsteller in München. Carl Amery beleuchtet mit seinen barock-futuristischen Zukunftsvisionen vergangene und gegenwärtige Missstände und der Jurist Herbert Rosendorfer amüsiert sein Publikum mit jedem neuen Roman. Der gebürtige Iraner SAID schreibt seit 1975 in deutscher Sprache und Friedrich Ani beschäftigt sich in seinen (Kriminal)-Romanen mit den Nachtseiten der Stadt (»German Angst«).

Zu den Dichtern und Schriftstellern, die in der zweiten Hälfte des 20. Jahrhunderts in München lebten oder immer noch hier wohnen, gehören: Peter Paul Althaus, der Lyriker Wolfgang Bächler, Barbara Bronnen, Gisela Elsner, Michael Ende, Gerd Gaiser, Gert Heidenreich, Günter Herburger, Ernst Hoferichter, Ellis Kaut (»Pumuckl«), Dagmar Nick, Heinz Piontek, Christa Reinig, Wolfgang Koeppen, Walter Kolbenhoff, Irina Korschunow, Helmut Krausser, Hermann Lenz, Oda Schaefer, Asta Scheib, der »Spaziergänger« Sigi Sommer, Uwe Timm, Keto von Waberer, Joseph von Westphalen, Wolf Wondratschek, Paul Wühr und der Mundartdichter und Hochschullehrer Helmut Zöpfl.

Kabarett und Kleinkunst

1946 wird die Haidhauser Kleinkunstbühne »Bunter Würfel« wieder eröffnet. In der »Schaubude« hebt sich am 21.4.1946 erstmals der Vorhang. Die »Kleine Freiheit« macht 1951 bis 1954 Furore, und 1956 beginnt die Ära der »Lach- und Schießgesellschaft« mit Ursula Herking, Dieter Hildebrandt, Klaus Havenstein und Hans-Jürgen Diedrich, die in wechselnden Besetzungen bis 2000 fortbesteht. 2002 etabliert sich im renovierten »Laden« ein neues Ensemble mit Holger Paetz, Viola von der Burg, Michael Altinger und Uli Bauer.

Gerhard Polts Auftritte mit Gisela Schneeberger und der Biermösl Blosn in den Kammerspielen sind Legende, und Namen wie Beier und Zauner, Sarah Camp, Ottfried Fischer, Faltsch Wagoni, Lisa Fitz, Günter Grünwald, Jörg Hube, Bruno Jonas, Meilhamer & Schlenger, Sissi Perlinger, Maria Peschek, Helmut Ruge und Sigi Zimmerschied zeigen, dass die Brettl-Szene in München lebt. Sie alle haben ihren Platz an den kleinen Münchener Bühnen: Heppel & Ettlich, Drehleier, Fraunhofer Theater, Schlachthof, Lustspielhaus oder Hinterhoftheater.

WISSENSCHAFT UND BILDUNGSWESEN

X.A.W. von Kreittmayr (1706-1790).

Die erste bayerische Universität wurde 1472 in Ingolstadt gegründet, 1800 nach Landshut und 1826 nach München verlegt. Bis zum Beginn des 19. Jh. bestimmte nicht so sehr die Residenzstadt München das geistig-wissenschaftliche Leben des Landes, sondern Ingolstadt.

1326–42 † Marsilius von Padua, kaiserlicher Leibarzt, erster laizistischer Staatsdenker der Neuzeit, formuliert Idee der Volkssouveränität.

1328–48 *Geistliche Hofakademie* Ludwigs des Bayern mit Marsilius v. Padua, Michael v. Cesena, Bongratia v. Bergamo, Johann v. Jandun und William Occam (führender Nominalist). München ist bestimmendes geistiges Zentrum Europas neben Oxford und Paris (Entwicklung des modernen Staatsgedankens).

1329–49 † William Occam, 1. und größter Philosoph der Neuzeit, in München.

um 1450 Die bibliophilen Ärzte J. Hartlieb und S. Gotzkirchner als Vorläufer des Humanismus.

1451 *Nikolaus von Kues* in München.

1478 Mit *Poeterei* 1. städtische Schule gegründet.

1507–37 wirkt *Johann Aventin* in München: schreibt 1. bedeutendes Geschichtswerk in deutscher Sprache.

1520–50 Der Münchener *Nikolaus Kratzer* (* 1488) Hofastronom und Mathematiker Heinrichs VIII. von England (von Holbein und Dürer porträtiert).

1529–31 *Paracelsus* in München.

1552 Geschichtsforscher *Wiguläus Hundt* nach München berufen.

1560 Die im Vorjahr berufenen Jesuiten eröffnen 1. Gymnasium.

1565 *Samuel Quicckelberg,* Konservator der herzoglichen Sammlungen, begründet mit einem Lehrwerk die neuzeitliche Museumswissenschaft.

1687 A. W. Ertls *Churbayrischer Atlas:* 1. bayerische Topografie.

1688 Leibniz in München.

1700 ff. Der Münchener Jesuit *Caspar Castner* Präsident des mathematischen Tribunals in Peking.

1701–1726 erscheint Michael Wenings vierteilige *Topographia Bavariae.*

1722 E. Amort, G. Hieber und A. Kandler gründen literarisch-wissenschaftliche Zeitschrift: *Parnassus Boicus:* Beginn geistiger Erneuerung im Sinne früher Aufklärung (bis 1740).

1748–1829 L. von Westenrieder, unermüdlicher Vorkämpfer für Volksbildung und wissenschaftlichen Fortschritt.

1751–56 erscheint X. A. W. v. Kreittmayrs Gesetzgebungswerk: 1. abgeschlossene, umfassende Rechtskodifizierung Deutschlands.

1759 Mit der *Bayerischen Akademie der Wissenschaften* erhält München ein geistiges Zentrum und Gegengewicht zur Ingolstädter Universität.

1763 *Monumenta Boica,* 1. Urkundensammlung zur bayerischen Geschichte, erschienen; F. von Oefele gibt die *Scriptores rerum Boicarum* heraus; Peter v. Osterwald richtet die erste Sternwarte ein.

1765–1841 Franz v. Baader: bedeutendster bayerischer Philosoph der Romantik.

1766 Chr. Wink, R. A. Boos und F. X. Feichtmayr gründen *Zeichenschule* (untergebracht im Wilhelminum), die 1770 als *Maler- und Bildhauerakademie* verstaatlicht wird: Vorläufer der späteren Akademie der Bildenden Künste.

1774 Heinrich Braun reformiert das Schulwesen.

1776 Gründung des aufklärerischen Illuminatenordens.

1784/85 Verbot der Freimaurerei und der Illuminaten.

1793 F. X. Kefer gründet *Handwerks-Feiertagsschule,* H. Mitterer die *Feiertagsschule für Künstler und Handwerker.* Durch Vereinigung beider noch im Gründungsjahr entsteht Bayerns erste technische Schule.

1801 Beginn der bayer. Landesvermessung von Oberföhrung (Basispyramide) aus.

1802 Einführung der Schulpflicht in München.

1803 Erste Münchener Volksschule (›Elementarschule‹) eröffnet.

1804 H. Mitterer gründet in der Feiertagsschule erste *Lithographische Anstalt.*

1804 ff. Unter König Max Josef erste Berufungswelle von meist norddeutschen Wissenschaftlern: F. Jacobs, F. H. Jacobi, J. W. Ritter, A. H. F. Schlichtegroll, Th. Sömmering, F. W. Thiersch.

1806 F. W. J. v. Schelling Mitglied der Akademie der Wissenschaften und Generalsekretär der Akademie der Bildenden Künste: Durch ihn wird München zum Zentrum der romantischen Philosophie.
1811 F. L. v. Sckell und F. P. Schrank legen den (Alten) *Botanischen Garten* an.
1817 Brasilienexpedition von C. F. Ph. v. Martius und J. B. v. Spix.
1822–52 Die 1804 gegründete und bis 1807 in Weihenstephan (Freising) angesiedelte, ab 1839 dann so genannte *Landwirtschaftliche Centralschule* in Schloß Schleißheim untergebracht: Keimzelle der *Fakultät für Landwirtschaft und Gartenbau* der TU München (seit 1852 wieder in Weihenstephan).
1826 Universität von Landshut nach München verlegt. 2. Berufungswelle: F. W. J. v. Schelling, F. X. Baader, Martius, Thiersch u.a.
1827 J. v. Görres berufen: Mittelpunkt der kath. Spätromantik. *Polytechnische Centralschule* gegründet.
1830 Beginn regelmäßiger pathologisch-anatomischer Demonstrationen an der Universität.
1830–49 wirkt P. F. v. Walther in München, kgl. Leibarzt und Reformator der Chirurgie.
1835–79 Johann v. Lamont Direktor der Münchener Sternwarte.
1848 Mit der Thronbesteigung von König Max II. dritte Berufungswelle *(Nordlichter):* F. v. Bodenstedt, J. K. Bluntschli, F. Dahn, Ph. v. Jolly, W. H. Riehl, Karl Theodor von Siebold u. a.
1850 G. S. Ohm lehrt bis zu seinem Tod 1854 an der Universität München.
1852 J. v. Liebig berufen, betreibt mit seinen öffentlichen Vorlesungen eine Art Volkshochschule.
1853 M. v. Pettenkofer, Professor, Begründer der modernen Hygiene.
1854–57 Beginn der literarisch-wissenschaftlichen Zusammenkünfte *(Symposien)* bei König Max II.
1857 Erste deutsche Himalayaexpedition der Brüder Schlagintweit. – Max II. und L. v. Ranke planen *Akademie für deutsche Sprache und Literatur* (Projekt gescheitert). – Chr. F. Schönbein, Basel: »In der Chemie ist in München immer etwas los.«
1860 Der Münchener Arzt Alfred Vogel (1829–90) veröffentlicht erstes Lehrbuch der Kinderkrankheiten in deutscher Sprache; 2. Aufl. bereits 1863.
1865 In München und an den anderen Landesuniversitäten Bayerns werden ordentliche *Lehrstühle für Hygiene* (die ersten in Deutschland) errichtet; erster Inhaber in München: M. v. Pettenkofer.
1868 *Polytechnische Schule* gegründet, ab 1877 in *Technische Hochschule* umbenannt, seit 1971 Technische Universität (TU). – *Kunstgewerbeschule* errichtet.
1875 Der Münchener E. v. Bary erforscht westliche Sahara.
1876 *Stiftung Maximilianeum* (mit kostenlosem Studium für die 26 besten Absolventen Bayerns) von König Ludwig II. gegründet (vgl. 1980).
1879 *Hygienisches Institut* M. v. Pettenkofers eröffnet.
1880–95 lebt *Albert Einstein* in München.
1889 *Thesaurus Linguae Latinae* begonnen.
1892 M. v. Pettenkofers Choleraexperiment: schluckt 1 Milliarde Bazillen, ohne zu erkranken.
1900 G. Kerschensteiner führt Berufsschule ein, gründet *Volksbildungsverband.* – W. Filchners 1. Expedition (Ritt über den Pamir); bis 1940 sechs weitere nach Spitzbergen, Tibet, Nepal, in die Antarktis und Tatarei.
1901 C. Röntgen, seit 1900 in München ansässig, erhält Nobelpreis für Physik.
1903–26 *E. Kraepelin* (1856–1926), Begründer der wissenschaftlichen Psychiatrie, wirkt in München; gründet 1917 *Deutsche Forschungsanstalt für Psychiatrie,* heute *Max-Planck-Institut für Psychiatrie.*
1905 Nobelpreis für Chemie an Baeyer, der seit 1875 als Nachfolger Liebigs in München lehrt und forscht.
1906 *Münchener Volkshochschule* gegr.
1907 Der Münchener E. Buchner, damals Professor in Berlin, erhält Nobelpreis für Chemie.
1911 Der Romanist K. Voßler an die Universität berufen.
1912–24 Der Kunsthistoriker H. Wölfflin lehrt in München.
1915 Richard Willstätter erhält Nobelpreis für Chemie, lehrt 1915–39 in München.
1918 Chirurg F. Sauerbruch berufen. Bis 1927 in München.
1918–22 schreibt O. Spengler den *Untergang des Abendlandes* in München.

C. F. Ph. von Martius (1794-1868).

F. W. J. von Schelling (1775-1854).

Justus von Liebig (1803-1873).

1924 Eröffnung der städtischen *Höheren Technischen Lehranstalt,* 1946 in *Oskar-von-Miller-Polytechnikum* umbenannt, seit 1971 – nach Verstaatlichung – *Fachhochschule München.*

1925 *Deutsches Museum für Meisterwerke der Technik* eröffnet.

1927 Chemie-Nobelpreis an H. Wieland, 1917-21 und ab 1925 in München wirkend.

1927–35 der Kunsthistoriker W. Pinder in M.

1930 1. Fernsehapparat der Welt im Deutschen Museum. H. Fischer erhält Nobelpreis für Chemie.

1945 München Sitz der *Ukrainischen Freien Universität.*

1949 Gründung der Fraunhofer-Gesellschaft.

1951–62 Kunsthistoriker H. Sedlmayr lehrt in München.

1955 ff. Übersiedelung der ersten *Max-Planck-Institute* nach München (heute insgesamt 10). Auch die Nobelpreisträger Werner Heisenberg (1933: für Physik) und Adolf Butenandt (1939: für Chemie) verlegen ihre Wirkungsstätte nach München.

1961 Nobelpreis Physik an R. Mößbauer.

1964 Nobelpreis für Medizin an Feodor Lynen (geb. 1911 in München).

1971 TH nun *Technische Universität* (einzige in Bayern).

1973 Drei Nobelpreise für Münchener Wissenschaftler: *Konrad Lorenz* und *Karl v. Frisch* (Medizin und Psychologie) sowie *Ernst Otto Fischer* (Chemie).

1974 *Deutsches Herzzentrum,* durch Rudolf Zenker aufgebaut, eröffnet.

1976 Münchener *Tumorzentrum* im Großklinikum Großhadern gegründet; Anlage eines *Münchener Tumorregisters* (bis 2003 Daten von etwa 220 000 Patienten und 250 000 Tumoren).

1977–78 Inbetriebnahme der Institutsbauten der TU in Garching: Fakultäten für Chemie, Biologie und Geowissenschaften.

1980 Herzog Albrecht weitet die bislang nur männlichen Studierenden vorbehaltene Stiftung Maximilianeum auf 10 Studentinnen aus; 2000 28 männliche und 17 weibliche Stipendiaten erhöht.

1984 Der in München geborene Immunologe und Krebsforscher *G. Köhler* erhält Nobelpreis für Medizin.

1985 Klaus von Klitzing erhält Nobelpreis für Physik.

1987 Prof. Eugen Biser gründet an der Universität das *Münchener Senioren-Studium.*

1988 Nobelpreis für Chemie an Chemiker Robert Huber (Max-Planck-Institut).

1992 *Zahn eines Hauerelefanten* (Deinotherium; ca. 10 Mio. Jahre alt) beim U-Bahn-Bau in der Au entdeckt.

1993 *Kieferknochen eines Urelefanten* (Gomphotherium; ca. 10 Mio. Jahre alt) beim U-Bahn-Bau in Feldmoching entdeckt. Beide Funde, die zu den ältesten paläontologischen Funden von Landtieren im Stadtgebiet zählen, in der Bayerischen Staatssammlung für Paläontologie und Historische Geologie ausgestellt.

2000 *Internationale Wasserstoffkonferenz* zur branchenübergreifenden Weiterentwicklung und zur Einsatzperspektive des Energieträgers Wasserstoff im 21. Jh.

2003 TU München schließt Partnerschaft mit der Tsinghua-Universität Peking.

Glaspalast: 1. Glas-Eisen-Konstruktion des europäischen Festlands, 1854 errichtet, 1931 abgebrannt (vgl. S.66).

ERFINDUNGEN, ENTDECKUNGEN UND ENTWICKLUNGEN

1394–1427 *Orientreise* von Hans Schiltberger (›Bayerischer Marco Polo‹).
1447/1453 Münchener *Bierbrauerordnung* schreibt Verwendung nur von Gerste, Hopfen und Wasser zur Bierherstellung vor: Vorläufer des bayerischen *Reinheitsgebotes* von 1516 und damit frühestes bekanntes Nahrungsmittelgesetz.
1467–71 bereits Bau der 1. Röhrenwasserleitung von Thalkirchen nach München.
1492 Der Münchener H. Barth baut *Kesselberg-Passstraße* zum Walchensee aus.
1559–66 Philipp Apian führt methodische Landesvermessung durch und gibt daraufhin (1568) seine 24 *Bairischen Landtafeln* heraus, die praktisch 200 Jahre Gültigkeit besitzen: Bayern galt damals als bestdargestelltes Land der Welt.
1617–19 Der Münchener Baumeister H. Reifenstuel legt die *Soleleitung* Reichenhall-Traunstein an: technisches Wunder seiner Zeit.
1763–1835 Joseph von Baader, durch seine Versuche mit *Eisenstraßen* Vorkämpfer des Eisenbahnbaus in Deutschland; unter seinen zahlreichen Erfindungen das sog. *Baadersche Zylindergebläse.*
1763–1840 Josef von Utzschneider: weitblickendes organisatorisches Genie, leitet die Industrialisierung Münchens und Bayerns ein.
1776 Hofmaschinist J. Gallmayr konstruiert die erste *automatische Uhr* der Welt.
1796–1806 erscheint *Reiseatlas von Bajern* von Adrian v. Riedl: 1. moderner Straßenatlas der Welt nach dem heute noch gültigen Prinzip der Streckensektionen.
1797 Graf Rumford, Schöpfer des Englischen Gartens und eine Art Universalgenie, schafft durch Experimente mit Wärme Grundlagen der heutigen Wärmelehre.
1798 Alois Senefelder erfindet die *Lithographie* und legt damit Grund für das moderne Offsetdruckverfahren.
1801 unternimmt Adrian von Riedl erste Landesvermessung nach modernen Gesichtspunkten.
1804 Georg von Reichenbach gründet mit Liebherr und Utzschneider *Mechanisch-mathematisches Institut* und damit modernen Maschinenbau Deutschlands: baut erste Dampfmaschine Bayerns, erfindet die Wassersäulenmaschine und das gezogene Geschütz. Seine 1817 eröffnete Soleleitung Berchtesgaden-Rosenheim damals ein technisches Meisterwerk von europäischem Rang.
1807 Auf Betreiben des Münchener Arztes S. v. Häberl führt Bayern als 1. Land die *Pockenschutzimpfung* ein.
1807 ff. Joseph von Fraunhofer entwickelt das *dioptrische Teleskop* und ermöglicht damit erstmals exakte astronomische Messungen.
1808 A. v. Riedl veröffentlicht ersten *Stromatlas von Bayern.*
1808–13 Der Arzt F. X. Häberl richtet im Allgemeinen Krankenhaus erstmals *Warmluftheizung* und *Ventilation* ein.
1809 gründen Reichenbach, Utzschneider und Fraunhofer ihr *Optisches Institut:* München tritt damit an die Spitze der europäischen optischen Industrie. – S. v. Sömmering erfindet den *Elektrischen Telegrafen.* – Johann Georg Soldner veröffentlicht das später nach ihm benannte und heute noch verwendete *Soldnersche Koordinatensystem* und die darauf basierende exakte Kartenprojektion.
1814 Fraunhofer veröffentlicht seine Forschungsergebnisse: *Entdeckung des Sonnenspektrums* und der *Fraunhoferschen Linien* und schafft damit Grundlage für die Spektralanalyse.
1815 erhält Jos. v. Baader Privileg »für die Erfindung von eisernen Kunststraßen und Wagen«: erstes ›Patent‹ des deutschen Eisenbahnwesens (vgl. 1826).
1816 Der Münchener Hofwagner Georg Lankensperger erhält auf bahnbrechende Erfindung der *Achsschenkellenkung* bayerisches Privileg und 1818 unter Vermittlung des Münchener Verlegers Rudolf Ackermann britisches Patent: die heute noch wichtige Erfindung bekannt als *Ackermann-* oder *A-Lenkung.*
1817 Gabelsbergers erste *Stenographieversuche.* – Der französische Mathematiker Laplace bezeichnet die Landesvermessung Bayerns »als das vorzüglichste aller bis dahin ausgeführten Systeme«.
1818 Senefelders Lehrbuch der Lithographie erschienen.

Alois Senefelder (1771-1834).

Guß der Bavaria in der Königlichen Erzgießerei 1844-1849.

Carl von Linde (1842-1934).

1818 (und **1828**) Der Optiker Josef Nickl liefert *Polarisationsmaschine* an Goethe, der sie zu Versuchen für seine Farbenlehre verwendet.
1821/22 Fraunhofer veröffentlicht die ersten Messungen von *Wellenlängen des farbigen Lichts.*
1826 führt J. v. Baader *Versuchseisenbahn* in Nymphenburg vor. – J. N v. Fuchs entdeckt das *Wasserglas:* nach ihm das Mineral *Fuchsit* benannt.
1830 Erste *Warmwasserheizung* Deutschlands (Gewächshaus in Nymphenburg).
1831 Franz Xaver Gabelsberger veröffentlicht das erste *Lehrbuch der Stenographie.*
1835 Erster Großguss J. B. Stiglmaiers in der Erzgießerei: Denkmal König Max I. Josephs von Christian Daniel Rauch und Leo von Klenze (Max-Joseph-Platz).
1836 erfindet C. A. Steinheil den *Nadeltelegraf,* **1837** führte er erste *Fernsprechversuche* durch, **1838/39** – noch vor Daguerre – zusammen mit Franz von Kobell die ersten fotografischen Versuche und entwickelt in der Folge die erste *Kleinbildkamera* der Welt.
1837 Erste *telegrafische Nachrichtenübermittlung* zwischen Akademie der Wissenschaften und Sternwarte in Bogenhausen durch Steinheil.
1840 Der Maler Johann Baptist Isenring zeigt im Odeon ca. 60 Daguerrotypien: *1. Fotoausstellung der Welt.*
1841 Joseph Anton v. Maffei baut die erste *Lokomotive* in München und gewinnt 1851 auch den Wettbewerb zum Bau der Semmeringbahn-Lokomotiven.
1841 I. Perner gründet den ersten *Tierschutzverein.*
1842 F. v. Kobell erfindet *Galvanographie.*
1847 Gründung der *Optischen Werke Steinheil und Söhne.*
1849 F. Bürkleins *Bahnhofshalle* mit wegweisender Dachkonstruktion. – Ausgabe der ersten deutschen Briefmarke (Schwarzer Einser).
1851–57 Bau der *Großhesseloher Brücke:* einer der frühesten reinen Ingenieurbauten Deutschlands (F. A. v. Pauli; 1984 gegen alle Proteste von der Deutschen Bundesbahn demontiert).
1854 Errichtung des *Glaspalastes* (1931 abgebrannt) als 1. Glas-Eisen-Konstruktion auf dem Festland nach Vorbild des Londoner Crystal Palace von 1851. – Franz Hanfstaengl erfindet *Negativretusche* in der Fotografie.
1854 Wilhelm Bauer führt *Unterwasserschießstand* vor und legt den Grund zur Entwicklung des Unterseebootes als Waffe.
1856 J. v. Liebig entdeckt *Holzgas.*
1858 Chr. Reithmann entwickelt (2 Jahre vor Lenoir) den *Zweitaktmotor.*
1860 ff. Lichtdruckverfahren *Albertotypie* von J. Albert entwickelt.
1863 *Poliklinik* eröffnet: ihre Kinderabteilung (›Hauner'sches Kinderspital‹) älteste heute noch bestehende Kinderklinik Deutschlands.
1873 Chr. Reithmann erfindet – 4 Jahre vor N. Otto – den *Viertaktmotor.* Erfindung wegen Geldmangels nicht ausgewertet.
1874 A. von Baeyer ermöglicht durch Entdeckung der Zusammensetzung von *Indigo* dessen künstliche Herstellung.
1876 C. v. Linde entwickelt *Kältemaschine:* Grundlage des modernen Kühlschranks.
1877 Hans Bunte erfindet *Generatorofen für Gaserzeugung.*
1879 *Dreifarbendruck* von Josef Albert entwickelt.
1881 G. Meisenbach erfindet die *Autotypie* und ermöglicht damit den modernen Bilderdruck.
1882 O. v. Miller und M. Deprez führen erste *Stromübertragung* der Welt von Miesbach nach München durch.
1883 Elektrische *Theaterbeleuchtung* erstmals eingeführt in Deutschland.
1885 Der Münchener M. Buchner erwirbt zusammen mit G. Nachtigal *Togo* und *Kamerun* als Kolonien für das Deutsche Reich.
1886 A. Ungerer richtet *Elektrische Straßenbahn* Süddeutschlands in München ein.
1888 *1. Kraft- und Arbeitsmaschinen-Ausstellung* in München: Carl Benz stellt seinen ›Patentmotorwagen‹ erstmals aus. Erste Ausfahrt eines Autos in München am 17.9.1888.
1890 München erhält als erste Stadt eine *Schwemmkanalisation.*
1896 K. Lautenschläger entwickelt erste *Drehbühne* der westlichen Welt: Im Residenztheater eingebaut.
1898 Erster *Dieselmotor* in München der Öffentlichkeit vorgestellt.
1899 Erste *Autonummer* der Welt in München erteilt.

1902 Gabriel von Seidl gründet mit *Isartalverein* den ersten Umweltschutzverband Deutschlands und rettet damit das Flusstal südlich der Stadt vor Bodenspekulation und Bebauung.
1903 H. Anschütz-Kaempfe entwickelt den ersten *Kreiselkompass.*
1904 H. Mikorey erfindet Minimax-Feuerlöschverfahren. – Gründung des *Vereins Ausstellungspark* und Anlage des Ausstellungsparks, in dem **1908** die 1. Veranstaltung stattfindet und der Grund für heutige Bedeutung Münchens als *Messestadt* ist.
1905 gründet Ludwig Klages sein *Seminar für Ausdruckskunde* (bis 1919 in München).
1906 Grundstein zum *Deutschen Museum.*
1909 Erstes voll selbstständiges Telefon-Wählamt Europas in Betrieb genommen.
1912 J. F. Schmidt lässt sein Spiel *Mensch-ärgere-dich-nicht* patentieren, das zu einem riesigen geschäftlichen Erfolg wird. – M. v. Laue beobachtet in München erstmals *Interferenzerscheinungen* an Röntgenstrahlen und stellt 1. *Laue-Diagramm* auf. Erhält dafür 1914 den Nobelpreis.
1919 *1. Zivilluftstrecke* Deutschlands eingerichtet: München-Konstanz; München wird zur ›Wiege des Zivilluftverkehrs‹.
1923 *Hans-Werner Siemens* (1891–1969) begründet die Zwillingsforschung.
1924 Betriebsaufnahme des *Rundfunksenders* München: ›Deutsche Stunde in Bayern‹.
1928 Die von dem Bibliotheksdirektor H. L. Held angeregte *Wanderbücherei* im Straßenbahnwagen eingeführt: beispielgebend für weitere Städte Deutschlands.
1929 Der in München ansässige Raketenforscher *Max Valier* (Bozen 1895–1930 Berlin) erreicht mit unbemanntem *Raketenschlitten* auf dem vereisten Starnberger See mit 400 km/h Weltrekord.
1934 1. Spatenstich (1.3.) zur *Reichsautobahn München-Landesgrenze.*
1938 Baubeginn der *Reichsautobahn München-Berlin* sowie der *U-Bahn* in der Lindwurmstraße.
1949 *UKW-Station* in M-Freimann: 1. frequenzmodulierter UKW-Sender Europas.
1953 In Garching vor München wird erster *Atom-(Forschungs-)reaktor* der Bundesrepublik in Betrieb genommen.
1959 Die Professoren Rudolf Zenker und Werner Klinner führen erste *Herztransplantationen* in der Bundesrepublik durch.
1980 *Europäisches Patentamt* eröffnet.
1986 Europäischer Gerichtshof entscheidet gegen das bayerische Reinheitsgebot des Bieres (vgl. 1447–1453).
1992 Flughafen *München II* im Erdinger Moos eröffnet: modernster Flughafen Europas und zweitgrößter nach Frankfurt am Main. Gleichzeitig mit *›Amadeus‹* das größte europäische computergesteuerte Flugreservierungssystem (in Erding) eingerichtet. – *Forum der Technik* (im ehem. Kongresssaal des Deutschen Museums) eröffnet: Deutschlands erstes Kulturzentrum für Naturwissenschaft und Technik (seit 2002 »amazeum«).
1993 Eröffnung des neuen *Zeiß-Planetariums* im ›Forum der Technik‹: eine in dieser Ausstattung weltweit einzigartige Multimediabühne.
1995 Bayerischer Rundfunk führt als 1. Sender *Digitalen Hörfunk* ein (im Bundesgebiet erst ab 1997). – *Radio Free Europe* und *Radio Liberty* stellen Sendebetrieb ein. – *1. Multimeditelefon* der Welt, in München entwickelt, auf dem Flughafen in Betrieb genommen.
1997 Der Münchener Prof. Ernst Dieter Dickmann stellt das *1. computergesteuerte ›Sehende Auto‹* vor.
1998–2002 Der Münchener Raumfahrtkonzern Astrium entwickelt erste in Deutschland gebaute kyrogene Oberstufe ESC-A der europäischen Trägerrakete Ariane 5 mit 150 000 PS.
1999 Eröffnung der 1. Münchener *Windkraftanlage* auf dem Müllberg in Fröttmaning. – Eröffnung der weltweit 1. öffentlichen *Tankstelle für Flüssigwasserstoff* mit vollautomatischem Betrieb am Flughafen München. Der dazu erforderliche *Wasserstoffantrieb* seit 1979 bei BMW (mit DLR Stuttgart) in der Entwicklung und nun zur Serienreife gebracht. – Der Münchener Autokonstrukteur Uli Sommer entwickelt das 1-Liter-Auto Marathon. – Die SZ bezeichnet den ehemaligen BMW-Vorstands- und Aufsichtsratvorsitzenden Eberhard von Kuenheim als ›wahrscheinlich größten deutschen Manager der Nachkriegszeit‹.
2000 Als Beitrag zum internationalen EXPO2000-Projekt *Clean Energy* setzt BMW eine Kleinserie von Luxuswagen der 7er-Baureihe beim *Pendelverkehr* zwischen Flughafen und Innenstadt München ein.

Oskar von Miller (1855-1934).

Erste Kraftübertragung mit hochgespannten Strömen (1350–2000 V) durch Oskar von Miller und Marcel Deprez von Miesbach (57 km) im Oktober 1882 im Rahmen der ›Internationalen Elektrizitätsausstellung‹ im Münchener Glaspalast.

2002 Größte *Fotovoltaik-Anlage* der Welt in Riem eröffnet. – Grundsteinlegung für das *Protonentherapiezentrum* der Pro Health AG (Eröffnung 2004).

SPORT

Im Mittelalter und bis weit in die Neuzeit ist ›Sport‹ – im Allgemeinen beschränkt auf Turnier, Ritterspiel, Reiten, Fechten und Jagd – Privileg des Adels. Nur Pferderennen, Armbrust- und Gewehrschießen sind als Volksbelustigung und im Zusammenhang mit Landesverteidigung in bürgerlichen Kreisen verbreitet, daneben veranstalten die Zünfte Wettläufe, Stangenfechten und Weitspringen.

1360 ff. *Ritterturniere* und *Stechen* der Bürgersöhne im Alten Hof.
1370 Erstmals *Turnier* auf dem Schrannenplatz (Marienplatz) erwähnt, bis 1440 etwa alle 2 Jahre, dann bei festlichen Anlässen.
1391 1. Erwähnung einer *Armbrust-Zielstatt* am Angertor, zuletzt erwähnt 1438.
1393 1. überregionales *Schützenfest* in München.
1406 Gründung der *Hauptschützengesellschaft;* 1. Erwähnung der *Armbrust-Schießstätte* vor dem Neuhauser Tor (bis 1659).
1411 Ein Schießplatz bei der Neufeste erwähnt.
1437 1. Pferderennen am Rennweg (Dachauer Straße) während Jakobidult (sog. *Scharlachrennen,* 1786 letztmals); dabei auch *›Fräulein-Rennen‹:* frühester Nachweis von Frauensport im alten München.
1456 1. Preisschießen der Feuerschützen.
1490 *Herzog Christoph,* der Starke oder der Kämpfer genannt, vollbringt im Alten Hof spektakuläre Leistungen im Steinstoßen (364 Pfund) und Hochsprung (3,50 m hoch; Gedenktafel in der Residenz, Durchgang vom Kapellen- zum Brunnenhof).
1568 Eines der glanzvollsten *Turniere* (mit bürgerlichem Kübelstechen u. a.) auf dem Marienplatz aus Anlass der Hochzeit Herzog Wilhelms V. mit Renata von Lothringen.
1660/61 *Turnierhaus* am heutigen Odeonsplatz errichtet (5000 Plätze, 1823 abgebrochen).
1721 Kurfürst Max Emanuel, begeisterter Schwimmer, errichtet mit der *Badenburg* (→ S. 393) im Nymphenburger Schloßpark das erste heizbare Hallenschwimmbad der Neuzeit.
1780 Der Münchener Geistliche, Historiker und Aufklärer *Lorenz von Westenrieder* unternimmt Erstbesteigung des Wendelsteins.
1782 *›Gesundheitsbad‹* durch Wundarzt Xaver Gumppert an der heutigen Müllerstraße gegründet: erstes öffentliches Freibad (bis 1895).
1810 Das *Pferderennen* auf der Theresienwiese anlässlich der Hochzeit Ludwigs I. mit Therese von Sachsen-Hildburghausen wird Anlass zum Oktoberfest.
1815 *Wettlauf* von 18 Schülern der Feiertagsschule beim Oktoberfest.
1820 *Freiballonfahrt* von Wilhelmine Reichardt auf der Theresienwiese; Erstbesteigung der Zugspitze durch *Josef Naus* im Zuge der bayerischen Landesvermessung.
1827–43 wirkt Turnmeister *Hans Ferdinand Maßmann,* ein Schüler Jahns, in München; auf seine Veranlassung:
1828 Gründung der *›Kgl. Öffentlichen Turnanstalt‹* auf dem Oberwiesenfeld.
1829 Wettfahrt auf ›Laufmaschine‹ (1816 von Karl von Drais entwickelt, 1820 von Baader mit Tretkurbel ausgestattet): Erstes *›Radrennen‹* in München.
1833 Erstes öffentliches Schwimmbad an der *Georgenschwaige* errichtet.
1835 und **1836** *Turnfestspiele* der Münchener Handwerksgesellen unter Turnlehrer Gruber auf dem Oktoberfest: Ringen, Lanzenwurf, Steinschleudern, Akrobatik.
1837 Bau der ersten öffentlichen *Turnhalle* Deutschlands in der ›Turnanstalt‹.
1841 Der Bierführer Simon Meisinger besiegt den ›Französischen Herkules‹ Jean Dupuis in einem Aufsehen erregenden *Ringkampf* im Nationaltheater.
1842 1. *Trabfahren* anlässlich des Oktoberfestes; **1847** 1. reguläres *Trabreiten.*
1847 *Jockey-Club* gegründet.
1848 Gründung des *›Münchener Vereins‹,* des ersten Turn- und Sportvereins in München, 1850 verboten.
1850 *›Olympische Spiele‹* des Turnlehrers Gruber auf dem Oktoberfest.
1855 *Marienbad,* erstes öffentliches Hallenschwimmbad in München, eröffnet.
1860 *›Turn- und Sportverein von 1860 e. V.‹* gegründet (Fußballabteilung erst ab 1899).
1866 *›Münchener Rennverein e. V.‹* gegründet (Galopprennen).
1869 *Deutscher Alpenverein* gegründet, ferner *›Münchener Velociped-Club‹,* der

Kübelstechen der Bürger auf dem Marienplatz bei den Hochzeitsfeierlichkeiten 1568.

Turnergruppe der Bäcker- und Wagnergesellen bei den Oktoberfesten von 1835 und 1836.

erste der Welt; *Turnen* wird Schulfach, ab **1874** Pflichtfach.

1873 1. öffentliches *Radrennen* Sendlinger-Tor-Platz – Thalkirchen und zurück.

1880 1. *Radrennbahn* der Welt (zwischen Auenstraße und Wittelsbacherbrücke) eingerichtet; Eröffnung der 1. *Rollschuhbahn* (Skating Rink); *Münchener Ruder-Club* gegründet.

1883 *Münchener Eislauf-Verein* gegründet; Deutsche *Eislaufmeisterschaften* in München.

1884 Erster *Tennisclub* gegründet. Wilhelm Paulcke betreibt erstmals *Skisport* in München.

1888 1. Auftritt einer *Damenriege* im Turnen.

1889 *VII. deutsches Turnfest:* dabei erstes Fußballspiel in München.

1890 Mit *Skiclub München 1890* erste deutsche Skivereinigung in München gegründet (Auflösung 1894).

1891 1. *Fallschirmabsprung* in München.

1892 Felix Unsöld gründet erste *Kunsteislaufbahn* Europas (›Schachterleis‹ an der Galeriestraße, 1960 abgebrochen). MTTC Iphitos gegr., Veranstalter der internationalen Tennismeisterschaften von Bayern.

1893 *Schneeschuhverein München* gegründet: ältester bestehender deutscher Skiklub.

1894 Erstes *Rugbyspiel* in München.

1895 1. Münchener *Zementbahn* für Radrennen an der Nymphenburger Straße errichtet; *Deutscher Touring Club* in München gegründet.

1896 Toni Hübel gründet ersten Münchener Fußballclub ›*Terra Pila*‹.

1897 Die *Galopprennbahn Riem* eröffnet: heute größte Anlage Deutschlands. Der Milbertshofener Xaver Blätte schafft beim *Steinheben* 650 Pfund.

1897–1911 Karl Müllersches *Volksbad* errichtet: 1. modernes Hallenbad Münchens.

1899 *Allgemeine deutsche Sport-Ausstellung:* erste ihrer Art in Deutschland; 1. öffentliches *Fußball-Freundschaftsspiel* in München: MTV gegen Karlsruher Fußballbund (0 : 10). Fußballabteilung des TSV 1860 gegründet.

1900 *FC Bayern* gegründet (größter deutscher Sportverein, seit 1965 in Bundesliga; erfolgreichste Fußballmanschaft Deutschlands). – München hat 26 Sportvereine.

1901 Erster *Frauenringkampf* in ›Gabriels Panoptikum‹.

1902 *Trabrennbahn* in Daglfing eröffnet; erstes Motorradrennen.

1903 *Automobil-Club München* und *Motorradfahrer-Verein München* gegründet: 1. Motorsportvereine in München; Josef Fischer, seit 1890 bester Straßenfahrer der Welt, nimmt an erster *Tour de France* teil.

1904 Charles Prelle bringt *Faltboot* von USA nach München.

1905 *Gau Südbayern* der Deutschen Motorradfahrer-Vereinigung gegründet: Keimzelle des *ADAC* (Umbenennung 1911); *Deutscher Ski-Verband* in München gegründet; Alfred Heurich entwickelt das später so genannte *Klepperboot;* erste bayerische Meisterschaft im *Skilanglauf.*

1906 *Beton-Radrenn-Sport-Oval* in Milbertshofen errichtet: größte Radrennbahn der Welt (1914 abgebrochen) und Triumpharena des Radidols Thaddäus Robl (Weltrekord 95,026 km/h).

1910 *Münchener Golfclub* gegründet; Hans Dülfer begründet moderne *Felsenkletterei* (erste Verwendung von Mauerhaken und Seilzug).

1911 *Stadion* an der Grünwalder Straße eröffnet; erstes Länderspiel in München (6000 Zuschauer).

1912 *Deutscher Touring Kajak-Club* gegründet: ältester Faltbootverein der Welt.

1919 Erste öffentliche *Boxveranstaltung* in München: Die Brüder Harry und Willy Götz verbreiten diesen Sport von München

Vereinszeichen der beiden bedeutendsten Münchener Fußballklubs: FC Bayern und TSV 1860 München.

In den Jahren 1897–1911 erbaut: Karl Müllersches Volksbad.

Werbeplakat zu den Spielen der XX. Olympiade in München 1972.

aus; der Münchener Jagdflieger Ernst Udet (von Zuckmayer in ›Des Teufels General‹ verewigt) und Robert von Greim veranstalten erstes *Schaukunstfliegen* auf dem Oberwiesenfeld.
1923 *13. deutsches Turnfest* in München.
1924 Die Münchener Bergsteiger Willo Welzenbach und Fritz Rigele bezwingen erstmals die 400 m hohe Nordwestwand des Großen Wiesbachhorns: Diese *1. Verwendung von Eishaken* beim Eisklettern leitet neue Epoche in dieser Disziplin ein.
1926 Erste Übertragung eines Fußballspiels im Rundfunk.
1929 Erster absoluter Motorrad-Weltrekord durch *Ernst Henne* (BMW) auf der Ingolstädter Landstraße: 216,75 km/h; Dantestadion mit Bad eröffnet.
1933 Erstes *Sechstagerennen* in München.
1937 *Ernst Henne* erzielt Motorrad-Weltrekord mit 279,5 km/h.
1953 Erstbesteigung des *Nanga Parbat* (8125 m) im Alleingang durch den Münchener Hermann Buhl.
1958 *Deutsches Turnfest* in München.
1963 Herbert Köpf veranstaltet 1. *Volksskilauf* Bad Tölz-München: Geburt des Skilanglaufs als Volkssport in Deutschland.
1964 TSV 1860 Gewinner des DFB-Pokals.
1966 TSV 1860 wird Deutscher Meister.
1969–71 Bau der olympischen Sportstätten: Kanustrecke, Radrennbahn, Eissporthalle, Olympiastadion, Schwimmstadion.
1972 *Spiele der XX. Olympiade:* Austragung von 21 Disziplinen (Segelwettbewerbe in Kiel); den Geist der ›Heiteren Spiele‹ stört jäh der Überfall arabischer Terroristen auf die israelische Mannschaft.
1974 *Fußballweltmeisterschaft:* 3 Spiele, Halbfinale und Finale in München.
1975 *FC Bayern* beliebtester Bundesligaverein Deutschlands.
1976 *Franz Beckenbauer* ›Europas Fußballer des Jahres‹.
1986 *Marina Kiehl* gewinnt Super-Weltcup im Super-Riesenslalom in Veil (Colorado).
1990 Franz Beckenbauer zum »Besten europäischen Fußballer aller Zeiten« erklärt; *Compaq Grand Slam Cup,* eines der fünf bedeutendsten Tennisturniere, erstmals in München durchgeführt.
1991 *Weltmeisterschaften im Eiskunstlauf* in München. – München hat 2025 Sportvereine mit 280 151 Mitgliedern sowie 3736 Sportstätten.
1993 *Eishockey-Weltmeisterschaft* in München.
1996 Der *FC Bayern* gewinnt *UEFA-Pokal* im Spiel gegen Girondins Bordeaux; damit gehört die Elf (neben Ajax Amsterdam und Juventus Turin) zu jenen 3 Vereinen, die alle 3 Pokale erobert haben. – *Alpines Museum* eröffnet.
1998 30. *Deutsches Turnfest* in München.
2002 *Leichtathletik-Europameisterschaften* in München. – Grundsteinlegung zum neuen Fußballstadion *Allianz-Arena* in Fröttmaning (Fertigstellung 2005).
2003 *FC Bayern* zum 18. Mal Deutscher Fußballmeister (zuletzt 1994, 1997, 1999, 2000, 2001) und zum 4. Mal Gewinner des DFB-Pokals (1979, 1986, 2000).
2006 Start der *Fußballweltmeisterschaft* in München.

Modell der *Allianz-Arena* mit Simulation der Beleuchtung bei Spielen des FC Bayern (rot) und TSV 1860 München (blau).

AINMILLERSTRASSE 20 □ **19**

Wohnhaus 1900 nach Plänen von Hönig und Söldner errichtet. ***Beschreibung:*** Fünfachsige Fassade mit flachem, zweistöckigem Mittelerker über Rundbogeneingang; aufgesockeltes Erdgeschoss und drei Obergeschosse: die Fenster des ersten und zweiten Stockwerks durch Stuckrahmen zusammengefügt, die des dritten Stockwerks in leicht ablaufende Kehle unterhalb der Dachtraufe einschneidend; diese ›Gesims‹-Zone mit Ranken und Rundfeldern (Putten und weibliche Akte) dekoriert (wahrscheinlich von Seidler); im hohen Satteldach breites Zwerchhaus in Mittelachse. ***Bedeutung:*** Bis auf verunstaltenden Ladeneinbau (rechte Erdgeschosshälfte) original erhaltene Fassade; die Konzentration des farblich dezent gefassten Reliefdekors unterhalb der Dachtraufe für Münchener Fassadengestaltung der Jahrhundertwende typisch.

AINMILLERSTRASSE 22 □ **19**

Wohnhaus Nach Plänen von Helbig und Haiger 1899-1900 erbaut. 1982 in originaler Farbgebung restauriert. ***Beschreibung:*** fünfachsige, durch reliefierte, farbig gefasste Wandpfeiler gegliederte Fassade auf hohem, in den mittleren drei Achsen hochgezogenem Sockel; diesem korrespondierend abgewalmter Giebel, von Walmdach hinterfangen; im dritten Obergeschoss Rundbogenfenster im Gegensatz zu den übrigen Rechteckfenstern: Einfluss durch den Amerikaner Helbig (Chicagoer Schule!). ***Bedeutung:*** Trotz Veränderungen im Erd- und Dachgeschoss für Münchener Jugendstil typische Fassadengestaltung: scheinbar willkürliches Zusammensetzen klassischer Architekturelemente unter Einfügung von Reliefs und reicher Anwendung von Polychromie, die samt Vergoldung nach Befund wiederhergestellt wurde. In ausgewogener Verbindung von disziplinierter Komposition und üppigem Formenreichtum, vornehmer Erscheinung und attraktiver Farbwirkung ein viel zitiertes Paradebeispiel Münchener klassizierenden Jugendstils (linke Erdgeschosszone nachteilig verändert).

AKADEMIESTRASSE 2 □ **19**

Akademie der Bildenden Künste Die 1766 von Boos, Feichtmayr d. J., A. Seidl und Wink gegründete private Kunstschule 1770 verstaatlicht und 1774 als ›Zeichnungsakademie‹ betitelt, war in einigen Räumen des Wilhelminum im ehemaligen Jesuitenkolleg an der Neuhauser Straße untergebracht; 1808 Gründung der Königlichen Akademie der Bildenden Künste (Konstitutionsurkunde von Schelling). Trotz einiger Um- und Erweiterungsbauten (1841-47, 1862, 1866) und Verlegung einzelner Ateliers in den Glaspalast wird Neubau eines des »Staates und der Kunst« würdigen Akademiegebäudes immer dringlicher. 1873 regt Erzgießer F. v. Miller d. Ä. einen Bau an Ecke Luisen-/Gabelsbergerstraße an, für den er Hauberrisser mit Entwurf beauftragt (nicht ausgeführt). Nach weiteren sieben abgelehnten Standortvorschlägen und Sicherstellung der Teilfinanzierung aus französischem Kriegsentschädigungsfonds Einigung auf jetzigen Standort in der Achse Amalienstraße: ausschlaggebend Nähe von Universität und Staatsbibliothek sowie zu Schwabing (preiswerte Unterkünfte für Studierende). – Errichtung des *Neubaus* nach Plänen von G. Neureuther zwischen 1876 und 1884 (mit Unterbrechung 1880/81 aus Geldmangel und damit auch auf Verzicht der Wandgemälde in den Gängen); bezugsfertig 1886. – In der Mittelachse von Treppenhaus und Vorsaal gegen Norden Anbau der querrechteckigen *Aula* mit Oberlicht (auch Ausstellungssaal), nach mehreren Entwürfen von F. v. Thiersch (unter Mitwirkung von Hoepfel 1909/10-12). Schwerste Kriegsschäden Juli 1944, Einstellung des Lehrbetriebs Okt. 1944; Zerstörungen erst ab 1947 sukzessive behoben, Abschluss des vereinfachten Wiederaufbaus 1957. Geplante Erweiterung durch drei kubische Pavillons an Westseite (Entwurf S. Ruf) Ende der 1960er Jahre aufgegeben. *Wettbewerb* für Anbau (gegen Westen) führt 1992 zur Entscheidung für Projekt von Coop Himmelb(l)au, Baubeginn bis 2001/2002 aufgeschoben; Fertigstellung für 2006 vorgesehen. Umfangreiche Außen- und Innenrenovierung seit 1999: Fassaden 2003 abgeschlossen und Dächer erneuert; Innenrestauration des Westtrakts bis 2004, des Osttrakts bis 2006. Schwer

Jugendstilhaus von Helbig und Haiger.

Vorbemerkung

Die Ordnung der Kunstdenkmäler und Sehenswürdigkeiten erfolgt zumeist nach deren Lage an Straßen und Plätzen von A bis Z. Schreibweise und Nummerierung richten sich dabei nach dem Münchener Stadtadressbuch.

Quadrate mit **halbfetten** *Zahlen am rechten Rand der Überschriftszeile verweisen auf die entsprechenden Planquadrate der drei Lagepläne (vordere und hintere Umschlagklappe sowie Seiten 450f.)*

Bauwerke und Ausstattungsstücke, die wegen ihres künstlerischen Ranges, ihrer stadtgeschichtlichen Bedeutung oder stilistischen Eigenart besondere Beachtung verdienen, sind mit einem Stern ***** *gekennzeichnet. Erklärungsziffern in den Planlegenden (und gelegentlich im laufenden Text), die mit blau oder schwarz gedruckten Legenden vieler Grundrisse und Schaubilder korrespondieren, sind zur besseren Hervorhebung* **halbfett** *wiedergegeben.*

Es wurde besonderer Wert darauf gelegt, die Ausstattung vor allem der wichtigeren Kirchen möglichst vollständig aufzuführen; allerdings ergeben sich bei diesem Kunstgut häufigere Umstellungen und Auswechslungen, die hier nicht verbindlich dokumentiert werden können.

Dioskuren an der Eingangstreppe der Akademie.

geschädigt durch jahrelange Verwahrlosung die zehn kostbaren Gobelins (von Ludwig XIV. nach Raffaels Fresken in den ›Stanzen‹ des Vatikans 1685 in Auftrag gegeben, als Geschenk von König Max I. Joseph seit 1808 im Besitz der Akademie). ***Beschreibung:*** Lang gestreckter Baukörper mit repräsentativer Südfassade auf hohem Sockelgeschoss, die beiden weit vorspringenden dreigeschossigen Seitenrisalite durch ein Stockwerk niedrigere Flügel (mit Rundbogenfenstern) mit dem überhöhten Mittelrisalit verbunden. (Auf seiner Attika-Minerva-Statue von Dennerlein; zerstört.) Die ursprünglich gewölbten sog. französischen Dächer durch Walmdächer ersetzt, die Raumaufteilung nach heutigen Erfordernissen verändert und versachlicht. Zweiarmige Auffahrtsrampe und hohe Freitreppe flankiert von Treppenwangen mit bronzenen Reiterstatuen ›Castor‹ und ›Pollux‹ (von Widnmann 1886), gestaltet nach Vorbild von Schinkels Altem Museum (1824-30) in Berlin. – Die den Bau umgebenden Grünflächen an Nordseite parkähnlich ausgeweitet: ehedem als ›Freiluft-Atelier‹ für Naturstudien genutzt. ***Bedeutung:*** In Anlehnung an Motive italienischer Hochrenaissance und an Fassadengestaltung der Südfront der Alten Pinakothek (→ Barer Straße 27) sowie in Anwendung heute weitgehend verlorener Bauplastik verriet die für den Historismus bezeichnende Architektur den Anspruch, den die Akademiekunst in der Gesellschaft der Gründerzeit geltend machte. Dagegen ist bei der schmucklos nüchternen Nordfassade eine ›modern funktionale‹ Gestaltung unverkennbar. – Wirkungsstätte u. a. von W. v. Kaulbach, K. v. Piloty, Cornelius, L. v. Schwanthaler, R. v. Seitz, Stuck, Bleeker, Fuhr, Seewald, Henselmann, H. Kirchner.

Eingangsportal zum Alten Botanischen Garten

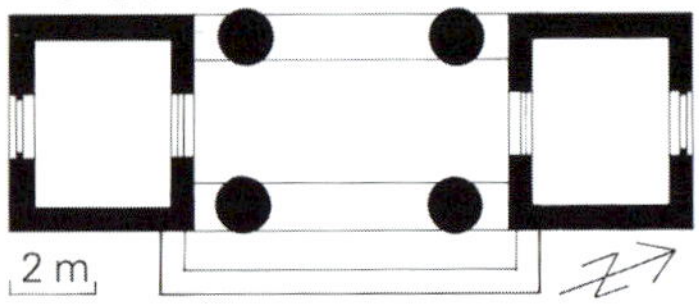

ALTER BOTANISCHER GARTEN ☐ 1, 5

Als Grünfläche im Rastersystem der → Maxvorstadt vorgesehen, angeregt durch Apothekergarten in Ingolstadt, 1804-14 durch Sckell angelegt und von Franz Schrank eingerichtet. Von ursprünglicher Anlage erhalten **Eingangsportal**, von Herigoyen 1811/12 (dem Entwürfe von Schedel von Greifelstein und C. v. Fischer, 1809/10, vorausgingen); das Tor proportionssicheres Werk des Münchener Frühklassizismus und frühes Beispiel für polychrome Fassung klassizistischer Architektur. Inschrift im Auftrag der Bayerischen Akademie der Wissenschaften von Goethe verfasst: FLORVM DAEDALAE TELLVRIS GENTES DISSITAE / MAXIMILIANI IOS.[ephi] R.[egis] NVMINE CONSOCIATAE MDCCCXII. (Der Blumen zerstreute Gattungen der Bildnerin Erde / auf Geheiß des Königs Maximilian Joseph vereinigt 1812). An Nordseite des nahezu halbkreisförmigen, knapp 8 ha großen Gartens von Sckell ein rund 135 m langes Gewächshaus 1812-13 errichtet (in Anlehnung an sein 1807 erbautes ›Eisernes Haus‹ im Nymphenburger Park, → S. 397). Das jüngere Gebäude 1853 abgebrochen wegen Errichtung des *Glaspalastes* für die »1. allgemeine deutsche Industrie Ausstellung im Jahre 1854«; Entwurf von Voit, angeregt von Crystal Palace der Londoner Weltausstellung 1851, ausgeführt von Maschinenfabrik Cramer-Klett/Nürnberg. Die verbliebene Restfläche entlang der Elisenstraße (knapp 2 ha) durch Anlage zwischen Sophien-, Luisen- und Karlstraße erweitert und 1859-65 mit ›Palmenhaus‹ (in Glas-Eisen-Konstruktion, ausgeführt wiederum von Cramer-Klett nach Entwurf von Voit in Zusammenarbeit mit Ingenieur Werder), Ökonomiegebäuden, Botanischem Museum, Aquarium. Raumbedarf und wachsende Luftverschmutzung erforderten 1900 Neuanlage; Wahl fiel auf Gelände nördlich des Nymphenburger Parks (→ Menzinger Straße 65). – Bereits vor Zerstörung des Glaspalastes durch Brand (vom 5. auf 6.6.1931) Pläne für Bebauung des Areals, hauptsächlich für Museen, von Sattler (1914), Scherer (1918), Birkenholz, Rich. Riemerschmid und O. E. Bieber (1922); nach Brand Projekte von Reisinger, Hocheder, Sörgel, P. L. Troost, Abel – alle nicht ausgeführt; dagegen Ersatzbau für Glaspalast auf Befehl Hitlers ›Haus der Deutschen Kunst‹ (→ Prinzregentenstraße 1). – Neugestaltung des Parks 1935-37 nach Konzeption von Troost: Errichtung des *Ausstellungspavillons* und des *Restaurants* 1936 durch Bieber sowie des *Neptunbrunnens* von Wackerle (1937) in Anlehnung an Michelangelos ›David‹ in Florenz; Kriegsschäden 1951 behoben. – Nordwestlich des Pavillons *Gedenkstein* (errichtet 1951) zur Erinnerung an die

Neptunbrunnen von Wackerle (1937) in Anlehnung an Michelangelos ›David‹ in Florenz.

erste Stromübertragung der Welt von Miesbach nach München anlässlich der ›Internationalen Elektrizitätsausstellung‹ (1882) im Glaspalast. – Im Park wechselnde Aufstellung von *Skulpturen* zeitgenössischer Bildhauer.

ALTER HOF ☐ 7

Die heutige, nahezu quadratische Vierflügelanlage im Nordosten der ›Heinrichsstadt‹ (→ S. 73) auf Gelände über westlicher Hangkante des Isarhochufers (entlang Pfisterbach/Sparkassenstraße) angelegt und wahrscheinlich wie die anderen drei Seiten durch eine Zweischalenmauer im späten 12. Jh. befestigt: früheste Datierung durch urkundlich belegten Maueraufseher Ortolf (»qui preest muro«) 1173/74; erster nachweisbarer Steinbau im Bereich des Alten Hofs. (Im Folgenden Bezugnahme auf Helmut Stahleder, Christian Behrer, z. T. Enno Burmeister.) Durch Grabungen 1995/96 zwar früheste Besiedelung des Areals durch Funde aus vorgeschichtlicher Zeit (etwa Bronze- bis frühe Hallstattzeit, ca. 1500-700 v. Chr.) nachgewiesen – die bisher ältesten prähistorischen Zeugnisse in Münchener Altstadt –; jedoch nächste Funde erst wieder aus 12. Jh. (Reste eines Grubenhauses), d. h. für rund zwei Jahrtausende *keine* Besiedlung! ***Geschichte:*** Von ca. 2. Hälfte des 12. Jh. bis zum Ende des Mittelalters zu dem vertrauten Erscheinungsbild zusammengewachsen; spätere Zubauten oder Erneuerungen brachten keine wesentlichen Veränderungen. An *Westseite* früheste feste (Stein-)Bauten mit (angenommenem) *Torbau*, eingebunden in quadratischem *Bering*. (Ob die bei Aushubarbeiten 1944 für ein Feuerlöschbecken ergrabenen Mauerreste als Fundamente eines freistehenden [staufischen] Bergfried gedeutet werden können, muss offen bleiben.) Ausbau zu *Herzogshof* wohl ab 1253, nachdem Herzog Ludwig der Strenge nach Landesteilung 1255 das Teilherzogtum Bayern-München erhalten hatte: an Westseite Errichtung des (nördlichen, mittleren und südlichen) *Zwingerstocks* sowie an südlicher Seite des (westlichen und östlichen) *Burgstocks*, getrennt durch stadtseitiges Zufahrtstor (Mitte 13. Jh.), davor bereits gegen Ende des 12. Jh. angelegter breiter *Sohlgraben* (verfüllt im späten 14. Jh.). Ebenfalls im 13. Jh. ist Errichtung einer *Burgkapelle* (ursprünglich der Hl. Margaretha geweiht) anzunehmen, während außerhalb des Bering das später so genannte ›Zerwirkgewölbe‹ (→ Ledererstraße 3) gebaut wurde (1264). Der 1282 vermutlich im Alten Hof geborene Herzog Ludwig IV., der Bayer, wird 1314 Deutscher König (der Alte Hof 1319 erstmals als »castrum« bezeichnet. Als Deutscher Kai-

Historische Ansicht vom Alten Hof: Blick zur ehem. *Lorenzkapelle*.

Historische Ansicht vom Alten Hof: Ehem. *Lorenzkapelle* von Norden.

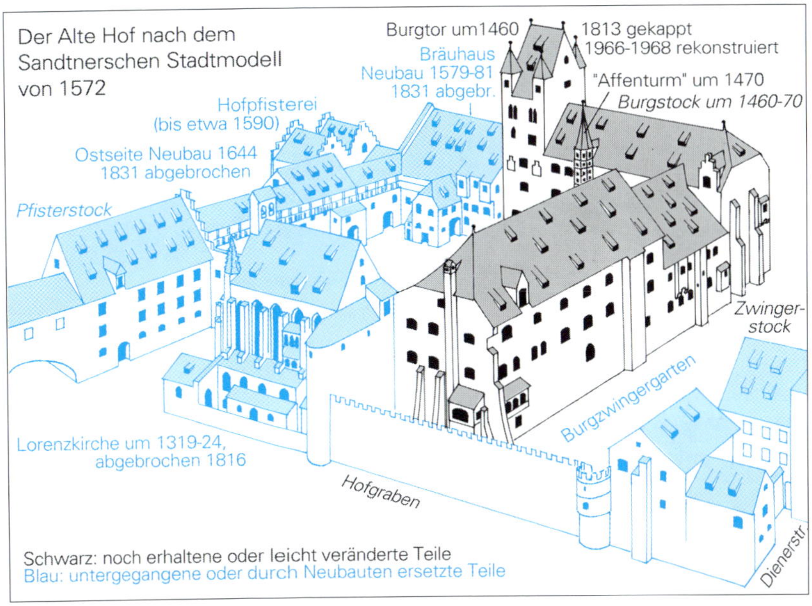

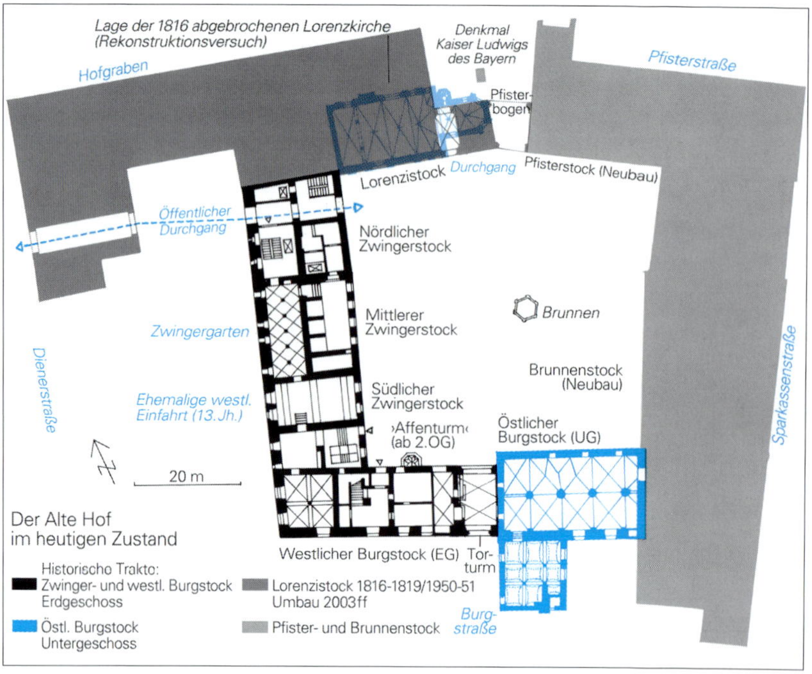

ser (1328-47) macht Ludwig seine Burg zum ersten *festen* Regierungssitz eines Kaisers und damit zum Zentrum der Reichspolitik. Seine Kanzlei verwendete deutsche Sprache, sein Landrecht war das erste deutsch geschriebene Rechtsbuch, der Alte Hof war der Sitz seines Hofrats und seiner von Reformtheologen und Staatstheoretikern (wie Bonagratia von Bergamo, Marsilius von Padua, Michael von Cesena, William Occam) geprägten ›Hofakademie‹. In der von Ludwig (1321-24) erweiterten und dem Hl. Laurentius geweihten *Hofkirche* * waren von 1324-50 die Reichskleinodien aufbewahrt, Tag und Nacht von vier Mönchen aus dem wittelsbachischen Hauskloster Fürstenfeld bewacht (die Kleinodien heute in Schatzkammer der Wiener Hofburg). Die 1816 abgebrochene Lorenz-Kirche mit 5/8-Ostchor besaß drei Altäre und eine dreigeschossige Westempore sowie Skulpturenschmuck, von dem sich Reste (Schluss- und Wappensteine sowie Figuren) im Bayerischen Nationalmuseum erhalten haben, sowie das *Stifterbild* des Kaisers mit seiner Gemahlin Margarethe mit Modell der Kirche (Abguss seit 1963 im Fußgängerdurchgang des Lorenzistocks). – Im Alten Hof auch Urenkelin des Kaisers, Elisabeth, um 1370 geboren, durch Heirat 1385 mit französischem König Karl VII. als »Isabeau de Bavièrie« Königin von Frankreich, 1435 in St.-Denis beigesetzt. Trotz Bau der *Neuveste* (→ S. 263) gegen Ende 14. Jh. letzte Blüte der alten Herzogsburg in der Spätgotik durch reiche Raumausstattungen unter den Herzögen Albrecht IV., Sigismund und Christoph. Danach allmähliche Entwicklung zu administrativen Funktionen, schließlich unter Wilhelm IV. endgültige Verlegung des Fürstensitzes in die Neuveste: die bisherige Burg erstmals 1552 als »Alte Veste« bezeichnet. Seitdem z. T. erhebliche Um- und Neubauten, im 19. Jh. Teilabbrüche bzw. Ersatzbauten v. a. der Nord-, Nordost- und Osttrakte für Rentamt-/Finanzverwaltung (teilweise auf alten Grundmauern). Nach schweren Kriegszerstörungen 1944/45 noch vor 1948 erste Wiederaufbaumaßnahmen, die sich in weiteren sechs Bauabschnitten bis in die mittleren 1960er Jahre hinzogen. – In Hinblick auf *750-Jahr-Feier* des Alten Hofs als wittelsbachische Residenz (2003) Erstellung eines umfangreichen Sanierungskonzepts (1998/99), nach dem die mittelalterlichen Bauteile (Zwinger- und Burgstock) von staatlichen Institutionen genutzt werden (Landesstelle für nichtstaatl. Museen, Infobüro für staatl. bayer. Museen, zentraler Dienst der bayer. Staatstheater; im Untergeschoss Geschichte des Alten Hofes); dagegen sind die Zu- und Umbauten des 19. und 20. Jh. einem Investor für Neubauten (unter Berücksichtigung des historischen Umfelds) überlassen worden. – Abschluss der Arbeiten an historischen Bauten im Sommer 2003, Baubeginn im Neubaubereich (Lorenzi-, Pfister- und Brunnenstock für Büros, Geschäfte und Wohnungen) voraussichtlich Herbst 2003, vorgesehene Fertigstellung 2005. ***Beschreibung:*** Zugang zum Burgareal von Süden durch Burgstraße: beherrschend der um 1460 errichtete *Torturm*, 1813 zur Hälfte gekappt, 1966-68 durch Schleich nach Vorbild des Sandtnerschen Stadtmodells vereinfacht rekonstruiert. Beidseitig die Flügel des *Burgstocks*: der *östliche* 1831-32 durch Ziebland für Steuerkataster-Kommission umgebaut, im Erdgeschoss und Untergeschoss der tiefer gelegene früh- bis hochgotische zweischiffige Saal mit vier Mittelsäulen (Typ Dürnitz) erhalten. Beim *westlichen Burgstock* ursprünglicher Zustand um 1460/70 bewahrt: der spätgotische *Fachwerkerker* (sog. ›Affentürmchen‹) um diese Zeit angefügt, der Wappenzyklus 1963 freigelegt und nach Befund erneuert, desgleichen die Rautenbemalung. In einem Gang des ersten Obergeschosses wurden 1850 Bildnisfiguren von Wittelsbachern entdeckt und abgelöst (heute im Bayerischen Nationalmuseum) – Rest einer ursprünglich 61 Personen umfassenden (einzigen) offiziellen *Herrscherreihe* am Münchener Hof von Herzog Tassilo III. (748-788) bis Herzog Sigismund (regiert 1460-67), dem mutmaßlichen Auftraggeber; die durch verschiedene spätere Handschriften gut belegten Fresken›bildnisse‹ wohl zwischen 1460 und 1466 nach der Chronik des Andreas von Regensburg zusammengestellt, dem Maler Mäleßkircher zugeschrieben. – An westlichem Burgstock im rechten Winkel angefügt der dreiteilige *Zwingerstock*, wohl unter Kaiser Ludwig (vermutlich als Kemenate) ausgebaut. (Zwischen diesem Trakt und der Häuserzeile entlang der Dienerstraße ehemals der *Zwingergarten*.) Heutiges Erscheinungsbild zum Hof etwa Mitte 15. Jh. (Bemalung am sogenannten ›Risalit‹ von 1444, Restflächen von 1470/80, nach Befund 1963 erneuert.) Im Innern erhalten der mit Kreuzrippen überwölbte frühgotische, erst später so genannte ›*Rittersaal*‹, ferner über zwei Bauteilen die *Dachstühle* von ca. 1425 über nördlichem und von ca. 1562 über mittlerem Bau (der über südlichem erst 1764), dagegen über westlichem Burgstock ebenfalls spätgotische um 1463: wegen ihrer Konstruktion als ›liegende‹ Dachstühle seltene Beispiele mittelalterlicher Zimmermannskunst. – Die *Nordseite* des Hofs durch östlichen Abschnitt des *Lorenzistocks* (mit ehemaliger Lorenzkirche) geschlossen (der westliche Abschnitt des Trakts bis Dienerstraße fortgeführt): zwischen 1816 und 1818 Neubau für *Dikasteralbehörde* (nach Plänen von Stahl), im Krieg zerstört, 1948 wieder aufgebaut; dabei im Erdgeschoss Korridor und Zimmer mit Kreuzgratgewölben erhalten, ebenso im östlichen Kellerbereich die Substruktionen der 1816 abgebrochenen Lorenzkirche. – Gegen Osten anschließend Nordtor und Durchgang mit ›Stifterrelief‹ (s. o.); vor dem Tor *Reiterdenkmal* für Kaiser Ludwig (von Wimmer 1967). – Gegen Osten anschließend *Pfisterstock*: als Wirtschaftsgebäude 1579-81 nach Plänen von Egkl errichtet, um 1599 Transferierung der königlichen Hofbibliothek (der »Librei«) vom Obergeschoss über Antiquarium der Residenz hierher, wo sie bis zur Verlegung (um 1780) in die Alte Akademie (→ Neuhauser Straße 8) verblieb; 1819 Umbau für Behördenzwecke, 1945 schwer beschädigt, 1956-58 als Verwaltungsbau neu errichtet. – Die *Ostseite* des Hofs durch heute so genannten ›*Brunnenstock*‹ geschlossen; an seiner Stelle bis 1589 das ›Herrenhaus‹ und Bad, danach ersetzt durch herzogliches *Brauhaus*, unter Maximilian I. Einrichtung des ›Braunen Brauhauses‹ (bis 1808 in Betrieb); bis etwa 1590 stand hier auch die durch Brand zerstörte *Hofpfisterei*. Die heterogene Bebauung 1826 ersetzt durch Neubau für königliche *Rechnungskammer* (Pläne von Schulze), die Hoffassade 1902/03 historisierend verändert; schwere Bombenschäden 1945, modernisierender Wiederaufbau 1956. Vor diesem Trakt im Hof *Rotmarmorbrunnen*, datiert 1785. – Außerhalb des eigentlichen Burggevierts, in der Flucht des Brunnenstocks das bereits erwähnte, später so genannte ›Zerwirkgewölbe‹ und das *Falkenhaus* an der Burgstraße, beide für Herzog Ludwig II. um 1260 (1264?) errichtet, im 16. Jh. Braustätte, ab 1590

Alter Hof: Blick zum Burgstock.

in Privatbesitz (u. a. des Hofkistlers W. Dietrich); erst seit 1808 wieder in Hofbesitz. ***Bedeutung:*** Noch vor Reichsacht Heinrichs des Löwen (1180) ist im Bereich des Alten Hofs befestigter Sitz eines verwaltenden ›Stadtherrn‹ anzunehmen; ab Mitte 13. Jh. allmählicher Ausbau zum festen Regierungssitz der Wittelsbacher Herzöge – gleichsam Symbol für die Eigenstaatlichkeit des bayerischen Territoriums vom Herzogtum bis zum Freistaat. Umso befremdlicher, dass die historischen Aspekte dieses Monuments dem Bewusstsein weitgehend verloren gegangen sind. Was wohl erklärt, dass dieses Baudenkmal – das einzige in wesentlichen Teilen erhaltene mittelalterliche Architekturensemble der Münchener Innenstadt – »weder historisch-quellenkritisch noch bauarchäologisch jemals gründlich und erschöpfend untersucht worden ist« (Heinrich Habel).

AMALIENSTRASSE 38 □ 2

Internationales Begegnungszentrum der Wissenschaft München e. V. Ursprünglich als Stadt›palais‹ von dem Bauunternehmer F. X. Mayr in 1830er Jahren, vermutlich nach eigenen Plänen als Mietobjekt errichtet, Umbau 1844 für die Grafen Holnstein durch Himbsel, der auch die Fassade neu gestaltete; später Mietshaus. 1992/93 für jetzige Bestimmung umgebaut und restauriert. Palastähnliche Fassade zu elf Achsen mit dreiachsigem, giebelbekröntem Mittelrisalit; über rustiziertem Erdgeschoss mit Rundbogenfenstern zwei Hauptgeschosse mit klassizistischen Fensterumrahmungen, darüber drittes Obergeschoss auf schmalem Gesims. Das dahinter liegende Gartenhaus mit 20 Gästewohnungen bereits 1990 eröffnet. ***Bedeutung:*** In der zurückhaltenden Gliederung gutes Beispiel spätklassizistischer Stadthausarchitektur, freilich mit deutlicher Tendenz zur Verbürgerlichung durch Angleichung an Umgebung. Einer der letzten großen ›Paläste‹ aus der ersten Hälfte des 19. Jh. in der Maxvorstadt.

Universität: *Lichthof* mit Haupttreppe und Sitzfiguren König Ludwigs I. und Prinzregent Luitpolds.

AMALIENSTRASSE 58 □ 19

Universität Tief gestaffelter Erweiterungsbau westlich der Gärtnerschen Anlage (→ Geschwister-Scholl-Platz 1), nach Plänen von Bestelmeyer 1906-09 errichtet, 1944 schwer beschädigt, zwischen 1946 und 1951 im Wesentlichen und z. T. vereinfacht wiedergebaut. ***Äußeres:*** An Amalienstraße lang gestreckte dreiflügelige Front aus neunachsigem südlichen und ursprünglich dreiachsigem nördlichen Trakt (1958-60 in historischen Formen um fünf Achsen bis Adalbertstraße verlängert); dazwischen um ca. 15 m zurückgesetzte *Hauptfassade* zu 21 Achsen. Alle Bauteile dreistöckig, verputzt, mit Haustein gegliedert; im Erdgeschoss und zweiten Obergeschoss breite Rundbogen-, im ersten Obergeschoss Rechteckfenster. Mittelachse durch siebenjochige Bogenhalle hervorgehoben, im Tympanon des Hauptportals *Reiterfigur* Herzogs Ludwig des Reichen von Bayern-Ingolstadt, des Gründers der Universität 1472 (von Pfeifer). Weitere Akzentuierung durch sechs *Statuen* (von Floßmann 1905) zwischen den Fenstern des ersten Obergeschosses: Augustinus, Papias, Solon, Hippokrates, Aristoteles, Archimedes als Allegorien der Fakultäten (Theologie, Patristik, Jurisprudenz, Medizin, Philosophie, Naturwissenschaft), ferner durch sieben *Reliefs* (von Albertshofer) unter den Fenstern des zweiten Obergeschosses: symbolische Darstellungen »jugendlicher Ideale« (wie Stärke, Lebensfreude, Weisheit, Mut usw.). – Als virtuelle Begrenzung des Universitätsgeländes zwei oktogonale Granitmonolithe (ursprünglich für Befreiungshalle in Kelheim bestimmt), bekrönt von allegorischen Erzfiguren: links ›Sieg der Wissenschaft‹, rechts ›Wahrheit‹ (von Hahn). ***Inneres:*** An römischen Vorbildern orientiert der *Lichthof** unter Hängekuppel (mit Auge) und vier tonnengewölbten Armen, verbindet mit westlich angefügtem Auditorium Maximum den Alt- mit dem Neubau und vermittelt zwischen den leicht divergierenden Ost-West-Achsen der beiden Gebäude. Auf drei Seiten von Galerien auf Pfeilern und Arkaden umschlossen, an vierter Seite monumentale Treppenanlage: im Lichthof auf hohen Wangenpostamenten antikisierende *Sitzfiguren* König Ludwigs I. (von Ackerberg) und Prinzregent Luitpolds (von Bleeker), beide enthüllt 1911. Vom Zwischenpodest der Treppe abwärts zum Vestibül des Gärtner-Baus, zweiläufig aufwärts zu Bogenhalle und Wandelgang im ersten Obergeschoss des Altbaus. Im Schildbogen des östlichen Gewölbearms ursprünglich Mosaik (von J. Diez: ›Alma mater‹), nach Kriegszerstörung durch Orgel ersetzt. Vergoldete *Ziergitter* und *Mosaiken* von Koeppen; der Lichthof Ort der Flugblattaktion der Widerstandsgruppe ›Weiße Rose‹ 1943, an die *Gedenktafel* (von E. Dietz 1958) erinnert; ferner die 1997 eingerichtete *DenkStätte* mit Ausstellung und Bibliothek (→ S. 150); Zugang vom Lichthof). – Im Südtrakt Vergrößerung der alten *Aula* des Gärtner-Baus (Zutritt vom Wandelgang), Pläne von Bestelmeyer: an Rechteckraum angefügt breit gelagerte Halbrundapsis (anregender Nachklang des zerstörten Konzertsaals im Odeon (→ Odeonsplatz 3) mit *Mosaiken* von Koeppen: Sonnengott Helios flankiert von Weisheit (Athene) und Kraft (Hermes) sowie Wahrheit (Hera) und Schönheit (Aphrodite), darunter sieben *Büsten* (von Stehle) bayerischer Herrscher seit 1806 (Max I. Joseph, Ludwig I., Max II., Ludwig II., Otto I., Prinzregent Luitpold, Ludwig III.). An umlaufender Emporenbrüstung *Medaillons* (Entwurf Koeppen) mit Symbolen für die zwölf wichtigsten Städte des Altertums (Babylon, Memphis, Knossos, Tyrus, Ephesus, Athen, Korinth, Syrakus, Tarent, Alexandria, Rom, Byzanz); unter der Empore zwei Granitpfeiler mit Reliefs ›Herkules‹ und ›Prometheus‹ (von Janssen). ***Bedeutung:*** Reduzierung des architektonischen Formenapparats nach dem Ausklingen des Historismus sowie die Anwendung jugendstilhafter Dekorelemente bei werkgerechter Materialverarbeitung führen im *Außenbau* zu archaisierender Architektur und Anklängen an secessionistische Stilkriterien, im *Lichthof* zu römisch-antikisierender, monumentaler Repräsentation und zeigen in der *Aula* ein selten gewordenes, bemerkenswertes Beispiel für eine neoklassizistische Innenarchitektur. Die im Krieg kaum beschädigte ›*Aula Maxima*‹ (renoviert 1983/84) mit jüngerer bayerischer Geschichte und wiederbeginnendem Kulturleben Münchens verbunden: Tagungsstätte der *verfassunggebenden Landesversammlung* (15.7.-26.10.1946, Verfassung durch Volksabstimmung am 1.12.1946 angenommen); Konstituierung des ersten frei gewählten *Bayerischen Landtags* (16.12.1946) und Sitz des Parlaments bis 1949 (Umzug ins Maximilianeum, → Max-Planck-Straße 1). – Daneben bis 1952/53 Proben- und Konzertsaal der *Münchener Philharmoniker* und der ›*Musica viva*‹.

AM KLOSTERGARTEN 9 (Pasing) □ **28**

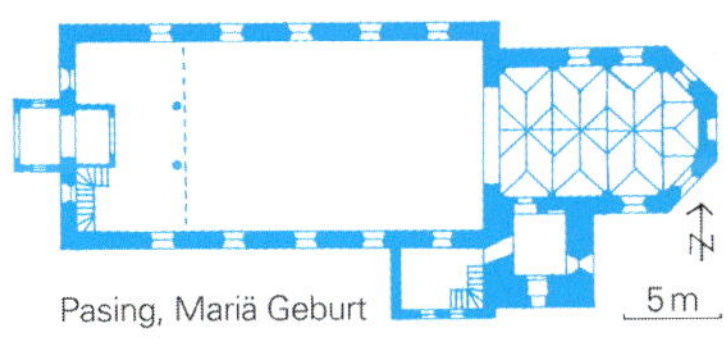

Pasing, Mariä Geburt

Mariä Geburt Bis ins 19. Jh. ›Unsere Liebe Frau‹ genannt: Kirche des frühestens 763 erwähnten Dorfs Pasing, 1315 Filiale von St. Quirin in Aubing (→ Ubostraße 6); der wahrscheinlich hölzerne Bau im Bayerischen Krieg samt dem Ort 1422 eingeäschert. *Neubau* 1438 mit Rechteckchor, an seiner Südseite um Mitte 15. Jh. (1459/62?) Turmanbau; breiteres zweijochiges Presbyterium mit 5/8-Schluss asymmetrisch am rechteckigen Saal 1495 (?) angefügt, sein Rippengewölbe bei Barockisierung 1669-76 abgeschlagen, bei Regotisierung 1882 wohl verändert rekonstruiert. Der ursprüngliche Saalbau (drei Fensterachsen) 1853/54 nach Norden verbreitert (dabei Herstellung der Achsendeckung von Presbyterium und neuem Langhaus), sowie, nach Erhebung zur Pfarrkirche (1881) von Lutz 1882, nach Westen verlängert; dabei Anheben des Dachstuhls um 1 m und z. T. Erneuerung der hölzernen Flachdecke. – *Restaurierungen* 1934/35, 1975/76 (innen), 1979 (außen) sowie 1998/99. – Als Pfarrkirche abgelöst durch größeren Neubau Mariä Schutz (→ Bäckerstraße 19). ***Äußeres:*** Einfacher, ungegliederter Baukörper und etwas eingezogenes Presbyterium (dreiseitig geschlossen) unter gemeinsamem Satteldach; am Chor gotisches Vierpassfries aus Formziegeln. Neben dem Turm Anbau der *Sakristei* (1864), der heute fünfgeschossige *Turm* (1588 eingestürzt, 1608 mit vierseitiger Zwiebelhaube wieder aufgebaut) erhielt 1882 Faltdach über hohen Dreiecksgiebeln. ***Inneres:*** Saalraum mit Holzbalkendecke, zu Seiten des Chorbogens zwei Seitenaltäre. Von *alter Ausstattung* noch erhalten: an Langhauswänden *Kruzifixus* (um 1500) und Figurenzyklus *Zwölf Apostel*, urkundlich 1676/77 vom Münchener Bildhauer »Constandtin« (vielleicht Constantin Pader) geliefert, 1953 abgelaugt, 1975 neu gefasst; in Schiff und Chor 8 *Epitaphien* (zwischen 1550 und 1825) teils ehemaliger Hofmarksfamilien. – *Übrige Ausstattung: Hochaltar* (Atelier Seb. Steiner/Bruck) nach Entwurf von J. A. Müller (1880/81) mit sitzender Madonna mit Kind, in den Seitennischen Hll. Korbinian (Bistumspatron, links) und Engelbert (rechts, von Kröger); von Müller auch die *Seitenaltäre* mit jüngeren Gemälden (links ›Hl. Paul von Kreuz‹, rechts ›Kreuzigung‹ mit Vedute München, von Delpino 1980). Kreuzweg von Schmalzl (Ende 19. Jh.), an Chornordwand Gemälde ›Verklärung Christi‹ (von Hodler-Schülerin Faber du Faur 1963). Im Chor zwei Glasfenster von Kirchmair (1886). ***Bedeutung:*** Trotz späterer Umformungen und Eingriffe noch Charakter einer schlichten spätgotischen Dorfkirche in bäuerlichem Umfeld spürbar: bezeichnend für Kirchen dieser Epoche an der Würm, ehe ›höfische‹ Verfeinerung der späten Gotik – z. B. *St. Wolfgang* (→ Pippinger Straße 49 a), *Kapelle* von → Schloß Blutenburg oder *St. Martin* in Untermenzing (→ Eversbuschstraße 11) – einsetzt.

AM LILIENBERG 15 ☐ **12**

Haus des deutschen Ostens Nordflügel des ehemaligen Benediktinerinnen-Priorats Lilienberg ob der Au. ***Geschichte:*** 1692 Erwerb einer durch den Hofbrunnknecht Gaisreiter 1673 errichteten und 1682 durch Klause erweiterten hölzernen Eccehomo-Kapelle samt Grundstück durch Bürgermeister J. M. v. Alberti. 1693 Bau einer kleinen – wegen mangelhafter Fundamentierung bald wieder gefährdeten – Klosteranlage. 1700-02 Neubau einer queroblongen Achteckkirche (mit Tambour und Kuppel) zur ›Unbefleckten Empfängnis Mariä‹ (Weihe 16.10.1705), vielleicht nach Plänen von Viscardi (Architektur) und J. A. Wolff (Ausstattung) sowie eines linken Flügelbaus mit Klausur für sechs Laienschwestern. 1711 Ergänzung durch rechten Flügelbau zu symmetrischer Anlage, zu Ehren des Stifters ›Albertisches Haus‹ genannt. 1715 Besiedelung mit Benediktinerinnen und Erhebung zum Priorat (unter Aufsicht der Abtei Andechs). Nach Brand 1718 Wiederherstellung und 1724 Einbeziehung in den Burgfrieden. 1749-52 Erweiterung von Kirche (Chor, Sakristei, Turm?) und Kloster (Eckrisalite am Albertischen Haus sowie Neubau von Priorat und Klausur, nördlich anschließend) vielleicht durch Stadtmaurermeister Sappel. 1802 säkularisiert, 1803-05 als Amtsgebäude adaptiert: Im südlichen Altbau Einrichtung des Forstamts (bis 1827) und Landgerichtsgefängnisses (so genannte Eisenfronfeste) in der profanierten Kirche, 1904 aufgelassen, 1908 abgebrochen; der noch existierende nördliche Neubau von 1749-52 seit 1805 als Landrentamt (bis 1903), Bezirksamt (1862-1938) bzw. Landratsamt (1938-56) und Beamtenwohnungen (bis 1927) genutzt. 1969/70 restauriert, am 24.9.1970 Eröffnung als ›Haus des deutschen Ostens‹. ***Beschreibung:*** Lang gestreckter Trakt zu 20 Achsen, durch leichten Vorsprung des sechsachsigen Mitteltrakts in drei Abschnitte mit je drei Geschossen gegliedert; der linke Flügel dem Isarhang folgend nach Osten abknickend, je ein Portal in den Seitenflügeln. Neben häufigen Umbauten im Inneren entsprechend den wechselnden Nutzungsbedürfnissen weitgehende Sanierung 1891/92 durch Landbauamt (Architekt: Adelung), wobei dem schmucklosen Gebäude durch vier Giebel an Nord- und Westseite und eine der Risaliteinteilung folgende bewegtere Dachformung sowie neue Portalgestaltung ein betont barockisierender Zug verliehen wurde. ***Bedeutung:*** Letzter unscheinbarer Rest der jüngsten Klostergründung im Alten München.

APPENZELLER STRASSE 2 ☐ **30**

St. Matthias Pfarrkirche im Neubauviertel Fürstenried-West. Nach Plänen von Branca 1964-65 errichtetes Ensemble aus Kirchenbau, Pfarrhof, Gemeindezentrum und (von Braun) Kindergarten. ***Beschreibung:*** Durch gedrungenen Turmbau Zugang zum zentralen Atrium, umgeben von unterschiedlichen Baukörpern, deren Zusammengehörigkeit durch dunkelbraunen Klinker und Sichtbetonteile sowie durch stereometrisch klare Formgebung noch gesteigert wird. Der *Kirchenraum* als Zylinder auf 32 Betonsäulen in quadratische Raumschale eingestellt, Decke aus sich kreuzenden Betonbalken (mit zentralem Oberlicht und umlaufendem Lichtschlitz); künstlerische Ausstattung der Architektur untergeordnet. ***Bedeutung:*** Die konsequent durchgehaltene formale Einheitlichkeit vorbildhaft für sakrale ›Architektur-an-sich‹ – allerdings um den Preis einer spröden, festungsartigen Abriegelung von der Außenwelt.

ARABELLASTRASSE 12 ☐ 20

Hypo-Bank-Verwaltungszentrum Die aus ›Flachbau‹ und ›Hochhaus‹ bestehende beherrschende Gebäudegruppe zwischen 1975 und 1981 nach Plänen von W. und B. Betz errichtet; Innenausstattung von Nestler. Seit Fusion mit ehemaliger Bayerischer Vereinsbank 1999 ›HypoVereinsbank AG Verwaltungszentrum‹. ***Beschreibung:*** Zweiflügeliges Basisgebäude (›Flachbau‹), bis fünfstöckig über Straßenniveau, auf versetzten Trapezgrundrissen; im ›Gelenk‹ der beiden Flügel das ›Hochhaus‹ (bis 114 m), dessen drei prismatische, unterschiedlich hohe Baukörper zwischen vier Rundtürmen eingestellt sind; diese in 45 m Höhe mit den Baukörpern durch eine Art Rohrschellen verbunden; sie markieren das ›Technikgeschoss‹, das die Geschosse darüber trägt, während die Geschosse darunter an ihm aufgehängt sind. Die tragenden Elemente in senkrecht kannelierter Aluminiumverkleidung, die Baukörper mit gleichmäßig gerasterter Glas-Aluminium-Haut überzogen. – Am Hochhaus östlich anschließend 1994-97 das ›Hypo-Haus Ost‹ (Arabellastraße 14) als Erweiterungsbau (Entwurf: Betz) errichtet: sechsgeschossiger hakenförmiger Baukörper an Arabella- und Denninger Straße, dahinter zwei glasüberdachte, längsrechteckige Höfe um einen blockhaften Bau, der, ebenfalls L-förmig, stufenartig zu seiner Mitte hin an Höhe abnimmt. ***Bedeutung:*** Die Stadtsilhouette im Nordosten – neben Sheraton-Hotel (von Frasch, 1969-71) und Arabella-Haus (von Schmidbauer, 1968-69) – beherrschender, spektakulärer Bau mit bewegter Umrissgestaltung und sehr überlegter Baumassengliederung; für den Gesamteindruck die ›Entmaterialisierung‹ durch silbrige Aluminiumhaut entscheidend. Von der architektonischen Leistung abgesehen jedoch fragwürdig: überdimensionierte Herrschaftsgeste eines Wirtschaftsunternehmens, dem in einer Epoche der außer Kraft gesetzten Wertenormen das Regulativ der Humanität fehlt.

Hypo-Bank-Verwaltungszentrum.

ARCISSTRASSE 12 ☐ 1

Hochschule für Musik und Theater München, der so genannte ›Führerbau‹. Durch Hitlers 1933 angeordnete Umfunktionierung des Königsplatzes zu einem ›Forum der Partei‹ Auftrag an P. L. Troost zur architektonischen Gestaltung der Ostseite des Platzes entlang der Arcisstraße: Beiderseits der Symmetrieachse Brienner Straße die so genannten *Ehrentempel* (→ Königsplatz S. 193), gefolgt von den gleichartig gestalteten repräsentativen Staatsbauten *Verwaltungsbau der NSDAP* (→ Meiserstraße 10) im Süden, im Norden *Führerbau* als Amtssitz Hitlers in München. Hier, am 30.9.1938, Abschluss des verhängnisvollen ›Münchener Abkommens‹ über das Sudetenland (zwischen Deutschem Reich, Italien, Frankreich und Großbritannien). Nach Zusammenbruch der Naziherrschaft Verwüstung und Plünderung des kaum kriegszerstörten Baus sowie Diebstahl von über 650 eingelagerten Gemälden für das von Hitler in Linz/Donau geplante ›Museum des Deutschen Reiches‹. Ab Mai 1945 Hauptquartier der US-Army, 1948 Einzug des seit 1946 in der Medizinischen Lesehalle (→ Beethovenplatz 1) untergebrachten Amerika-Hauses, das sich zum größten in Europa entwickeln sollte (seit 1957 im eigenen Gebäude am Karolinenplatz, → S. 188). Ab 1947 (bis 1978) behelfsmäßige Unterkunft eines Teils des Bayerischen Staatsarchivs. Bereits 1954 Umbau des halbrunden Mittelsaals zu Theater- und Konzertsaal, der nun der 1951 eingezogenen Musikhochschule dient. ***Beschreibung:*** Nach Plänen von Troost 1933-37 errichteter, nach dessen Tod 1934 von Gall vollendeter dreigeschossiger, symmetrisch gegliederter Baublock von 21 : 11 Achsen mit vorgeblendetem Kalksteinmauerwerk; allseitig umlaufende Gurtgesimse, scharf eingeschnittene Fensterumrahmungen, das spröde Kranzgesims und das zurückgesetzte Attikageschoss verleihen dem Bau eine horizontal lastende Schwere. Unter zwei pfeilergetragenen Balkonen die Eingänge in eine ursprünglich 60 m lange *Wandelhalle*; von ihr Zugänge zu zwei glasüberdachten, von Säulen getragenen zweistöckigen Galerien umstandenen *Licht›höfen‹* mit repräsentativen Treppenaufgängen zum ersten Obergeschoss; zwischen beiden Höfen in der Mitte des Gebäudes die später zum Kongresssaal umgestaltete *Wohnhalle*, auf Anordnung Hitlers mit neun Wandteppichen des Herkules-Mythos von Bos, 1565-77, geschmückt (von 1953-92 im

Ehemaliger »Führerbau«: *Lichthof.*

Neuen Herkulessaal, → Hofgartenstraße 2 aufgehängt). Von der ursprünglichen Raumausstattung (durch Troosts Witwe Gerdy) – außer den erwähnten Repräsentationsräumen und der im südlichen Lichthof aufgestellten Statue der so genannten ›Knidischen Venus‹ (ergänzte Kopie nach Praxiteles-Skulptur in der Glyptothek) – infolge der Umbauten nichts mehr erhalten. – Der ausgedehnte zweistöckige *Keller* (mit Luftschutzräumen) Bestandteil eines unterirdischen Gangsystems, das die wichtigsten Parteigebäude im Bereich Max-Joseph-, Barer-, Arcis- und Karlstraße miteinander verband. ***Bedeutung:*** Der ›Führerbau‹, zusammen mit dem ›Verwaltungsbau‹ und dem 1947 gesprengten so genannten ›Ehrentempel‹ (→ Königsplatz), das repräsentative Machtzentrum der NSDAP und ideologische Selbstdarstellung des 3. Reichs. Dazu kamen im nächsten Umkreis knapp 50 Gebäude mit Dienststellen der Parteigliederungen (seit 2001 *Informationstafel* an Ecke Arcis-/Brienner Straße). In ihrer Architektur waren die Bauten Troosts, als »erste Großbauten des Neuen Deutschland« bezeichnet, gemeinsam mit dem ›Haus der Deutschen Kunst‹ (→ Prinzregentenstraße 1) gleichsam Musterbauten für alle repräsentativen Staats- und Parteigebäude im gesamten Reichsgebiet – propagandistisch als Beispiel für »germanische Tektronik« gepriesen. – Für das seit längerer Zeit diskutierte NS-Dokumentationszentrum zeichnet sich parteiübergreifende Einigung ab, die bis Mitte 2003 erste Realisierungskonzepte erbringen wird.

Fassade der Technischen Universität.

Technische Universität: *Neue Aula.*

ARCISSTRASSE 21 ☐ 1

Technische Universität München Für die 1827 gegründete ›Polytechnische Realschule‹ (von 1839-68 im ehemaligen St.-Annastift, → Damenstiftstraße 3 untergebracht) Neubau in spätklassizistischen Neorenaissanceformen nach Plänen von G. Neureuther errichtet, bezogen auf Ost-West-Achse der gegenüberliegenden Alten Pinakothek; Baubeginn 1866, Aufnahme der Lehrtätigkeit 1868. Umbenannt in ›Technische Hochschule München‹ 1877/78, in ›Technische Universität München‹ (TU) 1970. Einzelne Zubauten bereits zwischen 1873 und 1899 notwendig (wie Landwirtschaftliche Abteilung an Luisenstraße, 1874-1908) mit gleichzeitiger Erweiterung des Areals zum ›*Stammgelände*‹ auf dem Karree zwischen Arcis-/Luisen- und Gabelsberger/Theresienstraße. – ***Entstehungsdaten*** für den Gesamtkomplex der TU (wobei die im Folgenden verwendeten Gebäudebezeichnungen die Zweckbestimmung des jeweiligen Neubaus wiedergeben): erste groß angelegte Erweiterung nach Plänen von F. v. Thiersch an Gabelsberger- und Luisenstraße 1903-10: *Turm* und *Institutsbauten* sowie Neubau für *Landwirtschaftliche Abteilung*. Durch Bestelmeyer 1923-26 zwei symmetrische blockhafte Eckbauten (Girlandenfriese im Attikageschoss nach Entwurf von Ed. Pfeifer) entlang der Arcisstraße dem Neureuther-Bau angefügt: gegen Theresienstraße Gebäude mit *Lehr- und Forschungsräumen* nebst *Maschinenhalle*, gegen Gabelsbergerstraße Gebäude mit Auditorium Maximum. (Die im 3. Reich erwogene Verlegung der TH nach Nymphenburg – Planungen von Bestelmeyer 1937 – blieb Projekt.) Im 2. Weltkrieg 85 % der Gebäude auf Stammgelände zerbombt oder unbrauchbar. Wiederaufbau: 1948-54 Ersatz des Neureutherschen Gründungsbaus durch fünfgeschossiges *Institutsgebäude* und vorgelagerten *Verwaltungsbau* (Architekt: Vorhoelzer), Letzterer 1968 um zwei Geschosse aufgestockt (Architekt: Ludwig). Schließung des Gevierts an Luisen- und Theresienstraße durch Neubau für technische *Labors und Hallen für Maschinenwesen* (Architekt: Werner und Hart, 1959-66). Zusätzliche Neubauten außerhalb des Stammgeländes zwischen Theresien- und Heßstraße: 1954-59 *Institut für Nachrichtentechnik* an Heßstraße (Architekt: Eichberg); 1955-57 und 1966-69 Materialprüfungsamt an Arcisstraße (Architekt: Eichberg und Hart); 1957-63 *Hochvolthaus* des Instituts für Hochspannungstechnik an Luisenstraße (Architekt: Eichberg und Hart); 1959-64 *Institut für Elektrotechnik* an Luisen-/Heßstraße (Architekt: Hassenpflug); 1964-69 der so genannte ›*U-Trakt*‹ mit Hörsälen, Seminarräumen und Büros (Architekt: Eichberg). – Neubauten südlich der Gabelsbergerstraße: 1957 *Mensa* (Architekt: Hart, Bogenberger, Eckert), erweitert 1975; an Luisenstraße so genanntes ›Westsüdgelände‹: 1963 *Naturwissenschaftliche Institute* (Laboratorien und Experimentierhalle für technische Physik; Architekt: Wiedemann und Hart); zwischen Arcis- und Barer Straße: 1965-72 *Naturwissenschaftliche Institute* (Hörsäle, Rechenzentrum; Architekt: Hart, Ludwig, Hlawaczek) auf so genanntem ›Bunkergelände‹, z. T. auf Fundamenten des 1938 von Gall entworfenen ›Verwaltungsbau des Braunen Hauses‹ errichtet. – Im Innenhof der Bauten auf Stammgelände: 1990-94 Neubau langgestrecktes *Institutsgebäude*, viertelrundes *Auditorium Maximum* und halbrundes *CAD-Gebäude* (Architekt: Wienands); auf dem Dach des Hauptgebäudes 1999-2000 *Architekturtechnisches Zentrum für Gebäudetechnologie* (Architekt: Herzog). – Südlich des Verwaltungsbau Kopie des ›Rosseführers‹ (ohne Pferd), der (von Bleeker 1930/31 geschaffen) mit dem ›Rosselenker‹ (von Hahn, 1928-31) zwischen den Bestelmeyerschen Neubauten aufgestellt war; Ersterer heute gegenüber vor Alter Pinakothek aufgestellt, der ›Lenker‹ vor Goethestraße 31 in veränderter Zusammenstellung.

ARCISSTRASSE 46 ☐ 19

Alter Nordfriedhof Rund zwei Jahrzehnte nach Erweiterung des Südlichen Friedhofs (→ Thalkirchner Straße 17) wird zusätzlicher Friedhof im nördlichen Stadtbereich notwendig: auf einem rechteckigen Areal von 4,47 ha zwischen Arcis-/Teng- und Ziebland-/ Adalbertstraße nach Plänen von Zenetti von 1866-69 für die katholischen Pfarreien St. Anna, Bonifaz und Ludwig sowie für evangelische Bürger angelegt; Eröffnung 1868, letzte Bestattung 1939; Kriegszerstörungen beseitigt, die Aussegnungshalle mit Kapelle an Westseite (Architekt: Zenetti) 1947 abgetragen; seit 1976 unter Ensembleschutz. Der Alte Nordfriedhof ist Begräbnisstätte vieler Künstler, Gelehrter, Schriftsteller, Wissenschaftler des Münchener 19. Jh., hat z. T. sehenswerte Grabdenkmäler. Bestattet u. a. die Künstler Carl August Lebschee, Gottfried Neureuther, Albert Schmidt, Kaspar Zumbusch; die Schriftsteller Hermann Lingg, Ludwig Steub; die Wissenschaftler Friedrich Pecht, Wilhelm Heinrich Riehl, Franz Xaver Schönwerth, Rudolf Schöll; der Verleger Rudolf Oldenbourg; die Techniker und Erfinder Wilhelm Bauer, Ludwig v. Brück, Georg Krauss, Joseph Anton v. Maffei; der General Ludwig v. der Tann.

Alter Nordfriedhof: *Grabmal Wagmüller.*

ARIBONENSTRASSE 9 ☐ 24

St. Mariä Himmelfahrt Pfarr- und Wallfahrtskirche Maria Ramersdorf. Marienpatrozinium 1381 erstmals genannt, jedoch *Marienwallfahrt* wohl schon seit Anfang 14. Jh.; Stiftung eines *Kreuzpartikels* aus Besitz Kaiser Ludwigs des Bayern durch dessen Sohn Herzog Otto den Faulen 1379 führt zu *Doppelwallfahrt.* ***Geschichte:*** Zwischen 1006 und 1022 urkundlich eine Kirche erwähnt (Ansiedlung Rumoltesdorf), in Konradinischen Matrikeln (1315) als Filialkirche (mit Friedhof) von St. Michael in Perlach aufgeführt; erst 1907 als eigene Pfarrei von Perlach abgetrennt. Doppelwallfahrt hatte verschiedene Stiftungen von Benefizien zur Folge, ferner *Vergrößerung der Kirche* zwischen 1399 und ca. 1412; zur selben Zeit Vermauerung des Westeingangs im Turm und Anlage zweier Eingänge an Süd- und Nordseite. 1446 Ersatz der hölzernen Halbtonne über Langhaus durch gemauertes *(Netz-)Gewölbe*, damit konstruktiv notwendig Strebepfeiler im Innern. Bei *Barockisierung* ab etwa 1646 bis 1675 Verlust der reichen spätgotischen Ausstattung und tief greifende Umgestaltung des Kirchenraums; Baumeister wahrscheinlich Zwerger d. J. (vgl. St. Lorenz in Oberföhring, → Muspillistraße 31): neuer Hochaltar (bis 1662), anschließend neue Seitenaltäre; Ersatz der gotischen Gewölberippen durch Quadraturstuck (wohl nach Zwerger), Chorbogen und Spitzbogenfenster rundbogig umgeformt. 1761 Instandsetzungsarbeiten durch I. A. Gunetzrhainer (mit Einbau einer Kanzel von I. Günther). Blitzschlag zerstörte 1791 den schlanken gotischen Spitzhelm des sehr hohen Turms; nach Plänen von Widmann um ein Geschoss aufgestockt und mit barocker Zwiebel (der letzten in München) bis 1792 vollendet (ursprünglich mit Schindeln, 1840 in Kupfer gedeckt). – *Restaurierungen* u. a. 1847-56 (Gesamtanlage), 1866-72, 1912/13, 1939 (v. a. innen); erhebliche Kriegsschäden 1943, nach Kriegsende notdürftig behoben, ab 1958 umfassende Restaurierung (mit Entfernung restlicher Ausstattung des 19. Jh.); erneute Renovierung 1973/74 (außen u. innen),

Ramersdorf, Mariä Himmelfahrt: *Hochaltar-Schrein* mit Gnadenbild von 1465.

Ramersdorf, Mariä Himmelfahrt: *Innenraum.*

1993 (Dach). – Anlage eines ***Wallfahrtswegs*** 1620 als Verbindung von Ramersdorf mit der Münchener Peterskirche, gesäumt von 16 hölzernen Säulen mit aufgemalten Szenen aus dem Marienleben, 1699 durch gemauerte Nischen und Pflanzung einer Lindenallee ersetzt. Zu Beginn der Säkularisation Allee und Stationsbilder beseitigt, Letztere im Durchgang des ›Mesnerhauses‹ (s. u.) angebracht. ***Beschreibung:*** Bereits gegen Ende 15. Jh. *Kirche* zusammen mit umgebendem *Friedhof* und *Mesnerhaus* (Aribonenstraße 7) bauliche Einheit: heute noch als Dorfkern von Ramersdorf erkennbar und trotz großer umgebender Straßenzüge und dichter Wohnbebauung wirkungsvoller Point-de-vue sowohl der ›Mustersiedlung Ramersdorf‹ (1934, → Hohenaschauer Straße) als auch der Ausrichtung der Autobahn von Salzburg und der Verkehrsknoten im innerstädtischen Straßensystem. Der eindeutig durch Friedhofsmauer (17. Jh.) definierte, nahezu kreisrunde *Kirchenbezirk* durch hoch aufragendes spätgotisches Gotteshaus beherrscht: rechteckiges, durch Strebepfeiler gegliedertes vierjochiges *Langhaus* mit vorgesetztem schlanken *Westturm* (an seiner Südseite 1686 *Klause* für Schulmeister-Eremiten angebaut), im Osten dreijochiger, eingezogener *Chor* mit 5/8-Schluss; an fensterloser Stirnwand des Chorhaupts zwischen zwei Strebepfeilern eingefügte *Aussetzungsnische* (für Kreuzpartikel) mit spärlichen Resten gotischer Wandmalerei (Heilige). An Südseite des Chors zweigeschossige *Sakristei* (durch ihr Sterngewölbe wohl Ende 15./Anfang 16. Jh. errichtet). Das hohe *Satteldach* über beiden Bauteilen durch freigelegtes, nach Befunden rekonstruiertes gotisches *Friesband* abgesetzt. – Zum Ensemble gehört im Südwesten des Friedhofs das zweistöckige, im Kern spätgotische Mesnerhaus mit Walmdach und gewölbter Tordurchfahrt zum Friedhof. – Neben Mesnerhaus an Friedhofmauer seit 1927 neoklassizistischer *Kennedy-Brunnen* zu Ehren des schottischen Benediktinerpaters Ildephons Kennedy († 1804), Sekretär der kurbayerischen Akademie der Wissenschaften und letzter Benefiziat des Herzogs-Benefiziums

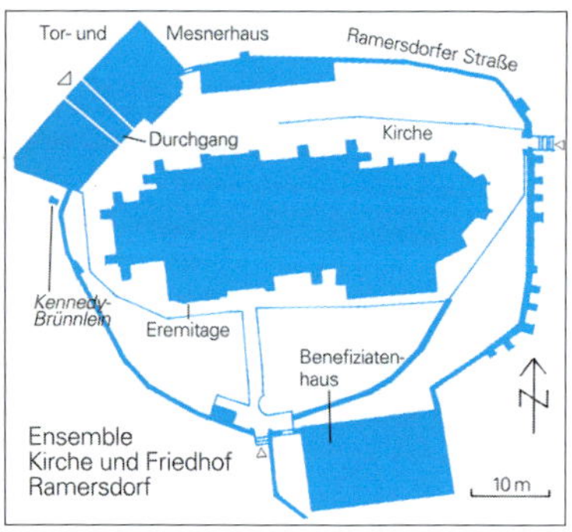

Ensemble Kirche und Friedhof Ramersdorf

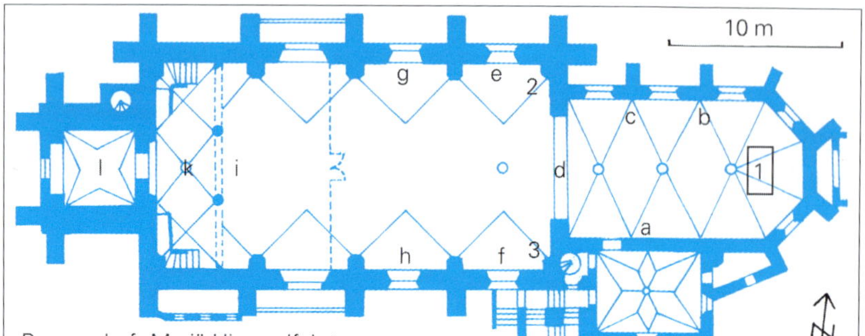

Ramersdorf, Mariä Himmelfahrt

Chor: 1 Hochaltar, *entworfen und ausgeführt von C. Pader um 1675 in noch prunkender, renaissancehafter Architektur; Ersatz eines spätgotischen Schnitzaltars (1865 noch zehn Flügelbilder erhalten, heute verschollen). Unter neugotischem Baldachin Gnadenbild Thronende Madonna mit Kind* * *(um 1465), früher Grasser, heute Neuhauser gen. Kriechbaum zugeschrieben (Volker Liedke); neugotisch überschnitzt, 1866 gefasst und vergoldet, Originalfassung verloren; umfassend restauriert durch O. Wimmer 1974-76. – Im Antipendium Verkündigung Mariens (Ölgemälde 17. Jh., Schöftlhuber zugeschrieben), über den beiden Opfergangtüren die Hll. Joseph (links) und Joachim, im Auszug Büste Gottvater (Bildhauer unbekannt).* **a** Votivbild der *›Schwedengeiseln‹ (Kager zugeschrieben, 1635): gestiftet von den durch Gustav Adolf 1632 nach Augsburg verschleppten Münchener Geistlichen und Bürgern.* **b** Votivbild *der Münchener Loderer, entstanden 1733 (Maler unbekannt), Bezug auf ein Gelübde von sieben Tuchmachern während der Türkenbedrohung (1683-99): Stiftung der Marienandacht des sog. ›Frauendreißigers‹ (zwischen Mariä Himmelfahrt und Fest Kreuzerhöhung, 15.8.-14.9.).* **c** Votivbild *der ›Österreichergeiseln‹: im Österreichischen Erbfolgekrieg zuerst nach Linz, dann nach Graz deportierte 20 Münchener Bürger, gestiftet nach ihrer Heimkehr 1743 (Maler unbekannt).* **d** Chorbogen-Kruzifix, *wohl Ende 17. Jh. (anonym).*

Langhaus: Seitenaltäre, *wohl von Pader um 1675 entworfen, die beiden Gemälde Schöftlhuber Ende 17. Jh. zugeschrieben, 1916 von A. Bauer, 1974-76 von Wimmer restauriert.* **2** Sigismundaltar: *Altarbild ›Martyrium des Heiligen‹; im Antipendium Gemälde ›Versenkung des Heiligen in*

einen Brunnen‹, im Auszug Petrus und Paulus (wohl von Schöftlhuber). **3** Kreuzauffindungsaltar: *Altarbild ›Erprobung des Kreuzes durch Hl. Helena‹; im Antipendium ›Übergabe des Kreuzpartikels an Ramersdorfer Kirche‹, im Auszug Hl. Papst Silvester (wohl von Schöftlhuber).* **e** *und* **f** Ovalbilder *›Muttergottes‹ und ›Herz Jesu‹ (von Hauber), wohl aus zwei im Kircheninventar von 1790 genannten Altären.* **g** Kreuzaltar *: *datierbar um 1482, Grasser zugeschrieben, ursprünglich vor Chor aufgestellt. Im Schrein vielfiguriges, farbig gefasstes* Kreuzigungsrelief, *an den Flügelinnenseiten je zwei Reliefs ›Ölberg‹ und ›Geißelung Christi‹ (links), ›Christus vor Kaiphas‹ und ›Christus vor Pilatus‹ (rechts); an Flügelaußenseiten* Gemälde *(Polack bzw. Werkstatt zugeschrieben): ›Geschichte des Kreuzpartikels‹. Kriegsschäden 1947/48 durch H. Miller behoben, dabei neugotisches Gesprenge und Predella entfernt.* **h** Schutzmantelmadonna *, *1503, Polack zugeschrieben; daneben Reste von gotischen Altären (zu zwei Tafeln zusammengefasst): links Hl. Barbara, darunter Hll. Margaretha und Elisabeth, rechts Hl. Katharina, darunter Hll. Silvester und Wolfgang (wohl Hinweis auf Ramersdorf am Pilgerweg nach St. Wolfgang/Salzkammergut; vgl. St. Wolfgang, → Pippinger Str. 49 a).* **i** Gemälde *(17. Jh.) ›Blumenwunder‹ (nach Himmelfahrt Mariens) an Emporenbrüstung (ihr Maßwerk 1939 nach Verkleidung 1867 wieder freigelegt).* **k** Taufstein *unter Empore: Marmorbecken (17. Jh.) mit bronzenem Deckel ›Taufe Christi‹ (Bildhauer unbekannt, um 1930).* **l** Turmkapelle: *2001 restauriert; dabei verschiedene Gemälde und Plastiken (v. a. 17. und 19. Jh.) angebracht.*

an der Ramersdorfer Kirche. Südlich der Kirche, in Friedhofsmauer eingefügt, das zweigeschossige ›Heilig-Kreuz‹-*Benefiziatenhaus* (Aribonenstraße 11) mit Walmdach, ursprünglich als kurfürstliches Jagdhaus (18. Jh.) errichtet. – An Innenseite der Friedhofsmauer, neben dem südlichen Zugang, Passionskapelle (17. Jh.) mit kreuztragendem Christus aus dem 15. Jh.; ferner Einfügen des nazarenischen Terrakotta-Kreuzwegs in die Friedhofsmauer vorgesehen. ***Inneres:*** Einfaches, durch Wandpfeiler gegliedertes vierjochiges *Langhaus* mit gotischer Empore im Westen, darüber zwischen 1845 und 1851 eingebaute Orgelempore mit 1952 rekonstruierter Orgel aus sieben Pfeifentürmen. Eingezogener dreijochiger *Altarraum*; die Gewölbe beider Räume mit reichem, ungewöhnlich komplexem *Felderstuck* in Miesbach-Schlierseer Art seit 1675 (wohl durch Zwerger) angebracht, seit 1867 vergoldet. (Anlässlich Innenrestaurierung 1866 ff. Entfernung der Günther-Kanzel: Teile des Kanzelcorpus im Maximiliansmuseum in Augsburg; das Apokalyptische Weib vom Schalldeckel im Bayerischen Nationalmuseum; Entwurfzeichnung Günthers im Germanischen Nationalmuseum in Nürnberg.) Bei Innenrestaurierung 1973 Wiederherstellung der barocken Farbigkeit (Gelb-, Grün-, Rosatöne) nach Befund. – Seit 2001 wird alljährlich vom Karfreitag bis Ostersonntag in der Turmkapelle das *›Heilige Grab‹* aufgestellt: als Ersatz für die barocke Anlage von dem Tiroler K. Fuchs 1906-08 angefertigt, 1999-2001 restauriert. ***Bedeutung:*** Die beachtenswerte Ausstattung* (→ Grundriss mit Legende) zeugt von Beliebtheit dieser wohl ältesten Marienwallfahrtskirche im Großraum München. Als Baugruppe aus Kirche, Friedhof und zugehörigen Gebäuden beispielhaft als integrierendes Ensemble innerhalb der ländlichen Strukturen altbayerischer Dörfer; sie kann sich sogar gegen moderne Verkehrsbedrängnisse behaupten. – Die Innenausstattung des späten 17. Jh. verrät die einfühlsame Fähigkeit des Barock, sich gotischen Gegebenheiten anzupassen, ohne eigene Gestaltungsvorstellungen aufzugeben.

ARNULFSTRASSE 32 ☐ **18, 19**

Ehemaliges Verkehrsministerium Die dem Königreich Bayern (und anderen Ländern des ehemaligen Deutschen Bundes) bei der Reichsgründung 1871 zugestandenen ›Reservatrechte‹ umfassten u. a. eigene Post- und Bahnverwaltung; aus der ›Direktion der königlich bayerischen Posten und Telegraphen‹ und ›Direktion der königlich bayerischen Staatseisenbahnen‹ Bildung eines eigenen *Verkehrsministeriums* (1903). Noch im selben Jahr durch Oberste Baubehörde Vorprojekt, danach Ausschreibung eines Wettbewerbs unter bayerischen Architekten; noch vor seinem Abschluss Vertrag mit C. Hocheder über Erstellung der Pläne für Verwaltung und Zentralbriefpostamt und Ausführung des Baus; im Verlauf der Bauzeit – Grundsteinlegung 1905, Übergabe 1913 – wechselnde Beteiligung von Mitarbeitern (u. a. C. Straub, Mendler, P. W. J. Lang, A. Schmid). Elektrische U-Bahn zwischen Briefpostamt (ehemals München 2) und Hauptbahnhof (1913) um 1990 aufgelassen. – 1944/45 mehrmals schwer getroffen, nach dem

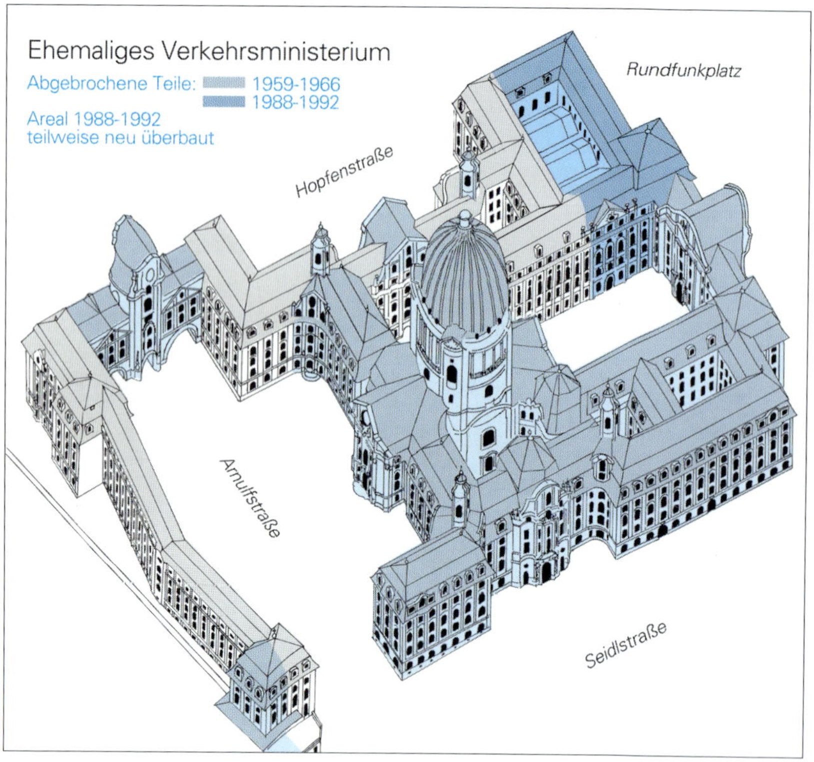

Krieg stückweise Abbruch einzelner ruinierter Bautrakte, darunter Kuppel 1959 und Torbau 1966; Restaurierung des Trakts an Hopfenstraße 1969-72. – An Seidlstraße zwischen Arnulf- und Marsstraße Errichtung eines umfangreichen viergliedrigen ›postmodernen‹ Baublocks nach Plänen von Hentrich, Pettschnig & Partner 1988-92, bis 1997 u. a. von Münchener Paketpostzentrale (daher ›*Neue* Hopfenpost‹) genutzt; 1998-2002 Einrichtung eines in Deutschland einmaligen Internet- und Kommunikationszentrums (neben Frankfurt größter Datenknoten über Glasfaserkabelnetz). Im selben Zeitraum Restaurierung der ›*Alten* Hopfenpost‹ (s. u.) ***Beschreibung des historischen Baus:*** Auf rechteckigem Grundstück zwischen (heutiger) Arnulf- und Marsstraße (im Süden und Norden) sowie Seidl- und Hopfenstraße (im Osten und Westen), z. T. ehemals ›Maffeianger‹ nördlich der Gleisanlagen des Hauptbahnhofs um sechs Höfe errichteter vierteiliger Baukomplex, der drei ehrenhofartige Rücklagen (an Seidl-, Arnulf- und Hopfenstraße) mit mehrachsigen monumentalen Portalrisaliten aus den Fassadenfluchten ausspart; die Nordseite zur Marsstraße (Rundfunkplatz) durch vorgezogenen Mittelrisalit markiert: von hier Zugang zum gärtnerisch gestalteten Haupthof; in der Achse die 72 m hohe gedrungene Querovalkuppel über mächtigem, kräftig gegliedertem Tambour (großer Durchmesser: 32 m), in der Sichtschneise der Prielmayerstraße platziert. Ihr zur Arnulfstraße Hauptportal vorgelegt, beiderseits angefügte Trakte in Kopfbauten übergehend; ihnen entsprachen im Aufriss gleiche Fassadenabschnitte an dem erst nach 1916 errichteten lang gestreckten, konkaven Trakt auf dem Bahngelände südlich der Arnulfstraße; er wurde durch einen dreibogigen Torbau (im Mittelturm) mit dem Hauptbau verbunden. – Die Stockwerksteilung umfasst in der Regel ein niedriges Sockelgeschoss und drei Stockwerke; darüber Mansardwalmdächer mit dekorativ gestalteten Giebeln und Dachgauben. Für die architektonische Hausteingliederung wurde Trachyttuff (aus dem Ries) verwendet, für den Sockel Muschelkalk, abgesetzt gegen Putzfassaden. ***Bedeutung:*** Orientiert an städtebaulicher Fluchtlinie Karlsplatz – Priel-

mayerstraße – Arnulfstraße, Errichtung des monumentalen Neubaus durch beherrschende Kuppel optischer Schwerpunkt in amorpher Bebauung nördlich der Bahnanlagen. (Entsprechend optischer Gegenpol im Süden: St. Paul.) Bestimmend für den Gesamteindruck süddeutsche Barockmotive (v. a. ›Reichsbarock‹), ohne dass bestimmte Vorbilder genannt werden können; trotz staatlicher Selbstdarstellung Fehlen des wilhelminischen Pathos von Gründerstilbauten (z. B. ehemaliges Armeemuseum → S. 131 oder Hypo-Bank, → S. 183). »Mit dem etappenweise erfolgten Untergang dieses Gebäudekomplexes hat München nicht nur einen wesentlichen Akzent im Stadtbild, sondern ein gutes Stück seines hauptstädtischen Charakters verloren.« (Heinrich Habel)
Alte Hopfenpost 2002 abgeschlossene Sanierung und Restaurierung des erhaltenen historischen Bestands an Hopfenstraße mit Wiederherstellung bzw. Rekonstruktion der orig. Dachgauben, Fenster und Türen, ergänzt durch modernen vierflügeligen Neubau an Nordseite in der Flucht des zwischen 1988 und 1992 abgerissenen Trakts gegen den Rundfunkplatz. – Der Vorplatz an Hopfenstraße als barockisierender ›Ehrenhof‹ mit Marmorbrunnen (von Sailstorfer) nach Entwurf von Brandhoff und Voss gärtnerisch gestaltet; *Rundfunkplatz* als öff. Grünfläche mit Baumbestand und Wasserfläche sowie Aufstellung einer Portalskulptur (von Sailstorfer); zwischen Altbau und Neubau von Norden nach Süden in der Flucht der Denisstraße verlaufende ›Grünachse‹. ***Bedeutung:*** Im Innern der als Bürogebäude vermieteten ›Alten Hopfenpost‹ als Rest der ursprünglich neubarocken Ausstattung erhalten: drei großzügige Treppenhäuser und in vier Geschossen laufende Klostergänge mit Balustraden, Säulen und Gewölbe.

ARNULFSTRASSE 19 ☐ **18**

Lokomotive E 6904 Auf dem Gelände vor ehemaligem Bundesbahn-Zentralamt als technisches Denkmal aufgestellte E-Lok der Baureihe E 69 (169) der Deutschen Reichs- bzw. Bundesbahn. Die zweiachsige Lokomotive mit Mittelführerstand (›Bügeleisen‹) für die ›Süddeutsche elektrische Lokalbahn AG‹ 1901 gebaut und von der ›Münchener Lokalbahn AG‹ unter der Nr. LAG 4 auf der Strecke Murnau – Oberammergau seit 1905 eingesetzt (erste elektrisch betriebene Vollbahnstrecke Deutschlands: Einphasenwechselstrom 5,5 kV 16 Hz, 1938 von der Deutschen Reichsbahn übernommen); die im Volksmund ›Johanna‹ genannte Lok (169 004-9) am 28.9.1977 ausgemustert.
Ein ähnliches Technikdenkmal die seit 1994 aus konservatorischen Gründen in einer früheren Werkshalle von Krauss-Maffei in Allach (Krauss-Maffei-Straße) aufgestellte **Dampflokomotive S 3/6** der ehemaligen Königlichen bayerischen Staatsbahn (nach 1920 Baureihe 18 der Deutschen Reichsbahn) vom Typ 2'C1'/Pacific; sie ist eine Weiterentwicklung (1908) der von der Lokomotivfabrik J. A. Maffei seit 1904 gebauten S 2/5 (Konstrukteur: Anton Hammel); sie hielt mit 154 km/h (1906) bis 1936 den Geschwindigkeitsrekord deutscher Dampflokomotiven.

ARNULFSTRASSE 195 ☐ **18**

Briefzentrum 80 München Ursprünglich als *Paketposthalle* im Gleisbereich des Münchener Hauptbahnhofs durch ehemals Deutsche Bundespost 1965-69 (nach Plänen von Rosenfeld, Zettel, U. Finsterwalder und Bomhard) errichtete Verladehalle über einer Grundfläche von 148 zu 124 m. Seit 1998 *Briefzentrum.* ***Beschreibung:*** Parabolbogenkonstruktion (Höhe 27,3 m), deren stabilisierendes ›gefaltetes‹ Bogentragwerk aus 1600 völlig gleichen, fabrikmäßig hergestellten Betonfertigteilen besteht. Zur Zeit ihrer Inbetriebnahme ›weitest gespannte Halle der Welt‹ (18 600 qm) ›aus Fertigteilen‹. An Ostseite Zufahrt für die Wägen der Postzüge (15 Gleise), an Nord-, West- und Südseite von niedrigen Betriebsbauten umstellt. Sie löste das 1925-26 nach Plänen von Vorhoelzer und W. Schmidt errichtete zentrale **Paketzustellamt*** (Arnulfstraße 62) ab, eine aus den Betriebsabläufen entwickelte runde Stahlbetonhalle (51 m Durchmesser), ihre Decke von acht Pilzsäulen getragen, belichtet im Zentrum durch konische ›Laterne‹. 1983-85 nach Plänen von Christen und Stauda zur Kantine und Bibliothek der Oberpostdirektion umgebaut.

Deutsche Post AG: *Briefzentrum.*

AUENSTRASSE 1 ☐ 19

St. Maximilian Die stadtseitige Isarfront (zwischen Wittelsbacher- und Reichenbachbrücke) beherrschende Pfarrkirche für die südliche Isarvorstadt, 1895-1901 nach Plänen von H. v. Schmidt errichtet, Bauführung durch Schurr; analog zur Ludwigskirche (→ Ludwigstraße 20) als kirchliches Erinnerungsdenkmal an König Max II. dem Hl. Maximilian (›Apostel des Noricum‹, † um 288) geweiht. ***Geschichte:*** Seit 1883 Notkirche in einer Baracke der Volksschule an der Auenstraße, *Grundsteinlegung* für Neubau 24.6.1895, Baustopp (Geldmangel) 1898/99, *Weihe* 6.10.1901; Anbau der Sakristei erst 1938/39. – 1943 (3.10.) ausgebrannt, 1944 mehrmals von Bomben schwer getroffen. 1946 wieder Gottesdienste in dem als Notkirche eingerichteten rechten Seitenschiff; Beginn des *Wiederaufbaus* 1949: Wiederherstellung der Türme (ohne die zerstörten hohen Spitzhelme), Weihe des Hochaltars 1953, anschließend schrittweise Neuausstattung des Innenraums. Seit 1991 grundlegende *Gesamtsanierung* des Bauwerks (Abschluss voraussichtlich 2003/04), danach Renovierung (und möglicherweise Rekonstruktion) des Innenraums. ***Beschreibung:*** Der verfugte Backsteinbau mit Hausteingliederung durch niedrige Terrasse an drei Seiten von umgebenden Straßen ausgesondert; auf Pfahlfundierung dreischiffige *Basilika*, anstatt Querhaus zwei das Hochschiff flankierende *Türme* (einzige Stelle mit tragfähigem Untergrund!), über Dachfirst des Mittelschiffs durch offene Rundbogengalerie miteinander verbunden; in oberen Turmgeschossen leicht unterschiedliche Gestaltung, die ursprünglich über Wimpergen und Scharwachttürmchen aufragenden hohen, achtseitigen Spitzhelme zerstört (nicht rekonstruiert). An südöstlicher Schmalseite ehemals drei *Apsiden* (die östlichen zerstört, nicht wiederaufgebaut). An nordwestlicher Schmalseite *Hauptportal* unter tiefer Vorhalle (seitlich Treppentürmchen), in der Hochschiffwand vier schlanke Rundbogenfenster, im Giebeldreieck darüber mit den von oberitalienischer Romanik angeregten vorgestellten Arkaden. Den Turmaußenseiten angefügt Vorbauten mit *Nebenportalen*, Anbau der Korbinianskapelle in der Mitte der östlichen Längsseite; in der Achse des Eingangsjochs beidseitig halbrunde (Kapellen-)Apsiden. ***Inneres:*** Weiträumiges *Mittelschiff*, durch acht Arkaden zu den *Seitenschiffen* geöffnet. Raumzäsur durch die beiden eingestellten Türme: geringfügige Verschmälerung des Mittelschiffs, das durch zwei transversale Schwibbögen über beidseitige ›Balkone‹ (mit reliefierten Brüstungen von

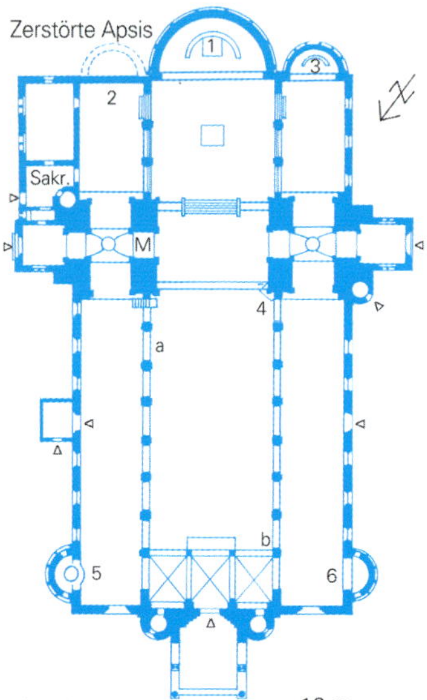

St. Maximilian

1 Hochaltar *Gestiftet von Prinzregent Luitpold, entworfen von B. Schmitt: halbkreisförmige Mauer, in der Mitte Nische mit Sitzfigur des Kirchenpatrons, überragt von ›keltisch-irischem‹ Steinkreuz (von A. Miller); flankiert von Reliefs früher Glaubensboten in Bayern: links Theodolinde, Emmeram, Hardemunde, Rasso/rechts: Winthir, Korbinian, Luitpold, Ulrich (von Schmitt, ausgenommen. Winthir von Wrba; bis 1902). In der Mitte des Chorraums* Volksaltar *mit Tabernakel. (Ausmalung der Apsis, ›Pietà‹ nach Entwurf von Baierl 1922/23, im Krieg beschädigt, heute übertüncht.)* **2** Kreuzaltar *In der Mitte des neugotischen Schreins Gekreuzigter, in seitlichen Nischen Papst Sylvester (links) und Valentin (rechts), von F. Seitz 1883. (In der heute vermauerten, zerstörten Apsis bis 1943 Ludwigsaltar.)* **3** Josephsaltar *Ursprünglich Marienaltar: ähnlich dem Hochaltar halbrunde Steinmauer (Entwurf von Becker-Gundahl) mit Reliefs ›Marienleben‹ (von A. Miller); in Mittelnische früher Madonna (→ Marienaltar* **4***), durch* Josephsfigur *(von E. Beckmann 1957) ausgewechselt: Umwidmung zum Josephsaltar. An Stirnwand des Seitenschiffs Mosaik ›Verherrlichung Mariä‹, in Apsis Hl. Maximilian (mit Kirchenmodell), entworfen von Becker-Grundahl.* **M** *Durch Gittertürchen verschlossene Nische mit* Maximilians-Reliquie. **4** Marienaltar *Anstelle des im Krieg zerstörten Herz-Jesu-Altars 1954 errichtet unter Verwendung einer Holzskulptur ›Maria mit Kind‹ (von K. Schmid 1897), ursprünglich Hausmadonna an einem vom Krieg verschonten Wohnhaus im Tal.* **a** Fresko *›Jüngstes Gericht‹ (von Bergmann 1941) über drei Arkaden der linken Hochschiffwand; am Pfeiler darunter barockes Kruzifix.* **5** Taufkapelle *Taufstein mit romanisierenden Reliefs (Sündenfall/Erlösung) von A. Miller (1900/01), in der Apsis Fresko ›Christophorus‹ (von Bergmann 1933 f., restauriert von L. Wagner 1954). Neben dem Apsisbogen Kruzifix (sog. Viernageltypus).* **6** Kapelle *Fresko ›David und Goliath‹ (von Bergmann 1933 f., von Wagner restauriert).* Kreuzwegstationen *in den Blendarkaden der beiden Seitenschiffe (von Braunmiller 1957/58). Über dreijochigem Windfang* Orgelempore*: an linkem Pfeiler* **b** *Gedenktafel an den planenden Architekten; die Orgel (nach Entwurf von E. Schleich) installiert (um 1959/60), zwischen den beiden seitlichen Rundtürmen Durchblick auf vier Glasfenster in der Hauptfassade (von Braunmiller 1958; die ursprünglichen Fenster von Hofstötter 1943 vernichtet).*

A. Miller) überspannt ist; anschließend der drei Joche tiefe *Chorraum* mit Apsis. (Gleiche Abfolge bei den ebenfalls unter den Türmen fortgeführten Seitenschiffen.) Durch schlechten Baugrund Verzicht auf Wölbung (ausgenommen bei Empore, Untergeschoss der Türme, Apsiskalotten), dafür flache *Holzbalkendecken* über den drei Schiffen. – Ursprüngliche *Ausstattung* durch angesehene zeitgenössische Künstler (Bildhauer A. Miller, K. Schmid, B. Schmitt, Wrba; Maler Becker-Gundahl, Bergmann, Hofstötter); derzeitige Ausstattung mit Werken, die den Krieg überstanden, sowie mit Neuschöpfungen: → Grundriss mit Legende. ***Bedeutung:*** In Stadt›fassade‹ am südlichen linksseitigen Isarufer städtebauliches Gegengewicht zur isarabwärts gleichzeitig errichteten Lukaskirche (→ Mariannenplatz 3), zur Erbauungszeit drittgrößte Kirche Münchens. Anregende Einflüsse oberitalienischer Romanik (ohne ein bestimmtes Vorbild) unverkennbar. Abkehr vom ›dogmatischen Historismus‹ führte formal zu versachlichter Monumentalität und mönchischer Strenge des Innenraums: bereits von Zeitgenossen als richtungweisendes Meisterwerk des Architekten gerühmt, das einige bedeutende ›moderne‹ Kirchen des ersten Drittels des 20. Jh. beeinflusste. In München z. B. Leiden Christi (→ Grandlstraße 2), St. Sebastian (→ Schleißheimer Straße 212), Maria Königin des Friedens (→ Untersbergstraße 1); außerhalb Münchens z. B. Herz Jesu/Augsburg-Pfersee (von Baierl 1922/23), St. Johannes/Augsburg (von O. E. Bieber 1929/30), Abteikirche Münsterschwarzach (von Boßlet 1935-38).

St. Maximilian.

BÄCKERSTRASSE 19 (Pasing) □ 28

Maria Schutz Mit Erhebung Pasings zur Stadt (1.1.1905, nach München eingemeindet 1905) Bau einer neuen größeren *Pfarrkirche*. Bereits seit 1879 wiederholte Anläufe zu Erweiterung der alten Kirche Mariä Geburt (→ Am Klostergarten 9) und Gründung eines Kirchenbauvereins 1899; *Grundsteinlegung* zu neuromanischer Kirche ›St. Engelbert‹ (nach Plänen von Schurr) am 16.7.1905; 1909 als ›Patrona Bavariae‹ *benediziert, Weihe* erst 28.7.1918 (!) mit Patronat ›Maria Schutz‹ (nachdem auf Wunsch König Ludwigs III. durch Papst Benedikt XV. Maria zur Schutzfrau Bayerns erklärt worden war). ***Beschreibung:*** Dreischiffige (romanische) Basilika mit Querschiff und viergeschossigem Südost-Turm mit Rhombendach (in Ecke Langhaus/Chor eingestellt). Bei Kriegsbeschädigung 1942/43 die ursprüngliche Ausmalung (marianischer Bilderzyklus) von Kögl und Hengge zerstört; nach Wiederherstellung des Bau 1945 erst 1955 Neubemalung (Erlösungswerk Christi) durch Weingartner. Gerettet die ursprünglich reiche Skulpturenausstattung der weitgehend rekonstruierten Kirche: Westportal (von Heilmaier), Holzfiguren und -büsten sowie Sandsteinnachbildung von Donatellos Hl. Georg und Messingreliefs vom Hochaltar (von H. Miller); michelangeleske Marmor-Pietà (von Ed. Fischer). Kruzifix (spätgotisch?) in Kriegergedächtniskapelle (Nachbildung der im 1. Weltkrieg von bayerischen Soldaten im Schulhaus von Bailleul vor Arras eingerichteten Notkapelle).

BAHNHOFPLATZ 2 □ 5

Hauptbahnhof ***Erste Anlage*** der zunächst privaten München-Augsburger Eisenbahn auf dem ehemals südlichen Marsfeld in der Höhe der → Hackerbrücke als provisorischer Holzbau 1839/40 errichtet, 1847 abgebrannt. Bereits 1838 zwei Entwurfsvarianten eingereicht: von J. Pertsch für Standort an der Sonnenstraße etwa an der Stelle der heutigen Postbank (→ Sonnenstraße 24), von Himbsel östlich der alten Schießstätte beim → Karlsplatz; beide Projekte nicht ausgeführt.

Zweite Anlage der seit 1842 staatlichen und 1847 bis Nürnberg verlängerten Bahnlinie auf Gutachten von F. v. Gärtner stadtnahe auf das Areal der ehemaligen Schießstätte vor dem Neuhauser Tor verlegt. Dieser »Centralbahnhof« 1847-49 von Bürklein als Kopfbahnhof errichtet (von Zeitgenossen als »Basilika des Verkehrs« gepriesen): Tonnenbogen-Perronhalle (111 m lang, 20 m breit) in Holzkonstruktion, ausgeführt von F. M. Reifenstuel, nach dem Bohlenbinder-System (sog. Stephanbinder) des französischen Architekten A. R. Emy (damals einzige Tonnenhalle in Deutschland; Vorbild: Halle der Gare

Alter Hauptbahnhof, zerstört 1942-45, Reste abgetragen 1953

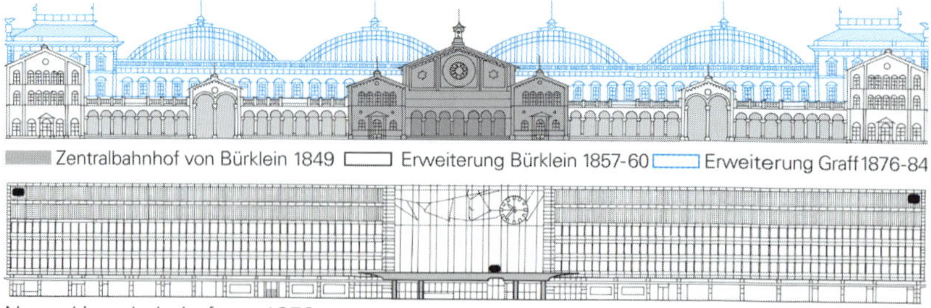

Neuer Hauptbahnhof von 1950

de la Berrière du Maine, Paris, um 1840) mit flankierenden Flügelbauten und Empfangshalle mit Seitenrisaliten im romantisierenden Gärtner-Stil. 1857-60 erste Erweiterung nördlich durch selbstständige Perronhalle für die private Ostbahn (nach Landshut und Regensburg) von Hügel (Entwurf) und Denis (Technik). 1860 Zusammenfassung des staatlichen Bahnhofs und der Ostbahnhalle sowie symmetrische Erweiterung durch Kopfbauten im Norden und Süden und deren Verbindung mit Arkadengängen und Portalbauten in der Mitte durch Bürklein; 1861/62 Freskenschmuck durch Echter und Schabet in Portalbauten, Empfangshalle, Loggien und Perronhalle. 1876-84 Umbau und zweite Erweiterung durch Graff: 1879/80 teilweise Abbruch der Bürkleinschen Perronhalle, deren Rest als Hauptvestibül und Schalterhalle verwendet wurde, und Errichtung eines neuen Quertrakts (1879-81) mit Kopfbahnsteig hinter dem Bürkleinschen Empfangsgebäude sowie neue, ca. 155 m lange und knapp 140 m breite, vierschiffig überwölbte Bahnsteighalle in Eisenkonstruktion (von Gerber), erste elektrisch beleuchtete Bahnhofshalle im Deutschen Reich; beidseitig begleitet von Flankenbauten: an Südseite 1876-79 angefügt der ›Königspavillon‹ (Entwurf vermutlich von Graff, Bauplastik von Dennerlein, Ausmalung von Knabl), Nordflügel 1881-84 erbaut – zu jener Zeit war Münchener Centralbahnhof der größte im Deutschen Reich, sein Grundriss als Typus des klassischen Großstadtbahnhofs modellhaft für weitere Entwicklung (z. B. Frankfurt/M. 1883-88). 1893 provisorische, 1921 endgültige Errichtung des *Starnberger Flügelbahnhofs* im Norden an der Arnulfstraße (bereits 1897 Einbau eines ›Kraftstellwerks‹, das erste elektromechanische Stellwerk Bayerns); als Pendant im Süden, an der Bayerstraße, folgte 1913-21 der Holzkirchner Flügelbahnhof. Von Th. Fischer Entwurf (1916) für Neugestaltung des Bahnhofgebäudes – ebenso wenig ausgeführt wie sein Projekt der Umgestaltung des Bahnhofplatzes (1922) – unter Beibehaltung des Bürkleinschen Kernbaus, aber Errichtung zweier Hochhäuser anstelle des Kaufhauses

Die1879/80 von Graff konstruierte und erstmals in Deutschland elektrisch beleuchtete *Bahnhofshalle,* 1942-45 schwer beschädigt, Reste 1949-57 beseitigt.

Hertie (→ Bahnhofplatz 7) und an Einmündung von Luisen- und Dachauer Straße. Die bereits früh (1877: durch Franz Reber) festgestellte räumliche Beschränktheit der gesamten Anlage führte nach Abschluss des Bahnausbaus (Anfang 20. Jh.: Einmündung von neun Linien in Sackbahnhof) zu Überlegungen, den Bahnhof nach Westen zu verlegen und zum Durchgangsbahnhof umzufunktionieren; erste Planungen 1911, weitere Vorschläge 1927-29 (Birkenholz, G. W. Buchner, G. Gsaenger) sowie Projekt zur Anlage eines ›Hochhaus-Geschäftsviertels‹ auf bisherigem Bahngelände und Bahnhofsneubau in Höhe Donnersberger Brücke (J. Rank). Nach 1933 verschiedene Planungen durch Reichsbahn, NS-Sonderbaubehörde (Alker) sowie NS-Generalbaurat (Giesler): Rundkuppelbau (Entwurf: Bonatz) in Höhe Friedenheimer Brücke, bisheriges Bahngelände zu Prachtstraße umgewandelt; Ausführung durch Krieg und Zusammenbruch verhindert. Nach schweren Zerstörungen 1942-45 und Betriebsunfall 1947 sukzessive Beseitigung der ruinierten Reste des Bürkleinschen und Graffschen Hauptbahnhofs 1949-57. ***Dritte, heutige Anlage:*** 1949 Abbau der Graffschen Perronhallen und teilweise Neubau 1950, im selben Jahr Neubau des *Starnberger Flügelbahnhofs* durch Gerbl, Geiger und Stroebel. 1948-53 Neubau des Empfangsgebäudes, dem 1955-60 Haupt-(Ost-) Fassade durch Gerbl vorgeblendet wird (Glasmosaik von R. Geiger), 1959/60 Bahnsteighalle durch Hart neu gestaltet. Einbindung des Haupt- und Ostbahnhofs in das S-Bahn-Netz (1966-72). Ab 1983 Modernisierung und ›innenarchitektonischer‹ Ausbau des Gebäudes nach Plänen von Fahr und Schlaich, erste Stufe 1993 abgeschlossen, u. a. mit Reisezentrum, umfangreichen Serviceanlagen, erweitertem Postamt. Nach Unterbrechung und teilweiser Revision ab ca. 1998/99 in zweiter Stufe Ausbau des Gastronomiebereichs und des ›Markts im Bahnhof‹ (bis 2001/02). – Vollständige Neugestaltung der Hauptfassade unter Abbruch der 1955-60 errichteten Gebäude, evtl. unter Verwendung von Elementen der Bürklein-Architektur, in Diskussion: endgültige Entscheidung durch Wettbewerb, Baubeginn nicht vor 2006 (Fußball-WM) unter Berücksichtigung der Station für den Transrapid zum Flughafen; Fertigstellung angestrebt 2012. ***Bedeutung:*** Der Bürklein-Bau als eine der seltenen, in die Zukunft weisenden Leistungen interpretiert, eine der frühesten ›Ingenieurbauten‹, der den Bedürfnissen und Erfordernissen einer neuen Ära entsprach und gerecht wurde. – Bereits sehr früh (70er Jahre des 19. Jh.) wird München im deutschen und europäischen Eisenbahnnetz zum Kreuzungspunkt im Verkehr nach Süden (Italien) und Osten (Österreich, ›Tor zum Balkan‹); der zweitgrößte Bahnhof der Bundesrepublik durch Ausbau des S-Bahn-Systems zum Vermittler zwischen Nah- und Fernverkehr geworden. – Die Bauten des alten Hauptbahnhofs in ihrer beispielhaften Verbindung von tonnenüberspannter Perronhalle (erster Bau dieses Typs in Deutschland) mit repräsentativem Kopfbau gehörten zu den bedeutendsten Leistungen früher Bahnbauten; nach dem Umbau (1884) »klassischer Großstadtbahnhof« (Krings), dessen neue vierschiffige Perronhalle damals die erste dieser Dimension in Deutschland war. – Nach Kriegszerstörungen durch sukzessive Bautätigkeit (Hotel und nördlicher Teil des Querbaus: 1948-53, neue Hauptfassade 1955-60) uneinheitliches Erscheinungsbild im Nebeneinander von konservativen Repräsentationsformen und sachlich-schematischer Rasterarchitektur.

Hauptbahnhof: Die neue *Haupthalle*.

BAHNHOFPLATZ 7 □ 5

Kaufhaus Hertie Als dreiseitig freistehender, vielgestaltiger Baublock 1904-05 errichtetes erstes Warenhaus Münchens; Planung: Littmann. Die ursprüngliche Baumasse mit ihrer Horizontalgliederung der vier Stockwerke, mit Dachflächen, Giebeln, Rundturm trotz teilweise erlittener Kriegszerstörung weitgehend erhalten bzw. vereinfacht wiederhergestellt. Der ovale Lichthof (vgl. Galerie Lafayette in Paris) durch Einbauten und die nicht wieder instand gesetzte Jugendstildekoration in seiner Wirkung beeinträchtigt. (Nach Osten 1970-71 angefügter *Erweiterungsbau:* überproportionierter, abweisender Funktionsbau; Fassadengestaltung: Angerer.) ***Bedeutung:*** Nach den damals neuesten bau- und brandschutztechnischen Prinzipien errichteter Kaufhausbau in Eisenbeton und Verkleidung in Muschelkalk.

Westfriedhof: *Aussegnungshalle.*

BALDURSTRASSE 28 □ 14

Westfriedhof Nach Plänen von Grässel von 1897-1902 in drei Bauabschnitten errichtete, malerisch bewegte Gebäudegruppe: kuppelüberragte runde Trauerversammlungshalle (Vorbild: S. Costanza in Rom) und westlich gelegene basilikaähnliche Leichenhalle (im Untergeschoss Gruftzellen) mit Campanile (1898-1900), östlich des Rundbaus Arkaden und Verwaltung (1901-02) sowie Terrasse zum Gräberfeld mit ursprünglich projektierter Gesamtfläche von rd. 37 ha. – Unter Aussegnungshalle *Krypta,* die einzige unterirdische Grabanlage auf einem Münchener Friedhof; grundlegende Sanierung begonnen 1999.

BARER STRASSE 27 □ 2

Alte Pinakothek: Gemäldegalerie Alter Meister vom 14.-18. Jahrhundert. ***Vorgeschichte:*** Durch Überführung der Mannheimer, Zweibrückener und Düsseldorfer Galerien (1798, 1799, 1805/06) sowie durch Zugang an Gemälden aus Kirchen und Klöstern nach Säkularisation wird bisherige Galerie am Hofgarten (→ Galeriestraße 4) zu klein. Bereits 1805 Vorschlag des Centralgaleriedirektors Mannlich für Neubau an der Stelle der Hofgartengalerie; nicht ausgeführt. Erste Überlegungen des Kronprinzen Ludwig für Neubau bereits um 1807 in Briefen angedeutet. Seit 1816 Verbindung Klenzes mit Galerieinspektor Dillis bei Planungen in folgenden Jahren: 1817 Klenze-Vorschlag für Neubau an der Stelle der ehemaligen Reitschule (später: Bazargebäude) am Odeonsplatz; alternativ: Vergrößerung der Hofgartengalerie (1822). Erstmals 1819 Konzept einer Pinakothek durch Ludwig, 1823 Entscheidung für Neubau durch König Max I. Joseph; Erwägung verschiedener Standorte: Salabert- bzw. Finanzgarten, Südrand des Englischen Gartens, Rechberggarten (am Anfang der Brienner Straße); schließlich 1823 Erwerbung eines Grundstücks nordöstlich des Königsplatzes: abseits der Stadt, durch Freistellung Verminderung der Brandgefahr, Ausrichtung nach der von Dillis geforderten Ost-West-Orientierung. ***Baugeschichte:*** Klenze modifiziert eigene Fassadenentwürfe 1823, im selben Jahr eigener Neubauplan von Dillis, möglicherweise auch Vorschlag Métiviers für Vierflügelanlage; noch im Herbst 1823 Entscheidung für Klenzes Pläne: vorgesehener Baubeginn 1824, doch *Grundsteinlegung* erst 7.4.1826 (Geburtstag Raffaels); bei Bau- und Ausstattungsarbeiten Métivier anscheinend maßgeblich eingebunden. *Einweihung* 1836 mit Vollendung des Obergeschosses, endgültige Fertigstellung mit Erdgeschossräumen, Loggien im Obergeschoss und Attikafiguren 1842. – Bereits durch Klenze Erweiterung erwogen, v. a. aber im 20. Jh. z. T. ausgreifende Projekte, z. T. mit Einbindung der Neuen Pinakothek (→ Barer Straße 29): 1911 von F. v. Thiersch, 1912 von Th. Fischer und von Rich. Riemerschmid, 1938 (im Zusammenhang mit Ausbau Münchens als ›Hauptstadt der Bewegung‹ und ›Stadt der Deutschen Kunst‹) von Gall, 1938/39 von Gablonsky bzw. (ca. 1941) von Giesler. – Während des Kriegs 1943 und 1944 schwer beschädigt und ausgebrannt, 1949 sogar Abbruch der Ruine erwogen und Neubau vorgesehen; *Wiederaufbauprojekte* um 1948/49 von Elsässer, 1949 von Gsaenger, 1951 von Vorhoelzer; dagegen Döllgast 1951 für rekonstruierenden Wiederaufbau unter weitgehender Verwendung erhaltener Bausubstanz: erste Sicherungsmaßnahmen 1952, Baubeginn 1954/55, *Wiedereröffnung* der Haupträume im Obergeschoss 1957 (bis dahin Ausstellung wichtiger Werke im Westflügel des Hauses der Kunst); 1961 Eröffnung der östlichen, 1964 der westlichen Erdgeschossräume. Sanierung des Außenbaus 1984, des Inneren (technische Modernisierung, Klimaanlage und zusätzliche Museumsräume) 1994-98. ***Äußeres:*** Breit gelagerter zweigeschossiger *Baublock* von knapp 150 m Länge, an den beiden Schmalseiten durch kurze Flügel verfertigt. Unverputzter Ziegelbau mit Hausteingliederung (Sockel und Erdgeschoss), im Obergeschoss zwischen den einachsigen Seitenflügeln 25 Bogenfenster, getrennt durch Halbsäulen; ihnen entsprachen vor Zerstörung an *Südfassade* 24 Statuen berühmter Maler (1832-38 nach Entwürfen von L. v. Schwanthaler) auf Hauptgesimsbalustrade. Dahinter hohe Attika (früher mit Oberlichtkästen, die in Anordnung 1-2-1-3-1-2-1 die Abfolge der Hauptsäle sichtbar machten); heute flaches Satteldach mit

Blick von der *Pinakothek der Moderne* zur *Alten Pinakothek.*

Alte Pinakothek: *Raub der Töchter des Leukippos* von Peter Paul Rubens.

bündigen Oberlichtfenstern. *Nordfassade* einfacher gestaltet; die Straßenfronten der *Seitenflügel* siebenachsig, ihre fünfachsige Mitte durch Halbsäulen und aufgesetztes zweites Obergeschoss akzentuiert. ***Inneres:*** Grundriss auf Modulsystem von Durand aufgebaut (mit dem sich Klenze nach seinen Angaben 1805 bei Parisaufenthalt auseinander gesetzt hatte); es ist trotz Änderungen beim Wiederaufbau noch ablesbar. Verlegung des ursprünglichen Eingangs von Barer Straße an Nordseite führte zum Wegfall der gegenläufigen Treppenanlage im südöstlichen Kopfbau des Seitenflügels: Ersatz durch zwei gerade, zweiläufige *Treppen* an Südseite, wo sich vorher im Obergeschoss die reich ausgemalte *Galerie* befand (Vorbild: Loggien im Vatikan, von Bramante und Raffael, 1512-18); ihre 25 Hängekuppeln nach Entwürfen von Cornelius von Cl. v. Zimmermann und anderen Schülern 1830-40 ausgemalt: die Thematik ein typisch idealistisches lehrhaftes Bildprogramm (sozusagen eine gemalte Kunstgeschichte: östliche Hälfte italienische Kunst und ihre Künstler, westliche die nordische Kunst, in der Mitte als Höhepunkt Raffael). – Die *Haupträume* in der Längsachse vor der Zerstörung reich dekoriert (Métivier, nach Vorgaben Klenzes), die heutige Abfolge der neun Säle vereinfacht rekonstruiert; ihre ursprünglich dekorative Gestaltung allenfalls in der ungleich reicheren Ausstattung von Klenzes Neuer Eremitage in St. Petersburg in etwa nachvollziehbar. Ebenso bei den Räumen im Erdgeschoss, in denen 1840-41 die Vasensammlung Ludwigs I. nach Konzept von J. M. v. Wagner aufgestellt wurde: nach damaligem Verständnis griechische Vasenmalerei als Vorstufe der abendländischen Malerei betrachtet (heute in Antikensammlungen, → Königsplatz 1). An der Nordseite in beiden Stockwerken kleinere Kabinette. ***Bedeutung:*** In diesem »Meisterwerk der

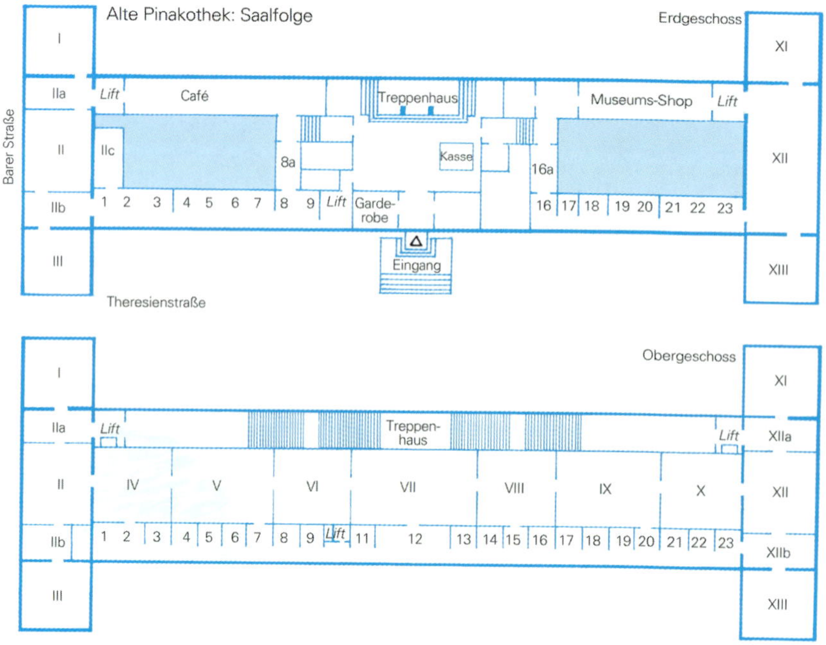

Alte Pinakothek: Dürers *Vier Apostel,* 1526.

Proportionskunst« (Heinrich Wölfflin) und dem größten Museumsneubau seiner Zeit Aufnahme der Palastarchitektur der florentinisch-römischen Renaissance. Klenze prägte mit diesem ersten freistehenden Museumsbau Deutschlands (und seinem zweiten Museumsbau in München) den wegweisenden Typus einer neuzeitlichen Gemäldegalerie, in dem erstmals in der Museumsarchitektur für die in der Längsachse aufeinander folgenden Säle wohlberechnete Lichtführung durch überlegte Konstruktion von Oberlicht›laternen‹ (mit sog. ›Verschattungsanlage‹) eingesetzt wurde und die Räume durch aufwändige Warmluftheizung temperiert werden konnten. Die architektonische Bedeutung der Alten Pinakothek besteht »im Gleichgewicht von Zweck, stadtbaulicher Funktion, außenarchitektonischer und innenräumlicher Durchbildung« (Norbert Lieb). Sie begründete Klenzes Ruf als Museumsarchitekt und beeinflusste die bedeutendsten Neubauten in Deutschland: Münchens *Neue Pinakothek* (1846-53, → Barer Straße 29), Sempers *Gemäldegalerie* in Dresden (1847-54), die *Bildergalerie* am Schloß Bellevue in Kassel (1871-77), das *Herzog-Anton-Ulrich-Museum* in Braunschweig (1883-87); internationale Anerkennung verschaffte Klenze den Auftrag für Errichtung der *Neuen Eremitage* in St. Petersburg (1839-52).

Sammlungen*: Alte Pinakothek ist eine der bedeutendsten und ältesten Galerien der Welt. Bereits um 1530 gab Wilhelm IV. eine Folge von ›Historienbildern‹ (Erdgeschoss, Kab. 1–9) in Auftrag; rege Sammlertätigkeit Maximilians I. zu Beginn des 17. Jh. (zahlreiche Bilder Dürers); durch Max Emanuel erhält die Bildersammlung europäisches Format (Niederländer und Flamen); durch Karl Theodor kam eine der damals reichsten Sammlungen aus Düsseldorf nach München (Rubens und van Dyck), ferner die Mannheimer Galerie (Holländer); Maximilian IV. Josef überführte die Zweibrückener Sammlung nach München (Franzosen); mit der Säkularisation wuchs der Bestand von Bildern aus Kirchen und Klöstern Bayerns; Ludwig I. sammelte ›vorraffaelische‹ Werke und erwarb die berühmte Sammlung Boisserée; ergänzende Sammeltätigkeit im 19. und 20. Jh., vor allem durch Bayerische Hypotheken- und Wechselbank sowie durch Bayerische Handelsbank (französische Malerei 18. Jh.). Neuordnung 1979/80 und teilweise bis 1998. – In den Freiflächen um das Gebäude moderne Plastiken; südlich: Wimmer, ›Trojanisches Pferd‹ (1976-81); nördlich, im Feld gegen die Barer Straße: Paolozzi, ›For Leonardo‹ (1986), Lechner, ›Würfelskelett-Substraktion‹ (1977-84), Szymanski,

›Synagoge‹ (1963); im Feld gegen die Arcisstraße: Moore, ›Liegende Figur, zweiteilig‹ (1969/70), Häuser, ›Doppelsäule 23/70‹ (1970), Guerrini, ›Naturstein-Plastik, fünfteilig‹ (1974) westlich an der Arcisstraße; ›Rosselenker‹ von Hahn (1928-31), ursprünglich zwischen den beiden Erweiterungsbauten (von Bestelmeyer) der gegenüberliegenden Technischen Universität aufgestellt, symmetrisch ergänzt durch den ›Rosseführer‹ von Bleeker (1930/31), heute vor Goethestraße 31 in veränderter Zusammenstellung. Vor der TU eine Replik des ›Rosseführers‹ allein.

Alte Pinakothek: Saalfolge Erdgeschoss

Altdeutsche Malerei

I *Augsburger Meister (1. Viertel 15. Jh.), Burckmair d. Ä., Cranach d. Ä., Pleydenwurff, Strigel;* **II a** *Amberger, Baldung Grien, Beham, Burckmair d. Ä., Cranach d. Ä., Kulmbach, Meister des hl. Christophorus mit dem Teufel, Meister des Mornauer Bildnisses, Mielich, Schaffner, Strigel;* **II** *Pacher, Meister der Uttenheimer Tafel;* **II b** *Fries, Maler, Meister von Schloß Lichtenstein, Schaffner, Strigel;* **III** *Angler, Holbein d. Ä., Meister der Benediktbeurer Kreuzigung, Meister der Pollinger Tafeln, Schaffner;* **II c** *Bruyn d. Ä., Kölnisch (um 1380), Meister von Köln (um 1440), Konrad von Soest, Mair von Landshut, Meister des Hausbuchs, Meister der Münchener Marientafeln, Oberrheinisch (um 1460), Polack, Salzburger Meister (um 1450/60), Schongauer.*

Kabinette 1-9 derzeit geschlossen.

Holländische Malerei des 16. und 17. Jh.

16 a *Kessel (Sammelbilder);* **16, 17** *J. Brueghel d. Ä., P. Brueghel d. Ä., van Dalem, Flämisch (1556), Floris;* **18** *Reymerswaele;* **19, 20** *J. Brueghel d. Ä., Vinckeboons, Vrancx;* **21-23** *Bril, J. Brueghel d. Ä., de Clerck, Frencken d. J., Heintz d. Ä., de Momper d. J., Monogrammist AC, Savery, Schoubroeck, Spranger, Wtewael.*

Französische Malerei des 18. Jh.

XII *Boucher, Fragouard, Coypel, Lancret, Lemoyne, Natier, Pater, Tocqué, Vivien.* **XIII** *Chardin, Greuze, Jouanon, Latour, Liotard, Robert, Trinquesse, Vernet.*

Alte Pinakothek: Saalfolge Obergeschoss

Altniederländische Malerei

I *A. Bouts, D. Bouts d. Ä., Cleve d. Ä., David, Isenbrant, Meister der Josephslegende, Memling, van Orley, van der Weyden;* **II a** *Antwerpener Meister (um 1520), Bosch, Cleve d. Ä., Engebrechtsz, Französisch (um 1520), Hey, Isenbrant, van Kalkar, Leyden, Massys, Orley.*

Altdeutsche Malerei

II *Altdorfer, Baldung Grien, Barbari, Cranach d. Ä., Dürer, Grünewald, Holbein d. Ä., Huber, Meister des Oberaltaicher Schmerzensmann;* **II b** *Altdorfer, Dürer.*

Kölner Malerei

III *Baegert, Bruyn d. Ä., Kölnisch (um 1400), Meister des Aachener Altars, Meister des Bartholomäus-Altars, Meister der Lyversberger Passion, Meister des Marienlebens, Meister der Hl. Sippe, Meister der Hl. Veronika.*

Italienische Malerei des 15. und 16. Jh.

IV *Beccafumi, Botticelli, di Credi, Il Francia, Ghirlandajo, Leonardo da Vinci, Lippi, Perugino, Puligo, Raffael, Signorelli;* **1, 2** *Fra Angelico, Buonaventura, di Cione, Gaddi, Giotto di Bondone, Monaco, da Panicale, Schule von Rimini (1. Viertel 14. Jh.), Sienesich (um 1340), Il Vecchietta;* **3** *Antonella da Messina, Basaiti, Bissolo, Cima da Conegliano, Mantegna, de' Moretti, Stamina, Venezianisch (1. Viertel 16. Jh.), da Verona;* **V** *Bassano, Bordone, Cariani, Giorgione, Lotto, Moretto, J. Tintoretto, Tizian, Veronese;* **4** *di Cosimo, Ferraresisch (um 1400), Il Francia, Lippi, de' Moretti, del Pacchia, Palma il Vecchio, Umbrisch (um 1505);* **5** *Bassano, Bugiardini, Il Sodoma, D. Tintoretto, Palma il Vecchio, Previtali;* **6** *Badalocchio, Bolognesisch (Anfang 17. Jh.), Cavallino, da Cortona, Procaccini, Rosa, Saraceni.*

Flämische Malerei des 17. Jh.

VI *van Dyck, van Dyck (Schule), Flämisch (um 1630), Fyt, Jordaens, Rubens;* **7** *van Huijsum, Melendez, Rubens, Ruijsch, Sibe-rechts;* **8, 9** *de Crayer, van Dyck, Rubens, de Vadder; (10: Lift);* **11** *Brouwer, Teniers d. J.;* **12** *Rubens (Medici-Zyklus);* **VII** *Rubens;* **VIII** *d'Artois, Boel, Fyt, Rubens, Snayers.*

Deutsche Malerei des 16. und 17. Jh.

13 *H. v. Aachen, Elsheimer, Flegel, Knüpfer, Rottenhammer, Stosskopf.*

Holländische Malerei des 17. Jh.

IX *van Beyeren, Bol, Gelder, Hals, van der Helst, de Hondecoeter, van Honthorst, Koninck, Lastman, Maes, van der Meer, Paudiss, Rembrandt, Stomer, van Streeck, Sweerts, Weenix d. J.;* **14** *van der Ast, Breenbergh, Delff, Poelenburgh, van Swaneveldt, van Uyttenbroeck;* **15** *Dujardin, Moreelse, Sweerts, Terbrugghen;* **16** *Claesz, Cuijp, Lastman, Leidener Meister (um 1628-30), Pynas, Rembrandt;* **17** *de Bloot, van Goyen, de Hooch, Porcellis, S. van Ruijsdael, van de Velde;* **18** *van der Heijden, Hobbema, J. van Ruijsdal, van de Velde;* **19** *ter Borch, Duck, Fabritius, Janssens, Netscher, Saeuredam;* **20** *Berchem, van der Neer, Post, Wouwerman;* **21** *Hals, van Ostade, Potter, J. van Ruijsdael, Wouwerman;* **22** *Doli, Metsu, F. van Mieris d. Ä., W. van Mieris, van der Neer, Steen, de Witte;* **23** *de Heem, van der Neer, Netscher, Schalcken, van de Velde, Weenix d. Ä., Weenix d. J., van der Werff.*

Italienische Malerei des 17. und 18. Jh.

X *Barocci, Carracci, Gentileschi, Giordano, Reni, Saraceni, Strozzi, G. B. Tiepolo, Turchi, Valentin;* **XII b** *Canaletto, Guardi, Marieschi, van Wittel.*

Französische Malerei des 17. und 18. Jh.

XI *Bourdon, Le Sueur, Lorrain, Millet, Valentin;* **XII a** *Chardin, Greuze, Lancret.*

›Historienbilder‹ Wilhelms IV.

XII *Altdorfer, Beham, Burckmair, Feselen, Refinger, Schöpfer d. Ä., ferner Wertinger.*

Spanische Malerei

XIII *Antolinez, Coello, de la Cruz, El Greco, del Mazo, Murillo, Ribera, Velasquez, Zurbarán.*

Blick von Südosten auf den *Neubau* der Neuen Pinakothek (1975-81).

Gründungsbau der Neuen Pinakothek (1846-53, 1944 beschädigt, 1949 abgetragen).

Henry Moore: *Große Liegende* (1957/58) auf dem Freigelände der Neuen Pinakothek.

BARER STRASSE 29 □ **19**

Neue Pinakothek: Museum für Europäische Malerei und Skulptur des 19. Jahrhunderts. ***Baugeschichte:*** Noch während der Errichtung der Alten Pinakothek (→ Barer Straße 27) erwägt Ludwig I. Bau eines Gebäudes »für Gemälde aus diesem und aus künftigen Jahrhunderten«. 1843 untersucht F. v. Gärtner im Auftrag des Königs das Gelände nördlich des Leprosenhauses am Gasteig (ob auch Standort an späterem Maximilianeum ungewiss). Entscheidung für Bauplatz nördlich der Alten Pinakothek, nachdem das Gelände zwischen Barer-, Theresien- und Arcisstraße 1845 dem König übereignet worden war. Planungsarbeiten von Voit, unter maßgeblicher Mitwirkung von Gärtner (Werner Mittlmeier) seit 1843, Planänderung 1845, von der spätere Ausführung abermals abwich. *Grundsteinlegung* am 12.10.1846, *Eröffnung* 1853. Umbau- bzw. Erweiterungspläne von F. v. Thiersch (1911), Th. Fischer und Rich. Riemerschmid (1912) sowie Projekte im 3. Reich unausgeführt. Im Krieg schwere Bombenschäden (1944), Ruine unnötigerweise 1949 abgetragen. (*Neubau* 1975-81; s. u.)

Beschreibung des Altbaus: Lang gestreckter, sparsam gegliederter *Baukörper* (107 zu 29 m) parallel zur Alten Pinakothek. Über hohem Sockel aus Spiegelquadern zwei Geschosse, das obere (mit Ausnahme der östlichen Schmal- und nördlichen Längsseite) fensterlos für 14 vielfigurige *Fresken* nach Entwürfen von W. v. Kaulbach, ausgeführt 1848-54 von Nilson. (Die Ölskizzen von Kaulbach im Saal 12 des Neubaus, s. u., ausgestellt.) Über Baublock zurückgesetzt hohe Attika, die Oberlichtfenster der darunter liegenden Hauptsäle verbarg. *Eingangsseite* an Barer Straße: zweiarmige Freitreppe zu dreibogiger Vorhalle, im Vestibül repräsentative Treppe (zu zweimal drei Läufen) mit Zugang zur Gemäldegalerie: fünf *Hauptsäle* in der Längsachse, die zum querrechteckigen ›Rottmann-Saal‹ an der westlichen Schmalseite führten (Raumgestaltung mit Arkaden entsprechend der ursprünglich vorgesehenen Ausmalung der Hofgartenarkaden mit Rottmanns ›Griechenland-Zyklus‹). Die Hauptsäle an Südseite von fünf kleineren *Oberlichträumen* begleitet, an Nordseite von 14 *Kabinetten* mit Seitenlicht. (Modell des Altbaus bei **M** in Plan S. 96).

Der ***Neubau*** nach Plänen von Branca errichtet. Erster Ideenwettbewerb 1960, Architektenwettbewerb 1966/67 (278 eingereichte Arbeiten; erster Preis an Branca); in den folgenden Jahren Änderung des ursprünglichen Museumskonzepts (Verzicht auf Staatliche Graphische Sammlung, → Meiserstraße 10, und auf Staatsgalerie moderner Kunst, → Barer Straße 40, zugunsten der Diensträume für die Direktion der Bayerischen Staatsgemäldesammlungen sowie des Doerner-Instituts, einer Forschungsanstalt für Maltechnik). *Grundsteinlegung* 1975, *Eröffnung* 1981. ***Äußeres:*** Die Doppelfunktion von Museum und Verwaltung am deutlichsten ablesbar an Hauptfassade zur Theresienstraße: rechter Bauteil als großer, klar gegliederter, nahezu fensterloser Baukörper, überragt von mehrfach gestaffelten und ansteigenden Schrägflächen der Glasdächer; die zurückgesetzte Glaswand der Eingangshalle an der Nahtstelle zum zwei- und dreigeschossigen Bürotrakt durch vortretende Rundstützen und Reihung schmaler Rundbogenfenster gegliedert. Der Betonbau über Granitsockel mit ockerbraunem Sandstein verkleidet und von durchlaufenden bossierten Bändern ›zusammengehalten‹; tragende Pfeiler in Granit. Erker, schmale Fenster, Treppen und Vordächer (Notausgänge) beleben die Fassaden des vielfach gegliederten Baublocks. ***Inneres:*** Von der nahezu in der Mitte gelegenen Eingangshalle Zugang (rechts) zum Museumspädagogischen Zentrum und zu den Räumen für Sonderausstellungen im Tiefgeschoss sowie zu den 22 (Oberlicht-)Sälen und zehn Kabinetten mit rund 500 Gemälden und 30 Statuen. Die schleifenähnliche Anordnung der auf- und absteigenden Führungslinie um zwei Innenhöfe ermöglicht unterschiedliche Raumhöhen der Oberlichtsäle und vermeidet Enfilade. ***Bedeutung des Neubaus:*** Der klar konzipierte, viel gestaltete Baukörper trotz monumentaler Formsprache eher zurückhaltend. Durch Eingang von der Theresienstraße Orientierung auf gegenüberliegende Alte Pinakothek bei Unterordnung unter den Klenze-Bau. Im Formalen gelungene Verbindung von heterogenen Funktionen Museum/Verwaltung in einem Bau, umstritten durch Verwendung modisch wirkender Details und historisierender Zitate im Sinne der Postmoderne.

Sammlungen*: Grundstock mit Gesamtbestand von ca. 4500 Gemälden und etwa 300 Skulpturen nach der Berliner Nationalgalerie die umfangreichste deutsche Sammlung mit Werken des 19. Jh. Hervorgegangen aus der durch Ludwig I. erworbenen Sammlung Klenzes (1842) und aus der Privatsammlung des Königs, die er (eine damals revolutionäre Zielsetzung) zeitgenössischen Künstlern vorbehielt: Schwerpunkte einerseits Historienmalerei, andererseits Werke der neuen Landschafts- und Genremalerei. Hierfür Errichtung des ersten Baus. Unter Max II. und Ludwig II. Stagnation der Sammeltätigkeit, ab späten 1880er Jahren zunehmende Staatsankäufe und Schenkungen,

Edouard Manet: *Das Frühstück im Atelier,* 1868 (Neue Pinakothek).

Vincent van Gogh: *Blick auf Arles,* 1889 (Neue Pinakothek).

Caspar David Friedrich: *Riesengebirgslandschaft,* um 1820 (Neue Pinakothek).

wodurch der Neuen Pinakothek auch Werke der ›modernen Kunst‹ zuflossen. Diese nach Überführung der Galerie in Staatsbesitz (1915) an die 1919 gegründete ›Staatsgalerie‹ im Kunstausstellungsgebäude am Königsplatz abgegeben; heute: ›Pinakothek der Moderne‹ → Barer Straße 40. Bei Neuordnung der Werke in der Neuen Pinakothek ausgegangen von innerem Zusammenhang der Malerei von Goya bis Cézanne, geprägt von der ›Befreiung‹ durch die Französische Revolution, durch den Subjektivismus der Romantik und die Vereinzelung der modernen Zivilisation. – Um das Gebäude moderne Plastiken; vor der Südseite vor dem Verwaltungsbau: Moore, ›Große Liegende‹ (1957/58); vor dem Eingang: Marini, ›Miracolo‹ (1959/60); im Wasserbecken vor der Terrasse: Stadler, ›Aglaia‹ (1961-63); in der Brunnenanlage: Brenninger, ›Kontinente‹ (1984); vor der Ostseite. F. Koenig, ›Große Zwei V‹ (1973).

Neue Pinakothek: Saalfolge

Vorbemerkung: *Ziffern mit* **a** *bezeichnen Kabinette bei dem jeweiligen Saal.*

Halle: *C. Rottmann, Freundlich, Klinger. – Maillol.*

Internationale Kunst um 1800

1 *Canova, David, Gainsborough, Goya, Hogarth, T. Lawrence, Reynolds, Romney, Wilson. – (Rampe:) Thorwaldsen;* **2** *Boilly, Füssli, Goya, Graff, W. v. Kobell, Lawrence, Raeburn, J. F. A. Tischbein, Turner, Wilkie;* **2 a** *A. Appiani, Constable, Defrance, Füger, Graff, Hackert, Ibbetson, Lawrence, Loutherbourg, Mengs, Morland, Prud'hon, C. G. II Schütz, Stubbs.*

Frühromantik

3 *Blechen, Dahl, C. D. Friedrich, Hummel, Klenze, W. v. Kobell, C. Rottmann, Schinkel. – W. v. Hoyer;* **3 a** *C. Begas d. Ä., Blechen, J. Gg. v. Dillis, Edlinger, C. D. Friedrich, Fries, Kellerhoven, Kersting, W. v. Kobell, Krüger, Kuntze, Perlberg, D. Quaglio, C. Rottmann, Runge, F. W. v. Schadow, Wagenbauer.*

Hofkunst unter König Ludwig I.

(Podest vor 4:) Holbeck, Spalla, Bartolini; **4** *Catel, P. v. Heß, C. Rottmann, Stieler. – Thorwaldsen;* **4 a** *Bürkel, Dillis, Foltz, Heideck, P. v. Heß, W. v. Kaulbach, Migliara, Rebell, Reinhold, L. L. Robert, C. Rottmann, Weller, Wittmer.*

Deutsche Klassizisten in Rom

(Podest vor 5:) Eberhardt, Troschel; **5** *Eberlein, Fries, Hackert, Koch, Reinhardt, Richter. – Thorwaldsen;* **5 a** *Reinhardt.*

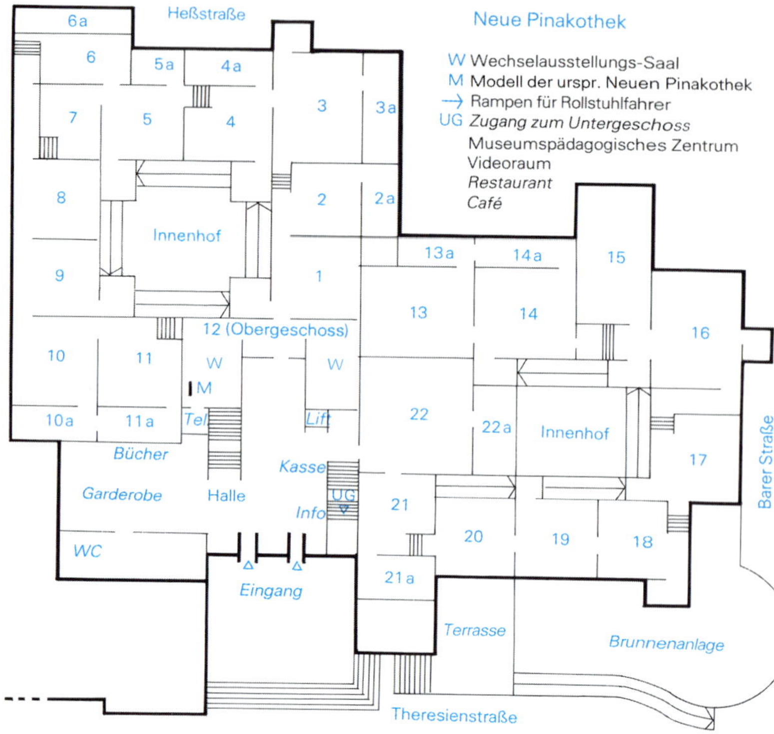

Romantik, Klassizismus, früher Realismus

6 Samml. Schäfer: *R. v. Alt, Amerling, Blechen, W. Brücke, Carus, W. M. Chase, F. Eibner, C. D. Friedrich, E. Gaertner, Leibl, Menzel, Rebell, Schuch, Sperl, Thoma, Wopfner, H. v. Zügel;* **6 a** Europ. Kleinplastik 19. Jh.: *Barye, R. Begas, Carriere-Belleuse, Carpeaux, Claudel, Dalou, Degas, Desbois, Gemito, Hahn, Maillol, Mêne, Rodin, Stuck.*

Nazarener

7 *P. v. Cornelius, H. M. Heß, F. Olivier, J. F. Overbeck, D. Quaglio, v. Rohden, F. W. v. Schadow. – R. Schadow, Thorwaldsen.*

Biedermeier

8 *Bürkel, Eberle, Jodl, Neher, D. Quaglio, Schwind, Stieler;* **9** *R. v. Alt, Amerling, Brandes, Gauermann, Rayski, F. W. v. Schadow, Waldmüller und -Umkreis; (Podest vor 9:) Troschel.*

Französische Spätromantiker und Realisten

10 *Chasseriau, Corot, Courbet, Daubigny, Daumier, Delacroix, Géricault, Harpignies, Millet, de la Peña. – Rodin;* **10 a** *Corot, Courbet, Couture, Daumier, Decamps, Degas, Delacroix, Fantin-Latour, Gudin, Th. Rousseau, Troyon.*

Deutsche Spätromantiker und Realisten

11 *Achenbach, J. Becker, Ezdorf, Kaiser, Menzel, Rayski, Schirmer, Schleich d. Ä.;* **11 a** *Lier, A. Seidel, Schleich d. Ä., Spitz-*

weg, Voltz. **12** *(Plastiken:) Despiau, Maillol, Rodin; bei* **M** *Modell der zerstörten Neuen Pinakothek.*

Historien- und Gesellschaftsmalerei

12 *und* **13** *W. v. Kaulbach, A. H. Heß, Navez, K. Th. Piloty, Ramberg, A. Riedel, Vernet;* **13 a** *Canon, Danhauser, Gallait, W. v. Kaulbach, W. Lindenschmit d. J., Makart, F. Piloty, K. Th. Piloty, A. Riedel, Schendel, Winterhalter.*

Malerei der Gründerzeit

14 *Defregger, Gysis, A. Kampf, A. v. Keller, Lenbach, Lier, Makart, G. v. Max, Munkácsy, Ramberg, Schleich d. Ä., Wenglein;* **14 a** *Th. Alt, Defregger, Diez, Grützner, Hamza, F. A. v. Kaulbach, Knaus, A. v. Keller, Langko, Lenbach, Lindenschmit d. J., Marées, G. v. Max, Meissonier, Stevens.*

Hans von Marées

15 *Marées, Hildebrand. – (Rampe:) Hildebrand.*

Böcklin, Feuerbach – Thoma

16 *Böcklin, Feuerbach, Stäbli, Thoma; (im Erker:) R. Begas, Tuaillon.*

Leibl und sein Umkreis

17 *Hirth du Frênes, Hölzel, Leibl, Scholderer, Schuch, Sperl, Trübner.*

Französische Impressionisten

18 *Chase, Degas, Guillaumin, Manet, Monet, Pissarro, Renoir, Toulouse-Lautrec. – Maillol.*

Cézanne – Gauguin – van Gogh

19 *Cézanne, Gauguin, van Gogh, Sérusier. – Maillol, Rodin.*

Sozialer Realismus

20 *Bezzi, Ciardi, Kuehl, Liebermann, Maris, van der Meer, Meunier, Nono, Slevogt, Uhde.*

Deutsche Impressionisten

21 *Corinth, Kuehl, Liebermann, Slevogt, Uhde.*

Deutsche Secessionisten

21 a *Dill, Kalckreuth, Koester, Landenberger, F. Overbeck, Putz, Stott, Stuck.*

Symbolismus und Jugendstil

22 *Bonnard, Denis, Ensor, Hodler, Klimt, Klinger, Monet, Munch, Schiele, Segantini, Stuck, Toulouse-Lautrec, van de Velde, Vuillard. – Maillol, Minne;* **22 a** *Carrière, Chavannes, Crane, Denis, Herrmann, Khnopff, Klimt, Luce, Redon, Rysselberghe, Signac, Vuillard. – Minne, Stuck.*

BARER STRASSE 40 ☐2

Pinakothek der Moderne Auftrag (1989) des Landtags zu »Machbarkeitsstudie« für Errichtung eines Neubaus der *Staatsgalerie moderner Kunst*; Entscheidung des Ministerrats 1990 sieht für ›*3. Pinakothek*‹ als Bauplatz den südlichen Teil des Geländes der ehemaligen Türkenkaserne vor. (Damit Revision des Plans von 1987, neben den Universitätsinstituten und der Mineralogischen Staatssammlung, errichtet 1969-72, weitere Hochschulbauten zu errichten.) *Wettbewerb:* Ausschreibung 1991, Entscheidung (Mai 1992) aus 165 Einsendungen für Entwurf von S. Braunfels (1. Preis; weitere Preise: Hilmer und Sattler, Hannelore Deubzer, G. Bumiller, Th. Britz, Schmidt-Schicketanz & Partner sowie M. Botta). *Planungsauftrag* an Braunfels, das Museum in zwei Abschnitten zu errichten; Finanznot des Staats führt zum Verschieben des 1994 vorgesehenen Baubeginns, zugleich aber auch zu der durch Privatinitiative gegründeten *Stiftung ›Pinakothek der Moderne‹* (die rund 12,5 % der Bausumme von ca. 169 Mio. Euro aufbringt). Schließlich *1. Spatenstich* 9.9.1996, *Eröffnung* (des ersten Bauabschnitts) 13.9.2002. ***Beschreibung:*** Auf rechteckiger Grundfläche (rd. 62 zu 131 m) der derzeit größte Museumsbau Europas: etwa 12 000 qm Ausstellungsfläche (nahezu doppelt so groß wie Alte Pinakothek) für vier Sammlungen. Stereometrisch eindeutig geschnittener, heller Sichtbeton-*Baublock*; in seiner geometrischen Mitte die kreisrunde ›*Rotunde*‹, deren doppelte Raumschale eine eigene Nebentreppe enthält und deren Ringtrommel die Dachzone überragt und die leicht gewölbte Lichtkuppel umschließend verbirgt. In *südlicher Längsfassade* der (Neben-)›Eingang Süd‹ bei Türken-/Gabelsbergerstraße, daneben ›Abendzugang‹ zum Vortragssaal (›Auditorium‹) sowie zum wintergartenähnlichen Café hinter der gebäudehohen Glasfront; in offener Pfeilerhalle (Loggia) der *nördlichen Längsfassade* der (Haupt-)›Eingang Nord‹ von Barer Straße; die vier Seiten des Baublocks zusätzlich im Erdgeschoss durch Reihung großformatiger Fenster (für Ausstellungssäle und Verwaltungsräume) aufgelockert. – Der *zweite Bauabschnitt* als L-förmiger schmaler Gebäudetrakt (für die Staatliche Graphische Sammlung, s. u.) dem Hauptbau an Gabelsberger- und Türkenstraße vorgelegt; geplante Fertigstellung 2006/07. – *Museum Sammlung Brandhorst:* Neubau (→ Theresienstraße 35 a) projektiert gegen Norden anschließend an einzig erhaltenen Bauteil (Portal) der schwer beschädigten, nach 1945 abgetragenen ehemaligen Kaserne des königlich bayerischen Infanterie-Leibregiments (›Türkenkaserne‹, 1823-26). ***Inneres:*** Durch Diagonale zwischen den beiden Eingängen in südöstlichen und nordwestlichen Dreiecksbereich geteilt, erschlossen durch die zentrale, drei Geschosse (Untergeschoss, Erdgeschoss, Oberge-

Max Beckmann: Mitteltafel des Triptychons *Versuchung des Hl. Antonius*, 1936/37.

Picasso: Frau im Sessel sitzend (1941).

Pinakothek der Moderne.

schoss) umgreifende, rd. 25 m hohe ›Rotunde‹ (Durchmesser: ca. 26 m); um diese gruppiert Eingangsbereiche und die eigenwillige Haupttreppe auf trapezförmigem Grundriss, ferner das ›Auditorium‹ (für Vorträge, Konzerte, Film- und Videovorführungen) sowie zwei große Säle im östlichen und westlichen Bereich (›Temporär 1‹ und ›Temporär 2‹) für Wechselausstellungen; im ***Erdgeschoss*** des Letzteren die Räume für das *Architekturmuseum* und (interimistisch) die Räume für die *Graphische Sammlung*. – Im ***Untergeschoss*** stehen fast 40 % der Ausstellungsfläche für *Die Neue Sammlung* zur Verfügung, während die *Staatsgalerie moderner Kunst* im gesamten ***Obergeschoss*** (in fast 40 gleichartigen und unaufdringlich gestalteten Räumen zwischen 100 und 400 qm) untergebracht ist, erweitert durch die *Skulpturengalerie* im Ring (als zweites Obergeschoss) um die Rotunde. ***Bedeutung:*** Die Pinakothek der Moderne als ›Mehrspartenmuseum‹ konzipiert, das mit seinen vier autonomen staatlichen Sammlungen (s. u.) dem Centre Pompidou in Paris und der Tate Modern in London vergleichbar ist – sowohl in der Vielfalt seiner Exponate, mehr aber noch in der Qualität seiner Architektur*: In ihr gelang Braunfels, ein ›Gehäuse‹ für Kunst zu schaffen, das sich zwar dem Dienst an der Kunst unterordnet, dabei aber seinen architektonischen Anspruch als eigenständiges Kunstwerk nicht aufgibt – ein Balanceakt, wie man ihn z. B. bei Gehrys Guggenheim-Museum in Bilbao (1991-97) vermisst. Dort, »wo die Kunstwerke wirken sollen, in den Ausstellungssälen, hat Braunfels die Architektur mit subtilen Mitteln zum Schweigen gebracht« (Gottfried Knapp). Braunfels' Meisterleistung ist ein gleichwertiger Bestandteil und eigenständiger Beitrag zum → *Kunstareal München* mit seinen historischen Bauten. (Motiv der Diagonalteilung vorgebildet im Modell für *Bonner Kunsthalle* 1989; Arch.: Bangert/Jansen/Scholz/Schulters.) Die ***Sammlungen*** in der Pinakothek der Moderne ermöglichen im unmittelbaren Zusammenwirken von bildender Kunst, Grafik, Architektur und Design durch Assoziation und Querbezüge Erkenntnisse über die künstlerischen Bestrebungen des vergangenen Jahrhunderts.

Staatliche Graphische Sammlung Historisch das älteste und in zeitlichem Umfang (vom 12.-20. Jh.) reichste Museum, das sich aber vorerst – bis zur Vollendung des zweiten Bauabschnitts (wohl 2006/07) – mit zwei Sälen im Erdgeschoss für Wechselausstellungen begnügen muss; bis dahin bleibt die Sammlung im ›Haus der Kulturinstitute‹ (→ Meiserstraße 10). – Grundstock der bestehenden Sammlung das von Kurfürst Karl Theodor von Pfalz-Sulzbach 1758 in Mannheim gegründete und vor den Revolutionstruppen 1794 nach München (anfangs Nymphenburg) gerettete ›Kupferstich- und Zeichnungs-Cabinet‹; 1846 in der Alten, seit 1917 in der Neuen Pinakothek; hier 1944 etwa ein Drittel der Bestände (hauptsächlich Marcanton Raimondi sowie französische und englische Druckgrafik) verbrannt. Seit 1949 in Meiserstraße 10; dort Wechselausstellungen, seit 1981 in der wiedererrichteten Neuen Pinakothek, seit 2002 in Pinakothek der Moderne. ***Bestände:*** Neben dem erwähnten Grundstock kamen Säkularisa-

Bild unten links: Pinakothek der Moderne: Blick in die *Kuppel*.

Bild unten rechts: Staatliche Graphische Sammlung: *Santorin* Aquarell von Karl Rottmann, 1845.

tionsgut, staatliche Erwerbungen, königliche Legate, Pflichtstücke von Inspektoren und Stipendiaten sowie gezielte Ergänzungen bis in die internationale Gegenwart hinzu; Zuwachs auch durch Stiftungen, Schenkungen und Dauerleihgaben: Halm-Maffei 1889, Moy 1908, Reisinger 1913, Gutbier 1958, Max-Kade-Foundation 1960 und 1964, Kruss 1978, Erika-und-Karl-Rössing-Stiftung 1980, Prinz Franz von Bayern 1984. ***Bedeutung:*** Mit fast 400 000 Blatt Zeichnungen und Druckgraphik neben Berlin und Dresden zu den bedeutendsten Kabinetten in Deutschland zu rechnen (→ S. 42).

Architektursammlung der Technischen Universität: Bereits bei Beginn der Lehrtätigkeit der damaligen Technischen Hochschule 1868 Anfänge der Sammeltätigkeit: architektonische Zeichnungen, Pläne u. Ä., kurz vor 1. Weltkrieg in Schauräumen an Gabelsbergerstraße untergebracht, im 2. Weltkrieg durch rechtzeitige Auslagerung vor Kriegsschäden bewahrt. Nach 1945 Wiederaufnahme der Sammeltätigkeit: Zugang der architekturgeschichtlichen Sammlung der Stadt München, Erwerb von Nachlässen, Modellen, Wettbewerbsarbeiten, Fotos u. Ä. sowie Aufnahme von Modellen (durch Studenten erstellt) und Computeranimationen. – Derzeitige ***Bestände:*** u. a. rd. 350 000 Zeichnungen von etwa 700 Architekten, ca. 100 000 Architekturfotos, rd. 500 Modelle. Der Sammlung stehen drei Säle im Erdgeschoss (Nordostbereich) sowie der Saal ›Temporär 2‹ für Wechselausstellungen zur Verfügung. ***Bedeutung:*** Die Münchener Sammlung im Bereich der Architekturdokumentation führend in Deutschland.

Die Neue Sammlung – Staatliches Museum für angewandte Kunst Seit der Gründung 1925 als ›Abteilung für Gewerbekunst‹ des Bayerischen Nationalmuseums in einem Seitenflügel des Museums an Prinzregentenstraße notdürftig untergebracht; hervorgegangen aus der Vorbilder-Sammlung der Münchener Ortsgruppe des Deutschen Werkbunds (1907); seit 1981 selbstständiges Museum, seit 2002 umfangreiche Ausstellungs- und Arbeitsräume im Untergeschoss der Neuen Pinakothek. In der Abkehr vom Zweck eines Werkkunst-*Museums* versucht Die Neue Sammlung jene Erzeugnisse (auch historische!) zu präsentieren, die »geschmackbildend und beispielhaft sind für gut gestaltete Produktformen«. Hauptsammelgebiete aus mehr als 20 Bereichen: Textil, Plakat, Keramik und Porzellan, Metallwaren, Glas, Beleuchtungskörper, (Sitz-)Möbel, technische Gebrauchsgeräte aller Art (wie Telefon, Küchenmaschinen, Rundfunkapparate usw.), Fahrzeugdesign. – Im zweiten Untergeschoss zeitgenössische künstlerische Schmuckgestaltung in der sog. ›Danner-Rotunde‹. ***Bedeutung:*** Die Neue Sammlung versteht sich – in Fortführung der ursprünglich didaktischen Absichten des Nationalmuseums – als ein ›Museum des 20. Jh.‹: Anhand ausgewählter Beispiele wird die Geschichte des Designs von den Vorreitern der Moderne bis zur Gegenwart veranschaulicht; im Bereich ›Product Design‹ führend. Der nahezu 60 000 Objekte umfassende Bestand nur mit dem Department of Architecture and Design des New Yorker Museum of Modern Art vergleichbar. (→ Plan sowie S. 41)

Staatsgalerie Moderner Kunst Ursprünglich der Neuen Pinakothek angegliedert; 1907 beginnt Hugo v. Tschudi mit Ausbau zu eigener *Sammlung zeitgenössischer Kunst*, von seinen Nachfolgern fortgesetzt: 1919 Einrichtung als ›Neue Staatsgalerie‹ im Ausstellungsgebäude an Südseite des Königsplatzes (nach Wiederaufbau seit 1969 Staatliche Antikensammlung). Gravierende Verluste durch Kunstpolitik des 3. Reichs (›Entartete Kunst‹) können nach 1945 allmählich durch bedeutende Ankäufe und v. a. durch großzügige Stiftungen ausgeglichen werden – wie durch Vermächtnis der ›Sammlung Sofie und Emanuel Fohn‹ 1964, ab 1965 durch den ›Galerie-Verein München‹ (um Herzog Franz von Bayern) zur »Förderung der Neuen Pinakothek, der Staatsgalerie Moderner Kunst und der Staatlichen Graphischen Sammlung«, ferner 1972 durch die Stiftung Theodor und Woty Werner, 1974 Stiftungen Günther Franke (Beckmann) und Markus Kruss (Hauptwerke der ›Brücke‹), 1982 Stiftung der Sammlung Theo Wormland (v. a. Surrealismus), Stiftungen Marino Marini und Francesco Messina; seit 1984 Stiftungen durch Herzog Franz von Bayern. Seit 1981 interimistisch im Westflügel des Hauses der Kunst (Prinzregentenstraße 1) untergebracht, konnte die Staatsgalerie etwa 400 Gemälde, Skulpturen und Objekte von rd. 180 Künstlern der ›Moderne‹ vom Beginn des 20. Jh.

Architektursammlung der TU: Entwurf von Thiersch zum *Neuen Justizgebäude.*

Die Neue Sammlung: *Tatra 87* von Hans Ledwinha, Tschechoslowakei 1934.

Pinakothek der Moderne: Josef Beuys, *Das Ende des 20. Jahrhunderts,* 1982.

an zeigen; Neuordnung und Aktualisierung bis Gegenwart ab 1990er Jahre. Ab April 2000 sukzessiver Umzug in den Neubau der Pinakothek der Moderne und Einrichtung in den rd. 40 Sälen und Räumen im ersten Obergeschoss sowie in der Skulpturengalerie (→ Plan und S. 39). – Zu bemängeln: unübersichtliche Besucherführung und betrachterunfreundliches Beschriftungssystem. ***Bedeutung:*** Die Münchener Staatsgalerie eine der international führenden Sammlungen zu Malerei, Plastik und Neuen Medien: Avantgardebewegungen der ›Klassischen Moderne‹ zu Beginn des 20. Jh. – vertreten durch eindrucksvolle Werke des Expressionismus, Kubismus und Futurismus – verraten die Fragwürdigkeit des Fortschrittsoptimismus ebenso wie die vom Krisenbewusstsein geprägte Epoche vor und nach dem 1. Weltkrieg; daneben der Erfindungsreichtum Picassos und die Verästelung der Umwelt im Surrealismus. – Nach der Jahrhundertmitte die formale und inhaltliche Ausweitung des Kunstbegriffs, die Gleichsetzung von Alltags- und Hochkultur, die Veränderung der Wahrnehmungsmechanismen bis zu amerikanischen Beiträgen (wie Abstract Expressionism und Minimal Art). Trotz aller Intensität und Suggestivität der künstlerischen Ausdrucksmöglichkeiten wirkt die Installation von Joseph Beuys »Das Ende des 20. Jahrhunderts« wie ein bedrückendes Menetekel.

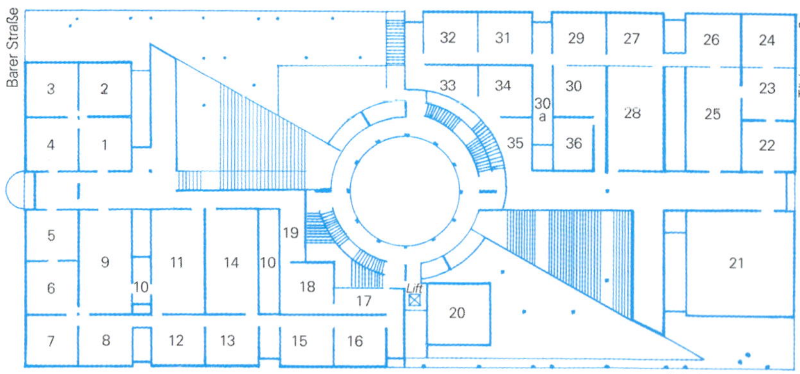

Pinakothek der Moderne, Obergeschoss, Saalfolge

Raumfolge im Erdgeschoss *(ausgenommen Serviceräume)*

Westlich der Rotunde:
Temporär 1: *Wechselausstellungen.*
Abgang *zum* **Design-Museum** *im Untergeschoss.*
Aufgang *zum* **Kunstmuseum** *im westlichen Obergeschoss: ›Klassische Moderne‹.*
Östlich der Rotunde:
›Ernst-von-Siemens-Auditorium‹.
Temporär 2: *Wechselausstellungen.*
Grafik: *Wechselndes Ausstellungsprogramm der Staatlichen Graphischen Sammlung.*
Architektur: *Architekturmuseum der TU München mit wechselndem Ausstellungsprogramm.*
Aufgang *zum* **Kunstmuseum** *im östlichen Obergeschoss: ›Kunst der Gegenwart‹.*
Design – *Die Neue Sammlung. Staatliches Museum für angewandte Kunst*
1 ›Design Vision‹: *Unterschiedliche Objekte (gleichsam ›Inhaltsverzeichnis‹ der Neuen Sammlung);* **2** Fahrzeugdesign: *Entwicklungsstufen der Gestaltung von Motorrädern u. Autos (Abgang zum begehbaren ›Depot‹ im 2. Untergeschoss; Eröffnung Ende 2003.)* **3** ›Computer Culture‹: *Entwicklung der elektronischen Technologie;* **4-11** ›Designsammlung 1900-2002‹:
4 *(Schrägwand bis 8): Gebrauchsgegenstände, technische Haushaltsgeräte, Glas, Porzellan, Kunststoff-(Bakelit-)artikel u. Ä.;* **5-9** *Entwicklung ›moderner‹ Möbel: Schränke, Sideboards, Stühle, Sessel, Liegen, Tische;* **10** Produkt-Design *der 1950er Jahre (Bauhaus-Nachfolge: ›Bauhaus Ulm‹);* **11** *In zwei ›Paternostern‹ Sitzmöbel u. Sportgeräte;* **12** ›Thonet-Sammlung‹: *Entwicklung der sog. Bugholz-Möbel. Im 2. Untergeschoss:* ›Danner-Rotunde‹ *mit zeitgenöss. Schmuck (Eröff. Herbst 2003).*
Kunstmuseum – *Sammlung Moderne Kunst im Obergeschoss West:*
Klassische Moderne – Kunst bis 1960
Im Vorraum: Nay; Plastiken von Lehmbruck und Freundlich
1-4: Expressionismus. **1** ›Sammlung Fohn‹: *J. Adler, Beckmann, K. Hofer, Jawlensky, Kokoschka, Macke, Marc, Modersohn-Becker.* **2** Die Brücke: *Heckel, E. L. Kirchner, Nolde, Schmidt-Rottluff.* **3** *Kirchner.* **4** *O. Mueller, Nolde, Schmidt-Rottluff.*
5-7: Kubismus/Futurismus
5 *Boccioni, Braque, R. Delaunay, Gris, Leger, Picasso, Severini. – R. Duchamp-Villon.*
6 Der Blaue Reiter: *Kandinsky, Marc.*
7: Bauhaus
7 *Albers, Feininger, Klee, Moholy-Nagy, Schlemmer, Vordemberge-Gildewart. – Schlemmer.*
8-14: Zwischen Expressivität und Neuer Sachlichkeit: *Die 20er und 30er Jahre des 20. Jahrhunderts*
8 *Casorati, Davringhausen, Dix, Hofer, Kanoldt, Kolle, Meidner, Räderscheidt.* **9** *Beckmann, Carrà, Corinth, Jawlensky, Kokoschka, Oppenheimer.* **10** *Klee.* **11** ›Sammlung Franke‹: *Beckmann.* **12-13** Surrealismus: *Sammlung Wormland.* **12** *de Chirico, Dalí, M. Ernst, Picasso. – Ernst, Magritte.* **13** *M. Ernst, Oelze. – Disler.* **14** *Braque, Manguin, Matisse, Picasso. – Laurens, Matisse, Picasso.*

15-16: Frühe Abstraktion
15 *Baumeister, Miró, Nay, F. Winter, Wols. – H. Arp.* **16** *K. Appel, Burri, Jorn, A. Saura, E. Schumacher, Tàpies.*
17-19: Figurative Malerei der 60er und 70er
17 *Klapheck.* **18** *Antes, Botero, Lassnig. – J. Avramidis.* **19** *Lüpertz.*
Sammlung Moderne Kunst im Obergeschoss Ost:
Kunst der Gegenwart – Kunst ab 1960
In der Treppenhalle: Metzel; C. Andre, Kline, Polke, Neo Rauch, Warhol. – Chamberlain
20 *Beuys.* **21** *Wechselnde Präsentation zeitgenössischer Künstler.* **22** *L. Fontana.* **23** *A. Rainer.* **24** *Beuys.* **25** *D. Judd.* **26** *Polke, G. Richter.* **27** *C. Twombly.* **28** *Baselitz.* **29** *Flavin.* **30** *J. Wall.* **30 a** *Grimonprez.* **31** *Palermo.* **32** *Warhol.* **33** *J. Wall.* **34** *Bacon, Baselitz. – G. Richter, Segal.* **35** *J. Johns, de Kooning, Rauschenberg.* **36** *J. Wall.*
Skulpturengalerie *(2. Obergeschoss)*
Marini, H. Moore, T. Stadler

BAUMKIRCHNER STRASSE 45 ☐ 20

St. Stephan Ehemalige Pfarrkirche von Berg am Laim und Baumkirchen, gilt als ältestes in Urkunden erwähntes Gotteshaus im Münchener Raum; seit 813 wohl herzoglicher, bis 1052 kaiserlicher Besitz, dann an Freising geschenkt, bis 1802 dem dortigen Stift St. Veit inkorporiert. Jetzige Kirche, vielleicht von S. Rottaler, um 1510/11 errichtet; 1712-27 Barockisierung, im 19. und 20. Jh. weitgehend rückgängig gemacht. ***Äußeres:*** Schmalrechteckiger Baukörper, der Chor als eigener Bauteil mit 3/8-Schluss kaum in Erscheinung tretend. An dessen Südseite Sakristei (darüber Oratorium) angefügt; im Westen schlanker, im Untergeschoss wohl älterer Turm: bis Firsthöhe des Satteldachs quadratisch, dann achteckig mit hohem Spitzhelm. Die Kirche noch von Mauer des aufgelassenen Friedhofs umgeben. ***Inneres:*** Der einschiffige *Gemeinderaum* durch starke Wandpfeiler in fünf Joche unterteilt, das halbrunde Tonnengewölbe (Scheitelhöhe entspricht Höhe der Außenwand!) um 1713 verändert und sparsam stuckiert, doch Maschennetzfiguration der abgeschlagenen Gewölberippen noch erkennbar; tief eingeschnittene, nach außen abfallende Stichkappen; breite Barockfenster. Über dreijochigem *Chor* ebenfalls Tonnengewölbe (Scheitel etwas höher als im Langhaus) mit Rahmenstuck. Barocker *Hochaltar* von Regotisierung verschont: Gemälde ›Hl. Stephanus‹ und Figuren der Hll. Sebastian und Laurentius sowie Georg und Florian (von Vicelli, um 1713). An südlicher Langhauswand von Stuckvorhang umrahmtes barockes Kruzifix mit Mater dolorosa: Nachbildung des im 2. Weltkrieg zerstörten Gnadenaltars in der Spitalkirche St. Elisabeth (→ Herzogspitalstraße 9). ***Bedeutung:*** Letzter Kirchenbau der Gotik im Münchener Raum, typisch für die Münchener Bauschule am Ausgang des Mittelalters (Michael Hartig), formal und architektonisch unter Einfluss der Frauenkirche (z. B. nach innen gezogene Wandpfeiler; ähnlich Allerheiligenkirche am Kreuz, → Kreuzstraße 10, und Salvatorkirche, → Salvatorplatz 17). Der hohe Turmhelm älteste original erhaltene Spitze im heutigen Stadtbereich.

Baumkirchen, *St. Stephan.*

BAVARIAPARK, → Theresienhöhe 15

BEETHOVENPLATZ 1 ☐ 19

Medizinische Lesehalle Ursprünglich als *Galeriegebäude* für den Kunstsammler Franz Josef Brakl (Kammersänger und Direktor des Gärtnerplatztheaters) als ›Kunsthaus Brakl‹ nach Plänen von E. v. Seidl 1912-13 errichtet (anschließend an sein Wohnhaus Lessingstraße 2, ebenfalls von Seidl, 1909-10). Bereits 1906 eröffnete Brakl (zusammen mit Kunsthändler Thannhauser, bis 1909) eine ›Moderne Kunsthandlung‹. Maler wie F. Erler, Putz, Stuck, Liebermann, Marc stellten bei Brakl aus. 1923 ging Galeriebau in Besitz der Universität über: unter Verlust der originalen Ausstattung der Räume umgestaltet zu *Medizinischer Lesehalle* (mit Fachbibliothek). Nach dem Krieg ab Januar 1946 Sitz des ersten Amerika-Hauses in München, nach dessen Umzug Juni/Juli 1948 in ehemaligen Führerbau (→ Arcisstraße 12) wieder Lesehalle, zusätzlich ›Institut zur Erforschung der Geschichte der Medizin‹. ***Beschreibung:*** Auf dreieckigem Grundriss block-

Medizinische Lesehalle (ehem. *Kunsthaus Brakl*).

haft karger Baukörper unter flachen Walmdächern; Mittelteil von Oberlichtaufsatz überragt. Die formale Sachlichkeit gesteigert durch Kontrast von Mauerflächen und Fensteröffnungen. Eingang an Goethestraße unter säulengetragenem Balkon, flankiert von flach vorgewölbten Risaliten. Noch erhalten die originale Umfriedung aus Mauern und Pfeilern in Sichtbeton (!) sowie Gittern; Bronzestatue im Vorgarten ›Bauernmädchen‹ (von Kölle). ***Bedeutung:*** Im Œuvre Seidls Abkehr von seinem bisherigen historisierenden Eklektizismus unter Verzicht auf ornamentale Effekte. Die Grundrissdisposition im Rahmen eines spitzwinkligen Gebäudes beispielgebend abgestimmt auf die Funktion einer Kunstgalerie. Das Gebäude in der Architekturphysiognomie Münchens von bemerkenswerter Sprödigkeit und damals zurecht als ›modernes‹ Bauwerk empfunden.

BERGMANNSTRASSE 35 □ 22

Ledigenheim für Männer Nach Beispiel Berlin, Stuttgart, Düsseldorf, Mailand, London 1913 Gründung des Vereins »Ledigenheim« zur Errichtung eines Wohnheims für wenig verdienende Männer; 1914 Grundstückserwerb im Arbeiterviertel Westend. Erste Planungen von Mund, Ausführung durch Weltkrieg verhindert; erneute Planung von Th. Fischer 1925: Baubeginn 1926, bezugsfertig 1927. ***Beschreibung:*** Achtstöckiger *Mittelbau* verbindet zwei nach außen offene U-förmige, über Erdgeschoss dreistöckige *Flügelbauten*. Als Baumaterial werkgerecht und sorgfältig vermauerte Hartbrandziegel (mit Ziegelschnittreliefs von Knappe) und sparsam angewendete Sichtbetonglieder; der Mitteltrakt mit Flachdach, die vier Flügel mit zurückgesetzten Walmdächern gedeckt: dadurch Betonung der spröden Stereometrie der Baukörper. – Im Erdgeschoss Läden, Gastwirtschaft, Bankfiliale, Speise- und Tagesräume sowie Krankenstation; in den Obergeschossen insgesamt 510 Wohn-Schlafräume. ***Bedeutung:*** Abgesehen von seiner sozialen Funktion ist dieser Bau in seiner kompromisslosen Sachlichkeit und seinen vorbildlichen Proportionen ein gutes Beispiel der in München seltenen modernen Architektur; einzigartig im Gesamtwerk des betagten Architekten und für dessen Wandlungsfähigkeit bezeichnend – zugleich ein Meilenstein eines der Münchener Bautradition verpflichteten Werks.

St. Sylvester.

BIEDERSTEINER STRASSE 1 a □ 15

St. Sylvester Von der ursprünglich der Hl. Ursula geweihten romanischen *Dorfkirche* Alt-Schwabings (um 1200) nur Reste im Turm erhalten; 1315 (in Konradinischer Matrikel) als Filiale der Pfarrei Thalkirchen-Sendling aufgeführt, von 1329-1802 im Besitz des Freisinger Kollegiatsstifts St. Johann Baptist. Um 1500 spätgotischer, wohl eingewölbter Neubau und barock erweitert zwischen 1654 und 1660. Seit 1811 *Pfarrkirche* Schwabings, dessen Anwachsen der Bevölkerung führt 1857 und 1866 zu Plänen für Vergrößerung der alten Kirche, 1879 zu Neubauprojekt von A. Thiersch an der Stelle der ehemaligen Leprosenhauskirche St. Nikolai (abgebrochen 1898); durch Ausbreitung Schwabings nach Westen Errichtung der neuen Pfarrkirche St. Ursula am → Kaiserplatz 1. (Weihe 1897 und Umwidmung der alten Kirche an St. Sylvester 1920, verbunden mit erweiterndem Neubau nach Plänen von Buchert 1925-26). ***Äußeres der Gesamtanlage:*** *Alte* gewestete Kirche mit ostseitigem Turm (seit 1600 durch achteckiges Obergeschoss mit Spitzhelm erhöht), gegen Westen Chor mit 5/8-Schluss. An Nordseite des gotischen Baus vermittelt ein leicht trapezförmiger, niedriger Rechteckraum zum längsoktogonalen *Neubau* mit westseitiger Halbrundapsis, ummantelt von Sakristeianbauten in halber Kirchenhöhe – zusammen mit dem Altbau ein malerisches, dorfähnliches Ensemble im Areal des 1898 aufgelassenen Friedhofs über östlichem Abfall der Isarterrasse. An Ost- und Südwänden des Altbaus Totengedenktafeln aus ehemaligem Friedhof eingelassen, an Ostseite des Neubaus Eingangsportal mit Büste des Kirchenpatrons (von Albertshofer) im Sprenggiebel. – Renovierung 1739, 1770, 1786, 1847, 1926-31, 1955-59 (und 1994 Inneres) sowie 1965 (Äußeres). **Inneres des Altbaus:** Dreijochiger Gemeinderaum unter gedrückter Tonne mit tief eingeschnittenen Stichkappen; geometrischer Stuck der Miesbach-Schlierseer Schule (Mitte 17. Jh.), auch über eingezogenem, einjochigem Chor- und Altarraum mit 5/8-Schluss. Die rechte (nördliche) Seitenwand in drei Bogen geöffnet zu niedrigerem Zwischenraum als Verbindung zum **Inneren des Neubaus**. Dieser, auf länglich oktogonalem Grundriss, von hohen Rundbogenfenstern belichtet; hohe freskierte Vouten leiten über zum Mittelfresko im Deckenspiegel. An linker Längsseite Empore über dem Verbindungsraum, an westlicher Schmalseite Halbkreisapsis. – Ausstattung der beiden Räume: überwiegend 17./18. Jh. im Altbau, im Neubau Neobarock mit originalen Ergänzungsstücken (Ausstattung: → Grundriss). ***Bedeutung:*** Alte typische Dorfkirche, mit neubarockem Erweiterungsbau sehr geschickt und ohne gegenseitige Beeinträchtigung verbunden. Sehr gute Plastiken, von denen einige aus der 1869 umgebauten und 1898 abgebrochenen Leprosenhauskirche St. Nikolai stammen (*Herrgott in der Rast* und *14 Nothelfer* von C. Pader; diese, der schöne *Hl. Michael* von etwa 1750 und weitere Plastiken derzeit im Pfarrhof).

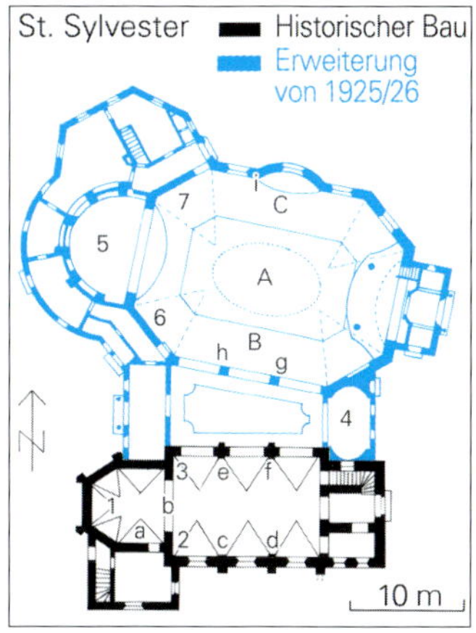

1 Hochaltar: *Gemälde ›Ursula und ihre Gefährtinnen‹, von C. Armort 1668, im Auszug Maria mit Jesuskind; Seitenfiguren Sylvester (links) und Benno, von Schütz.* **1** *Mariä Verkündigung, gefasste Holzgruppe, wohl Umkreis I. Günther.* **b** *Rosenkranzmadonna (im Chorbogen), von Leithner 1692.* **2** Arme-Seelen-Altar, *um 1668: Gemälde ›Vertrauen auf letzte Heiligung‹, von Toberias (dat. 1668); Auszug: Christus; Predella: Arme Seelen im Fegefeuer.* **3** Sylvester-Altar: *Gemälde ›Sylvester in der Glorie und Fürsprecher seiner Gemeinde‹, von Toberias; Auszug: Gottvater; Predella: Johannes der Täufer.* **c** *›Missionskreuz‹, von I. Z. (?), 1678, mit Mater dolorosa, wohl 1847; Künstler unbekannt.* **d** *Statuen Judas Thaddeus, von I. Günther, daneben Sebastian (anonym, wohl 1. Hälfte 18. Jh.).* **e** *und* **f** *Büsten Nikolaus und Elisabeth (anonym, wohl Mitte 18. Jh.).* ***Ausstattung Neubau*** **4** Taufkapelle *mit Bruder-Konrad-Altar: im Schrein der Heilige; Altarflügelinnenseiten: sechs Szenen aus Leben Konrads, von A. Elacher 1937.*
Deckengemälde *(Kozics 1939/40):* **A** *›Kreuzvision des Kaisers Konstantin‹,* **B** *›Kreuzigung‹,* **C** *›Letztes Abendmahl‹; in den Zwickelfeldern über Apsisbogen ›Jesus vor Pilatus‹ (links) und ›Jesus vor Schriftgelehrten‹, über Orgelempore ›Auferstehender Christus‹ (links) und ›Verklärung Christi‹.*
Altäre: *neubarock, nach Entwurf von Buchert ausgeführt von Albertshofer und J. Erlacher:* **5** Hochaltar: *Gemälde ›Herz Jesu‹, von M. Schiestl 1927 (je nach Kirchenjahr auswechselbar durch Gemälde von Kozics: ›Geburt Christi‹ 1942, ›Christus am Ölberg‹ 1944, ›Auferstehung Christi‹ 1943); im Auszug Skulptur Gottvater, von Chr. Jorhan d. Ä. um 1760/70er Jahre (aus ehemaliger Wallfahrtskirche Ranoldsberg/Kr. Mühldorf); Seitenfiguren: Bischofsstatuen: Nikolaus (links) und Korbinian, M. Guggenbichler zugeschrieben.* **6** Josephsaltar: *Gemälde des Heiligen; Auszug: Ovalbild mit Peterskirche in Rom (Joseph ist Schutzpatron der Katholischen Kirche), beide von Schiestl 1931.* **7** Marienaltar: *Gemälde Muttergottes mit Jesuskind; Auszug: Ovalbild Schiffer auf stürmischer See, beide von Schiestl 1927.* **g** *und* **h***: Versilberte Holzbüsten Benedikt und Barbara, von I. Günther.* **i** *Kanzel von 1663, aus alter Kirche (ehemals bei e) hierher übertragen. An Rückwand des Gemeinderaums, beiderseits des Eingangs, Tafelbilder mit den 14 Stationen des Kreuzwegs, 18. Jh.*

BIRKENLEITEN 35 ☐23

Komturei des Templerordens Der seit 1935 in München ansässige Orden erwarb 1968 das um 1880 errichtete neugotische Gebäude, das sich für die soziale Arbeit des Ordens alsbald, trotz Um- und Anbauten (1972 ff.), als zu klein erwies; bei beschränktem Grundstück Abhilfe nur durch Turmbau (den der Orden als religiöse Gemeinschaft rechtlich beanspruchen konnte): 1979-80 nach Plänen des Ordensmitglieds Dom Archangelos errichteter Turm mit insgesamt acht Stockwerken über quadratischem Grundriss, bekrönt von einer mächtigen oktogonalen Zwiebel (mit Patriarchalkreuz der Templer), ihr zweigeschossiger Unterbau flankiert von den steilen Dächern (mit Jerusalemkreuzen) der vier Ecktürmchen, eingebunden in das vorkragende Galeriegeschoss. Die *Kapelle* (nicht öffentlich zugänglich) ist eine stimmungsvolle Synthese von alten und neuen Architekturdetails und Ausstattungsstücken. ***Bedeutung:*** In der Verwendung von historischen Stilelementen (Gotik, Barock) werden Anklänge an Vorbilder sichtbar (z. B. Turm des Alten Rathauses, München; St. Ulrich, Augsburg; Teynkirche, Prag), die in diesem heute seltenen Beispiel von Dilettantenarchitektur zu kurioser Einheit zusammengefügt wurden.

BLUMENSTRASSE 24 ☐10

Maximilians-Getreidehalle In der ersten Hälfte des 19. Jh. mehrfach Überlegungen, den Getreidemarkt am Schrannenplatz (seit 1854 → ›Marienplatz‹) zu verlegen und entsprechende Bauten zu errichten: auf Maximiliansplatz von C. v. Fischer 1810, von Klenze 1816 (zwei Entwürfe), 1817 von A. Lang; 1823 projektiert Klenze, die säkularisierte Salvatorkirche (→ Salvatorplatz 17) zu Getreidemagazin umzubauen, 1824 einen Neubau auf Gelände des ehemaligen ›Schlösslguts‹ (St.-Anna-Vorstadt), beides nicht ausgeführt; dafür 1824/25 Magazinbau westlich der Salzstädel (an Salz-, seit 1890 Arnulfstraße), gegen Ende 19. Jh. abgebrochen. Weitere Schrannenhallenprojekte von

Maximilians-Getreidehalle (Schrannenhalle), Historische Darstellung der 1853 eröffneten vollständigen Anlage.

Metzger, L. Lange, J. Moninger, F. v. Gärtner (sein Entwurf – Mittelbau, zwei Flügel- mit Kopfbauten – wie Vorwegnahme des ausgeführten Baus), Kreuter. – Durch anderweitige Interessen von König Ludwig und die damit verbundene finanzielle Überlastung der Stadt Verhinderung eines Neubaus, der erst unter König Max II. an der heutigen Blumenstraße, nach Abbruch eines Teils der äußeren spätmittelalterlichen Stadtmauer zwischen Viktualienmarkt und Angertor, realisiert werden konnte. Der König verwarf ersten Entwurf des Stadtbaurats Muffat (hölzerne Dachstühle auf gemauerten Säulen) und verlangte Guss- und Schmiedeeisen sowie Dachbleche als *Baumaterialien*. Nach zweijähriger Bauzeit 1853 eingeweiht: zwischen zwei Kopfbauten und einem Mittelgebäude die beiden offenen Hallen mit basilikalem Querschnitt (rd. 6 + 12 + 6 m) bei einer Gesamtlänge von 424 m; gusseiserne ›Säulen‹ trugen die flachen Sattel- und Pultdächer; Dachkonstruktion aus druckbelasteten *gusseisernen* Trägern und *schmiedeeisernen* Stäben und Stangen; die Längsseiten der beiden offenen Hallen durch verglaste Fensterbänder abgestuft. Bereits 1872 Schließen der Erdgeschossaußenseiten mit durchfensterten Holzwänden. Mit Bau der *Großmarkthalle* (durch Schachner 1910/11) am Südbahnhof verlor Schrannenhalle ihre Funktion: 1914 Abbruch des Mittelbaus, 1927 der südlichen Halle mit Kopfbau, 1933 der nördlichen Halle (bis auf Kopfbau). Die nördliche Halle mit 125 m diente den Stadtwerken nach Aufstellung an Dachauer Straße als Lagerhalle; die Entdeckung dieser originalen Bauteile (durch Volker Hütsch 1978) führte dazu, dieses Denkmal frühester Industriearchitektur Münchens zwischen Fleischbank (→ Viktualienmarkt) und Corneliusstraße wieder aufzubauen; Baubeginn wegen Finanzproblemen verschoben, nun aber Herbst 2003; Fertigstellung voraussichtlich 2005. Vorgesehen: Tiefgarage unter der Halle, Umbau des nördlichen Kopfbaus zu bayerischer Gastwirtschaft, südlicher Kopfbau zu Café und Ausstellungsräumen. Wechsel der Architekten: ursprünglich K. und P. Ackermann, ab 2000 Schumer. ***Bedeutung:*** Bei einer Länge von über 400 m brachte die Schrannenhalle eine völlig neue Größenordnung ins Münchener Stadtbild; mit diesem Bau sowie mit der gleichzeitig begonnenen Großhesseloher Brücke (→ S. 153), dem Wintergarten für König Maximilian (1851-54; → S.72) und dem 1853/54 errichteten Glaspalast (→ S. 72f.) spielte München in Deutschland für kurze Zeit die Vorreiterrolle für die neuartige Eisen-Architektur und ihre technischen Möglichkeiten.

Städtisches Planungshochhaus.

BLUMENSTRASSE 28 a ☐ **10**

Städtisches Planungshochhaus Ursprünglich für die *technischen* Ämter der Stadtverwaltung errichteter *Turmbau* (deshalb ehemals Bezeichnung ›Technisches Rathaus‹); architektonischer Abschluss der kommunalen *Verwaltungsgebäude* am Unteren Anger (Architekt: Rehlen, 1913-17) und an Blumenstraße (Architekt: Leitenstorfer, 1924-26) sowie städtebaulicher Akzent in amorphem Umfeld. (Abgelöst seit 2000 durch neues *Technisches Rathaus* an Friedensstraße 40: Pläne von Ganzer und Unterholzner.) ***Baugeschichte:*** Den bereits 1919 ausgeschriebenen Wettbewerb gewann Leitenstorfer; nach dessen Plan Bauausführung des Turmbaus erst 1927-29. Dem Neubau – zu

Unrecht eines der unbekanntesten frühen deutschen Hochhäuser! – fiel der südwestliche Flügel mit anschließendem Kopfbau der *Maximilians-Getreidehalle* (→ Blumenstraße 24) zum Opfer; der Turmbau selbst an der Stelle des 1804 abgebrochenen mittelalterlichen Angertors (→ S. 26). Renovierung und Sanierung 2000/01. ***Beschreibung:*** Über Tuffstein-Erdgeschoss von ursprünglich geplanten sieben Stockwerken auf elf erhöht (45 m); Stahlbetonskelettbau mit Rohziegelverkleidung. Die Südwest-(Haupt-)Fassade zu acht, die beiden freistehenden Seitenfassaden zu je fünf Fensterachsen; an vierter Seite die Verwaltungsbauten. Vom 5. Obergeschoss an die Ecken abgefast, ab 9. Obergeschoss in fünf Seiten einer achteckigen turmähnlichen Eckflankierung übergehend; die drei obersten Geschosse durch flache Lisenen gegliedert, darüber niedriges ›Attika‹-Geschoss und kupfergedecktes flaches Walmdach. – In Eingangshalle Büsten von vier Münchener Stadtbauräten: Richard Schachner, Karl Hocheder, Theodor Fischer und Hans Grässel. ***Bedeutung:*** Für die großstädtische Baukunst der späten 1920er Jahre typischer deutscher Hochhausbau (vgl. ›Chilehaus‹ in Hamburg, Architekt: Höger, 1922-23), dessen Materialwahl – Nagelfluh, Ziegelkörper, Kupferbedachung – einheimische Tradition (Frauenkirche!) aufnahm. Dennoch in München ohne Nachfolge: weder der von Sörgel 1925 projektierte ›Hochhausring‹ um die Altstadt noch Ranks ›Großhandelsstadtteil‹ (1928) auf Gelände des Gleiskörpers des zu verlegenden Hauptbahnhofs (→ Bahnhofplatz 2) realisiert. Erst in neuester Zeit Errichtung von Turmbauten: BMW-Verwaltungszentrum 1970-73 (→ Petuelring 130), Hypo-Bank-Verwaltungszentrum 1975-81 (→ Arabellastraße 12); weitere Hochhausprojekte derzeit in Planung und kontrovers diskutiert.

M.Marionettentheater.

BLUMENSTRASSE 32 ☐ 10

Münchener Marionettentheater Von der Stadt München nach Plänen von Th. Fischer 1900 für die 1858 von J. L. Schmid (›Papa Schmid‹) gegründete Puppenbühne (seit 1888 an Blumenstraße) erbaut; ursprüngliche Innenausstattung durch P. L. Troost. Nach Kriegsschäden 1945 wiederhergestellt und 1946 offiziell wieder eröffnet; 1999-2000 im Innern umgebaut und bühnentechnisch modernisiert. ***Beschreibung:*** Das kleine, durch einen säulengetragenen Giebel ausgezeichnete Gebäude unter Walmdach entspricht in vornehm zurückhaltender Verwendung architektonischer Gliederung der Intimität des Puppenspiels. Der Bau ist das erste eigens für diese Form von Theater errichtete Gebäude der Welt. (Durch Ausbau des Altstadtrings in den 1960er Jahren Zerstörung der ebenfalls von Fischer entworfenen Baumbepflanzung.)

St. Georg: *Kanzelengel* von Ignaz Günther.

BOGENHAUSER KIRCHPLATZ 1 ☐ 20

St. Georg* Kirche des 776 erstmals genannten (und 1892 eingemeindeten) Dorfes Bogenhausen bis Anfang 19. Jh. Mutterpfarrei des heutigen Stadtgebietes rechts der Isar. An die wohl noch romanische Kirche in der Spätgotik Anfügung eines größeren Chorraums, der beim Neubau des Langhauses 1766-68 beibehalten wurde wie der Westturm mit Satteldach, der erst 1771 um etwa 1 m erhöht wurde und seine jetzige ›Zwiebel‹ erhielt. Kostenvoranschlag J. M. Fischers von 1759 ließ auf dessen Autorschaft am Neubau schließen, zumal er im Januar 1766 den Altbau noch besichtigte. Doch er starb bereits im Mai 1766 und musste die Ausführung evtl. vorhandener Pläne anderer Hand überlassen, wofür am ehesten Trischberger mit Zimmermeister Kraft infrage kommen. Restaurierung 1866, 1905/06, 1941, 1969-71, 1993-2000 (Ausstattung nach Befund; Änderung des Eingangsbereichs). Leichte Kriegsschäden (1944) 1951/54 behoben. ***Äußeres:*** Langhaus einfacher Rechteckbau mit Satteldach, niedrigerer Chorbau eingezogen mit Strebepfeilern und 5/8-Schluss; der schlanke Turm ins Langhaus eingebunden. – Dem Kirchenbau westlich vorgelagert der stattliche *Pfarrhof* nach Plänen (1702) von Stadtmaurermeister J. Mayr (Schwiegervater J. M. Fischers), 1704/05. ***Inneres:*** Durch zwei Freipfeiler halbierter Saal: westliche Hälfte Empore, östliche der eigentliche quadratische Kirchenraum, von komplexer Decke aus verschieden gewölbten Kugelausschnitten überwölbt; eingezogener Altarraum mit Flachkuppel über Pendentifs.

St. Georg in Bogenhausen

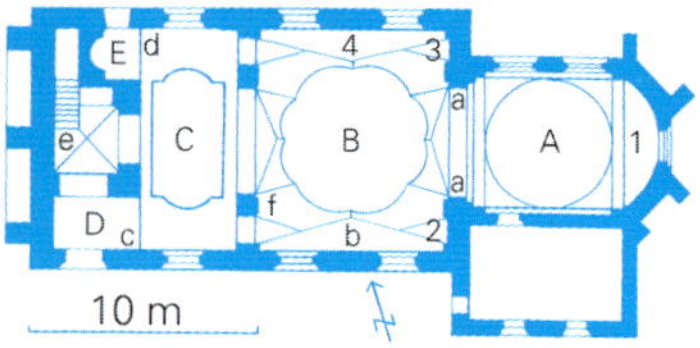

Deckengemälde (von Helterhof): **A** (in gedrücktem Kreis) ›Glorie des Hl. Georg‹ (1768); **B** (in irregulärem Achtpass) ›Martyrium des Georg‹ (1767); **C** (über der Empore) ›Psallierender David‹, (unter der Empore in drei Feldern) die ›Göttlichen Tugenden‹: ›Glaube‹ (als thronende Ecclesia in der Mitte), ›Hoffnung‹ (im nördlichen) ›Liebe‹ (als Caritas im südlichen Feld); **D** ›Jüngstes Gericht‹, **E** ›Geisttaube‹ (über Taufkapelle).

Altäre: **1** *Hochaltar (von der Schloßherrschaft Törring-Seefeld gestiftet: Wappen im Altarscheitel), von Straub 1770 als sog. Bühnenaltar * mit freiplastischer Reiterfigur Georgs gestaltet; von Straub auch die Seitenfiguren Hll. Donatus und Irene (1770-73), im Auszug Dreifaltigkeit. – Die Seitenaltäre von I. Günther, 1770-75 (gestiftet von Ortspfarrer Georg Franz Riedl), Aufbau vom Schreiner J. Heilsprunner, Fassung M. Zwerger erst 1777.* **2** rechter Seitenaltar *mit Mittelfigur Hl. Korbinian * (Günther eigenhändig um 1770/73), die Seitenfiguren Hll. Wendelin und Leonhard (unbekannte Gehilfenhand), im Auszug St. Florian.* **3** linker Seitenaltar *mit anonymer Mittelfigur ›Thronende Madonna‹ (um 1630; für die 1628/29 gegr. Rosenkranzbruderschaft: lt. Inschrift), Seitenfiguren Hll. Joachim u. Anna (unbekannte Gesellenhand), im Auszug St. Johann Nepomuk.*

Ausstattung: *Zwischen den Seitenaltären fein geschnitztes* Kommuniongitter *mit seitlich integrierten einsitzigen* Chorstühlen (**a**), *auch als* Beichtstühle *verwendbar (ähnlich in Asamkirche, → Sendlinger Straße 32).* **4** *weißgolden gefasste* Kanzel * *von Günther 1774 (gestiftet von den Törring) – das künstlerisch beste Werk der Ausstattung!* **b** *Kreuzigung und Mater dolorosa (nach ›Herzog-Spital-Muttergottes‹). Bemerkenswerte* Grabdenkmäler, *z. B. drei aus dem zum Abbruch bestimmten Kreuzgang der Franziskanerkirche 1802 übertragen.* **c** Rotmarmorepitaph *für G. K. von Törring-Seefeld und Gemahlin Anna Fugger von Kirchberg und Weißenhorn (1625 ff., zugehöriges Tafelbild ›Grablegung Christi‹ auf Orgelempore).* **d** Rokokoepitaph *(von Straub, um 1755) für Maria Josepha Franziska Johanna Gräfin Törring, mit Figuralplastik ›Allegorie der ehelichen Treue‹ (Guss aus Blei-Zinn-Legierung): gilt als schönstes spätbarockes Grabmal in München (angeregt durch kaiserliche Trauerkunst Wiens). Ferner* Rotmarmor-Epitaph *(um 1744) für zwei Schwestern des Stifters (aus Kapelle des benachbarten ehemaligen Schlosses (s. u.) und* Epitaph *(um 1760) für zwei Schwestern Beccaria.* **e** Rokoko-Kruzifix, *anonym. – Am südlichen Pfeiler* (**f**) *der* Empore Ölgemälde *(Kopie) des Gnadenbildes der ›Madonna von Ree‹ (Savoyen), an der Emporenbrüstung, durch gemalte Doppelpilaster in fünf Felder geteilt, in den mittleren drei Darstellungen des ›Freudenreichen‹, des ›Schmerzensreichen‹ und des ›Glorreichen Rosenkranzes‹ (von rechts nach links), von Helterhof.*

Ausmalung von Helterhof 1767-70 (Chronogramm am Chorbogen. – *Ausstattung:* → Plan. ***Bedeutung:*** Durch Lage am rechten Isarhochufer inmitten eines sehenswerten dörflichen *Friedhofs* mit vielen schmiedeeisernen Kreuzen ausgezeichnete Kirche, deren Äußeres den Typus einer Dorfkirche bewahrte, deren Innenarchitektur in klarer Trennung der einzelnen Elemente ebenso wie die gemalte Scheinstuckierung das ausgehende Rokoko anzeigen. Durch teilweise hervorragende Skulpturen und gut erhaltene Einrichtung von hohem kunstgeschichtlichen Wert: Hochaltar einer der letzten Bühnenaltäre des bayerischen Barocks, letzter barocker Freskenzyklus Münchens, Günthers Kanzel eines seiner letzten Werke. Insgesamt eine Dorfidylle in der Großstadt: schönster Fernblick von Süden aus den Maximiliansanlagen zu Füßen der Königswiese. – Wirkungsstätte der mit dem Kreisauer Kreis in Verbindung stehenden NS-Gegner Kaplan Wehrle und P. Delp, an den gegenüber dem Pfarrhof auch eine Gedenkstätte (von Backmund, 1981) erinnert. Im **Friedhof** u. a. beigesetzt die Astronomen J. v. Lamont und H. v. Seeliger die bildenden Künstler E. Preetorius, H. Reiffenstuel, K. Romeis; die Dirigenten R. Kempe, H. Knappertsbusch; die Regisseure F. Domin, R. W. Fassbinder, H. Lietzau, H. Schweikart; die Schauspieler Hertha Feiler, Helmut Fischer (›Monaco Franze‹), R. Graf, Liesl Karlstadt, S. Lowitz, W. Sedlmayr, R. Vogel, Gustl Waldau, C. Wery; die Schriftsteller J. Breitbach, J. Fernau, O. M. Graf, W. Hausenstein, E. Kästner, A. Kolb, P. de Mendelssohn; Architekt und Karikaturist E. Hürlimann; die Modeschöpfer M. Dietl, F. Unützer, H. Schulze-Varell; die Verleger F. Burda, W. Droemer. – In einer Nische an der Westseite Gedenktafel (Entwurf: Lill 1955) für die 1944/45 von den Nazis hingerichteten Pater A. Delp SJ, Kaplan H. J. Wehrle, L. Freiherr v. Leonrod und F. Sperr. An Choraußenwand Gedenkstein für Widerstandskämpfer A. Metz v. Quirnheim. Südlich der Kirche auf dem Areal der heutigen *Frankona-Rückversicherung* (Eingang: Maria-Theresia-Straße 35; Architekt Schmitthenner 1956-57) einst der Edelsitz *Neuberghausen*, hervorgegangen aus dem 1697 im Besitz des Malers J. A. Gump befindlichen und 1704 in Adelshände gelangten Köglhof, der 1740/41 zu *Schlößchen* umgestaltet und nach Kauf durch A. J. Graf Törring-Seefeld 1760-64 unter Leitung von I. A. Gunetzrhainer und Mitwirkung von Cuvilliés d. Ä. zu *Herrensitz* ausgebaut wurde. Die 1753 eingerichtete Hauskapelle vor 1782 von Th. Chr. Wink freskiert, nach Übergang des Anwesens 1808 an Freiherrn v. Hompesch profaniert. Ab 1827 *Gastwirtschaft* und beliebter Ausflugsort, den H. Heine bei seinem Aufenthalt in München 1827/28 oft besuchte und beschrieb: Von der Treppenterrasse eröffnete sich noch ein freier Blick auf die Alpen! Nach Kauf durch König Max II. Abbruch und Errichtung der *Königlichen Versorgungsanstalt für Beamtentöchter* (›Beamten-Relicten-Anstalt‹, im Volksmund »Drachenburg«) nach Plänen von Riedel 1863-65, im Krieg 1944 ausgebrannt, Ruine nach Krieg abgetragen; im Garten Mausoleum für König Max geplant.

BRIENNER STRASSE

□ 1, 2, 19

Erste der vier großen Straßenanlagen des 19. Jh. in München (→ Ludwigstraße, → Maximilianstraße, → Prinzregentenstraße), sozusagen die Abszisse im Koordinatensystem des von F. L. v. Sckell und C. v. Fischer erarbeiteten und 1812 genehmigten *Generalplans* für die → Maxvorstadt. ***Städtebauliche Situation:*** Nach Begradigung des 1664 angelegten sog. ›Fürstenwegs‹ nach Neuhausen/Nymphenburg 1808 Projektierung der ›Königsstraße‹ (1829 in Brienner Straße umbenannt) in Fortführung der Achse der Hofgartenstraße nach Westen: Ausgehend von Südwestecke des → Odeonsplatzes führte neue Trasse entlang dem Vorfeld der mittelalterlichen Stadtmauer bis zur (heutigen) Einmündung des Oskar-von-Miller-Rings von Nord und dem südlich gelegenen Platz der Opfer des Nationalsozialismus (→ Maximiliansplatz); von dort leichter Knick der Achse und in gerader Trassierung über Karolinen- und Königsplatz (seit 1808) bis Stiglmaierplatz (seit 1845, vorher, ab 1812, Kronprinz-, ab 1826 Ludwigsplatz) in Abfolge von Rund-, Rechteck- und Rundplatz; Gesamtlänge der Straße rd. 1,4 km. Weiterführung durch Nymphenburger Straße (seit 1812 kartografisch belegt ›Chaussee von Nymphenburg‹, seit ca. 1839 heutiger Name). – Durch Klenze (ab 1815/16 radikale Abkehr von den durch Sckell und Fischer aufgestellten städtebaulichen Leitlinien: anstelle offener Pavillonbauweise einer Gartenstadt und einer ins freie Umland führenden Ausfallstraße treten geschlossene stadttypische Baumassen; das ursprünglich Fischersche architektonische Konzept nur noch teilweise zwischen Türkenstraße und Meiser-/Arcisstraße nachvollziehbar; dagegen bereits im 19. Jh. zunehmend Blockbebauung, nach Kriegszerstörungen bei Wiederaufbau weitere ›Versteinerung‹ der Straße, besonders krass im westlichen Abschnitt von Luisenstraße bis Stiglmaierplatz. ***Beschreibung:*** Bei Klenzes Generalplan für »Anlagen vor dem Schwabinger Tor« (1816) als Zugang zur Brienner Straße ein (nicht ausgeführter) Torbau – Gegenstück zum Hofgartentor (→ S. 161) – vorgesehen; von 1822/23 datiert Klenzes nicht realisiertes Vorprojekt für Alte Pinakothek (z. T. im Rechberg-Garten) mit Festlegung der Baufluchten im östlichen Abschnitt der neuen Straße: ihre Breite festgelegt durch Baublock Odeonsplatz 1 und gegenüberliegenden Flügel des Palais Moy (→ Theatinerstraße 23); an diesem anschließend zwei *Wohnhäuser* (Nr. 3 und 4) mit ursprünglichen Fassaden von Klenze (um 1825/26, heutige Gestaltung um 1900), an Straßennordseite (Nr. 4) ehemaliges

Sockel des *Obelisken* mit Inschrift: »Den dreyßig tausend Bayern die im russischen Kriege den Tod fanden«.

Ehem. Palais Lotzbeck: *Nebengebäude.*

Wohnhaus Klenzes (1824/25, heute durch Neubau ersetzt). Daran anschließend siebenachsige Südseite des ehemaligen *Palais Méjan* als Eckhaus an Ostseite des Wittelsbacher Platzes von Métivier 1823/24 errichtet. Als rechteckiger geschlossener Architekturraum unterbricht der → *Wittelsbacher Platz** die Straßenfront, an seiner Westseite durch fünfachsige Seitenfassade des Arco-Palais (→ Wittelsbacher Platz 1) fortgeführt; an südlicher Straßenseite (Nr. 9) bis Amiraplatz die in vergröberten neoklassizistischen Formen errichteten *Vereinigten Werkstätten* (Architekt: Rob. Seitz, 1938-40). Anstelle des sog. Utzschneiderblocks (erbaut 1810, mit Brauerei) Bau des ›*Luitpoldblocks*‹ (Nr. 11 und 13) in auftrumpfendem Gründerstil (Architekt: Lasne 1886-88), im Krieg z. T. schwer beschädigt, 1961 und 1974-76 vereinfacht wieder aufgebaut; davor *Brunnenstele* mit Büste ›Prinzregent Luitpold‹ (von Henselmann 1983). – Im Anschluss an Seitenfront des Arco-Palais zwei monumentale Wohnhäuser 1824/25 auf Gelände des Rechberg- bzw. Deupontgartens errichtet: die palastähnliche elfachsige Fassade (mit ursprünglichen Seitenportalen) des *Doppelhauses Nr. 10* (von Klenze) nach Kriegszerstörungen in leicht veränderter Form wiederhergestellt; anschließend das ehemalige *Palais Eichthal* (→ Brienner Straße 12), danach früheres *Palais Almeida* (→ Brienner Straße 14). – Nach diesem vornehmen Stadtpalais leichte Richtungsänderung der Straße und Durchbruch des Altstadtrings, Abschnitt Oskar-von-Miller-Ring. Dadurch Zerstörung des Tiefenzugs der Brienner Straße sowie Fortführung ihrer schon von Klenze begonnenen Verblockung im Verlauf des Wiederaufbaus nach 2. Weltkrieg. Das schon 1922-23 in zurückhaltendem Neoklassizismus errichtete Gebäude der *Disconto-Gesellschaft* (Pläne: Littmann) als einzeln stehender Baukörper (ursprünglich durch Rundbogenarkaden mit Palais Almeida verbunden); der nördlich anschließende mehrteilige Verwaltungsneubau der *Bayerischen Landesbank* (→ Brienner Straße 18) tritt im Straßenbild nicht unmittelbar in Erscheinung. Dagegen ist der für die *Bayerische Gemeindebank* (Nr. 20, Architekt: Angerer, 1961-64) errichtete Neubaublock in seinen starren modernistischen Formen der bisher schwerwiegendste Einbruch in die ästhetische Substanz der Straße; dies umso mehr, als er die Auflockerung der Straßenfront durch das früher baumbestandene Vorfeld des ehemaligen *Wittelsbacher Palais* (→ S. 109) verdrängte. Ebenso nachteilig der Eingriff in das südseitige Erscheinungsbild der Straße durch Bürohausneubauten der 1960er Jahre, deren gesichtslose Gestaltung durch zwei vom Krieg verschonte Altbauten – *Ärztehaus* und *Haus Böhler* (→ Brienner Straße 23 und 25) – umso deutlicher sichtbar. Die von Fischer vorgesehene offene Bebauung durch vier einzeln stehende ehemals villenartige Wohnhäuser anstelle von Bauten um 1820 nachvollziehbar: Nr. 22 *Palais Berchem* (Architekt: G. v. Seidl, 1897-99), von ihm auch *Nr. 24* und *26*, dagegen Nr. 28, ehemals *Palais Matuschka*, nach Plänen von E. v. Seidl (1895-96); heute, nach Beheben von Kriegsschäden, als Bürogebäude genutzt. – Auch beim folgenden → Karolinenplatz* noch Fischers Planung z. T. sichtbar, während der Abschnitt bis → Königsplatz nach 1945 gewissermaßen ›entnazifiziert‹ wurde: an Nordseite das schwer getroffene ehemalige *Palais Barlow* (nach Plänen von Métivier 1829/30 erbaut, von P. L. Troost 1930 für die NSDAP zum ›Braunen Haus‹ ausgebaut, nach 1933 Erinnerungsstätte an sog. ›Kampfzeit‹); gegenüber ehemals *Palais Degenfeld* (Architekt: C. v. Fischer 1810, umgebaut von Braunmühl 1846 und von Métivier 1849/50; bis 1934 Päpstliche Nuntiatur, danach NS-Pressestelle und ab 1935 Sitz des Stabs R. Heß); vor Übergang zum → Königsplatz an Arcisstraße beidseitig der Brienner Straße die sog. ›Ehrentempel‹ (Architekt: Troost, 1933-35, gesprengt 1947) anstelle des ehemaligen *Wohnhauses* von C. v. Fischer (nach seinen Plänen 1809/10) an Südseite, gegenüber *Wohnhaus* J. Schnorr von Carolsfeld (Pläne: Höchl, 1832). Hier seit 2001 *Informationstafel* über NSDAP-Dienststellen im Umfeld Karolinen- und Königsplatz sowie Karlstraße. – Jenseits des Königsplatzes, abgeriegelt durch die Propyläen, bietet letzter Abschnitt der Brienner Straße bis Stiglmaierplatz das Bild einer von drei- bis fünfstöckigen Neubauten der 1950er bis 1970er Jahren gesäumten großstädtischen Allerweltsstraße. ***Bedeutung:*** Neben der → Ludwigstraße (Nord-Süd) bestimmende Ost-West-Abszisse der konzipierten Maxvorstadt und wesentliches Element (früh-)klassizistischer Stadtplanung. Dem ›Fürstenweg‹ von der Residenz nach Nymphenburg in seinem östlichen Abschnitt folgend, ist die Straße in ihrer ursprünglichen Bebauung durch Palais, repräsentative Miethäuser und Vorstadtvillen eine »erstmals als ein residenzstädtischer, kunstbewusster Akt sich darstellende Komposition« (Norbert Lieb). Wesentliche, trotz empfindlicher Eingriffe erhaltene Akzente sind der am Nordrand gelegene italienisch anmutende *Wittelsbacher Platz*, der französisch beeinflusste *Karolinenplatz* und das antikische Forum des *Königsplatzes*.

Palais Almeida: *Kandelaber.*

BRIENNER STRASSE 14 □2

Palais Almeida Auf Teil des Geländes des Deupont- oder Rechberggartens 1822 Errichtung der Alten Pinakothek vorgesehen. Jedoch Verkauf einer Parzelle an Prinz Karl 1823, Bebauungsplan von Klenze 1823/24; Planung 1824/25 an Métivier übergegangen, der erstes repräsentatives Gebäude an Brienner Straße auf eigene Kosten als Spekulationsobjekt errichtete. Von Prinz Karl 1834 für Sophie Petin, seit 1823 Baronin Bayrstorff, erworben (Geliebte und ab 1834 Gemahlin Karls); durch Heirat ihrer Tochter an Grafen Almeida gelangt. 1923 von München-Aachener Versicherung erworben, im Innern behutsam umgestaltet. Im 2. Weltkrieg ausgebrannt, 1952/53 unter Wahrung der Außenerscheinung (allerdings mit flacherem Satteldach) wieder aufgebaut. Erweiterung gegen Norden durch Anbauten (an Oskar-von-Miller-Ring) und Innenhof; vereinfachter Grundriss und 1993-94 erneut vorsichtig adaptiert. ***Beschreibung:*** Fassade zu drei Geschossen und neun Achsen, der dreiachsige pilastergegliederte Mittelrisalit mit stützenlosem, auf Voluten ruhendem Balkon über Rundbogenportal und flachem Dreiecksgiebel (Wappen modern). Die linke Seite erst beim Durchbruch des Oskar-von-Miller-Rings freigelegt, moderne Fassade einfach. ***Bedeutung:*** Die Schauseite eine der ausgereiftesten streng klassizistischen, noch auf der Tradition der Pariser Dix-huitième-Palais fußenden Fassade Münchens, in der architektonischen Haltung zwischen Fischer und Klenze. Die Kandelaber in den ursprünglich für Figuren bestimmten Nischen beiderseits der Einfahrt gehören zum Besten dieser Art. Die verlorene Innendekoration, die ebenfalls Métivier gestaltete und zusammen mit Architektur und Möbelausstattung zu einem klassizistischen Gesamtkunstwerk vereinigte, machte das Palais ehedem zum schönsten der Brienner Straße.

Bayerische Landesbank: Innenhof mit *Glasbrunnen*, 1985.

BRIENNER STRASSE 18 □2

Verwaltungsbau der Bayerischen Landesbank Nördlich der von Littmann 1922-23 errichteten ehemaligen *Disconto-Gesellschaft* (Brienner Straße 16) und dem Neubau der *Bayerischen Landesbank* (Brienner Straße 20; Architekt: Angerer 1961-64) auf dem Areal zwischen Oskar-von-Miller-Ring, Gabelsberger- und Türkenstraße von 1977-82 errichtete mehrteilige Anlage, die Verwaltungsbauten, Läden und mehrere Innenhöfe geschickt verbindet; Entwurf: Architektenbüro Beck-Enz-Yelin. Die vier- bis fünfgeschossigen Fassaden (Metall und Glas) unter Walmdächern durch Vor- und Rücksprünge aufgelockert, am Ring und an dem großen Eingangshof (mit ›Glasbrunnen‹ von F. Lechner, 1985), Gaststätten und Läden bis Gabelsbergerstraße; dort *Löwenplastik* von Görig, Nachschöpfung von Halbigs Löwen vor dem ehemaligen **Wittelsbacher Palais.** An der Stelle der Landesbank und entlang der Türkenstraße bis Palais Dürckheim (→ Türkenstraße 4) ehedem Park und zurückgesetztes Palais: von F. v. Gärtner für Kronprinz Maximilian 1843-49 nach Vorbild englischer Schloßbauten der Neugotik errichtete Vierflügelanlage. Nach Tod Gärtners (1847) vereinfachte Fortführung der Arbeiten nach dessen (vereinfachten) Entwürfen; durch Klenze vollendet. Nach Abdankung Ludwigs I. dessen Residenz, nur die Gemächer der Königin anspruchsvoller eingerichtet; ab 1887 Sitz des späteren Königs Ludwig III. Regierungssitz der Räteregierung 1919, danach Ministerium für Soziale Fürsorge. Ab 1935 berüchtigtes Gestapoquartier; im 2. Weltkrieg schwer zerstört und 1949/50 demoliert. (Der erhalten gebliebene, aber leicht beschädigte Portallöwe von Halbig heute vor der Katholischen Akademie an der → Gunezrainerstraße 9 aufgestellt.)

Bayerische Landesbank: *Löwe* vom Eingang des ehem. Wittelsbacher Palais (Kopie).

Kassenärztliche Vereinigung München (ehem. Haus der Deutschen Ärzte).

BRIENNER STRASSE 23 ☐ 2

Kassenärztliche Vereinigung München Anstelle des sog. ›Poschinger-Palais‹ nach Plänen von Fick 1936/37 als ›Haus der Deutschen Ärzte‹ errichteter Neubau: über fünfachsigem Erdgeschoss mit vergröbert ›barockem‹ Rundbogenportal zwei siebenachsige Obergeschosse unter kaum vorstehendem Walmdach. An unregelmäßig fünfeckigem Innenhof größerer Sitzungssaal.– Brunnen mit zwei stehenden ›Windspielen‹ von Bleeker (1935, aufgestellt 1937); von Bleeker auch Relief der Ärzteemblems über Portal. ***Bedeutung:*** Der zurückhaltende Bau fügt sich den Maßverhältnissen des aristokratischen Straßenzuges ein, obwohl er durch Anklänge an bayerisch-österreichische Barockarchitektur eine fremde Note in die klassizistische Straße bringt: beides aber nach den Bausünden des Wiederaufbaus kaum mehr störend.

Ehem. Haus Böhler.

BRIENNER STRASSE 25 ☐ 2

Ehemaliges Haus Böhler Anstelle eines älteren spätklassizistischen Palais 1904-05 nach Plänen von G. v. Seidl für den Sammler und Antiquitätenhändler Julius Böhler errichtet. ***Beschreibung:*** Freistehender Baublock mit siebenachsiger Hauptfassade, im Verband des rustizierten Erdgeschosses beiderseits Toreinfahrten, die dem säulenflankierten Mittelportal entsprechen. Von den beiden Hauptgeschossen das erste durch Doppelsäulen mit Blendbogen plastisch gegliedert, das niedrigere dritte Obergeschoss ebenfalls reich dekoriert; darüber über Konsolgesims steiles Walmdach. (Der plastische Schmuck stammt von Seidler). ***Bedeutung:*** In die italienisierenden Renaissanceformen mischen sich manieristisch-barocke Elemente zu malerischer Gesamtwirkung; diese und die Abmessungen des Baus störten bereits das Gleichgewicht der klassizistisch bebauten Brienner Straße, lange bevor durch den Wiederaufbau in den 1950er Jahren (vor allem der Häuser Nr. 19, 21, 27) der ursprünglich frühklassizistische Charakter der Straße gänzlich verloren ging.

Bamberger Haus: *Fränkische Bauplastik* von 1707/13.

BRUNNERSTRASSE 2 ☐ 15

Bamberger Haus Am Nordrand des Gartenparterres des → Luitpoldparks 1911-12 durch F. Rank als Gartenrestaurant (für »Milch-, Thee- und Kaffeeabgabe«) errichtet, um die 1899 abgenommene, 1900 nach München gelangte und später von J. Rank gestiftete ›Sandstein-Bauplastik‹ zu verwenden; sie stammt von der Gartenseite des ›Böttinger‹- oder ›Prell-Hauses‹ in Bamberg (1707-13 erbaut; als Architekt vermutet J. L. Dientzenhofer, Welsch oder Zoe; nach Überlieferung zwischen 1808 und 1812 im Besitz von E. T. A. Hoffmann). Zum Park vorgelegt eine Terrasse, an Westseite angefügt ebenerdiger Anbau; ab 1923 Gartencafé. 1944 ausgebrannt sowie Verlust von zehn bis zwölf Gartenfiguren (wie Jahreszeitenfiguren u. Ä.); 1951 leicht verändert wieder aufgebaut, von 1953-73 Sitz der Deutschen Forschungsgesellschaft für Druck- und Reproduktionstechnik; nach entsprechenden Umbauten 1984/85 wieder Café und Lokal mit Gasthofbrauerei, im Obergeschoss Sitz des ›Cartoon-Caricature-Contor‹ (beides bis 1991). 1995 von Augustinerbrauerei erworben, Restaurant dem ursprünglichen Zustand entsprechend wiederhergestellt. ***Beschreibung:*** Einfacher, zweigeschossiger kubischer Baukörper unter hohem Walmdach, an Längsseiten vier, an Schmalseiten drei Achsen; die Obergeschossfenster mit (original barocken) Sohlbänken sowie mit Segment- und Schweifgiebeln reicher dekoriert als Fenster im Erdgeschoss; bemerkenswerte Portale, das südwestliche Zugang zu dem im Barockstil erneuerten *Treppenhaus*; im Obergeschoss der barockisierte ›*Luitpoldsaal*‹ mit Deckengemälde ›Vier Jahreszeiten‹ und ›Vier Temperamente‹ (von Peiker 1995) nach unausgeführtem italienischen Deckenentwurf im Salzburger Barockmuseum/Sammlung Rossacher; Wanddekoration 1996. – Im Untergeschoss Gewölbehalle mit Braukeller. ***Bedeutung:*** Die Rettung der bemerkenswerten Bauplastik* (Bildhauer unbekannt) und ihre Wiederverwendung verraten die zunehmende Wertschätzung von Barock (und Rokoko) zu Ende des 19. und Anfang des 20. Jh.; dadurch und durch Einbau in einem Neubau besitzt München ein sehenswertes Beispiel fränkischen Barocks.

BURGSTRASSE ☐ 6

Parallel zur ältesten Stadtmauer verlaufend, verbindet diese Straße (erstmals 1346 als »purchstrasz« erwähnt) Altes Rathaus (→ Marienplatz 15) und → Alten Hof, dessen Torturm den Straßenzug beherrscht. Durch Zerstörungen im 2. Weltkrieg im ursprünglichen Bestand z. T. geschmälert. Neubauten versuchen sich anzugleichen, wie z. B. der 1952/53 nach Plänen von Fick und Röder als *Wohnungsamt* errichtete Bau Burgstraße 4 mit traditioneller Fassadenbemalung (Entwurf von Kaspar); einzig einigermaßen erhalten die ehemalige Stadtschreiberei (→ Burgstraße 5). Im Haus Burgstraße 6 lebte und starb der bayerische Rechtsgelehrte Wiguläus Freiherr v. Kreittmayr (1705-1790); in Burgstraße 7 (›Sonneck‹, neu erbaut) wohnte 1780/81 Mozart und komponierte als ›Karnevalsoper‹ die 1781 in München uraufgeführte Opera seria »Idomeneo«. – *Haus* Burgstraße 8 sog. **Cuvilliés-Haus**, in dem der Baumeister bis zu seinem Tod 1768 zur Miete wohnte: Bereits im 13. bis Anfang 14. Jh. ältester herzoglicher Marstall, um 1400 Gaststätte überliefert; im Kern spätgotisch, stammt heutiger Bau im Wesentlichen aus 16./17., die *Burgstraßenfassade* aus 18. Jh.: über Erdgeschoss drei Stockwerke unter hohem Walmdach (mit ›Ohrwaschl‹ zum südlichen Nachbarhaus); erhalten im Keller Reste der Stadtmauer (13. Jh.), wohl gotisches Gewölbe (auch im Erdgeschoss) sowie der zweigeschossige Dachstuhl von 1615. Durch private Initiative Sanierung und Modernisierung 1996-2003 nach Auflagen des Denkmalschutzes. – An Nordseite *Durchgang* in Stadtmauer ›Schlichtingerbogen‹ (→ Ledererstraße 3). *Haus* Burgstraße 10 ehemaliges ›Falkenhaus‹, seit 1574 herzoglich; ob bereits 1264, im unmittelbaren Vorfeld des → Alten Hofs erbaut, ungewiss. – Bei Einmündung der Altenhof- in Burgstraße (am ›Löweneck‹) Errichtung eines Betriebsgebäudes (Pläne von Schmücking und Kock, 2003-05).

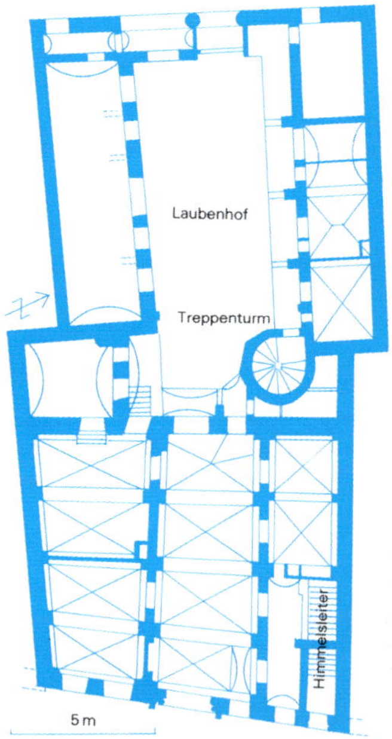

Eh.Stadtschreiberei, Erdgeschoss

BURGSTRASSE 5 ☐ 6

Ehemalige Stadtschreiberei 1550 erwirbt die Stadt von Patrizierfamilie Barth Anwesen an Burgstraße, das mit dem an Dienerstraße 20 errichteten Neubau (1542/43) eines städtischen ›*Weinstadls*‹ (Bezeichnung noch Ende 18. Jh.) zu einem Komplex ausgebaut wird: Erdgeschoss und Kellerräume beider Häuser als Weinniederlage auswärtiger Händler genutzt (daneben auch Kleinverkauf). Das *Haus Burgstraße 5* durch Stadtmaurermeister Arnhofer und Maurermeister Custor 1551/52 umgebaut, im ersten Obergeschoss **Stadtschreiberei** eingerichtet 1554, bereits 1595 an (spätere) Sparkassenstraße/Tal verlegt. Beide Anwesen 1622 privatisiert (bis auf Erdgeschoss und Kellerräume, die bis 1809 bei der Stadt verblieben); Weinwirtschaften ab spätem 18. Jh. in beiden verbürgt. Trotz wechselnder Besitzer von Nr. 5 – u. a. J. G. v. Liprun (Mitbegründer der Akademie der Wissenschaften), der hier 1789 starb (Gedenktafel an Fassade) – im Zustand des 16. Jh. erhalten bis zur schweren Beschädigung 1944. Durch Schmelcher 1951 instand gesetzt, Einrichtung eines Weinkellers und Eröffnung als Gaststätte ›**Weinstadl**‹. 1962/63 Umbauten im Innern (Erdgeschoss und v. a. erstes Obergeschoss) sowie Freilegung der 1961 entdeckten Reste der *Fassadenmalerei** (von Mielich 1552) und ihre Ergänzung und Restaurierung; abermalige Renovierung 1985/86 und Innenumbau 1990-91; nach Beseitigung modischer Wanddekoration seit 2001 wieder als Weinlokal geführt. ***Beschreibung:*** Durch Zusammenfassung zweier kleinerer Anwesen (in München meist nur drei Fensterachsen) breit gelagerte Front entstanden; rechteckige Fenster mit kräftiger Sprossenteilung, profilierte Horizontalgesimse trennen die drei Stockwerke; im hohen Satteldach drei Giebel: die beiden an den Außenseiten (Halbgiebelgauben, sog. ›Ohrwaschl‹) mit Aufzugsvorrichtungen, der mittlere 1890, darunter erneuerter zweigeschossiger Flacherker. Wie meist bei Altmünchener Häusern in der Mitte Einfahrtstor, rechts kleinerer Eingang mit gerader, alle Stockwerke in einer Richtung durchlaufender Treppe (›Himmelsleiter‹). Schön gestalteter, original erhaltener *Innenhof* mit spätgotischem Treppenturm. – Die *Fassade* durch Malerei gestaltet: im Erdgeschoss gemalte Rustika, die Fenster im ersten Obergeschoss von gemalten Pfeilern mit Konsolen gerahmt und flachen Giebeln bekrönt; die Fenster im 2. Oberge-

Ehemalige Stadtschreiberei (Weinstadl).

schoss durch beiderseitige ebenfalls gemalte Karyatiden unter ionischen Kapitellen, der Erker durch Athene und Merkur besonders hervorgehoben. ***Inneres:*** Ursprüngliche *Raumdisposition* weitgehend erhalten, die Ausmalung von Mielich aber verloren. ***Bedeutung:*** Ältestes, nahezu noch originales Münchener Bürgerhaus des 16. Jh. mit prächtigen Gewölben, Laubenhof und letztem profanen gotischen Treppenturm mit Schnecke. – Die durch Renaissance geforderte ›Architektonisierung‹ der Fassade entsprechend der lokalen Tradition mit Mitteln der Malerei erreicht: einziges erhaltenes Beispiel derart gestalteter Schaufront in München.

Ehem. Damenstiftskirche

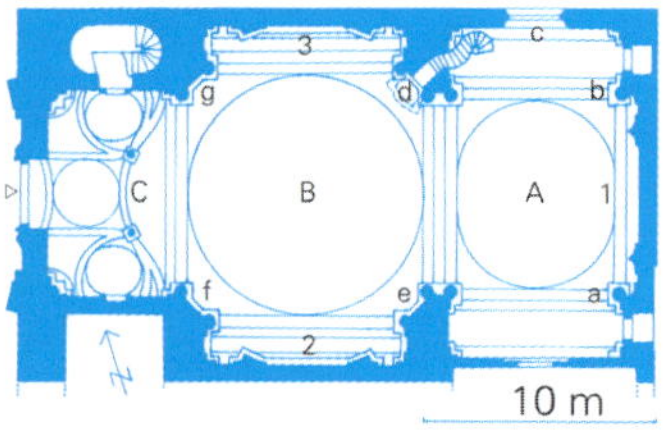

Deckenfresken, 1958-65 in Sepia-Skizzentechnik rekonstruiert, nach Schwarzweißfotos der ursprünglichen Ausmalung von K. D. Asam (1734/35) nachempfunden: **A** *Gottvater mit Engeln (von Marchner), in seitlichen Schmaljochen Putti mit Wappenschilden: kurbayrische Wappen und Baudaten.* **B** *Zug der Jungfrauen zum Lamm auf dem Berg Zion (von Marchner und z. T. von Lorch); in den Zwickeln: vier Evangelisten.* **C** *Engelskonzert (von Lorch).*

Altargemälde, *monochrom rekonstruiert (von Marchner):* **1** *im Hochaltar Hl. Anna Selbdritt (ursprünglich von Ruffini), im Auszug Gottvater (ursprünglich von Albrecht).* **2** *im rechten Seitenaltar Hl. Margaretha Maria Alacoque (ursprünglich von Albrecht.* **3** *im linken Seitenaltar Heimsuchung Mariens (ursprünglich von Desmarées).*

Figürliche Ausstattung **a** *Guter Hirte.* **b** *Johannes der Täufer.* **c** *Abendmahl* als szenisch-realistische Darstellung (wohl nach spanischen Vorbildern) in lebensgroßen Figuren (1. Hälfte 18. Jh.).* **d** *Kanzel (rekonstruiert).* **e** *barockes Kruzifix, darunter Schmerzhafte Muttergottes (vom Typus der Herzog-Spital-Madonna, → S. 157.* **f** *Franz von Sales (Ordensstifter der Salesianer).* **g** *Herz-Jesu-Statue.*

DAMENSTIFTSTRASSE 1 ☐ 6

Damenstiftskirche St. Anna* Als Kirche des Salesianerinnenklosters (→ Damenstiftstraße 3) ab 1732 an der Stelle einer spätgotischen St. Anna-Kapelle für den Indersdorfer Klosterhof (Baumeister: Rottaler 1440; Patrozinium zu Ehren der zweiten Gemahlin des Herzogs Albrecht III., Anna von Braunschweig). Heutige Kirche als blockhaft geschlossener Baukörper an der Ecke Damenstiftstraße/Altheimer Eck (hier die nahezu fensterlose Nordseite nur sparsam gegliedert), nach Planung von Hofbaumeister J. B. Gunetzrhainer durch dessen Bruder J. A. zwischen 1732 und 1735 errichtet; geplanter Abbruch 1803 verhindert, Restaurierung der Fresken 1903. Zerstörung der Kirche bis auf Außenmauern 1944; dabei Verlust der Deckenfresken von K. D. Asam. Ab 1945 Notsicherung der Ruine, 1952-58 Rekonstruktion durch Schleich; anschließend Wiederherstellung des Innenraums; 1985/86 Außenrenovierung. ***Fassade:*** Höfisch diszipliniert mit äußerst sparsamem Dekor und leicht konkavem Mittelteil, flankiert von einachsigen Seitenteilen; gegliedert durch Pilaster mit kräftigem Gebälk, dieses im Mittelteil durch hochgezogenes überproportioniertes Fenster (über giebelbekröntem Portal) unterbrochen; Zusammenbindung der beiden Seitenteile durch flachen Segmentbogengiebel. Die hohe Attika wiederholt die Umrisse der scheinbar vorgeblendeten Fassade. Einfache, zurückhaltende Nordflanke (mit Thermenfenster) am Altheimer Eck. ***Inneres:*** Durch weit gespannte Gurtbogen (über Dreiviertelsäulen) und Hängekuppeln (über beiden Raumteilen) unmittelbar über klar gezogenem, voll umlaufendem Gebälk einheitlicher Raumeindruck. *Altäre* – unter Verwendung teilweise erhaltener Figuren rekonstruiert – in Architektur eingebunden; wohl noch von J. B. Gunetzrhainer konzipiert, von Asam samt Dekor ausgeführt. (Ausstattung: → Plan.) ***Bedeutung:*** Fassade der Stilstufe Régence entsprechend. Im Innenraum die weit gespannten Bogen typisch für bayerisches Raumgefühl; in Nachfolge der Dreifaltigkeitskirche (→ Pacellistraße 6) Raumdisposition einheitlicher, auch in Farbigkeit ursprünglich leichter als diese: wohl frühe, für Gunetzrhainer typische klassizistische Tendenzen. Erstmals in München Rekonstruktion eines barocken Deckengemäldes mit Hilfe von Fotodokumenten, die nur in Schwarzweiß vorlagen.

Damenstiftskirche St. Anna: *Abendmahlgruppe.*

DAMENSTIFTSTRASSE 3 ☐ 5, 6

Ehemaliges Sankt-Anna-Damenstift Seit 1739 Niederlassung des 1667 in München durch Kurfürstin Henriette Adelaide von Savoyen aus Piemont eingeführten Salesianerinnenordens (erste Niederlassung in Deutschland), ursprünglich im südlichen Flügel des Klosters der Theatiner untergebracht. Neubau des Salesianerinnenklosters anstelle des Indersdorfer Klosterhofs und anderer Häuser unter Mitwirkung des Hofs 1690-1739 nach Plänen von Viscardi, ausgeführt von Ettenhofer. Nach Gründung eines adeligen Damenstifts durch Kurfürstinwitwe Maria Anna (1784) Übersiedlung der Nonnen nach Indersdorf. Danach Umgestaltung des Klosters nach Erfordernissen eines Damenstiftes 1784-85 durch Widmann. Verlegung des Stifts in den Neubau (1840-43) Ludwigstraße 23. Das Stift erster Sitz der 1829 gegründeten Münchener ›Polytechnischen Centralschule‹ bis 1868 (Neubau der Technischen Hochschule an der Arcisstraße durch G. Neureuther). 1944 bis auf Fassade zerstört; diese wegen »nicht mehr vorhandener Standfestigkeit« zum Abbruch vorgesehen, dagegen beim Wiederaufbau 1961-63 Fassade rekonstruiert, dahinter moderner Schulbau (›Städtische Salvator-Realschule für Mädchen‹), Architekt Jaud; erneute Restaurierung 1985/86. ***Fassade:*** 19-achsig, in ihren Formen sehr zurückhaltend; die beiden oberen Stockwerke über bossiertem Erdgeschoss; zwei Portale mit Stuck (Wappenschild und Kapitelle von F. X. Feichtmayer d. J.), die *Portalflügel* von Ritter. ***Bedeutung:*** Einer der ersten Bauten Münchens in frühklassizistischen Formen.

Ehemaliges Sankt-Anna-Damenstift: *Portalwappen.*

DAMENSTIFTSTRASSE 4 ☐ 5

Klassizistisches Wohnhaus Ehemaliges Haus der Stadtbaumeister B. Trischberger und M. Widmann: Unter Verwendung älterer Teile nach 1800 errichtet. 1944 beschädigt; 1957 Wiederaufbau durch Schatz mit Rekonstruktion von Gesimsen und Stukkaturen im dritten Obergeschoss. ***Fassade:*** Fünfachsig, Rundbogenportal, wie häufig an den Münchener Häusern ganz nach außen gerückt; über rustiziertem Erdgeschoss (durch Ladeneinbauten zerstört) drei Stockwerke mit rechteckigen Fenstern; unter den Hauptgeschossfenstern Stuck-›Tücher‹; klassizistische Zahnschnittmuster und Kranzgehänge im zweiten und dritten Obergeschoss; Dachgesims mit Konsolen. ***Bedeutung:*** Im Übergang vom Rokoko zum Klassizismus ausgewogene Empiredekoration; eines der ersten frühklassizistischen Privathäuser Münchens.

DAMENSTIFTSTRASSE 8 ☐ 5

Sog. Palais Lerchenfeld, heute Städtisches Bestattungsamt. Namengebung ungeklärt: in der Besitzerfolge des ursprünglich aus drei Häusern bestehenden ›Palais‹ kein Lerchenfeld. Mit dem Mittelbau war linker Teil von 1680-1751, rechter von 1701-51 verbunden. Die Gesamtfassade um 1726 von I. A. Gunetzrhainer gestaltet, die Seitenflügel sind Kavalierhäuser. Nach 1751 Trennung der drei Häuser durch verschiedene Besitzer; leichte Überarbeitung in klassizistischer Zeit. Im Krieg bis auf Fassaden zerstört, 1957 von der Stadt erworben; 1958 von Schleich Mittelbau und rechter Flügel restauriert, das Innere für Bestattungsamt ausgebaut; das linke Haus 1974/75 dazuerworben und von Schleich dem rechten Flügel angeglichen. ***Beschreibung:*** *Mittelbau* zu sieben Achsen mit flach vorgezogenem dreiachsigen sockelähnlich gestalteten Mittelrisalit mit Rundbogenportal; darüber Stuckbüste der ›Wessobrunner Madonna‹. Erdgeschoss als bossierter Sockel behandelt, das erste Obergeschoss (Hauptgeschoss) durch Rundbogenfelder (über rechteckigen Fenstern) und geschweifte Bedachungen hervorgehoben; die folgenden zwei Obergeschosse einfacher. Im Satteldach schlanker Zwerchgiebel. *Fassadenstuckierung* (um 1726) J. B. Zimmermann zugeschrieben; doch wohl eher I. A. Gunetzrhainer: vgl. Stuck in St. Peter. Nach links und rechts anschließend die je vierachsigen *Flügelbauten* mit gleicher Stockwerkszahl, jedoch einfacher gestaltet. ***Bedeutung:*** Durch vorzüglichen Stuck (restauriert) und maßvolle Gliederung gutes Beispiel eines Münchener Privathauses, das zwischen bürgerlicher und höfischer Art (Bauherr: Toerringscher Hofmarkverwalter) steht. Vorbildliche Restaurierung durch Schleich.

So genanntes Palais Lerchenfeld.

DIENERSTRASSE 16 □ 6

Altmünchener Wohnhaus (sog. Rabelhaus) Im Erdgeschoss durch neuzeitliche Schaufensterfront entstelltes Barockhaus, bald nach 1750 von einem Baumeister der Effner-Nachfolge aus dem Umkreis der Brüder Gunetzrhainer (die in der Literatur genannte Tätigkeit Gießls um 1747 bezieht sich auf das nicht erhaltene Nachbarhaus Nr. 15!) aus einem mittelalterlichen Anwesen (gotische Gewölbe im Keller!) umgebaut und aufgestockt, die dreiachsige, viergeschossige ***Fassade*** in den drei Obergeschossen von einem unbekannten Stukkator mit hierarchisch abgestufter Ornamentik in verspätetem Regencestil dekoriert, die im 19. Jh. vielleicht eine Überarbeitung mit Neurokokodetails erfahren hat, sowie über dem Mittelfenster des zweiten Stocks in Kartusche mit fein empfundener *Hausmadonna* in Relief bereichert; die Fenster im ersten und zweiten Stock mit schmiedeeisernen niedrigen *Fenstergittern* versehen. Nach wiederholter Kriegsbeschädigung (1943-45) 1948 ff. wiederhergestellt. Der ***Innenhof*** (von der Burgstraße her einsehbar) an West- und Nordseite von dreigeschossigen hölzernen *Laubengängen* mit Brüstung aus gedrechselten Balustern besetzt. ***Bedeutung:*** Einziges noch erhaltenes barockes Altstadt-Bürgerhaus, das neben der reizvollen Stuckfassade noch den typischen, früher weit verbreiteten Laubenhof aufweist (vgl. dazu die rekonstruierten Lauben im Haus → Hochbrückenstraße 10).

Israelitischer Friedhof.

DIETRAMSZELLER PLATZ □ 22

Israelitischer Friedhof Ältester jüdischer Begräbnisplatz bereits 1285 angelegt, bald jedoch wieder aufgelassen, der nächste 1416 nahe der Dachauer Landstraße errichtet, jedoch ebenso kurzlebig: schon 26 Jahre später wurden die Juden erneut vertrieben; sie durften sich in den folgenden Jahrhunderten – bis 1804 – nur mit Pass und Toleranzpatent in München aufhalten. Nach Genehmigung eigener jüdischer Gemeinden (1813) Errichtung des bestehenden Friedhofs 1816 auf einer Fläche von rd. 2 ha. Die Grabmäler ähnlich den gleichzeitigen Monumenten des Alten Südlichen Friedhofs (→ Thalkirchner Straße 17), jedoch ohne figürliche Darstellungen; hervorragend das von Klenze entworfene Grabmal für den in München 1833 gestorbenen Dramatiker Michael Beer (Bruder des Komponisten Meyerbeer). **Neuer israelitischer Friedhof** (Garchinger Straße 37) nach Vorplanungen (u. a. von A. Thiersch) zwischen 1905 und 1907 auf einer Fläche von rd. 3 ha nach Plänen von Grässel angelegt; eingeweiht 1908. 1946 Gedenkstein für die Opfer der ›Endlösung‹ aufgestellt.

St. Theresia.

DOM-PEDRO-STRASSE 39 (Obermenzing) □ 18

St. Theresia Die nach Plänen von Boemmel 1921-24 errichtete Pfarr- und Klosterkirche der Karmeliten kann an der breiten, von Süd nach Nord verlaufenden Landshuter Allee trotz Höhe und Volumen keinen städtebaulichen Akzent setzen. Kriegsschäden (1944) zwischen 1945 und 1950 behoben, 1980-86 umfassende Außen- und Innenrenovierung sowie Umbau der Orgel 1988. ***Äußeres:*** Der gesüdete Bau unter hohem Walmdach durch schlanke Lisenen gegliedert, an beiden *Längsseiten* sechs hoch angesetzte Rundbogenfenster über seitenschiffähnlichen Anbauten. An *südlicher Schmalseite* der eingezogene Rundchor mit Umgang, östlich angefügt Turm mit doppeltem Zwiebelhelm; die *Nordseite* leicht konvex mit Hauptportal, schmalem Mittelfenster und Volutengiebel. Im rechten Winkel entlang der Dom-Pedro-Straße angebaut der bescheidene dreigeschossige *Klosterbau*. ***Inneres:*** Unter Tonnengewölbe mit fünf tief einschneidenden Stichkappen hoher, lichter *Saalraum*; beidseitig durch Wandpfeiler (mit vorgelegten Pilastern) getrennte Nebeneingänge und vier halbrunde Seitennischen; mächtiger Chorbogen zu dem aus neun Seiten eines Zwölfecks gebildeten *Altarraum*; gegenüber an nördlicher Schmalseite ausschwingende *Empore*. – *Ausstattung* (→ Legende zum Grundriss) deutlich geprägt durch Kombination von neubarocken Dekorationsformen mit Elementen des ›Art déco‹ der beginnenden 1920er Jahre. ***Bedeutung:*** Der Bau bildet, mit einigen anderen zeitgenössischen Neubauten (wie Johann Baptist in Solln, → Fellererplatz 1, oder Christkönig, → Notburgastraße 17), den Ausklang einer auf heimisch-lokalen Traditionen beruhenden Sakralarchitektur, ehe sie in den späten 1920er und 1930er Jahren von einer herberen, ›sachlicheren‹ Auffassung von Baukunst (z. B. St. Sebastian, → Schleißheimer Straße 212, oder Maria, Königin des Friedens, → Untersbergstraße 1) abgelöst wurde.

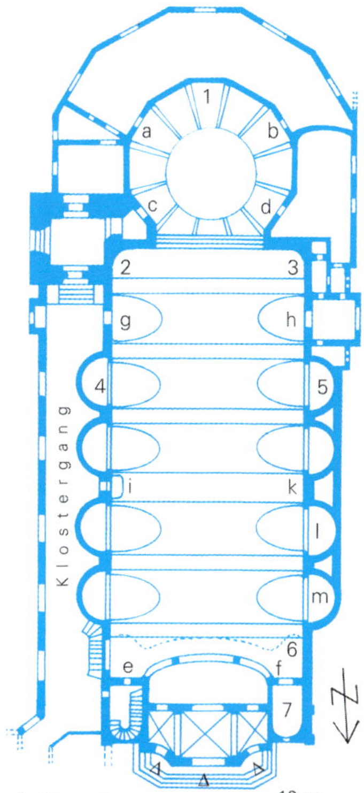

St.Theresia

Altäre **1** Hochaltar: *Santa Teresa de Jesús, ihr zur Seite vier Engel mit Symbolen, darunter, neben Tabernakel, vier der Heiligen verbundene Personen (von links): San Juan de la Cruz und S. Petrus de Alcantara sowie St. Joseph und Selige Anna de S. Bartolome (von Schreiner 1926). – Barockisierender* Volksaltar *und* Ambo *(von Visino 1980).* **2** Herz-Jesu-Altar: *Altaraufbau von Helmer, Gemälde von Feuerstein 1927.* **3** Marienaltar: *von Helmer, Gemälde ›Maria überreicht dem seligen Simon Stock das Skapulier‹ von Feuerstein 1927.* **4** Johannes-vom-Kreuz-Altar: *Altaraufbau und Johannesstatue von Helmer 1935.* **5** Josephsaltar: *Altararchitektur und Josephstatue von Helmer 1926, auf Mensa Schrein mit Kopie des sog. ›Prager Jesulein‹ (in St. Maria de Victoria in Prag, seit 1628).* **6** Altar der *›Kleinen Hl. Theresia‹ (von Helmer 1925).* **7** Kriegergedächtniskapelle: *Pietà (von Helmer 1925).*

Gemälde und sonstige Ausstattung
a, b, c, d, e, f: *Sechs von 13 anonymen* Ölgemälden *(spätes 17. Jh.) mit Szenen aus dem Leben des Karmeliterheiligen Dominikus* **a** *Jesu Maria und den Umständen, die zum Bau der ersten Karmelitenkirche in München (→ Karmeliterstraße 2) geführt haben. (Die restlichen sieben Gemälde im Klostergang.)* **g** Ovalbild *in Stuckrahmen: Hl. Theresia Margarita Redi (von Wurm 1936).* **h** Ovalbild *in Stuckrahmen: P. Dominikus a Jesu Maria mit Gnadenbild ›Maria mit dem geneigten Haupt‹ (in Karmeliterkirche St. Joseph in Wien), von Wurm 1936.* **i** Kanzel: *auf Schalldeckel Prophet Elias, am Corpus drei Medaillonbilder ›Lehrender Christus‹, ›Moses‹, ›Hl. Paulus‹ (anonym 1925).* **k** Kreuzigungsgruppe *(Helmer-Werkstatt 1927).* **l** *Farbig gefasste* Holzskulptur *›Patrona Bavariae‹ (Schratt, Ende 1920er Jahre).* **m** Gedenkstätte *der seligen Mystikerin A. M. Lindmayr (mit Portrait) (Kopie von Fromm-Schuler) und Reliquien (im Schrein); darüber ›Geißelheiland‹ nach G. Petel 1630/31 (Original im Dom zu Augsburg).* Kreuzwegstationen *(von Feuerstein 1925) an den seitlichen Bogenpfeilern zu den je Seite vier Nischen: zu den üblichen 14 Stationen nach barocker Gepflogenheit noch zwei Motive hinzugefügt: ›Vorbereitung am Ölberg‹ und ›Christus der Auferstandene‹.*

St. Theresia: *Hochaltar* (Ausschnitt).

DORFSTRASSE 37 a (Obermenzing) □ **28**

St. Georg Als Filialkirche von Aubing 1315 erstmals erwähnt (Fundamente vielleicht 9. Jh.); 1881 an Pfarrei Pasing, 1919 selbstständige Expositur, 1922-24 Pfarrkirche von Obermenzing, nach Neubau von *Leiden Christi* (→ Grandlstraße 2) in dieser Funktion abgelöst. Heutige Kirche nach Umbau (Anfang 15. Jh.) der spätromanischen Kirche Erhöhung des Langhauses und Verlängerung nach Westen sowie Einwölbung des quadratischen Chorraums – geweiht 1444, möglicherweise etwas früher (Stiftung von drei Altären 1433 durch Herzog Albrecht III.). Weiterer Umbau 1610 durch Anfügen einer kleinen Westkapelle sowie Aufsetzen des achteckigen Turmobergeschosses und, 1677-79, des kombinierten Spitzhelms mit Zwiebel (wohl nach Viscardi). Im 2. Weltkrieg leicht beschädigt, 1969-73 restauriert und saniert. ***Beschreibung:*** Satteldachgedecktes

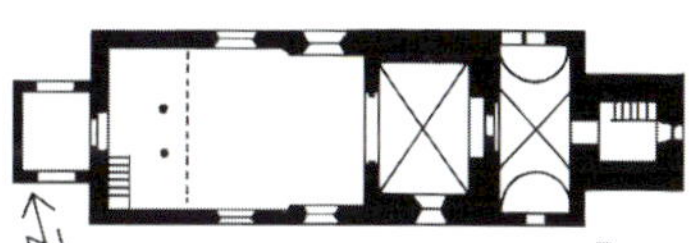

Obermenzing, St. Georg

Obermenzing, St. Georg.

Langhaus mit niedrigerem rechteckigen *Choranbau*; an seiner Ostseite dreigeschossiger *Turm* mit viertem oktogonalen Obergeschoss. – Das ***Innere*** einfacher flach gedeckter *Saalraum*, an Ostwand gotischer Chorbogen mit 1972 freigelegten *Wandmalereien*: ›Jüngstes Gericht‹ (frühes 17. Jh.; 1771 renoviert), darunter, beiderseits der Kämpferhöhe des Bogens, Reste spätgotischer Malereien (links:) Hll. Barbara und Katharina, (rechts:) Hll. Helena und Konstantin, die sich auf die in der ersten Hälfte des 15. Jh. erwähnten Seitenaltäre Hl. Katharina und Hl. Kreuz beziehen könnten. Im *Chorraum* ebenfalls freigelegte spätgotische *Wandmalereien*: an Stirnwand über Altar ›Christus Pantokrator‹ in Mandorla und ›Jüngstes Gericht‹ an den beiden Seitenwänden (in mehreren Reihen übereinander) Heilige und deren Martyrien sowie Szenen aus dem Leben Christi (verblasst); im Gewölbe ›Marienkrönung‹, von vier Evangelistensymbolen umgeben. – Unter der Empore spätgotisches Marienbild von (namentlich nicht genanntem) Maler aus Dachau, an Emporenbrüstung freigelegt barocker Bilderzyklus ›Christus und zwölf Apostel‹. Auf *linkem Seitenaltar* spätgotische Statue des ›Gegeißelten Heilands‹, auf *rechtem* neugotische Figur ›Hl. Georg‹; an Nordwand ›Kreuzigung‹ mit Maria und Johannes (wohl Mitte 15. Jh.). ***Bedeutung:*** Spätromanisch-frühgotisch, von der Bauwelle im 15. Jh. nicht erfasster Typus einer *Chorturmkirche*, charakteristisch für Dorfkirchen im westlichen Umraum Münchens. Durch Auflassen des umgebenden Friedhofs 1913 (bei Erhalt der Kirchhofmauer) und baulichen Veränderungen Isolierung des Sakralbaus und Zerstörung des Kerns eines ursprünglich organisch gewachsenen Bauerndorfs.

Obermenzing: Gasthof *Alter Wirt.*

DORFSTRASSE 39 (Obermenzing) □ **28**

Gasthof ›Alter Wirt‹ (seit 1417) 1589/90 errichteter fünfgeschossiger Bau mit hohem Walmdach und achteckigem Erkerturm; statische Sicherung 1985, saniert und renoviert 1986/87. ***Bedeutung:*** Eine der letzten äußerlich ursprünglich erhaltenen alten Dorfwirtschaften im Münchener Stadtgebiet, die in ihrer geradezu herrschaftlichen Erscheinung mit der Kirche (Dorfstraße → 37 a) zu einem malerischen Architekturbild zusammengewachsen ist. (Im heutigen Stadtgebiet älter als die Gaststätte zur Hundskugel, → Hotterstraße 18.)

ELISABETHPLATZ □ **19**

Burgfriedenstein Nr. 9 Ursprünglich am Schwabinger Schlagbaum; seit 1958 an dem 1903 als Markt ausgestatteten Platz.

ELISENSTRASSE 1 a □ **5**

Justizpalast Nach Plänen von F. v. Thiersch 1891-98 errichteter Monumentalbau an der Stelle des ehemaligen ›Herzoggartens‹ (seit 1752 im Besitz des Herzogs Klemens in Bayern) mit dem *Klemensschlößchen* – einer von J. M. Fischer geplanten, ca. 202 m langen Anlage (entlang der heutigen Elisenstraße) aus Mittelbau, beidseitigen Galerien und

Friedrich von Thiersch: *Justizpalast* (1891-98)

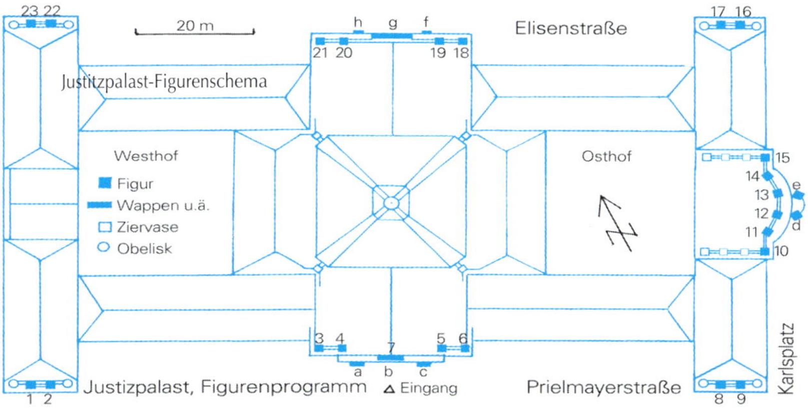

Justizpalast, Figurenprogramm

Figurenschmuck nach Programm und Ideenskizzen von Thiersch.
Freistehende Skulpturen *auf den Attiken der Risalite: jeweils paarweise aufeinander bezogene weibliche und männliche Allegorien.* **1** Strafe: *Mann mit Blitzen,* **2** Freispruch: *Frau mit Früchtekorb (J. Zumbusch);* **3** *Gruppe* Rechtshilfe: *Frau schützt liegenden Mann,* **4** *Kronos (W. v. Rümann);* **5** *Merkur (J. Ungerer);* **6** *Gruppe* Rechtsschutz: *Frau und liegender Mann mit Liktorenbündel;* **7** *Gruppe* Gerechtigkeit: *Justitia mit Waage und Schwert, flankiert von* Unschuld: *aufblickende Frau und Laster: sich abwendender Mann (B. Schmitt); im Giebelfeld sog.* Majestätswappen *(nach Entwurf von E. Pfeifer);* **8** Hinterlist: *Mann mit Keule,* **9** Frömmigkeit: *sich verhüllende Frau (A. Maison);* **10** Wahrheit: *Frau in sich lösender Toga,* **11** Forschung: *Frau mit Schriftband (Dennerlein);* **12** Selbsterkenntnis: *Frau mit Fackel,* **13** Friedfertigkeit: *Frau mit Palme (Weißenfels);* **14** Schreibkunst: *Frau mit Schreibtafel,* **15** Redekunst: *Frau in Redegestus (J. Chr. Hirth);* **16** Anklage: *Frau in Toga mit Schriftrolle,* **17** Verteidigung: *Frau in Toga (A. Heß);* **18** Milderung: *Frau in sprechender Gebärde,* **19** Beweis: *Frau auf Buch weisend (Gamp);* **20** Rechtsmacht: *Frau mit Waage,* **21** Rechtsstärke: *Frau mit Schriftrolle (O. Lang);* **22** Freier Wille: *Frau in Tunika,* **23** Freies Recht: *Mann mit Schriftrolle (F. X. Bernauer).*

Architekturplastik *Auf den gesprengten Giebeln über Rundbogenfenstern jeweils zwei gelagerte* weibliche Figuren*:* **a** *mit Buch IUS (H. Netzer),* **b** *mit Dekalogtafeln (F. Kuhn),* **c** *mit Buch IUS (Raindl). Über Ostportal:* **d** Legislative: *Frau mit Gesetzestafel,* **e** Exekutive: *Frau mit Schwert (Waderé). Über Fenstern im nördlichen Mittelrisalit jeweils paarweise zugeordnete* weibliche Zwickelfiguren *mit Schrifttafeln zum Verhalten des Staatsbürgers:* **f** *HONESTE VIVE – lebe ehrbar (Hautmann),* **g** *NEMINEM LAEDE – schädige niemanden (F. Christ),* **h** *SUUM CUIQUE TRIBUE – gewähre jedem das Seine (M. Gasteiger). Im Archiv das sog.* Majestätswappen *(nach Entwurf von Pfeifer). – Die Fenster im zweiten Obergeschoss der vier Eckresalite von* Halbhermen *flankiert (Pfeifer).*

Seitentrakten sowie westlich anschließendem Theater- und Orangeriebau, errichtet bald nach 1752-71 (nach Fischers Tod 1766 von Kirchgrabner vollendet); 1826-90 Unterkunft des Kadettencorps, 1890 abgebrochen. – Der im Auftrag von König Max II. von Riedel 1862/63 erstellte Plan zur Errichtung einer neuen Universität (mit Priesterseminar, ›Georgianum‹ und überkuppelter Universitätskirche) im ›Maximiliansstil‹ wegen Tod des Königs (1864) nicht ausgeführt. ***Baugeschichte:*** Seit 1803 Justizministerium und sämtliche Gerichte Münchens unzureichend im Augustinerstock untergebracht; bereits von 1875 an Suche nach geeignetem Grundstück für Neubau; 1884 Bürgerpetition an Ludwig II. für Justizpalast am Karlsplatz. 1887 Auftragserteilung und Vertrag an Thiersch (zugleich mit Übergabe des umfangreichen Raumprogramms). Nach erstem Vorentwurf (1888) ausgedehnte Studien gleichartiger Bauaufgaben (u. a. Nürnberg, Stuttgart, Wien, Paris, Brüssel), denen drei Zwischenprojekte (1888/89) und zwei Bauentwürfe (1890) folgen; Kostenreduzierung führt zu endgültigem Vertrag mit Thiersch; *Baubeginn* im Frühjahr 1891, *Einweihung* 1898. – Im 2. Weltkrieg durch Bombentreffer mehrfach beschädigt: Zerstörung der Kuppel sowie Verlust der prächtigen Innenräume; nach 1945 wieder aufgebaut, 1977-82 Innenrenovierung, 1982-89 Reinigung der Fassaden. ***Beschreibung:*** Auf vier Seiten freistehender mächtiger *Baublock* in Hausteinverkleidung, zwei Innenhöfe einschließend und durch Mitteltrakt getrennt; in diesem die ›Zentralhalle‹ unter vierseitiger Glas-Eisen-›Kuppel‹ (mit durchbrochener Laterne 66 m hoch). Kräftig gegliederte Nord- und Südfassaden mit fünfachsigen *Mittelrisaliten* (drei Achsen übergiebelt) und weit vorspringenden einachsigen *Seitenrisaliten*; die Ostfassade mit konvexem Mittelteil und hoher Attika wirkt als eigentliche Schaufront, die Westfassade einfacher gestaltet. Über kräftig rustiziertem

Justizpalast: Allegorie des (im Krieg amputierten) Rechtsschutzes.

Justizpalast: *Lichthof.*

Justizpalast: *Wappen* an der Nordseite.

Der »Harmlos«.

Erdgeschoss drei Obergeschosse mit stark plastisch behandelten Fensterumrahmungen (v. a. im zweiten Obergeschoss); Mittel- und Eckrisalite durch Kolossalsäulen und -pilaster gegliedert und durch Attiken mit Figuren (nach Ideenskizzen von Thiersch) akzentuiert. (Thierschs Baubüro war ein eigenes Bildhaueratelier zur Prüfung der Modelle und ihrer Ausführung in Sandstein unterstellt; Leitung: Pfeifer. Auftragsvergabe an ca. 20 Bildhauer: Beschreibung → Planskizze.) – Westlich des Justizpalastes, durch Hofraum abgesetzt, das *Neue Justizgebäude* (→ Prielmayerstraße 5). ***Inneres:*** Monumental gestaltete Vestibüle, durch Gänge überschaubar verbunden; die *Zentralhalle* unter der Kuppel mit Treppenanlage, der große Schwurgerichtssaal, der zweigeschossige Repräsentationssaal, die Bibliothek (nach Entwürfen von Thiersch in bayerischem Rokoko ausgestattet) nach Kriegszerstörungen vereinfacht wiederhergestellt. Im ersten Obergeschoss der Zentralhalle Bronzestatue des Prinzregenten Luitpold (von Rümann, die gegen Kriegsende von der ›Reichsstelle Eisen und Metall‹ beschlagnahmt wurde; 1954 in Hamburg entdeckt und nach Restaurierung 1955 an früherem Platz wieder aufgestellt. ***Bedeutung:*** Eines der bedeutendsten und gekonntesten Bauwerke der Gründerzeit, in selbstständiger Adaption von Renaissance- und hauptsächlich Barockformen und der nahtlosen Synthese verschiedener zeitlicher und örtlicher Stilelemente und -zitate (z. B. Schwarzenberg-Palais in Wien sowie Reichskanzleitrakt der Wiener Hofburg, Treppenanlage von Stift St. Florian, Marmorsaal von Schloß Weißenstein bei Pommersfelden) einer der reifsten Bauten des ausgehenden Historismus – die Quintessenz der ›Bildungsarchitektur‹ im großbürgerlichen Zeitalter. Mit Reichstag in Berlin (von Wallot, 1884-94) und Reichsgericht in Leipzig (von Hoffmann und Dybwad, 1887-95) größter deutscher Profanbau des ausgehenden 19. Jh. (Beste Entfaltung des ›Palastes‹ vom Stachusrondell aus – siehe perspektivische Ansicht des Architekten auf S. 116 – oder vom Lenbachplatz aus.) Zwischen 1970 und 1977 Errichtung des **Zentraljustizgebäudes** nach Plänen von Kaup, Scholz und Wortmann (Nymphenburger Straße 16).

ENGLISCHER GARTEN ☐ 3 f., 15 f., 19, 20

Weitläufiger, nahezu von der Stadtmitte dem linken Isarufer entlang nach Norden sich erstreckender Landschaftsgarten; Fläche 3,73 qkm bei einer Länge von rd. 5,3 km (von Prinzregentenstraße bis Föhringer Ring) und einer Breite bis zu 1 km. ***Geschichte des Parks*** 1789 Freigabe des 1387 erstmals erwähnten Hirschgeheges (nördlich des Unteren → Hofgartens) durch Kurfürst Karl Theodor (angeregt durch Benjamin Thompson, ab 1792 Reichsgraf von Rumford) zur Errichtung von Tierarznei- und Militärgärten:

Anlage eines *Elevengartens* (mit Festungsmodell) für Kadetten der 1788/89 gegründeten ›Militair Academie‹ (etwa beim heutigen Haus der Kunst), *Militärgärten* (etwa zwischen Schwabinger Bach und Königinstraße) und der eigentliche *Volksgarten* (›Karl-Theodor-Park‹, später ›Englischer Garten‹ genannt). Nach Vorplanung Rumfords Planungsauftrag an F. L. Sckell 1789 sowie weitere Maßnahmen: Errichtung einer *Vieh Arzney Schule* (zur Seuchenbekämpfung; heute Tierärztliche Fakultät der Universität), Anlage von elf (›Muster‹-)*Brücken* verschiedener Bauarten, eines Bereichs für *militärische Studien*, einer *Baumschule*, einer *Schweizerey*, einer *Schäferey* und einer *Ackerbauschule*. Zum Schutz vor Hochwasser Aufschüttung des ca. 2 km langen *Isardamms* durch Riedl (Fertigstellung 1790). Bis Übergabe des Parks an Publikum 1792 (Öffnung des ›Augartens‹ bei Wien bereits 1775!) Errichtung von Stimmungsarchitekturen, wie für Stilstufe des ›Sentimentalen Landschaftsgartens‹ (ca. 1770-90) typisch: u. a. Amphitheater, Gessners Grabmal, Gotischer Tempel, Diana- (oder ›Oha‹-)Tempel, Palladiobrücke, Chinesischer Steg (auf Sckells Geheiß verschwunden). – Ablösung Rumfords durch Werneck (1797), der die Militärgärten auflöst, den ersten *Kleinhesseloher See* anlegt und darüber hinaus die wirtschaftliche Nutzung des Parks (Ökonomie, Sägewerke, Mühlenbetriebe) steigert. Durch Übersiedlung Sckells als Intendant des gesamten bayerischen Gartenwesens von Schwetzingen nach München 1804 Ablösung Wernecks. 1807 betont Sckell in Entwicklungsplan und Denkschrift den Erholungscharakter des Gartens: Durch Korrektur der Pflanzungen, Entfernung kleiner Staffagen und Überformung des Wegenetzes wird der Park zum ›Klassischen Landschaftsgarten‹ und zu Sckells bedeutendstem künstlerischen Werk. 1810/11 Einbeziehung der *Hirschau* und Ausdehnung nach Norden bis zum *Aumeister*, 1812/13 Vergrößerung des *Kleinhesseloher Sees* auf über 86 000 qm (mit drei Inseln: ›Königs-‹, ›Kurfürsten-‹ und ›Regenten-Insel‹); 1814/15 Anlage des *Wasserfalls* an Kreuzung von Schwabinger und Eisbach; außer diesen noch zwei weitere Bäche: Enten- und Oberstjägermeisterbach. Nach Aufschüttung des *Monopteros-Hügels* durch C. A. Sckell (1836) keine tiefgreifenden Eingriffe mehr in die Substanz des Gartens – allenfalls naturbedingte Wandlungen. Zugewinnungen wie Hirschauer Forst (1940), ehemaliges Maffeigelände (1952) oder Rattenhuber-Grundstücke (1970) stehen Schmälerungen des Bestands durch Randbebauungen und Verkehrsausbau (Verbreiterung der Königinstraße 1937/38, Rückbau 1996; Errichtung der Sender Radio Free Europe/Radio Liberty im ehemaligen Hofblumen-Treibgarten 1951 ff., Erbbaurecht bis 2014 verlängert; Anlage des Isar- und Mittleren Rings 1960-65) gegenüber. Bombenschäden und Schuttablagerung auf dem Hirschanger 1944/45 nach Krieg behoben. Bei schwerem Unwetter 1964 Baumschäden; 1968/69 Schwabinger Bach im südwestlichen Bereich aufgelassen bei gleichzeitiger Anlage eines *Weihers* mit Insel hinter Haus der Kunst. Rodung der überalterten Bepflanzung des Monopteros-Hügels, 1972 olympischer Bogenschießwettkampf auf Werneckwiese und Ausweis von 8 km Wege für Marathonlauf; auf Karl-Theodor- und Seinsheimwiese Aufführung von Stockhausens Parkmusik ›Sternenklang‹. 1978 Anschluss der → *Isarinsel Oberföhring* durch Holzbrücke an Englischen Garten sowie Eingliederung des ehemaligen Hochschulsportgeländes ›Schwabinger Bucht‹; ein Teil dieses Areals (südlich Aumeister) und Reitoval der Schönfeldwiese 1982 als Nacktbadegebiete ausgewiesen. 1983-84 Regenerationsarbeiten am Baumbestand im nördlichen Forstteil, 1984-85 Errichtung eines neuen *Amphitheaters* in der Hirschau (das erste nördlich des Rumfordhauses 1793 angelegt, Anfang 19. Jh. eingeebnet); 1986 Anschluss des *Tucherparks* an Englischen Garten. 1988 und 1990 führen schwere Sturmschäden (v. a. im Nordteil) zur ›Baumspendenaktion‹. 1995 Pflanzung des *Carl-Orff-Hains* (südlich des Burgfriedenswegs). – Vor allem der alte (südliche) Teil des Gartens mit teilweise überaltertem Baumbestand durch Überbeanspruchung und Disziplinlosigkeit des Publikums geschädigt; seit 1996 umfassende Restaurierung des Gesamtareals und partieller Rückbau zum ursprünglichen Zustand anhand eines wiederentdeckten, von C. Effner 1830 vermessenen Bestandplans; abgeschlossen zu F. L. v. Sckells 250. Geburtstag (13.9.)2000.

Englischer Garten: Der Fernblick auf die Türme der Altstadt (unten) vom *Monopteros* (oben).

Englischer Garten: *Chinesischer Turm.*

Gebäude und Denkmäler *entlang den im Gartenplan (→ S. 121) vorgeschlagenen* Rundgängen. *Vom Hofgarten über* ›Harmlos-Wiese‹ *mit Kopie der* Statue des ›Harmlos‹ *(von F. J. Schwanthaler 1803, Original im Residenzmuseum) zum Eingang an Königinstraße; hier seit 1996 ein Stück der* Berliner Mauer *als ›Denkmal zur Erinnerung an die Teilung Deutschlands und Europas vor 1989‹. Einleitung des 1993 revitalisierten Kögelmühlbachs vor der Staatskanzlei in den Schwabinger Bach unter Beibehaltung des 1972 angelegten* Teichs *mit Insel. Auf dieser* Japanisches Teehaus *(Architekt Ursasenke XV. Soshitu Sen und Mitsuo Nomura, Tokio, 1972; Vorführung der Teezeremonie). Jenseits des 1814/15 künstlich angelegten* Wasserfalls *im südöstlichen Teil des Gartens* Rumford-Denkmal *(mit Reliefs): an Vorderseite Portrait des Grafen, an Rückseite ›Bayern geführt von Abundantia‹ (F. J. Schwanthaler 1795/96, erneuert 1954/55 sowie 1981). – Auf dem Weg entlang der Karl-Theodor-Wiese zum Monopteros nach links Abstecher zur Burgfriedenssäule Nr. 12/13, aufgestellt 1728 in der Nähe der heute von Osten einmündenden Himmelreichstraße zur Markierung des hier verlaufenden, auf Befehl von Kurfürst Max Emanuel 1724 (Inschrift auf Vorderseite) neu festgelegten Burgfriedens (= Hoheitsgebiets) des barocken München und später an Nordseite des ›Burgfriedenswegs‹ verlegt. Vor der Säule 1992 Anlage einer Gedenkstätte für ›200-Jahr-Feier‹ des Englischen Gartens (1989) sowie für ›Baumspendenaktionen‹ zur Behebung jener Baumschäden, die durch Unwetter (1988 und 1990) entstanden waren: Gepflastertes Areal (gestaltet durch Gartenverwaltung) mit acht im Boden verlegten Metallplatten mit Spendernamen sowie Zitaten nach Goethe, Sckell, Konfuzius (Schriftgravur von Imelauer). Benachbart der* Carl-Orff-Hain, *gepflanzt 1995 anlässlich des 100. Geburtstags des Komponisten. – Von hier zum* **Monopteros***, *1832-36 auf künstlichem Hügel errichtet. Vorher bereits bestand auf einer Insel im ›Apollo-Hain‹ (s. u.) hölzerner, zehnsäuliger Monopteros (›Apollotempel‹, 1789-90 nach Plänen von Lechner erbaut, 1838 abgetragen). Sckell schlug 1807 Aufschüttung eines Hügels vor, bekrönt von einem Rundbau (angeregt durch das römische Pantheon) als ›nationale Ruhmeshalle‹(!) bayerischer Regenten, später von Sckell reduziert zu steinernem Tholos. Dieser Vorschlag ab 1822 von Klenze für eigene Planungen aufgegriffen; gegen Ende der 1820er Jahre Klenzes Auseinandersetzung mit polychromer Fassung klassizistischer Architektur, die für seine Monopteros-Gestaltung entscheidend wurde. Nach mehrjähriger Planung 1831 Aufmauerung des 15 m hohen Ziegelfundaments als Kern des aufgeschütteten Hügels aus Schutt der geschleiften Festungswälle bei der Galeriestraße; gärtnerische Leitung durch C. A. Sckell. Errichtung des Monopteros ab 1832, Vollendung einschließlich Bemalung 1836.*
Beschreibung: *Zehn steinerne ionische Säulen tragen gemaltes Gebälk, darüber Stirn›ziegel‹ aus Blech; das hölzerne Dach in Kupfer gedeckt und von farbigen Pinienzapfen (wie ›Diana-Tempel‹ der Villa Borghese/Rom) und Voluten (wie ›Lysikrates-Denkmal‹ in Athen) bekrönt; Deckenkuppel mit farblich gefassten Kassetten. In der Mitte* Säulenstele *als* Denkmal für Kurfürst Karl *Theodor (Gründer des Englischen Gartens) und König Max I. Joseph (als Vollender) 1837 aufgestellt. Erste Restaurierung (v. a. der Farbfassung) 1898; Bombenschäden 1944 zwischen 1952 und 1955 behoben; grundlegende Restaurierung mit Wiederherstellung der Polychromie 1980-82. (Vom Monopteros-Hügel schönster Blick* auf Altstadt.)*
Über ›Entenweg‹ *zur* Karl-Theodor-Brücke; *rechts auf einer Insel im ›Apollo-Hain‹ halbrunde Sitzbank (Entwurf Klenze 1838) auf Stereobat des ehemaligen Apollo-Tempels errichtet. – Weiterführung des Rundgangs zum* Chinesischen Wirtshaus, *1790 von J. B. Lechner in Holz erbaut, 1912 originalgetreu als verputzter Steinbau erneuert; südöstlich davon die* ›Schwaige‹ *mit Ökonomiegebäuden und Orangerie (davor bronzene Sckell-Büste von Senoner, 2001 enthüllt). Vor dem ›Wirtshaus‹ (mit Biergarten) der* **Chinesische Turm**, *1789/90 als hölzerne, 25 m hohe Aussichts- und Musik-›Pagode‹ nach Plänen von Frey erbaut. (Vorbild die allerdings schlankere ›Pagode‹ in Kewgarden/London, 1757-62), 1944 abgebrannt, 1951/52 rekonstruiert.*
Von hier Abzweigung zum erweiterten Rundgang. *Am Kinderspielplatz nebenan sehenswertes vom Jugendstil beeinflusstes* Kinderkarussell *(vom Bildhauer Erlacher und Dekorationsmaler Julier 1913 installiert anstelle eines seit ca. 1823 bestehenden, altersschwachen Karussells; erneuert 1980-82). Entlang dem Oberstjägermeisterbach zur Umrundung des Kleinhesseloher Sees*

Bedeutung: Einer der frühesten, größten und bedeutendsten englischen Landschaftsgärten Deutschlands, in seiner Umwandlung in *öffentlichen* Park erster ›demokratischer‹ Garten auf dem Kontinent, zugleich erster der von Hirschfeld im Sinne der Aufklärung geforderten ›Volksgärten‹ mit anfangs wirtschaftlicher (Einführung der Kartoffel!), militärakademischer (Festungsmodell!) und volkserzieherischer Absicht »zwecks Bewegung und Geschäfts-Erholung, geselligen Umgangs und Annäherung aller Stände«; angeregt von Rumford als einem der fortschrittlichsten Geister, künstlerisch gestaltet von Sckell, dem neben Pückler-Muskau und Lenné bedeutendsten deutschen Gartenkünstler seiner Zeit. Heute noch eine der größten geschlossenen Grünanlagen einer deutschen Großstadt. Nördlich des ›Aumeisters‹ bzw. Föhringer Rings und der erheblichen Verbauung durch Wohnanlage ›Kulturheim‹ und ARD-Fernsehstudios Beginn des *Landschaftsschutzgebiets Obere und Mittlere Isarau* östlich der Freisinger Landstraße und des rechtsseitigen Isarhochufers; nördlich von Garching bis Freising.

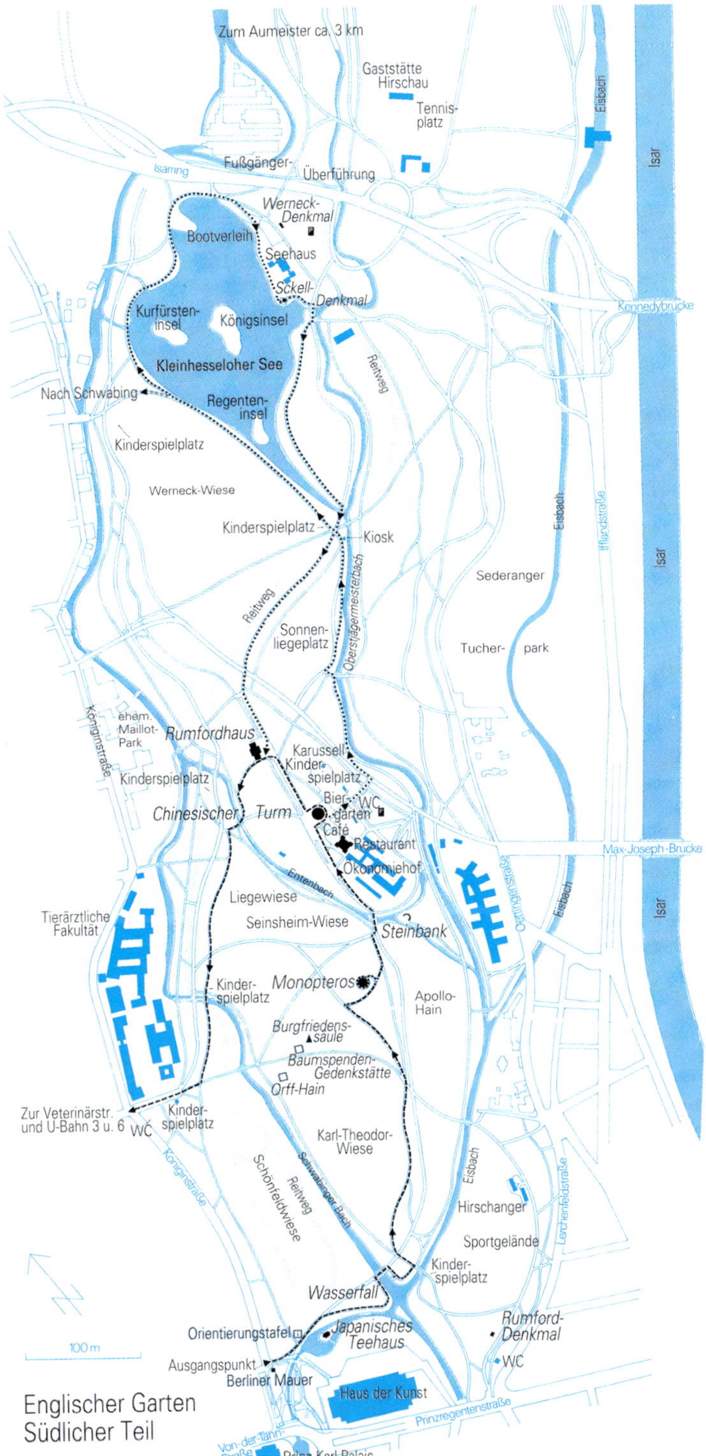

Englischer Garten Südlicher Teil

---- Kurzer Rundgang 30 Minuten

.... Erweiterter Rundgang 1 Stunde

Englischer Garten

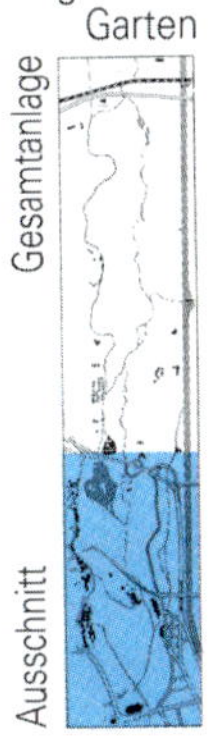

bis Isarring. Nördlich davon auf Anhöhe der Isarterrasse von Ludwig I. ursprünglich ›Walhalla‹ (Entwurf C. v. Fischer 1809/10) vorgesehen; 1828-30 dagegen nach Plänen Klenzes das (Neue) Schloß Biederstein *(abgerissen 1934) mit Park (von Sckell) gebaut. Über Fußgängerbrücke durch die ›Hirschau‹ (neues Amphitheater 1984/85 angelegt) bis* Aujägermeisterhaus *(1810/11 von Deiglmayr erbaut), im Volksmund nur ›Aumeister‹, mit Biergarten; ca. 3 km bis zum Nordende des Englischen Gartens. – Am Ostufer des Sees wieder stadtwärts: vorbei am* Werneckdenkmal *(nach Entwurf Klenzes 1838) zum* Seehaus *(mit Biergarten): Erster Bau 1882/83 von G. v. Seidl, Neubau 1935 nach Plänen von Esterer (abgebrochen 1970); Ersatzbau aus versetzten Pavillons 1982-85 nach Plänen von Hürlimann und L. Wiedemann. Auf Landzunge* Sckelldenkmal *(Entwurf Klenze, ausgeführt von Bandel 1824): Säule (anstelle einer ursprünglich vorgesehenen Sckellbüste) mit Pinienzapfen bekrönt; das Original abgetragen und 1938/39 durch Kopie von Pezold ersetzt, 1938/39 restauriert. – Rückweg und Anschluss an Kurzrundgang beim* Rumfordhaus, *1790/91 als Offizierskasino nach Angaben Rumfords von Lechner im Stil palladianisch-klassizistisch englischer Kolonialarchitektur gestaltet, 1987 restauriert; bereits vorher (1971) Kinderbetreuungsstätte mit Umweltpädagogik durch Kreisjugendring München-Stadt. – Jenseits des Schwabinger Bachs (bis zur Königinstraße) der Park des ehemaligen ›Maillot Schlößchens‹, nach Plänen von Métivier 1823 erbaut. Im Park zwischen 1863 und 1870 Münchens erster Zoologischer Garten. Neugestaltung des im 2. Weltkrieg zerstörten Geländes durch Roemer im Zusammenhang mit Errichtung der Generaldirektion der Allianz Versicherungs AG 1953 ff. (nach Plänen von Wiedemann). – Nach Süden anschließend die Tierärztliche Fakultät, danach Ausgang zur Veterinärstraße.*

Europäsches Patentamt: *Gußeisenbrunnen* von Paolozzi.

ERHARDTSTRASSE 27 □ **11**

Europäisches Patentamt Nach Entwurf der Architektengruppe Gerkan-Marg und Partner ab 1975 errichtet; Inbetriebnahme 1979/80. ***Beschreibung:*** zwei gegenständige Baukörper aus jeweils drei Seiten eines Achtecks, an den abgeschrägten Seiten miteinander verbunden. Über Terrassen und Sockelgeschoss zehnstöckig (4 + ›Technikgeschoss‹ + 5), Stahlbetonskelettbau mit vorgehängter Glasfassade. In den umgebenden Grünanlagen Großplastiken europäischer Künstler: King (an der Erhardtstraße), Paolozzi (Gusseisenbrunnen an der Corneliusstraße), Schöffer (Edelstahlskulptur ›Chronos B 10‹). ***Bedeutung:*** Städtebaulich wirkungsvoller – im Vergleich mit dem Deutschen Museum gegenüber jedoch überdimensionierter – Akzent entlang der Isar am amorphen Südostrand des → Gärtnerplatzviertels. Der raffiniert aufgelockerte Grundriss sowie die spiegelnden Glasfassaden mildern den voluminösen Eindruck des düsteren Baublocks. (Nördlich anschließend das Deutsche Patentamt, → Zweibrückenstraße 12.) – *Dependancen* in den ›Pschorr-Höfen‹ (Bayerstraße seit 1991) sowie an Bayer-/Grasserstraße (seit 2001).

EVERSBUSCHSTRASSE 11 (Untermenzing) □ **28**

St. Martin* Konradinische Matrikel nennt 1315 die (weitaus ältere) Martinskirche als Filiale der Pfarrei Aubing; 1422 abgebrannt, im 15. Jh. wiedererrichtet. 1914 der Pfarrkirche Allach zugeschlagen, 1922 Expositur, 1938 Pfarrkuratie, seit 1945 Stadtpfarrei. ***Beschreibung:*** Vom romanischen Vorgängerbau nur die vier unteren Turmgeschosse (mit Bogen- und Zahnfries) an Südseite des spätgotischen Chors erhalten; im 15. Jh. um oberes Glockengeschoss (mit Spitzbogenfries) und Treppengiebel erhöht. Heutige Kirche durch Randeck errichtet, 1499 vollendet (Jahreszahl und Meisterzeichen an Gewölbekonsolen des Chorbogens), wahrscheinlich gefördert durch Herzog Sigismund (dargestellt im Fenster rechts des Hochaltars), aber auch durch Stiftungen von Patriziern und Münchener Bürgern. ***Außenbau*** durch kräftige, dreistufige Wandpfeiler gegliedert, gemeinsames Satteldach von *Langhaus* und *Chor*, über dreiseitiger Apsis entsprechend gewalmt; an Südseite des Langhauses ehemals Eingang, durch Vermauerung des Portals Marienkapelle und neue Eingangshalle an Westseite angefügt. Vor der Kirche Brunnen mit Figur Hl. Martin (von E. A. Rauch, 1977). ***Inneres:*** einschiffiges *Langhaus* zu vier Jochen, eingezogener zweijochiger *Altarraum* mit 3/8-Schluss. Über beiden Raumteilen Netzgewölbe bei gleicher Scheitelhöhe, die Rippen von rechteckigen abgefasten Wandpfeilern und bemerkenswerten Kopfkonsolen ausgehend. Von einstmals reicher *gotischer Ausstattung* wenig erhalten: im Chor an Nordwand *Sakramentshaus* auf Kopfkonsole, von Salvator Mundi bekrönt; *Glasgemälde* vom Ende des 15. Jh. (Maria, Hl. Nikolaus, Stifter mit Hl. Petrus, Herzog Sigismund und Wappen mit Inschrift und Jahreszahl 1499); *Thronende Madonna mit Jesuskind** (um 1440: ›Weicher Stil‹) in südlicher Langhauskapelle (der zugehörige Schrein des ›Frauenaltars‹ von 1499 im Bayerischen Nationalmuseum); im westlichen Joch des Langhauses hölzerne gotische *Empore*. – Dagegen jetzige Ausstattung (hauptsächlich 17. Jh.) stilgeschichtlich interessant: Übergang von später Gotik zu frühem Barock, d. h. dem Manierismus nahe stehender *Hochaltar* (Architektur vielleicht von Krumper, Bildhauerarbeiten von J. Degler, 1614/15): im herzförmig gerahmten Mittelbild die Hll. Eheleute Anna/Joachim, Maria/Joseph (mit Jesuskind) und Elisabeth/Zacharias, flankiert von den Kirchenpatronen Martin und Nikolaus; auf kleinformatigen Tafelbildern (Nachklang gotischer Flügelaltäre) Szenen aus dem Leben Christi und Mariens; im Auszug Madonna vom Typ Patrona Bavariae. An nördlicher Chorwand schadhafte Reste von *Wandmalereien* um 1572: Jüngstes Gericht, Mannalese, sieben Sakramente (1925 freigelegt); an Chorwänden neben lebensgroßem *Kruzifixus mit Mater dolorosa* (Stiftung 1686) auf Wandkonsolen vier gute *Figuralplastiken* von ehemaligen Altarstatuen des 18. Jh.: Hll. Laurentius und Stephanus sowie Erzengel Michael und Schutzengel. – Beiderseits des Chorbogens triumphbogenartige *Seitenaltäre* (Anfang 17. Jh.) mit frühbarocken Altarblättern der Münchener Schule: links ›Pfingstwunder‹ (datiert 1615) und seitliche Statue Hl. Joseph,

Untermenzing, St. Martin

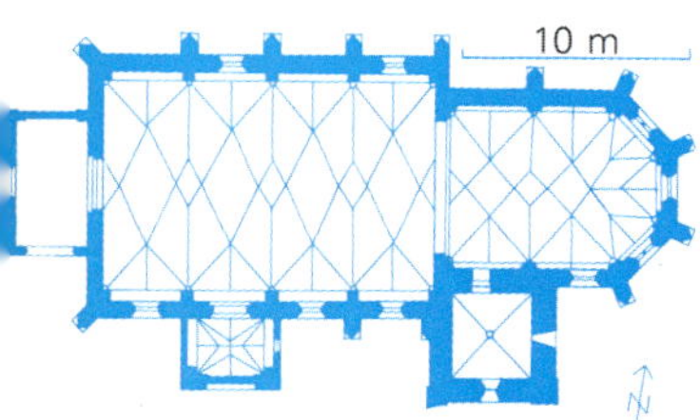

Untermenzing, St.Martin

rechts ›Marienkrönung‹ und Statue Hl. Katharina. Im östlichen Joch des Langhauses fragmentarische *Fresken* (16. Jh.) mit Heiligen (z. T. identifiziert: Anna selbdritt, Evangelist Johannes, Gertrud von Nivelle, Petrus, Helena, Laurentius und Magdalena sowie Maria, Florian, Johannes Baptist, Andreas, Barbara, Ulrich). Auf Empore *Rokoko-Orgelgehäuse**um 1740 (wohl vom Dachauer Q. Weber) sowie erhalten eine sog. Schleifbandorgel. ***Bedeutung:*** Heute bestehende Anlage wie St. Wolfgang (→ Pippinger Straße 49 a) und Kapelle von → Schloß Blutenburg wohl auf Anregung bzw. Förderung durch Herzog Sigismund zurückgehend, in der Bauweise aber eher Landshuter Provenienz (nach O. E. Wolf). Durch Einwölbung von Chor *und* Langhaus aus den gleichzeitigen flach gedeckten Landkirchen im Würmtal hervorgehoben. Selten gewordenes Beispiel einer spätgotischen Anlage in Stadtumgebung, bei der vor allem die Außenerscheinung von Südosten im Zusammenklang von reich gegliedertem Turm mit spätgotischem Chor von besonderem Reiz ist. Der alte Kirchhof erhalten, mit neuem Friedhof am Westufer der Würm durch gedeckten Holzsteg verbunden.

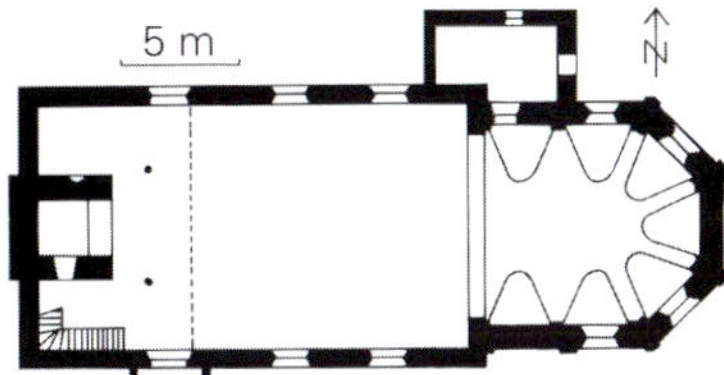

Allach, St. Peter und Paul

EVERSBUSCHSTRASSE 195 (Allach) ☐ 23

St. Peter und Paul Frühe Besiedlung durch Ende des 19. Jh. aufgefundene Reihengräber für Zeit zwischen ca. 580 und ca. 730 n. Chr. gesichert. Erste urkundliche Erwähnung (»Ahaloh«) 774, etwa 30 Jahre als ›Kirchdorf‹ bezeichnet, 1315 als Filiale von Aubing beurkundet; 1897 Expositur, 1914-55 Pfarrkirche. Seitdem durch größeren Neubau Mariä Himmelfahrt (Höcherstraße 14) abgelöst: Pläne von O. E. Bieber, 1954-55 durch seinen Sohn Peter ausgeführt, im Innern durch Hartl 1977-79 umgestaltet. ***Beschreibung:*** Grundmauern der ältesten Kirche 1962 unter der bestehenden entdeckt: romanischer Bau aus Tuffquadern, einschiffiges, nur innen verputztes Langhaus mit östlich angesetzter, eingezogener Rundapsis; an deren Stelle Backsteinanbau eines rechteckigen Altarraums (Ende 12., spätestens Anfang 14. Jh.), in der Spätgotik eingewölbt; der spätromanische Turm in der Südwestecke des Langhauses durch Bogenfriese gegliedert und bei Einwölbung des Chors aufgestockt. *Neubau* der Kirche (wohl durch Maurermeister Funkh) 1708-10 unter Beibehaltung der Nord- und Westwand sowie Einbeziehung des Turms in die Mittelachse der neuen Westfassade. ***Inneres:*** Auf breites, flach gedecktes Kirchenschiff folgt gering eingezogener polygonal geschlossener Chorraum: altertümlich durch Pflanzen- und Eierstäbe dekoriertes Stichkappengewölbe. Bemerkenswerter *Hochaltar* von 1710 mit deutlich italienischen Hochbarocktendenzen, in der Mitte lebensgroße Statuen Petrus und Paulus, flankiert von zwei Bischöfen (Wolfgang und Benno?, eher wohl Augustinus durch Beziehungen Allachs zum Augustiner-Chorherrnstift Beuerberg, das an der Würm begütert war). Die schräg gestellten *Seitenaltäre* (Marien- und Josephsaltar) von 1708 oder 1723(?). Im Langhaus (Nordwand) mächtige barocke *Kreuzigungsgruppe* eines vielleicht Dachauer Meisters (nach 1677), ehemals in Wallfahrtskapelle *Heilig Kreuz* auf dem Adelsberg im Dachauer Moos, die (an der Stelle eines Jagdunfalls 1677 von Kurprinz Max Emanuel gestiftet) 1794 wegen Baufälligkeit abgebrochen worden war.

Allach, St. Peter und Paul.

FALLSTRASSE 7 ☐ 22

St. Achaz In Mittersendling bereits 1315 ein Achazkirchlein bezeugt. Der gotische Vorgängerbau fiel 1732 einem barocken Neubau nach Plänen von Ettenhofer zum Opfer; Weihe 1733: ein rechteckiger Saalbau mit schmälerem Choranbau und Westturm; das Innere dreijochig mit Pilastergliederung und hohen Rundbogenfenstern. An den gekurvten Wänden des östlichen Jochs Seitenaltäre, der eingezogene, quadratische Altarraum halbrund geschlossen; dieser und das Langhaus mit flachem Tonnengewölbe und Stichkappen. – 1924 Projekt für Erweiterung an Südseite der Kirche (von Lochbrunner), als zu aufwändig nicht ausgeführt. Dafür Neubau nach Plänen von Steidle bei weitgehendem Abbruch der barocken Kirche, dem Deckenfresken ›Vision des Hl. Achatius‹ (über Chor) und ›Bestattung des Hl. Achatius und seiner Gefährten durch Engel‹ (über Kirchenraum) zum Opfer fielen (von Cordula Böhm C. D. Asam, 1732/33,

St. Achaz.

zugeschrieben); *Grundsteinlegung* Neubau 11.9.1927, *Weihe* 22.4.1928. Der ***Außenbau*** nun basilikal durch Anfügung zweier Seitenschiffe, der erhalten gebliebene *Turm* mit seiner charakteristischen Doppelzwiebel in westlichen Teil des neuen Baukörpers einbezogen. Mehrmals Bombenschäden zwischen 1942 und 1945, nach Kriegsende behoben. 1957 Außenrenovierung, 1967 Anbau einer neuen Sakristei, 1977/78 Außen- und Innenrenovierung. ***Inneres:*** Herber rechteckiger *Saalraum* von rohhölzerner Tonne (1/3-Kreisbogen) überwölbt mit vier ›Gurtbögen‹ auf Konsolen, die den ehemals barocken Pilastern entsprechen; ornamentale *Bemalung* (von L. Bauer, 1928). In den Achsen der drei hoch sitzenden Rundbogenfenstern vermitteln niedrige Stichbogen zu den dreijochigen, flach gewölbten *Seitenschiffen*: im rechten Werktagskapelle, im linken in flacher Ostapsis hölzernes *Kruzifix* (von Scheuerle, 1929), Typus des expressionistischen Gekreuzigten im Collegium Benedictinum in Salzburg (von Adlhart, 1925). – *Hochaltar* (wie die beiden Seitenaltäre aus alter Kirche übernommen) mit Gemälde ›Hl. Achatius mit Engeln‹ und Auszugsbild ›Krönung Mariens‹ (von C. D. Asam, um 1733); beiderseits spätgotische *Schnitzfiguren** ›Hl. Dionysius‹ und ›Hl. Juliane‹, Münchener Schule um 1500 (von einem Sendlinger Bauern aus Schäftlarner Säkularisationsgut gekauft und nach St. Achaz gestiftet). Die *Seitenaltäre* (neben Chorbogen): im linken Gemälde ›Pietà‹, im Auszug ›Hl. Martin‹ (von Sang, 1733), im rechten ›Hl. Leonhard als Viehpatron‹, im Auszug ›Hl. Johann Nepomuk‹ (ebenfalls von Sang, 1733); auf Mensa zwei Silberbüsten (frühes 18. Jh.) ›Hl. Augustinus‹ und ›Hl. Thiemo‹ (Erzbischof von Salzburg). An Brüstung der *Orgelempore* (über der Achse der beiden Seiteneingänge) zwölf hochrechteckige *Holztafeln* (wohl gegen Mitte 18. Jh.) mit volkskunsthaften Darstellungen der Apostel und Text des Apostolischen Glaubensbekenntnisses; an Westwand beiderseits der Orgel zwei weitere dazugehörige Tafeln mit Christus als ›Salvator Mundi‹ und ›Maria als Mutter der Schönen Liebe‹ (kein Bezug zum Wessobrunner Gnadenbild). ***Bedeutung:*** Als Bauwerk in der Tradition barocker Dorfkirchen stehend (eine der letzten Kirchen Münchens in neubarockem Stil), ist Gestaltung des Innenraums Musterbeispiel eines Sakralraums in den Formen ›heimischer‹ Bauweise, die ungerechtfertigt als ›Heimatschutzstil‹ abgewertet wird. (Ähnlicher Bau die Kirche Leiden Christi, → Grandlstraße 2.) Trotz des bedauerlichen Verlusts der Fresken sehenswert die erhaltenen Stücke der Originalausstattung.

FELDMOCHINGER STRASSE 403 (Feldmoching) ☐ **26**

St. Peter und Paul Wohl eine der Urpfarreien im Norden Münchens; erste Dorfkirche wahrscheinlich schon um die Wende zum 9. Jh. (Eigenkirche des Grundherrn?): Patrozinium St. Peter deutet auf Gründung durch Bischof Atto von Freising (784-810). *Langhaus* und *Turm* im Kern romanisch, 1894 neugotisch umgeformt; nach Beheben der Kriegsschäden (hauptsächlich am gotischen Turm) Neugestaltung des *Gemeinderaums* (Pläne von Dressel, 1959-60) vor neugotischem *Altarraum*: neuer Altar, Tabernakel und Ambo (von Grübl, 1969), ferner *Glasfenster* in Chor und Taufkapelle (von Weingartner) sowie 14 *Kreuzwegstationen* (von Braunmiller). Gesamtsanierung und Rekonstruktion des Turms in seinen ursprünglich gotischen Formen 1999-2001 (nach Plänen von Demmel).

FELLERERPLATZ 8 (Solln) ☐ **30**

St.-Johann-Baptist 1902 Ausschreibung eines Wettbewerbs durch den 1893 gegründeten »Kirchenbau-Verein Solln« zur Errichtung einer neuen Filialkirche für die zu klein gewordene alte Sollner Kirche (→ Herterichstraße 54), den Franz Rank (nicht Josef R.!) gewann. Bau in vereinfachter Form 1904/05 (Benediktion); neubarocke Ausstattung des 1920 zur Pfarrkirche erhobenen und geweihten Gotteshauses jedoch erst mit Aufstellung der Orgel 1941 vollendet, aber seit Renovierung, Purifizierung und Neuordnung 1966 weitgehend entfernt. ***Äußeres:*** Rechteckiger *Baublock*, aufgelockert durch *West-Vorhalle* und östlich angefügten, dreiseitig geschlossenen *Chorraum* sowie (an beiden Längsseiten) durch flache Ausbuchtungen des ovalen Innenraums; vielfältig

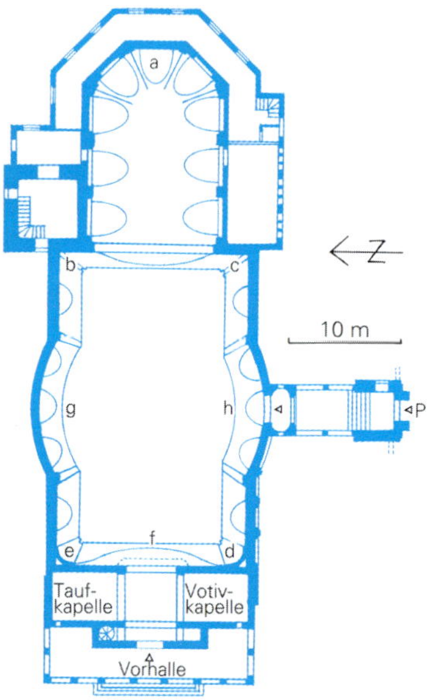

Solln, St. Johann Baptist

a Taufe Christi durch Johannes: *ehemaliges Hochaltargemälde (Becker-Gundahl 1914);* **b** Rosenkranzmadonna: *Umkreis Grassers um 1515 (Kind jünger);* **c** Gnadenstuhl*: *vielleicht Meister von Rabenden 1511/15;* **d, e** Petrus *und* Paulus: *beide Statuen aus einem Apostelzyklus; einige im Depot (B. Schmitt);* **f** *Fünf* Relieftondi *›Freudenreicher Rosenkranz‹ an Emporenbrüstung;* **g** Glasfenster: *Sechs Szenen aus dem Leben des Johannes (Pütz 1946/47);* **h** Glasfenster: *Fünf Szenen aus Marienleben (Pütz 1946/47). Beiderseits der Orgel zwei* Gemälde *aus ehemaligen Seitenaltären: links ›Muttergottes mit Kind‹ (Marienaltar), rechts ›Heilige Familie‹ (Josephsaltar). In* Votivkapelle *Kruzifix und Schmerzhafte Muttergottes (18. Jh.).*

gestaltete hohe Dächer. An Nordseite des Chors *Turm* mit doppelter Zwiebel, an Südseite *Sakristei*-Anbau. Auffallendstes Element an Südseite das aufwändige *Portal*: Kopie des zwischen 1613 und 1616 entstandenen Westportals der ehemaligen Kartäuserklosterkirche St. Georg in Tückelhausen/Ufr. (nicht wie meist zu lesen von der Plassenburg!), deren Einbindung Wettbewerbsbedingung war; geschaffen von Kirschner 1898 vielleicht ursprünglich für eine andere Verwendung und gestiftet von dem nach Solln zugezogenen Steinbruchbesitzer Georg Michl aus Marktbreit. Von *historischer* ***Ausstattung*** erhalten: Über dem neuen *Tabernakel* der spätgotische *Gnadenstuhl** (nach Vorbild von Dürers Holzschnitt von 1511) wohl aus dem Schrein eines ehemaligen Flügelaltars, 1511/15 vielleicht vom Meister von Rabenden; an nördlicher Seite des Chorbogens die spätgotische *Rosenkranzmadonna*, um 1515 (Kind jünger) aus dem Umkreis Grassers; beide Skulpturen 1966 aus der alten Kirche überführt. Von der *neubarocken* Ausstattung u. a. gerettet: Hochaltarblatt *Taufe Christi* von Becker-Gundahl 1914/15, 14 *Kreuzwegstationen* von Fugel, um 1920, sowie dessen zwei Seitenaltarblätter (um 1930: *Muttergottes mit Kind* und *Heilige Familie*) beiderseits der Orgel. An Emporenbrüstung fünf *Reliefmedaillons* ›Freudenreicher Rosenkranz‹ sowie beiderseits davon überlebensgroße *Plastiken* Hll. Petrus und Paulus (von B. Schmitt); die *Glasfenster* (Szenen aus dem Leben Johannes des Täufers) von Pütz, 1946/47. ***Bedeutung:*** Die Kirche anschauliches Beispiel für die damaligen Bemühungen um einen volksnahen, landschaftsverbundenen und malerischen Baustil in Abkehr vom Historismus, das Südportal ein für München einmaliges Lehrstück fränkischer Bauplastik der Echter-Zeit; die beiden spätgotischen Figuren hervorragende Werke bayerischer Skulptur, die Gemälde Becker-Gundahls und Fugels gute Arbeiten aus der Erneuerungsbewegung christlicher Kunst nach 1900.

FERDINAND-MILLER-PLATZ 1 ☐ 18

St. Benno Wettbewerb für neue Pfarrkirchen in drei Neubauvierteln – St. Maximilian (→ Auenstraße 1), St. Paul (→ Sankt-Pauls-Platz 11) und St. Benno – 1884 ausgeschrieben; Letztere am vordringlichsten nach Plänen von Romeis 1888-95 errichtet. 1944 und 45 schwer beschädigt (Gewölbe), dabei teilweise Zerstörung der Ausmalung. 1947-52 wieder aufgebaut (ohne Rekonstruktion der malerischen Ausstattung). Mit grundlegender Außenrenovierung 1981-83 und Wiederherstellung des historischen Innern (1990-94) Wiedergewinnung einer der bemerkenswertesten neoromanischen Kirchen Münchens. Der genordete Bau auf einem von F. v. Miller d. Ä. zum Dank für die 1850 geglückte Aufstellung der ›Bavaria‹ (→ S. 429) gestifteten Areal errichtet. ***Äußeres:*** Der mit Muschelkalk verkleidete Backsteinbau klar gegliederte Basilika über kreuzförmigem *Grundriss* mit halbrund geschlossenen Querhäusern, achteckigem Vierungsturm und Apsis mit Umgang; über den Pultdächern der Seitenschiffe Strebewerk. Mächtige *Fassade* mit fünfstöckigen Doppeltürmen (64 m) unter Rhombendächern; in der Mitte Stufenportal mit Gewändefiguren (Propheten) und Tympanon (Christus als Weltenrichter); neben Portal zwei hoch angesetzte Gedenktafeln (für die Gefallenen des 1. Weltkriegs) mit Hochreliefs der Hll. Martin und Georg (von Killer, 1923 ?). An Außenseiten der Türme Kapellenanbauten: an Westturm die halbrund geschlossene *Taufkapelle*, an Ostturm die polygonal geschlossene sog. *Miller-Kapelle*. Vor der Kirche auf 11 m hoher Säule (Entwurf Bestelmeyer) Erzfigur des Hl. Benno (von Albertshofer, 1910). – Das dreischiffige ***Innere*** vom ›gebundenen System‹ bestimmt: nach drei Jochen die Vierung mit Querhäusern, der erhöhte Chorraum (beiderseits Sakristeien) und die Altarapsis; darunter Krypta (s. u.). *Wandaufbau* im Mittelschiff dreizonig: über Arkaden je Joch zwei Triforien, darüber gestaffeltes Drillingsfenster; heutige *Ausmalung* nach Entwurf einer Farbgestaltung von 1908: Architekturglieder in Rotsandstein vor hellockrigen Wandflächen, Scheidbogen und Gurtbogen (in den Seitenschiffen) keilsteinförmig zweifarbig abgesetzt; Gewölbekappen über Mittelschiff helles Grau. Hauptapsis und Apsiden der beiden Querhäuser reich mosaiziert, ebenso der Fußboden im Mittelschiff mit Motiven frühchristlicher Symbolik (Fisch, Adler, Lebensbaum u. a.) von den

St. Benno: *Mittelschiff.*

1 ***Chorraum und Presbyterium*** *Chor einjochig mit vier Geschossen; über beidseitigen Chorgestühlen ursprünglich zwei* Fresken *›Übertragung der Gebeine des Hl. Benno von Meißen nach München‹ (Schiestl 1909, zerstört 1944); im Chorbogen* Mosaikmedaillons *›Kluge und törichte Jungfrauen‹. Apsis zweigeschossig* mit Mosaiken: *in der Kalotte ›Christus als Weltenrichter‹ (Wahler 1905/06), in den fünf* Fenstern *darunter die geretteten Glasgemälde original erhalten: (von links nach rechts) die Hll. Paulus, Bonifatius, Benno, Korbinian, Petrus (Mayer'sche Hofkunstanstalt); alle anderen Glasfenster zerstört.* **Hochaltar** *(gestiftet von Prinzregent Luitpold) als* Ziboriumsaltar *gestaltet (Entwurf Romeis und Waderé, ausgeführt 1893-95): über quadratischem säulengetragenen Baldachin achtseitige Kuppel (A. Miller), an den vier Ecken* Sitzfiguren *der Evangelisten (A. Heß); unter Baldachin Altar in Form eines* Reliquienschreins: *beiderseits des Tabernakels Reliefs (von Waderé) mit Hll. Benno und Korbinian (Stadt- bzw. Bistumspatron) sowie vier Familienheilige des Stifters (Luitpold und Ludwig, Augusta und Theresia). Die* **Seitenaltäre** *in den Achsen der Seitenschiffe in flachen Rundbogennischen:* **2** Marienaltar: *In Marmorretabel Statue ›Thronende Maria mit Kind‹ und Reliefs (Verkündigung Mariens, Geburt Christi, Tod Mariens) von B. Schmitt; seitlich gemalte* Altarflügel *(außen: ›Kreuzigung‹ und ›Kreuzabnahme‹, innen: ›jugendliche Maria‹ und ›Mariä Himmelfahrt‹); in der Nische darüber* Wandbild *›Krönung Mariens‹ (Rickelt 1899).* **3** Dreifaltigkeitsaltar: *Marmorretabel mit Tabernakel, beiderseits in Nischen die ›Hll. Wilhelm, Augustinus und Johannes Evangelist‹ (links) sowie ›Paulus, Thomas und Vitus‹ (Albertshofer), in der Nische darüber* Wandbild *›Hl. Dreifaltigkeit‹ (Haiss 1897). Die halbrunden Konchen der beiden* Querschiffe *durch je fünf Bogennischen gegliedert; in den Zwickeln der Halbbogen je sechs* Mosaiktondi *mit Apostelköpfen (Wahler).* **4** Kanzel: *sechsseitiger Kanzelkorb auf von Löwen getragenen Säulen (Entwurf Romeis); am Korb vier Bronzereliefs mit drei Szenen aus dem Leben Bennos, das vierte Verehrung der Benno-Reliquie durch Beteiligte am Kirchenbau.* **5** *Expressiv bewegte* Statue *der ›Mater dolorosa‹ (B. Schmitt), darüber Kruzifix.* **6** Taufkapelle: *Rechts am Eingang zu dem halbrund geschlossenen Raum steinerne* Gedenktafel *für den Architekten Romeis († 1904), von Waderé; die Wände zwischen den Fenstern und die Kalotte mit ornamentalen* Mosaiken *(Gebrüder Bernardon) belegt; das kelchförmige* Taufbecken *von vier Säulen auf Evangelistensymbolen getragen (Pruska).* **7** Millerkapelle: *Unter Eingangsbogen links bronzene* Gedenktafel *für Stifter des Baugrundes F. v. Miller d. Ä. († 1887) von F. v. Miller d. J. (1913), rechts* Bronzetafel *für Fritz v. Miller (von R. v. Miller); in den Gewölbefeldern der 5/8-Kalotte zehn Namenspatrone der Familie Miller in Mosaik; auf Altar* Marmorstatue *›Pietà‹ (Pruska).* **a-f** Kreuzweg: *je drei Stationen in vier Gruppen unter Seitenschifffenstern zusammengefasst, die erste und 14. Station am letzten Pfeiler zum Querschiff (Waderé 1906).* **g** Bronzerelief *zum Gedenken an ersten Pfarrer J. Thanner († 1923), von Busch.* **h** Bronzerelief *Kreuzigungsgruppe mit Maria und Johannes Evangelist (Waderé).* **i** Bodenmosaike: *verschiedene christliche und biblische Symbole und Motive (mit Signatur der Mosaizisten Gebrüder Bernardon).* **k** Holzmodell *der Benno-Kirche.*

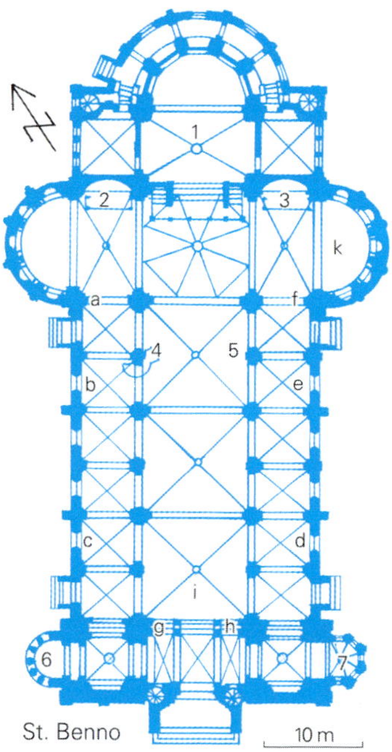

St. Benno

Gebrüdern Bernardon. – Ausführliche Beschreibung der ***Ausstattung*** → Grundriss mit Angaben der Objekte. *Krypta:* Eindrucksvoller kreuzgratgewölbter Raum unter Presbyterium, 1986-90 renoviert und als Werktagskirche eingerichtet. Bronzenes Altarkreuz (von Schilcher, 1989/90); Benno-Büste um 1605 (bis 1987 in Frauenkirche); Muttergottes mit Jesuskind (Mitte 19. Jh.) aus Kloster Andechs; dreiteiliger Flügelaltar (von Baumgartner, 1990), zeitweise in Apsis der Krypta aufgestellt. ***Bedeutung:*** Der monumentale Kirchenbau ein markanter städtebaulicher Akzent im damaligen Neubauviertel zwischen Maxvorstadt und Neuhausen. Er »gehört zu den stattlichsten, gestalterisch aufwendigsten und künstlerisch bedeutendsten Beispielen des neuromanischen Sakralbaus in Süddeutschland« (Heinrich Habel). Neben der St.-Anna-Pfarrkirche (→ Sankt-Anna-Platz 5) die reinste Ausprägung des ›doktrinären‹ Historismus: unverkennbar die Herkunft verschiedener Motive aus Limburg, Basel, Bamberg u. a. Bauten. Durch Erhalt eines Großteils der Originalausstattung und durch sorgfältige Rekonstruktion der Verluste vermittelt St. Benno exemplarisch die Vorstellung eines Sakralbaus um 1900, wie sie in dieser Vollständigkeit und Qualität in München und darüber hinaus kaum überboten werden kann.

FLASCHENTRÄGERSTRASSE 1 (Englschalking) ☐ **29**

St. Nikolaus Filialkirche (bis 1936) von St. Lorenz in Oberföhring (→ Muspillistraße 31); jetziger frühgotischer Bau etwas jünger als St. Johann Baptist in Johanneskirchen (→ Gleissenbachstraße 2), im 13. Jh. über spätromanischen Mauern errichtet: aus

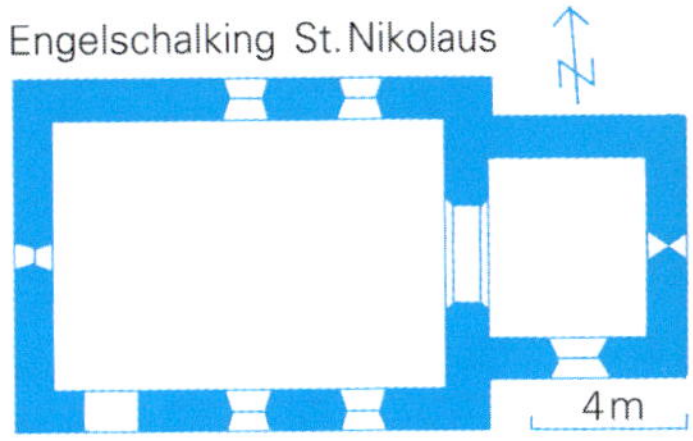

dieser Epoche erhalten das kleine Fenster an Ostseite des Chors. Seit 1936 Filiale von St. Emmeram (Neubau als Pfarrkirche von Englschalking 1931 nach Plänen von Lochbrunner, 1937 von Dreisch erweitert); Restaurierung 1956 und 1969. ***Beschreibung:*** Einfacher rechteckiger Baukörper, an Ostseite niedrigerer, gerade geschlossener Chor; über beiden Bauteilen Satteldach. Originelle Turmanlage: dachreiterartig auf westlicher Giebelwand des Schiffs aufsitzend mit Pyramidendach. Fenster bei Barockisierung 1659 vergrößert. ***Inneres:*** Flach gedecktes dreiachsiges Langhaus, der Chor mit vorbarocker Flachdecke. *Hochaltar* von 1659/60 mit guten Figuren Hll. Korbinian (links) und Wolfgang (?) mit Attribut eines zweitürmigen Kirchenmodells mit Zwiebelhauben (Anspielung auf Frauenkirche, in ihr seit 1580 Benno-Reliquiar: dann wohl eher Hl. Benno als Wolfgang); im Auszug Mariahilfbild, das Altarblatt von Wild (1872). Im Gemeinderaum Reste der spätgotischen skulpturalen *Ausstattung*: Anna selbdritt, um 1520; Hll. Martin und Silvester, um 1500 (Schutzpatrone der bäuerlichen Bevölkerung). An Nordwand aufschlussreiches klassizistisches Votivbild von 1800 für Errettung Englschalkings vor Plünderung durch französische Revolutionstruppen im 2. Koalitionskrieg (im Detail ungenaue Ortansicht). Die einst reichere Barockausstattung bei Restaurierung 1956 (Seitenaltäre, Kanzel, Empore) wegen Schadhaftigkeit entfernt, ebenso die Sakristei. Bei Sicherungsrestaurierung 1969 ornamentale Fresken des 17. Jh. in der Leibung des Chorspitzbogens freigelegt. ***Bedeutung:*** Eine der wenigen architektonisch weitgehend ursprünglich erhaltenen spätromanisch-frühgotisch dörflichen *Chorturmkirchen* des 13. Jh. mit einem der frühesten Barockaltäre des Münchener Umlandes.

FLUGHAFEN MÜNCHEN FRANZ JOSEF STRAUSS

Benannt nach dem 1988 verstorbenen bayerischen Ministerpräsidenten Strauß; errichtet ab 1980 bzw. (nach fünfjährigem Baustopp) ab 1985; Eröffnung: 17. Mai 1992. Lage: 28,5 km nordöstlich des Stadtzentrums München; Höhe über Normalnull 448 m; Flächenausdehnung: 1500 ha.

Geschichte der Münchener Flugplätze:
Erstes Fluggelände in Bayern 1909 im Moor von **Puchheim** bei Fürstenfeldbruck sowie Errichtung einer privaten ›Academie für Aviatik‹ 1910; in Puchheim auch erste Flugveranstaltungen durch Flugpionier Otto Erich Lindpaintner. Als geeignetes Gelände näher bei München bot sich der Exerzierplatz **Oberwiesenfeld** an, auf dem 1909 erstmals ein Luftschiff landete; zunehmende Anzahl der Flugbewegungen behinderten Militär (Fesselballone), was 1913 zum Abzug der Zivilflieger führte. Im Jahr zuvor Aufstellung der ›Königlich bayerischen Fliegertruppe‹ und ihre Stationierung in Schleißheim bis 1919 (→ Schleißheim, Flugwerft). – Nach 1. Weltkrieg wiederum Flugveranstaltungen (u. a. mit Ernst Udet und Ritter von Greim) auf dem Oberwiesenfeld und Errichtung des Geländes für zivile Luftfahrt: erster regelmäßiger Flugverkehr nach Frankfurt (1920), ab 1921 nach Nürnberg, Leipzig, Berlin, Augsburg (durch ›Rumpler-Luftverkehr‹), ab 1924 nach Zürich, Genf, Wien, Budapest, ab 1925 nach Innsbruck, Salzburg, Bad Reichenhall, Stuttgart, Regensburg. München noch vor Gründung der ›Deutschen Luft Hansa‹ (1925/26) an dritter Stelle im Fahrgastaufkommen (nach Berlin und Hamburg). Damals noch Wartung der Flugzeuge in der Schleißheimer Flugwerft.

Flughafen 1. Ordnung München-Oberwiesenfeld: Zunehmender Flugverkehr sowie wirtschaftliche Überlegungen führten 1927, nach flugtechnischem und architektonischem Konzept von Mossner, zum Planungsauftrag für Flughafen und Bauten im nördlichen Teil des Oberwiesenfelds (zwischen Landshuter Allee, Moosacher- und Lerchenauer Straße und Nymphenburg-Biedersteiner Kanal); Baubeginn: 1928, Einweihung: 1.5.1931. Damit besaß München den zweitgrößten Flughafen im Deutschen Reich und die modernste Flughalle. 1939 vom neuen Flughafen in Riem abgelöst, die noch erhaltenen Bauten (trotz Denkmalwürdigkeit als bedeutende Zeugnisse der ›Bauhaus‹-Architektur) erst 1968(!) bei Anlage des Olympiageländes (→ Olympia-Park) gesprengt.

Flughafen München-Riem: Planung ab 1936 nach Richtlinien des Reichsluftfahrtministeriums durch Sagebiel; gleiches Schema wie bei dessen gleichzeitigen Flughäfen

Flughafen München.

Berlin-Tempelhof und Stuttgart-Echterdingen: ovales Flugfeld (mit sog. ›Startköpfen‹) und *bogenförmige Bebauung* durch einheitliche Zusammenfassung aller Flughafengebäude. Der 1938 begonnene Flughafen am 25.10.1939 unvollendet dem Betrieb übergeben, jedoch stellt Lufthansa zivilen Flugdienst ein. Bei Kriegsende ca. 70 % der Anlage zerbombt. Nach Behebung der Kriegsschäden Anlage einer 1900 m langen *Start-* und *Landebahn* (1949) und Wiederaufnahme zivilen Luftverkehrs (erster deutscher Verkehrsflughafen nach dem Krieg). 1955 wird München-Riem von acht ausländischen Linien angeflogen, ab April 1955 Aufnahme des (vorerst) innerdeutschen Liniendienstes durch Lufthansa. In folgenden Jahren Anpassung der Anlagen und Einrichtungen (z. B. Verlängerungen der *Startbahnen*: 1958 auf 2600 m, 1969 auf 2800 m; *Flugzeughalle* der Lufthansa, von Zuleger, 1964/65) unter Berücksichtigung des ständig wachsenden Verkehrsaufkommens (1961: 1 Mio. Fluggäste, 1977: 5 Mio., 1988: 10 Mio.). Nach Frankfurt zweitgrößter Flughafen der Bundesrepublik, bei weiter steigender Tendenz nicht mehr ausbaufähig; deshalb Anlage eines neuen *Airport*, der 1992 alten Flughafen ablöst. (Auf dessen Gelände Errichtung der *(Neuen) Messe München*, → S. 288f., und Anlage der *Wohnstadt Neu-Riem* unter Einbeziehung der denkmalgeschützten ›Wappenhalle‹ im ehemaligen Empfangsgebäude; alle anderen Bauten abgerissen.)

Flughafen ›München II‹: Bereits 1963 Gründung der Kommission ›Standort Großflughafen‹. Nach Prüfung von 20 möglichen Standorten Entscheidung für Erding-Nord/Freising (1969). In folgenden Jahren Erstellung des Flughafengesamtplans (›Masterplan‹) und Prüfung durch internationale Expertenkommission (1971); weitere Bearbeitung durch die Architekturbüros Wilke (Hannover) und Cordes (München) sowie Erstellung des Funktions- und Raumkonzepts durch Gerkan, Marg & Partner (Hamburg). Zwischen 1975 und 1980 Wettbewerbe (mit 105 Teilnehmern). Nach Überwindung zahlreicher verfahrenstechnischer Hürden Baugenehmigung 1979; deren gerichtliche Anfechtung durch Anrainer, Naturschützer etc. führte 1981 zur Einstellung der 1980 begonnenen Arbeiten, die nach Verzicht auf 3. Startbahn erst 1985 wieder aufgenommen werden konnten. Inbetriebnahme des Flughafens München II am 17.5.1992. ***Beschreibung:*** Die parallel verlaufenden, gegenseitig um 1500 m versetzten *Start-* und *Landebahnen* ›*Nord*‹ und ›*Süd*‹ (je 4 km lang) durch *Terminal* und zwei gegenüberliegende Betriebsbereiche (›Nord‹ und ›Süd‹) voneinander getrennt, durch ›Zentralallee‹ und S-Bahn von Westen her erschlossen. Zentrum der Anlage das Vorfeld mit dem in vier Modulen unterteilten *Terminal* (1010 m lang, 20 Fluggastbrücken); östlich anschließend der *Tower* (78 m hoch) und ›Zentralbereich‹ mit beidseitig symmetrisch angeordneten *Parkhäusern* (mit Tiefgaragen); Planung Busse & Partner. Östlich davon Einzelgebäude für Büros, Kongresszentrum und das *Kempinski Airport Hotel München* (von Jahn/Chicago). Die Zunahme des Flugverkehrs (seit 1992 Steigerung auf rd. 25 Mio. Fluggäste und Zunahme des Frachtverkehrs sowie Dienst von 103 Fluggesellschaften, Stand Ende

2001) führte zu weiterem Ausbau: Errichtung des *Terminals 2* (mit zusätzlichem Tower, 44 m) nach Plänen von Kochta & Partner (Baubeginn 2000, Eröffnung 29.6.2003), ferner Umgestaltung des Empfangsbereichs; das bisherige Zentralgebäude 1997/98 vergrößert und Neubau des *München Airport Center (MAC)* als multifunktionales Dienstleistungszentrum nach Plänen von Jahn: zwischen zwei L-förmigen, sechsgeschossigen Gebäuden ein ca. 90 m breites ›Forum‹, in 41 m Höhe überdacht von stählernen Flachbögen mit rautenartig gestalteten Glas- und Membranfeldern; erste Skizzen von Jahn bereits 1989, Baubeginn 1996, Einweihung 1999. – Nördlich der ›Zentralallee‹ Bauten des *Betriebsgeländes Nord* (Planung: Schmidt-Schicketanz & Partner) sowie *Subzentrum* (Planung: Behnisch & Partner); hier auch *Besucherpark* mit Aussichtshügel am Vorfeld; unterhalb des Besucherhügels als ›technisches Denkmal‹ eine *Lockheed Super Constellation* (Mitte der 1950er Jahre), eine *DC-3* (1941) und eine *JU 52* (1945) aufgestellt. (Von hier aus *Flughafen-Rundfahrten*: S-Bahn-Haltepunkt ›Besucherpark‹.) Südlich der ›Zentralallee‹ *Flight Operation Center Deutsche Lufthansa* (Planung: Kochta & Lechner); westlich davon vier *Hangars* zur Wartung von Großflugzeugen (Planung: Büschl), östlich davon *Frachtterminal* (Planung: Zobel, Weber, Weißenfeld) – beide Anlagen mit direktem Zugang zur Start-/Landebahn Süd; am Vorfeld des Terminals die *Luftpostleitstelle* (Planung: Kießling). – Außerhalb des eigentlichen Flughafengeländes am Rand der Startbahn Nord bzw. Startbahn Süd je ein weiterer *Aussichtshügel*. ***Bedeutung:*** Derzeit modernster Flughafen Europas, nach Frankfurt/Main der zweitgrößte in Deutschland (vor Düsseldorf und Berlin), in seiner Gesamtkonzeption vorbildlich für neuzeitliche Großflughäfen (Als erster deutscher Flughafen 2002 mit Titel »Airport of the Year« ausgezeichnet.) Als ›Luftkreuz des Südens‹ ursprünglich für jährlich 14 Mio. Fluggäste ausgelegt, Kapazität des Frachtterminals 240 000 t/Jahr, der Luftpostbeförderung 20 000 t/Jahr; seitdem erhebliche Zuwachsraten und steigende Bedeutung als Drehscheibe für Interkontinentalverkehr machten Ausbau durch Terminal 2 notwendig. Bemerkenswert die volle Funktionsfähigkeit des Planungskonzepts seit Inbetriebnahme. Nachteilig dagegen die mangelhafte Anbindung an öffentliche Massenverkehrsmittel, Fehlen eines direkten Anschlusses an das Fernbahnnetz der Deutschen Bahn, dadurch Überlastung der Zufahrtsstraßen (was durch LKW-Verkehr noch verstärkt wird). Das Projekt, die Stadt (das ist vom Hauptbahnhof) mit dem Airport durch eine *Transrapidstrecke* (ca. 12 Minuten Fahrzeit gegenüber rd. 40 Minuten mit der S-Bahn) zu verbinden, ist positiv entschieden; Inbetriebnahme gegen 2012 vorgesehen. Das *architektonische* Erscheinungsbild der multifunktionalen Gebäude Musterbeispiel einer disziplinierten Gemeinschaftsleistung von Architekten, Ingenieuren, Technikern und Designern: weitläufige additive Konzeption einer ›funktionalen Moderne‹ (deren ›Flughafendesign‹ von Aicher und Stauß als Einheitlichkeit in Vielfalt entwickelt wurde) ermöglichte weitgehende Integration der riesigen technischen Anlage in die Offenheit der

Im Sommer 2003 eröffnet: Flughafen München *Terminal 2*.

Erdinger Landschaft. Die nicht unerheblichen Eingriffe in die natürliche Umwelt durch Schaffung von *ökologischen Ausgleichsflächen* um den Flughafen (Grüngürtel, Pflanzung von Bäumen und Sträuchern, Schaffung von Feuchtbiotopen; Planung Grzimek) und Anlage von Grünflächen innerhalb des Geländes (mehr als 1100 von insgesamt 1500 ha) gemildert.

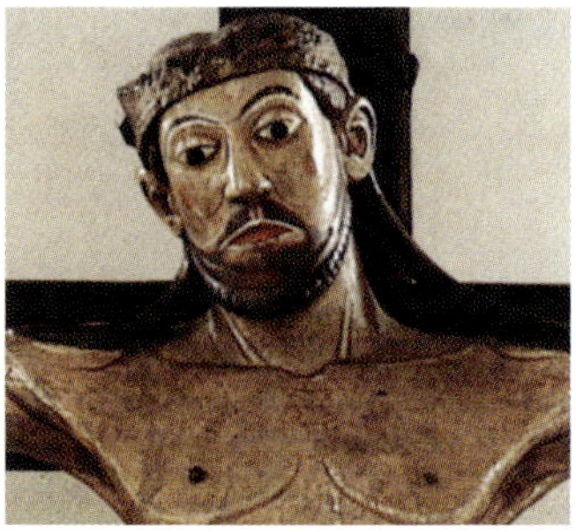

Heiligkreuz: *Forstenrieder Kruzifix*, Detail (um 1200).

Forstenried, Hl. Kreuz

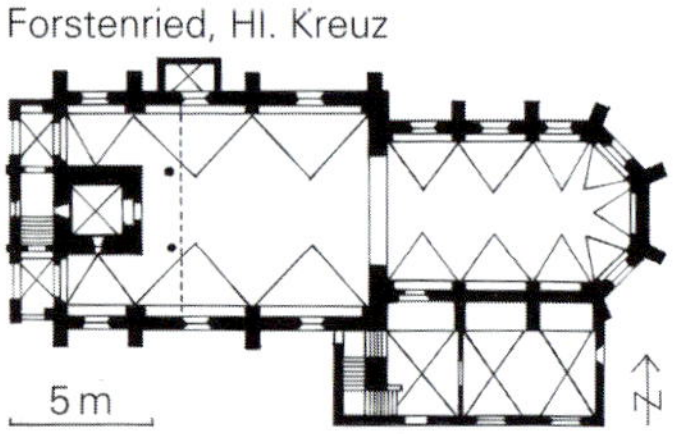

FORSTENRIEDER ALLEE 180 a (Forstenried) □ **30**

Heiligkreuz Pfarr- und Wallfahrtskirche im ehemaligen Gutshof Forstenried des Klosters Polling, errichtet an der Stelle einer wohl um 1000 entstandenen Bartholomäus-Kapelle (deren Patrozinium auf Zeit um 1000 verweist); seit 1194 (Krimmer: 1177) Pfarrrechte. Ab 1229 im Besitz des als wundertätigen Gnadenbilds viel verehrten *Kruzifix* (s. u.) aus der zerstörten Burg Andechs. Heutige Kirche in der ersten Hälfte des 15. Jh. (um 1450 ?) errichtet, etwa seit dieser Zeit neues *Patrozinium* ›Heiligkreuz‹ (mit Kirchweihfest ›Kreuzauffindung‹ am 3.5.). An Ostseite des *Turms* durch gotischen Dachstuhl verdeckt und geschützt, romanische Quadrierung und gotische Ornamentmalerei erhalten; 1626 durch achteckigen Aufbau und Zwiebelhaube (1749 erneuert) erhöht. Erneuerung der Altäre etwa 2. Jahrzehnt des 17. Jh., guter Rahmenstuck über Chorraum und West-Empore (abhängig von G. Schmuzer in Polling, um 1621/28); Barockisierung unter Leitung von K. (G.) Zuccalli 1672, bei neuerlicher Modernisierung 1749 durch Rokokoformen und -motive (Engelsköpfe, Bänder, Vasen) von Strasser aus Polling (hauptsächlich im Chorraum) ergänzt; aus derselben Zeit Einbau der drei Oratorien und der farbig gefasste Rocaillenstuck am Chorbogen. Restaurierung 1854 (innen), 1866 (außen), 1929 (Innenreinigung), 1947-50, 1965/66 und 1985-88. ***Beschreibung:*** Spätgotischer, nahezu quadratischer einschiffiger *Gemeinderaum* unter Stichkappentonne zu drei Jochen, eingezogener dreijochiger *Chorraum* mit 3/8-Schluss; hohe Satteldächer über Schiff und Chor, an seiner Südseite *Sakristei* (2. Hälfte 17. Jh.) unter abgeschlepptem Pultdach. Außenwände durch abgestufte Strebepfeiler gegliedert; ihnen entsprechen im Innern kräftige Wandvorlagen. ***Ausstattung:*** *Hochaltar* in der Form von 1749 rekonstruiert, vollständig 1988; über hohem, reichem Tabernakel* (als Rundtempel in Schwarz gebeiztem Holz mit reichen Silberauflagen einer der bemerkenswertesten Tabernakel Altbaierns um 1700), gerahmt von zwei Säulenpaaren eine Rundbogennische mit dem wertvollsten Besitz der Kirche, dem **Kruzifix***: wohl ein Werk um 1200 des Benediktiners Alban von Seeon; originale byzantinisierende Fassung der Holzplastik 1947 freigelegt. (Im Kloster Seeon um Entstehungszeit des Kruzifix stand Buchmalerei mit stark byzantinischen Anklängen in hoher Blüte.) Frühester nachweisbarer Gekreuzigter, bei dem die Füße von einem Nagel durchbohrt sind: sog. ›Dreinagelkruzifix‹. – Beiderseits des Gnadenbilds Skulpturen (um 1672) der Hl. Helena und des Hl. Bartholomäus (Vorgängerpatrozinium); im Auszug Plastik Gottvater und Heiliggeisttaube, flankiert von zwei Engeln, wohl Weilheimer Schnitzereien 1611 (Gertrud Thoma). – Beide *Seitenaltäre* streng aufgebaut: über geradem, sockelartigem Block rundbogiges Mittelbild, von zwei Rundsäulen gerahmt; darüber verkröpftes Gebälk und gesprengter Giebel (besetzt mit Engeln), dazwischen Auszugsbild in Ädikula. *Linker Altar* (wohl 2. Jahrzehnt 17. Jh.) mit Gemälde ›Beweinung Christi‹, vermutlich auf Kager zurückgehend (1749 übermalt), vorher Gemälde ›Schmerzensmutter‹ nach Key (Mitte 16. Jh., in Alter Pinakothek), jetzt im Pfarrheim; im Auszug Schweißtuch der Veronika, vor Altarblock Hl. Florian in frühem Rokokorahmen (um 1730). *Rechter Altar* (aufgestellt 1617) mit Gemälde ›Himmelfahrt Mariä‹, vermutlich nach Kager durch Werkstatt ausgeführt (früher mit Candid in Verbindung gebracht); im Auszug Hl. Dreifaltigkeit, vor Altarblock in Rokokorahmen ›Maria vom guten Rat‹ (Kopie 1770er Jahre des Gnadenbilds von Genazzano). – An den Wandpfeilern im Chor und Langhaus auf Konsolen (mit Allianzwappen der Stifterehepaare) *Christus und Maria sowie die zwölf Apostel*: fast lebensgroße Holzfiguren, ihre zeitliche/stilistische Zuordnung durch Polierweißfassung (18. Jh.) erschwert – ausgenommen die farbig gefassten Skulpturen von Christus und Maria »mit einiger Sicherheit um 1620«; die Apostel in der Tradition der Weilheimer und Münchener Bildschnitzerei des ersten Drittels des 17. Jh. stehend (nicht wie bisher angenommen, 1672), vielleicht angeregt durch Gerhards Terrakotta-Engel in St. Michael (→ Neuhauser Straße 6), jedoch in Holzschnitztechnik umgesetzt (Thoma). – Im Langhaus ferner Kanzel 1749, *14 Kreuzwegstationen* (von W. Albert, um 1775), in westlicher Muschelnische ›*Schmerzensmaria*‹ (1708) sowie an der Tür zum Turm *Engel*, der unehrerbietige Kirchenbesucher aufschreibt. – Auf dem *Friedhof* Grab des Oberförsters Max Thoma, Vater des Schriftsteller Ludwig Thoma. ***Bedeutung:*** Bau und Erscheinungsbild in der Tradition spätgotischer Dorfkirchen, die Barockisierung folgt den üblichen Formen. Religions- und kunstgeschichtlich von kaum zu überschätzender Bedeutung der Kruzifixus: »Es gehört zu den bezeichnenden und großen Taten romanischer Kunst, dass aus dem toten, dem leidenden Christus im Verlauf des zwölften Jahrhunderts ein herrschender, triumphierender, ein lebender Gekreuzigter wird« (Herbert Schindler).

FRANZ-JOSEF-STRAUSS-RING 1 □ **3, 7**

Bayerische Staatskanzlei An der Stelle des im Krieg weitgehend zerstörten ehemaligen Bayerischen Armeemuseums (s. u.) nach Plänen von Siegert 1990-93 errichteter repräsentativer Staatsbau. ***Vorgängerbauten:*** Nachdem unter Karl Theodor in das ›Vischhaus‹ am Unteren → Hofgarten eine Seidenmanufaktur eingerichtet und 1769 ein ergänzender ›Filatoriibau‹ (Seidenspinnerei; Pläne von Lespilliez) errichtet worden war, kam es 1796 an der Südostseite des Unteren Hofgartens (gegen heutigen Marstallplatz) zur Errichtung der *Seidenfabrik Altmutter*, aber bereits wenige Jahre später mit Artilleristen belegt: sog. ›*Seidenhauskaserne*‹. 1801 Einebnung des großen Fischteichs und Umgestaltung zu einer Place d'armes vor der nach Plänen von Frey zwischen 1801 und 1807 erbauten *Hofgartenkaserne*: dieser vierstöckige, kaum gegliederte Baublock von knapp 190 m Länge war die erste massive Abriegelung der Ostseite des Hofgartens gegen das Lehel und die wachsende Anna-Vorstadt. Ehe beide Kasernen 1893 aufgelassen wurden, mehrere Projekte vorgeschlagen: Grünanlage im Unteren Hofgarten (Klenze, 1848-63), Neubau einer kleineren Hofgartenkaserne (Klenze, 1860-63), Standort für das von Ludwig II. gewünschte Festspielhaus (Semper, 1866), Umgestaltung der Place d'armes (Th. Fischer, 1895), Gebäude für kulturelle Zwecke (anstelle Hofgartenkaserne, Lasne 1895). 1898 Abbruch der Altbauten und Beschluss, für die von Ludwig II. 1870 gegründete und seit 1880/81 im Zeughaus an → Lothstraße 1 untergebrachte bayerische Waffensammlung ein repräsentatives Gebäude zu errichten (Gedenktafel im Treppenaufgang zur Kuppelhalle der heutigen Staatskanzlei, s. u.). Im ehemaligen **Königlichen Bayerischen Armeemuseum** waren neben Museum (heute in Ingolstadt, → S. 46) Kriegsarchiv, Armeebibliothek, Stadtkommandantur und Zeugmeisterei untergebracht. Projekt von Habler (1898/99) abgewiesen, dafür Planung von Mellinger ab

Bayerische Staatskanzlei.

Bayerisches Armeemuseum vor der Zerstörung: Kuppelrisalit in den Neubau der Staatskanzlei einbezogen.

Hofgarten mit Bayerischer Staatskanzlei, 1990-93 von Siegert unter Einbeziehung des Kuppelbaus des ehemaligen Armeemuseums errichtet.

1899, Ausführung zwischen 1900 und 1904/05. ***Beschreibung:*** Der ca. 160 m lange viergeschossige Baukörper von dem monumentalen Mittelbau mit sechssäuligem Portikus und Kuppel beherrscht, flankiert von zwei niedrigeren, durch Kolossalpilaster gegliederten, siebenachsigen Seitenflügeln sowie dreiachsigen Kopfbauten; die repräsentative Schauseite zum Hofgarten und die Südfassade des rechten Kopfbaus zum Marstallplatz über Granitsockel in grauem Mainsandstein ausgeführt, die Ost- und Nordfassaden einfacher gestaltet; die 52 m hohe, in ihrer Form angeblich von Hildebrand überarbeitete Kuppel über der ›Ruhmeshalle‹ (einstmals mit Fahnen der alten bayerischen Armee) auf parabolisch geformten Eisenbetonbögen und -pfeilern aufliegend, die beiden Kuppelschalen ebenfalls in Eisenbeton konstruiert. Durch Sprengbomben die beiden Flügelbauten 1944 fast ganz zerstört; ihre Ruinen und die beiden schwer beschädigten Kopfbauten 1968/69 abgetragen, der Kuppelbau dagegen 1982 saniert und in den Neubau der Staatskanzlei eingefügt (s. u.). – Zu Füßen der hohen Freitreppe, in der Achse des Kuppelbaus, *Reiterdenkmal* (F. v. Miller d. J., 1911) für den ersten wittelsbachischen Herzog Bayerns, Pfalzgraf Otto I. († 1183). Im Zentrum des begrünten ehemaligen Exerzierplatzes **Kriegerdenkmal**: Ursprünglich unter der Kuppel des Armeemuseums, dann in einer geplanten Krypta im Sockel der Feldherrnhalle vorgesehen, wurde das an ein Hünengrab erinnernde Mahnmal 1924-26 nach Plänen der Architekten Wechs und E. F. Finsterwalder errichtet: umgeben von abgesenktem Ehrenhof, in dessen Futtermauern ursprünglich Steinschnitte von Knappe sowie eingemeißelt die Namen der 13 000 im 1. Weltkrieg gefallenen Münchener; nach Bombenzerstörung durch kleinere Steinschnitte, ohne Namen, ersetzt. ***Beschreibung:*** Auf zwölf Travertinblöcken aufliegender mächtiger Deckquader, in der durch schmale Treppenläufe zwischen den Trageblöcken zugänglichen, gruftähnlichen Krypta der ›Tote Soldat‹ von Bleeker (1924), ursprünglich Rotmarmorfigur, seit 1972 durch Bronzeabguss nach dem Steinoriginal ersetzt. ***Bedeutung:*** In der unaufdringlichen Würde und der gleichzeitigen Abkehr von heroisierender Glorifizierung eines der besten Kriegerdenkmäler.

Staatskanzlei Die Absicht, anstelle des schwer zerstörten Armeemuseums ein neues Sendegebäude für Bayerischen Rundfunk zu errichten (Projektentwürfe von Abel 1949/50), kam nicht zur Ausführung. Erst 1961 Beratungen im Bayerischen Landtag, 1962 Beschluss im Ministerrat, auf Museumsgelände neue Staatskanzlei zu bauen. Anlässlich des Umbaus des Prinz-Karl-Palais (→ Franz-Josef-Strauß-Ring 5) 1971-80 zum Amts- und Repräsentationssitz des bayerischen Ministerpräsidenten Planung, im westlich des Palais gelegenen Finanzgarten die neue Staatskanzlei zu errichten; der Entwurf von Kiessler (1969), ein Bau aus Stahl, Beton und Glas, aus Kostengründen und wegen

Anfälligkeit bei Terroranschlägen 1977 endgültig aufgegeben. 1980 abermaliger Ministerratsbeschluss, die Staatskanzlei, zusammen mit ›Haus der Bayerischen Geschichte‹, an der Stelle des ehemaligen *Armeemuseums* (unter Einbeziehung des Kuppelbaus) zu errichten; 1981/82 Wettbewerb (66 Teilnehmer), den die Architekten Gansser und Siegert gewannen. Veröffentlichung (1984) von Modellfotos des geplanten Baus – lang gestreckter, hoher Haupttrakt mit zum Hofgarten vorgezogenen Seitenflügeln – rief Proteste von Stadtplanern, Architekten und Bürgern (Bürgerinitiative ›Rettet den Hofgarten‹) sowie beachtenswerte Gegenvorschläge (u. a. durch Braunfels) hervor, jedoch von der Staatsregierung ignoriert. Nach Entdeckung (Dez. 1985) der Albrechtinischen Arkaden (mit Resten von Bemalung) und des Klenzeschen Brunnhauses (→ Hofgarten) erhob Stadt Klage gegen den Zustimmungsbescheid der Regierung von Oberbayern; Gegenvorschläge und Sachgutachten (1986) erforderten 1987 Überarbeitung der bisherigen Pläne, die jedoch erneut auf Widerspruch stießen; Grundtenor: Verkennung der historischen und kulturellen Bedeutung des Geländes und Überdimensionierung der Gebäudevolumina. Schließlich 1989 Kompromiss zwischen Freistaat und Landeshauptstadt: Erhalt der frei zugänglichen Arkaden, Reduzierung der Baumasse des Neubaus, Auflockerung der Front zum Hofgarten durch Vorhängen einer Glasfassade sowie Integration und Restaurierung des Kuppelbaus. Nach abermals modifizierten Plänen durch Siegert Bau 1990-1993.

Beschreibung: Die *Hofgartenfassade* beherrscht der Mitteltrakt mit Kuppel und fünfachsigem Portikus aus Kolossalsäulen über hoher Freitreppe, die mittleren drei Achsen durch halbrunde Mosaikbilder über Hauptgeschossfenster (Krieg, bayerischer Löwe, Friede, von Marr) hervorgehoben; die mächtige Attika von zwei Statuen (Kraft und Eintracht, von Kaufmann) und beiderseits von je zwei Trophäen (von Pruska) bekrönt und dem kubushaften Unterbau des Kuppelsockels vorgesetzt; dieser, durch übergiebelte Thermenfenster gegliedert, trägt den niedrigen Tambour der verhältnismäßig kleinen *Kuppel* mit Laterne. Der unverständliche Abbruch der als ›Gelenk‹ zu den Neubautrakten eigentlich höchst notwendigen einachsigen, rustizierten Rücklagen beiderseits des Portikus führte zur Reduzierung des Mittelbaukubus und zu unvermitteltem Anschluss der beiden verglasten *Flügelbauten*, durch dünne, stählerne Doppelsäulen über Sockelgeschoss in je 14 Achsen gegliedert; in etwa halber Höhe der Portikussäulen Übergang in eine ebenfalls verglaste Halbtonne: diese »Orangerie« kaschiert die ›Fassaden‹ von vier Bürogeschossen, die dagegen in der architektonischen Gliederung der Ostfassade zum Ring (über dem Sockelgeschoss) sichtbar gemacht werden. Prismatisch harte *Risalite* als südlicher und nördlicher Abschluss; der Letztere auf die restaurierte und durch bügelartige Stahlkonstruktion gesicherte Arkadenreihe des ehemaligen ›Unteren Hofgartens‹ (→ S. 159) ausgerichtet. – *Hauptportal* im Sockelgeschoss der Ostfassade des Kuppelbaus; über kreuzgewölbtem früheren Eingangsraum des Museums Aufgang zur ehemaligen Ruhmeshalle unter der Kuppel (vereinfacht restauriert): allseits von fünf Arkaden auf gedoppelten Säulen umgeben, darüber Balustraden unter kassettierten Tonnen. – Während der Untere Hofgarten mit dem Kriegerdenkmal als Rasenparterre gestaltet wurde, konnte durch Rückbau des Altstadtrings der Abstand zur Ostfassade verbreitert und die *Vorfahrt* zum Eingangsportal der Staatskanzlei angelegt werden. Dabei wurde auch der ehemalige Kögelmühlbach revitalisiert und, im Zusammenhang mit der gärtnerischen Neugestaltung zwischen Hofgarten und dem Vorfeld des Prinz-Karl-Palais (nach Plänen von G. und T. Hansjakob), in den Englischen Garten eingeleitet.

Bedeutung: An städtebaulich sehr exponierter Lage als Repräsentationsbau errichtetes Kanzleigebäude – wobei auch ein demokratischer Staat sich unbestritten durch Architektur sichtbar (re-)präsentieren kann. Ob jedoch dieser Neubau als eine dem Freistaat Bayern entsprechende Bau*kunst* bewertet werden darf, ist fraglich: Anstatt ein städtebauliches Gesamtkonzept zu berücksichtigen bzw. einzuplanen, steht der Neubau isoliert; zudem unorganische Einbindung des Kuppelbaus, schematische ›Treibhausfassade‹ zum Hofgarten und Rasterfassade zum Ring (bei der darüber hinaus die Rückseite

Bayerische Staatskanzlei: *Ostfassade.*

des Kuppelbaus zur Eingangsseite umgewidmet wurde). Somit besitzt das Gebäude – ebenso prädominant wie schon sein Vorgänger – eine Schauseite (zum Hofgarten) ohne (offiziell genutzten) Eingang und eine Hauptportalseite mit historischem Mitteltrakt (am Ring) in penibel restaurierter Rückseiten-Architekturgliederung. Typischer Fall einer durch falsch verstandenen Repräsentationswillen, bürokratische Sachzwänge, denkmalpflegerische Vorgaben, baurechtliche Auflagen und von politischer Polemik belasteten Planung und somit eines von erzwungenen Kompromissen stigmatisierten Bau-*Produktes*.

Prinz-Karl-Palais: *Hauptfassade.*

FRANZ-JOSEF-STRAUSS-RING 5 □ **3**

Prinz-Karl-Palais Nach Plänen von C. v. Fischer für den ehemaligen herzoglich-zweibrückischen Staatsminister, Abbé und Titularabt der Benediktinerabtei Tholey Pierre de Salabert 1804-06 nördlich des Hofgartens am Übergang zum Englischen Garten errichtetes *Gartenpalais* (›Palais Salabert‹). Nach dem Tod des Abbé (1807) durch König Max I. Joseph erworben (als ›Palais Royal‹ oder ›Pavillon Royal‹ bezeichnet), nach Tod des Königs 1825 im Besitz von Ludwig I., der es seinem jüngsten Bruder Karl (und dessen männlichen ehelichen Deszendenten) als Residenz überließ. Karl erteilte 1826 Métivier den Auftrag zur Renovierung des Palais und seiner Innenausstattung (Beteiligung von A. Schwanthaler), zur Errichtung eines *Anbaus* an Nordseite des Palais, der mit dem Bau eines lang gestreckten *Seitenflügels* (1828-31) entlang der damaligen Frühlings- (seit 1872 Von-der-Tann-)Straße als ›Gelenkbau‹ fungierte. Nach Karls Tod 1875 das gesamte Anwesen in Verwaltungsbereich des Finanzministeriums (mit Sitz des Obersten Rechnungshofs im Erdgeschoss) übergegangen: von 1876 bis zum Abbruch des Seitenflügels 1937 im oberen Stockwerk Dienstwohnung der Finanzminister mit Nutzung des von Mannlich für Salabert angelegten ›Palaisgartens‹ (deshalb »Finanzgarten«), 1937 erneuert, ebenfalls 1971 und saniert: gegen Ausgang Galeriestraße letzter Rest der *Wallbefestigung* des 17. Jh., → Plan S. 27; in derem Gewölbe ›Heinrich-Heine-Brunnen‹ mit Bronzefigur »Nausikaa« von T. Stadler 1957/58, aufgestellt 1962. – Das *Palais* selbst von 1875-1919 Sitz der k. und k. österreichisch-ungarischen Gesandtschaft. Während der Rätezeit 1918/19 Sitz des ›Sozialisierungskommissärs‹ im Erdgeschoss, im Obergeschoss von 1919-23 Repräsentationsräume des Landesfinanzamts. Nach Behebung der Schäden durch Zweckentfremdung von 1924-33 Dienstwohnung des Bayerischen Ministerpräsidenten; ab dieser Zeit allmählich Bezeichnung »Prinz-Karl-Palais« üblich. 1933 Sitz des NS-Ministerpräsidenten, 1937 Umbau und Erweiterung zum *Gästehaus* des Staats: Planung von Gablonsky; Innenausbau und Inneneinrichtung der neu hinzugekommenen Räume nach Entwürfen von G. Troost. Dabei Erneuerung des Parks und Abbruch des Seitenflügels wegen Verbreiterung der Von-der-Tann-Straße auf 27 m im Zug des Verkehrsausbaus von Bogenhausen nach Nymphenburg. – Das durch Krieg kaum beschädigte Palais nach Zusammenbruch von Plünderungen nicht verschont; 1947-69 im Erdgeschoss Ausstellungsräume für einen kleinen Teil der *Staatlichen Antikensammlung* (→ Königsplatz 1), im Obergeschoss von 1948 an Sitz der 1948 gegründeten *Bayerischen Akademie der Schönen Künste* (seit 1972 im 2. Obergeschoss des Königsbaus der Residenz). Nach erneuter Renovierung 1971-75 (Architekt: Heid) Amtssitz des Bayerischen Ministerpräsidenten (nicht zugänglich). Projekt Neubauflügel für *Staatskanzlei* entlang Von-der-Tann-Straße 1977 aufgegeben (Entwurf Kiessler 1969).

Prinz-Karl-Palais

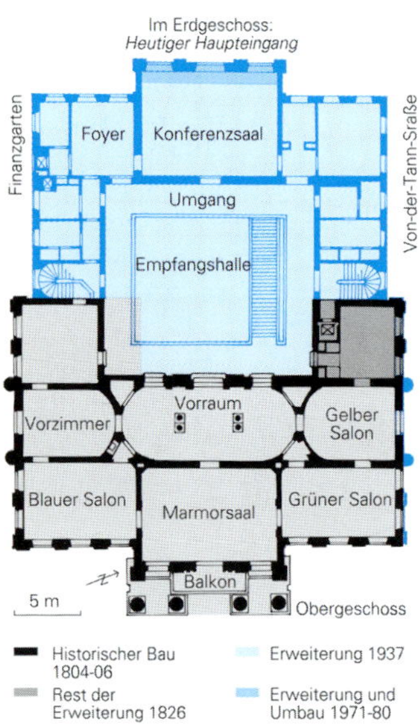

Beschreibung: Die zu Anfang des 19. Jh. noch in Grünflächen eingebettete Villa suburbana von Fischer ursprünglich umfangreicher konzipiert, in der Ausführung auf hakenförmigen Baukörper mit nur zwei architektonisch gestalteten Schauseiten reduziert: nach Osten gegen südlichen Englischen Garten *Hauptfassade* (auf die 1891 die → Prinzregentenstraße ausgerichtet wurde), nach Süden *Seitenfassade*; die beiden anderen Seiten (die Westseite mit kleinem Wirtschaftshof) untergeordnet behandelt. Nach Anlage der Frühlings-/Von-der-Tann-Straße (1826) Auftrag von Prinz Karl an Métivier zur Errichtung eines *Trakts* entlang der neuen Straße anstelle eines irregulären frei

stehenden Vorgängerbaus, mit der Nordseite des Palais durch einen *Gelenkbau* verbunden: Neubau (zu 20 Fensterachsen, flankiert von einachsigen Risaliten) mit Ställen, Remisen, Appartements der ›Aides de Camp‹ (Generaladjudanten), Bibliothek und Dienerschaftsunterkünften, ausgeführt 1828-31 durch Maurermeister Röschenauer; 1841 durch einstöckigen Anbau (Entwurf von Eichheim) nach Westen verlängert.
Das ***Palais**** selbst als einziger Teil der ursprünglichen Anlage original erhalten: Über niedrigem Rustikasockel (Souterrain) zwei annähernd gleich hohe Obergeschosse, durch ionische Kolossalpilaster zusammengefasst, darüber breites ionisches Gesims unter hohem Walmdach. *Hauptfront**: neun Achsen, davon drei durch vorgezogenen Mittelteil mit vorgestellten, freistehenden Säulen betont, durch Dreiecksgiebel zusammengefasst; zusätzlich hervorgehoben durch Rundbogenfenster im Obergeschoss; Rundbogenportal seit 1937 über Stufen zugänglich (ursprünglich Durchfahrt). *Südfront* zurückgehaltener als Hauptfront: fünf Achsen, Mitteljoch durch Halbsäulen gerahmt; darüber ursprünglich Architrav. (Die *Nordfront* bei Erweiterung 1937 von drei auf fünf Achsen verlängert, der Südfront nachgebildet.) *Erweiterungsbau:* Unter Verzicht auf Pilastergliederung um fünf Achsen nach Westen verlängert; Weiterführung der Bossierung des Erdgeschosses; einfache Rahmung der Obergeschossfenster; Einfügung eines Mezzanis in die vom Fischer-Bau übernommene Gebälkzone. Die Gartenfassade (9 Achsen) durch dreiachsigen, schwach vortretenden Mittelrisalit (nur hier Pilastergliederung und Rundbogenfenster) mit Giebel betont; bei Umgestaltung 1971 dieser Teil mit neuem Eingang um 1,5 m vorgezogen. ***Inneres:*** Nutzung ab 1937 beließ Raumanordnung in beiden Geschossen des historischen Kernbaus: in ihm liegen die weitgehend original erhaltenen (öffentlich nicht zugänglich) *Métivier-Räume**, die von Gablonsky durch Verlegung der Treppe, Einbau von Wohnräumen und eines Vortragssaal nicht tangiert wurden – ebenso wenig durch den Umbau der 1970er Jahre in der von Gablonsky geschaffenen Raumschale: *Haupteingang* nun an Westseite (Zufahrt vom Finanzgarten) mit *Vestibül* und Zugang zu zweigeschossiger *Empfangshalle* in Blankziegelmauerung, asymmetrisch platzierter Haupttreppe zu Obergeschoss umlaufender Galerie. Von hier aus Zugang zum Konferenz-(Ministerrats-)saal sowie zu den Arbeits- und Empfangsräumen des Ministerpräsidenten im Altbau: vom *Vor-* bzw. *Warteraum* zum ›Gelben Salon‹ *(Kabinettsraum)* und ›Grünen Salon‹ *(Speiseraum)* im Nordflügel, im Südflügel zum *Vorzimmer* und ›Blauen Salon‹ (*Arbeitszimmer des Ministerpräsidenten*), in der Mitte gegen Osten der ›Marmorsaal‹ *(Festsaal)*.

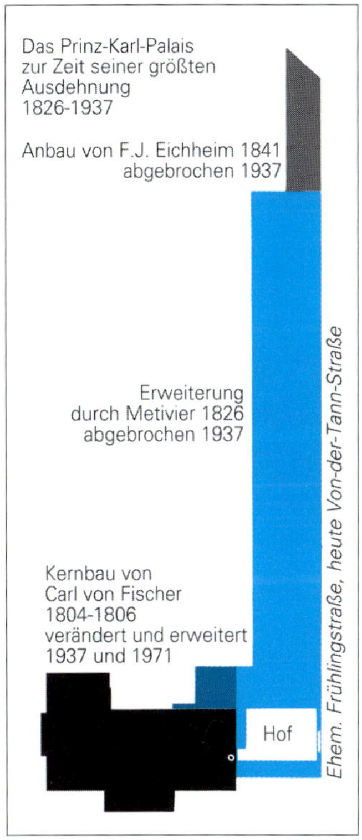

Bedeutung: Einziger annähernd original erhaltener Fischer-Bau; an städtebaulich exponierter Stelle behauptet sich dieses durch überlegte Gestaltung ausgezeichnete Bauwerk, in dem sich Nachklänge eines Palais des Ancien régime mit klassizistischen Formen verbinden. Nach Wölfflin der »schönste Aristokratensitz Münchens seit Cuvilliés Bauten«. Bereits durch Anlage der → Prinzregentenstraße (ab 1891) und ihre Bebauung an der Südseite Zerstörung der engen Beziehung von Hofgarten und Englischem Garten: damit Verlust des Charakters einer Gartenvilla (nach Muster der Villa Valmarana). Durch phantasielos-technokratische Straßenführung und Untertunnelung in seiner künstlerischen und städtebaulichen Funktion schwer beeinträchtigt. – Im Zusammenhang mit Errichtung der neuen Staatskanzlei (→ Franz-Josef-Strauß-Ring 1) Milderung der dominierenden Straßenführung am Drehkreuz von Ring/Von-der-Tann-/Königin-/Prinzregentenstraße durch Neugestaltung der Grünanlagen zwischen Hofgarten und Englischem Garten sowie Vergrößerung des Areals vor dem Palais mit Anlage einer Fontäne; zugleich Revitalisierung des Köglmühlbachs und seine Einleitung in den Englischen Garten. – Im Altbau klassizistische *Raumausstattung* weitgehend erhalten, v. a. Marmorsaal und Blauer Salon erweisen Métivier als hervorragenden Innenarchitekten.

FRANZ-SCHRANK-STRASSE 9 □ 13

Bayerisches Landesamt für Maß und Gewicht Aus der Funktion des Gebäudes auf hakenförmigem offenen Grundriss nach Plänen von Badberger 1926-28 errichtet. ***Beschreibung:*** Die beiden Haupttrakte zweieinhalbgeschossig, am östlichen Ende des

Nordflügels große *Kranhalle* mit eigenem Gleisanschluss zur Tarierung von Großfahrzeugen, am westlichen Flügel siebenstöckiger, ca. 35 m hoher *Turm* mit Wasserreservoir im obersten Geschoss für Druckmessungen, dazwischen Werkräume und Laboratorien; der *Tiefkeller* im Grundwasserbereich sorgt für gleichmäßige Temperatur, die von Verkehrsstraßen abgerückte Situierung des Gebäudekomplexes schützt vor Erschütterungen. Freistehendes, niedrigeres Gebäude an Südseite und Pförtnerbau an Ostseite vervollständigen die offene, asymmetrische Hofanlage. Alle Bauten in unverputztem Klinker errichtet, Gesimse, Türumrahmungen und Fenstereinfassungen in unbearbeitetem Beton, das sehr flache Blechdach hinter sparsamem ›Gebälk‹ versteckt. (Stilistisch dem Altbau angeglichen das *Münchener Eichamt*, vollendet 1983.) ***Bedeutung:*** Letzter staatlicher Behördenbau in München vor 1933, in seiner sachlich-funktionalen Architektur formal einer der qualitätvollsten Beispiele für ›Neues Bauen‹ in München (vgl. Ledigenheim, → Bergmannstraße 35, oder Postbauten, → Goetheplatz 1).

Wahrzeichen Münchens: Die *Türme* der Frauenkirche.

FRAUENPLATZ ☐ 6

Die die Frauenkirche (→ Nr. 1) umgebende ***Domfreiheit*** erst in 2. Hälfte 19. Jh. entstanden: heutige Baulinie entspricht in etwa der Begrenzung des einstigen *U. L. Frauen Freythof* südlich, östlich und nördlich der Marienkirche, die 1271 zweite Pfarrkirche Münchens wurde; mindestens seit dieser Zeit ist ein Friedhof anzunehmen, der 1789 aufgelassen, 1800 eingeebnet wurde. (Ab Ende 15. Jh. zweiter Friedhof der Frauenpfarrei bei der Salvatorkirche, → Salvatorplatz 17.); der Vorplatz im Westen des Doms bis hin zur Fassade des Polizeipräsidiums im Verlauf der ehemaligen Augustinergasse erst 1866-88 entstanden. Erscheinungsbild der Domfreiheit durch Abbruch alter Gebäude und durch Geschäftsbauten des ausgehenden 19. Jh. (und durch deren Wiedererrichtung in den 1950er Jahren) bestimmt; in ihnen ***historische Bauten*** aufgegangen. Unmittelbar vor Westfassade *Dechanthof* (1425-27 errichtet, 1529 und 1587 erweitert, aufgehoben 1803, abgebrochen 1866). Hier seit 1972 kraterähnliche Brunnenanlage (schwarzer Granit, seit 1980 mit bronzenen ›Wasserpilzen‹ anstelle der ursprünglichen Wasserglocken, Entwurf: Winkler); nordwestlich des Doms *St.-Benno-Brunnen* (roter Porphyr, von Henselmann 1972). – An verbreiteter Frauengasse/Liebfrauenstraße Errichtung des ›Domhofs‹ zur Kaufingerstraße (anstelle des ›Gasthofs zum Schwarzen Adler‹: Quartier Mozarts 1762 und Goethes 1786). *Nr. 10:* ehemaliges sog. ›Reiches Almosenhaus‹ (Stiftung Martin Ridlers, 1487); *Nr. 12:* ehemalige Stiftsbauhütte; *Nr. 13:* ehemaliges Benefiziatenhaus; *Nr. 14:* ›Poetenschul auf Unser Frauen Freithof‹ (als städtische Schule, die ›Poeterei‹, 1478 gegründet, seit 1521 am Frauenplatz, 1597 geschlossen), bei Bauarbeiten 1911 Entdeckung von Resten eines prähistorischen Grabs; *Nr. 15:* ehemals ›U. L. Frauen Schuel‹, ab 1818 Elementar-Knabenschule; nach 1888 Kooperatoren-, Prediger- und Organistenhaus; die anschließenden vier Häuser (wie das des Zeremoniars bei U. L. Frau) um 1800 abgebrochen. – Das spitzwinklige Gebäude an Löwengrube/Augustinerstraße für Reichspost 1925 umgebaut (sog. ›Posteck‹), nach Kriegszerstörung im Erdgeschoss als Behelfspostamt eingerichtet. Erst 1986/87 Wettbewerb ausgeschrieben für *Dienstgebäude des Polizeipräsidiums auf dem ›Posteck‹*; schließlich 1995-2001 vereinfacht ausgeführt nach Plänen von Eicher, Hitzig, F. J. Langer, Schwindhelm.

Frauenkirche: *Mittelschiffsgewölbe.*

FRAUENPLATZ 1 ☐ 6

Domkirche zu Unserer lieben Frau* Nach St. Peter (→ S. 351ff.) seit 1271 zweite Pfarrkirche der Stadt, 1492-1812 Kollegiatsstift (Benennung ›Dom‹), seit 1821 Metropolitankirche des Erzbistums München-Freising. ***Baugeschichte:*** 2. Hälfte des 12. Jh. Erwähnung einer romanischen *Marienkapelle*. Nach 1240 Neubau einer gewölbten dreischiffigen *Marienkirche* als Pfeilerbasilika mit Stützenwechsel und westlich Doppelturmfassade (Grabungen 1946-53, → Plan oben), 1271 geweiht und zur Pfarrkirche erhoben, nach 1300 durch dreiseitig geschlossenen gotischen Chor sowie allmählich durch zahlreiche Kapellenanbauten erweitert; vor Westfassade Vorhalle auf vier

Dom: Querschnitt durch die Gewölbezone der Hallenkirche (Rekonstruktion nach O.E. Wolf)

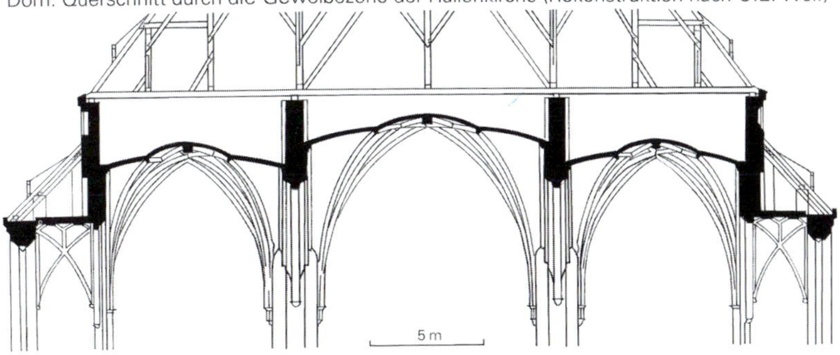

Pfeilern. 1458 Projekt eines großen Neubaus, 1468 Grundsteinlegung zum bestehenden Bau durch Herzog Sigismund (→ Gedenktafel beim Brautportal **B**). Baumeister: Jörg v. Halsbach, nach dessen Tod 1488 Rottaler. Gleichzeitig mit Neubau sukzessiver Abbruch der alten Marienkirche und Translozierung der Wittelsbacher Grablege. Zwischen 1473 und 1477 Einwölbung. 1477/78 Dachstuhl durch Heinrich von Straubing, 1488 Vollendung der Türme bis auf Bedachung, 1494 Weihe, 1525 (1515?) Turmhauben. Von 1601-22 Spätrenaissance- bzw. frühbarocke Ausstattungsphase unter Maximilian I. (u. a. neuer Hochaltar, Einbau des ›Bennobogens‹ (→ S. 138); 1770-76 Um- und Neugestaltung unter Leitung von I. Günther: u. a. Entfernung der farbigen Fenster, Vergrößerung der Fürstengruft 1821 (damit Erhöhung des Altarraums). Bereits vor 1853 Forderung nach Renovierung im (neu-)gotischen Geist: Die von Lange und Berger vorgelegten Pläne für Gotisierung des Äußeren (wie neugotische Spitzhelme, aber auch Renaissancehauben) unausgeführt; dafür 1858-68 Regotisierung des Inneren durch Berger und (ab 1863) durch Foltz: barocke Ausstattung entfernt, Wiedereinsetzen der Glasfenster. 1930-32 Wiederherstellung mit Rekonstruktion der ursprünglichen Farbigkeit. – 1943-45 schwerste Kriegsschäden; nach ersten Sicherungsarbeiten Wiederaufbau 1948-55 (nach C. Th. Horn: *1. Phase*). Die im Querschnitt gezeigte Rekonstruktion von Wolf (→ oben) berichtigt bisherige Publikationen über Gewölbe und Dachstuhl. Neugestaltung des Inneren und Ausbau der beiden Grüfte bis 1957. Umgestaltungen (*2. Phase*, Anfang 70er Jahre) nach Empfehlungen des 2. Vatikanischen Konzils (1962-65): Neugestaltung und Absenken des Altarraums nach Plänen von Weber 1971, der Krypta 1971-72; Neuausmalung des Innenraums 1980/81: farbige Rippen (nach Befund Jos. Schmuderer, 1932). Die in erster Aufbauphase nicht angebrachten Schleppgauben im Dach 1984 f. wieder eingefügt. Konservierung der rd. 120 historischen Epitaphien (z. T. aus dem 1789 aufgelassenen Friedhof an der Salvatorkirche, → Salvatorplatz 17) an der Außenseite 1982-83 durch Messerschmitt-Stiftung. Nach abermaliger, durchgreifender Renovierung (*3. Phase* 1989-94) der Türme und des Innenraums (durch Hillebrand) in Hinblick auf das 500-jährige Weihejubiläum 1994 z. T. Neuaufstellung der Ausstattung durch Rückführung der seit 1973 entdeckten gotischen, barocken und neogotischen Werke (die im Freisinger Diözesanmuseum zusammengeführt worden waren). ***Äußeres:*** Mächtiger Backsteinbau auf Nagelfluhsockel mit zehn tief ansetzenden Fenstern und fünfseitig geschlossenem Chor; darüber Satteldach mit Abtreppung, die die Tiefe der Kapellen zwischen den nach innen gezogenen Strebepfeilern markiert; die beiden *Westtürme* bis zum Dachfirst in fünf Geschossen aufsteigend, von breiten Lisenen mit Maßwerk gerahmt, dann in zwei Achteckgeschosse mit Strebepfeilern an den Diagonalseiten übergehend; Abschluss durch ein wohl nicht von Anfang geplantes niedriges Tambourgeschoss, dem die Turmkuppeln aufgesetzt sind. (Ihre Form wohl eher über Venedig/Augsburg aus dem Morgenländischen anzunehmen als, wie bisher, aus dem florentinischen oder römischen Bereich.) – Fünf Portale, ihre Türflügel von I. Günther (1772), führen ins Innere: das Hauptportal

Frauenkirche: *Bennoschrein,* 1601-04.

Frauenkirche: *Blick zum Chor.*

Frauenkirche: Historische Ansicht des 1620 errichteten und 1858 abgebrochenen *Bennobogens.*

Frauenkirche: *Scharfzandtfenster* (Detail) von 1493.

im Westen **D** eingetieft unter Kielbogen (mit Krabben und Kreuzblume); Steinbildwerke* *Maria mit Kind* und *Ecce Homo* (um 1470); über der Türe Reliefmedaillon *Immaculata.* An der Südseite östlich das sog. Brautportal **B**, als einziges mit reich profiliertem gotischen Gewände: in Archivolte am Fuß *Verkündigungsengel* (links) und *Maria* (gegenüber), anschließend *Apostel-* und *Heiligenfigürchen* (um 1480, 1860 ergänzt); an den Seitengewänden qualitätsvolle Statuen des *Erlösers* und *Maria mit Kind* (um 1420), darunter Tafeln mit Inschriften zur Grundsteinlegung am 9.2.1468; über Türe Reliefmedaillon *Hl. Donatus.* An der Wand über dem Portal bereits im frühen 16. Jh. *Sonnenuhr* angebracht, mehrfach restauriert, im Krieg fast völlig zerstört; 1996 nach alten Darstellungen neu gestaltet (mit 45 qm größte Sonnenuhr in Deutschland). An Südseite westlich Arsatiusportal **C**, im Gewände Kopien einer *Verkündigung* (um 1400), Originale im Diözesanmuseum Freising (→ S. 46); im Medaillon über Türe Relief *Hl. Arsatius.* Die beiden Portale an Nordseite nur wenig eingetieft und ohne plastischen Schmuck: nordwestlich Sixtusportal **F** mit Reliefmedaillon *Hl. Sixtus*; im nordöstlichen Bennoportal **G** die ursprünglichen Plastiken *Maria Himmelskönigin* und *Auferstandener Christus* (um 1440) im Kircheninnern angebracht. Reliefmedaillon *Hl. Benno.* – Das ***Innere*** zeigt, von der Vorhalle **E** gesehen, starke Geschlossenheit des Mittelschiffs: Elf eng gereihte achteckige Pfeilerpaare bilden facettierte ›Wand‹; erst im Weiterschreiten eröffnet sich Durchblick auf die Seitenschiffe mit Kapellen zwischen abgefasten Zungenmauern der Pfeiler: der Bau eine dreischiffige *Halle* (mit kaum erhöhtem Mittelschiff); das letzte Pfeilerpaar fast unmerklich verengt, der Umgang um den Stiftschor kaum wahrnehmbar – Pfeiler in Längsrichtung durch Scheidbogen verbunden, Sterngewölbe der drei Schiffe auf Konsolen aufsitzend, nur an den Zungenmauern der Kapellenpfeiler von halbierten Achteckdiensten getragen. Neugestaltung und Neuausstattung des gesamten Innenraums in Zusammenhang mit den zurückkehrenden historischen Bildwerken durch Hans Ramisch, Erwin Wiegerling und Elmar Hillebrand (von ihm auch die historisierenden Altarretabel), Kapellengitter von Bergmeister (1993/94). Als demonstratives gegenreformatorisches Bekenntnis zum Katholizismus ist die Errichtung des **Bennobogens** zu Beginn des 17. Jh. zu interpretieren; er war in Höhe von Braut- und Bennoportal (**B** und **G**) in das Mittelschiff anstelle des gotischen Kreuzaltars (um 1440) gestellt worden. Nach Entwurf Krumpers eine vierseitig geöffnete Triumphpforte (Vorbild: römische ›Quadrifrons‹): erster Bauabschnitt 1604, der zweite bis 1606; Baumeister M. Pader, Holzarbeiten und -statuen von Schön und Damian, Malereien von Reiter. An der Westseite zwei Altäre für die Hll. Petrus und Paulus (→ Kapellen **8** und **19**), die als Patrone Roms die Beziehung zum Papsttum aufzeigen sollten. Der Bennobogen bei Regotisierung 1858 abgebrochen, das bekrönende Triumphbogenkreuz (1604, von Steinle) seit 1864 im Kloster Zangberg (bei Mühldorf). Im Chorhaupt Abgang zur ***Krypta***, heutige Neugestaltung durch Gerg 1971-72; hier *Passionsaltar* von K. Caspar 1916/17 an der Stelle, wo ursprünglich ein Auferstehungsmosaik dieses dezidiert christlichen und modernen Künstlers vorgesehen war (Auftrag 1951, Ablehnung des Entwurfs 1953). Die ›Fürstengruft‹ älteste Grablege der Wittelsbacher: bereits in erster Marienkirche Beisetzungen (früheste: Herzogin Beatrix, † 1322); erweitert 1823, nach Kriegszerstörungen (1944) von 1946 bis 1952 wiederhergestellt und vergrößert. – Als ›Bischofsgruft‹ erst seit 1825 bestehend, diente die Unterkirche von 1492 bis 1802 (Gründung bis Auflösung des Kollegiatsstifts) als Begräbnisstätte für die Kanoniker.
Bedeutung: Massiger, durch sparsame Gliederung, riesiges Dach und wuchtige Türme in Nah- und Fernsicht gleich wirkungsvoller, das Stadtbild beherrschender Baukörper, der mit auffallend sparsamer Verwendung von Bauplastik auskommt. Späte Form der Doppelturmfassade, deren Bekrönung mit ›welschen Hauben‹ (eines der Wahrzeichen Münchens) beginnenden Einfluss der Renaissance anzeigt. Eine der größten Hallenkirchen Süddeutschlands (108 m lang, 38 m breit, 31 m hoch bis Gewölbescheitel), letzter Bau der Stetheimer-Schule. Als bürgerliche Großkirche ohne Planänderung konsequent und in kürzester Bauzeit aller vergleichbaren Sakralbauten – 20 Jahre! – ausgeführt – eine für damalige Zeit enorme technische und logistische Meisterleistung. Das

Innere nach wiederholter Umgestaltung, Zerstörung, Purifizierung von der Eindeutigkeit der Architektur bestimmt – trotz der Bereicherung durch die Neueinrichtung (1993/94). Hans Ramisch: »Die Ausstattung der Frauenkirche umfasst Kunstwerke, die Wittelsbacher, Münchener Bürger und Chorherren, Erzbischöfe und das Domkapitel zur Ehre der Heiligen und zu ihrem eigenen Gedächtnis an bestimmte Orte gestiftet haben ...«, und weiter: »Die Darstellung des göttlichen Heilsplanes in den Bildern der Verkündigung, der Maria mit dem Kind und dem auferstandenen Erlöser bildet, immer wiederkehrend, den Hauptinhalt der Bilderwelt der bestehenden Frauenkirche.«

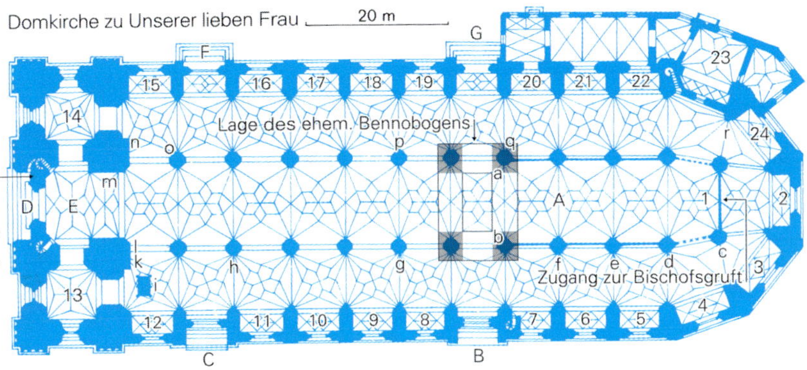

Frauenkirche: *Prunkgrabmal* für Kaiser Ludwig den Bayern, 1622

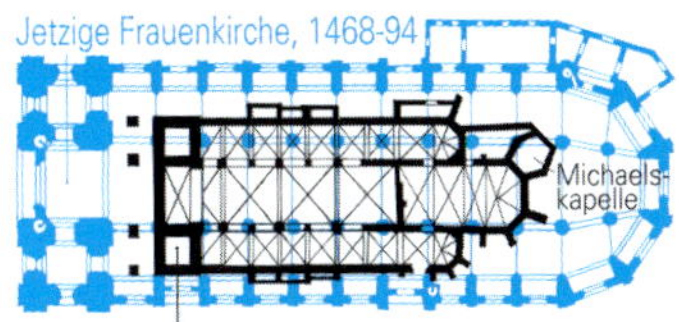

Romanische Marienkirche, etwa 1240 mit gotischem Chor kurz nach 1300

A *Gesamtes Presbyterium nach Wettbewerb durch Hillebrand 1989-94 neu gestaltet. – Über Aufgang im Chorbogen Hänge-Kruzifix (Henselmann 1954), an den beiden Pfeilern* **a** *Auferstandener Christus (um 1320) und* **b** *Maria mit Kind (von einem Passauer Meister um 1520).*

1 *Bereich des* **Chors**: *Altarraum mit Hochaltar, Ambo und Kreuzaltar, mit Chorgestühl und Chorschranken sowie mit Mosaik-›Teppich‹ und Kathedra (Entwurf Hillebrand). Im neuen Chorgestühl (spätgotische Teile im Stadtmuseum) eingefügt* Propheten- und Apostelbüsten *(Grasser 1500) auf Maßwerkkonsolen (nach originalen Formen neu geschnitzt); im Chorgitter* Heiligenstatuen *(Grasser und Werkstatt: drei ›Hände‹ erkennbar, 1500-02);* Chorschlussretabel *mit achteckigem Pfeiler, bekrönt von ›Maria Immaculata‹ (Boos 1780, ursprünglich auf Schalldeckel der barocken Kanzel), beiderseits flankiert von zwölf vergoldeten Reliefs* ›Marienleben‹ (I. Günther/Mitarbeit seines Schülers Häringer 1774). Zwischen den beiden Chorhauptpfeilern stand von 1620-1858 Hochaltar in Form einer Säulenädikula (Vorbild für die späteren barocken Seitenaltäre) mit Gemälde von Candid (→* **20***); bei Regotisierung 1858-60 ersetzt durch neugotischen Flügelaltar (Marienkrönung von Knabl, Geburt Christi von Schwind), im Krieg zerstört. – Am Chorhaupt (gegenüber* **2***)* Abgang zur Bischofs- und Fürstengruft *(→ S. 139), darüber* Gemälde *und* Reliefs *des ›Memminger Altars‹ (Strigel 1500) sowie* Teile des Grabmals *(um 1320) der Königin Beatrix († 1322) aus Krypta der älteren Marienkirche.* ***Seitenkapellen:*** **2** Chorhauptkapelle *(früher Altöttinger Kapelle): An linker Wand ›Schutzmantelmadonna‹ (Polack um 1510), im Schrein unter Fenster* Mariengnadenbild *der Münchener Bürger (1659), umgeben von marianischen* Votivbildern *(17. Jh.);* Glasgemälde* *Scharfzandtfenster, gestiftet vom Kaufmann Wilh. Scharfzandt (Hauptwerk des besten damals bekannten Glasmalers Peter Hemmel von Andlau/Straßburg, datiert 1493).* **3** Kapelle Mariä Opfergang *(früher Arsatiuskapelle): Im Retabel* Mitteltafel *eines spätgotischen Kreuzaltars (aus älterer Marienkirche, um 1445) mit modernen Flügelbildern (Stalmann 1993); an den Wänden ehemals* Altarbilder: *›Marienkrönung‹ (Rottenhammer 1605/08) und ›Kreuzerprobung durch Hl. Helena‹ (Kager 1608); im* Glasschrein *Silberstatue Hl. Joseph mit Jesuskind (Keßler, München um 1680/90);* Fenster *aus verschiedenen Tafeln kombiniert: ›Heilspiegel-(oder Speculum-)fenster‹ mit Szenen aus Altem und Neuem Testament (datiert 1480), in der Mitte Dreikönigsfenster (um 1425) und sog. ›Rot-Grüne Passion‹ (vielleicht von Karlsteiner um 1420); die beiden letzten Fenster wohl aus älterer Marienkirche. – Am Pfeiler bei* **c** Epitaph *für Erzbischof F. J. v. Stein († 1909), von Busch.* **4** Rupertuskapelle: *Im Retabel* Gemälde *›Hl. Rupertus weiht Maria das Altöttinger Gnadenbild‹ (J. A. Wolff, nach 1678), in* Predella *und* Oberbild *die Nebenpatrone der Kapelle Hll. Jakobus d. Ä. und Urban sowie Schutzengel (von Wolff?); an rechter Kapellenwand ›Auferstehender Christus‹, unter dem Fenster ›Schweißtuch der Veronika‹ (beide Gemälde von Candid 1620, von der Rückseite des ehem. Hochaltars: →* **20** *und* **21***);* Glasmalereien *im sog. ›Legendenfenster‹ mit Szenen der Erscheinung des Erzengels Michael auf dem Monte Gargano (oben), Legende des Hl. Florian (Mitte), und (unten) Martyrium des Hl. Sebastian (1490, wohl aus Herzogen-Werkstatt). – Am Pfeiler bei* **d** Epitaph *für Erzbischof A. v. Steichele († 1889), von A. Heß.* **5** Johann-Nepomuk-Kapelle: *Auf Mensa* Vorstellreliquiar *(Ernst 1730) mit*

Bild des Heiligen (Steidl 1703), darüber im Retabel Gemälde *›Dreifaltigkeit mit anbetenden Heiligen‹ (Werl zugeschrieben, um 1600); unter Fenster einer der ältesten* Grabsteine *in München (1359/60); an rechter Wand* Epitaph *für Gabriel Riedler und zwei* Totenschilde *der Stadtpatrizierfamilie.* Fenster *›Sieben Freuden Mariens‹ (aus älterer Marienkirche um 1410/ 1420) mit Marienkrönung (möglicherweise vom Meister der Rot-Grünen Passion,* → **3** *und* **19**). *– Am Pfeiler bei* **e** Epitaph *für Erzbischof A. v. Thoma († 1897), von Waderé.* **6** Bennokapelle: *Dem Hl. Benno (1010-1106, seit 1066 Bischof von Meißen) geweiht, seit 1580 Schutzpatron Münchens und Bayerns. Im Retabel* Reliquiar und Silberbüste* *des Heiligen (Vianen zugeschrieben, 1601-04; die Reliquien bei wissenschaftlicher Untersuchung 1984 als echt erwiesen); darüber* Altargemälde *›Hl. Mauritius‹ (Rottenhammer 1604) und ovales Oberbild ›Engelspietà‹ (Krumper 1604); unter Fenster* Gemälde *›Himmelfahrt Mariens‹ (Holzmair um 1600) und ›Auferweckung des Jünglings von Naim‹ (Kager um 1600); an rechter Wand* Gemälde *›Et vitam venturi saeculi‹ (Hipp, 1992). Im neugotischen* Schrein *Mantel des Hl. Benno (um 1100) und seine Krümme aus Walbein (England 8.-9. Jh.); daneben lebensgroße* Wachsvotivfiguren *(um 1590) des Prinzen Ferdinand Maria und seines Bruders Maximilian.* Glasgemälde *›Martyrer-Fenster‹ (zwischen 1485 und 1490) mit Szenen des Martyriums der Hll. Sebastian und Agnes. – Am Pfeiler bei* **f** Epitaph *für Michael Kardinal Faulhaber († 1952), von Georgii.* **7** Taufkapelle: *Barocker Rotmarmor-Taufstein. Im illusionistisch gemalten Retabel (Hilebrand 1993)* Altarbild *›Taufe Jesu‹ und rundes* Oberbild *›14 Nothelfer‹ (Steidl 1703); auf der Mensa zweifarbig gefasste spätgotische* Statuen *Johannes Baptist und Johannes Evangelist. Unter Fenster zwei* Gemälde *(Nachfolge Mielich, spätes 16. Jh.) ›Wunderbare Brotvermehrung‹ und ›Aussendung der Jünger‹; rechts Türe mit* Relief *›Marientod‹ (um 1610), darüber farbig gefasstes* Relief *›Aufnahme Mariens in den Himmel‹ (spätgotisch). ›Dornenkrönung-Fenster‹ (um 1480), in mittlerer Höhe Wappenscheibe mit Münchener Kindl (1573).* **B** Brautportal, *darüber Andreaschor mit Seitenorgel, die seit ihrem Einbau 1995 das* Glasgemälde *›Adam und Eva, Petrus und Andreas‹ (von Lacher 1957) verdeckt.* **8** Geburt-Christi-Kapelle: *Im Stuckmarmorretabel mit zwei* Reliefs *(Szenen aus Leben des Hl. Antonius von Padua, von Wright 1994)* Altargemälde *›Anbetung der Hirten‹ (Castillo y Saavedra 1650/51), im Sockel Gehäuse mit* Reliquienbüste *des Antonius (Bettle, um 1732). Unter Fenster drei* Bronzereliefs *der 1985 selig gesprochenen P. Kaspar Stangassinger, P. Rupert Mayer SJ. und M. Theresia Gerhardinger; an rechter Wand* Epitaph *für Julius Kardinal Döpfner (†1976), von Wimmer 1981; darüber (Altar-)*Gemälde *›Enthauptung des Paulus‹ (Piazza 1605) und* Oberbild *›Gottvater‹ (Krumper) – beide vom ehemaligen Paulusaltar am Bennobogen (→ S. 138), Gegenstück zum Petrusaltar (→* **19**). Glasgemälde *›Bethlehemitischer Kindermord‹ und ›Verklärung Christi‹ (um 1490).* **9** Margarethenkapelle *(früher Bäckerkapelle): Im Retabel* Altarbild *›Hll. Margarethe und Georg‹ sowie in* Predella *die ›Hll. Wolfgang, Martin, Apollonia und Helena‹ (beide Gemälde von J. U. Loth um 1602). Unter Fenster* Gedenkstein *zum Besuch von Papst Pius VI. in der Frauenkirche (29.4.1782); an rechter Wand sieben mittelalterliche* Totenschilde *der Familie Ligsalz; darunter spätgotische* Sitzfigur *des ›Hl. Nikolaus‹ (Patron der Bäcker).* Glasgemälde *zum Thema Brot: ›Wunderbare Brotvermehrung‹ (Rabolt 1959). – Am Pfeiler bei* **g** *dreiteiliges gemaltes* Epitaph *für Wolfgang Ligsalz (Mielich, um 1550).* **10** Mariä-Verkündigungs-Kapelle: Altarbild *›Mariä Verkündigung‹ und* Predellagemälde *mit ›Hll. Johannes Baptist und Cäcilia‹ (dazwischen Stadtbild Münchens; beide von Sandrart 1664); an rechter Wand zweifarbig gefasste* Holzstatuen *›Hll. Petrus und Paulus‹ (Haldner zugeschrieben, um 1460).* Glasfenster *›Genesis‹ (Geyer 1959).* **11** Bartholomäuskapelle: *Im Retabel ›Marter des Hl. Bartholomäus‹ und* Oberbild *›Gottvater‹ (Schöpfer 1627); auf Mensa ›Pietà‹* (›Weicher Stil‹, salzburgisch um 1400; originale Fassung 1994 freigelegt). An rechter Wand* Gemälde *›Kreuzabnahme‹ (süddeutsch, um 1520).* Glasgemälde *›Parabelfenster‹ (Geyer 1960).* **C** Arsatiusportal, *darüber Wappenfenster der Kardinäle Faulhaber und Wendel (Knappe 1961). – Am Pfeiler bei* **h** Bronzerelief *zur Erinnerung an Besuch von Papst Johannes Paul II. in der Frauenkirche (19.11.1980).* **12** Kongresskapelle *anlässlich des Eucharistischen Weltkongresses in München 1960. An rechter Wand* Bronzeepitaph *für Joseph Kardinal Wendel († 1960), von Wimmer.* Glasfenster *zum Andenken an den Kongress (Rabolt 1964).*

Frauenkirche: *Prunkgrabmal* für Kaiser Ludwig den Bayern, 1622.

Vor der Kapelle (bei **i**) **Prunkgrabmal*** *für Kaiser Ludwig den Bayern und »zum Ruhm des Hauses Wittelsbach« durch Herzog Maximilian I. errichtet 1622 und ursprünglich an Ostseite des Bennobogens (→ S. 138) am Zugang zum Presbyterium (***A***) aufgestellt; nach Abbruch des Bogens anlässlich der Regotisierung vor Stufen zum Presbyterium (bis 1911), dann unter Musikempore am westlichen Beginn des Mittelschiffs (bis 1932), schließlich in Turmkapelle (***13***) des Südturms versetzt, wo das Grabmal eingemauert den Bombenkrieg überstand. Seit 1964 am heutigen Standort, 1992/93 grundlegend restauriert.* **Beschreibung:** *Das*

Schwarzmarmorgehäuse *(Entwurf Krumper)* mit ursprünglich vergoldeten Bronzefiguren umschließt die spätgotische Deckplatte* *der Kaisertumba (ohne Gebeine); aufgrund stilkritischer und archivalischer Untersuchungen (durch Ramisch) neuerdings Zuschreibung an Münchener Bildhauer Haldner und Neudatierung auf Zeit um 1468. An den Ecken des Gehäuses kniende* Fahnenträger *mit (noch originalen) Seidenstickstandarten (mit Wappen von Herrschern, die Abstammung der Wittelsbacher vom Hl. Kaiser Karl d. Gr. belegen sollen). Je zwei Fahnenträger von Gerhard und Pallago (zwischen 1592 und 1596), die – neben anderen Figuren – für das geplante, jedoch letztlich nicht ausgeführte monumentale Grabmal für Herzog Wilhelm V. in St. Michael (→ Neuhauser Straße 6) vorgesehen waren. An beiden Längsseiten* Standfiguren *der Herzöge Wilhelm IV. und Albrecht V. (Krumper 1619); auf dem reich ornamentierten Deckel* allegorische Figuren *Weisheit und Stärke (nach anderer Interpretation Herrschaft im Frieden und Herrschaft im Krieg) sowie Insignien der Kaiserwürde (Krumper 1619/22).*

Am rechten Pfeiler des Südturms bei **k** *und* **l** Grabstein *für Dombaumeister Jörg von Halsbach († 1488), darüber Portraits vom Meister Jörg (rechts) und Zimmermeister Heinrich von Straubing (Polack um 1490); daneben* Grabstein *für (blinden) Domorganisten Cunrad Paumann († 1474).* **13** Kapelle im Südturm *(auch ›Sendlinger Kapelle‹): Heute Verkaufsraum für Bücher und Postkarten. In Nische der Südwand* Grabstein *der Katharina Sendlinger (um 1380), an Westwand barockes* Altarbild *›Hll. Ulrich und Magdalena‹; im Südfenster Fragmente um 1390 (Könige, Bischöfe, Passionsszenen), im Westfenster Szenen aus dem Leben und Wirken Christi.* **D** Hauptportal, *führt in die zwischen den beiden Westtürmen liegende Vorhalle* **E,** *deren ursprüngliche Form mit gotischem Rundbogen (!) 1991 freigelegt und wiederhergestellt. Am Turmpfeiler* **m** Gemälde *›Vermählung Mariä‹ (J. A. Wolff), in der Mitte im Pflaster der legendäre* ›Teufelstritt‹, *am linken Turmpfeiler* Grabmal *des ersten Erzbischofs von München-Freising L. A. v. Gebsattel († 1846) von L. v. Schwanthaler; bei* **m** *das 1997 gestiftete* Dommodell *mit Grundriss (Modellbau GmbH Neubauer). Über der Vorhalle die bis ins 1. Joch des Mittelschiffs vorgezogene* Orgel- *und* Sängerempore *(Architekt: Horn 1993) mit Orgelwerk, dessen Prospekt (W. Gsaenger) das Westfenster Hl. Michael (A. Miller 1936, nach erhaltenen* Kartons *1955 nachgeschaffen) verdeckt.* **14** Kapelle im Nordturm *(Tulbeck-, auch ›Neuhauser Kapelle‹): Neben Durchgang zum nördlichen Seitenschiff* Mariahilfaltar, *zusammengesetzt 1861 aus Thronender Madonna mit Kind (nach 1475 aus Tulbeckkapelle der alten Marienkirche) und dazuerworbenen Figuren Elisabeth, Agnes, Ottilie (um 1500), Altarschrein (Wirth 1863); in der Predella Beweinung Christi. Unter nördlichem Fenster* Grabstein* *für Bischof J. Tulbeck († 1476): bedeutende Münchener Arbeit um 1470/80. In südöstlicher Ecke* Fahnenschrank *(um 1476); nach spätgotischem Vorbild kopierter* Radleuchter *(19. Jh.). –* Glasgemälde: *im Westfenster ›Überführung der Gebeine des Hl. Benno‹, im Nordfenster ›Predigt des Hl. Korbinian‹ (Entwurf von Holzner, ausgeführt 1931 von F. M. Mayer).* **15** *ehemals Apolloniakapelle, seit 1993* Beichtkapelle*: an rechter Wand früheres* Altarbild *›Hl. Apollonia‹ (Degler 1690);* Glasfenster *›Rosenkranz-Geheimnisse‹ (A. Miller 1931, nach dessen Kartons von Auer 1961 nachgeschaffen). Am Turmpfeiler* **n** Grabmal *des Erzbischofs F. v. Bettinger († 1917) von Weckbecker; daneben* Gedenktafel *für die im 1. Weltkrieg gefallenen Münchener. Am Pfeiler* **o** Bronzefigur *›Maria Immaculata‹ (E. Dietz 1959).* **F** Sixtusportal: *An linker Wand Sandsteinrelief ›Maria mit den Hll. Apollonia und Margaretha‹ (frühes 16. Jh.); im Fenster* Glasgemälde *›Engel behüten die Erde‹ (Knappe 1961).*

16 Kapelle der Heiligen Drei Könige: *Im Retabel* Gemälde *›Anbetung der Könige‹ (J. U. Loth, datiert 1628), im Auszug vier runde* Oberbilder *›Evangelisten‹,* in Predella *die ›Hll. Leonhard, Onophrius, Katharina, Agatha‹ (ebenfalls Loth); unter Fenster mehrteiliges* Epitaph *der Familie Barth (Ende 16. Jh.-1763);* Glasgemälde *›Christus als Wohltäter‹ (Rabolt 1964).* **17** Kapelle des Hl. Korbinian: *in gemalter Umrahmung (Hillebrand 1994) vier neugotische* Tafeln *mit Legenden des ›Hl. Benno‹ (links) und ›Hl. Korbinian‹ (Menz 1865); auf Mensa* Vorstellbild *›Mariae Rosen‹ (um 1600), wie Predella an linker Kapellenwand ›Ungläubiger Thomas‹ (C. Amort?) vom ehemaligen Mariae-Rosen-Altar; darüber* Gemälde *›Marienkrönung‹ (Mitte 17. Jh.). Am Boden zwei abgestürzte* Schlusssteine *des Mittelschiffgewölbes (1484-87, aus Ruinenschutt 1945 geborgen). Im Fenster* Glasgemälde *›Heilige aus der Geschichte des Erzbistums‹ (Rapolt 1965).* **18** Blasiuskapelle und Kapelle der Unschuldigen Kinder: *Im* Retabel *›Ecce Homo‹, im Auszug ›Der Dulder Hiob‹,* in Predella *sechs Heilige (Bernhard, Dionysius, Egidius, Barbara, Justina, Sophia), alle Gemälde von Rottenhammer (um 1599/1600). An linker Wand ›Bethlehemitischer Kindermord‹ (Amigoni 1717-20), darüber* Figur *›Hl. Blasius‹ (spätgotisch), flankiert von zwei Gemälden ›Hl. Franz von Assisi‹ und ›Hl. Barbara‹ (Umkreis Rottenhammer); unter Fenster* Grabstein *des ersten Pfarrers der Frauenkirche Balthasar Hundertpfund († 1502) in Nachfolge des ›Aresinger-Epitaphs‹ (von Grasser) in St. Peter (→ Rindermarkt 1); im Fenster* Glasgemälde *›Sieben Schmerzen Mariens‹ (Gitzinger 1959).* **19** Sieben-Schmerzen-Kapelle: *Auf Mensa* Statue *›Mater dolorosa‹ (17./18. Jh.) nach Gnadenbild der Herzogspital-Muttergottes (T. Pader 1651) in St. Elisabeth (→ Herzogspitalstraße 9); dahinter* Altargemälde *›Christus am Kreuz‹ (van Dyck zugeschrieben). An linker Wand* Gemälde *vom ehemaligen Petrusaltar am Bennobogen (→ S. 138): ›Kreuzigung Petri‹ (Piazza 1605) und* Oberbild *›Christus mit Kreuz‹ (Krumper), beide Bilder Gegenstücke zum ehemaligen Paulusaltar am Bennobogen (→ Kapelle* **8***). Unter Fenster vierteiliges* Epitaph *der Priesterbruderschaft: Bronzereliefs ›Enach‹, Schutzmantelmadonna, ›Dulder Hiob‹, ›Johannes Evangelist‹ (Krumper 1620);* Glasfenster *›Große Passion‹* * *(um 1395/1410 aus alter Marienkirche) mit Einzelscheiben Heilige (um 1470) kombiniert. – Am Pfeiler bei* **p** *siebenteili-*

ges Epitaph *(Fragment eines über 4 m hohen Marmor-›Denkmals‹)* des herzoglichen Leibarztes Dr. Jakob Burchard *(Krumper zwischen 1615 und 1618).* **G** Bennoportal: Steinplastiken *›Maria Himmelskönigin‹ und ›Auferstandener Erlöser‹ (um 1400), transferiert von Außenseite des Portals; an rechter Wand* Gedenkstein *für Papst Pius XII. (gesetzt 1942). Im* Glasfenster *verschiedene Scheiben des 15. und frühen 16. Jh. – Am Pfeiler bei* **q** Relief *›X. Kreuzwegstation‹ (Waderé 1901: Muster für einen nicht ausgeführten Kreuzwegzyklus, bis 2. Weltkrieg sichtbar, bei Wiederaufbau verputzt, 1994 freigelegt).* **20** *Eingang zur Sakristei in ehemaliger* Andreaskapelle: *rechts neugotisches* Epitaph *für Erzbischof G. v. Scherr († 1877) von Sayer, links farbig gefasstes* Holzrelief *›Marientod‹ (um 1500). Über Türe das ehemalige* Hochaltarbild* *›Mariä Himmelfahrt‹ (Candid 1620), mit 8 x 4 m und fast 2 t Gewicht das vermutlich größte auf Holz gemalte Bild der Welt; weitere Gemälde vom ehemaligen Hochaltar in Kapellen* **4** *und* **21**. *Darüber Fenster mit* Glasgemälde *›Apokalyptische Frau‹ (Lacher 1965).* **21** Katharinenkapelle: *Im Retabel* Altarbild *›Entrückung der Hl. Katharina‹ und* Predellagemälde *›Hll. Cäcilia und Barbara‹ (J. A. Wolff 1694); unter z. T. vermauertem Fenster* Predellabild *›Mariä Verkündigung‹ und* Oberbild *›Gottvater‹ vom ehemaligen Hochaltar (→ Kapelle* **20**, *beide Bilder von Candid). Darunter in Wandnische neugotisches* Ostensorium *mit Reliquien des hl. Papstes Pius X. – Im Fenster Scheiben (um 1430) aus alter Marienkirche. An Außenseite des Chorgestühls* Statuetten *von Heiligen (Grasser um 1500) sowie* Holztäfelchen *mit Wappen der Erzbischöfe von München und Freising (Herbst 1994).* **22** Kapelle der Hofbruderschaft St. Anna und St. Georg: *Im Retabel* Gemälde *›Hl. Georg‹, in Predella ›hl. Kaiserpaar Heinrich und Kunigunde‹ (J. U. Loth 1630). An Fensterwand, vom Gewölbe frei abgehängt,* Holzskulptur *›Hl. Anna selbdritt‹ (S. Rottaler um 1515/20); unter z. T. vermauertem Fenster die* Nebenpatrone *der Kapelle ›Hl. Rasso‹ (links, vom Meister von Rabenden um 1520) und ›Hl. Georg‹ (Leinberger um 1520). Dem Altar gegenüber farbig gefasste monumentale* Holzskulptur* *›Hl. Christophorus‹ (Leinberger um 1525). Im oberen Teil des Fensters* Glasgemälde *›Mariä Verkündigung‹ (um 1500). – Gegenüber an Außenseite des Chorgestühls* Statuetten *von Heiligen sowie acht* Reliefs *von hl. Päpsten (Grasser um 1500).* **23** Sakramentskapelle *(in ehemaliger Sakristei eingerichteter Andachtsraum): rechts vom gotischen Kielbogenportal farbig gefasstes Renaissance-*Epitaph *für Stiftsdekan Ph. Dobereiner († 1576), über Empore an rechter Wand* Gemälde *›Hl. Wolfgang‹ (K. G. Stuber 1715), gegenüber* Altarbild *›Heiligenhimmel‹ (17. Jh.). Im Fenster* Glasgemälde *›Marienleben‹ (Eberz 1931, nach Karton 1957 nachgesch.). –* Im Andachtsraum: *Altar, Tabernakel und übrige Ausstattung von Faller (1984);* Steinskulptur *›Erlöser‹ (München um 1450, Originalfassung freigelegt). Im Fenster* Glasgemälde *›Martyrium der Hl. Katharina‹ (München, Ende 15. Jh.) aus säkularisierter Salvatorkirche (→ Salvatorplatz 17), ergänzt durch Stifterscheiben und (in der Mitte) durch ›Hl. Anna selbdritt‹ (Kistenfeger 1518). Vor Trennwand zur folgenden Kapelle bei* **r** Automatenuhr *mit beweglichen Figürchen (Grasser zugeschrieben, um 1500), Gehäuse im 17., 18., 19. Jh. ergänzt: ältester erhaltener Bildautomat.* **24** Sebastianskapelle: *An rechter Wand* Monumentalskulptur *›Hl. Sebastian‹ (Faistenberger 1696), darunter* Altarflügel *mit ›Passion Christi‹ (Polack um 1510); an linker Wand neugotische* Flügelreliefs *des ehem. Auferstehungsaltars (Widnmann 1863). Unter Fenster Retabel des ehem. Andreasaltars mit* Bildwerken *des Meisters von Rabenden und* Gemälden *von Polack (um 1520) aus der beim Bau der Michaelskirche (→ Neuhauser Straße 6) abgebrochenen Kirche ›St. Nikolaus auf dem Haberfeld‹ (in etwa vor der Alten Akademie → Neuhauser Straße 8). Im Fenster* Scheiben *des ›Astallerfensters‹ (um 1425), umgeben von Scheiben des ›Herzogenfensters‹ (um 1485, wohl Werkstatt des Herzogenmeisters: Karlsteiner, Winhart), das als herzogliche Stiftung (1490) ursprünglich im Chorhauptfenster eingesetzt war.*

FRAUENSTRASSE 28 □ **11**

Architekturmalerei Eine im Auftrag der Lloyd-Versicherung von Haas 1978 mit illusionistisch gemalten Architekturmotiven gestaltete Fassade. ***Beschreibung:*** Übertragen der tektonischen und dekorativen Elemente der realen Fassade an der Frauenstraße auf die Schmalseite an der Zwingerstraße: der gemalte, reich dekorierte Erker (Schrifthinweis auf Auftraggeber) über illusionistisch geöffneter Toreinfahrt (mit Einblick in irrealen Arkadenhof) beiderseits gerahmt durch eine viergeschossige Fensterachse über rustiziertem Erdgeschoss; über Konsolgesims gemaltes Walmdach. ***Bedeutung:*** Das erste Werk des New Yorkers Haas außerhalb der USA mit der für seine Architekturmalerei charakteristischen Trompe-l'œil-Technik. Im Gegensatz zu den antiarchitektonischen ›Wallpaintings‹ (z. B. Chicago, Berkeley, Amsterdam, Bremen, Düsseldorf, Berlin) sind Münchener Gestaltungen stark an architektonischer Struktur des Trägerbaus orientiert: damit Wiederaufnahme einer für München seit dem späten Mittelalter bezeugten Gepflogenheit der Fassadenmalerei: z. B. die (wiederhergestellten) Malereien im → *Alten Hof* (1444 bzw. 1470/80) oder der nur schriftliche Hinweis auf Bemalung der *Tortürme* durch Polack (1488); erhalten die Architekturmalerei des ehemaligen *Stadtschreiberhauses* (→ Burgstraße 5) aus der Renaissance, die Bemalung der *Residenz* und des *Kaiserhofs* um 1619 (vereinfacht nachgestaltet 1958, → S. 265), aus dem Barock die weitgehend rekonstruierte Bemalung des *›Asam-Schlössls‹* (→ Maria-Einsiedel-Straße 45). Im Spätbarock und Rokoko Übergang zu figürlicher Stuckierung (beim *›Asam-Haus‹*, → Sendlinger Straße 34), während im 19. Jh. Fassadenbemalung nahezu zum Erliegen kam. Erst gegen Ende 19. Jh. entstanden zumeist monumentale Bemalungen (wie die der drei *›Fürstenhäuser‹* in der Schellingstraße durch F. Wagner 1889, zerstört 1944) oder mehr ornamentale Lösungen (wie am *Neuen Justizgebäude*, → Prielmayerstraße 5, oder am *Jugendstil-Wohnhaus* → Ainmillerstraße 22). Kann man bei Haas von *reiner*

Architekturmalerei sprechen, sind in der Regel zeitgenössische Fassadenmalereien entweder dem Illusionismus des amerikanischen ›Wallpainting‹ oder der oberbayerischen ›Lüftlmalerei‹ verpflichtet – wie Passage *Falkenturmstraße 8* (1979/80), *Wurzerstraße 7* (1979/80, beide von Gottstein und Drever), Ecke *Sparkassen-/Münzstraße* (1988, von R. Dietz), am *Isartorplatz* im Innenhof des ›Riegerblocks‹ (1994, von dem Mittenwalder Lüftlmaler Pfeffer), am Umspannwerk *Elisabethplatz* (1994, M. Müller, genannt WON).

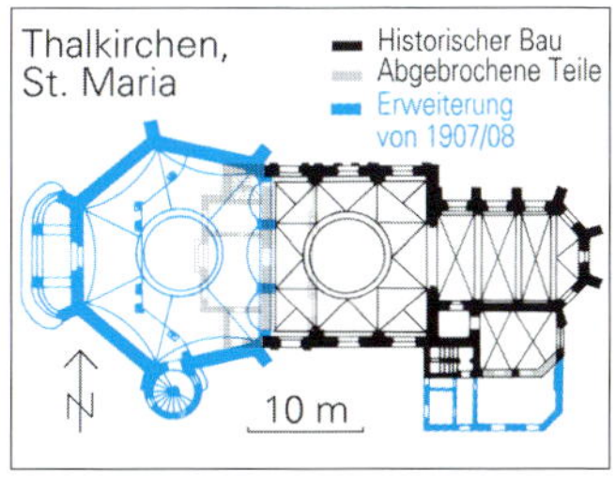

FRAUNBERGPLATZ 1 ☐ **22**
St. Maria Thalkirchen* Wallfahrts- und Pfarrkirche. Spätromanische Teile (2. Hälfte 13. Jh.) in Turm und westlicher Chorwand erhalten; Chor (gegen 1400) und ehemaliges Langhaus (wohl 3. Viertel 15. Jh.); unter Leitung von J. A. Wolff (Initialen JAW und sprechendes Wappen im Gewölbe über Hochaltar) zwischen 1695 und 1698 barockisiert; schlanker Turm mit barocker Haube; 1907/08 durch G. v. Seidl erweitert. Umfassende Außen- und Innenrenovierung von 1978 bis 1981. ***Beschreibung:*** dreijochiger, tonnengewölbter Altarraum, dreiseitig geschlossen. Hauptraum quadratisch mit kräftigen Wandpfeilern, in gotischer Zeit mit Mittelsäule; diese bei Barockisierung entfernt (Reste im Bayerischen Nationalmuseum), dafür Flachkuppel mit (je Seite) drei Stichkappen. Die damals ebenfalls eingebaute Musikempore bei Erweiterung abgetragen: drei Bogen vermitteln zum Anbau (irreguläres Sechseck) mit radialen, volutenbelegten Strebepfeilern, von Zeltdach mit Laterne bedeckt. ***Inneres:*** Der geräumige *Neubau* (mit Empore auf drei Seiten, darunter Abschlussgitter, 1692) in jugendstilartigem Neubarock verhalten dekoriert; Scheitelgemälde von Schleibner 1912; über einige Stufen abwärts zum *Altbau*: Langhaus und Chor durch kräftige Wandpfeiler gegliedert; an Gewölbe schwerer *Stuck* um 1700, in Flachkuppel Fresko von Wolff (1696), ›Marienkrönung‹. Beiderseits des Chorbogens *Seitenaltäre* 1696 mit *Gemälden* von Hauber 1798. *Hochaltar**: Aus dem gotischen Flügelaltar (1482 bestellt) das *Gnadenbild* und die beiden *Hll. Ulrich* und *Korbinian* von M. Erhart (Ulm); rückwärtiger Altaraufbau bei Barockisierung entstanden; zweiter Umbau 1759 durch I. Günther (Büsten Hll. Anna und Joachim sowie Engel); 1959 abermals verändert. (Die Flügel des einstigen gotischen Hochaltars mit vier Reliefs *Marienszenen* (frühe 1490er Jahre) im 19. Jh. entfernt, heute als Leihgaben im Diözesanmuseum Freising (→ S. 46). Die Barockorgel von 1630, eine der ältesten erhaltenen Bayerns, jetzt im Deutschen Museum. ***Bedeutung:*** Thalkirchen bis 1520 wohl Urpfarrei für Umgebung Münchens links der Isar; viel besuchte Wallfahrt. Der Hochaltar eine meisterliche Verbindung von Gotik und Rokoko. Decken*fresko* bisher einzige nachgewiesene Arbeit Wolffs in dieser Technik (sonst nur Leinwandgemälde für Decken). Sehr geschickte Erweiterung einer für den Münchener Raum typischen mittelalterlichen barockisierten Dorfkirche.

St. Maria Thalkirchen: *Gnadenbild* von M. Erhart.

FREIHAMER ALLEE 73 (Freiham) ☐ **28**
Heiligkreuz Kirche des bereits 1190 erwähnten Edelsitzes ›Friheim‹, seit 1676 Hofmark. ***Beschreibung:*** Wuchtiger Westturm (Mitte 15. Jh.) mit Blendgliederung und zweiteiligem Spitzhelm; das niedrige Langhaus mit Satteldach in 3/8-Chor mit Strebepfeilern übergehend; an Südseite Sakristei und Vorhalle angebaut. ***Inneres:*** Zweijochiger Hauptraum und zweijochiger Chor, frühbarock verändert (geometrischer Modelstuck um 1620), bei Umgestaltung 1781 Verlust der älteren Ausstattung (heute z. T. in Pfarrkirche von Wangen (Lkrs. Starnberg); 1969/70 renoviert. Ausstattung Spätrokoko: *Hochaltar* mit Kreuzigungsgruppe, flankiert von den Hll. Konstantin und Helena (in sog. ›Porzellanfassung‹: Ankündigung des frühen Klassizismus); das modern überarbeitete Altarblatt vielleicht von Kirzinger. In den *Seitenaltären* Hl. Leonhard (links) und Schmerzensmutter (rechts) in hervorragend geschnitzter Altararchitektur*. Im Altarraum zwei Reliefs: ›Predigt des Hl. Johannes‹ und ›Tod des Hl. Nepomuk‹; im Hauptraum Apostelfiguren. ***Bedeutung:*** Seltenes Beispiel eines in Anlagen und Gebäuden erhaltenen Edelsitzes im Großraum München mit Ökonomie, Schlößchen und Kirche.

Friedensengel.

FRIEDENSENGEL* ☐ 20

Optischer Abschluss der → Prinzregentenstraße am östlichen Isar-Hochufer, zusammen mit ›**Prinzregententerrasse**‹; diese von Hildebrand vorbereitet, von Möhl entworfen, 1891 von W. Zimmermann (bei Gestaltung der Maximilians-Anlagen 1890/91, → S. 169) vollendet. ***Beschreibung:*** Leicht über Straßenniveau gegenüber den rechtsseitigen Brückenköpfen erhobener *Vorplatz* mit Brunnenbecken und Mittelfontäne, von vier wasserspeienden Delphinreitern umgeben. Diese (von insgesamt sechs) ursprünglich für den ›Fortuna-Brunnen‹ im südlichen Bassin vor Schloß Herrenchiemsee bestimmt (Entwurf: Rümann), im 2. Weltkrieg schwer beschädigt und durch Senoner 1990 ff. für Herrenchiemsee restauriert; im Brunnenbecken der Prinzregententerrasse vier Bronzeabgüsse 1993 aufgestellt. An Ostseite des Vorplatzes von Pilastern, Säulen und drei Rundbogennischen gegliederte *Futtermauer* unterhalb des Friedensengels; in der Mittelnische 1959 Aufstellung einer Statue König Ludwigs II. (Entwurf: Behn) geplant, nicht ausgeführt. – Seitlich zwei gegenläufige *Freitreppen* zum Plateau über Terrasse und Standplatz für **Friedensengel.** Ab 1893 Konkretisierung von Plänen für ein »Friedensdenkmal«(!) anlässlich des 25. Jahrestags des Friedensschlusses mit Frankreich am 10.5.1871. Zuerst am späteren Weißenburger Platz vorgesehen: ein *Brunnen* »nicht in Form eines Schlachtenmonuments ..., sondern eines Denkmals ... [für die bayerische Armee], das zugleich den Dank für die Segnungen des Friedens zum Ausdruck bringt«. Durch Prinzregent-Luitpold-Stiftung jetziger Standort und ein 1895 ausgeschriebener *Wettbewerb* (»nur in München lebender Künstler«) durchgesetzt: Verlangt, aber nicht zwingend vorgeschrieben, ein Säulenmonument mit Friedensgenius, am Sockel Reliefs mit siegreichen Kriegsszenen (wohl zurückgehend auf Skizze eines ›Säulendenkmals‹ von Th. Fischer 1894). *Entscheidung* im April 1896, die Arbeiten im Rathaus ausgestellt: Kein 1. Preis; 2. Preis an Bernauer, Wadére, Romeis; drei 3. Preise an E. Beyrer, Drexler, B. Schmitt; weitere Teilnehmer: Gasteiger, Grässel, Hahn, C. Hocheder, Maison, Taschner. *Auftrag* jedoch (mit Auflagen) an Düll, Pezold, Heilmaier (Bauaufsicht: Bühlmann). *Grundsteinlegung* 1.5.1896, *Einweihung* 16.7.1899. – Blitzschaden 1934, den Bombenkrieg unbeschadet überstanden; wegen drohender Einsturzgefahr 1981 unsachgemäße Demontage des Engels, was erhebliche Restaurierung erforderte: Erneuerung von Flügel und Standbein (das Original im Stadtmuseum); 1993 mit steileren Flügeln und nach Gesamtsanierung wieder aufgestellt.

Beschreibung: Von der Balustrade zurückgesetzt hoher quadratischer *Sockel* für die über zwei seitliche Treppen zugängliche ›*Halle*‹; je Seite zwei Koren (vier davon ursprünglich mit vergoldeten Lorbeerzweigen in den Händen) zwischen reich ornamentierten Eckpfeilern. An den Stirnseiten der *westlichen Pfeiler* je drei Reliefmedaillons mit Portraits der Kaiser Wilhelm I., Friedrich I. und Wilhelm II. sowie der Herrscher aus dem Haus Wittelsbach Ludwig II., Otto und des Prinzregenten Luitpold; ferner an den Außenseiten der Pfeiler Bildnisse von Bismarck und der Feldmarschälle Moltke und Roon, ferner der bayerischen Befehlshaber v. d. Tann, Hartmann und Pranckh; an den Seiten der beiden *östlichen Pfeiler* Reliefmedaillons mit den zwölf Taten des Herkules. Eckbetonung des Dachs durch Trophäen (vgl. Hofgartentor). – Im Innern der ›Korenhalle‹ der kubische Unterbau der Säule mit allegorischen Rundbildmosaiken (entworfen von Düll/Pezold): Friede (an West- bzw. Stadtseite), Krieg und Sieg (im Norden und Süden) sowie Segnungen der Kultur (an Ostseite). Die kannelierte Säule, aus flachem Zeltdach 23 m hoch aufragend, mit korinthischem Kapitell und halbkugeligem Standsockel für die wie zum Flug ansetzende **Engelsfigur*** (Bronzeguss von F. v. Miller, vergoldet): in ihren Umrissen lebhaft bewegt, steil nach oben entfaltete Flügel, das Gewand körperbetonend; in der linken Hand das ›Palladion‹ als Schutzgöttin der Stadt (und nicht, wie fälschlich interpretiert, als Allegorie der Wehrhaftigkeit), die vorgestreckte rechte hält der Stadt den Ölzweig des Friedens entgegen. *Vorbild* für den Münchener Engel eine 1823 in Pompeji gefundene Bronze-Nike des 1. Jh. v. Chr. (Museo Nazionale/Neapel), die bereits zwischen 1837 und 1839 von Chr. D. Rauch für die sog. ›Zweite Charlottenburger Viktoria‹ als Vorbild diente und als vergrößerter Abguss zur

Bekrönung der ›Friedenssäule‹(!) auf dem ehemaligen Belle-Alliance-Platz (entworfen von Cantian, errichtet 1840-43) verwendet wurde. Vielfach strapazierte Hinweise auf die Berliner ›Siegessäule‹ (entworfen von Strack und Drake, errichtet 1869-73), um die kriegerische Absicht des Münchener Friedensdenkmal glaubhaft zu machen, ignorieren die unterschiedlichen Motive an beiden Säulen: in Berlin unmittelbare Bezugnahme auf tatsächlich geführte siegreiche Kriege (1864 gegen Dänemark, 1866 gegen Österreich, 1870/71 gegen Frankreich); dagegen in München Reduzierung kriegerischer Motive auf allegorisch-symbolhafte Aussagen, bei denen der Gedanke des Friedens im Vordergrund steht: nicht von Ungefähr erfolgte Grundsteinlegung am 25. Jahrestag des ›Friedens von Frankfurt‹ (10.5.1871). Dessen ungeachtet wird einseitig von »deutscher Kriegslüsternheit« geschrieben, ohne die Revanchepropaganda auf französischer Seite zur Rückgewinnung von Elsass und Lothringen zu erwähnen.
Bedeutung: Von dominierender städtebaulicher Lage, bei Vermeidung der Theatralik des Historismus eines der besten Denkmäler jener Epoche. Steht Terrasse noch in der Tradition florentinischer und römischer Gartenarchitekturen, so erfolgt im Friedensdenkmal selbst der Rückgriff auf griechisch-klassische Motive, ohne sklavische Kopie zu freierer malerischer Wirkung gesteigert. Abkehr vom reinen Historismus in den Mosaiken am deutlichsten spürbar: Aufnahme sezessionistischer Tendenzen. (Münchener Denkmal wohl vorbildhaft für das ›Milleniumsdenkmal‹ in Budapest von Schickedanz und Zala, begonnen ebenfalls 1896, vollendet ca. 1926.)

Friedensengel.

FRIEDRICHSTRASSE 9-11 ☐ 19

Mietwohnhäuser 1898/99 in großbürgerlichem Zuschnitt von Dülfer erbaut. Reich mit Rechteck- und Polygonalerkern, Loggien, Balkonen, Giebeln, Dachreitern, Verdachungen und Ornamentfeldern gegliederte, spiegelbildlich-symmetrisch angelegte fünfgeschossige Doppelhausfassade, leicht variierte Schmalseite an der Konradstraße.
Bedeutung: Trotz nachklingender historisierender Tendenzen und veränderter Wiederherstellung nach dem Krieg erstes Mietshausensemble des Jugendstils in München, wahrscheinlich sogar in Deutschland. Als Besonderheit der architektonischen Komposition: Dülfer »gelang – auf den Einzelbau bezogen – das Paradoxon einer ›asymmetrischen Symmetrie‹« (Dieter Klein).

FÜRSTENRIED 1 ☐ 21

Ehemaliges Jagdschloß Fürstenried Von J. Effner 1715-17 an der Stelle der von Ferdinand Joseph Graf v. Hörwarth errichteten Schwaige *Poschetsried* für Max Emanuel erbaut; ab 1727 im Besitz der Kurfürstin Maria Amalia (1730-34 Umbauarbeiten, vermutlich durch J. Effner), 1777-97 Witwensitz der Kurfürstin Anna Maria; unter König Max II. und dessen Bruder Adalbert Ausgangspunkt glänzender Jagden; v. a. im ›Forstenrieder Park‹. – Nachdem sich Unterbringung des Prinzen Otto (Bruder von König Ludwig II.) im Schloß Nymphenburg (seit 1871) als unzulänglich erwies und Schloß Ludwigsthal bei Zwiesel ungeeignet war, wurde ab 1880 Schloß Fürstenried für den geisteskranken Prinzen instand gesetzt (dazu Einrichtung von Laboratorien, Telegrafenstation, Räume für eigenes Wachbataillon) und Wiederherstellung des Parks (1885) durch K. Effner. (Otto, ab 1886 König, von 1881 bis zu seinem Tod 1916 in Fürstenried.) – Abermalige Umbauten 1925 in Exerzitienhaus, bei Baumaßnahmen 1972-76 nach denkmalpflegerischen Grundsätzen korrigiert. ***Beschreibung:*** Von lang gestreckten niedrigen Bauten (links: Reitstall; rechts: Hofküche) gerahmter Ehrenhof vor dem Hauptbau und den beiden seitlichen kleineren Pavillons (links: Kavaliershaus mit Hubertuskapelle; rechts: Kurprinzenbau); zusätzlich eine Reihe von Nebenbauten. Beherrschend der *Hauptbau*: dreigeschossig mit vorgezogenem dreiachsigen Risalit (im Giebel kurfürstliches Wappen, von Volpini, 1716) vor zweiachsigen Rücklagen; von seiner einst reichen Innenausstattung (Effner, um 1726) nur noch ein Zimmer im zweiten Obergeschoss erhalten. Die gesamte Anlage auf die rd. 8 km entfernte Frauenkirche ausgerichtet: die durch doppelreihige Lindenallee gefasste Achse (früher mit Kanal)

Ehem. Jagdschloß Fürstenried: *Mittelrisalit.*

heute durch Autobahntrasse zerstört; achsial im östlichen Vorfeld Installation aus sechs Lindenstämmen (von Wiegerling 2001). – Diese Achse auch bestimmend für den rechteckig begrenzten *Garten* (an der Ostbegrenzung Ziergitter von Houard z.T. erhalten); westlich des Hauptbaus streng symmetrischer französischer Garten von Girard (1715/16), um 1885 von K. Effner wiederhergestellt und durch Steinbildwerke (von C. Fischer, 1889) bereichert; südlich angefügt ein englischer *Landschaftsgarten* (K. Effner). Nordwestlich davon Wirtschaftsgebäude, darunter das ebenerdige Gebäude der *Schwaige* (18. Jh.): Satteldachbau mit abgewalmtem Zwerchhaus. ***Bedeutung:*** An Schloß Nymphenburg erinnernde symmetrische Gruppierung einzelner Baukörper, jedoch in Ausmaß und Gestaltung bescheidenere Anlage. Nach Verbauung der Sichtschneise zwischen Schloß Nymphenburg und Schwabing in der Achse des (östlichen) Kanals einzig in München erhaltenes Beispiel einer barocken übergreifenden Raumordnung (vgl. ursprüngliche Anlage auf Gemälde von Beich in Schloß Nymphenburg).

Waldfriedhof: *Aussegnungshalle.*

FÜRSTENRIEDER STRASSE 288 □ 21

Waldfriedhof In einem seit 1898 städtischen Waldgebiet südlich Holzapfelkreuth und Großhadern nach Konzeption von Grässel 1905-07 angelegter, durch den Hamburger Parkfriedhof Ohlsdorf angeregter erster echter ›Waldfriedhof‹ in Deutschland. Im ***Alten Teil*** (ursprünglich rd. 59 ha, auf 85 ha angewachsen) die 1905-07 nach Plänen von Grässel erbaute Aussegnungshalle mit nördlich angefügter Leichenhalle, gegenüber die monumentale Kreuzigungsgruppe von Schreyögg (1908). Im südlichen Teil die von Leitenstorfer errichtete St.-Anastasia-Kapelle (1931-33). Der ***Neue Teil*** (bis zur Tischlerstraße im Westen) auf einer Fläche von rd. 77 ha ab 1957 nach Plänen von Roemer als Landschaftspark angelegt, die neue Aussegnungshalle (Lorettoplatz 1a) 1963-66 durch Baureferat/Hochbau der Landeshauptstadt errichtet. Von der Forst-Kasten-Allee beim Schloß Fürstenried Zugang zum *Italienischen Militärfriedhof* (angelegt 1966). – Westlich der Tischlerstraße zwischen 1960 und 1964 Anlage der ***Kriegsgräberstätte München***, des größten Soldatenfriedhofs in der Bundesrepublik; die beachtenswerte Gestaltung der Massengräber durch Roemer, die außergewöhnlich gestaltete Kapelle nach Plänen von Schöner-Fedrigotti.

FÜRSTENSTRASSE 1 (Siemens AG) → Wittelsbacher Platz 4

GALERIESTRASSE □ 3

Anstelle des ursprünglichen ›Rampart-Wegs‹ der Wallanlagen des 17. Jh. erstmals auf Sckell-Plan für Gestaltung des Geländes vor Schwabinger Tor (1815) namentlich eingetragener Straßenzug »Gallerie-Straße« entlang den Nordarkaden des Oberen Hofgartens (mit *Galerie-Gebäude*, → Galeriestraße 4); auf älteren Plänen (Thurn/A. Gärtner 1804/07; Generalplan 1812) und bei Klenze-Plan für Odeonsplatz (1816 und 1817) zwar Straße angedeutet, aber ohne Namensnennung. Ursprünglich endend bei Hofgartenkaserne, im Verlauf des 19. Jh. ostwärts verlängert bis Wagmüllerstraße; seit Durchbruch des Altstadtrings (1968-71) zu Sackstraße verkürzt. Gegenüber der Straßenbebauung durch Galeriegebäude seit 1952 Zugang zum *Finanzgarten* (so genannt seit 1875, vorher ›Palais-Garten‹ beim Prinz-Karl-Palais, → Franz-Josef-Strauß-Ring 5), im Gewölberest der (Theatiner-)Bastion *Gedenkbrunnen* für Heinrich Heine: Bronzefigur ›Große Sitzende‹ (›Nausikaa‹) von T. Stadler (1962) als Reminiszenz an »Loreley«. Auf derselben Seite nach Osten anschließend die *Harmlos-Wiese* als Übergang zum → Englischen Garten: hier Marmorstatue des *›Harmlos‹* (von F. J. Schwanthaler, 1803), anlässlich des zehnjährigen Jubiläums der Öffnung des Englischen Gartens gestiftet; mehrmals mutwillig beschädigt, nun durch Kopie ersetzt (Original im Residenzmuseum, → S. 275, Raum 80). Bebauung entlang der Nordarkade des → Hofgartens im 2. Weltkrieg z. T. schwer getroffen; das Galeriegebäude vereinfacht wieder aufgebaut (1952), die Ruinen der ostwärts anschließenden Gebäude (s. u.) zwischen 1945 und

1951 beseitigt (bis auf 13 Joche der *Arkade*: seit 1993 unter Stahl-Glas-Konstruktion konserviert). Bis zu Kriegszerstörungen hier drei Bauten: das *Nordtor* des Hofgartens in der Achse des sog. Leibregimentswegs, 1802/03 als Zugang zu Harmlos-Wiese/Englischem Garten, von Klenze 1838-40 umgebaut, bekrönt mit Statuen ›Athena‹ und ›Roma‹ (Bildhauer und Verbleib unbekannt. – Daneben das *Hofgartenbrunnhaus* von Klenze, der 1845-46 durch Umbau, Erweiterung und Aufstockung des Wasserturms ein Brunnhaus ersetzte, das Herzog Maximilian durch Volckmer an der Außenmauer der Arkaden hatte einrichten lassen (vollendet 1614), um das Brunnhaus des Herzogs Albrecht V. (um 1560) abzulösen. Das Maximilianische wie Klenzesche bis 1857 gemeinsam in Betrieb, 1885 statt Wasserräder Einbau von zwei ›Girard-Turbinen‹ im Kellergeschoss der Unteren Hofgartenarkaden; 1968 mit gleichzeitiger Trockenlegung der Stadtbäche stillgelegt. Nach grundlegender Restaurierung der Turbinen und Pumpen (1991-96) Brunnwerk wieder in Betrieb genommen (Besichtigung im Sommer; Zugang in Nordwestecke des Parterres vor Staatskanzlei). Speisung der Anlage durch Wasser aus dem unter den Oberen Hofgarten verlaufenden revitalisierten ›Hofbrunnwerk-Kanal‹, der vom westlichen Stadtgrabenbach abgeht; an ihm standen, vor Nordfassade der Maximilianischen Residenz (→ S. 268) zwei ›Residenzbrunnhäuser‹: das ›Alte‹ vom Anfang des 17. Jh., das ›Neue‹ gegen 1810 von Jos. v. Baader, das 1845 bei Errichtung des Festsaalbaus der Residenz abgebrochen wurde. – Der 3. Bau unmittelbar an Hofgartenbrunnhaus anschließend: *Kunstvereinsgebäude* (ehemals Galeriestraße 10) unter Einbeziehung der Nordarkade nach Plänen von Riedel 1865/66 errichtet; bauliche Veränderungen und Erweiterung bis Anschluss an Hofgartenkaserne bzw. Armeemuseum durch F. v. Thiersch 1890/91, 1899 und 1906. Bei Luftangriffen 1943 schwer getroffen, die Ruine zwischen 1951 und 1954 nach und nach bis auf Arkaden abgebrochen.

GALERIESTRASSE 4 ☐ 3

Galeriegebäude Von Karl Theodor beauftragt, errichtete Lespilliez zwischen 1779 und 1783 über den nördlichen Arkaden des → Hofgartens den schlichten Baukörper der ›Churfürstlichen Galerie‹, v. a. für die Gemälde aus dem Neuen Schloß Schleißheim; weitere Zugänge durch Überführung der Bestände der Mannheimer Galerie (1798), der Zweibrücker Galerie (1799) und der Düsseldorfer Galerie (1805/06); dazu der Kunstbesitz aus säkularisiertem Kirchen- und Klostergut in Bayern und Tirol. Direktor der vereinigten Kunstsammlungen wird J. Chr. Mannlich, der 1805 einen erweiterten Neubau an derselben Stelle vorschlägt. Die Raumnot führt endlich 1822/23 zum Projekt eines Erweiterungsbau nach Plänen von Klenze und Dillis, von Kronprinz Ludwig aber abgelehnt zugunsten der Errichtung einer ›Pinakothek‹ (→ Barer Straße 27). Nach ihrer Eröffnung 1836 und Umgestaltung der westlichen und östlichen Hofgartenarkaden (durch Klenze 1835 ff.) Einrichtung der bisherigen Galerie für Ausstellungsräume des 1824 gegründeten *Kunstvereins*, der bisher im Nordpavillon des Bazargebäudes (→ Odeonsplatz 6-18) ausstellte. Nach Errichtung eines neuen Kunstvereinsgebäudes 1865-66 (→ Galeriestraße, ehemals Nr. 10) Ausstellungsräume im alten Galeriebau für *Ethnographische Sammlung* (Vorläufer des Völkerkundemuseums, → Maximilianstraße 42) und für sog. ›*Gipsmuseum*‹ (heute ›Museum für Abgüsse klassischer Bildwerke‹, → Meiserstraße 10 und S. 40). Überbauung zur Errichtung eines Stadt- und Musikhauses nach Vorschlag von R. Riemerschmid (1926) nicht realisiert. 1944 schwer beschädigt, 1952 vereinfacht wiederhergestellt; in der Mitte des Trakts dreijochige Durchgangshalle zur Galeriestraße mit Eingängen zum *Kunstverein* und zum *Deutschen Theatermuseum* (s. u.). ***Beschreibung:*** Lang gestreckter, rd. 175 m langer und schmaler Baukörper an maximilianische Arkaden des Oberen → Hofgartens angebaut und durch deren Überbauung Gewinn einer ausreichenden Raumtiefe für Treppen, sieben Galeriesälen und Nebenräumen; der große Mittelsaal war auf Nordsüdachse des Hofgartens bezogen, beiderseitige Belichtung der Säle durch hoch liegende, ursprünglich querovale Fenster. *Fassaden* ehedem durch illusionistische Architekturmalerei (Entwurf

Galeriegebäude: *Arkadengang.*

von Demmel, Ausführung von Seidel) gegliedert; zum Hofgarten reicher, zur Galeriestraße einfacher. ***Bedeutung:*** Mit Öffnung des Hofgartens für Publikum (wohl bereits 1776) auch Zugang der Bevölkerung zu den Bildersammlungen des Hofs. Der Verzicht auf aufwändige äußere und innere Ausgestaltung eines fürstlichen Galeriegebäudes im Sinne einer aufklärerischen Nüchternheit hatte einen bemerkenswert ›sachlichen‹ Zweckbau zur Folge, der als eines der ersten Bauwerke des Frühklassizismus in München zu bewerten ist.

Deutsches Theatermuseum Als ›Clara-Ziegler-Stiftung‹ von der Hofschauspielerin Clara Ziegler (1844-1909) ins Leben gerufen und 1910 in ihrer Villa an der Königinstraße als erstes unabhängiges Institut dieser Art eröffnet; Villa 1944 durch Bomben zerstört; die bedeutendsten ausgelagerten Bestände bilden Grundstock für Neuaufbau. ***Bestände:*** Neben der *Präsenzbibliothek* (rd. 100 000 Nummern: Bühnenmanuskripte, Theaterstücke, Partituren, Libretti; Theaterzeitschriften ab 18. Jh.; wissenschaftliche Sekundärliteratur) *Archiv* mit rd. 700 000 Programmheften deutschsprachiger Bühnen, mit Kritikensammlung sowie etwa 50 000 Autographen (Rollenverzeichnisse, Regiebücher usw.) und historische Schallplatten; als besonderer Service: Aufliegen aktueller Rezensionen zu den laufenden Theaterstücken. Eigentliche *Museensammlung* enthält Dokumente zum Theater aller Zeiten und Völker (außer Puppenspiel): nahezu 50 000 Entwürfe für Bühnenbilder und Kostüme, Bühnenbildmodelle (u. a. für Münchener Wagner-Aufführungen; nach Bayreuth größte Wagner-Sammlung), ca. 10 000 Pläne, Zeichnungen, Fotos zum Thema Theaterbau; Fotosammlung (ca. 3 Mio. Aufnahmen). – Jährlich bis zu fünf Einzelausstellungen. Eintrittszeiten → S. 45.

GÄRTNERPLATZ □10

Mittelpunkt der zwischen Sendlinger Tor und Isartor südlich der aufgelassenen Stadtbefestigung angelegten *Isarvorstadt*, bekannter als ›Gärtnerplatzviertel‹. Bebauung des ›Eichthalangers‹ als Teil des ehemaligen Heiliggeist-Angers schon 1830 durch Ludwig I. (entgegen dem Rat Klenzes) genehmigt, verbunden mit dem »allerhöchsten Wunsch«, das konstituierende Achsenkreuz zweier Straßen nach dem Architekten Leo von Klenze und dem Maler Peter Cornelius zu benennen. Beide Straßen sollten nach Generallinienplan von 1830 einen quadratischen Platz diagonal kreuzen. Aus Spekulationsgründen aber Verzögerung der Bebauung bis 1861. Durch Einführung einer weiteren Achse (Reichenbachstraße) als Verbindung der Altstadt mit der Vorstadt Au Umwandlung des Quadratplatzes in Kreisplatz (90 m Durchmesser). Erstellung eines Fassadenplans für einheitliche Gestaltung des Platzrondells (wahrscheinlich durch Baumeister G. Fischer 1861), veranlasst durch Grundbesitzer C. v. Eichthal. Bebauung des Rondells mit vierstöckigen Mietshäusern zwischen 1861 und 1865, dagegen die Seitenstraßen später. Aufwertung des gesamten Viertels durch Errichtung eines *Theaters* (→ Nr. 3), der einzigen architektonisch-städtebaulichen Dominante in diesem Stadtteil. 1865 nicht ausgeführter Entwurf von Zenetti für einen Brunnen; dagegen 1867 im zentrierenden Rasenrondell Aufstellung zweier *Bronzestatuen* für Klenze (von Brugger) und Gärtner (von Widnmann), die im 2. Weltkrieg zum Einschmelzen demontiert wurden; gerettet nur der Kopf Gärtners, jener von Klenze nach Gipsabguss (gefunden 1997 im städtischen Bauhof) nachgegossen; seit 1987 bzw. 1998 auf Stelen wieder aufgestellt. – Das *Gärtnerplatzviertel* bevorzugtes Wohngebiet jüdischer Handwerker und Händler (1938 rd. 500 Geschäfte und 14 Betstuben), bis durch die Verfolgungen der Nazis das vielfältige jüdische Leben radikal ausgelöscht wurde. – Kriegszerstörungen nach 1945 z. T. durch verständnislosen Wiederaufbau behoben, hauptsächlich sichtbar in maßstablosen Gestaltungen der Rondellfassaden; seit Wettbewerb 1974 vorsichtige Rückrestaurierung bzw. Verhinderung störender Neubauten. ***Bedeutung:*** In der Münchener Stadtbaugeschichte bildet dieses erste größere, planmäßig erbaute Wohnquartier der zweiten Hälfte des 19. Jh. den Übergang von der klassizistischen Stadterweiterung unter Max I. Joseph und Ludwig I. (→ Maxvorstadt) zum kommunalen gründerzeitlichen Städtebau des Ostbahnhofviertels (ab 1870 → Orleansplatz). Das Gärtner-

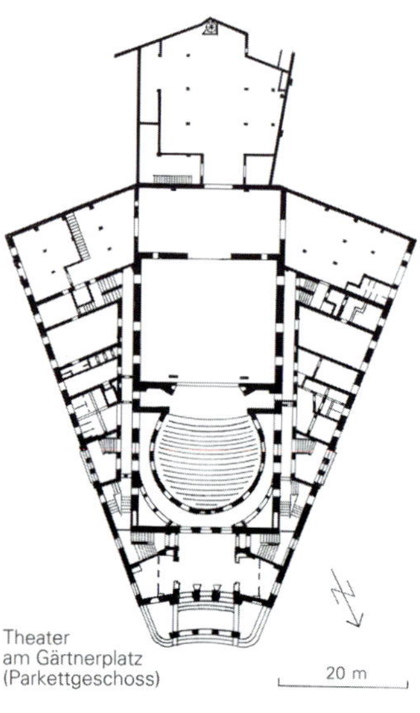

Theater am Gärtnerplatz (Parkettgeschoss)

platzviertel, in dem erstmals in München in größerem Umfang mehrstöckige Mietshäuser als Kapitalanlage errichtet wurden, ist mit streng einheitlich dimensionierten und geschlossenen Gebäudefronten in überwiegend spätklassizistischen Formen (beeinflusst durch Maximiliansstil) bebaut. »Mit diesem klaren Gestaltungsaufbau bildete das Gärtnerplatzviertel [zusammen mit dem Platz] einen überschaubaren, in sich zentralisierten und formal eigenständigen Bereich, der sich besonders deutlich von der unmittelbar benachbarten Altstadt und der wildwüchsigen Bebauung der östlichen Vororte abhob« (Heinz Selig).

Theater am Gärtnerplatz: *Fassade* mit Klenze-Stele.

GÄRTNERPLATZ 3 □ 10

Theater am Gärtnerplatz Gründung einer AG (möglicherweise durch C. v. Eichthal veranlasst) 1864, als ›Münchener Aktien-Volkstheater‹ nach Entwürfen von F. M. Reifenstuel errichtet: Grundsteinlegung November 1864, Einweihung durch Ludwig II. am 4.11.1865; Ausmalung von E. N. Neureuther. Nach Bankrott (1868) Übernahme durch den König als »Königliches Volkstheater« 1870. Nach wechselnden Repertoireschwerpunkten seit ca. 1926 hauptsächlich Operettentheater, 1937 ›Bayerische Staatsoperette‹, seit 1960er Jahren Münchens Bühne für heitere Spieloper, Operette und Musical. – Durch Umbauten, z. T. technisch bedingt, zunehmende Veränderung des ursprünglichen Baus: 1898/99 erste Veränderung der Fassaden und Umbau des Zuschauerraums durch E. v. Seidl (dabei Reduzierung von 1600 auf rd. 940 Plätze); grundlegende Umbaupläne (E. v. Seidl, 1905, sowie von Helbig und Walchers, beide Wien, 1909) nicht ausgeführt; 1913 völlige Neugestaltung des Zuschauerraums durch Drollinger (Erhöhung auf rd. 1400 Plätze); 1926 Umgestaltung von Foyer, Wandelgängen, Garderoben; 1937 erneute Umgestaltung unter vereinfachender Annäherung an ursprüngliche Ausstattung (dabei Einfügung der Mittelloge mit seitlichen Figuren von Mikorey, nach Wackerle, sowie Deckengemälde ›Geburt der Schönheit‹ von Kaspar). Die durch Bomben 1945 verursachten Schäden zwischen 1946 und 1948 behoben (Spielbeginn 1948), 1968/69 Wiederherstellung des Zuschauerraums in ursprünglicher Form, dabei die durch Übertünchen zerstörten Neureuther-Fresken durch E. Albrecht neu gemalt; 1976/78 Rekonstruktion der 1937 veränderten originalen Reifenstuel-Fassade; 1999 Erneuerung der gesamten, z. T. noch von 1937 stammenden Bühnentechnik sowie Restaurierung von Zuschauerraum und Foyers. (Seit 1995 ›Studiobühne im Zerwirkgewölbe‹, → Ledererstraße 3.) ***Beschreibung:*** In der dem Rund des Gärtnerplatzes angeglichenen Blockspitze zwischen Klenze- und Reichenbachstraße errichtet, in der *Raumfolge* Foyer – Zuschauerraum – Bühne – Hinterbühne genaue Kopie des Nationaltheaters (→ Max-Joseph-Platz 2), wegen des trapezförmigen Grundrisszuschnitts kleiner und in den Seitenräumen abweichend. Einfache, vom Spätklassizismus und von Schmuckelementen des Maximiliansstils geprägte Gestaltung der *Fassaden*: Hauptfront zum Gärtnerplatz zweigeschossig, der dreiachsige Mittelrisalit (Portikus, darüber Rundbogenfenster) von einachsigen Rücklagen flankiert und von Flachgiebel bekrönt; Figur nach Originalmodell Widnmanns erneuert; dahinter das hohe Bühnenhaus mit fünf gekuppelten Rundbogenfenstern und Rundfenster im flachen Giebel. ***Inneres:*** Der kreisrunde Zuschauerraum von zeltähnlicher Decke überspannt (vgl. Nationaltheater) mit vier Rängen, im Proszenium die ehemalige Königs- und Fürstenloge; heutige Mittelloge spätere Zutat (1937). ***Bedeutung:*** Abgesehen von der durch ein Komitee wohlhabender Bürger initiierten Errichtung eines Theaters in einem entstehenden Wohnviertel (Bodenspekulation?) architektonischer Akzent des Platzes und Schwerpunkt des gesamten Stadtviertels; ein auf bürgerliche Dimensionen reduziertes ›Hoftheater‹ in seiner spätklassizistischen vornehmen Zurückhaltung für das städtebauliche Gefüge von regulativer Wichtigkeit.

Theater am Gärtnerplatz: Blick zur Bühne.

GASTEIG → Rosenheimer Straße 5: Der Gasteig – Münchens Kulturzentrum

GASTEIGANLAGEN → Isaranlagen

Wohnhaus Georgenstr. 8 (sog. Palais Pacelli).

Ehem. Palais Bissing: *Detail vom Erker.*

GEORGENSTRASSE 8 □ 19

Wohnhaus 1900-03 von Hölzle errichtetes palastähnliches Wohnhaus, vom Bauherrn ursprünglich dem päpstlichen Nuntius als Residenz angeboten (ursprünglich *Kapelle* im Osttrakt). ***Beschreibung:*** Auf schmalem tiefen Grundstück erbautes Palais, die Straßenfront durch Kolossalsäulen und bekrönendes Turmensemble akzentuiert; die Abwicklung der östlichen Fassade nicht minder reich an Erkern und Loggia, an Häufung von pilastergegliederten Risaliten, Attikabekrönungen und Türmen; plastischer Schmuck von Schneider. ***Bedeutung:*** Selbst für ausgehende Gründerzeit auffallend reiche Verwendung von ›Würdemotiven‹ verrät Absichten des Bauherrn, das Haus als ›Stadtpalais‹ zu präsentieren; für München eines der seltenen, allerdings verspäteten Beispiele einer an die Wiener Ringstraßenarchitektur erinnernden Bauform.

GEORGENSTRASSE 10 □ 19

Ehemaliges Palais Bissing In programmatischem Kontrast zum pompösen Nachbarhaus (→ Georgenstraße 8) nach Plänen des Schweizer Architekten Fiechter 1903 errichtetes Wohnhaus des Privatgelehrten Friedr. Wilh. v. Bissing, der hier seine Sammlung altägyptischer Kunst aufstellte; 1914 durch Schenkung an den Staat (→ S. 162). Kriegsbeschädigungen zwar behoben, 1979 aber Wiederherstellung des ursprünglichen Zustands (Architekt: Münzel; Malereien: ursprünglich von Ringer, 1980 von E. Albrecht wiederhergestellt). ***Beschreibung:*** Zurückhaltend gestaltete Fassade mit flachem Mittelrisalit und zweigeschossigem Runderker als Übergang zur einfachen Seitenfront; über drei Hauptetagen eine vierte im hohen Mansardendach. Sparsamer, jedoch akzentuierender farblicher Dekor; am Erker Medaillonporträts von Schiller, Raffael, Donatello, Sophokles. ***Bedeutung:*** In der Reduktion auf klare Formen und einfachen (flächigen) Dekor ist diese Art des Münchener Jugendstils gutes Beispiel für heimische, traditionsgebundene Bauweise, abwertend als ›Heimatschutzstil‹ diffamiert.

GESCHWISTER-SCHOLL-PLATZ 1 □ 19

Ludwig-Maximilians-Universität

Geschichte: Vom niederbayerischen Herzog Ludwig dem Reichen von Landshut 1472 in Ingolstadt gegründet: nach Prag (1348), Wien (1365) und Heidelberg (1385) die vierte Universität im alten Deutschen Reich. Im 16. Jh. intellektuelles und theologisches Bollwerk gegen Luther (Johannes Eck) und die Reformation (ab 1549 Jesuiten). Bereits im 18. Jh. mehrmals Translokation nach München erwogen, durch Kurfürst Max IV. Joseph 1800 nach Landshut verlegt (seitdem offiziell »Ludwig-Maximilians-Universität«); schließlich durch Ludwig I. endgültige Verlegung (1826) nach München. Interimistisch untergebracht in Alter Akademie (→ Neuhauser Straße 8), ab 1840 im Neubau an Ludwigstraße. Im Verlauf des 19. und 20. Jh. Entwicklung zu einer der bedeutendsten Universitäten Deutschlands: aus deutschem Geistesleben nicht mehr wegzudenken. Durch die spektakulären Aktionen der ›Weißen Rose‹ (1943) mit deutschem Widerstand verbunden: bronzenes *Bodendenkmal* vor Haupteingang erinnert an Flugblattaktion der Geschwister Scholl (Entwurf R. Schmidt 1988), im Lichthof *Gedenktafel* sowie ›*DenkStätte*‹ (→ Amalienstraße 58). – Die ›LMU‹ Wirkungsstätte einer Vielzahl bedeutender und einflussreicher Gelehrten in allen Disziplinen der klassischen Fakultäten und der modernen naturwissenschaftlichen Lehre und Forschung.

Baugeschichte: Erstes Raumprogramm von König Ludwig erstellt, 1826 den Architekten Gau, Gutensohn und Thürmer übergeben, erst 1827 auch an F. Gärtner – allerdings ohne Standortangabe (vermutlich Gelände gegenüber Staatsbibliothek zwischen Theresien- und Schellingstraße vorgesehen); ebenfalls ohne Standort Entwürfe von Klumpp (1832) und Riedel (1834). Schließlich Baubeginn am ›Universitätsforum‹ (→ S. 211) nach Plänen Gärtners: Grundsteinlegung 25.8.1835 (Namenstag des Königs) gemeinsam mit Errichtung des gegenüberliegenden *Georgianum* (→ Prof.-Huber-Platz 1); bezugsfertig 1840. Durch Raumnot bereits 1863 Überlegungen zu Neubau von »Universität, Universitätskirche, Georgianum und Priesterhaus« an der Stelle des heutigen

Justizpalastes (Projekt Riedel), ebenso wenig ausgeführt wie Verlegung der Uni in Nähe der Kliniken vor Sendlinger Tor oder in den Alten Botanischen Garten (1873). Dagegen 1878-81 Errichtung des ›*Aulaturms*‹ am rückseitigen Ende des Südflügels, 1897-98 Anbau des ›*Adalberttrakts*‹ entlang der Adalbertstraße (Entwurf E. v. Seidl), im Krieg zerstört (1958-60 neu errichtet); *Erweiterungsbau* an → Amalienstraße 58 und *Vergrößerung* der alten Aula (→ S. 77) nach Plänen von Bestelmeyer 1906-09, Sanierung und Umnutzung des Gärtner-Baus 1909-11 (ebenfalls durch Bestelmeyer). 1944 schwere Zerstörungen der Gebäude beiderseits des ›Forums‹, bis 1952/53 im Wesentlichen Wiederaufbau unter Wahrung der historischen Formen des Altbaus; dagegen in modernen Bauformen der Adalberttrakt und der Hörsaalbau (mit Nebeneingang) an Ecke Adalbert-/Amalienstraße durch Universitätsbauamt (1958/60 bzw. 1960/62). Im nördlichen Kopfbau an Ludwig-/Adalbertstraße Einbau eines Zugangs zur U-Bahnstation ›Universität‹ (1972).
Baubeschreibung: Das westlich der Ludwigstraße gelegene Universitätsforum seit 1946 in ›Geschwister-Scholl-Platz‹ umbenannt, von *Dreiflügelanlage* (Gesamtlänge 124 m) umschlossen, die Seitenflügel in die Bauflucht der Ludwigstraße eingefügt. *Südlicher Flügel* (mit sieben Achsen) und nördlicher dreiachsiger *Kopfbau* flankieren die um neun Achsen zurückgesetzte breite *Platzfassade* mit 27 Achsen, durch flache Lisenen in drei gleiche Abschnitte geteilt; Mittelteil durch neunjochige tiefe *Bogenvorhalle* im Erdgeschoss akzentuiert. Verputzter Ziegelbau mit Hausteinbemalung; auf hohem Erdgeschoss (mit kleinen Rundbogenfenstern) *Hauptgeschoss* mit gekuppelten Rundbogenfenstern in Werkstein mit 46 *Relieftondi* (großteils von Sanguinetti) mit Profilbildnissen auf rotbraunem Grund berühmter Gelehrter und Professoren der LMU, die nach den Vorstellungen von König Ludwig »die Größe der Geschichte vor Augen führen« sollen. (Im neunachsigen Mittelrisalit anstelle der Medaillons *Maßwerkfüllungen*.) Im zweiten Obergeschoss ähnliche, aber kleinere gekuppelte Rundbogenfenster. Darüber durchlaufendes Hauptgesims über Rundbogenfries, zierliche Akroterien über den Lisenen; verhältnismäßig flache Walmdächer. Im ***Innern*** nur noch Grundrissdisposition gegen das Forum erhalten (galerieartige Gänge, gegen die Höfe Rektorat u. Ä.). Von der *Bogenhalle* im Erdgeschoss Zugang zur gegenläufigen *Haupttreppe*, vom *Wendepodest* abwärts in den Bestelmeierschen *Lichthof* (als Bindeglied zum Erweiterungsbau an Amalienstraße, → S. 76f.) und aufwärts zur *Bogenhalle* im Obergeschoss; diese 1921 als ›Ehrenhalle‹ für die im 1. Weltkrieg gefallenen Dozenten und Studenten ausgestaltet (ab 1928 jeweils am 11. November sog. ›Langemarckfeiern‹), nach Kriegszerstörungen nicht wiederhergestellt; einzig erhalten die 1921 enthüllte *Bronzenachbildung* (von Römer) des ›Doryphoros‹ von Polyklet (um 440 v. Chr., Museo Nazionale/Neapel).
Bedeutung: Im Zusammenklang mit den Bauten um die östliche Hälfte des Forums (→ Prof.-Huber-Platz) trotz romantischer Auffassung Gärtners hervorragende Gestaltung aus dem Geist urbaner Souveränität gegenüber ›historischer‹ Baugesinnung.

Ludwigs-Maximilian-Universität: *Fassadendetail.*

Universität: *Bodendenkmal* zur Erinnerung an die Flugblattaktion der *Weißen Rose* im Jahr 1943.

GLEISSENBACHSTRASSE 2 (Johanneskirchen) □ **29**

St. Johann Baptist Eine Kirche auf dem seit vorgeschichtlicher Zeit besiedelten Ostrand der Haidhausen-Bogenhausener Lösszunge erstmals 815 erwähnt: wahrscheinlich erste Pfarr- und Taufkirche (Johannespatrozinium!) der bajuwarischen Ursiedlung Feringa/Föhring. Jetzige Chorturmkirche inmitten einer einst vom Gleißenbach umflossenen Wehranlage auf künstlichem Hügel um 1200 entstanden. Einfacher ungegliederter Bau mit gedrungenem Turm (beide mit Satteldach), dessen Erdgeschoss als Chorraum dient (Südfenster um 1765, in Ostseite Schlitzfenster/Schießscharte erkennbar); Sakristei unter Schleppdach nordöstlich angefügt; Westportal von 1520. ***Inneres:*** Flach gedeckter Saal mit ungegliederten Wänden (Nordseite mit Resten von Wandmalereien des 14. Jh.?) und gerade geschlossenem Chor, 1688 barockisiert und dabei neben Errichtung der westlichen Portalvorhalle die Fenster zu jetziger Größe erweitert, frühbarocke Stuckierung im Schiff nur als Fenster- und Nischenrahmung, im Kreuzgratgewölbe des Chors reicher, ebenso im Chorbogen; im Scheitel das Wappen des Münchener

Patriziergeschlechts der Ridler, die vom 14. Jh. bis 1848 die einstige Hofmark innehatten; im Bogen Hängefigur ›Madonna im Rosenkranz‹ (um 1688). Aufwändiger *Hochaltar** von I. Günther, um 1760, ursprünglich Herz-Jesu-Altar, wohl als Säkularisationsgut (aus der Kapelle St. Max im Allgemeinen Krankenhaus der Barmherzigen Brüder, → Ziemssenstraße 1, oder aus St. Maria in Ramersdorf, → Aribonenstraße 9, die beide Herz-Jesu- und Herz-Mariä-Seitenaltäre von Günther besaßen), hierher übertragen und dabei den engeren Raumverhältnissen angepasst: Aufbau verkürzt, ursprüngliches Altarbild durch Taufe Christi vom Anfang 19. Jh. ersetzt, Tabernakel 1938 in klassizistischen Formen nach Entwurf von Thamm ergänzt; Seitenfiguren Hll. Zacharias und Elisabeth original; das zugehörige Vorsatzbild mit Ecce-homo-Bild und zwei trauernden Putten jetzt auf *rechtem Seitenaltar*, den ein Ovalgemälde des 19. Jh. als Josefsaltar ausweist. Ähnlich locker gestaltet der *linke Seitenaltar* mit Ovalbild Anna und Maria, 19. Jh., zwei Spätrokokoreliquiare und Rokokoschrein mit provinzieller barocker Madonnenfigur, die wohl einst anstelle jener aus dem 19. Jh. stammenden, in der Mitte des von der Decke hängenden Rosenkranzes befindlichen Figur stand. In stuckierter Nische der Südwand *Kreuzigungsgruppe* von ca. 1520, gegenüber Reste von 1938 freigelegten spätromanischen *Wandmalereien* (Heilige unter Rundbogenarkaden, Ungeheuer) aus der Erbauungszeit. Über Sakristeitüre ›Maria vom guten Rat‹ (Kopie um 1760/70 des Genazzano-Gnadenbilds aus der ehemaligen Augustinerkirche/Neuhauser Straße). Auf der hölzernen Empore barockes Orgelportativ. Gesamtrestaurierung 1972. ***Bedeutung:*** Im Münchener Stadtgebiet einmaliges Ensemble einer weitgehend ursprünglich erhaltenen Wehranlage des 12./13. Jh. mit qualitätvoller Ausstattung inmitten eines zwar reduzierten, aber immer noch bäuerlich strukturierten Dorfkerns von – nach Brand 1838 erneuerten – Bauernhöfen.

Postfiliale und Wohnhaus am Goetheplatz.

GOETHEPLATZ 1 ☐ 19

Postfiliale und Wohnhaus Von Vorhoelzer und Schmidt 1931-32 errichtetes Büro- und Wohngebäude. ***Beschreibung:*** Zwischen spitzwinklig auf den Goetheplatz treffende Straßen eingepasster, zur Lindwurmstraße abgerundeter Baukörper. Im Erd- und ersten Obergeschoss durchlaufende putzbündige Fensterbänder (Postdiensträume), darüber drei Wohngeschosse sowie waagrechte Schlitzfenster unter dem kaum vorstehenden Flachdach. ***Bedeutung:*** Putzbündige Fenster, Verzicht auf plastische Behandlung der Fassaden und Flachdach, typische Formelemente des ›Neuen Bauens‹: neben ähnlichen Postbauten (Am Harras 2, Fraunhoferstraße 22/24, Tegernseer Landstraße 57) eines der wenigen im Geiste des ›Bauhauses‹ gestalteten Gebäude in München (wie z. B. Verwaltung Rhein-Main-Donau-AG, → Leopoldstraße 28; Paketzustellamt, → S. 85; Landesamt für Maß und Gewicht, → Franz-Schrank-Straße 9; Pfarrkirche St. Sebastian, → Schleißheimer Straße 212). Die ›Goethepost‹ für den an sich amorphen Platz von großer städtebaulicher Bedeutung.

St. Johann von Capistran.

GOTTHELFSTRASSE 5 ☐ 20

St. Johann von Capistran Anlage des neuen Pfarrzentrums mit Kirche durch S. Ruf 1957-60. ***Beschreibung:*** Lockere Gruppierung von Kirche, Glockenstuhl (als Eingang zum Kirchenbezirk gestaltet), Pfarrsaal und Pfarrhaus; die Kirche runder Backsteinzentralbau mit weit überstehendem Flachdach und als Zuganker ausgebildeten dünnen Stahl›säulen‹. Dem äußeren Zylinder ist ein Innenraumzylinder mit kleinerem Durchmesser eingefügt, dessen Mittelpunkt (durch Lichtkuppel markiert) nicht mit Mittelpunkt der äußeren Raumschale übereinstimmt; dadurch mondsichelförmiger Restraum für Taufkapelle, Sakristei. ***Bedeutung:*** Formal und technisch bemerkenswert für sakrale ›Architektur-an-sich‹, bei der bildliche Ausstattung eigentümlich appliziert wirkt – selbst dann, wenn sie von damals tonangebenden Künstlern als Auftrag beigesteuert wurde: durch Kirchner die bronzenen *Portalflügel*, durch Knappe *Marienbild* und *Kreuzwegstationen*, durch Oberberger *Glasfenster* über dem Portal, durch B. Weber *Marienstatue*, durch Henselmann *Titelheiliger* am Eingang zum Kirchenbezirk.

GRANDLSTRASSE 2 (Obermenzing) □ 28

Leiden Christi Pfarrkirche von Obermenzing, nach Plänen von G. W. Buchner 1922-24 errichtet; Bauplastik von Panzer. ***Beschreibung:*** Das mächtige, an Nordseite abgeschleppte Satteldach verbirgt basilikales Schema; im Osten angefügter 3/8-Chor, südlich davon gedrungener Turm mit Zwiebelhaube. Dieser und das basilikale Kirchenschiff sowie Taufkapelle ursprünglich die eigentliche Schauseite der Kirche zum Hauptplatz einer geplanten Neusiedlung. Hohe Westfassade mit Strebepfeilern, dazwischen reliefgeschmücktes Hauptportal (Passionsszenen). ***Inneres:*** Basilika mit flach gedecktem Mittelschiff; Polygonalchor, westlich Vorhalle (mit achteckiger Taufkapelle) und die beiden Seitenschiffe (über nördlichem eine Empore) von prismatisch geschnittenen Sterngratgewölben überdeckt und durch Verwendung von Spitzbogen zusätzlich betont. – In dem 1975 von Östreicher umgestalteten Altarraum *Kreuzigungsgruppe* von Lorch; *Glasfenster* von Baumhauer (1924). In den Seitenschiffen *Flügelaltäre*: im nördlichen Hl. Elisabeth (Relief von Frey-Hock, Gemälde von Eberz, 1939), im südlichen Marienaltar (im Schrein thronende Muttergottes, von Panzer, Gemälde von A. Burkart.) ***Bedeutung:*** Die Transponierung historischer Architekturformen in ›kubistische Expressivität‹ als Möglichkeit der Kombination von ›heimischer Bauweise‹ mit modernen Architekturtendenzen denkbar; bedauerlicherweise ohne Nachfolge geblieben. Die durch Weltwirtschaftskrise (1928) und Eingemeindung nach München (1938) unterbliebene Anlage eines neuen Ortszentrums südlich der Kirche verhinderte architektonisch-städtebauliche Eingliederung des Kirchenbaus.

Pfarrkirche Leiden Christi: *Blick zum Altar.*

GROSSHESSELOHE □ 30

Eisenbahnbrücke Übergang über die Isar der Eisenbahnstrecke München-Holzkirchen (ursprüngliche Streckenführung nach Rosenheim und Salzburg). Anfängliche Planung (1851) mit drei Öffnungen, nach Hochwasser 1853 (Pfeilerunterspülung) auf vier Öffnungen umgestellt. Entworfen durch Ingenieur Pauli, ausgeführt von Werder durch Maschinenfabrik Cramer-Klett (Nürnberg; später MAN). ***Beschreibung:*** Zwischen mächtigen, durch Nagelfluh verstärkten und gegliederten Ziegelbrückenköpfen sowie auf drei Freipfeilern (etwa 31 m über Niederwasser; Weiten von 29,8 m, 55,4 m, 55,4 m und 29,8 m) Fischbauch- oder Linsenträger (sog. ›Paulische Träger‹) in Schmiedeeisen für Brückentafel. Für Doppelspur ausgelegt, doch nur eingleisig befahren; 1908/09 zweigleisig ausgebaut; gleichzeitig Ersatz der Paulischen Träger durch Halbparabelleinfeldträger, die das Aussehen der eleganten Konstruktion einschneidend veränderten. Sanierung und Verstärkung 1936, 1941 und 1960/61. Die historische Brücke 1983/84 trotz Denkmalschutz durch damalige Deutsche Bundesbahn abgetragen bzw. gesprengt und 1985 durch Neukonstruktion ersetzt. ***Bedeutung:*** Eine der ältesten Eisenbrücken mit gekrümmten Gurten in Deutschland, zur Zeit ihrer Erbauung höchste Eisenbahnbrücke der Welt, ein erstaunlich ›sachliches‹ Werk des beginnenden technischen Zeitalters, in dem Technik, Ästhetik und Wirtschaftlichkeit ausgewogen vereint waren.

GUARDINISTRASSE 83 □ 21

St. Ignatius Kirche mit Pfarrzentrum und Kindergarten für Wohngebiet Neuhadern nach Plänen von Wiedemann 1977-79 errichtet. ***Beschreibung:*** Der zwölfeckige Zentralraum der Kirche mit Zeltdach über durchlaufendem Fensterband konzentrisch von Pfarrsaalbau (mit Clubräumen, Senioren- und Jugendraum), von Amtsräumen, Sakristei, Werktagskapelle, Kindergarten und Wohnungen umhüllt, durch Innenhöfe und ›Binnengassen‹ erschlossen und aufgelockert; von gegeneinander geneigten Pultdächern gedeckt. Die ***Ausstattung*** der Architektur untergeordnet: *Altarkreuz* (sog. ›Verkündigungskreuz‹) in Bergkristall (Entwurf von Hössle), Wandteppich, hölzerne *Marienstele* mit Kind (in Anlehnung an byzantinische ›Panaghia Platytera‹) und *Flügelaltar* in Werktagskapelle (von Gier). – ***Bedeutung:*** Die konsequent durchgestaltete Baugruppe bemerkenswertes Beispiel, sich mit einfachen architektonischen Mitteln gegen

St. Ignatius.

die umgebenden drei- bis siebenstöckigen Wohnbauten zu behaupten, der Kirchenraum im Zentrum der Anlage im Sinn einer ›Architecture parlante‹ ideelle Mitte der Gemeinde.

Viereck-Hof.

GUNEZRAINERSTRASSE 9 ☐ 15

Viereck-Hof Nach dem Besitzer (um 1635) Balthasar Viereck benanntes, bereits zu Ende des 13. Jh. erwähntes Anwesen, dessen heutige Form – zweigeschossiger Bau mit Halbwalmdach, jede der drei freistehenden Seiten mit vier Fensterachsen – auf einen Neubau von 1787 zurückgeht. 1977 durch die Katholische Akademie (→ S. 441) erworben, bis 1980 restauriert und als Seminargebäude für kleinere Arbeitsgruppen genutzt. – Daneben *Maibaum* mit Wappenschilden der sieben bayerischen Diözesen sowie Schilde mit Symbolen für (ehemals) typische Schwabinger Handwerke. Der leicht beschädigte *Löwe* einzig erhaltenes Relikt des 1843-49 nach Plänen von F. v. Gärtner errichteten, im Krieg zerstörten und 1949/50 abgetragenen Wittelsbacher Palais an der Brienner Straße; Bildhauer: Halbig.

HACKENSTRASSE 7 ☐ 6

Radspieler-Haus Durch Zusammenbau zweier Häuser 1678 entstanden, seit 1688 ›Palais Rechberg‹, seit 1848 im Besitz der Familie Radspieler. 1817 durch Métivier umgebaut; 1873 durch Zurückversetzen der Fassade bei Verbreiterung der Hackenstraße verändert: Treppenturm zwischen erster und dritter Fensterachse freigelegt und Erhöhung um drittes Obergeschoss. Kriegszerstörungen (sechs Achsen links vom Treppenturm) durch Rekonstruktion behoben. – Innenausstattung durch Métivier (1817) z. T. erhalten; im Flügel zur Brunnstraße Wohnung Heinrich Heines von 1827-28 (Gedenktafel). ***Beschreibung:*** Mit zwei Fronten im Knick der Hackenstraße (angeglichener Anbau Brunnstraße 6 von 1875). Über bossiertem Erdgeschoss (mit rundbogigen Fenstern) zwei Stockwerke (klassizistische Rahmung), drittes Obergeschoss einfacher. Unregelmäßige Achsenfolge der Fenster, Ecke mit zweistöckigem Erker, Fassade zur Brunnstraße mit zwei ebensolchen Erkern (einer schräg vorspringend) besetzt. *Binnenhof* (Aufgang 2, 3, 4) mit Erdgeschossarkaden an den beiden Schmalseiten. *Gartenhof* (Aufgang 1) mit Brunnen um 1780 (vermutlich von dem Steinmetz Schweinberger). Hier auch bronzene weibliche Aktfigur von T. Stadler (1955), die wegen Erregung öffentlichen Ärgernisses beim BMW-Pavillon am Lehnbachplatz (→ S. 205) nicht aufgestellt wurde. ***Bedeutung:*** Mit bayerischer Kriegsgeschichte durch Divisionsgeneral Louis Bastoul verbunden, der in der Schlacht bei Hohenlinden (3.12.1800) tödlich verwundet, am 15.1.1801 im Rechberg-Palais starb und mit großem Pomp auf Altem Südlichen Friedhof beigesetzt wurde (Grabdenkmal im 2. Weltkrieg beschädigt). Als *Bauwerk* bedeutend durch einheitliche klassizistische Fassaden zusammengefasste Häusergruppe, der *Gartenhof* einzig erhaltenes Beispiel der für München typischen Hausgärten mit Baumbepflanzung, wie sie das Sandtnersche Stadtmodell zeigt.
Gegenüber im Straßenwinkel origineller **Brunnen** (›Radl-Brunnen‹), auf den Namen Radspieler anspielend; von E. A. Rauch, 1967.

Radspieler-Haus.

HACKENSTRASSE 10 ☐ 6

Haus zur Hundskugel 1741 durch Umbau des ›Hundsfutbads‹ des Heiliggeistspitals (seit Ende 15. Jh.) entstanden, Architekt möglicherweise J. M. Fischer; einfache, fünfachsige Fassade, durch Glattputz und Rieselbewurf gegliedert; drei Stockwerke (oberstes niedriger) über Erdgeschoss mit außen liegenden Eingangstüren; die rechte führt zu kleinem Hof, die linke am Ende des 19. Jh. eingebrochen; über ihr das ursprünglich gemalte ›Hauszeichen‹: sechs Hunde spielen mit Kugel, von Boos durch Holzrelief ersetzt, seit Restaurierung der Fassade (1980) Terrakottakopie eingefügt. Madonnenbüste von J. B. Straub, ehedem über mittlerem Fenster des Hauptgeschosses, heute im Bayerischen Nationalmuseum, 1984 Kopie von Strixner angebracht. ***Bedeutung:*** Charakteristisches einfaches Bürgerhaus des 18. Jh. mit weitgehend erhaltener Innen-

Haus zur Hundskugel: Das namengebende *Relief* (Terrakotta-Kopie).

gliederung. Als Wohnhaus der bedeutenden Barockbildhauer J. B. Straub und R. A. Boos bezeichnend für die Anspruchslosigkeit eines Künstlerwohnsitzes im Rokoko (Gegensatz: ›Asam-Haus‹, → Sendlinger Straße 34, und ›Asam-Schlössl‹, → Maria-Einsiedel-Straße 45.)

HACKERBRÜCKE □ 18

Straßenbrücke Stadtnächste Überbrückung der Bahnanlagen zwischen Gleisfächer des Hauptbahnhofs und der Ortsgutanlage. Erste Brücke zu Beginn der 1870er Jahre in Eisenfachwerk über fünf Öffnungen auf paarweise angeordneten Hausteinpfeilern errichtet; heutige Brücke auf den bestehenden Pfeilern (unter Hinzufügung eines weiteren an der Nordseite) von 1890-94 durch Maschinenfabrik Augsburg-Nürnberg (MAN; vormals Cramer-Klett). Im 2. Weltkrieg teilweise zerstört, 1952/53 rekonstruiert; 1983/84 gründliche Sanierung unter Beibehaltung der historischen Konstruktion. ***Beschreibung:*** sechs Fachwerkbogenträger zu je 28,8 m Stützweite, Bogenhöhe knapp 8 m mit untergehängter Brückentafel. ***Bedeutung:*** Nach Demolierung der Eisenbahnbrücke in → Großhesselohe sowie durch Verlust von Glaspalast (→ Alter Botanischer Garten) bedeutendstes erhaltenes Beispiel eines reinen Ingenieurbaus des späten 19. Jh. in München.

Hackerbrücke.

HARLACHINGER BERG 30 (Harlaching) □ 23

St.-Anna-Wallfahrtskirche Bereits 1163 archivalisch belegte Kirche, Beeinträchtigungen der spätgotischen Chorturmanlage im 16. und 17. Jh. (1632 durch Schweden ausgeraubt), seit 1653 wieder als Kirche genutzt. Umfassende bauliche *Umgestaltung* der älteren Kirche und *Neuausstattung* ab 1753: Kirchenraum 1756 im Wesentlichen fertig gestellt (Benedizierung); die Jahreszahl 1761 über Chorbogen deutet auf Abschluss der Arbeiten; *Kirchenweihe 1763* . Voranschlag J. M. Fischers von 1758 führte wohl zur Annahme, er sei der ausführende Architekt des Umbaus gewesen; dagegen vorgeschlagen Fischers Parlier S. Frey (Lieb 1941), Gießl (Altmann 1990), Fischers Schwager J. B. Gunetzrhainer (Franz Peter 1994). – 1957 Beseitigung der Folgen der Restaurierungen von 1899 und 1933, Innen- und Außenrenovierung 1959 bzw. 1960, Neueindeckung von Kirchen- und Turmdach sowie Farbgebung in Ocker und Weiß 1972/73. ***Beschreibung:*** Einfacher Baukörper unter Satteldach mit südöstlich angebautem Chorturm, statt der Fischerschen Turmkuppel mit Zeltdach gedeckt. Der rechteckige *Gemeinderaum* mit Stichkappentonne (gegen den Chor abgemuldet), der quadratische *Altarraum* mit Hängekuppel; in beiden Räumen zurückhaltende Wandgliederung (Pilaster), in Gewölbezone sparsame Stuckornamentik, in den *Deckenfeldern* zwei Fresken von F. M. Zimmermann: über Altarraum ›Hll. Anna und Joachim in der Glorie‹, über Gemeinderaum ›Hll. Anna und Joachim mit dem Kind Maria‹ (signiert und datiert 1756). Im Rokokohochaltar* (Entwurf I. Günther 1754) das spätgotische Gnadenbild ›Hl. Anna selbdritt‹ (um 1500; eine weitere Anna-selbdritt-Statue im Pfarrhof zu Hl. Kreuz in Giesing); auf beidseitig anschließenden Bögen vergoldete Holzfiguren der ›Hll. Joseph‹ (links) und ›Joachim‹. Im Chorbogen (links) frühbarocke ›Patrona Bavariae‹. – Die beiden Seitenaltäre in Wandnischen zu Seiten des Chorbogens eingestellt: ursprünglich 1754 von Günther entworfen, 1757 von unbekanntem Meister verändert ausgeführt unter Verwendung älterer hervorragender Rahmen*, die nach Entwurf von Cuvilliés d. Ä. von Münchener Werkstatt (wohl Straub) 1744/45 gefertigt wurden; wohl fürstliche Votive aus Vorgängerbau: der Dekor im rechten Altar, gestiftet von Kaiser Karl VII., bringt damalige Kaiserwürde der Wittelsbacher zum Ausdruck. Die für Festtage bestimmten größeren Altarblätter (›Vermählung Mariä‹ und ›Unbefleckte Empfängnis‹) heute im Pfarrhof zu Hl. Kreuz, die kleineren Bilder ›Hl. Joachim mit Tochter Maria‹ (links) und ›Hl. Anna unterrichtet ihre Tochter Maria‹ (18. Jh., Maler unbekannt) in situ. – Kanzel 1767 mit zierlicher Rokokoumrahmung nach Entwurf Günthers, gefasst von Stocker. ***Bedeutung:*** Stimmungsvoller Rokokoraum unter Beibehaltung der alten Bausubstanz einer mittelalterlichen Dorfkirche. – Die Kirche bildete im 18. Jh. eine enge architek-

Harlaching, St. Anna: *Seitenaltar mit Rokokorahmen* nach Entwurf von Cuvilliés, 1757.

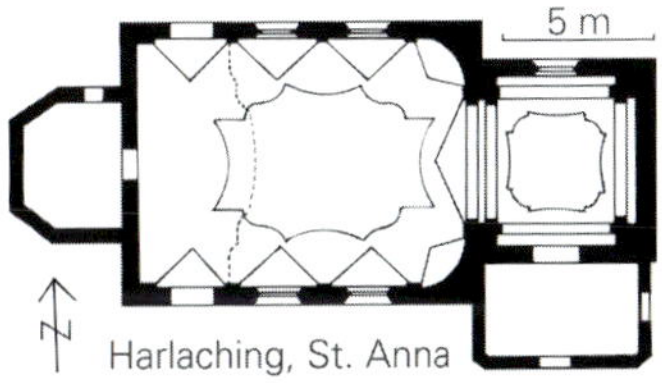

tonische Einheit mit dem 1700 ff. durch Freiherrn Max Christoph v. Mayr errichteten, am 18.9.1800 abgebrannten *Schloß Harlaching* mit seinen ehemals berühmten Gartenanlagen. – Nördlich der Kirche 1865 enthüllter *Denkstein* für den französischen Landschaftsmaler Claude Lorrain (1600-82), dessen von König Ludwig I. vermuteter Aufenthalt in München nicht verbürgt ist.

HEINRICH-GROH-STRASSE 11 (Freimann) □ **26**

St. Nikolaus Aus frühgotischer Zeit, wohl erste Hälfte des 14. Jh., erhaltener Bau mit spätromanischem Satteldachturm (wohl 13. Jh.) über Altarraum (›Chorturmkirche‹); um 1524 Umbau; bis 1735 Margareth-Patrozinium; seit 1880 flach gedeckt. Grundlegende Restaurierung durch Hackelsberger, abgeschlossen 1984; dabei Wiederherstellung (nach Befund) der Architekturmalerei am dreigeschossigen Turm und teilweise Ergänzung seiner romanischen Gliederungselemente: im ersten Geschoss Dreieckfries und Deutsches Band, im zweiten Bogenfries und Deutsches Band, im dritten geradliniger Abschluss. Mehrere gotische und barocke Einzelfiguren (u. a. Hl. Nikolaus und Hl. Margaretha, beide Ende 15. Jh.). ***Bedeutung:*** Bemerkenswert als Typus der romanisch-frühgotischen Chorturmkirchen (vgl. Heilig-Kreuz, → Kranzberger Allee 66; Johann Baptist, → Gleissenbachstraße 2).

HERTERICHSTRASSE 54 (Solln) □ **30**

Alt-St.-Johann-Baptist In der um 530 von Bajuwaren besiedelten Gegend entstand an der Stelle einer ca. 530 errichteten Taufkirche um 1480 (als Filiale der Pfarrei Thalkirchen-Sendling ab etwa 1315) die jetzige spätgotische Kirche mit zweijochigem, kreuzrippengewölbtem Chor in 3/8-Schluss und zweijochigem Schiff mit wohl flacher Holzdecke sowie Turm, kurz nach 1640 um das Achteckgeschoss bereichert und im 19. Jh. mit jetzigem Spitzhelm versehen. Zwischen 1640 und 1648 Neubau des nach Westen verlängerten, wiederum zweijochigen Langhauses vielleicht durch V. Schmidt, dem auch die Gestaltung der Tonnendecke mit Modelstuck in Felderrahmung im Schiff sowie im Chor (anstelle der abgeschlagenen Kreuzrippen) zugeschrieben wird. Das Jesuitenmonogramm erinnert dabei an den Orden, der 1597-1773 das Patronat innehatte und die Barockisierung durchführte. Restauriert 1709-11 durch Zwerger d. J., ferner 1886, 1966 und 1994-96; seit 1920 Nutzung der Kirche für Taufen, Hochzeiten, Maiandachten. ***Ausstattung:*** *Rokokoaltar** 1760 von J. B. Straub (Schildchen auf Rückseite) mit Seitenfiguren der Erzengel Michael und Raphael sowie Auszugsgruppe der Dreifaltigkeit; ursprünglich in der Hauskapelle des Kaufmannspaares Georg Konrad und Maria Anna Sauer (Kaufingerstraße 6), deren Namenspatrone im Altarbild von B. A. Albrecht 1760 dargestellt sind: im unteren Bildfeld *Verehrung der Muttergottes auf Erden durch die Hll. Johannes Baptist, Georg und den Bischof Konrad* von Konstanz, im Himmel durch die *Hll. Anna und Joachim sowie Barbara und Elisabeth* von Thüringen; um 1830/40 bei Abbruch der Sauerschen Hauskapelle erworben. Am Chorbogen links spätgotische Skulptur *Hl. Sebastian* (Umkreis Meister von Rabenden, um 1510), rechts eine schwäbisch-nordschweizerische Kopie der *Schwarzen Madonna von Einsiedeln*, von C. D. Asam aus Einsiedeln mitgebracht und in seiner 1730 errichteten Maria-Einsiedel-Kapelle (→ Maria-Einsiedel-Straße 45) bis zu deren Abbruch kurz vor 1807 aufgestellt. An Nordwand frühbarocker *Johannes Evangelist*, um 1685. Die wertvollsten Figuren (spätgotischer *Gnadenstuhl* und barocke *Rosenkranzmadonna*) seit 1966 in der neuen Pfarrkirche (→ Fellererplatz 8). ***Bedeutung:*** Intime Dorfkirche mit qualitätvollem Straub-Altar, der vermutlich das einzige noch erhaltene, für bürgerliche Auftraggeber geschaffene Werk darstellt und dessen Gemälde zu den letzten reifen Spätwerken des damals 72-jährigen Malers Albrecht gehört.

Weinhaus Neuner: *Gastraum.*

HERZOGSPITALSTRASSE 8 □ **5**

Weinhaus Neuner Ab 1580 in Besitz von Sustris (Wohnhaus?), ab 1622 zum *Gregorianischen Seminar* (→ Herzogspitalstraße 12) gehörend (bis 1806); danach Neubau (nach Plänen eines namentlich nicht bekannten Baumeisters), ab 1864 im Besitz des Weinwirts E. Neuner. Im 2. Weltkrieg bis auf Fassade zerstört, nach 1950 in Anlehnung an die historischen neugotischen Gasträume (1898) im Erdgeschoss rekonstruiert. (Im Nachbarhaus, Nr. 10, die seit 1852 bestehende ›Weinhandlung Neuner‹.) ***Beschreibung:*** Die siebenachsige frühklassizistische Fassade im Erdgeschoss bossiert (mit Mitteltor), die beiden Obergeschosse durch flache Wandpfeiler gegliedert; die Rechteckfenster des ersten Stockwerks durch Halbkreisbogen mit stuckierten Fruchtgirlanden und Schlusssteinen hervorgehoben. Die Gauben im Satteldach spätere Zutat.

157Herzogspitalkirche St. Elisabeth: Historische Ansicht des 1944 zerstörten *Gnadenaltars* von 1682 mit der geretteten, einst in ganz Süddeutschland verehrten *Schmerzhaften Muttergottes* von 1651.

HERZOGSPITALSTRASSE 9 ☐ 5

Herzogspitalkirche St. Elisabeth Nach Plänen von Schöttl als erste Renaissancekirche für das von Albrecht V. für kranke Hofbedienstete 1552-70 erbaute Spital errichtet; *Weihe* nach 1572; *Umbau* des Spitals und der Kirche mit Stuck der Miesbach-Schlierseer Schule 1676; in das 1715 gestiftete Kloster Servitinnen aus Venedig berufen; *Turm* über Nonnenchor 1727/28 von J. B. Gunetzrhainer. Aufhebung des Spitals und Zusammenlegung mit Josephspital 1800. Von Kardinal Faulhaber 1934 zur Münchener ›Anbetungskirche‹ erhoben. Kirche und Kloster 1944 bis auf Turm zerstört; im Nov. 1946 Weihe einer Notkapelle; 1954-55 nach Plänen von Branca und Groethuysen modern aufgebaut (neues Patrozinium ›Mater dolorosa‹), ferner Neubau des Klosters der Servitinnen und ihres Mädchenheims (nach Plänen derselben Architekten). Der erhalten gebliebene Turm restauriert und saniert, im Volksmund »Spitzweg-Turm« genannt, weil ihn der Maler auf seinem Gemälde ›Der Klapperstorch‹ dargestellt hatte. ***Inneres:*** Neuer, stimmungsvoller Kirchenraum in Backstein und Sichtbeton, im Seitenschiff als sakrales ›Zentrum‹ das Gnadenbild* der *Schmerzhaften Maria* – eine wertvolle, anrührende Holzfigur von T. Bader (1651), als ›Mater dolorosa‹ ursprünglich mit großem Kruzifix (im Krieg verbrannt) verbunden, bis 1676 an linker Seitenwand, dann am Choreingang frei aufgestellt. Ab 1690 zunehmendes Wallfahrerziel, seit 1692 in eigenem hochbarockem Seitenaltar (gestiftet von Kurfürst Max Emanuel und seiner Gemahlin Maria Antonia) eingefügt (Altararchitektur anonym, Bildhauerarbeiten von B. Ableithner und J. B. Straub. Während die reiche Ausstattung der Kirche (vom Frühbarock bis Spätklassizismus) durch Bombenkrieg völlig verloren ging, konnte das Gnadenbild gerettet werden: das Typische dieser Mater-dolorosa-Darstellung ist das angeheftete Tränentüchlein in ihrer rechten Hand – vorbildlich für zahllose Nachahmungen im In- und Ausland.

Ehem. Gregorianisches Seminar (Palais Woronzow): *Fassadenstuck* (Detail).

HERZOGSPITALSTRASSE 12 ☐ 5

Ehemaliges Gregorianisches Seminar Von Albrecht V. 1574 als Studentenheim gegründet; durch Zukäufe an Herzogspitalstraße und bis zur Neuhauser Straße erweitert. (Hier, z. T. heute Nr. 21, die Seminarkapelle *St. Maria und Gregorius* 1645-46 errichtet, 1806 abgebrochen.) – Der gesamte Gebäudekomplex seit 1694 im Besitz der Jesuiten, die bis 1773 das Gymnasium leiteten; dieses 1806 ins säkularisierte Karmelitenkloster (→ S. 186f.) verlegt, die Seminargebäude abgerissen. 1807 Errichtung eines Neubaus für L. Jacob von einem nicht bekannten Baumeister, bei Vermietung an russischen Gesandten Graf Woronzow durch Métivier zum Gesandtschaftspalais (*›Woronzow-Palais‹*) im Innern umgebaut und im ersten Obergeschoss 1823 Ballsaal eingerichtet; vorher bereits von unbekannter Hand Fassade im Empirestil überformt. (In diesem Palais verbrachte König Max I. Joseph am 11.10.1825 den letzten Abend seines Lebens.) – Vorübergehend (1830) vom Wilhelmsgymnasium verwendet; zeitweise Arbeitsstelle des russischen Dichters und Diplomaten Fjodor Iwanowitsch Tjutschew (1822-37 und 1839-44: lt. Bronzetafel mit Portrait); ab 1879 Augenklinik, ab 1921 Sitz von Finanzbehörden; seit 1982 Oberlandesgericht. Durch wechselnde Benützung und schließlich Bombeneinwirkung Verlust der ursprünglichen Innenausstattung; Fassade jedoch erhalten. ***Beschreibung:*** Über rustiziertem Erdgeschoss zwei Stockwerke mit zehn Fensterachsen; vier der Rechteckfenster im Mittelteil des Hauptgeschosses durch reizvolle weibliche Kopfmasken und Empire-›Tücher‹ in Halbkreisfeld ausgezeichnet und mit den vier Fenstern des zweiten Obergeschosses verbunden; im Erdgeschoss zwei Rundbogenportale (das linke vermauert), über den rechteckigen Fenstern Mezzaninmotiv mit Blattornamentik. ***Bedeutung:*** Gut durchformte Empirefassade, als eine der wenigen dieser Stilstufe in München im Originalzustand konserviert.

HERZOG-WILHELM-STRASSE ☐ 5, 9

Straßenzug im Verlauf der mittelalterlichen Stadtmauer zwischen Karls- und Sendlinger Tor; gegen die Altstadt begrenzt von Wohn- und Bürobauten, gegenüber von Rückfronten der Bebauung der Sonnenstraße. An Stadtseite der äußeren Stadtmauer ehedem angebaut städtische *Salzstädel* (1611), seit 1706 zur ›*Kreuzkaserne*‹ umgebaut (Erweiterungspläne von J. B. Gunetzrhainer seit 1741); gegen Sendlinger Torplatz städtische *Glockengießerei*. Abbruch der Altbauten in 1870/1880er Jahren, seit Benennung in ›Herzog-Wilhelm-Straße‹ (1886) gärtnerisch gestaltet. Nach Zerstörungen im 2. Weltkrieg Parkplatz bis zum Bau der Stachus-Tiefgarage, 1971/72 abermals Grünanlage (zwischen Josephspitalstraße und Sendlinger Tor; Aufstellung von ***Plastiken***: Eisenplastik ›*Hinkel, Gockel und Gackelaia*‹ (von Fazekai 1981) zum Gedächtnis an Clemens v. Brentano, der 1835-42 im Haus Nr. 13 wohnte und dort dieses Märchen schrieb; bei Haus Nr. 24: gegenständig ›*Springende Pferde*‹ (von Mikorey, aufgestellt 1974); bei Haus Nr. 30 ›*Auffliegende Vögel*‹ (von Potzler 1967).

HIRSCHGARTEN ☐ 17

Einfriedung eines Teils des Forstenrieder Parks zwischen Laim und Neuhausen 1720, Einrichtung als Fasangarten, 1767 dazu Hasengarten; später Anlage eines Hopfenbau-Versuchsgartens und einer Maulbeerplantage (1776; 17 000 Bäumchen für Seidenraupenzucht); von Karl Theodor 1780 durch Einzäunen von 131 Tagwerk (ca. 44,6 ha) eines Teils der südlich Schloß Nymphenburg gelegenen ehemaligen Neuhauser Waldweide als ›churfürstlicher Thiergarten‹ angelegt. Bei Bau der München-Augsburger Eisenbahn (1839/49) wesentlich verkleinert. 1958-59 Umgestaltung des nordöstlichen Teils in eine städtische Grünanlage, 1968-70 Erweiterung nach Süden mit Ausgestaltung zu einem weiträumigen Spiel- und Freizeitzentrum (gegen die Bahnanlagen durch bis 8 m hoch aufgeschüttete Lärmwälle abgeschirmt). Der heute noch z. T. als *Wildfreigehege* bestehende ›Hirschgarten‹ unter Landschaftsschutz gestellt (im West- und Südwest-Teil ca. 150-jähriger Eichenbestand). – *Gaststätte* am Eingang des Gartens (Hirschgartenallee) 1791 als Jägerhaus errichtet, 1970/71 renoviert, 1980 restauriert; daneben beliebter typischer Biergarten (mit ca. 5000 Plätzen der größte in München), durch das Wildgehege von besonderer Naturverbundenheit; Magdalenenfest: im Juli.

Moradelli-Haus: *Laubenhof.*

HOCHBRÜCKENSTRASSE 8 ☐ 7

Moradelli-Haus Typisches Altmünchener Bürgerhaus des 17. Jh. mit ›Ohrwaschl‹, durch Aufstockung eines bereits im 16. Jh. bestehenden dreigeschossigen Hauses entstanden. 1969 von Schleich restauriert bzw. z. T. neu gebaut mit gotisierenden Fassadenmalerei (Entwurf: H. Kaspar). Sehr stimmungsvoll der wiederhergestellte Laubenhof* mit dreiseitig umlaufenden Holzbalkonen sowie offenem originalen Stiegenhaus: eines der letzten Beispiele dieser Art im heutigen München.

HOFGARTEN ☐ 3, 7

Durch Herzog Maximilian I. von 1613-17 nördlich seines neu erbauten ›Kaiserhoftrakts‹ der Residenz, des ›Hirschgangs‹ und der Neuveste (→ S. 268, Zeichnung: 3. Bauperiode) angelegter Residenzgarten; seit Mitte der 1980er Jahre als ›Oberer‹ Hofgarten bezeichnet, nachdem beim Neubau der Staatskanzlei (→ Franz-Josef-Strauß-Ring 1) die westlich davon gelegene Freifläche als ›Unterer‹ Hofgarten identifiziert werden konnte, der bereits *vor* der maximilianischen Anlage bestand. ***Geschichtliche Entwicklung:*** Früheste Erwähnung eines herzoglichen »*Baumgartens auf dem Bach*« 1409 in dem von

Stadtbächen durchzogenen Gelände östlich der Neuveste (→ Schaubild S. 263) jenseits des bewässerten Stadtgrabens auf dem Areal des heutigen → Marstallplatzes. 1518 lässt Herzog Wilhelm IV. anstelle des Baumgartens einen nahezu rechteckigen, von italienischen Gestaltungen (von Mantua der mit den Wittelsbachern verwandten Gonzaga?) beeinflussten *»Lustgarten«* (›Wilhelminischer Garten‹, früher auch Rosengarten genannt) anlegen, der jedoch 1617 bei Errichtung des herzoglichen Zeughauses eingeebnet wird. Bereits um 1560 aber sind Arbeiten in einem *Neuen Lustgarten* (›Albertinischer Garten‹) der Herzogin Anna erwähnt, der auf einem trapezförmigen Areal nördlich des Wilhelminischen Gartens durch Albrecht V. angelegt wurde – die Keimzelle des *Unteren Hofgartens*, dann nach 1613 gegen Westen (um ca. 5 m erhöht auf der ›Isar-Mittelterrasse‹) unter Herzog Maximilian zum *Oberen Hofgarten* erweitert.

Im Hofgarten.

Unterer Hofgarten: Nach Volckmers Münchenplan (1613) war Albertinischer Garten an Ostseite durch Köglmühlbach, im Westen durch Mauer mit sechs Türmchen und im Norden gegen den herzoglichen ›Hirschanger‹ (den südlichen Teil des späteren Englischen Gartens) durch Arkadengang begrenzt. Dieser ging von dem in Nordostecke errichteten zweiflügeligen *›Sommerhaus‹* der Herzogin Anna aus (1565-67 von Schöttl oder K. Weinhart gebaut, der Hauptsaal im ersten Obergeschoss mit 15 allegorisch-mythologischen Deckenbildern von M. Bocksberger 1565/68; bis auf zwei, heute Bayerische Staatsgemäldesammlungen, verschollen). Der erwähnte *Arkadengang* als 21-jochige ›Altane‹ vom Hauptsaal zugänglich (bei Ausschachtungsarbeiten für Neubau Staatskanzlei 1985 freigelegt und konserviert): rustizierte Bogen auf toskanischen Rotmarmorsäulen (wahrscheinlich von derselben Steinmetzhütte Weinharts stammend wie Säulen im Arkadenhof des Landesamts für Denkmalpflege (→ Hofgraben 4). Wohl noch vor Ende des 16. Jh. scheint diesem Arkadenbau ein beiderseits offener Wandelgang aufgesetzt worden zu sein, der das Niveau der Isarterrasse erreichte. – Der Eckturm am westlichen Abschluss als mutmaßliches *Brunnhaus* für Wasserversorgung des Hofs und Gartens interpretiert; als sein Ersatz (?) leistungsfähigeres *Brunnwerk* mit zwei Kammern und Wasserturm von Volckmer errichtet, vollendet 1614. (→ Galeriestraße, S. 147). Die weitere gärtnerische Gestaltung des Unteren Hofgartens vom Anfang des 17. Jh. an im Zusammenhang mit Anlage des westlich anschließenden Oberen Hofgartens (ab 1613), dessen Ostwestachse für die Gestaltung der beiden Gartenteile verbindlich wurde. Bereits zu Beginn der Arbeiten lässt Maximilian den irregulären Albrechtinischen Garten zum Rechteck arrondieren, 1615 zwei Teiche anlegen und an deren Ostseite drei quer gelagerte, symmetrische Gebäude errichten: an Nordecke Umbau des ›Sommerhaus‹, in der Mittelachse das *›Vischhaus‹*, im Süden als Pendant zum nördlichen Bau ein Gewächs- und Gärtnerhaus (1619/20, ob nach Entwurf von Krumper, ungewiss). – Bis Mitte des 18. Jh. keine grundlegenden gärtnerischen Veränderungen, dafür aber funktionale: wohl noch unter Kurfürst Max III. Joseph Einbau eines *Gewächshauses* in die östlichen 15 Joche der Nordarkade; 1769 Umbau des Vischhauses nach Plänen von Lespilliez zu *»churfürstlicher Seidenspinnerei«* (sog. ›Filatorium‹); an südlicher Schmalseite des Unteren Hofgartens Bau der *Seidenfabrik Altmutter*, sog. Seidenhaus (1796), die aber schon einige Jahre später mit Artilleristen belegt: sog. *Seidenhauskaserne*. Tiefgreifend und folgenschwer die Freigabe des Geländes zur Errichtung der *Hofgartenkaserne* (nach Plänen von Frey 1801-07, → S. 131); damit verbunden Abbruch der Maximilianischen Gebäude, Trockenlegung der Teiche (1800) sowie Verfüllung und Planierung des Areals für Anlage eines Exerzierplatzes. Das spätere Projekt, anstelle der Kaserne ein Gewächshaus (Entwurf von L. C. Seitz 1848) zu errichten, unterblieb ebenso wie Klenzes Vorschlag (1848 ff.), den Exerzierplatz zu verkleinern, das gewonnene Areal gärtnerisch zu gestalten und an Ost- und Südseite mit Arkaden zu umbauen; damit verbunden Verkleinerung der Kaserne auf Umfang für ein Wachbatallion. (Klenzes abermaliger Vorstoß 1863 ebenfalls ergebnislos.) Sempers Plan 1866/67, im Unteren Hofgarten ein *Richard-Wagner-Festspieltheater* zu errichten, ebenfalls gescheitert. Erst nach Vollendung des *Bayerischen Armeemuseums* an der Stelle der Kaserne erneute Begrünung des aufgeschütteten Vorfelds und Bau des

Hofgartentor.

Portikus des Festsaalbaus der Residenz mit *Theatinerkirche*.

Hofgartentempel.

Kriegerdenkmals 1924-26 (→ S. 132). Nach schweren Bombenschäden Vorschlag von Abel (1949/50), auf Gelände des Unteren Hofgartens das neue *Funkhaus* zu errichten (dagegen dann doch altes, z. T. zerstörtes Funkhaus wieder aufgebaut, → Hopfenstraße 1). Nach Bau der *Bayerischen Staatskanzlei* (→ Franz-Josef-Strauß-Ring 1) gärtnerische Neugestaltung durch Hansjakob 1993/94.

Oberer Hofgarten: Auf rechteckigem Areal (ca. 230 zu 170 m) angelegter Garten im italienischen Stil von Herzog Maximilian: durch Längs- und Querachse mittig in vier Quartiere geteilt, im Kreuzungspunkt der Haupt- und vier Diagonalachsen der *Hofgartentempel* (s. u.). Diese geometrische Grundfigur im Lauf der Jahrhunderte nur nach jeweiligen Zeitstilen modifiziert: nach 1679 durch Max Emanuel, um 1750 durch Max III. Joseph Umwandlung zu Nutzgarten (Obst und Gemüse für den Hof), 1776 Bepflanzung der Quartiere mit Linden, Aufstellung von vier Schalenbrunnen und rahmende Kastanienalleen. Wohl bereits in diesem Jahr Öffnung des bisherigen *Hof*-Gartens für Bevölkerung; Reduzierung des Baumbestands nach Denkschrift von F. L. v. Sckell (1807). 1826 Erneuerung der vier Brunnen, erst zwischen 1895 und 1897 abermalige Umgestaltung nach Plan von Kaiser: zwei ostwestlich orientierte Flächen mit Halbkreisabschluss um vier Wasserbecken, im Wesentlichen bis 2. Weltkrieg bestehend. Nach erheblichen Kriegszerstörungen zwischen 1948 und 1956 Rückrestaurierung auf vereinfachte Grundfigur des 17. Jh. (nach Plan von Hentzen): Beibehalten der zwei Hauptachsen mit Diagonalwegen, die einem umlaufenden Wegegeviert eingeschrieben und auf vier Schalenbrunnen (von Wackerle) in Rundbassins bezogen sind. – Bereits bei Anlage des Gartens durch Maximilian an Nord- und Westseite von Arkaden umgeben und mitsamt dem Unteren Hofgarten durch vorgeschobene Bastion in die Maximilianische Wallbefestigung (1619-45, → S. 26f.) einbezogen. Damit aber Trennung der Gartenanlage vom Hirschanger bis zur Entfestigung der Stadt (1791 ff.); erst 1802/03 Anlage eines *Tores* in der Nordarkade, bezogen auf die Achse des sog. Leibregimentwegs: von Klenze 1838-40 umgebaut (→ Galeriestraße, S. 147). – Die Maximilianische *Nordarkade* anschließend an aufgestockten Wandelgang der Arkaden Albrechts V., ihre vorgegebene Bauflucht nach Westen bis zu einer Länge von ca. 325 m (mit insgesamt 85 Arkadenachsen) fortsetzend; bis Ende 18. Jh. unverändert. Erst 1780/81 Errichtung des *Galeriegebäudes* über 43 Bogenachsen, symmetrisch bezogen auf Mittelachse der Gartenanlage; die Integration der Arkaden in den Neubau ebenso bei Errichtung des *Kunstvereinsgebäudes* von Riedel (1865/66; → Galeriestraße) im Bereich der Arkaden über Exerzierplatz. Auch Angleichung der Nordarkaden durch Klenze (1835-50) an Proportionen der von ihm umgebauten Westarkaden (s. u.) brachte keine Beeinträchtigung des bisherigen Erscheinungsbilds. Massivster Eingriff aber durch R. Riemerschmids Vorschlag (1926), das Galeriegebäude (und Finanzgarten) mit einem *Stadt- und Musikhaus* zu überbauen; nicht realisiert. – Im östlichen Arkadenabschnitt nach Entwürfen von Candid zwischen 1620 und 1630 *Statuenfolge* von Herkules-Taten (zwei davon für K. Riedl verbürgt), in Rundbogennischen der Rückwand aufgestellt, 1739 von Straub ausgebessert. Diese Stuckfiguren 1779-81 durch acht kolossale *Holzskulpturen* derselben Thematik von Boos ersetzt, nach Kriegszerstörung der Arkaden geborgen, sechs davon 1978 im Treppenhaus des Königsbaus der Residenz (→ S. 275) aufgestellt (Herkules und Atlas, Herkules kämpft mit dem Riesen Antäus, mit dem Nemeischen Löwen, mit dem Erymantischen Eber, mit den Stymphalischen Vögeln, mit dem Kentaur Nessus); die Statue ›Kampf der Lernaeischen Hydra‹ im Schloß Dachau, die achte (Bändigung des Höllenhundes Cerberus) verschollen. Als Ergänzung des Italien-Zyklus in Westarkade (s. u.) sollten Arkaden im Bereich des Galeriebaus durch Rottmann mit griechischen Landschaften (*›Griechenland-Zyklus‹*) in Enkaustiktechnik ausgemalt werden.; rahmende Dekoration im pompejanischen Stil nach Entwurf von Klenze 1838 (ausgeführt von Schwarzmann); von anfangs 38 geplanten Motiven auf 23 reduziert (gemalt zwischen 1838 und 1850), schließlich aber nach mehrmaligen mutwilligen Beschädigungen der Italienbilder in den Westarkaden (1830er Jahre) nicht angebracht. Dafür von Klenze 1841 eigener achtseitiger Ausstellungspavillon entworfen,

aber nicht ausgeführt; dagegen Griechenland-Zyklus seit 1853 in eigenem Saal (›Rottmann-Saal‹) in der Neuen Pinakothek ausgestellt. (Heute sieben Gemälde in Staatl. Antikensammlung, → Königsplatz 1 und in Eingangshalle der Neuen Pinakothek, → Barer Straße 29; die restlichen restaurierungsbedürftig und deponiert.) Statt Griechenland-Zyklus wurden im oberen Wandbereich 39 kleinere Fresken mit Szenen aus griechischem Befreiungskampf angebracht: Entwürfe von P. Heß, ausgeführt von seinem Schüler Nilson 1841-44 (Kartons im Münchener Stadtmuseum, Ölskizzen in der Staatlichen Graphischen Sammlung); an ihrer Stelle nach Zerstörung im 2. Weltkrieg ›graphische‹, monochrome *Wandbilder* von Seewald (1961) mit Texten von klassischen Dichtern.
Die (Maximilianische) *Westarkade* (ca. 215 m mit 41 Bögen) gleichzeitig mit Anlage des Oberen Hofgartens und Bau der Nordarkade errichtet; sie schloss an Verbindungsgang über den Stadtgrabenbach beim Schwabinger Tor an, der als Zugang von Residenz zum Hofgarten diente. An Außenseite der Arkade Anbau des *›Turnierhauses‹* 1660/61 durch Schinnagl, bei Anlage des Odeonsplatzes und Bau des Bazargebäudes (→ Odeonsplatz 6-18) mitsamt an seiner Südseite angebautem ›Cafe Tambosi‹ 1825 abgebrochen. – In Zusammenhang mit Klenzes Plänen für städtebauliche Gestaltung des Areals vor ehemal. Schwabinger Tor Anlage eines monumentalen Eingangs zum Hofgarten (Ausrichtung der Achse der → Brienner Straße aus Tor) und Ersatz des alten Bogengangs.
Das **Hofgartentor**, errichtet 1816/17, war Klenzes erstes Bauwerk in München, einen Entwurf von Thurn verdrängend: Klenzes Tor ein formstrenger Baublock mit großer Durchfahrt und sparsam, nach seinen Vorgaben ausgeführter Bauplastik: vier Trophäen von F. J. Schwanthaler und vier Genien (in den Bogenzwickeln) von Stiglmaier, 1818 angebracht. Bereits beim ersten Entwurf (1816) sah Klenze anstelle des alten Verbindungsgangs beiderseits des Tors eine zweimal achtjochige Arkade vor, die an Westarkade Maximilians anschließen sollte; 1820 wurde ein hoher, durchlässiger Gitterzaun erwogen, schließlich 1822-26 Ausführung des ursprünglichen Entwurfs und Bemalung der Arkadenrückwände und Supraporten 1826-29 mit *Fresken* zur Geschichte Bayerns und des Hauses Wittelsbach, entworfen von Cornelius, ausgeführt von seinen Schülern W. Kaulbach, E. N. Neureuther, Foltz, Monten, Hiltensperger, W. Lindenschmit u. a.; die Bildtexte von Lipowsky und Görres konzipiert, von Ludwig I. redigiert. (Mangelhafte Qualität der Malerei schon zur Entstehungszeit kritisiert, 1970-72 von Manninger restauriert.) Gewissermaßen Vorläufer dieser Wandfresken waren verblasste Kartons von Candid im alten Verbindungsgang, 1604-11 und 1612-14 angefertigt für Gobelinfolge ›Taten Ottos von Wittelsbach‹ (im Residenzmuseum, → S. 277, Räume 107-109). – Mit Abbruch des Turnierhauses und Errichtung des Bazargebäudes Neugestaltung des gesamten westlichen Arkadengangs 1825-26 in Angleichung an Arkadengestaltung am Hofgartentor. Im Bereich des Bazargebäudes an Arkadenrückwand 28 Fresken mit italienischen Landschaften (sog. ›Italien-Zyklus‹), von Rottmann zwischen 1830 und 1833/34 gemalt, mehrmals mutwillig beschädigt, gerettet 1943 durch Abnahme, seit 1966 im Residenzmuseum (→ Raum 32). Bestimmend für das Zentrum des *Oberen Hofgartens* im Schnittpunkt des Mittel- und Diagonalwegs der 1615, nach Entwurf von Krumper wahrscheinlich von Schön d. Ä. erbaute **Hofgartentempel**: zwölfeckiger Pavillon mit acht offenen und vier geschlossenen Rundbogenarkaden, von gedrückter Kuppel überwölbt: heutiger Bau nach Kriegszerstörungen originalgetreu rekonstruiert – ausgenommen die Malereien in den trapezförmigen Kassetten der flachen Holzdecke. (In den acht größeren Feldern ursprünglich alternierend vier weibliche und vier männliche Figuren, in den vier schmäleren die Initialen M und E für Maximilian und Elisabeth, nach Entwürfen von Krumper 1615/20 bemalt.) Auf der Kuppel hervorragende *Bronzefigur** von Gerhard, wohl um 1590 nach Zeichnung von Sustris als Brunnenfigur im ehemaligen Großen Residenzgarten (heute: etwa Königsbauhof) geschaffen, von 1616-1943 auf Hofgartentempel. Ehedem ausgerichtet auf ›Vischhaus‹ im Unteren Hofgarten, seit Fertigstellung des Festsaalbaus (1842) Blickrichtung auf Mittelachse der Loggia, hinter dieser bis zu Kriegszerstörungen der Thronsaal. Seit 1952 durch Kopie ersetzt; Original seit 1985 im rekonstruierten Kaisersaal der Residenz (→ S. 275).

Hofgartentempel: Bronzefigur der *Tellus Bavarica* von Hubert Gerhard, um 1590.

Hofgarten: *Nymphe* von L. v. Schwanthaler, Guß von 1852/53.

Aufgrund verschiedener Attribute fälschlich als ›Diana‹ bezeichnet, ist die kaum bekleidete Frauenfigur jedoch als **Tellus Bavarica** (Bayerische Erde) zu interpretieren. An den Ecken des kubischen Steinpostaments vier *Bronzeputti* (von Krumper 1613) mit den Attributen Füllhorn, Kirchenmodell, Kurfürstenhut und Eichenzweig; seit dem 2. Weltkrieg verschollen und durch nachempfundene Kopien (von J. Lorch) ersetzt. – Vor Westarkade, achsial auf Hofgartentempel bezogen, anmutige **Nymphe** * aus Bronze, zurückgehend auf die für Schloß Anif bei Salzburg von L. v. Schwanthaler 1840-46 geschaffene (Carrara-Marmor-)Nymphe. (Eine zweite Fassung für Wentworth Woodhouse, signiert und datiert 1841, seit 1997 im Bayerischen Nationalmuseum; eine weitere Replik von Schwanthaler in Somerleyton Hall, zusätzlich signiert von dem Schwanthaler-Schüler Hautmann.) Zeitgenössische Gipsabgüsse für Museen Karlsruhe, Stuttgart, Weimar; vorbildhaft für Loreleystatuen. – Dagegen die Hofgartennymphe (wohl durch X. Schwanthaler) weniger freizügig gestaltet als das Anifer Vorbild, am Sockel aber bezeichnet »Model. v. L. v. Schwanthaler«, posthum in Bronze gegossen 1852/53: Figur auf hohem Steinkubus, nach Bombenschäden 1944 zusammen mit vier Brunnenschalen und vier Satyrmasken (z. T. Nachgüsse) 1962 wiedererrichtet. – Jüngste Geschichte widerspiegelt ein *Granitwürfel* in Höhe des ehemaligen Nordtors beim Übergang vom Hofgarten zur Harmlos-Wiese: »Zum Erinnern zum Gedenken« an Widerstand gegen NS-Regime; errichtet 1996 (Entwurf Kornbrust). ***Bedeutung:*** Im modernen Stadtgefüge wesentliche Grünfläche als Vermittlung von Altstadt zum Englischen Garten. Als historisches Gartendenkmal durch annähernde Rückführung des *Oberen Hofgartens* auf sein manieristisches Grundmuster des beginnenden 17. Jh. und trotz gärtnerischer Einbußen im Bereich des *Unteren Hofgartens* bedeutsam als Beispiel des einstigen, vom italienischen Spätmanierismus/Frühbarock geprägten Gartens in Deutschland. Darüber hinaus exemplarisch für einen auf eine fürstliche Residenz bezogenen ›Hof‹garten.

HOFGARTENSTRASSE ☐ 7

Zwischen Residenz und Hofgarten, vom Odeonsplatz / (östlich) *Hofgartentor* verlaufende Verbindungsstraße zum Lehel; in einem Plan von 1814 als ›Hofgartenstraße‹ eingetragen, parallel dazu der damals noch offene westliche Stadtgraben und das noch ungestaltete Vorfeld nördlich der Residenz; hier noch das ›alte‹ *Residenzbrunnhaus* (17. Jh.) und das ›neue‹ gegen 1810 durch J. v. Baader errichtete (s. u.). Ab 1835 Errichtung der ca. 250 m langen Fassade des Klenzeschen *Festsaalbaus* (→ S. 270f., 5. Bauperiode); in Höhe ihres östlichen Kopfbaus sanfte Senkung durch Isarterrasse und leichte Abweichung der Ostwestachse (hier Zugang zum → Marstallplatz) und Weiterführung bis heutigem Franz-Josef-Strauß-Ring. (In diesem Abschnitt Projekt von Lasne 1895 für Errichtung eines monumentalen östlichen Hofgartentors; nicht ausgeführt. Hier etwa an dieser Stelle *Max-Planck-Haus*, → Hofgartenstraße 8.) Vorfeld des Festsaalbaus erst nach dessen (äußerer) Fertigstellung (1842) durch Überwölbung des Stadtgrabens an bestehende Straße angeglichen; 1845/46 Abbruch des Baaderschen *Residenzbrunnhauses* (→ Galeriestraße) vor dem Portikus des Festsaalbaus, ab 1852 gärtnerische Gestaltung der Freifläche nach Entwurf des Hofgartenintendanten L. C. Seitz (von Klenze überarbeitet), neu gestaltet 1996; beide Anlagen ohne Bezug zum Hofgarten.

Staatliche Sammlung Ägyptischer Kunst: *Torso Amenemhet III.*, um 1850 vor Chr.

HOFGARTENSTRASSE 1 ☐ 7

Staatliche Sammlung Ägyptischer Kunst Die älteste Sammlung dieser Thematik, beginnend mit einzelnen Stücken in der Kunstkammer Albrechts V., wichtige Erwerbungen durch Ludwig I. für den ›Ägyptischen Saal‹ der Glyptothek. Erst nach 1960 Vereinigung aller ägyptischen Objekte aus bayerischem Staatsbesitz in München in der ›Staatlichen Sammlung Ägyptischer Kunst‹, seit 1970 im westlichen Trakt des Festsaalbaus der Residenz, davor Obelisk. Weltweit einziges ägyptisches Museum, das sich in Erwerbungspolitik und Präsentation auf ägyptische Kunst, vor allem Rundplastik, konzentriert. Stiftungen durch F. W. v. Bissing, W. Esch, E. Oppenländer, H. Herzer. – Bei Wiedereröffnung der Glyptothek 1972 deren ägyptische und assyrische Bestände der

Sammlung Ägyptischer Kunst übergeben. Seit 1997 Zweigmuseum auf Schloß Seefeld (Ldkr. Starnberg, → S. 46).

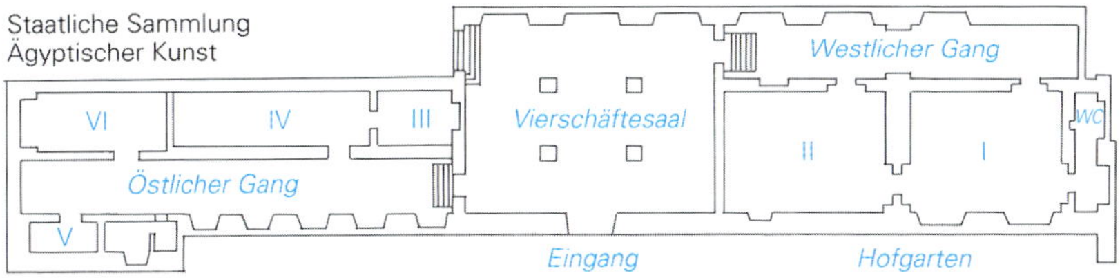

Vierschäftesaal: *Farblich gefasste* Löwenreliefs, *sog. ›Orthostatenreliefs‹ aus Palast des Königs Assurnasirpals II. (883-859 v. Chr. aus Kalach/Nimrud).*
Westlicher Gang Vorgeschichte: *Paläolithikum/Neolithikum. 100 000-4000 v. Chr. – Keramikfunde. Grabfunde Minshat Abu Omar (3100-2850 v. Chr.). Grabnische mit Scheintüre (Altes Reich, 6. Dynastie, um 2200 v. Chr.). Stücke aus Grabung des Museums im Ostdelta.*
Raum I Altes *und* Mittleres Reich: *Doppelstatue* des Königs Niuser-Re (Altes Reich, 5. Dynastie, um 2390 v. Chr.). Kultfigur eines Krokodils* (Mittleres Reich). *Kupferstatue* Amenemhets III. Torso einer Frauenfigur* (Mittleres Reich, *12. Dynastie, um 1900 v. Chr.). Würfelstatue des Nesmonth* (Mittleres Reich, *12. Dynastie, 2000-1950 v. Chr.).*
Raum II Neues Reich, *einschließlich Amarnakunst: Gesichtsfragment einer Kolossalstatue des Echnaton*. Portraitkopf* der Nachamarnazeit. Würfelstatue des Bekenchons*. Stele des Sebeknacht (18. Dynastie, um 1380 v. Chr.). Kniefigur des Senenmut (18. Dynastie, um 1485 v. Chr.).*
Östlicher Gang *Reliefs und Rundplastik der* Spätzeit, *der* griechisch-römischen Epoche, *Totenbuch, Mumienportraits, Statuen aus Hadriansvilla in Tivoli. Silberfalke*. Torso des Montemhet (Spätzeit, 25./26. Dynastie, Anfang 7. Jh. v. Chr.). Oberteil einer Priesterstatue (Perserzeit, 27. Dynastie, um 500 v. Chr.). Sarkophagdeckel (Spätzeit, 30. Dynastie/frühe Ptolemäerzeit, um 300-350 v. Chr.). Totenbuchpapyrus aus Pajuheru (ptolemäisch, 2.-1. Jh. v. Chr.). Statue aus Rosengranit (spätptolemäisch, 2.-1. Jh. v. Chr., Kopf römisch). Göttin Isis (Ptolemäerzeit, 1. Jh. v. Chr.). Kleinplastiken ägyptischer Kulte im Hellenismus (römische Epoche 30 v. Chr.-300 n. Chr.).*
Raum III *Mumiensärge des* Neuen Reichs *und der* 3. Zwischenzeit *(um 900-ca. 775 v. Chr.). Sarg des Kindes Neferet-iri (19. Dynastie, um 1220 v. Chr.). Kindermumie (mit Portrait) (römische Epoche 70-80 n. Chr.).*
Raum IV *Lokale Traditionen – Götter und Gottvorstellungen: das Tier als Erscheinungsform des Göttlichen (Apis-Stier, Hathor-Kuh). Einflüsse durch Altes Testament. Die Macht der Schlange. Pantheistische Gottheiten.*
Raum V Nubien – *Goldschmuck* der meroitischen Königin Amanishaheto.*
Raum VI Frühes Christentum, *Denkmäler der* Spätantike/*Grabstelen (4. Jh.). Koptische Kleinkunst, Keramik, Textilien (4.-6. Jh.). Architekturfragmente aus Kirchen des 5. und 6. Jh.*

HOFGARTENSTRASSE 2 (Eingang) □7
Neuer Herkulessaal Nach Zerstörung der ursprünglichen Raumfolge im Festsaaltrakt 1944 völlige innere Neugestaltung nach (modifizierten) Plänen von Esterer (1951-53 und 1957-58), ausgehend vom ehemaligen Thronsaal, durch *Neuen Herkulessaal* (als Konzertsaal) ersetzt. ***Beschreibung:*** Anstelle der Durchfahrt von Hofgartenstraße zum Apothekenhof und anstelle der Säle und Räume im Ostflügel großzügige *Eingangshalle*; in ihr seit 1985 die zwölf überlebensgroßen, vergoldeten Bronzestatuen von *Wittelsbacherherrschern* (1834-42 von L. v. Schwanthaler) aus ehemaligem Thronsaal. Anschließend Vorräume (Garderoben anstelle der unvollendeten ›Odyssee-Säle‹, → S. 265) und zweiläufige *Haupttreppe*, die Stelle des ehemaligen ›Ballsaals‹ einnimmt und zugleich Gelenkstelle zum Nordosttrakt (ehemals ›Schlachtensaal-Flügel‹, seit 1959 Sitz der Bayerischen Akademie der Wissenschaften, → S. 266) und Verbindungsflügel zum Apothekentrakt ist (→ Plan S. 276 u. 278); hier vor der Zerstörung u. a. die monumentale Haupttreppe. – An den Wänden des *Foyers* zum Konzertsaal (an der Stelle der ehemaligen Kaisersäle: ›Saal Karls d. Gr.‹ und ›Saal Friedrich Barbarossas‹) Abguss des *Alexanderfrieses* für den Speisesaal im Leuchtenberg-Palais (1819/22), der auf Thorwaldsens Original im Palazzo del Quirinale in Rom, 1811/12, zurückgeht. Der dritte Kaisersaal (›Saal Rudolfs von Habsburg‹) mit ehemaligem Thronsaal zum *Neuen Herkulessaal* vereint; an den Hochwänden des Saals (und des Foyers) die namengebenden *Wandteppiche* (Herkulestaten), hervorragende Arbeiten der Antwerpener Manufaktur

Residenz, Festsaalbau: Der ehem. *Thronsaal* (heute Herkulessaal).

des Michel de Bos, ausgeführt 1565-77 nach Entwürfen von Floris; ursprünglich im Schloß Dachau, doch wohl noch vor Ende des 16. Jh. in der Münchener Residenz. (Die 1953 angebrachten Teppiche 1991 bei Sanierungsarbeiten aus konservatorischen Gründen durch fotographisch hergestellte Repliken ersetzt.) – Zum **Alten Herkulessaal** im Hofdamenstock der Residenz: in diesem eine zweite, 1603 von Maximilian I. ebenfalls in Antwerpen erworbene Herkulesserie, die aber seit der klassizistischen Umgestaltung durch A. Gärtner 1803 verschollen ist; dieser Saal zur Vermeidung von Verwechslung mit Neuem Herkulessaal in *Max-Joseph-Saal* umbenannt (→ S. 270).

HOFGARTENSTRASSE 8 □7

Max-Planck-Haus am Hofgarten mit Stadtgrabenbach.

Max-Planck-Haus am Hofgarten Für die 1948 neu gegründete Max-Planck-Gesellschaft (Nachfolgerin der ›Kaiser-Wilhelm-Gesellschaft‹ seit 1911) errichtetes zentrales Verwaltungsgebäude im nördlichen Teil des → Marstallplatzes. Bereits bei Planung der Staatskanzlei (→ Franz-Josef-Strauß-Ring 1) befassten sich sieben Teilnehmer eines Entwurfsseminars 1986 mit städtebaulicher Gestaltung des Gesamtareals zwischen Maximilian- und Prinzregentenstraße (u. a. Braunfels, Krier, Kleihues): gerade im Bereich des nördlichen Marstallplatzes wird Problematik zwischen den divergierenden Baufluchten von Residenz und Theatergebäuden im Westen und Marstall an Ostseite deutlich. Sieger eines 1993 ausgeschriebenen Wettbewerbs (über 130 Einsendungen) das Architektenteam Graf-Popp-Streib; Bauzeit 1995-99. ***Beschreibung:*** Aus drei Flügeln bestehender sechsgeschossiger Baukörper mit vorgehängter Glasfassade; Eingangsfront nach Norden zur Hofgartenstraße. Zwei ineinander versetzte, zum Marstallplatz nach Süden offene, U-förmige Gebäudeteile vereinen die divergierenden Fluchtlinien der platzbildenden historischen Bauten. Infolge der Verkantung der beiden U-Trakte entstanden schmale Dreieckshallen (für Haupttreppe und interne Kommunikation). Durch Brücke über revitalisierten Stadtgrabenbach Zugang zum *Hauptportal,* flankiert von einer ›geteilten‹ Granitskulptur des Peruaners Jara (1999): linker Teil, in Positivprofil Athene/Minerva (›Erkenntnis‹ als Symbol des Geistigen und zugleich Emblem der Max-Planck-Gesellschaft); rechter Teil gegenüber das entsprechende Negativprofil (›Intuition‹ als Allegorie des Bereichs der Materie). Im Innern des Hauses verteilt Büsten und Bilder von 34 deutschen Nobelpreisträgern. ***Bedeutung:*** Trotz stereometrischer Eindeutigkeit der dem Bürobau vorgehängten spiegelnden Glas›fassaden‹ und seiner Unterordnung unter die historische Architektur der Ostflügel der Residenz wegen seiner aufdringlichen Nähe zu dieser ein eminenter Störfaktor in dem sensiblen Umfeld; darüber hinaus Abriegelung des irregulären Marstallplatzes nach Norden hin. Die nahezu ›manieristischen‹ Frontenverschiebungen beim Neubau können nicht über Planänderungen, Raumprogrammausweitungen und inkompatible urbanistische Vorstellungen hinwegtäuschen: sie verraten das »Versagen von Politikern und Architekten an städtebaulich empfindlicher Stelle« (Gottfried Knapp).

HOFGRABEN 4 (Haupteingang Pfisterstraße) □7

Ehem. Münzgebäude

Bayerisches Landesamt für Denkmalpflege Unter Herzog Albrecht V. als »neu erpauter marstal« von 1563-67 anstelle mittelalterlicher Häuser hinter der nördlichen Stadtmauer und durch Einbeziehung des ›Herzogsbads‹ (seit 1511) in die Nordflanke des Neubaus errichtet; durch gedeckten ›Hofgang‹ mit dem → Alten Hof im Süden und mit Neuveste (→ S. 263) im Norden verbunden. Ein bestimmter entwerfender Architekt nicht benennbar, doch nicht näher bestimmbarer Anteil des Augsburger Stadtwerkmeisters Zwitzel nicht auszuschließen (während sich die Rolle des bisher genannten Entwerfers Egckl wohl auf Bauaufsicht beschränkt). Kern des dreigeschossigen Vierflügelbaus der leicht trapezförmige Innenhof* (s. u.): im Erdgeschoss bis ins 18. Jh. der **Hofmarstall** für die Pferde und *Remise* für die Wagen, im Stockwerk darüber Wohnräume für Hofbeamte und Marstallbedienstete sowie vermutlich Vorrats- und Depoträume; im ganzen zweiten Obergeschoss die **Kunstkammer** des Herzogs (möglicherweise auch Bibliothek) – eines der ersten großen ›Museen‹ nördlich der Alpen (nach dem sog. Ficklerschen Inventar, 1598, mit mehr als 6000 Objekten); die 1571-78 erfolgte Ausstattung der Räume verloren. – Ab 1809 Umbau für staatliche *Münze*; dabei Einzug von Zwischendecken in Räumen der ehemaligen Kunstkammer, Erwerbung der Nachbarhäuser (Pfisterstraße 1 und 2) und Umbau zum ›Scheidgadengebäude‹ (1813 bzw. 1846); volle Nutzung ab 1829. Bei Anlage der → Maximilianstraße Vorblendung eines Nordflügels (›Direktorialgebäude‹) nach Entwurf von Bürklein 1857-63 (→ Maximilianstraße 6); Restaurierung von Münzhof und Westfassade 1933-36. Durch Bomben 1944/45 bis auf Hof und einige Erdgeschossräume schwer beschädigt, zwischen 1948 und 1952/53 in ursprünglichen Formen wieder aufgebaut; renoviert 1963. Nutzung als **Hauptmünzamt** (Prägezeichen D) bis 1986. Mittelalterliche Prägestätten – ausgenommen die von Bürgern wegen Münzverschlechterung 1295/96 zerstörte herzogliche Münzschmiede auf dem Markt- (→ Marien-)platz – in München örtlich nicht fixierbar; die erste belegt für 1508 (bis 1599) an Nordseite des Hofgrabens, für 1612 »newe müncz am Marstall«, seit 1620 Münze am Platzl/Münzstraße (in der noch 1803 Reichenbach die erste in Bayern entwickelte Dampfmaschine für Talerprägewerke installierte); erst mit Verlegung ins Hauptmünzamt 1829 aufgelassen. Bereits zwischen 1909 und 1912 Pläne für Verlegung der Münze auf Marsfeld, doch erst 1983-86 Neubau des Bayerischen Hauptmünzamtes in Riem (Pläne von Resenberg, Sepp, Heintz).
Seit 31.7.1986 Sitz des **Bayerischen Landesamts für Denkmalpflege**, das den historischen Bau in mehreren Etappen zwischen 1986 und 1995 grundlegend sanierte und durch Innenausbau (Werkstätten, Labors, Büros, Bibliothek, Archive usw.) nach seinen Erfordernissen adaptierte.

Beschreibung: Auf drei Seiten freistehender Baukörper unter Walmbach, drei unterschiedlich gestaltete Fassaden: *Südseite* an Pfisterstraße (mit Einfahrtstor) noch annähernd ursprüngliches Aussehen der Erbauungszeit; *Westfassade* am Hofgraben (→ Zeichnung): elfachsige, vornehm zurückhaltende frühklassizistische Front mit übergiebelten Mittelrisalit zu fünf Achsen, nach Entwurf von A. Gärtner (1807) durch Thurn dem Altbau 1808-09 vorgeblendet; hier ehemaliger Haupteingang zur Münze. Im Giebel gut komponierte *Gruppe* (Gipsstatuen), F. J. Schwanthaler zugeschrieben: drei Frauen, zum einen als Personifikation der Prägekunst, zum anderen als Allegorien der Münzsorten Kupfer, Silber, Gold angesehen: Abwandlung der römischen Götter Aesculanus (für Kupfergeld), Argentinus (für Silbergeld), Aurinus (für Goldmünzen). *Nordseite:* im Zug der Anlage der Maximilianstraße an Altbau durch Bürklein angebaut (1857-63) mit ehedem offenen Spitzbogenarkaden im Erdgeschoss, gerahmt von zwei fünfachsigen Risaliten; über den Arkaden auf Balustrade acht freistehende *Zinkguss-*

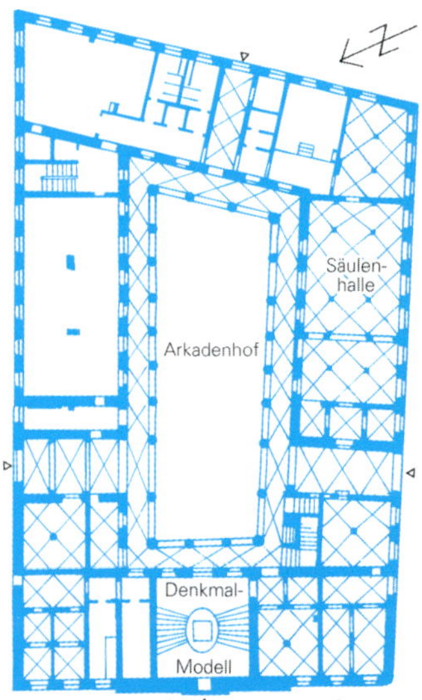

Eh. Münze, EG

statuen (→ Maximilianstraße 6 und 8). ***Bedeutung:*** Am Rand der mittelalterlichen Stadt nüchterner Zweckbau für herzoglichen Marstall und Kunstkammer in den Formen deutscher (Spät-)Renaissance; über dekorative Fassadengestaltung nichts überliefert. Die palastähnliche Westfassade eines der frühesten Werke des höfischen Klassizismus in München, durch die Lage am schmalen Hofgraben nicht voll zur Wirkung kommend. In der Aufnahme des klassizistischen Arkadenmotives von der Nordfassade der Hauptpost (→ Residenzstraße 2) gelang Bürklein mit seinem Anbau an die Münze eine geglückte Überleitung zu den ›gotischen‹ Formen der Maximilianstraße. Architektonisch am bedeutendsten der in seiner Form original erhaltene und in seiner Farbgebung (nach Befund aus Erbauungszeit) 1992-95 wiederhergestellte **Münzhof*** (etwa 35 zu 12 m; im Volksmund fälschlich ›Turnierhof‹): vierseitig umlaufende *Laubengänge* in gedrungenen Proportionen, nur im zweiten Obergeschoss zierlicher; unregelmäßige Rhythmisierung der Joche ignorieren die klassische Regelmäßigkeit italienischer Renaissancearchitektur (Alberti, Serlio, Palladio); im Erdgeschoss rustizierte Keilsteine, die Obergeschosssäulen auf Konsolen aufruhend, die Kapitelle skulpiert (Steinmetzarbeiten von Weinhart 1563/67). Von den ursprünglichen Stallungen in den vier Flügeln des Erdgeschosses nur noch im Südtrakt eine dreischiffige *Halle* mit Rotmarmorsäulen (vgl. → Hofgarten S. 159) erhalten; heute restauriert und für Veranstaltungen und Sonderausstellungen genutzt. Gegenüber in Nordostecke neues Treppenhaus mit Installation »Spurensicherung« (von N. Lang, 1998). – Von westlicher Schmalseite Zugang zur *Haupttreppe*, vor Zerstörung dreiläufig, 1952/57 durch Wendeltreppe in Stahlbeton ersetzt. In ihrem ›Auge‹ Installation »Zerbrochene Figur« (von Lindenberg, 1996), zusammengesetzt aus Fragmenten der etwa zu 3/4 erhaltenen Gussmodelle zum Bronzedenkmal für Max I. Joseph (→ Max-Joseph-Platz). ***Bedeutung:*** Durch Beeinflussung von italienischer Renaissance-Arkadenarchitektur und deren selbstständige eigenwillig-unbekümmerte Abwandlung zählt der Münchener Münzhof zu den wichtigen originären Leistungen süddeutscher Profanbaukunst, an Bedeutung allenfalls mit Hof des Alten Schlosses in Stuttgart (1557 ff.) vergleichbar; in der Funktion (Verbindung von Marstall und Kunstkammer) ähnlich der Stallburg in Wien (1558-65). Allerdings macht der Vergleich des Münzhofs mit dem rein ›italienischen‹ Arkadenhof der Stadtresidenz in Landshut (1536-43) den qualitativen Unterschied in der Rezeption klassischer Renaissanceformen deutlich.

Bayerisches Landesamt für Denkmalpflege: *Münzhof.*

HOHENASCHAUER STRASSE □ 24

Ehemalige ›Mustersiedlung‹ Ramersdorf Anlässlich der Deutschen Siedlungs-Ausstellung 1934 auf trapezförmigem Areal (knapp 17,5 ha) zwischen Rosenheimer (Osten), Chiemgau- (Südosten), Hohenaschauer (Westen) und Wilramstraße (Norden) errichtete Wohnanlage aus 192 Eigenheimen in 36 verschiedenen Haustypen mit dazugehörigen Kleingärten. Entwurf: Harbers, unter Mitarbeit von Freymuth, Haindl, Knidlberger, Panitz, F. und S. Ruf, Wisneth u. a. ***Beschreibung:*** Durch leicht geschwungene Straßenzüge erschlossene, um Spielwiese, Anger und Grünstreifen angeordnete Flachsiedlung, deren dörflicher Charakter durch die auf die Kirche Maria Ramersdorf (→ Aribonenstraße 9) orientierte Anlage unterstrichen wird. Bebauung durch ein- bis zweigeschossige ›Siedlungshäuser‹ von unterschiedlicher architektonischer Qualität. ***Bedeutung:*** Aus der Frühzeit des 3. Reiches erhaltene Wohnanlage, als Alternative zum großstädtischen Mietshaus mit seiner vermeintlichen Förderung der Proletarisierung entworfen.

HOPFENSTRASSE 1 □ 19

Bayerischer Rundfunk Als Sendeanstalt für den Sender ›Deutsche Stunde in Bayern‹ nach Plänen von Rich. Riemerschmid 1927-29 errichtet. Nach Kriegszerstörungen instand gesetzt, erfolgten Um- und Erweiterungsbauten an Marsstraße (1957-60) und Aufsetzen von zwei Stockwerken (1979/80) durch Wiedemann, Eichberg und O. Roth. (An der Arnulfstraße das 17-stöckige *Rundfunkhochhaus,* nach Plänen von Werz, Ottow und Partner 1974-77 errichtet.) ***Beschreibung:*** Über hohem Betonsockel drei durch vertikale Mauerstreifen zusammengefasste Stockwerke; beiderseits des dreiachsigen Mittelrisalits mit früherem Haupteingang (dahinter die bemerkenswerte ovale Wendeltreppe, einziges im Innern noch erhaltenes ursprüngliches Gestaltungselement) je zwölf Fensterachsen. Über schmalem Konsolgesims zweigeschossige Aufstockung anstelle eines ursprünglich zurückgesetzten Obergeschosses. ***Bedeutung:*** Erstes gesellschaftseigenes, gezielt geplantes Funkhaus in Deutschland; Riemerschmids ›moderne‹, gemäßigt kubische Formsprache (ebenso bei der von ihm stammenden Innengestaltung; heute nicht mehr erhalten) schließt an Münchener Traditionen an; die ursprüngliche Ausgewogenheit von Horizontal und Vertikal durch die wenig einfühlsamen Aufbauten von 1979/80 gestört.

Gaststätte zur Hundskugel.

HOTTERSTRASSE 18 □ 6

Gaststätte zur Hundskugel Eckhaus, sog. ›Halbgiebelhaus‹ mit hohem Pultdach aus dem 16. Jh., ursprünglich zweigeschossig, im 17./18. Jh. um ein Geschoss aufgestockt; über Eingangstür flacher zweistöckiger Erker; im Giebel kleine Rundbogenfenster über einem größeren Aufzugsbalken. ***Bedeutung:*** Selten gewordener Typus eines Altmünchener Hauses; angeblich älteste bestehende Gaststätte in der Innenstadt (1440).

Pfarrkirche Heiligkreuz in Giesing.

ICHOSTRASSE 1 □ 23

Heiligkreuz Pfarrkirche von Giesing. Frühes bajuwarisches Siedlungsgebiet auf Hochufer der Isar: Bajuwarenfriedhof aus 6./7. Jh. 1899 und 1914 entdeckt (Funde in Anthropologischer Staatssammlung, → S. 188, und Archäologischer Staatssammlung München, → S. 208ff.). Edelgeschlecht der Giesinger im 12. und 13. Jh., der Ort ab 1248 zur Grafschaft Wolfratshausen (bis 1803) gehörig. – Spätestens um 1200 alte Kirche ›Heiligkreuz‹ wohl anstelle einer älteren errichtet, im 16. Jh. vermutlich neu ausgestattet, 1619 durch Huetter neu gestaltet; ab 1623 dem Paulanerkloster in der Au unterstellt (bis 1809); nach 1854 (Eingemeindung nach München) Erhebung der Kirche zur *Pfarrkirche Heiligkreuz.* Zum Bau einer größeren Kirche Gründung eines Kirchenbauvereins 1864 und Planungsauftrag durch (abgedankten König) Ludwig I. an Dollmann (zusammen mit Baumeister J. B. Graßl als Bauleiter und Entwerfer eines großen Teils der durch Privatspenden finanzierten Einrichtung). Abbruch der alten Kirche 1888.

Neue Kirche **Heiligkreuz**: *Grundsteinlegung* 9.9.1866, bereits zwei Jahre später Bauarbeiten eingestellt (Finanznöte); erst 1875, nach Kirchenbaulotterien, Weiterbau. *Weihe* 31.10.1886, endgültige Vollendung 1897. Bombenschäden 1944, von 1946-48 behoben; durchgreifende Renovierung 1990-98. ***Beschreibung:*** Am östlichen Isarabhang über 1892 errichteter Terrassenanlage beherrschende dreischiffige *Hallenkirche* auf kreuzförmigem Grundriss über niedrigem Hausteinsockel; Blankziegelbau mit heller Verfugung, das sechsjochige *Langhaus* durch sechs hohe Fenster gekennzeichnet und mit nach oben sich verjüngenden Strebepfeilern gegliedert; über den beiden *Seitenschiffen* flache Pultdächer, Überleitung zum steilen Satteldach durch Maßwerkgalerie (analog zur Frauenkirche), als zusammenfassendes Bauglied über *Querschiffe* und *Chor* (jeweils mit 5/8-Schlüssen) fortgeführt; über *Vierung* zierlicher Dachreiter. In Westseite des Baukörpers integrierter *Achteckturm,* der sich in drei Geschossen und schlanker Steinpyramide (mit zwei Wimpergkränzen) bis 95 m erhebt; die drei *Hauptportale* im Turm ergänzt durch zwei *Nebenportale* in den westlichen beiden Jochen der Seitenschiffe. ***Inneres:*** Raumeindruck durch hochragende ›kantonierte‹ Pfeiler und kräftige Gewölberippen bestimmt; über den Sakristeiräumen zwischen Chorseiten und östlichen Querhauswänden Oratorien mit zierlichen Brüstungen und Wimperg-›Arkaden‹. Im Zusammenwirken mit der original erhaltenen Einrichtung entsteht ein einheitlicher Sakralraum der (späten) Neugotik. ***Ausstattung*:*** *Hochaltar* (Entwurf von Dollmann und Graßl) mit Retabel ›Kreuzigung Christi‹ und Maria und Johannes, seitlichen Propheten (Skulpturen von J. Beyrer); die ursprünglichen Chorfenster (entworfen von Dopfer und Kolmsperger d. Ä.) im Krieg zerstört, 1961 durch Fenster (Szenen aus dem Leben Jesu, entworfen von Geyer) ersetzt. In den beiden Querschiffen je drei Reliefs (von J. Beyrer 1894-97): im nördlichen ›Auferstehung‹, ›Anbetung der Hirten und Könige‹ sowie ›Taufe Christi‹, im südlichen ›Einsetzung des Papsttum‹, ›Abendmahl‹ und ›Ölberg‹: »an der Renaissance und vor allem am Klassizismus orientierte Bravourstücke« (Gabriele Schickel). – Links (Evangelienseite) *Marienaltar* als Flügelaltar (Entwurf von Bethune 1884-87) mit sechs farbig gefassten Skulpturen im Schrein (von Blanchaert) und Gemälden (von Helbig) an den Flügeln. Rechts (Epistelseite) *Josephsaltar* als Flügelaltar (entworfen von J. A. Müller, vollendet 1888), farbig gefasste Skulpturen Altes Testament und Leben Josephs (von Sejer, Schröter und K. Fuchs). – In den Seitenschiffen 14 *Kreuzwegstationen* (Reliefs von J. Beyrer); unter der Musikempore Statuen des Erzengels Michael und des Hl. Georgs (von E. Beyrer). ***Bedeutung:*** Wenn auch bereits bei Planung vom König und seinen Vorstellungen von Baukunst beeinflusst (er bestimmte auch Dollmann als Architekten!), so ist der Neubau von Heiligkreuz im Wesentlichen vom Bürgertum getragen (Kirchenbaulotterie, private Spender). Im Gegensatz zu der von romantischen Anschauungen von Gotik und der Synthese verschiedener Vorbilder geprägten Auer Kirche (→ Mariahilfplatz 42) ist Heiligkreuz in Giesing ein Werk aus wissenschaftlich erarbeiteten Erkenntnissen von ›echter‹, ›richtiger‹ Gotik: es steht am Beginn des »dogmatischen Historismus« (Heinrich Habel) der Münchener Sakralbaukunst.

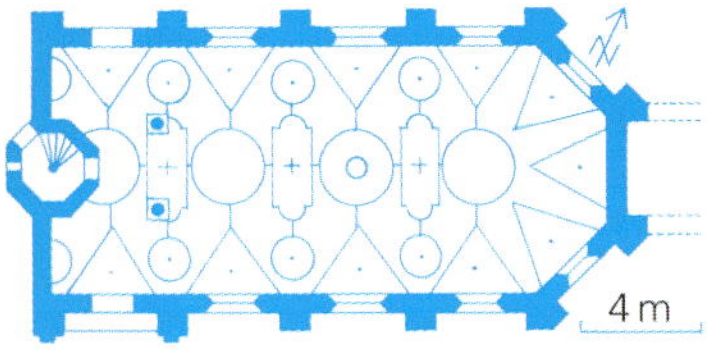

St. Nikolai am Gasteig

Sankt-Nikolai-Kirche am Gasteig.

INNERE WIENER STRASSE 1 □ **12**

Sankt-Nikolai-Kirche am Gasteig 1315 als Kirche des 1213 bereits erwähnten und 1861-63 abgerissenen Leprosenhauses beurkundet. (Ein weiteres Leprosenhaus in Schwabing am Nikolaiplatz, aufgehoben 1819, abgetragen 1898.) In 2. Hälfte 16. Jh. Inneres im Renaissancestil umgestaltet, Neubau des Turms 1581; um 1660 barockisiert. Instand gesetzt 1839-41, von 1871-82 Kirche der Altkatholiken (denen wegen ihrer Ablehnung der Infallibilität [des Papstes] sogar die Universitätskirche St. Ludwig versagt worden war). 1908 Abbruchabsichten, 1912 und 1929-31 renoviert; 1944/45 beschädigt, 1950 außen erneuert und 1959/60 innen restauriert. Dabei Entfernung von drei Altären und Aufstellung eines *Frühbarockaltars* von 1691 (aus Alt-St.-Martin in Garmisch, 1959 erworben); Kruzifix zum Gedenken an Eucharistischen Weltkongress (1960). – Die danebenstehende **Altöttinger Kapelle** (Innere Wiener Straße 3) 1678 als kleine (nur bis etwa zur ersten Bankreihe reichende) *Loreto-Kapelle* errichtet; 1738/40 bereits als ›Altöttinger Kapelle‹ bezeichnet, 1820 abgebrochen und größer wiedererbaut; 1827 renoviert, 1867/68 neuromanisch umgebaut (Gedenktafel mit Abbildung an Südseite), nach Westen verlängert und mit neuem Altar ausgestattet. 1926 entfeuchtet (nachdem seit 1913 geschlossen) und nach Plänen von K. Meitinger erneuert, mit Umgang nach Vorbild der Gnadenkapelle Altötting versehen; unter den Arkaden Majolika-Kreuzweg von Kraus. 1933 im Innern erneuert; 1944 ausgebrannt, nach Wiederaufbau 1955 geweiht. – Die **Kreuzigungsgruppe** vor Nikolaikirche Rest eines 1630 an der Gabelung von ehemaliger Salzstraße (= Innere Wiener Straße) und Rosenheimer Straße errichteten ›*Kalvarienbergs*‹, der schon Anfang 19. Jh. nur mehr in einer 1720/21 von Luidl geschaffenen *Kreuzigungsgruppe* zu Füßen der Osterwaldschen Sternwarte (an der Stelle des heutigen Kulturzentrums Gasteig, → Rosenheimer Straße 5) bestand. Der 1721 von Luidl in Blei gegossene Kruzifixus im Krieg zerstört und 1959 in Bronze von Panzer neu gestaltet und zusammen mit den beiden noch ursprünglichen Steinfiguren Maria und Johannes wieder aufgestellt. Im Zuge der Errichtung des Kulturzentrums dann abgetragen und nach Restaurierung an heutigen Standort versetzt.

Kreuzigungsgruppe am Gasteig.

ISARANLAGEN □ **8, 12, 20, 23**

Bereits im frühen 19. Jh. Ansätze zur Gestaltung des *stadtseitigen Isarufers* von ungefähr Reichenbachbrücke flussaufwärts Richtung Großhesselohe; vorgesehen hauptsächlich Nutzpflanzungen sowie Anlage einer ›Promenade‹. Diese *Isarauen* von Muffat 1839 durch Dammbauten geschützt (→ Isarregulierung). Plan für Ausbau der Isarauen bis *Flaucher* (1862) mit Verlängerung des Muffat-Damms, ab 1869 durch M. Kolb durchgeführt; dazu Einrichtung von Ausflugsgaststätten. Auf der Flaucher-Insel Eröffnung eines ›Frauenfreibads‹ 1875. – Bau der *Isartalbahn* vom Nordende der Schäftlarnstraße über Thalkirchen nach Großhesselohe (und weiter nach Wolfratshausen: Eröffnung 1891). – Planung für Einbeziehung des *rechten Isarufers* ab 1840, doch erst 1855 Rodungen, Einfüllen der zahlreichen versumpften Flächen und Trockenlegung von Nebenarmen der Isar von der Au bis etwa unterhalb Giesing. Anlage des *Stadtgartens* (und Verwaltung der 1841 gegründeten Stadtgärtnerei) oberhalb der Reichenbachbrücke, ab 1867 die sog. *Frühlingsanlagen*, südlich anschließend ›Badeplatz für Männer‹ (später ›Schyrenbad‹) und Baumschule; weiterer planmäßiger Ausbau bis unterhalb Siebenbrunn durch Stadtgärtner Heiler 1888-93. – In der Gegenrichtung *isarabwärts* Ausgestaltung einer zusammenhängenden Promenade von Harlaching bis Bogenhausen unter Einbeziehung der in den 1850er und 60er Jahren angelegten *Gasteig*- und *Maximiliansanlagen*. Nahezu gleichzeitig mit den frühen Maßnahmen der Stadt zur Gestaltung der Flussauen erste Einflussnahme des Hofs in Notiz von Kronprinz Maximilian 1832, »auf der Isarhöhe bei München« (d. h. am Isarostufer) »einen großen Nationalbau und einen Park« zu errichten. 1840 Vorschlag des Ministerialbeamten M. Wolf an Maximilian, »zur Bepflanzung und Bebauung der kahlen Isarhöhen« einen Verschönerungsverein zu gründen. 1850 beauftragte der nunmehrige König Bürklein mit Entwürfen eines *»Stadtverschönerungsplans«*, der ebenso wenig realisiert wurde wie Pläne von Kreuter und Lenné 1854. Schließlich als Bestandteil des so genannten ›Environsplans‹ (gärtnerische Gestaltung der Stadtperipherie) nur der Abschnitt zwischen *Gasteig* und (späterer) *Prinzregentenbrücke* realisiert: durch C. Effner 1856-66 Entstehung der **Maximilians-Anlagen** nördlich des Maximilianeum (→ Max-Planck-Straße 1) und Änderung bei Errichtung des → Friedensengels (1896-99); die nach Süden folgenden **Gasteig-Anlagen** 1857-61 ebenfalls durch Effner angelegt (im nördlichen Teil durch W. Zimmermann 1893-94 revidiert). Das auf den Isarhöhen durch Ludwig II. vorgesehene und von Semper geplante Festspielhaus kam nicht zur Ausführung: seine Platzierung südlich des Maximilianeums war der erste Vorschlag, später etwas nördlich der jetzigen Prinzregententerrasse vorgesehen. In Erinnerung daran nördlich des Maximilianeums 1967 Denkmal für *Ludwig II.* von Rückel. In den Anlagen bei der Maria-Theresia-Straße seit 1920 ›Ruederer-Brunnen‹ von E. Beyrer 1908. – Südlich des Maximilianeums Denkmal mit Büste für den Mineralogen und Dichter *Franz v. Kobell* (1802-82) nach Modell von B. Koenig, gegossen von F. v. Miller. Schwerpunkte des weiteren Ausbaus der *gesamten* Isaranlagen am Ostufer: *nach Süden* in einer Gelände-›bucht‹ zwischen Fluss und felsigem Hochufer bei Harlaching Einrichtung des *Tierparks Hellabrunn* 1910/11 (→ Tierparkstraße 30). Ende der 1950er Jahre Renaturierung der südlichen *Flaucher-Insel* und 1960er Jahre sukzessiver Ausbau der südlichen Isarauen zu *Naherholungsgebiet* mit vielseitigem Sport- und Freizeitangebot; 1966 linksseitiges Isarufer als *Landschaftsschutzgebiet* ausgewiesen und Vergrößerung des Hinterbrühler Sees. 1995 Anlage des 4,57 km langen *Planetenwegs* (→ S. 169) vom Deutschen Museum bis Eingang Tierpark. – *Nach Norden* bereits 1918 der nördliche Abschnitt des *Herzogparks* durch Blößner als Bestandteil einer ›grünen Lunge‹ im Stadtgebiet erkannt und dessen Erhalt als Isaraue gefordert. 1976 Sicherung der → *Isarinsel Oberföhring* als Naherholungsgebiet am nördlichen Stadtrand. – Seit Mitte der 1990er Jahre nun allmählicher *Rückbau* der → Isarregulierung im südlichen und nördlichen Abschnitt des Flusses. ***Bedeutung:*** Zwar ermöglichte die Isarregulierung des 19. Jh. die Urbanisierung der flussnahen Gelände durch Deichbauten, Hochwasserbett und Ufermauern, schmälerte aber dafür die natürliche Flusslandschaft. Erste Pläne von Leitlinien für die Zukunft des städtischen Isarraums durch das ›Isar-Colloquium‹ (1986): Vorsichtiger Rückbau unter Erhalt der geschickt genutzten Gegebenheiten an Fluss und Steilufern im Bereich des rd. 14 km langen Flusslaufs im Stadtgebiet.

Maximiliansanlagen: *Denkmal für Ludwig II.* an der Stelle des geplanten Festbaus für Richard Wagner.

ISARINSEL OBERFÖHRING

□ 16, 27

Lang gestreckte, 20 ha große Insel, gebildet durch Isar und Mittleren Isarkanal nördlich des Stauwehrs Oberföhring. 1976-78 nach Entwurf Hansjakob unter weitgehender Schonung der Auwaldlandschaft erschlossen. – Vom Nordbereich 1979 neu errichtete *Fußgängerbrücke* (Holzbauweise mit Schindeldach) über die Isar in Höhe des ›Aumeisters‹ im → Englischen Garten; am 3.9.2002 durch Brandstiftung zerstört; wieder aufgebaut. – An östlichem Brückenkopf Bronzefigur des Hl. Emmeram (von Nida-Rümelin, 1979 aufgestellt).

ISARREGULIERUNG

Sowohl Anlage der ›Heinrichstadt‹ auf der Isarmittelterrasse wie spätere Stadterweiterungen in sicherem Abstand von dem unberechenbaren Gebirgsfluss: Isaria, keltisch die ›Reißende‹. Die heutigen flussnahen Viertel – Tal, Lehel, ferner die Isarauen am Englischen Garten sowie die ›Vorstadt Au‹ und Untergiesing – jahrhundertelang von Überschwemmungen heimgesucht; mehrmalige Zerstörung der für die Stadt und ihren Handel lebenswichtigen → Ludwigsbrücke sowie (noch 1899!) der Maximilians- und der Prinzregentenbrücke. – Erste Ansätze zur Isarregulierung durch K. F. v. Wiebeking unterhalb der Stadt 1806: *Begradigung* des Flusslaufs bis Unterföhring und Verschmälerung des Flussbetts von rd. 94 m auf knapp 44 m; Folge: starke Tiefenerosion (bis 1905 auf 5 m). Ab Reichenbachbrücke flussaufwärts erster Schutzdamm von Muffat 1839, um Mitte des 19. Jh. erste größere Schutzmaßnahmen oberhalb der ehemaligen Kohlen- (heute: Museums-)Insel: von der Corneliusbrücke flussaufwärts Anlage des ›*Mittelwasserbetts*‹ (45 m breit) und des rechtsseitigen ›*Hochwasserbetts*‹ (145 m breit) zwischen 1850 und 1880; darüber hinaus Einbau von *Grundschwellen* zur Sohleneintiefung. Das *Streichwehr* an der Corneliusbrücke (1860 als ›Muffatwehr‹ errichtet, 1902-04 modernisiert: ›Corneliuswehr‹) zur Regulierung des Wasserstands der Großen und Kleinen Isar bei Museums- und Praterinsel. Ähnliche Funktion das ursprünglich hölzerne *Streichwehr* zwischen den beiden Inseln, das 1885 durch Steinkonstruktion ersetzt und nach Hochwasser (12.7.1965) z. T. neu errichtet wurde (1965/66; Wehr VI); zusammen mit dem bereits 1815 angelegten *Praterwehr* (eine der ältesten wasserbaulichen Anlagen Münchens) dienten sie zur Regulierung des Wasserstands an der Kohlen- (später → Museums-)Insel sowie an der ›Unteren Floßlände‹ (an der heutigen Steinsdorfstraße), wo Flöße mit Baustoffen, mit Weinlieferungen und mit Materialien für Schäffler bis zur Uferverbauung (1886 ff.) anlandeten. Unterhalb des Praterwehrs (bei der Maximiliansbrücke) hatte eine *Floßgasse* den Abstieg der Flöße zur Weiterfahrt in das tiefer liegende Unterwasser ermöglicht. Bei Instandsetzung der Hochwasserschäden 1965 die Floßgasse durch vierstufigen Absturz ersetzt. – Analog zur Uferbebauung zwischen Ludwigs- und Maximiliansbrücke ermöglichte erst die Errichtung der linksseitigen Ufermauern von der Maximilians- über die Prinzregenten- bis zur Max-Joseph-Brücke (1893-1904) die Bebauung entlang der Widenmayerstraße, wie die gleichzeitigen rechtsseitigen Mauern die → Isaranlagen sicherten. Damit war die endgültige Einbeziehung der Isar als Element der Stadtgestaltung durchführbar geworden. Veränderte Einstellung zu Natur und Umwelt führten 1986 beim ›Isar-Colloquium‹ zu ersten Plänen für Renaturierung des Isarraums, die seit Mitte der 1990er Jahre sukzessive umgesetzt werden: Aufweitung des Flussbetts, Abflachen der Uferböschungen, Einbau von Sohl*rampen* anstelle der bisherigen Sohl*abstürze*, Anlage von Inseln und Kiesbänken, Sicherung der Deiche, Rückbau der Betonufer.

ISARTORPLATZ

□ 11

Amorphe Platzanlage im Vorfeld des *Isartors* (→ Tal 50) bis Einmündung Rumford- und Thierschstraße; als architektonisch gefasster Platz erst im Verlauf der 2. Hälfte des 19. Jh. entstanden: zurückgesetzte Wohnbauten des Historismus mit vorgelegter Grünanlage an Nordseite (vor Haus Isartorplatz 3 der mit Mitteln der Prinzregent-Luitpold-Stiftung 1907 von Killer und Manetsstätter geschaffene *Fortuna-Brunnen)*; gegenüber die teilweise zerstörte Altbebauung, ab 1960er Jahre nach und nach ersetzt durch ›Rieger-block‹ (im Innenhof riesige Fassadenmalerei ›Tanz ums Goldene Kalb‹ der Mittenwalder Lüftlmaler Pfeffer 1993). Mit Anlage des Altstadtrings-Ost wurde der historisch gewachsene Verkehrsfluss von der Isar zum Isartor und weiter ins Tal abgelenkt, der Isartorplatz zur Verkehrsdrehscheibe. Die verschiedenen Planungen für das Vorstadtgebiet sind nur im Zusammenhang mit der Gestaltung bis zur Isar, mit den beiden → Ludwigsbrücken über den Fluss und mit der Einbeziehung des rechten Hochufers beim Gasteig verständlich: Angestrebt war eine repräsentative östliche Zufahrt zur Stadt (wie sie mit → Karlsplatz, → Sendlinger-Tor-Platz und → Odeonsplatz gelangen). Erste Überlegungen bereits 1791 anlässlich der Entfestigung (→ S. 27) durch Rumford, anfänglich beschränkt auf Ausbau der Zufahrt zum Isartor über bisheriges Festungsgelände (Vorschlag Thurn 1792); in einem folgenden Projekt (Thurn um 1796) und einem weiteren (Thurn 1804) Ausbau der Straße (›Wiener Chaussee‹, ab 1812 ›Zweibrückenstraße‹) vom Flussübergang mit Sichtbezug auf Isartor zwar 1808 genehmigt, aber nicht ausgeführt. Auch Schedel von Greifensteins Projekte (1807), die sich noch eng an die Gegebenheiten der Stadtbefestigung anlehnten, blieb Realisierung versagt. Mit Errichtung des *Isartortheaters* (1811-12, Pläne von Herigoyen) südwestlich des z. T. demolierten Isartors, mit dem nur in Ansätzen ausgeführten Plan eines anschließenden *Theatergartens* (1811, von F. L. Sckell) und mit dem Bau der *Isarkaserne* an der abgeknickten Zweibrückenstraße (1811-18, Pläne von Klumpp) war die Struktur zwischen Isartor und Isarbrücke festgeschrieben; beide Großbauten sind keinem städtebaulichen Konzept eingefügt. Als Himbsel 1816 Auftrag zum Entwurf des Generalplans übernahm, hielt er sich pragmatisch an die vorgefundenen Vorprojekte auf Kosten architektonisch anspruchsvoller Lösungen. In krassem Gegensatz dazu der Entwurf einer grundlegenden städtebaulichen Neuordnung des gesamten Gebiets zwischen Altstadt und Gasteig (1819/20, von Vorherr), der den Eintritt in die Stadt durch eine an Paris (Rue de Rivoli, Triumphbogen wie Arc du Carrousel) orientierte Repräsentation architektonisch übersteigert hätte und der Monumentalität des Odeonsplatz gleichgekommen wäre. – Bereits drei Jahre früher beschäftigte sich Klenze mit Gestaltung des Vorstadtgebiets unter Einbeziehung des Gasteigs (mit Errichtung eines antikisierenden Portals, ›Propyläen‹; Neubau der 1813 weggeschwemmten Isarbrücke); 1819 entwarf er einen quer gelagerten Platz vor dem Eingang ins ›Tal‹ unter gleichzeitigem Abbruch des Isartors, jedoch unter Einbeziehung des Theaters und Errichtung eines gegenüberliegenden Pendantbaus. Weitere Projekte Klenzes (ab 1820), wie die Begradigung des ›Tals‹ und Weiterführung der Sichtachse zum Gasteig, scheiterten aus finanziellen Gründen und wegen der von Kronprinz Ludwig geforderten Erhaltung des Isartors (1819 und 1823). Demnach griff Klenze auf das Himbsel-Projekt von 1816 zurück, beschränkte sich auf Begradigung der Zweibrückenstraße bis zum Knick bei Morassistraße und verbreiterte sie. Erst der steigende Bedarf an Wohnraum führte ab Mitte des 19. Jh. zur Bildung geschlossener Straßen- und Platzräume vom Isartor bis zur Ludwigsbrücke.

Isartor.

ISMANINGER STRASSE 109 ☐ 20

Bundesfinanzhof Nach Bewerbung Münchens um Sitz des Reichsfinanzhofs (1918) und Entscheidung des Bundesrats für die bayerische Hauptstadt ist die oberste Steuerrechtsbehörde des Deutschen Reichs bzw. der Bundesrepublik Deutschland hier ansässig. Auf Südteil des Areals (zwischen Ismaninger, Montgelas- und Törringstraße) der seit Ende des 17. Jh. errichtete *Rittersitz Stepberg*; dessen Schlößchen um 1800 in Besitz von Montgelas: Hier am 25.8.1805 Abschluss des ›Geheimvertrags von Bogenhausen‹, wonach Bayern aus der Koalition mit Österreich und Russland ausschied und sich Frankreich anschloss; daraufhin Erhebung Bayerns zum Königreich von Napoleons Gnaden (1.1.1806). Im Lauf des 19. Jh. Schlößchen und Parkanlage nach und nach verschwunden. – Der Historien- und Panoramenmaler Fleischer (Piloty-Schüler und Produzent von Malmaterialien) erwarb um Jahrhundertwende (1900) das Areal von 2,38 ha und beauftragte die Baufirma Heilmann & Littmann mit dem Bau eines sehr

Bundesfinanzhof
(urspr. Künstlervilla Fleischer).

aufwändigen Künstlersitzes mit Gemäldegalerie im Wettstreit mit Villa Kaulbach (→ Kaulbachstraße 15), Lenbach-Haus (→ Luisenstraße 33) und Stuck-Villa (→ Prinzregentenstraße 60): Baubeginn 1909 (nicht von Littmann entworfen), bereits im folgenden Jahr Einstellung der Bauarbeiten aus finanziellen Gründen und notdürftige Eindeckung des Rohbaus; nicht mehr ausgeführt Atelierbau, Stall- und Remisengebäude, Gewächshaus und Portierbau an Ismaninger Straße. Zwangsversteigerung (1913) von Rohbau und Grundstück, in folgenden Jahren unterschiedliche Nutzungen (Bürogebäude, Museum, Krankenanstalt, Einbau von Kleinwohnungen), sogar Sprengung des Rohbaus erwogen. Nach Entscheidung für Sitz des Reichsfinanzhofs in München Kauf der Bauruine durch Reichsfinanzverwaltung 1918, die das Gebäude durch ›Zentralstelle der Reichsbauverwaltung‹ für die Zwecke des Reichsgerichts (Pläne von Pérignon) um- und ausbauen ließ: Hauptbau 1922-24; im gleichen Zeitraum Errichtung eines vierflügeligen Beamtenwohngebäudes gegen Effnerplatz (Pläne von I. Kurz, Allescher und Simm der Baugruppe Landesfinanzamt München). ***Beschreibung:*** Bei dem 77 m langen Baukörper an seinen Ecken fünfseitige Risalite (über Achteckgrundriss), die Diagonalseiten leicht eingewölbt; die ursprünglich vorhandenen hohen Kuppeln durch zusätzliches Turmgeschoss bis ins Mansardendach ersetzt und von gedrückten Hauben besetzt. Gebäude über niedrigem bossierten Erdgeschoss errichtet, darüber zwei Obergeschosse mit je fünf Fensterachsen beiderseits der dreiachsigen Mittelrisalite; Gliederung durch Kolossalpilaster, die Beletage alternierend durch Dreieck- und Segmentbogengiebel akzentuiert. Beim Umbau (1922 ff.) die beiden ursprünglich konvexen Mittelrisalite vereinfacht (und Verzicht auf die an Vorderseite vorgesehene Kuppel) sowie Einbau großer Dacherker in das Mansardenwalmdach. Das *Atelier* des Malers sollte ursprünglich in einem eigenen, der nördlichen Schmalseite des Hauptbaus vorgesetzten und mit diesem locker verbundenen polygonalen Pavillon untergebracht werden (nicht realisiert). Das *Innere* war im Stil der Art déco der 1920er Jahre ausgestaltet und ist trotz der Renovierung 1986 z. T. erhalten. – Vor der Rück-(Nordwest-)Fassade 1972/73 Errichtung eines eingeschossigen kubischen *Bibliothekbaus* (mit Dokumentationsstelle), der aber in seinen zurückhaltend gestalteten, bronzefarbenen Leichtmetall-Paneelfassaden in keiner Beziehung zur neobarocken Hausteinarchitektur des Altbaus steht; Planung: Bundesfinanzverwaltung. ***Bedeutung:*** Unter Einfluss barocker Schloßbauten (Oberes Belvedere in Wien, kurfürstliches Schloß Mannheim, Schloß Rastatt sowie Wiener Ringstraßen-Architektur) konzipiert als eindrucksvolles Beispiel späthistoristischen Repräsentationsanspruchs des Großbürgertums, ein »ins Monströse gesteigerter« Typus eines Künstlerwohnsitzes, bezeichnend für den gesellschaftlichen Anspruch eines arrivierten Malers und Unternehmers.

JOHANNISPLATZ 22 □ 20

St. Johann Baptist Erste Pläne für Bau einer neuen Pfarrkirche von Haidhausen 1837/38; wegen Krankenhausbau (heute: Klinikum rechts der Isar) Wiederaufnahme erst 1848 mit Amtsantritt des Pfarrers J. G. Walser. Zwei Projekte von Ziebland 1848/49 an der Stelle der alten Johanniskirche (→ Kirchenstraße 39), der seine Pläne zurückfordert, weil bei Konkurrenzausschreibungen 1850 übergangen; Sieger war Berger, der Planungsauftrag erhielt. Bereits seit 1837 auch Bemühungen um geeigneten Bauplatz: ›Ripflanger‹ (heute Standort des Maximilianeum) schied aus, weil König Ludwig I. dort den Bau einer altchristlichen Basilika favorisiert hatte; deshalb Entscheidung für ›Metzgeranger‹ (heute Johannisplatz), erworben 1849. *Grundsteinlegung* 1852, Dachstuhl 1856, Inneres 1858 fertig. Finanzierungsbeihilfe durch aufopfernde Sammeltätigkeit von Pfarrer Walser, des ›Bettlers von Haidhausen‹, in 29 Sammelreisen in Bayern zwischen 1854 und 1863. *Vollendung* des Baus 1874, *Weihe* jedoch erst 1879 wegen Rechtsstreit zwischen Kirchenverwaltung und Stadt München (nach der Haidhausen 1854 eingemeindet worden war). 1904 unausgeführte Vorschläge (von Hocheder, Grässel u. a.) zur Platzgestaltung durch Terrasse. 1908 Anfügung des Chorumgangs, ab 1903 Ausführung der Glasfenster, mit deren Vollendung 1918 die Ausstattung abgeschlossen wurde. – Außen- und Innenrenovierung 1928. Kriegsschäden 1943, behoben 1949 und Abschlagen der Gewölberippen; zwischen 1950 und 1954 Wiedereinfügung der 1943 geretteten Glasfenster. Erhebliche Veränderung des Innenraums ab 1956 durch verständnislose Purifizierung sowie des Äußeren (1963-69) durch Entfernen des neugotischen Zierrats und Ersatz der Turmhelme durch phantasielos-sachliche, niedrigere Spitzhelme; Leitung dieser denkmalpflegerische Belange missachtenden Aktion durch Steinbrecher. Abermalige Innenrenovierung 1978-79 mit Ausmalung nach Entwurf von P. Burkart, Außenrenovierung 1989/90. ***Beschreibung:*** Als Backsteinbaukörper ohne Beziehung zur Umgebung in Platzareal gestellt; hochragende Einturmfassade mit drei Portalen, der Turm über Uhrgeschoss achteckig; die ursprünglich acht Giebel mit filigranen Helmen durch kupferverkleidete Spitzen ersetzt. Siebenjochiges Langhaus mit hohen Spitzbogenfenstern, am Übergang zum eingezogenen Chor mit 3/8-Schluss beidseitig Achtecktürme mit ursprünglich ebenfalls filigranen Helmen. Außenseite in Terrakotta verkleidet. Zusammenfassung von Westbau und Langhaus durch umlaufende Galerie über Fensterzone. An Westfassade Statuen von Knabl (oder nach seinem Entwurf) um 1886: Kreuzigungsgruppe und Heilige (u. a. Ludwig und Maximilian: Namenspatrone der bayerischen Könige). ***Inneres:*** siebenjochiger Wandpfeilerraum, ehemalige *Ausmalung* am Chorbogen (durch J. B. Schmid, 1904-07) erhalten: Jüngstes Gericht, Geburt und Bestattung Johannes des Täufers; zwei weitere Bilder übermalt; im Chorbogen *Triumphkreuz*, angeregt durch Leinberger, von A. Mayer (1907). Die 1949 abgeschlagenen Rippen durch gemalte Bänder unzureichend ersetzt. Die bemerkenswerten 21 *Glasgemälde** nach Entwürfen von Bradl, Megerle und Pacher (1903-18) stellen im Chor Szenen aus dem Leben des Täufers dar, im Langhaus Leben der Heiligen (in Abfolge der ›Allerheiligenlitanei‹). In der *Taufkapelle* seit 1956 spätgotische ›Taufe Christi‹, wahrscheinlich vom Meister von Mauern. – Der marmorne *Hochaltar* wie Ostensorium gestaltet; Figuren von Knabl (1860): Johannes d. T., Johannes Ev. und Andreas; Seitenfiguren: Hll. Maximilian und Korbinian; im Auszug die Erzengel Michael und Gabriel, darüber Gottvater. Am Chorbogen *Seitenaltäre* (ähnlich gotischen Reliquienschreinen): links Marienaltar (von Waitzer), rechts Josephsaltar (von Westermayer). – An Westseiten der Wandpfeiler *Kreuzwegstationen* (Lindenholzreliefs von Niessen, 1882/83), die Rahmen verloren. ***Bedeutung:*** Der Innenraum als ›Wandpfeilersaal‹ typologisch bemerkenswert: barocke Raumform in neugotischer Gestalt. Der formal spröde Bau ist aber, obwohl er durch ungekonnte Vereinfachung der Helme seine stilistische Einheit und Wirkung einbüßte, entwicklungsgeschichtlich von lokalem Interesse, da er in der Nachfolge der Mariahilfkirche (→ Mariahilfplatz 42) steht und nach deren modernistischem Wiederaufbau das einzige – freilich nicht mehr ganz ursprünglich erhaltene – Beispiel der Neugotik zwischen romantisierendem und

Wiener Platz: Der neugestaltete Stadtteilplatz mit *Brunnenbuberl* von Ignaz Taschner, einer der alten Herbergen und Blick auf die Johanniskirche.

A *Altarraum* *mit* Kuppelfresko *›Weihe des St.-Michael-Heiligtums am Monte Gargano‹ (J. B. Zimmermann 1744).* **1** Hochaltar*: *Entwürfe von J. M. Feichtmayr und J. B. Straub 1751 sowie I. Günther 1760; von Straub ausgeführt bis 1767, gefasst 1771 (Fassmaler unbekannt): beiderseits des von Doppelsäulen flankierten Altargemäldes die Erzengel ›Gabriel‹ (mit Mädchenputto = Maria) und ›Raphael‹ (mit Knabenputto = Tobias), im Auszug ›Gottvater‹;* Altargemälde *›Triumph des Erzengels Michael über Satan‹ (J. A. Wolff 1694, aus abgebrochener Josephsburg-Kapelle), von F. J. Oefele 1767 durch Anstückung vergrößert; 1945 schwer beschädigt, durch Kröninger rekonstruiert.*
B *Chorraum* *mit* Kuppelfresko: *›St. Michael hilft den Sipontern im Kampf gegen Odoaker 492‹ (von J. B. Zimmermann, datiert MDCCXLIIII). In den Diagonalnischen* Plastiken **2** *›Maria Magnifikat‹ (Straub/Werkstatt 1768),* **3** *›Christus Salvator‹ (möglicherweise von Günther, ca. 1768). In den Stichkappen der Diagonalen* Stuckfiguren *der vier abendländischen Kirchenväter (J. B. Zimmermann 1743 ff.):* **a** *Augustinus,* **b** *Gregor,* **c** *Hieronymus,* **d** *Ambrosius.*
C *Gemeinderaum* *mit* Kuppelfresko *›Erste Erscheinung des Erzengels Michael und Wallfahrt zum Monte Gargano‹ (J. B. Zimmermann 1743/44).* **4 *Kanzel:*** *Auf Schalldeckel Erzengel Michael mit Rautenfahne (!) (Hassler 1745, Fassung: J. J. Feichtmayer).*
Altäre: *Aufbau und figuraler Schmuck von J. B. Straub 1743 ff. bzw. 1758/59.* **5** Johann-Nepomuk-Altar: *Aufbau und Apostelfiguren Johannes Evangelist und Jakobus d. Ä. (1743/44, Fassung: J. M. Kaufmann);* Altargemälde *›Tod des Johann Nepomuk in der Moldau‹ (J. B. Zimmermann 1744).* **6** Altar der Heiligen Familie: *Aufbau und Apostelfiguren Philippus und Bartholomäus,* Figuren auf Gebälk *Johannes vom Kreuz und Johannes Capistranus (1758/59),* Altargemälde *›Heilige Familie mit Joachim und Anna sowie Zacharias, Elisabeth und*

doktrinärem Historismus (Hl. Kreuz → Ichostraße 1) darstellt; durch Terrakottaverkleidung dem ›Maximiliansstil‹ verbunden. Nach Vernichtung der Glasfenster der Mariahilfkirche besitzt St. Johann Baptist den einzig noch vollständig geretteten Glasgemäldezyklus der späten Neugotik in München. – Von 1901-07 Wirkungsstätte von Max Reger als Organist.

JOHANN-MICHAEL-FISCHER-PLATZ 1 □ 24

St. Michael in Berg am Laim* Die Hofmark Berg am Laim im Besitz des Konrad von Lerchenfeld fällt 1650 an den wittelsbachischen Kölner Kurfürsten und Erzbischof Maximilian Heinrich, 1677 vom Freisinger Fürstbischof Albrecht Sigismund erworben. 1688 erlangt der Kölner Kurfürst und Erzbischof Joseph Clemens (Bruder von Max Emanuel) das Nießrecht und lässt zwischen 1690/91 und 1693 durch Zuccalli das *Schlößchen Josephsburg* (ein lang gestreckter Erdgeschossbau zwischen doppelstöckigen Seitenpavillons) errichten. 1693 Gründung der ›St.-Michaels-Bruderschaft‹ sowie (für Adelige) des ›Ritterordens zu Ehren des Hl. Michael‹; die 1692 eingerichtete Hofmarkskapelle wird Kirche der Bruderschaft, betreut von Franziskanern. (Kapelle bei Einrichtung einer Schule 1840 abgebrochen, von ihrer Ausstattung nur noch Holzfigur des Erzengels Raphael, von Faistenberger 1693, im ehemaligen Institut der Englischen Fräulein, heute von Diözese übernommen, erhalten.) Großer Zulauf zur Bruderschaft führt – da Joseph Clemens 1721 die Vergrößerung der Kapelle verweigert – zu Überlegungen für Kirchenneubau: In »aigen mechtiger« Initiative des Bruderschaftssekretärs Franz de Paula Würnzl Erstellung eines Kupferstichs (von S. Th. Sondermayr) mit Idealdarstellung von *Einturm*fassade und Grundriss, verbunden mit Spendenaufruf (1735); Kritik an diesem ›Entwurf‹ und Einwand von J. M. Fischer, er habe für den Kirchenneubau »alle bisherige Riss« verfertigt, führt zu deren (wahrscheinlich 1736) Ausarbeitung; Zustimmung Clemens Augusts 1739. Unbekannt, weshalb Würnzl 1738 mit Ausführung den Hofmaurerpolier Kögelsberger beauftragt; im selben Jahr *Grundsteinlegung*. Fischer übernimmt 1739 erneut Bauleitung der Kirche, deren doppeltürmige Fassade (auf Kögelsberger zurückgehend) bereits ca. 8 m hochgemauert war; durch Cuvilliés' »Inspection« verschiedentlich Eingriffe in den Neubau. 1742 Aufsetzen des Dachs, doch Abschluss der Maurerarbeiten erst 1743/44; Vollendung der Türme 1749/50, Außenputz von Kirche und Türmen aber erst 1758. – *Benediktion* bereits am 1.5.1744, ein Jahr später durch Clemens August zur Hof-, Ritterschafts- und Bruderschaftskirche erhoben; *Weihe* am 19.9.1751. (Zum zeitlichen Ablauf der Innenausstattung → Legende beim Grundriss.) – Zur Pfarrei Baumkirchen gehörig, wird 1806 St. Michael Pfarrkirche. Ihr Altarraum 30.4.1945 durch Artillerietreffer schwer beschädigt, 1946/47 wiederhergestellt und Fresken (von Hutterer) restauriert; umfassende Außen- und Innenrenovierung 1977-82.

St. Michael in Berg am Laim

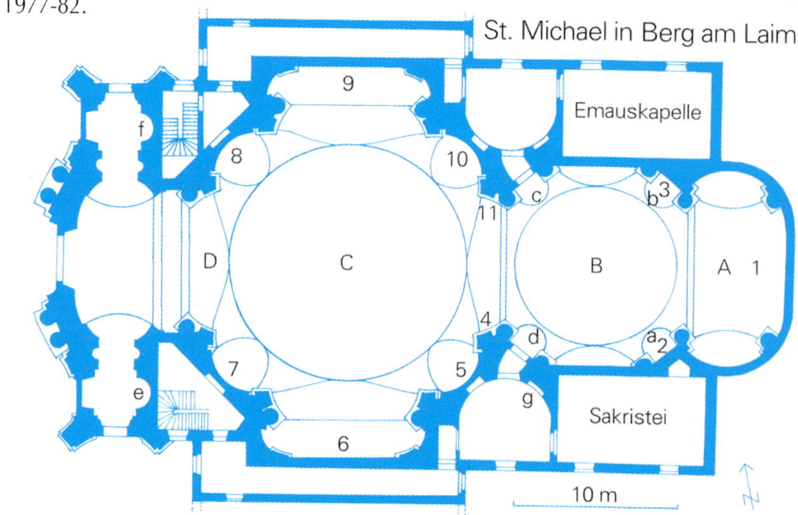

Beschreibung der Fassade: Beiderseits des Kirchenbaus zurückgesetzte, niedrige dreigeschossige Bauten (der südliche für *Franziskanerhospiz*, 1751/52, von Fischer). Die Doppelturmfassade Abschluss einer geplanten Straße von Ramersdorf (nicht ausgeführt): sparsam gegliederte, dreigeschossige *Türme* mit aufgesetzten Laternen und helmartigen Hauben (1749/50), Ecken mit übereckgestellten, vorgezogenen Pilastern besetzt; zwischen den Türmen leicht konvexer Mittelteil; in jedem seiner zwei Geschosse von Doppelsäulen flankierte, gekehlte Flachnischen (Hauptportal; darüber ursprünglich Hl. Michael von Straub 1742/43, gefasst 1758 (nicht erhalten), ersetzt durch Plastik von Muxel 1793; an ihrer Stelle seit 1911 zu kleine Figur, Kupfertreibarbeit von Ragaller); sonstiger Außenbau ungegliedert. ***Grundriss:*** Abfolge dreier abgestufter, in Wandstruktur und Tektonik variierter Zentralräume: der größte, *Gemeinderaum*, der Bruderschaft zugeteilt, der kleinere *Chorraum* dem Ritterorden, der *Altarraum* den fürstbischöflichen Personen. ***Inneres:*** Bestimmend die bis zum Altarraum hintereinander gestaffelten Bogen, akzentuiert durch sphärische Gewölbefelder, der Tiefenzug gesteigert durch Gebälk; der helle Raum farblich geprägt durch rot und grün marmorierte Dreiviertelsäulen und Pilaster vor weißer Wand, farbig abgesetztes Gebälk, Brokatmalereien in den Wölbungsflächen, Deckengemälde in den runden (hölzernen Schein-) Kuppeln. *Wandaufbau:* Über mäßig hohem Sockel tragen Dreiviertelsäulen und Pilaster (im Hauptraum) und Halbsäulen (im Chorraum) klar gegliedertes Gebälk; darüber, durch Attika gestelzt, die Wölbung, durchbrochen von Stichkappen in den Hauptachsen und, über den schmäleren Schrägseiten, durch Fenster-›Stichkappen‹ im Hauptraum bzw. Nischen im Chorraum; *Stuckdekoration* von Zimmermann auf diese Zone beschränkt. Im Hauptraum Altäre der Architektur eingefügt; Seitenwände des Chorraums mit Oratorien. ***Bedeutung:*** »Die italienischen Züge, die Einbindung klassischer Elemente in das barocke Gesamtgefüge vereinen sich mit der Selbstständigkeit später deutscher Barockkunst zu einem geistreich originellen, künstlerisch hochgebildeten Werk ...« (N. Lieb) und P. Volk: »Der Raumeindruck, beziehungsweise die unterschiedlichen Eindrücke, die man aus unterschiedlichen Blickwinkeln und Standpunkten bekommt, werden primär von der Architektur bestimmt. Die Ausstattung tritt unterstützend hinzu. Fresken, Stuck und Altäre verbinden sich mit der Architektur und respektieren dabei deren Gliederung und Ordnung ... Dennoch sind sie – und darin liegt ein besonderes Verdienst der beteiligten Künstler – weit mehr als nur schmückende Zutat.« Abgesehen von künstlerischer Bedeutung stellt dieser aufwändige Kirchenbau – an dessen Beginn die Aktivität eines einzelnen Privatmannes steht – eine politische Machtdemonstration des Kölner Kurfürsten und Erzbischofs Clemens August gegenüber seinen Brüdern Kurfürst Karl Albrecht von Bayern und Kardinal Johann Theodor, Bischof von Freising und Regensburg, dar. – Wirkung auf der Ostseite empfindlich beeinträchtigt durch den dem Kirchenbau U-förmig angefügten Neubau eines Altenwohnheims, 1977-80 (Architekt: Kiessling).

Berg am Laim: *St. Michael.*

St. Michael: Auf dem Schalldeckel der Kanzel *St. Michael als bayrischer Fähnrich*, 1745.

Johannes-Knaben‹ (Winter 1758/59). **7** Franz-von-Paula-Altar: *Aufbau und Apostelfiguren Thaddäus und Matthias (1743 ff.),* Altargemälde *›Franz von Paula heilt blindes Kind‹ (J. B. Zimmermann 1744/45); der gebückte Mann im Hintergrund vermutlich Bildnis des Bruderschaftssekretärs Franz von Paula Würnzl.*

8 Norbert-Altar: *Altar und Apostelfiguren Matthäus und Simon (1743 ff., Fassung von J. J. Feichtmayer);* Altargemälde *›Norbert besiegt durch Eucharestie die Häresie‹ (J. B. Zimmermann um 1744/45).* **9** Portiunkula-Altar: *Aufbau und Apostelfiguren Jakobus d. J. und Thomas,* Figuren *auf Gebälk Antonius von Padua und Bonaventura (1758/59);* Altargemälde *›Franz von Assisi empfängt aus der Hand Mariens die Stiftungsurkunde des Portiunkula-Ablasses‹ (J. B. Zimmermann 1758/59).* **10** Immaculata-Altar: *Aufbau und Apostelfiguren Petrus und Andreas (1744, Fassung Gartenschmidt 1749/50;* Altargemälde: *›Unbefleckte Empfängnis Mariens‹ (J. B. Zimmermann 1744).* **11** Kruzifix *(Passauer Schule des 15. Jh. zugeschrieben), darunter Mater dolorosa (wohl 18. Jh.).* **D** *Emporengewölbe mit Fresko ›Psallierender David‹ (J. B. Zimmermann 1743/44).*

Vorhalle: *Seit 1881 farbig gefasste* Nischenfiguren *(von Faistenberger 1696/97):* **e** *Sebastian,* **f** *Rochus (wahrscheinlich vom ehemaligen Choraltar der zerstörten Herzogspitalkirche St. Elisabeth (→ Herzogspitalstraße 9).* – Gitter *1779 (Geiger). Im Vorraum zur Sakristei* **g** Gedenktafel *(1752) für den 1759 verstorbenen Bruderschaftssekretär Würnzl. In* **Emauskapelle** *(seit 1949) vor östlicher Schmalwand* Emaus-Szene *(I. Günther, vermutlich 1760er Jahre).*

JOSEPHSPLATZ 1 □ 19

St. Joseph Als Klosterkirche der Kapuziner, aber in Hinblick auf spätere Errichtung einer Pfarrei (1913) mit stattlichem Turm in der Blickachse der Augustenstraße (anstatt bei Kapuzinerkirchen nur erlaubtem Dachreiter), daneben auch Militär- und Garnisonskirche, 1898-1902 nach Plänen von Schurr erbaut. Langhaus 13.6.1944 durch Sprengbomben bis auf Außenmauern zerstört (ausgenommen Turm), neubarocke Ausstattung nahezu vollständig vernichtet. Errichtung einer hölzernen Notkirche (1946) auf Josephsplatz, 1950-52 vereinfachter Wiederaufbau durch O. E. Bieber, zwischen 1984 und 1990 Stabilisierung der Nachkriegsbausubstanz. Umfassende Außenrenovierung 2001-02 anlässlich der 100-Jahr-Feier. ***Beschreibung:*** Auf drei Seiten freistehender Baukörper, an Nordseite Pfarrhaus (bzw. Kapuzinerkloster) angefügt. Die *Haupt-*(West-)*Front* mit eingezogenem, dreibogigen Portikus zeigt Anklänge an frühbarocke Fassade des Salzburger Doms; Rechteckfenster und Dreieckgiebel anstelle der ursprünglichen Rundbogenfenster und des kurvierten Giebels nach Vorbildern italienischer Frühbarockfassaden; im Untergeschoss des nördlich abgerückten Turms *Denkmal* (von Neppel) für die königlich bayerische Nachrichtentruppe, das 4. Obergeschoss als oktogonaler ›Tambour‹ mit Haube und Spitztürmchen (Salzburg), von diagonal angeordneten gesockelten Voluten flankiert. *Süd-* und *Nordseite* mit hoch liegenden gestelzten Halbkreisfenstern, aus *Ostseite* vorspringender 5/8-Chor mit Rundfenstern. ***Innenraum:*** tonnengewölbte Wandpfeilerkirche mit eingezogenem, dreiseitig geschlossenem Chor. In Seitenkapellen anstelle der nicht rekonstruierten Altäre an Ostwänden nur noch Plastiken. (Zu Ausstattung → Legende beim Grundriss.) Gliederung der ursprünglich reich stuckierten Gewölbe 1984 ff. durch einfache Stuckfelderung und sparsamen Rosettendekor. ***Bedeutung:*** Erster großer Neu-(Früh)Barockbau unter den mittelalterlich-historischen Kirchen Münchens, nach Form und Geist von St. Michael (→ Neuhauser Straße 6) inspiriert und beispielgebend für Neu-St.-Margaret in Sendling (→ Margaretenplatz 1). Städtebaulicher Schwerpunkt in dem Neubauviertel mit dem auf Fernwirkung in den Sichtachsen von Augusten-, Adalbert- und Adelheidstraße gestellten 63 m hohen Turm.

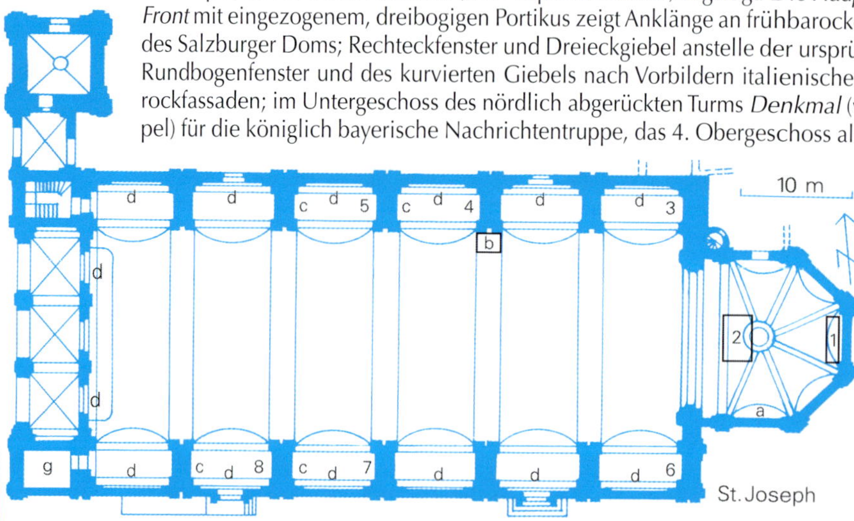

Altäre und Kapellen **1** Hochaltar: *Anstelle des ursprünglichen Altars (von Fugel) auf hohem Sockel gotisierend stilisiertes Tafelbild ›Hl. Joseph zwischen Theresia von Avila und Bernhardin von Siena‹ über predellaartigem Bildfeld ›Weihe des Kurfürstentums Bayern an Joseph durch Ferdinand Maria und Henriette Adelaide‹ 1664, vor Stadtvedute Münchens (Braunmiller).* **2** Messaltar *und Ambo (Brosig 1990).* **3** Sakramentsaltar, *darüber ›Herz Jesu‹ (›Lanzenstich‹; O. Straub).* **4** Antonius von Padua: *aus zerstörter Kirche geborgen, z. T. ergänzt.* **5** Bruder Konrad *(Werkstatt O. Straub).* **6** Marienaltar, *darüber ›Schutzmantelmadonna‹ (Beckmann 1902).* **7** Elisabeth von Thüringen: *von Kaiser Franz Joseph von Österreich zum Gedenken an seine 1898 von einem Anarchisten ermordete Gemahlin Elisabeth gestiftet.* **8** Franz von Assisi *(Schauer).* **9** Gedenkkapelle *für die Gefallenen der Weltkriege, v. a. aber Gedenkstätte für 21 Mitglieder des Katholischen Gesellenvereins von St. Joseph, die am 6.5.1919 von den ›Weißen‹ als angebliche Kommunisten im Keller des Prinz-Georg-Palais (Karolinenplatz 5) gefoltert und grundlos ermordet wurden.* ***Ausstattung*** **a** Ölskizze *des ursprünglichen Hochaltarbildes ›Verehrung des Hl. Joseph‹ (Fugel 1905, kompositionell Anklänge an Bellini); gegenüber an Nordwand Oratorium.* **b** Kanzel *mit Relief ›Predigt Jesu am See Genezareth‹ (O. Straub).* **c** Kreuzwegstationen: *je drei und vier in den beiden Seitenkapellen (Schauer 1960-70 als Ersatz für die von Fugel 1903-08 geschaffenen Gemälde).* **d** Bilderzyklus *in den Seitenkapellen und an westlicher Rückwand hoch angebracht: 14 Gemälde ›Lebensstationen des Hl. Joseph‹ (Braunmiller).*

JUNGFERNTURMSTRASSE ☐ 6

Kurzer Straßenzug, der in etwa auf dem Gelände des ehemaligen Zwingers zwischen der inneren und der äußeren Stadtmauer (errichtet gegen Ende des 13. Jh. bzw. um 1430) verlief. An der Südseite der Straße ein ca. 40 m langes, bis zu etwa 6 m hohes Stück der aus Backsteinen aufgemauerten **inneren Stadtmauer** – der einzige oberirdisch erhaltene Teil der mittelalterlichen Befestigung (→ Plan S. 26). – Der Name der Straße hergeleitet von einem bastionsartigen *Geschützturm*, der einen Vorgängerturm ersetzte und von 1485-88 als doppelter Mauerturm über dem *Zwinger* errichtet wurde an der Stelle, von der aus die beiden toten Winkel im Bogen der Stadtmauer bis zum Neuhauser und bis zum Schwabinger Tor einigermaßen bestrichen werden konnte (→ Befestigung, S. 27). Ragte der Bastionsturm an der Feldseite halbrund über die äußere Mauer hinaus, lag seine Rückseite gegen den Salvatorfriedhof (auch »unser Frauen goczacker« genannt), weshalb der Turm 1501 als Bastion »bey Unser Frawen gotzacker« bezeichnet wurde. Der Name ›Jungkfrauturm‹ erst 1666 belegt; mit Jungfrau dürfte auf Jungfrau Maria angespielt sein (H. Stahleder). – Dass der Turm zum Lagern von Salpeter benutzt oder dass in ihm ein heimliches Gericht abgehalten wurde, ist archivalisch nicht belegbar. Sicher aber ist, dass er seit 1724 als *Kulissen-* und *Dekorationsmagazin* diente für das benachbarte, 1651 von Schinnagl eingerichtete und von Santi 1655-57 umgebaute und erweiterte *erste Opernhaus* in München (→ Abb. S. 54). Projekt von L. Quaglio d. Ä. (1780er Jahre) für Umbau des alten Hauses zum Dekorationsmagazin und für neuen Theaterbau westlich der Salvatorkirche nicht ausgeführt. Schinnagl-Bau 1799 wegen Baufälligkeit geschlossen und im Zusammenhang mit Neubauplanung des Nationaltheaters (→ Max-Joseph-Platz 2) 1802 abgebrochen. Der danach ungenützte Jungfernturm 1804 im Zug der Entfestigung Münchens abgetragen, nur Höhe der inneren Stadtmauer erhalten.

Der ehemalige Jungfernturm

Blau: erhaltene Reste von Turm und innerer Stadtmauer

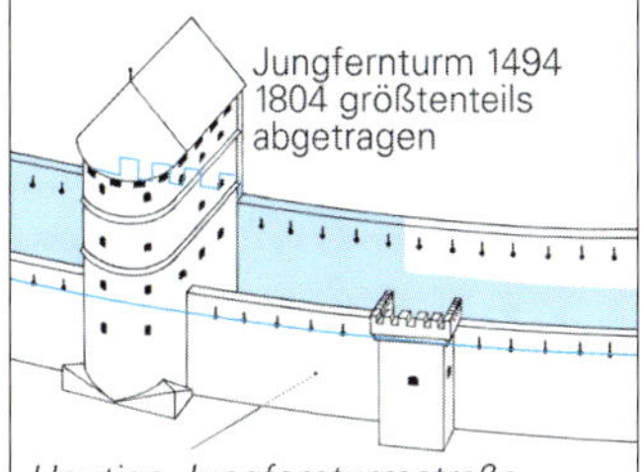

KAISERPLATZ 1 ☐ 15

St. Ursula Für die rasch wachsende Stadt Schwabing (1887 zu selbstständiger Stadt erhoben, 1890 nach München eingemeindet) wurde größere Pfarrkirche notwendig: 1879/80 Entwurf für Neubau anstelle der gotischen Nikolaikirche (von Vasek, nicht ausgeführt); 1880 Auftrag an A. Thiersch für Neubau an derselben Stelle; 1886 Erweiterungsprojekt (von Vasek) für alte Pfarrkirche (seit 1920 ›St. Sylvester‹, → Biedersteiner Straße 1 a), wegen der peripheren Lage nicht realisiert, da sich Schwabing westlich der Leopoldstraße ausbreitete. Günstigere Lage auf 1888 erworbenem Areal des späteren (seit 1893) Kaiserplatzes für Neubau nach Thierschs Plänen; *Grundstein:* 23.9.1894, *Weihe* von Kirche und östlich anschließendem Pfarrhaus 10.10.1897; Vollendung der Innenausstattung erst 1927. Bombenschäden 1944, bis 1956 behoben (zugleich Versachlichung des Innenraums); Wiederherstellung der originalen Raumfassung 1977-80. ***Beschreibung:*** Konzipiert als symmetrische, dreiteilige Anlage aus Kirche und seitlich anschließendem Pfarr- und (nicht ausgeführtem) Mesnerhaus (erst 1956 als ›Pater-Rupert-Mayer-Wohnheim‹ nach Plänen von Betz errichtet). Das genordete Gotteshaus Typus einer Kreuzkuppelkirche, angeregt durch S. Spirito in Florenz (begonnen 1436 von Brunelleschi); Fassadenaufbau – dreijochige Vorhalle und aufragendes Hauptschiff; beiderseits quer bedachte Flügel entspricht basilikalem Aufriss: drei Schiffe und leicht aus den Seitenfronten vorragendes Querschiff, an Westseite eingestellter schlanker, siebengeschossiger Campanile (64 m) mit Pyramidendach nach venezianischem Vorbild; an Nordseite Halbkreisapsis, daneben Sakristeianbau. Über Vierung achtseitiger, durch offene Galerie gegliederter Tambour mit Kuppel (42 m). Backsteinbau mit Architekturgliedern in Naturstein (z. B. Gebälk mit Metopenreliefs, östlich Seitenportal, Portalumrahmungen, von B. Schmitt). ***Inneres:*** Fünfjochiges *Mittelschiff* mit Rundbogenfenstern und kassettierter Flachdecke; fünfjochige *Seitenschiffe* unter Kreuzgratgewölben. *Querhausarme* und Chorraum mit kassettierten Tonnengewölben und Apsiskalotte (farbig gefasst 1911); über *Vierung* Pendentifs (mit Relieftondi der vier Evangelisten, von Schmitt) unter rundem Tambour und runder Kuppel (im Gegensatz zu

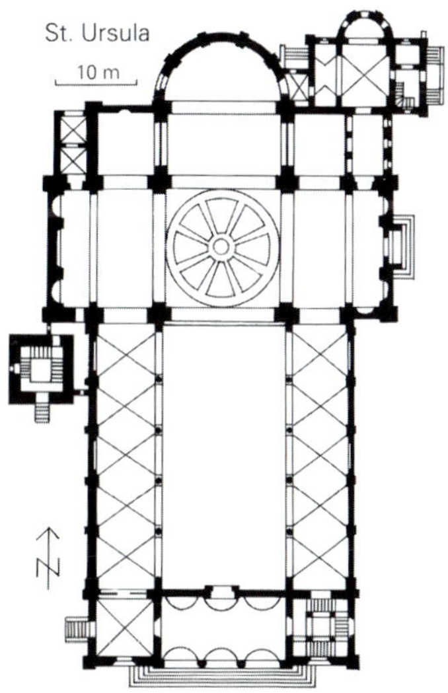

St. Ursula.

oktogonalem Außenbau!). ***Ausstattung:*** *Hochaltar* als konkaves Säulenhalbrund mit Halbkuppel (Entwurf Thiersch) mit ravennatischem Mosaikdekor (Grabmal der Galla Placidia), seitlich zwei vergoldete Statuen, Ursula und Nikolaus (von Scheel). In den überkuppelten Seitenkapellen: links *Marienaltar* mit Majolikarelief (Bezug zu Luca della Robbia) von Schmitt (1912), rechts *Josephsaltar* mit Gemälde von Glötzle. An westlicher Querhausfront *Sebastiansaltar* (ursprünglich Kriegergedächtnisaltar) von Albertshofer (1927), beiderseits in Rundbogennischen überlebensgroße Skulpturen (von Schmitt): Vincentius (links) und Antonius von Padua, in gegenüberliegender Frontwand, beiderseits des östlichen Nebenportals, Theresia (links) und Barbara. Unter Kuppel seit 1979 *Kreuzaltar* auf Insel (von Munz). An den Außenwänden der Seitenschiffe je sechs Apostelstatuen (von Schmitt), daneben je sieben Tafelbilder der 14 Kreuzwegstationen (von Glötzle). ***Bedeutung:*** Erste der neueren Kirchen Münchens, die nicht mehr in mittelalterlichen Stilen erbaut ist; hervorragende Adaption des florentinischen Quattrocento im Langhaus (S. Spirito in Florenz) und oberitalienischer Kreuzkuppelkirchen um 1500 – basierend auf Thierschs intensiver Auseinandersetzung mit »Proportionen in der Architektur« (Titel seiner Arbeit 1883). St. Ursula ein bemerkenswertes Beispiel für selten in Deutschland errichtete Neorenaissancekirchen.

KANALSYSTEM

□ 25, 26, 28

Bereits vor 1611 Anlage eines ›*Treibwasserkanals*‹ für die Mühlen beim *Alten Schloß* → Schleißheim durch Ableitung der Würm bei Karlsfeld: ***Alter Würmkanal***. Mit Errichtung von *Schloß Lustheim* Planung eines Kanalsystems durch Zuccalli: Neuausbau des ***Würmkanals*** 1687, Anlage der Seitenkanäle zwischen Altem Schloß und Lustheim (1689-96) sowie des ***Schleißheimer Kanals*** 1689 zum Transport von Baumaterial (Anstechen des Schwabinger Bachs bei Freimann, nach Norden bis Dirnismaning, mit Hafenbecken, von hier westwärts bis Lustheim). Wahrscheinlich zwischen 1690 und 1694

Seitenkanal im Park von Schloß Schleißheim.

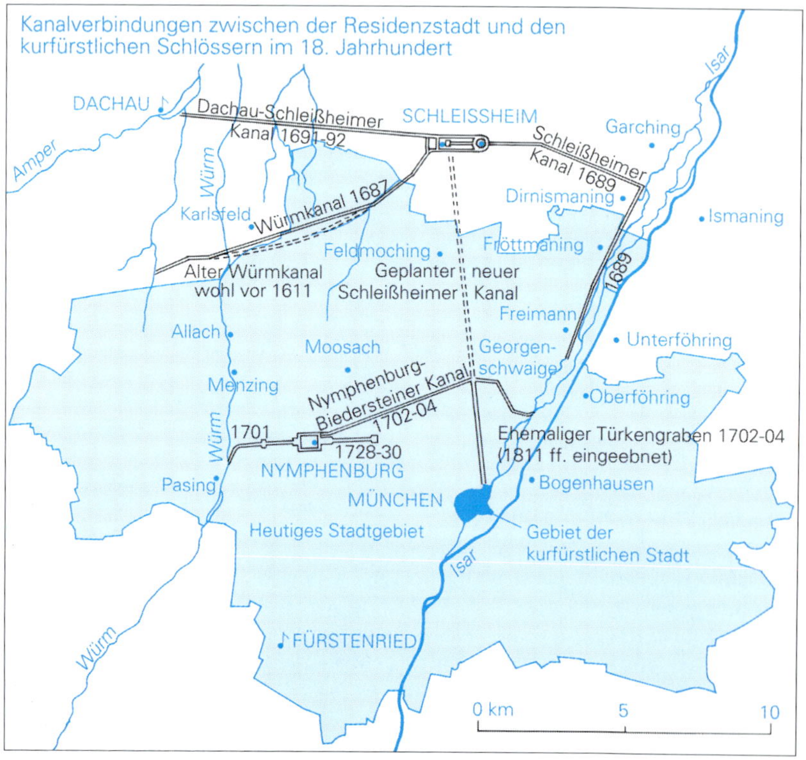

Bau des ***Dachau-Schleißheimer Kanals*** durch Ableitung der Amper südlich Dachau; durch Schiffsschleuse westlich Schleißheim Regulierung der beidseitigen Beaufschlagung des Kanals und Abgabe des Überwassers in das Moor. Die Verbindung von München zu den Schleißheimer Schlössern 1702-04 durch Kanal (sog. ***Türkengraben*** bis Georgenschweige, Petuelring/Belgradstraße) begonnen, wegen Spanischem Erbfolgekrieg nicht vollendet, 1811 zugeschüttet. Für groß angelegten Ausbau von → *Schloß Nymphenburg* 1701 Anlage eines ***Kanals*** aus der Würm bei Pasing, nach Kammerschleuse Einleitung in Parkanlagen; Wasserablauf durch Anlage des ***Nymphenburg-Biedersteiner Kanals*** (1702/04); zwischen 1968 und 1972 im → Olympiapark zu einem See aufgestaut; in Georgenschwaige Vereinigung mit ›Türkengraben‹ und Abfluss durch ›Schwarze Lacke‹ zur Isar. – Als Achse für die von Karl Albrecht östlich von Schloß Nymphenburg geplante *Carlstadt* 1728-30 Anlage des ***Nymphenburger Kanals*** (mit Weiterführung bis Schwabing?); an seinem jetzigen östlichen Ende bei Waisenhausstraße Wasserbassin (›Kessel‹), an dem 1954 der *Hubertusbrunnen* Hildebrands (von 1907-37 vor dem Bayerischen Nationalmuseum) aufgestellt wurde → Waisenhausstraße). – Das wohl durch die künstlichen Wasserstraßen der Niederlande angeregte Kanalsystem in Gesamtlänge von rd. 60 km ausgebaut; Wasserspiegelbreite zwischen 8 und 10 m. Für verschiedene Nutzung vorgesehen: Gütertransporte, Antrieb von Wasserrädern (Mühlen, Pumpen für Fontänen) und, bei vollständigem Ausbau, Verbindung der Residenz in München mit den Schlössern Nymphenburg, Schleißheim und Dachau. (Mehrere Boote durch holländischen Schiffbaumeister für Max Emanuel gebaut, später auch Gondeln. Ende der Schifffahrt des Hofs 1846). ***Bedeutung:*** Durch die Kanäle Einbindung von Schloßbauten und Gartenanlagen in ein einzigartiges System barocker Raumordnung, leider nicht vollendet, heute teilweise vernachlässigt und zu urbanistischer Aufwertung herausfordernd. Nach Wolfgang Braunfels gehört dieses Kanalsystem »zu der am besten durchdachten stadt- und landesplanerischen Leistung des 17./18. Jahrhunderts«.

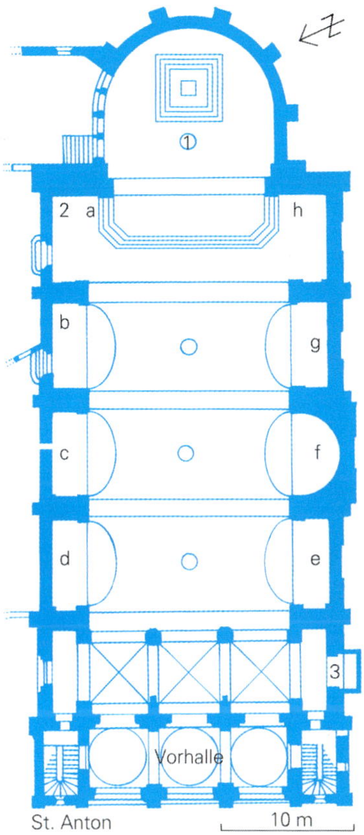

KAPUZINERSTRASSE 36 □ 23

St. Anton und St. Laurentius Pfarr- und Kapuzinerklosterkirche. Der 1528 für Armen- und Krankenpflege in Italien gegründete Kapuzinerorden durch Herzog Maximilian 1600 nach München berufen. Bau von Kloster mit Kirche außerhalb der Stadtbefestigung am heutigen Lenbachplatz gegenüber Herzog-Max-Burg: *Grundsteinlegung* 1601 durch Wilhelm V., *Weihe* der Kirche ›St. Franciscus Seraphicus‹ 1602, des Klosters 1605 (Baumeister Huetter unter Leitung von P. Paul von Trient); beim Bau der Festungsanlagen 1623 ff. in eine Bastion einbezogen; im Zug der Entfestigung (1791 ff.)

1 *Presbyterium* *mit* Zelebrationsaltar *(1966/67), darüber Hängekreuz (18. Jh.) aus Kapuzinerkloster Eichstätt; hinter Altar Tabernakelstele (von Hamberger 1966/67); in den sieben Rundbogenfenstern der Apsis* Glasgemälde *(von Schöppfe 1967): Motive aus ›Sonnengesang des Hl. Franz‹.* **a** Gemälde: *›Verehrung der Eucharistie‹ (von Schnitzelbaumer 1867).* **2** Marienaltar *mit farbig gefasster Holzskulptur, Typus der ›Patrona Bavariae‹ (Kopie, wohl 19. Jh.).* **b** Hl. Joseph *(von Zenker 1895, Gemälde vom ehemaligen Josephsaltar).* **c** Hl. Veronica *(von Zenker 1895, Gemälde vom ehemaligen Veronika-Altar) und ›Mutter Anna belehrt Maria‹ (von Wirsching 1895, Gemälde vom ehemaligen Anna-Altar).* **d *Kreuzwegkapelle:*** Bronzekreuz *(von Hamberger) und 15 bronzene Kreuzwegreliefs (von Faller um 1967).* **3** Altar *in 1966/67 angebautem ›Andachtserker‹ mit viel verehrtem* Gnadenbild *›Elisabeth und Johannes d. T. bei der Heiligen Familie‹ (Gemälde* von Candid 1602); ursprünglich in der Gruft des ersten Kapuzinerklosters (außerhalb der Stadtmauer, etwa heutiger nördlicher Lenbachplatz), von 1802-52 in Schleißheimer Gemäldegalerie, dann in Schmerzhafter Kapelle, seit 1895 in St. Anton.* **e** *›Jesuskind erscheint dem Hl. Laurentins von Brindisi‹ (anonymes Gemälde Ende 18. Jh.); gegenüber zwei streifenartige* Ölskizzen *›Leben der Hll. Antonius und Laurentius‹ (von Kastner 1896, Entwürfe für die 1966 entfernten Wandgemälde an den Hochschiffwänden.* **f *Taufkapelle:*** Neugestaltung *1997 mit* Taufstein *(von Hamberger), an der apsidialen Wand barocke* Josephsfigur *mit Jesuskind, darüber Rosettenfenster mit* Glasgemälde *›Auferstandener Christus‹ (von Schöppfe).* **g** *›Stigmatisation des Franziskus‹ (von Zenker 1895,* Gemälde *vom ehemaligen Franziskus-Altar).* **h** *›Maria als Rosenkranzkönigin‹ (von Hohfelder 1895,* Gemälde vom ehemaligen *Rosenkranzaltar). In fünf Fenstern der westlichen Langhauswand* Glasmalereien *mit Szenen aus dem Leben des Hl. Franz (von Schöppfe).*

Kapuzinerkirche St. Anton und St. Laurentius.

Kapuzinerkirche St. Anton und St. Laurentius: *Das berühmte Gnadenbild* von Peter Candid, 1602.

und Säkularisation Kirche samt Kloster abgerissen (1802) und Orden aufgelöst. Neugründung des Ordens unter Ludwig I. (1826) und Bau eines Klosters (1846/47) südlich des Südfriedhofs bei der ›Schmerzhaften Kapelle‹ (→ Kapuzinerstraße 38). Durch Bevölkerungswachstum (2. Hälfte 19. Jh.) größere Kirche notwendig: Neubau durch Schurr nach Vorprojekt von Marchert (nach anderen Angaben durch Baufirma Dietrich & Voigt); Grundsteinlegung 11.6.1893, Weihe 10.3.1895; zur Pfarrkirche erhoben 1936. Bei Restaurierung 1938 noch vorsichtige Versachlichung, nach Beheben der Kriegsschäden weitere Restaurierung 1946, 1951; 1966/67 erfolgte verständnislos purifizierende Neugestaltung des Inneren durch Steinbrecher; Außenrenovierung 1983/84. ***Beschreibung:*** Gesüdeter Backsteinbau mit Muschelkalkgliederung; Straßenfront mit dreijochiger Vorhalle und übergiebeltem Mitteljoch, beidseitig flankiert von zweistöckigen ›Risaliten‹; hohe Nordfassade mit drei Blendbogen, im mittleren Bogen Rosettenfenster, in den beiden seitlichen Nischen Skulpturen der Ordenspatrone Franziskus und Fidelis von Sigmaringen (von A. Heß um 1895). Hohes ›Mittelschiff‹ (fünf Joche mit je zwei Rundbogenfenstern) täuscht durch seitenschiffähnliche Anbauten (unter Pultdächern) Basilikaquerschnitt vor; über Ostgiebel bettelordenstypischer Dachreiter. ***Inneres:*** Fünfjochiger, heute kahler Gemeinderaum, in Tonnengewölbe einschneidende abgerundete Stichkappen; über Eingangsjoch Orgelempore, die restlichen vier Joche mit kapellenartigen Nischen zwischen schmalen Wandpfeilern (hier vor 1966 mit acht Nebenaltären belegt); von ursprünglich neuromanischer/neugotischer Ausstattung (teilweise von Klosterbrüdern gestaltet) nur noch Einzelstücke erhalten, die vielfigurigen Wandgemälde in Apsis und Obergaden über den Kapellennischen (von Kastner/Wien) Opfer der Modernisierung. ***Bedeutung:*** Im Gegensatz zum äußeren basilikalen Erscheinungsbild eines neuromanischen Sakralbaus folgt Innenraum dem Spätrenaissance-/barocken Schema einer Wandpfeilerkirche (vgl. St. Joseph, → Josephsplatz 1) über einem Grundrissplan von P. Linus Mörner. Neuartiges Konstruktionsverfahren bei Einwölbung in Eisenbeton. – Die sog. ›Restaurierung‹ in den 1960er Jahren erfolgte nach modernistischer Auffassung, nach der weder die Wandmalereien noch die Altäre hohen künstlerischen Wert besessen hätten: damit kam es zu einem bedauerlichen Verlust eines stilgeschichtlichen Zeitdokuments vom Ende des Historismus.

KAPUZINERSTRASSE 38 ☐ 23

Schmerzhafte Kapelle Eine von Herzog Albrecht V. ab 1576 erbaute und 1578 konsekrierte ›Kapelle zum leidenden Heiland‹ auf dem ehemaligen Armeleute-Friedhof vor dem Sendlinger Tor (nicht identisch mit späterem Südlichen Friedhof) wegen Bau der Festungswerke (1625-28) abgebrochen. Nach 30-jährigem Krieg Einrichtung einer Gebetsstätte an einem Baum beim ›Steig‹ nach Thalkirchen (jetzt bei Kapuzinerstraße); um 1670 errichtete der Abdecker Deibler eine kleine, aus Brettern gefügte Feldkapelle (›Schinder-Kapelle‹) mit einer Kopie des Andechser Bilds ›Heiland an der Geißelsäule‹. Durch die sich entwickelnde Wallfahrt (seelsorgisch betreut bis 1846/47 von St. Peter) Bau einer Kapelle 1672, abgelöst durch Errichtung einer *Rotunde* mit Kuppel und Laterne (gestiftet von dem zugewanderten Meraner Handelsherrn Ruffini) ab 1697, nach anderen Quellen 1702; benediziert 1703, konsekriert 1705 und den ›Leiden Christi und der Schmerzhaften Mutter Maria‹ geweiht. (Baumeister unbekannt, vermutlich H. Mayr oder W. Zwerger.) Dem an Eingangsseite vorgelegten Vorbau entsprach an Südseite Sakristeianbau, der 1736 durch Mesnerwohnung und Türmchen ergänzt wurde, 1740 zur Errichtung eines eigenen Altarraums (Arkadendurchbruch der Rotunde) mit neuem Hochaltar verwendet; seitlich zwei Nebenaltäre. ***Beschreibung*** der heutigen Kapelle: Nach Niederlassung der Kapuziner (→ Kapuzinerstraße 36) 1846/47 schrittweiser Ausbau der barocken Rotunde, die von längsrechteckigem Baukörper (entlang der Isartalstraße) ummantelt wurde: der runde Kernbau nur mehr über Walmdach sichtbar. An Südseite Anfügung eines Mönchschors, geweiht 1847 (Baumeister: Kuppelmair), gegen Norden Anbau eines dreijochigen Langhauses (durch Berger

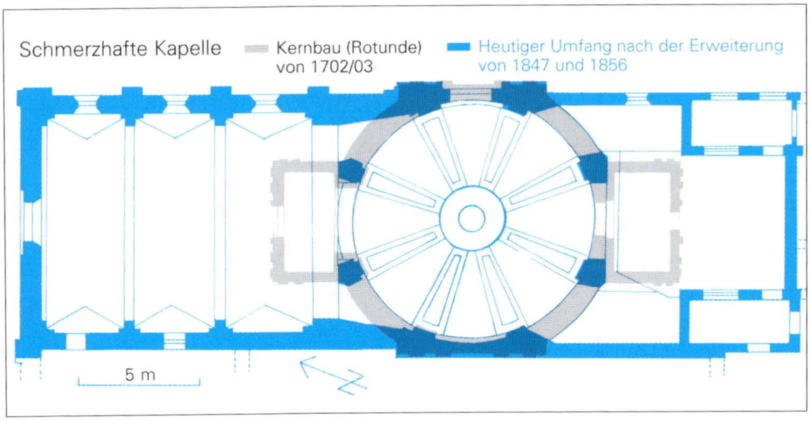

1854-56) mit Durchbruch dreier Arkaden der Rotunde. Eine an Ostseite 1858 angebaute Kapelle 1894 wieder entfernt; in diesem Zeitraum das als Gnadenbild viel verehrte Candidsche Gemälde (›Elisabeth und Johannes bei der Heiligen Familie‹) aufgestellt, 1895 in die Klosterkirche (→ S. 179) übertragen. ***Inneres:*** Dreijochiger, flach gedeckter und durch Kompositpilaster gegliederter Saalraum, in drei Rundbogen zur Rotunde geöffnet. In ihrem Zentrum Zelebrationsaltar (um 1980), ihre Wände durch acht Pilaster gleichmäßig unterteilt, über verkröpftem Gesims in der Kuppel (mit Auge) durch gemalte Felderung fortgeführt; an Ostwand Gemälde ›Auferstandener Christus‹ (wohl Kopie nach einem verschollenen Gnadenbild in St. Peter), gegenüber Kruzifix (18. Jh.); Kreuzwegstationen (Holzreliefs von C. Piazza 1981). Gegen Süden abermals drei Durchbrüche zum ehemaligen Altarbereich: in der Mitte farbig gefasste Holzplastik ›Pietà‹ (von Bendel um 1850), an Seitenwänden ›Geißelheiland‹ (links) und ›Christus am Ölberg‹ (rechts; beides Ölgemälde Ende 17./Anfang 18. Jh.); in den beiden seitlichen Anräumen Tabernakel und Orgel. – Restauriert 1880-84 (mit Neueinrichtung im Zeitstil nach Entwurf von Marggraf durch drei Konventualen), 1928, 1950/51 und 1977-81 (weiß getünchter Innenraum, Modernisierung des Altarraums). ***Bedeutung:*** Interessantes Beispiel einer aus lebendiger Volksgläubigkeit hervorgegangenen und mit privaten Spenden errichteten Wallfahrtskirche, deren reizvoller, im Kern noch gut erkennbarer Zentralbautypus ein seltenes Zeugnis der ›Bauschule von Hausstatt‹ (bei Bad Feilnbach) im Raum München darstellt.

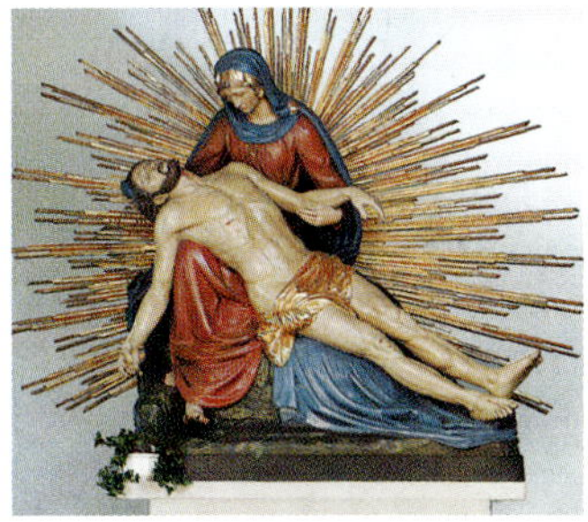
Schmerzhafte Kapelle: Neubarocke Pietà, um 1850.

KARDINAL-FAULHABER-STRASSE 1 und **3** □ **6**

HypoVereinsbank Von A. Schmidt von 1893-94 an ehemaliger Promenade- und an Prannerstraße errichtetes und 1907-08 an Salvatorstraße erweitertes Gebäude für die *Königliche Filialbank* und *Königliche Zentralstaatskasse*; ab 1920 Hauptsitz der *Bayerischen Staatsbank*, die aus der 1780 in Ansbach gegründeten Staatsbank hervorging; 1970 Fusion von Staatsbank mit Bayerischer Vereinsbank, seit 1998 HypoVereinsbank. Die z. T. erheblichen Kriegsschäden 1946 ff. behoben, 1999-2003 umfangreicher Innenausbau (nach Plänen von Canali) bei Erhalt der historischen Fassaden. ***Beschreibung:*** Mächtiger Baublock über waagrecht rustiziertem Tief- und Erdgeschoss und zwei pilastergegliederten Obergeschossen unter figurenbesetzter Dachbalustrade. Hauptfront (an Kardinal-Faulhaber-Straße): dreiachsiger Mittelrisalit mit Giebel über kolossalen Halbsäulen, beiderseits von vierachsigen Rücklagen flankiert; von einer rustizierten Fensterachse gerahmte rundtürmige, von Halbsäulen bestandene Eckrisalite leiten über zu den Seitenfassaden an Pranner- und Salvatorstraße. ***Bedeutung:*** An Ausgang des Historismus ein von französischem Hochbarock und wilhelminischem Pathos geprägter Bank-›palast‹; die beiden Schauseiten anspruchsvoll in Kronacher Sandstein, die Seitenfassade an Salvatorstraße nur in Putztechnik.

Erzbischöfliches Palais.

KARDINAL-FAULHABER-STRASSE 7 □ 6

Erzbischöfliches Palais* Früher Palais Holnstein, dann (seit 1749) Palais Königsfeld, 1733-37 im Auftrag von Kurfürst Karl Albrecht für seinen natürlichen Sohn Franz Ludwig von Holnstein (aus der Liaison mit dem Hoffräulein Sophie Caroline von Ingenheim) durch Cuvilliés d. Ä. an der Stelle von drei Vorgängerbauten bei Verwendung vorhandener Mauersubstanz errichtet. Ab 1818 Staatsbesitz, dem Erzbischof von München und Freising (seit 1821) zur Verfügung gestellt. 1890 und 1945 (nach leichten Kriegsschäden) restauriert, Fassade 1961 und 1972 renoviert; 1970/71 Innenrestaurierung und weitgehender Umbau der rückwärtigen Teile. ***Fassade:*** neun Fensterachsen, die mittleren drei durch übergiebelten Risalit zusammengefasst; über dem Einfahrtstor in der Mitte vorschwingender Balkon, in der Dachzone flacher Giebel mit Wappen. Über bossiertem Erdgeschoss mit vergitterten Bogen- und runden Mezzaninfenstern die auf Gesimsband aufstehende kolossale Pilasterordnung, die als ›Würdemotiv‹ galt (wie beim benachbarten Palais Portia, → Kardinal-Faulhaber-Straße 12), künstlerisch aber damals bereits ein veraltetes Motiv war. Zwischen den Pilastern die hochrechteckigen Fenster der Beletage mit Segmentbogen und die Stichbogenfenster des zweiten Obergeschosses. Über breitem Architrav mit Konsolen das Gesims unter dem Dachansatz. Die Stuckdekorationen, J. B. Zimmermann zugeschrieben, gleichmäßig über die Wandflächen verteilt, dem tektonischen Prinzip der Fassadengliederung untergeordnet; lediglich Häufung im Giebel (Wappen der Grafen Holnstein, mit Bastardbalken) und in der Zone über dem Portal (›Marienhuldigung‹); das Portal J. Dietrich zugeschrieben. ***Grundriss:*** Schema des barocken Stadtpalais mit regulärer Dreiteilung der Fassade: der dem Mittelrisalit entsprechende tiefrechteckige Hof von zwei unterschiedlich tiefen Trakten flankiert. Die Anordnung der (nicht zugänglichen) ***Innenräume*** – durch J. B. Zimmermann vermutlich nach Entwürfen von Cuvilliés ausgestattet – folgt demselben Stadtpalaisschema: im *Erdgeschoss*-Westflügel Durchfahrt (unter 4 und 7) und neue Hauskapelle (unter 3; Entwurf von Foltz 1865); Süd- und Ostflügel (unter 9) Wirtschaftsräume (Stallung, Remisen u. Ä.); im Nordflügel Vestibül (unter 2) mit Zugang zur Haupttreppe **1**: im Erdgeschoss Kopie der einst hier, seit 1952 im Palais Portia aufgestellten ›Bellona‹ (Minerva als Kriegsgöttin); das 1970/71 freigelegte Deckenfresko von Zimmermann zeigt ›Gerechtigkeit und Friede‹; Stuckfiguren ›Architectura‹ und ›Ingenium‹/›Erkenntnis‹ (von Zimmermann) im *Hauptgeschoss*. Die im Folgenden verwendeten Raumbezeichnungen entsprechen der derzeitigen Nutzung (über ursprüngliche Verwendung der Räume des ersten und der gleich angeordneten Räume im zweiten Obergeschoss für die Dame des Hauses keine Angaben aus der Zeit erhalten): **2** Vorraum. **3** Sitzungszimmer (in der Mitte der Decke Stuckfigur ›Flora‹). **4** Empfangszimmer/Salon (früher Schlafzimmer; im Mittelfeld der Decke ›Apollo auf dem Sonnenwagen‹). **5** Arbeitszimmer (mit Planetendarstellungen). **6** Kabinett mit Alkoven (mit stilistisch am weitesten entwickeltem Stuck). **7** Vorraum. **8** Speisezimmer. – Im zweiten Obergeschoss (über 1) Bibliothek mit verrestauriertem Deckengemälde von Zimmermann (›Apollo musizierend‹). Über 5 und 6 Gastzimmer mit Kabinett (von Cuvilliés und Zimmermann 1735 ausgestattet: mit Boiserien, Spiegel, Wandbespannung und Gemälden), der am ursprünglichsten erhaltene Raum des Palais; es handelt sich um das einzige erhaltene Rokokokabinett* in einem Münchener Stadtpalais, das die Kriegszerstörungen überstanden hat. Bei der nur noch teilweise vorhandenen Stuckierung bemerkenswert die abwechslungsreiche Nuancierung zwischen Régence- und Rokokoformen. – Im Hof (Erdgeschoss bei **9**) in halbrunder Brunnennische ursprünglich Gruppe ›Venus mit drei Genien‹ von Straub, der der Künstler seine Ernennung zum Hofbildhauer (1737) verdankte (außer schriftlichem Hinweis nichts überliefert). ***Bedeutung:*** Einzig annähernd unversehrt erhaltenes Stadtpalais Cuvilliés' in München. Einklang von Raumdisposition und Fassadengestaltung, straffe Reihung der Pilasterordnung im Kontrast zur dekorativen Plastik, Dreier-Rhythmisierung der Fassade und ausgewogene Proportionierung des Erdgeschosses sowie der Beletage und des zweiten Obergeschosses verleihen dem Palais seinen überragenden künstlerischen Rang.

Erzbischöfliches Palais
(ehem. Palais Holnstein), Hauptgeschoss

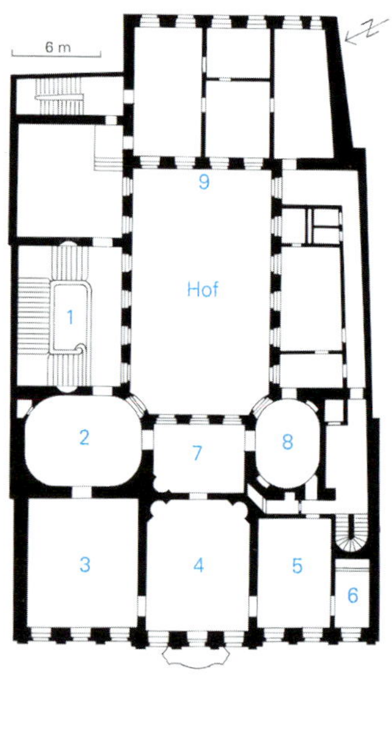

KARDINAL-FAULHABER-STRASSE 10 ☐ 6

HypoVereinsbank Erweiterungsbau für Geschäftsräume der damaligen, 1835 gegründeten Bayerischen Hypotheken- und Wechselbank an → Theatinerstraße; Neubau nach Plänen von E. Schmidt 1895-98 errichtet. Nach Fusion mit Bayerischer Vereinsbank (1998) unter Erhalt der denkmalgeschützten historischen Fassade Entkernung und völliger Neuausbau der gesamten Gebäudekomplexe zwischen Theatiner- und Faulhaberstraße sowie vom ›Maffeihof‹ (Entwurf von Gianola) im Süden bis Salvatorstraße im Norden – verbunden mit Anlage des Passagensystems der ›Fünf Höfe‹ (Entwurf: Herzog und de Meuron, → S. 420). ***Beschreibung:*** Vierstöckige, mit den formalen Mitteln des Historismus instrumentierte *Fassade* zu 13 Achsen mit schmalen Flankenelementen und mächtigem Mittelrisalit. Plastisch akzentuiert der tektonische Aufbau sowie die Gliederung durch rustiziertes Sockelgeschoss, durch Pilaster, Lisenen, Fensterumrahmungen, Giebel und Bekrönung durch allegorische Figuren. (In linker Flankenachse erweiterter Zugang zu den ›Fünf Höfen‹.) ***Bedeutung:*** Typischer Bankpalast der Gründerepoche, ohne deutliche Abhängigkeit von einem bestimmten Vorbild geschickt angewendete Häufung tektonischer wie dekorativer Motive. Das harmonische Maß der alten Adelsstraße zwar in der Frontalansicht aus Prannerstraße empfindlich störend, im Schrägblick den barocken Duktus jedoch wahrend und im Blick zur Frauenkirche ein beeindruckendes urbanistisches Bild bietend.

HypoVereinsbank: *Mittelrisalit.*

KARDINAL-FAULHABER-STRASSE 12 ☐ 6

Palais Portia Kauf eines im Kern noch gotischen Hauses 1693 durch Obersthofmeisterin A. M. Gräfin Fugger-Kirchheim; Auftrag an Zuccalli für Neubau unter Bauleitung Zwergers: Vierflügelanlage um rechteckigen Innenhof 1693/94 (»Fuggerisches Haus«); die ursprünglich vorgesehenen Zwerchgiebel über den seitlichen Fensterachsen und über Mittelrisalit nicht ausgeführt, die Schöpfer der hochbarocken Innenausstattung nicht bekannt. 1710 Übergabe an Ph. J. Graf Törring, 1731 von Kurfürst Karl Albrecht gekauft, der es im selben Jahr der Gräfin M. J. von Topor-Morawitzky (Kammerfräulein der Kurfürstin) als eine Art Morgengabe schenkte. Zwischen 1731 und 1733 ›Modernisierung‹ der Fassade, neue Raumeinteilung und Inneneinrichtung des Appartements der Gräfin durch Cuvilliés unter Mitwirkung von J. B. Zimmermann (Stuck), Pichler, Mirowsky und Dietrich (Paneele, Supraporten) sowie N. G. Stuber (Fresken). 1737 heiratete die Gräfin den Hofkämmerer J. A. Fürst Portia (›Palais Portia‹). Ab 1806 im Besitz der Rechberg, wurde das Anwesen 1819 von der 1802 gegründeten *Literarischen Gesellschaft ›Museum‹* erworben. Einbau eines großen Tanz- und Konzertsaals im zweiten Obergeschoss des Rückgebäudes (1819/20) durch Métivier (unter Aufsicht Klenzes); abermalige ›Verschönerungen‹ durch Métivier 1825 und 1837. Umfassende Renovierung der ›Museum‹-Räume 1900-02 (Dekoration in Anlehnung an Stilformen G. v. Seidls); 1918/19 Umbau bzw. Neubau erwogen (Planung von Th. Fischer 1919/20), durch Einspruch Münchener Kulturvertreter verhindert. Das Gebäude seit 1934 im Besitz der Bayerischen Vereinsbank. 1944 bis auf Fassade weitgehend zerstört; 1950-52 Wiederinstandsetzung der Fassade und funktionsgerechter Neuausbau im Innern. Bei Baumaßnahmen im Gefolge der Fusion von Hypo-Bank und Vereinsbank (1998) erneute Renovierung der Straßenfassade sowie Gestaltung der Rückseite (gegen die Passage der ›Fünf Höfe‹, → S. 420) 1999-2001 wohl nach Zuccallis ursprünglich seitlichen Hoffassaden (1693), jedoch ohne Erdgeschossarkaden. ***Fassade*:*** Über rustiziertem Sockelgeschoss mit (schräg ansetzendem) Säulenportal zwei Obergeschosse zu sieben Fensterachsen, durch vier Pilaster im Verhältnis 2 : 3 : 2 gegliedert; kräftiges Konsolgesims. Aufriss noch auf Zuccalli zurückgehend, Cuvilliés beschränkte sich auf Anbringen von Stuckdekor, wohl durch J. B. Zimmermann, und ersetzte die Balkonbalustrade durch ein Schmiedeeisengitter mit Initialen JTM (für Josepha Topor-Morawitzky). In der Nische über dem ersten Stock Madonna, Kopie des heute im Treppenhaus verwahrten Originals aus Basalt. ***Vestibül*** wie Treppenhaus beim Wiederaufbau verändert, aber in Anpassung an den alten Stilcharakter gestaltet. In der Wand einige bei der Fassaden-

Palais Portia.

erneuerung übrig gebliebene Ornamentabgüsse. In der Nische (seit 1952) Stuckplastik einer *Bellona*, um 1735, ursprünglich im Palais Holnstein. ***Bedeutung:*** Frühestes und für die barocke Palastarchitektur Münchens vorbildliches Adelspalais im Stil italienischer Palazzi. Die im Krieg untergegangenen Innenräume mit der von Cuvilliés entworfenen und von Zimmermann, Dietrich und Stuber geschaffenen Ausstattung zählten zu den schönsten Privatgemächern des bayerischen Rokoko. – Von 1819 bis zur Auflösung der *Gesellschaft ›Museum‹* 1937 war ihr Konzertsaal neben dem Odeon (→ Odeonsplatz 3) eine der renommiertesten Musikpflegestätten in München.

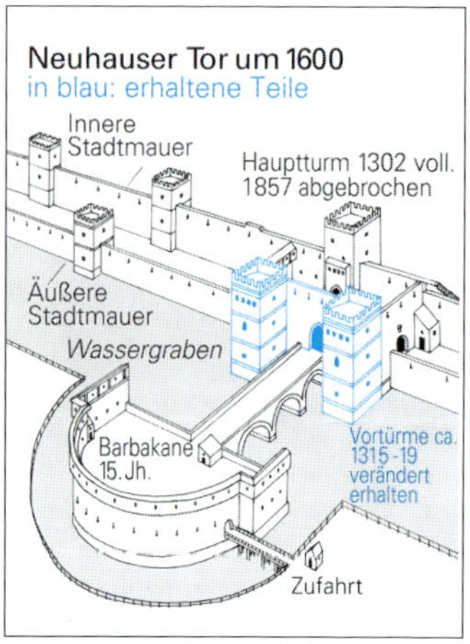

KARLSPLATZ ☐ 5

Angelegt durch Karl Theodor, als 1791 ff. die seit dem 13. Jh. errichteten Stadtbefestigungen aufgelassen wurden. »Neuhauser-Tor-Platz« genannt, erhielt er 1792 die offizielle Bezeichnung »Karlsplatz«; die volkstümliche Kurzform ›Stachus‹ von Eu*stachius* Föderl hergeleitet, der an der Stelle des heutigen Kaufhofs die ›Wirtschaft zum Stachus‹ (seit 1728) betrieb. (Die andere Version, dass der Name von den ›Stachel‹ genannten Eisenbolzen der Armbrustschützen stamme, die in der Gegend des Alten Botanischen Gartens ihre Schießstätte hatten, wird von F. J. Lipowski 1815 überliefert, ist aber kaum zutreffend.) Erste Ansätze zur *Platzgestaltung* durch Rumford 1791 im Zusammenhang mit Entfestigung Münchens (→ S. 27): Beseitigung eines ca. 270 m langen Abschnitts der barocken Fortifikation zwischen (heutigem) Lenbachplatz im Norden und Einmündung der Herzogspitalstraße im Süden; dabei Planierung der Wälle und Bastionen sowie Auffüllung des vorgelegten Wassergrabens, während mittelalterlicher Stadtgraben und Brücke zum Torbau erhalten blieben. Auf diesen bezogen die Achse des annähernd halbrunden Vorplatzes, der zum ›Empfangsraum‹ der Stadt wurde: Zwei viertelrunde, zweigeschossige *Rondellbauten*, nach höheren Eckrisaliten Wohngebäude als *Flügelbauten* angefügt: von Thurn entworfen, von ihm 1792-94 auch z. T. ausgeführt, bilden die Neubauten eine einheitliche ›Stadtfassade‹. Rondellbauten 1798/99 um ein Stockwerk erhöht (Entwurf: Thurn, Ausführung: J. B. Lechner), endgültige Vollendung 1803. Mit Planung der → Maxvorstadt (durch F. L. v. Sckell und C. v. Fischer 1808) Einbeziehen des Karlsplatzes in die von Rumford schon 1791/92 konzipierte *Ringstraße* (sog. ›Rumford-Chaussee‹) sowie in Sckells ›Generalplan‹ (1811) durch spiegelbildliche Wiederholung des Rondells Anlage eines Ovalplatzes: von ihm sollten – in Fortführung der mittelalterlichen Ost-West-Trasse (›Salzstraße‹) – die Fernverbindungen nach Landsberg und Augsburg/Dachau ausgehen. In dieser Form ebenso wenig ausgeführt wie die Errichtung eines zwischen die Rondellarme gestellten dreibogigen neugotischen Torbaus (Entwurf von Ziebland 1859). Dagegen scheint ein gleichzeitiger Entwurf von Zenetti für neue Altstadteinfahrt (mit zwei schlanken Türmen) die Umbauten von G. v. Seidl (1899-1902) vorwegzunehmen: Abbruch der alten Rondellbauten und Verbreiterung des Areals unmittelbar vor den freigestellten Flankentürmen des Tors: die parallelen Bauten (mit Korbbogenarkaden) enden in turmähnlichen Eckrisaliten (ursprünglich mit überkuppelten Laternen bekrönt); Überleitung zu den zwei zehnachsigen Flügeln des Rondells – über Erdgeschoss mit geschlossenen Korbbogenarkaden zwei durch Halbsäulen zusammengefasste Obergeschosse, darüber Attikageschoss mit mythologischen Figuren und Vasen; abgeschlossen und verfestigt durch fünfachsige Pavillons, die zu Seitenbauten vermitteln. Von Bomben beschädigt, z. T. vereinfacht restauriert. – Im Zuge der Neugestaltung der Verkehrsführung am Karlsplatz (1966-70) wurde die seit Gründung der Stadt bestehende Ost-West-Trasse der Salzstraße durchschnitten, zugunsten des Altstadtrings der ursprünglich urbane Platzcharakter zerstört und darüber hinaus durch eine gestaltlose Brunnenanlage (Entwurf: Winkler, 1972) der ursprüngliche ›Empfangsraum‹ vor dem Karlstor zwischen den Rondellbauten verdorben und sinnlos ausgefüllt.

Karlsplatz mit *Karlstor* und *Brunnenanlage.*

Karlstor, als »Neuhauser Tor« bereits 1302 urkundlich bezeugt, 1406 auch als »Zolltor« bezeichnet; neben ihm das »Großzollhaus«. Noch vor Anlage des *Äußeren Mauerrings* (15. Jh.) Ausbau des Stadttors zu der für Münchens Befestigung typischen

›*Torburg*‹ mit zwei vorgeschobenen Flankentürmen, Wehrhof und dem diesen beherrschenden hohen Hauptturm; dieser Anlage vorgelagert der Wassergraben und eine *Barbakane* (→ S. 26 und S. 184), beim Bau des Festungsrings (erste Hälfte 17. Jh.) in Sternbastion integriert. Das Tor selbst 1792 in »Karlstor« umbenannt (falsche Jahreszahl 1791 am rechten Flankenturm). Verschiedentlich Projekte für Abbruch bzw. teilweise geplante Neugestaltung des Tors: Cuvilliés d. J. um 1773/77; G. M. de Quaglio 1792; C. v. Fischer 1810. Dagegen Eingriffe durch Erweiterung der Tordurchfahrt (Rumford 1791), seitliche Fußgängerpassagen (1817); bei Pulverexplosion in Nachbargebäude 1857 Hauptturm schwer beschädigt und abgetragen; abermals Pläne für Abbruch des gesamten Tors. 1859 Entwürfe zu nicht ausgeführten monumentalen Neubauten von Ziebland und Zenetti; Beschränken auf Anlage von Durchgängen in den Flankentürmen und Verbreiterung der Durchfahrt in der Schildmauer (Zenetti 1862). Das neugotische Gewölbe auf vier Kopfkonsolen Münchener Originale aufruhend: gegen Feldseite (links) das Faktotum ›Finessen-Sepperl‹ (alias J. Huber, † 1829) und J. Sulzbeck († 1845), der Leiter eines ersten Volkssängerquartetts im Hofbräuhaus, an Stadtseite (links) der Lohnkutscher F. X. Krenkl († 1860, Urheber des Ausspruchs »Wer ko, der ko«) und der letzte Hofnarr ›Prangerl‹ (alias G. Pranger, † 1820). – In den 1960er Jahren wegen des damaligen Verkehrsstroms durch Innenstadt letztmals Abbruch des Tors erwogen, von Oberbürgermeister H. J. Vogel verhindert, dagegen zur Olympiade 1972 renoviert. Gründliche Restaurierung 1993/94 (u. a. Öffnung der in den 1950er Jahren vermauerten Schießscharten). – Dem Anreger des hier beginnenden ***Fußgängerbereichs*** (eröffnet 30.6.1972) Herbert Jensen ist an der Nordwand des Mitteltors ein Gedenkstein gewidmet unter Verwendung von drei Bronzestatuetten (›Stadtmusikanten‹) von Knoll vom ehemaligen Fischbrunnen (1865) am → Marienplatz. – Bei Anlage der mehrgeschossigen Tiefbauten (Entwurf: Nestler) unter dem Karlsplatz (mit Haltestellen von S- und U-Bahn) Freilegung der *Barbakane* (1494-99) vor dem Karlstor sowie eines *Fluchtstollens* in Richtung Bayerstaße; Reste beim nordöstlichen Aufgang wieder verbaut.

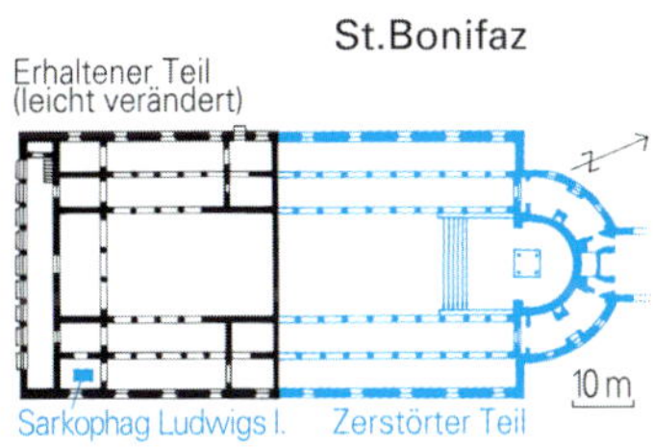

KARLSTRASSE 34 ☐ 1

St. Bonifaz Als Kirche des Benediktinerklosters und Pfarrkirche (früher auch ›Basilika‹ genannt) für die neu angelegte → Maxvorstadt nach Plänen von Ziebland erbaut. Mehrere Planungsphasen: erste (1827/28) und zweite (1829) noch auf Königsplatz, erst ab dem dritten Entwurf auf Karlstraße bezogen; fünfter Entwurf (1833/35) zur Ausführung bestimmt: *Grundsteinlegung* 12.10.1835 (Tag der Silbernen Hochzeit des Königs), vollendet 1847, *Weihe* 1850. Das nördlich anschließende **Kloster** ca. 1835-50, ebenfalls von Ziebland, das zugunsten der Erweiterung des Kunstausstellungsgebäudes abgebrochen (Plan von J. und F. Rank 1929 und 1934) bzw. umfunktioniert (Plan Gablonsky 1938 und Entwürfe von Hager und Leypold) an der Karl- bis Luisenstraße neu errichtet werden sollte; durch Krieg Ausführung verhindert. – Kloster zwischen 1943 und 1945 teilweise beschädigt, bereits 1945 wieder aufgebaut; dagegen **Kirche** 1944 ausgebrannt (Fresken und Inventar zerstört), 1945 durch Luftmine zwei Drittel der Säulen niedergelegt; bis 1949 durch Döllgast Sanierung des südlichen Teils der Kirche und Abschluss durch gerade Nordwand (nach ehemaligem siebten Joch); auf Restareal zwischen Rumpfbasilika und ehemaliger Apsis Errichtung eines Seelsorge- und Bildungszentrums nach Plänen von Horn 1968-71. Anschließend Restaurierung der Rumpfbasilika (bis 1974/75). ***Beschreibung (des ursprünglichen Baus):*** Lang gestreckter, sparsam gegliederter Backsteinbau mit neunjochiger Vorhalle; über Pultdächern zurückgesetzt das Hauptschiff. Drei Portale, am Mittelportal Figuren der Apostelfürsten, im Scheitel Brustbild des Architekten als Mönch (von Schönlaub, um 1847). – Anschließend an Halbkreisapsis im Norden das Klostergebäude um zwei Innenhöfe, dem Baublock des ehemaligen Kunstausstellungsgebäudes (heute Antikensammlung → Königsplatz 1), angefügt. ***Inneres*** (des ursprünglichen Baus): fünfschiffige, flach gedeckte Basilika mit 17 Jochen; große Apsisnische, von konzentrischen Sakristeien umbaut. (Darunter Krypta und Grablege der Benediktiner.) – Die in eigener Grabkapelle vorge-

St. Bonifaz: *Kapitelle* von der Eingangshalle.

St. Bonifaz: *Sarkophag König Ludwigs I.*

St. Bonifaz: *Heutiger Innenraum* mit modernen Installationen.

sehene Bestattung von König Ludwig I. und seiner protestantischen Gemahlin Therese scheiterte am Widerspruch der Katholischen Kirche; deshalb Beschränkung auf *Kapelle* am rechten Seitenschiff mit Sarkophag des Königs (nach Vorbildern in Palermo von Ad. Sickinger 1868 entworfen), während die an Cholera 1854 verstorbene Königin zuerst in der Gruft von St. Kajetan beigesetzt und 1857 in das von Klenze angelegte schmucklose Gruftgewölbe *unter* Ludwigs Grabkapelle überführt wurde; 2002 hinter dem König in eigenem Sarkophag beigesetzt.
Die heute zerstörte Bemalung der Wände durch H. v. Heß, Schraudolph und J. K. Koch: in der Arkadenzone 34 Papstmedaillons, in der Mittelzone unter den Fenstern zwölf Gemälde zum ›Leben und Wirken des Hl. Bonifaz‹, zwischen den Fenstern 36 Darstellungen aus deutscher Kirchengeschichte; am Triumphbogen Gotteslamm mit vier Evangelisten, in der Apsis (auf Goldgrund) acht Glaubensboten in Bayern, darüber Christus in Mandorla. (Das Programm für die gesamte prächtige Ausmalung durch Ignaz v. Döllinger.) ***Bedeutung:*** Oberflächlich betrachtet Übernahme des Schemas frühchristlicher Basiliken (in Rom: S. Paolo und S. Lorenzo fuori le mura; in Ravenna: S. Apollinare in Classe); in eigenständiger Gestaltung des Außenbaus Anlehnung an Romanik erkennbar (Baudekor), von Leopold v. Ranke (um 1850) als schönste moderne Kirche bezeichnet. In der ursprünglichen Konzeption Ludwigs I. als Apostelkirche am → Königsplatz, gegenüber der Glyptothek, geplant; in der ausgeführten Form typisch für romantisches Bildungsideal: Dreiklang von Kunst (Ausstellungsgebäude), Wissenschaft (Kloster) und Religion (Basilika). ***Der heutige Bau:*** Fassade an Karlstraße mit neunjochigem Portikus und hochragendem Mittelschiff nach ursprünglichem Zustand 1950 (durch Döllgast) restauriert, die ursprüngliche Ausstattung und die frühere Längenausdehnung bei Verkürzung um nahezu 3/5 kaum mehr vorstellbar. Die drei Bronzeportale 1969 (aus der Schule von Brenninger, das linke und rechte von Seyffart). Der triumphale Tiefenzug des ehemaligen Kirchenschiffs aufgehoben durch Breitenerstreckung der Rumpfbasilika, durch Zentralaltar (1975) und Orgel (1976) mit gotischem Kruzifix an abschließender Nordwand zusätzlich betont. Am Nordende des rechten Seitenschiffs Marienkapelle, des linken Seitenschiffs Bonifatiuskapelle (mit abgelaugter Holzstatue aus der alten Basilika). Seit 1993 unter den Fenstern der Hochschiffwände unterschiedlich große, starkfarbige Tafelbilder (alt- und neutestamentliche Themen) von P. Burkart. – Das *Seelsorge- und Bildungszentrum* 1968-71 als niedriger, zweigeschossiger Bau aus Fertigbeton zwischen Rumpfbasilika und ehemaliger Apsiswand eingefügt; im Kern gegen Süden Werktagskirche (zugleich Taufkapelle), gegen Norden Festsaal; darunter Unterkirche. Künstlerische Ausgestaltung von Alt- und Neubau durch die Bildhauer Gerg, Koller, Chr. Stadler, Schweizer u. a. sowie Gobelins der Benediktinerin Sr. Deocara. – Auf Klostergelände Neubau (Pläne von Branca, 2000/01) für die vom Kloster getragene Obdachlosenhilfe. ***Bedeutung:*** Unter Berücksichtigung der Kriegszerstörungen und der veränderten kirchlich-seelsorgerischen Situation bemerkenswerter Versuch, Tradition (Kloster!) und heutige Gegebenheiten (v. a. nach 2. Vatikanischem Konzil) ohne historisierende Verbrämung miteinander zu verbinden. – Dieselbe Haltung führte 1994/95 zur Errichtung einer Studenten-Begegnungsstätte der Katholischen Hochschulgemeinde an Technischer Universität (Karlstraße 32 unter Einbeziehung eines klassizistischen Wohnhauses, 1818, an Ecke Karl-/Meiserstraße); Pläne von Eggendorfer, der modernen Bau vorbildhaft in historische Umgebung einfügte.

KARMELITERSTRASSE 2 □ **6**

Ehemalige Karmelitenkirche St. Nikolaus An der Stelle einer durch Herzog Wilhelm V. 1582 erbauten Nikolauskapelle – wohl Ersatz für die beim Bau von St. Michael (→ Neuhauser Straße 6) abgebrochene mittelalterliche Nikolaus-»Kapelle auf dem Haberfeld« – als Votiv Maximilians I. zum Dank für seinen Sieg am Weißen Berg bei Prag (1620) zu bauende Kirche; Versprechen aber erst durch Kurfürst Ferdinand Maria eingelöst: Konventbau 1654-57, Kirche 1657-60 (mit Ergänzung des Nikolaus-Patroziniums ›Unsere liebe Frau vom Berg Karmel‹): Pläne von Asper, ausgeführt von Schinnagl. ***Beschrei-***

bung: Dreiflügelige *Klosteranlage* östlich der ehemaligen Herzog-Max-Burg (→ Lenbachplatz 7), an Nordseite *Kirche.* Im Gefolge der Säkularisation (1802) Kloster aufgelöst und teils als (Ludwigs-)Gymnasium, teils als Erziehungsinstitut ›Hollandeum‹ verwendet, später als Ordinariat. Kirche durch Schedel von Greifenstein 1802-11 zur ›Studienkirche‹ (und damit verbunden Versachlichung der Fassade) umgestaltet, ferner Portal an Nordflanke eingebrochen. 1943 und 1944 wiederholt z. T. schwer beschädigt, wurden die Klostergebäude 1954/55 zugunsten eines Neubaus für Erzbischöfliches Ordinariat und Domherrnwohnungen völlig abgeräumt. Restauration der Kirche durch Ruf 1955-57 mit Umfunktionierung des Langhauses zu einem Versammlungs- und Vortragssaal, des ehemaligen Querhauses zur Kapelle für das Ordinariat und des Chorraums zu fünfstöckiger Bibliothek; die anschließende frühere Sakristei nach Restaurierung (1980/81) zum Archiv- und Bibliothekslesesaal umgestaltet. ***Äußeres:*** Basilikaler Aufriss mit Querhaus (in den Rechteckgrundriss eingebunden), rechteckiges Altarhaus, mit Südturm. Rundbogenfenster in Seitenwänden und Hochschiff, mit zurückhaltender Pilastergliederung. Einzig die Ostfassade reicher gestaltet; durch Umgestaltung 1802 ff. jedoch sehr viel nüchterner. ***Inneres:*** Hauptschiff mit Kreuzgewölben auf pfeilerhaften Trennwänden zwischen den flachrechteckigen Kapellen (Abfolge: vier Joche, Querhaus, vier Joche, Altarraum); qualitätsvoller *Stuck* von ca. 1720. Beseitigung barocker Altäre und Bildwerke wie *Tabernakel* von ca. 1740/43 (heute in Allerheiligenkirche am Kreuz, → Kreuzstraße 10) oder *Schutzengelgruppe* von I. Günther (heute im Bürgersaal, → Neuhauser Straße 14, Abb. S. 305). Dagegen klassizistisch-frühnazarenische *Altarbilder* (›Christus als Kinderfreund‹ von J. P. Langer, 1812-19, und ›Hl. Albert‹ von Storer, 1803; heute Bayerische Staatsgemäldesammlungen). – In reich stuckierter ehemaliger *Sakristei** (Quadratraum mit Mittelsäule und vier Kreuzgewölben) bei Restaurierung 1981 *Fresken* von Gumpp (um 1715-19) freigelegt (Thematik: marianische Embleme und schützende Hilfe bei irdischen Nöten durch Maria als Ordens- und Kirchenpatronin). Von ursprünglicher Ausstattung des Klosters erhalten 13 *Gemälde* aus einer Folge über Leben und Wirken des Karmeliterpaters, Mystikers und Feldpredigers unter Herzog und Kurfürst Maximilian, Dominikus a Jesu Maria, St. Theresia, → Dom-Pedro-Straße 39: vier im Chorumgang (im rechten Bild ›Ansicht des Karmelitenklosters in der Stadt München‹ zu Anfang des 17. Jh.), neun im Kloster. ***Bedeutung:*** Erster *einheimischer* barocker Kirchenbau Münchens in städtebaulich wichtiger Lage; der bereits im Original spröde Architekturstil (v. a. bei Fassade) weniger durch Bettelorden bedingt als vielmehr durch Unsicherheit bei Anwendung manieristischer Stilmittel der Spätrenaissance (ähnlich Altes Schloß Schleißheim); durch Eingriffe des 19. Jh. noch verstärkt, bei Wiederherstellung nach Kriegsschäden abermalige Simplifizierung.

Karmelitenkirche, ursprüngliche Fassade 1657, 1802 verändert

KAROLINENPLATZ □ **1, 2**

Am Schnittpunkt der 1807 fertig gestellten Max-Joseph-Straße mit dem Rechteckraster der geplanten → Maxvorstadt eingefügter Rundplatz, der zusammen mit der neu angelegten → Brienner Straße konstituierend für das Neubauviertel wurde. Der Bau des ersten Gebäudes 1809 (Palais Asbeck, Nr. 3) führte zur Diskussion über die künftige Form der Rondellbebauung: geschlossene (konkave) Platzfronten oder durch Vegetation gerahmte, zurückgesetzte Einzelbauten. Mit dieser ›offenen‹ Bauweise setzte sich C. v. Fischer bei vier Grundstücken durch; auf dem 5. Areal bereits 1822/23 mehrstöckiger Baublock (Nr. 2) errichtet, der das Gleichgewicht der Fischer-Konzeption aufhob. – Die Einmündungen der Barer und Brienner Straße jeweils durch niedrige Nebengebäude flankiert; sie sind als einzige Bauten von Fischer noch erhalten (z. T. geringfügig verändert restauriert), während die ebenfalls nach Plänen von Fischer errichteten dazugehörenden Hauptgebäude durch spätere Umbauten verändert oder durch Bomben zerstört wurden. Dadurch ursprüngliche Platzidee mit ihrer rundum aufgelockerten Bebauung nur noch unvollständig erkennbar. – Bereits 1812 Überlegungen, den Platz durch eine Fontäne oder einen Obelisken zu zentrieren. Der Errichtung des **Obelisken** ging eine Reihe von Projekten für ein Armeedenkmal voraus: zunächst ein Denkmal für alle seit

Karolinenplatz mit Obelisk.

1805 gefallenen Offiziere: Vorschlag von Wrede nach der Schlacht von Polozk 1812 (Rückzug der ›Grande Armee‹, Tod des bayerischen Infanteriegenerals Deroy, Vernichtung des bayerischen VI. Armeekorps); Zustimmung durch Max I. Joseph, der Akademie der Künste mit Vorschlägen beauftragt: 1. ein Löwenmonument, 2. ein Säulendenkmal (in Anlehnung an Trajanssäule in Rom bzw. Säule auf der Place Vendôme in Paris), 3. ein Hallendenkmal (wie Pantheon) von C. v. Fischer 1812 an Südseite des → Königsplatzes (1813 als zu teuer abgelehnt); dagegen Klenzes Befürwortung eines Obelisken auf dem → Odeonsplatz (1818) oder Verbindung der Propyläen als triumphaler Stadtzugang mit Funktion eines Ehrenmals (am Einspruch Wredes gescheitert). Schließlich Realisierung als 29 m hoher, auf würfelförmigem Sockel (mit Widderköpfen und Lorbeerkränzen sowie Eichenlaub- und Zypressenfestons) im Zentrum des Karolinenplatzes; wegen finanzieller Schwierigkeiten erst 1828 begonnen, eingeweiht am 13.10.1833 (20. Jahrestag der Völkerschlacht bei Leipzig): ursprünglich aus Kalksandstein vorgesehen, dann über Ziegelkern montierte Erzplatten aus eroberten und eingeschmolzenen französischen, russischen, österreichischen und ausgemusterten bayerischen Kanonen (nicht, wie allgemein angenommen, aus gehobenen Kanonen von türkisch-ägyptischen Kriegsschiffen, die 1827 in der Seeschlacht von Navarino, südwestlich der Peloponnes, gesunken waren); erstes Teilstück, von insgesamt 17, gegossen von Stiglmaier. (Bereits von Zeitgenossen widersprüchliche Aufnahme der von Ludwig I. verfassten Widmungsinschrift für die 30 000 im Russlandfeldzug umgekommenen Bayern.) Grünfläche erst 1870-73 angelegt, seit 1876 im Besitz der Stadt München; Sanierung 2001.

Umbauung des Platzes (ursprünglich mit Einzelgebäuden nach Plänen von C. v. Fischer): Nr. **1**: ehemals Kirchmaier-Haus von 1811/12, abgebrochen 1859 und durch dreigeschossigen Wohnblock ersetzt; nach Kriegszerstörungen Neubau als Landesbausparkasse 1952-54 durch J. Wiedemann. Nr. **2**: ehemals Palais Montgelas, erster dreigeschossiger Bau mit geschlossener Platzfront (und Flügelbauten an beiden Seitenstraßen) bereits 1822/23 durch Métivier errichtet; im 2. Weltkrieg zerstört, als Bürohaus 1957 von Dürr neu erbaut, erweitert 1971 an Barer Straße. Nr. **2 a** (→ Karolinenplatz 2 a), Nebengebäude von Nr. **3**: ehemals Palais Asbeck, 1809/10 als erstes Gebäude am Karolinenplatz von C. v. Fischer errichtet, später geringfügige Änderungen; durch Freiherr von Lotzbeck 1896/97 neubarock umgebaut (›Lotzbeck-Palais‹); obwohl in der Bausubstanz erhalten, 1955-57 durch Neubau Amerika-Haus ersetzt (Architekt: K. Fischer). Nr. **3 a**: ursprünglich Gartensalon (mit Gewächshäusern), heute Ateliergebäude bei vorsichtiger Umgestaltung der Straßenfassaden. Nr. **4**: früher Palais Törring, ursprünglich 1812 als Palais für Kronprinz Ludwig gegenüber der Einmündung der Max-Joseph-Straße als deren Point de vue errichtet; trotz relativ geringfügiger Kriegszerstörungen 1951 abgebrochen und nach Plänen von Kergl für Staatliche Lotterieverwaltung bei scheinbarer Übernahme der Fischerschen Architektur 1954-56 neu erbaut. (Ebenso die Nebengebäude an Brienner und Barer Straße, bei denen nur noch andeutungsweise originale Formen erhalten sind.) Nr. **5**: ursprünglich Palais Hompesch, 1812 in Anlehnung an Palladios Villa Rotonda bei Vicenza errichtet, 1895-96 einschneidender Umbau zum neubarocken herrschaftlichen Wohnhaus durch Deiglmayr; danach im Besitz des Prinzen Georg von Bayern; heute Bayern-Versicherung. Umbau der beiden zugehörigen Nebengebäude (1813): Nr. **5 a** ehemals Palais Freyberg-Schätz in biedermeierlichen Formen (1902; Architekten: Helbig und Haiger unter Einbeziehung des ursprünglichen Baus von C. v. Fischer; heute Auktionshaus Hartung & Karl);Nr. **6** ursprünglich Wohnbau (Architekt: Deiglmayr, 1894/95) an Einmündung Brienner Straße.

KAROLINENPLATZ 2 a ☐1

Anthropologische Staatssammlung Diensträume und Ausstellungsgebäude in der ehemaligen Remise des Palais Asbeck, von Carl v. Fischer 1809/10 erbaut (Pendant: ›Gartensalon‹, Brienner Straße 3 a), 1944 ausgebrannt, 1947-48 leicht modifiziert wieder aufgebaut: Übergiebelter Mittelbau mit beiderseits angefügten zweiachsigen Seitentrakten unter flachem Satteldach. Die **Sammlung** verdankt ihr Entstehen der Privatinitiative von Johannes Ranke (Prof. für allgemeine Naturgeschichte an der Universität München, 1869); Schenkung der Sammlung an den bayerischen Staat 1885, in der Alten Akademie aufgestellt; als ›Anthropologisch-Prähistorische Sammlung des Staates‹ seit 1902 in Personalunion verbunden mit Lehrstuhl für Anthropologie und Urgeschichte (1886 als erster selbstständiger Lehrstuhl an einer deutschen Universität in München eingerichtet). 1944 schwere Einbußen bei Zerstörung der Alten Akademie. Nach dem Krieg notdürftig in alter Kunstgewerbeschule (Richard-Wagner-Straße 10) untergebracht, seit 1972 Magazinräume in Theresienstraße 37-41; seit 1974 wieder unter eigener Leitung. – *Schwerpunkte der Sammlung* (Besichtigung nach Anmeldung) – neben Affen- und vorgeschichtlichen Menschenfunden – Belegfunde aus der Vor- und Frühgeschichte Bayerns; *Forschungsgebiete:* Dokumentationszentrum für vor- und frühgeschichtliche menschliche Skelettreste, Erforschung der biologischen Bevölkerungsgeschichte, insbesondere Bayerns.

Der 1807 abgebrochen *Schöne Turm,* dessen Standort und Grundriss im Pflaster vor Kaufingerstraße 28 markiert ist.

KAUFINGERSTRASSE □ 6

Vom → Marienplatz nach Westen ausgehender Straßenzug, dessen Namen sich von einem Münchener Bürger Chunradus Choufringer (1239) herleitet (vermutlich aus Kaufering); als Straßenbezeichnung erst 1316 belegt, wohl aber älter: bereits 1300 hieß das Tor, das die Stadt Heinrichs des Löwen nach Westen abschloss, ›*Kaufinger* (auch *Kufringer*) *Tor*‹ (seit 1535 bis zu seinem Abbruch 1807 ›*Schöner Turm*‹). ***Beschreibung:*** Die Straße nimmt Ostwestrichtung der alten *Salzstraße* vom Tal her auf und wird nach Stadterweiterung des späten 13. Jh. durch → Neuhauser Straße in Richtung Landsberg bzw. Augsburg fortgeführt. Alte Bausubstanz (zum Großteil Bombenschäden) durch Geschäfts- und Bürohäuser verdrängt; seit 1972 *Fußgängerbereich*, zusammen mit Neuhauser Straße umsatzstärkste Einkaufsstraße Deutschlands (1992). – Bei Nr. **5** die von Hilmer und Sattler errichtete Passage *Kaufinger Tor* (1992-94); bei Nr. **9** bestand Münchens *erste Ladenpassage*, als F. v. Gärtner die *Stadtniederlassung* der Nymphenburger Porzellanmanufaktur 1823-24 erbaute und sie mit dem Rückgebäude an Fürstenfelder Straße verband (nach Kriegszerstörung nicht wieder aufgebaut); bei Nr. **10** *Geschäftshaus* in Mischform Jugendstil/Sezession, erbaut 1904 nach Plänen von Lersch und Hirsch; bei Nr. **28** *Geschäftshaus* Hirmer, ursprünglich errichtet für Bamberger & Herz nach Plänen von Hönig und Söldner 1912-14, mit Allegorien dekorierte Erker an Kaufinger- und Augustinerstraße (Steinreliefs von Seidler). Vor Nr. 28 im Pflaster markierter Standort und Grundriss des ehemaligen *Kaufinger Tors/Schönen Turms.*

KAULBACHSTRASSE 13 □ 3

Ehemaliges Palais Seyssel d'Aix Von den Gebrüdern Rank anstelle eines 1856 errichteten biedermeierlichen Wohnhauses 1913-14 erbautes Adelspalais für den Grafen E. v. Seyssel d'Aix; heute Sitz des Institut Français. ***Beschreibung:*** Regelmäßiger Baublock (6 zu 6 Achsen); über dem genuteten Erdgeschoss (mit Stichbogenfenstern und Mittelportal) das pilastergegliederte Hauptgeschoss (durch hohe Bogenfenster als Beletage ausgezeichnet), darüber kräftiges Gesims und das niedrigere Obergeschoss; die Gartenseite aufgelockerter. (An den beiden abgerundeten Ecken der Straßenfront Reliefmedaillons mit der Darstellung des 1873 erbauten Vorgängerbaus.) ***Bedeutung:*** Spätes Beispiel eines vorstädtischen Schlößchens, das sich als Baukörper an französischen Landsitzen orientiert und Formen des Régencestils adaptiert. Der nicht zugängliche *Park* hat noch Elemente eines Privatgartens aus der Zeit der Entstehung des Schönfeldviertels (1795 ff.) bewahrt.

KAULBACHSTRASSE 15 □ 3

Historisches Kolleg in der ehemaligen Villa Kaulbach Für den Gesellschaftsmaler A. F. v. Kaulbach von G. v. Seidl 1887-89 errichtete Villa mit Atelier. Adaptierung des Hauses für Studentenverbindung (1931-37), Einrichtung als Amtssitz des NS-Gauleiters (1937-45) und Verwendung für US-amerikanischen Soldatensender AFN (1945-83);

Villa Kaulbach, Gartenseite

von der einst prächtigen Inneneinrichtung nur mehr wenig erhalten. Dennoch gelang bei grundlegender Restaurierung durch O. Meitinger sowie M. Braun und Hesselberger (1986-88) nicht nur die Wiederherstellung der ursprünglichen Fassaden und der Gartenanlagen, sondern teilweise auch Rekonstruktion von Innenräumen (bemalte Decken, geschnitzte Renaissanceportale, Ledertapeten, Kamine) sowie Adaptierung des ehemaligen Ateliers zu Vortrags- und Bibliothekssaal für das vom ›Stifterverband der deutschen Wirtschaft‹ getragene internationale *Historische Kolleg*. ***Beschreibung:*** Über unregelmäßigem Grundriss zweigeschossiger Baublock mit zwei Hauptfassaden: *Straßenseite* dreiteilig mit leicht vorgezogenem Mittelrisalit, von Segmentbogen abgeschlossen; im Erdgeschoss offene Eingangshalle. Vornehme *Gartenseite:* von zwei kurzen Seitenflügeln flankierter dreiachsiger Mittelteil, im Erdgeschoss Rundbogenfenster, im Obergeschoss Loggia mit Palladiomotiv und seitlichen Quadratfeldern mit Tanzszenenreliefs, darüber hohe Attika mit fünf Kopien antiker Statuen (sog. ›Amazone Sciarra‹, ›Kalbträger‹, Artemis, Tanzender Satyr, ›Kapitolinische Venus‹; heute entfernt). – Beiderseits des Eingangs Bronzetafeln: rechts mit Portrait Kaulbachs und Hinweis auf den Bau (enthüllt 1980), links Hinweis auf Umbau für Historisches Kolleg und Nennung der Stifter (1988). ***Bedeutung:*** Typus der an römischen Vorbildern (Villa Medici, Villa Giulia) orientierten ›Villa suburbana‹ als anspruchsvoller Sitz eines ›Malerfürsten‹ der Prinzregentenzeit. (Die Statuen auf der Attika sind nicht nur Schmuck, sondern vielmehr ›Programm‹; vgl. Villa Stuck, → Prinzregentenstraße 60.) Bei sonstiger Bevorzugung Seidls der eher malerisch aufgefassten deutschen Renaissance von bemerkenswerter palladianischer Klassizität.

Die Villa von F. A. v. Kaulbach nicht zu verwechseln mit dem *Wohnhaus* seines Vaters Wilhelm in derselben Straße (Nr. 10/15): nach Plänen von Kreuter 1844 errichtet, nach Tod des Bauherrn 1874 durch Hauberrisser zum ›Wilhelm-von-Kaulbach-Museum‹ 1875 umgebaut, 1890 abgebrochen; durch gründerzeitlichen Wohnbau ersetzt, im 2. Weltkrieg zerstört.

KILIANSPLATZ 1 □ **18**

St. Rupert Durch Anwachsen der Bevölkerung im Westend gegen Ende des 19. Jh. Notwendigkeit einer eigenen Kirche: 1895 Gründung eines Kirchenbauvereins; durch diesen bereits Festlegung des Rupert-Patroziniums (als Verehrung des künftigen bayerischen Königs, Kronprinz Ruprecht/Rupert). 1898 wird G. v. Seidl um Entwurf gebeten, der mehrmals umgearbeitet wird und sich in begrenztem Wettbewerb behauptet; im Februar 1901 zur Ausführung genehmigt, im selben Monat *Grundsteinlegung, Weihe* im Oktober 1903; Bauführung durch Seidls Mitarbeiter Kronenberger. Im Krieg 1939/45 nicht beschädigt, jedoch 1964-66 einer modernistischen Renovierung (durch Steinbrecher) unterzogen: dabei Verlust des bemerkenswerten, würdigen Hochaltars mit Rupertusfigur (von Pruska) sowie der linearen Bemalung der Viertelkalotten über den Konchen. ***Beschreibung:*** Der vierpassförmige *Baukörper* unter hohen, abgerundeten Satteldächern, überragt von rundem Dachreiter mit Kegeldach (46 m hoch), deutet an seinen vier *Konchen* eine Gliederung in romanischen Stilelementen an, ohne sie im Sinn des Historismus zu kopieren. (Der Unterschied wird bei Vergleich mit romanischen Kirchen in Köln, z. B. St. Aposteln, deutlich.) *Hauptportal* unter reich gegliederter Vorhalle an der Nordkonche, die am Übergang zur Ost- und Westkonche von *zwei Glockentürmen* (mit Nebeneingängen) flankiert wird; zwischen West- und Südkonche Sakristei

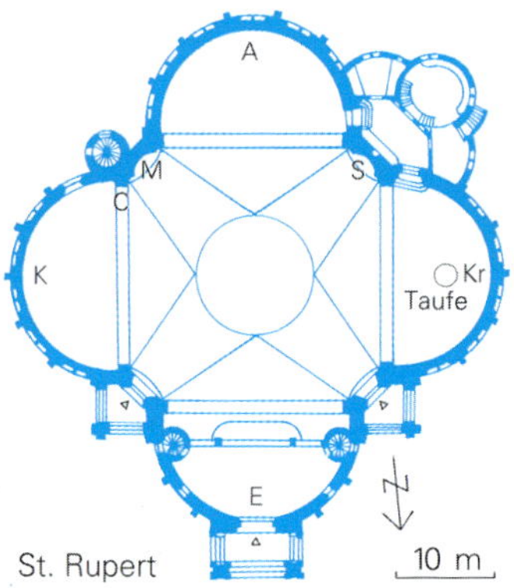

St. Rupert

A *Altarkonche mit rotmarmornem* Volksaltar, *an Wand 12 konsolartige steinerne* Apostelleuchter*; in den sieben Rundbogenfenstern farbstarke abstrakte* Glasgemälde *(Schönberger 1965 ff.). Der ursprüngliche Hochaltar (Entwurf Seidl) mit Rupertus-Statue (Pruska) bei purifizierter Renovierung 1964-66 entfernt.* **S** Seitenaltar *mit* Bronze-Tabernakel *(Hamberger 1965), Mensa mit dreiseitig umlaufendem Relief ›Geburt Christi, Verkündigung und Anbetung der Hirten‹.* **M** Maria mit Kind *(farblich gefasste Gipsfigur Ende 19./Anfang 20. Jh.); an Wand dahinter abstrakter* Wandteppich *(Entwurf Schönberger).* **C** *Am Eingang zur Ostkonche kleine* Chororgel*, urspr. für ehemalige Pfarrkirche St. Peter und Leonhard in Greimharting (Kr. Rosenheim) von F. B. Maerz 1907 gebaut, 1999 für St. Rupert erworben, nach Restaurierung 2001 aufgestellt.* **K** Kriegergedächtnisstätte: *Relief ›Pietà mit Hl. Georg und Hl. Barbara‹ (H. und B. Miller 1930-33), flankiert von sieben Kreuzwegstationen; in den sechs Rundbogenfenstern* Glasgemälde *(Schönberger).* **Kr** *In Westkonche: Kreuz mit* Corpus *eines spätgotisch-expressiven Christus; davor* Taufbecken. *An der Wand sieben Kreuzwegstationen, in den sechs Rundbogenfenstern Glasgemälde (Schönberger).* **E** *Eingangs- (bzw. Nord)konche mit* Emporenorgel*: 1887 vom Hoforgelbaumeister F. B. Maerz für Konzertsaal des ›Odeons‹ (Odeonsplatz) gebaut, 1905 eingelagert, 1907 erweitert und von Maerz in St. Rupert aufgestellt; 1933 abermals erweitert, 1999 restauriert. (Die Orgeln zwei der raren erhaltenen ›romantischen‹ Orgeln der Spätromantik im ausgehenden 19. Jh.)*

angebaut. Architekturteile in Beton ausgeführt, Mauerwerk in Ziegel; bis auf Dachreiter unverputzt. – Das ***Innere*** vom Zusammenwirken von fünf Raumteilen bestimmt: dem quadratischen *Mittelraum* vier Halbkreiskonchen angefügt, die südliche als Altarraum gestaltet. Das Flachgewölbe über dem zentralen Viereck und die Kalotten über den Konchen (in Rabitz) am eisernen Dachstuhl abgehängt; auf dessen Spitzen ein Ringträger für den Dachreiter. ***Bedeutung:*** Unkonventioneller Zentralbau unter Anwendung moderner Konstruktionsmethoden (Bauausführung: Heilmann & Littmann sowie ›Eisenwerk München‹), deren Einflussnahme auf Konstruktion und Innenraum der Kirche Am Steinhof bei Wien (1905-07 von O. Wagner) nicht auszuschließen ist. Seidls Bau ein bemerkenswerter Schritt zur Überwindung des ›dogmatischen Historismus‹.

KIRCHENSTRASSE 39 □ **20**

Alt-St.-Johann-Baptist Filial- und von 1820-79 Pfarrkirche von Haidhausen; danach abgelöst durch die 1852-79 erbaute neue Pfarrkirche St. Johann Baptist (→ Johannisplatz 22). Haidhausen als Ort bereits 808 als Schenkung an Bischof von Freising bezeugt, 1315 die Kirche eine der acht Filialen der Pfarrei Bogenhausen. 1524 erstmals als Johannes-Baptist-Kirche benannter, vielleicht 1493 anlässlich der Errichtung des Inkuratbenefiziums entstandener gotischer zweischiffiger (!) Bau mit 5/8-Chor; Renovierungsarbeiten zwischen 1608 und 1616. Schenkung einer Johannesreliquie durch Herzog Maximilian 1619 dürfte Andachten des sog. ›Johannes-Dreißiger‹ (24.6.-25.7.) ausgelöst haben, ungewiss allerdings, ob Wallfahrten bereits um 1608. Kirche durch spanisches Kriegsvolk 1634 beschädigt, nicht aber zerstört: durch Weihe eines neuen (?) Hochaltars 1641 unbegründete Annahme eines Neubaus. Der im Kern romanisch und ursprünglich wohl sattelbedachte *Turm* erhält 1675 bei Umbau und Erhöhung Zwiebelhaube; nach Brand 1712 mit einfachem Spitzhelm versehen, 1863/64 durch jetzige neugotische Spitze ersetzt. Barockisierung der spätgotischen *Kirche* 1698-1700 durch Aufstockung des Langhauses und Neubau des Chors von M. Gunetzrhainer und H. Mayr; bis 1705 neuer Hochaltar und zwei neue Seitenaltäre (Hl. Maria und Hl. Bartholomäus). Zusammen mit Anlage einer Treppe 1776 Renovierung der Kirche durch Gießl, Errichtung eines von F. X. Feichtmayr d. J. geschaffenen Spätrokoko-›Bühnen‹-Hochaltars (mit vollplastischer Darstellung der Taufe Christi) und zweier Seitenaltäre von dem Kistler Heilbrunner. – Renovierungen 1928 und 1980-82: bei Letzterer Aufdeckung der gotischen Chorfundamente und Säulenbasen, ferner von Rötelvorzeichnungen des 16. Jh. an südlicher Außenwand und einer gemauerten Grabstele (18. Jh.) im Kirchenschiff; der Kreuzweg (wohl um 1670), Farbgebung des Stucks wiederhergestellt. ***Äußeres:*** Einfacher Baukörper mit Strebepfeilern, leicht eingezogenem Chor mit Rundapsis und Westturm. ***Inneres:*** Pilastergegliederter Saal mit Korbbogentonne, in die Stichkappen (mit Querovalfenstern) über durchlaufendem Gesims einschneiden; stilistisch ›rückständige‹ Gewölbestuckierung durch Profilrahmenfelderung: ›Sparform‹ statt einer aufwändigeren, zeittypischen Stuckierung. ***Bedeutung:*** Am Westrand der hier steil abfallenden Haidhauser Lösszunge gelegen, bildet der ehemalige Mittelpunkt des einstigen Dorfes Haidhausen zusammen mit dem nördlich gelegenen alten Friedhof heute noch ein stimmungsvolles Ensemble; an Nordseite der Kirche Grabmal des Akademiedirektors Robert v. Langer († 1824). Die gotische Vorgängerkirche mit ihrer Zweischiffigkeit eine Besonderheit für den Münchener Raum.

Haidhausen: Alt-St.-Johann-Baptist.

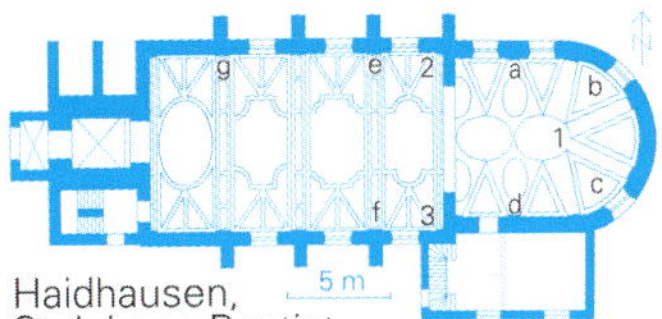

Haidhausen, St.Johann Baptist

Chorraum: **1** Hochaltar *in ›byzantinischen‹ Formen (Entwurf Berger 1840) anstelle des Feichtmayr-Altars von 1776;* Altargemälde *›Taufe Christi‹ (Langer 1846, unvollendet hinterlassen, 1852 von dessen Schüler Gegenbaur ergänzt);* **a-d** *die vier lateinischen Kirchenväter Gregor, Ambrosius, Augustinus und Hieronymus (von dem ›Bildschnitzer‹ Angermayer 1630).* ***Gemeinderaum:*** *Beiderseits des Chorbogens eingestellt und über die Ecken zum jeweils anschließenden Langhausfenster die spätbarocken* Seitenaltäre *vorgezogen:* **2** Marienaltar *1776, leicht verändert 1852, mit zeitgenössischem, wohl später überarbeitetem* Altarblatt *›Thronende Madonna‹ (Maler unbekannt);* **3** Josephsaltar *1776, verändert 1852,* Altarblatt *›Traum Josephs‹ (A. Seidl 1776, teilweise übermalt 1852).* – Kanzel **e** *wohl 1776 ff. mit Verwendung älterer Teile;* **f** Kruzifix *um 1520 (vielleicht vom Meister von Rabenden oder von Leinberger?);* **g** *bemerkenswerte* Pietà *(von unbekannter Hand 1758), umgeben von Putti (17. Jh.) mit Leidenswerkzeugen. – An Emporenbrüstung* vier Ölgemälde *›Szenen aus dem Leben Johannes des Täufers‹ (vom Münchener Stadtmaler Zehetmair 1622/23).*

KIRCHPLATZ 23 (Pullach) □ **30**

Heilig Geist Um 790/800 urkundlich erwähnt in Zusammenhang mit Stephanus-Kirchlein des Klosters Schäftlarn (gegründet 762); bei Landesteilung 1310 von Bayern-Ingolstadt an Bayern-München, in Konradinischer Matrikel (1315) aufgeführt. Nachweis des Heilig-Geist-Patroziniums in Freisinger Urkunden von 1469 und 1472; *Kirchenneubau* um 1500. Filiale der Pfarrei Sendling, 1874 Erhebung zu Pfarrei Solln-Pullach, zu eigener Pfarrei Pullach 1923. (Errichtung einer *neuen Pfarrkirche* ›Heilig Geist‹, Parkstraße 13, nach Plänen von C. W. Buchner 1955-56). ***Beschreibung:*** Integration des

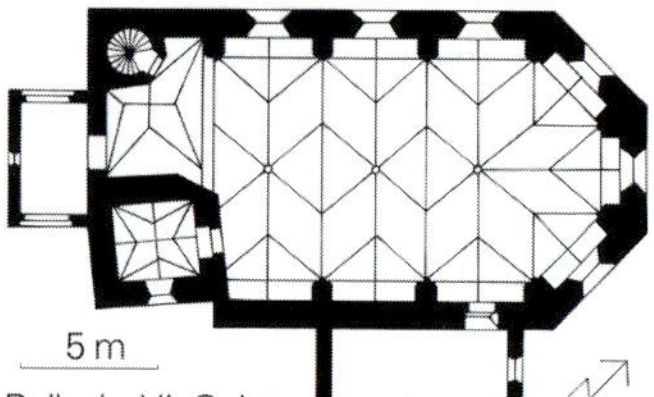

Pullach, Hl. Geist

(romanischen?) Turmunterbaus (bei leichter Achsendrehung) in dem *spätgotischen Neubau* eingeschoben: nach irregulärem Vorjoch neben Turm zweijochiges Langhaus, mit 5/8-Chorraum zu räumlicher Einheit verbunden (wohl Einfluss der Frauenkirche); kräftige Wandpfeiler, auf Kragsteinen aufruhendes rautenförmiges Netzrippengewölbe. Im 17. u. 18. Jh. barock umgestaltet (Zwiebelhaube auf gotischem Turmspitzhelm), gegen Ende 19. Jh. regotisiert, Renovierung 1978-79. ***Ausstattung:*** In die drei neugotischen Altäre z. T. sehr gute spätgotische Plastiken und Tafelmalereien eingefügt (durch G. v. Seidl; Herkunft unbekannt): *Hochaltar* mit ›Pfingstwunder‹ im Schrein (Plastiken um 1500, Grasser oder Werkstatt), auf den Flügeln Gemälde um 1500 (nicht zum Schrein gehörend): Margareta (?) und Laurentius (links), Barbara und Stephanus (rechts); im Gesprenge Kreuzigung Christi mit Maria und Johannes (vermutlich älter als Schreinfiguren); Predella (›Schweißtuch der Veronika‹) um 1500. Im Chorbereich links spätgotisches *Sakramentshaus* mit Anklängen an Renaissanceformen. – Linker *Seitenaltar:* im Schrein ›Krönung Mariens‹, in Predella ›Beweinung Christi‹ (beide Anfang 16. Jh.); im Gesprenge die Hll. Veit und Stephanus (Letzterer dem Meister von Rabenden, 1515/20, zugeschrieben). – Rechter *Seitenaltar:* ›Salvator mundi‹ (Plastik um 1400, wohl etwas später: noch sog. Weicher Stil). – Im *Langhaus* links: Kruzifix (16. Jh., Übergang zur Renaissance) und ›Mater dolorosa‹ (17. Jh.); rechts: ehemaliger Altarflügel mit Martyrium des Hl. Veit und Hl. Stephanus (verm. Polack-Werkstatt um 1489). Einige gute spätgotische und barocke Einzelplastiken; ein ›Gnadenstuhl‹ (um 1500, Grasser nahe stehend) und Sitzende Muttergottes (Anfang 16. Jh.) heute in neuer Pfarrkirche.

KÖNIGINSTRASSE 107 ☐ **19**

Münchener Rückversicherung Als Verwaltungsgebäude von 1911-13 von Bieber und Hollweck (nach Wettbewerb) errichteter Vierflügelbau (um zwei Schmuckhöfe) mit zwei zur Königinstraße vorgezogenen Trakten; zwischen ihnen Doppelsäulenkolonnade mit Zugang zu einem von Doppelsäulen umstandenen ›Ehrenhof‹ (mit monolithischem Schalenbrunnen) und zum Haupteingang. Über Sockelgeschoss drei Stockwerke unter hohen ziegelgedeckten Walm- und Zeltdächern; farbig verputzter Ziegelbau, architektonische Gliederungen (Säulen, Gebälke, Gesimse) und Details (Fensterumrahmungen) in Muschelkalk. Für einen Bürobau bemerkenswert reiche künstlerische Ausgestaltung: Steinskulpturen auf Balustrade am Ehrenhof die ›Vier Elemente‹ (von Wackerle und Geyger), Putzfelderung der Innenhoffassaden, in Innenräumen Gemälde von E. und F. Erler, Eichler, Römer u. a. – In 1970er Jahren Renovierung und z. T. Umgestaltung der Innenräume sowie zusätzliche Untergeschossräume zum eingetieften Lichthof im Garten (Pläne von Magg). – Der Bau sowie der westlich anschließende mauerumfriedete Garten (mit Säulenpavillon) seit 1973 unter Denkmalschutz.
Bedeutung: Die schlossähnliche Anlage formal in der Tradition eines bodenständig interpretierten Neoklassizismus (als ›Heimatschutzstil‹ diffamiert), in manchen Details Anklänge an Jugendstil und vorweggenommene Art déco. Beachtenswert die Materialkombination von Putzfassaden und Architekturdetails in Naturstein. – Technisch bemerkenswerte Neuerungen wie (u. a.) Klimaanlage, Rohrpost, die unter hölzernen Dachstühlen eingezogenen Stahlbetonkonstruktionen. (In krassem Kontrast zum Hauptbau der nach Plänen von Maurer und Denk 1963-65 gegenüber, Königinstraße 38, errichtete *Erweiterungsbau* ›Ostgebäude‹ in schematischer Funktionalität von Stahlbetonskelett und Aluminium-Curtainwall; unter Erhalt des Tragwerks Umbau durch Baumschlager und Eberle (2001/02).

KÖNIGSPLATZ ☐ **1**

Im rechtwinkligen Straßenraster der zu Anfang des 19. Jh. geplanten → Maxvorstadt eingefügter Rechteckplatz zwischen Meiser-/Arcis- und Luisenstraße, in Ostwestrichtung von → Brienner Straße durchlaufen und an Westseite durch *Propyläen* (1854-62, (→ Königsplatz 2) geschlossen; in der Mitte seiner Nordseite die 1816 ff. errichtete *Glyptothek* (→ Königsplatz 3), ihr Pendant an Südseite die *Staatlichen Antikensamm-*

lungen (1838-45, → Königsplatz 1). Erste Entwürfe für Platzgestaltung 1807/08, u. a. von Thurn, A. Gärtner, Schedel von Greifelstein, F. L. v. Sckell; mit Ratifizierung des Generalplans der Baukommission 1808 im Verlauf der Brienner Straße (bis 1826 ›Königsstraße‹ genannt) drei Plätze vorgesehen: der runde → Karolinenplatz, der rechteckige Königsplatz und der ebenfalls runde Stiglmaierplatz (bis 1845 ›Kronprinzen‹- oder ›Ludwigsplatz‹). Sckell und C. v. Fischer 1809/10 mit Erstellung von ›Generalplänen‹ für weitere Stadtentwicklung beauftragt; ein unabhängig davon 1809 von der Militärkommission erstellter Bebauungsplan für den Königsplatz (Garnisonskirche, Kadettenschule, Invalidenhaus) am Einspruch Fischers und Schedels gescheitert. Neuer Bebauungsplan 1812 mit Betonung der Ostwestausrichtung durch Errichtung öffentlicher Gebäude in der Mitte der beiden Längsseiten sowie Privatbauten gegen die Platzecken: an Nordseite *Skulpturenmuseum* (später: Glyptothek) vorgesehen (Kronprinz Ludwig erwirbt dort 1812 Grundstück), an Südseite ein von General Wrede angeregtes *Armeedenkmal* (Entwurf 1813 von C. v. Fischer, als zu teuer nicht ausgeführt); Entwurf Himbsels (1814) für Invalidenhaus und Glyptothek (ebenfalls nicht realisiert).
Seit 1815 Beschäftigung Klenzes mit Glyptothekentwürfen (Bauauftrag 1816), zugleich Vorschläge für Umbauung des Platzes; entgegen Nordseite zog sich Planung der Südseite über Jahre hin: Entscheidung Ludwigs 1816 für eine katholische *Kirche der Zwölf Apostel* (erste Planung von Klenze 1816-19) anstelle des Fischerschen Armeedenkmals. (Vermutlich bereits zu dieser Zeit Klenzes Idee, den Platz gegen Westen durch einen *Torbau* (später ›Propyläen‹) zu schließen. In Plänen des Architekten von 1819/20 und 1821/23 auf Platzareal rechteckige *Rasenflächen* (mit vier Brunnen) eingetragen, ferner größere freistehende Wohnbauten in Fluchtlinien von Glyptothek und Kirche sowie quer stehende Gebäude an Arcis- und Luisenstraße. Bereits 1822 begonnene Bauten (von Gampenrieder und Höchl) auf Geheiß Ludwigs 1823/24 z. T., 1824/25 gänzlich abgebrochen. 1823/24 Tieferlegung des Platzniveaus (weil Glyptothek auf zu niedrigem Sockel errichtet) und Anlage von vier rechteckigen Rasenflächen (ohne Brunnen); 1826 Baumbepflanzung an der bereits von F. L. v. Sckell vorgeschlagenen nördlichen Platzbegrenzung durch seinen Neffen C. A. Sckell. – Klenze bei weiterer Planung für Südseite abgelöst: 1827 Entwurfsauftrag an F. v. Gärtner für Errichtung der neuen Staatsbibliothek (→ Ludwigstraße 16), 1828 aufgegeben; 1827/28 Auftrag an Ziebland zum Bau der *Apostelkirche*, dann zum *Kunstausstellungsgebäude* (heute Staatliche Antikensammlungen (→ Königsplatz 1); erst 1845 nimmt Klenze die Planungen für die *Propyläen* (→ Königsplatz 2) wieder auf, 1854-62 erbaut. Dagegen blieb Ostseite des Platzes eigentümlich amorph, lediglich an Ecke Brienner/Arcisstraße zwei (zu kleine) kubische Bauten: südlich das 1809/10 nach eigenen Plänen errichtete *Wohnhaus* C. v. Fischers, nördlich gegenüber das *Wohnhaus* für Schnorr von Carolsfeld (1832 von Höchl; beide 1933 beim Bau der sog. ›Ehrentempel‹, s. u., abgerissen). Pläne und Projekte für ›Vollendung‹ des Platzes bereits 1883 durch Heckel, in den 1880er Jahren durch Bühlmann, 1914 durch Jäger, 1924 durch O. O. Kurz, der einen ›Vaterländischen Heldenplatz‹ projektierte: auf ihm sollten 16 (!) symbolische Sarkophage an Ost- und Westseite aufgestellt werden – eine fatale Vorwegnahme der anstelle der beiden Wohnhäuser 1933-35 nach Plänen von P. L. Troost errichteten zwei ›Ehrentempel‹ (in der Form von Hypäthraltempel) mit den Eisensärgen der 16 ›Blutzeugen‹ der NSDAP (1947 gesprengt). Sie und die beiden südlich und nördlich anschließenden Baublöcke (ehemalige Parteiverwaltung, → Meiserstraße 10, und sog. ›Führerbau‹, → Arcisstraße 12) sollten nach Hitlers Willen die zur Stadt hin offene östliche Platzseite durch monumentale ›Kulissen‹-Bauten abschließen. Doch schon in den 1920er Jahren Zweckentfremdung des Platzes für politische Demonstrationen, im Dritten Reich zur ›Weihe- und Versammlungsstätte des deutschen Volkes‹ umfunktioniert (seit 1935 Umbenennung in ›Königlicher Platz‹, die Brienner Straße als »Straße der Bewegung« und »nationale Via triumphalis« glorifiziert), die Platzfläche durch Umfassungsmauern ausgesondert und mit Granitplatten gepflastert (von den Münchenern als ›Plattensee‹ bezeichnet); dadurch Verhärtung des Platzareals und durch Niveauanhebung Zerstörung der Pro-

Staatliche Antikensammlungen: *Mädchen aus Beroia*, Griechische Bronze, Ende des 5. Jh. vor Chr.

portionen der Baukörper. Nach Krieg erste Pläne für Neugestaltung 1947 (u. a. von G. Gsaenger, Elsässer, C. Sattler), seit 1961 Wiederaufnahme der Umbaupläne (Entfernung der Platten, Anlage einer Tiefgarage), erst 1986 Beginn der Wiederherstellung der Rasenflächen (vollendet 1988). Auf Platzareal 1994 unmotivierte Aufstellung einer *Licht-Installation* des Amerikaners Flavin. Bei Einmündung der Brienner Straße seit 2001 *Informationstafel* über Dienststellen der NSDAP im Bereich Karolinen-/Königsplatz und Karlstraße. ***Bedeutung:*** Einzigartige Platzgestaltung am westlichen Eingang in das neu angelegte Stadtviertel konzipiert, eine der »spätesten und besten Lösungen des europäischen Klassizismus« (E. Bergmann) in der Rezeption antiker (bzw. für antik gehaltener) urbanistischer Foren, formal überhöht durch Gleichklang von dorischen (Propyläen), ionischen (Glyptothek) und korinthischen (Ausstellungsgebäude) Stilelementen. Im späteren Verzicht auf die von Klenze vorgesehene allseitige Umbauung zugunsten der Bepflanzung der Randzonen beiderseits der Museumsbauten wird Wandlung von klassizistischer zu romantisch-biedermeierlicher Kunstauffassung sichtbar. Durch Wiederherstellung kleinteiliger Rasenflächen Verlust urbaner Weiträumigkeit.

KÖNIGSPLATZ 1 ☐ 1

Staatliche Antikensammlungen in dem an Südseite des Königsplatzes als Pendant zur Glyptothek (→ Königsplatz 3) zwischen 1838 und 1845 errichteten ehem. *Kunst- und Industrie-Ausstellungsgebäudes.* Dort bereits ein Institut für griechische Waisenkinder gebaut (Abbruch 1819); nicht ausgeführt das Projekt eines *Museums für Abgüsse* von Thorwaldsens Werken. Dagegen (1812) Projekt C. v. Fischers für *Armeedenkmal*, ebenso wenig ausgeführt wie die 1816 von Klenze begonnenen Entwürfe (bis 1829) für *Apostelkirche.* Bereits seit 1822 (!) beauftragte Kronprinz Ludwig den damaligen Akademieschüler Ziebland ebenfalls mit Entwürfen für eine Apostelkirche; darüber hinaus erhielt F. Gärtner 1827 den Auftrag, an dieser Stelle eine *Staatsbibliothek* zu projektieren (Plan 1828 aufgegeben). Um 1830 Entscheidung gegen Kirchenbau zugunsten eines Ausstellungsgebäudes »zur Förderung der Künste und Gewerbe in Bayern«; nachdem Klenze bereits 1830/31 Entwurfsskizzen angefertigt hatte, Ausführungsauftrag jedoch an Ziebland, der von Klenze-Entwurf hohes Stufenpodest, achtsäuligen Portikus und pilastergegliederte Seitenflügel übernimmt. *Grundsteinlegung* 1838 (gemeinsam mit südlich anschließendem Kloster und Basilika St. Bonifaz, → Karlstraße 34), *vollendet* 1845; seit 1848 in Staatsbesitz. Fortan für Ausstellungen verwendet bis zur Einrichtung als *Königliches Antiquarium* 1869 (antike Kleinkunst außer Vasen, die schon 1836 im Erdgeschoss der Alten Pinakothek, → Barer Straße 27, aufgestellt worden waren). Ab 1872 wieder Ausstellungen, zwischen 1898 und 1916 *Haus der Münchener Secession*, von 1919-39 *Neue Staatsgalerie.* Bereits 1927 Überlegungen zur Erweiterung des Ausstellungsgebäudes; 1929 Vorschlag von J. Rank unter Einbeziehung des Klosterbaus; Aufgreifen dieses Plans durch Oberste Baubehörde (Gablonsky, unter Mitarbeit von Hager und Leypold) 1938-41 mit gleichzeitiger Planung für Klosterneubau: Einrichtung eines *Museums* »Schack-Galerie der deutschen Meister des 19. Jahrhunderts« (laut Hitler-Erlass 1.2.1939) durch Krieg verhindert. 1943 und 1944 bis auf Außenbau und Säulenportikus zerstört. – Bei Wiederaufbau (ab 1959) nach Plänen von Ludwig als *Museum für die Antikensammlungen* eingerichtet und 1967 eröffnet. – ***Beschreibung:*** Eingeschossiger, durch flache Pilaster klar gegliederter, breit gelagerter Baukörper auf hohem rustizierten Sockel; Fassadenmitte betont durch achtsäuligen korinthischen Portikus über hoher Freitreppe; im Giebelfeld original erhaltene Marmorfiguren ›Bavaria als Schützerin der Künstler unter Ludwig I.‹ (von L. Schwanthaler 1838-41, aufgestellt 1844). – Vor schweren Zerstörungen im 2. Weltkrieg mit südlich anschließendem Klosterbau und Kirche St. Bonifaz verbunden. ***Bedeutung:*** Spätklassizistisch vornehmer Bau, der aber durch Treppenanlage und die damit erreichte Höhe die Harmonie des Platzes dominiert und in seiner Vertikalgebärde die Glyptothek überragt. Deren ionischer Stil und die korinthische Ordnung des Zieblandbaus bilden mit den 1862 vollendeten Propyläen ein ideelles Abbild der »Geschichte der hellenistischen Stilentwicklung«.

Staatliche Antikensammlungen

Hauptgeschoss

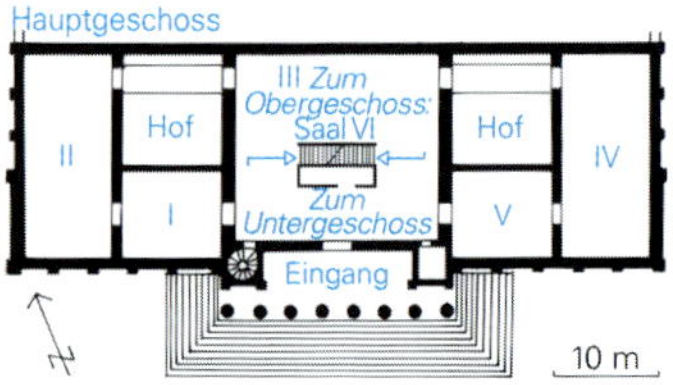

Untergeschoss (Schema)

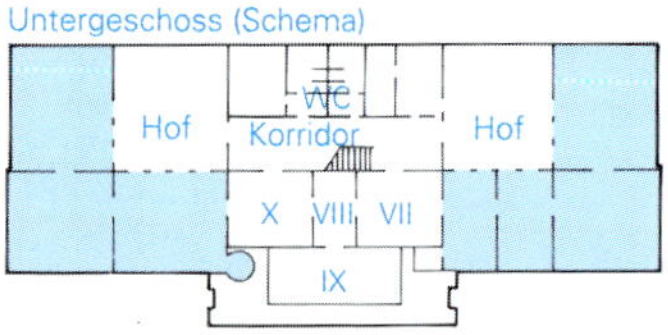

Hauptgeschoss: *Griechische Töpferkunst aller Epochen, im Einzelnen im Saal* **I** *der Vor- und Frühgeschichte, in* **II** *des 8.-6. Jh., in* **III** *des 6. und 5. Jh., in* **IV** *des 5. Jh. und in* **V** *des 5.-2. Jh. sowie griechische Terrakotten, Tongefäße und Bronzen der Schenkung Hans v. Schoen in Saal* **I** *und James Loeb in Saal* **V**. *Im* ***Obergeschoss*** *des Mittelsaals* **VI** *Griechische Gefäße aus Unteritalien, etruskische Tongefäße und Bronzen; an den Wänden sieben Rottmann-Gemälde in Enkaustik aus dem Griechenlandzyklus (vier weitere in der Neuen Pinakothek, die restlichen zwölf im Depot).* ***Untergeschoss:*** *im* **Korridor** *Tongefäße des 8.-6. Jh. aus Böotien und des 10.-6. Jh. aus Zypern, in Raum* **VII** *Etruskischer Goldschmuck und antikes Silber,* **VIII** *Antikes Glas und griechische Bronzen,* **IX** *Griechische und andere Terrakotten und Bronzen,* **X** *Griechischer Goldschmuck. (Archaische und klassische griechische, hellenistische und römische Großplastik in ›Glyptothek‹ → Königsplatz 3.)*

Staatliche Antikensammlungen *: Hervorragende Beispiele griechischer, großgriechischer und etruskischer Vasenkunst, Kleinbronzen, antiken Silbers sowie griechischen und etruskischen Goldschmucks, hervorgegangen aus der 1920 zum ›Staatlichen Museum antiker Kleinkunst‹ vereinigten ›Sammlung griechischer Töpferkunst‹ Ludwigs I. (seit 1836 in der Alten Pinakothek), ›Vereinigten Sammlungen Ludwigs I.‹ und Beständen aus der ehem. Kunstkammer Albrechts V. Neben Erwerbungen haben vor allem Stiftungen die Bestände bereichert wie die von F. W. von Bissing, die Sammlung Paul Arndt (1908), das Vermächtnis James Loeb (1933), die Sammlung Hans von Schoen (1964). ***Bedeutung:*** Antikensammlungen und die zugehörige Glyptothek (neben Berlin) reichstes Museum antiker Skulptur und Vasenkunst in der Bundesrepublik; die Münchener Vasensammlung nach der des Britischen Museums und des Louvre wichtigste ihrer Art.

Staatliche Antikensammlungen: *Giebeldetail.*

KÖNIGSPLATZ 2 ☐1

Propyläen * Als abschließender Torbau an Westseite des → Königsplatzes und zugleich monumentaler Zugang zur Stadt geplant und errichtet. Bereits 1816 erste Überlegungen Klenzes im Auftrag des Kronprinzen Ludwig, angeregt durch Propyläen der Athener Akropolis. In der Folge verschiedene Standorte erwogen (vor ehemaligem Schwabinger Tor, 1817 am Isarhochufer beim Gasteig, dann Nordende Ludwigstraße), schließlich, um 1818, wiederum am Königsplatz, verbunden mit geplanter Neuumwallung Münchens (sog. ›Linienwall‹, → Befestigung S. 27, aufgegeben 1826). Fortan verschiedene Vorschläge Klenzes: um 1818 in Anlehnung an Hofgartentor → S. 161 mit Quadriga und U-förmig angeordneten Prostylos-Tempeln; Kombination von Stadttor und Armeedenkmal (von General Wrede abgelehnt); weitere Torbauentwürfe mit parallelen bzw. abgeknickten Flügelbauten. 1824 erstmals als ›Siegestor‹ bezeichnet (vorher ›Königstor‹), dann, 1826, Bezeichnung auf geplanten Triumphbogen am Nordende der Ludwigstraße (→ Siegestor) übertragen. Erst 1845 Wiederaufnahme der Entwurfsarbeiten durch Klenze in Anlehnung an Brandenburger Tor in Berlin (1789-91 nach Plänen von Langhans), dann Abkehr vom Vorbild der Athener Propyläen; weitere Planung formal und inhaltlich als philhellenisch-dynastisches Denkmal 1845/46: »Projekt I« als Dipylon mit verbindendem Mauertrakt und Mitteltor (abgelehnt); »Projekt II« als dorische Torhalle zwischen Ecktürmen zur Ausführung bestimmt (als Motiv vorgebildet bei Haller von Hallersteins Wettbewerbsentwurf für Glyptothek 1815). Gefährdung des Projekts durch Ludwigs Abdankung 1848, jedoch Finanzierung aus seiner Privatschatulle; endgültige Baugenehmigung 1851. *Grundsteinlegung* 6.4.1854, *Einweihung* 18.8.1862 mit gleichzeitiger Übereignung an die Stadt (neben Obelisk auf Karolinenplatz die beiden einzigen Klenze-Werke im Besitz Münchens); Übergabe an Verkehr 30.10.1862. Mittlere Durchfahrt 1928 für Verkehr gesperrt, der durch die Tore der beiden Pylonen geleitet wurde; seit Umgestaltung des Königsplatzes im 3. Reich Verkehrsführung seitlich des Torbaus. – Von 1880er Jahre an mehrfach Restaurierungen, so dass originale Polychromie der Architektur nicht mehr nachvollziehbar. Torhalle und Westgiebel 1944/45 schwer beschädigt; erste Wiederherstellung durch Döllgast 1951-54, grundlegende Restaurierung durch Schleich 1965/66. Abnahme der originalen Giebelfiguren 1985 (im U-Bahnhof Königsplatz aufgestellt), durch Kopien ersetzt. – Im westlichen Vorfeld des Torbaus ›Lichtstelen‹ (von Flavin 2001).

Beschreibung: Feld- und Stadtseite des knapp 55 m breiten Torbaus gleich gestaltet: mächtige, sich nach oben verjüngende, etwa 28 m hohe Pylonen mit großen Toren, offenen, ungenützten Räumen im Obergeschoss (mit farbigen Kassettendecken) und ägyptisierenden Gesimsabschlüssen flankieren sechssäulige *dorische* Giebelfront nach Osten und Westen auf dreistufigem Stylobat; die rd. 18 m hohe Mitteldurchfahrt (beiderseits Doppelreihe von je vier *ionischen* Säulen) durch Namen griechischer Freiheitskämpfer und Philhellenen als Ehrenhalle gestaltet. *Bauplastik:* Entwürfe und Modelle von L. v. Schwanthaler ab 1846, nach seinem Tod (1848) durch seinen Neffen Franz Xaver und Schüler bis 1862 ausgeführt. In den beiden Giebelfeldern überlebensgroße Marmorskulpturen: im Ostgiebel ›König Otto und seine segensreiche

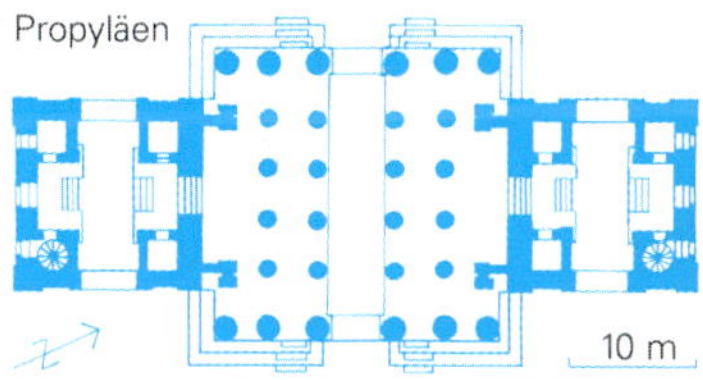

Propyläen.

Glyptothek: *Die Ägineten,* Figuren vom Westgiebel des Aphaia-Tempels in Ägina, um 500 vor Chr.

Regierung im befreiten Griechenlande‹, im Westgiebel ›Hellas mit Kampf- und Siegesszenen‹. Dazu ergänzend in den Relieffeldern unter den Fensteröffnungen der Pylonen Szenen aus Kämpfen gegen türkische Herrschaft (ebenfalls nach Entwürfen von Schwanthaler). ***Bedeutung:*** Dieser »Torbau von erhabener Zwecklosigkeit« (N. Lieb) einer der letzten klassizistischen Großbauten des Historismus im 19. Jh. In Verbindung griechischer und ägyptischer Bauformen sowie in monumentaler Übersteigerung von innovativer Erfindungsgabe und singulärem Rang im europäischen Klassizismus. Mit *Propyläen* Vollendung von Ludwigs Konzeption des Königsplatzes, gemeinsam mit ›ionischer‹ *Glyptothek* und ›korinthischem‹ *Kunstausstellungsgebäude* ein idealistisches Abbild griechisch-klassischer Architektur in München, die »auf einem Punkte ein Bild des reinen Hellenismus in unsere Welt verpflanzte« (Ludwig). Als *Eingangstor* zu seinem ›Isar-Athen‹ vergleichbar mit der Porta del Popolo in Rom, der Barrière du Throne in Paris; als *Denkmal* das einzige monumentale Mahnmal der Welt für den Freiheitskampf der Griechen gegen die türkische Fremdherrschaft.

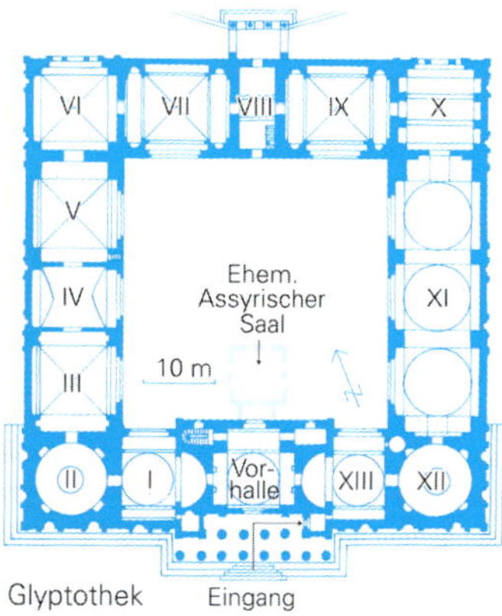

Die Abfolge der 13 Säle um quadratischen Innenhof folgt dem im Museumsführer empfohlenen **Rundgang**. *Die Benennung der einzelnen Säle entspricht signifikanten Bildwerken, die in ihnen ausgestellt sind.*
I *Saal der frühgriechischen Jünglinge,* **II** *Saal des Faun,* **III** *Saal des Diomedes,* **IV** *Saal des Grabreliefs der Mnesarete,* **V** *Saal der Eirene,* **VI** *Saal des Grabreliefs mit dem Jäger,* **VII** *Saal der Westgiebelgruppe des Tempels von Ägina,* **VIII** *Saal der Sphinx,* **IX** *Saal der Ostgiebelgruppe des Tempels von Ägina,* **X** *Saal des Alexander,* **XI** *Saal der römischen Bildnisse,* **XII** *Saal des Apollon,* **XIII** *Saal des Knaben mit der Gans. (Antike Kleinkunst in ›Staatlicher Antikensammlung‹ → Königsplatz 1.)*

KÖNIGSPLATZ 3 ☐ 1

Glyptothek* Nach Italienreise des Kronprinzen Ludwig (1804/05) Beginn des Aufbaus einer eigenen Antikensammlung; erster Höhepunkt: Erwerb der ›Aegineten‹ 1812. Bereits 1808 eigenes Sammlungsgebäude erwogen, 1811/12 erste (aber nicht ausgeführte) Entwürfe vom Petersburger Hofarchitekten Quarenghi. 1812 erwirbt Ludwig Grundstück an Nordseite des Königsplatzes. Entwürfe für *Museumsbau* (ab 1816 offiziell ›Glyptothek‹): Vorschläge C. v. Fischers zu Vierflügelanlage (nach Museumsschema von Durand) zwischen 1813 und 1816; gleichzeitig Aufforderung an Haller von Hallerstein um Entwurf. 1814 Auslobung eines internationalen Wettbewerbs durch Akademie der Künste; bis Juli 1816 51 Einsendungen, die in der von Fischer dominierten Jury durchfallen; davon gesicherte Teilnehmer: J. H. Wolf, Haller von Hallerstein, Klenze. Letzterer, durch Ludwig 1815 aufgefordert, mit Entwürfen in griechischem, römischem und Renaissancestil befasst (frühes Beispiel historistischer Entwurfspraxis). Abermals Vorschläge von Fischer und Klenze (1816): Ludwig entscheidet sich für Klenzes Vierflügelbau (Schema Durand) um quadratischen Innenhof (wohl angeregt durch Entwurf von Haller von Hallerstein, 1814/15).
Baugeschichte: *Grundsteinlegung* am 23.4.1816 (bis 1818 aber noch vier Planüberarbeitungen; die für 1823 geplante Fertigstellung verzögert sich bis 1830); auf Antrag Klenzes 1823/24 Absenkung des Platzniveaus (wegen zu niedrig geplanten Sockels). Mit Aufstellung der Aegineten 1828 feierliche nächtliche *Eröffnung* mit Fackelbeleuchtung, offizielle Übergabe an Publikum nach Fertigstellung der Innenausstattung jedoch erst am 13.10.1830 (Namenstag der Königin Therese); die Aufstellung des äußeren Figurenschmucks zieht sich bis 1862 hin. Im Innenhof Errichtung des sog. ›Assyrischen Saals‹, entworfen 1863 von Klenze, vollendet 1865 durch Dollmann; bei Restaurierung (1964 ff.) abgetragen. Die Glyptothek als Bauwerk geht 1918 von wittelsbachischem in Staatsbesitz über. – Im Zug der Planungen des 3. Reichs Entwürfe von Gablonsky (1938/39) zur Erweiterung der Glyptothek durch ca. 180 m langen Baublock entlang der Gabelsbergerstraße; Ausführung durch Krieg verhindert. Bei dessen Beginn Schließung des Museums und Auslagerung der Bestände, der Museumsbau 1944 durch Spreng- und Brandbomben zu ca. 40 % zerstört. Zwischen 1945 und 1948 Gefangenenunterkunft eingebaut, ab 1947 (bis 1953) notdürftige Sicherungen durch Landbauamt im Sinn eines Rohbaus; dessen Raumstruktur verbindlich für purifizierenden

Wiederaufbau 1964-71 durch Wiedemann: dabei Verzicht auf kopierende Rekonstruktion der früheren prächtigen Raumausstattung, Abbruch des Assyrischen Anbaus, Anhebung des Innenhofniveaus (um ca. 1 m), gegen den Hof Einfügung von hochrechteckigen Fenstern unter den originalen Lünettenfenstern. *Eröffnung:* 28.4.1972.

Baubeschreibung: Auf dreistufiger Krepis flach gelagerter vierflügeliger Baublock (ca. 66 m Seitenlänge) mit zurückhaltender Pilastergliederung, schmucklosem Gebälk und Attika; an drei Seiten statt Fenster Rundbogennischen in Ädikulen (gegen Einspruch Ludwigs als ›ungriechisches‹ Motiv von Klenze durchgesetzt). Die Mitte der *Haupt-(Süd-)Fassade* von achtsäuliger ›Tempel‹front (in ionischer Ordnung) mit Tympanon überragt und beidseitig drei Nischen; in den einfacher gestalteten Seitenfassaden die Nischen zu drei Zweiergruppen zusammengefasst, bei *Nordfassade* ein mittiger Viersäulenportikus (mit Nebeneingang) und in den beiden Eckrisaliten Fenster in Palladiomotiv. Der von Ludwig ursprünglich als ›Hain‹ gewünschte *Innenhof* (ca. 35 zu 35 m) heute zu intimem Freiraum umgestaltet und ausgestattet, u. a. durch eine Säule aus Untersberger Marmor mit Bronzekapitell (aus zerstörtem Vestibül des ehemaligen Kunstausstellungsgebäudes, → Königsplatz 1), Bronzeabguss einer Hadriansbüste (im Vatikan) und antike Sonnenuhr. – Das Bauwerk seit 1826 von Grünanlage hinterfangen, die C. A. Sckell nach Ideen seines Onkels F. L. v. Sckell gestaltete; seit 1966/67 Kinderspielplätze. Vor der klassizistischen Kulisse der Nordfassade seit 1995 alljährlich Schauplatz der Osterfestfeier der griechischen Gemeinde in München. ***Figurenschmuck:*** Aus Bauzeit, von ersten Entwürfen und Modellen bis Aufstellung 1816-62; bei Eröffnung des Museums noch keine Figur am Außenbau angebracht. Durch Beteiligung von 15 Bildhauern aus zwei Generationen stilistische Einheitlichkeit nur gewährleistet, weil sie klassisch-klassizistischem Ideal verpflichtet waren; alle Statuen aus Marmor von Schlanders (Südtirol). Im *Giebelfeld* mehrfigurige Gruppe *Athena Ergane als Lehrmeisterin der Bildhauer*: Nach Idee von Klenze (1817, ursprünglich als Erzfiguren gedacht) und Entwürfen von J. M. Wagner (1818) erste Modelle (vor 1823) von J. N. Haller, Ausführung in Überlebensgröße (ab 1829 unter Aufsicht von C. D. Rauch) zwischen 1828 und 1832 durch Bandel, Leeb, Rietschel, L. Schwanthaler, E. Mayer und Sanguinetti; 1836 in Pinakothek ausgestellt, im selben Jahr im Giebel angebracht. (Die zugehörigen 18 großen Modelle im Erdgeschoss der Alten Pinakothek aufbewahrt, 1944 zerstört.) – In den Nischen der *Hauptfassade* sechs mythische und historische Repräsentanten der Bildhauerkunst (von links nach rechts): Hephaistos, Phidias, Perikles (zerstört) sowie Kaiser Hadrian, Prometheus, Daidalos. Erstes Konzept von Klenze 1816 (nach Beratung mit Schelling), erste Modelle von J. N. Haller und Lazzarani (1817/20), Ausführung in Überlebensgröße durch Leeb, Schaller, Lazzarani, Schöpf ab 1838, aufgestellt 1841. – Die Nischenfiguren der *Seitenflügel* stellen Bildhauer dar, die Kontinuität der klassischen Kunst im Geist der Antike symbolisieren. An der *Westfassade* Bildhauer der Renaissance (von links nach rechts in der Reihenfolge ihrer Geburt): Ghiberti, Donatello, Michelangelo, Vischer, Cellini, Giovanni da Bologna. Modelle von Brugger und Widnmann (wohl ab 1856), Ausführung durch Lossow; aufgestellt 1862. – An der *Ostfassade* Repräsentanten des zeitgenössischen Klassizismus, ihre Platzierung gegen Osten als ›Morgendämmerung der wiederbelebten Künste‹ (unter Ludwig I.) interpretiert; ihre Reihenfolge (ebenfalls nach Alter von links nach rechts): Canova, Thorwaldsen, Rauch, Tenerani (beide zerstört, durch Kopien ersetzt), Gibson, L. Schwanthaler. Modelle von Thorwaldsen (1839), Brugger und Widnmann (wohl ab 1855), Ausführung durch Lossow (ab 1857), aufgestellt 1859. (Einige beschädigte Statuen in Staatsbibliothek deponiert.)

Inneres: Alle Säle in unterschiedlichen Formen (Kreuzgrat, Halbkugel, Flachkuppel, Tonne) überwölbt; die von Klenze konzipierte *Ausstattung* in farbigem Marmor und Stuccolustro und z. T. reich vergoldeten Ornamentreliefs (Entwurf und Ausführung durch Métivier) ebenso unwiederbringlich verloren wie die *Fresken* von Cornelius (unter Mithilfe von C. Zimmermann und Schlotthauer) in den Sälen des Nordflügels (Saal VII: Göttermythen, 1819-23; Saal VIII: Prometheus-Zyklus und Saal IX: ›Heroen‹- bzw.

Glyptothek.

Glyptothek: *Barberinischer Faun* (Ausschnitt), Griechische Marmorskulptur, um 220 vor Chr.

Trojaner-Saal, 1824-30). – Die ursprüngliche *Aufstellung* der Exponate erstmals in deutschen Museen nicht nach Themen, sondern nach Chronologie ihrer Entstehung (vorgebildet 1793 im Pariser Musée des monuments français): von der ägyptischen Kunst (Saal I) über die griechische und römische bis zur zeitgenössischen Kunst, die zum Vorbild der Antike zurückführte (»Saal der Neueren«: XIII). Heutige Aufstellung beschränkt auf griechische und römische Werke (ägyptische Werke der Staatlichen Sammlung Ägyptischer Kunst, → Hofgartenstraße, die ›Neueren‹ 1919 der Neuen Pinakothek übergeben). ***Bedeutung:*** Klenzes beispielhaftes Werk des *deutschen* Klassizismus (vergleichbar Schinkels Altem Museum in Berlin, 1822-28) ist erstes eigens für antike und zeitgenössische (d. h. klassizistische) Plastik errichtetes, für die Öffentlichkeit bestimmtes Museumsgebäude in Deutschland (ähnlich in Italien: Villa Albani 1760, in Frankreich: Musée Napoléon). Durch Klenzes Auseinandersetzung mit der Architektur der griechischen und römischen Antike und der italienischen Renaissance zeichnet sich Loslösung vom *französischen* Klassizismus (bzw. von ›Revolutions‹-Architektur) ab. Klenze gelang mit diesem Bau eine der harmonischsten, feinsinnigsten und proportionssichersten Schöpfungen des europäischen Klassizismus. In der Konzeption der Glyptothek als ›Pantheon‹ der Bildhauerkunst König Ludwigs I. persönlichstes Werk, durch Auftrag an Cornelius zur Ausmalung bestimmter Säle Wiederbelebung der monumentalen Wandmalerei. (Als *Bau*typ Vorbild für das württembergische Königsschloß Rosenstein bei Stuttgart, errichtet von Salucci 1824-29.)

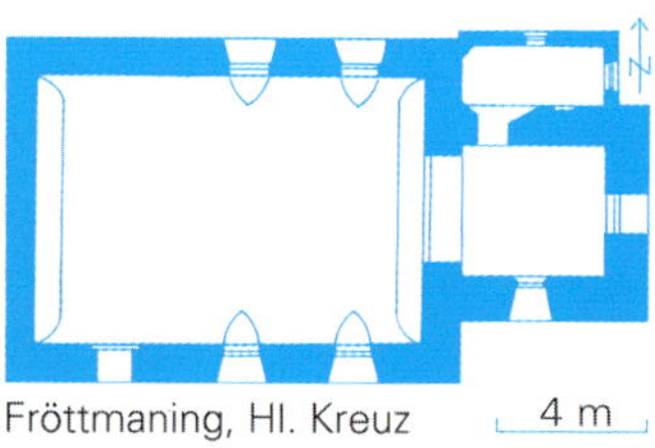

Fröttmaning, Hl. Kreuz

KRANZBERGER ALLEE 66 (Zufahrt von Freisinger Landstraße) □ **26**

Heiligkreuz Von der bereits im 9. Jh. erwähnten Ansiedlung aning (Fredmaringen) in der ›Fröttmaninger Heide‹ nichts mehr erhalten. Weihe der ersten (vermutlich hölzernen) Kirche für 815 überliefert, zwischen 10. und 12. Jh. Errichtung einer steinernen Chorturmkirche. Ursprünglich Filialkirche von St. Katharina in Garching (bis 1904), ab 1930 zur Pfarrei St. Albert (Freimann). – Der heutige Bau des Kirchleins im Kern romanisch, im 14. Jh. verändert, 1735/36 barockisiert. Restaurierung 1892-1902 und 1934 (Deckenbilder); erst Renovierung 1979-80 verhinderte Verfall der Kirche durch Dachschäden und weitere Ausraubung; Innenrestaurierung 1981-83. – ***Beschreibung:*** Rechteckiger Baukörper mit Satteldach, östlich der wuchtige Turm (auch mit Satteldach), im Untergeschoss Rundbogenfries über Deutschem Band, darüber Blendfelder. Am ganzen Bau gemalte Eckrustika, Gesimse und Rahmungen (18. Jh.) in ursprünglicher Form erneuert. Die Türen im Portal an Südseite mit umgearbeiteten Pflugscharen beschlagen. Das *Innere*, ein dreijochiger, z. T. weiß verputzter Saalraum unter barockem Spiegelgewölbe, im Osten quadratischer, eingezogener Altarraum (an dessen Nordseite Sakristeianbau), im Westen von gefaster Holzstütze (17. Jh.) getragene hölzerne Empore. Das *Deckengemälde* ›Verehrung des Hl. Kreuzes‹ (durch Kaiser Heraklius und den Patriarchen von Jerusalem 627), umgeben von vier Eckmedaillons (Hll. Petrus, Magdalena, Franziskus, Franz Xaver), wohl um 1736/40, Maler unbekannt. Im *Hochaltar* Kreuzigungsbild, flankiert von den Hll. Erasmus (Kopie) und Silvester, in den *Seitenaltären* links Hl. Sebastian, flankiert von Georg und Florian, rechts Mater dolorosa (18. Jh. aus einem Bildstock an der Freisinger Landstraße), flankiert von Katharina und Clemens (alle drei Altäre: 17. Jh.). Die Assistenzfiguren der beiden Seitenaltäre sind Arbeiten von Laienschnitzern aus der benachbarten Freimanner ›Auensiedlung‹, Ende 20. Jh. – Von besonderer Bedeutung die 1981 entdeckten *Ornamentmalereien**, wohl Ende 13. Jh., an freiliegenden Stellen von Ost-, Süd- und Nordwänden: v. a. geometrische Symbolzeichen, direkt auf die Ziegel gemalt. – ***Bedeutung:*** Eine der ältesten Kirchen im Stadtgebiet; als Bautypus ›Chorturmkirche‹, eine v. a. für das Bistum Freising verbindliche Bauform (z. B. alte Giesinger Kirche, St. Johann Baptist in Johanneskirchen, → Gleißenbachstraße 2, oder St. Nikolaus in Freimann, → Heinrich-Groh-Straße 11). Die nur z. T. freigelegten romanischen Malereien aus zwei Gründen bemerkenswert: sehr wenige Reste romanischer Wandmalereien in Bayern und v. a. im Raum München aus dieser Epoche erhalten; einzigartig die direkt auf Ziegelwand angewandte Maltechnik.

Fröttmaning, Heiligkreuz: *Romanische Ornamentmalerei*, wohl Ende des 13. Jh.

KREUZSTRASSE 10 ☐ 5

Allerheiligenkirche am Kreuz Die Bezeichnung ›Am Kreuz‹ verweist nicht auf ein Kreuzpatrozinium, sondern ist eine alte Lagebezeichnung: ›Am oberen Kreuz‹ wurde das Gebiet beim Zusammentreffen von vier Straßen genannt, der Josephspital-, Damenstift-, Brunn- und Schmalzgasse (Letztere heute Kreuzstraße). Ursprünglich Kapelle für den 1478 angelegten Friedhof der Peterspfarrei (1782-89 an die Stephanskirche verlegt, → Thalkirchner Straße 17), 1480-85 von Jörg von Halsbach (oder Dombauschule?) erbaut, Dachstuhl wohl vom Meister Heinrich von Straubing aufgesetzt; Umbauten 1620, 1722, 1772, zwischen 1796 und 1814 öfter profaniert; 1847 erstmals im Innern renoviert, dann 1936 umfassend instand gesetzt. 1944/45 schwer beschädigt, 1948 wieder aufgebaut und 1950-52 restauriert; Renovierung des Hochaltars 1962, des Innenraums 1965. Bis 1979 ukrainische Kirche, seitdem Messen nur sonntags von verschiedenen Konfessionen. ***Äußeres:*** Gesüdeter unverputzter Ziegelbau mit Strebepfeilern, Apsis beim Wiederaufbau leider verputzt; Turmhelm ursprünglich mit Zeltdach, jetzt mit vier gekappten Giebeln. Als Friedhofskirche zwei seitlich gegenüberliegende Eingänge, bei Auflassen des Friedhofs vermauert und 1814 durch Portal in der Nordseite (mit älteren Teilen) ersetzt. ***Inneres:*** Langhaus einschiffig, dreijochig, mit gotischem Netzgratgewölbe, Fenster seit 1620 gerundet; Altarraum ursprünglich im Turmuntergeschoss, 1620 Einzug eines barocken Tonnengewölbes mit Stichkappen und Felderteilung sowie Anfügung des heutigen halbrund geschlossenen Chors 1725; Empore 1722/26. *Hochaltar:* 1814 mit älterem Bild ›Maria erscheint Augustinus‹ von Rottenhammer, 1614 (aus ehemaliger Augustinerkirche); Tabernakel ca. 1740/43 aus der Straub-Schule, 1820 von Karmelitenkirche übernommen. *Seitenaltäre: links* Reliquiar in Rokokoschrein (flankiert von Hll. Isidor und Notburga), darüber Hl. Sebastian; *rechts* Madonna mit Kind (Kopie des Gnadenbilds von Genazzano bei Rom, aus Augustinerkirche; weitere Kopie in Kirche Maria vom guten Rat des Konvents der Augustiner-Eremiten, Hörwarthstraße 1); darüber Mater dolorosa, vorzüglicher Louis-seize-Rahmen mit vergoldetem Schnitzwerk. *Plastiken:* Holzkruzifix um 1520 (Leinberger-Schule) über Westtüre, Pietà von 1626 links unter Empore. Rest gotischer Freskierung ›Christus in der Mandorla‹ über vermauertem Ostportal. Ehemaliges *Chorabschlussgitter* heute unter Empore, 1750. *Epitaph** für Bankier Philipp Goetz (1627) von Krumper, ›Auferweckung des Lazarus‹, rechts im Triumphbogen. ***Bedeutung:*** Kleiner Bau des Meisters (?) der Münchener Frauenkirche, im Innern die Spuren seiner Hand durch Barockisierung teilweise verschwunden. Krumpers Epitaph ein hervorragendes Beispiel für Münchener Bronzeguss, in der Haltung noch Renaissance.

Allerheiligenkirche am Kreuz 5 m

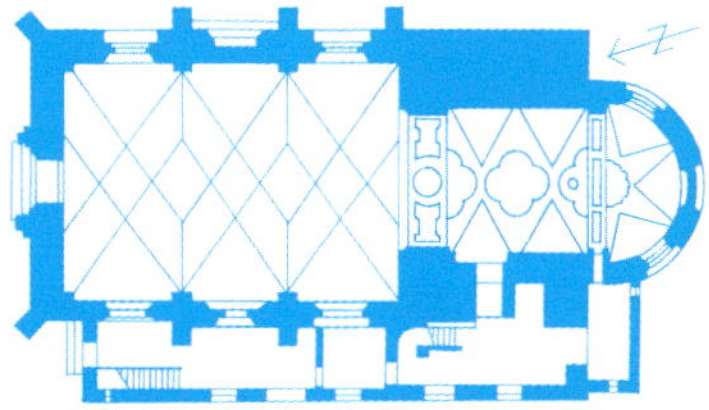

Allerheiligenkirche am Kreuz.

KUNSTAREAL MÜNCHEN ☐ 1, 2

Mit Eröffnung der *Pinakothek der Moderne* (→ Barer Straße 40) fand Arrondierung des Pinakothekenviertels vorläufigen Abschluss: Durch *Alte Pinakothek* und *Neue Pinakothek* (→ Barer Straße 27 und 29), durch *Staatliche Antikensammlung* und *Glyptothek* (→ Königsplatz 1 und 3), durch *Städtische Galerie im Lenbachhaus* mit dem ›Kunstbau‹ (→ Luisenstraße 33) und durch *Museum für Abgüsse klassischer Bildwerke* (→ Meiserstraße 10) entstand eine der größten europäischen Museumsstadtviertel zur Geschichte der abendländischen Kunst von der frühen Antike bis zur unmittelbaren Gegenwart – vergleichbar der Museumsinsel in Berlin. Neben den vorgesehenen Neubauten für *Sammlung Brandhorst* (→ Türkenstraße 35 a) und für *Staatliche Graphische Sammlung* (im 2. Bauabschnitt der Pinakothek der Moderne) sollen *Hochschule für Fernsehen und Film* sowie die *Staatliche Sammlung Ägyptischer Kunst* (→ Hofgartenstraße 1) auf dem ›Bunkergelände‹ südlich Gabelsbergerstraße neue Gebäude erhalten. (Dabei Abbruch der von Hart, Ludwig und Hlawaczek 1965-72 errichteten Naturwissenschaftlichen Institute der TU.) Abrundung durch *Technische Universität* (→ Arcisstraße 21), *Hochschule für Musik und Theater München* (→ Arcisstraße 12) sowie *ägyptologische* und *archäologische Institute* im ›Haus der Kulturinstitute‹ (→ Meiserstraße 10).

LACHNERSTRASSE 8 □ 18

Pfarrkirche Herz Jesu Spektakulärer Neubau anstelle der in der Nacht zum 26.11.1994 total abgebrannten (Holz-)Kirche (unter Vernichtung bedeutender Werke zeitgenössischer Kunst: → Ausgaben 1994, 1997, 1999 dieses Handbuchs, jeweils S. 164 f.). 1995 Ausschreibung eines Wettbewerbs (158 Einsendungen), 1. Preis an Architekturbüro Allmann Sattler Wappner; Baubeginn 1997, *Grundsteinlegung* 1998, *Weihe* 26.11.2000. ***Beschreibung:*** Quaderförmiger Baukörper (48 m lang, 20 m breit, 16 m hoch) aus Glas und innen liegendem Stahltragwerk; die gesamte Eingangsfront als zweiflügeliges, 14 m hohes Festtags-›*Portal*‹ (mit eingefügten kleineren Türen) aus blauen, mehrschichtigen Glastäfelchen gestaltet (ihre keilschriftähnliche Textur von Beleschenko entworfen); die beiden Seitenfassaden in je 14 Bahnen aus Glas, deren Lichtdurchlässigkeit zum Altarbereich hin abnimmt. Diese Außenhülle umschließt eigentlichen Kirchenraum: Seitenwände aus unterschiedlich eingestellten Ahornholzlamellen (Entwurf von ›Lichtplaner‹ Sexton; von diesem auch die in abgehängter Flachdecke eingebauten elektronisch gesteuerten Lichtquellen); *Altarrückwand* aus goldfarbenem Metallgewebe (›Tombak‹) mit toniger Hervorhebung eines Kreuzes (nach Entwurf von Lut-

Herz Jesu: *Eingangsfront,* die sich an hohen Festtagen zu einem monumentalen *Portal* öffnen lässt.

zenberger). Die fünf *Wundmale Christi* durch Lichtquellen im Fußboden angedeutet. Im Umgang zwischen äußerer Glas- und innerer Lamellenwand *Kreuzwegstationen* in 14 Lichtkästen, in denen Fotos (von Wähner) die Via dolorosa in Jerusalem im Jahr 2000 zeigen. – Am Vorplatz zwischen Straße und Kirche *Campanile* in Stahlkonstruktion. ***Bedeutung:*** Die konsequente formale Eindeutigkeit der Architektur unter Diktat des rechten Winkels sowie die Anwendung modernster technischer Konstruktionsmöglichkeiten können ebenso wenig über die austauschbare Neutralität dieses Meditationsraums hinwegtäuschen wie über den Verlust von Bildhaftigkeit zeitgenössischer Kunstbestrebungen. Die gesuchte Symbolik und die Berufung auf Vorstellungen von antiken Tempeln – Glaswände entsprächen Säulenstellungen, Kirchenraum der Cella, dazwischen Umgang – ist nicht überzeugend, ebenso wenig wie die als ›absolut‹ behauptete architektonische Form zwangsläufig Ausdruck des Absoluten sein muss: der Verlust des ›Sakralen‹ wird durch eine als »leuchtender Tempel [!] für den Holzvorrat« gelobte gläserne Lagerhalle in Boblingen (von Nagler 1999-2000) deutlich.

LANDSBERGER STRASSE 21, 31-33, 35 □ 18

Augustiner-Brauerei Brauerei des Augustinerklosters (→ Neuhauser Str. 2) erstmals 1411 an Ecke Ettstraße/Löwengrube genannt, Braubetrieb aber »mit ziemlicher Sicherheit« bereits 1382 (Helmuth Stahleder). Verlegung der 1803 verpachteten Klosterbrauerei durch einen bürgerlichen Bierbrauer an Neuhauser Gasse; im selben Jahr Gaststätte

Augustiner-Brauerei, als einziges noch vollständig erhaltenes Ensemble Münchener Brauerei-Architektur ein eindrucksvolles Industriedenkmal des 19. Jahrhunderts.

›Zum Augustiner‹ genannt (→ Neuhauser Str. 26). Mit Kauf der Braustätte durch Anton Wagner 1829 Begründung der ›Augustinerdynastie‹; 1857 Erwerb des Buttler-Kellers auf der sog. Hauptniederterrasse (Theresien-/Schwanthaler Höh) und – infolge zunehmender industrieller Bierproduktion im 19. Jh. – Verlegung der Brauerei an die Landsberger Straße (in etwa Trasse der alten Salzstraße). ***Beschreibung:*** Auf einer Länge von rd. 270 m entlang der Ausfallstraße nach Westen von 1884-85 errichtete *Produktionsanlage*: drei gleichartige, unterschiedlich lange und durch einstöckige kurze Bauten verbundene drei- bis viergeschossige Gebäude unter Satteldächern; ihre rotbraune Blankziegelmauerung durch helle Natursteinlisenen mit Blendbogenfriesen rhythmisiert und die Kämpfer der Flachbogenfenster durch Natursteine hervorgehoben. Das *Verwaltungsgebäude* Ecke Landsberger/Schrenkstraße in Formen (deutscher) Neorenaissance mit geschweiftem Giebel errichtet. Umfassend renoviert 1990/91, zusammen mit den Nebengebäuden auf Areal gegen die Westendstraße. ***Bedeutung:*** Bemerkenswerte, noch in Betrieb befindliche, weitläufige Produktionsanlage, ein in München selten gewordenes Beispiel einer – im Gegensatz zum damaligen Historismus und Gründerstil – streng sachlichen, fast schmucklosen ›Industriearchitektur‹ des späten 19. Jh.

Schlichtingerbogen mit ehemaligem Zerwirkgewölbe.

LEDERERSTRASSE 3 ☐7

Ehemaliges Zerwirkgewölbe Seit 1808 diente das Gewölbe zur Aufnahme und zum ›Zerwirken‹ (zerlegen, zubereiten) des bei Hofjagden erlegten Wildes, als »Wildpraetgwelb im Hofzehrgarden« 1558 von Herzog Albrecht V. gegründet und ursprünglich in (Alter) Maxburg untergebracht. Bau und Gewölbe ehedem Bestandteil des wohl 1264 erbauten herzoglichen *Falkenhauses* (Burgstraße 10), um 1590 von diesem abgetrennt und vom Hofbaumeister W. Dietrich gekauft; von 1639-1733 in Besitz der Familie Schlichtinger (zu *Schlichtingerbogen* s. u.); bis 1808 vermutlich für Zwecke des Hofbräuhauses (→ Platzl 9) als Nebengebäude verwendet (keinesfalls aber und zu keiner Zeit als Bräuhaus: Helmuth Stahleder). Nach Aufhebung des ›Zerwirkgewölbes‹ als Wildpret-Spezialgeschäft Einrichtung der *›Studiobühne im Zerwirkgewölbe‹* durch Theater am Gärtnerplatz 1989, seit 2001 ›Studiobühne‹ der Bayerischen Theaterakademie: die historischen Gewölbe im Erdgeschoss davon unberührt, die Räume in den beiden Obergeschossen weitgehend vom Umbau zu Schulräumen verschont. In sog. Gründungsurkunde des Hofbräuhauses (1589) wird Bau und Gewölbe als »Herzog Ludwigs Haus« genannt (d. h. nach Stahleder: Herzog Ludwig der Strenge, regiert 1255-94), so dass als Erbauungszeit letztes Drittel 13. Jh. angenommen werden kann; im Spätmittelalter erneuert, im Barock wohl neu eingewölbt. (Die Jahreszahlen in den Fresken an Ost- und Südseite – 1264 und 1708 – unzutreffend und falsch; irreführend die Anspielung auf Hofbräuhaus.) ***Bedeutung:*** Neben Teilen des → Alten Hofs ist Zerwirkgewölbe mit seinen kreuzgratgewölbten Innenräumen das älteste profane Bauwerk Münchens.

Schlichtingerbogen: Möglicherweise bereits um 1319 ein kleines Tor in der ältesten, leoninischen Stadtmauer als Verbindung von Burg- zu (heutiger) Ledererstraße zwischen den Häusern Burgstraße 8 und 10 (›Falkenhaus‹). Wann der schmale Durchgang überbaut wurde, ist nicht belegbar; die in Literatur häufig genannte Zahl 1385 sehr fraglich (Stahleder).

LEIPZIGER PLATZ 11 ☐ 14

St. Martin Für Bau der neuen Moosacher Pfarrkirche – nach Verhinderung (1912) des Abbruchs der zu klein gewordenen alten Martinskirche (→ Moosacher St. Martinsplatz 1) – Ausschreibung (Mai 1918) eines Wettbewerbs: bei 67 eingereichten Arbeiten 1. Preis an Leitenstorfer; *Baubeginn* 1921, *Weihe* 16.11.1924; Ausstattung erst 1947 abgeschlossen. Im Krieg kaum Schäden, 1963 Außenrenovierung, 1967/68 Veränderungen durch Liturgiereform, in 1980er Jahren Restaurierung, in 1990er Jahren *Neugestaltung* des Innern (mit Weihe 21.11.1999 beendet). ***Beschreibung:*** Lang gestreckte genordete Pfeilerbasilika, *Mittelschiff* an Chor- und Eingangsseite um jeweils ein Joch länger als flankierende *Seitenschiffe*; mächtiger *Turm* mit Zeltdach neben Altarraum. Über (südlichem) Hauptportal Relief ›St. Martin‹ (von Knappe 1925); Rundbogenfenster in Hoch- und Seitenschiffen. ***Inneres:*** Mittelschiff mit Holzbalkendecke, erhöhter Altarbereich mit Halbrundapsis; Seitenschiffe (ebenfalls flache Holzdecken) durch Pfeilerarkaden abgetrennt, flache Apsiden mit *Tabernakel* (links) und *Madonna* (rechts; spanisch-portugiesisch, wohl Anfang 16. Jh.). – Vereinfachende *Neugestaltung* durch Hirschi und Bott; dabei von Erstausstattung erhalten geblieben: Taufstein (von Leitenstorfer/Knappe 1926), Tabernakeltüren (von Georgii 1930), Kreuzwegstationen (an Wänden) und Apostelfiguren (an Lisenen) in Seitenschiffen (von Baumhauer 1940-42 bzw. 1947); Kruzifix und Mater dolorosa (von Georgii, 1933 bzw. 1934). ***Bedeutung:*** Die von Leitenstorfer ursprünglich geplante städtebauliche Einbindung des Kirchenneubaus in öffentlichem Gebäudekomplex (Gemeindeverwaltung, Schule) leider nicht realisiert. Die Eindeutigkeit romanisierender Architektur und herbe Klarheit des basilikalen Innenraums weitgehend der ›Neuen Sachlichkeit‹ angenähert – Anzeichen für die Abkehr vom konservativ-neubarocken Kirchenbau im ersten Viertel des 20. Jh. in München.

Geschäftshaus am Lenbachplatz 6 von Emanuel von Seidl (ehemalige Galerie Heinemann, von Thomas Mann in seiner Novelle *Gladius Dei* verewigt).

LENBACHPLATZ ☐ 5, 6

In der irregulären Geländesituation im Vorfeld der alten Stadtbefestigung zwischen → Maximiliansplatz (mit Einmündung der ›Rumford-Chaussee‹/Ottostraße, → Altem Botanischen Garten und → Karlsplatz sich ergebende amorphe Platzgestalt, in ihrer Staffelung und Bebauung typisch für spätes 19. Jh.: durch mehrere ohne engere Beziehung zueinander gruppierte Baukörper wechselnde malerische Perspektiven. Im Blick von Süden die breit gelagerte Schaufassade der *Deutschen Beamtenversicherung* (Nr. **1**; von Schleich, 1977-81); daneben der verfestigende Baublock der *Deutschen Bank/Bayerischen Börse* (→ Nr. **2**) an der Nahtstelle zwischen Karls- und Lenbachplatz: nach Norden anschließend die malerische Baugruppe des *Bernheimer-Hauses* (→ Nr. **3**), ferner der aus drei Gebäuden bestehende Baublock, nach Plänen von E. v. Seidl erbaut (Nr. **4**: 1904-05; Nr. **5**: 1903-04; Nr. **6**: 1904-05); an der aufgelockerten östlichen Platzseite, am Übergang vom Karlsplatz zum Lenbachplatz, *Künstlerhaus* (→ Nr. **8**), der Ausstellungspavillon von BMW und das *Justizgebäude* anstelle der ehemaligen Maxburg (→ Nr. **7**). An Maxburgstraße *Gedenkstein* (von Peters, 1968/69) für die 1938 zerstörte Hauptsynagoge (errichtet 1884-87 nach Plänen von A. Schmidt). Im Norden geht der Platz offen zum → Maximiliansplatz über; hier vor Baumgruppen der **Wittelsbacher Brunnen***, von A. v. Hildebrand (unter Mitarbeit des Architekten La Roche) geschaffen. Nach unbefriedigend verlaufenem Wettbewerb verließ Hildebrand die Jury; eigene Gegenentwürfe (1889 und 1890) führten 1891 zum Vertrag mit der Stadt und zur Aufstellung eines originalgroßen Modells vor Turnhalle/Jahnstraße (Juli 1891). Am Standort Lenbachplatz ausgeführt ab 1893, eingeweiht am 12.6.1895. 1945 z.T. zerstört (linke männliche Figur), 1951/52 durch Hildebrand-Schüler Georgii nachgeschaffen. ***Beschreibung:*** Vor Geländestufe (ehemalige Sternbastion) zum Maximiliansplatz komponiert: im ebenerdigen kreisförmigen Becken plastisch gegliederter Sockel für das obere, quer gelagerte Brunnenbecken; in der Sockelmauer acht reliefierte Pilaster (mit Seegetier, nach Skizzen von Hildebrand durch Palumbo 1891 ff.), dazwischen muschelartige wasserspendende Becken; in der Mitte des oberen Bassins Schalenbrunnen, an seinem Schaft vier Gesichtsmasken, in denen sich die unterschiedlichen Erscheinungsformen des Wassers ausdrücken: Mädchenmasken mit wirrem Haar für frische Brise, mit fallendem Haar für leblose Stille, alte Frau für bösartig reißende Strömung, alter Mann für träges Fließen. An den beiden Schmalseiten (links) steinschleudernder Mann (»Der Reitermann«, 1891, aufgestellt 1895), gegenüber Frau mit Schale (»Das Frauenzimmer«, 1895), die zerstörerische Kraft (›Gebirgswasser‹) und den Segen des Wassers (›Ruhiger Strom‹) symbolisierend. (Brunnen von der Stadtgemeinde errichtet anlässlich der Vollendung der Quellwasserleitung aus dem Mangfallgebiet; dabei Stiftung eines großen Betrags durch die Wittelsbacher als Dank für den Anschluss der Residenz an die städtische Wasserversorgung.) ***Bedeutung:*** An städtebaulich exponierter Lage meisterhaft komponierte, römischen Hochbarock mit antikischem Geist verbindende Anlage: Münchens schönster Brunnen – ein Musterbeispiel für Hildebrands Auffassung, dass auch Vollplastik wie ein Relief gestaltet werden sollte, um ihr Motiv selbst aus größerer Distanz klar erkennen und verstehen zu können (sog. ›Relieftheorie‹).

Wittelsbacher Brunnen: Der Innenrand des Beckens mit Fischmasken (als heute inaktive Wasserspeier?) besetzt.

LENBACHPLATZ 2 □ 5

Deutsche Bank und Bayerische Börse An der Stelle des seinerzeit spektakulären und vielfach angefeindeten ersten neuzeitlichen Miethauses in München (errichtet 1816-18 durch Himbsel: sog. ›*Himbsel-Haus*‹) nach Plänen von A. Schmidt ursprünglich für *Deutsche Bank* 1896-98 errichteter beherrschender Baublock am Übergang vom Karlsplatz zum Lenbachplatz, zugleich städtebauliches Pendant zu dem kurz vorher erbauten ebenfalls neubarocken Justizpalast (→ Elisenstraße 1a). Seit 1935 auch Sitz der *Bayerischen Börse*, die nach Behebung von Kriegsschäden bereits im August 1945 als erste deutsche Börse wieder eröffnet wurde. ***Beschreibung:*** Auf nahezu quadratischem Grundriss über hohem rustizierten Sockelgeschoss durch *Kolossalordnung* kräftig gegliedertes zweistöckiges Obergeschoss; darüber schweres Gebälk; die Dachzone erst 1945 ausgebaut. Die *vier Fassaden* jeweils dreiachsig zwischen markanten *Eckrisaliten*, durch abgeschrägte Ecken Steigerung der Plastizität des Baukörpers, durch heute nicht wiederhergestellte Eckkuppeln ursprünglich noch besonders betont. Reicher *plastischer Schmuck:* Über den Portalen Reliefs von Waderé (südöstlich ›Handel und Industrie‹, nordöstlich ›Fleiß und Zeit‹), Schlusssteinköpfe jeweils über den drei Rundbogenfenstern des ersten Obergeschosses symbolisieren Europa (Frauenkopf), Asien und Afrika (Moslem) und Amerika (Indianer); auf der Attika über den abgeschrägten Ecken allegorische *Plastiken:* über Südostsisalit ›Landwirtschaft und Gewerbe‹ (von Waderé), über Südwest ›Verkehr, Eisenbahn und Schifffahrt‹ (von Dennerlein), über Nordost ›Industrie und Handel‹ und über Nordwest ›Länder- und Völkerkunde‹ (beide Gruppen von Gehr). ***Bedeutung:*** An städtebaulich exponierter Lage des Übergangs vom Karlsplatz zum amorphen Lenbachplatz verfestigender Baublock des klassischen Historismus, in seiner urbanistischen Qualität Wiener ›Ringstraßenarchitektur‹ vergleichbar; in den Ecklösungen (ursprünglich mit Kuppeln) Anklänge an ›Michaelertrakt‹ der Wiener Hofburg (1889-93).

Deutsche Bank und Bayerische Börse.

Wittelsbacherbrunnen mit Haus Bernheimer.

Haus Bernheimer, Giebelrelief: *Welthandel,* 1889.

LENBACHPLATZ 3 ☐ 5

Haus Bernheimer 1887-89 errichteter Baublock mit aufwändiger Fassade zum Lenbachplatz; Planung durch F. Thiersch, der seinen Fassadenentwurf zugunsten des Vorschlags seines Schülers Dülfer zurückzog. Erweiterungsbau an Ottostraße (Nr. 16) von Thiersch (1909) durch Überbauen des ›Englischen Cafés‹; zwischen Alt- und Neubau italienisierender stimmungsvoller Hofraum. Vereinfachende Fassadengestaltung gegen Lenbachplatz bei erstem Beheben der Kriegsschäden, 1984/85 Rekonstruktion des ursprünglichen Zustands und des Dachaufbaus über Mittelrisalit (durch C. Winkler); Innenausstattung durch englischen Designer Conran (begonnen 1991; durch Konkurs des Bauunternehmers J. Schneider verzögert bis 1997). ***Beschreibung:*** Über hohem Sockel mit Geschäftsräumen drei Wohnetagen unter ursprünglichem Bohlensparrendach; dreiachsiger, kräftig gegliederter Mittelrisalit (Anklänge an Palais im Großen Garten zu Dresden) mit Rundgiebel in der Dachzone (Giebelrelief ›Welthandel‹ von H. Vogel), darüber ›barocke‹ und 1993 erneuerte Laterne (möglicherweise angeregt durch Türmchen der Asamkirche (→ Sendlinger Straße 32); beiderseits des Mittelrisalits drei Achsen gekuppelter Fenster, flankiert von einachsigen Seitenrisaliten, der südliche in Angleichung an Deutsche Bank (→ Nr. **2**) abgerundet. – Fassade der Rückfront (Ottostraße) nach Ideenskizze von Lömpel unter Verwendung barocker Elemente in Flächigkeit eines sezessionistischen Neoklassizismus umgedeutet. ***Bedeutung:*** Erster repräsentativer Neubarockbau Münchens, zugleich eines der ersten kombinierten Geschäfts- und Wohnhäuser, bemerkenswert durch Anwendung modernster Konstruktionsmethoden ohne Vernachlässigung des Dekorativen (Dieter Klein); avantgardistisch dabei die unverkleidete Eisenkonstruktion des Geschäftsgeschosses, die zum überregionalen Aufsehen des Gebäudes erheblich beigetragen haben dürfte. – Sehenswert der prächtige *Gobelinsaal* als selten Beispiel einer Raumgestaltung um die Wende um 1900.

LENBACHPLATZ 7 ☐ 5, 6

Justizgebäude Herzog-Max-Burg Mehrteilige Baugruppe, errichtet 1954-57 auf dem Gelände zwischen Lenbachplatz und Karmelitenstraße sowie zwischen Pacelli- und Maxburgstraße anstelle der 1944/45 ausgebrannten (alten) ›*Herzog-Max-Burg*‹: von Herzog Wilhelm V., vielleicht nach Plänen von Sustris oder W. Dietrich, ab 1593 errichtete Zweitresidenz (›Wilhelminische Veste‹) mit Verbindung zum Jesuitenkolleg; seit 1630er/40er Jahren ›Herzog-Max-Burg‹; genutzt als Witwensitz, Residenz von Herzog Clemens sowie Wohnungen für Hofkünstler. In folgenden Jahrhunderten Erweiterungen und Umbauten, größte Ausdehnung bis ca. 1800; danach genutzt von Militärbehörden (bis 1894) und von staatlichen Einrichtungen. – Statt rekonstruierendem Wiederaufbau stückweise Abbruch der erhaltenen Fassaden (bis 1951). Sieger des von

Oberster Baubehörde 1952 ausgeschriebenen Wettbewerbs Pabst und S. Ruf, nach deren überarbeiteten Entwurf Neubauten zwischen 1954 und 1957 errichtet. Beträchtliche Baumängel und -schäden bereits ab 1955 zu beheben, erneut 1959; Generalsanierung 1963/64. ***Beschreibung:*** Das siebengeschossige *Eingangsgebäude* am Lenbachplatz (sog. ›Lenbachblock‹) mit durchgehender Glasfassade und stützenlos auskragendem Vordach, davor monolithische Skulptur (›Urtier‹, von Hiller 1955/56); Seitenfassaden durch sechsgeschossige Fenstergruppen gegliedert; im Innern (Asbestsanierung 1997/98) zentraler Lichthof mit Galerien, Mosaikbrunnen von Knappe, Wandgemälde ›Würde und das Recht‹ von Oberberger (beide 1955/56). – Durch verglaste Übergänge mit neunstöckigem *Bürotrakt* (sog. ›Pacelliblock‹, Pacellistraße 5: im Erdgeschoss Läden an Straßen- und Hofseite) verbunden; davor nun freigestellt der vereinfacht restaurierte *Turm*, der einzige von der alten Maxburg übernommene Bauteil (enthüllt 1955, sein Fassadenraster als Natursteinverkleidung auf Neubaufassade übertragen. – Diesem Baukörper an Südseite des Areals gegenüber ein niedrigerer, hakenförmiger *Trakt* (sog. ›Maxburgblock‹): viergeschossig mit Arkaden vor Läden im Erdgeschoss; an westlicher Schmalseite Relief ›Engel mit Erdkugel‹ (von Knappe), an Straßenfront über den beiden Durchgängen zum Innenhof abstrakte Plattenmosaike (westlich von Spreng, östlich von W. Braun). Im gärtnerisch gestalteten *Innenhof* ›Moses-Brunnen‹: auf Granitmonolith Bronzestatue des Moses (1955, von Henselmann). – Die gesamte Baugruppe nach Westen durch rundum verglasten, fünfseitigen **BMW-Ausstellungspavillon** geschlossen; 1956 eröffnet, 1986 völlig umgestaltet (Lichtinstallation von Bartenbach); die seitlich geplante Brunnenanlage nicht ausgeführt, weil die von T. Stadler geschaffene bronzene Brunnenfigur wegen ihrer »anstößigen« Nacktheit nicht zur Aufstellung kam (im Gartenhof des ›Radspieler-Hauses‹, → Hackenstraße 7, aufgestellt). – Im Ostteil des ehemaligen Maxburg-Areals, durch hofähnlichen Durchgang zwischen Pacelli- und Maxburgstraße vom Neubaukomplex getrennt und an ehemaliger Karmelitenkirche (→ Karmeliterstraße 2) südlich angefügt, das *Erzbischöfliche Ordinariat* (Pläne von Ruf, 1955-57 errichtet); an Maxburgstraße überlebensgroße Bronzefigur des Hl. Korbinian. ***Bedeutung*** der Gesamtanlage: Typisches Beispiel für erste Wiederaufbauphase eines Ensembles im Stil der 1950er Jahre; städtebaulich ohne Rücksichtnahme auf gewachsene Gegebenheiten am Rand der Altstadt. Vorschläge für rekonstruierenden Wiederaufbau der alten Maxburg scheiterten am Widerspruch der Modernisten.

LENBACHPLATZ 8 □ 5

Künstlerhaus Als Vereinshaus und Treffpunkt für verschiedene (etablierte) Münchener Künstlergruppen (lt. Inschrift über Portal: »Nobis et amicis«) zwischen 1893 und 1900 errichtete mehrteilige Baugruppe vor der ›Kulisse‹ der 1938 zerstörten Hauptsynagoge (Pläne von A. Schmidt, 1884-87) an Maxburgstraße. ***Geschichte:*** Erste Überlegungen zu Haus der Münchener Künstler um 1840, Gründung eines Baukomitees 1852 (Kostenvoranschlag von Bürklein); in der Folge Suche nach Baugrund bzw. geeignetem Gebäude, u. a. Dultplatz (heute Maximiliansplatz) oder Umbau des Himbsel-Hauses (Pläne von Lange 1860 an der Stelle der späteren Deutschen Bank, → Lenbachplatz 2); Adaptierung der Frauengebäranstalt (heute Deutsche Telekom, → Sonnenstraße 24) oder Räume im Hotel Leinfelder, Vereinslokal der 1873 gegründeten Künstlergesellschaft ›Allotria‹ (1883 von Gedon renoviert); vom Vorsitzenden Lenbach (seit 1879) der jetzige Standort 1892 bestimmt, nach Plänen von G. v. Seidl erbaut: Grundsteinlegung 3.7.1893 durch Prinzregent Luitpold, Einweihung (mit Festspiel von Wilhelm Busch) 29.3.1900. Übergang des Hauses von der Künstlergenossenschaft an Künstlerhausverein (7.4.1911), der 1938 seine Auflösung beschloss und das Haus der ›NS-Kameradschaft der Künstler‹ übergab; von Hitler befohlener Umbau (durch Brinkmann 1938). – Hauptbau am 14.7.1944 ausgebrannt, Resträume und Keller 1945-49 durch Besatzungsmacht genutzt (Offizierskasino ›The American Way‹). Trotz 1948 neu gegründetem Künstlerhausverein Freigabe durch Amerikaner erst 1955, *Restaurierung* des Restaurants durch Biehler und Breuning 1958/59 (Wiedereröffnung 19.4.1959); *Rekon-*

Künstlerhaus.

Künstlerhaus: *Venezianisches Zimmer.*

struktion des Hauptbaus (im Innern vereinfacht) durch Schleich 1960/61. Theatereinbau im Untergeschoss 1964. Gesamtrenovierung mit annähernder Rekonstruktion der historischen Räume 1997: abermalige Eröffnung (erweitertes Nutzungskonzept im Sinn des Künstlerhausvereins durch P. Grassinger) am 23.10.1998; dazu Einrichtung einer Lithographen-Werkstatt. ***Beschreibung:*** Dem zurückgesetzten hohen (›Fest‹-)*Saalbau* mit gestuften Volutengiebeln und Kreuzdach (im Schnittpunkt belvedereähnliches ›Vierungstürmchen‹) gegen Nordosten rechteckiger *Innenhof* vorgelegt, an zwei Seiten von eingeschossigen Flügeln umschlossen: an Maxburgstraße stattliches Rundbogenportal; im linken Flügel Lithographenwerkstatt und Büroräume, im rechten Flügel (1938 durch Brinkmann um ein Geschoss aufgestockt) Restaurant mit ›Venezianischem Zimmer‹ (s. u.), gegen Westen vorgelegt Terrasse. *Figurenschmuck* (Entwurf z. T. von Seidl) erst nach Einweihung angefügt (von Düll, Pezold, Pfeifer, Pruska, J. Rauch, Ungerer, Waderé, Weißenfels), trotz Kriegsschäden zum Großteil erhalten. – Im *Hof* ›Konrad-Dreher-Brunnen‹ (von Waderé), Wechselausstellungen von Skulpturen und Installationen, Serenaden, Weihnachtsmarkt. ***Inneres:*** Von Erstausstattung original erhalten das prunkvolle *Vestibül* (mit Stuckdecke von 1901) sowie (restauriert) das ›Miller‹-, ›Seidl‹- und ›Lenbach-Zimmer‹ im Saalbau sowie das *Venezianische Zimmer* (original); der Festsaal (im ersten Obergeschoss) annähernd in ursprünglichen Formen rekonstruiert. ***Bedeutung:*** Trotz Restaurierung der einstigen Ausstattung (u. a. von Lenbach) vermittelt Künstlerhaus eine Vorstellung vom gesellschaftlichen Rang etablierter Künstler. – Die malerisch reich silhouettierte Baugruppe am Rand der Altstadt und am Übergang vom Karlsplatz zum Lenbachplatz einzigartiges Stadtbild vor ehemaliger Synagoge und Frauentürmen. (Durch Kaufhaus-Neubau nach Plänen des Londoner Architekturbüros Vergile and Stone, vollendet 2005, empfindlich beeinträchtigt.) Im architektonischen Instrumentarium von norddeutscher Renaissance angeregt (z. B. Universität von Helmstedt, von Francke, 1593-1612); die ursprünglichen Innenräume galten als hervorragende Beispiele für die von italienischer Renaissance geprägte üppige Raumkunst der ›Prinzregentenzeit‹: Das *Venezianische Zimmer* einziger (neben ›Muschelsaal‹ im Augustiner-Bräu, → Neuhauser Straße 27) allgemein zugänglicher Raum dieser Stilstufe in München.

Künstlerhaus: *Eingang* an der Maxburgstraße.

LEOPOLDSTRASSE ☐ 19

Verlängerung der Ludwigstraße nördlich des Siegestors bis zum Platz *Münchener Freiheit*; heute beliebte und berühmte Flanierstraße sowie wichtige Verkehrsachse Schwabings. Bereits bei Baubeginn von Odeonsplatz und → Ludwigstraße (1817/18) wurde deren Straßenachse (auf Anraten C. v. Fischers) auf die Gabelung der ehemaligen Freisinger Landstraße (heute: Ungererstraße) und der Straße nach Schloß Schleißheim (›äußere‹ Leopold-/Ingolstädter Straße) ausgerichtet, ohne damit bereits die endgültige Ausdehnung festzulegen; diese erfolgte 1827: die Gesamtlänge des Straßenzugs beträgt rund 2200 m, was dem nahezu doppelten Durchmesser der Altstadt entspricht. Das →

Siegestor markiert die Halbierung, ist einerseits optischer Abschluss der architektonisch geprägten Ludwigstraße, andererseits stadttorähnlicher ›Empfangsbau‹ (vgl. Propyläen, → Königsplatz 2) für die Stadtzufahrt am Südende der ursprünglich ›ländlichen‹ Leopoldstraße (deshalb auch die Quadriga stadtauswärts orientiert). – Bebauungsplan 1845 von Gärtner aufgestellt: Baulinie (bis Franz-Joseph-Straße) auf rund 70 m verbreitert (Ludwigstraße: ca. 35 m); Bepflanzung mit doppelreihiger Pappelallee, wobei die äußere Reihe auf die Bauflucht der Ludwigstraße, die innere Reihe auf die Breite des Siegestors ausgerichtet ist; ›offene Bauweise‹ mit Einzelbauten entsprechend dem einst ländlichen Charakter am nördlichen Stadtrand: Situationsplan für die neuen Villen von F. v. Gärtner (1845). Ursprüngliche Bebauung (Vorstadtvillen; Palais Leopold mit Park) im Zug der Verstädterung (ab ca. 1880/90) durch ›geschlossene Bauweise‹ verdrängt, wie im Nordabschnitt ab Franz-Joseph-Straße; ab hier Verschmälerung der Baulinie auf rund 43 m, Reduzierung auf einreihige Pappelallee. Das von Th. Fischer zwischen 1916 und 1920 erstellte Projekt einer ›Denkmalstraße‹ (ähnlich der Via Appia) vom Siegestor bis ca. Hohenzollernstraße nicht realisiert. – Gründerzeitliche Bebauung im 2. Weltkrieg weitgehend zerstört, vereinzelt erhaltene Bauten vom Anfang 20. Jh.; Wiederaufbau in der einförmigen Bauweise der 1950er und 1960er Jahre oder in schematischen Formen ›moderner‹ Architektur. An Westseite der Straße bis Friedrichstraße der ehemalige *Leopoldpark* (mit ›Königlicher Villa‹ nach Plänen von F. v. Gärtner 1846/47, später für Prinz Leopold und Prinzessin Gisela erweitert, 1936 abgebrochen), bebaut mit Universitätsgebäuden: *Mensa* 1966-71 (Leopoldstraße **15**) und *Institute* 1985/86 (Nr. **13**). ***Erwähnenswert:*** Nr. **4** ehemaliges *Luxusmietwohnhaus* (erstes in München), nach Plänen von Dülfer 1896-97 errichtet (im Erdgeschoss Gründung der literarischen Zeitschrift ›Insel‹ 1899 durch Heymel, Schröder und Bierbaum); das Gebäude viergeschossig mit kräftigem dreiachsigen Mittelrisalit (Kolossalsäulen und Giebel) in den Formen barocker Stadtpaläste, gemeinsam mit anschließendem einfacher gestalteten *Wohnhaus* Nr. **6** (ebenfalls von Dülfer 1896-97) als Gegengewicht zur Akademie vis-à-vis (→ Akademiestraße 2) konzipiert. – *Verwaltungsgebäude der Rhein-Main-Donau AG* (→ Leopoldstraße **28**); Nr. **30** *Raiffeisen- und Volksbanken-Versicherungen* (Architekt: Branca, 1964-68): der an sich architektonisch bemerkenswerte sechsstöckige Bau (Natursteingliederung sowie Metall und Glas) an dieser Stelle (Eckbau!) zu gewaltig; Nr. **36** Neubau des *Rechenzentrums der Münchener Rück*(versicherung) nach Plänen von Denk, Mauder, Wisiol & Partner (1990-95), der *Innenhof* von japanischem Gartenarchitekten Yoshikuni Araki gestaltet, vor dem Gebäude die 17 m hohe *Figur* ›The Walking Man‹ von Borofsky (1995). ***Bedeutung:*** In der Fortführung der Ludwigstraße städtebaulich folgenreich für die Anbindung der 1890 eingemeindeten Stadt Schwabing an München; ähnlich wie → Prinzregentenstraße von Bebauung und Bepflanzung geprägter ›malerischer‹ Straßenzug; bewusster Gegensatz zur Monumentalität der Ludwigstraße, jedoch nach und nach durch dominierende Baukörper ›versteinert‹; trotzdem als ›Boulevard Leopold‹ beliebte und stark frequentierte Flanierstraße.

Vor dem Rechenzentrum der Münchener Rückversicherung: Die 17 m hohe Figur *The Walking Man* von Borofsky, 1995.

LEOPOLDSTRASSE 28 ☐ **19**

Verwaltungsgebäude der Rhein-Main-Donau-AG Nach Plänen von Pfaller 1928-29 errichteter kubischer Baublock mit fünf Stockwerken und elf Fensterachsen; hinter der leicht ausgestellten Mauer über der obersten Etage das Flachdach. Das zweite Obergeschoss durch Fenstertüren und durchlaufenden Balkon (großer Sitzungssaal) betont. Kontrast von starkfarbigem Putz zu hellem Donaukalkstein der Fenstergewände und der dreigliedrigen Portalumrahmung mit Reliefs von Klein (›Handelsschifffahrt‹, ›Brücken- und Schleusenbau‹, ›Elektrizitätsgewinnung‹). ***Bedeutung:*** Der stereometrisch klar definierte Baukörper mit der streng gegliederten Fassade gutes Beispiel für die Ende der 1920er Jahre als modern geltende Architektur ohne radikalen Bruch mit der Tradition. Umso erstaunlicher, dass erst das positive Gutachten von Th. Fischer die Vorurteile der Baubehörde überwand. Heute in Nachbarschaft mit einförmigen Neubauten der Wiederaufbauzeit tritt künstlerische Qualität dieses Bürohauses um so deutlicher hervor.

Archäologische Staatssammlung: *Bügelfibel der Uffila* aus dem alemannischen Fürstengrab von Wittislingen; westfränkische Arbeit um 650.

LERCHENFELDSTRASSE 2 ☐ **4, 19**

Archäologische Staatssammlung München. Museum für Vor- und Frühgeschichte (bisher ›Prähistorische Staatssammlung‹). ***Baubeschreibung:*** Nach Plänen von Werz, Ottow und Partner 1973-75 errichteter Flachbau in Skelettbauweise, mit Cor-Ten-Platten verkleidet. Schräg zur Lerchenfeldstraße angeordnete Baugruppe aus Verwaltungs- und Werkstättenbau (mit Eingangshalle) und dem eigentlichen Museumstrakt aus sechs gegeneinander versetzten Kuben um zwei Innenhöfe; Niveauunterschiede der zwölf Schauräume ermöglichen Zusammenfassung von jeweils drei Sälen entsprechend den vier chronologisch geordneten Themenbereichen des Museums: Vorgeschichte (zwei Abteilungen) – Römerzeit – Frühes Mittelalter. Vor dem Museum der monolithische Rohling einer der ›Heunensäulen‹ (wohl romanisch, vielleicht frühes 11. Jh.) aus einem bereits zur Römerzeit abgebauten Steinbruch aus Miltenberg/Main, daneben die 1985 aufgestellte Bronzeplastik von Kirchner ›Anrufung und Begegnung mit dem alles neu erschaffenden Geist‹. ***Bedeutung:*** Erster moderner Museumsbau Bayerns, der neben den Forderungen der Ausstellungstechnik eine effiziente Öffentlichkeitsarbeit ermöglicht. ***Sammlungen:*** Erste Ansätze bei Gründung der Bayerischen Akademie der Wissenschaften (1759), durch König Max I. Joseph 1807: ›Centralstelle für Untersuchung und Aufsammlung der im ganzen Lande gefundenen urgeschichtlichen Altertümer‹; 1867 dem Bayerischen Nationalmuseum angegliedert. Mit Schenkung der Sammlung vor- und frühgeschichtlicher Funde von Prof. Johannes Ranke an den Staat (1885) zunächst selbstständige Abteilung der Paläontologischen Sammlung (gegründet 1843); erst 1927 und 1934 Übergabe der Bestände des Historischen Vereins von Oberbayern und des Nationalmuseums. Einbußen durch Zerstörung der Sammlungsräume in der Alten Akademie (1944), seit 1949 im ›Studiengebäude‹ des Bayerischen Nationalmuseums untergebracht; Teileröffnung im eigenen Bau 1976, Gesamteröffnung 1977. – Seit 1989 Nutzung des ehemaligen Thorak-Ateliers in Baldham (Architekt: Speer, 1935-38) als *Zentraldepot*; Neubau eines *Werkstättengebäudes* an Oettingen-/Seeaustraße (Architekt: Werz, Ottow, Bachmann, Marx) 1998-2000. ***Bedeutung:*** Das Münchener Museum eine der größten und reichhaltigsten regionalen vor- und frühgeschichtlichen Sammlungen in Deutschland; daneben Einrichtung von *Zweigmuseen* zur Vorgeschichte bzw. Römerzeit und Frühgeschichte in Bayern: ›Burgmuseum‹ *Grünwald* (1997, → Zeillerstraße 3), ›Vorgeschichtsmuseum‹ und ›Archäologiemuseum‹ *Bad Windsheim* (1983), ›Römermuseum‹ *Weißenburg* (1983), ›Römermuseum Kastell Boiotro‹ *Passau* (1986), ›Vorgeschichtsmuseum‹ *Neuburg/Donau* (1987), ›Vorgeschichtsmuseum‹ *Bad Königshofen* (1988), ›Wittelsbachermuseum‹ *Aichach* (1989), ›Vorgeschichtsmuseum‹ *Amberg* (1991), ›Vorgeschichtsmuseum‹ *Mindelheim* (1994), ›Archäologisches Museum‹ *Neu-Ulm* (1998), ›Vorgeschichtsmuseum‹ *Landau/Isar* (1995); zusätzlich *Partnermuseen* auf *Frauenchiemsee* (1979), ›Römermuseum Bedaium‹ *Seebruck* (1988), ›Bajuwarenmuseum‹ *Waging* (1997), ›Römer- und Bajuwarenmuseum‹ *Kipfenberg* (1999).

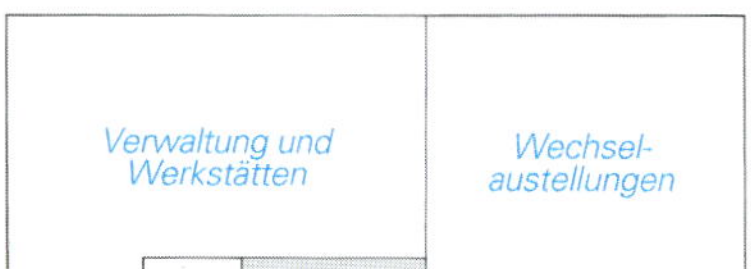

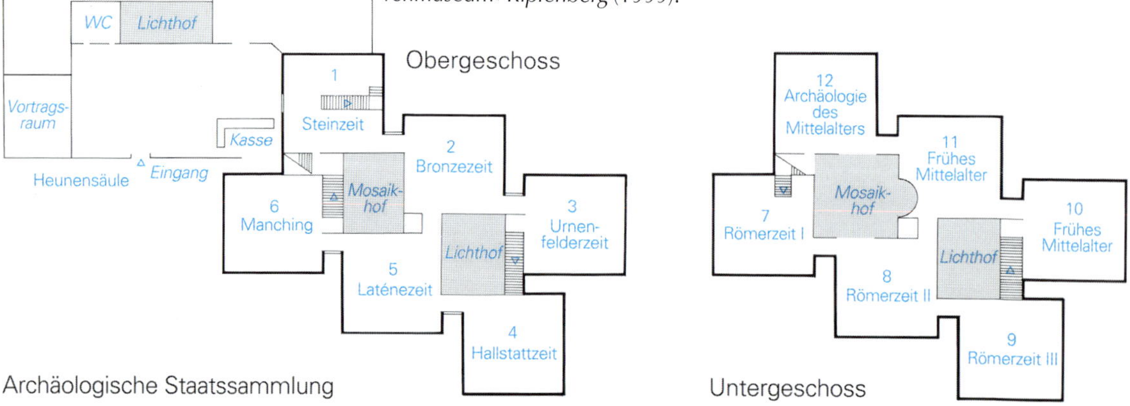

Archäologische Staatssammlung

Augia-Brunnen.

LILIENSTRASSE ☐ 11

Augia-Brunnen (Schöner Brunnen) Nach Entwurf von L. Schwanthaler um 1848 errichtet. ***Beschreibung:*** In achteckigem Becken auf einem Vierkantpfeiler mit abgeschrägten Kanten und einfachen Wasserspendern eine Frauenfigur als Allegorie der Vorstadt Au: In einfachem Kleid mit Umhang, auf dem Kopf Mauerkrone, in der rechten Hand Blumenkranz, die linke auf Schild mit Lilienemblem gestützt. Die Lilien von den einstigen Klöstern Lilienberg (→ Am Lilienberg 15) und Liliental abgeleitet.

LILIENTHALALLEE 40 ☐ 26

M,O,C, Sports and Fashion Center Von der Münchener Messe- und Ausstellungs-GmbH beim Architekturbüro C. F. Murphy/Jahn (Chicago) in Auftrag gegebenes **M**ode **O**rder **C**enter für die Hersteller hochwertiger Sportartikel, Mode, Schuhe und verwandter Konsumgüter. Nach Plänen von Jahn 1991-93 errichtet. ***Beschreibung:*** Aus einer einzelnen und drei verbundenen Hallen bestehende Gebäudegruppe in Stahl-/Beton-Verbundbauweise mit vorgesetzten Glasfassaden und auskragenden Sonnenschutzlamellen; die 2 + 4 flach übergiebelten Baukörper (östlich an ›Servicewand‹ für interne Anlieferung angefügt) öffnen sich kammartig gegen Westen mit den Eingängen. Im Erdgeschoss durchgehende *Ausstellungshallen* (ca. 14 000 qm); im Obergeschoss vier oberbelichtete Innenhöfe, auf jeweils drei Seiten von *Orderbüros, Konferenzräumen, Läden* (ca. 32 000 qm) umgeben, an vierter Seite durch abgespannte Stahlseilbrücken miteinander verbunden. ***Bedeutung:*** Konstruktion und architektonische Gestaltung dieses ›Flachgebäudes‹ führten zu bemerkenswerter Neuinterpretation des überlieferten Typus aneinander gereihter Markthallen. – Neben den großen Veranstaltungen der → Messe München Verwendung des M,O,C, für kleinere Messen.

LOTHSTRASSE 17 ☐ 14

Ehemaliges Zeughaus Ein herzogliches Zeughaus aus dem Mittelalter bestand nördlich der Salvatorkirche (vgl. Sandtnersches Stadtmodell 1572), beim Bau des Opernhauses (von Schinnagl 1651) abgerissen; bereits Anfang 17. Jh. ließ Herzog Maximilian östlich der Residenz weitläufigen Zeughauskomplex anlegen, bei Neugestaltung des → Marstallplatzes abgetragen; Zeughaus 1807 auf Areal zwischen Falkenturm und Kosttor und südlich Salpeterstraße in bereits bestehende Bauten (wie Malzstadel des ehemaligen Weißbräuhauses) verlegt. Bei Anlage der → Maximilianstraße gesamtes Areal 1854 ff. abgeräumt, Errichtung des *Zeughausneubaus* an Lothstraße (Nähe Maximilian-II.-Kaserne, 1852-77, nach Kriegsschäden 1943-45 abgebrochen 1948); Zeughaus nach Entwurf von Friedlein 1861 (nicht von Hügel, wie oft zu lesen) zwischen 1863 und 1865 durch Gläser ausgeführt; primär als Verwaltungsbau und Waffendepot verwendet, diente der Mitteltrakt für Aufstellung der 1880/81 von König Ludwig II. gegründeten ›Bayerischen Waffensammlung‹ bis zum Umzug 1904 ins *Armeemuseum* am Hofgarten (→ Franz-Josef-Strauß-Ring 1). Nach 1945 *Berufspädagogisches Institut,* insbesondere seit

1 Steinzeit: *Altsteinzeit 100 000-8000, Mittelsteinzeit ca. 8000-4000, Jungsteinzeit/Endsteinzeit ca. 4000-3000/1800.* **2** Bronzezeit: *Kupferzeit 20.-17. Jh. v. Chr., Mittlere Bronzezeit 16.-14. Jh., Mittlere und Späte Bronzezeit 16.-13. Jh., Späte Bronzezeit 13. Jh.* **3** Urnenfelderzeit: *Münchener Raum 12. und 11. Jh. v. Chr., Südbayern 12.-8. Jh., Nordbayern 12.-8. Jh.* **4** Hallstattzeit *ca. 750-500 v. Chr.: Nieder- und Oberbayern ca. 750-600, Schwaben und Altmühltal ca. 750-600, Mittelfranken ca. 750-500, Oberfranken ca. 750-600, Unterfranken ca. 750-500.* **5** Latènezeit *500/450 - 15 v. Chr.: verstärkte Verwendung von Eisen, zunehmende Besiedlung Oberpfalz, Oberfranken, östliches Mittelfranken und Ries sowie Südbayern südlich Donautal; ab 400 v. Chr. keltische Wanderungen.* **6** Manching: *Zeugnisse spätkeltischer ›Oppidakultur‹ am Beispiel des reichen Fundmaterials der ›Keltenstadt‹ Manching (zerstört um 15 v. Chr.).* **7** Römerzeit I, *15 v. Chr.-nach 400 n. Chr.: Raetien und Noricum; Limescastelle ca. 85-117.* **8** Römerzeit II: *Ausbau und Blütezeit (im ›Mosaikhof‹ Bodenmosaik Anf. 3. Jh.).* **9** Römerzeit III: *Spätzeit und Ende römischer Herrschaft.* **10** Frühes Mittelalter *5.-11. Jh.: Späte Völkerwanderungszeit 400-480, Merowinger 480-751, Karolinger/Ottonen 751-1024.* **11** Frühes Mittelalter: *religiöses Brauchtum; Christianisierung, Kirchenbau.* **12** Archäologie des Mittelalters: *Frühe Besiedlung des Gebiets um München 6./7. Jh., Anfänge Münchens 11. Jh.*

Erweiterung 1975 Nutzung durch *Geistes- und naturwissenschaftliche Institute* der Universität, Technischen Universität und Fachhochschule. ***Beschreibung:*** Symmetrische Anlage (145 m Länge, 37 m Tiefe) mit zweigeschossigem *Hauptgebäude* zu neun gekuppelten Rundbogenfenstern, die Ecken und der dreiachsige überhöhte Mittelrisalit durch achtseitige Türmchen ›bewehrt‹; beiderseits zurückgesetzte niedrigere fünfachsige *Seitenflügel* mit dreistöckigen Eckpavillons zu drei Achsen. Die ursprünglich weiße Schlämmung des Rohziegelbaus heute verschwunden. – Hinter dem Hauptgebäude *Erweiterungsbau* 1975 (von Bauamt der TU): dreigeschossiger Stahlbetonskelettbau, durch zwei verglaste Fußgängerbrücken mit Altbau verbunden; in Eingangshalle *Wandbild* von Naujoks, im Erfrischungsraum des ersten Obergeschosses *Gemälde* von Baumgärtl. ***Bedeutung*** des historischen Baus: Einer der wenigen nach den Kriegszerstörungen erhaltenen Staatsbauten außerhalb der Maximilianstraße; gutes Beispiel für Militärarchitektur im Maximilianstil.

LUCILE-GRAHN-STRASSE 47 □ **20**

Jugendstil-Wohnhaus Dreiseitige herrschaftliche Wohnanlage über L-förmigem Grundriss am Nordende einer geschlossenen Blockbebauung zwischen Lucile-Grahn-, Zumpe- und Nigerstraße. Die dreiteilige Fassade zu 5 + 5 + 2 Achsen und vier Geschossen (dazu jüngerem Dachgeschoss) mit reicher, farbig gefasster Stuckdekoration versehen, die sich an erkerbesetzter und übergiebelter Ost- und Nordseite spiegelt, an schmälerer Westseite nur vereinfacht wiederholt. 1901 von Zitter erbaut, 1993 restauriert, dabei die Stuckatur der Erker entfernt. ***Bedeutung:*** In der Verbindung von regelmäßiger Blumenornamentik und phantasievoll variierten, mit Tierfiguren bereicherten Architekturmotiven eine der aufwändigsten und umfangreichsten Schöpfungen des symmetrisch-floralen Jugendstils in München, bei der die purifizierten glatten Erker kaum stören, sondern eher als Kontrast wirken.

Ludwigsbrücke: *Pylone mit Feuerschale.*

LUDWIGSBRÜCKE □ **11, 12**

Bis zum Beginn des 19. Jh. einziger Isarübergang im (heutigen) Stadtgebiet: die Ufer an Stadtseite und Gasteig durch ›innere‹ Brücke über die sog. ›Kleine Isar‹ (westlich) und ›äußere‹ Brücke über die ›Große Isar‹ (östlich) verbunden, dazwischen die ursprüngliche Sandbank der seit 1813 bzw. 1899 befestigten → Museumsinsel. (Heute 25 Brücken und Stege im gesamten Stadtgebiet) ***Geschichte:*** Durch Abt Ellinger von Tegernsee erste Brücke bereits 1035-38 geschlagen, zur Zeit Heinrichs des Löwen zwei Drittel des Ostwestverkehrs an sich gezogen; in Gründungsurkunde der Stadt 1158 als »Yser prucken« erwähnt, dann urkundlich 1288 und 1338, im Stadtrechtsbuch 1347 als Holzbrücke beschrieben – durch immer wiederkehrende Hochwasser oftmals zerstört. Anfang 15. Jh. an Stadtseite kleiner Torturm erwähnt, 1517/19 zu Deckungswerk (*›Roter Turm‹*) vergrößert (von Polack bemalt), beim Bauernaufstand 1705 hart umkämpft, 1796 von Franzosen schwer beschädigt, danach abgebrochen (→ Befestigung, S. 27). – Die *innere Brücke* 1750-52 in Steinkonstruktion errichtet, ebenso die *äußere Brücke* 1760-67 (durch I. A. Gunetzrhainer); diese beim Hochwasser 1813 zur Hälfte zerstört. Pläne für Neubau bereits 1809 vom städtischen Flussbaumeister Wiebeking vorgelegt, nach Hochwasserzerstörung Projekt für eiserne Röhrenbrücke von Klenze und Reichenbach (1818/20); Neubau ab 1823 in Stein von Klenze (mit Stadtbaumeister Probst), 1828 dem Verkehr übergeben: seitdem ›Ludwigsbrücke‹ genannt. Beide Brücken 1890-92 durch Verbreiterung und Verstärkung dem steigenden Verkehr angepasst und mit skulpturalem Schmuck (1891/92; Konzept: C. Hocheder) versehen: an beiden Brückenköpfen je zwei steinerne Pylonen (von gusseisernen Feuerschalen bekrönt), auf vorgesetzten Halbrundsockeln allegorische *Sitzfiguren* (um 1894/95): ›Flößerei‹ (von Kaufmann), ›Industrie‹ (von Eberle), ›Fischerei‹ und ›Kunst‹ (von Hahn bzw. Kaufmann, beide zerstört; ›Kunst‹ neu: s. u.) ***Heutige Brücke:*** Im Zug des Straßenausbaus vom Stadtkern zur neuen Autobahn nach Salzburg *Neubau* der beiden Brücken 1934-35 (von Beblo und Bestelmeyer): innere Brücke als Dreigelenkbogen (in Melankonstruktion), die äußere mit zwei Dreigelenkbogen (in Rahmenkonstruktion), beide in Stahlbeton mit Natursteinverkleidung. Dabei Pylonen paarweise an stadtseitigen Brückenkopf versetzt; im Krieg schwer beschädigt: zwei davon (Flößerei und Industrie) restauriert, am Pylon mit Flößerei Gedenktafel an Brückenverbrennung und Gründung Münchens 1158; der einzeln an Nordseite stehende Pylon mit neuer *Figur* ›Kunst‹ (von E. Dietz 1979). Am Abgang zur östlichen Fußgängerunterführung bronzene *Sitzfigur* ›Bukolika‹ (von M. Mayer 1984).

LUDWIGSTRASSE □ 2, 3, 6, 19

Mit Genehmigung der Klenze-Pläne für den → Odeonsplatz (1817) Anlage der Ludwigstraße (bis zum Regierungsantritt Ludwigs 1825 dessen privates Unternehmen, Bezeichnung ›Ludwigstraße‹ bereits seit 1822) festgelegt: Ausrichtung der durch spätere → Leopoldstraße verlängerten Straßenachse auf Gabelung der Freisinger Straße (heute: Ungererstraße)/Fürstenweg nach Schleißheim (heute: Leopoldstraße) nördlich des Dorfs Schwabing; endgültige Ausdehnung der Straße damals noch nicht entschieden, von Kronprinz Ludwig aber schon 1816 an der Stelle des späteren → *Siegestores* ein Torbau vorgesehen. Grundzüge ihrer architektonischen Gestaltung von Klenze festgelegt, nach dessen Ablösung 1827 durch F. Gärtner auch von diesem bei weiterer Bebauung der Straße (nördlich der Theresienstraße) übernommen: durch breit gelagerte Häuserfronten, gleiche Traufhöhe und schmale Einmündungen der Querstraßen entstand die kristalline Festigkeit dieser Prachtstraße, die weder durch Rhythmisierung der Fassade des ehemaligen Damenstifts noch durch die lockere Baugruppe von Ludwigskirche (mit Arkaden und Pavillonbauten) gemildert werden konnte. Erst der Durchbruch der Von-der-Tann-Straße (1936/37) und des Oskar-von-Miller-Rings (1968 ff.) unterbricht den Tiefenzug der Straße. Von Klenze ursprünglich (1826) Abschluss der Straße durch Kreisplatz mit Triumphtor (Propyläen) geplant, von Gärtner 1827 ersetzt durch Gegenvorschlag eines Rechteckforums mit Brunnen und Umbauung in strenger Form (*Universität*, → Geschwister-Scholl-Platz 1; *Georgianum* und [ehemaliges] *Max-Joseph-Stift*, → Professor-Huber-Platz 1 und 2).

Ludwigstraße.

Bebauung der Straße anfangs mit palastartigen privaten (Miet-)Häusern geplant, Fassaden und Farbgebung von Klenze festgelegt. (Letztere nach freigelegter ursprünglicher Färbung an den Häusern Nr. 1-9 seit 2001 in Steingrau rekonstruiert; der ockergelbe Anstrich erst seit ca. 1870.) Bestimmend für architektonischen Stil waren die Neurenaissance des *Leuchtenberg-Palais* (→ Odeonsplatz **4**) und florentinische Fassaden der späten Frührenaissance. Übergang vom Odeonsplatz zur Straße an Westseite durch (Eck-)Haus *Nr.* ***1*** (für Staatsrat v. Kobell, 1817/18), gefolgt von ursprünglich sechs Bauten: *Nr.* ***3:*** 1825/26, *Nr.* ***5*** (für Métivier 1821/22), *Nr.* ***7:*** 1822/23, *Nr.* ***9:*** 1818/19, *Nr.* ***11:*** 1829/30; das nachfolgende ehemalige Eckhaus um 1830, im Krieg zerstört, bei Durchbruch des Oskar-von-Miller-Rings bis auf zwei erhaltene Achsen abgebrochen und an Nr. 11 angefügt. Gegenüber an Ostseite der Ludwigstraße, zwischen Galerie- und verbreiterter Von-der-Tann-Straße, ursprünglich vier Wohnhäuser (Fassaden von Klenze 1820-26); das nördliche Eckhaus bereits 1900 abgebrochen für Neubau der Reichsbankhauptstelle (Pläne von Lutz). Der gesamte Häuserblock 1938/39 durch sog. ›Zentralministerium‹ nach Plänen von Gablonsky ersetzt; heute *Bayerisches Staatsministerium für Ernährung, Landwirtschaft und Forsten* (→ Ludwigstraße **2**). Die im Krieg völlig zerstörten drei Häuser des *›Haßlauerblocks‹ (Nr.* ***6, 8, 10****)* von Klenze als sein erster Wohnhausblock mit einheitlicher Fassadengestaltung errichtet; in nahezu ursprünglicher Form (vier statt sechs Portale) von Schleich 1960-68 rekonstruiert. Das Gegengewicht auf Westseite das ehemalige *Palais Herzog Max* (von Klenze 1827-31), das wegen Reichsbankneubau 1937/38 abgerissen wurde; heute *Landeszentralbank* (→ Nr. **13**). Nach Norden anschließend geschlossene symmetrische Dreiergruppe *Nr.* ***15, 17, 19*** (nach Klenze-Plänen zwischen 1829 und 1830 errichtet), seit 1979 Sitz des *Bayerischen Landessozialgerichts*: an Haus Nr. 17 im ersten Obergeschoss sechs Relieftondi (Blumen- und Sternmotive), im zweiten Obergeschoss Portraittondi (mit Umschrift): Pal-

Ludwigstraße 17, *Fassade.*

ladio, Leonardo da Vinci, Michelangelo, Bartolo (Ammannati ?), Bramante, Tiepolo. – Gegenüber ehemaligem *Kriegsministerium* (→ Ludwigstraße **14**), von Klenze 1822-30 errichtet, während das nördlich der Einmündung der Theresienstraße von Klenze gebaute Wohnhaus (1829/30) sein letzter Bau an der Ludwigstraße war; an dieser Stelle 1910/11 Neubau durch Littmann, heute *Bayerische Versicherungbank (Nr. **21**)*.
Die vom König 1827 verfügte Ablösung Klenzes durch Gärtner (der rascheren Baufortgang versprach) wohl eher aus Ludwigs Wandel seiner künstlerisch-architektonischen Anschauung erklärbar: Abkehr vom Ideal der Antike/Hinwendung zu mittelalterlichen Vorbildern. Da bisherige Gewinnung von privaten Bauinvestoren unbefriedigend verlaufen, zieht der König finanzkräftige Institutionen (Stiftungen) heran: groß dimensionierte Bauten prägen den folgenden (nördlichen) Abschnitt der Straße, steigern ihre Monumentalität durch gravierenden Maßstabssprung. Signifikantes Beispiel Gärtners erster Bau – der mächtige Block der *Bayerischen Staatsbibliothek* (→ Ludwigstraße **16**); ihr folgt das aufgelockerte Ensemble der *Ludwigskirche* (→ Ludwigstraße **20**) mit *Gärtners Wohnhaus* (Nr. ***18***; heute Universitätsbauamt) südlich der Kirche und nördlich das *Pfarrhaus* (Nr. ***22***). – An der gegenüberliegenden westlichen Straßenfront, an Klenzes letzten Bau anschließend, das frühere *Damenstift* (Nr. ***23***), errichtet 1835-39, heute Sitz des *Bayerischen Verwaltungsgerichtshofs*; dahinter im Hof das ›Riederer-Haus‹, 1823 (heute: *Bayerischer Landesverein für Heimatpflege*), das letzte noch erhaltene klassizistisch-biedermeierliche Haus an der früheren Schwabinger Landstraße vor Anlage der Ludwigstraße. Der folgende Bau ist das bereits 1833-37 errichtete ehemalige *Blindeninstitut* (→ Ludwigstraße **25**); jenseits der hier einmündenden Schellingstraße die 1836-43 erbaute ehemalige *Bayerische Berg-, Hütten- und Salzwerke AG* (→ Ludwigstraße **27**). Der anschließende Universitätstrakt leitet über zum quadratischen »Universitätsplatz« (laut König Ludwig 1835), durch die Ludwigstraße in zwei gleich große Areale geteilt und 1946 zum Gedenken an die Widerstandsgruppe ›Weiße Rose‹ in »Geschwister-Scholl-Platz« (vor Universität) umbenannt, der östlich gegenüberliegende Teil in »Professor-Huber-Platz« (mit Georgianum und Max-Joseph-Stift). Ursprünglich (1823) wünschte Ludwig hier als repräsentativen Abschluss der Straße Rundplatz mit Obelisk auf Sockel von vier Löwen (angeregt durch Piazza del Popolo in Rom); Gegenvorschlag Klenzes 1826: in Anlehnung an Arc de l'Etoile in Paris Triumphbogen im Zentrum, von

Ludwigstraße: *Staatsbibliothek, Feldherrnhalle und Theatinerkirche.*

Gärtner 1827 zu Fall gebracht, schließlich, 1835, den König für Rechteckplatz mit Umbauung in einheitlichen Fassadenformen gewonnen – jedoch Projekt mit Obelisk in Straßenachse noch nicht aufgegeben: 1839 als Denkmal für Befreiung Griechenlands vom türkischen Joch erwogen. Schließlich Entscheidung für zwei Brunnen nach Entwurf Gärtners (Vorbild: Berninis Brunnen auf Petersplatz in Rom): in achtseitigen Granitbecken gusseiserne Schalenbrunnen (Guss durch Maximilianshütte in Bergen bei Traunstein) 1842-44. – (Zu Universität → Geschwister-Scholl-Platz 1; zu Georgianum → Professor-Huber-Platz 1, zu Max-Joseph-Stift → Nr. **2**.)
Nach Kopfbauten in Fassadenflucht der Ludwigstraße erneute Erweiterung (ursprünglich mit Pappelreihe bepflanzt und zur → Leopoldstraße überleitend). An Westseite symmetrischer dreiteiliger Block (mit *Wohnhäusern*) *Nr.* ***29:*** 1881-90 (Architekt: Herrmann); *Nr.* ***31:*** 1880-82 (Architekt: Kleinschmidt), *Nr.* ***33:*** 1878 (Architekt: Neumeyer); an Ostseite *Nr.* ***28*** als erster Bauabschnitt des ›*Hauses des Deutschen Rechts*‹ 1935-39 von Bieber errichtet; heute Universitätsinstitut für Wirtschaftswissenschaften. – Abschluss der Straße durch → *Siegestor* (1843-1852).
Bedeutung: Diese »monumentalste Straße Europas« (Wölfflin) in ihrer architektonischen Einheitlichkeit Klenzes Werk, kongenial von Gärtner im Sinn romantisch-individualisierender Baugesinnung fortgeführt und vollendet. Durch Anspruch und Weitblick Ludwigs I. (wohl durch die Via del Corso in Rom angeregt; in deren Nähe Ludwigs Villa Malta) eine der städtebaulich bedeutendsten Straßenanlagen des 19. Jh., die ›Via triumphalis‹ des ludovizianischen Königtums mit der Verkörperung staatspolitischer Anliegen durch Mittel der Architektur. Darüber hinaus die Endpunkte der Straße durch ›architektonische Reiseerlebnisse‹ Ludwigs markiert: durch Feldherrnhalle (florentinische Renaissance) und Siegestor (römische Antike). Durch nahezu ausschließliche Beschränkung auf Staats- und Verwaltungsbauten jedoch ›steril‹ und der Entwicklung urbanen Lebens abträglich. Bebauung der westlich gelegenen → Maxvorstadt ohne Bezug zu den repräsentativen ›Fassaden‹ der Ludwigstraße.

Ludwigstraße bei Nacht: *Schalenbrunnen vor der Universität und Ludwigskirche.*

LUDWIGSTRASSE 2 ☐ 3

Bayerisches Staatsministerium für Ernährung, Landwirtschaft und Forsten Als ›Zentralministerium‹ 1937-39 (nach Plänen von Gablonsky) errichteter erster Monumentalbau des Dritten Reiches an Ludwigstraße; für ihn abgebrochen drei Wohnhäuser (von Klenze, 1820-23) und die an Ecke zur Von-der-Tann-Straße in gründerzeitlichem Stil nach 1899 erbaute ›Reichsbank-Hauptstelle München‹ (Architekt: Lutz). ***Beschreibung:*** Der rechteckige Baublock (24 zu 19 Achsen) umschließt, durch Mitteltrakt getrennt, einen kleineren Wirtschafts- und einen größeren Schmuckhof mit Arkaden (und Brunnen, von E. A. Rauch 1961). Der in Stahlbetonskelett ausgeführte blockhafte Bau besteht aus natursteinverkleidetem Erdgeschoss und drei gleichwertigen Obergeschossen unter Walmdach; auf schmalen Gesimsen aufsitzende Fenster in Hausteinumrahmung (im ersten und zweiten Obergeschoss halbrund geschlossen, im dritten nur hochrechteckig: durch Troost-Bauten (→ Arcisstraße 12, vorgebildet). Die Südfassade an Galeriestraße mit zwei mächtigen Brunnennischen (ursprünglich Skulpturen von Wackerle vorgesehen) und mittigem Portikusvorbau als eigentliche Schaufront konzipiert, nach geplantem Abbruch des Bazargebäudes auf dadurch verbreiterten Odeonsplatz bezogen. – Gebäude teilweise durch Bomben 1944 beschädigt, zwischen 1946 und 1952 stilgetreu wieder aufgebaut. ***Geschichte:*** Durch Gleichschaltung der Länder 1933 Reduzierung der Landesministerien und ihre Zusammenfassung der Regierung im ›Landes-‹ bzw. ›Zentralministerium‹ unter Ministerpräsident Ludwig Siebert (zugleich Finanz- und Wirtschaftsminister) und unter Gauleiter Adolf Wagner (zugleich Innen- und Kultusminister, ab 1939 auch Reichsverteidigungskommissar für Bayern); nach deren Tod (1942 bzw. 1944) Vereinigung aller ihrer Ämter in Gauleiter Paul Giesler. Die Durchführung des Hitlerbefehls der ›verbrannten Erde‹ führte 28.4.1945 zum Aufstand der ›Freiheitsaktion Bayern‹; nach seiner Niederschlagung (29.4.) Hinrichtung von G. Caracciola, M. Roth, H. Scharrer, H. Dorn im Innenhof des Ministeriums: hier Gedenktafel. – Bereits im Herbst 1945 Redaktion der amerikanischen ›Neuen Zeitung‹ (Chefredakteur: H. Habe, Feuilleton: E. Kästner, Außenpolitik: St. Heym); seit März 1946 US-amerikanisches Generalkonsulat (bis 1958) und von 1946-50 auch britisches Generalkonsulat; 1952 Einrichtung von Studios für Rundfunksender »Die Stimme Amerikas«. – Seit 1958 Sitz des Landwirtschaftsministeriums.

LUDWIGSTRASSE 13 □ 3

Landeszentralbank im Freistaat Bayern An der Stelle des von Klenze errichteten *Herzog-Max-Palais* (s. u.) 1937 Neubau der ›Reichsbank-Hauptstelle München‹ vorgesehen: Abbruch des einzigartigen Palastbaus, ab 1938 ausgeführt. Erster Entwurf des Reichsbankarchitekten H. Wolf noch vereinfachend am Klenze-Bau orientiert, nach Überarbeitung jedoch weiter vergröbert; damit die ursprünglich harmonische Ausgewogenheit der Fassaden des Altbaus endgültig aufgegeben. Bis 1941 Erdgeschosshöhe erreicht, dann kriegsbedingter Baustopp. Fertigstellung für die (1947 geschaffene) ›Landeszentralbank von Bayern‹ durch C. Sattler, dem es nicht gelang, die spröde Gewalttätigkeit des (nazistischen) neoklassizistischen Entwurfs zu mildern – nachdem der Städtische Baukunstausschuss auch noch die Aufstockung um ein Mezzaningeschoss und Verlängerung der Südfassade (bis Fürstenstraße) gefordert hatte. Durch Verbreiterung des Oskar-von-Miller-Rings (1968 ff.) ging frühere Einbindung des Palasts in Straßenflucht nach Klenzes Konzept endgültig verloren. (Nach Umzug der Hauptstelle 1998 in die Leopoldstraße 234 im bisherigen Gebäude noch Vorstand und Hauptverwaltung.) Ehemaliges **Herzog-Max-Palais** Durch vier Straßenzüge aus Umfeld separierter, zweiteiliger Baukomplex; vor Entscheidung für Bauplatz an Ludwigstraße Umbau des Törring-Palais am Max-Joseph-Platz erwogen (für beide Möglichkeiten Entwürfe Klenzes 1827), schließlich Entscheidung für Neubau an Ludwigstraße. *Grundsteinlegung* 28.4.1828, Vollendung mit Innenausstattung Oktober 1831 und Bezug, offizielle *Eröffnung* aber erst 10.11.1833. ***Beschreibung:*** Der eigentliche Palast hufeisenfömiger Dreiflügelbau mit *Hauptfassade* an Ludwigstraße und Innenhof gegen Westen, dem ein von vier niedrigeren Flügeln umgebener rechteckiger Wirtschaftshof mit Stallungen und Remisen angefügt; weiterhin gegen schräg verlaufende Fürstenstraße spitzwinkeliges Gartenareal, auf diesem 1833 ein Zirkusbau errichtet. Das *Hauptgebäude* dreigeschossig mit 13-achsiger Fassade, durch einachsige Eckrisalite und dreiachsigen Mittelrisalit mit flachen Pilastern gegliedert; das Drillingsportal mit Säulenbalkon als Würdemotiv eines Adelspalastes. Die *Seitenflügel* je elf Fensterachsen. Über rustiziertem Erdgeschoss (mit architravierten Bogenfenstern) zwei Obergeschosse (mit Rechteckfenstern), durch kräftige Gesimse voneinander getrennt – angeregt wohl durch Palazzo della Cancelleria in Rom. Seit Ende 19. Jh. ›Karl-Theodor-Palais‹ genannt, 1920 in Staatsbesitz, 1937/38 abgerissen. Das ***Innere*** gehörte – neben den Räumen des Königsbaus der Residenz (→ S. 270) – zu den bedeutendsten und prächtigsten Raumausstattungen des Klassizismus in München, auf Entwürfe Klenzes zurückgehend; künstlerische Gestaltung durch die Maler W. v. Kaulbach, R. v. Langer und Cl. Zimmermann sowie durch die Bildhauer L. v. Schwanthaler, J. E. Mayer und Bandel. Nur noch Reste erhalten – wie in Vorhalle der Landeszentralbank der fragmentarisch und in falscher Reihenfolge angebrachte *Bacchus-Fries* aus ehemaligem Speisesaal (Schwanthaler 1828/29); die 14 Fresken des *Psyche-Zyklus* von Kaulbach aus ehemaligem Ballsaal (heute Musiksammlung der Bayerischen Staatsbibliothek); die sechs mythologischen Fresken *Taten des Herkules* aus ehemaligem Empfangssalon von Langer (seit 1996 in Bibliothek des Wirtschaftswissenschaftlichen Instituts der Universität, Ludwigstraße 28). ***Bedeutung:*** Das Palais des unternehmungslustigen Schwagers von König Ludwig, Herzog Max *in* Bayern, ein Ort bedeutender gesellschaftlicher Ereignisse im biedermeierlichen München: Konzerte und Maskenbälle, im Privatzirkus (Ecke Fürsten-/ Rheinbergerstraße) Kunstreitvorführungen. Unter den hier aufgewachsenen sieben Kindern des Herzogspaars ›Sisi‹, die spätere Kaiserin Elisabeth von Österreich, und Sophie, die unglückliche Verlobte von König Ludwig II.

Ehemaliges Kriegsministerium, Fassade: *Trophäenrelief.*

LUDWIGSTRASSE 14 □3

Ehemaliges Kriegsministerium (heute Staatsarchive) Der eindrucksvolle Bau an der Ludwigstraße muss mit den Gebäuden an der Schönfeldstraße (3 und 5) als bauliche Einheit betrachtet werden, auch wenn beiden Bauteilen ihre ursprünglich unterschiedliche Bestimmung anzusehen ist: palastähnlich das Wohn- und Dienstgebäude des Kriegsministers an einer Seitenstraße, angeregt durch toskanische Palastarchitektur des 15. Jh.; dagegen an Ludwigs Monumentalstraße in repräsentativer und feierlicher Würde das *Kriegsministerium* in freier Adaption florentinischer Cinquecento-Architektur – von Klenze bewundernswert aufeinander abgestimmt. Erste Pläne bereits 1822, noch vor der offiziellen Festlegung der Trasse der nach Norden verlängerten Ludwigstraße 1826; Ausführung des Baus von 1827-30. – Schwere Bombenschäden; zu Beginn der 1960er Jahre durch stilgerechte Rekonstruktion des Außenbaus behoben, Innenausbau für Archivzwecke ab 1967. ***Beschreibung:*** Breit gelagerter, dreiteiliger Baukörper, der zwar das Wandsystem des östlich gelegenen ehemaligen Kommandanturgebäudes → Schönfeldstraße 3) aufnimmt, es aber in Formen der Hochrenaissance monumentalisiert. Der siebenachsige Mittelbau um ein Stockwerk höher als die zweigeschossigen fünfachsigen Seitenflügel; durch offene Pfeilerarkaden akzentuiert, in ihren Bogenzwickeln vorzügliche Trophäenreliefs* (Entwurf wohl von Klenze, ausgeführt von Eichinger). Waagrechtbossierung im Erdgeschoss, darüber glatt verputzte Wände mit Hausteingliederung (Rustikalisenen, Fensterumrandung); Rundbogenfenster (nach Wiederaufbau leider keine Sprossenteilung) in jedem Geschoss. ***Bedeutung:*** Durch breite Horizontalbänder zwischen den Geschossen und durch Konsolengesims Betonung des Tiefenzugs der Ludwigstraße. Bei freier Adaption von florentinischen Renaissancemotiven eine der eigenständigsten Klenze-Fassaden; in ihrer gleichsam aristokratischen Zurückhaltung in eklatantem Gegensatz zur auftrumpfenden Staatsbibliothek von Gärtner.

LUDWIGSTRASSE 16 □3

Bayerische Staatsbibliothek Erste Überlegungen für Errichtung einer Hofbibliothek (im Zusammenhang mit Zugängen aus Säkularisationsgut) bereits 1803; das 1827 von Hofbibliothekar Martin Schrettinger erstellte Bauschema mit Bedarfsberechnung sollte Klenze als Planungsgrundlage dienen (Auftrag aber anscheinend nicht ausgeführt); gleichzeitig Aufträge durch Ludwig I. an Ziebland (wieder zurückgezogen) und an F. v. Gärtner; Standort (vielleicht an Ludwigstraße ?) noch unbestimmt. Erstes greifbares Pro-

Bayerische Staatsbibliothek: *Freitreppe.*

Bayerische Staatsbibliothek: Historische Darstellung des *Treppenhauses* mit der im Zweiten Weltkrieg zerstörten Gewölbe-Dekoration.

jekt Gärtners für Neubau von ›Reichsarchiv‹ und Bibliothek als Pendant zur Glyptothek an → Königsplatz und Luisenstraße 1827, 1828 aufgegeben; weitere Entwürfe für den 1828 durch Ludwig endgültig bestimmten Bauplatz an Ostseite der Ludwigstraße: drei unterschiedliche Entwürfe, bei denen ursprünglich vorgesehene Gliederungen (Risalite, Nischen, Säulen) auf Anordnung Ludwigs zugunsten einer nahezu ungegliederten Straßenfassade nach und nach wegfielen. Genehmigung zur Ausführung 1831, jedoch aus Geldmangel *Grundsteinlegung* erst am 8.7.1832; Westtrakt des rechteckigen Baublocks 1833 unter Dach, nach Errichtung der Nord- und Südflügel (bis 1837) und des Ostflügels 1842 vollendet. Anschließend (1844/45) Einbau des mittleren Querflügels mit der monumentalen Haupttreppe* (Vorbild: Scala dei Giganti im Dogenpalast in Venedig), die jedoch bis Ludwigs Abdankung vom Publikum nicht betreten werden durfte. – Vorschlag zu Einbau eines runden Kuppelbaus (15 m Durchmesser) als Lesesaal im nördlichen Innenhof (1897 von Grünewald), nicht ausgeführt; dafür 1900-02 Vergrößerung des bisherigen Lesesaals im Osttrakt. Zwischen März 1943 und Januar 1945 durch Bomben 85 % des Gebäudes schwer beschädigt, ab 1945/46 in sechs Bauabschnitten wieder in alter Form hergestellt, als letzter Neubau 1966-70 der abgerissene Südflügel. An Ostseite Anfügung eines eigenen Gebäudes aus Glas und Stahl für Hauptkatalog und Lesesäle (1962-66 nach Plänen von S. Ruf, Döllgast, Kirsten, G. Werner). Sanierung und Renovierung des Gesamtbaus 1994-2001. ***Äußeres:*** Freistehender, von rustizierten Ecklisenen gefasster Baublock (155 zu 77 m) auf hohem Rustikageschoss und zwei Obergeschossen in unverputzter Ziegelmauerung, durch ausladendes Konsolengesims und Plinthenfries abgeschlossen. Während die Seitenflügel durch beidseitige dreiachsige Risalite und sieben Fensterachsen gegliedert sind, besitzen die beiden Längsfassaden 25 fortlaufende Achsen, die Fenster der Obergeschosse auf schmalen Gesimsen aufsitzend, ihre Rundbogen durch dunklere, leicht spitzbogige Schutzbögen überhöht. Einziger Akzent der Straßenfront drei große, gekuppelte Mittelportale mit vorgelegter Rampentreppe; auf Postamenten ihrer Balustrade im Krieg beschädigte vier Sitzfiguren (nach Modellen von L. v. Schwanthaler 1837), die wissenschaftlichen Grunddisziplinen symbolisierend (von links): Homer und Thukydides (für Dichtung und Geschichtsschreibung, von J. E. Mayer), Hippokrates und Aristoteles (für Heilkunde und Philosophie, von Sanguinetti), aufgestellt 1843 (heute im Hof der Schule von Bernau am Chiemsee); jetzige Figuren Neuschöpfungen 1966 von H. Vogel (Thukydides), Dietz (Homer), Bohr (Aristoteles) und Kroher (Hippokrates). – Der dreigeschossige Anbau an Ostseite ist ein Stahlbetonskelettbau, durch Doppel-T-Träger gegliedert. ***Inneres:*** Nur noch im Westflügel einige Räume erhalten: im Erdgeschoss die dreijochige fensterlose Vorhalle (idealistisch interpretiert als dämmrige Übergangszone des Alltags über die anschließende Haupttreppe zur Helligkeit der Wissenschaft); das monumentale Treppenhaus rekonstruiert: im Obergeschoss dreischiffig, das Gewölbe von beidseitig je acht Granitmarmorsäulen getragen, ursprünglich nach Schemaentwurf von Gärtner (1841/43) durch Nilson bis 1845 bemalt (heute übertüncht). Über den neun Seitenfenstern ehemals 18 Relieftondi mit Portraits von Dichtern und Gelehrten sowie von Wittelsbachern, die die Wissenschaften gefördert haben; einer ähnlichen huldigenden Intention entsprechen die beiden Herrscherfiguren am oberen Treppenpodest: Herzog Albrecht V. (Gründer der Bibliothek) und König Ludwig I. (ihr Bauherr); beide Skulpturen nach L. v. Schwanthaler (Modelle 1843 und 1846, nach diesen ausgeführt von F. X. Schwanthaler bzw. Lossow), aufgestellt 1851. ***Bedeutung:*** Erster Bau Gärtners an der Ludwigstraße und Ablösung Klenzes; der damit eingeführte Maßstabsprung und der von Gärtner bevorzugte ›Rundbogenstil‹ sollten die weitere Bebauung der Straße prägen. Der Bibliotheksbau formal beeinflusst durch sienesische, genuesische und florentinische Palastarchitektur der späten Frührenaissance, möglicherweise auch durch Palazzo Ruspoli in Rom. Bemerkenswert die konsequent angewendete Horizontale, die den Tiefenzug der Straße steigert – am deutlichsten sichtbar in der ununterbrochenen Reihung der 25 Fenster in der flächigen Straßenfront dieses größten Blankziegelbau Deutschlands, der in seiner architektonischen Unbedingtheit an eine frühe Form ›Neuer Sachlichkeit‹ denken lässt. – Die Präpotenz der Architektur und Gärtners Rasterschema beim Grundriss führten schon bald zu Kritik (z. B. von Schmeller), weil ihnen die bibliothekstechnische Funktionalität untergeordnet wurde.

Bibliothek mit rund 7,8 Millionen Bänden (neben Berlin) größte Universalbibliothek Deutschlands; Kriegsverluste etwa 500 000 Bände. ***Geschichte:*** Hervorgegangen aus der 1558 gegründeten Bibliothek Albrechts V., die sich ursprünglich über dem Antiquarium in der Residenz, möglicherweise (und z. T. ?) auch in der Kunstkammer über dem 1563-67 neu erbauten Marstall (→ Hofgraben 4) befand; durch Wilhelm V. umsichtig gefördert, wurde die »Librei« um 1599 in den umgebauten Pfisterstock beim → Alten Hof verlegt, wo ein wesentlicher Bestand bis zur Überführung (um 1780) der gesamten Hofbibliothek (mit ›Reichsarchiv‹) in die Alte Akademie (→ Neuhauser Straße 8) verblieb. Während des Dreißigjährigen Kriegs Stillstand; kaum nennenswerte Weiterentwicklung in der (wenig erforschten) Zeit zwischen 1650 und 1740, trotz der von Ferdinand Maria 1661 erlassenen Verordnung, Belegexemplare der im Kurfürstentum gedruckten Schriften abzuliefern. Neuer Aufschwung unter Max III. Joseph und seinem Bibliothekar F. v. Oefele (1780). 1772 Übernahme der Bibliothek des (aufgelösten) Jesuitenordens und 1801 der umfangreichen Büchersammlung der Theatiner. Zuerst durch Auflösung der Mendikantenklöster (1802), dann durch Säkularisation (1803) gelangt bedeutender Zuwachs an die Münchener ›Zentral-Bibliothek‹; nach Erhebung Bayerns zum Königreich (1806) Zugänge aus Franken und Schwaben. Nach Tod Karl Theodors war 1803/04 pfälzische Bibliothek nach München gekommen. Nach enger Verbindung mit der (1759 gegründeten) Bayerischen Akademie der Wissenschaften wurde die Bibliothek 1832 eigene Staatsbehörde. Systematischer Ausbau der Bestände im 19. Jh. und v. a. im 20. Jh. – Nach ersten Kriegszerstörungen und Bücherverlusten (1943) Auslagerung der Bestände in über 25 Bergungsorte im weiteren Umkreis Münchens und Schließung der Bibliothek. Von 1947-52 notdürftige Unterkunft von Teilen in den NS-Bauten an Meiser- und Arcisstraße (10 und 12), seit 1948 allmählicher Ausgleich der Kriegsverluste. ***Bestände:*** Wiegendrucke, Handschriften, Einblattdrucke u. Ä. (etwa 150 000), Musikbibliothek (mit Notendrucken und Musikhandschriften etwa 368 000), Osteuropa, Orientalistik und Ostasiatika (rund 1 100 000); Kartensammlung (mit rund 370 000 Karten sowie ca. 11 000 Atlanten und Topographien), ferner ca. 44 000 laufende Zeitungen und Zeitschriften. ***Schwerpunkte:*** Geisteswissenschaften (v. a. Philosophie, Geschichte, Theologie), Bavarica, Genealogie, Karten und Reisewerke; Rechtswissenschaft, Medizin, Naturwissenschaft, Kunst und Architektur.

Bayerische Staatsbibliothek: *Codex Aureus* von 870.

LUDWIGSTRASSE 20 □ 3

St. Ludwig Die unzureichende seelsorgerische Betreuung der wachsenden Bevölkerung der Max- und Schönfeldvorstadt in der Theatinerkirche und Maximilianskapelle beim Kriegsministerium führte 1827 zum Antrag des Münchener Magistrats auf Errichtung einer eigenen Pfarrei und damit zum Bau einer eigenen Kirche. König Ludwig war bereit zu finanzieller Beihilfe aus der Kabinettskasse, wenn diese Kirche an der Ludwigstraße gebaut und ihre Fassade auf die Löwen-(heute: Schelling-)straße ausgerichtet, wenn der *Grundstein* am 25.8.1829 gelegt und das Innere mit Cornelius-Fresken ausgemalt werden würde. Erste Planskizzen von F. v. Gärtner 1828, dem König Anfang 1829 Pläne vorgelegt, von ihm nach einigen Änderungen genehmigt. *Grundsteinlegung* wie von Ludwig verlangt, obwohl Finanzierung durch Magistrat noch nicht gesichert; daraufhin Drohung, die Universität und sogar die Residenz aus München abzuziehen. – Noch während des Baus (Bauführung durch Mühe) Änderungen: ursprünglich ein Turm an Apsis, dann dreitürmig, schließlich (1830) Zweiturmfassade (korrespondierend zur Doppelturmfassade der Theatinerkirche); Rundapsis zugunsten des Corneliusfreskos für geraden Chorschluss aufgegeben. Einsetzen des Schlusssteins 1833, Vollendung von Turm und Hauptdach 1837/38, *Weihe* 8.9.1844. Restaurierung von 1903-04 verfälschte farbliche und architektonische Konzeption; nach Behebung der Bombenschäden (1944) Wiederherstellung 1955-56 durch Schleich unter Rekon-

St. Ludwig.

St. Ludwig: Chorfresko *Jüngstes Gericht* von Peter Cornelius, 1836-40.

struktion der originalen Farbgebung des Inneren und Restaurierung der Gewölbebilder durch Hunnemann. Renovierung außen 1985-94, innen 1997 abgeschlossen. ***Äußeres:*** Typus der kreuzförmigen dreischiffigen Basilika, die Querschiffe und der Chor gerade geschlossen. Über den Dächern der Seitenschiffe eigenwillig gestaltete ›Strebebögen‹. Akzent setzend in der östlichen Front der Ludwigstraße die *Doppel*turmfassade der Kirche mit ihren auf Schrägsicht angelegten, weit auseinander gerückten Türmen, den flankierenden Arkaden und den beiden abschließenden würfelförmigen Häusern. Die eigentliche *Front* der Kirche nach klassischem Schema: der Mittelteil dem Hauptschiff entsprechend, von Doppellisenen gefasst, mit dreibogiger Vorhalle über Freitreppe, im folgenden Obergeschoss in fünf Rundbogennischen Christus und die vier Evangelisten; im Giebelfeld darüber Maßwerkrosette und auf den Doppellisenen die 1994 durch Kopien ersetzten Statuen Petrus und Paulus (1834/35: Christus und Lukas von L. v. Schwanthaler, die anderen fünf Statuen nach Schwanthalers Gipsmodellen von Schülern ausgeführt). Beidseitig angefügt die einachsigen Seitenschifffronten, durch kräftige Gesimse mit den beidseitig anschließenden zwei unteren Turmgeschossen zusammengebunden; darüber zwei weitere hohe Geschosse und steile Turmpyramiden (mit sich verjüngenden Rosettenreliefs). – Die Kirchenfassade von fünfjochigen Arka-

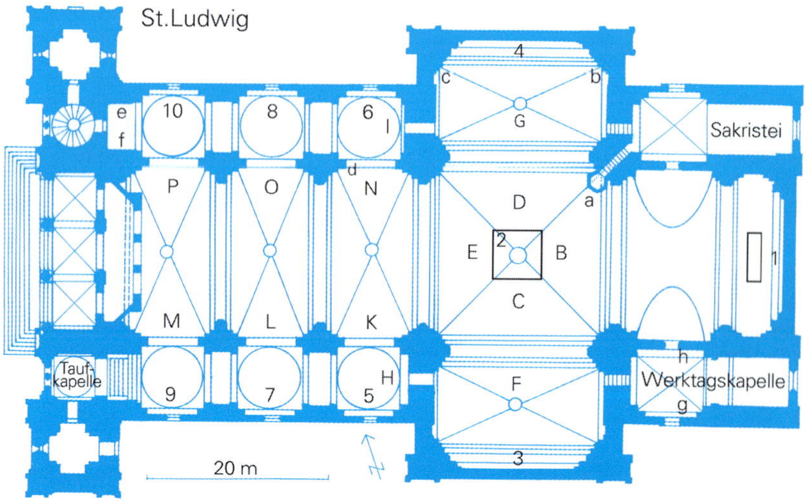

Freskenzyklus *nach Konzept von Cornelius' ›Credo‹ (Verbildlichung des Apostolischen Glaubensbekenntnisses): Entwürfe und meist auch Kartons, ausgeführt von seinen Schülern; ausgenommen Fresko an Chorwand ›Jüngstes Gericht‹*, eigenhändig 1836-40 (erste Entwürfe 1833).* **A** *Fresken über Chorjoch: ›Gott als Schöpfer der Welt‹ (ausgeführt von Hermann, Stürmer, Kranzberger, Hellweger 1838/39); in den* Stichkappen*: südlich ›Streitbare Engel‹ (Hellweger, Kranzberger 1840), nördlich ›Schützende Engel‹ (Schabet, Hailer 1840).* **B-E** *Fresken über* Vierung *unter Thema ›Gemeinschaft der Heiligen‹:* **B** *›Patriarchen und Propheten‹ (Kranzberger, Halbreiter, X. Lang, Lacher 1837),* **C** *›Apostel und Märtyrer‹ (Karton Moralt, Hermann, ausgeführt Hermann, Lacher, X. Lang 1837),* **D** *›Missionare, Könige und Jungfrauen als Verbreiter des Christentums‹ (Entwurf und Karton Hermann, auch Ausführung unter Mitarbeit Hailer, Schabet 1838),* **E** *›Kirchengelehrte und Ordensgründer‹ (Karton Moralt, Kranzberger, auch Ausführung unter Mitarbeit Hellweger, Kranzberger 1839).* **F** *Fresken im südlichen* Querhausgewölbe *(1836): ›Kirchenväter‹ in Gewölbekappen (Entwurf und Kartons Hermann), ›Hieronymus‹ und ›Ambrosius‹ (Halbreiter), ›Augustinus‹ (Kranzberger), ›Gregor‹ (Moralt). – An südlicher* Stirnwand **3** Hauptbild *(unter dem Fenster) ›Kreuzigung Christi‹ (Hermann, Stürmer, Moralt 1839),* Nebenbilder *(beiderseits des Fensters) links ›Auferstandener Christus‹, rechts ›Maria Magdalena‹ (Entwurf Hermann, ausgeführt Moralt, Hailer 1841/42).* **G** *Fresken im nördlichen* Querhausgewölbe *(1836-38) ›Evangelisten‹ (Entwurf Lacher), ›Matthäus‹ (Lacher), ›Markus‹ (Moralt), ›Lukas‹ und ›Johannes‹ (Hermann). – An nördlicher* Stirnwand **4** *Hauptbild (unter dem Fenster) ›Geburt Christi mit Anbetung der Hirten und der drei Weisen‹ (Moralt, Lacher, Hailer 1837/38), Nebenbilder (beiderseits des Fensters) links ›Verkündigungsengel‹, rechts ›Maria‹ (Entwurf und Kartons Hermann, ausgeführt Hellweger). An den Wänden in* den Seitenschiffen *und im* Hauptschiff*:* **H** *und* **J** *Hl. Theresia und Hl. Ludwig (Namenspatrone des Königspaars; von Hailer),* Rundbilder *mit Heiligen (Fugel 1904):* **K** *Wolfgang,* **L** *Valentin,* **M** *Emmeram;* **N** *Benno,* **O** *Korbinian,* **P** *Rupert.* ***Altäre*** *nach Entwürfen von Gärtner (ebenfalls mobile Ausstattung, liturgische Geräte u. Ä.):*

den flankiert (die ursprünglich zweigeschossig überbaut werden sollten); in ihnen zwei rotmarmorne Brunnen, an den abschließenden Gittern Gedenkreliefs für Gärtner (nördl.) und (südl.) Klenze (1964, von Mikorey). Die Arkaden und die folgenden Eckbauten für Erscheinungsbild des Gesamtkomplexes von wesentlicher Bedeutung: beide Kuben dreigeschossig und allseitig fünfachsig unter flachem Zeltdach, der *nördliche Bau* von Anfang an als Pfarrhaus errichtet, 1968-71 Residenz des Erzbischofs Julius Döpfner während Renovierung des Erzbischöflichen Palais (→ Kardinal-Faulhaber-Straße 9); der *südliche* gegen die Staatsbibliothek seit 1839 Gärtners Wohn- und Atelierhaus, 1852 von seiner Witwe verkauft; im Krieg bis auf Grundmauern zerstört, 1958 originalgetreu für Universitätsbauamt rekonstruiert. ***Inneres:*** Der überraschend weite basilikale Innenraum beherrscht vom *Chorfresko* ›Jüngstes Gericht‹* von Cornelius 1836-39. Wandgliederung durch zweifach abgestufte Kreuzpfeiler; Gurtbogen teilen die drei querrechteckigen Kreuzgewölbe über dem *Mittelschiff* und den eineinhalbjochigen *Chor* flankiert von Sakristei (nördlich) und Werktagskapelle (südlich). Kreuzgewölbe über quadratischer *Vierung*; darunter Kreuzaltar (errichtet bereits 1956 auf Vorschlag von P. Romano Guardini SJ, der beinahe 15 Jahre in St. Ludwig predigte: Gedenktafel am dritten Pfeiler links) und Verlegen der *Kanzel* vom nordwestlichen zum nordöstlichen Vierungspfeiler (1956). *Seitenschiffjoche* mit Nebenaltären kuppelüberwölbt, an rechtes westlich anschließend Taufkapelle. Einbau eines lärmdämmenden Windfangs, darüber *Orgelempore* (1955). Alle Ausstattungsstücke sowie Architekturplastik auf Entwürfe Gärtners zurückgehend. – Ausführliche Beschreibung der ***Ausstattung***: → Legende beim Grundriss. ***Bedeutung:*** Für Profilierung der Ludwigstraße entscheidende Vertikalgruppe, dem Komplex der Theatinerkirche antwortend, deren Grund- und Aufrissschema zwar übernommen, aber im Sinne der romantisch-byzantinischen Baugesinnung Gärtners umgedeutet ist. Im Innern ist die fein abgewobene Farbgebung – Flächigkeit gegen ornamentierte Gliederung; gedämpfte Färbung der Wände gegen starkfarbige Gewölbemalerei (vor allem in Vierung und Chor) – wesentlicher Stimmungsträger des von klar strukturierter Architektur bestimmten Raums. Durch Cornelius-Fresko Wiederbelebung der Großmalerei: noch vor Michelangelos ›Jüngstem Gericht‹ in der Sixtinischen Kapelle größtes Wandfresko (18,3 m hoch, 11,3 m breit) der Welt. – Gärtners Ludwigskirche im ›Rundbogenstil‹ wurde wegweisend für Sakralbauten um die Mitte des 19. Jh.; z. B. die *Altlerchenfelder Pfarrkirche* in Wien (Sprenger, J. G. Müller, van der Nüll 1848-50) und v. a. in den USA, wie *Bowdoin College Chapel* in Brunswick/Maine und Church of the Pilgrims in Brooklyn (beide Upjohn Mitte 1840er Jahre), *St. George's Episcopal Church* in New York City (von Blesch und Eidlitz 1846-48).

St. Ludwig, Ausschnitt aus dem Chorfresko: *Christus mit Maria und Johannes.*

St. Ludwig: *Vierungsfresko.*

1 Hochaltar *(freistehend vor Chorwand): über Mensa niedriger, abgestufter Tabernakelaufbau, flankiert von Statuen ›Hl. Ludwig‹ (links; angeblich Gesichtszüge von König Ludwig I.) und ›Hl. Korbinian‹. Im Chorjoch an Seitenwänden Chorgestühl.* **2** Kreuzaltar *(1956), an den Ecken der Altarinsel Bronzekandelaber (Entwurf Gärtner), Bronze-Ambo (Faller 1981).* **3** *und* **4***: s. o. unter ›Fresken‹. Die gegenüberliegenden* **Altäre** *in den* Seitenschiffen *aufeinander bezogen:* **5** Marienaltar: *Schutzmantelmadonna (Ulmer Schule um 1480);* **6** Josephsaltar: *›Hl. Joseph‹, farbig gefasste* Holzfigur *(Schönlaub, 1840er Jahre).* **7** Aloisiusaltar: *›Hl. Aloisius‹, polychrom gefasste Gipsfigur (um 1840);* **8** Franz-Xaver-Altar: *›Hl. Franz Xaver‹, farbig gefasste* Holzfigur *(Schönlaub 1840er Jahre).* **9** Alfonsaltar: *›Hl. Alfons von Liguori‹;* **10** Karl-Borromäus-*Altar: ›Hl. Karl Borromäus‹, beide farbig gefasste Holzfiguren (Schönlaub 1840er Jahre).* ***Ausstattungsstücke:*** **a** Kanzel *(Entwurf Gärtner).* **b** Votivrelief *für Schwanthalers Errettung aus Seenot 1827 (L. v. Schwanthaler).* **c** Gedenktafel *für die Pfarrer von St. Ludwig.* **d** Gedenkrelief *für P. Romano Guardini (Prediger an St. Ludwig).* **e** *Nischenfiguren der ›Hll. Judas Thaddäus, Antonius von Padua, Bruder Konrad‹ (braun und gold gefasste Holzskulpturen, anonym, um 1930).* **f** Gemälde *›Madonna mit Kind‹ (Seewald 1968/69) als Ersatz für gestohlenes Madonnenbild (19. Jh. – Kopie des Gnadenbilds von Re), nach Entdeckung in Schwabinger Antiquitätengeschäft im Pfarrhof von St. Ludwig aufbewahrt. Über Windfang* Empore *mit rekonstruierter Orgel (Prospekt nach Entwurf Schleich 1959f.;* sog. Schleifladenorgel, *eine der hervorragendsten Süddeutschlands), renoviert 1998/ 99.* Taufkapelle *mit Taufstein (Gärtner).* ***Werktagskapelle*** *1997 eingerichteter kahler, schmuckloser Raum, abstrakte* Glasfenster *(Entwurf Poensgen 1997); bei* **g** *Bronze-Epitaph über Grablege von Romano Guardini († 1968), bei* **h** *zwei Bronzegedenktafeln für Universitätsprediger zu St. Ludwig seit 1845 (beide Reliefs von Faller 1997).*

LUDWIGSTRASSE 25 ☐ 3

Ehemaliges Blindeninstitut 1833-37 von F. Gärtner errichtet. 1970 für Universitätsseminare ausgebaut. ***Beschreibung:*** Sparsam gegliederter, dreigeschossiger Bau auf glattem Steinsockel; 15 Achsen in gequaderter (gemalter) Wand; Akzentuierung durch zwei romanisierende *Portale* (zweite und 14. Achse) mit 1970 erneuerten, ursprünglich von Eberhard entworfenen vier Heiligenfiguren (Ottilia und Lucia, Benno und Rupert), ausgeführt von Sanguinetti (1834). Schmalseite an der Schellingstraße (sechs Achsen) gleiche Fassadenstruktur: Rundbogenfenster, im zweiten Obergeschoss Stichbogenfenster. In der – allerdings durch Eingriffe Ludwigs I. mitverschuldeten – Schwerfälligkeit der Proportionierung und Fassadendurchbildung wohl der sprödeste Bau Gärtners an der Ludwigstraße.

LUDWIGSTRASSE 27 ☐ 19

Ehemalige Bayerische Berg-, Hütten- und Salzwerke AG Der heute nach behobenen Kriegsschäden für Universitätsinstitute adaptierte Bau war nach Plänen von F. v. Gärtner als Verwaltungsbau von 1838 an errichtet worden. Vorausgegangen ein von König Ludwig 1831 genehmigtes, aber nicht ausgeführtes Wohnhausprojekt Klenzes sowie, gleichfalls nicht ausgeführt, der 1832 geplante Neubau für das Max-Joseph-Stift (→ Prof.-Huber-Platz 2). Für Bergwerksadministration Planungsauftrag 1836 an Gärtner, Grundsteinlegung 25.8.1838, Fertigstellung 1843; Bauführung durch Bürklein. ***Beschreibung:*** Schließung der Baulücke zwischen Löwen-(heute Schelling-)straße und Universität (seit 1835 in Bau); blockhaftes, dreigeschossiges Gebäude mit 17 Achsen; Schmalseite an Schellingstraße vierachsig. Durch glatte, breite Bänder und Lisenen (in den beiden Obergeschossen) großflächig gegliederte Backsteinfassaden; Archivolten der Fenster und des Mittelportals mit reliefierten Formsteinen ummauert. ***Bedeutung:*** Meisterhafte Backsteinmauerung (Riemchenverkleidung in Klinker) – rote Steine für Architekturglieder, gelbe Steine für Mauerflächen; Stereometrie des Baukörpers erhält durch Exaktheit der Verarbeitung zusätzliche Steigerung: Durchbruch zu neuer ›Sachlichkeit‹, wie sie Gärtner an Schinkels Neubau der Bau-Akademie in Berlin 1835 gesehen haben dürfte.

Lenbach-Villa: *Eingang mit Südflügel* (Atelierbau).

LUISENSTRASSE 33 und 35 ☐ 1

Lenbach-Villa und Städtische Galerie ›Residenz‹ des Malerfürsten Franz v. Lenbach: asymmetrische Baugruppe aus Atelierflügel (1887-89) und Wohnhaus (1891 vollendet), entworfen von G. v. Seidl unter Mitwirkung von Lenbach; Verbindung beider Bauten erst 1912. Von der Witwe Lenbachs der Stadt 1924 verkauft, dabei Stiftung der Einrichtung und der Sammlung. 1927-29 Anbau des Nordflügels für Städtische Galerie (H. Grässel). Bombentreffer 1941, ausgebrannt 1945; sukzessive Wiederherstellung (1954, 1955, 1957/58); Neubauflügel an der Richard-Wagner-Straße (1970/71) und Gesamtrenovierung bis 1972. Nach Feststellung erheblicher Mängel (Brandschutz, Klima-, Licht- und Sicherungstechnik) war selbst Abbruch der Villa erwogen, ehe 2002 Auftrag an Foster für Konzept einer umfassenden Sanierung des Hauses. ***Beschreibung:*** Dem *Wohnhaus* axial vorgelegter *Garten* (mit Wasserbecken und Brunnen; geschnittene sowie lockere Bepflanzung): dreigeschossiger Baublock mit Zeltdach, von ›Belvedere‹-Türmchen bekrönt; drei Fensterachsen, in der Mitte Balkonportal, über zweiarmige geschwungene Freitreppe zugänglich; beiderseits Eingang zwei Tonreliefs (›Brautgeleit‹ und ›Badende Frauen‹) von Hildebrand. Darüber Rundbogenfenster. – Zurückgesetzte Bauteile verbinden Wohnhaus mit den beiden Flügeln: der südliche *Atelierbau*: malerisch gegliederter zweigeschossiger Trakt mit asymmetrischem Kopfbau gegen Luisenstraße; der nördliche *Trakt*, auch zweigeschossig, als Sammlungsbau einfacher, dem Hauptbau untergeordnet. – Die in ihrer ursprünglichen Form 1995/96 restaurierten prächtigen Wohnräume Lenbachs zeigen den Lebensstil des ›Malerfürsten‹. ***Bedeutung:*** Als Sitz des ›Malerfürsten‹ Lenbach und Beherrschers der von Adel und Großbürgertum geprägten Kunstszene bezeichnend für die gesellschaftliche Stellung dieses

Lenbach-Villa: *Wohnhaus mit Vorgarten.*

Künstlers am Ende des 19. Jh. im Stil der italienischen Villa suburbana von Seidl unter freier Verwendung von Renaissancemotiven, bereichert durch barocke Details, erbaut. **Sammlungen:** Nach dem Erwerb der Lenbach-Villa durch Stiftungen und steigende Ankaufsetats war 1929 Eröffnung der stadteigenen Gemäldegalerie möglich; allmählicher Ausbau mit Schwerpunkt Münchener Malerei. In den Nachkriegswirren Diebstahl von Hunderten von ausgelagerten Gemälden; darüber hinaus zahlreiche Bilder aus den Beständen der Galerie an städtische Amtsräume ausgeliehen. Durch *Schenkung Gabriele Münters* (1957) entscheidende Akzentuierung des Museums (Kandinsky Blauer Reiter); weiterer Ausbau durch ›*Bernhard-Koehler-Stiftung*‹ (1965) sowie ›*Gabriele Münter-*‹ und ›*Johannes-Eichner-Stiftung*‹ (1966); Angliederung des ›*Kubin-Archivs*‹. – Im Vorgarten des Altbaus *Skulpturen*: vor Stirnseite des Grässelbaus ›Großes Votiv‹ (von Koenig, Bronze 1963/64) und ›Stehende Figur‹ (von Croissant, Bronze 1977), an seiner Längsseite ›Windspiel‹ (von Wimmer, Bronze 1960) und ›Stehende‹ (von Stangl, Bronze 1932); in der Mittelachse des Parterres Brunnen ›Herkulesknabe mit Keule‹ (von F. v. Miller, Bronze, 1890) und sog. Hippokampen-Brunnen (oberitalienisch, 16./17. Jh., Brunnenaufsatz ›Knabe mit Füllhorn‹ nach 1945 ergänzt); neben Atelierbau drei Bronzefiguren von Ernst (1967: ›Der Assistent‹, ›La Tortue‹, ›La Grenouille‹). – In Grünfläche südlich des Atelierbaus an Brienner Straße ovale Stahlplatte ›Elliptical Plane in 13 Masses and 2 Scales‹ (von Rabinowich 1974) sowie ›Stahlblatt Nr. 3‹ (von Lechner 1986); in gegenüberliegender Rasenfläche Aufstellung von ›Lichtstelen‹ (von Flavin 2001), die zum Zugang zum **Kunstbau** führen: mit ihm eröffneten sich ab 1994 neue Möglichkeiten und zusätzliche Ausstellungsflächen für wechselnde Werkschauen der klassischen Moderne bzw. für Einzelausstellungen – beim Bau der U-Bahn (U 2) zwischen Karl- und Brienner Straße (1976-79) ›übrig gebliebener‹ und nicht wieder zugeschütteter Leerraum *unter* der Luisenstraße und *über* dem U-Bahnhof Königsplatz. Über eine 30 m lange Rampe Zugang zu der von 18 Betonpfeilern unterteilten *Halle* (ca. 100 zu 17,5 m bei einer Höhe von 5,50 m). Ausbau für Ausstellungszwecke nach Planung von Kiessler, wobei neben Einfügung von Video- und Vortragsraum der zweischiffige ›*Kunstbau*‹ selbst den Charakter einer eigenständigen, gewissermaßen archaischen Raumskulptur erhält; die notwendige künstliche Beleuchtung als wesentliches Instrument für die ›Inszenierung‹ der Kunst eingesetzt. ***Bedeutung*** der Städtischen Galerie: Neben bedeutenden Beispielen alter Münchener Malerei (v. a. 19. Jh.) einzigartige Dokumentation des ›Blauen Reiter‹*****. Deutschlands größte Kandinsky-Sammlung. – Wechselausstellungen zur Kunst der klassischen Moderne und Gegenwart.

Vorbemerkung: *Die für die nächsten Jahre vorgesehene gründliche Sanierung der Gebäude bedingt zeitweilige Änderungen bei der Präsentation der Exponate.*

Saalfolge im Erdgeschoss (N-Flügel)
1-6 *Sonder-/Wechselausstellungen;* Treppenhaus *zum Obergeschoss: Horndash.*

Saalfolge Obergeschoss
7 (Münchener Malerei vor 1800:) *Desmarées, Edlinger, Hauber, Horemans, Kellerhoven, J. Polack, Chr. Schwarz.*
Münchener Malerei vom Klassizismus bis Jugendstil: **8** *Th. Alt, Dorner, Eibl, H. M. Heß, F. Kobell, Lochbihler, Stieler, Warnberger; C. D. Rauch.* **9** *A. Adam, J. G. von Dillis, W. v. Kobell, D. Quaglio, M. J. Wagenbauer.* **10** *Heideck, E. N. Neureuther, C. Rottmann; B. Thorwaldsen.* **11** *Bürkel, Ezdorf, Fearnley, Kaiser, Lange, Morgenstern.* **12** *Ainmiller, H. Dyck, F. Gärtner, Götzenberger, Klenze, Wenglein; Thorwaldsen, L. Widmann, E. Wolff.* **13** *Baisch, Bamberger, Ebert, Morgenstern, E. Schleich d. Ä., Wenglein, Willroider.* **14** *W. Busch, Grützner, A. Lang, Lier, G. v. Max, Spitzweg, Voltz, Wenglein.* **15** *Leibl, Schider, Schuh, Sperl, H. Thoma, Trübner.* **16** *Corinth, Slevogt.* **17** *Becker, Buri, Dill, T. T. Heine, Langhammer, Piglheim, Uhde; Behn.* **18** *Lugo, Kandinsky, Olde, Putz, Rich. Riemerschmid, Schmithals, Strathmann, Stuck, Weisgerber, Zwintscher; Hahn, Hildebrand, U. Janssen, Stuck, Taschner, Wrba.*
Blauer Reiter bis Neue Sachlichkeit: **19** *Jawlensky, Kandinsky, Münter.* **20** *Jawlensky, Kandinsky, Macke, Münter.* **21** *Kandinsky, Macke, Marc.* **22** *Kandinsky.* **23** *Bloch, Blos, Bossi, Erbslöh, Girieud, Hüsgen, Kanoldt, Werefkin.* **24** *Münter.* **25** *Kandinsky.* **26** *Campendonk, Kandinsky, Macke, Marc.* **27** *Delaunay, Freundlich, Klee, Macke, Muche.* **28** *Delaunay, Jawlensky, Kandinsky, Klee; Belling.* **29** *Davringhausen, W. Geiger, Heise, Hubbuch, Kanoldt, Radziwill, Schad, Scharl, Schlichter, Schrimpf, Weinmair; Belling, Kölle, Röhrig, Voll.*
30-34 *Historische Lenbach-Räume.* Zeitgenössische Kunst: **35** *Beuys.* **36** *Barry.* **37** *Kiefer.* **38** *Fontana.* **39** *Warhol.* Treppe *zum Erdgeschoss: Metzel.*

Saalfolge Erdgeschoss (Südflügel)
40 *G. Richter.* **41** *Palermo.* **42** *G. James, Richter, Turrell.* **43** *R. Geiger.* **44** *Erro, Fahlström, Ilja, Kabakov.* **45** *Dietmar, Tanterl.* **46** *Beate, Douglas, Fahlström, Huebler, Øywind, Passow, Richter, Warhol.*

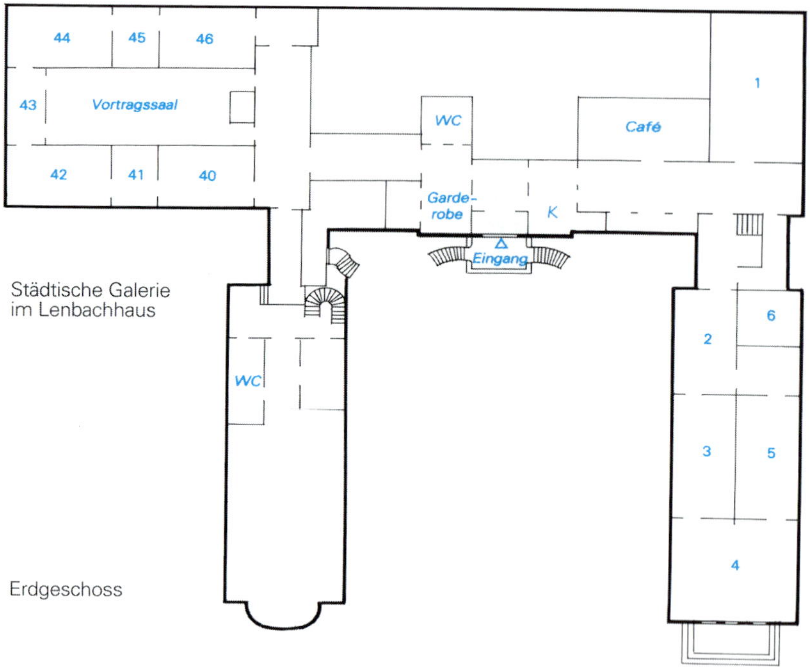

Städtische Galerie: Wassily Kandinsky, *Improsivisation Klamm,* 1914.

LUITPOLDPARK

☐ 15

Bereits 1909 Magistratsbeschluss, für die stetig wachsende Bevölkerung Schwabings eine große Garten-/Parkanlage im Nordwesten dieses Stadtteils zu schaffen (finanziert durch Bürgerspenden ähnlich dem ›Bürgerpark‹ zu Bremen). Durch Heiler und Multerer Planung (genehmigt Ende 1910) für Areal zwischen Borschtallee im Osten und Brunnerstraße im Westen, von Süden nach Norden durch Straßen bedingte Dreiteilung in *Kinderareal* entlang der Clemensstraße, in *Bayernplatz* bis Karl-Theodor-Straße und nördlich davon bis Burgunderstraße in eigentlichen *Luitpoldpark*: Gesamtfläche ca. 15 ha (ohne Areal des ›Schuttbergs‹, s. u.). ***Beschreibung:*** 1910/11 anlässlich des 90. Geburtstags von Prinzregent Luitpold (12.3.1911) in einem Mischstil aus französischer und englischer Gartengestaltung angelegt. *Zentrum* des Parks die etwas erhöhte viereckige ›Luitpoldterrasse‹ mit Mittelachse, beiderseits bepflanzt mit 90 Goldlinden (= Lebensjahre des Prinzregenten) und mit 25 Eichen (= seine Regierungszeit seit 1886), zentriert durch eine quadratische Rasenfläche mit 17 m hohem *Obelisk* (mit Bronze-Gedenktafel, entworfen von Düll und Pezold). An Westseite errichtet 1912 *Gartenrestaurant* ›Bamberger Haus‹ (→ Brunnenstraße 2), ab 1913 beginnender *Ausbau* nach Norden (dafür Spende von acht märkischen Buchen durch in Berlin lebende Bayern) und Aufstellung eines *Denkmals* für den Landeskundler und TH-Professor Wilhelm Götz im nordöstlichen Teil (1913); weiterer Ausbau nach Norden (bis etwa Nymphenburg-Biedersteiner Kanal) durch 1. Weltkrieg verhindert. Erst nach 2. Weltkrieg Ausdehnung auf 33 ha; gegen Belgradstraße ab 1947 der aus ca. 3 Mill. cbm Trümmer der zerbombten Stadt aufgeschüttete *›Schwabinger Schuttberg‹*. Als *›Freizeitpark Luitpold‹* 1957–60 in heutiger Form gärtnerisch gestaltet; auf ›Gipfel‹ *Kreuz* zur Erinnerung an über 6000 Bombenopfer (eingew. 3.5.1958, Entw. Altmann). ***Bedeutung:*** Der Park mit Blick vom Schuttberg (37 m) über die Stadt bis zu den Alpen Naherholungsareal.

Luitpoldpark mit Obelisk.

MARGARETENPLATZ 1 □ 22

Neu-St.-Margaret Katholische Pfarrkirche von (Unter-)Sendling als Ersatz für die zu klein gewordene Pfarrkirche Alt-St.-Margaret (→ Plinganserstraße 1). 1892 Gründung eines Kirchenbauvereins, Bauauftrag für Neubau 1897 an Dosch; dessen erste Pläne als zu aufwändig (u. a. architektonisch einheitliche Gestaltung des Vorplatzes, hoher Turm mit 110 m) abgelehnt wurden (1899); im selben Jahr Übernahme des Protektorats durch Prinzregent Luitpold. 1901 Genehmigung des reduzierten Plans und *Grundsteinlegung* 1902; drei Jahre später wegen finanzieller Schwierigkeiten Einstellung, 1907 Wiederaufnahme der Bauarbeiten. Dosch 1910 durch Boemmel abgelöst, der nach abermals vereinfachten Plänen die Kirche fertig baut; Weihe 1913, endgültige Vollendung (Ausstattung) aber erst 1938. Bombenschäden 1944, sukzessive Behebung bis 1958. Danach Innenrestaurierung, 1965-70 Außenrestaurierung. 1995-2001 Sanierung des Turms, dessen obere Hälfte in Beton (Münchens erster Kirchturm in diesem ›modernen‹ Baumaterial) errichtet worden war. ***Äußeres:*** Monumentale üppig gegliederte Westfassade mit mittigem Hauptportal (darüber, in Schmiedeeisen, Kruzifix von Dering 1965); die dreigeschossige Front täuscht basilikalen Innenraum vor: über fünfachsigem Erd- und dreiachsigem ersten Obergeschoss durch mächtige verkröpfte Gebälke in der Horizontalen gegliedert, der je vier Säulenpaare in den unteren beiden Geschossen und zwei Säulenpaare im hohen Giebelfeld entgegenwirken. Die Seitenfassaden mit jeweils einem Nebenportal ›flächiger‹ gestaltet, nach vier Jochen durch zweistöckiges, übergiebeltes Querhaus unterbrochen; an der Nordseite über dem Nebenportal der reich gegliederte, fünfstöckige, mit Pyramidendach bekrönte Turm (85,5 m hoch). Die Chorpartie gegen die Plinganserstraße als zweite Schauseite behandelt: niedriger als der eigentliche Kirchenbau, von Freisäulen umstanden, die über dem kräftigen Gebälk in überlebensgroße Engelsfiguren ausklingen; an umlaufendem ebenerdigen Chorumgang zwei oktogonale überkuppelte ›Kapellen‹ angefügt. ***Inneres:*** Saalraum unter Tonnengewölbe (mit Felderstuck), beidseitig je drei unbelichtete, gerade geschlossene Seitenkapellen, darüber niedrige Emporen; den trennenden Pfeilern paarweise Dreiviertelsäulen bis zum verkröpften Gebälk vorgelegt; im Hochgaden unter Stichbogen Rechteckfenster. Nach drittem Joch flache Quer-(haus-)arme mit Altären und ein weiteres Joch, das zum eingezogenen und erhöhten Altarraum überleitet; darunter Krypta. Der überwiegend weiß getünchte Raum kann die durchaus beabsichtigte Vorbildlichkeit der Jesuitenkirche St. Michael (→ Neuhauser Straße 6) nicht verleugnen. ***Bedeutung:*** Der Neubau wurde (wie durch Kirchenbauverein dokumentiert) einerseits zum Gedächtnis an die ›Sendlinger Mordweihnacht‹ 1705, andererseits zum

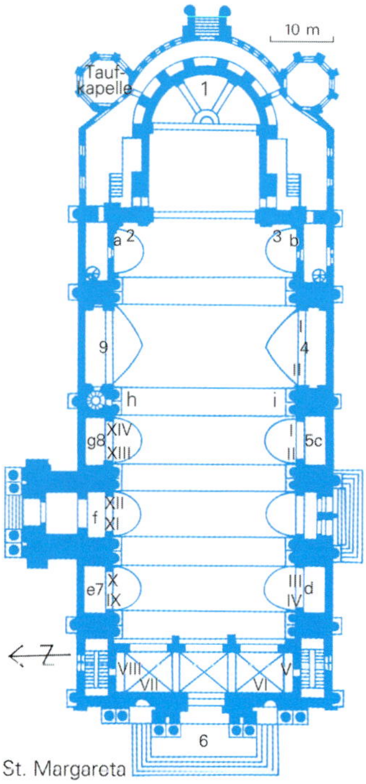

1 Hochaltar: *Von Säulen getragener offener und kuppelbekrönter Tempietto, im Zentrum Baldachin über Figur ›Hl. Margaret‹ (Schratt, ca. 1910/12), an den Seiten Figuren der Erzengel Gabriel (links) und Michael (Schratt). – In drei trapezförmigen Feldern der Apsiskalotte ›Gnadenstuhl‹, beidseitig anbetende Engel; im Gewölbescheitel ›Hl. Familie mit segnendem Jesuskind‹ (A. und J. Wilk 1907).* Die beiden Seitenaltäre *ähnlich gestaltet:* **2** Marienaltar: *Figur ›Maria Immaculata‹ (Schratt 1913), seitlich Begleitfiguren ›Hl. Elisabeth von Thüringen‹ (links), ›Hl. Katharina‹ (Schratt 1913).* **3** Herz-Jesu-Altar: *Statue ›Herz Jesu‹ (Schratt 1912/13), seitlich Begleitfiguren ›Hl. König Ludwig‹ (links), ›Hl. Kaiser Heinrich‹ (Schratt 1912/13).* **4** Aloisius-Altar: *Gemälde ›Erstkommunion des Hl. Aloisius‹ (ursprünglich Lessig 1918, im Krieg zerstört, nun von Jungar); in seitlichen Nischen gotische Statuen ›Hl. Georg‹, ›Hl. Margaret‹ (Fassung original, vielleicht Grasser-Schule um 1500): in Predella Kopie des Gnadenbildes von Altötting.* **5** Josephsaltar: *Gemälde ›Joseph mit Jesuskind‹, im Oberbild ›Peterskirche in Rom‹, in Predella ›Tod des Hl. Joseph‹ (alle Bilder von Lessig 1917); beiderseits versilberte neubarocke Statuen ›Hl. Georg‹ und ›Hl. Sebastian‹ (anonym).* **6** Über Westportal *›Kruzifix‹ (Schmiedeeisen, Dering 1965).* **7** Kriegergedächtniskapelle: *versilberte ›Pietà‹ (1920er Jahre).* **8** Rokokoaltar: *Meister ICP (oder ICR, vielleicht Joh. Chr. Reinhard um 1750), in Augsburg erworben; Tabernakel und Reliquienschreine mit Messing beschlagen; silberner Rokokodekor. Einige Figuren in Nachkriegszeit gestohlen; 1963 durch Nachschöpfungen ersetzt.* **9** Georgsaltar, *in Einzelmotiven wohl von Guggenbichler (Mondsee) angeregt; Figur ›Hl. Georg‹ (18. Jh.), aus einer abgebrochenen Kapelle an Lindwurm-/Bavariastraße; in seitlichen Nischen ›Hl. Ludwig‹ und ›Hl. Ernst‹ (Neidig 1914); Glasgemälde im Fenster darüber ›Christnacht‹ (F. X. Zettler 1903). An den Wänden von Seitenkapellen* Gemälde *›Sieben Sakramente‹:* **a** *Beichte,* **b** *Kommunion,* **c** *Firmung,* **d** *Taufe,* **e** *Sakrament der Ehe,* **f** *Priesterweihe,* **g** *Letzte Ölung.* **h** *Kanzel (Büchsenmacher 1913), im Krieg zerstört, in originaler Form rekonstruiert; gegenüber* **i** *›Kruzifix‹ und ›Mater dolorosa‹ (gestiftet 1912). An den Seitenwänden der Kapellen und im westlichen Teil des Kirchenraums 14 Gemälde ›Kreuzwegstationen‹ unter Fugels Einfluss (beginnend bei* **5**, *endend bei* **8** *in römischen Ziffern).*

100-jährigen Jubiläum der Ausrufung des Königreichs Bayern 1806 errichtet. Eine der aufwändigsten und besten Schöpfungen des Ekkletizismus in München, ein ›Katalog‹ aller Stilrichtungen der ›klassischen Epoche‹, eine zeittypische ›Bildungsarchitektur‹: von der Spätrenaissance (Grundrissdisposition St. Michael; Chorgestühl) über Manierismus (Fensterumrahmung im Innern), Frühbarock (Querarmaltäre), (römischen) Hochbarock (Fassade; Kolossalordnung im Innern: Theatinerkirche), Spätbarock und Régence (Kanzel, Hochaltar) bis zum Klassizismus (Akroterien über Außenfenstern) – und zwar in Vereinigung von italienischen Elementen (Fassade, seitlicher ›Campanile‹ mit Pyramidendach; Tabernakelaltar), französischen Emporenlogen und einheimisch-alpenländischen Gepflogenheiten. (***Ausstattung:*** → Grundriss.)

Hochaltar in Neu-St.-Margaret (1910/12).

MARIAHILFPLATZ □ 23

Städtebaulicher Mittelpunkt der 1289 erstmals beurkundeten Siedlung *Au*, ab 1808 Vorstadt. Auf Stadtplänen des Topographischen Büros zu Beginn des 19. Jh. als großer, nahezu rechteckiger Platz (ca. 150 zu 275 m) inmitten kleinteiliger Randbebauung (›Herbergen‹) ausgewiesen: begrenzt an Nordwestseite durch eine vom Gasteig ausgehende (Haupt-)Straße, im Süden vom *Paulanerkloster* (→ Mariahilfplatz 17 a) und vom Auer Mühlbach (der südöstlich bis zum Hochufer ausweicht); an Nordseite die alte *Mariahilfkirche* (→ Mariahilfplatz 42) und die *Kreuzkapelle*, 1466 an der Stelle eines durch Hochwasser angeschwemmten Kruzifixes errichtet (1814 wegen Baufälligkeit abgebrochen). Bemerkenswert, dass dieses sehr große Areal nie bebaut wurde: wohl Weiderecht für Giesinger Bauern oder Nutzungsrecht für die Paulaner (seit 1627 Seelsorge für die gegründete Pfarrei Neudeck/Au). Die Mönche bepflanzten (nach Lipowsky) 1694 den Platz mit Linden, um 1800 war er durch Bepflanzung »eiförmig gestaltet« (lt. Westenrieder). Mit Himbsels Plan 1816, die Vorstädte Au und Giesing enger an die Stadt zu binden, beginnen einige *Projekte* für Platzgestaltung: von Höchl 1822 und 1825, von Vorherr 1822 und 1823, von Petzl 1823, die alle zu einer ›Regulierung‹ tendieren, zu einem annähernd regelmäßigen Rechteck von rund 125 zu 225 m. An der Südseite neues *Rathaus* (eingeweiht 1830, später Bezirksgericht, 1902-04 zum *Landratsamt* erweitert: → Mariahilfplatz 17 a), an Ostseite Schulhaus und Pfarrhof, in der Platzmitte Errichtung der neuen *Pfarrkirche* 1831-39 (→ Mariahilfplatz 42); in den folgenden Jahrzehnten Umbauung des Platzes mit mehrstöckigen Wohn- und Geschäftshäusern. Seit 1905 gesamtes Platzareal um die Kirche als ›Dultplatz‹ ausgewiesen. – Vor Landratsamt seit 1983 ›Mariahilfplatz-Brunnen‹ (von Spreng) aufgestellt.

Auer Dult mit Mariahilfkirche.

MARIAHILFPLATZ 17 a □ 23

Landratsamt München Neben ehemaligem Rathaus der Vorstadt Au (ab 1854 Amtsgericht nahe dem zum ›Königlichen Strafarbeitshaus‹ umfunktionierten ehemaligen Paulanerkloster: s. u.) Neubau eines neuen, größeren Amtsgerichtsgebäudes (mit anschließenden Gefängnisbauten ›Am Neudeck‹ als Ersatz für die abgerissene bisherige Strafanstalt); nach Plänen von Adelung und Branschowsky 1902-04 errichtet, bis 1955 vom Amtsgericht München II genutzt; seitdem Amtsgebäude für den (1803 gegründeten) Landkreis München. Der Neubau an südwestlicher Schmalseite des Platzes im Sinne malerischer Architekturauffassung G. v. Seidls ein asymmetrisch komponierter, knapp 120 m langer, drei- und viergeschossiger Baukomplex, bei dem in zwei übergiebelten, jeweils dreiachsigen Risaliten frühbarocke Bauformen (z. B. Volutengiebel) imitiert und der ehemalige, von Wening (1707) überlieferte Turm der ehemaligen Karl-Borromäus-Kirche des Paulaner-Klosters mit seiner Bekrönung in Form eines Priesterbiretts rekonstruiert wurden. – An Altbau 1981-91 gegen Nordwesten Erweiterungsbau nach Plänen des Architekturbüros Bauer/Kurz/Rauch/Stockburger angefügt. Südwestlich hinter dem Adelung-Neubau erstreckte sich bis zur Ohlmüllerstraße das Areal des ehemaligen **Paulanerklosters**. Als erster Kirchenbau in der Au wurde 1547 durch späteren Herzog Albrecht V. beim Jagdschlößchen Neudeck eine dem Hl. Franz de Paula geweihte Kapelle errichtet. Sein Sohn Herzog Wilhelm V. ließ 1619 durch seinen Rat

Johann Hebenstreit in größerem Umfang Grundstücke am Isarhang zur Errichtung einer Einsiedelei aufkaufen; er erbaute, in Erfüllung eines Gelübdes seines Vaters von 1547, eine *Kirche* zu Ehren des Hl. Karl Borromäus (1621-23, Pläne von Krumper) in unmittelbarer Nähe zu seiner Eremitage (die er aber zugunsten seiner Einsiedelei in → Schleißheim aufgibt): Kirche (Mitarbeit von Candid und Angermayer) mit Mittelstütze in Form einer realistisch gestalteten, farbig gefassten Palme architekturhistorisch ungewöhnlich; 1737 vergrößert und ausgemalt (weder Thema noch Künstler überliefert), 1748 renoviert; von 1626-1803 *Pfarrkirche* der Au, zwischen 1627 und 1799 auch Kirche des zum Kloster bestimmten Schlosses Neudeck. 1623 von den in der Oberpfalz missionierenden, rekatholisierenden Basilianern besiedelt, 1627 auf Empfehlung von Kaiser Ferdinand II. durch Paulaner abgelöst.

1660-65 (nach Entwurf des Ordensbaumeisters Gebhard) Ausbau des *Klosters* und der *Wirtschaftsgebäude* um zwei Innenhöfe südöstlich der Kirche zu einer nahezu regulären Rechteckanlage; 1685 Einrichtung eines *Refektoriums* (durch Schwaiger), an Ausmalung mit alttestamentarischen Themen beteiligt Depas (Depar?), aber nichts erhalten. *Klostergang* (über ehemaligem Kreuzgang), ebenfalls von Schwaiger (1686), mit 35 halbrunden Gemälden zu Leben und Wundertaten des Hl. Franz de Paula, überliefert durch Kupferstichfolge von Wening (1707), jedoch nicht bekannt der (oder die) Maler: ob Schwaiger/Depas ebenso ungewiss wie Rolle der Gebrüder Grabenberger (auch Gramberger, Paulaner aus Wien, die jedoch nur durch ihre Tätigkeit in Österreich, 2. Hälfte 17. Jh., greifbar sind); Teile des Zyklus 1997 aufgedeckt (s. u.). – Der Klosterkomplex reichte ursprünglich bis zur heutigen Ohlmüllerstraße; an gegenüberliegender Seite Klostergarten und Brauerei, über einstigen Verbindungsbogen vom Konvent erreichbar. Die *Brauerei* 1634 durch geerbte Braustätte an Neuhauser Straße ans Kloster gelangt und nach der Au verlegt, wo seit 1651 vorerst für Eigenbedarf gebraut werden durfte: Urquelle des jährlich am 4. April (Tag des Ordensstifters Franz de Paula) ausgeschenkten ›Salvator‹-Bieres (und Vorläufer der heute an dieser Stelle stehenden modernen Salvatorbrauerei); ab 1755 öffentlicher Ausschank im landesherrlichen ›Neudecker Garten‹.

Das ehemalige *Paulanerkloster* (Stich von 1701): Blau hervorgehoben die erhaltenen Teile.

Seit 1796 wirtschaftlicher Niedergang des Klosters; nach übermäßigen Quartierlasten durch Militär beantragt Konvent 1799 *Auflösung* der Klostergemeinschaft. Klostergebäude 1800/1801 französisches Feldspital, 1802/03 Säkularisation (Verlust des Kirchturms und der Franz-de-Paula-Kapelle), von 1807-1901/02 Gefängnis und Strafarbeitshaus; für Gefängniszwecke Unterteilung der Karl-Borromäus-Kirche, in deren Obergeschoss die stilgeschichtlich wichtige frühbarocke Stuckdecke bis Gefängnisabbruch erhalten blieb; ihre Abformung seit 1902 im Bayerischen Nationalmuseum. Vom alten Kloster einzig ein T-förmiger Trakt erhalten (mit zwei Flügeln des ehemaligen Kreuzgangs und des oben erwähnten Klostergangs); nach Notsanierung 1984 und nachfolgender Restaurierung 1997 Teile des oben erwähnten *Freskenzyklus* aufgedeckt: Von den ursprünglich 35 Szenen 17 durch Abbruch des Nordost- und des Nordwestflügels zerstört, neun in den verbliebenen Flügeln verloren; 1998/99 drei Gemälde freigelegt und konserviert (Szenen 6, 9, 12 nach der Zählung Wenings), die restlichen vier (Szenen 2, 8, 10, 13) nach Bestandssicherung wieder übertüncht.

MARIAHILFPLATZ 42 □ 23

Mariahilfkirche Neben der 1466 geweihten (und 1814 abgebrochenen *Kreuzkapelle* am Nordwestrand des → Mariahilfplatzes Stiftung einer *Marienkapelle* durch den lothringischen Hofbeamten Sebastian Rothon für eine von ihm aus Frankreich mitgebrachte, als wundertätig geltende Figur der Muttergottes mit Kind (provençalische Arbeit um 1600: das Kind sowie Kopf und Hände Mariens in Elfenbein, ihr Corpus in Steinguss). Die *Kapelle* 1631-39 errichtet, ihr Baumeister ebenso wenig bekannt wie Gestaltung des Innenraums des nach Stridbeck (späte 1690er Jahre) einfachen Bauwerks. Die rasch sich entwickelnde Wallfahrt zu dem von Jakob Balde besungenen Gnadenbild, durch die Paulaner des südwestlich benachbarten Klosters (→ Mariahilfplatz 17 a) betreut, machte 1723-25 *Erweiterungsbau* nach Plänen des Paulanerpaters Kitzer notwendig: nach Bauaufnahme von Höchl (1822) eine schlichte Saalkirche zu vier Fensterachsen, Gewölbemalereien von Zick (um 1725), Hochaltar mit Gnadenbild von J. B. Straub (1734/35; Altar verloren, durch Stich von Söckler, 1778, überliefert); nach Lipowsky zwei Seitenaltäre für die Hll. Johann Nepomuk und Leonhard mit Gemälden von B. A. Albrecht. Seit 1803, nach Umwandlung des Paulanerklosters und seiner Karl-Borromäus-Kirche zu Gefängnis, wird Gnadenkapelle zu *Pfarrkirche* der Au. Durch Bau einer neuen und größeren Kirche Abbruch der alten 1839/40 und Versteigerung der einst reichen Innenausstattung; Gnadenbild jedoch bewahrt. In Zusammenhang mit zunehmender Bevölkerung und mit Planung der Platzgestaltung zwischen 1822 und 1827 (→ Mariahilfplatz) Überlegungen für *Kirchenneubau*: verschiedene Projekte von Höchl (1822, 1825), Vorherr (1822-24), Petzl (1823), Pertsch (1827), F. v. Gärtner (1827) brachten keine befriedigenden Ergebnisse. Daraufhin Initiative von König Ludwig: bei dem vierten von ihm geförderten Kirchenbau in München Entscheidung für ›gotischen‹ Stil nach Entwürfen (1830) des C.-v.-Fischer-Schülers Ohlmüller. *Grundsteinlegung* 13.10.1831 (oder 15.10., dem Namenstag der Königin Therese); nach Ohlmüllers Tod (April 1839) durch Ziebland getreu den Vorgaben des Architekten vollendet; *Weihe* 25.8.1839. (Auch bei weiterer Ausstattung der Kirche, bis ca. 1845, hielt sich Ziebland an Ohlmüllers Entwürfen.) – 1944 durch Bombentreffer bis auf Außenmauern und Turm zerstört. ***Wiederinstandsetzung:*** Erste Pläne 1947 (von Holzbauer) für vereinfachten Wiederaufbau der ursprünglichen Hallenkirche; 1949 Vorschlag von Döllgast: Einbau eines Saalraums mit Flachdecke. Sanierung des Turms durch Peter 1950. Döllgast entwarf 1951 Saalraum mit seitlichen Pfeilern und Flachdecke; gleichzeitig ähnlicher Entwurf von Steinbrecher, nach dem 1952/53 vereinfachter Wiederaufbau – ohne die geringste Einfühlung in die historische Bausubstanz – erfolgt: Zerstörung des einzigartigen romantischen neugotischen Raumbilds durch an die Seiten geschobenen Betonpfeiler, Betonbalkenflachdecke und schmale Lichtschlitze in den vermauerten ursprünglichen Spitzbogenfenstern sowie weitgehende Simplifizierung des Äußeren. 1974 Abtragen der baufälligen Turmspitze, nach Abformungen erhaltener Originalteile in Spezialbeton 1977-81 rekonstruiert. – Auf *Wimperge* über Hauptportal im Krieg zerstörte Mariahilfskulptur (von L. v. Schwanthaler, nach 1846 aufgestellt), 1997 durch freie Nachschöpfung (Geschenk der Dulthändler) ersetzt. Im *Tympanon* Bronzerelief ›Marienkrönung‹ und in der Au besonders verehrte Heilige (Motive aus dem ehemaligen Chorfenster, von Berberich); auf den beiden *Portalflügeln* Bronzereliefs mit acht Stationen aus Marienleben in Anlehnung an Motive aus den zerstörten Kirchenfenstern (ebenfalls von Berberich 1997). ***Beschreibung:*** Als verabsolutiertes architektonisches Meisterwerk des jungen Ohlmüller ohne Beziehung in den weiträumigen, gewissermaßen ›endlosen‹ Platz gestellter *Rohbacksteinbau* mit Sandsteingliederung. In dreiachsiger *Westfassade* eingebundener, über 90 m hoher *Turm* (angeregt durch Turm des Münsters in Freiburg/Breisgau), seine filigrane Turmspitze ursprünglich in Gusseisen (!) geplant. Hohe, seit 1952/53 vermauerte Spitzbogenfenster steigern die ursprünglich spröden Seitenwände mit den zwischen ihnen vorgestellten Stützpfeilern, die auch um den 5/12-Chor herumgeführt sind. (Die mit gerade geschlossenem Chor und reicher Bauplastik geplante Ostfassade nicht ausgeführt.) ***Innenraum:*** Nach Turmvorhalle (beidseitig auch durch gestaffelte Seitenportale zugänglich) ursprünglich dreischiffiger *Hallenraum*, durch Sterngewölbe geschlossen, sechsjochig mit halbrunder angefügter *Altarnische*, ehemals von Chorumgang (Sakristeien) umgeben. Von diesem kathedralähnlichen romantischen Sakralraum ebenso nichts erhalten wie von der großteils vernichteten marialogischen *Ausstattung*, nach Ohlmüllers Entwürfen von Schönlaub, Entres, L. v. Schwanthaler ausgeführt. Schmerzlichster Verlust die 19 von König Ludwig gestifteten *Glasfenster* (Darstellungen aus Leben Mariens), entworfen von H. Heß und Ainmiller, ausgeführt unter Mitarbeit von J.-A. Fischer, Röckel, Ruben, Schraudolph. ***Heutige Ausstattung:*** Einheitlicher Saalraum mit ornamental bemalter Betonflachdecke, *Chor* erhöht (in vier Abknickungen des ehemaligen Chorhaupts ursprünglich Dien-

Historische Ansicht des 1944 zerstörten *Innenraums* der Mariahilfkirche.

ste bis Höhe des ehemaligen Gewölbeansatzes erhalten); vor Altargobelin (von Nagel 1952) der (provisorisch) aus erhaltenen neugotischen Teilen rekonstruierte *Hochaltar* (Mittelteil und zwei Seitenteile von ehemaligen Nebenaltären). Unter den beiden dritten Fenstern (von vorn) *Seitenaltäre*, darüber farbig gefasste Holzreliefs (von Filler um1960): links ›Leidensgeschichte Christi‹, rechts ›Kindheit Jesu‹; unter den drei folgenden Fenstern beidseitig je sieben *Kreuzwegstationen* (Salzburger Schule um 1500), danach (links) *Kriegerdenkmal* (Schutzmantelmadonna, von Seidler 1922) und (rechts) Kruzifix und neugotische betende Madonna. In der *Turmhalle* Begräbnisstätte Ohlmüllers (1849) mit erneuerter Bodenplatte, an den Seitenwänden Gedenktafeln ›Ohlmüller am Zeichenbrett‹ und ›Ohlmüller übergibt Kirchenmodell an König Ludwig‹. **Gnadenkapelle** an Südseite der Kirche (mit Sakristei) angebaut, durch Schleich (1980er Jahre) ausgestattet. Dem Zugang von der Kirche gegenüber der *Gnadenaltar*: vergoldeter und versilberter spätbarocker Aufsatz (um 1725) aus St. Ursula in Salzburg (erworben 1979/80), in Rundnische stehende Madonna mit (bekleidetem) Jesuskind, seitlich kniend *Hl. Augustinus* mit Herz (links) und kniende weibliche *Märtyrerin* mit Herz und Palme (rechts); daneben seitlich angeordnet zwei adorierende *Engel* (nach schweren Kriegsschäden restauriert: möglicherweise von dem 1734/35 von J. B. Straub geschaffenen ursprünglichen Gnadenaltar); seitlich des Gnadenaltars je zwei silberne Reliefmedaillons, an linker Seitenwand gemalte Medaillons in Silberrahmen (aus alter Paulanerkirche, → S. 226), an der (rechten) Fensterwand zahlreiche Votivbilder und -gaben (neueren Datums). An Eingangswand zwei versilberte Holzreliefs (von Filler): ›Hl. Familie‹ und ›Pietà‹.

Bedeutung: Erstmals in Süddeutschland Verwirklichung der Romantiksehnsucht nach Wiedergeburt der Gotik (analog: Schinkel in Preußen), freilich formal klassizistisch geprägt, jedoch noch ohne Kopie bestimmter Stilstufen der Gotik oder Vorbilder. Die farbigen Fenster (ausgeführt in der eigens von Ludwig begründeten ›Königlichen Glasmalereianstalt‹ unter Ainmüller) entscheidend für den sakralen Raumeindruck; wesentlicher Beitrag für Wiederbelebung der Glasmalerei im 19. Jh.

Ev. Pfarrkirche St. Lukas.

MARIANNENPLATZ 3 ☐ **12**

St. Lukas Als dritter evangelischer Kirchenbau in München bereits 1892 beschlossen, aber erst ab 1893 (*Grundsteinlegung* 29.6.) an städtebaulich hervorragender Lage am Isarkai (Steinsdorfstraße) nach Plänen von A. Schmidt erbaut; *Weihe* am 29.11.1896. Im Krieg leicht beschädigt (Dächer), die zerstörten Fenster z. T. bereits 1946 ersetzt; Instandsetzungsarbeiten 1950-52. Radikale Umbaupläne des Innern (G. Gsaenger 1963) glücklicherweise verhindert, dagegen Renovierung der Raumschale (bis 1966), Neugestaltung des Hauptportals und der Vorhalle (1969/70), Kupferverkleidung der beiden Osttürme 1988-92. Innenrenovierung 1996 zum 100. Jahrestag der Weihe; Beginn der grundlegenden Sanierung des ganzen Bauwerks 2001 (Gründung des Vereins »Rettet St. Lukas«). ***Beschreibung:*** Ziegelrohbau mit Hausteingliederung, von oktogonaler *Kuppel* (63 m) überragter *Zentralbau* auf dem Schema des Griechischen Kreuzes (an den Satteldächern über den Kreuzarmen ablesbar). Der hohe *Tambour* durch dreijochige Arkaden gegliedert, darüber acht Giebel am Ansatz der kupfergedeckten Kuppelschale, bekrönt von Laterne in Form eines zierlichen gotisierenden Tempietto. *Schauseite* zur Isar (Südostfassade) als siebenteilig gebrochener ›Rundbau‹, an zweiter und sechster Seite die um 45° gedrehten *Glockentürme* (44 m) mit achtseitigen Laternenhelmen angefügt; *›Querhausarme‹* mit gestuften Seitenportalen und großen Radfenstern unter den Dreieckgiebeln für nordöstliche und südwestliche Seitenfassade bestimmend; die *Chorseite* (Nordwesten) mit 3/8-Schluss von niedrigen Anbauten ringförmig umschlossen, flankiert von zwei runden *Treppentürmen*, an die beiden Querhausarme angelehnt. *Hauptportal* in der Mitte der fünfjochigen, seit 1970 verglasten *Vorhalle* (originaler Fliesenboden erhalten), auf seitlichen Säulen Skulpturen Petrus und Paulus (von Geer), der auch das Tympanonrelief über dem inneren Portal (Christus als König) schuf. – Der für seine gute Akustik gerühmte ***Innenraum*** nicht leicht fassbar: malerisch aufgefasst umgibt er den lichten Zentralraum unter der Vierungskuppel; diese – bautechnisch außergewöhnlich – nur von vier freistehenden (!) Dolomitsäulenbündeln getragen; Kuppel und Gewölbe der Seitenräume in Massivbauweise. Raumprägend die Formen rheinischer Frühgotik (im Gegensatz zum romanisierenden Außenbau). – Weitgehend original erhalten die ***Ausstattung***: monumentaler dreiteiliger *Altar* mit Ölgemälde ›Kreuzabnahme‹ (von Goldberg 1896) im Mittelfeld, unter den beiden seitlich diagonal angefügten Säulenbaldachinen Bronzestatuen Petrus und Paulus (von Württembergischer Metallwarenfabrik/Geislingen); der Altar hinterfangen von dreiseitiger ›Apsis‹ mit Glasfenstern (von Kaspar 1946) als Ersatz für die im Krieg zugrunde gegangenen; am linken Vierungspfeiler vor Altarraum die reich ausgestattete Kanzel (dekorative Plastik aus Werkstatt C. Fischer). Unter Empore beiderseits des Haupteingangs zwei Gefallenengedenktafeln ›Weinende Frauen am Grab Christi‹ und ›Engel am Ostermorgen‹ (Kalksteinreliefs von Amman 1971). – Das originale Geläute 1918 eingeschmolzen, ebenso die Ersatzglocken 1942 (nur die kleinste erhalten); dafür zwei sog. ›Patenglocken‹ (Leihglocken) aus ehemals ostdeutschen Kirchen: St. Marien in Stargard (1862) und aus Schönwaldau/Schlesien (1703). ***Bedeutung:*** Allein durch Lage an Isar und durch formalen Aufwand repräsentativer evangelischer Kirchenbau, der bedeutendste vor 1. Weltkrieg und heute die größte evangelische Kirche der Stadt, als ›Dom der Protestanten‹ bezeichnet (allerdings unwahrscheinlich, dass er als Konkurrenz zu gleichzeitigen katholischen Neubauten gemeint war). In individueller Grundrissdisposition ohne unmittelbares Vorbild, Anklänge jedoch an die Kirche *Maria vom Siege* in Wien (von F. Schmidt 1863-75), an *Ringkirche* in Wiesbaden (von Otzen 1891-94), *St. Ludwig* in Berlin-Wilmersdorf (von Menken 1894-97), *Berliner Dom* (von Raschdorff, 1893-1905). – Die Verbindung vorreformatorischer Baustile (außen: Romanik, innen: Gotik) bei St. Lukas mit protestantisch bedingtem zentralisierten Predigtraum mit Emporen macht problematische Geisteshaltung des ausgehenden Historismus spürbar, führte aber formal zu überraschender Grundrissdisposition und Detailbildung sowie zum typischen Beispiel für ›Bildungsarchitektur‹.

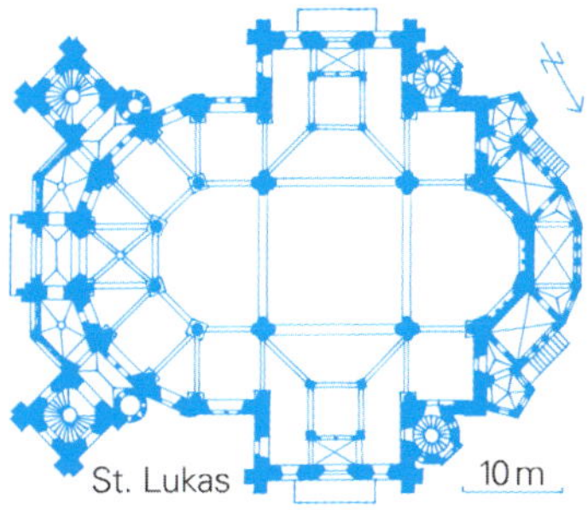

Ev. Pfarrkirche St. Lukas: *Innenansicht.*

MARIA-EINSIEDEL-STRASSE 45 □ 22

Asam-Schlößl ›Maria Einsiedel‹ 1724 erwirbt K. D. Asam den kleinen, bereits seit 1687 bestehenden Landsitz mit Edelmannsfreiheit in Thalkirchen von dem Vorbesitzer Adrian von Kray; Aufstocken des zweigeschossigen Gebäudes und Einbau des Zwerchdachs an Nord- und Südseite (Atelierraum); 1729/30 allseits mit Fassadenmalerei versehen und zur Erinnerung an Freskierung der Klosterkirche Einsiedeln (Schweiz) durch Asam 1724-26 ›Asamisch Maria Einsidl Dall‹ genannt (von ihm als »Gschlößl« bezeichnet). Das Ensemble bestehend aus *Ökonomiegebäude* (aufgelassen 1890) und *Kapelle* (s. u.) nördlich des Schlößls, östlich davon *Säge* und *Mühle* (Abbruch 1890); in der Mitte zwischen Schlößl und Mühle Achse des nach Süden streng geometrisch angelegten *Gartens.* Nach Asams Tod (1739) durch seine Erben Verkauf an Hofkammerrat Thiereck (1746), seit 1794 in Besitz des Titularbischofs Häffelin. Nach 1827 wechselnde Nutzung als Landgut, Wohnhaus und (ab 1838) als Gaststätte; dafür Anbau eines niedrigeren Seitenflügels an Ostseite; daneben Wohnung und Atelier der Maler Kunz (1885-1929) und Pietzsch (1929-44). Wohl im Verlauf des späten 19. Jh. Anhebung des Straßenniveaus um knapp zwei Meter. – Planung zur Umgestaltung in ein Künstlerheim und Rekonstruktion der Gärten durch Grässel 1922, jedoch nur Bauinstandsetzung 1926/27; Restaurierung der **Fresken** durch G. Fuchs 1923 (Nordostflügel), J. Albrecht 1925 (Nordseite und Nordwestflügel) und 1926 (Westseite) sowie durch Throll 1927 (Südseite); von Grässel (1927) Allegorien der Malereien (mit Tituli) überliefert: *Nordseite* im Giebel St. Michael (heute Engel auf Wolken), zuseiten des Rundbogenfensters im Zwerchgiebel Moses mit Gesetzestafeln und Borghesischer Fechter; in den Feldern beiderseits der zwei Fenster im zweiten Obergeschoss ›Architectura‹, ›Imitatio‹, ›Natura‹, ›Exornatio‹, über Portal Madonna mit Kind. Für *Südseite* ›Amoretta‹, ›Victoria‹, ›Scenographia‹, ›Decus‹ überliefert, ferner in Nischen (im Zwerchgiebel?) Kämpfer, dem

Asam-Schlößl, *Fassaden-Ausschnitt.*

von Siegesgöttin Lorbeerkranz überreicht wird; im Ovalfeld unter Atelierfenster ›Geschichte der Kunst‹; für *Westseite* ›Iconographia‹ und ›Optica‹. – Entfernung von Anbauten an Nordseite 1937. 1944 schwer beschädigt, 1947/48 Wiederaufbau als Hotel oder Künstlerheim vorgesehen; Wiedereinrichtung der Gaststätte im Anbau 1947, das Schlößl durch Notdach gesichert, erst 1958/59 durch Schleich wiederhergestellt und restauriert, dabei die schon veränderte allseitige Fassadenmalerei nach Befund restauriert; 1981/82 nach Fund einer um 1900 entstandenen Vedute von L. A. Kunz in der Asamschen Fassung rekonstruiert und durch Manninger nachgemalt; an Ostseite erneuerte Signatur: C. D. Asam fecit. 1992 von der Augustinerbrauerei erworben und nach Umbau (sowie Restaurierung aller Fassadenmalereien nach neuen Befunden 1992/93 durch Peiker) 1993 wieder als Gaststätte eröffnet. ***Beschreibung:*** Längsrechteckiger dreigeschossiger Baukörper zu fünf Achsen unter Satteldach, in der Mitte der beiden Längsseiten Zwerchgiebel mit großem Rundbogenfenster (Atelierraum) und Balkongitter mit doppelt verschlungenem CDA; in ihrer Achse rundbogige Eingangstür mit vorgelegtem Antritt (Aufriss → S. 29, Abb. 22). Die restaurierte *Fassadenmalerei* im Detail auf Andeutungen beschränkt, in der Struktur die ursprüngliche Bemalung aufgenommen: die Scheinarchitektur deutet Längsfassade (an der Straße) als Mittelrisalt mit beidseitig einachsigen Rücklagen: Fenster im zweiten Obergeschoss von Karyatiden (nach P. Mignard) gerahmt, dazwischen Ovalfeld (Madonna mit Kind) über Portalgiebel; im zweiten Obergeschoss Atelierfenster in illusionistische Pilaster- und Säulenarchitektur ›eingebaut‹, davor Moses mit Gesetzestafeln (links) und Borghesischer Fechter (rechts), im Flachgiebel Engel auf Wolken; die beiden Fenster seitlich des Risalits durch Rechteckfelder (ursprünglich mit allegorischen Figuren) gerahmt. Schmalseiten einfacher behandelt; analog zur Straßenseite ursprünglich auch Gartenseite bemalt (nicht restauriert). Ehemalige **Kapelle** 1725 Projekt Ä. Q. Asams für Bau einer *Heiliggeistkapelle* auf dem Grund seines Bruders; ob dafür der berühmte ›Zentralbauentwurf‹ (Staatliche Graphische Sammlung) bestimmt gewesen, ist fraglich. Verzögerungen führten 1730 zur Übertragung des bereits erteilten bischöflichen Konsens auf K. D. Asam: im selben Jahr Errichtung der *Maria-Einsiedel-Kapelle* nordwestlich des Schlößls vor Auffahrt zur Isarterrasse, Weihe 1731. Im Zug der Säkularisation 1804 demoliert, Reste 1807-08 entfernt. Nach Zeichnung von Dillis (1796) Bauwerk mit gewesteter Altarapsis und Dachreiter-Zwiebeltürmchen, an Ostseite hochgezogener Giebel und vorgelegte, von sechs Säulen getragene Vorhalle unter Halbkuppeldach. ***Bedeutung:*** Durch Erwerb des Krayschen *Edelsitzes* mit »Mühle, Stallung, Stadl, allem Zubehör und Gerechtigkeiten, Grund und Boden ... und zwei Söldengüter« (Josef Bogner) erlangte Asam einen *gesellschaftlichen* Status, wie er für das (frühe!) 18. Jh. außergewöhnlich ist: Verglichen mit den bescheidenen Wohnhäusern von Straub und Boos (→ Hackenstraße 10) oder Günther (→ Sankt-Jakobs-Platz 15) verrät dieser Landsitz eines ›Künstlerfürsten‹ einen geradezu herrschaftlichen Anspruch (wie er auch im ›Asam-Haus‹, → Sendlinger Straße 34, zum Ausdruck kommt). – Unter *künstlerischem* Aspekt ist die reiche, wenn auch rekonstruierte Fassadenbemalung das einzige im Stadtgebiet existierende Beispiel einer im alten München häufig vorkommenden gemalten Scheinarchitektur.

Hildebrandhaus mit südlichem Vorgarten.

MARIA-THERESIA-STRASSE 23 ☐ 20

Hildebrandhaus Das knapp bemessene Honorar für den von Hildebrand 1893-95 geschaffenen Wittelsbacher Brunnen (→ S. 202f.) von der Stadt durch Schenkung des Grundstücks kompensiert, auf dem 1897-98 der Bildhauer nach eigenen Entwürfen sein Wohn- und Atelierhaus (von 1898-1924 von ihm bewohnt) errichtete (Ausführung: vermutlich Baubüro G. v. Seidl); nach Restaurierung durch Burmeister (1974-77) Sitz der Monacensia- und Handschriftenabteilung der Stadtbibliothek München. ***Beschreibung:*** Dreiflügelanlage über ursprünglich L-, dann T-förmigem Grundriss, hoher Sockel mit zwei Hauptgeschossen, darüber Mansardendach mit Gauben; nach Südwesten geöffneter Winkelbau des Wohnhauses mit eingestelltem runden Treppenturm;

die Korbbogenfenster der Nordfassade an der Siebertstraße bezeichnen ehemalige Atelierräume (heute Lesesaal der Bibliothek). Fassadenreliefs sowie *Bronzestatue* (Replik der Diana vom Hubertusbrunnen, → S. 439 im nördlichen Vorgarten von Hildebrand; an abgerundeter Ecke der Gartenmauer seit 1998 eingelassenes *Portraitrelief* Hildebrands (von Georgii, 1917). Im Innern des Hauses zahlreiche Zeichnungen, Plastiken und Reliefs sowie Dokumente zum Schaffen des Bildhauers. ***Bedeutung:*** Im Gegensatz zu Lenbach- und Stuckvilla zurückhaltender Künstlerwohnsitz in der Tradition süddeutscher Landschlösschen des Barock, eingebunden in die für Alt-Bogenhausen bezeichnende Villensiedlung.

Monacensia-Sammlung (Präsenzbibliothek): Aus dem Bestand der Münchener Stadtbibliothek hervorgegangene Spezialsammlung, 1921 durch Hans Ludwig Held initiiert. Ursprünglich beschränkt auf Thematik München und örtlichen Umkreis, heute ausgedehnt auf Großraum (›Region‹) München sowie (seit 1926) erweitert um Werke von Schriftstellern und Illustratoren, die in und um München lebten und leben; ferner Münchener Zeitungen und Zeitschriften, Karten und Pläne, Werbe- und Firmenschriften. Derzeitiger Bestand: etwa 130 000 Bände und 130 laufende Zeitungen und Zeitschriften.

Handschriftenabteilung (im 1. Obergeschoss): Von Held 1924 ins Leben gerufene Autographensammlung von Schriftstellern, Künstlern, Musikern und Wissenschaftlern, die in München lebten und wirkten. Neben Briefautographen und Manuskripten (Bestand 2003: rund 368 000) enthält die Handschriftenabteilung zudem geschlossene Archive und Nachlässe, u. a. von Ludwig Thoma, Frank Wedekind, Friedrich August v. Kaulbach, Max Halbe, Otto Julius Bierbaum, Klaus Mann, Erika Mann, Hermann Kesten, Annette Kolb, Ludwig Ganghofer, ferner eine Bilder- (ca. 20 000, u. a. Portraitaufnahmen) und Exlibris-Sammlung (ca. 20 300).

Monacensia-Sammlung: Erstausgabe von Ludwig Thomas Erzählung *Der Heilige Hias* mit Einband von Ignaz Taschner, 1904.

MARIA-THERESIA-STRASSE 27 □ 20

Ehemalige Villa Bechtolsheim 1896-98 von Dülfer errichtete, aus annähernd quadratischem Grundriss entwickelte, dreigeschossige Herrschaftsvilla mit allseitig abgewalmtem Mansardendach und Schleppgauben; um die Nordwestecke herumgezogener, um ein zurückspringendes Geschoss erhöhter Turm über ovalem Grundriss; die dekorative Stuckornamentik an Turm und Erker nach Entwürfen von Richard Riemerschmid. Bei Restaurierung 1970 weitgehend dem Originalzustand angenähert. ***Bedeutung:*** Waren Dülfers erste Entwürfe noch einer historistisch barockisierenden Tradition verpflichtet, traten bei ausgeführtem Bau die für Dülfer typischen Elemente – horizontaler Riffelputz, hochrechteckige Fenster, polygonal vorspringender zweistöckiger Erker, verbunden mit großzügiger und schwungvoller Ornamentik – so deutlich in Erscheinung, dass die Villa als »wahrscheinlich erstes Beispiel von Jugendstil-Fassadendekor in Deutschland« (Dieter Klein) bezeichnet werden kann.

Villa Bechtolsheim: *Erker mit Jugendstilornament* von Richard Riemerschmid, 1898.

MARIA-WARD-STRASSE 1 b □ 17

Museum Mensch und Natur Im Rahmen der Neuorganisation der Staatlichen Naturwissenschaftlichen Sammlungen Konzept eines ›Naturwissenschaftlichen Bildungszentrums‹ (1967); nach abgebrochener Planung für vorgesehenen Neubau (südlich Oberwiesenfeld) Einrichtung des ›Museums Mensch und Natur‹ (1986-90) im Westflügel des ehemaligen Klosters bei Schloß Nymphenburg; *Eröffnung* 28.6.1990. ***Beschreibung:*** In zwei Stockwerken des Westflügels und im nördlichen Zwischentrakt acht thematische Schwerpunkte, die die Geschichte der Erde, die Vielfalt des Lebens sowie die Biologie des Menschen und sein Verhältnis zur Umwelt darstellen. Im Durchgang vom Eingang her farbliche Darstellung von *Höhlenmalereien* – einzige erhaltene Ausstattung des ehemaligen Deutschen Jagdmuseums → S. 390, Gemälde von Nockher 1937. – *Raumfolge:* **1.** Unruhiger Planet Erde; **2.** Bunte Welt der Minerale; **3.** Die Geschichte des Lebens; **4.** Nahrung für die Menschheit; **5.** Von der Vielfalt der Arten; **6.** Spielerische Naturkunde – nicht nur für Kinder; **7.** Von der Art des Menschen; **8.** Ner-

Museum Mensch und Natur: *Das menschliche Gefäßsystem.*

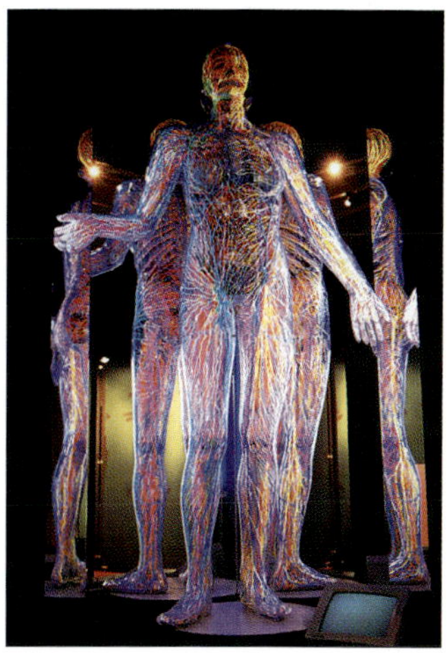

ven und Gehirn. ***Bedeutung:*** Naturkundemuseum, das, nach didaktischen Gesichtspunkten aufgebaut, allen Bildungsgraden und Altersschichten gerecht wird; Naturnachbildungen, Originalobjekte und Modelle durch ›Druckknopf‹-Exponate und audiovisuelle Programme ergänzt. Für den Bereich naturkundlicher Museen sowohl inhaltlich als auch methodisch – auch im internationalen Maßstab – neuartig und vorbildhaft. (Besuchszeiten → S. 45.)

Marienplatz.

MARIENPLATZ ☐ **6**

Funde in den ältesten Schichten von ›Zivilisationsschutt‹ beim Petersbergl (1955), Kaufhof am Marienplatz und Neuen Rathaus (1975) machen früheste Besiedlung des Stadtgebiets datierbar. Erste Hälfte 11. Jh. heutiger Marienplatz bei Leoninischer Stadt (→ S. 10) Zentrum der Planstruktur: Tangiert von der Ost-West-Achse der ›Salzstraße‹ und flankiert von zwei Nord-Süd-Straßenzügen (Wein-/Rosenstraße und Dienerstraße/Rindermarkt) war der ›Schrannenplatz‹ seit Gründung der Stadt neben dem vermutlich älteren → Rindermarkt merkantiler Mittelpunkt Münchens (Korn- und Salzmarkt). Bereits in frühester Zeit am nordwestlichen Rand das *Dinghaus* (Sitz des Stadtrichters), 1293 erstmals erwähnt, bei Vollendung des Alten Rathauses 1475 abgebrochen. Hier auch die herzogliche *Münzschmiede*, die wegen Münzverschlechterung 1294 von den Bürgern gestürmt und zerstört wurde; ob dabei auch der Münzmeister Schmiechen getötet wurde (wie manchmal zu lesen), ist ungewiss; ebenso wenig nachweisbar, ob die der Stadt vom Herzog auferlegte Buße für Neubau der Münze verwendet wurde (die *herzogliche* Münze erst für Anfang des 15. Jh. an Münzstraße belegt, 1809 in den ›Münzhof‹, → Hofgraben 4, verlegt). Noch vor 1315 fällt Bau der *Allerheiligen-* (oder *Gollier-)kapelle*, 1486 abgebrochen. 1315 verordnete der spätere Kaiser Ludwig der Bayer, dass der Platz nie bebaut werden dürfe. – An seiner östlichen Schmalseite um 1320 *Rathaus* bezeugt (→ Marienplatz 15) mit dem Rathausturm (als ›Talburgtor‹ Osttor der ersten Befestigung der Heinrichsstadt, → S. 241). Der Platz neben Handels- und Wirtschaftszentrum der Stadt ein würdiger Rahmen für Selbstdarstellung der Stadt, wie Feste, Turniere und Empfänge: 1434 Kaiser Sigismund, 1489 und 1491 Kaiser Maximilian I., 1530 Kaiser Karl V.; 1568 Hochzeit des künftigen Herzogs Wilhelm V. mit Renata von Lothringen; religiöse und politische Ereignisse (wie 1434 Bußpredigt des Franziskaners Johann von Capistran, 1577 Jesuitendrama ›Esther‹; 1706 Verkündung der Reichsacht über Kurfürst Max Emanuel) sowie demonstrative Strafgerichte (wie 1337 Hinrichtung des Raubritters Diez von Schaumburg, Enthauptung des Ratsherrn Johann Impler durch die aufgebrachten Bürger 1385, 1591 des Goldmachers Marco Bragadino, 1706 der Münchener Anführer des Aufstands gegen die österreichische Besatzungsmacht Johann Sebastian Senser, Johann Georg Kidler und Johann Jäger). Der Platzraum 1637/38 durch Errichtung der → *Mariensäule* akzentuiert. Von 1807 an sukzessive Verlegung der einzelnen Marktbereiche auf das Areal des aufgelassenen Heiliggeistspitals → Viktualienmarkt); mit Errichtung der Maximilians-Getreidehalle ab 1851 (→ Blumenstraße 24) wurde 1853 auch noch der Korn- und Getreidemarkt dorthin verlegt; damit verbunden Umbenennung des ›Schrannenplatzes‹ in *Marienplatz* 1854. Als einziger ›Markt‹ auf dem ehemaligen Marktplatz der Stadt findet seit 1972 alljährlich in der Adventszeit der Christkindlmarkt statt.

Bauten um den Platz: Bis zum Ende des 18./Anfang 19. Jh. annähernd Erhalt der eher kleinteiligen mittelalterlichen Platzumbauung (vgl. z. B. Wening 1701, J. Stephan um 1760, Stimmelmayr um 1800); früher Schwerpunkt Südseite durch *Häuser der Watmanger* (= Tuchhändler), die Nordseite akzentuiert durch *Landschaftshaus* (mit Stuckdekor um 1740) und *Ratstrinkstube* (beide abgebrochen 1865 bei Errichtung des Neuen Rathauses (→ Marienplatz 8). Erst mit Wachsen der Stadt – 1805 rund 45 000, 1852 knapp 95 000, 1900 fast 500 000 Einwohner – veränderten gründerzeitliche Geschäfts- und Wohnhäuser in historisierenden Bauformen das ehedem malerische und aufgelockerte Erscheinungsbild der Platzwandungen: an Nordseite durch Errichtung des *Neuen Rathauses* (in zwei Bauabschnitten 1867-74 und 1899-1908) Steigerung der Höhendimension und damit verbunden Angleichung der übrigen Platzfronten. An Westseite (Haus-Nr. 1) das von Cuvilliés d. J. 1769-71 umgebaute ehemalige Rieger-Eckhaus (1. Hälfte 16. Jh.), in ihm bis 1865 die *Bürgerliche Hauptwache* untergebracht; danach von dem Juwelier Thomaß gekauft (seither ›*Thomaß-Eck*‹), danach um zwei Geschosse aufgestockt und neubarock stuckiert; ebenfalls erhöht das Nachbarhaus (Nr. 2) und die bereits zur Weinstraße (Nr. 1) gehörende Gaststätte *Donisl*, seit 1780 nach Dionysius Härtl benannt, Bierwirt der »Realen Bierwirtschaft zur Alten Hauptwache«. Die Bebauung der südlichen Platzfront nahezu gänzlich dem Bombenkrieg zum Opfer gefallen und in den 1950er und 1960er Jahren sukzessive neu errichtet. – Bereits 1948 Ausschreibung eines *Wettbewerbs* für Neugestaltung des Marienplatzes: aus 364 Einsendungen Auswahl von 20 Architekten für weitere Planungen, aus denen jedoch weder ›moderne‹ Entwürfe (wie von Holzbauer oder Reissinger) als geeignet erschienen noch altertümelnde Vorschläge (wie von Rieder); daneben Entwürfe im Stil der ersten Wiederaufbauphase (von Zametzer, Vocke, v. Branca). Schließlich Neubauten und z. T. rekonstruierende Lösungen ohne einheitliche Gesamtplanung bzw. Berücksichtigung historisch gewachsener Strukturen: z. B. Ersatz des (nicht zerstörten Jugendstil-)Kaufhauses Roman Mayr zwischen Einmündung der Kaufinger- und Rosenstraße durch klobigen Neubau des *Kaufhofs* (von Wiedemann, 1969-72) oder die überdimensionale Aufstockung des Eckhauses beim Eingang zum Rindermarkt. Die Neubauten gegen den Ostteil des Platzes am ehesten den historischen Gegebenheiten angenähert. – Vor der Südostecke des Rathauses der *Fischbrunnen*; an seiner Stelle bereits 1318 ein Schöpf-/Ziehbrunnen nachgewiesen, wohl aber abgelöst von dem 1343 erstmals erwähnten ›Bürgerbrunnen‹; aufwändige Neugestaltung von Knoll (1862-65), zerstört 1944, durch Henselmann 1954 unter Verwendung von drei erhaltenen bronzenen Metzgerfiguren in reliefiertem achtseitigen Brunnenbecken neu errichtet; der die Mittelsäule bekrönende Kugelkarpfen von Kallenbach. (Drei erhaltene Musikanten im Mitteltor des Karlstors für Gedenkstein an den Anreger des Fußgängerbereichs, Jensen, verwendet; → Karlsplatz.) – Unter dem gesamten Platzareal *Fußgänger-* und *Ladengeschoss*, darunter dreistöckiges *Kreuzungsbauwerk* für U- und S-Bahn 1967-71; Entwurf der U-Bahnhöfe von Branca. ***Bedeutung:*** Bereits seit Anlage der Heinrichsstadt im 12. Jh. (→ Pläne S. 10) bildete der Platz – ein typisch mittelalterlicher Straßenmarkt – an der Kreuzung der von Osten nach Westen verlaufenden Salzstraße mit zwei nordsüdlich verlaufenden Straßen (nach Norden Richtung Freising/Regensburg, nach Süden Richtung Schäftlarn/Scharnitz) das wirtschaftliche Zentrum der Stadt und zugleich das Koordinatensystem für die Entwicklung des Stadtgrundrisses. Trotz tiefgreifender Änderung der Platzumbauung (vor allem in den letzten beiden Jahrhunderten) eine der städtebaulichen Kostbarkeiten Münchens und – allerdings aus politischen Gründen zeitweise unterbrochen – der bürgerliche Mittelpunkt der Stadt. Der Abzug des Durchgangsverkehrs führte zu urbaner Wiederbelebung einer echten ›Piazza‹ in mediterranem, traditionellem Sinn; das vielfältige Treiben und der Anziehungspunkt der Touristen bewahrten den ehemaligen Schrannenplatz vor musealer Erstarrung.

Fischbrunnen.

MARIENPLATZ □ 6

Mariensäule* Von Maximilian I. zum Dank für die Bewahrung der beiden Hauptstädte des Kurfürstentums, München und Landshut, vor der Brandschatzung durch die Schweden 1635 gelobt (wohl angeregt durch Hofkammerpräsident Johannes Mandl von Deutenhofen); als Motiv vorgebildet in dem ersten Mariensäulemonument auf dem Mercato Nuovo in Udine (1487) und in der Mariensäule auf der Piazza S. Maria Maggiore in Rom (1614). Die Münchener Mariensäule begonnen 1637, 1638 zum Jahrestag der Schlacht am Weißen Berg (8.11.1620) eingesegnet; 1639/40 Anlage der Balustrade. Marienfigur im Oktober 1941 abgenommen und im südlichen Turmgewölbe der Frauenkirche geborgen; wieder aufgestellt am 20. November 1945; Neuvergoldung 1984. Restaurierung der Balustrade 1967-70. ***Beschreibung:*** Balustrade grenzt quadratischen, ›Heiligen Bezirk‹ vom Platz ab; an den Ecken eherne Leuchtergehäuse. –

Mariensäule: *Heldenputto mit Schlange* als Allegorie der Ketzerei, 1638/40 (Kopie).

Madonna (1593) von der Mariensäule mit gotischen *Fialen* des Neuen Rathauses.

Auf blockhaftem Marmorsockel mit kämpfenden Putti an den vier Ecken schlanker Sockelkubus, der die über elf Meter hohe Monolithsäule trägt; auf ihrem korinthischen Kapitell die durch Szepter und Krone als Herrscherin ausgezeichnete Marienfigur*, die Mondsichel zu ihren Füßen, das segnende Christkind mit Reichsapfel auf dem linken Arm; im Kopf der Madonna Reliquienbehälter eingelassen. Bronzefigur von Gerhard, wohl 1593 für geplantes Stiftergrab Herzogs Wilhelm und der Renata von Lothringen in der Michaelskirche (→ Neuhauser Straße 6) in Hohlguss geschaffen, erst 1606 ziseliert von dem Goldschmied Prackh und auf dem provisorischen Hochaltar in der Frauenkirche (bis 1620) aufgestellt. Auf Säulensockel an den vier Ecken die geharnischten sog. ›Heldenputti‹*; sie bekämpfen Drachen, Löwen, Basilisken und Natter als Allegorien von Hunger, Krieg, Pest und Ketzerei; eine andere mögliche Interpretation sieht in den Gegnern der Putti die religiösen und politischen Hauptfeinde des Kurfürsten Maximilian: der Drache steht für Schweden/Gustav Adolf, der Löwe für den Pfälzer Kurfürsten Friedrich V., der Basilisk für Frankreich, die Natter für Sachsen als Ausgangsland der lutherischen Reformation. Gegossen wurden die Putti von B. Ernst um 1638/40 aus erbeuteten bronzenen Kartaunen des protestantischen Heerführers Peter Ernst II. von Mansfeld; ihr Schöpfer allerdings, der ›Meister der Heldenputti‹, noch nicht identifiziert: früher Krumper, später Petel, durch Woeckel Reichle zugeschrieben; von Lieb Nachbarschaft zu B. Ableithner angedeutet, neuerdings Murmann vorgeschlagen. 1992-97 restauriert und durch Kopien ersetzt; Originale im Stadtmuseum. ***Bedeutung:*** Über den Charakter als öffentliches Weihemonument hinaus beherrschende Mitte des Platzes (geschmälert durch überdimensionierte Randbebauung im 19. Jh.). *Bayerische Initialleistung:* Vorbildhaft für nachfolgende Säulen wie die von Kaiser Ferdinand II. gelobte Säule in Wien (Am Hof, 1646), seit 1667 in Wernstein (bei Schärding) aufgestellt, für Wien eine zweite Säule nach Vorbild der ersten 1664-67 geschaffen; in Prag am Altstädter Ring die Mariensäule 1650 geweiht, 1918 beseitigt. – Die Putten, die bedeutendsten Bronzeplastiken des zweiten Viertels des 17. Jh., zeigen den neuen barocken Duktus. – Nullpunkt für die Km-Zählung der von München ausgehenden Straßen.

MARIENPLATZ 8 ☐ **6**

Neues Rathaus Wachstum der Stadt, Zunahme der Bevölkerung (zwischen 1850 und 1875 um nahezu 100 % auf rund 193 000), Verkehrsprobleme und Logistik erforderten größeres Raumprogramm, dem das Alte Rathaus nicht mehr gewachsen war. Deshalb Entscheidung für Neubau an Nordseite des Marienplatzes, entlang der Dienerstraße bis

Neues Rathaus: *Treppenhaus und Kreuzgratgewölbe.*

Landschaftsstraße. Zenetti legte (Spätsommer) 1865 Entwurf in italienischen Renaissanceformen vor (aus politischen Gründen von den Liberalen infrage gestellt); Anregung zu Wettbewerb durch F. v. Miller d. Ä. (7.11.1865), bis 31.3.1866 eingereicht 29 Entwürfe. Trotz Annahme des Zenetti-Entwurfs regte Miller (Sept. 1866) Hauberrisser zu einem neugotischen (›deutschen‹) Gegenentwurf an, der im Dezember 1866 zum Auftrag an Hauberrisser führt.

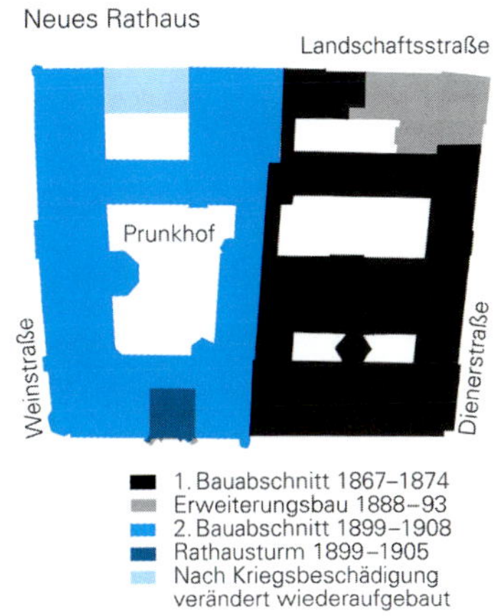

1. Bauabschnitt (›Altbau‹) Abbruch der ehemaligen, seit 1428 bestehenden *Ratstrinkstube* (Ecke Marienplatz/Dienerstraße) und der *»gemeiner Landschafft Haus«* mit seinen Höfen und Stallungen (von 1554-1807 Sitz der Landstände, aber nicht Tagungsort; von 1808-63 Regierung des Isarkreises, ab 1864 im Neubau Regierung von Oberbayern → Maximilianstraße 39). *Baubeginn* 1.6.1867 unter Bauleitung Zenettis, *Grundstein* (unter östlichen Doppelsäulen der Einfahrtshalle) am 25.8.1867 (Geburts- und Namenstag von König Ludwig II.). Einzug der ›Hauptwache‹ (links der Halle) 1870, Eröffnung des ›Ratskellers‹ (Nachfolge der Ratstrinkstube, ausgemalt von F. Wagner d. J.) am 1.8.1874; Einzug der Magistratsbehörden 1.9.1874; Vollendung der Repräsentationsräume erst 1880. – Der ursprünglich geplante Bautrakt an Ecke Diener-/Landschaftsstraße wegen schwieriger Grundstücksverhandlungen erst 1888-93 angefügt.

2. Bauabschnitt (›Neubau‹) Der von Miller bereits 1866 erwogene weitere Ausbau (ebenfalls nach Plänen Hauberrissers) von 1899-1908. Unter annähernder Einhaltung der historisch gegebenen Baulinien bedeckt der endgültige Bau ein leicht trapezförmiges Rechteck, auf dem einst rund 50 Anwesen standen. Der nun errichtete Neubau besteht aus westlichem Teil des Nordtrakts an Landschaftsstraße, dem Trakt an Weinstraße und dem westlichen Flügel am Marienplatz, mit dem ›Altbau‹ zur Repräsentationsfassade zusammengefasst. Der ganze Baukomplex umschließt fünf kleinere *Höfe* sowie den schlossähnlichen *Prunkhof* (s. u.), durch den *Rathausturm* (mit Glockenspiel: s. u.) zugänglich. – Zwischen 1942 und 1945 erhebliche Dachstuhlbrände, durch Bomben der ›Altbau‹ teilweise, Trakte an Landschaftsstraße erheblich beschädigt bzw. zerstört. Ab 30.4.1945 Sitz der amerikanischen Militärverwaltung (bis 1949). 1946 Beginn des Wiederaufbaus (durch Leitenstorfer und Delisle), rascher Fortschritt nach Währungsreform (ab 1948), 1. Vollversammlung des Stadtrats im renovierten Sitzungssaal am 2.9.1952. Im selben Jahr vereinfachter Aufbau des Trakts an Landschaftsstraße, 1953 Renovierung des Trakts an Weinstraße; grundlegende Überholung des Gesamtbaus 1975-83 (sowie des Prunkhofs: dabei Entdeckung von Tonscherben, die früheste Besiedlung des Stadtkerns für 1. Hälfte 11. Jh. datierbar machen). ***Beschreibung:*** Während die Trakte des 1. Bauabschnitts in Ziegelmauerwerk und Sandsteingliederung errichtet wurden, sind die Fronten des 2. Bauabschnitts in Kalkstein und Tuff reicher ausgeführt. Allen vier Fassaden gemeinsam: im Erdgeschoss Läden mit spitzbogigen Schaufenstern (zum Marienplatz unter Arkaden), deren Achsen in den drei Obergeschossen für rechteckige Zwillingsfenster bestimmend. *Hauptfassade** am Marienplatz (→ Fassadenaufriss S. 237) aus zwei annähernd gleichen Hälften bestehend: östlicher Teil (›Altbau‹) mit fünfachsigem übergiebelten Mittelrisalit, von Fialtürmen flankiert, im Erdgeschoss dreischiffige Eingangshalle, im zweiten Obergeschoss durch dreijochige Erkerlaube (mit vier allegorischen *Steinskulpturen* ›Bürgertugenden‹, im Aufriss **G-K**) akzentuiert, nach Kriegsbeschädigung 1972 ergänzt; Giebeldreieck reich gegliedert, auf Mittellisene *Kupferfigur* eines Ritters (**F**), die kriegszerstörten Kreuzblumen und Drachen nicht wieder ersetzt. Beiderseits des Mittelrisalits zwei leicht zurückgesetzte Flügel mit je drei Zwillingsfenstern; über den seitlichen Arkaden und in den Spitzbogenfeldern der Fenster im dritten Obergeschoss *Wappen* der größeren Städte Bayerns (**a-m**, durch weitere 14 Wappen an Dienerstraße fortgeführt). – Westlicher Teil (›Neubau‹) reicher gestaltet als ursprünglich der ältere Flügel, einander angeglichen im Wesentlichen durch Übernahme der vorgegebenen Stockwerksteilung, durch gleiche Firsthöhe der Dächer, durch die dem Erdgeschoss vorgelegte Spitzbogenarkatur (mit Fialen und Strebebögen) und durch die über die gesamte Front verteilten Standbilder der bayerischen Herrscher ab Gründung der Stadt (**1-43**), im Krieg fünf zerstört (39-43), 1975 wiederhergestellt:

Neues Rathaus: Blick vom Marienplatz zum Turm.

Dieser *Fürstenzyklus* der umfangreichste an einem deutschen Rathaus, wohl bayerische Antwort auf die Verherrlichung der Hohenzollern in der Berliner Siegesallee (vollendet 1901). Die ›Naht‹ zwischen Alt- und Neubau kaschiert durch Schilderhaus der Stadtwache (bis 1909) und durch den darüber aufgerichteten Baldachin mit bronzenem, ursprünglich vergoldetem Reiterstandbild des Prinzregenten Luitpold (**44**, von F. v. Miller, 1913), angeregt durch Reiterstatue des Nicolò III. d'Este auf dem ›Volto del Cavallo‹ am Rathaus von Ferrara (1451), nach Kriegsbeschädigung restauriert durch Nageler 1977. Eiserne Firstgitter 2002-03 wieder angebracht. – Beherrschend der 85 m hohe, zwölfstöckige **Turm**: in seinen unteren Abschnitten wohl von der ›Halle‹ in Brügge, in den Oktogongeschossen vom Rathausturm in Brüssel beeinflusst; bekrönt von dem in Kupfer getriebenen *Münchener Kindl* (**A**). In der Turmvorderfront mit 43 Glocken das größte und bekannteste *Glockenspiel** Deutschlands, das fünftgrößte Europas (nach Nieuwpoort mit 67, Antwerpen 47, Lüttich und Gent je 44 Glocken; nicht berücksichtigt das ›Carillon‹ auf dem Olympiagelände, 1972, mit 49 Glocken). *Spielwerkserker* (**E**) mit zwei Szenen aus Stadtgeschichte: oben Turnier anlässlich der Feste bei der Hochzeit Wilhelms V. mit Renata von Lothringen (22.2.-10.3.)1568: zur Erinnerung an das ›*Kröndlstechen*‹ am 29.2., das Caspar Nothafft von Wernberg zu Alhaming gewann; auf unterer Bühne *Schäfflertanz*. Die in Kupfer getriebenen, farbig gefassten Figuren nach Entwurf von Frick, Fritsch, Güttner, Kaindl, Seiler, Sofner; das Triebwerk konstruiert von Reithmann, von ihm auch die für viertes Turmgeschoss vorgesehene, nicht angebrach-

Fassade Weinstraße

Allegorische Statuen: **1-4** Geschäftsbereiche *des Magistrats:* **1** *Schulwesen (Schwessinger),* **2** *Gesundheitswesen (Albertshofer),* **3** *Bauwesen (Liebhaber),* **4** *Armenpflege (Satzinger)* **5-12** Regierungsbezirke *(des Königreichs):* **5** *Oberbayern (Düll),* **6** *Niederbayern (Heilmaier),* **7** *Rheinpfalz (Pezold),* **8** *Oberpfalz (Gamp);* **9** *Oberfranken (J. Ungerer),* **10** *Mittelfranken (Stehle),* **11** *Unterfranken (Taschner),* **12** *Schwaben (Drexler)* **A-G** Berufsstände *und Schutzpatrone:* **A** *Kunst (Dennerlein),* **B** *Wissenschaft (Weißenfels),* **C** *Landwirtschaft (Bernauer),* **D** *Kunsthandwerk (J. Rauch),* **E** *Handel (Gasteiger),* **F** *Stadtpatron St. Benno (Bradl),* **G** *Ritter (Modell von Bradl, in Kupfer getrieben von S. Kiene)*

Bauplastik und Reliefs:

a *Nischenfigur ›Holzhacker‹ (Holzkloiber: sog. Kloibereck; anonym);* **b** Wasserspeier *als Allegorien der vier Jahreszeiten (Korn);* **c** *acht* Kopfkonsolen *(im Traufgesims): Allegorien von Bauhandwerkern (Korn);* **d** *vier* Kopfkonsolen: *Allegorien der altbayerischen Stämme: Oberbayer, Niederbayer, Schwabe, Oberpfälzer (Korn);* **e-s** Reliefs *in Ovalfeldern über den Fenstern im dritten Obergeschoss: ›Gute und schlechte Eigenschaften der Bürger‹ (Modelle von Schneider):* **e** *Wohltätigkeit,* **f** *Geiz,* **g** *Geschwätzigkeit,* **h** *Narretei,* **i** *Frauentreue,* **k** *Bürgertreue/Vaterlandsliebe,* **l** *Musikpflege,* **m** *Dünkel,* **n** *Freiheit,* **o** *Rückständigkeit,* **p** *Häuslichkeit,* **q** *Zecher,* **r** *Nächstenliebe,* **s** *Leibesertüchtigung,* **t** *Vier* Kopfkonsolen*: Sinnbilder der vier Elemente (Korn).*

N-Seite Rathaus, Westfassade (Weinstraße) Wurmeck

Fassade Marienplatz

Allegorische Bauplastik: **A** *Münchner Kindl (A. Schmid),* **B** *Umlaufender* Fries mit *Wappen der von 1854-1900 eingemeindeten Vororte,* **C** *Hornblasender Nachtwächter,* **D** *Schutzengel mit Münchner Kindl (beide modelliert von V. Günther, in Kupfer getrieben von Schmeidl),* **E** *Glockenspiel* **F** *Ritter (Modell von Eibel, in Kupfer getrieben von S. Kiene.* **G-K** Bürgertugenden *(A. Heß 1869, nach Kriegszerstörung restauriert):* **G** *Gewerbefleiß,* **H** *Häuslichkeit,* **I** *Bürgermut,* **K** *Mildtätigkeit,* **L** *Hl. Georg als Drachentöter (Eberle),* **M** *Münchener Kindl (Bradl),* **N** *›Wurmeck‹: stürzender Lindwurm (Modell von Kaindl, in Kupfer getrieben von H. Kiene); in den* Reliefs *(von Weinstraße zum Marienplatz) Kriegsfurie (Bradl), Pestseuche J. Roth), Schäfflertanz (Bernauer).* ***Statuen der Herrscher Bayerns*** Herzöge: **1** *Heinrich der Löwe (K. Huber),* **2** *Otto I. (P. Winter),* **3** *Ludwig I., der Kelheimer (Überbacher),* **4** *Otto II. (Sand),* **5** *Ludwig II., der Strenge (E. Voit),* **6** *Heinrich XIII. (A. Schmid),* **7** *Ludwig VI., der Römer (M. Maier),* **8** *Ludwig IV., der Bayer (C. Winkler),* **9** *Ludwig V., der Brandenburger (E. Geiger),* **10** *Stephan II. mit der Hafte (Bersch),* **11** *Rudolf I., der Stammler (Fritsch),* **12** *Wilhelm I. (F. X. Krieger),* **13** *Albrecht I. (Dasio),* **14** *Otto V. (F. Christ),* **15** *Meinhard (Netzer),* **16** *Stephan III., der Kneißl (H. Angermair),* **17** *Friedrich (Hinterseher),* **18** *Johann II. (Beyrer),* **19** *Ludwig VII., der Gebartete (Widmer),* **20** *Ernst (Maison),* **21** *Wilhelm III. (Pruska),* **22** *Adolf (Kiefer),* **23** *Albrecht III. (Kaindl),* **24** *Albrecht IV. (K. G. Barth),* **25** *Johann IV. (Seidler),* **26** *Siegmund (Gosen),* **27** *Christoph (H. Kaufmann),* **28** *Wolfgang (Hahn),* **29** *Wilhelm IV. (Weißenfels),* **30** *Ludwig X. (Dasio),* **31** *Albrecht V. (Barth),* **32** *Wilhelm V. (Stehle).* Kurfürsten: **33** *Maximilian I. (Pezold),* **34** *Ferdinand Maria (Düll),* **35** *Max Emanuel (F. S. Drexler),* **36** *Kaiser Karl VII. (Albrecht u. Gamp),* **37** *Max III. Joseph (Köpf),* **38** *Karl Theodor (Heilmaier).* Könige: **39** *Max I. Joseph (J. Ungerer),* **40** *Ludwig I. (A. Heß),* **41** *Max II. (Pruska),* **42** *Ludwig II. (Waderé),* **43** *Prinzregent Luitpold (F. v. Miller d. Ä.).* ***Wappen*** *(am Altbau)* Reliefs *über den Arkaden:* **a** *Augsburg,* **b** *Nürnberg,* **c** *Regensburg,* **d** *Ingolstadt,* **e** *Landshut,* **f** *Würzburg.* – Gemalte *Wappen über jeweils zwei Fenstern im dritten Obergeschoss (gegen Marienplatz):* **g** *Ansbach und Bayreuth,* **h** *Aschaffenburg und Bamberg,* **i** *Erlangen und Passau,* **k** *Freising und Rosenheim,* **l** *Eichstätt und Kempten,* **m** *Memmingen und Lindau.*

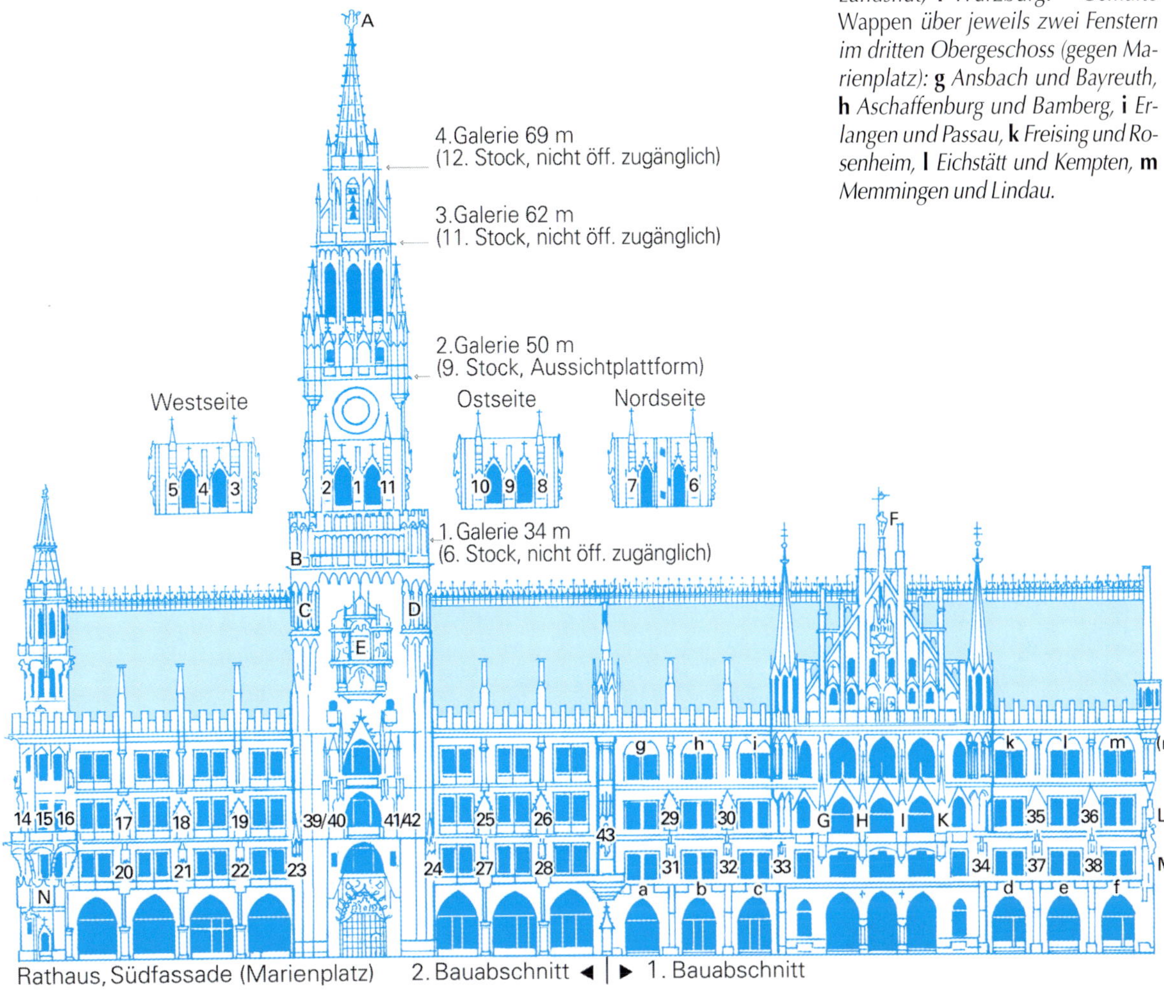

Rathaus, Südfassade (Marienplatz) 2. Bauabschnitt ◄ | ► 1. Bauabschnitt

Prunkhof
Statuen am Bibliothekstrakt:
1 *und* **2** Seitenfiguren *am Portal zur ehemaligen Kassenhalle der Stadtkämmerei (heute Rathaus-Galerie):* **1** *Frau mit Journal (Sinnbild für Einnahmen),* **2** *Mann mit Münzen (für Ausgaben; beide Skulpturen Schneider)* **3-7** Allegorien *zwischen Fenstern des Bibliothekssaals (nach Modellen in Kupfer getrieben von H. Kiene):* **3** *Religion (nach Kühn),* **4** *Gesetz (nach Fritsch),* **5** *›Monachia‹ (nach Bermann),* **6** *Geschichte und Geographie (nach Menges),* **7** *Parlament und Zeitungswesen (Nidda-Rümelin).*
Skulpturen am Treppenturm:
8-11 Allegorien *der vier Menschenalter:* **8** *Kindheit (Schreyögg),* **9** *Jugend (Drum),* **10** *Erwachsener (Drechsler),* **11** *Greis (Burger).*

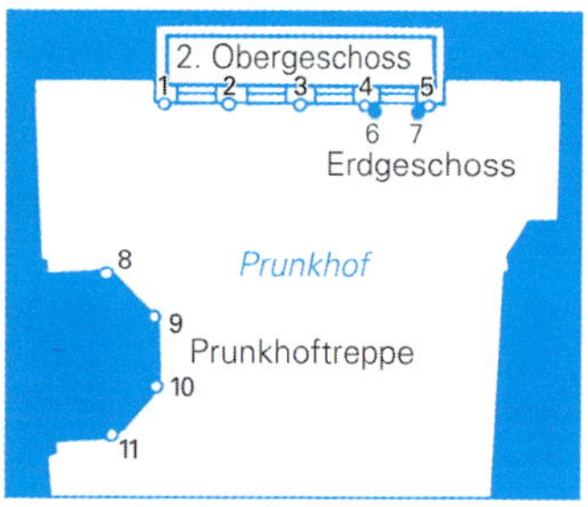

Grundrissschema Prunkhof

Neues Rathaus:
Prunkhof mit Bibliotheksbau.

te ›Weltuhr‹ (im Depot des Stadtmuseums). Unter dem Turmhelm das mechanisch gesteuerte, aber auch manuell bespielbare eigentliche Glockenspiel (F 0 bis C 4, 18-25 cm, 10-1300 kg). In den beiden seitlichen Säulenerkern des siebten Obergeschosses erscheinen abends (21 h) links ein hornblasender Nachtwächter mit Laterne, rechts ein das Münchener Kindl segnender Engel. (Sehr lohnender *Rundblick* über die Stadt.) – Markanter westlicher Fassadenabschluss der *Eckturm* Marienplatz/Weinstraße, das sog. *Wurmeck* (→ **N**); dessen Bezeichnung als Hausname 1431 belegt, das Familienwappen mit dem sog. ›Pantier‹ als Lindwurm missverstanden (Helmut Stahleder) und in der Sage mit Pestseuche verbunden (Alex. Schöppner).
Seitenfassade an Weinstraße (→ Fassadenaufriss S. 236) dem Gestaltungsschema der Front am Marienplatz angenähert, jedoch im Gesamten einheitlicher, im thematischen Unterschied zum repräsentativen, dem Königreich und seiner Geschichte verpflichteten Skulpturenschmuck der Hauptfassade illustriert die skulpturale Dekoration der Weinstraßenfront (z. T. in humoristischer Form) bayerische und münchenerische Besonderheiten und Eigentümlichkeiten. – Dem Turm des Wurmecks und dem vierachsigen Giebelbau im südlichen Fassadenabschnitt folgt symmetrisch gestaltete Front: zwischen zwei je fünfachsigen Flügeln (mit je zwei Zwerchgiebeln im traufseitigen Dach) der leicht asymmetrische, das Traufgesims unterbrechende Mittelrisalit; nördlicher Abschluss durch schlanken Eckturm und Überleitung zum Trakt an Landschaftsstraße. (Die Bezeichnung ›Kleubereck‹ und Relief **a** eines Holzhackers beruhen auf phonetisch falscher Deutung des Hausbesitzernamens Klewber, 1415 genannt, – Kloiber/kloiben – Holz klieben – kloiben.)
Prunkhof*, zugänglich durch Turmportal (in der Halle außer verschiedenen Gedenksteinen Wappentafel der *Partnerstädte Münchens*: Kiew, Harare, Cincinnati, Sapporo, Bordeaux, Edinburgh, Verona), angeregt von Schloßhöfen der Spätgotik. Die Nordseite beherrscht von hochragendem Trakt mit ehemaliger *Kassenhalle* im Erdgeschoss (heute: ›Rathaus-Galerie‹) mit Eingangsportal zwischen zwei Steinskulpturen (→ Detailplan **1** und **2**); im Obergeschoss die von flandrischer Bauweise beeinflusste Fassade der (Rats-)*Bibliothek*: ihre großen Fenster im dritten Obergeschoss flankiert von allegorischen, in Kupfer getriebenen Figuren (→ Detailplan **3-7**). Die Westseite des Hofs akzentuiert durch malerischen, reich skulpierten *Wendeltreppenturm*: beachtenswertes Schmuckmotiv die ›Stufenleiter des Menschenlebens‹ (→ Detailplan **8-11**) an den Strebepfeilern (mit zugehörigen Tiersymbolen). – Das im Boden eingelassene achteckige *Labyrinth*, nach Vorbild in der Kathedrale von Chartres, von Hauberrisser entworfen, nach Kriegsschäden 1975 rekonstruiert. (In den Sommermonaten Restaurantbetrieb; während der Adventszeit und des Christkindlmarkts Aufstellung der großen Krippe.
Inneres: Für einen Verwaltungsbau zeittypisch aufwändige Gestaltung der Verkehrswege, v. a. im zweiten Stockwerk als Hauptgeschoss, wo die »Sitzungssäle, die Repräsentationsräume und die Geschäftszimmer der Bürgermeister« untergebracht worden waren. (Heute im ersten und zweiten Obergeschoss Stadtkämmerei; Stadtratsfraktionen, Presse- und Informationsamt sowie die Räume des Oberbürgermeisters, der 2. und 3. Bürgermeister.) Trotz z. T. versachlichender Veränderungen noch besonders eindrucksvoll die kreuzgangähnlichen *Korridore* und *Treppenhallen* mit ihren Kreuzgratgewölben in gewundener Reihung sowie die aus mehreren Läufen und Gegenläufen bestehenden *Treppenaufgänge* und ihre Verbindung untereinander – zugänglich vom Altbau (in der Eingangshalle über vier Türen 1989 freigelegte und restaurierte beschriftete Bürgertypen (Fresken von R. Seitz, 1870er Jahre) oder von Turmhalle des Neubaus (hier am ersten Treppenabsatz Gedenktafel für im Dritten Reich ermordete Juden). Die Treppen- und Korridorfenster verglast mit farbigen *Scheiben* (Städtebilder, historische Ereignisse, Handwerkerinnungen u. Ä.), von R. Seitz und de Bouche entworfen, 1944 großteils vernichtet, 1988/89 nachgeschaffen. – In einem Binnenflügel des Altbaus der (original erhaltene) *Kleine* und der *Große Sitzungssaal*; im Letzteren das *Monumentalgemälde* ›Monachia‹ (von K. v. Piloty): die allegorische Gestalt Monachia von 128 portraithaften Personen der 700-jährigen Stadtgeschichte umgeben. (Auftrag 1869, ausge-

führt 1875-79; 1952 abgehängt, nach Restaurierung 2002 ff. durch Isabella Thieme und Petra Demuth wieder angebracht.)
Bedeutung: Der anspruchsvolle Bau aus Wiedererstarken des Bürgertums im 19. Jh. (nach Verfassung 1808/1818 und Erlass der neuen Gemeindeordnung 1869) erklärlich. Die Wahl des gotischen Stils als Anknüpfen an deutsche mittelalterliche Bürgertraditionen zu verstehen, dabei im Figurenschmuck der Fassaden (der mehr als 60 Bildhauern Arbeit verschaffte) deutlich symbolische Darstellung von Geschichte und Besonderheiten des Landes, dessen Hauptstadt München ist. In der historischen Stadtphysiognomie sowohl größenmäßig wie stilistisch (Anleihen an flandrische Gotik) einerseits als Fremdkörper kritisiert, andererseits als Meisterwerk der Architektur und des Kunsthandwerks gelobt, verlieh der Bau der stark aufstrebenden Metropole städtebaulichen Mittelpunkt und weltstädtischen Akzent: Inzwischen – zusammen mit den Frauentürmen – zu einem unverwechselbaren Wahrzeichen der Stadt geworden.

MARIENPLATZ 15 ☐ 6

Altes Rathaus* (›Großes Rathaus‹) An straßenartig verengter östlicher Fortsetzung des Marienplatzes erstes Rathaus seit ca. 1310 urkundlich fassbar, 1392-94 unter Einfügung eines großen Saals umgebaut; zur gleichen Zeit, an Südseite des schmäleren Platzes, im ehemaligen Gollier-Haus *Äußere Ratsstube* eingebaut: damit Grundlegung für Ausbau des *Kleinen Rathauses* nordöstlich und östlich der Peterskirche (Stadtwaage 1412/13, *Innere Ratsstube* 1415/16) und Einbindung des bisherigen *Talburgtors* (fälschlich Talbrucktor) der leoninischen Stadtbefestigung (→ S. 241) und seine Umgestaltung zum *Ratsturm* (s. u.). Noch vor Errichtung des neuen Rathaus-Saalbaus (1470 ff.) Bau des *Stadtgefängnisses* (›Schergenstube‹/›Fronfeste‹) 1463-70/71 nördlich des Altbaus. (Der Gesamtkomplex zwischen 1943 und 1945 weitgehend zerstört, nur zu kleinem Teil wieder aufgebaut bzw. durch Neubauten ersetzt.) Mit Neubau des **Saalbaus**, auch ›Tanzhaus‹ genannt, 1470-75 (Ausstattung 1476-78, s. u.) entstand jenes Gebäude, das seit 1874 als ›Altes Rathaus‹ bezeichnet wird: Entwurf von Jörg von Halsbach, Bauleiter Manhart (bis 1475, dann bis 1477 zusammen mit Meister Jörg). An den beiden Schmalseiten (zum Tal und Marienplatz) je drei Fenster (das mittlere höher als die beiden seitlichen) und an südlicher Längsseite beiderseits des Turms je zwei Fenster, die Maßwerke von Haldner; hohes Satteldach, der Dachstuhl von Heinrich von Straubing. Der verputzte Backsteinbau durch Fuetrer (unter Mitwirkung von Halwachs und Mä-

Altes Rathaus: *Blick vom Viktualienmarkt.*

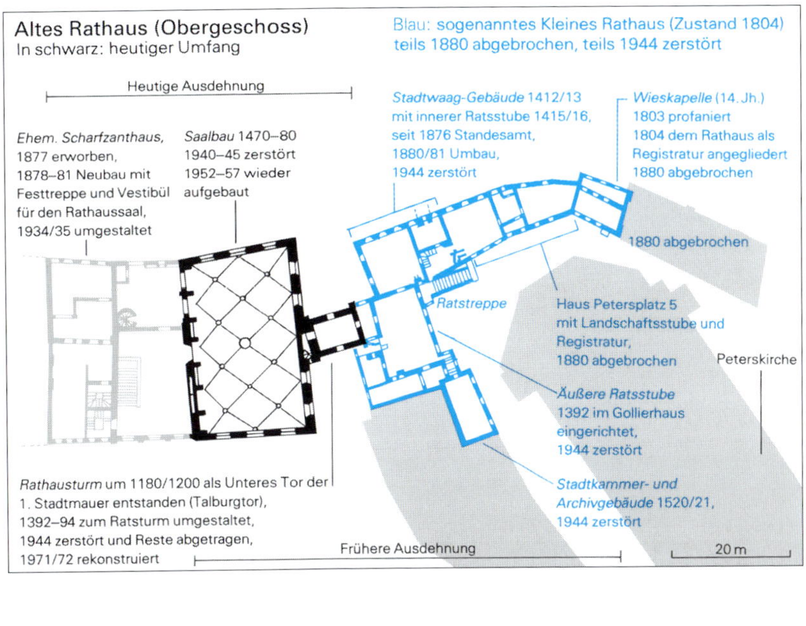

lesskircher) bemalt: Talseite 1476, Platzseite 1477; ob figürliche Motive (wie z. B. Rathaus in Ulm) oder Scheinarchitektur (wie z. B. Schloßhof in Füssen) nicht überliefert. In folgenden Jahrhunderten je nach Zeitgeschmack umgestaltet (jeweils zusammen mit Turm): 1624/26 durch Zehetmair d. J. (spätmanieristische Scheinarchitektur), 1778/79 durch Demmel (Scheinarchitektur im Stil Louis-XVI, → S. 24); die 1858 in Auftrag gegebene Regotisierung 1861-64 durch Zenetti ausgeführt: Wiederherstellung der Stufengiebel mit Türmchen, angeblich nach Schedels ›Weltchronik‹, aber weitgehend mit erfundenen Details und Zutaten: Aufstellung von Sandsteinstatuen Heinrichs des Löwen (an Talseite) und Ludwigs des Bayern (an Platzseite, von Knoll). Wegen zunehmenden Verkehrs Durchbrüche im Erdgeschoss: 1803 für Fußgänger, 1877 für eine Fahrbahn, 1934/35 für eine zweite Fahrbahn (die an Nordseite neuen Eingang, sog. ›Goldene Pforte‹, sowie Bau einer neuen Eingangshalle und Treppe zum Vorsaal durch Leitenstorfer notwendig machte). – Von 1943 an schwere Bombenschäden, 1944 Saalbau ausgebrannt. Nach 1945 z. T. radikale, jedoch nicht ausgeführte Vorschläge für Neugestaltung um Altes Rathaus. 1948 Notdach zur Sicherung der Ruine, Rekonstruktion durch Leitenstorfer (1950) und Högg (1951) vorgeschlagen; von 1952-57 sukzessiver Wiederaufbau unter Oberleitung von Döllgast. Der Baukörper bereits 1953 so weit wiederhergestellt, dass Ausstellungen möglich. 1955 Rekonstruktion der beiden Giebelfronten (mit Ersatz der zerstörten Kaiser-Ludwig-Statue von Osel 1960). Ob Rekonstruktion des zerstörten Turms an Südseite, damals noch fraglich. In nördlicher Durchfahrt Denkmal für die noch nicht zurückgekehrten deutschen Kriegsgefangenen (von Mikorey, enthüllt 1954) links von Saaleingang, rechts Bronzenachbildung eines Moriskentänzers (›Hochzeiter‹) von Klucker (1980). – An Südwestecke, gegen Viktualienmarkt, überlebensgroße Bronzestatue der *Julia* (von Costantini), ein Geschenk der Cassa di Risparmio di Verono, Vicenza e Belluno an die Stadt München anlässlich des gemeinsam mit der Münchener Stadtsparkasse begangenen Gründungsjubiläums 1974.

Historische Ansicht vom *Saal des Alten Rathauses* mit ursprünglichem Standort der Moriskentänzer an den Gewölbeansätzen.

Rathaussaal Der nahezu rechteckige Saal (31 zu 17 m) ab 1476 ausgestattet und mit hölzerner Tonne überwölbt; an nördlicher Längswand eine Musikempore (als ›Pfeiferstuhl‹ bezeichnet). Die Tonne mit diagonal verlaufenden Ziergurten (Schnitzwerk von dem Kistler Wenger), an ihren Schnittpunkten runde Schilde mit Sonne, Mond und Reichsadler sowie mit zwölf Wappen (u. a. von den mit den Wittelsbachern verwandten Fürstenhäusern) von Grasser 1477 (seine ersten Werke in München). Unter dem Tonnenansatz zwei Wappenfriese aus 96 (ursprünglich 99) von Fuetrer 1478 bemalten Schilden, im ›Quaternionensystem‹ angeordnet (d. h. jeweils in Gruppen von vier ›Säulen‹ des Hl. Römischen Reiches, vom hohen Adel über Länder bis Städte). Erste Renovierung der Wappen 1531 durch W. Mielich, dann 1607/08 bei Renovierung des Saals durch Zehetmair d. Ä. (wobei die bisher rohe Holzdecke roten Anstrich erhält), ferner 1727 anlässlich der Erbhuldigung vor Kurfürst Karl Albrecht durch Hueber und J. G. Greif; im Zusammenhang mit Außenrenovierung 1778/79 abermalige Veränderung des Saals: Deckenanstrich in Blau und Weiß (durch Stocker) und Bemalung der Wände mit wittelsbachischen Landesherren (durch Demmel). 1842 erneute Änderung durch L. v. Schwanthaler, verbunden mit Aufstellung seiner zehn bronzierten Gipsmodelle für die vergoldeten Wittelsbacherherrscher im Thronsaal der Residenz (1884 dem Staat überlassen, seitdem im Depot von Schloß Schleißheim). Nach Abwehr des Plans, das Alte Rathaus abzubrechen (1876), erfolgte 1883-89 Rückrestaurierung des Saals in Zustand der Spätgotik, Einbau einer Kanzel (von Korn) und Aufhängung von Fahnen der 1868 aufgelösten Zünfte (einige der erhalten gebliebenen, z. T. beschädigten Fahnen heute im Stadtmuseum). 1934/35 Umgestaltung zu repräsentativem Empfangssaal der Stadt (mit Neuanlage von Eingangshalle, Treppe und Vorsaal; künstlerische Ausgestaltung von Wackerle). Erste Bombenschäden am Saalbau 1940, behoben 1941; noch 1942 Uraufführung »Das Spiel von Erasmus Grasser« (von Richard Billinger); dann zwischen 1943 und 1945 Saalbau (mitsamt Ratsturm) zerstört. Nach seinem vereinfachten Wiederaufbau (1952-57) seit 1977 weitgehende Rekonstruktion dieses »vollkommensten gotischen Saals Deutschlands«, schließlich 1982-86 exakte Wiederherstellung der

Moriskentänzer (›Burgunder‹) aus einer Serie von ursprünglich 16 Figuren im Saal des Alten Rathauses.

Holztonne mit ihren Ziergurten und Wandfriesen, nach erhaltenen Fragmenten der Originale nachgeschnitzt (durch Streck u. a.).
Die **Maruskatanz-Figuren*** von Grasser (seit 1928 allgemein bekannt als *Moriskentänzer*) wurden 1480 vollendet, künstlerischer Höhepunkt der Saalausstattung: Gestalten eines spätmittelalterlichen, weit verbreiteten Tanzspiels, als ›Moruschotanz‹ z. B. auch in Frankfurt/M. (1462) und Nürnberg (1479) nachweisbar; wohl ballettartiger Mummenschanz, eine Art Fastnachtspiel mit Musik, seine Kenntnis aber später verloren gegangen. Ursprünglich (1480) von 16 »pilden« die Rede (im 17. und 18. Jh. nur noch von »Figuren«, »Mandln« oder »Narren«); die zwischen 61 und 81 cm großen Figuren in Fuetrers Wappenfries unter dem Ansatz der Tonnendecke aufgestellt; über ihren nischenähnlichen Rundbogenfeldern die Fußpunkte der diagonalen Ziergurte. Nur für zehn Tänzer Platz vorhanden (bezeichnet als: Orientale, Mohr, Hochzeiter, Burgunder, Frauenhut, Prophet, Bauer, Schneiderlein, Zauberer, Gezaddelter), Verbleib der restlichen sechs unbekannt. 1726/27 durch J. G. Greif überarbeitet und Fehlendes ergänzt, von Hueber vergoldet; 1778/79 von Jos. Prötzner restauriert, weiß gefasst von Stocker. 1843 wurden vier Figuren (Hochzeiter, Prophet, Bauer, Schneiderlein) an L. v. Schwanthaler als Gegengabe für dessen der Stadt gestifteten Gipsmodelle wittelsbachischer Herrscher geschenkt, von diesem aber schon bald weiterverkauft. Die nun fehlenden »Narren« 1860 durch Gipskopien (von Keim), 1886 durch Holzkopien ersetzt; nach gelungenem Rückerwerb der Originale wieder entfernt (aus dieser Zeit wohl neue farbige Fassung). 1927/28 grundlegende Restaurierung durch Bayerisches Nationalmuseum (seitdem im Münchener Stadtmuseum), während für Rathaussaal Gipskopien angefertigt wurden (im Bombenkrieg zugrunde gegangen); 1957 hölzerne Kopien auf schmiedeeisernen Konsolen aufgestellt, 1979/80 wieder in die Nischen im Wappenfries versetzt.
Ratsturm Mit Erweiterung der Heinrichsstadt gegen das Tal (etwa Mitte 13. Jh.) verlor das ›Untere Tor‹, ab Anfang 14. Jh. auch ›Talburgtor‹, seine fortifikatorische Bedeutung: seit 1392/94 Bestandteil des ›Großen Rathauses‹ und Verbindungsglied zwischen diesem und dem ›Kleinen Rathaus‹ östlich der Peterskirche. Sein ursprüngliches Aussehen nicht überliefert. Beim Stadtbrand 1418 beschädigt; 1460 durch Blitzschlag ausge-

Moriskentänzer ›Schneiderlein‹.

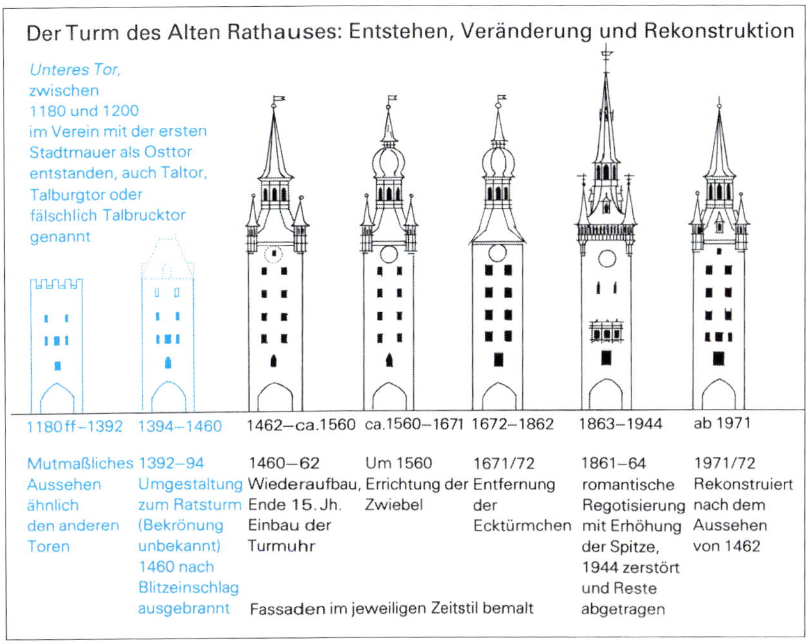

brannt, bis 1463 wieder aufgebaut (Ersatz der dabei geschmolzenen Ratsglocke 1462). Fuetrer bemalt, zusammen mit Gleyßmüller, 1464 den Turm, wohl gegen Ende 15. Jh. öffentliche Turmuhr angebracht, vermutlich von Polack bemalt; 1510 *Turmbemalung* durch Heutzinger, 1512 von Polack ausgebessert, die unteren 1 1/2 Stockwerke 1555 von Ölgast mit Rauten bemalt; weitere Bemalungen 1624/26 von Zehetmair d. J. (dokumentiert im Wening-Stich 1701), 1778/79 von Demmel, 1862/63 von F. Seitz (1896/97 durch Glasmosaik von H. Huber an Platzseite ersetzt). – Aussehen der *Turmbekrönung* seit Ende 15. Jh. gesichert (→ Zeichnung S. 241); bereits 1567 die auf gotischen Helm aufgesetzte Zwiebel bildlich dargestellt (durch Quicckelberg für P. Apian, durch Amman und G. Hufnagel), gotische Ecktürmchen jedoch erst 1671/72 entfernt. In Zusammenhang mit Regotisierung des Rathauskomplexes 1861-63 Umgestaltung der Turmbekrönung durch Zenetti. Am 17.12.1944 bis auf Nordwand zerstört, diese am 28.12. aus Sicherheitsgründen gesprengt. Rekonstruktion erst 1971-74 nach Plänen von Schleich, die auf der erstmals 1493 bildlich überlieferten Form (Schedelsche Weltchronik, → Abb. S. 9) basiert: sechsgeschossig und 56 m hoch, mit Ecktürmchen am Übergang zum Zeltdach mit oktogonaler Laterne unter der Spitze; Bemalung der Tal- und Platzseite nach Entwurf von Graßmann. (Seit 1983 im *Spielzeugmuseum*, Sammlung Ivan Steiger, → S. 45, untergebracht.) ***Bedeutung:*** Das zweite Münchener Werk des Erbauers der Frauenkirche trotz der – durch Umbauten und Kriegszerstörung – weitgehend geschmälerten historischen Bausubstanz ehrwürdiges und das Stadtbild bestimmendes Bauwerk. Politisches Zentrum als Sitzungsort der Landstände (1394-1669) und der Erbhuldigungen (1398-1747); gesellschaftlicher Mittelpunkt der Bürgerschaft, für Tanzfeste und Fastnachtstänze, ab Mitte des 16. Jh. für Aufführungen von Fastnachts- und Marionettenspielen sowie für ›Passionstragödien‹; Ort für Versammlungen, Kongresse, Empfänge, Ausstellungen; unheilvolle Stätte des provokanten Aufrufs von Reichspropagandaminister Goebbels am 8.11.1938 zur berüchtigten Aktion ›Reichskristallnacht‹.

Ostecke der ehemaligen Stadtbefestigung: Isartor und Lueginsland
Blau: erhaltene oder rekonstruierte Teile

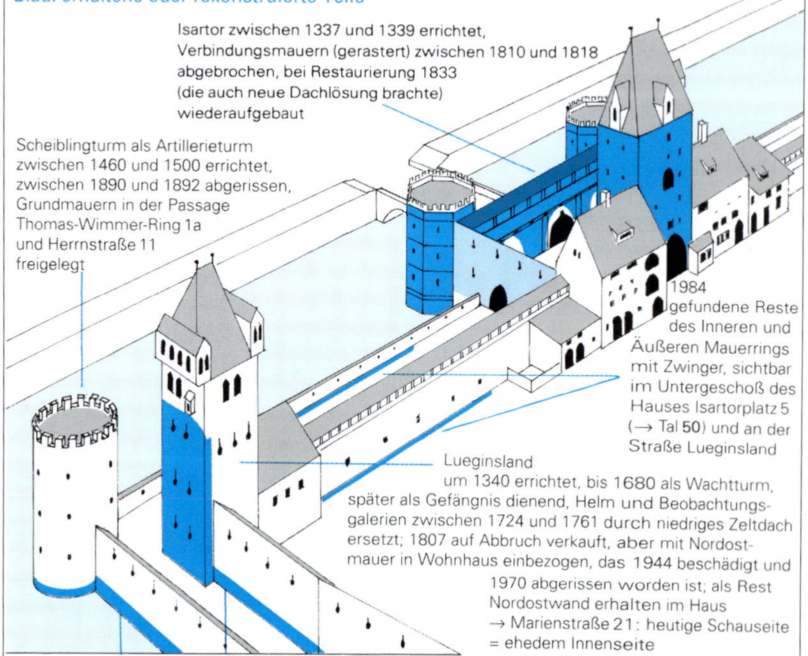

Reste der äußeren und inneren Stadtmauer in den Kellern der Häuser Marienstr. 17–21 noch erhalten

MARIENSTRASSE 21 □ 7, 11

Haus der Studentenverbindung Vindelicia e. V. (sog. Vindelikerhaus) mit Rest des ehemaligen ›Lueg ins Land‹. Dieser nach dem Isartor mit über 20 m höchste Wehrbau im Zuge der zweiten Stadtummauerung um 1340 auf quadratischem Grundriss, etwa 60 m nördlich des Isartors, errichtet. Sein Name ein Hinweis auf die Möglichkeit, von seinen beiden – zwischen 1724 und 1761 verschwundenen – Beobachtungsgalerien das Gelände über dem Gasteig einsehen zu können. Im Verlauf der Entfestigung Münchens 1807 auf Abbruch verkauft, aber teilweise – mit zwei Mauern in der Höhe von drei statt ursprünglich fünf Geschossen – in den Neubau des ehemaligen Hauses Lueg ins Land 5 einbezogen. Beim Niederlegen 1970 dieses im Krieg beschädigten Hauses blieb die Nordostmauer des einstigen Wachturms als Kommunmauer zum (1820 über dem ehemaligen Zwinger und auf Resten der äußeren und inneren Stadtmauer errichteten) Haus Marienstraße 21 stehen, wird aber erst bei Umbaumaßnahmen 1978 als Teil des Wehrturms erkannt. Eine von vier nachgewiesenen Schlüsselscharten dabei unbeschädigt geblieben und samt Holzbalken (zum Auffangen des Rückstoßes) original erhalten. Die heute sichtbare Mauer also ursprünglich Innenwand des Turms: Rekonstruktion → Schaubild; Angaben der alten Inschrifttafel und Form des an der Fassade angemalten Turmes teilweise falsch. – Reste des *äußeren* und *inneren Mauerrings* mit dazwischenliegendem *Zwinger* bei Ausschachtungsarbeiten (1984) für den Sparkassenneubau (→ Thomas-Wimmer-Ring 1) freigelegt (z. T. wieder zugedeckt).

MARSTALLPLATZ □ 7

An seiner Westseite von Nationaltheater und Residenz begrenztes trapezförmiges Areal zwischen Maximilianstraße (im Süden) und Hofgartenstraße (im Norden); seine schräg verlaufende östliche Begrenzung durch Anlage des ersten Residenzgartens im 15. Jh. bedingt. Das gesamte Gelände zur Zeit seiner ersten Erwähnung Anfang 15. Jh. außerhalb des bewässerten Stadtgrabens um die Neuveste, von Bächen durchzogen. 1409 ein »pawmgarten auf dem pach« nördlich von Kost- und Wurzertor überliefert, an Ost- und Nordseite von Mauer mit zwölf Rundtürmchen (ähnlich wie → Schloß Blutenburg) umgeben; bei Anlage des spätmittelalterlichen Mauerrings 1478-99 in diesen als vorgeschobene Sekundärbefestigung eingefügt und östlich vorgelagerter Zwingergarten angelegt. (1476 genehmigte Herzog Albrecht IV. die Einbeziehung der Neuveste in das System der Stadtbefestigung.) Auf dieser so entstandenen ›Insel‹ ließ1518 Herzog Wilhelm IV. einen nahezu rechteckigen *»Lustgarten, der Rosengarten genannt«* anlegen; dieser erste Renaissancegarten Münchens wohl angeregt durch Mantuaner Gärten der mit den Wittelsbachern verwandten Gonzaga: Schwerpunkt des unregelmäßig bebauten Areals ein zweigeschossiger oktogonaler *Pavillon* (Fundamente 1995 ergraben) inmitten eines ebenfalls achtseitigen Labyrinths (?), im Obergeschoss Saal für die von Wilhelm zwischen 1528 und 1540 in Auftrag gegebenen Historienbilder (heute großteils in Alter Pinakothek (→ S. 92). Im Zug der Aufrüstung des Herzogtums durch Maximilian I. (und des Ausbaus Münchens zur Festung ab 1619, → S. 26f.) Demolierung des wilhelminischen Gartens (bei gleichzeitiger Anlage eines neuen → Hofgartens); auf aufgeschüttetem Gartengelände und nach Umleitung des Pfisterbachs Errichtung einer zur Neuveste offenen dreiflügeligen Anlage aus drei Zeughäusern, Werkstätten, Schmieden, Remisen, Ställen etc. in anspruchsloser architektonischer Gestaltung nach Plänen wohl von Schön d. Ä. 1614-24. Zubauten im weiteren Verlauf des 17. und im 18. Jh. waren dem heterogenen Platzgebilde ebenso wenig zuträglich wie die vernachlässigte Ostfassade der 1750 verwüsteten Neuveste. Cuvilliés' Neubau des Residenztheaters (1751-53) blieb einziger architektonischer Akzent der Westseite des Platzes, nachdem weder sein Projekt für einheitliche Residenzfassade (um 1764/67, → Schaubild S. 270) noch Verschaffelts Plan (1799) oder C. v. Fischers Entwurf (1809) zur Ausführung kamen. Neuplanungen auf Zeughausareal notwendig durch Übergabe des bisherigen Marstallgebäudes an staatliche Münze (1809, → Hofgraben 4) und vorgesehenen Abbruch des Turnierhauses (›Alte Reitschule‹) am Hofgarten (→ Odeons-

platz 6-18); nach Verlegung des Zeughauses zur Falkenturmstraße. Planungen A. Gärtners (ergänzend nicht ausgeführte Pläne von C. v. Fischer 1809 und Quarenghi 1811): gegen Westen offener Hof zwischen Flügelbauten im Süden und Norden, verbunden durch Reitschulgebäude und gegen Marstallstraße angeordnete Stallungen; modifiziert durch Errichtung des Nationaltheaters ab 1811 (→ Max-Joseph-Platz 2).
1817 Erstellung eines Idealprojekts von Klenze (ähnlich dem Projekt von Gärtner und Fischer); er bestimmte, teilweise unter Berücksichtigung bereits von Gärtner (seit 1808) errichteter Gebäude, sukzessive die Randbebauung des Platzes: 1819-25 *Hofreitschule*, 1826-37 *Allerheiligen-Hofkirche*, 1835-42 *Apothekenflügel* (des Festsaalbaus); der Platz an Südseite bei Anlage der → Maximilianstraße (durch Bürklein-Bau 1858-60 anstelle des Zeughauses) nahezu abgeriegelt. Nach Begrünung des Platzes durch K. Effner 1871 keine tiefgreifenden Änderungen. – Im 2. Weltkrieg schwere Zerstörungen, merkwürdigerweise bei Wiederaufbau kaum behoben, sogar Abbruch der Ruine der Hofkirche erwogen; diese hinter dem 1959-63 errichteten Kulissenmagazin der Staatstheater versteckt. Mit Wiederaufbau von Schlachtensaalpavillon und Apothekenflügel des Festsaalbaus 1956-59 (für Bayerische Akademie der Wissenschaften und Spanisches Kulturinstitut) Aufstellung des *Kronprinz-Rupprecht-Brunnens* 1961 (von Bleeker): Doppelschalenbrunnen, bekrönt von allegorischer Frauengestalt mit Pallas Athene und Waage. 1969/70 Wiederherstellung des äußeren Erscheinungsbildes der ausgebrannten *Hofreitschule* (→ Marstallplatz 5), aber auch noch Abbrüche (bis in beginnende 1980er Jahre) von unterschiedlich beschädigten Bauten des ehemaligen Zeughauses und Marstalls. Projekte von Braunfels für Aufbau eines *Museumsviertels* (1984-86) wurden nicht ausgeführt. Erst Errichtung des *Max-Planck-Hauses* (→ Hofgartenstraße 8) brachte architektonischen Abschluss der Nordseite des Platzes. – Etwa gleichzeitig Überlegungen für Gestaltung *Marstallplatz Süd* gegen Maximilianstraße: Wettbewerb (1999/2000) ohne eindeutiges Ergebnis, jedoch drei Entwürfe (von Betz, Kiessler und Gewers) zur Weiterbearbeitung ausgewählt; 2001 Entscheidung für Projekt von Gewers, Kühn + Kühn (Berlin): Rekonstruktion des *Bürklein-Baus* an → Maximilianstraße, dahinter *Probebühnenkomplex* für die Staatsoper und an Marstallstraße das Bürogebäude *Maximilianhof*; die drei Gebäude zusammen als ›Maximilianhöfe‹ bezeichnet, die den sog. ›Salpeterhof‹ des ehemaligen Zeughauses (17. Jh.) umschließen. In das Erdgeschoss des Bürogebäudes integriert die dreischiffige Säulenhalle der früheren Stallungen aus dem 18. Jh. Die *Außenraumplanung* nach Entwurf der Landschaftsarchitekten Jäckel und Mike. – Baubeginn: Sommer 2001, Fertigstellung Herbst 2003.

Modell der *Maximilianhöfe*.

MARSTALLPLATZ ☐7

Ehemalige Allerheiligen-Hofkirche Waren sowohl in Cuvilliés' Entwurf für einen repräsentativen Osttrakt der Residenz (1761/67, → Schaubild S. 270) als auch in Verschaffelts Projekt (1799) größere Hofkirchen in Raumfolge integriert, musste Klenze seine Hofkirche als allein stehendes Bauwerk an die bestehenden Altbauten gegen den Marstallplatz anfügen: Zugang ursprünglich nur von Residenz (über ›Allerheiligengang‹ und ›Gelbe Treppe‹ im späteren Königsbau, → Plan S. 279, Raum-Nrn. 32 bzw. 14). – Anregung für Neubau erhielt Kronprinz Ludwig anlässlich der Christmette 1823 in der Capella Palatina in Palermo. Dem eigentlichen Planungsbeginn 1825 vorausgehend Überlegungen, ob Bau in normannisch-byzantinisch-romanischem Stil zu errichten; bei Klenzes erstem Entwurf (1826) palermitanisches Äußeres, die innere Raumstruktur jedoch wie San Marco (Studienreise Klenzes nach Venedig 1826); der Renaissanceentwurf 1827 von Ludwig abgelehnt. Dennoch bereits 1826 *Grundsteinlegung* am Allerheiligentag (1.11.), Fundamentierung durch Eisenpfahlrost (wegen Baugrund auf ehemaligem Stadtgraben) 1827. Entwürfe für Fassade zum Marstallplatz von Klenze bereits 1826 (angeregt durch lombardische Romanik), erst 1828 Entscheidung, die Kirche nach Westen auszurichten. Im Herbst 1829 *Richtfest*, Vollendung mit *Weihe* am 29.10.1837. – Durch Absenken der Fundamente erste Bausanierung 1884 sowie Anfang 20. Jh. Durch Bomben am 25.4.1944 bis auf Außenmauern zerstört: dabei un-

Marstallplatz: Der 2003 neugestaltete *Kabinettsgarten* der Residenz.

Links: Ehem. Allerheiligen-Hofkirche: *Die 1944 zerstörte reiche Ausstattung.*

Rechts: Der *heutige Zustand* nach der vereinfachten Wiederherstellung (1988-2003).

wiederbringliche Vernichtung der gesamten kunsthistorisch wie geistesgeschichtlich bedeutsamen Ausmalung. Im Wiederaufbauplan der Residenz (sog. ›Dachaktion‹ zwischen 1952 und 1957) die Hofkirche nicht berücksichtigt, vielmehr durch Errichtung eines Bürotrakts für (neues) Residenztheater (→ Max-Joseph-Platz 1) 1956-58 anstelle des südlichen Seitenflügels zusätzlich verstümmelt; Witterungseinflüsse verschlimmerten ungeschützte Bausubstanz der Ruine. Bemühungen um Rettung bereits 1959, doch erst 1969 Notdachkonstruktion durch Döllgast; 1986 Landtagsbeschluss für Wiederaufbau, ab 1988 Innenausbau mit Rekonstruktion der Gewölbe in unverputztem Ziegelmauerwerk (bis 1996). 2000 Einigung von Staat und Erzbischöflichem Ordinariat, den ehemaligen Sakralraum für kulturelle Veranstaltungen (Klassikkonzerte, Festveranstaltungen, Empfänge u. Ä.) zu nutzen. (Entsprechende Baumaßnahmen ab Oktober 2001, abgeschlossen Juni 2003.)

Beschreibung: Die lange Zeit geringschätzig betrachtete *Fassade* täuscht basilikale Dreischiffigkeit vor, obwohl die seitlichen Anbauten (Nebenräume) für echte Seitenschiffe zu niedrig sind. Der eigentliche (Haustein-)Mittelteil zweigeschossig, durch schlanke Halbsäulen vor Lisenen, dem Kirchenquerschnitt entsprechend, dreigeteilt. Die Fenster rundbogig (wie die neun der beiden Seitenfronten), das Mittelportal mit Tympanonrelief ›Deesis‹ unter gotisierendem Wimperg, flankiert von Statuen der Hll. Petrus und Paulus (von Eberhard 1829); darüber großes Rundfenster; die stabilisierenden Ecklisenen an den Dachansätzen durch tabernakelartige Aufsätze akzentuiert. Der *Innenraum* besteht aus querrechteckigem Vorraum (unter Orgelempore), zwei überkuppelten, quadratischen ›Jochen‹, getrennt durch breite Gurtbogen auf ausgehöhlten Pfeilern (in Anlehnung an S. Marco); die Seiten der Kuppeljoche begleitet von Emporen (für Königsfamilie und Hofstaat) unter Quertonnen auf dreibogigen Arkaden; in den Schildwänden jeweils drei Rundbogenfenster. Nach zweitem Kuppeljoch abermals Pfeilerpaar mit Gurtbogen, danach halbrunde Apsis. (Die beiden seitlichen Annexe aus Raumbild ausgesondert.) – Die romantisch-mystische Wirkung dieses Sakralraums beruhte auf kostbarer *Ausstattung* und *Glasmalereien* (in Grisaille), die das Tageslicht milderten; Stuccolustro- und Marmorverkleidungen, Marmorsäulen mit vergoldeten (korinthischen) Kapitellen im Erdgeschossbereich, im Obergeschoss die flächendeckende Bemalung der Wände und Gewölbe mit Fresken auf Goldgrund (Mosaike vorgesehen, wegen zu hoher Kosten aufgegeben). 1826 H. v. Heß mit Ausmalung beauftragt, von 1830-37 unter Mitarbeit von Schraudolph, Koch, J. B. Müller und Schwarzmann (Ornamente teils nach Vorlagen von Heß, teils nach eigenen Entwürfen) aus-

Ehem. Allerheiligen-Hofkirche: *Portalzone.*

geführt; *Thematik*: Heilgeschichte des Alten und Neuen Bundes (→ Legende zum Grundriss). ***Bedeutung:*** Eine der wenigen großen Hofkirchen des 19. Jh. in Deutschland, als »erster Kirchenbau der Gegensäkularisation« (Hederer) und in seiner Stellung im Residenzkomplex programmatisch für restaurative Kirchenpolitik Ludwigs I., verbunden mit Aussöhnung von Staat und Kirche; architektonische Manifestation eines aus der Historie begründeten Herrschaftsanspruchs durch Thron und Altar. Klenzes *architektonische* Leistung lange als zwiespältig betrachtet, ohne zu berücksichtigen, dass die einzigartige malerische Ausstattung die typische klassizistische Raumgestalt verwischte. Erst durch seine Rekonstruktion wird Verwandtschaft mit Römersaal in Klenzes Glyptothek (→ Königsplatz 3) deutlich, reduziert sich die scheinbare Diskrepanz zur klassizistisch strukturierten Fassade.

Ehem. Allerheiligen-Hofkirche

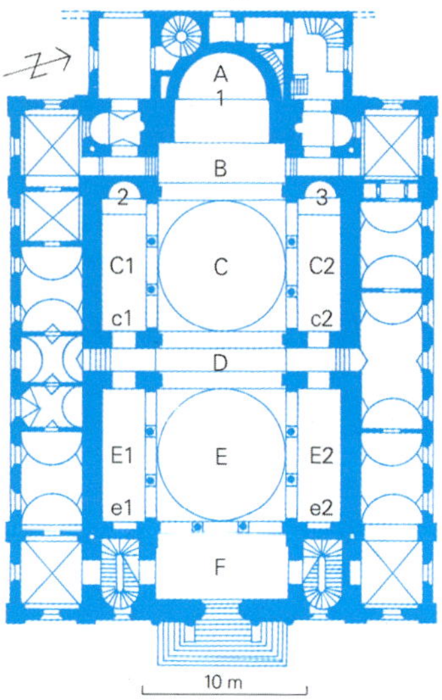

Altäre: **1** Hochaltar *(in Apsis)*. **2** linker Seitenaltar *(im Erdgeschoss): ›Auferstandener Christus‹, von Hll. Georg und Hubertus (Schutzpatrone der Wittelsbacher) verehrt.* **3** rechter Seitenaltar *(im Erdgeschoss): ›Thronende Maria mit Kind‹, von Hll. Ludwig und Therese (Namenspatrone des Königspaars) verehrt.*

Malereien an Gewölben und Wänden

A Apsiskalotte *›Dreifaltigkeit, von Engeln umgeben‹; darunter ›Thronende Maria‹, umgeben von Petrus und Moses (links) sowie Paulus und Elias; auf* Apsisgurtbogen *die ›Sieben Sakramente‹ in Vierpassfeldern.* **B** Gurtbogen: *die ›Sieben Gaben des Heiligen Geistes‹ (im Scheitel), darunter ›Schlüsselgewalt an Petrus‹ und ›Aussendung der Apostel‹; am Bogenfuß (links) Ambrosius und Gregor sowie (rechts) Hieronymus und Augustinus.* **C** Kuppel *›Thronender Christus‹, umgeben vom Kranz der zwölf Apostel; in den Pendentifs die vier Evangelisten. Über linker Empore* Quertonne **C1** *›Christus segnet Kinder‹ (im Scheitel), darunter ›Taufe Christi‹ und ›Auferweckung des Lazarus‹; am östlichen Bogenfuß ›Petrus und Jakobus d. Ä.‹, am westlichen ›Christus am Ölberg‹;* am Schildbogen **c1** *›Kreuzigung Christi‹. – Über rechter Empore* Quertonne **C2** *›Auferstehung Christi mit Wächtern und den drei Marien‹ (im Scheitel), darunter ›Christus in Emaus‹ und ›Christus unter seinen Jüngern‹; am westlichen Bogenfuß ›Noli me tangere‹; am östlichen ›Ungläubiger Thomas‹;* am Schildbogen **c2** *›Himmelfahrt Christi‹, darunter Maria, Petrus und die übrigen Jünger.* **D** Gurtbogen *(Bindeglied zwischen Neuem und Altem Testament): ›Anbetung der Hirten und der Heiligen drei Könige‹ (im Scheitel), darunter ›Verkündigung Mariä‹ und ›Taufe Christi‹; am Bogenfuß (links) Jeremias und Daniel sowie (rechts) Jesaias und Ezechiel.* **E** Kuppel *›Schöpfergott‹, umgeben vom Kranz der Seraphim und von acht Feldern der Erschaffung der Welt, Sündenfall und Vertreibung; am Kuppelansatz vier Szenen aus dem Leben Noahs; in den Pendentifs die Patriarchen Noah, Abraham, Isaac, Jacob. Über linker Empore* Quertonne **E1** *›Abraham und Jacob‹: Melchisedech segnet Abraham (im Scheitel), darunter ›Verstoßung von Hagar und Ismael‹ sowie ›Verheißung der Nachkommenschaft Abrahams‹; am östlichen Bogenfuß ›Jacobs Kampf mit dem Engel‹, am westlichen ›Jacob sieht die Himmelsleiter‹;* am Schildbogen **e1** *›Abraham und die Opferung Isaacs‹. – Über rechter Empore* Quertonne **E2** *›Geschichte des Moses‹: Moses schlägt Wasser aus dem Felsen (im Scheitel), darunter ›Berufung des Moses und brennender Dornbusch‹ sowie ›Bestattung des Moses‹; am östlichen Bogenfuß ›Saul und David‹, am westlichen ›Josua als Krieger und Daniel‹;* am Schildbogen **e2** *›Moses bringt die Gesetzestafeln‹.* **F** Gurtbogen *(über Empore) ›Künste und Wissenschaften im Dienst der Religion‹: Hl. Cäcilia (im Scheitel), umgeben von Allegorien (Glaube, Hoffnung, Liebe und Ecclesia), beidseitig anschließend in je zwei Rechteckfeldern die Kardinaltugenden (Weisheit, Stärke, Mäßigkeit, Klugheit), ferner in je zwei Rundbildern David und Papst Gregor d. Gr. (für Dichtkunst und Kirchenchoral) sowie Lukas und Salomon (mit Tempelplan, für Malerei und Baukunst); am Bogenfuß in Arabeskenverschlingungen die Portraits der bei Bau und Ausgestaltung beteiligten Künstler.*

MARSTALLPLATZ 5 ☐7

Ehemalige Hofreitschule Im Zusammenhang mit Gesamtplanung für neuen königlichen Marstall war geeignete Halle als Winterreitschule vorgesehen; Pläne erarbeitet von A. Gärtner (1807 ff., z. T. ausgeführt), C. v. Fischer (1809) und Quarenghi (1811), die alle demselben Schema folgten: großer, zur Residenz hin offener Hof (als Sommerreitschule), flankiert von Remisentrakten; diese verbunden durch lang gestreckten Baukörper der Reithalle, zur Marstallstraße hin von schmalem Hofraum und Stallungen hinterfangen. Auch Klenze hielt sich bei seinem Idealentwurf von 1817 an dieses Schema; aus demselben Jahr ein nicht berücksichtigter Entwurf zu einer »Reitschule« von F. v. Gärtner. (Wegen des Nationaltheaterbaus, 1811-18, und des Zeughauses südlich der Salpeterstraße Reduzierung des südlichen Remisenbaus auf einen Flügel.) Nach zwei Überarbeitungen (1819) geht Bauauftrag für Reitschulgebäude an Klenze: Grundsteinlegung 27.5.1820, Ausbau im Wesentlichen bis 1822, endgültige Fertigstellung 1825. Von F. v. Thiersch skizzenhaftes Projekt zum Einbau eines Konzertsaals für 2500 Personen 1921, von 1923-40 Marstallmuseum (→ Schloß Nymphenburg/Marstallmuseum, S. 399); 1935 Pläne zur Umgestaltung nach Wiener Hofreitschule für Turniere und Reiterspiele. 1944 ausgebrannt, 1969/70 unter Wahrung des Äußeren wieder instandgesetzt; Einbau von Kulissenmagazin der Staatstheater, als ›Theater im Marstall‹ Experimentierbühne, seit 2001 Studiobühne; Nutzung durch Staatsschauspiel/Bayer. Rundfunk-Symphonieorchester als Theater-/Konzertsaal (Planung Braunfels 2002). ***Beschreibung:*** Beherrschender Putzbau mit Natursteingliederung; über rustiziertem Sockel je fünf Rundbogenfenster beiderseits des Mittelportals (entsprechend den Abmessungen des Reitsaals), während zwei Eckrisalite die Räume für die ehemalige Zuschauertribüne und die Treppen an den Schmalseiten bezeichnen. Über Triglyphengesims schmucklose Attika unter flach geneigtem und ehedem mit Gusseisen eingedecktem Walmdach (konstruiert von Thurn). Das monumentale Rundbogenportal* (eines der reifsten Frühwerke Klenzes) von freistehenden Säulen flankiert und mit Büsten der Dioskuren Kastor und Pollux bekrönt, in den Säulensockeln Bronzereliefs mit Zielsäulen römischer Pferderennbahnen; in den Portalzwickeln Steinreliefs ›Kampf der Kentauren und Lapithen‹ sowie zwischen den Fensterarchivolten acht runde Bronzereliefs mit Pferdeköpfen (Bauplastik nach Klenzes Angaben von J. M. v. Wagner 1821). – Der heute leider verlorene *Innenraum* mit seinen klaren, harmonischen Proportionen (ca. 72 zu 20 m), von dorischen Pilastern gegliedert und vierteiliger Kassettendecke überspannt, könnte mit Quarenghis Reithalle in St. Petersburg (1810 publiziert) in Beziehung gebracht werden (Heinrich Habel). ***Bedeutung:*** Als erster Großbau Klenzes im Residenzbereich wichtig für städtebauliche Akzentuierung des Areals östlich der Residenz (obwohl Klenzes Idealentwurf nicht ausgeführt), jedoch für weiteren Ausbau der Residenz unter Ludwig I. vorbildhaft und Maßstäbe setzend. – Als *Hof*reitschule orientierte sich Klenze eher an barocker Auffassung als an reinem Zweckbau (wie z. B. C. v. Fischers Entwurf), formal verknüpfte er antike Stilvorstellungen mit Renaissanceformen, wie sie beim fast gleichzeitigen Leuchtenberg-Palais (→ Odeonsplatz 4) zur Überwindung eines dogmatischen Klassizismus führten. – Schauplatz der genau nach Runden errechneten, imaginären nächtlichen ›Fernritte‹ König Ludwigs II.

Ehem. Marstall: *Portal* (Ausschnitt).

Ehem. Marstall: *Pferdetondo* von der Fassade.

MARTIN-EDELBAUER-STRASSE (Salmdorf) ☐ **29**

Filialkirche Mariä Himmelfahrt Ehemalige Wallfahrtskirche des im 11. Jh. (Freisinger Traditionsurkunde) erwähnten Dorfs. Kirche spätgotischer Neubau (Ende 15. Jh.) bis auf *Westturm* des Vorgängerbaus; im 17. und 18. Jh. barockisierend verändert. Renovierungen 1952 (innen), 1980-81 (außen). – Einschiffiges *Langhaus* (mit Stichkappentonne zu drei Jochen) unter Satteldach, einjochiger eingezogener *Chorraum* (mit Sternrippengewölbe), *Altarraum* in 5/8-Schluss; außen dreieckige Strebepfeiler, an Chorsüdseite Sakristei. – Am Chorbogen Engelfiguren (Stuck um 1720, Dubut zugeschrieben), Altäre und Kanzel 17. Jh. unter Einbeziehung spätgotischer Figuren: im *Hochaltar* Schnitzfigur ›Muttergottes mit Kind‹, an nördlicher Chorwand ›Mater dolorosa‹, im südlichen *Seitenaltar* Holzskulpturen Johannes Ev. und Paulus (?), alle um 1520; die Seitenaltargemälde 2. Hälfte 19. Jh. An *Westempore* Gemälde der Kirchenväter und Evangelisten (1. Hälfte 18. Jh.). – Bemerkenswert die überlebensgroße, wahrscheinlich für ein (Münchener) Kloster um 1340 geschaffene ***Vesperfigur**** ›Marienklage‹, angeblich aus der 1803 abgebrochenen Münchener Gruftkapelle (→ S.366) hierher überführt: Die expressive Holzskulptur dem fränkisch-thüringischen Kunstkreis nahe stehend (Norbert Lieb); ähnlich die Pietà aus Scheuerfeld (Veste Coburg), fast identisch mit Pietà in St. Peter (Straubing); restauriert 2000/01.

Salmdorf, Mariä Himmelfahrt: *Vesperfigur* wohl aus einer Münchener Kirche, um 1340.

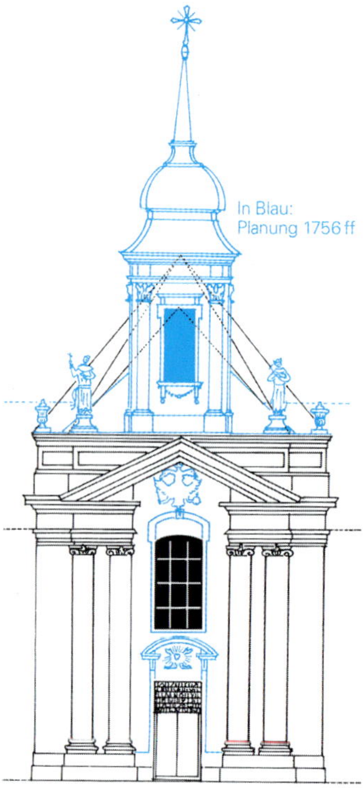

St. Elisabeth, Fassade.
Vereinfachte Ausführung um 1790

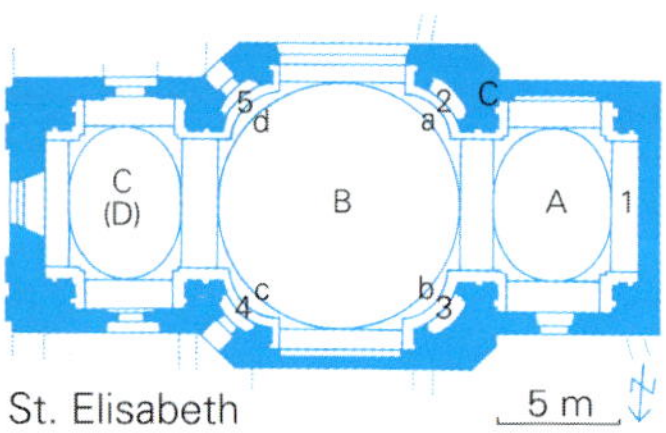

St. Elisabeth

MATHILDENSTRASSE 10 □ 9

St. Elisabeth Spitalkirche der Elisabethinerinnen ›Zu den Fünf Wunden Christi‹. Nach zwei gescheiterten Versuchen (1747, 1748), diesen 1719 in Prag gegründeten Orden zur Pflege weiblicher Kranker in München anzusiedeln, erreichte Kaiserwitwe Maria Amalia 1754 die Niederlassung des Ordens in München (als Ergänzung des 1750 gegründeten Spitals der Barmherzigen Brüder zur Pflege männlicher Kranker (→ Ziemssenstraße 1). Unter Protektion von Max III. Joseph *Grundsteinlegung* zum Klosterbau 23.4.1757, zu Kirche und Spital 9.11.1758; ihre Benediktion 9.11.1760, *Konsekrierung* der Kirche erst 1777 (Vollendung der Auszierung nicht vor 1783). – Ausführung geplanter Erweiterungsbauten (1802) ungewiss, Kloster und Spital 1809 aufgehoben; in dieses 1823 Übersiedlung der Pfründner des Heilig-Geist-Spitals (→ Tal 2) und Neubauten 1844-48 als regelmäßige, dreigeschossige Vierflügelanlage unter Einbeziehung der Elisabethkirche; bis auf Kirche bei Errichtung der Universitäts-Augen- und -Poliklinik (nach Plänen von Stempel 1907-10) abgerissen. – Kirche am 2./3.10.1943 durch Bomben bis auf Außenmauern zerstört, Restaurierung der Raumschale 1963-65, der Ausstattung bis 1971; Renovierung von Innenraum mit Hochaltar, Kanzel und Beichtstühlen 1990/91. ***Beschreibung:*** Die früher J. M. Fischer zugeschriebene Planung nicht mehr haltbar, neuerdings L. M. Dießl zugewiesen (Gabr. Dischinger). Die *Fassade* an schmaler Straße ursprünglich auf frontale Fernsicht über Festungsglacis hinweg angelegt: der in Kloster- und Spitalflügel eingefügte Baukörper der Kirche durch zwei flache ionische Doppelpilasterpaare auf niedrigen Sockeln gegliedert; sie flankieren ädikulaähnlich die Mittelachse mit Portal und großem Segmentbogenfenster. Der in diesem Bereich unterbrochene Architrav durch Dreieckgiebel überbrückt und von kräftiger Attika hinterfangen; durch sie erhält die Schauseite die Schwere (österreichischer) Spätbarockfassaden. Der in der Mittelachse projektierte zentrale *Turm* mit seiner gebauchten Haube wirkt eher aufgesetzt, nicht aus der Kirchenfassade heraus entwickelt. – Der einfühlsam durch Schleich rekonstruierte *Innenraum* in seinem architektonischen Erscheinungsbild dem originalen Zustand weitgehend angenähert; dagegen ursprüngliche Ausstattung durch Plastiken (z. T. aus Schutt geborgen) nur vereinfacht rekonstruiert: *Hochaltar* mit Kreuzigung und zwei Propheten (Jeremias? und Isaias), die beiden *Seitenaltäre* (Franz von Assisi und Elisabeth von Thüringen), *Kanzel, Beichtstühle, Orgel.* Sechs moderne *Holzschnitte* von Lovis (1982) thematisieren »Not und Tod des Menschen heute und immer«. – Gottesdienste der rumänischen (unierten) Gemeinde im orthodoxen Ritus (die Ikonostase an beiden Seitenwänden im Altarraum zurückgeklappt). – Der *Grundriss* zeigt quadratischen Hauptraum, dem östlich ein querrechteckiger Eingangsraum (darüber Empore) und westlich ein gleich großer Altarraum angefügt ist. Gurtbogen über Doppelpilaster trennen die drei Räume, unter den Deckengewölben umlaufende Attika; in den abgerundeten Diagonalnischen des Hauptraums vor der Zerstörung Seitenaltäre. ***Ursprüngliche Ausstattung:*** *Deckengemälde*, Stuckdekorationen (!) und Pilastergliederung im Altarraum gemalt von M. Günther (zwischen 1765 und 1768): in elliptischer Hängekuppel **A** ›Moses und die Eherne Schlange‹; **B** ›Wirken des Elisabethinerinnenordens und Verherrlichung der Hl. Elisabeth‹, in den Kartuschen der Pendentifs Allegorien der vier Kardinaltugenden (**a** Weisheit, **b** Gerechtigkeit, **c** Stärke, **d** Mäßigung); in Hängekuppel **C** über Empore ›Petrus und Stigmatisierung des Franz von Assisi‹ (signiert und datiert 1765), an Unterseite der Empore **D** ›Heilung am See Bethesda‹ (signiert und datiert 1768). *Altäre:* Hochaltar **1** ›Zu den Hl. Fünf Wunden Christi‹ (um 1777 von Heringer nach stark verändertem Entwurf von I. Günther 1759); Seitenaltäre (Entwurf Günther) **2** Ekstase des Hl. Franz, **3** Marienaltar, **4** Elisabethaltar, **5** Verherrlichung der Katharina durch Maria und Joseph. Ursprüngliche Kanzel und figurale Plastiken (Putti) ebenfalls von I. Günther bzw. Werkstatt. ***Bedeutung:*** Durch Zusammenwirken zweier bedeutender Künstler – Matthäus und Ignaz Günther – wichtige letzte Kirche des Münchener Spätrokoko, durch Kriegszerstörung nur noch schwer nachvollziehbar. Dennoch: der einfühlsame, rekonstruierende Wiederaufbau macht gewisse Verhärtungen – vor allem in der Architektur – am

Übergang zum frühen Klassizismus spürbar. – Durch Verzicht auf Nachschaffung der gemalten Ausstattung wird diese Kirche als »Mahnmal der Zerstörung« interpretiert.

MAXIMILIANSANLAGEN → Isaranlagen

MAXIMILIANSPLATZ □ 2, 6

Im Vorfeld der mittelalterlichen Wehrmauer (ehemaliger ›Kapuzinergraben‹) bis hin zu der 1796/97 zwischen Schwabinger Tor und Karlstor angelegten Ringstraße (›Rumfordchaussee‹, seit etwa 1880 ›Ottostraße‹) zur Stadterweiterung vorgesehenes Gelände; Niederlegung der Festungswälle 1803-05. Erste Bebauungspläne von Thurn 1802; von 1804-27 lang gestreckte stadtseitige Wohnbauten parallel zur alten Stadtmauer (damit nachteilige Ringbebauung, die Einengung wie bei mittelalterlicher Stadtmauer wiederholt). Ab 1804, nach Entwurf von Schedel von Greifenstein, Anlage des bescheidenen **Maxtors** als Öffnung der Prannerstraße ins Umland (bereits im späten 18. Jh. erwogen); ihre schiefwinklig zur Stadtmauer verlaufende Achse bedingt Schrägstellung des Tors mit Rücksprung des Gebäudes der ehemaligen *Torwache* (heute Maximiliansplatz 18) mit Brücke über Stadtgraben. (Symmetrisch zum eigentlichen Tor ein Blindtor mit Brunnennische, 1983 durch Schleich in originalem Zustand wiederhergestellt.) – Die im *Generalplan* von F. L. v. Sckell und C. v. Fischer 1812 vorgesehene ›offene‹ Bebauung in Grünanlagen (→ Maxvorstadt) nicht ausgeführt: Kronprinz Ludwig wünschte beiderseits des Tors ›geschlossene Bebauung mit Wohnhäusern‹ als ›Schaufassade‹ der Altstadt gegen die neu entstehende Vorstadt; Entwurf Schedel von Greifenstein, im Verlauf des 19. und 20. Jh. sowie durch Neubauten nach Kriegszerstörung verändert.

Maxtor.

Die Torwache am Maxtor Ausgangspunkt für die Achse der 1807 angelegten *Max-Joseph-Straße*, über → Karolinenplatz an den ›Fürstenweg‹ nach Nymphenburg (→ Brienner Straße) angebunden; dennoch verkehrstechnisch der missglückte Versuch, die Stadterweiterung im Nordwesten organisch an die bestehenden Straßenzüge der Altstadt anzuschließen. Trotzdem wurde dieses Areal ein konstitutives Element bei der Planung und Anlage der Maxvorstadt. Obwohl ursprünglich von Sckell nur Baumbepflanzung vorgesehen, verschiedene Projekte erwogen: um 1807 Errichtung eines *Nationaldenkmals*, überragt von einer Statue »Bayerns in kolossaler Größe« (d. i. ›Bavaria‹) von Fr. Kobell; 1808 im Zusammenhang mit Verlegung des Getreidemarkts (bisher auf Schrannen-/Marienplatz) Entwürfe für »offene Getreidehallen« (Wunsch von Kronprinz Ludwig), am südwestlichen Ende *Kornhalle*, am nordöstlichen 1816 *Markthalle* (Klenze) oder 1817 *Mauthalle* (A. Lang). Nutzung des brachliegenden, gesandeten Geländes (im Volksmund »Sahara«) als *Dultplatz* (ab 1822) führte zu weiteren Projekten: 1839 Umgestaltung zu ›*Square*‹ nach englischem Vorbild (Kronprinz Maximilian), 1849 Bau eines *Theaters* (Kreuter), Bau des *Glaspalastes* (jedoch Entscheidung für Errichtung im Alten Botanischen Garten); ab ca. 1858 weitere Bebauungspläne von Riedel und Metzger sowie von Lange: um 1864 *Volkstheater* (1864/65 von F. M. Reifenstuel am → Gärtnerplatz 3 errichtet), um 1865 Entwurf für Neubau eines *Industrie-Ausstellungs-Gebäudes*. Aufhebung als Dultplatz (1872) führte durch Anregung von Kunstmaler Spengel und von Zenetti zur Planung einer *Grünanlage*, von K. Effner 1876-78 angelegt. 1912 Beteiligung Th. Fischers an einem vom Akademischen Architekten-Verein ausgeschriebenen Wettbewerb für *Umgestaltung* (der »kleinlichen und provinzialen« Anlage); nicht ausgeführt. ***Beschreibung:*** Von Südwesten nach Nordosten verlaufendes längsrechteckiges Areal (ca. 300 zu 60 m), eingefasst durch Alleebäume und Gehwege, gärtnerisch gestaltet durch künstlich aufgeschüttete Hügel, durch geschlängelte Wege und mit Baum- und Strauchwerk bepflanzt: kritisiert als missverstandener ›englischer‹ Garten. Durch Max-Joseph-Straße in annähernd zwei gleiche Hälften geteilt und von Terrassen mit Freitreppen flankiert; südwestlich Denkmal für *Max v. Pettenkofer* (von Rümann 1909), gegenüber für *Justus v. Liebig* (von Wagmüller 1883); dahinter *Karl-Amadeus-Hartmann-Gedächtnisbrunnen* (von T. Stadler 1971). Der ge-

Maximiliansplatz: *Denkmal für Justus von Liebig*, 1883.

Eschenanlage am Maximiliansplatz: *Nornenbrunnen*, 1904.

schlossen bebauten südöstlichen Platzfront (Banken, Büro- und Geschäftshäuser: hauptsächlich Neubauten der 1950er und 1960er Jahre nach Kriegszerstörungen) gegenüber lockere Bebauung: bemerkenswert (heutige) *Industrie- und Handelskammer* (→ Max-Joseph-Straße 2). In der kleinen südlichen Grünanlage zur Ottostraße *Goethe-Denkmal* (von E. Dietz 1962), in der nördlichen ›*Eschenanlage*‹ seit 1968 der ursprünglich in den nördlichen Karlplatzanlagen stehende *Nornenbrunnen* (von Netzer 1907): drei Frauenfiguren (die germanischen Schicksalsschwestern Urd, Werdandi, Skuld) flankieren Steinblock der Brunnenschale; in Bodenebene drei einzelne ovale Wasserbecken; seine Bedeutung liegt in der Abkehr von Hildebrandscher Klassizität zu blockhafter Vereinfachung. Gegen Ottostraße der *Pfalz-Stein* (von Bleeker 1924; ursprünglich am Odeonsplatz aufgestellt). – An südwestlicher Schmalseite der *Wittelsbacher Brunnen** (→ Lenbachplatz, S. 202f.); an nordöstlicher Längsseite Denkmal für den Gartengestalter *Karl Effner* (von Rümann und F. v. Thiersch 1886), vor der nordöstlichen Schmalseite seit 1963 *Schiller-Denkmal* (von Widnmann 1863). – In der zur Brienner Straße überleitenden Grünfläche (seit 1946 »Platz der Opfer des Nationalsozialismus«) eindrucksvolles *Stelenmahnmal** zu Ehren der Opfer der NS-Gewaltherrschaft (von Oppenrieder 1962).

Die *Maximilianstraße*, hier mit Blick auf das *Maximilianeum*.

MAXIMILIANSTRASSE ☐ 7, 8

Zuerst ›Neue Königs-Straße‹, dann ›Neue Maximilianstraße‹, ab 1858 offiziell ›Maximilianstraße‹ – der dritte städtebaulich bedeutsame Straßenzug (nach → Brienner Straße und → Ludwigstraße); ist im Zusammenhang mit geplantem »großen Nationalbau« auf jenseitiger Isarhöhe zu sehen (Notiz von Kronprinz Maximilian 1832), ferner als »Verbindung der Stadt mit der Isar von der Residenz aus über das Lehel« (Notiz Maximilians 1839). ***Planung:*** Nach Thronbesteigung 1848 sollte nach seinem Willen ein »einheitlich zeitgemäßer Baustil ersonnen« werden und der Straße ihren Charakter geben. Durch den 1850 ausgeschriebenen Wettbewerb (→ Max-Planck-Straße 1, ›Maximilianeum‹) erhoffte man sich Klarheit für die als *Maximilianstil* in die Kunstgeschichte eingegangene Architektur. 1851 erhielt Bürklein (aufgrund seines Bahnhofbaus 1847-49 (→ S. 88) ersten Auftrag vom König: Erstellung eines ›Stadtverschönerungsplans‹, vorgelegt 1852. Dabei Entscheidung über endgültige Ausrichtung des Straßenzugs vom Max-Joseph-Platz: Point de vue nun nicht mehr die von Berger entworfene neue Pfarrkirche von Haidhausen (→ Johannisplatz 22), sondern das etwas nördlich vorgesehene Maximilianeum, dessen Situierung sich durch die vom König bestimmte ›Richtungslinie‹ der Straße entlang der Südflanke des Nationaltheaters ergab: seit dieser Entscheidung Planungen für Straße und Maximilianeum parallel verlaufend; zwei vorhergehende Projekte Bürkleins hinfällig, das dritte zur Grundlage für Ausbau bestimmt. Da Wettbewerb für Stilfindung unbefriedigend verlaufen, Auftrag zur Erstellung von Entwürfen für ›Musterfassaden‹ an Bürklein, Gottgetreu, Riedel, Voit und Ziebland; Bürkleins Entwurf war Grundlage für die vom König 1854 erlassenen »Grundbestimmungen für die Ausführung von Privatbauten in der Maximilianstraße und deren Seitenstraßen« mit Übertragung der Oberaufsicht an Bürklein. (Formal verwandte Gebäude in München: *Wohnhaus* 1857-58, → Stollbergstraße 18; ehemalige ›*Frauengebäranstalt*‹ 1853-56, → Sonnenstraße 24; neues *Zeughaus* 1863-65, → Lothstraße 17.) – Der Anlage der neuen Straße, deren Trassierung 1853-55 in schwierigem Gelände (v. a. Überbrückung von sieben Kanälen, Einschütten kleinerer Bäche, Ausgleich von Niveauunterschieden) Aufgabe der Stadt war, standen Dekorationsmagazin südlich des Nationaltheaters, Königliches Zeughaus (errichtet 1807), Salpeterraffinerie, Stadtwache und Kosttor-Kaserne im Weg (alle abgebrochen 1854), ferner Falkenturm, Kosttor und Neuturm (erst 1864 bzw. 1872 niedergelegt).

Vom Max-Joseph-Platz bis zur Isar Gesamtlänge knapp 900 m; davon der stadtnahe westliche Abschnitt rund 430 m (bei lichter Breite von 23 m), weitet sich beim ›Forum‹ auf 83 m Breite bei einer Länge von 380 m; die restlichen rund 90 m ab östlich anschließendem Rondellplatz unbebaut, gefolgt von Maximiliansbrücke (s. u.), ehe die

Straße in zwei Armen das runde Sockelareal des Maximilianeums umzieht. Auf Wunsch des Königs zuerst das Forum mit den beiden Staatsbauten: Regierung von Oberbayern und nach Fiasko mit Taubstummenanstalt späteres Völkerkundemuseum angelegt. Die Bebauung der Straße, überwiegend mit Mietshäusern und Geschäften, im Wesentlichen nach zehn Jahren abgeschlossen. Durch Bomben z. T. schwere Schäden, hauptsächlich an Nordseite; bei Wiederaufbau das ursprüngliche Architekturbild (von Versachlichungen abgesehen) nahezu rekonstruiert. Allerdings (infolge Jensen-Plan für ›autogerechte Stadt‹ 1963) Durchbruch der Straßenschneise des Altstadtrings 1968/69: Zerstörung der architektonischen Geschlossenheit von Straße und Forum; der quer laufende Verkehr zerschneidet Tiefenzug der gesamten Straßenanlage, weil vorgeschlagene Untertunnelung des Rings abgelehnt. In 1980er und 1990er Jahren durch Neubau abgerissener Häuser mit ihren ursprünglichen Fassaden der Schaden zwar gemildert, aber nicht behoben. ***Beschreibung:*** In der Regel symmetrisch angelegte Fassaden über Arkaden (mit Läden) konzipiert, diese aber auf Einspruch der Bauherren und Ladenbesitzer zu zweigeschossigen Blendarkaden geschlossen; darüber drei Obergeschosse, z. T. durch Loggien oder Balkone (meist im 2. Obergeschoss) aufgelockert, bei einigen Fassaden die Risalite um eine weitere niedrigere Etage aufgestockt; über schmalen Gesimsen flache Sattel- oder Walmdächer. Der Horizontalreihung der Fenster wirken schlanke Lisenen (›Strecklisenen‹) als konstruktiv bedingte Vertikalgliederung entgegen. Am Beginn der Straße mussten in der Flucht der Klenzeschen Arkadenfront am Max-Joseph-Platz (→ Residenzstraße 2) dem Münzgebäude (→ Hofgraben 4) *Anbauten* vorgelegt werden (→ Maximilianstraße **6-8**). Ihnen folgt als geschlossener Baukörper (Nr. 10-16) der sog. *Hailer-Block* (1862), an dessen Stelle ein »Militärbereitschaftsgebäude« (Pläne von Stengel 1860) vorgesehen: zurückzuführen auf ein 1852/53 erwogenes »Defensiv-Wachtgebäude« für rund 120 Soldaten und zwei leichte Geschütze aus Furcht vor Unruhen (konzipiert von F. S. Hörmann v. Hörbach), nicht ausgeführt. – Bei Renovierung des Hailer-Blocks (1989) Bestätigung, dass ursprünglich (wie bei Nr. 6 und 8) offene Arkaden bestanden. Die folgenden beiden *Häuser* (Nr. 18 und 20) 1859 errichtet. – An gegenüberliegender Straßenseite Verlängerung des Nationaltheaters um rund 20 m durch Bürklein 1857-59: *Anbau* unter Beibehaltung der vorgegebenen Fassadengestaltung als Ersatz für abgebrochenes Kulissenmagazin. Anschließend von Foltz Neubau des *Residenztheaters* vorgeschlagen (1854), nicht realisiert; dafür nach Bürklein-Entwurf 1858-60 errichteter dreiteiliger *Baublock* Nr. 11-15; durch Bomben Nr. 11 und 13 vernichtet, Nr. 15 abgerissen (2002): im Zusammenhang mit Neubebauung des südlichen Marstallplatzes (→ Marstallplatz) Rekonstruktion des gesamten Gebäudes in ursprünglichen Formen. Der folgende Block zwischen Marstall- und Wurzerstraße vom Hotel Vierjahreszeiten (→ Maximilianstraße **17**) eingenommen; danach Block (errichtet 1863) aus vier Geschäfts- und Wohnhäusern: Nr. 21-27 (in Nr. 25 Atelier des Fotografen F. Hanfstaengl und Wohnung des Malers A. v. Keller bis 1870, danach bis 1920 in Nr. 27). – Auf entsprechender südlicher Straßenseite von Falkenberg- bis Stollbergstraße der ausgedehnte *›Riemerschmid-Block‹* (Nr. 22-30), dessen erstes Haus (Nr. 22) erbaut 1859/60, die restlichen vier Häuser 1863. In Nr. 22 Einrichtung des ›Riemerschmid-Reischle'schen Handelsinstituts für Frauenzimmer‹ 1862 (erste Handelsschule für Mädchen in Deutschland, 1898 von Stadt übernommen). Im selben Block als Rückgebäude von Nr. 26 und 28 Errichtung des *Schauspielhauses* (→ Maximilianstraße **26/28**). Nach Stollbergstraße (bis 1968 Kanalstraße) die Häuser 32 und 34, die ersten Privatbauten an der neuen Straße, errichtet 1856 bzw. 1854; in Nr. 32 wohnte der norwegische Dichter Ibsen von 1885-91. Die Häuser 29 und 31 an Nordseite folgten 1862. Von hier an Verbreiterung des Straßenraums zum *›Forum‹*, an dessen westlicher Schmalseite (beiderseits der Straßeneinmündung) Mietshäuser (Nr. 33, 35 und 38, 40) nach Plänen von Berger 1857-62 errichtet; bei Durchbruch des Altstadtrings 1968/69 z. T. abgebrochen, die entstandene Lücke an Südseite durch Neubau in ursprünglichem Fassadenaufriss verkleinert (Architekt Lanz 1983/84), ähnlich 1996/97 an Nordseite. – Das ursprünglich aufwändige Konzept Bürkleins für Gestaltung des Forums am 8.10.1853

Leider ist tosender Verkehr auch auf der Maximiliansstraße die Regel, hier am *Max-II.-Denkmal*.

vom König genehmigt: gärtnerische Anlagen mit Baum- und Gebüschbepflanzung beiderseits der Straßenachse, gegen Osten Rondellplatz und durch Straße geteilte Zirkelbauten. Änderungen, die in etwa zum heutigen Erscheinungsbild führten, betrafen Verzicht auf Fontänen, Ziervasen, Büsten (von zeitgenössischen Wissenschaftlern und Künstlern) und Figurengruppen; dagegen: Projektierung von architektonischen Schwerpunkten durch Staatsbauten – an Nordseite *Regierung von Oberbayern* (→ Maximilianstraße **39**), an Südseite (anstelle von drei noch vor Vollendung wieder abgebrochenen staatlichen Gebäuden *Nationalmuseum* (heute Völkerkundemuseum, → Maximilianstraße **42**). In den Anlagen zwischen diesen Repräsentationsbauten vier Bronzestandbilder (Guss: F. Miller d. Ä.): an Nordseite General Graf *Deroy* (enthüllt 1856, von Halbig) und der Philanthrop *Graf Rumford* (enthüllt 1867, von K. Zumbusch), an Südseite Philosoph *Schelling* (Lehrer des Königs, enthüllt 1861, von Brugger) und Physiker *Fraunhofer* (enthüllt 1868, von Halbig). Im Mittelpunkt des Rondells geplant ein 36 m hohes Säulenmonument mit allegorischen Figuren (der vier Volksstämme des Königreichs) an seiner Basis; dagegen wünschte der König anstatt des an der Trajans-Säule in Rom orientierten Denkmals ein eigenes Standbild, das **Max-II-Denkmal**: Nach überraschendem Tod des Königs 1864 provisorisch ein Löwe auf Sockel aufgestellt; ferner Gründung eines ›Central-Comités für die Errichtung eines Nationaldenkmals‹, verbunden mit landesweiter Sammlung (die fast 24 Mio. Gulden erbrachte); Ausschreibung eines Wettbewerbs: bei elf Entwürfen Zumbusch als Gewinner; Ausführung 1869-75 (entgegen ursprünglich geplanter Fertigstellung 1872). – ***Beschreibung:*** Auf rotem Granitsockel vier allegorische Bronzefiguren als Sinnbild der Herrschertugenden (Friede, Weisheit, Gerechtigkeit, Stärke), darüber vier Knaben mit Wappen der bayerischen Stämme (Bayern, Franken, Schwaben, Pfälzer), die achteckiges Podest umstehen; auf diesem Standfigur des Königs im Krönungsornat, mit Reichsschwert und Verfassungsurkunde. (Entwurf der Architektur: Hügel, Guss der Bronzefiguren: F. v. Miller d. Ä.)

Maximilianstraße: *Max-II.-Denkmal,* 1869-75.

Maximiliansbrücke stellt Übergang über die zwei Arme der Isar und unmittelbare Anbindung des 1854 eingemeindeten Vororts Haidhausen her: nach Plänen von Zenetti in Achse der Maximilianstraße aus zwei Abschnitten zwischen 1857 und 1863 errichtet; *Grundsteinlegung* am 26.9.1858 (700-Jahr-Jubiläum der Stadtgründung). – ***Beschreibung:*** Erster Abschnitt (42 m) überspannt mit zwei gleichen und einem schmäleren Brückenjoch (für Floßgasse) die stadtseitige ›Große‹ Isar bis Praterinsel. (An Nordseite der Straße Denkmal für Bürgermeister A. v. Erhardt, von Rümann 1893, in den Anlagen zur Inselspitze Denkmal für *M. v. Schwind,* von Hähnel 1893.) Nach knapp 80 m überwand der zweite Abschnitt, sanft ansteigend, mit rund 96 m auf fünf Jochen die äußere, ›Kleine‹ Isar: *Einweihung* am 12.10.1863 (Namenstag des Königs), wobei eine Straßenlokomotive (damals die jüngste Konstruktion von J. A. v. Maffei) den Verkehr eröffnete. Als die aus Kostengründen auf nur 13 m Breite angelegte Brücke dem Verkehr nicht mehr gewachsen war, erfolgte 1903-05 *Neubau und Verbreiterung* auf 22 m nach Plänen von F. v. Thiersch: an bestehende Konstruktion der inneren Brücke Anfügung von Betongewölbe und Muschelkalkverkleidung; dagegen äußere Brücke vollkommen neu gebaut: statt fünf Joche nur zwei Dreigelenkbogen auf betonierten Uferwiderlagern; auf den Bogen aufsitzende Pfeiler lockern Mauermasse auf und tragen Fahrbahn; den Pfeilern vorgelegte Runddienste auf phantastischen, dämonengleichen Fratzen-Kragsteinen stützen über Konsolen (ebenfalls mit Fratzen) die glatten Brüstungspfeiler; zwischen ihnen reliefierte Füllungen mit eindrucksvollen stilistischen Pflanzenmotiven (Mispelzweige, Bohnenranken, Lärchengeäst, Wegerichblätter u. Ä.), die auch an der Brüstung der verbreiterten inneren Brücke angebracht wurden (entworfen von Pfeifer). – Über dem Strompfeiler der äußeren Brücke (Nordseite) monumentale Muschelkalkskulptur der *Pallas Athene* (von Drexler, aufgestellt 1906). – ***Bedeutung der Straße:*** Anregungen englischer und niederländischer Gotik, Mischung dieser Elemente mit vereinzelten Formen italienischer Spätrenaissance und strukturelle Verwendung von Gliederungen aus dem Eisenbau (von Zeitgenossen abschätzig als »Strecklisenen« charakterisiert, von Klenze als »architektonisches Ragout« verspottet) kennzeichnen die stilistische Eigenart der ›*Maximilianischen Gotik*‹, deren eigentliche Wurzeln wohl in der Neugotik Schinkels liegen dürften (Gerhard Hojer). Mit der gotischen Travée kann Bürklein die breit gedehnten Baumassen geschickt rhythmisieren. Diese ›Gotik‹ bestimmt das architektonische Erscheinungsbild der Straße; ihr Gefüge erhält sie aus dem Geist der Spätromantik, wo sich die strenge Architekturauffassung der Ludwigszeit zu lockern beginnt und malerisch-naturnahe Tendenzen spürbar werden. – Im Gegensatz zur Ludwigstraße Entfaltung urbanen Lebens durch Ladengeschäfte, Restaurants und Theater; durch Ansiedlung internationaler Nobelgeschäfte heute Münchens vornehmste Einkaufsstraße von besonderem Flair und bei günstiger Witterungskonstellation (Abendsonne) von hohem optischen Reiz, besonders im Fernblick auf die ›Akropolis‹ des Maximilianeums.

MAXIMILIANSTRASSE 6 und **8** ☐7

Flügelbauten der ehemaligen Münze Die 1857-63 nach Plänen von Bürklein der Nordseite des (damaligen) Münzgebäudes (heute Bayerisches Landesamt für Denkmalpflege, → Hofgraben 4) vorgelegten Flügelbauten bildeten in Fortführung der Fluchtlinie von Klenzes Arkadenfassade der Hauptpost (→ Residenzstraße 2) den Auftakt zur Maximilianstraße; der westliche Flügel (Nr. 6) ursprünglich *Direktoralgebäude* für die Münze, der östliche, etwas längere (Nr. 8) für das ehemalige *Hotel Maximilian*, dessen Café 1875-1908 Stammlokal hauptsächlich von Schriftstellern (wie Ibsen, Heyse, Lingg, Ganghofer, M. Greif). ***Beschreibung:*** Durch Schieflage der nördlichen Münzfassade zur Achse der neuen Straße zwei verschieden tiefe Baukörper, ihren fünfachsigen Hauptfassaden dreiachsige Risalite über dreijochigen Bogengängen vorgesetzt; diese durch neun Joche eines ursprünglich offenen Arkadengangs (mit Einblick in bepflanzten Innenhof mit Springbrunnen) miteinander verbunden. Auf dem die ganze Gebäudegruppe umlaufenden Gesims über den Arkaden acht allegorische gesandelte Zinkgussfiguren, die auf technische und handwerkliche Beziehungen zum Münzwesen anspielen; an den Ecken der Flügel zwei nicht zugehörige weibliche Statuen auf Dreiviertelsäulen (die östliche heute nicht mehr vorhanden). Die im 2. Weltkrieg schwer beschädigten Gebäude dem ursprünglichen Erscheinungsbild entsprechend ab 1950 sukzessive wieder aufgebaut – allerdings Aufstockung der Flügelbauten um ein Geschoss (Architekt: Schilling und Schwarzer); die rückwärtige Arkadenreihe 1954 durch Ladenanbauten geschlossen.

Maximilianstraße: *Arkaden* des ehemaligen Münzgebäudes.

MAXIMILIANSTRASSE 17 ☐7

Hotel Vier Jahreszeiten Anstelle seiner 1854 z. T. niedergelegten Tuchfabrik errichtete J. N. Röckenschuß 1856-57 nach Plänen von Gottgetreu ein Mietshaus; kurz vor Vollendung Notverkauf an Weinwirt Schimon, der es nach leichten Fassadenänderungen zu Hotel ›Zu den Vier Jahreszeiten‹ umbaute; Eröffnung dieses von König Maximilian gewünschten »nobelsten Stadthotels« im Juli 1858, das sich rasch internationalen Ruf erwarb. Wiederholt Veränderungen der Fassade (v. a. nach Brand 1859) sowie Erweiterungsbauten längs der Marstall- und Wurzerstraße (1860 und 1874); vereinfachende Umgestaltung der Fassade durch Heilmann & Littmann sowie weitere Zubauten (1902-03). Das Nobelhotel 1926 von Gebrüdern Walterspiel gekauft. – Schwere Bombenschäden 1944 und 1945; intakt gebliebene Reste (v. a. Altbau) bis 1948 durch US-Militärregierung beschlagnahmt, danach sukzessiver Wiederaufbau von Hauptbau und Seitenflügel; 1971/72 Übernahme der Betriebsführung durch Kempinski AG; 1981/82 erneut modernisierende Erweiterung und Renovierung. ***Beschreibung:*** Die bestehende Fassade verrät versachlichtes Beibehalten der historischen Fassadenstruktur: Erdgeschoss mit Tudor-Blendbogen und vierjochiger Einfahrtshalle anstelle spitzbogiger Fenster (1902/03); über Gurtgesims Mezzanin und drei Stockwerke, darüber vereinfachtes Attikageschoss (1971/72). Je zwei Fensterachsen durch flache, breite Lisenen zu acht Abschnitten zusammengefasst, zwischen 2. und 3. sowie 6. und 7. Abschnitt reicher gegliederte dreiachsige Risalite, deren flache Giebel in Dachzone eingreifen. In Höhe des

Abb. Mitte: Münchener Kammerspiele im Schauspielhaus: *Zuschauerraum.*

ersten Obergeschosses allegorische Figuren der vier Jahreszeiten (links: Frühling u. Sommer, rechts: Herbst u. Winter), in den beiden Giebelfeldern Büsten des Hotelierehepaars Schimon, flankiert durch Tondi mit charakteristischen Köpfen als Sinnbilder für die vier (alten) Erdteile (links: Europa u. Amerika, rechts: Asien u. Afrika).

MAXIMILIANSTRASSE 26/28 □7

Münchener Kammerspiele im Schauspielhaus Im Hofraum hinter zwei Häusern des ›Riemerschmid-Blocks‹ von C. Riemerschmid auf eigene Kosten durch M. Littmann 1900-01 errichtetes Privattheater mit damals modernster Bühnentechnik; Innengestaltung* durch Rich. Riemerschmid in reinstem Jugendstil. 1901 vom **Münchener Schauspielhaus** gepachtet, das (1897 gegründet) unter Leitung von Stollberg im *Redoutensaal* der ehemaligen ›Centralsäle‹ (→ Neuturmstraße 1) Stücke zeitgenössischer Autoren aufführte; Stollberg leitete das Theater bis 1919, unter Nachfolgerin Körner 1925 Bankrott. 1926 Fusion mit dem 1911 gegründeten ›Münchener Lustspielhaus‹ (Augustenstraße), 1912 auf Vorschlag seines Dramaturgen Ball in **Kammerspiele** umbenannt. Künstlerischer Leiter seit 1916 Falckenberg, der bis 1944 die *Münchener Kammerspiele im Schauspielhaus* führte. Änderungen und Reparaturen bereits 1918, weitere geplant nach Fusionierung 1926 und 1929 (im Einvernehmen mit Riemerschmid); Eingriffe in die ursprüngliche Substanz 1937, seit 1939 im Besitz der Stadt. Im Krieg kaum beschädigt; erst 1950 Beseitigung wesentlicher Charakteristika der Innenräume und Purifizierung; 1970/71 nach ursprünglichen Plänen von Rich. Riemerschmid durch Großneffen Reinhard nahezu vollständig wiederhergestellt. ***Beschreibung:*** →Marginalie.
Bedeutung: Neben Stadttheater Cottbus (nach Plänen von Sehring 1908) einziges erhaltenes *Jugendstil*-Theater in Deutschland. Aus dieser Stilstufe verloren Olbrichs Theater in Darmstadt (1901), Endells ›Buntes Theater‹ in Berlin (1901), Dülfers Stadttheater in Dortmund (1904), van de Veldes Werkbundtheater in Köln (1904). – Riemerschmids Münchener Theater eine der wenigen reinen und stilsicheren *Raumschöpfungsbau.* (Baubeginn 1995, wegen technischer Mängel die vorgesehene Vollendung 2000 um zwei Jahre verschoben.) – Im Februar 2000 Beginn der »denkmalgerechten« Sanierung des *Theaters* (samt Bühne); letzte Vorstellung am 31.12.1999, Spielbetrieb in Notunterkünften (›Zenith-Kulturhalle‹, Lilienthalallee 35, bzw. ›Jutierhalle‹, Dachauer Straße 110) aufrechterhalten. Die während der Renovierung festgestellte marode Bausubstanz machte umfangreiche Eingriffe in den 100-jährigen Bau notwendig: Zuschauerraum, Modernisierung der technischen Installationen und Erneuerung der gesamten Bühnentechnik; Wiedereröffnung am 29.3.2003.

Beschreibung von historischem *Foyer* und *Zuschauerraum*: farblich dem Originalbestand angenähert, die *Kassenhalle* in stumpfem Braun mit hellroten Blattmotiven, die *Garderobengänge* in Hellgrün mit veilchenblauen Ornamenten, das *Parkettfoyer* in duftigem Grauviolett, das *obere Foyer* in Grau und Gelb; der ***Zuschauerraum**** zweigeschossige »gemuldete Schale« (Parterre und Rang mit Logen) und vier Proszeniumslogen; durch hellrote Wände und lichtgrüne Decke mit Golddekor festlich gestimmt, an der ornamental durchbrochenen Decke einzeln hängende Glühbirnen (anstatt die damals üblichen Kronleuchter); Blattwerk des Balkongitters von Rahmung um Bühnenöffnung wieder aufgenommen; bestickter ursprünglicher Bühnenvorhang (Entwurf: M. v. Brauchitsch) 1971 nach Foto nachgeschaffen.
Neubauten: 1961 Eröffnung des in Altbau an Hildegardstraße 1 eingefügten Werkraumtheaters (sog. ›Blaues Haus‹). 1977 Erstellung eines Raum- und Funktionsprogramms für Probengebäude und Werkstattbauten sowie Sanierung des denkmalgeschützten Theaters; 1978 ergebnisloser Wettbewerb, 1990 abermaliger (enger) Wettbewerb: drei Preise an Kleinhues, Schneider-Weßling und Peichl; Letzterer errichtete (mit seinen Wiener Kollegen Achatz und Schumer) das neue *Probengebäude* (zwischen Falckenberg-, Hildegard- und Neuturmstraße) mit Probebühne (im Erdgeschoss), weiteren kleineren Bühnen (im vierstöckigen Untergeschoss) und neuem Werkraumtheater (›Neues Haus‹, Falckenbergstraße 1; im Foyer Lichtinstallation ›U‹ von Hoover 1999-2000); gegenüber entlang der Falckenbergstraße der *Werkstätten-*

gen jener Epoche, bis zum kleinsten Detail einheitlich und konsequent als Gesamtkunstwerk durchgestaltet. (Hinsichtlich Theaterraum und Bühne vorausweisend auf sog. Reliefbühne, wie sie erstmals 1908 im ›Münchener Künstlertheater‹ im Ausstellungspark angewendet wurde; zerstört 1944). Als Theatertypus ist Riemerschmids Zuschauerraum das erste Münchener Theater (neben dem gleichzeitigen ›Prinzregententheater‹, → Prinzregentenstraße 82) mit amphitheatralischer Anordnung der Sitzreihen (Gegensatz: Logen- bzw. Rangtheater). – Durch grundlegende Erneuerung des Theaters, verbunden mit Errichtung des Probengebäudes und Werkstättentrakts, betriebstechnisch die modernste Institution in Deutschland.

MAXIMILIANSTRASSE 39 □ 7, 8

Regierung von Oberbayern An Nordseite des Forums als erster ›Staatsbau‹ bei Anlage der → Maximilianstraße nach Plänen von Bürklein errichtet: Auftrag 1854, Grundsteinlegung 28.11.1856 (45. Geburtstag von König Max II.), 1859 Rohbau fertig; 1860-62 Baueinstellung wegen fehlender Geldmittel, 1863-64 endgültige Vollendung und Einzug der Regierung (ab 1808 im ehemaligen Landschaftsgebäude am Marienplatz untergebracht; → Neues Rathaus, Marienplatz 8). Bei Bombenangriff (24./25.4.1944) völlig ausgebrannt, wieder aufgebaut 1948-53 unter neu gestalteter Hinterbauung der stehen gebliebenen Fassade, jedoch durch Einfügung eines zusätzlichen Stockwerks und Entfernung des Stabwerks in den hohen Spitzbogenfenstern des Hauptgeschosses; Wiederherstellung der Arkaden des Westflügels (analog zu denen des Ostflügels). Renovierungsarbeiten an der mit Terrakottasteinen verkleideten Fassade seit 1995, nachdem bereits Ende der 1980er Jahre Schädigungen infolge unsachgemäßer Restaurierung nach dem Krieg (Ersatz der Terrakotten durch nachgegossene Betonsteine, Korrosion der Stahlanker) zutage getreten waren. Anfang der 1990er Jahre Sanierung einer Musterachse: daraus Entwicklung eines Konzepts, nach dem an der rund 175 m langen und bis zu 29 m hohen Fassade in fünf Bauabschnitten an die 30 000 Terrakottasteine auszuwechseln bzw. zu sanieren sind (Beginn 1999, Abschluss voraussichtlich 2008). ***Beschreibung:*** Breit gelagerte, mit hellen Terrakotten verkleidete Fassade (wie ursprünglich als Spezifikum des Maximilianstils auch an Fronten von Privathäusern vorgesehen); der 17-achsige Hauptbau (mit dreiachsiger erhöhter Mitte) beiderseits flankiert von Sechsecktürmen; an diese niedrigere Seitenflügel mit offenen Arkaden (je fünf Achsen) sowie dreiachsige Kopfbauten angefügt; an westlichem entlang dem Altstadtring gegen Norden einfacher gestalteter Anbau. Die Stockwerksteilung aus hohem Sockelgeschoss mit Spitzbogenarkaden, darüber, als ›Triforium‹, ein Mezzanin, mit fünfteilig gekuppelten Fenstern (die beiden äußeren blind); über profiliertem Gesims hohe spitzbogige ›Kathedral‹-Fenster mit drei bzw. zwei Stockwerken dahinter; Abschluss durch Bogenfries auf Konsolen und niedrige Balustrade. Auf Mittelbau und den zwei Sechsecktürmen drei allegorische *Statuen* der Weisheit, Gerechtigkeit, Klugheit (von Halbig). ***Bedeutung:*** Im Wandaufbau Projektion des Innern von gotischen Kathedralen auf Außenwand: Arkaden – Triforium – Hochschifffenster, mit ursprünglich stabwerkartiger Vertikalteilung (beim Wiederaufbau entfernt). Typisches Beispiel für ›Maximilianstil‹, bei dem formale Motive der Eisenkonstruktion auf Steinbau in ›gotische‹ Formen übertragen wurden.

Maximilianstraße: *Denkmal für General Graf Deroy* (1856) mit Regierung von Oberbayern.

MAXIMILIANSTRASSE 42 □ 7

Staatliches Museum für Völkerkunde Als ›Museum für Völkerkunde‹ seit 1926 in dem für Bayerisches Nationalmuseum errichteten monumentalen Gebäude an Südseite des Forums (allegorische Architekturplastik durch ursprüngliche Verwendung erklärlich). ***Baugeschichte:*** Vorausgegangen eine von Bürklein entworfene, durch Arkaden verbundene symmetrische Baugruppe aus drei Blöcken: westlich *Maximilians-Gymnasium* und *Taubstummen-Institut* (Baubeginn 1855), in der Mitte *Künstlerhaus*, östlich *Polytechnische Schule*. Die im Rohbau vollendete westliche Gruppe jedoch als zu kleinteilig empfunden, wieder abgerissen und das gesamte Projekt aufgegeben zuguns-

Staatliches Museum für Völkerkunde: *Indianische Rabenrassel.*

Völkerkundemuseum: Fassade
Entwürfe für die gesamte plastische Dekoration der Fassade von Riedel, von Bildhauern ausgeführt.
Freiplastiken *(von F. Kirchmayer Kunst-Zink-Gießerei 1861 angefertigt).* **A** *Bavaria (Kirchmayer; 1985 restauriert,* **B** *Altbayern (wohl Zell; zerstört),* **C** *Pfalz (H. Ruf; zerstört),* **D** *Franken (Wagmüller oder Ruf?; 1985 restauriert),* **E** *Schwaben (K. Zumbusch; zerstört).*
Bauplastik: **1** *(Zehn)* Karyatiden *(anonym)* **2-9** *Die »acht Cardinal-Tugenden des Bayernvolks«, ihre Zuweisung an historische Persönlichkeiten archivalisch nicht belegbar:* **2** *Bauer mit Fahne:* Vaterlandsliebe *(Schmied von Kochel),* **3** *Barockherrscher:* Tapferkeit *(Kurfürst Max Emanuel),* **4** *Bürger:* Fleiß *(Jakob Fugger),* **5** *König mit Reichsapfel und Schwert:* Großmut *(Ludwig der Bayer),* **6** *Herrscher mit Langschwert:* Treue *(Otto von Wittelsbach),* **7** *Mönch mit Kapuze:* Frömmigkeit *(P. Dominikus a Jesu Maria),* **8** *Geharnischter:* Gerechtigkeit *(?),* **9** *Mann mit Schriftrolle und Schreibfeder:* Weisheit *(Willibald Pirckheimer),* **10** *(Vier)* Atlanten *(›Bojuwaren‹).*
Reliefs: **a** *Staatswappen, darunter Widmungsinschrift;* **b** *Allegorie Bauwesen,* **c** *Allegorie Malerei* **d** *Allegorien Bildhauerei und Steinmetz, dazwischen Nike;* **e** *Erzgießer, dazwischen Nike.* **f-k** *Reliefs mit Objekten des (National-)Museums (Modelle von Bumüller):* **f** *Schmiede,* **g** *Rüstung und Waffen,* **h** *Musikinstrumente,* **i** *sakrale Geräte,* **k** *Töpferei und Malerei.*

ten des Museumsbaus als adäquates architektonisches Gegengewicht zur gleichzeitig entstehenden repräsentativen ›Regierung von Oberbayern‹ (→ Maximilianstraße 39). *Grundsteinlegung* 25.5.1859 nach Plänen von Riedel (ein 1860 von Dollmann vorgelegter Entwurf nicht berücksichtigt); 1865 Fassade, Ende 1866 Innenausbau vollendet, *Eröffnung* 28.10.1867. An Südseite (bis Hildegardstraße) durch Arkaden im Erdgeschoss zugänglich Garten in verschiedenen Stilen angelegt (vollendet Ende 1870er Jahre), dazu Aufstellung von Sepulkralkunst und großformatiger Freiplastik. Bereits zu dieser Zeit Museumsbau zu klein geworden; führte zu Neubau 1894-1900 an → Prinzregentenstraße 3. Der Altbau von 1906-1925 interimistische Heimstätte des Deutschen Museums (→ Museumsinsel), danach Einzug des Völkerkundemuseums. – Nach Beheben schwerer Kriegszerstörungen (Westtrakt und Südflügel, Übriges beschädigt) 1954 im Osttrakt teilweise Wiedereröffnung als *Staatliches Museum für Völkerkunde* im Obergeschoss mit wechselnden Ausstellungen aus eigenen reichen Beständen. 1965-74 rekonstruierende Instandsetzung des Westtrakts und, am Thomas-Wimmer-Ring, Erweiterungsbau unter Weiterführung der Architekturgliederung des Hauptgebäudes (Pläne von Kubizek und Pammesberger 1985-87); Sanierung der gesamten Innenräume 1992-98. (Im Erdgeschoss des Osttrakts seit 1901 Ausstellungsräume des Berufsverbands Bildender Künstler.) ***Beschreibung:*** Lang gestreckter neunteiliger Baublock zu insgesamt 25 Achsen (→ Fassadenaufriss). Zwischen zweigeschossigen *Flügelbauten* (je sechs Achsen mit einachsigem Eckrisalit) dreigeschossiger *Haupttrakt* zu elf Achsen (dreiachsiger Mittelrisalit, flankiert von dreiachsigen Rücklagen und einachsigen Seitenrisaliten). Auf Attika allegorische weibliche Statuen in hellgrau/gelblich gefasstem, gesandeltem Zinkguss (der Münchener »Kunst-Zink-Gießerei«, 1877 und 1934 repariert): die Mittelachse akzentuiert durch die zwischen zwei Löwen stehende *Bavaria* (**A**) nach Modell von Kirchmayer, darunter das Wappen des Königreichs (**a**) und Widmungsinschrift. Über den seitlichen vier Risaliten weisen Wappen und symbolische weibliche Liegefiguren auf die vier Volksstämme Bayerns hin: über östlichem Seitenrisalit *Altbayern* (**B**), wohl nach Zell, über westlichem *Pfalz* (**C**), nach H. Ruf; über östlichem Eckrisalit *Franken* (**D**), nach Wagmüller, über westlichem *Schwaben* (**E**), nach K. Zumbusch. (Die Allegorien B, C und E im Krieg zerstört, Nachschöpfung vorgesehen; zerstörte Vasen auf Ballustraden in 1990er Jahren durch Kopien in Betonwerkstein ersetzt.) In den Querrechteckfeldern unter Stammesallegorien symbolisieren Reliefs *Bauwesen* (**b**), *Malerei* (**c**), *Bildhauerei* (**d**) und *Erzgießerei* (**e**). Im zweiten Obergeschoss des Haupttrakts *zehn Karyatiden* (**1**) beiderseits der Mittelfenster der fünf Fassadenabschnitte, das Hauptgeschoss (mit Rundbogenfenstern und Eselrückenrahmung) durch *acht Statuen* (**2-9**) hervorgehoben, die Kardinaltugenden des Bayernvolks andeuten und durch historische Persönlichkeiten bezeugt werden (ihre Zuweisung und Interpretation aber ebenso wenig archivalisch belegbar wie der Urheber des gesamten Fassadenprogramms). Im Erdgeschoss neunjochige Arkade mit Mittelbalkon auf *vier Atlanten* ›Bojaren‹/›Bojuwaren‹ (**10**) von Kirchmayer, in den rechteckigen Feldern über Erdgeschoss-Fenstern *Reliefs* (**f-k**) mit Darstellungen künstlerischer Tätigkeiten als Hinweise auf Gegenstände in Modellen (nach Modellen von Bumüller in Portland-Zement gegossen: schwacher Abklatsch der Reliefs, 1832, an Schinkels Berliner Bauakademie).

Staatl. Museum für Völkerkunde (ehem. Bayerisches Nationalmuseum)

Widmungsinschrift »Meinem Volk zu Ehr und Vorbild« verrät didaktische Absicht des Königs beim Bau des *National*museums ebenso wie die Ausstattung der Säle mit Gemälden als »vaterländische Geschichtsgalerie« (Vorbild ›Musée Historique‹ in Versailles). Diese anfangs (1857) für Herzog-Max-Burg vorgesehen, dann für Neues Schloß Schleißheim, schließlich (1858) vom König 143 Gemälde für die 29 Säle im Hautgeschoss des künftigen Nationalmuseums festgelegt; *Konzeption* der Themenfolge durch Aretin, von der Tann und Spruner. *Aufträge* an 51 Historienmaler der sog. ›Münchener Schule‹ (u. a. Echter, Flüggen, Hauschild, Hiltensperger, Moßdorff, Palme, Pechmann, F. Piloty, Pixis, Schwoiser, Spies, A. Wagner) bei Zulassung verschiedener Maltechniken (Fresko, Enkaustik, Stereochromie, Mineralfarben). Bereits 1906 bei Adaptierung zum Deutschen Museum Gemälde durch Rupfenbespannung verdeckt; durch Kriegseinwirkungen bis auf 38 Gemälde in acht Sälen des Osttrakts zerstört, 1995-96 restauriert bzw. konserviert und bis auf sechs (→ Grundriss Saal **X**) wieder verhängt.

Bedeutung: Bau von Anfang an zwiespältig beurteilt; abgesehen von gravierenden Baumängeln Kritik an Riedels Planung bis ins kleinste Detail. In den Architekturformen beeinflusst vom Perpendicular-Style; die scharf geschnittenen Vertikalglieder wirken, zusammen mit den Achsen der großen Fenster, der Breitenlagerung des Baukörpers disharmonisch entgegen. Harte Putztechnik betont formale Sprödigkeit, die durch Nebeneinander heterogener Schmuckelemente noch gesteigert wird. In atektonischer Verwendung der Bauglieder Ankündigung der Auflösung der klassischen Bauordnung, die in den folgenden Jahrzehnten durch Hinwendung zu streng gehandhabtem Historismus bis über Jahrhundertwende hinaus noch verzögert wurde, ehe die ›Revolution‹ des Neuen Bauens neue, zukunftsweisende Maßstäbe setzte.

Geschichte des Völkerkundemuseums: Sein mittelbarer Grundstock wohl die *Kuriositätensammlung* der bayerischen Herzöge und Kurfürsten, seit 1782 der Öffentlichkeit in der Hofgartengalerie zugänglich: Ostasiatika neben transatlantischen Gegenständen die frühesten Sammelstücke, ab 1836 Teil der *›Königlich Vereinigten Sammlungen‹* (ebenfalls im Galeriegebäude). Auf Veranlassung König Ludwigs II. Aussonderung aller europäischen Objekte und Einrichtung eines *›Königlich Ethnographischen Museums‹* 1868, durch die Sammlung des Japanforschers Siebold bereichert. Zugänge im 19. und 20. Jh. hauptsächlich durch bayerische Naturforscher – wie z. B. aus *Amazonas-Gebiet* durch Spix und Martius, aus *Himalajagebiet* und *Zentralasien* durch die Brüder Schlagintweit, die *Südamerikasammlung* der Prinzessin Therese von Bayern (1897), die *arktischen* und *subarktischen Objekte* des Herzogs Maximilian von Leuchtenberg oder die *Asiensammlung* von Merzbacher. Dazu kamen *indische Kleinkunst* der Oberin der Englischen Fräulein in Nymphenburg Xaveria Berger, *Objekte aus Alaska, Sibirien* und der *Südsee* des baltischen Seefahrers Krusenstern sowie Teile aus dem Nachlass von James Cook. Darüber hinaus systematischer Ausbau und Erwerbungen unter fachwissenschaftlichen Aspekten im Verlauf des vergangenen Jahrhunderts sowie Aufbau einer bedeutenden *Fachbibliothek* und *Dokumentationsabteilung*. – Durch rechtzeitige Auslagerung kaum Kriegsverluste. **Sammlungen*** umfassen alle außereuropäischen Gebiete; entsprechend dem Umfang *Schwerpunkte* die Sammlungen Südost-, Süd- und Ostasien, daneben bedeutende Bestände aus Ozeanien, Afrika, Süd- und Mittelamerika so-

Völkerkundemuseum: Grundriss *›Vaterländische Geschichtsgalerie‹*
Westflügel *Saal I-XIV: zerstört, ehedem 74 Gemälde zur ›Geschichte von Ober- und Niederbayern‹*
Ostflügel Saal I-V: *z. T. zerstört, ehedem 27 Gemälde zur ›Geschichte der Pfalz‹, elf davon erhalten, aber verhängt (Nr. 91-101).* Saal VI: *sechs Gemälde zur ›Geschichte der Wittelsbacher auf dem Thron Schwedens‹ (Nr. 102-107).* Saal VII-X: *20 Gemälde zur ›Geschichte Frankens‹, davon 14 verhängt (Nr. 108-121), dagegen sechs im Saal* ***X*** *ausgestellt (Nr. 122-127): Nr.* **122***: »Martin Behaim unternimmt 1484 im Dienst Portugals Reise an Westafrikanische Küste« (Hauschild), Nr.* **123***: »Nürnbergs Blütezeit Ende 15., Anfang 16. Jh.« (Adamo), Nr.* **124***: »Markgraf Friedrich von Bayreuth stiftet 1748 die Universität Erlangen« (Barthelme) Nr.* **125***: »Fürstbischof Franz Ludwig von Würzburg hält 1782 bei 2. Jubiläumsfeier der Universität Würzburg Eröffnungsrede« (Barthelme). Nr.* **126***: »Die Kronacher verteidigen 1634 ihre Stadt gegen schwedische und weimarische Truppen« (Schwoiser), Nr.* **127***: »Kapuzinerpater Bernhard überreicht 1631 dem König Gustav Adolf die Schlüssel der Stadt Aschaffenburg« (A. Wagner).*
Saal XI: *›Geschichte Schwabens‹ (zerstört),* Saal XII: *›Zeit König Max I. Josephs‹ (zerstört),* Saal XIII: *›Zeit König Ludwigs I.‹ (zerstört),* Saal XIV: *›Zeit König Maximilians II.‹ (zerstört).*

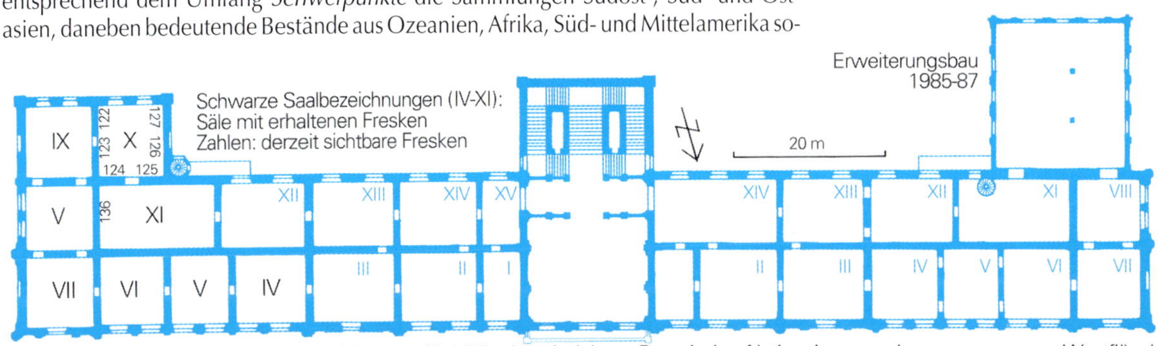

Ostflügel Staatl. Museum für Völkerkunde (ehem. Bayerisches Nationalmuseum) Westflügel

Staatliches Museum für Völkerkunde:
Chinesische Holzplastik, 11. Jh.

wie von nordamerikanischen Indianern. Seit Sanierung des Gebäudes (1992-98) Einrichtung von *Dauerausstellungen*: im ersten Obergeschoss Indien, Japan, China; im zweiten Obergeschoss Südamerika, Nordamerika, Afrika; weitere Präsentationen vorgesehen, u. a. in *Wechselausstellungen* der wertvollen Bestände aus Äthiopien, Australien, Ozeanien, Indonesien, Tibet. ***Bedeutung:*** Die bewahrende und pflegende Rolle dieses Museums (und anderer ähnlicher Institutionen) dokumentiert sich allein schon dadurch, dass viele Objekte einzigartig und in ihren Herkunftsländern in dieser Art heute kaum noch oder überhaupt nicht mehr zu finden sind. Mit rd. 350 000 Objekten ist das Münchener Museum (nach Berlin) das zweitgrößte in Deutschland und gehört neben den Sammlungen in Basel, Wien und London zu den wichtigsten in Europa. Der hohe Anteil an Objekten von herausragender künstlerischer Qualität erlaubt, das Völkerkundemuseum nicht nur als ethnographisches Spezialmuseum, sondern auch als Kunstmuseum zu bezeichnen.

MAX-JOSEPH-PLATZ ☐ 7

Trotz des noch bestehenden *Franziskanerklosters* (seit 1284) entwickelte Verschaffelt bereits 1799 die Anlage einer ›Place publique‹ an der Stelle des Klosters. Doch erst mit seiner Aufhebung und Demolierung (1802/03) kann C. v. Fischer das frei gewordene Areal für eine repräsentative Platzanlage vorschlagen: Dabei erste Pläne (1802) für Errichtung eines *Hof- und Nationaltheaters* an seiner Ostseite (→ Max-Joseph-Platz 2), ferner Entwurf einer beherrschenden *Südfassade der Residenz* um 1809 (?), in etwa dem späteren ›Königsbau‹ entsprechend (→ S. 264). Heutige Anlage bis Mitte des 19. Jh. gebildet: an Westseite durch Residenzstraße (mit Fronten von Bürgerhäusern) tangiert, an Südostseite durch → Maximilianstraße geöffnet (deren Achse durch Südfassade des Nationaltheaters ihre Ausrichtung nach Osten erhielt; dagegen Einmündung der Perusastraße an Südwestecke für Platzgestalt ohne Bedeutung). Sein monumentales Gepräge gewinnt der Platz* durch die Fassaden des *Nationaltheaters* mit dem 1951 errichteten Foyerbau des *Neuen Residenztheaters* (→ Max-Joseph-Platz 1), durch den *Königsbau* und die gegenüberliegenden Säulenarkaden der (ehemaligen) *Hauptpost* (→ Residenzstraße 2) – eine bemerkenswert urbanistische Platzgestaltung Klenzes, die wohl auf einen Entwurf Fischers von 1809 zurückzuführen ist. Durch Kandelaber (auf skulptierten Sockeln) und Prellsteine (mit Ketten verbunden) kreisrunde, leicht gewölbte Fläche (mit Kieselsteinbepflasterung) aus annähernd quadratischem Platzareal ausgesondert; seine geometrische und vor allem ideelle Mitte erhält der Platz durch das **Denkmal für König Max I. Joseph*** Von Stadt München zu Ehren des ersten bayerischen Königs für den Erlass der Verfassung (26.5.1818) in Auftrag gegeben. Erster Entwurf von Klenze und J. M. v. Wagner (in Rom 1823/24): Max Joseph im Krönungsornat auf Thronsessel sitzend (wegen Sitzmotiv vom König abgelehnt); neuer Entwurf Klenzes mit Standfigur 1824. Symbolische *Grundsteinlegung* 16.2.1824 (25. Regierungsjubiläum des Königs). Nach dessen Tod 1825 veranlasste Ludwig I. Wiederaufnahme des ursprünglichen Entwurfs und Auftrag an Berliner Bildhauer Rauch, der 1826 skizzenhaftes Gipsmodell nach München mitbringt; auf dieses abgestimmt Klenzes (?) Sockelentwurf; von Rauch vermutlich Schinkel und Bildhauer Tieck beratend hinzugezogen. (Die von Klenze beanspruchte Urheberschaft der Denkmalarchitektur strittig: ursprünglich nur signiert »Rauch fecit, Stichelmeyr [!] facit«; Klenze setzte Ergänzung durch: »Leo Klenze archit. invenit«: damit unklar, ob mit Abkürzung archi*tectus* oder archi*tecturam* gemeint.) 1834 in Sandgussverfahren durch Stiglmaier gegossen (erstes Hauptwerk der Münchener Erzgießerei; bei Guss des Oberkörpers Explosionskatastrophe). *Enthüllung* 13.10.1835 (10. Todestag des Königs). Teile der 1993 aufgefundenen Gussmodelle seit 1996 als Installation im Bayerischen Landesamt für Denkmalpflege (→ S. 166). ***Beschreibung:*** Auf zweistufigem Steinfundament hoher, aus zwei Friesen aufgebauter Bronzesockel: im unteren an den vier Ecken sitzende Löwen mit Trophäenreliefs (die Löwen als Stützen legitimer Herrschaft und Bewacher von Religion, Gesetz, Geschichte und Volkesliebe gemeint); an den Längsseiten zusätzlich allegorische Reliefs der ›*Felicitas publica*‹ mit Füllhorn (links) und einer antikisierenden ›*Bavaria*‹ (rechts) als Staatssymbol (wohl Anregung für Schwanthalers Bavaria vor der Ruhmeshalle, → Theresienhöhe 16). Im oberen Fries Reliefs mit sinnbildlichen Darstellungen aus dem Wirken des Königs als Anspielung auf Wiederkehr des ›Goldenen Zeitalters‹: an Stirnseite Schutz und Förderung der *Wissenschaften*, an Rückseite *Übergabe der Verfassung* an die drei Stände (Bauer, Bürger, Edelmann); an linker Längsseite Schutz und Förderung von *Justiz* und *Landwirtschaft*, an rechter von *Konfessionen* (!) und *Kunst*, begleitet von Allegorien der *Stärke* (Herkules), *Gerechtigkeit* (Dike), *Weisheit* (Athene) und *Wohlfahrt* (Demeter). Darüber auf Thronsessel das Sitzbild Max Josephs in antikisierendem Mantel, in der Linken das Bayerische Zepter, die Rechte segnend ausgestreckt. ***Bedeutung:*** Die ungewöhnliche Auffassung eines sitzenden Herrschaftsträgers nur verständlich aus dem Nimbus des Königs als ›Pater patriae‹ und Gewährer der konstitutionellen Verfassung; deshalb Interpretation auch als ›Verfassungsdenkmal‹. – In künstlerischer Hinsicht eines der qualitätsvollsten Freidenkmäler des Klassizismus; als Denkmaltypus vorbildhaft für das von dem Rauch-Schüler Rietschel geschaffene Denkmal für den sächsischen König Friedrich August I. in Dresden (errichtet 1843), für das ursprünglich von Nobile 1835 (!) entworfene Denkmal für Kaiser Franz I. in Wien (dann aber doch 1842-46 durch Marchesi mit Standfigur ausgeführt), für das Maria-Theresia-Denkmal in Wien (von Zumbusch, vollendet 1887).

Max-Joseph-Platz: *Denkmal für König Max I. Joseph*, 1834.

MAX-JOSEPH-PLATZ 1 □7

Residenztheater Nachdem Raumhülle des 1943 ausgebauten und geborgenen ›Cuvilliés-Theaters‹ (→ S. 346) nördlich des Nationaltheaters im 2. Weltkrieg zerstört wurde, nach Plänen von K. Hocheder in dieses Areal das moderne *(Neue) Residenztheater* 1948-51 eingefügt; von Branca 1988-91 (v. a. im Innenraum) nachteilig verändert. ***Beschreibung:*** Baulücke zwischen Nationaltheater und Königsbau der Residenz durch zurückhaltende Hocheder-*Fassade* (mit Anklängen an klassizistische Formen) geschlossen: im Erdgeschoss sieben Eingangstüren zum Foyer, darüber durchgehende Glasfront der Wandelhalle im Obergeschoss, durch schlanke Stahlsäulen gegliedert; über schmalem Architrav zurückgesetzte Wandfläche mit sechs Fenstern und Mezzanin. (An dieser Stelle bis zu Kriegszerstörungen der 1854 nach Plänen von Voit für König Max II. errichtete *Wintergarten* (→ S. 271) über einer von Kreuter 1852 gebauten Arkadenarchitektur.) – Die Ostseite des Theaterneubaus gegen → Marstallplatz seit 1963 durch *Kulissenmagazin* der Staatstheater verdeckt. ***Inneres:*** Achsenverschiebung von Eingangshalle und Zuschauerraum durch Bauplatz bedingt; untergeordnete Behandlung der Vorräume und Wandelgänge. Der rechteckige *Zuschauerraum* des ursprünglichen Hocheder-Baus mit hufeisenförmigem *Balkon* sowie Rang an der Rückseite; seitlich zwei oratoriumsähnliche *Proszeniumslogen*. Farblich zurückhaltend: dunkelgraue Wände, mit Netz aus silberfarbigen Kordeln und goldfarbenen Spangen bespannt: Entwurf von Kaspar (ebenso die eigenwillig stilisierten Löwenpaare zwischen Rautenwappen an Balkonbrüstung); hellgrau getönte hölzerne Kassettendecke mit goldenen Kugeln an den Ecken, Lüster aus Starkstrom-Leuchtröhren (erstmals in einem Theater). Gegen diese dezente und dennoch festliche Innenarchitektur wirkt neue Ausstattung – Pilaster mit ägyptisierenden Kapitellen, barockisierendem Deckenbild ›Wolkenhimmel‹ (von Thieler 1991) – plump, modisch-poppig und erinnert eher an Filmpaläste.
Bedeutung des ursprünglichen Hocheder-Baus: In der Raumdisposition geschickte Ausnutzung der beschränkten Gegebenheiten zwischen Nationaltheater und Residenz. Die Bühne sowohl als Guckkasten- als auch als vorgezogene Raumbühne verwendbar. Als erster *Theaterneubau* in München nach dem Krieg und als zurückhaltend gestalteter Repräsentationsbau am Beginn der Wiederaufbauphase (mit dem eleganten Charme der frühen 1950er Jahre) Verlust eines leider unwiederbringlichen kunsthistorischen und stiltypischen Zeitzeugnisses; sein ignoranter Umbau sowohl aus künstlerischen wie aus denkmalpflegerischen Gründen unverständlich, unverantwortlich und bedauernswert.

Carl von Fischers *Entwurf* zum Nationaltheater von 1811 mit den nicht ausgeführten Seitenflügeln.

MAX-JOSEPH-PLATZ 2 □7

Nationaltheater* Bereits unter Karl Theodor Neubaupläne: nach 1785 erstes Projekt L. Quaglios d. Ä. als Ersatz für das 1651 von Schinnagl eingerichtete Opernhaus am Salvatorplatz (→ Abb. S. 54), das als Dekorationsmagazin weiter benutzt werden sollte; Entwürfe wohl von P. A. (oder M.?) v. Verschaffelt (1792) für Neubau auf Promenadeplatz. Endgültige Schließung des baufälligen alten Opernhauses 1799, abgebrochen 1802. Im selben Jahr Säkularisierung des Franziskanerklosters am heutigen → Max-Joseph-Platz 2; zweites Projekt Quaglios (antikisierender Rundbau) wohl für diesen Standort; zur selben Zeit (1802) erste Pläne C. v. Fischers, die 1803/04 um Redoutensaal erweitert wurden (ähnliche Lösung von A. Gärtner, 1808); bei Parisbesuch von Max I. Joseph (1810) Anregung durch Théâtre de l'Odéon (1779-82) für das als ›Denkmal der Bayerischen Nation‹ gedachte neue ›Königliche Hof- und Nationaltheater‹: 1811 Entwurfsarbeiten von Thurn, Herigoyen und Fischer; Letzterer erhielt für sein Projekt (Anschluss an Altes Residenztheater; Redoutensaal an Südseite) den Bauauftrag: *Grundsteinlegung* 12.10.1811 (Namenstag des Königs). Aus finanziellen Gründen und wegen militärischer Wirren der Befreiungskriege langsamer Baufortgang: erst 1816 Logenbau unter Dach; 1817 Dachstuhlbrand; dennoch am 12.10.1818 *Eröffnung*. Noch vor endgültiger Fertigstellung – es fehlten noch der achtsäulige Portikus sowie die beiden Seitenflügel – 1823 ausgebrannt. Sofortiger Wiederaufbau durch Klenze, der sich strikt an Entwurf Fischers († 1820) halten sollte: Vollendung des Portikus, aber wegen Brandschutz Verzicht auf die Flügelbauten (damit Freistellung des Theatergebäudes bis auf untergeordneten Verbindungsbogen zur Residenz). Änderung des Walmdachs über Logenhaus und Bühne in Satteldach; damit Verdoppelung des Giebelmotivs zum Max-Joseph-Platz (Vorbild: Schinkels Schauspielhaus in Berlin, 1819-21). Bei Innenausstattung durch Métivier weitgehende Übernahme von Fischers Entwürfen; Einbau zusätzlicher Treppenhäuser sowie einer von Reichenbach geplanten Feuerlöscheinrichtung; von technikhistorischer Bedeutung Klenzes eisernes Bogensprengwerk (sog. ›Pariser Rost‹) über Proszenium (basierend auf Entwürfen von Thurn) in Zusammenarbeit mit dem Mechaniker Manhard: mit 15 m Spannweite eines der größten und bemerkenswertesten Sprengwerke des 19. Jh. Am 2.1.1825 *Wiedereröffnung* des renovierten Theaters. (Ein Jahr später ließ Ludwig I. aus Konkurrenzgründen das ›Königliche Isartortheater‹, erbaut 1811/12 von Herigoyen, schließen; → Isartorplatz.) – Das vor Südflanke des Theaters freistehende Kulissenmagazin bei Anlage der → Maximilianstraße abgebrochen, ersetzt durch *Anbau* an Ostseite des Fischer-Baus (nach Plänen von Bürklein 1857-59 um rund 20 m verlängert) bei vereinheitlichender Gestaltung der Süd- und Ostfassade; gleichzeitig Innenrestaurierung. Weitere Restaurierungen 1869, 1885 (Beleuchtung durch 300 ›Edison-Glühbirnen‹) und 1897. – 1943 bis auf Außenmauern zerstört. Drohender Abbruch der Ruine führt zur Gründung der ersten Münchener Bürgerinitiative »Freunde des Nationaltheaters« (angeregt 1951 durch A. Bader). Ein 1954/55 veranstalteter *Wettbewerb* für einen zeitgemäßen Wiederaufbau blieb ergebnislos; dafür weitgehende *Rekonstruktion* des historischen Außenbaus, des Zuschau-

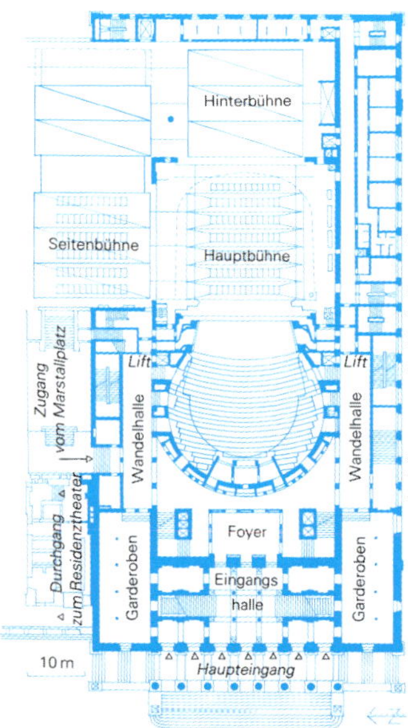

Nationaltheater, Parkettgeschoss (nach Wiederaufbau)

erraums und der z. T. erhaltenen Foyertrakte ab 1958: *Wiedereröffnung* 23.11.1963. Renovierung der Bühnentechnik 1986 ff. sowie ihre Sanierung 1992-93. ***Beschreibung:*** Übergiebelter Portikus aus acht glatten Säulen mit korinthischen Kapitellen (angeregt durch Pantheon in Rom) der insgesamt neunachsigen und zweigeschossigen Hauptfassade vorgelegt, die von Eckpilastern verfestigt wird; rustiziertes Erdgeschoss und glatt verputztes Obergeschoss; darüber kräftiges Gebälk unter Pultdächern, aus denen Zuschauerraum und Bühnenhaus aufragen. Südfassade mit zwei flachen Eckrisaliten und dazwischen mehrstöckige Fensterreihung entsprechend der Raumstruktur; desgleichen Ostfassade mit der Hinterbühne. Plastischer Schmuck der Giebel wegen zu schwacher Konstruktion unterblieben; dafür polychrome Bemalung 1838 des Hauptgiebels in Enkaustik (›Pegasus und die Horen‹), bereits 1839-40 wegen Witterungsschäden Neubemalung in Freskotechnik; ebenfalls in Fresko Bemalung des Portikusgiebels (›Apollo und die neun Musen‹) 1839-40: Entwürfe von L. v. Schwanthaler (vor 1837), Ausführung durch Hiltensperger und Nilson; nach mehrfacher Erneuerung 1894 beide durch Glasmosaik ersetzt. – Um 1841 erhielt der Theaterbau nach Klenzes Vorschlag eine polychrome Fassung: neben Monopteros im Englischen Garten und Hauptpost wichtiges Beispiel für Klenzes Auffassung von farbiger Architektur. – Beim Wiederaufbau (ab 1958) konnte das Giebelmosaik am Bühnenhaus erhalten werden, während im Portikusgiebel 1972 Bronzefiguren ›Apollo und die neun Musen‹ (von Brenninger) aufgestellt wurden. ***Inneres:*** Nach ergebnislos verlaufenem Wettbewerb (1954/55) für ›moderne Innengestaltung‹ Entscheidung für Rekonstruktion unter dem Aspekt, durch Krieg verursachte stilistische und architektonische Lücken zur Bewahrung historischer Kontinuität zu schließen; Ausführung durch Graubner, K. F. Fischer und Held. Auf Grundlage von Detailentwürfen C. v. Fischers und Nachformung erhaltener Reste von Stuck (wohl von Thassilo und Joseph Sporer) Nachschöpfung der Eingangshalle im Parkettgeschoss mit Aufgängen zu den festlich in Weiß, Blau und Gold gestimmten *Ionischen Sälen* und zum *Weißen Saal* (ehemaliger ›Königssaal‹) im Ranggeschoss originalgetreu wiederhergestellt; durch Einfügen eines eigenen Foyers vor der Staats-(ehemaligen Königs-)Loge und Schaffung verbindender Wandelhallen (mit zusätzlichen Treppenanlagen) musste der zylindrische Zuschauerraum (für 2100 Sitz- und Stehplätze) mit der Bühne gegenüber seiner ursprünglichen Situierung in den Bauteil des früheren Bühnenhauses hineingeschoben werden. Die fünf stützenlosen Ränge und die kreisrunde als ›Velum‹ (Sonnensegel) gestaltete Decke heute zur Bühne hin leicht geneigt (Sichtverbesserung); die doppelgeschossige Staatsloge von zwei monumentalen Karyatiden (Nachschöpfungen von E. Dietz) flankiert; Proszenium durch Ko-

Max-Joseph-Platz:
Der Bauherr und sein Werk.

Nationaltheater: *Zuschauerraum.*

lossalsäulen, bekrönt von Niken (von Mikorey) akzentuiert: monumentale Rahmung der Bühnenöffnung (mit 13 m Höhe und 15 m Breite größte eines deutschen Opernhauses). ***Bedeutung:*** Östliche Dominante des Max-Joseph-Platzes, seinerzeit eines der größten Theater Europas (2123 Zuschauerplätze); letztes großes Opernhaus der klassischen Richtung. Auch nach Wegfall der von Fischer geplanten seitlichen Anbauten ein in seinen Proportionen hervorragender Baukörper. Der *Innenraum* in Rot, Weiß und Gold als festlicher klassizistischer Theaterraum gestaltet – seine auf Métivier beruhende Rekonstruktion verrät selbst noch heute den Anspruch eines »Königlichen Hof- und Nationaltheaters«. – Stätte bedeutender Uraufführungen, u. a. Richard Wagners *Tristan und Isolde* (1865), *Meistersinger von Nürnberg* (1868), *Rheingold* (1869) und *Walküre* (1870), ferner der legendären Separatvorstellungen für König Ludwig II. (1872-85) und seit 1964 der Münchener Opernfestspiele. Wirkungsstätte berühmter Dirigenten: u. a. Felix Mottl, Bruno Walter, Hans Knappertsbusch, Clemens Krauß, Oswald Kabasta, Georg Solti, Fritz Kempe, Ferenc Friscay, Josef Keilberth, Wolfgang Sawallisch.

MAX-JOSEPH-PLATZ 3 □7

Residenz* und **Residenzmuseum*** Seit spätem Mittelalter bis 1918 Herrschersitz der Wittelsbacher; in diesem Zeitraum Entwurf von herzoglicher Burg zum königlichen Schloß. Nach Ende der Monarchie wegen seiner kunsthistorischen sowie politisch-geschichtlichen Bedeutung für Bayerns Vergangenheit 1920 als ›Residenzmuseum‹ der Öffentlichkeit zugänglich gemacht; 1923 Überführung des gesamten Komplexes mit dem in ihm verwahrten Kunstgut in Besitz des Freistaats Bayern. ***Zerstörung und Wiederaufbau:*** Zwischen 1943 und 1945 aufs Schwerste zerstört: von rund 23 000 qm Dachfläche am Kriegsende nur noch 50 qm intakt. Gerettet durch rechtzeitige Auslagerung mobilen Kunstguts und durch Ausbau von Wänden, Paneelen, Tür-, Fenster-, Spiegelrahmen u. Ä., von Kassettendecken und Deckengemälden sowie durch Anfertigung von Abgüssen der wichtigsten Stuckaturen und Architekturglieder. Eine noch 1943 durchgeführte Fotoaktion gerade noch vor verheerendem Bombardement (18.3.1944) zum Abschluss gekommen: wertvolle Dokumentation und Grundlage für rekonstruierenden Wiederaufbau, begründet durch städtebauliche Situation der Residenz im Altstadtgefüge und durch ihre kunst- und baugeschichtliche Wertigkeit. Bereits seit Mai 1944 Sicherung der Ruinen vor weiterem Verfall durch eigens eingerichtetes Baubüro (Bauleitung T. Walz bis 1948): Erstellung eines Nutzungskonzepts und Wiederaufbauprogramms; ab 1946 sukzessive realisiert, 1985 im Wesentlichen abgeschlossen. Frühe ›Signale‹ für Aufbauwillen: erstes Konzert im Grottenhof August 1945; Einrichtung des ›Theaters am Brunnenhof‹ (Mai 1946) im ehemaligen Ballsaal der Neuveste → Zeichnung 1. Bauperiode, S. 266; Notdach über Hofkapelle (Dezember 1947); Einrichtung der Residenz-Apotheke und Residenz-Bücherstube im Trakt an Residenzstraße (1947 bzw. 1948); 1950 Eröffnung der Pfälzer Weinstuben im Einschäfte- oder Einsäulensaal (ehemaliges Wachlokal der Hartschiere am Eingang Kapellenhof). **Baugeschichte** der Residenz: Durch Stadterweiterung ab Ende 13./Anfang 14. Jh. die bisherige Herzogsburg, der → *Alte Hof*, zunehmend vom Stadtgebiet eingeschlossen; deshalb Anlage der ***Neuveste*** als nordöstlicher Eckpfeiler in der Stadtbefestigung (auch zur Sicherheit vor Bürgerunruhen); Baubeginn wohl 1363 (Helmuth Stahleder) der viereckigen *Wasserburg*, die an ihrer Ostseite zwei Türme der Stadtmauer einbezog; an Westseite *Palas*, an Südwestecke *Bergfried* (später ›Silberturm‹); der Zugang von Süden über einen Grabensteg (vollendet gegen 1400). Nach endgültiger Aussöhnung mit Bürgerschaft Einbeziehung der Burg in die bis dahin offene Flanke der Stadtbefestigung (1476). In sechs (von O. Meitinger) festgestellten Bauperioden (Freilegung von Grundmauern während des Residenzwiederaufbaus 1956-60) Ausbau zu prächtigem Fürstensitz: *Torhaus* im Norden und *Zwingermauern* (um 1470); Anlage von zwei *Geschütztürmen* (1460-1500); um 1540 Errichtung des äußeren *Christophturms* und des *Rundstubenbaus*; mit Errichtung des *Georgssaalbaus* (Ausstattung durch Egkl) Abschluss des Ausbaus (→ Schaubild unten: Zustand um 1570). Östlich des Burggrabens Anlage des ersten Hofgartens (→ Marstallplatz) durch Wilhelm IV. 1518. Durch Abbruch aller westlichen Bauteile der Neuveste (um 1620) Öffnung zu den neuen Residenzbauten Maximilians I. und Verbindung mit diesen (→ Zeichnung 3. Bauperiode, S. 268). Neuveste nach Brand 1750 notdürftig instand gesetzt, Reste erst durch Neubauten unter Ludwig I. bis auf Fundamente und Erdgeschoss des Christophturms 1830 beseitigt (von Klenze im Schlachtensaalflügel seines Festsaalbaus integriert. Im Apothekenhof, → S. 276f., die Umrisse der Neuveste in der Pflasterung angedeutet.) Der weitläufige, nahezu quadratische Residenzkomplex umschließt zehn unterschiedlich große *Höfe*: acht davon frei zugänglich (→ S. 272 ff.), die restlichen nur bei Besuch des Residenzmuseums (→ S. 274 ff.). Außer der monumentalen Fassade des 17. Jh. (an Residenzstraße) erhielt der vielgestaltige Bau erst im 19. Jh. repräsentative Schauseiten ge-

Residenz: *Der Königsbau* am Max-Joseph-Platz.

Residenz: *Königsbauhof mit Fassade der Grünen Galerie.*

Die Neuveste um 1570 zur Zeit ihres größten Umfangs

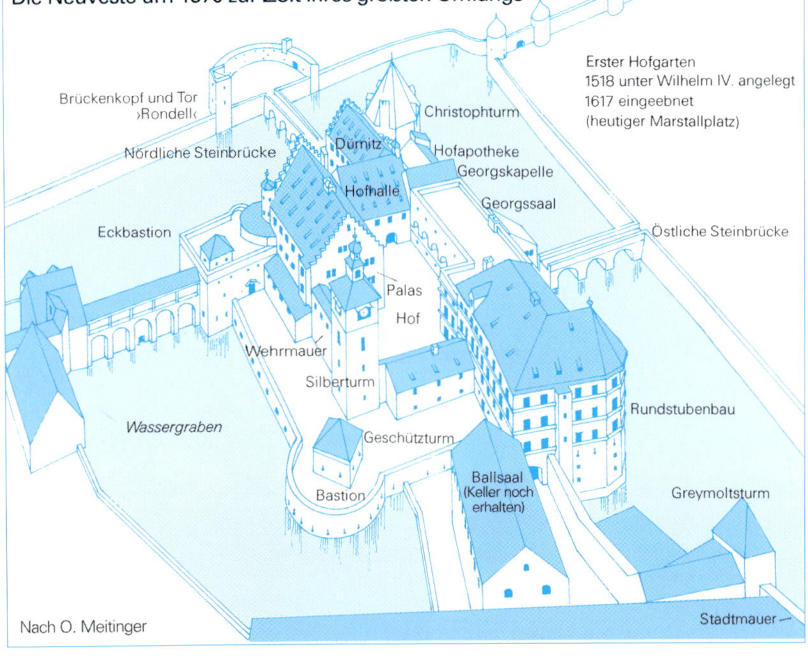

Nach O. Meitinger

gen Max-Joseph-Platz und Hofgarten; hingegen Ostseite (am → Marstallplatz) nicht einheitlich. – *Fassade* zum Max-Joseph-Platz: **Königsbau*** Bereits 1802, noch vor Säkularisation und Abbruch des Franziskanerklosters (1803), erste Pläne von M. v. Verschaffelt für aufwändige Südfront der Residenz 1799, ebenso wenig ausgeführt wie C. v. Fischers Residenzprojekt von 1808/09, bei dem das frei gewordene Areal mit Nationaltheater (→ Max-Joseph-Platz 2) und projektierter Nordfassade des Törring-Palais (später Hauptpost) ein eindrucksvolles Forum (Fischer: »Piazza massimiliana«) gebildet hätten. Wohl schon 1818 von Kronprinz Ludwig Bebauung der unansehnlichen Südseite der Residenz erwogen, Klenze 1823 mit Entwürfen für neuen repräsentativen Wohnpalast beauftragt. Mehrere Planungsstadien nach Mustern verschiedener italienischer Paläste dem *Ausführungsplan* (1825) vorausgehend, der sich auf Wunsch Ludwigs an Florentiner Palazzi orientierte – vor allem im Massenaufbau am Palazzo Pitti, in Rustika- und Pilastergliederung am Palazzo Ruccelai. *Grundsteinlegung* am 18.6.1826 (elfter Jahrestag der Niederlage Napoleons bei Waterloo). *Vollendung* und Bezug am 12.10.1835 (Silberhochzeit des Königspaars). ***Beschreibung:*** Die breit gelagerte, knapp 130 m lange *Hauptfront* 21-achsig, das Erdgeschoss sockelhaft rustiziert unter Verzicht auf Pilastergliederung, die Fassadenmitte durch drei Rundbogenportale markiert. Über breitem Gesims erstes Obergeschoss, durch Pilaster mit ionischen Kapitellen gegliedert, gleiche Gliederung des auf elf Achsen verkürzten zweiten Obergeschosses, jedoch mit korinthischen Kapitellen. Ein zweigeschossiger Trakt mit sieben Fensterachsen an Residenzstraße, so dass heutiger ›Königsbauhof‹ (→ S. 272) an Süd- und Westseite von hohen Rückfronten umstellt ist. – *Kriegsschäden*: beide Obergeschosse ausgebrannt, Mauern ab Mitte der 1950er Jahre gesichert und konserviert, dagegen Erdgeschossräume (vor allem im westlichen Flügel) einigermaßen unbeschädigt; gesamter Bau bis Ende der 60er Jahre wiederhergestellt.

Fassade an Residenzstraße: **Maximilianischer Trakt*** Dem westlichen siebenachsigen Seitenflügel des Königsbaus fiel der 1580/81 errichtete, zweigeschossige ›Witwenstock‹ (→ Zeichnung 2. Bauperiode, S. 267) zum Opfer; daran anschließend die heute schmucklose dreiachsige Fassade des 1666/67 neu ausgestatteten ›Goldenen Saals‹ (→ Plan S. 278, Nr. 71) im südlichen Teil des ehemaligen ›Erbprinzentrakts‹ (um 1580), der in die ersten acht Fensterachsen der 1611-19 erbauten Maximilianischen Fassade einbezogen wurde. Einzelner entwerfender Baumeister nicht benennbar, beteiligt Krumper, Schön und H. Reifenstuel unter Anteilnahme Maximilians. Diese vom Manierismus beeinflusste Fassade, bis ins 19. Jh. einzige Schauseite der Residenz mit etwas über 100 m Länge, endet am dreiachsigen nordwestlichen Eckrisalit (sog. ›Theatinerstock‹) des Festsaalbaus (s. u.). ***Beschreibung:*** Regelmäßige Reihung von 35 Fensterachsen, zwei Geschosse mit rechteckigen und runden Oberlichtfenstern sowie Mezzanin unter Traufgesims; darüber mächtiges Satteldach. Betonung der *Fassadenmitte* durch hohe Marmorädikula über *Ewig-Licht-Gehäuse* (nach verlorenem Holzmodell von Schön in Bronze gegossen) mit Weiheinschrift und Jahreszahl M·DC·XVI, in Figurennische Krumpers *Patrona Boiariae** (1615 von Wenglein gegossen). Diese überlebensgroße ›Hausmadonna‹ (zusammen mit zwei Portallöwen) während des Krieges unter Kaisertreppe (→ Plan S. 278, Nr. 112) vergraben; dennoch Verlust der Herrschaftsinsignien, nachgegossen aus der Bronze des eingeschmolzenen NS-Mahnmals in der → Feldherrnhalle (Entwurf von P. L. Troost 1933). – Beiderseits der Fassadenmitte nach sechs Achsen zwei monumentale *Portale** mit Marmorrahmung (um 1614/16): auf den gesprengten Giebeln bronzene Liegefiguren (von Krumper) der vier weltlichen *Kardinaltugenden* (Tapferkeit und Mäßigung am südlichen, Weisheit und Gerechtigkeit am nördlichen Portal – zugleich Symbole für Herrscherideal); über den Seitentüren von Löwen bzw. Greifen gehaltene *Wappenschilde* Bayerns und Lothringens (Bronzereliefs von Krumper). Die um 1616 auf Rotmarmorsockeln beiderseits der beiden Portale aufgestellten vier sitzenden *Löwen* (von Pallago und Gerhard ursprünglich als Kandelaberhalter bei dem in St. Michael geplanten Grabmal für Wilhelm V. vorgesehen; → Neuhauser Straße 6) wohl noch vor Guss 1595 (1597 ?) zu Kartuschenhaltern umgeändert

Residenz: Krumpers *Patrona Boiariae*, 1615.

und anstelle von Wappen mit emblematischen, den Kardinaltugenden zugeordneten Schildreliefs (von Krumper um 1616). Die blankgescheuerten Fratzen an den vier Kartuschen Ergebnis des glückverheißenden ›Nasenreibens‹ Einheimischer und kundiger Touristen, eines erst seit 1848 belegten abergläubischen Brauchs. – *Kriegsschäden:* Vom Maximilianischen Trakt nur noch Fassade bis Erdgeschosshöhe erhalten, Teile des Obergeschosses noch im Krieg eingestürzt oder danach aus Sicherheitsgründen eingerissen bzw. gesprengt (südlicher Abschnitt); lediglich drei Achsen mit Portal zum Kapellenhof in voller Höhe erhalten, durch Abstrebungen gesichert: Anhaltspunkt für Höhenentwicklung, Detailmaße und Gesimsausbildung bei der 1958 abgeschlossenen Rekonstruktion der Fassade zwischen Königsbau und Theatinerstock; vereinfachte Architekturmalerei an Fassaden (Straße und Kaiserhof) in Anlehnung an historische Vorbilder nach Entwurf von Kaspar (1958).

Residenz: *Portallöwe* an der Residenzstraße mit dem von den »Nasenreibern« blankpolierten Masqueron am Wappenschild.

Fassade gegen Hofgarten: **Festsaalbau*** Klenzes repräsentativste Bauaufgabe (errichtet 1832-42), jedoch historischer Vorläufer: Kaisersaaltrakt der Maximilianischen Residenz 1612-18 (→ Fassadenaufriss S. 270) 1614 nach Osten durch Galeriebau (sog. ›Großer Hirschgang‹) als Verbindung zur Neuveste erbaut (→ Zeichnung 3. Bauperiode, S. 268). Nach Brand der nicht wieder aufgebauten Neuveste (1750) Neuplanungen für Bau am Hofgarten, stets unter Einbeziehung der Ostseite: 1764/67 durch Cuvilliés (→ Fassadenaufriss S. 270), 1799 durch M. v. Verschaffelt, um 1800 durch A. Gärtner (?); im Generalplan 1816 Nordtrakt angedeutet, 1818 von Kronprinz Ludwig erwogen. Um 1820 Schaubild von Klenze, das späterer Ausführung nahezu entsprach: angeregt durch Schloß Caserta, Ostfassade des Louvre, römische Palastarchitektur (v. a. Palazzo Farnese), ferner durch palladianische Motive. 1831 endgültiger Entwurf zusammen mit ›Apothekenflügel‹ am → Marstallplatz (→ Zeichnung 5. Bauperiode, S. 272); in Details noch modifiziert bis *Grundsteinlegung* 18.10.1832 (Jahrestag der Völkerschlacht bei Leipzig 1813), Rohbau des Nordtrakts bis 1836, des Apothekentrakts bis 1839; *Einweihung* 12.10.1842 (Hochzeitstag des Königspaars) noch vor endgültiger Vollendung der Ausstattung. ***Beschreibung:*** Mehrgliedriger Trakt von 252 m Länge, begrenzt durch dreiachsige *Eckrisalite* (westlich durch ›Theatinerstock‹, östlich durch ›Schlachtensaalflügel‹), diese ebenso dreigeschossig wie der blockhafte 15-achsige *Mittelrisalit* mit vorgelegtem neunachsigen *Portikus* (angeregt durch C. v. Fischers Entwurf für Fassade am Max-Joseph-Platz 1809): dem Portikus entsprechend der ehemalige *Thronsaal* (an seiner Stelle seit 1953 ›Neuer Herkulessaal‹, → Hofgartenstraße 2). Über Portikusgebälk ursprünglich zehn sitzende Löwen vorgesehen, 1832 abgeändert in zwei flankierende Löwen als Symbole für Gesetz und Kraft (Vorbild: Löwen vor Arsenal in Venedig), dazwischen *acht Allegorien* der Kreise des damaligen Königreichs mit entsprechenden Attributen (von L. v. Schwanthaler 1835-37), von links nach rechts: Oberbayern (Schäferin), Schwaben (Weber), Niederbayern (Bauernmädchen), Oberpfalz (Schmied), Mittelfranken (Ährenträgerin), Oberfranken (Bergknappe), Unterfranken (Winzerin), Rheinpfalz (Gärtner). Zwischen Mittelrisalit und Eckrisaliten Verbindungsflügel (zwei Stockwerke mit Mezzanin) zu je 17 Fensterachsen und jeweils mittig angeordneten drei ›blinden‹ Rundbogenportalen. Demonstrierte der Portikus mit dem dahinter liegenden Thronsaal Souveränität und Staatlichkeit, bargen die zurückhaltenden Seitenfassaden die *Repräsentationsräume* des Königreichs (weitgehend nach Entwürfen Klenzes ausgestattet): im *Thronsaal* zwölf feuervergoldete überlebensgroße Bronzestatuen von Wittelsbacher Ahnen (von L. v. Schwanthaler 1834/35-42, heute in Eingangshalle zum Neuen Herkulessaal); im Ostflügel anschließend die drei *Kaisersäle* (›Saal Rudolfs von Habsburg‹, ›Saal Barbarossas‹, ›Saal Karls d. Gr.‹), ausgemalt von Schnorr von Carolsfeld; sodann *Ballsaal*, zwei kleinere Säle (›Konversationszimmer‹) für Ludwigs Schönheitengalerie (heute im Schloß Nymphenburg, → S. 392) und *Schlachtensaal* (Bankettsaal) für das Offizierscorps (die 14 Schlachtengemälde seit 1974 in den Räumen 14 a-c des Königsbaus). – Im Erdgeschoss des Ostflügels befanden sich die sechs nicht vollendeten *Odysseesäle*, ausgemalt ab 1844 von Hiltensberger (im dritten Saal 1869/70 Atelier der Bildhauerin Ney: von ihr Modell für die Marmorstatue Ludwigs II. im Schloß

Residenz: *Festsaalbau* an der Hofgartenstraße.

Antiquarium der Residenz.

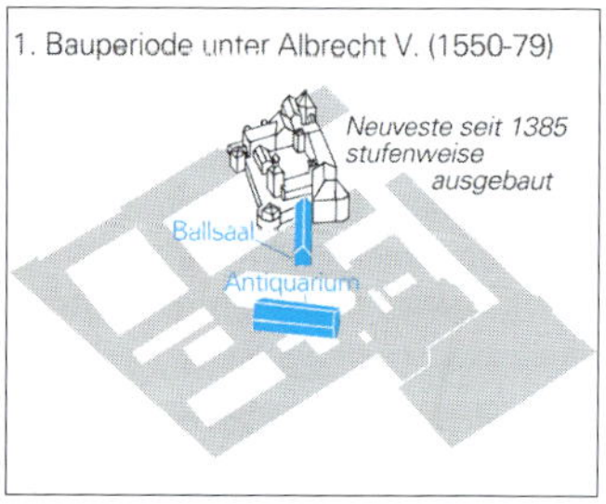

Herrenchiemsee). In dem Apothekenflügel am Marstallplatz die *Prunktreppe* und zwei *Empfangssäle* zur repräsentativen Raumflucht im Nordtrakt. – Die Fassade des westlichen Flügels (bis Theatinerstock) verdeckt den ehemaligen *Kaisersaaltrakt* mit der erhaltenen Kaisertreppe (→ Plan S. 277, Nr. 112), den Kaiser- und Vierschimmelsaal (111, 110), in die 1799 die 1944 zerstörten *Hofgartenzimmer* eingerichtet worden waren. – Nach Wiederaufbau des 1944 (24./25.4.) nahezu vollständig zerstörten Festsaalbaus andere Raumnutzung: 1980-85 Rekonstruktion von *Vierschimmel-* und *Kaisersaal*; Restaurierung der *Kaisertreppe* 1967-75; 1952/53 Einbau des *Neuen Herkulessaals* (→ Hofgartenstraße 2), daran anschließend neue Haupttreppe (1957/58) und oberes Foyer (an Wänden Abguss des ›Alexanderfrieses‹ von Thorwaldsen). Ab 1956 Wiederaufbau der Schlachtensaal- und Apothekenflügel mit Ausbau für *Bayerische Akademie der Wissenschaften* (bis 1959) und (1968) für *Spanisches Kulturinstitut*; 1956-58 Einbau des Alten (Cuvilliés-)Theaters (→ Residenzstraße 1) in den Apothekenstock.

Ostseite zum Marstallplatz: Die pittoreske Gebäudeabfolge der *Neuveste* aus dem späten 16. Jh. – vom ›Christophturm‹ im Norden bis ›Rundstubenbau‹ im Süden (→ Schaubild Neuveste S. 263) – für Erscheinungsbild der Ostseite der Residenz lange Zeit bestimmend. Nach Brand der Neuveste 1750 nur notdürftige Reparaturen und Errichtung (1751-53) des Cuvilliéschen *Opernhauses* (→ Residenzstraße 1). Erst 1764-67 entwarf Cuvilliés eine spätbarocke *Schloßanlage* (→ Schaubild S. 270; Modell im Residenzmuseum Raum 54): ihre Fassade mit breit gelagertem Ehrenhof hätte sich in etwa von heutiger Allerheiligen-Hofkirche bis Klenzes Schlachtensaalflügel am östlichen Ende seines Festsaalbaus erstreckt. (Von hier ausgehend bis Theatinerkirche Cuvilliés' Projekt einer Nordfassade.) Diese Pläne ebenso wenig ausgeführt wie Verschaffelts Plan für Residenzumbau (mit Ostfassade, 1799) oder C. v. Fischers Plan von 1809. Klenze erreichte zwar mit Anfügung des *Apothekenflügels* und *Apothekenstocks* an Festsaalbau eine einheitliche (Teil-)Fassade (1837-42), durch die jedoch zusammen mit Allerheiligen-Hofkirche und den rückwärtigen Fronten von Residenz- und Nationaltheater keine monumentale Schaufront zustande kam. Nach Behebung der Kriegsschäden Situation unverändert, durch Errichtung eines funktionalen Kulissenmagazinbaus für die Staatstheater (→ Zeichnung 6. Bauperiode, S. 271f.) eher verschlechtert.

Anlage der Residenz Die halbfetten Ziffern im Text zu den ›*Bauperioden*‹ verweisen auf Raumnummern in den beiden *Residenzplänen* S. 276f. und 278f.

1. Bauperiode unter Albrecht V.: Wohl zwischen 1560 und 1570 Errichtung eines freistehenden *Ballspielhauses* vor Südwestseite der Neuveste, in dessen erhalten gebliebenen Außenmauern das provisorische ›Theater am Brunnenhof‹ (1946) eingerichtet, bei Einbau des Alten Residenztheaters/Cuvilliéstheaters und Anlage seines Foyerhofs (→ Residenzstraße 1) 1957 abgebrochen. Unter ehemaligem Ballspielhaus erhalten der eindrucksvolle, zweischiffige *Ballhauskeller* mit Flachgewölben auf gemauerten gedrungenen Rundsäulen (nicht allgemein zugänglich). – *Antiquarium** (**7**): Seine Errichtung jenseits des schräg verlaufenden Burggrabens bringt Diagonalrichtung des *Brunnenhofs* in die orthogonale Struktur des Residenzkomplexes. Ursprünglich Raum für Antikensammlung und Bibliothek Albrechts V., dann auch Festsaal; nach Vorentwurf von Strada 1569-31 durch S. Zwitzel erbaut (von ihm und seinem Vater Bernhard 1562/63 die Augsburger Stadtbibliothek), der früher als Architekt genannte Egkl nur Bauführer. Raumvorbild vermittelt der ehemalige Kaisersaal im Schloß Binche 1548 (Residenz der Königin Maria von Ungarn, Statthalterin Kaiser Karls V. in den Spanischen Niederlanden); Beratung durch H. J. Fugger, dessen Bibliothek 1571 Herzog Albrecht übereignet wurde: für diese und die bereits 1558 gegründete königliche Bibliothek das Obergeschoss, dagegen das Erdgeschoss (»Gewölb«) für Skulpturensammlung eingerichtet. 1. Antikensammlung nördlich der Alpen: Über die ursprüngliche Ausstattung des albrechtinischen Raums (bei 17 Fensterachsen knapp 67 m lang, bedeutendster und größter profaner Renaissancesaal diesseits der Alpen; Gabriele Dischinger) kaum etwas bekannt.

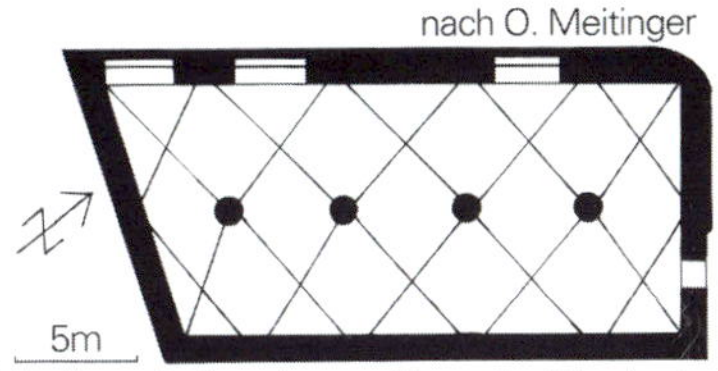

Ballhauskeller, letzter Rest der Neufeste

2. Bauperiode unter Wilhelm V.: 1580/81 Errichtung eines zweigeschossigen Trakts zu sieben Fensterachsen an Schwabinger Gasse (seit vor 1683 Residenzstraße) als ›*Witwenbau*‹ für Herzogin Maria Anna (1826-35 durch Seitentrakt des Königsbaus ersetzt: (→ 5. Bauperiode); anschließend Errichtung des *Erbprinzentrakts*. – Im Obergeschoss des *Antiquariums* anstelle der Bibliothek (vermutlich im Marstallgebäude, → Hofgraben 4, untergebracht) Einbau von Wohnräumen (1581) für Wilhelm V., das »Gewölb« 1586-1600 durch Sustris zu Festhalle umgestaltet (bei Erhalt der Skulpturensammlung): Tieferlegung des Fußbodens, Kamin- und Portalaufbauten an Schmalseiten, an nordwestlicher Schmalseite Einbau einer Estrade für königliche Tafel; die beiden Kredenzen (um 1590) älteste Möbel in der Residenz; neue Dekoration der Gewölbe, Stichkappen und Fensterleibungen: im Scheitel 16 Gemälde (abwechselnd oval und rechteckig) mit Allegorien der Fama und Tugenden: ursprünglich, d. h. zwischen 1583 und ca. 1600, in Fresko-/Seccotechnik wohl durch einheimische (oder mehrere?) Maler aus Sustris-Kreis ausgeführt; diese Erstfassung um 1615-20 durch Ölbilder auf Holz ersetzt (Entwurf Candid in Annäherung an Fresken, ausgeführt von Donauer d. Ä., Ponzano, Tegler u. a. aus Candid-Werkstatt), 1924 abgenommen; anstelle der im Krieg zerstörten Sustris-Gemälde bei Wiederaufbau (nach Restaurierung durch Haeberlein) 1957 erneut angebracht; zwischen ihnen in längsovalen Feldern monochrome Darstellungen (antiker) Opferszenen. In den Stichkappen Veduten von 34 Städten der vier bayerischen Rentämter, an Fensterleibungen 68 hochovale Felder mit Ansichten bayerischer Märkte, Burgen und Schlösser: 1583 projektiert (möglicherweise angeregt durch Stadtveduten in der ›Sala della Carte geografiche‹ im Vatikan 1572-85), ausgeführt 1584-99 von Donauer u. a. (nach Aquarellkopien von Lebschee, 1866-70, von Haeberlein 1957 renoviert, soweit für Gesamteindruck notwendig). – Restaurierungen des Antiquariums 1800-12, 1860 und 1921; durch Sprengbombe fünf Joche des Tonnengewölbes zerstört, Rest durch behelfsmäßige Abdeckung nur notdürftig geschützt: 1948 Beginn der sehr komplizierten Rekonstruktion und Restaurierung, 1958 mit Eröffnung des Residenzmuseums abgeschlossen. Zweckentfremdungen des musealen Raums (Staatsempfänge u. Ä.) machten grundlegende Restaurierung und Konservierung (1995-2000) notwendig.

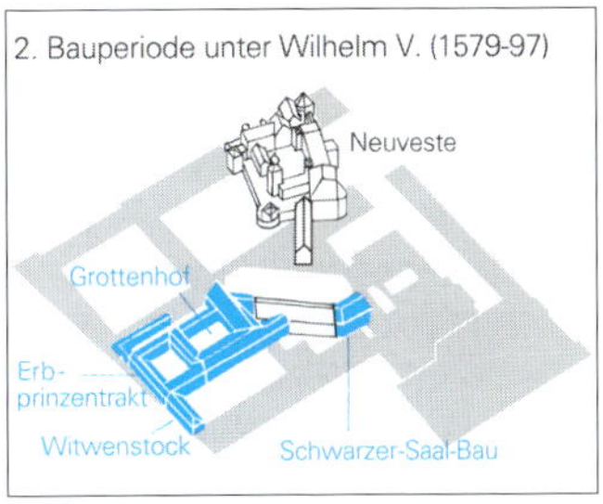

Bedeutendster Beitrag Wilhelms V. die Errichtung des vierflügeligen *Grottenhof-Trakts** (1581-86, Architekt: Sustris) um ein rechteckiges »Geheimes Lust- und Residenzgärtlein«: ursprünglich siebenjochige Bogenhallen an beiden Schmalseiten; nach Umbauten durch Cuvilliés 1730/31 nur noch östlich (**6**) erhalten. Typisch manieristische Anlage mit Groteskzierraten sowie Steinchen- und Muschelverkleidung, in den Nischen Marmorbüsten (Bacchantinnen und Bacchanten), von Karyatiden getragener Rundbo-

Residenz: Brunnenfigur des *Perseus* von Hubert Gerhard im Grottenhof, um 1590.

Residenz: *Grotte.*

Residenz: *Grottenhof-Arkade.*

3. Bauperiode unter Maximilian I. (1597-1651)

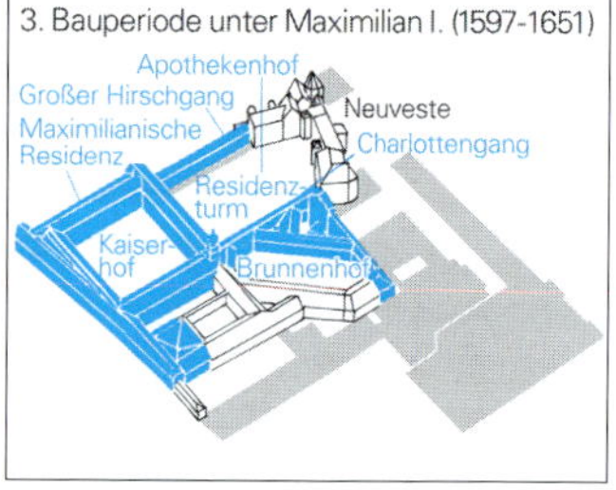

gen mit Brunnennische, darüber vergoldete Bronzefigur des Merkur (früher Giovanni da Bologna zugeschrieben, neuerdings Gerhard, um 1587/88). In der Mitte des Rasengevierts *Perseus-Brunnen**(nach Vorentwurf von Sustris von Gerhard um 1590), an den vier Ecken Bronzeputti mit Fabeltieren (Pallago zugeschrieben) um 1570/80. (Der von Krumper 1611 konzipierte ›Jahreszeiten-Brunnen‹ nicht ausgeführt; Figuren heute im Bayerischen Nationalmuseum.) An der Südseite *Gartensaal* (1580) zum Großen Residenzgarten (heute Königsbauhof), 1726-31 durch Ahnengalerie (**4**) ersetzt. – In den 1580er und 90er Jahren Erweiterung des Grottenhoftrakts (unter Einbeziehung des ›Erbprinzenbaus‹) zur Schwabinger Gasse; dabei Bau der 1. Residenzkapelle 1593-94 (nicht erhalten). Vermutlich ist dieser Bauperiode noch die Errichtung des *Damenstocks* und des *Herkuleskastens* (mit ›Altem Herkulessaal‹, → 4. Bauperiode) nördlich des Jägergaßls (später Kapellenhof, → S. 270) zuzurechnen. An Antiquariumstrakt gegen Osten angefügt der ›Schwarze-Saal-Bau‹ mit *Schwarzer-Saal-Treppe* (**12**) um 1600 (eines der frühesten Beispiele einer gegenläufigen italienischen Treppe nördlich der Alpen) und mit *Schwarzem Saal* (**13**), in der bestehenden Form aber erst in der folgenden (3.) Bauperiode ausgestattet.

3. Bauperiode unter Maximilian I.: Zusammenfügung bisher einzelner Gebäude und Baugruppen durch übergreifendes ideelles und künstlerisches Konzept zu weitgehend einheitlichem Gesamtkomplex mit Schwerpunkten *Fassade* an Schwabinger Gasse (→ S. 264 f.), *Trakte* um den Kaiserhof (›*Maximilianische Residenz*‹) und *Brunnenhof-Bauten.* Das westöstlich verlaufende Jägergaßl als *Kapellenhof* (→ S. 273) in Neubauplanung einbezogen. An seiner Südseite Errichtung einer **89** *Hofkapelle* 1601-03: Langhauswölbung und Stuckierung 1614 nach Entwurf Krumpers, der Decke jochübergreifend mit quadratischen und rechteckigen Feldern (mit Symbolen der Lauretanischen Litanei) überzog und so ein neues Dekorationssystem schuf (Stuckierung durch Gg. und M. Castello). Ferner Einbau des kostbaren Privatoratoriums Maximilians, der **98** *Reichen Kapelle**(Weihe 1607; Entwurf wohl von Krumper). In dieser Periode vermutlich auch (Neu-)Anlage des südlichen *Großen Residenzgartens* (heute: etwa Königsbauhof, → S. 272). Zwischen 1610 und 1620 Gestaltung des längsoktogonalen

Brunnenhofs (→ S. 273): an seiner Nordwestseite Errichtung des *Residenzturms* (durch Schön d. Ä. 1612-15, 1944 zerstört, 1957 wiederhergestellt); Anlage (1600 ff.) der *Breiten Treppe* (**44**) mit Durchgang zum (Alten) Herkulessaal; Einbeziehung des Ballspielhauses Albrechts V. durch Ausbau des nordöstlichen Flügels am Brunnenhof und den dahinter liegenden Gebäuden (seit 1956/58 in etwa Umfeld des ›Foyer-Hofs‹ beim Alten Residenztheater, → Residenzstraße 1 und Residenzplan auf S. 277). In der Hofmitte *Wittelsbacher Brunnen* (→ S. 273). Im südlichen Hofbereich monumentaler Ausbau des *Schwarzen Saals* (auch ›Großer‹ oder ›Perspektiv-Saal‹ genannt **13**): Leinwanddeckenbild (240 qm) mit Scheinarchitektur am flachen Plafond über schräg anlaufender Gesimszone (Anfang der illusionistischen Deckenmalerei im süddeutschen Raum), geschaffen von Werl 1602 (wohl nach Vorbild einer Decke von Laureti im Palazzo Vizzani/Bologna, in einem 1562 datierten Stich von Vignola 1583 publiziert); 1669 von C. Amort renoviert, 1776 und 1939/40 restauriert; 1944 total zerstört, von Manninger in Fresko-Seccotechnik nachgeschaffen (vollendet 1979). Nach dem Kamin und den vier Portalen in schwarzem Stuckmarmor (Entwurf von Krumper 1623) erhielt der ursprünglich »Großer« oder »Perspektiv-Saal« benannte Raum die Bezeichnung »Schwarzer Saal«. Seit 1835 ›neuer‹ Hartschiersaal beim Zugang zu den Gemächern Ludwigs I. im Königsbau (über die ›Gelbe Treppe‹ **14**).

Residenz: *Reiche Kapelle*, Gewölbe mit Laterne.

Bedeutendster Beitrag Maximilians die nördlich des Jägergaßl 1612-18 errichtete regelmäßige Vierflügelanlage *Maximilianische Residenz* um den Kaiserhof (→ S. 273) unter Einbeziehung von Damenstock und Herzogskasten; im 2. Weltkrieg weitgehend zerstört, ausgenommen die 1616 datierte *Kaisertreppe** (112) – wohl erste monumentale Treppenanlage in Deutschland, vielleicht durch genuesische Palastarchitektur (Palazzo Parodi oder Palazzo Cattaneo, 1567-81 bzw. Anfang 17. Jh.) angeregt. – Wiederinstandsetzung seit 1973: Südtrakt mit Hofdamenstock (1600 bis 1603) und Altem Herkulessaal, heute Max-Joseph-Saal (→ S. 270); im Westtrakt die *Steinzimmer* (1612-17), **104-109**, **113**, **114**, im Osttrakt die *Trierzimmer* (um 1616; später nach dem hier wiederholt wohnenden Kurfürsten von Trier benannt), **46-53**; im Nordtrakt der 1977-85 rekonstruierte **110** *Vierschimmelsaal* und der **111** *Kaisersaal* (1611-16; dieser erst nach Besuch von Kaiser Leopold 1673 so genannt). Diese beiden Säle 1799 durch die Hofgartenzimmer ersetzt, ausgestattet durch Ch. P. Puille unter Verwendung von geretteten Einrichtungsstücken aus dem 1793 von den französischen Revolutionstruppen niedergebrannten Schloß Carlsberg bei Homburg; heute in einigen Räumen (**33-37**) des Charlottenzimmertrakts eingebaut. Durch Verbindungsgänge zur Neuveste (im Süden der erhalten gebliebene *Charlottengang*, 1612, im Norden der bei Errichtung des Festsaalbaus beseitigte *Große Hirschgang*, 1614) der spätere *Apothekenhof* (→ S. 273) gebildet. Zur gleichen Zeit Anlage des → Hofgartens. Im weiteren Verlauf des 17. Jh. (unter Ferdinand Maria) und des beginnenden 18. Jh. (unter Max Emanuel) trat Bautätigkeit im Residenzbereich in Hintergrund; dafür Errichtung eines *Opernhauses* am Salvatorplatz (1651 ff., → Abb. S. 54), eines riesigen *Turnierhauses* am Hofgarten (1661, → Odeonsplatz 6-18) und des Mitteltrakts von → *Schloß Nymphenburg*. Daneben Innenausbau der Residenz in italienischem Barock: **66-71** *Päpstliche Zimmer* 1665-67 (benannt nach dem 1782 hier wohnenden Papst Pius VI.) und Trakt an Schwabinger Gasse mit Goldenem Saal (1666-67: ehemaliges Audienzzimmer Henriette Adelaides: **71**): ihre von Barelli und Pistorini ausgestatteten Räume 1667 vollendet, bei Brand 1674 vernichtet, ab 1680 als ›Sommerzimmer‹ wiederhergestellt.

Residenz: *Kaisertreppe*.

4. Bauperiode von Karl Albrecht bis Max IV. Joseph: Unter Karl Albrecht Umgestaltung des *Grottenhofs* (Cuvilliés 1730/31), daneben Neugestaltung der beim Residenzbrand (1729) vernichteten Räume: *Reiche Zimmer** (**55-62**) zwischen 1730 und 1737 durch Cuvilliés, J. B. Zimmermann, J. Dietrich, Miroffski, Pichler; 1731-33 Errichtung der *Grünen Galerie* (**58**) an Ostseite des heutigen Königsbauhofs (Cuvilliés): ihre zweigeschossige Fassade* mit sieben Rundbogenfenstern gilt als Hauptwerk von Cuvilliés, die anschließende repräsentative dreiläufige Treppe 1764 wieder abgebrochen. – Unter Max III. Joseph als Ersatz für den beim Brand der Neuveste 1750 vernichteten St.-Ge-

4. Bauperiode unter Karl Albrecht (1726-45) und Max III. Joseph (1745-79)

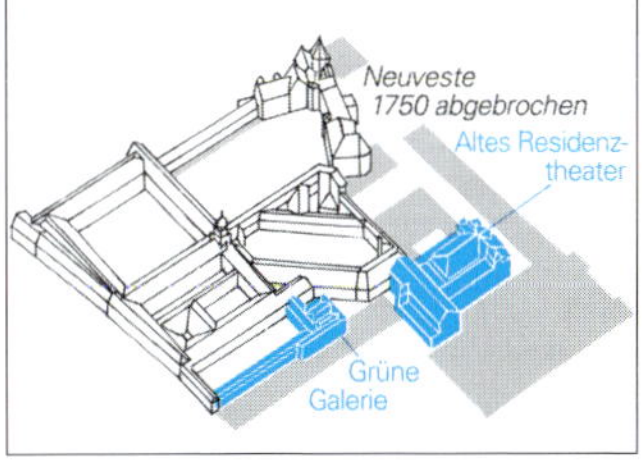

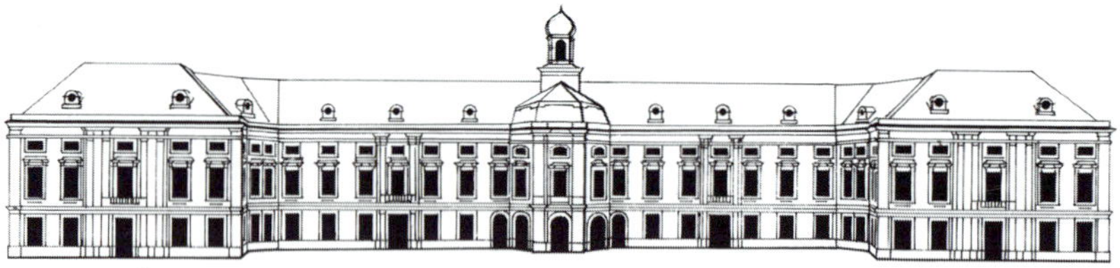

Cuvilliés d. Ä.: Unausgeführter Entwurf zur Ostfassade der Residenz, 1764/65

Residenz: *Grüne Galerie.*

5. Bauperiode unter Max IV. (I). Joseph (1799-1826) und Ludwig I. (1826-48)

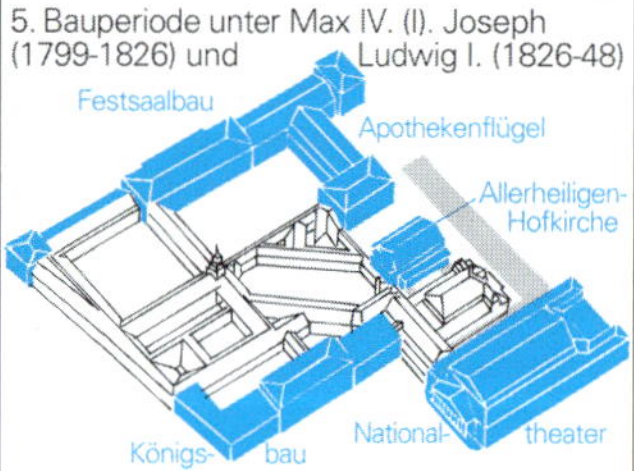

orgs-Fest- und Theatersaal Errichtung des ›*Neuen Opera-Hauses*‹ (1751-53 nach Plänen von Cuvilliés, heute Altes Residenztheater*, → Residenzstraße 1) zusammen mit einem westlich gelegenen Bau mit Vorräumen. Die von Cuvilliés geplante riesige Nordfassade bis vor den Chor der Theatinerkirche im Westen mit Einbau des Schwabinger Tors, nach Osten bis etwa zu heutigem Kopfbau des Festsaalbaus und die ebenfalls von Cuvilliés geplante Ostfassade (→ Aufriss, oben) wohl an finanziellen Schwierigkeiten gescheitert. – Unter Karl Theodor keine Baumaßnahmen, wohl aber unter Max IV. Joseph: Zerstörung des Vierschimmel- und des Kaisersaals (**110** und **111**) für Einbau der *Hofgartenzimmer* (durch Puille 1799) und Vorblendung einer klassizistisch gedachten, stilistisch jedoch frühen Form einer ›Neo‹renaissancefassade gegen den Hofgarten (ausgeführt erst zwischen 1803 und 1809); Umbau des (Alten) *Herkulessaals* (aus der Zeit Wilhelms V.: 2. Hälfte 16. Jh.) nach Entwurf von A. Gärtner 1806 (in ionischer und korinthischer Ordnung) und 1814 (im Empirestil mit korinthischen Pilastern), stuckiert von Sporer, Ausmalung in nuancierten Weißtönen von Eder: in dieser Form jedoch verkürzt um die Musikemporen an den beiden Stirnseiten 1961 wiederhergestellt, wegen des ›*Neuen Herkulessaals*‹ (→ Hofgartenstraße 2) umbenannt zu ›*Max-Joseph-Saal*‹ (von 1959-80 Probesaal der Münchener Philharmoniker), 1985 erneut restauriert.

5. Bauperiode von Max I. Joseph bis Ludwig II.: erste Pläne einer monumentalen Vereinheitlichung der *Nordfassade* durch Puille und Verschaffelt (1799) ebenso nicht ausgeführt wie die vier Projekte C. v. Fischers (1808/09). Außerhalb des eigentlichen Residenzkomplexes, südlich des (alten) Residenztheaters, Errichtung des ›*Königlichen Hof- und Nationaltheaters*‹ 1811-18 nach Plänen von C. v. Fischer (→ Max-Joseph-Platz 2). – Unter Ludwig I. erhält Residenz ihre endgültige Gestalt: an Nordseite des Max-Joseph-Platzes errichtete Klenze den *Königsbau** als Wohnpalast (→ S. 264). Im Krieg schwer getroffen, konnten ab 1958 die Nibelungensäle im Erdgeschoss (**74-79**) mit ihrer Ausmalung von Schnorr von Carolsfeld wiederhergestellt werden, im Ostflügel seit 1958 die Schatzkammer (→ S. 275) untergebracht; im ersten Obergeschoss ehemals die Appartements der Königin und des Königs (**115-122** bzw. **123-127**), nach Kriegszerstörung 1973-80 rekonstruiert und nach Möblierungsplan von 1835 weitgehend original wieder eingerichtet. (Im zweiten Obergeschoss ursprünglich die sog. ›Blumensäle‹ für kleinere Hoffeste, seit 1972 Sitz der Bayerischen Akademie der Schönen Künste.) – An Ostseite der Residenz von 1826-37 nach Plänen von Klenze *Allerheiligen-Hofkirche* erbaut (→ Marstallplatz). – Mit Ausbau der Nordseite, unter Einbeziehung der Maximiliani-

Die Nordseite der Residenz um 1700

Neuveste 1385 ff. Großer Hirschgang 1614 Maximilianische Residenz Nordflügel 1612-16

Die Nordseite der Residenz heute

Festsaalbau 1835-42

schen Residenz (→ 3. Bauperiode), entsteht 1835-42 nach Klenzes Entwurf der *Festsaalbau** als anspruchsvolle Präsentation des Königreichs. Nach Bombenangriff am 24./25.4.1944 aufs Schwerste getroffen: westlicher Flügel nahezu zerstört, vom östlichen Flügel ab Thronsaal sowie vom Apothekentrakt am Marstallplatz nur noch Außenmauern, Kellergewölbe und wenige Teile der Erdgeschossgewölbe übrig; die ausgebrannten Gebäudeteile bereits nach Angriff abgebrochen – ausgenommen der Kaisersaaltrakt mit der schwer beschädigten Kaisertreppe.

Unter Max II. erster *Wintergarten* zwischen Residenz/Königsbau und Nationaltheater: Schließung der Lücke durch (nicht ausgeführtes) Klenze-Projekt um 1826/27, wobei Bestand des (alten) Residenztheaters ungewiss. Erneuter Ansatz erst 1847/48 durch gigantisches Wintergartenprojekt von Henschel und Voit an Ostseite der Residenz, das Abbruch von Marstall und des seit 1831 wegen Baufälligkeit geschlossenen Residenztheaters erfordert hätte. Anschließend, zwischen 1849 und 1851 fünf bescheidenere Pläne von Kreuter – u. a. für Wintergarten auf östlicher Dachterrasse des Königsbaus (1850). Weitere Planungen Kreuters unter Schonung des Residenztheaters und Schließung der Lücke: im Erdgeschoss fünfjochige Arkaden vor Substruktionsbau, darüber Glas-Eisen-Konstruktion (1851); nach Weggang Kreuters 1852 vereinfacht von Voit und Maschinenfabrik Cramer-Klett (Ingenieur: Werder) bis 1854 ausgeführt; Gartenplanung von K. v. Effner. – 1921 bis auf Untergeschoss und Arkaden abgebrochen. 1944 durch Bomben zerstört und Ruinen beseitigt. (Bei Bau des Neuen Residenztheaters 1948 ff., → Max-Joseph-Platz 1, durch siebenachsige neoklassizistische Fassade vor Eingangshalle und vor durchlaufender Glasfront im ersten Obergeschoss ersetzt. → 6. Bauperiode.)

Unter König Ludwig II. neue Ausstattung der von ihm schon als Kronprinz bewohnten Räume (sog. ›*Kronprinzen-Appartement*‹) im obersten Stockwerk des Nordwestpavillons (Theatinerstock) zur *Königswohnung*, zuerst durch Riedel (1864), dann durch F. und R. v. Seitz, Gedon, Radspieler u. a. (1867-69); Zugang über die gleichzeitig ausgebaute Hans-Steininger-Treppe am Nordende des Theatinergangs (**114**). Über diesem Korridor Ausbau des sog. *Nibelungengangs* (1864/65) und Ausschmückung durch 30 Freskenbilder zu R. Wagners ›Ring der Nibelungen‹ (von Echter, 1864-66). – Die ehemaligen *Hofgartenzimmer* im Hauptgeschoss des Kaisersaaltrakts 1867 hinsichtlich der geplanten (nicht zustande gekommenen) Vermählung Ludwigs mit Herzogin Sophie Charlotte in Bayern neu eingerichtet; 1943/44 ebenso zerstört wie Königswohnung und Nibelungengang (nicht wieder hergestellt). – Im Auftrag Ludwigs II. Bau eines zweiten, des sog. ›*großen*‹ *Wintergartens* auf dem Dach über dem Kaisersaaltrakt; mehrere Bauphasen: 1867 kleiner Glaspavillon unmittelbar an Königswohnung, 1868 vergrößert, schließlich 1869/70 (nach Gutachten von Voit und E. N. Neureuther) Ausbau durch Riedel zur vollen Länge (69,5 m) zwischen Theatinerstock und Thronsaalbau mit erweiterndem Anbau eines Quertrakts in den Kaiserhof hinein; Konstruktion: freitragende Tonne aus halbkreisförmigen selbsttragenden Eisenrippen (von Maschinenfabrik Cramer-Klett, später MAN) mit eingesetzten Glastafeln; gärtnerische Gestaltung (mit See!) durch K. v. Effner 1870/71. Nach Ludwigs Tod 1886 Auflassen seines Wintergartens, Abbruch der Halle 1897 (auf Gelände der MAN in Nürnberg als Werkhalle wieder aufgestellt, im Krieg zerstört); beim Wiederaufbau der Residenz Abbruch des Unterbaus für den Wintergarten-Quertrakt im Kaiserhof 1950.

6. Bauperiode (20. Jh.): Keine nennenswerte Bautätigkeit in den beiden letzten Jahrzehnten der Monarchie; seit 1920 Zugang zur Residenz als *Museum*. Schwere Kriegszerstörung zwischen 1943 und 1945; Rettung eines erheblichen Teils der Innenausstattung durch rechtzeitige Auslagerung. Ab 1946 in rund 40 Jahren Rekonstruktion und Wiederaufbau sowie Neueinrichtung als ›*Raumkunstmuseum*‹* (→ S. 274 f.). Wesentliche Stationen des ***Wiederaufbaus*** und z. T. neue Nutzung: Bereits *1946* Einrichtung des ›*Theaters am Brunnenhof*‹ im ehemaligen Albrechtinischen Ballspielhaus (→ 1. Bauperiode S. 267). – *1948-51* an der Stelle des (alten Residenztheaters, → Residenzstraße 1) Errichtung des *Neuen Residenztheaters* (→ Max-Joseph-Platz 1). *1950*: Einrichtung der ›Pfälzer Weinprobierstube‹ im Einschäftesaal (ehemalige Wachstube der Hart-

Residenz: *Saal des Verrats* aus der Raumfolge der Nibelungensäle.

6. Bauperiode im 20. Jahrhundert

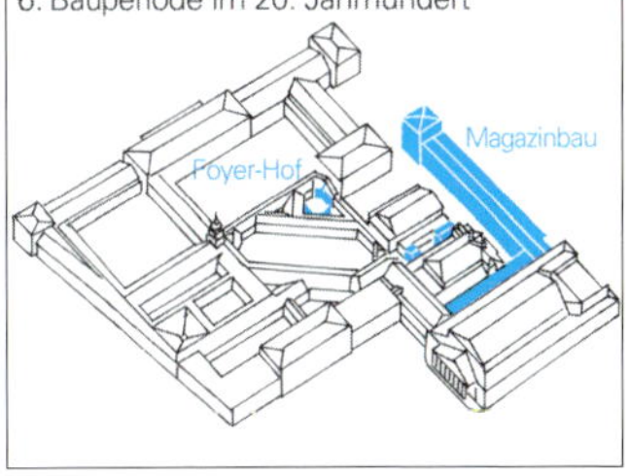

schiere). – *1951-53* Einbau des *Neuen Herkulessaals* (Entwurf: Esterer, → Hofgartenstraße 2) an der Stelle des ehemaligen Thronsaals; damit verbunden neue Raumfolge im Erdgeschoss (Eingangshalle, Vorraum, Garderobe) mit repräsentativer Treppe zu den Foyers im Obergeschoss. – *1955-60* Wiederherstellung der *Nibelungensäle* (**75-79**) im Erdgeschoss des Königsbaus. – *1956*: Spanisches Kulturinstitut an Residenzstraße (1969 im Apothekentrakt am Marstallplatz). – *1956-58* Wiederherstellung der *Hofkapelle* (**89**); *1956-60* Rekonstruktion der *Reichen Zimmer* (**55-61**), Miniaturenkabinett (**62**, rekonstruiert 2000). – *1958* (in 34 wieder aufgebauten Obergeschossräumen um den Brunnenhof): *4. Europarat-Ausstellung* ›Europäisches Rokoko. Kunst und Kultur des 18. Jh.‹. *1958*: Wiedereröffnung des *Alten Residenz-/Cuvilliéstheaters* im Apothekenstock (→ Residenzstraße 1) mit Anlage des achteckigen Foyer-Hofs (und Nebenräumen) an der Stelle des 1946 eingerichteten ›Theaters am Brunnenhof‹. *1958*: In 50 Räumen Eröffnung des 1. Abschnitts des *Residenzmuseums*. – *1959-61*: rekonstruierender Einbau des (Alten) *Herkulessaals* im Damenstock (→ S. 270); *1959*: im (ehemaligen) Schlachtensaalflügel und Apothekentrakt Arbeitsräume und Säle für *Bayerische Akademie der Wissenschaften*. – *1959*: *Staatliche Münzsammlung* im Triertrakt und Damenstock am Kapellenhof. – *1961*: Einzug des Präsidialbüros der Max-Planck-Gesellschaft im zweiten Obergeschoss des Theatinerstocks (→ Hofgartenstraße 8). – *1965* bzw. *1966*: 2. Abschnitt des *Residenzmuseums*: Kurfürstenzimmer (**22-31/15-21**)) und Charlottenzimmer (**39-41**). – *1968*: Spanisches Kulturinstitut im Apothekentrakt am Marstallplatz. – *1970*: *Ägyptische Staatssammlung* im Erdgeschoss des Kaisersaaltrakts (→ Hofgartenstraße). – Abschluss der Sicherung der *Allerheiligen Hofkirche* (→ Marstallplatz). – *1970*: Pfälzer Weinprobierstube im Vierschäftesaal. – *1972*: Einzug der Bayerischen Akademie der Schönen Künste im zweiten Obergeschoss des Königsbaus. – *1973*: 3. Abschnitt des *Residenzmuseums*: Steinzimmer (**104-109**), Trierzimmer (**46-53**), Grüne Galerie (**58**). – *1974*: Einrichtung der *Silberkammern* (**100-102**: ehemaliges Staatsratszimmer und **71**: Hartschiersaal), ferner *Porzellankammern* (**14 d – 14 g**) und (neue) *Schlachtensäle* (**14 a – 14 c**) im ersten Obergeschoss des Königsbaus. – *1979*: Rekonstruktion des *Schwarzen Saals* (**13**). – *1980*: Abschluss der Wiederherstellung der *königlichen Raumflucht* (**115-127**) im ersten Obergeschoss des Königsbaus. – *1985*: Fertigstellung der Rekonstruktion bzw. Restaurierung von *Vierschimmel-* und *Kaisersaal* (**110, 111**) sowie der *Kaisertreppe* (**112**). ***Bedeutung:*** In ihrer Ausdehnung eine der umfangreichsten Residenzen Europas; in rund drei Jahrhunderten entstandener Wohn- und Regierungssitz der Wittelsbacher, bis zum Ende der Monarchie 1918 politischer und

Residenz: *Brunnenhof.*

kultureller Mittelpunkt des Herzog- und Kurfürstentums bzw. des Königreichs Bayern. In künstlerischer Hinsicht eine der bedeutendsten Palastanlagen (vergleichbar der ›Hofburg‹ in Wien); Wiederaufbau der bis auf die Außenmauern nahezu zerstörten Anlage beispiellose denkmalpflegerische Leistung, durch Auslagerung der originalen Ausstattung weitgehende Wiedereinrichtung ermöglicht: eines der reichsten Raumkunstmuseen Deutschlands.

Rundgang durch die Höfe: Von den zehn Höfen der Residenz sind nur der *Grottenhof* und das *Puderhöfchen* im Museum integriert; die anderen sind frei zugänglich. Im Zusammenhang mit Umgestaltung des Eingangsbereichs nun auch Zugang zum **Königsbauhof** (neben Zugang vom Max-Joseph-Platz) durch das südliche Portal an Residenzstraße: seit Spätzeit des 16. Jh. hier der ›Große Residenzgarten‹, durch Errichtung des Grünen-Galerie-Trakts (Cuvilliés 1731-33) unterteilt; Königsbauhof an östlicher Schmalseite Fassade* des *Vestibüls* (**1**) mit (neuem) Kassenraum in dem 1897 (nach Plänen von J. Hofmann) errichteten Bau für die *Schatzkammer* (→ S. 275) an der Stelle von Cuvilliés' *Prunktreppenhaus* (1764 abgebrochen und durch Speisesaal ersetzt); in warmer Jahreszeit vom Vestibül Zugang zum **Küchenhof**. – An nördlicher Längsseite des Königsbauhofs zweigeschossige Fassade des Ahnengalerietrakts, die beiden anderen Fassaden die hohen rückwärtigen Fronten des Königsbaus; sie umgeben rechteckige Rasenfläche mit Wegekreuz; Bronzeskulpturen von Satyrn und Putten um 1570/80 (Pallago zugeschrieben). – Durch südliches Portal im Maximilianischen Trakt (an Residenzstraße) Zugang zum **Kapellenhof**, dessen längsrechteckige Form auf früheren Straßenzug des ›Jägergaßls‹ hinweist; überragt vom *Residenzturm* (errichtet von Schön d. Ä. 1612-15). In der Durchfahrt zum Brunnenhof links (hier Eingang zur Staatlichen Münzsammlung, → Residenzstraße 1) erinnern ein *Stein* und eiserne *Wandhaken* an mittelalterlichen Sport des Steinschleuderns und Mauerlaufens durch Herzog Christoph (früher am westlichen Burgstock des Alten Hofs angebracht); durch eine Gittertüre rechts Einblick in die *Bogenhalle* (**6**) des Grottenhofs*. – Durch Portal im Damenstock zum **Kaiserhof**, von vier gleich gestalteten Trakten der Maximilianischen Residenz umstellt, die in ihrer herben Architektur und in ihren Ausmaßen programmatisch den dynastischen und politischen Führungsanspruch Maximilians I. eindrücklich demonstrieren. – Durch Durchfahrt im östlichen Flügel in den Apothekenhof (s. u.) und durch Bogenhalle rechts zum längsoktogonalen **Brunnenhof***: seine Diagonallage innerhalb des Residenzgrundrisses bedingt durch Anlage des Antiquariums (**7**) entlang dem ehemaligen Burggraben; seit 1611 in der Mitte der Wittelsbacher Brunnen*: auf vierpassförmigem Becken Bronzefiguren, alle wohl von Gerhard und seiner Werkstatt um 1586-88 geschaffen (ursprünglich für sog. ›Schönen Brunnen‹ des Herzogs Ferdinand auf dem Rindermarkt); vier lagernde *Flussgötter* als Sinnbilder für Donau, Lech, Isar, Inn, ferner vier stehende *Götterfiguren* als Allegorien der vier Elemente (Ceres für Erde, Vulkan für Feuer, Neptun für Wasser, Juno für Luft) sowie Tritonenknaben und drachenartige Mischwesen; im Brunnenbecken auf hohem Sockel (mit Monogramm ME für Maximilian und Elisabeth von Lothringen) Bronzefigur Ottos von Wittelsbach (von Gerhard 1592/93, ursprünglich als ›Herzog Theodo‹ für Grabmal Wilhelms V. in St. Michael (→ Neuhauser Straße 6) vorgesehen, aber 1593 aus Planung ausgeschieden; heute Kopien anstelle der Originale im Raum **113** des Residenzmuseums. – In dem dem Antiquarium gegenüberliegenden Längstrakt (Charlottenzimmertrakt) zwei Tore als Zugang zur Wandelhalle vor dem achteckigen **Foyer-Hof** und dem anschließenden Cuvilliéstheater (→ S. 246ff.). – Bei günstigem Sommerwetter Konzertaufführungen im Brunnenhof. – Durch Bogenhalle wieder zurück zum **Apothekenhof**: bereits um 1540 südlich des Äußeren Christophturms der Neuveste verbürgte *Hofapotheke*, etwa bei Nordostecke des im 17. Jh. durch Verbindung der Maximilianischen Residenz mit der Neuveste entstandenen Hofs, seine heutige Gestalt durch Errichtung des *Festsaaltrakts* und seines Südflügels durch Klenze (→ 5. Bauperiode); Hofapotheke, zu deren Vorstand der Hygieniker Max v. Pettenkofer 1850 als Nachfolger seines Onkels und früheren Lehrmeisters berufen wurde, im *Apothekenstock* untergebracht (Gedenktafel 2002 unter

Residenz: *Figur der Ceres* (1586/88) vom Wittelsbacher Brunnen im Brunnenhof.

den Hofarkaden). – Die Situierung der *Neuveste* durch Pflasterung im östlichen Teil des Hofs angedeutet (→ Residenzgrundriss S. 277), Mauerreste und Befestigungsanlagen unter Apothekenstock und Foyer-Hof vor Cuvilliéstheater erhalten. Die vier Hofseiten ursprünglich von Arkaden umgeben, die nördliche beim Wiederaufbau durch Freitreppe und Terrasse vor Neuem Herkulessaal ersetzt; Bemalung der Arkadenrückwände nach Originalbefunden rekonstruiert. – Durch Doppelportal im Apothekentrakt zum Marstallplatz und dem 1961 aufgestellten Kronprinz-Rupprecht-Brunnen (von Bleeker): Doppelschalenbrunnen, von allegorischer Frauengestalt mit Waage (der ›Gerechtigkeit‹) und ›Palladion‹ (als Schutzherrin der Bürger) bekrönt. – Südlich des Apothekenstocks als **Gartenhof** gestalteter ›Kabinettsgarten‹ als Pausenhof für Veranstaltungen in der restaurierten Allerheiligen-Hofkirche (→ Marstallplatz) genutzt.

Residenzmuseum: *Durch rechtzeitige Auslagerung wurden bewegliche Kunstgegenstände nahezu vollständig, wandfeste Ausstattung zum Großteil vor den schweren Zerstörungen der Residenz bewahrt. Ab* **1949** *waren wichtigste Objekte in der Orangerie von Schloß Nymphenburg notdürftig ausgestellt, bis* **1958** *der erste Abschnitt des Residenzmuseums in 50 rekonstruierten und restaurierten Stil- und Sammlungsräumen eröffnet werden konnte. Vollständige Wiedereinrichtung des ›Raumkunstmuseums Residenz‹ nach 40 Jahren Wiederaufbau* **1985** *abgeschlossen.* Besichtigung *in zwei Abschnitte geteilt:*

Vormittagsrundgang: *Durch Königsbauhof (Residenzstraße) oder Hauptportal (Max-Joseph-Platz) zu* **1** *Vestibül (mit Kassenraum und Museumsladen); bis 1764 Vorraum zur abgebrochenen Prunktreppe (von Cuvilliés), daran anschließend zwei Gartensäle* **2** *und* **3***, von hier zu* **4** Ahnengalerie***** *mit 121 Bildnissen von Ahnen des Hauses Wittelsbach (Ausstattung von J. B. Zimmermann, Dietrich, Miroffsky, 1726-30) und* **5** Porzellankabinett *(urspr. als Schatzkammer nach Entwürfen von Cuvilliés 1730-33 durch Dietrich und J. B. Zimmermann eingerichtet). Durch Halle* **6** *am Grottenhof (→ 2. Bauperiode) ins* Antiquarium* *(→ 1. Bauperiode) mit seinen antiken Skulpturen** *und der dekorativen Ausstattung von 1586-1600; in den Stichkappen und Leibungen 102 zeitgenössische Darstellungen bayer. Städte, Märkte, Burgen und Schlösser** *von Hans Donauer d. Ä. (früheste gemalte Topografie Bayerns). Nach* **8** Oktogon Treppe *(***12***) ins Obergeschoss zum* **13** Schwarzen Saal *(um 1590, 1835-48 Saal der Hartschiere/ Königswache) und zur* **14** Gelben Treppe, *die zu den Gemächern Ludwigs I. im Königsbau führte; im Halbrundraum* **14** *die ›Venus Italica‹** *von Canova 1812. Die früheren Vorzimmer zum Königsappartement heute Schlachtensäle (***14 a-c***), daran anschließend (z. T. Appartement des Königs)* **14 d-14 g** *Porzellankammern (Manufakturen des 19. Jh.). Über Gelbe Treppe zurück; die folgenden kleineren Räume* **15-21** *enthalten Sammlungen ostasiatischen Porzellans (der kleine* Zentralraum **18** *ehemals Cäcilienkapelle, 1693 ff.); Raum* **22-31** *die für Max III. Joseph und Maria Anna als sog. Appartement double 1760-63 eingerichteten* Kurfürstenzimmer. *Zurück im Schwarzen Saal erreicht man* **32** Allerheiligengang *mit den 1966 hier untergebrachten 25 Fresken* ›Italienische Landschaften‹* *von Rottmann 1830-33, ursprünglich in den westlichen Arkaden am Hofgarten. Es folgen* **33-37** *die ehemaligen* Hofgartenzimmer *im Charlottenzimmertrakt, genannt nach der späteren Gemahlin Kaiser Franz I. von Österreich Charlotte Auguste, die die Räume* **38-41** *bewohnte. Nach Vorräumen (***43, 45***)*

Residenz, *Paradeschlafzimmer* aus der Raumfolge der Reichen Zimmer.

Residenz, Schatzkammer: *Russische Ikone,* Moskau, 16. Jh.

Residenz, Schatzkammer: *Statuette des Hl. Georg* (Ausschnitt), 1586/97.

die zum Kaiserhoftrakt gehörenden Trierzimmer (**46-53**; *geschaffen 1614/15), dann zurück zum vereinfacht wiederhergestellten* **54** St.-Georgs-Ritter-Saal *(im Bauteil ›Ritterkasten‹) mit Cuvilliés' Modell für die Ostfassade der Residenz, 1764/67 (→ Zeichnung S. 270). Von hier Zugang zu den* **55-62** Reichen Zimmern* *(ursprünglich ›Parade‹- oder ›Schöne Zimmer‹), zuerst 1726-29 durch J. Effner, dann 1730-37 durch Cuvilliés unter Mitwirkung von J. B. Zimmermann, Dietrich, Miroffsky und Pichler ausgestattet – selbst nach ihrer Instandsetzung nach den Zerstörungen im 2. Weltkrieg Beispiele für die hervorragende Baukunst des Rokoko. Die prunkvolle Ausstattung der* **66-71** Päpstlichen Zimmer, *ursprünglich 2. Hälfte des 17. Jh., ging 1944 großenteils zugrunde; heute z. T. restauriert. Über die* **72** Königin-Mutter-Treppe *zurück zum Erdgeschoss in die* **75-79** Nibelungensäle*, *nach Entwürfen von Klenze ausgestattet, Fresken (erste monumentale Darstellung des Nibelungenliedes) von Schnorr von Carolsfeld unter Mitarbeit von Olivier und Hauschild (1827-37, 1843-67; restauriert 1955-60). Im Durchgangsraum* **80** *Original des ›Harmlos‹ (von F. J. Schwanthaler, 1803), Kopie am ursprünglichen Standort zwischen Hofgarten und → Englischem Garten; über* Haupttreppe (**81**) *im Königsbau zur Eingangshalle. Im Treppenhaus seit 1978 die sechs (von acht)* Kolossalfiguren *›Die Taten des Herkules‹ von Boos (1779/81) aufgestellt (→ S. 160).*

Nachmittagsrundgang *umfasst die ersten fünf Räume, führt dann von Raum 3 in die* Porzellankammern **82-88** *mit europäischem Porzellan des 18. Jh. Es folgen die 1601-03 erbaute* **89** Hofkapelle *und die* Paramentenkammern **91-93**, *über die* **94** Kapellentreppe *zur* **95** Reliquienkammer; *Höhepunkt ist die* **98** Reiche Kapelle*, *die trotz schwerer Zerstörungen weitgehend restauriert werden konnte. Über* **99** Geweihgang *und* **55-62** Reiche Zimmer *zu* **100-102** *ehemaligen* Staatsratszimmern, *seit 1974* Silberkammern *(mit etwa 3500 Stücken neben London, Stockholm und St. Petersburg die bedeutendste Tafelsilbersammlung in Europa); daran anschließend* **103** Hartschiersaal, *von hier zu* **104-114**, *den zum Kaiserhoftrakt gehörenden* Steinzimmern *sowie* Vierschimmelsaal, Kaisersaal *und* Kaisertreppe; *in* **111** *Original der* Tellus Bavarica* *von Gerhard, um 1590 vom Tempel im → Hofgarten. Zurück bis* **71** *zum* Goldenen Saal *und zur* **72** *Königin-Mutter-Treppe, von hier* **115-122** Appartements der Königin *und* **123-127** Appartements des Königs, *rekonstruiert 1973-80.*

Schatzkammer* *Die im östlichen Erdgeschossflügel des Königsbaus untergebrachten Schätze dürfen zu den großen noch bestehenden Sammlungen dieser Art gezählt werden. Grundstock bildeten die unveräußerlichen ›Hauß clainodes‹ der Wittelsbacher, die 1565 aus der herzoglichen Kunstkammer ausgesondert wurden. Nach Zugängen im 17. und 18. Jh. kamen durch Karl Theodor die Hauskleinodien aus Heidelberg, Düsseldorf und Mannheim hinzu; letzter Zuwachs durch Säkularisation sowie durch die Insignien des 1806 neu geschaffenen Königreichs Bayern. 1939 ausgelagert, Ende 1958 in jetzigen Räumen eröffnet.*

Rundgang *Raum* **I:** *Spätantike und* Mittelalter *(Arnulfziborium um 890;* Krone der Kaiserin Kunigunde, *um 1010-20;* Krone einer englischen Königin, *um 1370-80).* **II:** *Spätgotik und Frührenaissance.* **III:** St.-Georgs-Statuette* *um 1590.* **IV:** *Kirchliche Kunst (Kultgegenstände, kirchliches Gerät, religiöse Kleinkunst).* **V:** *Insignien und Orden (*Insignien Kaiser *Karls VII., um 1742,* Kroninsignien des *Königreichs Bayern).* **VI** *und* **VII:** *Steinschneidekunst.* **VIII:** *Hoch- und Spätrenaissance (Bernstein- und Goldschmiedearbeiten).* **IX:** *Barock, Rokoko, Klassizismus (Goldschmiedearbeiten, Tafelgerät, Toilettengarnituren).* **X:** *Exotisches Kunsthandwerk.*

Elfenbeinlüster, gedrechselt von Kurfürst Max III. Joseph, um 1770.

Giraffenflügel, München, um 1810.

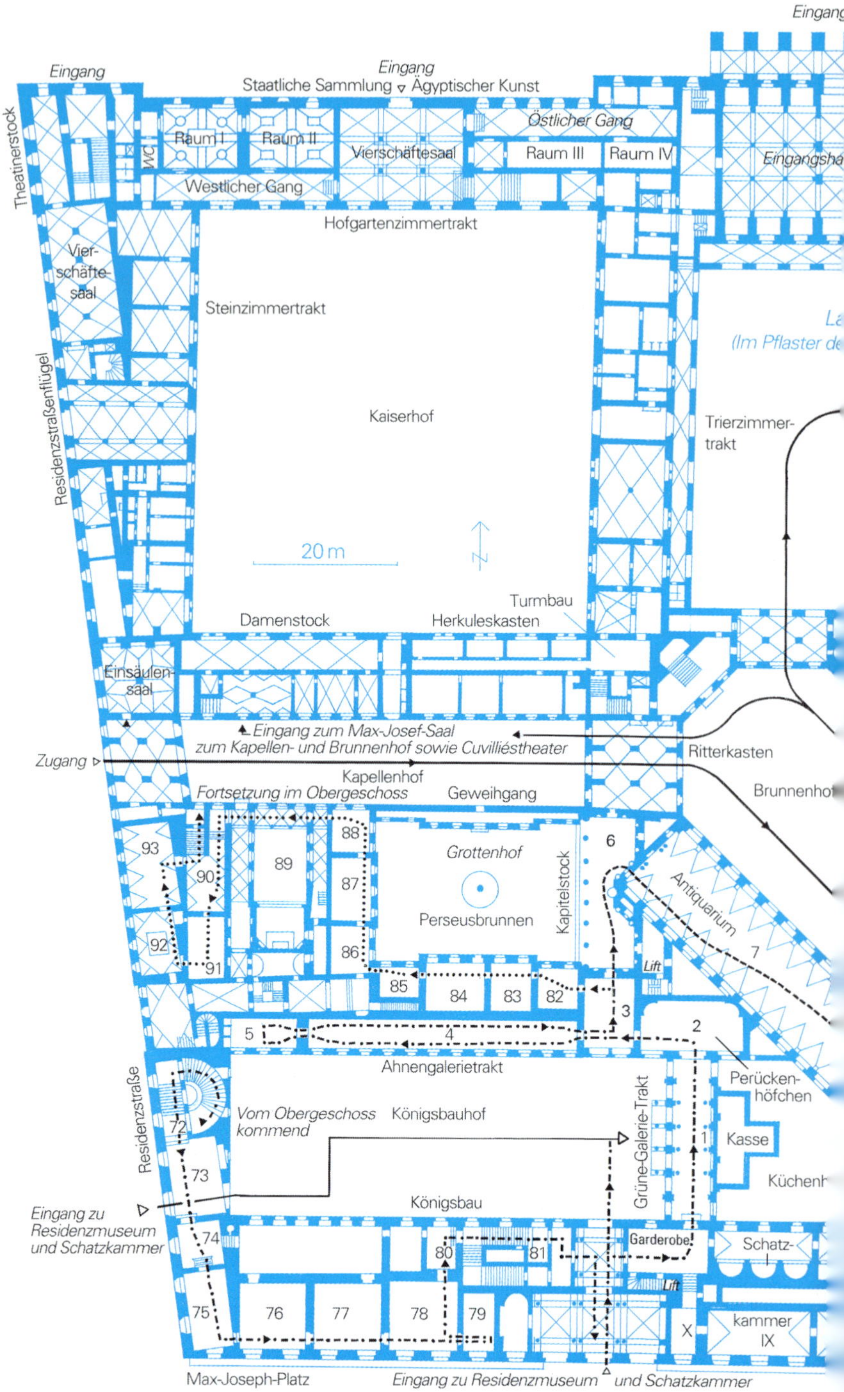

Erdgeschoss: 1 *Vestibül am Königsbauhof,* **2** *Erster Gartensaal,* **3** *Zweiter Gartensaal,* **4** *Ahnengalerie,* **5** *Porzellankabinett,* **6** *Grottenhof-Halle,* **7** *Antiquarium,* **8** *Oktogon,* **9** *Torweg,* **10** *Herkules-Relief,* **11** *Treppengang zum Schwarzen Saal;* **72** *Königin-Mutter-Treppe,* **73** *Durchfahrt,* **74** *Vorraum;* Nibelungensäle: **75** *Saal der Helden,* **76** *Saal der Hochzeit,*

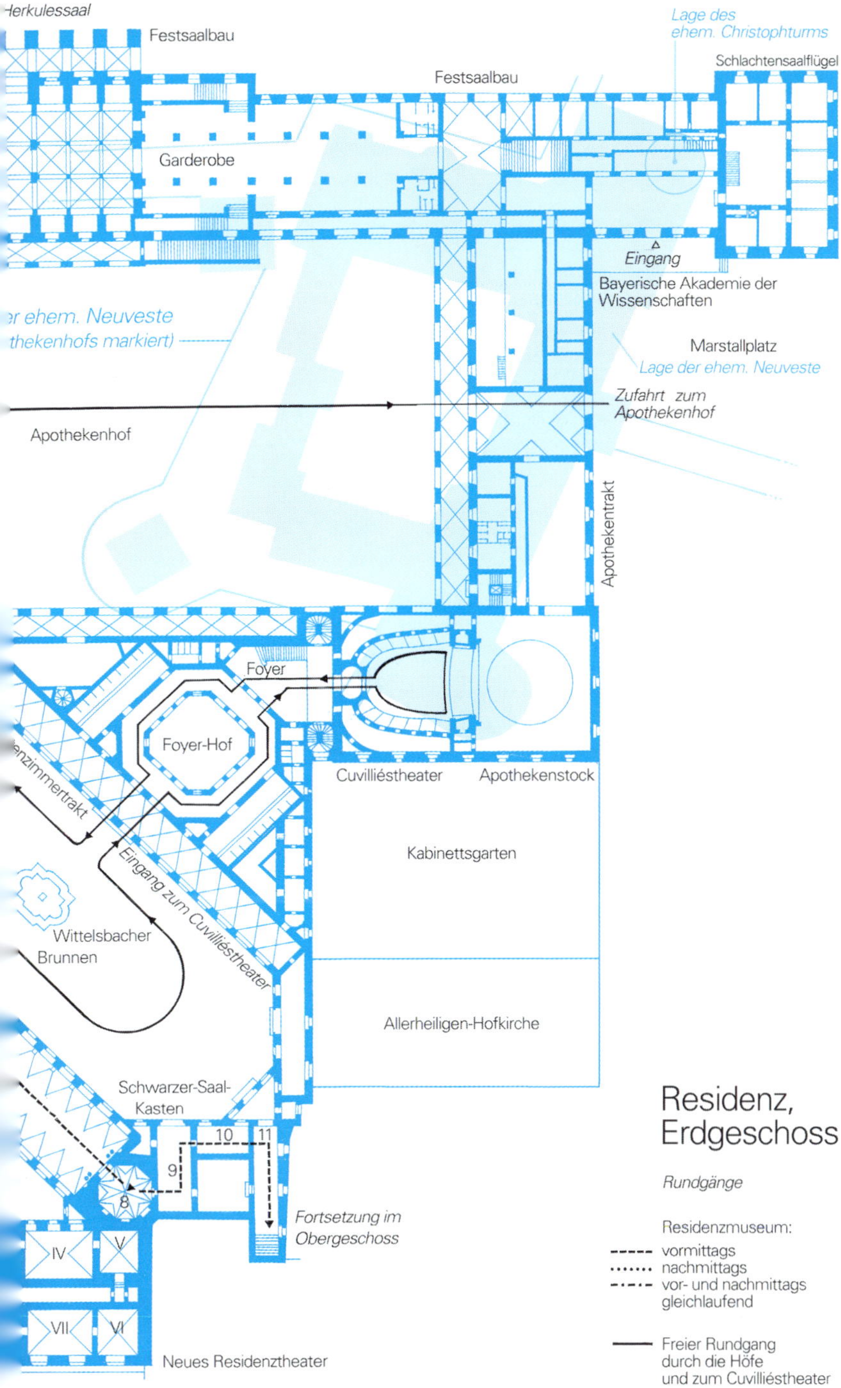

Porzellanslg.: *Vase,* Ludwigsburg ca.1800.

Reliquienkammer: *Reliquiare,* München 1624.

77 *Saal des Verrats,* **78** *Saal der Rache,* **79** *Saal der Klage,* **80** *Durchgang,* **81** *Haupttreppe,* **82-88** *Porzellankammern (82, 83: Manufaktur Meißen; 84: Manufaktur Frankenthal; 85, 86: Manufaktur Nymphenburg; 87: Französische Manufakturen; 88: Deutsche, englische, französische Manufakturen),* **89** *Hofkapelle,* **90** *Vorplatz,* **91-93** *Paramentenkammern.*

Klassizistische Stutzuhr, Paris um 1780.

Gobelin nach Entwurf von P. Candid: *Otto von Wittelsbach gründet Landshut,* München 1611.

Obergeschoss: 12 *Schwarzer-Saal-Treppe,* **13** *Schwarzer Saal,* **14** *Gelbe Treppe,* **14 a-14 c** Schlachtensäle; Porzellankammern: **14 d** *Französische Manufakturen,* **14 e, f** *Manufaktur Nymphenburg/Porzellanbilder,* **14 g** *Manufaktur Berlin;* Rückwärtige Kurfürstenzimmer: **15** *Porzellangalerie,* **16-17** *Ostasienporzellan,* **18** *Holländisches Kabinett,* **19-21** *Ostasienporzellan;* Kurfürstenzimmer: **22** *Vorzimmer,* **23** *Vorzimmer,* **24** *Konferenzzimmer,* **25** *Schlafzimmer des Kurfürsten,* **26** *Blaues Kabinett,* **27** *Gelbes Kabinett,* **28** *Ehemaliges Schlafzimmer der Kurfürstin,* **29** *Audienzzimmer,* **30** *Vorzimmer,* **31** *Garderobe,* **32** *Allerheiligen-Gang;* **33-37** Ehemaliges Hofgartenzimmer: **35** *Kabinett,* **36** *Schlafzimmer,* **37** *Puille-Kabinett,* **38** *Durchgangsraum;* Charlottenzimmer: **39** *Schlafzimmer,* **40** *Musikzimmer,* **41** *Empfangszimmer,* **42** *Charlottengang,* **43** *Vorplatz,* **44** *Breite Treppe,* **45** *Vorraum;* Trierzimmer: **46** *Triergang,* **47** *Ritterstube,* **48** *Saal des Rechts,* **49** *Südliches Vorzimmer,* **50** *Eingangsraum,* **51** *Nördliches Vorzimmer,* **52** *Saal der Entscheidung,* **53** *Saal des Rates;* **54** *Sankt-Georgs-Ritter-Saal;* Reiche Zimmer: **55** *Anti-*

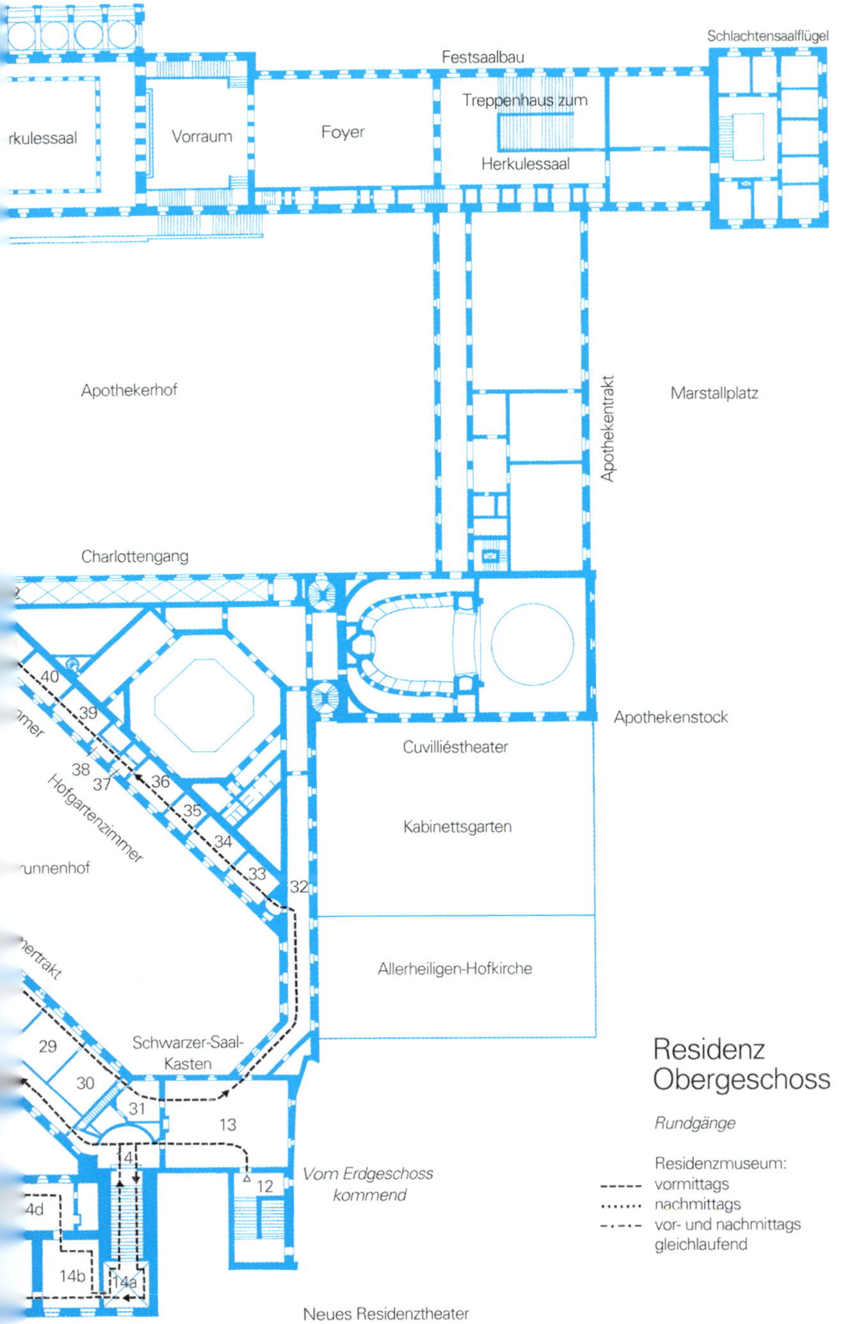

Schatzkammer: *Bayerische Kroninsignien,* Paris 1806.

chambre, **56** *Äußeres Audienzzimmer,* **57** *Inneres Audienzzimmer;* **58** *Grüne Galerie,* **59** *Konferenzzimmer,* **60** *Schlafzimmer,* **61** *Spiegelkabinett,* **62** *Miniaturenkabinett,* **63** *Chinesisches Kabinett,* **64** *Garderobe,* **65** *Durchgangsraum;* Ehemalige Päpstliche Zimmer: **66** *Josephskapelle,* **67** *Rotes Zimmer,* **68** *Herzkabinett,* **69** *Grünes Zimmer;* **70** *Durchgangsraum,* **71** *Ehemaliger Goldener Saal,* **72** *Königin-Mutter-Treppe,* **94** *Kapellentreppe,* **95** *Reliquienkammer,* **96** *Hofkapelle (Empore),* **97** *Vorraum,* **98** *Reiche Kapelle,* **99** *Geweihgang,* **100-102** *Ehemaliges Staatsratszimmer,* **103** *Hartschiersaal;* Steinzimmer, **104** *Zimmer der Kirche,* **105** *Zimmer der Religion,* **106** *Zimmer der Ewigkeit,* **107** *Zimmer der Jahreszeiten,* **108** *Zimmer der Welt,* **109** *Zimmer der Elemente;* Räume im Kaisersaaltrakt: **110** *Vierschimmelsaal,* **111** *Kaisersaal,* **112** *Kaisertreppe;* **113** *Durchgangsraum,* **114** *Theatinergang;* Appartement der Königin: **115** *Erstes Vorzimmer,* **116** *Zweites Vorzimmer,* **117** *Servicesaal,* **118** *Thronsaal,* **119** *Salon,* **120** *Schlafzimmer,* **121** *Schreibkabinett,* **122** *Bibliothekszimmer;* Appartement des Königs: **123** *Schlafzimmer,* **124** *Ankleidezimmer,* **125** *Arbeitszimmer,* **126** *Empfangszimmer,* **127** *Thronsaal.*

Industrie- und Handelskammer:
Fassadendetails, 1899-1901.

MAX-JOSEPH-STRASSE 2 □2

Industrie- und Handelskammer (IHK) für München und Oberbayern. Hervorgegangen aus der 1843 gegründeten ›Handels- und Gewerbekammer‹ und dem ›Münchener Handelsverein‹, 1869 zur ›Handels- und Gewerbekammer für Oberbayern‹ konstituiert und bis 1901 im ersten Obergeschoss des Münzgebäudes an der Pfisterstraße untergebracht. Neubau an der Stelle des Hotel-Restaurants Achatz zwischen 1899 und 1901 als *Haus für Handel und Gewerbe (Neue Börse)* am Maximiliansplatz 8. An diesem Bau 1911-12 angefügt das *Wohn- und Geschäftshaus A. S. Drey*, 1935 von IHK erworben: zusammen mit Altbau deren Zentrale. (Die Börse verlegt 1963, → Lenbachplatz 2.)

Beschreibung des Gebäudes am *Maximiliansplatz*: Bei 1898 ausgeschriebenem Wettbewerb 1. Preis an F. v. Thiersch, der den Bau (nach unterschiedlichen Vorentwürfen für die drei Fassaden) in zweijähriger Bauzeit (Bauführung: F. P. Lang) erstellte. Die beiden Schmalseiten je vier, durch breite, glatte Kolossallisenen getrennte Fensterachsen, die Hauptfassade (gegen Eschenanlage) zu neun Achsen, wobei nur dreiachsiger Mittelrisalit durch Lisenen und zweigeschossige Rundbogenfenster akzentuiert. Das Erdgeschoss aus mattroten und gelblichen Sandsteinschichten und darüber ein ringsum laufender Balkon; dieser Horizontaltendenz wirkt Vertikalgliederung der drei Obergeschosse entgegen, abgeschlossen durch auskragende, bunt kassettierte Hohlkehle und Übergang zu Mansardenwalmdach mit Schleppgauben. – Kriegsschäden (1943-45) durch Restaurierung 1948-50 behoben, umfassende Innenrenovierung unter weitgehender Rücksicht auf historische Gegebenheiten 1992-95, Außenrenovierung 1994 (W. und J. Betsch), wobei die originale reiche Stuckornamentierung auf farbigem Putz (Entwurf: Pfeifer, ausgeführt von Meile und Blersch 1900) leider durch streng geometrische, nur aufgemalte Ornamente ersetzt wurde; in ursprünglicher Form erhalten die drei Reliefs im Mittelrisalit. Anstelle der früheren Deckung mit grün glasierten (!) nur rote Ziegel. – ***Inneres:*** Die einzelnen Stockwerke klar getrennten Funktionen zugeordnet: im Erdgeschoss *Café-Restaurant* ›Neue Börse‹, durch zweckentfremdete Nutzung nach dem Krieg Verlust der gesamten kostbaren Innenausstattung (u. a. der Gemälde von Volz); im (erhaltenen) *Haupttreppenhaus* Triptychon »Spekulation und Handel« (Relief von Taschner 1901), im ersten Obergeschoss Räume des *Handelsvereins* mit zweistöckigem Börsensaal (ursprünglich Gemälde von Mössel, durch Umbau zu Kammersaal verändert: neue Wandmalereien von R. Dietz 1993); im zweiten Obergeschoss Räume der *Handels- und Gewerbekammer* (mit zweistöckigem Handelskammersaal, drei Gobelingemälde von Ecke 1925, heute Alter Sitzungssaal); im dritten Obergeschoss Räume für *Kaufmännischen Verein*. Für die wichtigsten Säle hatte Thiersch (wie zahlreiche Skizzen belegen) die Ausführung der Maler-, Bildhauer- und Stuckateurarbeiten weitgehend selbst festgelegt.

Beschreibung des Gebäudes an *Max-Joseph-Straße:* Anschließend an Thiersch-Bau Errichtung eines *Wohn- und Geschäftshauses* für Antiquitätenhändler Drey durch G. v. Seidl 1911-12. Hauptfassade mit neun eng gestellten Fenstern, von leicht vorspringenden, zweiachsigen und strenger gegliederten Eckrisaliten verfestigt; ihr System an den beiden Schmalseiten zum Altbau fortgeführt. Das Erdgeschoss (an drei Seiten mit großen, arkadenartig gereihten Schaufenstern) in Haustein als Sockelgeschoss gekennzeichnet, abgeschlossen von breitem umlaufenden Zierfries in Terrakottareliefs; im gleichen Material die Umrahmungen der rechteckigen Fenster der drei Obergeschosse sowie das kräftige Gesims (Modelle für die Reliefs von Naager, ausgeführt von Nymphenburger Manufaktur); darüber niedrigeres viertes Obergeschoss, im Mittelteil neunachsige Korbbogenloggia, das folgende Walmdach mit gleicher Firsthöhe wie Thiersch-Bau. – Vor Eingang in Mittelachse dreieckig übergiebelter Portikus, ursprünglich in Umzäunung des Vorgartens eingebunden; die einstigen sechs überlebensgroßen Kalksteinstatuen (auf Säulen) von Düll und Pezold (von links: Silen, Venus, Merkur; Dudelsackpfeifer, Tänzerin, römischer Krieger) im 2. Weltkrieg zerstört.

Bedeutung: Die beiden zu quadratischem Geviert zusammengefügten Gebäude bewahrten jedes für sich die künstlerische Eigenständigkeit – Zeugnisse für die Architekturperiode der ausgehenden ›Prinzregentenzeit‹: der *Thiersch-Bau* in seinem barockisierenden Jugendstil, der vor allem durch die Verwendung der Farbe ein wichtiger Markstein für die bauliche Entwicklung Münchens ist; dagegen der rund zehn Jahre jüngere *Seidl-Bau*, ein für diesen Architekten untypisch sachlicher Neubau, in seiner Flächigkeit und beinahe kristallinisch verfestigten Form eine Vorahnung auf Neoklassizismus (vgl. ehemaliges Palais Schrenk-Notzing, Max-Joseph-Straße 9).

MAX-JOSEPH-STRASSE 9 □ 2

Ehemaliges Palais Schrenk-Notzing Nach Entwurf von G. v. Seidl 1904-06 für den Arzt Albert v. Schrenk-Notzing erbaut; während des 3. Reichs von der NSDAP vereinnahmt. Renovierung 1980-82 (mit Instandsetzung der originalen Innenräume). Seit 1946 Sitz des Generalsekretariats des Bayerischen Bauernverbands. ***Beschreibung:*** Über dem blockhaft glatten Erdgeschosssockel zweigeschossige vierachsige Fassade mit gekuppelten Säulen, die Metopengebälk tragen; darüber Balustrade, die das Dachgeschoss verbirgt. Das Hauptgeschoss mit Rundbogen-, Obergeschoss mit Rechteckfenstern. ***Bedeutung:*** Für ein Privatpalais sehr anspruchsvolle Verwendung monumentaler Architekturmotive (Kolossalsäulen); für G. Seidls malerische Architekturauffassung erstaunlich streng (Anklänge an Bramantes Casa di Raffaelo in Rom), in Reduzierung auf Massenhaftigkeit Vorwegnahme eines Neoklassizismus (wie er im 3. Reich angestrebt wurde). – Vor dem Nachbarhaus (Nr. 7) Bronzegruppe »Giulia und Mileto auf Eselskarren« (von Manzù).

Palais Schrenck-Notzing, 1904-06.

MAX-PLANCK-STRASSE 1 □ 8

Maximilianeum Unter dieser Bezeichnung sind heute drei Institutionen zu verstehen: 1. die *Studienstiftung* Maximilianeum; 2. das *Bauwerk* Maximilianeum auf den jenseitigen Isarhöhen in der Achse der Maximilianstraße; 3. der *Sitz des Bayerischen Parlaments.*

1. Studienstiftung Bereits als Kronprinz fasste Maximilian den Plan zu einer Anstalt, in der »talentvolle bayerische Jünglinge« ohne Rücksicht auf Herkunft wissenschaftlich und geistig erzogen werden sollten, um zur »Lösung der höheren Aufgaben des Staatsdienstes« in der Lage zu sein. 1837 legte W. v. Würtzburg das Konzept eines Erziehungsinstituts (noch für Adelige!) vor, nach Vorbild des Königlichen Kadettencorps Berlin, der Ritterakademie Dresden und der Theresianischen Akademie Wien; der Standort für München jedoch noch unbestimmt. 1840 entwarf der Gräzist F. v. Thiersch ein neuhumanistisches Bildungsprogramm und eine entsprechende Ausbildungsstätte (»Plan zu einem *Athenäum* oder einer vollständigen wissenschaftlichen Erziehungs-

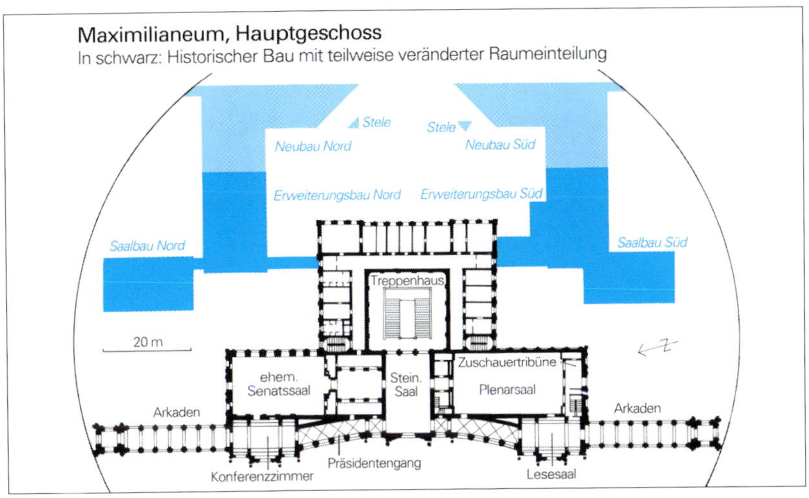

Maximilianeum.

Freifiguren *(Zinkguss nach Modellen von Widnmann)*
I *Nike*
II *Viktorien, mit Palmzweigen*
III *Viktorien, mit Girlanden.*
Mosaiken *(Kopien 1902 der ursprünglichen Fresken)*
A *›Gründung des Klosters Ettal 1330‹*
a *›Sängerkrieg auf der Wartburg‹*
aa *›Stiftung der Universität Ingolstadt 1472‹ (Fresken von K. Th. v. Piloty).*
B *›Hausvertrag von Pavia 1329‹*
b *Symbole der Wissenschaften (Fresken von Echter).*
C *›Befreiung Wiens‹ 1683*
c *Kriegstrophäen (Fresken von F. Dietz).*
Büsten *(Schöpf und Halbig) über Erdgeschossarkaden*
Nördlicher Flügel, *Wohltäter der Menschheit, Weise, Erfinder:* **1** *Franz von Assisi,* **2** *Papst Gregor d. Gr.,* **3** *Vinzenz von Paul,* **4** *Sokrates,* **5** *Konfuzius,* **6** *Cicero,* **7** *Leibniz,* **8** *Archimedes,* **9** *Brutus (neu von Scheerbaum 1962/63),* **10** *Demosthenes,* **11** *Homer.*
Südlicher Flügel, *Staatsmänner, Feldherrn, Philosophen:* **12** *Gustav Adolf,* **13** *Cäsar,* **14** *Hannibal,* **15** *Alexander d. Gr.,* **16** *Sappho (neu von Scheerbaum 1962/63),* **17** *Platon,*

anstalt«), wofür 1842 bei der Standortsuche neben Isarhöhe auch Regensburg und Feldafing erwogen wurde. (Einwand 1850 gegen Bezeichnung ›Athenäum‹, weil das heidnische Athen politisch und vor allem moralisch ein schlechtes Beispiel gebe.) 1852 die Anstalt für sechs Stipendiaten provisorisch in einem Mietshaus an Amalienstraße (nahe Universität) untergebracht. Nach Entscheidung für Standort Isarhöhen 1851 erhielt der aus der Privatschatulle des Königs finanzierte Bau kurz vor Grundsteinlegung 1857 die Bezeichnung *Maximilianeum*; die Studienstiftung selbst aber erst am 20.8.1876 durch Ludwig II. für 26 Stipendiaten errichtet. Seit Ende der Monarchie 1918 unter dem Protektorat der Ludwig-Maximilians-Universität. Durch ›Wittelsbacher Jubiläums-Stiftung‹ 1980 neben 26 Studenten auch zehn Studentinnen, im Jahr 2000 auf 28 männliche und 17 weibliche Stipendiaten erhöht.

2. Das Bauwerk Im Zusammenhang mit Maximilians ›Stadtverschönerungsplan‹ (1832) Absicht zur Errichtung eines »großen Nationalbaus, dazu einen Park« (→ Maximiliansanlagen) auf östlicher Isarhöhe. Das als ›Akropole‹ gedeutete Bauwerk seit 1839 Zielpunkt einer geplanten Straße (→ Maximilianstraße) unter besonderer Berücksichtigung urbanistischer und militärischer Überlegungen. Im selben Jahr bei Schinkel Gutachten über »Möglichkeiten eines neuen Baustils« eingeholt, in dem der Berliner Architekt anregt, eine Konkurrenz für eine bestimmte Bauaufgabe auszuschreiben. 1840 fiel Entscheidung, den Nationalbau auf der Isarhöhe als Erziehungsinstitut für künftige Staatsbeamte zu errichten; greifbare Formen durch Thierschs Lehrplan und Raumprogramm für *Athenäum.* Für dieses noch im gleichen Jahr erster Entwurf von Metzger in Spitzbogenstil, dem 1842 der Plan für ein Kronprinzenpalais statt Institut folgt (1850 nochmals aufgegriffen, aber dann doch nicht ausgeführt); ebenfalls von Metzger 1845 ein Athenäumentwurf im Rundbogenstil, ferner Entwürfe von Lange und Ziebland 1847/48, von G. Neureuther um 1850 und Klenze 1850-52. – Schließlich 1850 Ausschreibung eines der größten internationalen Architekturwettbewerbe des ganzen 19. Jh. zur Erlangung eines »Bauplans zu einer höheren Bildungs- und Unterrichtsanstalt«, wobei sowohl auf Grundlage der Neugotik die besten Elemente historischer Stile ebenso vereint sein müssten wie die Fortschritte der Bautechnik und die Verwendung neuer Materialien. Auf die 100 verschickten Einladungen nur 17 Einsendungen (1852), u. a. von Bürklein, Klenze, Voit, Ziebland (München), Hittorf (Paris), van der Nüll (Wien), Stüler, Stier (Berlin), Zwirner (Köln). Bekanntgabe des Ergebnisses 1854: obwohl 1. Preis an Stier, fiel Entscheidung zugunsten des für Maximilianstraße gewählten Baustils und damit an Bürklein, der bereits 1851 eine stadtbeherrschende ›Akropole‹ auf dem jenseitigen Isarhochufer entworfen hatte: Ausführungspläne für Straße *und* Athenäum ab 1852, *Grundsteinlegung* des aus der Privatschatulle des Königs finanzierten ›Maximilianeums‹ in Spitzbogenstil am 6.10.1857; *Erdarbeiten* wegen schwierigen Baugrunds erst 1861 abgeschlossen, *Sockelzone* des Mittelbaus 1864 fertig, als König Max Änderung der vorgesehenen Spitzbogen in Rundbogen befiehlt (also nicht, wie immer behauptet, durch Semper); nach seinem Tod Stockung des Baus: *Wohnbau* erst 1872, *Gesamtanlage* und *Innenausbau* erst unter Ludwig II. 1874 vollendet. Bereits in den 1890er Jahren Erneuerung der großen Umfassungsmauer, 1902 Ersatz der verwitterten Fresken an den Risaliten der Westfassade durch Mosaikkopien, 1933-35 Erneuerung der Terrakottaverkleidung an dieser Fassade; bis kurz vor Kriegsende in den Galerieräumen (heute: Senats- und Plenarsaal) Ausstellungen der Münchener Künstler, gleichzeitig Notunterkunft der Akademie der Tonkunst und Teile des Statistischen Landesamtes sowie Einquartierung von Luftabwehreinheiten. – Nach verhältnismäßig geringen Kriegsschäden 1946-48 Neuausbau und Umwandlung der beidseitigen Galerie-Säle zu Senats- und Plenarsaal für den 1949 eingezogenen Bayerischen Landtag. Niedrige Saalanbauten im Norden (1958/59) und im Süden (1964/65), gegen Osten höhere Erweiterungsbauten 1989, die 1995/96 (nach Plänen von Staab und Pleuser) hakenförmig verlängert wurden. 1962/63 Erneuerung der Terrakottaverkleidung, umfassende Sanierung 1978 ff., Außenrestaurierung und Säuberung 1984/85. ***Äußeres:*** Das aus mehreren verschiedenen Gebäuden zusammengewachsene Maximilianeum einem kreisrunden Areal eingefügt, dessen hohe Futtermauern durch Geländestufe des Isarhochufers bedingt. In der Ansicht von der Maximilianstraße ein terrassenartiger Sockel für die rund 150 m breite stadtseitige zweigeschossige Schaufassade: an ihren Enden zwei dreistöckige Türme; durch siebenjochige, im Obergeschoss offene Arkadenflügel Überleitung zum fünfteiligen *Hauptbau* mit seinen dreiachsigen Eckrisaliten, den konvex eingezogenen vierachsigen Rücklagen und dem dreiachsigen überhöhten Mittelrisalit, zusammengefasst durch mächtige Attika. Auf dieser Zinkgussfiguren: in der Mitte ›Nike‹ (**I**; nach Modell von Widnmann) und beidseitig je sieben Viktorien (**II** und **III**); in den jeweils drei halbrunden Feldern der Attikazone ursprünglich Fresken (wegen Verwitterung 1902 durch Mosaikkopien ersetzt; die Ölskizzen zu den Fresken im Maximilianeum erhalten): am *Mittelrisalit* die Förderung von Religion, Kunst und Wissenschaft durch die Wittelsbacher (**A**, **a**, **aa**; von K. Th. v. Piloty), am *nördlichen Eckrisalit* die staatsmännische Leistung der Dynastie und die Hilfsmittel der Wissenschaften (**B**, **b**, **b**; von Echter), am *südlichen Eckrisalit* die Bewährung im Krieg sowie Trophäen (**C**, **c**, **c**; von F. Dietz). Über den 22 Rundbogenarkaden des Erdgeschosses in lorbeerumkränz-

18 *Solon,* **19** *Lykurg,* **20** *Aristoteles,* **21** *Perikles,* **22** *Pythagoras.*
Fresken *(A. und H. Spieß) an Rückwand der Erdgeschossarkaden des Hauptgebäudes:*
Im nördlichen Gang *sieben Genien mit Attributen von Lehrfächern: Archäologie, Geschichte, Ästhetik, Poesie, Chemie, Mathematik, Physik; in den Arkaden des* Mittelrisalits *drei Genien mit Blumengewinden; im* südlichen Gang *sieben Genien mit Attributen von Lehrfächern: Zoologie, Geografie, Botanik, Kultus, Agrikultur, Justiz, Bergbau.*

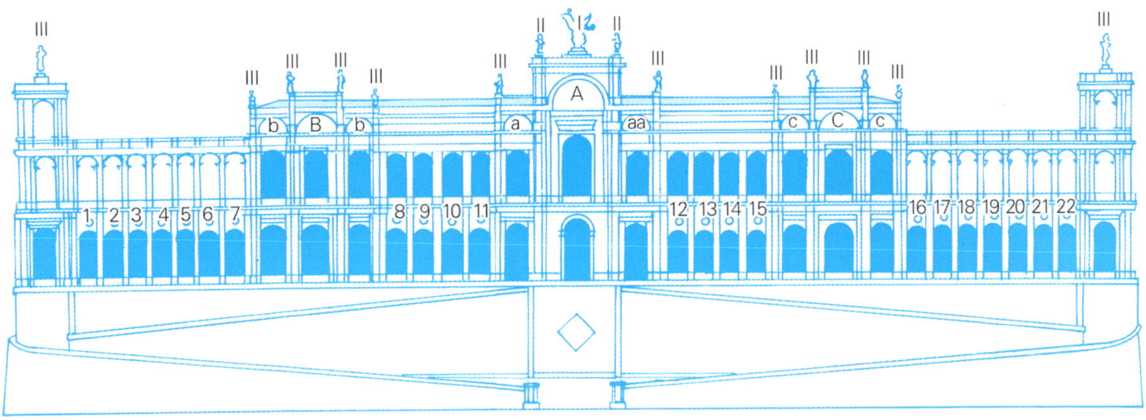

Maximilianeum, Fassadenprogramm

ten Tondi *Büsten* von Wohltätern der Menschheit: Weisen und Erfindern im nördlichen Abschnitt (**1-11**), im südlichen von Staatsmännern, Feldherrn und Philosophen (**12-22**); Marmorbüsten von Schöpf und Halbig, ursprünglich in den beiden Wandelgängen im Obergeschoss aufgestellt. In den 19 Jochen der Erdgeschossarkaden auf rotem Grund Genien mit Attributen von Lehrfächern (Fresken von H. und A. Spieß). – Hinter der kulissenhaften Schaufront schlicht gestaltete Zweckbauten: das fünfstöckige Gebäude der Studienstiftung und der ehemaligen königlichen Pagerie, die Saalanbauten und die Erweiterungsbauten, Letztere nach Osten verlängert und durch zwei Flügelbauten zu moderner ›Schaufassade‹ gestaltet (Plan von Staab und Pleuser, 1995/96); im Auffahrtsbereich Doppelstahlskulptur von H. Lechner (1995). – Unterschiedliche Vorschläge für Umbauten bzw. für neuen Plenarsaal: Abgelehnt der Vorschlag für gläsernen Sitzungssaal *auf* dem historischen Mitteltrakt (von Behnisch und Sabatke 2000); bei folgendem Wettbewerb (2001) zwar fünf Preise (bei insgesamt 38 Einsendungen) vergeben (1. Preis an Valentyn für Glasanbau hinter nördlichem Arkadenflügel), jedoch weiteres Procedere ungewiss; auch Modernisierung des alten Plenarsaals erwogen. ***Inneres:*** Von der Stadtseite Eingang zum Vestibül: rechts Zugang zur *Ständigen Ausstellung* über das Bayerische Parlament (s. u.) und zur Postfiliale, links zur *Landtagsgaststätte* (Landschaftsgemälde von Hauser); in der Achse dreiarmige gegenläufige Treppe zum Obergeschoss, an der Stirnwand seit 1955 spätgotisches Kruzifix (aus Chieming, um 1520), in den Bogenfeldern der Blendarkaden Grisaille-Zyklus mit Tugenddarstellungen (von Seibertz 1872, teilweise fragmentarisch). Offene Arkaden zum *Steinernen Saal*; an seinen Seitenwänden Ölgemälde: südlich ›Kaiserkrönung Karls des Großen 800‹ (von F. A. Kaulbach, 1861), nördlich ›Kaiserkrönung Ludwigs des Bayern 1328‹ (von Kreling, 1859). Beide Bilder ehedem Bestandteil der *Historischen Galerie* von 30 Historiengemälden, in denen Maximilian wesentliche Ereignisse der Weltgeschichte – vom Sündenfall bis zur Völkerschlacht bei Leipzig – darstellen ließ (Themenauswahl vom Historiker Doenniges). Bilder (von den Malern A. Adam, Echter, E. Hess, H. Hess, Köckert, Kotzebue, Pauwels, F. Piloty d. J., K. Th. v. Piloty, Schnorr von Carolsfeld, Schwoiser) heute in den Gängen und Räumen der Studienstiftung, ein Gemälde (von Ramberg) als Leihgabe in Neuer Pinakothek; restliche 13 Bilder im Krieg verbrannt. Vom Steinernen Saal Zugänge zum Flügel mit ehemaligem *Vollversammlungssaal* des 1998 abgeschafften Bayerischen Senats (Saal für Sonderveranstaltungen) sowie zum sog. *Präsidentengang* (mit Portraits der Landtagspräsidenten seit 1946); an seinem nördlichen Ende das dreiteilige *Konferenzzimmer*: an rechter Wand in den Lünetten Allegorien (Chemie, Wahrheit, Architektur), darunter Fresko (von Seibertz), das die imaginäre Einführung Alexander von Humboldts in die (portraitgetreue) »Versammlung von [19] Nobilitäten der Wissenschaft und Kunst, welche der Regierungszeit König Maximilians II. ... angehört haben« zeigt; beachtenswert die Darstellung des Maximilianeums im Hintergrund (noch mit Spitzbogenarkaden und gotischen Stabwerkfenstern); an den Wänden der beiden Anräume Freskogemälde (von Hiltensperger) mit Standbildern von sechs »Wohltätern« der Menschheit sowie sechs Erfindern und Entdeckern. Die Mitteltüre in der südlichen Wand des Steinernen Saals führt zum *Plenarsaal des Bayerischen Landtags* mit den Besucher- und Pressetribünen an den Schmalseiten; an rechter Längswand hinter Präsidentensitz Gobelin mit ›Großem Bayerischen Staatswappen‹ und den Wappen der (bis 1945) acht bayerischen Regierungsstädte (Entwurf von Kaspar); an der Wand gegenüber (durch Brandschutzvorhang verdeckt) zwei Gemälde aus der Historischen Galerie: ›Seeschlacht von Salamis 480 v. Chr.‹ (W. v. Kaulbach) und ›Demütigung Barbarossas durch Heinrich den Löwen 1176‹ (Foltz). Anschließend (sowie durch südlichen Wandelgang erreichbar) der ebenfalls dreiteilige *Lesesaal*: an östlicher Wand (anstelle der zerstörten Fresken von Seibertz) Ölskizze Pilotys zu seinem Fresko ›Sängerkrieg‹ an Westfassade (**a**); auch hier an den Wänden der beiden Anräume Fresken (von Pecht): sechs Feldherrn und sechs Staatsmänner.

Bedeutung: In einem ersten Plan von Kronprinz Max bereits 1832 von »großem Nationalbau auf der Isarhöhe« die Rede. Im anfänglich vorgesehenen Spitzbogenstil for-

Maximilianeum: Mittelrisalit mit Mosaik *Förderung von Religion, Kunst und Wissenschaft durch die Wittelsbacher.*

mal konsequenter Abschluss der → Maximilianstraße; die von Max II. selbst befohlene Abänderung zu Rundbogen beweist die Einsicht, dass das bei der Stilerfindung geforderte »altdeutsche Formenelement« des Spitzbogens sich in der Anwendung auf Arkadenreihung nicht bewährte. – Im Ganzen betrachtet ist dieser romantische ›Kulissenbau‹ durch offene Arkaden in die umgebende Natur eingebunden, in der Fernsicht zu phantomhaftiger Großartigkeit gesteigert; in seiner auf die Stadt bezogenen Schaufront allerdings einseitig nach Westen orientiert und als Ausgangspunkt für die Neugestaltung des östlich gelegenen Stadtteils Haidhausen (1854 eingemeindet) nicht genutzt bzw. nicht geeignet.

3. Das Bayerische Parlament Vorläufer die Landstände (auch ›Landschaft‹ genannt), allerdings keine gewählten Volksvertreter, sondern Interessenvertreter von Adel, Geistlichkeit, Städten als führende gesellschaftliche Gruppen; Sitz der Versammlung ab 1574 das Landschaftshaus am Schrannenplatz (→ Marienplatz). Erst nach Verkündung der bayerischen Verfassung 1818 Umbau des königlichen Redoutenhauses (ehedem Palais des Grafen Seeau) an Prannerstraße durch Klenze. *Eröffnung* der 1. Ständeversammlung (aus Abgeordnetenkammer und ›Kammer der Reichsräte‹, später Senat) am 4.2.1819; notwendige Erweiterungen 1821/22 und 1829; schließlich 1884/85 völliger Neubau in Formen deutscher Renaissance (nach Plänen von Siebert). *Auflösung des Parlaments* im 3. Reich durch Reichsgesetz vom 30.1.1934. – Die Totalzerstörung des Gebäudes im Weltkrieg führte zu Notunterkünften: Nach ersten Wahlen (30.6.1946) *Verfassungsgebende Versammlung* in Großer Aula der Universität; Wahlen am 1.12.1946 zur Annahme der Verfassung und Zusammensetzung des neuen Landtags (mit zwei Kammern: Abgeordnetenhaus und Senat); anfangs abermals in Aula, dann im Theater am Brunnenhof der Residenz und im Sophiensaal der Oberfinanzdirektion; Senat zeitweise im Rathaus. Ab 1946 Um- und Ausbau der 1943 z. T. zerstörten bzw. beschädigten ehemaligen Galeriesäle im Maximilianeum für den Bayerischen Landtag: Einzug der Abgeordneten im Januar 1949, des Senats im Februar. Seither gilt das Maximilianeum als das imposanteste Parlamentsgebäude der Bundesrepublik. (Weiterreichende Informationen in ›Ständige Ausstellung über das Bayerische Parlament‹) ***Bedeutung:*** Die am 3.12.1946 proklamierte, durch Alois Hundhammer, Wilhelm Hoegner und Hans Nawiasky erarbeitete Bayerische Verfassung – noch vor dem Bonner Grundgesetz 23.5.1949 – bedeutet die Manifestation einer nach und nach organisch gewachsenen Eigenstaatlichkeit Bayerns.

Maximilianeum, Plenarsaal, Gemälde von W. v. Kaulbach: *Seeschlacht von Salamis.*

MAXVORSTADT ☐ 1, 2, 3, 19

Im Norden bzw. Nordwesten der Altstadt angelegtes Neubauviertel, die erste geplante Stadterweiterung nach der Entfestigung ab 1791 (→ S. 27). Nach Errichtung der Rondellbauten am Karlstor (→ Karlsplatz) und ersten Plänen für Bebauung des Geländes zwischen Karlstor und → Sendlinger Tor (1803) Konstituierung der ersten Baukommission Münchens (Mitglieder: A. Gärtner, Thurn, Schedel von Greifenstein und Stetten); Oberaufsicht aller Bauvorhaben erhält C. v. Fischer, der ›Generalpläne‹ für einzelne Stadtgebiete anfordert. Ende 1807 Ausschreibung des ersten städtebaulichen Wettbewerbs in Deutschland: »Generalplan für die Stadterweiterung am Max-Tor«; Planungsgebiet erstreckt sich nördlich des von Sckell ab 1804 angelegten → Alten Botanischen Gartens über das Areal des → Maximiliansplatzes bis zum Vorfeld des Schwabinger Tors (heute → Odeonsplatz). Sckell macht die Residenz zum Ausgangspunkt eines Koordinatensystems, dessen Nordsüdachse die spätere Ludwigstraße vorwegnimmt, während die Ostwestachse (Verlängerung der Hofgartenstraße) der → Brienner Straße (begradigter ›Fürstenweg‹ nach Schloß Nymphenburg) entspricht; von Sckell auch die Konzeption eines flexiblen Rechteckrasters (Anbindung an Struktur der Altstadt) sowie die gärtnerische Auflockerung. Aus 15 eingereichten Entwürfen (u. a. von Sckell, Thurn, A. Gärtner, Schedel von Greifenstein) erstellt Baukommission den genehmigungsfähigen Vorstadtplan (1808); C. v. Fischer wird 1809 Mitglied der Kommission, der in Sckells ›Gartenstadt‹-Konzept die architektonische Komponente einbringt: beide erarbeiten den endgültigen Generalplan, der 1812 genehmigt wird. Er reicht im Westen bis an die Dachauer Straße, während die Grundregulierung auf der Basis des Rastersystems (rund 230 zu 190 m) bereits 1810 die heutige Schellingstraße erreicht. – Der begradigte ›Fürstenweg‹ im Süden ist Hauptverkehrsstraße, die durch zwei Rundplätze (Karolinen- und späteren Stiglmaierplatz) sowie den dazwischen angelegten Rechteckplatz (Königsplatz), rhythmisiert wird; entsprechend Sckells Intention, die Bauten in einen Landschaftsgarten zu stellen, wählt Fischer die ›offene‹ Bauweise, die er am konsequentesten um den → Karolinenplatz realisieren kann. – 1816 beauftragt Kronprinz Ludwig seinen Architekten Klenze mit der weiteren Planung: damit Monumentalisierung des → Königsplatzes und des → Wittelsbacher Platzes sowie Verlagerung der Bautätigkeit zur Nordsüdachse der → Ludwigstraße. Während die Repräsentationsbauten durch König Ludwig errichtet wurden, blieb die Bebauung des Geländes der Maxvorstadt sich selbst überlassen. Selbst die Errichtung der Alten Pinakothek (ab 1824, → Barer Straße 27) blieb ohne Einfluss auf die Struktur der neuen Vorstadt.

Das Gebiet des heutigen ›5. Stadtbezirks Maxvorstadt-Universität‹ erstreckt sich zwischen Brienner und Georgenstraße und zwischen Barer und Königinstraße. Die Wohn- und Geschäftshäuser, auf zumeist tiefen Parzellen errichtet, zeigen überwiegend die Stiltendenzen des 19. Jh.: *Spätklassizismus*, ca. 1820-50, in der Nachfolge Klenzes und Himbsels (z. B. → Von-der-Tann-Straße 2 sowie Nr. 3 und 7; Schönfeldstraße 18, 24 und 28; → Amalienstraße 38); *›Maximiliansstil‹*, ca. 1840-60 (z. B. Amalienstraße 10, von Bürklein, 1847; → Türkenstraße 4, von Kreuter 1843-44, sowie Nr. 30 von Schöpke(?), um 1845; *Neurenaissance*, ca. 1870-95 (z. B. Georgenstraße 7 sowie 9/11 und Nr. 4, von Thiersch 1892/93; Amalienstraße 43-55; Türkenstraße 99/101, von Steffan 1886/87; Königinstraße 27, ›Defregger-Haus‹ von Hauberrisser, 1893/94, sowie Nr. 35/35 a; → Kaulbachstraße 15); *Neobarock*, ca. 1890/1900 (z. B. Amalienstraße 65 und 67; Türkenstraße 57, Gaststätte ›Alter Simpl‹, seit 1903 Künstlerlokal ›Simplicissimus‹; → Georgenstraße 8); *Jugendstil*, um Jahrhundertwende (z. B. Schellingstraße 21, 23, 26, von Dülfer zwischen 1895 und 1900); *Neoklassizismus*, Anfang 20. Jh. (z. B. Georgenstraße 3), von Troost, 1905/06; Schellingstraße 32; Königinstraße 11 und 17, von Deininger 1908); *Moderne Architektur*, nach 1945 (z. B. → Theresienstraße 46/48, von Ruf 1951/2; Oskar-von-Miller-Ring 18: Siemens-Verwaltungsgebäude, von v. d. Lippe und Maurer 1955-56; Königinstraße 5: Generalkonsulat der USA, von Skidmore, Owings and Merril, New York, sowie Ruf 1957-58; Amalienstraße 87, ›Amalienpassage‹: von v. Gagern, Ludwig und von der Mühlen 1976/77). Als bemerkenswerte und bedeutendste städtebaulichen Gebäude im südlichen Bereich dieses Stadtviertels sind zu nennen die Pinakothek der Moderne (→ Barer Straße 40) von Braunfels 1996-2002 und am Oskar-von-Miller-Ring der Neubau der Siemens-Verwaltung (mit dem neu gestalteten ›SiemensForum‹, → S. 44, von Meier, 1999-2001). ***Bedeutung:*** Mit geraden Straßen und rechtwinkligem Rastersystem bezeichnend für rationalistisch aufklärerische Stadtplanung zu Beginn des 19. Jh., gemildert durch gärtnerische Durchdringung bei ›offener‹ Bauweise und lockerem Übergang zum freien Umland: Konzept von Sckell, architektonische Gestaltung durch Fischer. Ab etwa Mitte des 19. Jh. zunehmende Bebauung mit Mietshäusern und Kleingewerbebetrieben (ähnlich → Gärtnerplatz- und Ostbahnhofviertel, → Orleansplatz), was sich – trotz Großbauten der Universität und Firmenverwaltungen – bis heute positiv auf die Struktur dieses Wohnviertels auswirkt. – Im 3. Reich Konzentration der Parteizentralen der NSDAP für das gesamte Reichsgebiet in Gebäuden zwischen Max-Joseph-, Barer-, Arcis- und Karlstraße (Errichtung eines Dokumentationszentrum der Nazidiktatur und ihrer belastenden Bedeutung für München in Planung).

Museum für Abgüsse Klassischer Bildwerke.

MEISERSTRASSE 10 ☐ 1

Als ›**Haus der Kulturinstitute**‹ bezeichneter Bau, nach Entwurf von P. L. Troost 1933-35 als Pendant zum sog. ›Führerbau‹ (heute: *Hochschule für Musik und Theater*) er-

richtet, Sitz des Reichsschatzmeisters der NSDAP und Verwaltungsbau der Nazipartei. Im ***Äußeren*** identisch mit dem nördlich der Brienner Straße gelegenen Führerbau (Beschreibung → Arcisstraße 12), das ***Innere*** auf gleichem, aber vereinfachtem Grundrissschema organisiert: ebenfalls durch zwei *Eingänge* erreichbar zwei glasüberdeckte *Lichthöfe* mit zwei pfeilergetragenen, umlaufenden Galerien und seitlich angeordneten Treppen; dazwischen ein zweistöckiger *Oberlichtsaal* (ursprünglich für die Parteibibliothek, seit 1948 Bibliothek des Zentralinstituts für Kunstgeschichte); dieser Kern von *Büro-* und *Arbeitsräumen* umgeben. Nach Behebung unerheblicher Kriegsschäden von der Besatzungsmacht als *Central Art Collecting Point* für geraubte Kunstwerke verwendet, 1948 vom ›Deutschen Ausschuss für Restitution von Kulturgut‹ übernommen (1963 im Hauptzollamt, Landsberger Straße 124, ein Zweigdepot eingerichtet).
Heute Sitz verschiedener ***Kulturinstitute***: **1.** Im nördlichen Lichthof und seiner Galerie im ersten Obergeschoss *Museum für Abgüsse Klassischer Bildwerke* (nach schweren Kriegsverlusten Wiederaufbau der Sammlung, einer der größten der Welt, → S. 40). – **2.** *Werkstätten* der Bayerischen Staatsgemäldesammlungen. – **3.** *Zentralinstitut für Kunstgeschichte* (mit kunsthistorischer Spezialbibliothek, Bildarchiv und umfangreicher Fotothek). – **4.** Verwaltung der *Staatlichen Sammlung Ägyptischer Kunst* (Museum → Hofgartenstraße). – **5.** Verwaltung der *Staatlichen Antikensammlungen* und der *Glyptothek* (Museen → Königsplatz 1 und 3). – **6.** Universitätsinstitute für Ägyptologie und Klassische Archäologie (jeweils mit Arbeits- und Seminarräumen, Bibliotheken sowie Fotosammlungen). – **7.** *Staatliche Graphische Sammlung:* wie bisher in Meiserstraße untergebracht die Bestände mit Depots, die Studien- und Arbeitsräume, Bibliothek und Verwaltung; ab 2006/07 Umzug in den als 2. Bauabschnitt der ›Pinakothek der Moderne‹ vorgesehenen eigenen Trakt für die Graphische Sammlung; bis dahin Wechselausstellungen im Neubau (→ Barer Straße 40 und S. 41).

MENZINGER STRASSE 65 ☐ **13**

Botanischer Garten* Die erste Anlage des → Alten Botanischen Gartens (ca. 5 ha) bereits 1854 durch Errichtung des ›Glaspalasts‹ verkleinert, durch wachsende Stadt im 19. Jh. und zunehmende Luftverschmutzung so beeinträchtigt, dass Verlegung an Stadtrand notwendig. *Neuanlage* auf 20 ha großem Gelände nördlich des Nymphenburger Parks, veranlasst durch Botaniker Goebel, nach wissenschaftlich-technischem Konzept gemeinsam mit Gartenbauingenieur Holfelder ab 1909 gestaltet, eröffnet 10.5.1914. ***Beschreibung*** der Gebäude: Am Nordrand, gegen Menzinger Straße, *Botanische Universitätsinstitute* und *Botanische Staatssammlung* (→ S. 48; Pläne von Stempel und Ullmann 1910-12). Im Nordosten ausgedehnte wissenschaftliche Einrichtungen und vollständig verglaste *Gewächshausgruppe** (von Ullmann 1910-12): rund 5000 qm ›Kulturhäuser‹ für Anzucht und rund 5000 qm ›Schauhäuser‹ für Besucher, bestehend aus der in Ostwestrichtung verlaufenden, 85 m langen Längshalle mit höherem Mittelteil und vierseitiger ›Kuppel‹, beiderseits von quer gerichteten Seitenhäusern (vier gegen Norden, sechs gegen Süden) flankiert. Die wegweisende Ullmannsche Glas-Eisen-Konstruktion nach Jahrzehnten schadhaft geworden, seit 1964 unter weitestgehender Berücksichtigung denkmalpflegerischer Forderungen mit modernen Materialien (nichtrostendem Stahl, Isolierglas), vorbildlich neu errichtet: zuerst das *Baumfarnhaus*, 1974 *Mittelhalle* mit Kuppel, 1978-79 westliche *Halle* und anschließend *Orchideenhaus*, 1980-82 das *Haus für tropische Nutzpflanzen;* zwischen 1975 und 1982 auch *Neubauten* im Aufzuchtbereich. ***Beschreibung*** der Gartenanlage: → Legende zum Plan (S. 288). ***Bedeutung:*** In Zusammenarbeit von Wissenschaftler mit Gartenarchitekt gelang harmonische Kombination von Forderungen der Forschung und Lehre mit ästhetischen Ansprüchen der Gartenkunst. (Die großformatigen, farbigen *Majolikafiguren* der Nymphenburger Porzellanmanufaktur, Entwurf von Wackerle, um 1910, bilden wesentlichen künstlerischen Beitrag.) – Der Münchener Garten einer der schönsten in Europa, einer der größten in Deutschland. In wissenschaftlicher Hinsicht vorbildhaft, seine Sammlungen zählen zu den reichhaltigsten der Welt.

Zentral-›Kuppel‹ der Gewächshausgruppe.

Beschreibung *folgt dem empfohlenen Rundgang: Dem Institutsbau gegen Süden vorgelagert der je nach Jahreszeit bepflanzte, geometrisch angelegte* Schmuckhof *mit Wasserbecken; daran axial anschließend der Bereich der* Ökologischen *und* Genetischen Abteilung. *Jenseits des 1970 zum Café-Restaurant umgebauten und erweiterten Pavillons (1911/12) der nach historischen Anregungen gestaltete* Rosengarten *(1974). Parkartig ausgedehnt das westlich sich erstreckende* Arboretum *mit Laub- und Nadelhölzern, gefolgt von Bereichen mit Pflanzenarten von* Arktis *und* Heide, *von* Moor, Düne *und* Steppe *sowie von einem* Alpinum *mit Gebirgspflanzen aus allen Teilen der Welt. Der* ›Große Teich‹ *dient als Bewässerungsreservoir, sein Abfluss führt durch die romantische* Farnschlucht *zum* Rhododendron-*Hain. Weiter über die Abteilungen* Geschützte Pflanzen *und* Medizinal- und Nutzpflanzen *zum symmetrisch gestalteten sog.* ›System‹ *(in ihm nach wissenschaftlichen Gesichtspunkten Pflanzen nach Verwandtschaftsverhältnissen angeordnet); am E.-von-Siemens-Haus (›Alpines Haus‹) vorbei zu den Gewächshäusern.*

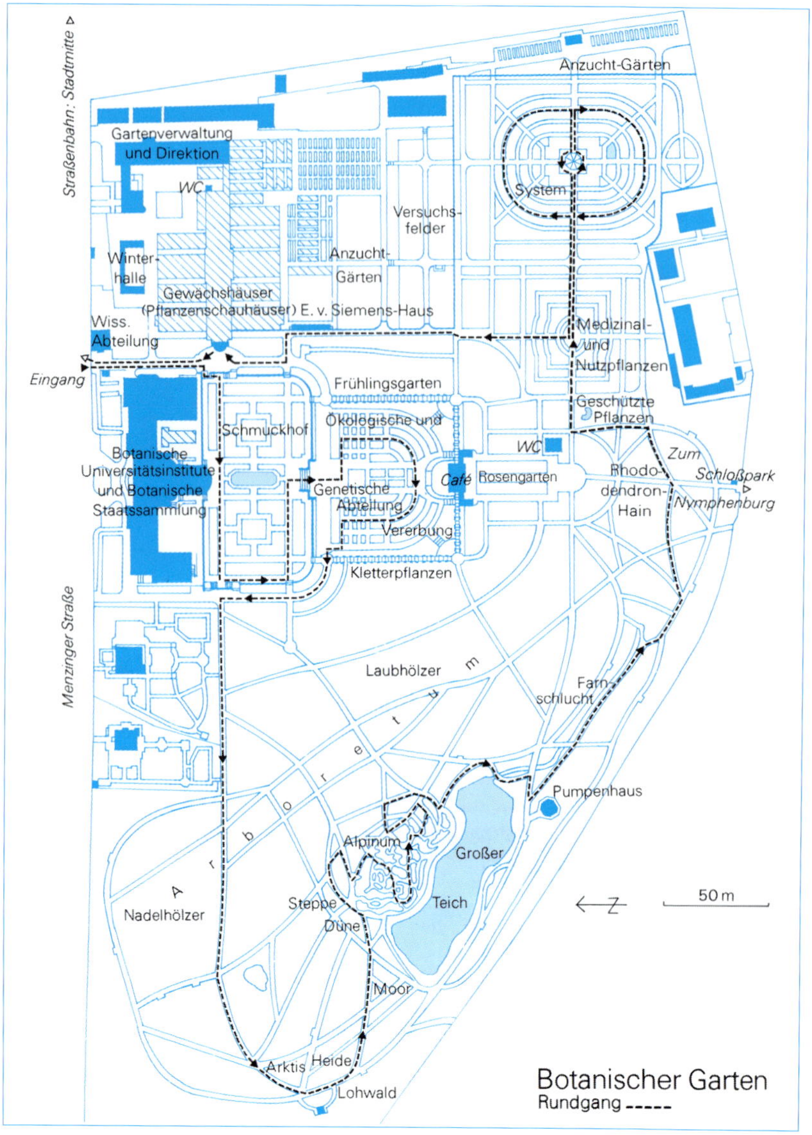

MESSE MÜNCHEN

□ 29

Auf Gelände des 1992 aufgelassenen Flughafens *München-Riem* (→ S. 127f.) Anlage eines Messegeländes gemäß modernstem internationalen Standard sowie Planung einer Trabantenstadt (›Neu-Riem‹/Messestadt). Nach EU-weitem Ideenwettbewerb (1991) Ausschreibung eines ›Realisierungswettbewerbs‹, den das Architekturbüro Bystrup, Bregenhøj & Partner (Kopenhagen) gewann (1992). Das Gesamtgelände erstreckt sich von Kirchtrudering bis zur östlichen Stadtgrenze bei Salmdorf und von der Paul-Henri-Spaak-Straße/Autobahn A 94 im Norden bis zur Bahnstrecke München-Rosenheim im Süden. Bei Teilung des Areals vom Westen nach Osten in drei ›Streifen‹ wird der nördliche bis Willy-Brandt-Allee vom neuen *Messegelände* eingenommen (bisher Messen im Ausstellungspark → Theresienhöhe 15); auf mittlerem Streifen entsteht in einer Breite von rund 600 m der neue *Stadtteil* (mit ca. 350 ha), während im südlichen

Abschnitt ein ca. 200 ha großer *Landschaftspark* (Entwurf des Pariser Gartenarchitekten Vexlard, 1996) entsteht, wo 2005 die *Bundesgartenschau* (›Buga 2005‹) stattfindet. **Messe:** Nach Abbruch der Flughafenbauten – ausgenommen denkmalgeschützter Tower und ehemalige Abfertigungshalle (mit ›Wappensaal‹) – *Grundsteinlegung* im Juni 1995, *Eröffnung* des 1. Bauabschnitts (140 000 qm Hallenfläche) im Frühjahr 1998; bereits im Oktober 98 (bis 2000) Errichtung zweier weiterer Hallen (zusätzlich 20 000 qm); Vollausbau auf 180 000 qm bis 2005 vorgesehen. ***Beschreibung:*** Beiderseits einer 600 m langen, begrünten ost-west-orientierten Hauptachse (›Atrium)‹) zwölf kammartig angeordnete Messehallen, in die insgesamt 19 Tagungs-/Kongressräume integriert sind; zusätzlich beim (westlichen) Eingang das messeeigene, multifunktionale *International Congress Center München* (ICM), eröffnet Herbst 1998; weitere Zugänge von Norden (Paul-Henri-Spaak-Straße; bis 2004) und von Osten (U-Bahn-Haltestelle ›Messestadt Ost‹). Vor diesem Eingang der als Wahrzeichen der Messe angepriesene, von Kluge 1996 als Lichtinstallation konzipierte 86 m hohe ›*Moving Tower*‹ (nach Pannen funktionsfähig erst 2002). Vor westlichem Eingang (an Olof-Palme-Straße/U-Bahn-Haltestelle ›Messestadt West‹) beidseitig an den beiden Wasserbecken zwei *Installationen* von St. Huber: links ›Gran Paradiso‹, eine schmale 5 m hohe Stahl-Glas-Vitrine, in deren Innerem ein Geflecht blauer ›Adern‹ die Flussläufe der aus den Alpen kommenden Flüsse darstellt (links die nördlichen Rhein, Mur, Drau, Inn, Isar, Donau; rechts die südlichen Tessin, Mincio, Po, Etsch, Rhône). Am rechten Becken ›Alpenregal‹ (12 m hoch): auf sechs Fächern Miniaturnachbildungen der 29 mächtigsten Bergmassive der Alpen. ***Bedeutung:*** Zum Zeitpunkt der Eröffnung modernstes Messegelände Europas, von Anfang der Planung auf Zuwachs angelegt; Nutzung von Solarenergie durch weltweit größte Fotovoltaik-Dachanlage auf den nördlichen Hallen; Messegesellschaft als international tätiger Unternehmensberater für Messebau. – Kleinere Messen im M,O,C, Sports and Fashion Center (→ Lilienthalallee 40). **Messestadt:** Südlich des Messegeländes ab 1998 Errichtung der Trabantenstadt für rund 16 000 Bewohner in zwei Bauabschnitten: Entwurf des Bebauungsplans nach Sektionen von Rainer und Weber sowie Koch und Albrecht; Einzelobjekte auf Architekten (bzw. Architekturbüros) verteilt, wie z. B. Wohnanlage ›Wohnen ohne Auto‹ (Architekten C. Hofmann, L. Wagner, S. Philipp 1998/99); Sozialwohnungsbau ›Galeria‹ (Architekt Röpke 2000/01); Grund- und Hauptschule (Architekten Mahler, Günster, Fuchs 2000/01); Einkaufszentrum ›Riem-Arkaden‹ (Entwurf ASW München und nps Hamburg 2001/03); ›Kommunikationsimmobilie‹ (Architekturbüro Perret, Reichert, Pranschke, Maluche 2001/03), ihr Mittelpunkt das restaurierte ehemalige Empfangsgebäude des Flughafens; das Ökumenische Kirchenzentrum (Architekt F. Nagler 2001/05). – Südlicher Abschluss des neuen Stadtteils (Vollendung bis etwa 2012) durch Landschaftspark.

Messe München: Westeingang.

Bundesgartenschau 2005: *Geländeplan.*

MILBERTSHOFENER PLATZ 1 ☐ 15

St. Georg Ersatzbau für die zu klein gewordene alte Pfarrkirche St. Georg (um 1510; Alter-St.-Georgs-Platz 6: nach Bombenzerstörung 1944 nur noch Langhaus erhalten, heute verwahrlost). – Neue Pfarrkirche nach Plänen von Herbert und O. O. Kurz (1. Preis bei Wettbewerb durch Deutsche Gesellschaft für christliche Kunst) 1910-1912 errichtet. ***Beschreibung:*** Langhaus mit leicht gedehnten Seitenwänden (unter hohem Walmdach), angefügt eingezogener Chor mit 5/8-Schluss (stuckiert im Stil des mittleren 17. Jh.) und Außenstrebepfeilern; an Nordseite viergeschossiger Turm mit gedrückter Haube. Ausstattung aus alter Pfarrkirche: *Flügelaltar** mit Statue Hl. Georg (Münchener Schule um 1510) und *Flügelgemälden* (Werkstatt Polacks?); im Chor *Figuren* St. Margarete und Dionys (um 1500), St. Sebastian und Benno (Anfang 17. Jh.), am Chorbogen Madonna (Anfang 16. Jh.).

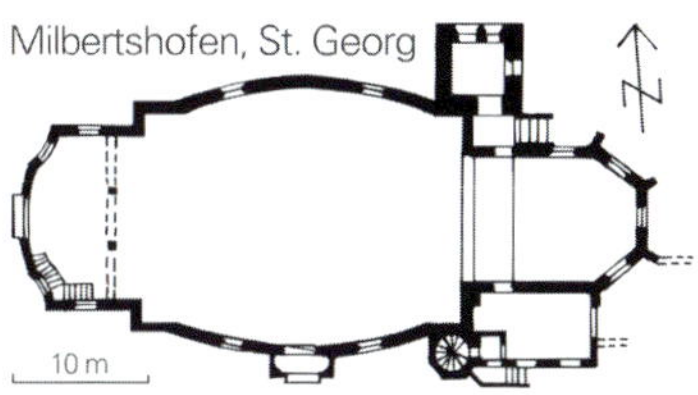

MOOSACHER ST.-MARTINS-PLATZ 1 ☐ 14

Alt-St.-Martin* Im 12., spätestens 13. Jh. neu errichtete romanische Saalkirche anstelle eines bereits um 800 geweihten Vorgängerbaus; 1315 als Filialkirche der Urpfarrei

Moosach: *Alt-St.-Martin.*

***Deckenfresken:* A** *›Christus und der Hauptmann von Kapharnaum‹ (Hager 1763).* **B** *›St. Martin als Fürsprecher der Stifter Maria Ignatia von Hörwarth und des Ehepaars Rieger vor der Dreifaltigkeit‹ (Heigl 1758).*

Moosach, Alt-St.-Martin

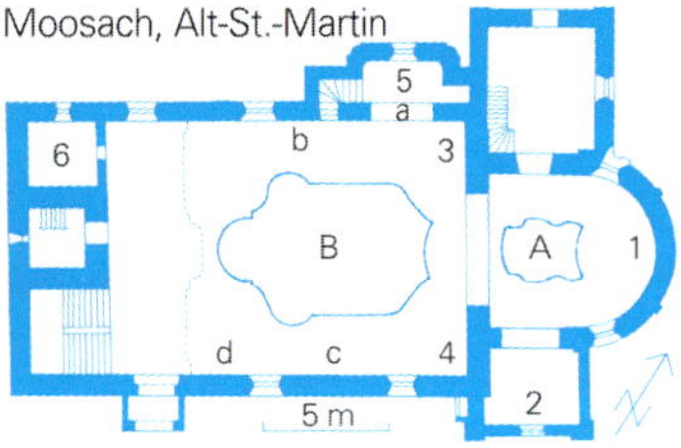

Altäre und Ausstattung:* 1** Hochaltar: *Gestaltung und Figuren von Fröhlich (um 1764-67): ›Martin teilt den Mantel‹ (gefasst von Singer). Im* Auszug *Dreifaltigkeit,* Seitenfiguren *Joseph (links) und Johannes Baptist (rechts).* **2** *Ehemals* Kapelle *der Schmerzhaften Muttergottes: anstelle des einst als wundertätig betrachteten Vespergemäldes ›Pietà‹ (heute in* **6) neubarocke Statue ›Guter Hirte‹ (Schildhorn 1903).* **3** Helena-Altar: *Gestaltung und Figuren von Fröhlich (um 1760); im Auszug Helena,* Seitenfiguren *Franz von Assisi (links) und Franz von Paula (rechts);* Altargemälde *›Schutzengel‹ (Kromer 1867).* **4** Michaelsaltar: *Gestaltung und Figuren von Fröhlich;* im Auszug *›Georg tötet den Drachen‹,* Seitenfiguren

Feldmoching belegt, 1909-24 Pfarrkirche, dann abgelöst durch neue Pfarrkirche St. Martin (→ Leipziger Straße 11). – Um 1500 Umbau in spätgotischem Stil, 1632 durch Schweden profaniert; 1655-58 Anbau der Annakapelle (gestiftet vom Dichterpriester J. Khuen), seit 1686 Hofmarkskirche der Pelkoven: Anbau einer neuen Sakristei an Nordseite des Chors (mit Oratorium darüber), bisherige Sakristei an Südseite in Kapelle der Schmerzhaften Muttergottes umgewandelt; 1758-65 Außen- und Innenrenovierung sowie neue Altäre; weitere Restaurierung 1937 (außen), 1955-58 (an Bau und Ausstattung) sowie 1979-86 (u. a. romanische Farbfassung an Apsis z. T. freigelegt); 1995-2000 weitere Innenrenovierung nach Brand des rechten Seitenaltars, Restaurierung und Neufassung der Altäre und Figuren. ***Beschreibung:*** Einfacher Saalbau, der eingezogene Altarraum halbrund geschlossen, beiderseits durch Anbauten (im Norden Sakristei, im Süden Kapelle zur Schmerzhaften Muttergottes) flankiert; Turm mit Satteldach in der Flucht der Westfassade, wohl um 1500 bei Einwölbung des Chors und Erhöhung des Kirchenraums aufgestockt; an Nordseite des Gemeinderaums 1655-58 Anbau der St.-Anna-Kapelle (nach Brand 1762 erneuert 1763); Architekturmalerei in Rot und Ockergelb nach aufgedeckten Farbresten (spätgotisch, Reste originaler Fassung 12./13. Jh. an Apsis), gezahnte Quaderung an Ecken und um Fenster neu; über Eingang an Südseite Reste mittelalterlicher Sonnenuhr konserviert. Seit dem Mittelalter von Friedhof umgeben; letzte Bestattungen 1910. ***Inneres:*** Flach gedecktes Langhaus mit eingezogenem, leicht überwölbtem Altarraum in einheitlicher Spätrokokoausstattung um 1760; die südseitige Kapelle (**2**) nur vom Chorraum zugänglich; an Nordseite des rechteckigen Gemeindesaals reich stuckierter Bogen zur Annakapelle (**5**); an westlicher Schmalseite beiderseits des eingestellten Turms zwei Anräume: Treppe zur Empore und Kriegergedächtniskapelle (**6**). – Für Deckenfresken und Ausstattung → Legende zum Grundriss. ***Bedeutung:*** Wie die Kirchen von Feldmoching, Allach, Unter- und Obermenzing, Lochhausen und Aubing auf frühe Gründungen (8./9. Jh.) zurückgehend. Neben Johann Baptist in Johanneskirchen (→ Gleißenbachstraße 2) und Heiligkreuz in Fröttmaning (→ Kranzberger Allee 66) zu den ältesten Baudenkmälern im engeren Stadtgebiet Münchens gehörend: im Kern noch weitgehend romanisch, typisch für die frühen Dorfkirchen um München.

MÜLLERSTRASSE 40 □ 10

Ehemaliges Optisches Institut von Georg Sigmund Merz (seit 1859), vormals Utzschneider und Fraunhofer. Von Baumeister Höchl 1829 errichtetes Gebäude. ***Beschreibung:*** Auf hohem, zweigeschossigem rustizierten Sockel zwei Obergeschosse, die zweiachsigen Seitenrisalite durch Pfeiler gefasst, der sechsachsige Mittelteil der Fassade zurückhaltender gestaltet. Auffallend die plastische Betonung der tektonischen Glieder (Keilsteine, Sohlbänke, Fenstergebälke). Zwischen den Fenstern des ersten Stockwerks in der Mittelachse auf Konsolen Statue der *Maria mit Kind*, in den beiderseits folgenden Fensterintervallen auf Konsolen *Büsten*, links: Joseph Utzschneider, rechts: Joseph Fraunhofer. ***Bedeutung:*** In der Nachfolge des Klassizismus stehende, durch Übersteigerung plastischer Elemente eigentümlich eklektische Fassadengestaltung. 1859 bis 1903 Sitz des zu seiner Blütezeit berühmtesten und technisch fortschrittlichsten optischen Unternehmens Europas, das u. a. die Sternwarten von Berlin, Cambridge, Greenwich, Kapstadt, Kiew, Lissabon, Madrid, Mexiko-City, Moskau, Oxford, Rom und Washington ausgerüstet hat.

MUSEUMSINSEL □ 11

Lang gestreckte Insel (seit 1908 ›Museumsinsel‹) zwischen (stadtseitig) ›Großer Isar‹ und östlichem Flussarm der ›Kleinen Isar‹, von Corneliusbrücke (nach Entwurf von F. v. Thiersch errichtet 1902-03) im Süden bis nördliche Spitze rund 800 m. Durch zwei kleinere *Brücken* mit beidseitigen Ufern verbunden: ursprünglich Holzkonstruktionen (1897) ›Innere‹ und ›Äußere Erhardt-Brücken‹, bei Neubau in Stahlbeton (1924/25) umbenannt in ›Boschbrücken‹, die äußere seit 1959 ›Zenneck-Brücke‹; am stadtseitigen

Ufer seit 1934 *Bismark-Denkmal* (Behn 1931). Wichtiger aber der älteste Isarübergang durch → Ludwigsbrücke, deren Straße die seit etwa 1800 technisch gesicherte Insel in zwei Abschnitte teilt: flussaufwärts bebaut mit *Deutschem Museum* (→ Museumsinsel 1), flussabwärts der gärtnerisch gestaltete kleinere Abschnitt *›Auf der Insel‹* (von 1840er Jahre bis 1908, im Volksmund auch ›Kalkinsel‹ genannt) mit dem *Vater-Rhein-Brunnen* (s. u.). – Auf frühesten Stadtplänen (wie Thomas Volckmer d. J. 1613 oder Wenzel Hollar 1623) das Flussbett breit, von zahlreichen Wildwasserläufen durchzogen mit Geröllbänken (als ›Gries‹ bezeichnet). Bereits gegen Ende 15. Jh. ›Abrecher‹ (oder ›Triftrechen‹) wegen Flößerei ins Flussbett gebaut, die Insel als städtischer Lagerplatz für Holz aus dem Oberland (›Kohleninsel‹) genutzt. 1707 Errichtung der ›Alten Isarkaserne‹; in Stadtplan des Topographischen Büros (1808) erstmals genaue Definition der Insel, 1812 ›Isar Caserne‹ vermerkt, 1858/59 ›Artillerie-Kaserne‹; sog. Überfälle ermöglichen Regulierung des Wasserstands der beiden Isararme. Gegen Ende 19. Jh. *Ausstellungen* auf der Insel (1897: Kraft- und Arbeitsmaschinenausstellung, 1898: Gewerbeausstellung, 1899: Allgemeine Deutsche Sportausstellung), ferner *Bebauungsprojekte* (1897 von Dosch, 1899-1902 sog. ›Kohleninselprojekt‹ einer Kleinstadt von Th. Fischer, 1900/01 von F. v. Thiersch für Jubiläumsausstellung des Bayerischen Kunstgewerbe-Vereins, 1900 ›Kohleninsel-Bahnhof‹ von Lechner); schließlich 1903 Entscheidung für Errichtung des Deutschen Museums.

Vater-Rhein-Brunnen* 1931/32 in Gartenanlage auf nördlichem Inselabschnitt aufgestellt (flussabwärts verbindende Brücke über Streichwehr zur ›Praterinsel‹). Von A. v. Hildebrand 1897-1902 im Auftrag des Straßburger Rechtsanwalts Sigismund Reinhard geschaffen, der den Brunnen der Stadt Straßburg gestiftet hatte: als ›Reinhard-Brunnen‹ vor dem Stadttheater aufgestellt, wurde der Brunnen von französischen Chauvinisten als »typisches deutsches Werk« diffamiert und im Vollzug des Versailler Vertrags 1919 abgebrochen. Auf Anregung des Münchener Baudirektors Fritz Beblo gelang Erwerb der Vater-Rhein-Figur im Austausch gegen den von München nach Straßburg gestifteten ›Meiselocker-Brunnen‹ (von E. Weber 1928/29). ***Beschreibung:*** In München leicht veränderte und verkleinerte Nachbildung der ursprünglichen Straßburger Anlage. An Schmalseite des rechteckigen Granitbeckens mehrtreppige Kaskade, flankiert von Puttengruppen mit Fischen (Kopien von Weber 1929 in Kunststeinguss); von drei Rundschalen umgebener Sockel mit überlebensgroßem bronzenen Vater Rhein: in starkem Kontrapost stehender muskulöser Männerakt (seine Nacktheit in der Kunststadt München als anstößig empfunden!), in seiner rechten Hand einen Salm präsentierend, die linke auf Schifferhaken gestützt, um Haupt und Lenden Schilfblätter – ein gutmütiger Wassergeist, von Schweizer ›Wilde-Mann-Brunnen‹ ebenso angeregt wie von antiken Neptun-Darstellungen. ***Bedeutung:*** Hervorragende Adaption klassischer Vorstellungen in die Plastik des ausgehenden 19. Jh.; in der Gesamtwirkung durch Fehlen des ursprünglichen Architekturhintergrundes beeinträchtigt.

Sebastian und Florian; Altargemälde *›Michael als Seelenwäger‹ (ebenfalls von Kromer). Auf der Mensa Kopie der ›Schwarzen Madonna‹ von Einsiedeln (Stiftung der Hofmarksherren Pelkoven um 1700).* **5** Annakapelle: *farbig gefasste Figurengruppe ›Mutter Anna und Maria‹ (Mitte 17. Jh., möglicherweise von T. Bader); flankiert von* Skulpturen *Hl. Leonhard (Ende 18. Jh.) und Antonius von Padua (beide anonym).* **6** Kriegergedächtniskapelle: *Vespergemälde ›Pietà‹, ursprünglich in Kapelle der Schmerzhaften Muttergottes (**2**), Anfang 17. Jh., wohl Umkreis Münchener Hofmaler/Candid-Schule (?).* **a** *Am Bogengewände zur Annakapelle* Holzstatue *Johannes Nepomuk (um 1760).* **b** Kanzel *(Ende 17. Jh.): an Brüstung (anonyme) Gemälde ›Guter Hirte‹ und die vier Evangelisten, an Rückwand Paulus (Patron der Prediger).* **c** *Überlebensgroßes* Kruzifix *(1. Hälfte 18. Jh.), darunter ›Mater dolorosa‹ (Nachbildung des Gnadenbilds in St. Elisabeth (→ Herzogspitalstraße 9).* **d** Gemälde *›Martin teilt den Mantel‹ (anonym, Ende 17. Jh.).*

Museumsinsel: *Vater-Rhein-Brunnen* von A. v. Hildebrand, 1897-1902.

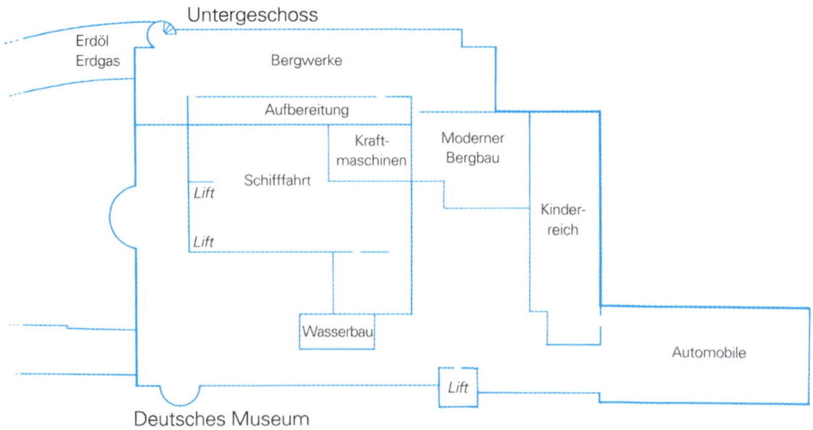

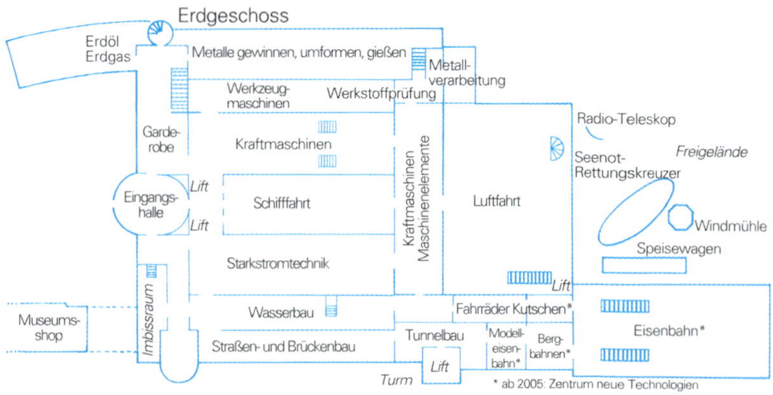

Deutsches Museum.

MUSEUMSINSEL 1 ☐ **11**

Deutsches Museum von Meisterwerken der Naturwissenschaften und Technik Auf der ehemaligen Kohleninsel (seit 1908 → *Museumsinsel*) zwischen Cornelius- und → Ludwigsbrücke in der Zeit von 1908 bis 1935 errichteter mehrteiliger Gebäudekomplex aus *Sammlungsbau* des Museums sowie aus *Bibliotheks-* und *Kongresssaalbau* (→ S. 295). Anregungen zum Aufbau eines Technikmuseums erhielt der Gründer und Initiator Oskar von Miller bereits 1878 durch ›South Kensington Museum‹ in London (heute ›Science Museum‹ (gegr. 1852) und 1881 durch ›Conservatoir des Arts et Métiers‹ in Paris (entstanden 1798). Am 28.6.1903 *Gründung* des »Deutschen Vereins Museum von Meisterwerken der Naturwissenschaften und Technik«, Ausschreibung eines Wettbewerbs unter deutschen, österreichischen und Schweizer Architekten 1905. *Grundsteinlegung* 13.11.1906 durch Kaiser Wilhelm II. und Prinz Ludwig von Bayern auf ehemaliger Kohleninsel; *Baubeginn* des **Sammlungsbaus** erst 1908 nach den beim Wettbewerb prämierten Plänen von G. v. Seidl (mit Unterstützung des Baubüros H. Neu); Richtfest 5.10.1911, Beginn des *Hallenbaus* August 1912, nach Seidls Tod 1913 durch seinen Bruder Emanuel weitergeführt, der sich bereits damals auch mit dem vorgesehenen Bibliotheksbau befasste. Unterbrechung durch 1. Weltkrieg, nach Emanuels Tod (1919) Bauleitung durch O. E. Bieber; vereinfachender Weiterbau ab 1920, *Eröffnung* am 7. 5. 1925 (dabei erstmals aktuelle Rundfunkübertragung durch ›Deutsche Stunde in Bayern‹). Zwischen 1928 und 1935 Errichtung von Bibliotheks- und Verwaltungsbau sowie des Kongresssaalbaus nördlich des Museumsgebäudes (s. u.) und Bau des Verbindungstrakts (mit Brückenturm) an Ostseite des großen Vorhofs. 1936/37 erweitert Bäßler den Museumsbereich gegen Süden durch *Kraftfahrzeughalle*. (Zur selben Zeit

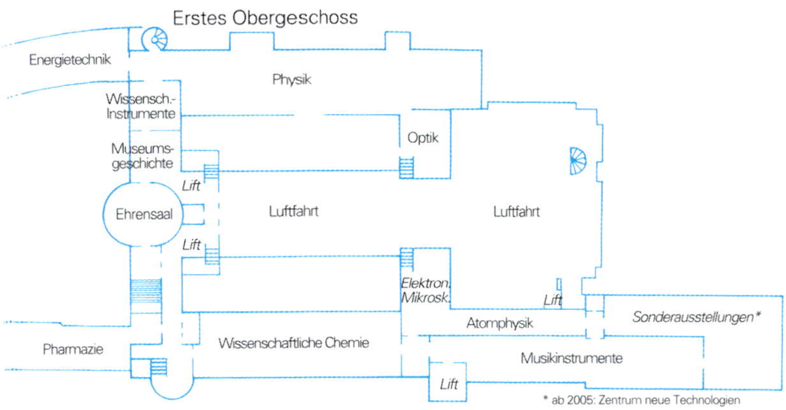

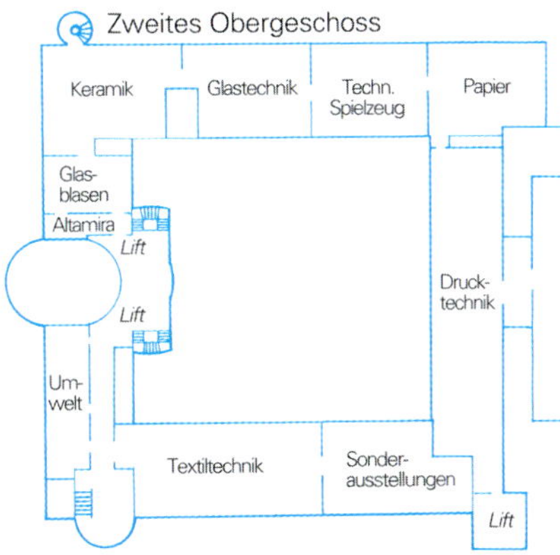

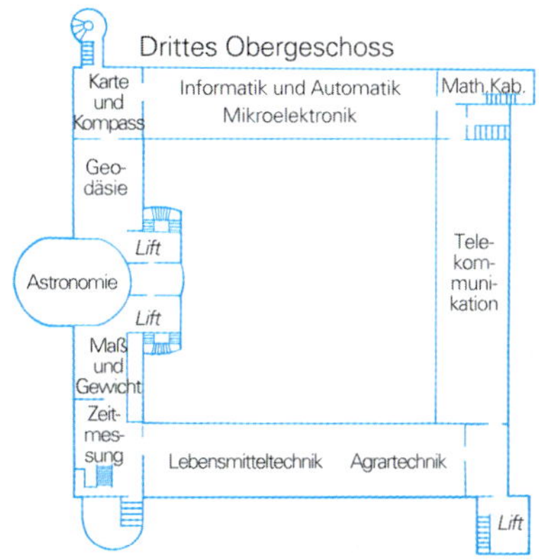

Viertes Obergeschoss:
Amateurastronomie
Amateurfunk
Weststernwarte
(Linsenteleskop)
Oststernwarte
(Spiegelteleskop)

Fünftes Obergeschoss:
Astronomie

Sechstes Obergeschoss:
Zeiss-Planetarium
Sonnenuhrengarten

Projekte zu Erweiterungsbauten für Museum auf Gelände des heutigen Deutschen Patentamts, → Zweibrückenstraße 12, bzw. zur Errichtung eines ›Hauses der Deutschen Technik‹; durch Krieg verhindert.) 1944 schwere Zerstörungen von Gebäuden (80 %) und Objekten (20 %); ab 1946 Wiederherstellung durch Bäßler (Physikalische Abteilung 1948 als erste wieder zugänglich), *Neueinrichtung* der Sammlungen entsprechend dem sukzessiven *Wiederaufbau*; im Wesentlichen Ende der 1960er Jahre abgeschlossen. – Schließung des großen Vorhofs 1970-72 durch Errichtung des westlichen Verbindungstrakts (›Glashalle‹, Pläne von Hart) und 1976 Installation von ›Wasserspielen‹ (entworfen und ausgeführt von Pumpenfabrik Klein, Schanzlin & Becker/Frankenthal); 1978-84 Bau der ›Halle für Luft- und Raumfahrt‹ (Pläne von S. Ruf); 1984 Umgestaltung des Eingangsbereichs (durch Hart und Zangenberg); 1991-93 Umbau des Kongresssaalbaus zum ›Forum der Technik‹ (s. u., Planung Zangenberg). Seit 1995 *Zweigmuseum* ›Deutsches Museum Bonn‹, das der Erforschung der Entwicklung von Wissenschaft und Technik in Deutschland nach 1945 gewidmet ist. – Mit Umzug der Automobil- und Eisenbahnabteilungen in die drei historischen Hallen im Ausstellungspark (→ Theresienhöhe 15) Einrichtung zweier neuer Abteilungen: ›*Zentrum Neue Technologien*‹ (Vermittlung von Gen- und Nanotechnik, Medizin, Software usw., Eröffnung voraussichtlich 2004) und ›*Kinderreich*‹ nach Vorbildern in Indianapolis und Paris (kindgerechte Vermittlung von Technik und ihrem Einfluss auf menschliches Leben und Umwelt durch Learning-by-doing, 2002 eröffnet). ***Beschreibung:*** Der Schwemmkiesgrund der Insel erforderte sog. Pfahlfundation (1909-10), auf der Fundamentschwellen und Platten als Basis für den Eisenbetonaufbau dienen. Der nahezu quadratische, *vierflügelige Baublock* (Seitenlänge rund 100 m) mit einem zwei längsrechteckige Binnenhöfe ausscheidenden Mitteltrakt; in dessen Achse in *nördlicher Schaufront* konvexer Mittelrisalit: im Erdgeschoss Eingangshalle, im ersten Obergeschoss ›Ehrensaal‹, darüber (an ›mathematische Türme‹ des Barock erinnernd) in mehreren Stockwerken turmähnlicher Aufbau mit Hauptsternwarte und Zeiss-Planetarium; an Schmalseiten des Nordflügels angefügt die ›Türme‹ mit den beiden Nebensternwarten. Die *Fassaden* der ursprünglich symmetrisch geplanten Anlage formal von palastartiger Architektur kulturhistorischer Museen im 19. Jh. beeinflusst. – Akzentsetzender 68 m hoher Turm an Südwestecke des Sammlungsbaus, durch Thermometer und Barometer (Nordseite), durch Windmesser (Südseite) und Hygrometer (Ostseite) als ›meteorologischer Turm‹ ausgewiesen: nach grundlegender Sanierung Wiedereröffnung 2002 mit Licht- und Klanginstallationen von Boissel. – Durch Errichtung des Turms Abkehr von der ursprünglich vorgesehenen Symmetrie des Sammlungsbaus, durch spätere Erweiterungsbauten verstärkt (Bibliotheks- und Kongresssaalbau gegen Norden, Neubauten im Süden). ***Bedeutung:*** Zeigte Seidls 1894-1900 errichtetes Bayerisches Nationalmuseum (→ Prinzregentenstraße 3) noch deutlich historisierende Tendenzen und im Sinn einer ›Architecture parlante‹ den thematischen Inhalt des Gebäudes, verrät der Sammlungsbau des Deutschen Museums, Seidls letztes größeres Werk, seine Unsicherheit gegenüber dem Medium Technik und Naturwissenschaften. Strengere Gliederung und scheinbar funktionalistische Sachlichkeit werden gemildert durch antikisierende Details (z. B. am Turm) oder barockisierende Reminiszenzen (Klostergrundriss, Kuppelbau). Das Betonfüllmauerwerk und die Verputzung verbergen einen der ersten großen Eisenbetonbauten Deutschlands und »einen der wenigen großen Skelettbauten Münchens bis zur Zeit nach dem Wiederaufbau« (Franz Hart).

Deutsches Museum: *Erster Dieselmotor,* 1897.

Sammlungen: Die seit Gründung des Museumsvereins 1903 von O. v. Miller gesammelten und erbettelten, aber auch von der Industrie gestifteten Objekte im ehemaligen Bayerischen Nationalmuseum an → Maximilianstraße 42 (1. Abteilung ab 1906) und in der Schweren Reiterkaserne an → Zweibrückenstraße 12 (2. Abteilung 1911) ausgestellt; nach Fertigstellung des Neubaus seit 1925 im heutigen Gebäude. Sukzessiver und zielstrebiger Ausbau, Wiederaufbau nach 1945. Platzbeengung führte 1992 zur Einrichtung der Zweigmuseen *Flugwerft Schleißheim* (→ S. 382ff.) und ›*Verkehrszentrum*‹ (ab 2003) in drei denkmalgeschützten Messehallen im ehemaligen Ausstellungspark (→ Theresienhöhe 15). – Von den 46 Fachbereichen im Deutschen Museum sind für 39 eigene Depots in beiden Kellergeschossen eingerichtet (Ausleihe von Depotstücken an andere Museen, an Schulen u. Ä.). – Dem Deutschen Museum angeschlossen das ›Forschungsinstitut des Deutschen Museums für die Geschichte der Naturwissenschaften und Technik‹, das ›Kerschensteiner Kolleg‹ als Fortbildungsinstitution des Deutschen Museums (gegr. 1963) und das Forschungsprogramm ›Deutsches Museum Bonn‹ (seit 1995). Die ***Sammlungen*** bilden erstes, größtes und bedeutendstes ausschließlich der Technik und den Naturwissenschaften gewidmetes Museum der Welt: über 18 000 Objekte zu 46 technischen und naturwissenschaftlichen Bereichen ausgestellt (etwa 15 km Führungslinie), dazu weitere ca. 60 000 Objekte in Studiensammlungen. Durch allgemein verständliche Darstellung, überwiegend in Funktion befindliche Geräte sowie zahllose Modelle und Versuchsanordnungen, die vom Besucher selbst bedient und in ihrem Ablauf nachvollzogen werden können, von höchstem Reiz und unübertrefflichem didaktischen Wert. (Jährlich durchschnittlich 1,3 Mio. Besucher.)

MUSEUMSINSEL □ **11**

Bibliotheksbau Von E. v. Seidl noch 1918 vorgelegter Erweiterungsentwurf (ausgehend von Ludwigsbrücke zweiarmige Anlage mit ovalem Kongresssaal und Ehrenhof vor Sammlungsbau); durch Neithardt bearbeitet, aber nicht weiterverfolgt. Erst 1927 *Wettbewerb* für »Museumsbauplan«; unter 131 Einsendungen kein 1. Preis, 2. Preis an Freese und Vogel (Karlsruhe); dennoch Auftrag an 4. Preisträger Bestelmeyer, der Freeses Trennung von Bibliotheks- und Saalbau umsetzte. *Grundsteinlegung* zur Bibliothek 4.9.1928 durch Reichspräsident Hindenburg, *Einweihung* 1932. ***Beschreibung:*** Recht-

Deutsches Museum: *Prismen-Spektral-apparat,* mit dem Joseph von Fraunhofer 1813/14 die *Fraunhoferschen Linien* entdeckte.

eckiger vierstöckiger Baukörper um zwei Binnenhöfe (1965 durch Hart überbaut). Auf 280 Bohrpfählen fundierter, mit Ziegel- und Bimsstein ausgefachter Stahlskelettbau (damals größte und modernste Konstruktion in Süddeutschland). Nüchterne, nahezu schmucklose Fassadenflächen mit scharf eingeschnittenen Fensterreihen, im dritten Obergeschoss unter flachen Walmdächern eng gestellte Fensterschlitze. Durch zwei Flügel mit Sammlungsbau verbunden, im östlichen Brückenturm mit astronomischer Uhr (künstlerische Gestaltung von E. A. Rauch, mit Inschrift HAEC DOMVS EX RVINIS RESTITVTA A.D. MDCCCCLI. – Die *Bibliothek,* bereits bei Gründung des Museumsvereins 1903 von Miller als Volksbibliothek vorgesehen, umfasst derzeit eine Präsenzbücherei, Zeitschriftenabteilung sowie bedeutende Sondersammlungen.
Der nördlich anschließende ehemalige **Kongresssaalbau**, ebenfalls nach Plänen von Bestelmeyer 1929-35 errichtet; 1944 schwer beschädigt, 1946 wiederhergestellt und als Filmtheater und Konzertsaal und für Großveranstaltungen genutzt; 1991-93 zum ›*Forum der Technik*‹ umgebaut. ***Beschreibung:*** Hoher, durch schmale Fensterschlitze gegliederter Quader des Saals unter flachem Walmdach, von zweigeschossigen Bauten ummantelt und mit südlich gelegenem Bibliotheksbau verbunden; die Ecken bekrönt von Adlerakroterien (wohl als heraldisches Symbol angeregt durch Schinkels Adler über dem Kranzgesims seines Alten Museums in Berlin: deshalb Gleichsetzung dieses Motivs mit dem sog. ›Hoheitsadler‹ der Nazis unzutreffend und irreführend). ***Bedeutung*** der Gebäudegruppe: Der streng disponierte Baublock, der von der Ludwigsbrücke her den architektonischen Auftakt zur Gesamtanlage des Deutschen Museums darstellt, zeigt mit anschließendem Bibliotheksbau in der Reduktion auf Material und Form den gelungenen Kompromiss zwischen traditionsgebundener Bauweise (unter sparsamer Verwendung von Natursteingliederung und glatten Putzflächen) und den Forderungen modernen Bauens nach eindeutig stereometrischen Baukörpern: architektur*historisch* als Versuch Bestelmeyers zu werten, seine klassische Auffassung von Baukunst mit den Vorstellungen des ›Neuen Bauens‹ in Einklang zu bringen.
1991 erfolgte Umfunktionieren des Kongresssaalbaus in ein ›*Forum der Technik*‹; seit 2002 neues Nutzungskonzept unter dem Namen ***amazeum***: die bisherigen zentralen Einrichtungen *Planetarium* und die Kinos *Apollo, Artemis* sowie *Imax* bleiben bestehen, das künftige multimediale Programm als *Ergänzung* zum Deutschen Museum geplant, ferner attraktivere Neugestaltung der Eingangsseite und Ausbau der Gastronomie. Dagegen bleibt der von Zangenberg 1991-93 konzipierte Umbau (unter Bewahrung der denkmalgeschützten Teile) erhalten – vor allem Aufgang und Saal: Umfunktionieren der ehemaligen Emporen im Kongresssaal und teilweise Beschädigung des dreiseitig um-

Deutsches Museum: *Zweimastiger Ewer,* 1880.

Deutsches Museum: *Pharmazie-Abteilung.*

laufenden, 1938 ff. entstandenen und 1950 vollendeten Mosaikzyklus (von Kaspar): Darstellung des Lebens und schaffenden Wirkens des Menschen. – Der Saal selbst in voller Höhe zweigeteilt: in südlicher Hälfte Einbau des *IMAX-Großbild-Theaters* (imax = Images maximum) mit 320 Sitzplätzen für Filmvorführungen durch Spezialprojektor auf eine 16 x 22 m große Leinwand (17 000-Watt-Leistung des 6-Kanal-Digital-Ton-Systems); das *IMAX-Theater* (›Space-Theater‹) in München (eröffnet 5.11.92) ist erstes in Deutschland (neben Brüssel, Paris, Bradford, Sevilla, Rotterdam, Wien u. a.). Die nördliche Hälfte enthält das neue ***Planetarium*** (›Sternentheater‹), eröffnet Herbst 1993 mit 290 Sitzplätzen unter einer Kuppel von 20 m Durchmesser und 13,5 m Höhe; durch Zeiss-Projektor (Modell VII) größtes und modernstes Planetarium der Welt, in dem u. a. nicht nur der Sternenhimmel, sondern auch Raumflüge in unserem Sonnensystem simuliert werden. ***Bedeutung:*** Das ›Forum der Technik‹ ist Deutschlands erstes Kulturzentrum für Naturwissenschaft und Technik, das Disziplingrenzen überwinden und neue Wege zum interessierten Laien ebnen will – entsprechend dem Konzept des Gründers des Deutschen Museums Oskar v. Miller, der mit Hilfe der Schausammlungen sowie von Kongressen und Vorträgen den »Naturwissenschaften und der Technik zur Volkstümlichkeit« verhelfen wollte.

MUSPILLISTRASSE 31 (Oberföhring) □ **16**

St. Lorenz Oberföhring einer der frühest beurkundeten Orte (750 fränk. Meierhof), seit ca. 900-1803 zur freisingischen Grafschaft Ismaning gehörend (Ende des 18. Jh. häufig von Illuminaten aus München wegen der dortigen Presse›freiheit‹ aufgesucht). Bis zur Umleitung der Salzstraße zwischen Reichenhall und Augsburg zum Isarübergang bei München durch Heinrich den Löwen (1156/58) lukrative Brücken-, Maut- und Zollstation der Bischöfe von Freising. – Vor der 1678 wegen Bauschäden abgebrochenen Kirche (1315) ein Gotteshaus bereits 822 erwähnt; Neubau 1678-80 von Zwerger d. J.; anstelle des barocken Turms hoher Satteldachturm 1893 nach Vorbild des alten wiedererrichtet. ***Beschreibung:*** Frühbarocker, vierjochiger Saalbau mit stuckierter Stichkappentonne und Gliederung durch kannelierte Pilaster; gleiches System in schwach eingezogenem zweijochigen und gerade geschlossenen Altarraum. *Stuckaturen* an Gewölben, Fensterleibungen und -umrahmungen aus geometrischem Rahmenwerk (Trapeze, Quadrate, Kreise, Ovale), in den Feldern Engel, Ranken, Spiralen, Rosetten; im Chorgewölbe anstatt Rahmenwerk Girlanden und Engel mit Leidenswerkzeugen Christi; restauriert 1878. (Herkunft des heimischen Frühbarockdekors ebenso unbekannt wie der Stuckateur; Entwurf möglicherweise von Zwerger?). – *Hochaltar:* Architektur mit vier gewundenen Säulen, dazwischen große Holzfiguren Petrus und Paulus

vom alten Hochaltar (1648 von einem ländlichen Bildhauer); Altargemälde ›Martyrium des Hl. Laurentius‹ (Kopie 1964 von Diebitsch nach Tizian; das Altarbild der 1890er Jahre, Laurentius, an nördlicher Chorwand). – *Seitenaltäre:* Säulenarchitektur nach Mitte des 18. Jh.; links mit Figur des Hl. Emmeram, in Rokokorahmen (flankiert von Figuren Franz Xaver und Johannes Nepomuk), rechts Hl. Sebastian, ebenfalls in Rokokorahmen (flankiert von Leonhard und Wendelin). Im Chorbogen *Rosenkranzmadonna*, um 1680. – An der Nordwand des Langhauses *Votivbild* mit Darstellung eines Bittgangs 1867 zur 1866 neu erbauten Emmeramskapelle (s. u.); daneben *Kanzel* (Mitte 18. Jh.) und *Wandaltar* (mit Kruzifix und Mater dolorosa). An Südwand Nische mit *Relief* Kreuzigung Christi (wohl Zusammenhänge mit niederbayerischer Schnitzkunst Anfang 16. Jh.), daneben *Wandaltar* ›Christus an der Geißelsäule‹ (Kopie des Gnadenbilds in der Wieskirche). An der Brüstung der (Doppel-)*Empore* sieben Ölgemälde (auf Holz): Szenen aus dem Leben des Hl. Laurentius (um 1680). ***Bedeutung:*** Beispiel für eine Dorfkirche in *einheimischem* Frühbarock, der noch nicht unmittelbar vom höfischen, aus (Ober-)Italien importierten Barock beeinflusst ist. – Der das östliche Isarhochufer beherrschende Kirchturm mit Dorf beliebtes Motiv bei Isarlandschaften im 19. Jh. Im *Friedhof* bestattet Rochus Dedler († 1822, Komponist der Musik zum Oberammergauer Passionsspiel); Bildhauer Adolf v. Hildebrand († 1921) und seine Frau Irene (Statue: lautespielender Engel 1921). Kriegerdenkmal (Grablegung Christi, von Hildebrand, 1920).
Auf Talsohle ***Emmeramskapelle*** (St.-Emmeram-Straße): bereits Ende 8. Jh. Einsiedelei verbürgt; anlässlich 1000-Jahr-Feier 1752 neu ausgestaltet, 1821 abgebrochen; nach alten Angaben 1866 wiedererrichtet, in 1960er Jahren renoviert: einfacher *Rechteckbau*, an Stirnwand angesetzte *Apsis* und zwei *Halbfiguren* Johann Nepomuk und Laurentius (17. Jh.); neben Türe zwei barocke bäuerliche *Leinwandgemälde* (Legende des Hl. Emmeram).

Neuhauser Straße: *Brunnenbuberl*, 1895.

NEUHAUSER STRASSE ☐ 5, 6

Nach dem heutigen Stadtteil Neuhausen (eingemeindet 1890) benannte Straße westlich des ehemaligen *Kaufingertors* (→ S. 189) bis zum *Neuhauser*, seit 1792 *Karlstor* (→ S. 184) im Zug der von Osten nach Westen durch die Altstadt verlaufenden Salzstraße. Erstmals 1293 urkundlich als ›Neuhauser Gasse‹ verbürgt, jedoch schon vorher (1279) außerhalb der Heinrichsstadt bebaut, d. h. noch vor der ersten Stadterweiterung durch Herzog Ludwig den Strengen. (Von diesem Berufung der Augustinereremiten nach München und Gründung von Kloster und Kirche 1291, → Neuhauser Straße 2, »auf dem Haberfeld« vor dem Kaufingertor.) – Nach Kriegszerstörungen die historische Straßentrasse beibehalten, jedoch durch neu errichtete Geschäfts- und Bürohäuser (hauptsächlich in den 1950er und 60er Jahren) ihres ursprünglich intimen Charakters beraubt; dennoch Straßenzug heute geprägt von den Kirchen der Augustiner, der Jesuiten (mit Kolleg) und dem Bürgersaal sowie von einigen bemerkenswerten Bauten um die Wende vom 19. zum 20. Jh. (→ Haus-Nrn. 18 und 27). Zusammen mit der Kaufingerstraße 1972 als *Fußgängerbereich* gestaltet. – Vor Alter Akademie (Nr. 8) **Richard-Strauss-Brunnen** (von Wimmer, 1962) mit Szenen aus der Oper ›Salome‹. Am westlichen Ende der Straße das **Brunnenbuberl** (früher am Karlsplatz) neu aufgestellt: liebenswürdige jugendstilbarocke Gruppe von Gasteiger (1895), die den Protest von Sittenwächtern hervorrief. Im Hauptdurchgang des Karlstors *Gedenkstein* für Herbert Jensen, Initiator des Fußgängerbereichs, errichtet 1972. – Bei Haus Nr. 5 Anlage einer ›*Galleria*‹ *arcade* (1993).

Neuhauser Straße: *Straßenmusikanten.*

NEUHAUSER STRASSE 2 ☐ 6

Ehemalige Augustinerkirche St. Johann Evangelist und St. Johann Baptist Berufung des Predigerordens der Augustinereremiten 1290 durch Herzog Ludwig den Strengen nach München; 1291 Grundsteinlegung zur Kirche einer (nach Überlieferung) bereits bestehenden *Johanneskapelle* »auf dem Haberfeld«; die neue Ordenskirche (mit Fortführung des Patroziniums) erster größerer Sakralbau außerhalb der Heinrichsstadt an der

Neuhauser Straße: Der klassische Blick auf *Michaels-, Augustiner- und Frauenkirche.*

Straße nach Westen bzw. Neuhausen (→ Neuhauser Straße). Weihe der Kirche 1294 zugleich mit Kloster (s. u.); Weihe des Chors erst 1341 (allerdings schon 1311 Errichtung einer *Maria-Magdalena-Kapelle* an seiner Südseite). Behebung von Schäden wohl durch Stadtbrände 1429 bzw. 1434 (oder durch beide?), abgeschlossen 1448; größere Baumaßnahmen (Barockisierung) 1618-21, jedoch bis Säkularisation 1802 keine wesentlichen Veränderungen. (Ob Luther bei seiner Reise nach Rom in der Augustinerkirche gepredigt hat, ist nicht verbürgt.) – Aufhebung des Klosters und Profanierung der Kirche 1803: Verwendung als Mauthalle (bisher im 1406 errichteten Salzstadel an der Stelle des Montgelas-Palais (→ Promenadeplatz 2). Drohender Abbruch des Kirchengebäudes durch G. v. Seidl, F. v. Thiersch und C. Hocheder 1906 vereitelt und anlässlich der Errichtung des Polizeipräsidiums (1911-14 auf dem ehemaligen Klosterareal) in heutigen Zustand versetzt. Bombenschäden 1944 und 1945, von 1949-56 äußerlich behoben, Innenrestaurierung durch Schleich für Jagdmuseum (s. u.). ***Beschreibung:*** Der Augustiner-›Kirche‹ ist noch heute der basilikale Aufbau des in Ziegelrohbau errichteten Gotteshauses unschwer anzusehen: hochragendes Mittelschiff, an Neuhauser Straße das niedrigere (südliche) Seitenschiff; gegen Osten, unter gemeinsamem Satteldach des Langhauses, der hohe gotische Chor und drei Seiten der Apsis mit Strebepfeilern. Die Westfassade mit ihrem von Th. Fischer 1911 in barockisierenden Formen entworfenen geschweiften Giebel (in Backstein und Putzflächen) nach dem Krieg ebenso wiederhergestellt wie die Ladeneinbauten entlang der Neuhauser Straße, die Rundfenster darüber und die Dachbalustrade. ***Inneres:*** Ursprünglich dreischiffige Basilika mit achtjochigem, wahrscheinlich flach gedecktem Langhaus und zwei kreuzgratgewölbten Seitenschiffen; der tiefe Chor dreijochig mit 5/8-Schluss. Mittelschiff spätgotisch gewölbt (1448 geweiht), Weihe von acht Altären 1449 lässt auf reiche Ausstattung schließen. Größere Baumaßnahmen 1618-21 bei erster Barockisierung eines Sakralbaus in München: Einzug eines Tonnengewölbes mit Stichkappen (über Langhaus und Chor), Stuckierung durch V. Schmitt (vielleicht nach Entwürfen von Krumper), neben St. Stephan (→ Thalkirchner Straße 15) einziger Deckenstuck dieser Zeit und Stilstufe in

Ehem. Augustinerkirche, Längsschnitt (Zustand vor 1802)

10 m

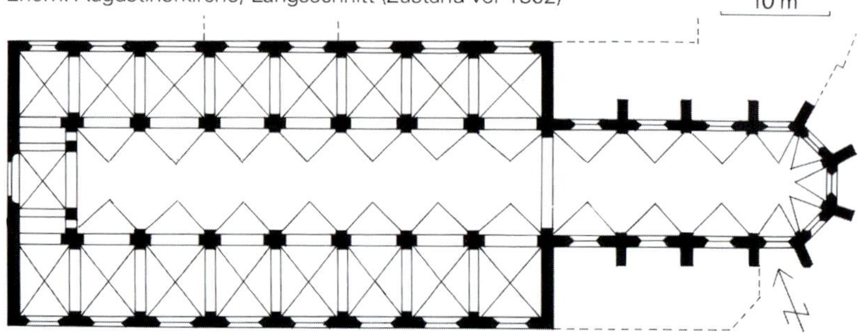

Ehem. Augustinerkirche, Grundriß (Zustand vor 1802)

München. – Die wertvollsten Ausstattungsstücke (u. a. *Gemälde* von Candid, Loth, Rubens, Tintoretto) durch Galerieinspektor Mannlich 1803 sichergestellt und z. T. anderen Kirchen übergeben, wie z. B. ehemaliges Hochaltargemälde ›Kreuzigung Christi‹ (von Tintoretto 1585, seit 1964 in der Pfarrkirche Stift Haug/Würzburg) oder ›Maria erscheint Augustinus‹ (von Rottenhammer 1614, jetzt im Hochaltar der Allerheiligenkirche am Kreuz, → Kreuzstraße 10); ferner entfernt die viel verehrten *Gnadenbilder* der Augustiner; z. T. in anderen Münchener Kirchen, wie die ›Hammerthaler Muttergottes‹ (in Heiliggeist → Tal 2), die verlorene sog. ›Bäckermadonna‹, die Gemälde ›Maria Trost‹ und ›Maria vom Guten Rat‹ (Kopie des Gnadenbildes von Genazzano), das ›Augustinerkindl‹ (1624, zuerst bei den Elisabethinerinnen, ab 1817 im Bürgersaal, → Neuhauser Straße 14); ferner zwei Schreine mit ›Heiligen Leibern‹, der eine (Hll. Alexander und Paulinus) 1804 nach Sistrans bei Innsbruck transferiert, der andere (Hll. Felix und Felicissima) ins Benediktinerinnenpriorat am Lilienberg. Weitere Stücke bei mehreren Auktionen rasch verschleudert. – Ab 1914 Beseitigung der Verunstaltungen durch Verwendung als Mauthalle (seit 1860 als ›Hauptzollamt‹ bezeichnet: dieses in das von Kaiser 1909 ff. errichtete *Hauptzollamtsgebäude*, Landsberger Straße 124, verlegt) und Umgestaltung des Kirchenraums durch Einzug einer Zwischendecke: Erdgeschoss wird Turnhalle für Polizeipräsidium (s. u.), der Obergaden wird zum ›Weißen Saal‹ (Konzertsaal) mit Anlage einer dreiläufigen Treppe im Chor (durch Th. Fischer 1915) unter Beibehaltung der barocken Gliederung. (Weißer Saal von 1938 bis Zerstörung 1944 Notkirche für den evangelischen Landesbischof wegen Abbruch der alten Matthäuskirche in der Sonnenstraße, → Nussbaumstraße 1.) Wiederaufbau von Schleich 1962-64 für *Deutsches Jagdmuseum* (s. u.), unter Erneuerung des Stucks in Langhaus und Gewölbe durch Nachformung erhaltener Teile renoviert und ausgebaut.
Bedeutung: Eines der edelsten Bauwerke der Stadt, »der erste Bau in Deutschland, bei dem ein sicher nicht unbedeutender Architekt die baulichen Gegebenheiten einer gotischen Basilika im Sinn der neuen Architektur zu transformieren verstand« (Brigitte Herrbach). Trotz Umgestaltungen in der Verbindung mit Michaelskirche und Domtürmen eines der faszinierendsten Architekturgruppierungen einer deutschen Stadt.
Kloster Über eine frühe bauliche Entwicklung kaum etwas überliefert, ebenso wenig über Situierung der einzelnen für ein Kloster üblichen Gebäulichkeiten sowie über den ursprünglichen Umfang des Klosterbezirks »auf dem Haberfeld«. Sicheres erst 1572 anhand des Sandtnerschen Stadtmodells: als *›Augustinerstock‹* Gesamtareal zwischen Neuhauser Straße und Löwengrube sowie Ett- und Augustinerstraße; die gekurvte Trasse der Letzteren dem nordwestlichen Abschnitt der ersten Stadtummauerung folgend. Weitere Dokumente zum Umfang des Klosters die Stadtpläne von Volckmer d. J. (1613), Hollar (nach 1623), Merian d. Ä. (1644), Paur (1705), Groth (1748). Mit Gewissheit gehörten zum Kloster ein Friedhof (aufgelassen 1589) und zwei Kreuzgänge, ferner ein 1411 erstmals erwähntes Bräuhaus (an Ecke Ettstraße/Löwengrube), das aber bereits 1382 betrieben wurde und wohl seit 1328 bestanden haben dürfte (→ Augustiner-Bräu, Neuhauser Straße 27). Erst ab Mitte 17. Jh. gesicherte Bauunternehmungen in Klosterbereich: 1653 ff. Neubau anstelle zweier Kreuzgänge; zwischen 1708 und 1711 Neubauten entlang der Löwengrube und Anfügung eines Westflügels an Kreuzgangbau (als Architekt überliefert Ettenhofer, als Baumeister H. Mayr); Errichtung von Mietshäusern (›Augustiner-Mietstock‹) an Augustinerstraße (wohl ›obere‹ Löwengrube) 1724-27; als einer der ersten Mieter J. M. Fischer mit Familie. – Umfangreiche Bauarbeiten (Erweiterungen, Zubauten, Um- und Neubauten) nach Säkularisation 1803 durch Nutzung durch Justizbehörden; wachsender Raumbedarf führte schließlich zum Neubau des Justizpalasts (→ Elisenstraße 1 a) und Beschluss der Staatsregierung, an der Stelle des Klosters das **Polizeipräsidium** zu errichten: Wettbewerb 1908, dritter Preis und Bauausführung an Th. Fischer 1910. ***Beschreibung:*** Geschickte Nutzung des gesamten ehemaligen Klosterareals (Abbruch der alten Gebäude 1910) für den weitläufigen Komplex; *Grundsteinlegung* 1911, *Einweihung* 1914: z. T. sechsgeschossige Trakte um sechs Innenhöfe, der Eingangsflügel an Ettstraße ehrenhofartig zurückgesetzt; die nur andeu-

tungsweise historisierenden Fassadengestaltungen der benachbarten Bebauung untergeordnet. Einziger künstlerischer Dekor am Hauptportal: *Plastiken* von Halbreiter, *Fresko* von Diez. Teilweise schwere Kriegsschäden 1945 ff. in vereinfachter Form behoben. – Das spitzwinklige Gebäude an Löwengrube/Augustinerstraße erst 1928-31, entgegen Fischers Plan, in voller Höhe der angrenzenden Trakte durch Landbauamt für Reichspost errichtet (sog. ›Posteck‹), nach Kriegszerstörung niedriger Bau als Behelfspostamt erbaut. 1986/87 Wettbewerb für *Dienstgebäude* des Polizeipräsidiums ›auf dem Posteck‹, schließlich 1995-2001 vereinfacht ausgeführt nach Plänen von Eicher, Hitzig, F. J. Langer und Schwindhelm.

Deutsches Jagd und Fischereimuseum: Bronzeplastik *Eber* vor dem Museumseingang.

Deutsches Jagd- und Fischereimuseum* Noch vor 1. Weltkrieg erste Pläne für Gründung eines ›Reichsjagdarchivs‹ und ›Reichsjagdmuseums‹ (1911). 1933 Erwerbung der weltberühmten Geweihsammlung des Grafen Maximilian v. Arco-Zinneberg, 1934 Kauf des Palais Leopold (mit Park, damals Leopoldstraße 13) durch die Stadt und Antrag im Stadtrat zur Errichtung eines Jagdmuseums in München; im selben Jahr Gründung eines Vereins »Deutsches Jagdmuseum e. V. – Forschungs- und Lehrstätte für Jagdkunde« durch Hitlerintimus Chr. Weber (der durch seine diesbezüglichen Aktivitäten in Konflikt mit Plänen des ›Reichsforst- und Reichsjägermeisters‹ Göring geriet). Nachdem Projekt eines Museumsneubaus im Hirschgarten (1935) an Plänen für geplanten Verkehrsausbau gescheitert waren, gelang Weber Zugriff auf (nördlichen) Orangeriebau von Schloß Nymphenburg (→ S. 390) und Ausbau des sog. Orangerietrakts: in ihm 1938 Eröffnung des Deutschen Jagdmuseums; weiterer Ausbau durch Krieg verhindert: 1941 Evakuierung des gesamten reichhaltigen Bestands ins Schloßgut Ast bei Landshut. Militärregierung verfügt 1945 Auflösung des Jagdmuseums. Langwierige Verhandlungen über Neugründung, schließlich 1958 Freigabe der ehemaligen Augustinerkirche durch den Staat. Nach Restaurierung Wiedereröffnung als »Deutsches Jagdmuseum« am 2.11. (Hubertustag) 1966 – unter Aufstellung einer freien Kopie (Ragaller) der Tellus Bavarica (→ S. 162) als Jagdgöttin Diana. ***Sammlungen:*** Jagdtrophäen, Hieb-, Stich- und Feuerwaffen sowie Jagdutensilien, ferner umfangreiche Sammlungen von Gemälden, Original- und Druckgrafik; in Dioramen (Entwurf Oberle) Darstellungen von Tiergruppen in ihrer Umwelt sowie historische Szenerien durch Zinnfigurendioramen. Seit 1982 durch historische Fischereigeräte Demonstrationen der Entwicklung von Fangmethoden und Präsentation der heimischen Süßwasserfauna zum **Jagd- und Fischereimuseum** erweitert. ***Bedeutung:*** Umfassendstes und in seiner Art einmaliges Museum zur Geschichte der Jagd und Fischerei im deutschen Sprachraum (Öffnungszeiten → S. 45). Über dem Eingang zum Museum, zwischen den Strebepfeilern des Hochchors, vier allegorische *Steinplastiken* (von Goldschmitt, um 1910); vor dem Museum zwei *Bronzeplastiken*: ›Eber‹ (von M. Mayer 1976, angeregt vom sog. ›Porcellino‹/Florenz) und ›Waller‹ (von Nageler 1982).

Neuhauser Straße: *St. Michael* (im Hintergrund die Frauenkirche).

NEUHAUSER STRASSE 6 ☐ 6

St. Michael* An Ostflanke des Jesuitenkollegs (→ Neuhauser Straße 8) errichteter mächtiger Kirchenbau mit Hauptfassade gegen Süden und langer Seitenfront gegen Osten (Ettstraße). Kirchenpatron: Erzengel Michael als himmlischer Streiter gegen die Feinde Gottes und der katholischen Kirche (Gegenreformation!), jedoch auch Übernahme des Patroziniums der 1584 wegen Neubau abgebrochenen St.-Michaels-Kapelle; wohl auch motiviert durch Geburtstag des Stifters Herzogs Wilhelm V. am Michaelstag (29.9.1548). Kirche in zwei Bauperioden errichtet: ***1. Abschnitt:*** Erster Plan wohl 1581/82 (Längsachse parallel zur Neuhauser Gasse, d. h. geostet), zweiter Vorschlag (wohl durch Sustris angeregt) 1582/83 (Kirche genordet: durch Ordensleitung in Rom genehmigt), entspricht heutigem Kirchenraum bis Querhaus; an dessen Stelle vorgesehen eingezogener Chor mit Turm an seiner Ostseite. *Grundsteinlegung* 18.4.1583, Einwölbung des Langhauses 1587 vollendet (Spannweite der Tonne rund 20 m, geplant von unbekanntem Baumeister, möglicherweise von dem ›Arithmeticus‹ Gundelfinger berechnet, ausgeführt von W. Miller: eine einzigartige technische Meisterleistung).

Stuckierung (ursprünglich teilweise in Terrakotta) und Ausstattung bis 1589. Durch Einsturz des Turms 1590 Beschädigung der Kirche und Zerstörung des Chors; im selben Jahr Abmauerung am Choransatz und *Weihe* des Langhauses. ***2. Bauabschnitt:*** Nach Stillstand bis 1593 Vergrößerung der Kirche: Projekt Sustris mit (nicht ausgeführter) Vierungskuppel über geplantem Grabmal für Herzog Wilhelm V. (angeregt wohl durch den Ordensbaumeister Valeriani, 1591/92 in München); Einwölbung des Chors 1595, Niederlegung der Trennwand und *Konsekration* der Kirche 1597. Während als Architekt für 1. Abschnitt kaum Sustris angenommen werden darf (Bauführung Miller), ist seine Beteiligung am bestehenden Bau gesichert; Baunaht am letzten Langhauspfeiler. – Anlässlich 100-jährigen Jubiläums 1697 Renovierung der Fassade (durch Viscardi) und des Gewölbestucks, Restaurierung des Hochaltars, Ausführung der Nebenaltäre in Stuckmarmor sowie Erneuerung der Orgel und Neuerrichtung der (heutigen) Kanzel durch Fr. Hörmann SJ. Nach Aufhebung des Jesuitenordens (1773) wird St. Michael Hofkirche, von 1782-1808 Malteserordenskirche, seit 1825 auch Garnisonskirche; ab 1921 wieder Jesuitenkirche. Weitere Renovierungen: 1852-57 durch Bürklein (Fassade in Sandsteinton, Neufassung von Hochaltar, Kanzel, Figuren) und 1907/08 (Fassade). Schwerste Zerstörungen 1944: Einsturz des ganzen Chor- und Langhausgewölbes; 1946-48 teilweise vereinfachter Wiederaufbau, Weihe 1953 (noch ohne Erneuerung des ursprünglichen Gewölbestucks). 1959/60 dunkelgrauer Fassadenanstrich, 1971/72 in lichterem Farbton erneuert; 1980-83 gründliche Renovierung mit Rekonstruktion des ursprünglichen Gewölbestucks, der barocken Orgelempore und Orgel sowie Errichtung eines Volksaltars (1983) an den Stufen zum Chor. – Unter der Vierung sollte ursprünglich monumentales und vielfiguriges *Stiftergrabmonument* Wilhelms V. und Renatas v. Lothringen errichtet werden: von Sustris 1592/93 konzipiert, davon bis 1597 ausgeführte Bildhauerarbeiten in St. Michael oder in München anderweitig verwendet: *Kruzifix* (von Giovanni da Bologna) und *Hl. Maria Magdalena* (von Reichle, im Grundriss, S. 302, bei **d**), vier *Bronzereliefs* (von Gerhard: drei in Mensa des Hochaltars **1**, das vierte im Kreuzaltar **2**), vier *Bronzekandelaber* (von Pallago, um den Kreuzaltar), *Weihbrunnengel* (von Gerhard, bei **h**); heute an anderen Standorten: *Madonna mit Kind* (von Gerhard, → Marienplatz, Mariensäule), vier kniende *Standartenträger* (zwei von Gerhard, zwei von Pallago) am Grabdenkmal für Kaiser Ludwig den Bayern in der Frauenkirche (→ S. 140), die vier *Löwen* (von Pallago) vor den beiden Portalen der Maximilianischen Residenz (→ S. 264), der geharnischte *Herzog Otto von Wittelsbach* (von Gerhard) auf dem ›Wittelsbacher Brunnen‹ im Brunnenhof der Residenz (→ S. 273).
Beschreibung Äußeres: Linear gegliederte dreigeschossige *Hauptfassade** mit hohem Giebel; das 1582 von Wilhelm V. festgelegte Programm demonstriert seinen Anspruch als Herrscher im Spannungsfeld zwischen Jenseits und Diesseits (→ Fassadenaufriss S. 302): in der obersten Nische Christus als ›*Salvator mundi*‹ (wohl vor 1590 von Gerhard als Stuckfigur geschaffen, 1692 durch kupfergetriebene Figur ersetzt; 1944 zerstört, nachgeschaffen von Schreiner 1982); im Erdgeschoss zwischen den beiden Rotmarmorportalen vergoldete Mittelnische mit bronzenem *Erzengel Michael** (von Gerhard 1588, nach Zeichnung von Schwarz modelliert), im Sockel Bayernwappen mit Kette des Ordens vom Goldenen Vlies; zwischen Christus (oben) und (Kirchen-)Patron (unten) ›*Ahnentafel*‹ Wilhelms und damit des Hauses Wittelsbach: die Figuren 9, 13 und 14 Entwürfe von Gerhard, die restlichen aus Antiquarium der Residenz (möglicherweise von Prechenfelder und Erndorfer 1584-89) – das einzige nachgotische Beispiel einer ›Königsgalerie‹. (1907 und nach 1946 teilweise erneuert, 1971/72 in Bronzeton gefasst.) Die *Ostflanke* an Ettstraße uneinheitlich und schmucklos durch Apsiden der Kapellen zwischen Streben, die in Höhe des Emporengeschosses leicht einspringen und im zweiten Obergeschoss nach außen treten. *Marmorportal* ist Zugang zur Kreuzkapelle (s. u.). ***Inneres:*** Von freitragender Tonne überwölbtes *Langhaus*; beiderseits drei *Kapellen*, durch mächtige Wandpfeiler mit Pilastern und Nischen voneinander getrennt, darüber in der ebenfalls durch Pilaster und Nischen gegliederten hohen Attika durchlichtete Emporen; in den Nischen (mit Muschelkalotten) der beiden Wandzonen

St. Michael, Figurenprogramm der Fassade

Figurenprogramm der Fassade von St. Michael: **1** *Christus Salvator.*
Agilolfingerherzöge als Ahnherren der Wittelsbacher: **2** *Otto,* **3** *Theodo,* **4** *Theodovalde,* **5** *Tassilo (als erster christlicher Landesherr).*
Wittelsbacherherzöge und Deutsche Kaiser: **6** *Otto von Wittelsbach,* **7** *Karl der Große,* **8** *Christoph von Dänemark und Norwegen, Pfalzgraf bei Rhein,* **9** *Albrecht IV., der Weise,* **10** *Ruprecht von der Pfalz,* **11** *Maximilian I. von Habsburg,* **12** *Ludwig der Bayer,* **13** *Albrecht V.,* **14** *Wilhelm V. (der Bauherr und Stifter mit Modell der Kirche),* **15** *Karl V. von Habsburg,* **16** *Ferdinand I. von Habsburg.* – **17** *Erzengel Michael (darunter Wappen Wilhelms mit Orden vom Goldenen Vlies).*

St. Michael: *Hochaltar und Empore.*

überlebensgroße Engelstatuen mit den ›Arma Christi‹ (entworfen von Sustris, in Terrakotta modelliert von Gerhard, Diefelder, Krumper). Die kurzen *Querschiffarme* deuten Vierung an, über der Sustris eine im hohen Satteldach verborgene Kuppel geplant hatte; nicht ausgeführt. Nach eingezogenem Triumphbogen *Chor* mit 5/10-Apsis; seine Wände ähnlich, aber zierlicher gegliedert als im Langhaus, ebenfalls Nischen in zwei Geschossen: im unteren Apostelfiguren, im oberen Patriarchen und Propheten, wie der figürliche Stuck auch auf Entwürfen von Sustris basierend und von Gerhard (Nischenfiguren) sowie von Thoma, Diefelder, Martino, G. und M. Castello ausgeführt. – Östlich neben dem Chor die architektonisch bemerkenswerte **Kreuzkapelle** (Zugang von Ettstraße): Entwurf vermutlich des Jesuitenarchitekten Valeriani, errichtet 1592: Rechteckraum mit Flachtonnengewölbe, in den zwei Nischen der Längsseiten hochbarocke Figuren Hll. Barbara und Katharina, ›Mater dolorosa‹ und ›Schmerzensmann‹ beiderseits des Zugangs zum oktogonalen Altarraum; im Altar (**13**) Gemälde ›Kreuzigung‹ von H. v. Aachen (1589). Über der Kapelle ehemals ›königliches Oratorium‹ und sog. Pestkapelle, im Untergeschoss ehemals *Jesuitengruft.*

Unter dem Chor die zeitlich zweite der drei Münchener ***Grablegen*** der Wittelsbacher; hier u. a. bestattet: der Stifter der Kirche Herzog Wilhelm V. (und Renata von Lothringen), Kurfürst Maximilian I. (mit Elisabeth Renata und Maria Anna), Eugène Beauharnais, Herzog von Leuchtenberg (mit Augusta Amalia) sowie sieben Urnen mit den Herzen der Leuchtenberg; König Ludwig II. und sein Bruder König Otto I. (→ Fürstengrüfte S. 51).

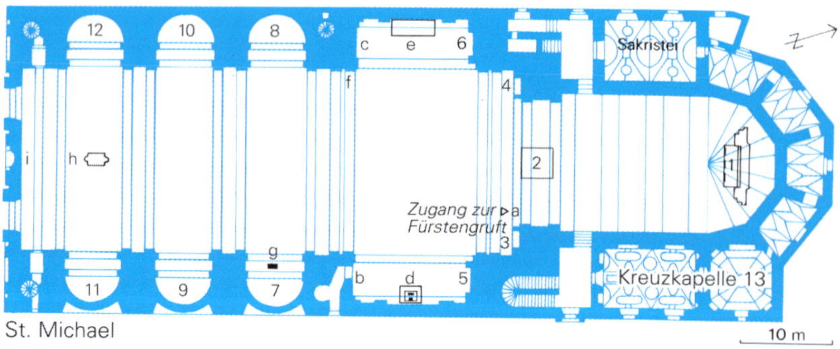

St. Michael

Altäre und Kapellen

1 Hochaltar *(Entwurf Sustris, ausgeführt von W. Dietrich unter Mitarbeit von A. Weinhart: seitliche Figuren und Engel, 1586-89), später (wohl 1687) Sockel und Tabernakelgeschoss verändert;* Altargemälde *›Engelsturz‹ (Schwarz 1591). 1944 schwer beschädigt, 1953 rekonstruiert: im Antipendium drei* Bronzereliefs* *›Auferweckung der Toten‹, ›Auferweckung des Lazarus‹, ›Auferstehung Christi‹ (mit dem vierten Relief, heute im Volksaltar, ursprünglich für Grabmal Wilhelms V., von Gerhard 1593-96 nach Entwurf von Sustris).* – Chorgestühl *von Dietrich, darüber in Nischen zwischen den Fenstern zwölf* Apostelstatuen *(je Seite sechs, durch Hochaltar zwei verdeckt), über ihnen zwölf* Patriarchen und Propheten *(von Gerhard nach Entwurf von Sustris).* **2** Volksaltar *(bis 1818), Neuaufstellung der Mensa 1983 mit Bronzerelief (Gerhard) ›Auferweckung der Tochter des Jairus‹; an Ecken der Altarinsel vier Bronzekandelaber (ursprünglich für Grabmal Wilhelms, von Pallago 1595-97 nach Entwurf von Sustris). Die Altäre in Querschiff und Langhaus thematisch aufeinander bezogen, ihre Architekturen unter Beibehaltung der ursprünglichen Altargemälde in Stuckmarmor 1697 neu gestaltet.* **3** *und* **4** *Altäre für zwei Jesuitenheilige: rechts* Franz-Xaver-Altar *(Gemälde von U. Loth 1624), links* Ignatius-Altar *(Gemälde von Paduano 1624). Alljährlich im Mai als Marienaltar gestaltet mit der von K. D. Asam entworfenen ›Immaculata‹ (1732), ein verkleinertes Holzmodell*, vielleicht von Ä. Verhelst geschaffen nach der 1800 eingeschmolzenen Silberfigur von J. G. Herkomer.* **5** *und* **6** Dreifaltigkeitsaltar: *Gemälde ›Opfer des Alten Bundes‹ (D. Viani 1588/89) und* Namen-Jesu-Altar: *Gemälde ›Opfer des Neuen Bundes‹ (D. Viani 1588/89). In den Kapellen des* Langhauses **7** Peter-und-Paul-Altar: *Gemälde ›Übertragung der Schlüsselgewalt an Petrus und Bekehrung des Paulus‹ (Viani 1588/89).* **8** Englische-Gruß- *(auch ›Maria-Haar‹)* Kapelle: *Gemälde ›Mariä Verkündigung‹ (Candid 1587), die beiden Altarfiguren* Hll. Anna und Joachim (J. B. Straub, um 1700); zusätzlich* Wessobrunner Stuck *(1697).* **9** Sebastians-Altar: *Gemälde ›Martyrium des Hl. Sebastian‹ (H. v. Aachen und Paduano, nach 1588).* **10** Andreas-Altar: *Gemälde ›Kreuzigung des Apostels‹ (Schwarz; Scalzi 1686-90).* **11** Fatima-Kapelle *mit barocker ›Mater dolorosa‹, ursprünglich Gemälde ›Büßende Magdalena‹ (H. v. Aachen, um 1587/88, verbrannt 1944).* **12** Ursula-Altar: *Gemälde ›Martyrium der Heiligen und ihrer Gefährtinnen‹ (Candid 1588).* **13** *In der* Kreuzkapelle *(Zugang von Ettstraße) Altar mit Gemälde ›Kreuzigung‹ (H. v. Aachen 1589).*

Ausstattung:
a Büste *des 1987 selig gesprochenen Jesuitenpaters Rupert Mayer (Eisenguss Oswald 1933).* **b** *und* **c** *(gegenüber den beiden Altären 5 und 6): ›Verklärung des Hl. Aloysius von Gonzaga‹ und ›Tod japanischer Märtyrer‹ 1597 (beide Gemälde anonym, nach 1627).* **d** Golgotha-Gruppe*****: *›Christus am Kreuz‹ (Bronzeguss von Giovanni da Bologna 1594), am Fuß des Kreuzes Hl. Maria Magdalena (Bronzeguss von Reichle 1595), die Gruppe ursprünglich für Grabmal Wilhelms V.* **e** Marmorgrabdenkmal***** *für Eugène Beauharnais, Herzog von Leuchtenberg († 1824): nach einer Idee seiner Witwe Auguste Amalie Skizzen von Klenze für Architektur und Figuren (1824/25), Letztere von Thorwaldsen geändert: der Herzog in antikisierender Kleidung, Portrait (nach Totenmaske) von Thorwaldsen selbst; dagegen ›Muse der Geschichte‹ (links) und die beiden Genien des Lebens und des Todes nach Entwurf Thorwaldsens von seinem Schüler Tenerani. Nur Architektur des 1830 enthüllten Denkmals von Klenze.* **f** Kanzel *(Hörmann 1697) mit drei eingefügten älteren Medaillons mit den Erzengeln Michael, Raphael, Gabriel (um 1953 von M. Hofmann wiederhergestellt).* **g** Schrein***** *der Hll. Ärzte Cosmas und Damian (Bremen um 1400), seit 1649 in St. Michael; restauriert 1854 und 1957.* **h** *Weihbrunnengel* (Bronzestatue von Gerhard 1593-96; ursprünglich für Grabmal Wilhelms).* **i** *In Wandnische segnendes* Christuskind*: ursprünglich* Tonstatue *(Gerhard 1585/88), nach Torso (im Bayerischen Nationalmuseum) nachgeschaffen 1983; die ursprünglich zugehörigen Statuen Hll. Georg und Wilhelm zerstört. Von den ursprünglich zwölf* Rokokobeichtstühlen *in St. Michael nur noch sechs in den Seitenkapellen (7-12) aufgestellt; seit 1954 zwei in Theatinerkirche St. Kajetan (→ Theatinerstraße 22), vier in St. Peter (→ Rindermarkt 1). Über südlichem Halbjoch barocke* Orgelempore *(Hörmann 1696/97) und* Orgel *(1698) nachgebaut, der* Prospekt *rekonstruiert (Frank 1979 ff.).*

Bedeutung: Dieser von Hans Jantzen als »Schöpfungsbau« der Kunstgeschichte, allgemein als größte Renaissancekirche des Nordens (mit dem nach St. Peter in Rom zweitgrößten Tonnengewölbe der Welt) bezeichnete Bau leitet in Stil und Programm (Fassade), in Idee und Gestalt (Triumphalbau der Gegenreformation), trotz der renaissancehaft wirkenden Formen, den Barock in Süddeutschland ein: beispielgebend für mehr als 100 Nachfolgebauten; vor allem durch die hier erstmals nördlich der Alpen angewandte Praxis der vollständigen weißen Stuckierung an Decken und Wänden vorbildhaft für Hofkapelle der Residenz (→ S. 268) und für Kirchen in Neuburg/Donau, Tuntenhausen (Kr. Rosenheim), Landshut und vielen anderen Orten. Städtebaulich von großartiger Wirkung: im Zug der Neuhauser Straße eingebunden in Waagrechtgliederung der Augustinerkirche, Giebel in Korrespondenz zu Frauentürmen; Akzentuierung an leichter Straßenbiegung.

St. Michael: *Erzengel Michael* von Gerhard, 1588.

Neuhauser Straße: *Richard-Strauss-Brunnen.*

NEUHAUSER STRASSE 8 ☐ 6

Alte Akademie Bereits bei Planungen für St. Michael 1581 (→ Neuhauser Straße 6) Errichtung eines *Jesuitenkollegs* für den von Herzog Albrecht V. 1559 nach München berufenen Orden vorgesehen; vorläufig mit dem von Petrus Canisius noch im selben Jahr gegründeten *Gymnasium* im unterbelegten Augustinerkloster untergebracht. Wachsender Zulauf von Schülern führte 1575 zur Errichtung eines geräumigeren Schulhauses an Westseite des Jesuitengäßls (heute Ettstraße) nach Plänen von Egkl. Noch unter Albrecht ab 1577 sukzessive Erwerbung von Anwesen an Neuhauser Gasse, vom Nachfolger Herzog Wilhelm V. nach 1579 fortgeführt, bis 1590 Gesamtareal im Geviert zwischen Neuhauser, Ett-, Maxburg- und Kapellenstraße erreichte; seitdem Gebäudekomplex auch ›Wilhelminum‹ genannt. ***Baugeschichte:*** Bereits 1584 Abbruch der seit 1302 bestehenden Nikolauskapelle »auf dem Haberfeld« und Grundsteinlegung für *Nordflügel* des Kollegs 10.1.1585 westlich des Chors von St. Michael; 1586 folgen Bau des *Südtrakts* an Neuhauser Gasse (Schule) nach Plänen von W. Dietrich (in Anlehnung an Collegio Romano der Jesuiten in Rom, 1583-85) und des westlich anschließenden, in den Straßenraum vorspringenden *Baukörpers,* dessen einfacher gestaltete Giebelfront mit der Fassade der Michaelskirche korrespondiert (wohl ebenfalls nach Plänen von Dietrich errichtet). Im Obergeschoss und Mezzanin, vermutlich 1697, Einbau des Versammlungssaals für die von Jesuiten geleitete Männervereinigung ›Congregatio Maior Latina‹, genannt »Odeon«, mit kostbarem Silberaltar. (Der Bau bis auf Außenmauern durch Bomben zerstört und ausgebrannt.) – Schließlich umfasste die Bebauung des Areals – um fünf Gartenhöfe gruppiert – Kolleg und Schule, Kongregations- und Theatersaal, Bibliothek, Wohntrakte und Räume für Herzog Wilhelm (den »Frommen«) sowie an Nordwestecke den oktogonalen Observatoriumsturm; in bescheidener Form Nachahmung des Escorial bei Madrid. Nahezu alle historischen Gebäude 1944/45 aufs Schwerste beschädigt oder ausgebrannt, von Innenräumen der ersten Ausstattungsperiode ebenso wenig erhalten wie von zweiter zwischen 1720 und 1752. Nach Aufhebung des Jesuitenordens 1773 ***Nutzung*** des gesamten Komplexes durch verschiedenste staatliche Institutionen: 1773 in Teilen durch *Polizeidirektion*, 1775-1803 durch *Kadettenkorps*; 1783-1944 durch *Bayerische Akademie der Wissenschaften* und Teile ihrer Sammlungen; ab 1773 *Hofbibliothek* (1784 Vollendung des Bibliothekssaals im zweiten Obergeschoss des Trakts an Neuhauser Gasse), 1843 Verlegung in neue Staatsbibliothek (→ Ludwigstraße 16); 1784-1885 *Maler- und Zeichenschule*, 1809 umbenannt in ›Akademie der Bildenden Künste‹ (nach Umzug in Neubau an → Akademiestraße 2 ehemaliges Jesuitenkolleg »*Alte* Akademie« genannt). Ab 1809 *Landesarchive* (später ›Geheimes Hausarchiv‹/›Reichsarchiv‹), ab 1843 in Staatsbibliothek verlegt. 1826-40 *Universität* (→ Geschwister-Scholl-Platz 1), daneben bis zur Zerstörung 1944 eine Reihe staatlicher Sammlungen (u. a. *Münzsammlung, Prähistorische Staatssammlung, Zoologisch-Zootomische Staatssammlung*). Zwischen 1840 und 1850 *Schwurgericht*, 1842-66 Sitz verschiedener *Ministerien*, 1845- ca. 1865 *Landtagsarchiv*. – ***Um- und Neubauten:*** 1808-11 Anbau eines *Westflügels* an Dietrichschen Giebelbau bis Kapellenstraße (Pläne: A. Gärtner); 1841 Errichtung des *Antikensaals* (für Akademie) an Kapellenstraße durch F. v. Gärtner, nach Norden anschließend (entlang Kapellenstraße) dreigeschossiger Trakt für *Kanzlei und Sitzungsräume* der Akademie der Wissenschaften 1845 (Pläne von Klumpp). 1862 *Aufstocken* des Trakts an Maxburgstraße und 1866 *Erweiterung* des Kollegflügels am Chor der Michaelskirche durch Lange. 1886-88 *Umbau* des Flügels von A. Gärtner durch Adelung und Grässel. ***Wiederaufbau:*** Die historischen Gebäude des ›Wilhelminums‹ nahezu alle zerstört, ruinös erhalten die Hauptfassade neben Michaelskirche (von Schutzbier durch Hintermauerung gesichert) und Ostfassade des Dietrich-Baus (1953 niedergelegt); beide *Fronten* wiederhergestellt bzw. vereinfacht rekonstruiert: in strengen Spätrenaissanceformen 16-achsige Straßenfront der Alten Akademie (heute: Bayerisches Statistisches Landesamt) über rustiziertem Erdgeschoss drei Obergeschosse, davon das dritte mit Ovalfenstern; der im rechten Winkel in sieben Achsen vortretende Baukörper mit *Kaufhausneubau* (durch J. Wiedemann 1953-55) verbunden. An Kapellen- und Maxburgstraße Neubau für *Bayerische Landesbodenkreditanstalt*, an Maxburgstraße (1 und 3) für *Jesuitenkolleg* (von Jaud, 1953-54). – ***Bedeutung:*** Kolleg der Jesuiten für rund zwei Jahrhunderte sowohl als Zentrum der Gegenreformation als auch als Bildungsstätte aus der Geistesgeschichte Münchens nicht wegzudenken. Als rekonstruiertes Bauwerk bildet die ›Alte Akademie‹ zusammen mit der Fassade der Michaelskirche einen architektonisch hervorragend gestalteten Platzraum (akzentuiert seit 1962 durch ›Richard-Strauss-Brunnen‹ von Wimmer); im Zug der Neuhauser Straße ein städtebaulich akzentsetzendes, gleichsam ›römisches‹ Gebäudeensemble.

Bürgersaal, Unterkirche: *Kreuzwegstation.*

NEUHAUSER STRASSE 14 ☐ 5

Bürgersaal Ursprünglich nur Versammlungsraum für die Mitglieder (›Sodalen‹) der 1610 gegründeten »Marianischen deutschen Kongregation der Herren und Bürger«. ***Vorgeschichte:*** Bereits seit 1510 Bestehen einer Männerkongregation, unter Einfluss der Jesuiten von 1577 an Gründung weiterer Kongregationen (1597, 1643); deren Konvente bis 1710 im Jesuitenkolleg (geleitet vom Orden bis zu seiner Aufhebung 1773). – 1693 erste Überlegungen für Errichtung eines eigenen Kongregationssaals zum 100-jährigen Jubiläum; aus Stiftungen und Spenden der Sodalen nach Erwerb dreier Anwesen an Neuhauser Gasse nach Plänen von Viscardi, ausgeführt 1709-10 durch Ettenhofer; erster Konvent bereits 1710 abgehalten, obwohl die von J. A. Wolff entworfene Innenausstattung erst 1712 vollendet wurde. Die 1772 wegen Bauschäden (Dach und Gewölbe) projektierte Neugestaltung durch Wink und I. Günther abgelehnt, verändert jedoch ausgeführt 1773/74 durch Knoller, Kirzinger und Feichtmayr d. J.; dabei Verlust der ursprünglichen Decke und Deckenvoute (s. u.). *Konsekration* des Versammlungssaals zur Kirche (Dreifaltigkeit, Maria und Joseph). ***Wiederaufbau:*** Kirchenraum im Obergeschoss bis auf Außenmauern 1944 zerstört, Unterkirche im Erdgeschoss erhalten. Bis Ende 1945 *Sanierung* der Mauern, Aufbringen des Dachs und Einziehen der Saaldecke (noch ohne Dekor): bis 1947 anstelle des ruinierten Doms Bischofskirche, daneben (bis 1953) auch Notkirche für St. Michael. Planmäßiger *Innenausbau* erst ab Währungsreform, orientiert am Bestand nach 1710 (anhand von Kupferstichen von Disel/Corvinus): Ergänzung der Stuckornamente nach erhaltenen Teilen, Fresken in Blindfenstern und Kartuschen über den Fenstern nach verbliebenen Bildresten durch Pfohmann restauriert (begonnen bereits 1945/46); *Rekonstruktion* der zerstörten Deckenzone und des ursprünglichen Stucks (von Appiani) bis 1959: im dreigeteilten Gewölbespiegel Mittelfeld mit Marienmonogramm, in beiden anderen Feldern Fresken von Kaspar; Wiederaufbau im Wesentlichen bis 1973 abgeschlossen. Renovierungsarbeiten 1999-2001. ***Äußeres:*** Bis auf die (von Feuerpolizei geforderten) zwei niedrigen Seitenportale *Fassade* original: zwei nahezu gleich hohe Stockwerke in drei Achsen, Mittebetonung durch Marmorportal und darüber verglaste Nische mit sitzender *Madonna mit Kind* (von F. Ableithner unter Einfluss von Faistenberger), im Obergeschoss großes Rundbogenfenster; über Kranzgesims Segmentbogengiebel (früher mit Glöckchen), bekrönt vom sog. ›Papstkreuz‹ (als Hinweis auf Besuch der Päpste Pius VI. 1782 und Johannes Paul II. 1987). *Gliederung* durch Doppelpilaster (auf hohen Sockeln) und toskanischen bzw. ionischen Kapitellen; Gesimse verkröpft, über Kranzgesims Balustrade mit vier Obelisken. ***Inneres:*** Auf tiefrechteckigem, genordetem Grundriss (ca. 46 zu 13 m) zwei Hallen: im Erdgeschoss dreischiffige *Unterkirche*, ursprünglich die Druckerei der Kongregation (bis ca. Mitte 19. Jh.), nach 1890 zur Kapelle umgestaltet: in den Jochen der Seitenschiffe bemerkenswerte *Kreuzwegstationen* (14 jeweils vierfigurige, vollplastische Skulpturen von Sprenger nach Modellen von Elsner 1892-98); Abschluss des Mittelschiffs durch *Altar* mit sitzender Statue ›Maria als Himmelskönigin mit Jesuskind‹ (von Drexler um 1925); davor *Grab* des von 1922-45 am Jesuitenkolleg wirkenden Münchener »Männerapostels« P. Rupert Mayer († 1.11.1945, hier 1948 beigesetzt; Gedenktafel am Kolleg Maxburgstraße 1), rechts vom Grab Bronzebüste von Kalckreuth 1949; am 3.5.1987 durch Papst Johannes Paul II. im Münchener Olympiastadion selig gesprochen. – *Oberkirche* über zwei seitliche Treppenaufgänge erreichbar (an den Wänden zwei frühbarocke Schutzmantelmadonnen, **6** und **7**). Saal von neun zu drei Achsen, seine Wände durch Kompositpilaster auf hohen Sockeln gegliedert, der Altarbereich durch Doppelpilaster nur angedeutet. Der ursprüngliche *Wandstuck* (von J. G. Baader 1710-12) nach Kriegszerstörungen restauriert. Über umlaufendem, verkröpftem Gebälk Deckenvoute mit Stichkappen und Deckenspiegel, der reiche Akanthusstuck von Appiani zerstört und nachgeschaffen, die drei Felder des Spiegels gemäß dem Zustand von 1710 rekonstruiert: im Mittelfeld stuckiertes Marienmonogramm in Strahlengloriole, im Feld gegen die Orgel (**A**) ›Geburt Christi mit Hirten und den Drei Weisen‹, im Feld gegen den Altar (**B**) ›Mariä Himmelfahrt‹ (am unteren Bildrand, links der Mitte, inmitten der Apostel, P. Rupert Mayer): *Fresken* von Kaspar 1971-73. An ihrer Stelle ehedem bei Erstausstattung Fresken von J. A. Gumpp (›Marienkrönung‹ und ›Himmelfahrt‹), ferner nicht näher überlieferte Malereien von C. G. Stuber, Schweikhard, Hörböckh und Dobler. Bei Neuausstattung 1773-74 durch riesiges Deckenfresko (31 zu 9,5 m) von Knoller ›Himmelfahrt Mariens‹ 1774 ersetzt, 1944 zerstört. Bei Wiederherstellung der Gewölbezone von Kaspar zusätzlich *Medaillons* mit den vier Evangelisten (**C, D, E, F**) sowie zwölf kleinere *Tondi* (**a** bis **m**) mit heraldischen Zeichen der Zünfte ehemaliger Sodalen und zwei mit Wappen. – An nördlicher Stirnwand der von M. Grübl aus geretteten Teilen 1948 neu gestaltete *Hochaltar* (**1**): vom ursprünglichen Altar nur erhalten das versilberte *Relief** ›Mariä Verkündigung‹ (von Faistenberger 1710) sowie auf der neuen Mensa, beiderseits des Tabernakels, vier *Silberbüsten* der Hll. Joseph und Johannes des Täufers sowie Johannes Evangelist und Joachim, von Canzler 1768 nach Modellen von I. Günther (Modelle von Johannes d. T. und Joachim im Badischen Lan-

Bürgersaal: Das 1944 zerstörte *Deckenfresko* von Martin Knoller (1774).

desmuseum Karlsruhe). In den beiden Ecknischen silbergefasste *Holzfiguren* der Hll. Joseph und Anna (**2**, **3**) von Friedrichsen (1946/47). – Wände der Längsseiten mit beiderseits fünf Fenstern, darüber in den Schildbogen der Voute Okuli; gegen Eingangsseite jeweils vier Blindfenster (mit Okuli), davon drei mit *Wandgemälden* von Gumpp (1710-12): sechs Szenen aus dem Marienleben (**8-13**), restauriert von Pfohmann. Die Fensterbögen bekrönt von Kartuschen mit allegorischen Darstellungen von Lobpreisungen Mariens (mit entsprechender Lemmata), von Kirzinger um 1774; seine dazugehörigen Medaillons mit Marienverehrern in den Gewölbezwickeln zerstört und nicht wiederhergestellt. – Unter den Fenstern 14 querrechteckige *Landschaftsgemälde** von Beich und wohl auch Werkstatt/Schüler (um 1725-30) mit Darstellungen von Wallfahrtsstätten, v. a. im Rentamt München (**W1-W14**); spezielle Auswahlkriterien nicht erkennbar. Künstlerisch die besten Thalkirchen, Tuntenhausen, Taxa, Aufkirchen; die hellertonigen Bilder wohl eher Schülerarbeiten. Als Vorlagen dürften z. T. Wening-Stiche gedient haben, eine vergleichbare Folge aus jener Epoche nicht bekannt. Die *Kanzel* (**4**), nach 1770 von I. Günther ursprünglich für Kirche der Barmherzigen Brüder (→ Ziemssenstraße 1) geschaffen, seit Säkularisation im Bürgersaal, 1944 größtenteils verbrannt; von M. Grübl vereinfacht aus erhaltenen Figuren (himmelwärts weisender Engel, Putten mit Attributen der göttlichen Tugenden und einige Puttenköpfe) auf Schalldeckel neu komponiert. An der Wand gegenüber Kruzifix (von M. Grübl) als Ersatz für zerstörte Kreuzigungsgruppe von J. G. Greif (1722). Unter dem Kreuz seit 2003 (wie vor der Zerstörung) Günthers *Schutzengelgruppe** (**5**), ein Hauptwerk süddeutscher Rokokoplastik. Ursprünglich für die 1761 gegründete Schutzengelbruderschaft bei der Karmelitenkirche (wohl als Tragfigur für Prozessionen konzipiert), nach der Säkularisation vom Silberschmied Streißl erworben und der Marianischen Kongregation am Bürgersaal geschenkt. Die ausgelagerte überlebensgroße Figur im 19. und 20. Jahrhundert mehrmals

Bürgersaal:
Schutzengel von I. Günther, 1763.

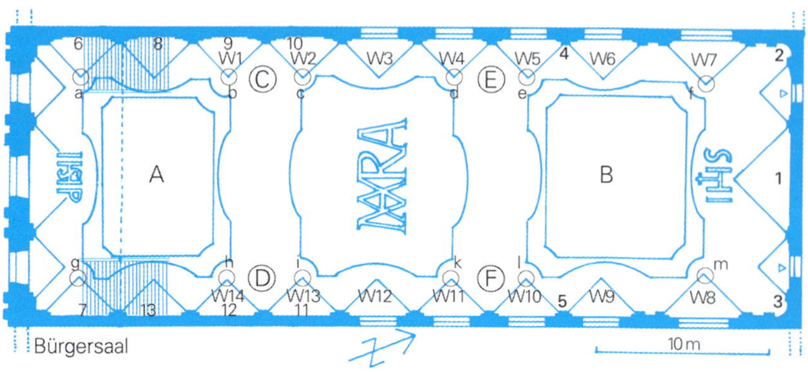

Deckenfresken *(Kaspar 1971-73):* **A** *›Geburt Christi mit Hirten und den drei Weisen‹,* **B** *›Himmelfahrt Mariens‹ (unter den Aposteln P. Rupert Mayer),* **C-F** *Evangelisten:* **C** *Lukas,* **D** *Johannes,* **E** *Markus,* **F** *Matthäus,* ***Tondi*** *mit Zunftwappen (Kaspar 1971-73):* **a** *Zimmerleute,* **b** *Dachdecker,* **c** *Bäcker, (***d** *Wappen des Heiligen Römischen Reichs),* **e** *Hutmacher,* **f** *Brauer,* **g** *Schneider,* **h** *Maurer,* **i** *Gerüstbauer, (***k** *Wappen des Kurfürstentums Bayern),* **l** *Glaser,* **m** *Weber.* ***Altar und Ausstattung:*** **1** Altar *mit versilbertem Relief ›Verkündigung Mariens‹* (Faistenberger 1710); neben Tabernakel* Silberbüsten* *der Hll. Joseph, Johannes d. T., Johannes Ev. und Joachim (Modelle I. Günthers von Canzler 1768),* **2** *und* **3** *Hll. Joseph und Anna (Friedrichsen 1947),* **4** Kanzel, *unter Verwendung erhaltener Einzelfiguren Günthers (1770) rekonstruiert (M. Grübl),* **5** Schutzengelgruppe* *(I. Günther 1763),* **6** *›Schutzmantelmadonna‹ (17. Jh.); im linken Medaillon Sodalen, im rechten Fegefeuer,* **7** *Pendant zu 6: im linken Medaillon Sodalen, im rechten Auferstehung von den Toten.* ***Wandfresken:*** *Szenen aus dem Marienleben (Gumpp 1710-12)* **8** *›Maria Immaculata‹,* **9** *›Geburt Mariens‹,* **10** *›Tempelgang Mariens‹,* **11** *›Mariae Heimsuchung‹,* **12** *›Darstellung Jesu im Tempel‹,* **13** *›Mater dolorosa unter dem Kreuz‹.* ***Gemälde:*** ›Altbayerische Wallfahrtsstätten‹ *(Beich und Werkstatt 1725-30.* **W1** *Taxa bei Dachau (abgeg.),* **W2** *Allersdorf bei Abensberg,* **W3** *Tuntenhausen bei Rosenheim,* **W4** *Andechs über dem Ammersee,* **W5** *Sossau bei Straubing,* **W6** *Hohenpeißenberg bei Weilheim,* **W7** *Altenburg bei Glonn,* **W8** *Altötting,* **W9** *Ramersdorf, noch mit Spitzhelm (verm. von Stephan),* **W10** *Bogenberg bei Deggendorf,* **W11** *Thalkirchen,* **W12** *Aufkirchen am Starnberger See,* **W13** *Weihenlinden bei Rosenheim,* **W14** *Ettal.*

überfasst, seit 1994 grundlegend restauriert; dabei Günthers eigenhändigen Signaturzettel mit Vollendungsdatum 16.7.1763 aufgefunden. – Die *Orgelempore*, ursprünglich (ca. 1712) von vier Engelkaryatiden getragen, 1944 verbrannt, bis 1959 vereinfacht rekonstruiert: die beiden großen Gehäusekästen nach zeitgenössischem Stich nachempfunden, ein Brüstungspositiv hinzugefügt, die alte Orgel der Universität Temeswar/Rumänien geschenkt, die neue vom Orgelbauer H. G. Vleugels geschaffen; 1994 zu Ehren des P. Rupert Mayer geweiht. Im ***Kirchenschatz*** zwei erwähnenswerte Gnadenbilder: seit 1628 die sog. *Foyensische Madonna*, eine aus einem Stück der ›Heiligen Eiche‹ von Foy von Krumper (?) geschnitzte Kopie des Gnadenbilds von Nôtre Dame in Foy (bei Dinant/Belgien), alljährlich beim Kongregationsgottesdienst (24.8.) über dem Tabernakel ausgesetzt. – Ferner das ›gefatschte‹ sog. *Augustiner-Christkindl*, seit etwa 1600 in der ehemaligen Augustinerkirche, nach Säkularisation im Spital der Elisabethinerinnen, 1817 in den Bürgersaal übertragen; alljährlich vom 24.12. bis 6.1. gezeigt. ***Bedeutung:*** Frömmigkeitsgeschichtlich durch die von Jesuiten geleitete Marianische Männerkongregation für das religiöse Leben Münchens wichtig, verstärkt seit 1948, nachdem durch Grabstätte P. Rupert Mayers eine bemerkenswerte spirituelle Mitte entstanden ist. – Kunsthistorisch v. a. der typische Kongregationsbetsaal (ähnlich in Augsburg, Ingolstadt, Amberg) wegen einer Reihe einzigartiger Ausstattungsstücke sehenswert. Seine Wiederherstellung muss als Paradebeispiel für die gestalterische, kreative Denkmalpflege der 2. Hälfte des 20. Jahrhunderts. betrachtet werden: neben Rekonstruktionen und Nachschöpfungen, neben geretteten Originalen – wie der Schutzengelgruppe als ein Hauptwerk Günthers oder dem Verkündigungsrelief als dem besten erhaltenen Werk Faistenbergers – stehen die Deckenfresken Kaspars als bemerkenswerter Versuch, mit modernen Mitteln an die Tradition barocker ›Himmelssphären‹ anzuknüpfen.

NEUHAUSER STRASSE 18 ☐ 5

Kaufhaus Karstadt/Oberpollinger An der Stelle des Hotels Oberpollinger nach Plänen von Max Littmann 1904-05 errichtet, durch drei hohe Giebel differenzierter Baublock; nachteilige Veränderung der Schaufensterzone. Erweiterung nach Norden 1960/61 (Fassaden: Gg. Werner) bis zu einer Rasenfläche, die dem Standort der bereits im Frühjahr (!) 1938 abgebrochenen Hauptsynagoge (Architekt: A. Schmidt, 1884-87) entspricht; an Maxburgstraße Gedenkstein (von Peters, 1968/69). ***Beschreibung:*** Über (modernisiertem) sockelhaftem Erdgeschoss und ersten Obergeschoss drei durch schmale Rücksprünge getrennte zweistöckige, steilgiebelige ›Häuser‹, deren verhältnismäßig große Fensterflächen durch Natursteingliederung verkleinert; dekorative Fassadengestaltung von Düll und Pezold, ebenso die Giebelbekrönungen: nackte Frauenfigur (›Hammonia‹) zwischen zwei hanseatischen Kauffahrteischiffen (Bauauftrag durch Unternehmer aus Hamburg!). ***Bedeutung:*** Neben Kaufhaus Hertie (→ Bahnhofplatz 7) und dem Berliner Kaufhaus Wertheim (von Messel 1904) ältester und bemerkenswertester deutscher Kaufhausbau; seine streng gerasterte Grundrissdisposition und die Ständerbauweise in Eisenbeton durch historisierende Detailformen kaschiert, was Angleichen an das bestehende Altstadtbild erleichtert (seinerzeitige Forderung der Münchener Monumentalbaukommission), obwohl die hanseatischen Motive (Erinnerung an hochgiebelige Speicherbauten) dem Geist der Stadt nicht entsprechen.

Kaufhaus Karstadt/Oberpollinger: *Hanse-Kogge* auf dem Giebel.

Kaufhaus Karstadt: *Die Giebelfront* lässt an die Hamburger Speicherstadt denken.

NEUHAUSER STRASSE 27 ☐ 6

Augustiner-Bräu Nach Firmentradition erste Braustätte im ehemaligen Augustinerkloster (→ S. 299) bereits 1328 an Ecke Löwengrube/Ettstraße, möglicherweise zurückdatierbar bis bald nach Klostergründung, mit ziemlicher Sicherheit 1382, urkundlich erstmals für 1411 fixierbar (H. Stahleder); Braubetrieb durch Augustiner bis Säkularisierung des Klosters 1803. Transferierung der Brauerei 1817 in ein Anwesen an Neuhauser Gasse (linke Hälfte des heutigen Gebäudes: in ihm Braubetrieb seit 1456 nachweisbar). Erwerb der Brauerei 1829 durch Anton Wagner (Begründer der sog. ›Au-

*›**Muschelsaal**‹ des Augustiner Bräus an der Neuhauser Straße 27 nach Entwurf von E. v. Seidl (1896-97).*

Die urkundlich älteste, seit 1328 in ungebrochener Tradition bestehende Brauerei Münchens besitzt das einzige noch ursprünglich erhaltene Interieur der Prinzregentenära und vermittelt damit in einzigartiger Weise die typische Altmünchener Brauhausatmosphäre der Zeit vor dem 1. Weltkrieg: In seiner Verbindung von großbürgerlich-historisierendem Lenbachstil (Holzvertäfelung, Stuckdekor, Grottenwerk mit klassischer Säulengliederung und Bronzebüsten) mit populären rustikal-waidmännischen Versatzstücken (wie Grünpflanzen und Hirschgeweihen) und dem modern-fortschrittlichen Element der Kuppel in Glas-Eisen-Konstruktion ein selten gewordenes Beispiel süddeutscher Großstadt-Gasthauskultur der Jahrhundertwende.

gustiner-Dynastie‹), durch Zukauf des westlichen Nachbaranwesens Erweiterungen 1853 und 1855. (Nach Erwerbung, 1857, des Buttler-Kellers an der → Landsberger Straße 21 ff. Errichtung der neuen Brauerei 1884-85; frühes Beispiel für gute ›Industriearchitektur‹ in München.) – ***Neubau*** der *Gaststätte*: Erste Pläne von Fincke & Vent 1895, Ausführung des Entwurfs von E. v. Seidl 1896-97 auf tief gestaffeltem Grundstück: die *Fassaden* der beiden Häuser an der Neuhauser Straße verschieden gestaltet: die rechte mit Mittelerker (heute ohne Haube) dem Historismus verhaftet, die linke mit Hausteingliederung ›moderne‹ Fensterreihung kaschierend. 1945 schwere Schäden, in den Folgejahren nach und nach behoben. Umgestaltung 1987/88 der ehemaligen Brauereiräume (gegen Herzogspitalstraße) zu ›Gewölbesaal‹ nach historischen Ergänzungen durch Schleich; Ausmalung durch Peiker. – Anschließend an Restaurant stimmungsvoller, malerischer *Innenhof*, ehemals als ›Metgarten‹ bezeichnet (in Erinnerung an die bis Anfang 19. Jh. bestehende ›Metschänke zum Thumberger‹). ***Bedeutung:*** Die zum Großteil erhaltene Innenausstattung (Restaurierung durch Schleich 1982-83) vermittelt, nach weitgehender Zerstörung bzw. Modernisierung ähnlicher Gaststätten, exemplarisch münchenerische Brauhausatmosphäre aus der Zeit vor dem 1. Weltkrieg.

NEUTURMSTRASSE 5 □7

Ehemalige Centralsäle Als herrschaftliches Miet- und Geschäftshaus 1876 über Stadtmauer der ersten Stadterweiterung (nach 1255: im Kellerbereich auf 56 m Länge noch sichtbar) nach Plänen von Stützel errichtet, 1879 vollendet; im palastähnlichen Bau die prunkvoll ausgestatteten, seit 1886 sog. ›*Centralsäle*‹: im Jan. 1880 mit großem Maskenball eingeweiht: bis Eröffnung des Deutschen Theaters (1896) Hochburg des Münchener Faschings. Von 1897-1901 Bühne des *Schauspielhauses* im ehemaligen Redoutensaal, durch Aufführungen modernster Theaterstücke unter Stollberg bedeutsam für Kulturleben der Stadt: Eröffnung mit Ibsens »Rosmersholm«, ferner Aufführungen von Halbe, Hauptmann, Strindberg, Wedekind (dessen »Erdgeist« verursacht 1898 Theaterskandal). Nach Übersiedlung der beengten Bühne (in heutige ›Kammerspiele‹,

→ Maximilianstraße 26/28) und erst recht nach verlorenem 1. Weltkrieg hatte das Gebäude seine gesellschaftliche Rolle eingebüßt. Vom einst feudalen Prunk nach Verkauf an Baumwoll- und Nähfadenfabrik (1921) nichts mehr erhalten; nach Behebung geringer Bombenschäden unterschiedliche Nutzung bis 1977: Ausbau zum *Antic Haus* (damals größtes Antiquitätenzentrum der Bundesrepublik), Umbau und Erweiterung durch Schleich 1981 und Einrichtung von *Restaurierungswerkstätten* des Landesamts für Denkmalpflege. 1987 durch ausländische Holding Gesellschaft ersteigert und 1988/89 zu *Nobelhotel* ›Rafael‹ ausgebaut (Entwurf: Architekturbüro Hentrich, Petschnigg und Partner), seit 2000 durch Besitzerwechsel ›Hotel Mandarin Oriental Munich‹. ***Beschreibung:*** Imposanter Baukörper in Neurenaissanceformen an Ecke Brauhausstraße (fünf Achsen mit dreiachsigem Mittelrisalit) und Neuturmstraße (15 Achsen mit fünfachsigem Mittelrisalit); beide Fassaden gelenkartig durch dreiachsigen turmähnlichen Bauteil (mit ursprünglich achteckigem Dachaufsatz und Belvedere) verbunden. Das Erdgeschoss rustiziert, darüber Gurtgesims und zwei Stockwerke, über Sohlbankgesims drittes Obergeschoss. Durch Aufstockung (1981) um zusätzliches Stockwerk und durch Ausbau des Dachgeschosses (mit Dachhäuschen) sowie des Eckturms die ursprüngliche Ausgewogenheit der Proportionen stark beeinträchtigt.

NIEBUHRSTRASSE ☐ 16

Gedenkstein am Übergang der *Römer-* und späteren *Salzstraße* über die Isar, gegenüber Oberföhring, und ihrem Aufstieg über die ca. 4 m hohe Hangkante der eiszeitlichen Niederterrasse östlich des Neuen Nordfriedhofs (etwa in Höhe seiner Erweiterung nach Norden). Die Römerstraße verband seit 2. Jh. n. Chr. Augsburg mit dem oberösterreichischen Wels, später die Salzstraße von Salzburg nach Augsburg, bis sie Heinrich der Löwe 1157/58 über Munichen umleitete. – Der einem römischen Meilenstein nachempfundene granitene Rundpfeiler (aufgestellt 1984) bezeichnet Lage zweier Einschnitte in Hangkante für Auf- und Abfahrten, bezeichnet durch zwei mit Isarkieseln gepflasterte Straßenandeutungen.

NÖRDLICHES SCHLOSSRONDELL 8 ☐ 13

Porzellanmanufaktur (Über ›Rondell‹ beim Schloß Nymphenburg: → S. 399f.) Als typischer merkantilischer Versuch zur Hebung der Wirtschaft durch Kurfürst Max III. Joseph 1747 gegründet, konnte anfangs kein echtes Porzellan produziert werden; erst unter Leitung des Obrist-Münzmeisters und Oberbergdirektors S. v. Haimhausen gelang 1753 durch den ›Arkanisten‹ Ringler und den Münchener ›Chymikus‹ und ›Figuristen‹ Härtl manufakturmäßige Erzeugung von ›Hart‹-Porzellan – nach Dresden (›Meißen‹), Wien (›Augarten‹), Braunschweig (›Fürstenberg‹) und Mainz (›Hoechst‹), aber vor Ludwigsburg, Ansbach und Berlin. Zuerst 1747 im Jagdschlößchen Neudeck in der Au untergebracht (als 1. ›Figuristen‹ zu Anfang der 1750er Jahre genannt: Hartl und der Wiener Ponhauser), wurde die ›Churfürstliche Porcelain Fabrique‹ durch Erlass des Kurfürsten 1761 im mittleren Pavillon des nördlichen Schloßrondells untergebracht. Ihr genialster Formmeister und bedeutendster Porzellanfigurist des Rokoko war Bustelli, der in der kurzen Zeit von 1754 bis zu seinem Tod 1763 rund 150 Figuren (→ Abb. S. 31) schuf, darunter mit den 16 Gestalten der *Italienischen Komödie* absolute Spitzenleistungen der Porzellankunst. Die Manufaktur hatte dadurch bereits zu Beginn internationalen Rang erreicht, den sie auch unter Bustellis Nachfolger, dem Fabrikoberpoussierer Auliczek (1763-97), ebenso halten konnte wie unter Melchior (1797-1820), der als Modelleur in Hoechst und Frankenthal mit der kurpfälzischen Manufaktur unter Karl Theodor nach München übersiedelte. Durch Ludwig I. Berufung von F. v. Gärtner zum artistischen Leiter (1822-44), der von 1822-23 (als seinen ersten Bau in München) ein Gebäude an → Kaufingerstraße für Geschäftsräume und Ateliers der Manufaktur umbaute (1944 zerstört; heute etwa Kaufingerstraße 9); sein Nachfolger E. N. Neureuther (1844-56). – Verpachtung der Manufaktur 1862 an Privatunternehmer führte zu ausschließlicher Produktion von Industrie- und technischem Porzellan (Ludwig II. musste

Nymphenburger Porzellanmanufaktur:
Porzellanmaler bei der Arbeit.

deshalb Aufträge für künstlerisches Porzellan an Meißen vergeben); erst 1888 Rückbesinnung auf Nymphenburger Tradition durch neuen Pächter A. Bäuml († 1929): einerseits Nachschöpfungen bewährter historischer Modelle, andererseits Modernisierung des Geschirrangebots. Anstelle künstlerischer Leiter Berufung freischaffender Künstler als Mitarbeiter und Berater – wie Wackerle (1906-09), Niemeyer, R. Sieck, Wersin, Kärner (1906-19); in den 1920er Jahren und später R. Lechner, Terletzki-Scherf, E. A. Rauch, Raab, F. X. Lorch u. a. Nach Zerstörung 1943 Wiederaufbau der Manufaktur durch Gebrüder Bäuml, Einrichtung von Verkaufs- und Ausstellungsräumen in Rondellbauten und am Odeonsplatz sowie Stiftung der ›*Nymphenburger Porzellan-Sammlung Bäuml*‹ im Marstallflügel von → Schloß Nymphenburg (→ S. 399); seit 1975 unter Regie des Wittelsbacher Ausgleichsfonds. ***Bedeutung:*** Neben Fürstenberg, Berlin und Meißen ist Nymphenburg die einzige bis heute ununterbrochen tätige historische Porzellanmanufaktur Deutschlands. Das weiterentwickelte derzeitige Angebot an Zier- und Gebrauchsporzellan umfasst auch technisch wie künstlerisch meisterhaft nachgebildete alte Formen und Motive. – Die bereits im 18. Jh. nordöstlich dem Rondellpavillon angefügten Produktionsräume dienen (modernisiert) noch heute der Manufaktur, wie ehedem treibt Wasserkraft des Nymphenburg-Biedersteiner Kanals die Drehscheiben; Krafterzeugungs- und Übertragungsanlagen sind technische Denkmäler; der historische dreistöckige Rundofen noch voll funktionsfähig.

NOTBURGASTRASSE 7 ☐ **18**

Christkönig Katholische Pfarrkirche für Nymphenburg/Kemnaten, vom 18. Jh. bis 1922 Kapelle im Schloß Nymphenburg (→ S. 389), von 1922-30 Notkirche im Marstall; *Neubau* nach Plänen von Blößner ab 1928, Weihe 1930. Nach Kriegszerstörung (1945 bis auf Außenmauern ausgebrannt) durch S. Ruf leicht verändert wieder aufgebaut, 1977 renoviert, 1981 Absenkung des Presbyteriums, Aufstellung des Volksaltars. ***Beschreibung:*** Gestreckter längsovaler Grundriss, an Straßenseite konvexer Mittelteil mit elfjochiger Vorhalle (auf Rundpfeilern) zwischen zwei übereck gestellten *Türmen* (vgl. gotisches Liebfrauenmünster in Ingolstadt; barocke Klosterkirchen Wiblingen und Waldsee): ihre vier leicht konkav eingezogenen Geschosse zwischen Eckpfeilern, das fünfte Geschoss über Glockenstube mit pagodendachähnlichen Pyramidenhelmen. – *Innenraum:* beidseitig fünf Flachnischen mit Zwillingsfenstern unter flach gewölbter Holzdecke mit abwechselnd Einzel- und Doppelbindern zum ovalen ›Auge‹ (mit Fresko ›Christkönig als Weltenrichter‹, von O. Schmitt 1952); östlich angebautes Presbyterium, in flacher Apsisnische seit 1977 *Altarbild** ›Mariä Himmelfahrt‹ (Lanfranco 1631, Leihgabe der Bayerischen Staatsgemäldesammlungen). In den beiden Nischen neben Eingang zum Presbyterium links *Marienaltar* mit barocker Madonna (in 1970er Jahren erworben), rechts *Flügelaltar* (Gnadenstuhl mit vier Szenen aus Leben Jesu, von Gitzinger 1938, aus der zerstörten Institutskapelle der Englischen Fräulein); bemerkenswerter Kreuzweg (H. Wimmer 1951). ***Bedeutung:*** Noch in diesem Sakralbau der 1920er Jahre wird – trotz versachlichender stereometrischer Formen – die Nachwirkung vertrauter barocker Raumdisposition (Zentralbau!) in Übereinstimmung mit einem bodenständig gefärbten Neobarock erkennbar. Aus der heutigen Sicht jedoch wird die Unsicherheit in der Stilkrise zwischen historisierenden Tendenzen und beginnender ›Neuen Sachlichkeit‹ sichtbar.

St. Laurentius: *Blick in den Altarraum.*

St.Laurentius: *Taufkapelle.*

NÜRNBERGER STRASSE 54 (Gern) ☐ **14**

St. Laurentius Nach Plänen von Steffan und Östreicher 1954/55 erbaut. ***Beschreibung:*** Klar proportionierter rechteckiger Rohziegelbau unter Satteldach, über dem apsidialen, halbrund aus der nördlichen Längswand vortretenden Altarraum abgeschleppt; an den Giebelschmalseiten drei hochgezogene stabilisierende Anläufe, an die südliche Längswand unter Pultdach angefügte *Vorhalle* mit *Sakramentsaltar* an östlicher Schmalwand mit Wandmosaik von Knappe. (Dazu im Außenbau akzentuiert durch hochgezogene Abschlussmauer mit Glockenstuhl.) Neben Sakramentsbereich Abgang zur etwas tiefer gelegenen, angebauten *Taufkapelle* (Taufstein von Probst). Vorhalle in fünf Rundbogen zum *Kirchenraum* geöffnet, dessen ideelle Achse im rechten Winkel zur geometrischen Längsachse verläuft; dadurch zentralraumartige Wirkung, verstärkt durch den gegen die Raummitte vorgezogenen Zelebrationsaltar. Die Ausstattung des kargen Raums mit seinen geschlämmten Wänden beschränkt auf spätgotische *Hl. Laurentius* und *Madonna mit Kind* (später ›Weicher Stil‹). ***Bedeutung:*** Der an Kirchen christlicher Frühzeit erinnernde Bau ist eines der beeindruckendsten Beispiele für Materialgerechtigkeit und formal eindeutig durchgeführte Architektur, die durch Einbeziehung der Gläubigen in die Liturgie die Reformen des Zweiten Vatikanischen Konzils vorweggenommen hat.

NUSSBAUMSTRASSE 1 □ 9

St. Matthäus, evangelische Bischofskirche ***Vorgeschichte:*** Unter Einfluss der evangelischen Kurfürstin Karoline von Baden (seit 1797 Gemahlin von Max IV. Joseph) erster evangelischer Gottesdienst (nur für Hofgesellschaft) am 12.5.1799 in einem Saal des Nymphenburger Schlosses; 1800 Umbau des ehemaligen Ballsaals am Brunnenhof der Residenz zum ›Bethaus‹ (bis 1832 als Hofkirche bezeichnet); 1807 Überlassung der profanierten Salvatorkirche (→ Salvatorplatz 17) zu Um- und Ausbau (1819 Pläne von Vorherr, 1824 von Himbsel: nicht ausgeführt); 1818/19 und 1822 zwei Neubauprojekte von Klenze (an der Stelle des heutigen Palais Ludwig Ferdinand, drittes Projekt Klenzes 1826: alle drei ebenfalls nicht realisiert). Auftrag an Pertsch 1826 zur Errichtung der ersten evangelischen Kirche in München: nach mehreren erörterten Standpunkten schließlich Ausführung an Übergang von Karlsplatz zur Sonnenstraße; *Grundsteinlegung* 5.8.1827; *Einweihung* 25.8.1833 (ohne Beisein von König Ludwig!); Innenausstattung durch Métivier. *Abbruch* dieser ›Kathedralkirche‹ im Zug der vom 3. Reich geplanten Neugestaltung der ›Hauptstadt der Bewegung‹ im Juni 1938 unter gleichzeitiger Einrichtung des ›Weißen Saals‹ (durch Bestelmeyer) in ehemaliger Augustinerkirche (→ Neuhauser Straße 2) als Notkirche für den evangelischen Landesbischof (zerstört 1944). Bereits im März 1939 Planung von Bestelmeyer für einen repräsentativen *Neubau* (zwölfeckiger Zentralbau mit hohem Kampanile) am Westrand der Parkanlage südwestlich des Sendlinger-Tor-Platzes, wegen des Krieges nicht mehr ausgeführt. Dafür in demselben Gelände, jedoch zum Platz vorgezogen, *Neubau* von Gsaenger 1953-55, renoviert 1998-2000. ***Äußeres:*** Über asymmetrischem, stark gekurvtem Grundriss aufgeführter Bau mit wechselnder, dynamisch geschwungener Höhenerstreckung; an Südostseite Akzentuierung durch stereometrisch klaren Turmkörper. Zwischen geschlossenen, rot verputzten Mauerpartien großflächige Fenster mit Betonlamellen. ***Inneres*** durch zentralen, jedoch architektonisch nicht eindeutig definierten Gottesdienstraum bestimmt; Ergänzung durch Anräume (*Brauthalle* im Süden und nierenförmig gekrümmter ovaler *Gemeindesaal* im Westen, gegen Norden kleinere *Vorhalle*, deren östliche Abschlussmauer als Glockenträger gestaltet). Altarbereich durch Apsis mit Marmormosaik von A. Gsaenger hinterfangen. ***Bedeutung:*** In städtebaulich hervorragender Lage trotz Fehlens einer eigentlichen Schauseite architektonische Pointierung des gestaltlosen Sendlinger-Tor-Platzes. Durchdringung von Konstruktionsgliedern (Sichtbeton in rot gefärbten Putzflächen) und dynamisch bewegten konvexen und konkaven Wandpartien. Als eine der ersten ›modernen‹ Kirchen Münchens ist diese evangelische Bischofskirche richtungweisend für nachfolgende Zentralbauten, auch für katholische Kirchen.

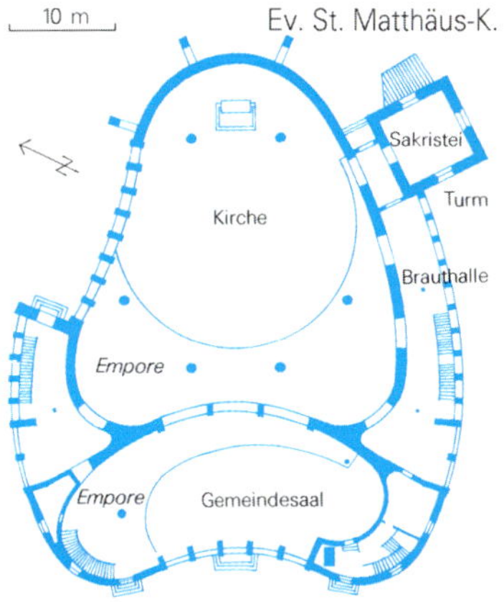

Ev. Bischofskirche St. Matthäus.

St. Matthäus: *Innenraum.*

In der kleinen **Parkanlage** (ursprünglich von Friedrich Ludwig von Sckell, 1972 neu gestaltet) südwestlich der Matthäuskirche *Denkmalbrunnen* für den Mediziner Friedrich Bezold (von Hoepf und Mattes, 1914) sowie *Denkmal* für Obermedizinalrat Ernest von Grossi (Büste von L. Schwanthaler, 1831); ursprünglich war diese Grünanlage Teil des ›Sanitärzirkels‹ um das anschließende Krankenhaus links der Isar (→ Ziemsstraße 1).

NUSSBAUMSTRASSE 5 □ 9

Mutterhaus und Kirche der Barmherzigen Schwestern Für den 1827 von Ludwig I. berufenen und 1832 eingetroffenen Krankenpflegeorden nach Plänen von F. v. Gärtner (Alternativentwurf von Ohlmüller) im Anschluss an Allgemeines Krankenhaus (→ Ziemssenstraße 1) errichtete Baugruppe (ausgeführt von Höchl). *Grundsteinlegung* 1837, *Einweihung* 1839; 1915 Verlegung innerhalb Münchens geplant, nicht realisiert. Im 2. Weltkrieg Kirche fast vollständig zerstört, Klostergebäude beschädigt; bei Wiederaufbau Kirche um 5 m verlängert. ***Beschreibung:*** Schlichtes, dreistöckiges *Mutterhaus* in vier Flügeln mit Satteldach um Innenhof; Sitz der Generaloberin und Verwaltung, Wohnung der Schwestern sowie Ausbildungsstätte. Durch gedeckten Gang mit nordwärts gelegenem Allgemeinem Krankenhaus verbunden. Aus gegenüberliegendem Südwestflügel *Kirche* zu drei Jochen mit 5/8-Chorschluss vorgezogen. Von ursprünglich karger Ausstattung – Gemälde für Hoch- und zwei Seitenaltäre von Langer, später ersetzt durch Bilder von Lacher, Linder und Guggenberger – nichts erhalten. Der ganze Klosterkomplex durch Säulengang umschlossen. ***Bedeutung*** der Anlage liegt weniger in der ›sachlichen‹ Architektur Gärtners als in der vom König gewollten Heim- und Ausbildungsstätte für einen karitativen und sozialen Aufgaben verpflichteten Krankenpflegeorden.

NYMPHENBURG → Schloß Nymphenburg

Schloß: S. 388-392, **Amalienburg:** S. 393, **Badenburg:** S. 393f., **Pagodenburg:** S. 395, **Park:** S. 396ff.; **Marstallmuseum:** S. 399, **Schloßrondell:** S. 399f.

OBERSCHLEISSHEIM → Schleißheim

Altes Schloß: S. 371ff., **Neues Schloß:** S. 373-377, **Schloß Lustheim:** S. 378ff., **Park:** S. 380ff. **Flugwerft Schleißheim:** S. 382ff.

Odeonsplatz: *Denkmal für Ludwig I., 1862.*

ODEONSPLATZ □ 2, 3

Platzanlage nördlich außerhalb der Altstadt im Vorfeld der Feldherrnhalle (s. u.) bis Beginn → Ludwigstraße westlich des → Hofgartens; angelegt zwischen 1816 und 1829. Noch vor Entfestigung Münchens (1791 ff.) Vorschlag von Cuvilliés d. J., die Sicht auf Fassade der Theatinerkirche durch Abbruch der Häuser nördlich des Preysing-Palais (→ Residenzstraße 27) und Anlage eines Platzes (mit Brunnen) zu verbessern; in F. L. v. Sckells Entwurf seines Generalplans (1811) Erhalt des ehemaligen Hauses Gumppenberg (seit 1807 ›Kriegsministerialgebäude‹ im Anschluss an Preysing-Palais, jedoch Abbruch der seit 1734 bestehenden Gaststätte ›Bauerngirgl‹. Noch unter Rücksichtnahme auf mittelalterliche Stadtgrenze Projekt A. Gärtners (1814) für »Neues Schwabinger Tor« (nicht ausgeführt); nachdem 1816 Klenze in die Planungen im Bereich des späteren Odeonsplatzes eingriff: Ausrichtung der künftigen Ludwigstraße auf Mitte zwischen Residenz und Theatinerkirche anstatt einer auf Nordfassade der Maximilianischen Residenz bezogenen Straße (durch Karl Theodor) und der von Sckell 1815 begonnenen, auf Nordflanke der Theatinerkirche ausgerichteten Straße. Die von Klenze im »2. Generalplan« 1816 noch vorgesehene Ausweitung des Platzes nach Westen durch Exedra nicht ausgeführt, ebenso wenig sein Vorschlag für *Armeedenkmal* (1818) in Form eines Obelisken und für Errichtung einer *evangelischen Kirche* an der Stelle des späteren Palais Ludwig-Ferdinand (→ Wittelsbacher Platz 4). – Nach Abbruch des alten Schwabinger Tors (1817) Planierung des Vorfelds und systematische Bebauung nach Plänen von Klenze, orientiert an römischen Renaissancefassaden: 1816 Errichtung des *Hofgartentors* (→ Hofgarten), 1816-21 des *Leuchtenberg-Palais* (→ Odeonsplatz 4), 1817-18 des *Doppelhauses* Nr. 5 (für den Rat v. Lampel) und Eckbau Ludwigstraße 1 (für Ministerialrat v. Kobell; beide nach Kriegsschäden im Äußeren rekonstruiert); mit Bau des *Palais Moy* 1819 (→ Theatinerstraße 27) architektonische Fassung der einmündenden → Brienner Straße (das analog zum Hofgartentor vorgesehene Tor nicht ausgeführt). Nach Abbruch des ehemaligen Turnierhauses am → Hofgarten Errichtung des *Bazargebäudes*

1825/26 (→ Odeonsplatz 6-18), des *Odeons* 1826-28 (→ Odeonsplatz 3) sowie 1828/29 des *Doppelhauses* Nr. 1 und Nr. 2 als Investitionsprojekt für K. Mayer (nach Kriegsschäden rekonstruiert bis auf die großen Schaufenster im Erdgeschoss). Architektonische Abrundung der Platzanlage – obwohl nicht zum eigentlichen Odeonsplatz gehörend – erst 1841-44 durch Errichtung der *Feldherrnhalle* (s. u.).
Auf Freifläche gegenüber Bazargebäude ursprünglich *zwei Denkmäler* für Christoph Willibald Gluck (von Brugger 1848) und Orlando di Lasso (von Widnmann 1849), bei Aufstellung des durch Ludwig von der Stadt gewünschten **Reiterdenkmals** 1862 auf → Promenadeplatz versetzt (weil der König nicht zwischen zwei Musikanten gestellt sein wollte): Vorschlag, den König stehend als ›Friedensfürst‹ darzustellen, von Ludwig abgelehnt, dafür ein Reiterdenkmal (»als vornehmste Form des Herrscherbildes«) verlangt. Hierfür Entwurf L. v. Schwanthalers (1847) zu einem Denkmal für König Mathias Corvius (Vorbild: ›Magdeburger Reiter‹ mit zwei Begleitfiguren, um 1250) verwendet, von Widnmann ausgeführt unter Hinzufügung von vier allegorischen Figuren (Religion, Kunst, Poesie, Industrie).
Feldherrnhalle* An Preysing-Palais nördlich angefügte Denkmalhalle, das vorgelagerte Platzareal nahtlos in Odeonsplatz übergehend; die beiden monumentalen Fahnenstangen (entworfen von A. Seitz 1886 zum 100. Geburtstag Ludwigs I.) aufgestellt 1888. Dem Bau eines »Schlussgebäudes« im Süden der Ludwigstraße langwierige Planungen vorausgehend: 1828 Auftrag an Ziebland zu Plänen für ein neues, repräsentatives *Wachgebäude* anstelle des Kriegsministerialgebäudes, zusätzlich Überlegungen für eine »Halle verdienter Heerführer« (von Kronprinz Ludwig bereits 1814 erwogen); damit tritt Denkmal mehr und mehr in Vordergrund (bei Klenzes Entwürfen von ca. 1828-35). Schließlich 1835 Auftrag Ludwigs an F. v. Gärtner zur Ausarbeitung von Fassadenentwürfen (Anlehnung an Architektur florentinischer Frührenaissance bzw. Anregung durch Loggia dei Lanzi). Nach Abbruch der Altbauten 1840 *Grundsteinlegung* 18.6.1841 (Jahrestag der Schlacht von Waterloo); *Fertigstellung* 1844 mit Enthüllung der beiden Denkmäler für die Generäle Tilly und Wrede am 8.10. (nicht, wie bisher datiert, am 18.10.1844, dem Jahrestag der Völkerschlacht bei Leipzig). ***Beschreibung:*** Dreibogige *offene Halle* – bis auf höheren Sockel und reicheren Gesimsabschluss – in engster Anlehnung an florentinische Vorbilder errichtet; *Bauplastik* von Ans. Sickinger und Sanguinetti, Mitteltreppe mit hohen Seitenwangen, darauf schreitende *Löwen* (ausgezeichnete Tierskulpturen von Rümann 1906); in den beiden Seitenarkaden die *Bronzestandbilder* von Tilly (links) und Wrede (rechts, beide Entwürfe von L. v. Schwanthaler 1844); an Rückwand *Denkmal für die bayerische Armee* (von F. v. Miller d. Ä., aufgestellt 1892). (Nach anderen Angaben zum Gedenken an die Gefallenen des deutsch-französischen Kriegs 1870/71 errichtet, nach Millerscher Familienüberlieferung bereits 1882 ursprünglich für eine südamerikanische Republik geschaffen, wegen revolutionären Umbruchs nicht mehr geliefert.) – Umgestaltung der Halle (Tieferlegen der Plattform) durch Scharff 1928/29 blieb Projekt. Dagegen – durch Hitlers ›Marsch zur Feldherrnhalle‹ (9.11.1923) unheilvoll mit Münchener und deutscher Geschichte verbunden – Aufstellung eines bronzenen *›Mahnmals‹* für die 16 »Blutzeugen der Bewegung« in der Arkade zur Residenzstraße: entworfen von P. L. Troost, ausgeführt von Schmid-Ehmen 1933; darunter Bronzetafel mit den Namen der vier von den Putschisten erschossenen Landespolizisten: zusammen mit dem Nazimahnmal 1945 entfernt und eingeschmolzen. Nach sog. ›Machtergreifung‹ 1933 die 16 Eisensärge der Putschisten auf der Hallenplattform aufgestellt, 1935 in die ›Ehrentempel‹ am → Königsplatz überführt. Erst seit 1994 erinnert ein *Bodendenkmal* vor der Nordostecke der Halle wieder an die Landespolizisten Rudolf Schratt, Friedrich Fink, Nikolaus Hollweg, Max Schobert. – Um den von den Nazis angeordneten ›Hitlergruß‹ beim Passieren des Mahnmals zu entgehen, wurde Viscardigasse zum »Drückebergergaßl«; seit 1998 erinnert eine Bronzespur im Kopfsteinpflaster an diesen Ausweg.
Bedeutung des Platzes im städtebaulichen Gefüge: konzipiert als südlicher Point de vue der Ludwigstraße sowie als architektonische Trennung von Residenz- und Theatiner-

Feldherrnhalle mit Durchblick zur Theatinerstraße.

Feldherrnhalle mit *Denkmal für General Tilly* (1844) und Blick auf die Residenz.

straße, bildet Feldherrnhalle den vermittelnden Übergang von Altstadt zu nördlichen Neubauvierteln von Schönfeld- und Maxvorstadt. Sie ist »elastisches Gelenk für die verwirrende Vielzahl der Achsen am Odeonsplatz« (Oswald Hederer); sie steht, durch Gärtners strengen, ernsten Rundbogenstil in Kontrast zu Klenzes renaissance-klassizistischer Gestaltung der Bauten um den Odeonsplatz.

Odeon: Blick von der Orchesterexedra in den Konzertsaal.

ODEONSPLATZ 3 □2

Odeon Symmetrisch zum gegenüberliegenden Leuchtenberg-Palais (→ Odeonsplatz 4) bereits 1818 von Klenze konzipierter Baukörper, seine Nutzung jedoch noch unbestimmt; 1822/23 von Kronprinz Ludwig für Kriegsministerium erwogen. Bestimmung als Gebäude für musikalische Veranstaltungen, Bälle und Feste erst 1825, nachdem durch Umbau des Redoutenhauses an → Prannerstraße zum Ständehaus (Klenze 1818/19) München keinen entsprechenden Saal besaß. (Der von C. v. Fischer 1809/1811 neben dem Nationaltheater vorgesehene Konzertsaal aus Kostengründen und durch Klenzes Betreiben nicht ausgeführt.) *Grundsteinlegung* 7.2.1826, mit Faschingsball am 7.1.1828 eröffnet, erstes Konzert am 10.3.1828 (obwohl Wandverkleidung erst 1830 angebracht). 1846 Einzug der Musikakademie. 1926 nicht ausgeführtes Umbau- und Erweiterungsprojekt von Th. Fischer. – Bei Luftangriffen 1944/45 schwer beschädigt, 1951-54 für Bayerisches Innenministerium unter Rekonstruktion der ursprünglichen Fassaden durch Wiedemann wieder aufgebaut. ***Beschreibung:*** Auf drei Seiten freistehender dreigeschossiger Baukörper mit je 17 Achsen an Odeons- und Wittelsbacher Platz (und Mittelportal), elf Achsen an Nordfassade mit säulengetragenem Balkon über Portal; Rechteckfenster in den drei Stockwerken, nur die im ersten Obergeschoss auf Sohlbandgesims durch Dreiecksgiebel hervorgehoben; über Konsolgesims flaches Walmdach (vgl. Leuchtenberg-Palais). Das ***historische Innere:*** Im Erdgeschoss Einfahrten, Garderoben u. Ä., im ersten Obergeschoss der als Binnenraum konzipierte zweistöckige *Konzertsaal* (ausgelegt für 1445 Sitzplätze) mit halbrunder Orchester-Exedra (36 zu 22,7 m), auf drei Seiten von Nebensälen und Raumfolgen umschlossen; im zweiten Obergeschoss seit 1846 Räume der Musikakademie. Das Parkett des 16,7 m hohen Saals dreiseitig von toskanischen Säulen (ausgenommen Exedra) umstanden, darüber Galerie mit ionischen Säulen. In reich gestalteter *Kassettendecke* Oberlichte eingelassen, in drei Feldern *Deckenfresken* mit musischer Thematik von Cornelius-Schülern: ›Parnaß‹ von W. Kaulbach, ›Apoll unter den Hirten‹ von Eberle, ›Urteil des Midas‹ von Anschütz. In *zehn Rundnischen* der Exedra 1837 Musikerbüsten (von Leeb) eingestellt: Beethoven, Mozart, Gluck, Händel, Haydn, Vogler, Méhul, Weber, Cimarosa, Winter. – Bei Entscheidung für Materialien der Ausstattung hatte Klenze 1826 bei Schinkel Rat eingeholt über dessen Erfahrungen hinsichtlich der Akustik beim Konzertsaal im Schauspielhaus am Berliner Gendarmenmarkt (1819-21): Klenzes Odeonssaal war berühmt für seine hervorragende Akustik. (Beim Wiederaufbau wurde zwar die Form des einstigen Konzertsaals im *Innenhof* des Ministeriums erhalten, seine einst harmonischen Proportionen aber durch Hinzufügung des Erdgeschosses in der Höhenausdehnung verfälscht.) Im Innenhof Schalenbrunnen (von Krieger 1958). ***Bedeutung:*** Der Baukörper des Odeons zusammen mit Leuchtenberg-Palais konstituierend für monumentales Erscheinungsbild des Odeonsplatzes, während die Schwächen der Raumdisposition schon früh Kritik hervorgerufen hatten. Dennoch über hundert Jahre mit dem Münchener Musikleben im 19. und in erster Hälfte des 20. Jh. aufs Engste verbunden.

ODEONSPLATZ 4 □2

Leuchtenberg-Palais* Nach Klenzes Plänen erster monumentaler Bau im Bereich Odeonsplatz/Ludwigstraße für Eugène Beauharnais: Stiefsohn Napoleons, 1805-14 Vizekönig von Italien, 1806 durch Heirat mit Auguste Amalie Schwiegersohn von König Max I. Joseph; seit 1814 als Emigrant in München; erst durch Erhebung zum Fürsten von Eichstätt und Herzog von Leuchtenberg (1817) Voraussetzungen für standesgemäßen Palastbau in München gegeben. ***Geschichte:*** Überlegungen zum Kauf eines bestehenden Gebäudes (ehemaliges Damenstift im Hackenviertel oder Montgelas-Palais am Promenadeplatz) und dessen Umbau oder Neubau an Arcis-/Brienner Straße (Entwurf von Klenze 1816) nicht weiterverfolgt. Schließlich Erwerbung eines Grundstücks im Vorfeld des ehemaligen Schwabinger Tors und *Grundsteinlegung* am 11.10.1817; während der Bauarbeiten (Bauleitung durch Métivier unter Klenze) Änderungen und kurzzeitige Unterbrechung 1818 wegen Eklat mit Kronprinz Ludwig; *Vollendung* des Palastes einschließlich des nördlich an Fürstenstraße angefügten Wirtschaftstrakts (um Innenhof) 1821; anschließend noch um weiteren Vierflügeltrakt auf Gesamtlänge von 110 m nach Norden ausgedehnt. 1854 an (späteren Prinzregenten) Luitpold verkauft (dessen Wohnsitz bis 1886); der *Hauptbau* 1922-25 für Prinz Ludwig von Bayern durch Sattler umgebaut; letzter Besitzer Kronprinz Rupprecht, der dort noch Anfang 1933 Empfänge gab. Bezogen auf gegenüberliegendes Odeon Projekte von Gablonsky 1940, das Palais für ›Akademie der Tonkunst‹ zu adaptieren; durch Krieg verhindert. 1943/44 zerbombt und bis auf Umfassungsmauern ausgebrannt; Ruine noch 1948 als stabil klassifiziert, jedoch nicht gesichert, obwohl seit 1957 Eigentum des Freistaats; Abbruch erst 1961. Von 1963-66 für Finanzministerium nach Plänen von Simm und Heid unter genauer Rekonstruktion der Fassaden wieder aufgebaut (original nur noch Balkon an Südseite): Stahlbetonskelett mit vorgeblendeter Ziegelschicht, die Fassadengliederung in Steinguss nachgeformt – wie Adlerkapitelle der Fensterumrahmungen oder Panzertrophäen am Portal (als Anspielung auf den kaiserlichen und militärischen Rang des Herzogs). Im Hof Brunnen ›Isar-Wassergott‹ (von E. A. Rauch 1968). – Anstelle der zerstörten Wirtschaftstrakte an ehemaliger Fürstenstraße Neubau für *Bayerische Staatsschuldenverwaltung* (heute Kardinal-Döpfner-Straße 4) durch Landbauamt München in Zusammenarbeit mit Rheinberger 1975-78 errichtet; in zwei der drei Höfen Plastiken von Uhlig (›Kauernde‹, 1980) und Hiemisch (dreiteilige Skulptur 1980). ***Beschreibung:*** Auf drei Seiten freistehender vierflügeliger Baublock um Innenhof, im Nordosten an gleichzeitig erbautes, von Klenze entworfenes Doppelwohnhaus Odeonsplatz 5 und Ludwigstraße 1 grenzend. *Architektonische Gestaltung* am Palazzo Farnese in Rom orientiert, jedoch im plastischen Relief flacher, die Wandfelder reduziert, im Gesamteindruck weniger pathetisch. Die drei Fassaden gleichwertig gestaltet, nur an elfachsiger Südseite durch Säulenbalkon über ursprünglichem Hauptportal (als Würdesymbol für Adelspaläste) akzentuiert; die beiden Seitenfronten zu je 13 Fensterachsen, das Mittelportal im Flügel am Odeonsplatz erst beim Wiederaufbau, analog zur entsprechenden Fassade des Odeons, eingefügt. *Fassadenaufbau:* Über niedrigem, rustiziertem Sockel drei Stockwerke mit Rechteckfenstern, der Pianonobile durch Fenster mit Dreiecksgiebeln hervorgehoben; über Konsolgesims flaches Walmdach. – Kostbare *Innenausstattung* nach Klenzes Entwürfen, 1820-21 von Métivier ausgeführt; von ursprünglicher Raumdekoration nur noch erhalten der 1819 angefertigte Abguss des 1812 von Thorwaldsen geschaffenen ›Alexanderfrieses‹ (anlässlich des vorgesehenen Einzugs von Napoleon in Rom), heute im Foyer des Herkulessaal (→ Hofgartenstraße 2) angebracht. 1837-45 verschiedentlich umgebaute und neu dekorierte Räume durch Métivier (seit 1836 ›Herzoglicher Hofarchitekt‹). Mobiliar nach Klenze-Entwürfen, hauptsächlich jedoch aus Villa Bonaparte (bei Mailand), aus Schloß Malmaison (bei Paris) oder als Neuanfertigung durch Pariser Ebenisten J. J. Werner; etwa 300 Stücke durch rechtzeitige Auslagerung gerettet und seit 1952 teils in Villa Ludwigshöhe (bei Edenkoben/Pfalz), teils im Schloß Berchtesgaden erhalten. ***Bedeutung:*** Eines der schönsten und besten Bauwerke des frühen Münchener Klassizismus und »eine der herausragenden Leistungen des Städtebaus jener Jahre nicht nur in München, sondern in Deutschland überhaupt« (Hans Lehmbruch); umso bedauerlicher der Verlust der bedeutsamen Raumausstattung. Klenze gelang mit diesem Bau das erste Beispiel einer klassizistisch umgedeuteten römischen Renaissancearchitektur, das verbindliche ›Muster‹ für die Bebauung am Odeonsplatz und für die Gebäude an der geplanten Ludwigstraße.

Odeonsplatz, Bazargebäude: *Hofgartenseite.*

Historische Innenansicht des 1822 abgebrochenen *Turnierhauses* an der Stelle des heutigen Bazargebäudes.

Olympiapark: Blick auf das Zeltdach.

ODEONSPLATZ 6-18 □ 3

Bazargebäude Nach Plänen von Klenze 1825-26 errichteter lang gestreckter Baukörper (rund 175 m) als östliche Begrenzung des Odeonsplatzes, in dem – vermutlich von Himbsel angeregt – Ladengeschäfte eingerichtet wurden. Seit 1660/61 stand an dieser Stelle das von Schinnagl gebaute riesige *Turnier- und Comediehaus* (auch ›Hofreitschule‹ genannt) mit seinem hohen Satteldach; sein Abbruch bereits 1808 erwogen. Mit Vollendung der Klenzeschen Hofreitschule (→ Marstallplatz 5) 1822 Demolierung des Altbaus sowie des an seiner südlichen Giebelfront 1784/85 angebauten *›Italienischen Kaffeehauses‹* (des Luigi Tambosi). – Vorausgegangen 1808 das Projekt eines »Galleriehauptgebäudes« als Erweiterung der kurfürstlichen Gemäldegalerie (→ Galeriestraße 4), von Klenze von 1816-20 geplant; danach verschiedene Entwürfe: offener Übergang vom Odeonsplatz zum Hofgarten; eisernes Gitter zwischen zwei niedrigen Pavillons; offene einstöckige Arkadenreihe mit zwei höheren Endbauten; schließlich Projekt eines freistehenden Baukörpers vor den (Hofgarten-)Arkaden: aus diesem Projekt Entwicklung für endgültige Planung ab 1823. Finanzierung (1825) durch Bankier Simon v. Eichthal und Baurat Himbsel, der Bauausführung nach Klenzes Plan übernahm; Vollendung im Spätherbst 1826: im südlichen Pavillon Café Tambosi (seit 1920 Café Annast), im Obergeschoss des nördlichen Pavillons der 1823 gegründete Kunstverein (1826-36); zwischen beiden Pavillons elf Ladengeschäfte. – 1840 Schließung der Lücke zwischen Nordpavillon und ehemaliger Gemäldegalerie durch Bau für Niederlassung der »Steigerwaldschen Krystall-Glas-Fabriken«; 1854-56 Aufstockung der beiden Pavillons um ein Geschoss nach Plänen von Riedel. Geringfügige Umbauten in folgenden Jahrzehnten, um 1900 Tieferlegen des Erdgeschosses und Verlängerung der Schaufenster in den Sockelbereich. Projekte für ein in dem westlichen Hofgarten zu errichtendes ›Neues Odeon‹ mit Abbruch des Bazargebäudes (Entwurf von Haiger 1938) nicht realisiert. – Nach Kriegszerstörungen Rekonstruktion des Äußeren in Anlehnung an Zustand zu Anfang des 20. Jh.; bei Erneuerung des Inneren im Südpavillon (sog. Annast-Haus) Verlust der ›pompejanischen‹ Raumausstattung durch Kreuter (1841/42).

Beschreibung: Dreigeschossiger Mittelbau, dessen Achse ausgerichtet auf das gleichzeitig errichtete Palais Ludwig-Ferdinand (→ Wittelsbacher Platz 4) im Ostwestdurchblick zwischen Odeon und Leuchtenberg-Palais, ursprünglich, 1825, Bekrönung durch sechs Statuen vorgesehen; beiderseits dieses siebenachsigen Bauteils zwei niedrigere Flügelbauten mit je zehn Achsen, abgeschlossen durch fünfachsige, dreigeschossige Pavillons. Sockelzone, Gurtgesims über Erdgeschoss und schmales Kranzgesims unter flachen Zelt- bzw. Satteldächern betonen Breitenlagerung des Gebäudes, leiten über zum Tiefenzug der Ludwigstraße. – In Fassade gegen Hofgarten dessen westliche Arkaden integriert (ihre Achsen bestimmend für Ladenfenster zum Odeonsplatz); ihre Rückwände und Gewölbeflächen mit Wandmalereien in pompejanischem Stil dekoriert: Rahmungen für die ursprünglich hier vorgesehenen Gemälde italienischer Landschaften von Rottmann (1830-34; → S. 161 u. S. 274, Raum 32).

Bedeutung: Als Bauwerk – zusammen mit Leuchtenberg-Palais und Odeon – wesentlich für Klenzes Planung im Vorfeld des Schwabinger Tors mit Auftakt zur Ludwigstraße. In der disziplinierten Fassadengestaltung und raffinierten Rhythmisierung der Fenster in den Pavillons und im Mittelbau – als Dreier- und Fünfergruppen wohl durch venezianische Renaissancepaläste angeregt – Meisterwerk klassizistischer Zurückhaltung. – Als Bautypus bemerkenswert frühes ›Bazar‹-Beispiel in Deutschland.

OHLMÜLLERSTRASSE 33, Landratsamt München → Mariahilfplatz 17 a

OLYMPIAPARK □ **14, 15**

Weitläufiges Sport- und Erholungsgebiet auf dem ehemaligen Oberwiesenfeld, seit 1970 ›Olympiapark‹; das Gelände 1887-1960 Exerzierfeld, erste Landung eines Zeppelin-Luftschiffs 1909; ab 1925 Einrichtung als Verkehrsflughafen (der älteste Bayerns), mit Eröffnung des Flughafens München-Riem 1939 aufgelassen (→ S. 127); nach 1945

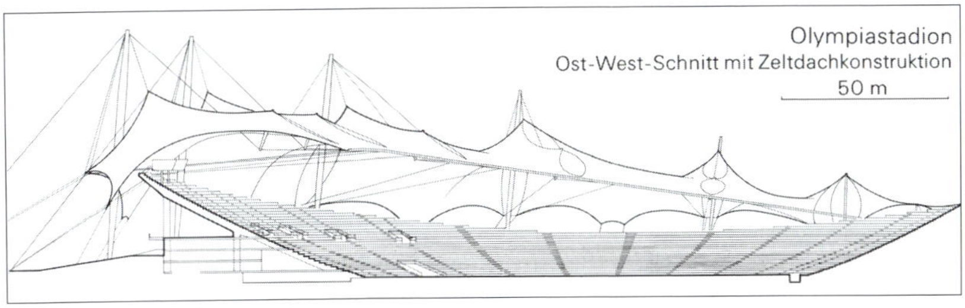

Aufschüttung des bis 60 m hohen Trümmerbergs (heute ›Olympiaberg‹) aus dem Bombenschutt des 2. Weltkriegs. ***Parklandschaft:*** Nachdem 1966 die XX. Olympischen Sommerspiele München zugesprochen worden waren, erfolgte 1968-72 Umgestaltung des 2,8 qkm großen Areals zum Olympiagelände nach dem Konzept für die Gesamtanlage von Behnisch und Partnern: 1968 Sprengung des ehemaligen architektonisch bedeutenden Flughafengebäudes (›Neues Bauen‹, Architekt: Mossner, 1928-29); Landschaftsgestaltung nach Plänen von Grzimek (gemeinsam mit Behnisch) durch Anlage eines künstlichen Sees von 86 000 qm (Aufstauen des Nymphenburg-Biedersteiner Kanals) und durch Einbeziehen des Trümmerbergs; Bepflanzung mit sog. ›Leitbäumen‹: an Fußwegen Linde, am See Erle und Weide, an Verkehrswegen Ahorn, Esche und Pappel, auf dem Olympiaberg Bergkiefer. Am westlichen Abhang des Bergs, etwas außerhalb des eigentlichen Parkgeländes, die russisch-orthodoxe Marienkapelle (seit 1997: »Ost-West-Friedenkirche«, → Spiridon-Louis-Ring 100). – ***Plastiken*** auf dem Gelände: auf dem ›Gipfel‹ des Schuttbergs Betonkreuz als Mahnmal für die Toten des Bombenkriegs, daneben als Friedensmal die Bronzeplastik ›Schuttblume‹ (von Belling 1972); östlich des ehemaligen Olympia-Radstadions Bronzeplastik ›Olympia Triumphans‹ (von M. Mayer 1972). – Jenseits des Georg-Brauchle-Rings an der Hanns-Braun-Brücke ›Klagebalken‹ als Denkmal für die Opfer des Olympiaattentats 1972: freischwebender, 10 m langer Granitquader aus einem Steinbruch beim KZ Flossenbürg mit hebräischer und deutscher Inschrift (von Koenig, enthüllt 5.9.1995); an Connollystraße ›Olympische Ringe‹ (ursprünglich Plexiglas von Kiener-Flamm 1972, nach Materialzerfall in Aluminium von Schwenk 2000 nachgeschaffen).

Bauten: An Nordostecke des Geländes das bereits 1967 errichtete ***Olympia-Eisstadion*** (Architekt: Schütze), 1972 auf 7000 Plätze erweitert; daneben die *Freieisfläche*, seit 1983 zur ganzjährigen Nutzung mit Zeltdach (kunststoffverstärkte transparente Folie auf Holzlattenrost) überspannt (fast 4800 qm) und von Stahlfachwerkbogen (Spannweite 97 m) gehalten (Architekt: Ackermann sowie Schlaich); Sanierung ab 2003. – Westlich der ***Fernsehturm*** (seit 1972 ***Olympiaturm***), 289,53 m hoch, 1965-68 nach Plänen des Baureferats Hochbau und der Deutschen Bundespost errichtet: über dem (Dreh-)Restaurant Aussichtsplattformen (189 bzw. 192 m), darunter ›Postkorb‹ mit Funk-, Fernmelde- und Fernseheinrichtungen. – Bestimmend für Erscheinungsbild des Olympiageländes die *Hauptsportstätten* (Olympiahalle, Olympia-Schwimmhalle, Olympiastadion) und das sie verbindende *Zeltdach** (Architekt: Behnisch und Partner, 1968-72): zwölf große, zwischen 50 und 80,5 m hohe Pylonen und 36 kleinere tragen rund 75 000 qm Dachhaut (Acrylglasplatten, die seit 1985 wegen Verfärbung sukzessive ausgewechselt werden). Direkt am Georg-Brauchle-Ring die vom Zeltdach gänzlich überdeckte ***Olympiahalle***, als Mehrzweckhalle (10 200 Plätze) konzipiert: neben sportlichen Veranstaltungen für Kongresse, Shows und Konzerte genutzt. Südlich davon ***Olympia-Schwimmhalle*** (2000 Plätze, fünf Becken), als »Europas schönstes Garten-Hallenbad« bezeichnet. Gegenüber ***Olympiastadion*** (ursprünglich 80 000 Plätze, nun 69 300), zu 2/3 als Erdbauwerk und 1/3 als Hochbauwerk errichtet, das Spielfeld (105 x 68 m) mit Unterrasenheizung, der westliche Tribünenring vom Zeltdach überspannt; meistbespieltes Stadion der Bundesrepublik. Der Plan der Fußballlobby, das Stadion wegen der Weltmeisterschaft 2006 fußballkonform umzubauen, konnte durch Bürger-

Blick zum Olympiastadion.

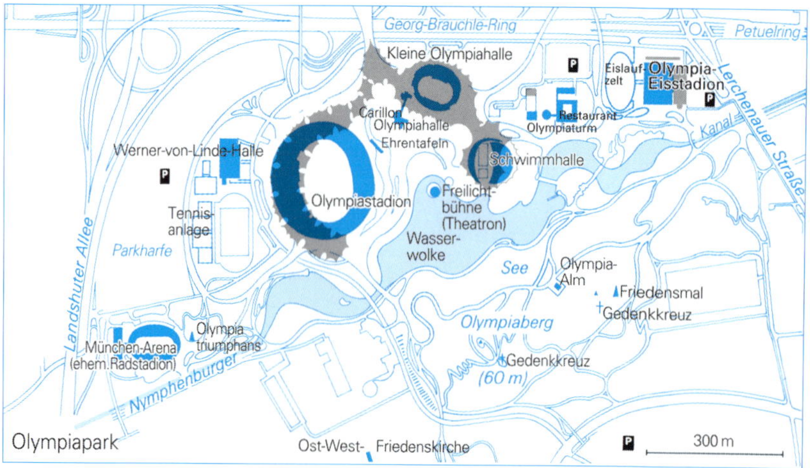

Olympiapark: *Heute auch ein Dorado für BMX-Biker und Skater.*

entscheid 2001 für einen Neubau in Fröttmaning (→ Werner-Heisenberg-Allee 25) vereitelt werden. – Zwischen diesen drei Sportstätten der *Coubertinplatz,* im Rasenbogen auf eingelassenen Platten die Namen aller Medaillengewinner von 1972, in der Asphaltfläche davor die Inschriften der Grundsteine für alle Olympiabauten. Gegen die Olympia-Schwimmhalle das stufenförmige Ufer um das ***Theatron***; im See ›Wasserwolke‹ (Entwurf: Mack). – An der Westgrenze des Geländes das ***Olympia-Radstadion*** (5000 Plätze, 1970-72 nach Plänen Braunschweiger Architekten (Beier, Dahms, Grube, Harden, Kaiser, Laskowski) mit dem Konstrukteur Schürmann, als »architektonisches und ästhetisches Juwel« apostrophiert; dennoch 1998/99 im Innern gänzlich umgebaut für ›Olympic Spirit Center‹, eröffnet 1999, ein Jahr später bankrott; seit 2001 ›München Arena‹ genannt. – Nördlich des Geländes mit den Sportstätten und durch drei Brücken über Georg-Brauchle-Ring zugänglich die Bauten des ***Olympischen Dorfs***: Im Süden die Hochhäuser des ehemaligen *Frauendorfs* für 1800 Sportlerinnen, jetzt Studentenwohnstadt (Architekt: Wirsing und Eckert), nördlich die Terrassenhäuser des ehemaligen *Männerdorfs* für 9000 Sportler, heute Wohnanlage (Architekt: Heinle, Wischer und Partner). Zwischen beiden Bereichen Connollystraße, bei *Nr. 31* weisen zwei Tafeln in hebräischer und deutscher Sprache auf den Überfall arabischer Terroristen am 5.9.1972 hin, dem elf Israelis und ein Polizist zum Opfer fielen. An Ostseite des Männerdorfs die ökomenische *Kirche* ›Frieden Christi‹ (Architekt: Karg und Christ 1970-72): in ihr erstmals in München beide christliche Konfessionen unter einem Dach. Die Orientierung in der weitläufigen Anlage durch das von Hollein entworfene ›Media-Line‹-System in fünf Farben erleichtert. – Im Westen der Wohnbauten *Sportzentrum* und *Poliklinik für Sportverletzungen, Sportzentrum der TU München (›Zentrale Hochschulsportanlage‹)* mit östlich anschließender Tennisanlage. ***Bedeutung:*** Die harmonische Verbindung von Menschenwerk und Natur führte zu einer selten gelungenen ›Architekturlandschaft‹; in ihr sind Gegebenheiten des Geländes (Schuttberg) und künstlicher See mit den Dimensionen von Großbauten durch den ›Geniestreich‹ der Zeltdachlandschaft in Einklang gebracht. Das ›menschliche‹ Maß der gesamten Anlage bildete Voraussetzung für das Konzept der »Heiteren Spiele«. Als architektonische Schöpfung wegweisend für die Abkehr von monumentaler Gestaltung, von der ›Diktatur des rechten Winkels‹ und der Reißbrettideologie missverstandener Bauhausforderungen – eine der wenigen originären Architekturleistungen Deutschlands.

ORLEANSPLATZ □ **20**

Mit dem 1871 eröffneten *Ostbahnhof* (ursprünglich ›Haidhauser Bahnhof‹, Architekt: Bürklein, im 2. Weltkrieg schwer zerstört) bildet der halbrunde Orleansplatz die Basis für die symmetrisch konzipierte ›Dreistrahlanlage‹ des ›Franzosenviertels‹ beiderseits der Hauptachse der Wörthstraße (Entwurf: Zenetti 1870) zwischen Bahnanlage, Rosenheimer Straße und Preysingstraße (hier Anbindung an Bebauung von Alt-Haidhausen). Der Ersatz des schwer beschädigten Ostbahnhofgebäudes durch einen lang gestreckten *Verwaltungsbau* (1981-85; Pläne von Raupach und Sprenger) führte zur Neugestaltung des gegenüberliegenden halbrunden *Platzareals* nach Konzept von Schultz-Brauns und Wanie, zusammen mit den Landschaftsarchitekten Bertram und Jühling (1985-88): Bepflanzung des Rondells mit 120 Bäumen in vier Sektoren, bestimmt durch die einmündenden Radialen von Belfort-, Wörth- und Weißenburger Straße; entlang der Orleansstraße ein lang gezogenes *Brunnenbecken* in Kreissegmentform, dessen beide Enden markiert durch Sandsteinskulpturen (von E. Kurz) von der Brunnenanlage (1904) vor dem ehemaligen Hauptrestaurant im Ausstellungspark: südlich *Flussgott*, nördlich *Nymphe*. (Bei Umgestaltung der 1976 aufgestellte ›*Daphne-Brunnen*‹, von Neubauer, entfernt.) Das nördlich gelegene ›Kloster der Frauen zum Guten Hirten‹ (Errichtung von Kirche und Kloster 1841-47 auf Areal des 1841 abgetragenen ehemaligen Schlosses Preysing; seit 1967 durch Gymnasium ersetzt) verhindert Durchführung der ursprünglichen Konzeption, am deutlichsten sichtbar durch Vergleich mit südlichem Bereich mit dem quadratischen Pariser und dem runden Weißenburger Platz. (Hier seit 1973 der mehrschalige *Zierbrunnen*, der 1853 von Voit für den Glaspalast, → Alter Botanischer Garten, entworfen und 1897 aus ihm entfernt worden war: eines der wenigen erhaltenen Beispiele für einen Brunnen im ›Maximiliansstil‹.) Im Unterschied zu den vorhergehenden Neubauvierteln → Maxvorstadt und → Gärtnerplatz hier unterschiedlich breite Querprofile der Straßen; ihre Bebauung von 1871 bis Anfang 20. Jh.: trotz Kriegszerstörungen ›Mustersammlung‹ von Gründerzeitfassaden (Neurenaissance, Neubarock bis Jugendstil). ***Bedeutung:*** Das Motive der französischen Barockklassik aufweisende Ostbahnhofviertel ist Beispiel für »›klassische‹ Stadterweiterung der Gründerzeit« (Heinz Selig). Die heutige Gestaltung des Rondellareals als ›grüne Insel‹ bildet den gelungenen Übergang vom Verkehrsknoten Ostbahnhof zum Wohngebiet des ›Franzosenviertels‹, in das der neue Orleansplatz organisch integriert ist.

Orleansplatz: *Brunnenanlage.*

OSTPARK

□ **24, 29**

Anlage einer Grünfläche für östliche Stadtteile bereits 1918 erwogen, die Grünflächenplanung durch städtischen Baudirektor Beblo musste 1930 abgebrochen werden, die Planungen für die ›Hauptstadt der Bewegung‹ fanden 1940/41 ihr Ende. Erst ab 1962 Konkretisierung: vor Errichtung der *Entlastungsstadt Neuperlach* für rund 80 000 Bewohner (seit 1967) Planung auf einer ca. 1000 ha großen ehemaligen landwirtschaftlich genutzten Fläche nordöstlich von Ramersdorf/Altperlach unter Einbeziehung des 1953-55 angelegten städtischen Michaelibads. Erster Vorentwurf durch L. Roemer 1965, nach Änderung der Planungsgrundlagen Ausführungskonzept durch Stadtgartendirektion 1969 (Wurzer). *Zwei Ausbaustufen:* 1969-75 für 25 ha Parkgelände, weitere 30 ha von 1974-79; Gelände durch *Aussichtshügel* (bis 22 m hoch, für Wintersport) aus Bauschutt, Aushub- und Abraummaterial des U-Bahn-Baus modelliert; bepflanzt mit rund 4000 Laub- und Nadelbäumen sowie über 25 000 Sträuchern (bevorzugt die im Osten Münchens heimische Vegetation), Anlage eines 3 ha großen, dreiteiligen *Sees*; in diesen eingeleitet der ›*Hachinger Bach*‹, der sein Entstehen einer aufgeschobenen Flinzschicht verdankt, die den von Süden fließenden Grundwasserstrom an die Oberfläche drückt; Quelle südlich von Deisenhofen, Bachverlauf durch Oberhaching, Taufkirchen, Unterhaching, Altperlach; in dichteren Wohngebieten teilweise verrohrt, bei Eintritt in Ostpark als natürlich wirkendes Gewässer gestaltet. Unter nördlichem Bereich des Parks senkt sich Flinzzunge wieder: das Bachwasser kann in Grundwasserstrom zurücksickern. - Im Park verteilt vielerlei unterschiedliche Spiel- und Sportplätze, Theatron, architektonische ›Versatzstücke‹, am See Restaurant mit Biergarten. Im südwestlichen Teil geschickt ins Gelände eingefügte große Eissportanlage (geplant von Grass, ausgeführt 1979-81).

PACELLISTRASSE 5 □ 6
Amtsgericht München → Lenbachplatz 7: Justizgebäude ›Herzog-Max-Burg‹

PACELLISTRASSE 12 □ 6
Dreifaltigkeitskirche* Votivkirche der bayerischen Landstände und der Münchener Bürgerschaft, 1704 zur Abwendung der als göttliches Strafgericht empfundenen Kriegsgefahr im Spanischen Erbfolgekrieg aufgrund einer Vision der Mystikerin Anna Maria Lindmayr bei feierlicher Andacht in Frauenkirche am 17.7.1704 gelobt (Ex-Voto-Tafeln beiderseits des Innenportals); erste Entwurfsidee und Modell 1705 von J. A. Wolff. Insgesamt 12 Bauplätze im Gespräch, nach mancherlei Schwierigkeiten am 21.10.1711 (!) *Grundsteinlegung* des von Viscardi entworfenen Baus; nach seinem Tod 1713 von seinem Palier Ettenhofer und (vielleicht) von seinem Gegenspieler Zuccalli nach ursprünglichem Plan zu Ende geführt: 1714 Schließung der Kuppel und Benediktion, Errichtung des Glockenturms 1714 (Entwurf von Frater Schorn, 1944 zerstört, nicht wieder aufgebaut). Stuckierung durch J. G. Baader 1714-15, Freskierung durch K. D. Asam 1716-18; *Vollendung* des Baus 1716, *Weihe* 29.5.1718. Übergabe der Kirche 1731 an die Unbeschuhten Karmelitinnen, deren Kloster 1711-14 nördlich der Kirche errichtet worden war (→ Rochusstraße 6); 1802 der Congregatio Maior Latina überlassen, heute Nebenkirche der Domkirche zu Unserer lieben Frau. – *Restaurierungen:* Bauliche Reparaturen 1776, 1786, 1794, durchgreifende Renovierungen 1845/55 und 1905; im 2. Weltkrieg kaum beschädigt, bei Behebung von Wasserschäden 1958 Teilübermalung der Asamschen Fresken. 1983-85 sorgfältige *Innenrestaurierung* (Reinigung der Fresken, Wiederherstellung der ursprünglichen Farbigkeit nach originalen Befunden), 1999-2000 *Außenrenovierung* und (sehr helle) Farbgebung nach Befund. ***Äußeres:*** Italiesierende turmlose *Straßenfassade** in borrominesker, höchst plastischer Durchformung: der Mittelrisalit mit drei Seiten eines irregulären Achtecks nach vorne gewinkelt, mit sechs ionischen Kolossalsäulen auf übereck (!) gestellten Sockeln (die äußeren aus optischer, nicht tektonischer Konsequenz, wie das reguläre Gesims zeigt). Die *Fassade* zweistöckig aufgebaut: im Erdgeschoss unterschiedlich geformte Fenster, das Rechteckportal unter gesprengtem Segmentbogen; das kräftige Gebälk verkröpft, darüber Attika (seitlich mit Balustern) und ebenfalls übereck gestellten schlanken Zierpyramiden. Das Obergeschoss als dreiseitiger Volutengiebel (mit korinthischen Säulen und Pilastern) gestaltet, von mehrfach gesprengtem Segmentbogen abgeschlossen; in der Giebelnische Kupferstatue Hl. Michael, nach Modell von Fichtl ausgeführt von Hämmerl

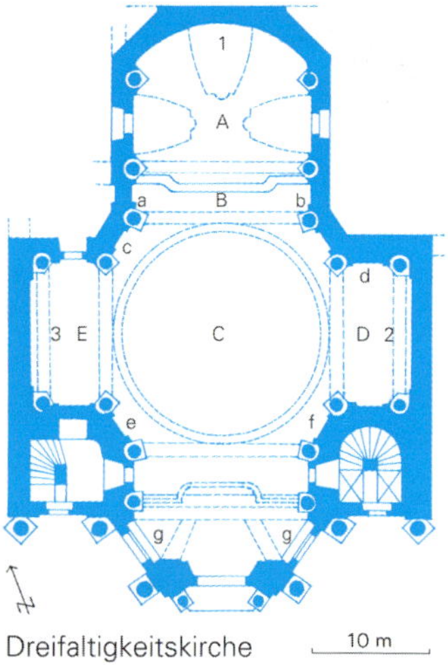

Dreifaltigkeitskirche

Deckenfresken: *K. D. Asam 1714/15* **A** *›Drei Männer bei Abraham‹; in den drei Stichkappen des Gewölbes ›Christus in der Vorhölle‹, Dreifaltigkeitsembleme, ›Gottvater als Schöpfer‹.* **B** Allegorie *der drei Stände, flankiert von Kartuschen mit Dreifaltigkeitsemblemen.* **C** *›Dreifaltigkeit in der Glorie‹ (Ölskizze, im Kirchenbesitz der Diözese Augsburg, 1713/14); am* Kuppelfuß *und in den Fenstereinschnitten* Kartuschen *mit Dreifaltigkeitsemblemen. (Rechts oben neben nordöstlichem Fenster:* Selbstportrait *K. D. Asams.) – In den* Pendentifs *unter Kuppelring die ›vier Evangelisten‹.* **D** *›Taufe Jesu‹, flankiert von Kartuschen mit Dreifaltigkeitsemblemen.* **E** *›Verklärung Christi auf dem Berg Tabor‹, flankiert von Kartuschen mit Dreifaltigkeitsemblemen.* **F** *Dreifaltigkeitsembleme.*
Altäre: **1** Hochaltar *Gesamtentwurf J. A. Wolff zugeschrieben (1716);* Gemälde *›Dreifaltigkeit über München‹ (nach Angaben der Mystikerin Lindmayr von Wolff begonnen, nach seinem Tod von seinem Schüler J. Degler 1717 vollendet); ikonologisch ungewöhnlich die Darstellung des Hl. Geistes als Jüngling mit Taube; gestiftet von Kurfürst Max Emanuel (sein Wappen über Gemälde); die beiden schwebenden* Engel *zwischen den Säulen Fichtl zugeschrieben.* – Tabernakel *um 1780 (Relief von J. B. Straub 1760), die* Engel *seitlich der Mensa J. G. Greiff zugeschrieben (gestiftet 1730/40).* **2** Theresienaltar *Entwurf evtl. Viscardi;* Gemälde *›Dreifaltigkeitsvision der Hl. Theresa von Avila‹ (Degler 1717); vergoldete* Figuren *›Elias‹ und ›Hl. Johannes vom Kreuz‹ (F. Ableithner 1717; von ihm auch Dekor).* **3** Josephsaltar *Entwurf evtl. Viscardi;* Gemälde *›Joseph weist Gottvater und dem Hl. Geist das Jesuskind‹ (Ruffini 1718); die vergoldeten* Figuren *›Johannes Baptist‹ und ›Hl. Petrus‹ (Faistenberger zugeschrieben, um 1718, Dekor von Ableithner).*
Ausstattung: Stuckaturen *Wellenranken und Akanthus (J. G. Baader 1714/15).* **a** Kanzel, *um 1717.* **b** *›Kruzifix‹ (wohl J. B. Ableithner) mit zugehöriger ›Mater dolorosa‹ (Typus des Gnadenbilds in St. Elisabeth, → Herzogspitalstraße 9).* **c** Gnadenbild *Maria mit Jesuskind ›Mater propitia‹ (im Volksmund »schöne Muttergottes« genannt), vielleicht von Krumper, 1606 in den ›Schönen Saal‹ (Odeon) des Wilhelminums für den (verlorenen) Silberaltar der Congregatio Maior Latina gestiftet, 1802 an Dreifaltigkeitskirche gelangt; Kopf der Maria und des Jesuskindes um 1855 (von Knabl) im Zeitgeschmack überschnitzt.* **d** Epitaph *für Gaudentius Graf Rechberg († 1746, von J. B. Straub, um 1746).* **e** *und* **f** Statuen *›Hl. Jakobus d. Ä.‹ und ›Hl. Antonius von Padua‹: nicht zur ursprünglichen Ausstattung gehörend; etwa Mitte 18. Jh., weder Künstler noch Herkunft bekannt.* **g** Marmortafeln *mit Ex-Voto-Text der Kirchenstiftung in lateinischer und deutscher Sprache.*

1726/27. Hinter dem Giebelfeld der niedrige, oktogonale Kuppeltambour mit Zeltdach. Um Überschneidung mit Kuppel zu vermeiden, *Turm* vom Kirchenbau nach Norden abgerückt; Glockengeschoss und Laternenhaube im Krieg zerstört, nicht rekonstruiert (→ Zeichnung). ***Inneres:*** Quadratischer Hauptraum mit abgeschrägten Ecken und Rundkuppel auf Hängezwickeln sowie vier Kreuzarmen, deren nördlicher (!) zum Chor verlängert, der südliche zur Vorhalle mit Orgelempore erweitert ist; strenge Wandgliederung mit kannelierten Säulen und Stuckfelderung. *Stuck:* 1714/15 von J. G. Baader in flachem, wenig abwechselndem Laubwerkzierat auf leicht getöntem Fond. *Fresken:* 1716-18 von K. D. Asam. ***Bedeutung*** liegt weniger in der Qualität der Durchführung oder Ausstattung, sondern im Typus: entscheidendes Entwicklungsglied in der Ausformung des süddeutschen Spätbarock- und Rokokokirchenraumes (Verbindung von Längs- und Zentralbau!). Die Fassade, Viscardis beste Leistung, erstmals in Bayern konvex vortretend, für die Münchener Stadtlandschaft von betont römischem Akzent: abhängig von Guarini-Fassaden (erste Rezeption in Bayern) und von Hildebrandts Laurentiuskirche (1699) in Deutsch-Gabel/Jablonné u Podjestedi). Kunstsoziologisch an einem Wendepunkt: beginnende Ablösung der bisher führenden italienischen Kräfte durch Deutsche. Die Fresken erstes Münchener Werk Asams, zugleich frühestes Beispiel der barocken Gewölbemalerei in der Stadt. – Nach letzter Restaurierung dürfte jetziges Erscheinungsbild (v. a. des Innenraums) dem ursprünglichen Aussehen sehr nahe kommen.

Pacellistraße: *Dreifaltigkeitskirche.*

Dreifaltigkeitskirche: *Kuppelfresko* von Kosmas Damian Asam 1714/15.

PACELLISTRASSE 16 ☐ 6

Klassizistisches Wohnhaus An der Stelle des 1663 errichteten ehemaligen Ballhauses der Herzog-Max-Burg (sog. ›Ballhaus des Herzogs Albrecht‹ [VI., des ›Leuchtenbergers‹], 1820 abgebrochen) von Himbsel 1827-28 erbautes eigenes (Miets-)Haus (zusammen mit Pacellistraße 18 und Maximiliansplatz 22/23), 1850/51 veräußert. Im 2. Weltkrieg zerstört, der gesamte Komplex 1949-53 durch Rackl neu errichtet unter weitgehendem Erhalt der Himbselschen Fassade. ***Beschreibung:*** Vierstöckige Front zu neun Achsen, im Erdgeschoss Mittelportal; erstes und zweites Obergeschoss zwischen durchlaufenden Gesimsbändern; Rechteckfenster mit flachen Architraven, im ersten Obergeschoss mit Dreieckgiebeln. (Der 1820 abgebrochene ›Kühbogen‹ verband einst das Ballhaus mit der Maxburg. Nicht zu verwechseln mit dem im letzten Krieg zerstörten ›Kühbogen‹ an der Salvatorstraße.) ***Bedeutung:*** Für den Münchener Klassizismus typisches herrschaftliches Wohnhaus von palastartiger Erscheinung.

PAOSOSTRASSE 25 ☐ 28

St. Hildegard in Pasing: Zusammen mit Studentenwohnheim ›Sankt-Albertus-Magnus-Haus‹ und Pfarrzentrum nach Plänen von Östreicher 1961-62 errichtet. ***Beschreibung:*** *Zentralbau* auf quadratischem Grundriss in unverputztem Bruchsteinmauerwerk, der Sakralraum von *Faltdach* mit acht Firstlinien überdeckt; seitlich angebaut die *Sakraments-*(Werktags-)*kapelle*; *Taufstein* und *Kreuz* von Dumanski, der *Tabernakel* von Hößle; die *Holzskulptur* der Muttergottes von Gerg (1965). Bemerkenswert die acht farbstarken *Glasfenster** in den dreieckigen Feldern unter dem Faltdach von Meistermann (1962). – Zum Kirchenbau versetzt angeordnet die übrigen, einfach gestalteten Gebäude des Pfarrbezirks.

Pasing, St. Hildegard.

PETTENKOFERSTRASSE 1 ☐ 9

Wohnhaus Von Höchl 1827 im Vorfeld des Sendlinger-Tor-Platzes und in entstehender Ludwigvorstadt errichtetes biedermeierliches Gebäude, 1877 mit stuckierter Bauplastik (Karl Huber) dekoriert. Obwohl im Krieg kaum beschädigt, war der Bau vom Verfall bedroht; 1978/79 vorbildlich wiederhergestellt. ***Beschreibung:*** Siebenachsige Fassade mit rundbogiger Mitteltüre; Erdgeschoss bossiert, erstes Obergeschoss durch stark plastische Rundgiebel akzentuiert, über dem einfachen zweiten Obergeschoss Satteldach mit eingefügten Dachgauben. (Der freundliche Eindruck des Hauses durch die bedrängenden, nahen modernen Bauten stark gemindert.)

Pettenkoferstraße: *Anatomie.*

PETTENKOFERSTRASSE 11 □ 9

Anatomie In Münchens Klinikviertel nach Plänen von Littmann 1905-07 errichtet. ***Beschreibung:*** Irreguläre Dreiflügelanlage: im Mitteltrakt der nach Norden orientierte, zweistöckige *Präpariersaal* mit flacher Kuppel, umstellt von fünf einstöckigen Apsiden, gegen Süden der amphitheaterähnliche *Hörsaal*; in den östlich und westlich angefügten zweigeschossigen Flügelbauten *Laboratorien, Studien-* und *Arbeitsräume*. Mittelteil (mit Kuppel) und Erdgeschoss der Flügelbauten aus sichtbar belassenem Eisenbeton, übriges Mauerwerk in Putzbauweise. ***Bedeutung:*** Aus der Funktionalität entwickelte und ohne Vorbild bemerkenswert gelöste Bauaufgabe, bereits von Zeitgenossen als »Musterbeispiel für Ästhetik des Eisenbetons« gelobt; erstes fast ganz in den ›modernen‹ Materialien Beton, Stahl, Glas errichtetes Bauwerk im Deutschen Reich (in etwa vergleichbar mit der etwas jüngeren monumentaleren ›Jahrhunderthalle‹ in Breslau, von Berg 1912/13).
Der *Vorgängerbau* auf gegenüberliegendem Grundstück an Sing- (seit 1860 Schiller-) straße von Klenze 1823-24 in Zusammenarbeit mit dem Mediziner I. Döllinger als ›Anatomisches Theater der Bayerischen Akademie der Wissenschaften‹ konzipiert und errichtet. Im Verlauf des 19. Jh. mehrfach nach funktionalen Erfordernissen verändert und erweitert; mit Littmann-Bau zur *Alten Anatomie* geworden, im 2. Weltkrieg zerstört.

BMW-Verwaltungszentrum und BMW-Museum.

PETUELRING 130 □ 15

BMW-Verwaltungszentrum Südlich des Werkgeländes der Bayerischen Motoren-Werke von 1970-73 nach Plänen von Schwanzer errichtete dreiteilige Baugruppe aus Betriebsgebäude, Turmbau und Museum. ***Beschreibung:*** Auf der von Rampen und Treppen erschlossenen Terrasse (mit Grünanlagen) das lang gestreckte *Betriebsgebäude* mit EDV-Bereich sowie Speisesaal und Bildungszentrum; in der durchgehenden Eingangshalle Zugänge zum 100 m hohen Gebäudekern (Versorgungsschaft) des *Turmbaus*. Dieser als ›Hängehaus‹ konstruiert – über Grundriss aus vier Dreiviertelkreisen errichtet und durch Einzug über dreigeschossigem Betriebsgebäude von diesem abgehoben; darüber folgen elf Geschosse, das eingezogene ›Technikgeschoss‹ und weitere sieben Geschosse; an dem hinausragenden Gebäudekern die (vier) Kragarme sichtbar, an denen die Turmgeschosse hängen. Fassadengliederung durch 30 Fensterachsen je Turmviertel, strukturiert durch schräge Leibungen und gegenläufig geneigte Fenster in gegossenen Aluminiumelementen. ***Bedeutung:*** Architektonisch ausgezeichnete Gestaltung eines Verwaltungszentrums: Überwindung bloß funktionaler Erfordernisse durch klare künstlerische Konzeption, über die rein inhaltliche ›Vierzylinder‹-Interpretation des Turmbaus (als modernes Beispiel für ›Architecture parlante‹) hinausreichend. Im Bereich amorpher Wohnviertel, Werksanlagen und großer Durchgangsstraßen wichtiger städtebaulicher Akzent von einprägsamer Aussage- und Werbekraft, der sich auch gegen Olympiabauten und Fernsehturm (→ Seite 317) behaupten kann.

Im BMW-Museum.

BMW-Museum: Eigenwilliger Rundbau an Kreuzung Petuelring/Lerchenauer Straße im spannungsreichen Kontrast zum Verwaltungsturm: auf sechs Rundstützen über Tragring die Schale in Leichtbetonguss (Durchmesser: 40,90 m), mit silbriger Farbhaut überzogen. Die 1966 gegründete ***Sammlung*** zeigt anhand von Automobilen und Motorrädern, von Motoren und Strahltriebwerken nicht nur die Firmengeschichte bis zur Gegenwart, sondern auch die Beziehungen und Auswirkungen der motorisierten Mobilität auf unsere Zivilisation, Wirtschaft und Ökologie – entworfen von einem Team führender Wissenschaftler und Techniker, visualisiert von namhaften Künstlern unter Leitung von R. Zehetbauer: Anlässlich des 75-Jahr-Jubiläums von BMW (1991) unter dem Titel »Zeithorizont«; auf oberster Plattform im Museum Kino und MultiMedia (→ S. 44).
Gegenüber dem BMW-Headquarter, an Lerchenauer Straße/Ecke Georg-Brauchle-Ring **BMW-Erlebnis- und Auslieferungszentrum** – nicht nur eine ›Marketingattraktion‹, sondern auch ein architektonischer Akzent zwischen Olympiabauten und BMW-Hochhaus, der auch kulturellen Veranstaltungen dient. Aus internationalem Architekten-

Perlach: *St. Michael*, Chorraum.

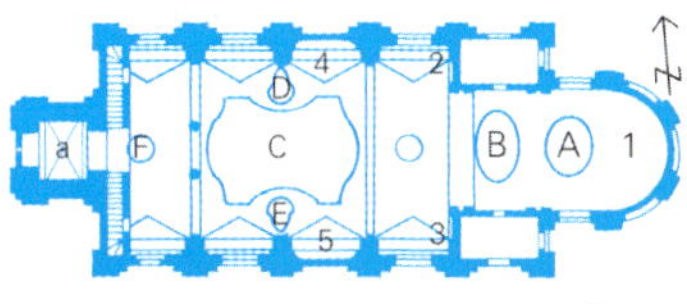

St. Michael in Perlach

wettbewerb (270 Einsendungen) 27 Vorschläge in engerer Wahl, 2001 zwei Entwürfe ausgezeichnet: Büro sauerbruch hutten (Berlin/London) und Coop Himmelb(l)au (Wien); Letztere für Ausführung bestimmt: Baubeginn 2002, Eröffnung 2004. – Zusätzlich Errichtung des **BMW Forschungs- und Ingenieurzentrums** (Knorrstraße 147) nach Plänen des Büro Henn (2002-04).

PFANZELTPLATZ 1 (Perlach) □ **24**

St. Michael Ort erstmals 784 erwähnt, um 1006 Kirche belegt. Im 15. Jh. Gerichtsstätte des Landrichters von Wolfratshausen, ab etwa 1700 kurfürstliche Hofmark. Auf Wunsch der evangelischen Königin Karoline 1815 Ansiedlung protestantischer Familien (s. u.). 1930 nach München eingemeindet. – Pläne für *Neubau* anstelle der baufälligen romanischen Kirche bereits 1670, erst 1728 Abbruch des Altbaus. Entwürfe von Pröbstl (1719), Ettenhofer (1720/21), jedoch Auftrag an J. Mayr (Schwiegervater von J. M. Fischer); *Grundsteinlegung* und Einwölbung des Chors 1728, des Langhauses 1729; nach Mayrs Tod vollendet 1731 durch Pröbstl, *Weihe* 1732. *Stuckierung* von Hörmannstorffer und Schmidtgartner, *Freskierung* im Chor durch Zächenberger 1729, im Langhaus durch N. G. Stuber 1730; *Altäre* 1766 und 1796. Restaurierung 1856, 1865-68 (im ›Zeitgeschmack‹), 1931/32 (Beseitigung der neugotischen Zutaten). Chor (z. T.) und Apsis 1944 durch Bombe zerstört, 1951/52 wieder aufgebaut; geschickte Restaurierung 1968, Wiederherstellung der ursprünglichen Raumfarbigkeit 1989. ***Äußeres:*** Zurückhaltend gegliederter *Baukörper* mit schlanken Rundbogenfenstern und hohem Satteldach, an Ostseite eingezogener *Chor*, zur Hälfte von Anbauten (Sakristei, darüber Oratorien) flankiert, durch Halbrundapsis geschlossen. Westliche Schmalseite mit dreigeschossigen, durch Pilaster und kräftige Gesimse gegliederten *Mittelturm* mit wulstiger Haube und schlanker Pyramidenspitze (erst 1788 vollendet). ***Inneres:*** Vierjochiger Wandpfeilerraum unter Stichkappentonne; im westlichen Joch Seiteneingänge, darüber Doppelempore (seit 1905). Im dritten Joch durch Altarnischen (bei **4** und **5**) Andeutung eines Querhauses. Beiderseits des Chorbogens *Seitenaltäre*, der zweijochige Chor mit halbrundem *Hochaltarbereich* durch fünf große Stichbogenfenster belichtet; im Eingangsbereich an Nord- und Südseite Oratorien. ***Bedeutung:*** Architekturhistorisch insofern bemerkenswert, als sich in dem bis in die Spätgotik zurückreichenden Wandpfeilersystem durch die beiden sich gegenüberliegenden großen Altäre Tendenzen zum Zentralraum andeuten – wohl beeinflusst durch J. M. Fischer. Durch Wiederherstellung der ursprünglichen Farbigkeit bei letzter Restaurierung einer der festlichsten und qualitätvollsten spätbarocken Sakralräume im Großraum München.
Auf Pfanzeltplatz seit 1991 der von Hansjakob entworfene *Perlacher Geschichtsbrunnen*, der an Zuwanderung von Pfälzer Protestanten nach Perlach zu Beginn des 19. Jh. erinnert. Für diese nach Plänen von Ziebland (erste Skizzen 1841) zwischen 1847 und 1849 errichtete *St.-Paulus-Kirche* (Sebastian-Bauer-Straße 21), zweitältestes evangelisches Gotteshaus im Dekanat München.

Deckenfresken: **A** *›Hl. Dreifaltigkeit‹ (Zächenberger 1729), noch in der von Rom 1745 verbotenen Darstellung in Form von drei Männern; 1944 zerstört, nach Schwarzweißfoto von Leitenmeier 1968 neu gemalt.* **B** *›St. Michael erscheint dem Bischof von Sipont‹ (Zächenberger, datiert 1729; wie A zerstört und neu gemalt).* **C** *›Engelsturz‹ (N. G. Stuber 1730).* **D, E, F** *Embleme zum Thema Engelsturz: Schilfrohr im Sturm / aufrecht stehende und gebrochene Fichten / stürzender Adler (Anspielung auf Luzifer).*

Altäre und Ausstattung: **1** Hochaltar: *1796 errichtet, 1944 zerstört, 1952 aus verschiedenen geborgenen und neuen Teilen rekonstruiert.* – Gemälde *›Hl. Michael‹ (Widmann 1796; vgl. Rubens-Gemälde in Alter Pinakothek sowie Reni-Gemälde in S. Maria della Concezione/Rom), flankiert* von Skulpturen *der Wetterheiligen Johannes und Paulus (anonym, Ende 17. Jh.).*
Die Seiten- und Queraltäre *1766 von Hauser (Kistler), J. A. Fröhlich (Bildhauer) und J. M. Heigl (Fassmaler):* **2** Seitenaltar *›Hl. Familie‹:* Gemälde *von Osterried (1850), auf Mensa* Sitzfigur *›Anna selbdritt‹ (um 1515); bei Maiandachten sog. ›Perlacher Madonna‹ (Anfang 16. Jh., Gesicht 19. Jh.) aufgestellt.* **3** Seitenaltar *›Allerheiligen‹:* Gemälde *von Osterried (1850), auf Mensa* Sitzfigur *›Hl. Koloman‹ (Anfang 16. Jh.: Anklänge an Meister von Rabenden) wohl aus der 1809 (?) abgebrochenen Koloman-Kapelle.* **4** Queraltar: *Kruzifix und Mater dolorosa (18. Jh.: Nachbildung des Gnadenbilds in der Herzogspitalkirche St. Elisabeth, → Herzogspitalstraße 9).* **5** Queraltar *›Hl. Johann Nepomuk‹:* Figur *Ende 18. Jh. (in der Art von Boos).*
Neben den beiden Altären zwei barocke Gemälde, *›Mutter Anna‹ und ›Maria erscheint dem Hl. Antonius‹ (wohl aus der abgebrochenen Koloman-Kapelle).*
a *Klassizistisches* Epitaph *für Maria Cäcilia v. Effner († 1787), Gemahlin eines Enkels von Architekt J. Effner; Künstler unbekannt.*

PFISTERSTRASSE ☐ 7

In geradliniger Fortführung des Hofgrabens nach Osten und im nördlichen Vorfeld des Alten Hofs entstandener Straßenzug zum → Platzl (von 1368-1805 als »Graggenau« bezeichnet), 1586 »gässl bei der pfister« (Bäckerei), vor 1780 Pfisterstraße. An ihrem Beginn nördlich der 1563-67 errichtete ehemalige *Marstall* (→ Hofgraben 4), gegenüber der Nordostflügel des → Alten Hofs. Bei Einmündung der Sparkassenstraße Überquerung des 1967 trockengelegten ›Pfisterbachs‹ Nr. **4** ehemals *Hofpfisterei* (→ Pfisterstraße 4); die anschließend südseitige Bebauung der Straße mit Traufenhäusern bereits Ende 15./Anfang 16. Jh. (noch 1572 im Sandtnerschen Stadtmodell), später verändert. Nr. **6** *Altmünchener Haus*: über Erdgeschoss Gurtgesims und profiliertes Traufgesims, um die Fenster Profilrahmen; Nr. **8** *Altmünchener Haus*, erstmals erwähnt 1502; Nr. **10** *Altmünchener Giebelhaus*, im Kern wohl 16. Jh. mit dreistöckigem Flacherker, Putzbandgesims, um Fenster Putzbandrahmen, im 18. Jh. bei Aufstockung zum Traufenhaus umgewandelt, mit *Eckhaus* gegen Platzl verbunden; um 1860 Fassade spätklassizistisch. – Dagegen alle Häuser an Nordseite (Nr. 3-11) im 19. Jh. umgestaltet: Nr. **3** als sog. ›*Scheidhaus*‹ zur ehemaligen Münze gehörend, um 1810 von A. Gärtner in streng klassizistischem Stil umgebaut; Nr. **5** spätklassizistisches *Wohnhaus* (um 1840); Nr. **7** *Wohn- und Geschäftshaus* mit Neorenaissancefassade (spätes 19. Jh.); Nr. **9** Neorenaissance-*Bau* von 1898 (Architekt: Grässel); Nr. **11** *Wohnhaus* mit reichem (Neorenaissance-)Dekor und zwei Erkern, datiert 1895 (Architekt: Stöhr, Bauführung Grässel, beide restauriert durch Messerschmidt-Stiftung). ***Bedeutung:*** Eine der wenigen heute noch erhaltenen Altmünchener Wohngassen mit teilweise spätmittelalterlichem Erscheinungsbild. Haus Nr. 10 besitzt den einzigen noch in München erhaltenen dreiachsigen Flacherker und gehört zu den ältesten kleinbürgerlichen Wohnhäusern. Durch Nr. 6 (und durch Platzl 2 und 3) Zugang zu reizvollen, allerdings modisch aufgeputzten Innenhöfchen (›Platzlgassen‹), bei deren Anlage 1988 denkmalpflegerische Gesichtspunkte weniger beachtet wurden.

Pfisterstraße: *Ehemalige Hofpfisterei.*

PFISTERSTRASSE 4 ☐ 7

Ehemalige Hofpfisterei Die wohl in der 1. Hälfte des 16. Jh. gegründete *Hofpfisterei* (Hof*bäckerei*) ursprünglich an Nordostecke des Alten Hofs, wo sich auch die *Hofmühle* und die herzogliche *Harnischkammer* befanden. Nach Brand 1578 Verlegung der Bäckerei auf Ostseite des Pfisterbachs und Neubau eines Gebäudes 1578/79, von dem – trotz der schweren Bombenschäden 1945 – die Außenmauern, Gewölbe im Erdgeschoss und steinerne Treppe ins Obergeschoss erhalten blieben. Nach Kriegsende als Bäckerei (›Hofpfisterei‹) wiederhergestellt, 1987/88 Rekonstruktion des ursprünglichen Aussehens und Umbau zum Restaurant des entlang der Sparkassenstraße errichteten ›Platzl-Hotels‹.

Pipping, St. Wolfgang: *Altarraum.*

PIPPINGER STRASSE 49 a ☐ 28

St. Wolfgang* Kirche im Weiler Pipping erstmals 1352 erwähnt; mit dem umgebenden Friedhof und den Häusern Pippinger Straße 37, 39, 41, 45, 47 und 49 als »eigenständiges Ortsbild« 1978 unter Ensembleschutz gestellt. Kirche um Mitte des 19. Jh. im Innern restauriert. Bei umfassenden Restaurierungsarbeiten seit 1977 Fundamente eines kleineren romanischen Vorgängerbaus (nicht vor 1315) festgestellt (Saalbau mit eingezogenem Rechteckchor). Der heutige Bau wohl durch Herzog Sigismund angeregt, 1479-80 errichtet. Baumeister (nach möglichem Portrait im Triumphbogen, datiert 1479): Jörg von Halsbach (?), Dachstuhl wohl von Heinrich von Straubing (von ihm auch Dachstuhl der Frauenkirche 1477/78). – Um Mitte des 19. Jh. Purifizierung im Sinn der Neugotik, 1909-11 Trockenlegung der Mauern, Freilegung der im Barock übertünchten spätgotischen Wandgemälde, die dabei ›ergänzt‹ und ›aufgefrischt‹ wurden; 1953 mit wenig Erfolg rückgängig gemacht. Grundlegende Renovierung und Restaurierung der gesamten Kirche 1977-89. ***Beschreibung:*** Typus einer spätgotischen Dorfkirche: blockhaftes *Langhaus* unter Satteldach, mäßig eingezogener *Chor* mit

5/8-Apsis; unter Dachansatz gemalter Maßwerkfries mit Wappen (ähnlich am Torhaus der Burg Grünwald, → Zeillerstraße 3); Eingang durch zwei seitliche Portale, in der Rahmung des südlichen ebenfalls gemaltes Maßwerk mit Wappen Bayern und Hohenzollern. (Bemalung der Fassaden und am Turm nach zweiter Fassung des 16. Jh. 1982/83 wiederhergestellt.) – Im Winkel zwischen Langhaus und Chorsüdseite *Turm* eingestellt: ursprünglich mit hohem Faltdach über Dreiecksgiebel (entgegen landläufiger Meinung kein Satteldach!), 1798 durch Blitzschlag zerstört, dabei Fußboden in Apsis und Holzdecke beschädigt, verändert wieder aufgebaut, 1979 renoviert. ***Inneres:*** Rechteckiger *Saalraum* mit flacher Holzdecke (alte Schablonenmalerei 1984 restauriert), Ziegelfußbogen 1979 erneuert. *Chorraum* mit *Apsis* unter Tonrippengewölbe auf Kopfkonsolen. Die originale Fassung der *Chorfresken* freigelegt und wiederhergestellt: Zyklus an den Wänden Erlösungswerk Christi (vom Ölberg bis Auferstehung), in der Laibung des Chorbogens Kluge und Törichte Jungfrauen (datiert 1479 und 1480), an Ostseite des Bogens Marientod, links zwei betrachtende Männer, in den Bogenzwickeln Brustbilder zweier Propheten (datiert 1479); in der Sockelzone bemerkenswerte illusionistische Wandmalereien: Maßwerkimitationen und textile Behänge, 1984 freigelegt. (Die bisherige Zuschreibung der Malereien an Polack nicht mehr haltbar.) – An Nordwand des Chors spätgotisches *Sakramentshäuschen* mit vergoldeter schmiedeeiserner Gittertüre; die *Glasgemälde* datiert 1478 und 1479.
Bedeutendstes Ausstattungsstück der spätgotische *Hochaltar** (1480/85, wohl Münchener Werkstatt): im Schrein Hl. Wolfgang flankiert von zwei Diakonen, in den Flügelgemälden Szenen aus der Wolfgang-Legende (beachtliche Realistik in der Wiedergabe der Landschaft um St. Wolfgang/Salzkammergut); an Schreinrückseite zwei sehr qualitätvolle Engel mit Leidenswerkzeugen freigelegt (1972), vermutlich zu einem verschollenen Andachtsbild (Schmerzensmann, Maria und Johannes) gehörig; auf Predella Christus und Maria mit den Aposteln, Matthias, Petrus, Johannes und Matthäus. – Das Sprengwerk der beiden Seitenaltäre durch Malerei angedeutet: in Schrein des *linken Altars* Muttergottes mit Wolfgang und Leonhard (vielleicht erst im 19. Jh. so zusammengestellt), auf den Flügeln Enthauptung des Hl. Sigismund und Befreiung Gefangener durch Leonhard; *rechter Seitenaltar*: im Schrein Auferstandener zwischen Antonius dem Eremiten und Laurentius, auf den Flügeln Martyrium von Sebastian und Laurentius. (Die schmalen Tafeln an Nordwand Sigismund und Wolfgang, Altarteile.) Einzigartig die steinerne *Kanzel* mit bemalter Brüstung (vier Kirchenväter) und perspektivisch gemaltem Schalldeckel. – Unter hölzerner *Empore* urtümlicher Opferstock, die Emporenbrüstung mit ausgebesserter und ergänzter Flachschnitzerei dekoriert. (Bis ca. 1850/60 an Nordseite ein kanzelartiges, etwas erhöhtes Gestühl als ›Fürstenloge‹ angefügt (Hinweis auf Kirchenbesuche durch den herzoglichen Stifter Sigismund). – Aus Pippinger Kirche im Bayerischen Nationalmuseum Figuren von Maria und Johannes von einer verschollenen Kreuzigungsgruppe (um 1480, Grasser zugeschrieben).
Bedeutung: Zusammen mit der Kapelle von → Schloß Blutenburg und St. Georg in Obermenzing (→ Dorfstraße 37 a) einzigartiges Beispiel einer weitgehend erhaltenen Innenausstattung (Habel: »lückenlos farbig gestaltetes, ikonographisch dicht ausgestattetes spätgotisches Gesamtkunstwerk«) in einer Landkirche des Großraums Münchens; trotz höfischer Stifterinitiative (Herzog Sigismund) der bäuerlichen Umwelt hervorragend angepasst. Darüber hinaus ist der Heinrich von Straubing zugeschriebene Dachstuhl technikgeschichtlich bemerkenswert, eine »Meisterleistung hochentwickelter spätmittelalterlicher Holzbaukunst« (Otto E. Wolf). – Von Augsburg erste Station für Pilger nach St. Wolfgang/Salzkammergut (Patrozinium!); bei der Anlage des Mittelkanals für Nymphenburger Park (1701) diente der Turm von St. Wolfgang als Point de vue.

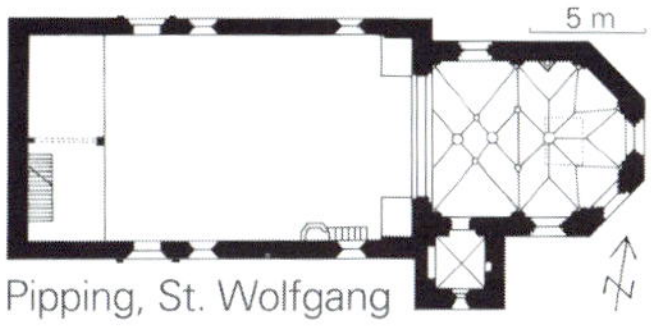

St. Wolfgang in Pipping: Figur des *Hl. Wolfgang* im Hochaltar, 1480/85.

PLATZL □ 7

Kleine, platzartige Straßenerweiterung im östlichen Vorfeld der ›Heinrichsstadt‹ des Ende 13./Anfang 14. Jh. entstandenen Viertels nördlich des Tals unterhalb des → Alten

Hofs; zwischen 1368 und 1805 in Steuer- und Gerichtsbüchern als »Graggenau« bezeichnet, erstmals 1780 in einem Stadtplan »Platzl«. Wandlung von einem mittelalterlichen Handwerkerviertel (Gerber, Lederer, Loderer) zu bevorzugtem Wohngebiet von Hofbeamten und -bediensteten (vgl. Orlando-Haus, → Platzl 4). Von alter Bebauung nur noch an Westseite erhalten Nr. **2,** seit 1818 ›*Platzlbäcker*‹: in dem viergeschossigen Traufenhaus zu drei Achsen (mit ›Ohrwaschln‹, vgl. Sandtner-Modell) mindestens seit etwa 1400 Bäckerei nachgewiesen (Helm. Stahleder), eines der ältesten Bürgerhäuser der Mittelschicht, original erhalten bis auf Erdgeschoss; Nr. **3** *Wohnhaus*, erstmals erwähnt 1524, außer Aufstockung um viertes Obergeschoss um 1810 nicht wesentlich verändert. (Hier und → Pfisterstraße 6 Zugang zur Passage ›Platzlgassen‹ 1988, → Pfisterstraße.) – Übrige Platzumbauung 19. Jh.: Nr. **1** ehemaliges Haus Kaut, als *Wohnhaus* in romantisch nachempfundener Neugotik (Architekt: Ostenrieder 1896-97) an Westseite; die Nordseite des Platzes beherrscht vom ›Orlando-Haus‹ (→ Platzl **4**). Die Ostseite nach einem durch die Königliche Hofbräuhaus-Verwaltung vorgeschriebenen und durch Littmann entwickelten Konzept bebaut: Nr. **5** und **6** als *Corpshäuser* nach Plänen von Littmann (1900) bzw. von A. Ziebland (1898/99) errichtet, Nr. **7** von Littmann (1898) und Nr. **8** von Grässel (1898/99); in diesem die sog. ›Torggel-Stube‹, ein vom Anfang des 20. Jh. bis Ende der 1920er Jahre durch Künstler- und Literaten-Stammtischrunde berühmtes Weinlokal. (Die im Krieg zerstörte Häuserzeile nur z. T. in originalen Formen wieder aufgebaut.) Anschließend Hofbräuhaus, → Platzl **9**.

Platzl: *Orlando-Haus.*

PLATZL 4 ☐ 7

Orlando-Haus An Nordseite des ›Platzls‹ nach Plänen von Littmann 1899/1900 erbautes Wohn- und Geschäftshaus an der Stelle zweier älterer Anwesen (16. Jh.): im linken (zusammen mit Haus Pfistererstraße 11) von 1566-1829 ›Platzlbräu‹, noch bis 1892 Bierwirtschaft ›Bei der Kretl‹. (1872 eröffnete Adele Spitzeder die erste Münchener Volksküche, zwei Monate nach dem Prozess gegen die Betrügerin wieder geschlossen.) Das rechte Haus seit 1567 im Besitz von Orlando di Lasso, 1575 des Malers Donauer d. Ä.; 1615 Geschenk von Herzog Maximilian an seinen Hofmaler Candid; gegen Ende 17. Jh. vom Hofmaler Sing bewohnt, ab 1697 besitzt Ph. Zwerger (Hofmaurermeister) eines der beiden Häuser. Seit 1787 zu einer zehnachsigen Fassade (über Erdgeschoss vier Obergeschosse) vereint, seit 1889 ›Weinrestaurant zum Orlando di Lasso‹; von der Stadt 1896 erworben und 1897 abgebrochen, der Neubau durch Fa. Heilmann und Littmann als erster Münchener Stahlbeton-Skelettbau errichtet, jedoch durch Renaissancegliederung kaschiert. ***Beschreibung:*** Platzbeherrschend der hochragende Mittelteil der Schaufront vor zurückgesetzten seitlichen Flügeln an Pfisterstraße und gegen Kosttor: über dreibogigen Arkaden vier Stockwerke in drei Achsen, die mittlere durch dreigeschossigen Erker akzentuiert, über den Fenstern gebrochene Giebel; gegen Vertikaltendenz des Baukörpers Waagrechtgliederung des dreistöckigen Staffelgiebels. Am rechten Bogenpfeiler Gedenktafel zum 400. Todestag von Orlando 1994 (von Veit). – Das 1900 eröffnete Café galt als eines der wichtigsten ›Theater-Cafés‹ der Stadt, 1925 renoviert. Im Krieg kaum beschädigt, 1945-52 von Besatzungsmacht beschlagnahmt. Von Messerschmidt-Stiftung 1995-98 mustergültig renoviert, z. T. Umbau des Gesamtkomplexes von Pfisterstraße 9 bis Falkenturmstraße; seitdem wieder Gaststättenbetrieb.

PLATZL 9 ☐ 7

Hofbräuhaus Bis nahezu Ende 16. Jh. Bierbedarf des herzoglichen Hofs durch bürgerliche Brauereien gedeckt; danach in eigener Regie. ***Geschichte:*** 1579-81 im ›Brunnenstock‹ des → Alten Hofs (d. h. im Ostflügel am Pfisterbach, vom östlichen Burgstock im Süden bis damaligem Hofkammergebäude an Pfisterstraße im Norden) eigenes, 1589 von Herzog Wilhelm V. gegründetes *Brauhaus* eingerichtet, das als ›Braunbräuhaus‹ ab 1592 *dunkles Gerstenbier* produziert. Behauptungen, dass an der Stelle des bisherigen ›Hennenhauses‹ und des Bads ein Brauhaus bestand oder dass ›Falkenhaus‹

als Braustätte benutzt wurde, ebenso wenig belegbar wie Braustätte im heutigen ›Zerwirkgewölbe‹ bereits unter Herzog Ludwig 1253 bestanden haben soll: das Gewölbe erst 1733 in kurfürstlichem Besitz, bis 1808 zwar Nebengebäude des Hofbräuhauses, aber nicht (wie vielfach behauptet) Braustätte (Helm. Stahleder). – 1602 Rückfall des Braurechts an Herzog, neue Braustätte in Burg Grünwald (→ S. 445) geplant; schließlich doch Errichtung des ›Weißen Hofbräuhauses‹ auf Gelände zwischen Platzl und damaliger Stadtmauer (seit 1876/77 ›Neuturmstraße‹): erstmals 1615 Bockbier (»Ainbockisch Bier«) gebraut (Vorrecht des Hofbräuhauses bis 1818). Ende 18. Jh., endgültig 1808 Vereinigung von Braunem mit Weißem Bräuhaus. Wachsende Produktion führt 1882 zur Verlegung der Sudstätten an Innere Wiener Straße, seit 1988/89 in hochmoderner Produktionsstätte in Riem (Hofbräu-Allee 1); im Stammhaus am Platzl seit 1897 nur noch Ausschank. ***Beschreibung:*** Vorläuferbau von 1808 (seit 1828 ständiger Ausschank und Bewirtung) durch Neubau nach Plänen von Littmann und Maxon 1896-97 ersetzt: An schräg verlaufender Neuturmstraße angelehnter Zweiflügelbau in L-Form um unregelmäßigen Innenhof errichtet. Über Erdgeschoss zwei Obergeschosse mit großteils flach verputzter Fassade unter hohen Walmdächern; zurückhaltend angewendete Bauornamentik (Muschelkalk) in Formen deutscher Renaissance (wie an großem Straßenerker und Volutengiebeln). Die aufwändig dekorierten Gesellschaftsräume, Treppenhaus, Trinkstube und großer Festsaal (Wand- und Deckenausmalung F. Wagner d. J. 1897) durch Bombeneinwirkung verloren; vereinfachte Wiederherstellung 1950; Ausmalung der Gewölbe in ›Schwemme‹ durch Kaspar 1971. ***Bedeutung:*** Die in den traditionellen Formen der Prinzregentenzeit errichtete Baugruppe durch kabarettistische Schlagwörter (»Brezn-Barock«) missverstanden und diffamiert – jedoch ein Wahrzeichen und eine viel besuchte Sehenswürdigkeit in München.

Platzl: *Hofbräuhaus.*

PLINGANSERSTRASSE 1 ☐22

St. Margareta Alte Pfarrkirche von (Unter-)Sendling, einem alten Siedlungsgebiet: durch Hockergräber für 1800-1600 v. Chr. belegt; aus Merowingerzeit (ca. 500-700) Reihengräberfunde an Plinganserstraße. Erste urkundliche Erwähnung »Sentlingen« unter Herzog Tassilo II. (um 670); etwa 1146 Errichtung der Pfarrei Sendling: links der Isar von Pullach bis einschließlich Schwabing mit Thalkirchen als ›Mutterkirche‹. Ab 1811 Abtrennung von Seelsorgestellen (wie Schwabing, Neuhausen, Thalkirchen u. a.). Durch Wachstum Sendlings (1877 nach München eingemeindet) Bau einer neuen Pfarrkirche für Untersendling notwendig: Neu-St.-Margaret (→ Margaretenplatz 1).

Alt-St.-Margareta Durch starke Zerstörung der vermutlich gotischen Kirche bei ›Sendlinger Bauernschlacht‹ 1705 (s. u.) *Neubau* 1711-13 unter Verwendung alter Bauteile (im Turm und Chor) durch Zwerger d. J. Renovierung 1921 (Dach), vollständige Wiederherstellung 1935/36; nach Beseitigung von Bombenschäden gründliche Gesamtrestaurierung 1964/65. Anlässlich des 300-Jahr-Gedenkens Renovierung ab 2002 (u. a. Schindeldeckung). ***Beschreibung:*** Inmitten des 1705 heftig umkämpften Friedhofs die Kirche mit lisenengegliedertem vierachsigen *Langhaus* und angefügtem kaum eingezogenen 3/8-*Chor* unter gemeinsamem Satteldach; Belichtung durch vier bzw. zwei hohe Rundbogenfenster je Seite. In westlicher Achse des Langhauses die für Friedhofskirchen typischen gegenüberliegenden Seiteneingänge (Friedhof seit 1877 aufgelassen). Der Westseite vorgesetzt der sechsgeschossige *Turm*, die oberen beiden Geschosse achteckig mit Glockenhaube und zwiebelbekrönter Laterne; an Südseite Portalvorbau und Sakristei. ***Inneres:*** Bemerkenswert einheitlicher, heller *Rechteckraum* unter gedrückter Stichkappentonne, in vier Joche unterteilt durch Gurtbögen, die über profilierten Gesimsen auf flachen Pilastern aufsitzen; der *Altarraum* einfacher. Reiche, starkfarbig gefasste *Stuckierung* (von P. F. Appiani, spätestens 1715 vollendet) in Stichkappen, Gewölbefeldern um Fresken und am Chorbogen (sog. ›Baldachintuch‹ mit Putti) bezeichnend für Übergang vom schweren Barock zum beginnenden leichteren Rokoko. ***Beschreibung*** der Ausstattung → Legende zum Grundriss. ***Bedeutung:*** Typisch oberbayerisch-barocke Dorfkirche mit unbeeinträchtigt erhaltener homogener

Plinganserstraße: *Schmied-von-Kochel-Denkmal,* 1906-10.

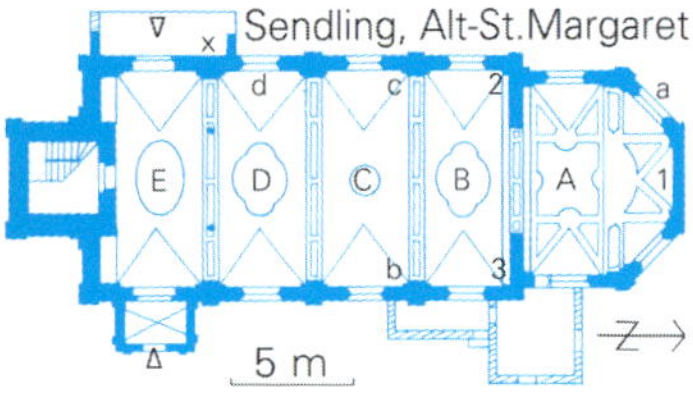

Deckenfresken *freigelegt 1964/65: nicht signiert, nicht datiert; stilistisch N. G. Stuber (gemeinsam mit Sohn C. G.) zugeschrieben, wohl 1712.* **A** *›Maria Immaculata‹* **B** *›Gottvater als Schöpfer und Weltenherrscher‹ (***C** *von stuckiertem Strahlenkranz mit Putti umgebenes Heilig-Geist-Loch)* **D** *›Sündenfall und Erlösung‹* **E** *(über Empore) ›Christus als Weltenrichter/Jüngstes Gericht‹.*

Altäre und Ausstattung *Schöpfer der Altararchitekturen nicht bekannt, vielleicht I. J. Gräßl.*

1 *Hochaltar (1712): Zwischen Doppelsäulen* Gemälde *›Hl. Margaret bezwingt Satan‹ (signiert Joh. Frz. I/unleserlich);* Holzfiguren *Hll. Johann Evangelist und Georg (vielleicht Fröhlich), im* Auszug *›Apostel Simon‹;* Tabernakel *(Gräßl 1710).* **2** *Seitenaltar ›Hl. Familie mit Gottvater und Hl. Geist‹ (Untersteiner), im* Auszug *›Mariä Verkündigung‹.* **3** *Seitenaltar ›Anbetung der Hl. Drei Könige‹ (anonym), im* Auszug *›Schutzengel‹.*

a Glasgemälde *›Hl. Margaret‹ (signiert und datiert Lienhart Ötl 1493), einziges erhaltenes Werk aus Vorgängerkirche.* **b** Kanzel *(Gräßl?), in Nischen am Corpus Schnitzfiguren vier ›Evangelisten‹ und ›Guter Hirte‹.* **c** *›Kruzifix‹ und ›Mater dolorosa‹ (anonym, wohl frühes 18. Jh.).* **d** Gemälde *›Maria mit Kind‹ (von Gürtelbruderschaft) in hochbarockem Goldrahmen; Künstler und Entstehungszeit unbekannt.* Stuckfiguren *der 12 Apostel in Nischen seitlich der Rundbogenfenster; Künstler unbekannt.*

x *An Außenwand über nördlichem Seiteneingang* Wandgemälde *›Sendlinger Bauernschlacht‹ (→ Haupttext).*

Ausstattung der Erbauungszeit – gemeinsam mit dem ehemaligen Friedhofsgelände über der Isarterrasse (›Sendlinger Berg‹) geschlossenes Ensemble in einer sich vehement gewandelten, historisch gewachsenen Struktur eines ursprünglichen Straßendorfs.
Für ***Geschichte Bayerns*** bedeutsam als Schauplatz der entgegen der Vereinbarung mit den Österreichern erfolgten Niedermetzelung aufständischer Bauern und Kleinbürger aus dem bayerischen Oberland durch die österreichischen Besatzungstruppen (Spanischer Erbfolgekrieg) am 24./25.12.1705 (›Sendlinger Mordweihnacht‹); auf dem die Kirche umgebenden Friedhof 800 erschlagene Oberländer beigesetzt: gusseisernes Denkmal von 1830. An das Ereignis erinnert das mehrmals aufgefrischte *Fresko* an der nördlichen Außenwand der Kirche ›Die Sendlinger Bauernschlacht‹, gemalt von W. Lindenschmidt 1830/31, 1895 abgenommen, durch Sohn W. v. Lindenschmit d. J. neu gemalt, durch Enkel H. Lindenschmit mit leichten Abweichungen vollendet, renoviert 1938 durch Otterpohl, 1964 durch Petri: erste Darstellung des 1830 von F. Maßmann als ›Schmied von Kochel‹ bezeichneten Volkshelden, dessen Legende und Kult von hier ihren Ausgang nahmen; gegenüber das *Schmied-von-Kochel-Denkmal* (Plastik von Ebbinghaus, Architektur von C. S. Sattler) 1906-10. Jährlicher Fackelzug in der Weihnachtsnacht zur Sendlinger Kirche.

PRANNERSTRASSE ☐ 6

Zusammen mit der heutigen Kardinal-Faulhaber-Straße (1818–1952 ›Promenadestraße‹) bildet die dazu im rechten Winkel verlaufende Prannerstraße durch überwiegende Bebauung mit Stadtpalästen ein Adelsquartier innerhalb des ›Kreuzviertels‹ (→ Kardinal-Faulhaber-Straße Nr. 7 und Nr. 12). Die Prannerstraße erst 1804 (Durchbruch des Maxtors, → Maximiliansplatz) nach Westen geöffnet, an ihrer Nordseite das im 2. Weltkrieg schwer beschädigte und 1946 abgetragene *Hiltlhaus* (neben Nr. 2), dessen frühklassizistische Fassade durch zwei ihre volle Länge einnehmende Relieffriese mit vaterländisch-allegorischen Darstellungen von F. J. Schwanthaler (um 1807) geschmückt war. Daneben (Nr. 8) bestand seit etwa 1720 ein *Redoutenhaus*, nach Plänen von A. Gärtner ab 1809 auf dem tiefen Grundstück neu errichtet, 1818/19 nach Plänen von Klenze zum ›Ständehaus‹ umgestaltet. Dieses Gebäude Sitz des *Bayerischen Landtags* (1884 durch Siebert umgebaut) bis 1933. – Über bayerisches Parlament → Maximilianeum, Max-Planck-Straße 1, S. 285.

PRANNERSTRASSE 2 ☐ 6

Palais Neuhaus-Preysing Um 1735/40 Neubau des 1703 von der Adelsfamilie von Neuhaus erweiterten Anwesens durch einen Cuvilliés nahe stehenden Baumeister (vielleicht Lespilliez), der Fassadenschema des Palais Holnstein (1733-37) übernahm, aber nicht mit gleicher Subtilität durcharbeitete (→ Kardinal-Faulhaber-Straße 7); nach mehrfachem Besitzwechsel 1898 an Bayerische Staatsbank. 1944 bis auf Fassade zerstört. Vorgesehene Niederlegung unterblieb, erste Sicherungsmaßnahme 1952; Neubauplanung von S. Ruf 1954 nicht ausgeführt; 1956-58 durch Schleich unter Beibehaltung einer im Klassizismus hinzugefügten Attika wieder aufgebaut (Fassade »durch eine Lithographie von 1828 zuverlässig überliefert«: W. Braunfels). Einfühlsamer Innenausbau für Repräsentationszwecke einer Großbank. Im öffentlich nicht zugänglichen Innenhof Doppelschalenbrunnen, von Mikorey 1960. ***Beschreibung:*** Neunachsige Front mit dreiachsigem Mittelrisalit, von Giebel bekrönt; Erdgeschoss (und Mezzani) mit zwei Obergeschossen; klare Gesims-, jedoch keine Pilastergliederung. ***Bedeutung:*** Eine der wenigen noch erhaltenen Palaisfassaden in der Prannerstraße, in der Ausführung nicht so beschwingt und locker wie z. B. jene des Palais Holnstein.

PRANNERSTRASSE 7 ☐ 6

Palais Seinsheim Um 1764 errichtet, um 1900 neubarock überarbeitet; seit 1924 im Besitz des Bayerischen Städtebunds. Nach 1945 Verlängerung der Fassade, nach Restaurierung (1984) Sitz des Bayerischen Städtetags. ***Fassade:*** Über Erdgeschoss zwei

Stockwerke zu zwölf Achsen, Fenster der Beletage durch Giebel ausgezeichnet; im Erdgeschoss wird vierte und fünfte Fensterachse von pfeilerflankiertem Stichbogentor eingenommen; Korbbogenfenster in ädikulaähnlichen Rahmen. ***Bedeutung:*** Der im Kern wohl noch barocke (oder noch ältere?) Bau Beispiel eines Adelspalais des ausgehenden Rokoko, mit Schmuckformen, die den kommenden Klassizismus anzeigen.

Palais Seinsheim, um 1764.

PRANNERSTRASSE 9 ☐ 6

Palais Gise Nach Plänen von Lespilliez wohl in frühen 1760er Jahren errichtet. Im Krieg stark zerstört, war Rettung der Fassade möglich. ***Beschreibung:*** Beiderseits eines von Rustika umgebenen Rundbogenportals je drei Achsen eines hohen zweigeschossigen Sockels; auf ihm das Hauptgeschoss: sechs stichbogige Fenster flankieren mittleres Rundbogenfenster (mit Balkon) und zwei Pilastern, die im zweiten Obergeschoss lediglich durch Trophäenreliefs fortgeführt werden; Dach auf einfachen, weit stehenden Konsolen. ***Bedeutung:*** Dieses Erstlingswerk von Lespilliez weist in Einzelheiten noch Einflüsse von Cuvilliés d. Ä. auf, während die nur applizierten Rocaillen, die flachen Bedachungen sowie die Pilaster ohne tektonische Aufgabe auf die Stilkrise zwischen Rokoko und Louis-Seize hinweisen.

Palais Gise, 1760ff.

PRATERINSEL 5 ☐ 12

Alpines Museum des Deutschen Alpenvereins im ›Haus des Alpinismus‹. ***Geschichte:*** 1908 Beschluss der Generalversammlung des Deutschen und Österreichischen Alpenvereins für *Alpines Museum*, von Carl Müller aufgebaut, 1911 eröffnet in dem von Löwel 1887/88 errichteten Sommerrestaurant (ehemaliges Weinhaus ›Isarlust‹), einem Relikt der Deutschen Kunstgewerbeausstellung 1888. Gebäude und Teil der Sammlung 1943/44 zerstört; nach Innsbruck ausgelagerte und nach 1945 nicht mehr zurückgegebene Bestände bilden heute den Grundstock des dortigen *AlpenvereinsMuseums*. – Jetziges Museum in München durch Hauptversammlung des Deutschen Alpenvereins 1993 neu konzipiert und im benachbarten Haus der bisherigen Vereinsverwaltung im Oktober 1996 eröffnet. ***Beschreibung:*** In vier Räumen im Erdgeschoss Dokumente zu den Aspekten ›Gebirge – Wissenschaft – Kunst‹ mit den Themengruppen *Ideengeschichte 1760-1900, Werke des Bergsteigermalers Edward Theodore Compton, Stilwende um 1900* und *Alpinismus in der Moderne* (sowie ein Saal für Sonderausstellungen). Im Freigelände *Geologische Schausammlung* (mit ›Rundgang durch die Jahrmillionen‹: 36 große Gesteinsproben aus Deutschland, Österreich und Südtirol) sowie *Abtragungs-Installation* ›Antlitz der Alpen‹ (Konzeption: Helmut Zebhauser). ***Bedeutung:*** Einziges alpines Museum Deutschlands (neben *Alpinmuseum* in Kempten); seine raumbedingte beschränkte Themenauswahl vorbildlich visualisiert und didaktisch aufbereitet: ein kleines, aber feines Museum (Besuchszeiten → S. 48). – Die im selben Haus untergebrachte, 1901 gegründete und 1943 untergegangene *Alpenvereins-Bibliothek* nach 1945 wieder aufgebaut und mit über 60 000 Bänden größte *Spezialbücherei* der Welt, seit 1997 ergänzt durch Archive für Alpinistik und Vereinsgeschichte.

Ev. St.-Johannes-Kirche.

PREYSINGPLATZ 1 ☐ 12

Ev. St.-Johannes-Kirche Im Auftrag der Evangelisch-Lutherischen Gesamtkirchengemeinde München 1912-16 nach Plänen von A. Schmidt errichtet, im 2. Weltkrieg Nordostseite getroffen, 1952 wieder instand gesetzt; dabei die beschädigten Fresken von Bergmann an Apsis und Chorstirnwand übertüncht. 1982 Einbau von Gemeinderäumen in bisherige Seitenschiffe. ***Äußeres:*** Das scheinbar verschachtelte Erscheinungsbild dieses neuromanischen Bauwerks gibt exakt seine komplizierte Grundrissdisposition wieder: der kürzeren Haupt- und längeren Querachse entspricht das Kreuzdach, abgeschleppt in den Pultbedachungen der niedrigeren, seitenschiffähnlichen Anräume. Halbrund vorspringende Treppen›türme‹ beiderseits des Hauptportals in der Südfassade, die Apsis an Nordseite und der in Nordwestecke eingefügte Turm mit Faltdach verstärken den malerischen Eindruck einer aus unterschiedlichen Baukörpern

Ev. St. Johannes

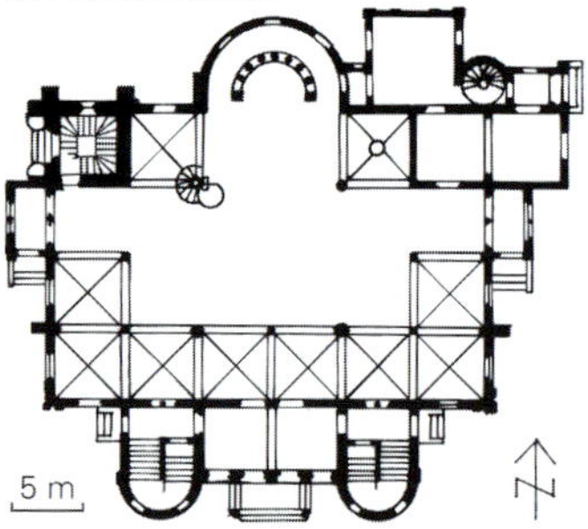

zusammengefügten ›Baukastenarchitektur‹. Im ***Innern*** entsteht durch Kreuzung der Längs- und Quer›schiffe‹ eine Vierung, deren zentralisierende Wirkung jedoch durch die drei Seiten umhüllenden Arkaden und Emporen aufgehoben; an vierter (Nord-)Seite Chorstirnwand und Apsis mit Umgang: *Freskierung* ursprünglich von Bergmann, *Holzkruzifix* von Hahn. ***Bedeutung:*** In Einzelformen äußerlich dem ausklingenden Historismus verhaftet, führt Abkehr vom basilikalen Kirchentypus zum Versuch zentralisierender Raumlösungen, wie sie in St. Lukas (ebenfalls von A. Schmidt, → Mariannenplatz 3) vorgeprägt und im katholischen Kirchenbau von G. v. Seidl bei St. Rupert (→ Kiliansplatz 1) angestrebt wurden; damals jedoch noch keine unmittelbare Nachfolge. Auf dem Platz der 1978 errichtete **Ziegelbrenner-Brunnen**, der an die einstige hier ansässige Ziegeleiindustrie und ihre Wanderarbeiter aus dem Friaul erinnert.

Preysingstraße: *Übelacker-Häusl.*

PREYSINGSTRASSE 58 □ 20

Üblacker-Häusl Eine für Haidhausen typische ›Herberge‹ aus dem 18. Jh., auf Stadtplänen um 1800 als eines der ersten gemauerten Häuser in dieser Gegend ausgewiesen: Der Erdgeschossbau unter Satteldach (mit Gauben) von Burmeister 1976/77 renoviert. Als *Herbergen-Museum* eingerichtet. ***Bedeutung:*** Mit dem ›Herbergenrecht‹ am Ende der Feudalzeit erstmals Erwerb von Hauseigentum auf nicht eigenem Grund möglich (einschließlich ›Stockwerks-‹ und ›Gelasseigentum‹: bemerkenswerte Form früherer Besitzbildung für Arbeiter). (Vgl. auch die vom Ende des 18. Jh. stammenden und 1977-78 restaurierten ›Herbergen‹ *An der Kreppe 1* und *3*, am *Wiener Platz 4-6* sowie Ensemble *Preysingstraße 56, 60, 64, 66, 68 und 70.*)

Preysingstraße: *Kriechbaumhof.*

PREYSINGSTRASSE 71 □ 20

Kriechbaumhof ›Herberge‹ des 16. Jh., ursprünglich in einer Gruppe von vier Einzelhöfen im sog. Grafenwinkel (hinter Wolfgangstraße), der älteste (Nr. 4) noch erhalten. ***Beschreibung:*** Nach weitgehender Zerstörung der Vorstädte Au und Haidhausen im letzten Krieg viele der weit verbreiteten *›Herbergen‹* verloren – meist Holzhäuser mit umlaufenden Lauben und Zugängen zu den einzelnen kleinen Wohnungen, vielfach über eigene Treppen erreichbar. – Der heruntergekommene und baufällige *Kriechbaumhof* 1976 abgebaut, die Einzelteile eingelagert; Beschluss für rekonstruierenden Wiederaufbau an geeigneter Stelle 1982, an jetziger Stelle 1985/86 wiedererrichtet (allerdings nur ca. 10 % aus altem Bestand); Innenausbau für die Bedürfnisse der Jugendorganisation des Deutschen Alpenvereins und ihrer Bezirksgeschäftsstelle. (Urzustand des Kriechbaumhofs zeigt ein 2001 gefertigtes Modell im Haidhausen-Museum, → S. 42; über Herbergen → Üblacker-Häusl, Preysingstraße 58.)

Prielmayerstraße: *Neues Justizgebäude.*

PRIELMAYERSTRASSE 5 □ 5

Neues Justizgebäude 1903-05 in bewusstem Gegensatz zum Justizpalast (→ Elisenstraße 1 a) und in Anlehnung an heimische Bauformen der ausklingenden Gotik nach Plänen von F. v. Thiersch errichtet und ursprünglich mit *Fassadenmalerei* dekoriert. ***Beschreibung:*** Tiefrechteckiger, viergeschossiger und vierflügeliger *Baublock* auf Nagelfluhsockel von 15 zu 7 Achsen um zweigeteilten Innenhof; die kürzeren *Flügel* an Prielmayer- und Elisenstraße an ihren Ost- und Westseiten durch hohe getreppte und durch Stabwerk gegliederte Giebel abgeschlossen, ihre Mittelachsen durch je einen *Uhrturm* mit ebensolchen Giebeln akzentuiert. Am Südturm einziger plastischer Schmuck am Portal (von Floßmann, 1905), im Turm malerisches (Haupt-)Treppenhaus; an den Stirnfassaden beider Türme je eine Rolandsfigur nach Modell von Floßmann. Die ursprünglich farbliche Behandlung auf geschlemmtem Backsteinmauerwerk (Thiersch berief sich auf die Frauenkirche in München und auf St. Martin in Landshut) bis auf schwache Spuren im Erdgeschoss der Südseite heute verschwunden (Entwürfe in Architektursammlung der TU München, → S. 98). ***Bedeutung:*** In unmittelbarer Nachbarschaft zum Alten Justizpalast durch ›gotische‹ Formen und sorgfältig ausgeführten Blankziegelbau Kontraststeigerung der beiden Baublöcke. Bemerkenswerter

Versuch, die durch Architekt Th. Fischer angeregte Wiederbelebung heimischer Bauformen und lokaler Traditionen (abschätzig als ›Heimatschutzstil‹ bezeichnet) zu realisieren. (Ähnliche Lösungen: Nyrops *Rathaus* in Kopenhagen, 1892-1902, und Berlages *Warenbörse* in Amsterdam, 1898-1903).

PRIELMAYERSTRASSE 7 Justizpalast, →Elisenstraße 1 a

PRINZREGENTENSTRASSE □ **3, 4, 8, 20**

Als letzter der großen Straßenzüge des 19. Jh. angelegt, nachdem Bayerische Landesbank bereits 1888 durch entsprechende Trassenführung ihren Grundbesitz im nördlichen Lehel aufwerten wollte; 1891 erteilte Prinzregent Luitpold den Auftrag zum Bau. Vorausgegangen das Galeriestraßenprojekt von 1823 und die Auffahrtsachse zum nicht ausgeführten Festspieltheater Ludwigs II. von 1867 (beide Trassen etwas südlicher geplant). Die ursprünglich enge Beziehung von Hofgarten und Englischem Garten durch die nördlichen Hofgartenarkaden und die Errichtung des Kunstvereinsgebäudes (1865 ff.) ab 1890 (→ S. 160) unterbrochen; schließlich völlige Trennung beider Gartenanlagen durch zunehmende Blockbebauung (1893 ff.) an Südseite der neuen Straße; an Einmündung der Pilotystraße provisorischer Galeriebau für ›Secession‹ 1893 (nach Plänen von Pfann, 1898 abgerissen). Durch Errichtung des *Hauses der Deutschen Kunst* 1933-37 (→ Nr. **1**) fortgeführte ›Versteinerung‹ dieses der Gartenstadtbewegung nahe stehenden ›malerischen‹ Straßenzugs; die Anlage des Verkehrsknotens vor dem Prinz-Karl-Palais 1968-71 (mit der im Fernblick störend wirkenden dunklen Einfahrt zur Unterführung) beeinträchtigt vollends diese empfindliche Nahtstelle am Rand der Altstadt. Im Zusammenhang mit Errichtung der Staatskanzlei (→ Franz-Josef-Strauß-Ring 1) 1993/94 Neugestaltung des Geländes zwischen Hofgarten und Englischem Garten nach Plänen von Hansjakob: Rückbau von Königinstraße und Ring, Revitalisierung des Köglmühlbachs und Anlage eines Bassins vor dem Prinz-Karl-Palais (→ Franz-Josef-Strauß-Ring 5) ermöglicht über die ›Harmlos-Wiese‹ (hier Statue des ›Harmlos‹, → S. 146) engere Verbindung von → Hofgarten und → Englischem Garten. ***Beschreibung:*** Ausgehend vom *Prinz-Karl-Palais* ursprünglich nur an Südseite bebaut und bis zum *Bayerischen Nationalmuseum* (→ Nr. **3**) gegen Norden (Englischer Garten) offen; erst ab hier beidseitige Bebauung. Das ursprünglich in der Straßenachse geplante *Forum* nach Vorentwurf von G. v. Seidl und Th. Fischer (1895) etwas aus der Achse nach Süden verschoben zugunsten eines (abgesenkten) Gartenparterres vor dem Museum; es fiel 1937 der Begradigung der Straßenachse (nicht der Verbreiterung der Straße, wie vielfach irrtümlich behauptet!) ebenso zum Opfer wie der *Hubertusbrunnen* (→ Waisenhausstraße) und das an der Oettingenstraße gleichzeitig nach Plänen von Bestelmeyer errichtete ›*Studiengebäude*‹. (Es schließt, gemeinsam mit dem Kopfbau des an Südseite des Forums 1937-39 erbauten damaligen ›Luftgaukommandos‹ → Prinzregentenstraße 28, die Ostseite des Forums ab, ähnlich wie die von Fischer bereits 1895 skizzierten Turmbauten.) Die Straße in ursprünglicher Achse weitergeführt zur *Prinzregenten-*(gelegentlich auch Luitpold-)*Brücke* und zum östlichen Ufer der Isar mit ›Prinzregententerrasse‹ und → *Friedensengel**. Auf zwei Rampen erreicht die Straße hinter dem Säulendenkmal die Höhe der Isarterrasse; im ersten Abschnitt bis *Villa Stuck* (→ Nr. **60**) noch lockere Bebauung, danach Verfestigung durch Wohnhausblöcke, akzentuiert durch *Prinzregententheater* (→ Nr. **82**) vor dem 1987/88 verkehrstechnisch neu gestalteten Prinzregentenplatz. ***Bedeutung:*** Letzte der großen wittelsbachischen Straßenschöpfungen des 19. Jh., doch in bewusstem Gegensatz zu → Brienner Straße, → Ludwig- und → Maximilianstraße als typische Stadtrand-Parkstraße ohne architektonische Verfestigung (Bauten hinter Alleebäumen verborgen); dafür malerisch-naturhafte Auflockerung – besonders durch Einbeziehung des Flusses. In ihrer Grundkonzeption nie vollendet und zudem durch spätere Eingriffe und Baumaßnahmen beeinträchtigt (z. B. durch die Zerstörung des Gartenparterres 1937 vor dem Bayerischen Nationalmuseum, → S. 335).

Prinzregentenstraße: *Reiterdenkmal für Prinzregent Luitpold,* 1913; im Hintergrund das Bayrische Nationalmuseum.

Prinzregentenbrücke Erste Brücke 1890/91 erbaut, von Prinzregent Luitpold anlässlich seines 70. Geburtstages gestiftet und der Stadt geschenkt: Entwurf von Siebert, architektonische Ausgestaltung von F. v. Thiersch (an beiden Brückenköpfen je zwei rustizierte, konische Rotsandsteinpfeiler, mit Kronen besetzt); auf Granitwiderlagern Brückenbogen in Eisenkonstruktion. Am 14.9.1899 durch Hochwasser weggerissen. ***Neue Brücke***, abermals von Luitpold gestiftet, 1900-01 durch Baufirma Sager & Woerner (Konstruktion) und Th. Fischer (Architektur) neu errichtet: Dreigelenkbogen in Stahlbeton (Spannweite 62,4 m), Ständerkonstruktion mit Haustein (Muschelkalk) verkleidet. (1962 durch Verstärkung den modernen Verkehrsbelastungen angeglichen.) Im Scheitel des flachen Bogens stromauf kupfernes Wappen des Königreichs Bayern, stromab Brustbild Hl. Nepomuk. – In die Uferverbauung eingefügte Terrassen als Brückenköpfe mit vier Liegeskulpturen, Sinnbilder der Stammesgebiete des Königreichs: am linksseitigen Ufer *Jäger* für Altbayern (ursprünglich von Hahn, im 2. Weltkrieg zerstört, ersetzt durch Wackerle 1954) und *Frau mit Früchten* für Pfalz (von Drumm), am rechten Ufer *Fischer* für Franken (von B. Schmitt) und *Mädchen* für Schwaben (von E. Kurz).

Haus der Kunst mit der ursprünglichen, 1971 entfernten Treppenanlage (Foto von etwa 1937 mit den zu besonderen Anlässen auf den Akroterien aufgestellten Feuerpfannen).

PRINZREGENTENSTRASSE 1 ☐ 3, 4

Haus der Kunst Von 1933-37 als repräsentatives Ausstellungsgebäude für den am 5./6.6.1931 abgebrannten *Glaspalast* (→ Alter Botanischer Garten) errichtet, als »Ehrenhalle deutscher Kunst« Schauplatz der Kunstdiktatur des 3. Reichs; offizielle Bezeichnung *Haus der Deutschen Kunst*. ***Geschichte:*** Bereits 1912-14 von Th. Fischer Projekt für *Stadthaus* und (neues) *Kunstausstellungsgebäude* anstelle des 1854 erbauten Glaspalasts; 1925/26 Entwurf Fischers für *Musikhaus* (mit Räumen für Akademie der Tonkunst und des Konzertvereins sowie Senderäume der ›Deutschen Stunde‹ in Bayern) neben dem Glaspalast, der im zweiten Bauabschnitt durch *Neubau* ersetzt werden sollte. Nach Brand des Glaspalasts Auftrag des Kultusministeriums an Fischer für Errichtung eines *Ersatzbaus* auf bisherigem Gelände: Vorlage einer »Denkschrift. Glaspalast-Ersatz betr.« am 16.9.1931. – Bei Berufung des Architekten Abel als Nachfolger auf Fischers Lehrstuhl an Technischer Hochschule (1930) Zusicherung für Auftrag an einem der nächsten größeren Staatsbauten: Vorlage des *Abelprojekts* im Mai 1932. Der dadurch hervorgerufene Protest der Münchener Architektenschaft erzwang Ausschreibung eines offenen *Wettbewerbs* auf Grundlage der Fischerschen Denkschrift für Neubau im Alten Botanischen Garten. Entwürfe u. a. von Böhm und Feldpausch, Hocheder und Badberger, Pabst, Welzenbacher, Gsaenger, Döllgast. Trotzdem Januar 1933 Auftrag des Ministeriums an Abel für modifizierten Entwurf. – Hitler dagegen befahl nach Machtergreifung die Ausführung des Neubaus nach einem 1932 außerhalb des Wettbewerbs entstandenen Entwurf von P. L. Troost, modifiziert nach Skizzen Hitlers am neuen Standort im südwestlichen Abschnitt des Englischen Gartens: *Grundsteinlegung* 16.10.1933, nach Troosts Tod (Februar 1934) durch seinen Mitarbeiter Gall und seine Witwe Gerdy fertig gestellt und – verbunden mit einem Festzug »Zweitausend

Jahre Deutsche Kultur« – am *Tag der Deutschen Kunst* 18.7.1937 als »Haus der Deutschen Kunst« *eingeweiht.* Alljährlich (bis 1944) repräsentative Ausstellungen der von der NS-Ideologie erzwungenen Kunst. – Nach 1945 (bis 1948) US-Offiziers-Club, Basketballhalle und (im Ostflügel) Ausstellung der ›Exportschau‹ (1946-1948/49; Übergabe aus Vermögensverwaltung der Kontrollratsbehörde an bayerischen Staat). Ab 1949 im Westflügel Werke der *Alten Pinakothek* (bis 1958), der *Neuen Pinakothek* und der *Neuen Staatsgalerie* (bis 1980/81), danach Werke der *Staatsgalerie moderner Kunst* (bis 2001/02: Umzug in Pinakothek der Moderne, → Barer Straße 40); die dadurch frei gewordenen Räume im Westtrakt seit 2002 vom Bayerischen Staatsschauspiel für Theateraufführungen genutzt: ›Theater im Haus der Kunst‹ (Planung Brückner Architekten). – Neben der jährlich veranstalteten *Großen Münchner Kunstausstellung* bedeutende *Wechselausstellungen,* die v. a. in ersten Nachkriegsjahrzehnten den Anschluss an die internationale Kunstentwicklung wiederherstellten, u. a. 1949: Der Blaue Reiter in München und die Kunst des 20. Jh.; 1952: Kirchner; 1953: Fr. L. Wright, Hölzel, Schlemmer; 1954: Kandinsky, Klee, Munch; 1955/56: Picasso, Cézanne, van Gogh; 1957: Leger, Nolde, Le Corbusier; 1958: Kokoschka; 1959: Chagall, Manzù; 1960: Gauguin, Utrillo-Valadon, H. Moore; 1961: Toulouse-Lautrec; 1962: Maillol, Lehmbruck; 1963: Braque; 1966: Fauve/Expressionismus, Bonnard; 1967: Sutherland; 1968: Beckmann). Alljährlich im Fasching (von Januar bis Februar/März) *Münchner Künstlerfeste* (bis 1974). – Gründliche Renovierung und Sanierung des gesamten Gebäudes 1992-94 (trotz fragwürdiger, meist ideologisch gefärbter Emotionen für seinen Abbruch). Seit 1997 im Korridor rechts der Eingangshalle 14 Bild-Text-Tafeln zur *Geschichte des Hauses,* 2002/03 durch eine *Dokumentation* über ›Geschichte von Architektur und bildender Kunst im Dritten Reich‹ im großen Mittelsaal (ursprünglich »Ehrenhalle«) erweitert; *Gemäldezyklus* »Orte« von Willikens. ***Beschreibung:*** Fundamentierung auf 1180 durch stahlarmierte Betonbalken verbundenen Betonpfählen; *lang gestreckter Baublock,* an Ost- und Westseite durch Rücksprünge verschmälert, seiner Nord- und Südfront ein 21-achsiger Säulenportikus vorgelegt; der kaum gegliederte Architrav über Portikus und Baublock sowie die kräftigen Lagerfugen der Steinverkleidung betonen lastende Schwere. Bei Straßenverbreiterung 1971 durch Abtragen der ursprünglich durchlaufenden Freitreppe verstümmelt, die Treppen nun zwischen die Säulen eingefügt. *Grundrissdisposition* symmetrisch schematisiert: beiderseits des zweigeschossigen Mittelsaals längsrechteckige Ausstellungshallen, an Nord- bzw. Südseite im Erdgeschoss flankiert von (ehemaligem) Restaurant bzw. Serviceräumen, im Obergeschoss darüber durch kleinere Ausstellungsräume; diese wie alle Säle mit Glasdachoberlichten. ***Bedeutung:*** Städtebaulich Abriegelung des Englischen Gartens von Prinzregentenstraße, nicht, wie fälschlich behauptet, vom Hofgarten. – Troosts architektonische Form vom 3. Reich als »germanische Tektonik« interpretiert und für Staatsbauten zum Vorbild erhoben: nach den Parteibauten an Arcisstraße (→ Königsplatz, → Meiserstraße 10, → Arcisstraße 12) zweiter NS-Repräsentationsbau Münchens in kristallinisch umgeformtem Neoklassizismus. (Die scheinbar beliebige Verlängerung von Säulenreihen ebenfalls im Klassizismus schon vorgebildet: z. B. Badehaus zu Lauterbach in Mecklenburg, 1820 oder Schinkels Altes Museum in Berlin 1824-30.)

Bayerisches Nationalmuseum.

PRINZREGENTENSTRASSE 3 ☐ 4

Bayerisches Nationalmuseum Das zwischen 1858 und 1865 nach Plänen von Riedel errichtete (alte) Nationalmuseum (seit 1926 ›Staatliches Museum für Völkerkunde‹, → Maximilianstraße 42) hatte sich als zu klein und unzureichend erwiesen: 1892 beschloss Staatsregierung Neubau. Erster *Entwurfsauftrag* an Bernatz von Oberster Baubehörde (rechteckiger Baublock, architektonische Gliederung nach Sansovinos Libreria Vecchia in Venedig, 1536 ff.); Proteste des Architekten- und Ingenieurvereins führten zur Ausschreibung eines begrenzten Wettbewerbs. Nach Erstellung eines *Raumprogramms* Auftrag (1893) an drei Münchener Architekten für *Vorentwürfe*: Romeis (gotische und Renaissanceformen, Bauplatz: Hofgartenkaserne), Hauberrisser (asymmetrisch gotisierender Gruppenbau und Renaissancegebäude, Bauplatz: ehemals königlicher Holzhof), und G. v. Seidl (ähnlich aufgelockerte, jedoch geschlossenere Gotik-Renaissance-Baugruppe, Bauplatz: am Hofgarten); inoffiziell nicht berücksichtigter Entwurf von Grässel (für Gasteiganlagen). Lenbach setzt *Ausführungsauftrag* an Seidl durch, der jener am ›Musée des Monuments Français‹ orientierten Konzeption am nächsten kam. Als Baugrund stellt Staat sein Gelände des Holzhofs nördlich der Prinzregentenstraße zur Verfügung: *Grundsteinlegung* 17.11.1894, *Innenausstattung* nach Entwürfen von Seidl und R. v. Seitz, *Eröffnung* 29.9.1900. Bereits 1895 erste Planskizze Seidls und Th. Fischers für *Platzgestaltung* vor Neubau, der von regulärem Forum zu gärtnerischer Anlage (unter Beteiligung Hildebrands) führte. Notwendige Erweiterung des Museums schon 1903 durch zwei *Flügelbauten* gegen Himbselstraße, 1907 Bau eines *Werkstattflügels* an Oettingenstraße; an ihr 1937 Errichtung des *›Neuen Studiengebäudes‹* (Architekt: Bestelmeyer) bei gleichzeitiger Beseitigung des Gartenparterres (s. u.) und Begradigung der Achse der → Prinzregentenstraße. – Kriegsschäden bis Anfang der 1950er Jahre notdürftig behoben, planmäßiger umfassender Wiederaufbau ab Juni/Juli 1953; leider jedoch keine Rekonstruktion der zerstörten ›Barock‹kapelle an Himbselstraße. – Am 10.10.1977 Beschluss der Bayerischen Staatsregierung über Gesamtsanierung und Neuordnung in mehreren Bauabschnitten; Beginn 1978; voraussichtlicher Abschluss ca. 2005. – 1997-99 Errichtung eines *Werkstätten-* und *Ateliergebäudes* an Oettingen-, Himbsel-, Seeaustraße (Planung: Architekturbüro Werz und Partner). ***Beschreibung:*** Durch wechselnde Fluchtlinien von sechs weitläufigen Bauteilen parallel zur Prinzregentenstraße und durch stilistisch verschiedene Architekturgliederungen Auflockerung der nördlichen Straßen- bzw. Platzseite. Beherrschend der vierachsige, turmähnliche und blockhafte *Mittelbau* (mit Erdgeschoss, Obergeschoss und Mezzanin), beidseitig flankiert von zwei zurückgesetzten, polygonalen Türmen mit Zwiebelhauben und Laternen. Über den beiden Eingangsportalen in der Mittelachse *Statue* des Museumsgründers König Max II. (mit Modell des alten Museums an → Maximilianstraße 42), flankiert von Allegorien des Friedens (links) und des Krieges (Entwurf: R. v. Seitz, Modelle Pruska, Guss Ferd. v. Miller); den beiden Portalen entspricht die über Balustrade aufgesetzte zweiachsige Bogenhalle; hinter ihr Turmaufbau mit eingezogenem Pyramidendach und zwei Laternen. Östlich angebaut das zurückgesetzte zweigeschossige *Sammlungsgebäude* mit vorgezogenem Risalit in romanisierenden Formen (an seiner Stirnseite im Obergeschoss ursprünglich Wandgemälde von Diez: Allegorien menschlicher Tugenden und Laster; seit 1930er Jahre verschwunden); anschließend das zurückhaltend gestaltete *Neue Studiengebäude* (Architekt: Bestelmeyer 1937). – Westlich des Mittelbaus der ebenfalls zurückgesetzte zweigeschossige *Flügelbau* mit vorgezogenem Risalit und zwei runden Ecktürmen in deutschen Renaissanceformen. Bis an Baulinie der Straße vorgerückt der (alte) *Studienbau* in Spätbarock- und Rokokoformen mit fünfjochiger Bogenhalle und lebhaft gestalteter Stirnseite gegen Lerchenfeldstraße: seit 1925 Sitz der *Neuen Sammlung – Staatliches Museum für angewandte Kunst* (als ›Abteilung für Gewerbekunst‹ dem Bayerischen Nationalmuseum zugeordnet; seit 2002 in ›Pinakothek der Moderne‹, → Barer Straße 40). – *Rück-* bzw. *Nordseite* (mit zwei zwischen 1903 und 1907 errichteten Erweiterungsflügeln, von Seidl) einfacher gestaltet; die hier wie um den ganzen Baukörper angelegten Gärten auf Entwurf von Hildebrand zurückgehend.

Bayerisches Nationalmuseum: *Fassadendetail* über den Portalen.

Vor Straßenfront des Museumskomplexes anstelle des bisherigen Autoabstellplatzes Grünanlagen vorgesehen – allerdings keine Rekonstruktion des ursprünglichen *Gartenparterres* und der östlich anschließenden Terrasse mit dem 1913 enthüllten *Reiterdenkmal* für Prinzregent Luitpold. (Erste Sitzungen für Hildebrand bereits 1895, Grundsteinlegung zum 80. Geburtstag Luitpolds, erstes lebensgroßes Modell 1904, Gussmodell 1908 und Guss; Arbeiten am Pferd durch Georgii und Bleeker. Unbefriedigende Ergebnisse führten zum Einschmelzen und zu Neuguss auf eigene Kosten nach Modell von Hildebrand/Georgii 1913; Aufstellung und Enthüllung 5.11.1913.) – In der Achse des Denkmals der von Hildebrand entworfene und 1904-07 errichtete *Hubertuspavillon*

(→ Waisenhausstraße). Das ursprüngliche Gartenparterre erzwang durch seine Breite Ablenkung der Straßenachse, die bei dem verkehrstechnisch bedingten Ausbau der Prinzregentenstraße 1937/38 und der Errichtung des damaligen ›Luftgaukommandos‹ (→ Prinzregentenstraße 28) begradigt wurde (nicht verbreitert, wie zu Unrecht behauptet): Die zurückgesetzten Baufluchten des Museums an Nord- und von Neubau an Südseite führten durch Bildung eines Forums zu einer weiteren ›Versteinerung‹ des Straßenraums. Der Hubertuspavillon 1937 abgetragen (1954 an heutigem Standort → Waisenhausstraße wiedererrichtet), das Luitpolddenkmal in neu angelegter Terrasse vor Neuem Studiengebäude integriert.

Das ***Innere*** des Museums und sein innerer Zusammenhang entstand durch unmittelbare Aneinanderreihung der Säle im zeitlichen Ablauf von der Romanik bis zum 19./20. Jh. Nach teilweise eingetretenem Verlust der Innengestaltung (von R. v. Seitz) die ursprünglich enge Verklammerung der einzelnen Epochen gelockert, die außerordentlich reichhaltigen Sammlungen durch klare Gliederung (und hervorragende Einzelkataloge) zugänglich gemacht. ***Bedeutung:*** Für das Erscheinungsbild der Prinzregentenstraße trotz Veränderung des ›Prinzregentenforums‹ konstituierender Bau im Sinn der malerisch-aufgelockerten Auffassung der Lenbachzeit; typisches Beispiel des ›Agglomerations-Systems‹, bei dem uneinheitliche Bauteile, asymmetrisch aneinandergefügt, ein geschlossenes Ganzes ergeben. Als Museumsbau für eine heterogene Sammlung durch Verwendung verschiedener heimischer Stilelemente selbst zum Ausstellungsgegenstand im Sinn einer ›Architecture parlante‹ geworden.

Bayerisches Nationalmuseum: *Seeoner Madonna*, 1433.

Bayerisches Nationalmuseum: *Waffensaal*.

Geschichte des Museums und seiner Sammlungen Die ›Vereinigten Sammlungen‹ (1844-46 in der Hofgartengalerie) und die Sammlungen in der Herzog-Max-Burg Grundstock eines 1853 durch König Max II. beschlossenen *Wittelsbachischen Museums*. Anregungen durch Pariser ›Musée des souverains‹ und ›Musée de Cluny‹ (1844) und ›Musée de l'histoire de France‹ in Versailles (1837), weniger wohl durch Londoner ›South Kensington Museum‹ (1851, seit 1899 ›Victoria and Albert Museum‹). Grundkonzept durch K. M. v. Aretin erstellt, 1855 mit Aufbau des Museums beauftragt; seine Aufstellung anfangs im Neuen Schloß Schleißheim vorgesehen, dann in fünf Räumen der Herzog-Max-Burg untergebracht. (»Wittelsbacher Hausmuseum« 1855 durch Max II. in »Bayerisches Nationalmuseum« umbenannt.) Entwurf eindrucksvoller Erweiterungs- und Adaptionsprojekte in neugotischem und Neorenaissancestil von Lange, Riedel und Metzger (1857/58), daneben aber immer noch Schleißheim im Gespräch; schließlich Entscheidung für eigenen Museumsneubau am Forum der Maximilianstraße (→ Maximilianstraße 42), 1867 eröffnet. Damals bereits Zweiteilung in allgemeine *kulturgeschichtliche Abteilung* und in *Fachsammlungen* (Vorbildersammlungen für Künstler, Handwerker usw.). 1900 Eröffnung des neuen Museums an Prinzregentenstraße, dessen Ausstellungsflächen aber nicht auf Zuwachs berechnet. Die üppige Saalausstattung in Anlehnung an den Zeitstil der jeweiligen Exponate (entworfen durch R. v. Seitz) verwischte die Unterschiede zwischen Original und Nachbildung. – Wertvolle Zugänge bereits im 19. Jh. durch erste Erwerbungen: *Altdeutsche Kunst* (1857: Sammlung M. E. Ainmiller), *Kunstsammlung G. Martinengo* (1858), *Kunstsammlung M. v. Reider* (1860), die vielfältige *Sammlung* des Jesuitenpaters *F. Orban* (1881); *Ankäufe* (mit Unterstützung der ›Freunde des Nationalmuseums‹); *Vermächtnisse* und *Stiftungen*, wie Stiftungen der *Krippensammlung* (M. Schmederer 1892), *Taschenuhrensammlung* (A. Hesselberger 1918), *Uhren- und astronomische Instrumente* (E. v. Bassermann-Jordan 1932), *süddeutsche Fayencen* (P. Heiland 1933), *volkstümliche Sammlung* des Bayerischen Landesvereins für Heimatschutz (1937), *Sammlung ›Allerlei Papier‹* (R. v. Hoerschelmann 1947), *Sammlung religiöse Volkskunde* (R. Kriss 1951), *Sammlung süddeutscher Ölskizzen des 18. Jh.* (W. Reuschel 1959), *Hohlgläsersammlung* (H. Brauser 1959), *Sammlung Meißner Porzellan* (E. Schneider 1968: ausgestellt im Schloß Lustheim, → S. 380), *altbayerisches Hafnergeschirr* (Sammlung Stieber/Stiftung A. Alzheimer 1971), *Jugendstilgegenstände* (Sammlung S. Wichmann 1983), *Jugendstilgläser* (Sammlung Prinz Franz v. Bayern 1996).

Vorbemerkung: *In Auflistung nur die derzeit (Sommer 2003) zugänglichen Sammlungsräume mit knappen Angaben über Exponate aufgeführt. Fehlende Raumnummern bezeichnen jene Säle, die im Zug der grundlegenden Neuordnung der Bestände geschlossen sind und erst in den kommenden Jahren wieder zugänglich gemacht werden.*

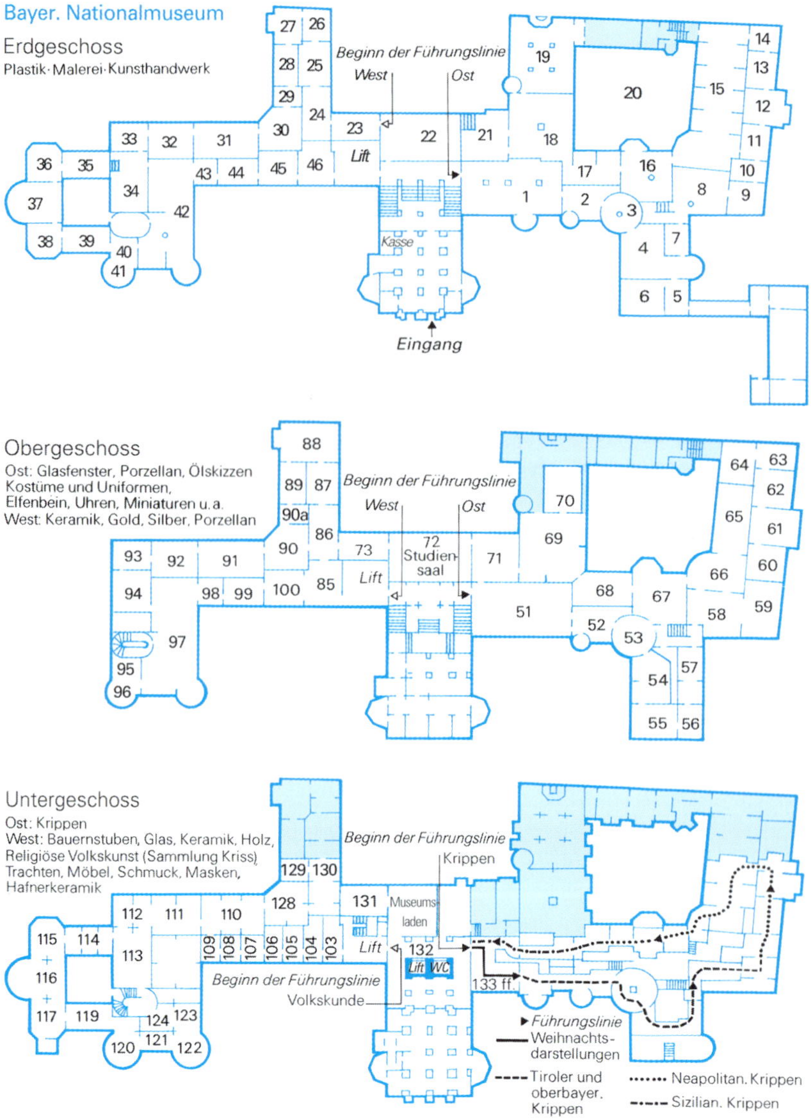

Hauptgeschoss: Eingangshalle: *vor Treppenaufgang* ›Hochgrab des Grafen Ladislaus von Haag‹ *(H. Ernst 1567/69), auf erstem Treppenabsatz* Holzskulpturen* ›Vesta‹ *und* ›Augustus‹ *(J. B. Straub um 1770).*

Rundgang I – Romanik und Gotik

1 Kunst vor 1300: *kirchliche Schatzkunst von Spätantike bis 12./13. Jh. – Stein- und Holzskulpturen sowie Bauplastik.* **2** Bayerische Skulptur *des 14. Jh.* **3** Glasmalerei *des 13. und 14. Jh., u. a. Scheiben* aus Minoritenkirche zu Regensburg (um 1371).* **4** Bamberger Saal: *Malerei und Skulptur um 1400, u. a. sog.* ›Kleiner Dom‹* *aus Franziskanerkloster St. Clara Köln (Köln um 1355), sog.* ›Seeoner Gnadenbild‹* *(salzburgisch, um 1430).* **5** *und* **6** Mittelalterliche Schatzkammer: *Goldschmied- und Emailkunst, Schnitzereien aus Elfenbein und Perlmutt.* **7** Kleinplastik *des 14. und frühen 15. Jh.* **8** Hans Multscher *und* Jakob Kaschauer: *Plastiken und Bilder 1. Hälfte 15. Jh.* **9** Augsburger Weberstube *von 1457.* **10** *und* **11** Möbel *15. Jh.* **12** Weißenburger Saal: *Bilder, Altarflügel, Plastiken 15. Jh.* **13** *und* **14** Skulpturen und Möbel *2. Hälfte 15. Jh.* **15** Kirchensaal: *Altbayerische Malerei und Skulptur um 1500 (Werke u. a. von Grasser, Polack, Pacher).* **16** Tilman Riemenschneider*. **17** Süddeutsche Kleinskulptur *um 1500 (u. a.* ›Jesuskind mit Weintraube‹**, Straßburg um 1465).* **18** Waffenhalle: *Hieb- und Stichwaffen, Büchsen, Geschütze, Reliefharnische 15./16. Jh.* **19** Mars-Venus-Saal: *monumentale Bronzegruppe* vom Brunnen im Schloß Kirchheim (Hub. Gerhard um 1589/90). Nr. 20 entfällt.* **21** Deutsche Frührenaissance: *u. a. Ahnenwappen der Jacobäa von Bayern (Thomas Hering um 1535/40), sog.* ›Astbrecher‹* *(Adam Kraft 1490).*

Rundgang II – Renaissance, Barock, Rokoko

22 Kunst am Hof Herzog Albrechts V. von Bayern, *u. a. Modelle* bayerischer Städte (Jak. Sandtner 1568-74), Bayerische Landtafeln* (Ph. Apian 1563-68).* **23** Italienische Renaissanceplastik, *u. a. Kassettendecke (Mantua um 1525),* ›Mythologische Szene‹ *(A. Minello um 1525),* ›Kleopatra‹ *(Aless. Vittoria, Venedig vor 1550).* **24** Majolika *aus Italien (v. a. 2. Hälfte 16. Jh.).* **25** Italienische Bronzen des Manierismus, *u. a.* ›Raub der Sabinerin‹* *(Giovanni da Bologna nach 1582), Bronzereliefs* ›Passion Christi‹ *(florentinisch um 1590-1610).* **26** Deutsche Spätrenaissance, *u. a.* ›Hl. Georg als Drachentöter‹ *(Jak. Miller um 1615), Prunkpokal* in Form eines Mohrenkopfs (Chr. Jamnitzer um 1615).* **27** Deutsche Goldschmiedekunst *der Spätrenaissance.* **28** Süddeutsche Bronzeplastik *um 1600, u. a. Terrakotten* ›Jahreszeiten‹ *(Gerhard um 1590-1600),*

›Venus‹ (Krumper/Werkstatt um 1620/30). **29** Steinschnitt *der Renaissance.* **30** Die Lauinger Fürstengruft *(und Gobelins Ottheinrichs).* **31** Kunst am Hof Kurfürst Maximilians I. von Bayern, *u. a. Gemälde von Candid (um 1613), Bronze-›Jahreszeiten‹ (Krumper um 1611) aus Münchener Residenz.* **32** Hofkunst *des 17. Jh.* **33** Kunst am Hof Kurfürst Max Emanuels von Bayern. **34** Barocke Hofkunst *um 1700.* **35** Kunst am Hof Kurfürst Johann Wilhelms von der Pfalz. **40-43** Bayerisches Rokoko *und Ignaz Günther (u. a. auch Arbeiten von Ä. Q. Asam, J. B. Straub).* **44** *und* **45** Barockskizzen *Sammlung Reuschel.* **46** Kunst und Wissenschaft zur Zeit der Aufklärung.

Obergeschoss: *Beim Wendepodest der* Treppe zum Obergeschoss *Marmorportal* (Cuvilliés d. J. um 1770) des 1910 abgerissenen Palais Tattenbach; im Obergeschoss Steinskulpturen (Joh. Peter Wagner 1774-79) aus Würzburger Residenzgarten.*

Rundgang III – 19. Jahrhundert: **51** Der bayerische Königshof 1806-1848: *u. a. Büste* der Königin Caroline (F. J. Schwanthaler 1808) sowie Kunst unter König Max I. Joseph und König Ludwig.* **52** Gewänder *aus dem Besitz des bayerischen Königshauses.* **53** Modell* der Haupt- und Residenzstadt München: *Rundmodell im Maßstab 1:750 von J. B. und F. Seitz 1841-63. (Vgl. die ›Sandtner-Modelle‹ des 16. Jh. in Raum 22.)* **54** Werke von Ludwig von Schwanthaler, *u. a. ›Philoktet‹ (1830), ›Tänzerin‹* (1837), ›Sinnende Nymphe‹* (1847); von Thorwaldsen ›Merkur als Argustöter‹* (2. Viertel 19. Jh.); Gemälde ›Bavaria und Ruhmeshalle‹ (Klenze 1837).*

Rundgang Porzellan und Fayence: **85** *Süddeutsche Fayencen aus den Manufakturen Nürnberg, Bayreuth, Künersberg, Ansbach.* **98** *Manufaktur Frankenthal.* **99** *und* **100** *Manufaktur Nymphenburg (besonders mit Werken von Bustelli und Auliczek).*

Rundgang Musikinstrumente: **87** *und* **88** *18. Jahrhundert.* **89** *17. Jahrhundert.*
90 a *16. Jahrhundert.*

Das höfische Spiel: **90** *Brettspiele und Spieltische vom 12. bis zum 19. Jh.*

Die höfische Tafel: **91** *Das Hildesheimer Tafelservice* (überwiegend Augsburg um 1761/63).*

Untergeschoss: ***Rundgang volkskundliche Abteilung*** **103-109** *Bürgerliche, jedoch überwiegend bäuerliche Möbel (ca. 18./19. Jh.).* **110, 128-130** *Hafnergeschirr aus Bayern.*

Rundgang Krippensammlung: **133** *(ff.) Krippen des 18. und 19. Jh., hauptsächlich aus deutschem, österreichischem, tirolischem Alpenraum sowie Nord- und Mittelitalien/Neapel sowie aus Süditalien und Sizilien.*

Bedeutung: Bayerisches Nationalmuseum mit rd. 18 000 Exponaten aus neun Jahrhunderten in vorderster Reihe der großen europäischen Nationalmuseen; nach heutigen Kriterien drei Kategorien von Spezialsammlungen mit gelegentlichen Überschneidungen – als *kunsthistorisches* Museum abendländische Kunst (v. a. Skulpturen) vom frühen Mittelalter bis Mitte 19. Jh.; als *Kunstgewerbemuseum* Kunsthandwerk vom Mittelalter bis Renaissance und (ab hier als Fachsammlungen) bis 19. Jh.; als *kulturhistorisches Museum* Volkskunst und Volkskunde. Demgegenüber ist der wichtigste ursprüngliche Leitgedanke eines landesgeschichtlichen (vaterländisch-dynastischen) Museums zurückgetreten. – Das Bayerische Nationalmuseum erhielt 1988 den *Museumspreis des Europarats.*
Zweigmuseen des Nationalmuseums in: Kloster Asbach (bei Passau), Schulmuseum Ichenhausen, Alpinmuseum Kempten, Alpenländische Galerie Kempten, Fränkische Galerie Kronach, Plassenburg (›Hohenzollern in Franken‹) in Kulmbach, Keramikmuseum Obernzell (bei Passau), Thurn und Taxis Museum Regensburg, Stiftung Ernst Schneider/Schloß Lustheim (→ S. 44), Sammlung G. Weinhold/Altes Schloß Schleißheim (→ S. 44), Sammlung R. Kriss/Schloß Straubing, Burg Trausnitz in Landshut (ab 2004).

Bayerisches Nationalmuseum: *Figuren aus einer Tiroler Weihnachtskrippe,* um 1750.

PRINZREGENTENSTRASSE 9 □ **4, 8**

Schack-Galerie Die ursprünglich im Palais des Grafen Adolf Friedrich von Schack (1815-1894) an der Brienner Straße (Architekt: Gedon, 1872-74; 1944 zerstört) aufgestellte Privatsammlung durch Vermächtnis an Kaiser Wilhelm II., auf dessen Anordnung die Sammlung in München blieb und 1911 in eigenem *Galerieflügel* neben Neubau der ehemaligen *Preußischen Gesandtschaft* eingerichtet wurde. Für den **Bau** Vorentwürfe von Hildebrand 1903-05, der sie zurückzog, als der Hofbaumeister Kaiser Wilhelms II., Ihne, in die Planung eingriff; dessen Skizzen Grundlage für Littmann bei Errichtung der Zweifassadenarchitektur 1907-09: entlang der Reitmorstraße *Galerieflügel*, durch übergiebelte Säulenloggia (mit Widmungsinschrift des Kaisers im Architrav) hervorgehoben, westlich anschließend der fünfachsige Trakt der *Preußischen Gesandtschaft* (Prinzregentenstraße 7), die bis 1909 im Palais Dürckheim (→ Türkenstraße 4) ihren Sitz hatte; 1926/27 Errichtung eines achtachsigen Erweiterungsbaus (Prinzregentenstraße 5) bis zur Oettingenstraße; wegen Geldmangel Schließung der Vertretung 1931. Ab 1933

Schackgalerie: *Der Hirtenknabe* von F. v. Lenbach, 1860.

Schackgalerie: *Villa am Meer* von Böcklin, 1865.

im Besitz des Deutschen Reichs, bis 1945 *Amtssitz* des ›Reichsstatthalters‹ (Franz Ritter v. Epp). Von Dezember 1946-1993 als *Bayerische Staatskanzlei* Sitz des Ministerpräsidenten und der Präsidialkanzlei, danach in der neu erbauten Staatskanzlei am → Franz-Josef-Strauß-Ring 1. (Seit 1993/94 in Nr. 5 *Vermessungsamt München*, in Nr. 7 *Bayerische Elite Akademie.*)
Die **Gemäldesammlung** 1926 im Besitz des preußischen Staates, 1939 auf Befehl Hitlers den Bayerischen Staatsgemäldesammlungen übergeben, nach dem Krieg in den provisorisch wiederhergestellten Räumen aufgestellt, die bei Neuordnung der Sammlung (1978 ff.) wieder ihren privaten Charakter erhielten. (Eintrittszeiten → S. 39). ***Bedeutung:*** Schacks Sammlertätigkeit galt in erster Linie Ermutigung der Künstler und Pflege der Malerei seiner Zeit; trotz subjektiver Maßstäbe bei der Auswahl gelang Schack eine beispielhafte Dokumentation der deutschen Malerei von der Früh- bis zur Spätromantik: die Sammlung umfasst rd. 270 Gemälde, davon 31 Hauptwerke von Moritz von Schwind, 16 von Arnold Böcklin, elf von Anselm Feuerbach. Die Galerie Schacks, der für die meisten Maler seiner Sammlung der erste Förderer war, stellt eines der bemerkenswertesten Beispiele für eine Privatgalerie des 19. Jh. dar.

Erdgeschoss: *Vestibül mit* Portraits *von Schack und Stifter: Bamberger, Lenbach, F. Zimmermann; Plastiken: Hildebrand, Seeboeck. – Schwind.*
Raum **1**/Frühromantiker: *Catel, Dillis, Genelli, Klenze, J. A. Koch, Rebell, L. Schnorr v. Carolsfeld.*
Raum **2**/Romantik: *Rahl, C. Rottmann.*
Raum **3**/Wiener Spätromantik: *Führich, E. J. v. Steinle.*
Raum **4** *und* **5***: Schwind.*
Raum **6**/Romantik: *E. N. Neureuther.*
Raum **7**/Romantik: *E. Schleich d. Ä., Spitzweg.*
Raum **8** *und* **9** Spätromantische Landschaftsmalerei: *Fries, E. Gerhardt, C. Morgenstern, Chr. Morgenstern, C. F. H. Werner, (und:) Bamberger, C. Morgenstern, Schweinfurth, A. Zimmermann.*
1. Obergeschoss: *Treppe zum Obergeschoss: Bamberger, Steinle.*
Vorplatz: Meisterkopien *von Lenbach nach Giorgione, Murillo, Tizian, Velasquez. – Wislicenus.*
Raum **1** *und* **2**/Romantik: *Böcklin.*
Raum **3**/Idealismus: *Lenbach.*
Raum **4** *und* **5**/Idealismus und Symbolismus: *Dreber, Feuerbach, Marées, Preller, (und:) Lenbach-/Marées-Kopien nach Pordenone, Raffael, Rubens, Tizian, Velasquez.*
2. Obergeschoss: *Treppe und Vorplatz: Bamberger, Bode, Gebhardt.*
Raum **1**/Münchener Landschaftsmaler: *Bode, Kaiser, Kraus, Larsson, Millner, Stademann, Stange, R. A. Zimmermann, Zwengauer.*
Raum **2**/Deutsche Landschaftsmaler: *A. E. Kirchner, Köbel, Schweinfurth, M. Schmidt, Stange, Willers, A. Zimmermann.*
Raum **3**/Späte deutsche Historienmaler: *Böheim, Hagn, Henneberg, Liphart, Ludwig, Marshall, A. Wolf.*

PRINZREGENTENSTRASSE 28 □ 4, 8

Bayerisches Staatsministerium für Wirtschaft, Verkehr und Technologie Dem aufgelockerten Bau des Nationalmuseums (→ Prinzregentenstraße 3) mit seinem ursprünglich die Achse der Straße abdrängenden gärtnerisch gestalteten Vorplatz fehlte ein adäquates Pendant gegenüber, nachdem Bebauungsvorschlag von G. v. Seidl und Th. Fischer (1902) ebenso wenig ausgeführt wurde wie eine in Staffelbauordnung (1904/1912) ausgewiesene Bebauung; auch ein um Mitte der 1920er Jahre diskutiertes Konzerthausprojekt kam nicht zustande. In diesem städtebaulichen Vakuum 1937-39 Errichtung des ›Kommando- und Verwaltungsgebäudes der Luftwaffe‹ (*Luftgaukommando*) nach Wettbewerb durch Bestelmeyer: Einleitung der im 3. Reich geplanten Monumentalisierung der Prinzregentenstraße als repräsentative Ostwestachse vom Flughafen Riem über Prinzregentenplatz (Wohnung Hitlers) bis Parteibauten an Arcisstraße (→ Nr. 12). ***Beschreibung:*** Südlich der begradigten Straße und des ›versteinerten‹ Forums der 225 m lange, zurückgesetzte Gebäudekomplex mit dreigeschossiger *Hauptfassade* auf Erdgeschosssockel in Streifenrustika (mit Tordurchfahrt zur Alexandrastraße), gegen Osten durch vorgezogenen fünfstöckigen *Kopfbau* (mit Erdgeschossarkaden) abgeschlossen, vermutlich angeregt durch Forumsentwurf von G. v. Seidl und Th. Fischer 1895 bzw. 1902); gegen Westen ummauertes Gartenhöfchen und viergeschossiger *Anschlusstrakt* in Baulinie eines bestehenden Eckhauses an Wagmüllerstraße; an Seite zum Forum kubisches Brunnenhaus mit *Pinienzapfenbrunnen** von Wackerle (1937). ***Bedeutung:*** Der gleichförmig durchgestaltete Baublock typisches

Beispiel für ›Militär‹-Architektur im NS-Staat; die martiale, sparsam angewendete Bauplastik aus ursprünglicher Bestimmung des Gebäudes erklärlich, heute jedoch in Widerspruch zur Nutzung nach 1945. Formale ›Disziplinierung‹ traditioneller Palastarchitektur und deren Vergröberung steht im Gegensatz zum malerischen, aufgelockerten Erscheinungsbild des ›zivilen‹ Nationalmuseums. – Wackerles Brunnen gilt als eine der besten Anlagen jener Zeit.

Villa Stuck Atelier-Anbau Verbindungsbau Kernbau

PRINZREGENTENSTRASSE 58 und **60** ☐ **20**

Villa Stuck Nach Entwurf des ›Malerfürsten‹ Stuck Errichtung des *Hauptbaus* 1897-98, dem 1913/14 östlich ein *Atelieranbau* (mit Verbindungsflügel) angefügt wurde. Ungewisse Zukunft nach Stucks Tod (1928), in frühen 1930er Jahren Pläne für ein Museum. 1943 bombenbeschädigt, 1944 das zweite Obergeschoss ausgebrannt; 1945 von Besatzungsmacht beschlagnahmt. Nach behelfsmäßig behobenen Kriegsschäden 1946 Einzug der ›Akademie der Tonkunst‹ (im selben Jahr umbenannt in ›Staatliche Hochschule für Musik‹) in Villa und Obergeschoss des Atelierbaus (1957 Umzug in sog. Führerbau, → Arcisstraße 12). Hans J. Ziersch kauft 1964 das Anwesen, restaurierender Wiederaufbau, vollendet im Herbst 1967: Übergabe an den ›Stuck-Jugendstil-Verein‹ und Sitz des *Jugendstilmuseums* mit umfangreicher Fachbibliothek. Ohne eigene Sammeltätigkeit widmete sich das Museum der Erforschung der Schaffensperiode der Jugendstilkünstler zwischen ca. 1890 und dem 1. Weltkrieg und ihrer Präsentation in wechselnden Ausstellungen – wobei die Villa selbst wesentliches Element der Darstellung bildete. Schenkung der Villa 1991 durch Ziersch an die Stadt. Dringend notwendige Sanierung und Renovierung der gesamten Gebäudegruppe in zwei Abschnitten unter Leitung der Architekten Kiessler (Ateliertrakt) und Burmeister (Villa): erster Bauabschnitt 1998-2000 für Rückbau des durch unverständige Einbauten entstellten *Ateliergebäudes* (außen und innen) mit Ausgestaltung des *Verbindungsflügels* (Foyer, Museumsshop, Treppenanlage, Café); zweite Bauphase ab 2002 Einrichtung des Jugendstilmuseums und der Bibliothek im *Hauptbau* (bis 2003), während die Rekonstruktion und Restaurierung der historischen Säle erst bis ca. 2005 abgeschlossen ist. Nebenher ist die Wiederherstellung der ursprünglichen Gartenanlage in Arbeit. ***Beschreibung:*** Der *Hauptbau* ein kubischer Baukörper mit turmartigen Eckrisaliten, durch Lisenen und Gesimse sowie rechteckige Felder streng gegliedert; über Hauptgesims des zweistöckigen Baus hohes Attika-(Mezzanin-)Geschoss mit seitlichen Relieffeldern (mit ›Götterzügen‹, 1903 angebracht, 1914 entfernt, 1968 wieder eingefügt); über den beiden Eckrisaliten vier überlebensgroße, im Krieg zerstörte Kopien berühmter antiker Statuen (von links): ›Herkules Lansdowne‹ (Malibu), ›Venus Pudicitia‹ (Vatikan), ›Amazone des Polyklet‹ (Berlin) und ›Ares Borghese‹ (Paris); seit 2002 abermals Kopien aufgestellt. Im Vorgarten vor viersäuligem Portikus Replik der reitenden ›Speerschleudernden Amazone‹* (Zweitguss der von Stuck 1897 für den Kölner Kunstverein angefertigten Bronzefigur, ursprünglich durch Aufstellung im rückwärtigen Garten der Öffentlichkeit entzogen, erst Anfang der 1930er Jahre an Straßenfront). An Westseite der

Villa Stuck: *Empfangszimmer.*

Villa Stuck: *Die Sünde*, 1893.

Villa Abschlussmauer der Pergola zur Straße mit Nachbildung der ›Kapitolinischen Wölfin‹ (gewissermaßen Stucks ›Hauszeichen‹). – Gegen Osten anschließend der ›sachlichere‹ *Atelieranbau*, ebenfalls zweigeschossig, die dekorativen Wandmalereien von M. Braun restauriert. Ursprünglich im Erdgeschoss Stucks Bildhaueratelier, im Obergeschoss sein Maleratelier. Die ***Innenräume**** der Villa exzeptionelle Eigenschöpfungen des letzten Münchener ›Malerfürsten‹, die in ihrem feierlichen antikisierenden Dekor klassizistische Formen und symbolträchtige Thematik mit barocken und präraffaelitischen Tendenzen verbinden. Sie sind in ihrer komplexen ikonologischen Programmatik das aufschlussreiche Zeugnis einer Künstlerpersönlichkeit, die im Grenzbereich brüchiger traditioneller Werte und sich ankündigender Neuorientierungen in der scheinbaren Zeitlosigkeit der antiken Welt Orientierung sucht. Die historischen Räume umfassen das *Vestibül* mit direktem Zugang zum *Empfangszimmer* (auch ›Salon‹), dessen Decke astrologisch nach der Zeugungskonstellation von Stucks Tochter Maria Franziska, genannt ›Mary‹, gestaltet. An Süd-(Garten-)Seite drei Räume (in der Mitte das große *Wohnzimmer*, daneben *Esszimmer*). – Vom Vestibül eigene Treppe zum *Atelier* im Obergeschoss; in ihm Stucks berühmter »Künstleraltar« aufgestellt: in seiner dritten Form mit ›Altar‹-Gemälde ›Die Sünde‹, für die Marys Mutter Anna Maria Brandmaier als Modell diente. (Übrigens: eine Frau Feez, die Stuck 1900 portraitierte, war Modell für die ›Speerschleudernde Amazone‹.) Die restaurierten Räume ab ca. 2005 zugänglich. ***Bedeutung:*** In Architektur und Ausstattung einzigartiges ›Gesamtkunstwerk‹ mit Verkündigung der Einheit von Kunst und Leben als Ausdruck ›kultureller Geborgenheit‹ in einer Epoche politischer, gesellschaftlicher und v. a. künstlerischer Umbrüche an der Schwelle vom 19. zum 20. Jh. Bei Verwendung klassizistischer Formen richtungweisende Schöpfung des Sezessionsstils – von Otto Wagner, Peter Behrens, Heinrich Tessenow realisiert.

Prinzregententheater.

PRINZREGENTENSTRASSE 82 □ **20**

Prinzregententheater ***Vorgeschichte:*** Durch E. v. Possart (Generalintendant der Königlichen Hofbühnen seit 1895) Wiederaufnahme des von Semper 1864-67 im Auftrag von König Ludwig II. geplanten, aber nicht ausgeführten Projekts eines *›Festbaus‹* (→ Abb. S. 58) zur Aufführung von Wagner-Opern; Possarts Vorhaben von Cosima Wagner als Konkurrenz zu Bayreuth empfunden. *1899:* Gewinnung von privaten Sponsoren; Prinzregent Luitpold genehmigt Benennung »Prinzregententheater«; Gründung der »Prinzregententheater (Aktien) GmbH«; Planungsauftrag an Littmann *(1899)*. ***Geschichte:*** *1900:* offizieller *Bauauftrag* an Fa. Heilmann & Littmann; 27.4. *Baubeginn; 1901:* Ausführung der dekorativen *Malereien* durch Mössel und Selzer; *plastischer Fassadenschmuck* von Waderé und Pfeifer; feierliche Eröffnung 28.8. – *1926:* Übergang von Theater-GmbH in *Staatsbesitz. 1934:* Durch NS-Gemeinschaft Kraft durch Freude ›Theater des Volkes‹; *1938:* simplifizierende *Purifizierung* der dem Publikum zugänglichen Räume und *Anbau* von Kulissenmagazin und Werkstätten an Bühnenhaus. *1943: Beschädigung* des Theaterbaus (noch bis 30.7.1944 bespielt), jedoch *Zerstörung* des östlich angebauten Restaurations- und Verwaltungsgebäudes. – *1945:* Nach Behebung der Kriegsschäden bereits ab Juli Konzerte der Münchener Philharmoniker und des Bayerischen Staatsorchesters, im November erste Neuinszenierung der Bayerischen Staatsoper (Fidelio) nach dem Krieg. Von da an bis zur Wiedereröffnung des 1943 bis auf Außenmauern zerstörten Nationaltheaters 1963 (→ Max-Joseph-Platz 2) *Ausweichbühne* für Oper und Ballett. *1957/58:* Errichtung eines *Verwaltungsbaus* östlich des Bühnenhauses. *1964: Schließung* des Theaters wegen mangelnder Brand- und Betriebssicherheit (wie z. B. die technikgeschichtlich höchst bedeutsame Bühnenmaschinerie von Lautenschläger) und Verwendung nur noch für Proben und Werkstattbetrieb. Im selben Jahr Gründung der »Bürgeraktion Prinzregententheater« und Vermächtnis Frau Proebst (Tochter Littmanns) mit Ziel Renovierung des Theaters. *1983:* Landtagsbeschluss gemäß der vom Generalintendanten Everding vorgelegten ›Kleinen Lösung‹; von 1983-86 realisiert: provisorische Spielplattform über Vorbühne und

Orchestergraben, Wiederherstellung der künstlerisch bedeutsamen Publikumsräume nach alten Fotos und Plänen (ausgenommen Bühnenhaus); *1986-88:* originalgetreue Rekonstruktion des dreischiffigen *Gartensaals* im Anschluss an Ostfoyer. *1988:* Neueröffnung des Theaters bei reduzierter Bühne, *1988-91:* Ausweichbühne bei Umbau des Residenztheaters (→ Max-Joseph-Platz 1), *1996:* Abschluss der Wiederinstandsetzung des Theaters (ursprüngliche Bühne und erneuerter Orchestergraben), Neueröffnung 8.11.1996.
Äußeres: Großflächig und nach den Funktionen der Innenräume klar gegliederter Baukörper, aus dem *Wandelhalle* entsprechend dem dahinter liegenden *Zuschauerraum* konvex vortritt. Die Gebäudeachse markiert durch vorgezogenen, übergiebelten *Mittelbau* mit dreijochiger Vorhalle über Auffahrtsrampe (im ersten Obergeschoss ursprünglich der ›Königssalon‹); überragt vom Zuschauerraum und hohen Bühnenhaus mit Satteldach. Auf Balustrade des Mittelbaus allegorische *Statuen* (von Waderé): Musik, Gesang, Tragödie und Komödie. Die Wandelhalle an beiden Enden durch turmartige Risalite verfestigt, mit Nebenportalen als Zugängen zum westlichen und östlichen Foyer; Letzteres durch zweigeschossigen rekonstruierten *Gartensaal* (und abschließenden Querflügel) erweitert. Im südlich gelegenen ›*Foyergarten*‹ durch Kanitz restaurierter Brunnen von Gasteiger. – In Grünanlage westlich des Theaters *Richard-Wagner-Denkmal* (von Waderé, eingeweiht 1913). ***Inneres:*** Durch Vestibül zur *Wandelhalle*; in ihrer Mitte in vergoldeter Nische Marmorbüste des Prinzregenten (von Waderé 1901), an den beiden seitlichen Enden das westliche und östliche Nebenfoyer mit Zugängen zu den amphitheatralisch ansteigenden Sitzreihen. In der konkaven *Rückfront* des Theatersaals (→ Abb. S. 67) neun Logen (davon mittig die ehemalige Königsloge, flankiert von zwei Prinzenlogen). Die *Seitenwände* durch freistehende Säulen auf hohen Postamenten in sechs Joche (kein Proszenium) gegliedert; die vier zur Bühne hin durch Halbrundnischen ausgehöhlt, ursprünglich mit Kopien antiker Statuen, später mit vergoldetem Dreifußbecken besetzt, 1938 geschlossen und Kassettierung der Sockelzone abgeschlagen; seit 1983/86 Nischen und Dekor wiederhergestellt. Die in sechs konzentrische Kreisbogen geteilte flache *Decke* mit Groteskmalerei von Mössel und Selzer (wegen Übermalung 1938 original erhalten geblieben). – Östlich der 1986-88 wieder aufgebaute *Gartensaal*, das flache Muldengewölbe von E. Albrecht durch einfühlsame Nachschöpfung des nur in Schwarzweißfotos dokumentierten Blätterdachs dekoriert.
Bedeutung: Die Architektur der Fassaden formal ein versachlichter Neoklassizismus, der mit dekorativen Jugendstildetails seine Herkunft vom Sezessionsstil nicht verleugnen kann; dagegen im Zuschauerraum, in den Foyers und z. T. im Gartensaal die Dekoration von Neorenaissance der Lenbach-Ära bestimmt – stilgeschichtlich als »Heilmann- und Littmannstil« charakterisiert. Erstes in Stein errichtetes Wagnersches ›Reformtheater‹, neben dem das von Brückwald 1872-76 errichtete Bayreuther Festspielhaus wie ein Provisorium wirkt; Prinzregententheater wichtiger Meilenstein in der Architekturgeschichte des deutschen Theaterbaus. Im Zuschauerraum nach Bayreuther Vorbild Verzicht auf Ränge sowie Abkehr von der konventionellen Raumgestaltung; dabei Gewinnung vorbildlicher Sichtverhältnisse; Einbindung des ›Orchestergrabens‹ zwischen Sitzreihen und Bühne.
Theaterakademie: Durch Everding 1993 Gründung einer Ausbildungsstätte für Theaterberufe als Kooperationsmodell zwischen *Hochschule für Musik und Theater, Akademie der Bildenden Künste, Universität München* und *Hochschule für Fernsehen und Film.* Seit 1996 mit eigenem ›Akademie-Theater‹ im ehemaligen Malersaal des Prinzregententheaters mit hochmoderner Experimentierbühne. 1999 zu Ehren ihres Gründers in **August-Everding-Akademie** umbenannt; 2000 Enthüllung einer Büste Everdings († 1999) im Ostfoyer (Bronzeplastik von Tregor 1999).

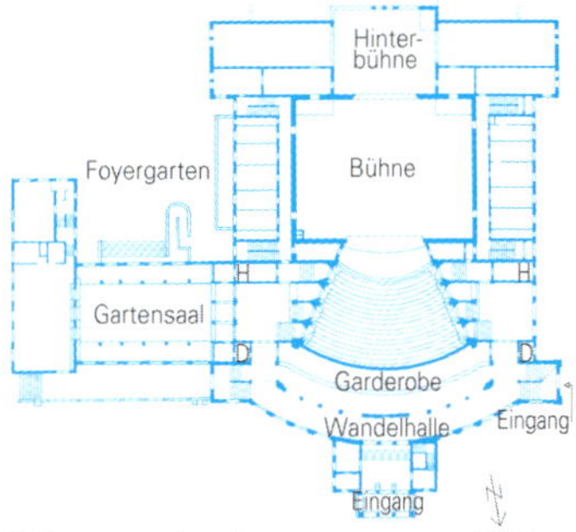

Prinzregententheater

Prinzregententheater: *Zuschauerraum,* Aquarell von Max Littmann.

Prinzregententheater: *Wappen* über der Königsloge.

PRINZREGENTENSTRASSE 99-111 □ 20

Wohnhäuser 1942-44 errichteter Baublock nach Plänen von Norkauer, Landauer und Kratz. ***Beschreibung:*** Zwischen zwei *Luftschutzhochbunkern* zusammengefasst sieben

Wohnhäuser, in Mitte der rd. 165 m langen Fassade dreischiffige Durchfahrt zum Hof; über erhöhtem Erdgeschoss vier Obergeschosse, drei davon durch Sohlbänder hervorgehoben; durch kräftiges Gesims und einheitliches Walmdach Wohnbau und Bunker zu Einheit zusammengefasst. ***Bedeutung:*** Die nach Richtlinien des ›Reichswohnungskommissars‹ erstellte Anlage mit Sozialwohnungen (über 3 m Raumhöhe!) als ›Musterbauten‹ für die im 3. Reich zwischen Ostbahnhof und heutigem Fasangarten geplante ›Südstadt‹ gedacht. Einzige im Zusammenhang mit dem von den Nazis beabsichtigten groß angelegten Ausbau Münchens als ›Haupstadt der Bewegung‹ nach Planung des ›Generalbaurats‹ Giesler errichtete Wohnanlage mit integrierten, von Wohnungen zugänglichen Luftschutzbunkern.

PROFESSOR-HUBER-PLATZ 1 □ **19**

Georgianum Herzog Georg der Reiche von Bayern-Landshut gründete 1494 zur Erziehung von Priestern an der 1472 errichteten Landesuniversität in Ingolstadt das älteste deutsche und zweitälteste Priesterseminar der katholischen Kirche. Mit der Universität 1800 nach Landshut, 1826 nach München verlegt und im ehemaligen Karmelitenkloster (→ Karmeliterstraße 2) untergebracht. *Neubau* gegenüber der Ludwig-Maximilians-Universität (→ Geschwister-Scholl-Platz 1) nach Plänen von Gärtner errichtet: Grundsteinlegung 25.8.1835 (wie Universität), 1840 vollendet, 1841 bezogen. Durch Kriegsschäden unwiederbringlicher Verlust der Wandmalereien und Dekorationen in Sälen, Korridoren und Treppenhäusern; Wiederaufbau beschränkt auf Herstellung der räumlichen Erfordernisse. ***Beschreibung:*** Südlich der Einmündung der Veterinärstraße in das quadratische Platzareal und von Ludwigstraße um ca. 40 m zurückgesetzter siebenachsiger *Flügel* mit rechtwinklig angesetztem vierachsigen *Winkelbau* (in der jeweiligen Mitte ein Portal), über Erdgeschoss zwei Obergeschosse durch Fenster in Dreiergruppen hervorgehoben; über Konsolgesims flaches Walmdach. An Ludwigstraße, korrespondierend mit Universitätstrakt, mächtiger *Kopfbau* mit 7 : 3 Fensterachsen: über hohem Sockel Hauptgeschoss, in ihm Rundbogen- und Rundfenster durch Rundbogenblenden auf flachen Pilastern zusammengefasst; darüber einfacher gestaltetes viertes Geschoss unter Bogenfries, Gesims und Attika. – An Ostseite dieses Baus, im Erdgeschoss gegen den Garten, die Seminarkapelle ›Coena Domini‹ (1982 von Faller neu gestaltet), mit romanischem *Kruzifix** (sog. ›Viernageltyp‹) aus Pfarrkirche Leuterschach (südöstlich von Marktoberdorf), wohl um 1070 in Oberschwaben entstanden; *Tafelbild* Coena Domini (um 1510) und *Kreuzweg* (drei Tafeln) mit Darstellung der sieben Hauptkirchen Roms (1470/80). – Um Mitte 19. Jh. machte hier Sebastian Kneipp erste Selbstversuche mit seiner Wasserheilmethode. ***Bedeutung** als Bauwerk:* Die strenge klösterliche Architektur charakteristisch für damalige Auffassung von einem Klerikalseminar. Vor allem der monumentale Kopfbau ein Meisterwerk der Proportionskunst mit sparsam angewendeten flachen Gliederungselementen. Bedeutung als *Priesterseminar:* In Münchener/bayerischer Geistesgeschichte durch 500-jährige engste Bindung an die theologische Fakultät der Universität München prägend für Generationen des Priesternachwuchs.

Kunstsammlung und Bibliothek Die qualitätvolle *Sammlung* überwiegend süddeutscher sakraler Malerei und Plastik sowie Kultgeräten (über 600 Objekte vom 11. bis 19. Jh.) als *Lehrsammlung* zur »Ausbildung der Priesteramtskandidaten in Ikonographie, Hagiographie und Geschichte der christlichen Kunst« 1885 durch den damaligen Direktor Andreas Schmid gegründet: Werke u. a. von B. Ableithner, Bendl, Bergmüller, Boos, Degler, Dirr, Grasser, Heel, Hegemann, Holbein d. Ä. (Werkstatt), Jorhan d. Ä. (Umkreis), J. U. Loth, L. Luidl, Mälesskircher, Meister von Rabenden, Th. Schwanthaler, Steinle, Syrlin. 1986 neu geordnet und in Hauskapelle, im Hochparterre des Baus an Ludwigstraße, in Korridoren und Treppenhäusern gezeigt; Besichtigung nach telefonischer Anmeldung (→ S. 41). – Die umfangreiche *Bibliothek* (rd. 80 000 Bände, durch Säkularisation nicht betroffen) enthält kostbare Inkunabeln, Drucke und wissenschaftliche Werke (v. a. 19. Jh.).

PROFESSOR-HUBER-PLATZ 2 □ 19

Ehemaliges Max-Joseph-Stift Nördlich der Einmündung der Veterinärstraße in das Platzkarree und symmetrisch zum südlich gelegenen *Georgianum* (→ Professor-Huber-Platz 1) nach Plänen von F. v. Gärtner errichtetes »Erziehungsinstitut für Töchter höherer Stände« (gegründet 1809 durch König Max I. Joseph). *Grundsteinlegung:* 8.7.1835 (Geburtstag der Königin Therese), Bauführung durch Stengel, *Vollendung* 1840. Im 2. Weltkrieg schwer beschädigt, unter Veränderung der ursprünglich gekuppelten Fenster unter flachem Segmentbogen (Anklänge an englische Neogotik) als historisierender Abklatsch nach Plänen des Universitätsbauamts wieder aufgebaut und mit dem 1935-39 an Ludwigstraße errichteten ›Haus des deutschen Rechts‹ (Architekt: O. E. Bieber) zu Seminargebäuden für Jura und Rechtswissenschaften vereint; dahinter Erweiterungsbau (Uni-Bauamt und Architekten Kastner und Scheidel 1977) für Wirtschafts- und Sozialwissenschaften. In den Hofräumen Brunnen (von Faller 1961 ›Göttliche Komödie‹ und von Schwalbach 1977) sowie Plastik (Bindl 1977). ***Beschreibung:*** Winkelbau zu 13 bzw. sechs Achsen als nordöstlicher Abschluss des Universitätsforums; in den beiden Obergeschossen ursprünglich gekuppelte Fenster (heute sprossenlose Rundbogenfenster); der dreiachsige Kopfbau unter Zeltdach an der Ludwigstraße in Höhe und Dimension dem gegenüberliegenden nördlichen Flügelbau der Universität angeglichen. (Als besondere Neuheit wurden die bereits 1840 von Steinheil durch galvanisch-telegraphische Drähte unter sich verbundenen Uhren in verschiedenen Sälen und Zimmern hervorgehoben.) ***Bedeutung:*** Das Max-Joseph-Stift und das Georgianum bilden gemeinsam mit der gleichzeitig errichteten Universität die monumentale Umbauung des quadratischen Forums, das den Straßenraum der Ludwigstraße vor ihrem Abschluss ausweitet. Der weitgehende Verzicht auf Plastizität der Fassaden steigert die Geschlossenheit dieser Platzanlage, die durch die vier Kopfbauten architektonisch verfestigt wird.

PROMENADEPLATZ □ 6

Geschichte: Längs gestreckter Rechteckplatz im Zentrum des *Kreuzviertels*: Bezeichnung seit 1458 verbürgt, im 14. Jh. inoffiziell als »bei den Eremiten-Brüdern« erwähnt (gemeint die Augustiner-Eremiten, s. S. 298); in Ostwesterstreckung zwischen Maffeistraße (seit 1873, vorher seit 1378 Fingergasse) und Pacellistraße (seit 1951, von 1368-1806 Kreuzgasse, Pfandhausstraße). Standort der städtischen *Salzstädel*: der erste (»lange« oder »große«) errichtet 1406/07 mit Mautstube direkt auf dem Platzareal, der zweite an Ecke Promenadeplatz/Kardinal-Faulhaber-Straße 1425, der »kleine« (3.) westlich des großen 1432, der vierte an Ecke Windenmacher-/Fingergasse; um 1530 erbaute Fugger eine eigene Faktorei. Der jährliche Umschlag am *Salzmarkt*: 1370 ca. 6250 Salzwagen (pro Wagen 10 ›Scheiben‹, die Scheibe zu 1,5 Zentner), 1470 ca. 7940 Wagen, 1600 ca. 9765 Wagen, 1610 ca. 19 350 Wagen. 1587 war der bisher städtische Salzhandel durch Herzog Wilhelm V. in staatliche Regie übernommen worden. Trotz ungünstiger Lage im Stadtgebiet und fehlendem unmittelbaren Zugang zum Umland Salzmarkt erst 1778 an Salzstraße (seit 1890 Arnulfstraße) verlegt, die alten Salzstädel abgerissen bis auf Mautgebäude (seit 1806 in profanierter Augustinerkirche → Neuhauser Straße 2) und das entstandene Platzareal 1780 als *»Paradeplatz«* mit Linden bepflanzt; 1804 zu öffentlicher Grünanlage umgestaltet, seit 1805 und endgültig ab 1818 *»Promenadeplatz«*. Der Entwurf Klenzes (um 1825) für einen *Blumenpavillon* inmitten der Grünanlage ebenso unausgeführt wie Vorhaben von Kronprinz Maximilian (1839), den Platz nach Art der Squares in London zu bepflanzen. Dagegen fünf Denkmäler aufgestellt: *Lorenz von Westenrieder* (von Widnmann, 1854) und Kurfürst *Max Emanuel* (von Brugger, 1861), beide ca. 1864 enthüllt; *Christoph Willibald Gluck* (von Brugger, 1848) und *Orlando di Lasso* (von Widnmann, 1849, im Krieg zerstört, Nachguss 1958 aufgestellt); beide Musiker ursprünglich am → Odeonsplatz, wegen des dort errichteten Ludwig-I-Denkmals um 1860 hierher versetzt. Das ca. 1864 aufgestellte Denkmal für den Gesetzgeber *X. A. Wiguläus Kreittmayr* (von L. v. Schwanthaler, 1837-45) im

Promenadeplatz mit *Denkmal für Lorenz von Westenrieder.*

2. Weltkrieg zerstört, die Neufassung von A. Fischer (1960/61) wegen Kreittmayrs angeblich ›reaktionärer‹ Rechtsauffassung abgelehnt (1962 vom Stadtrat der Gemeinde Offenstetten geschenkt und 1963 vor dortigem Kreittmayr-Schloß aufgestellt). Im nordöstlichen Bereich der Grünanlage Bodengedenktafel (1976) für den 1919 ermordeten bayerischen Ministerpräsidenten *Kurt Eisner;* Denkmal am Tatort in Kardinal-Faulhaber-Straße (→ S. 345). Gegenüber Palais Montgelas *Denkmal für Graf Montgelas*, Begründer des modernen Bayern, vorgesehen. ***Beschreibung:*** Ursprünglich kleinbürgerliche mittelalterliche Bebauung (vgl. Sandtner-Modell), trotz Trubel durch Salzmarkt in 2. Hälfte 17. und 18. Jh. zunehmend durch Adelspalais und Bürgerhäuser abgelöst, im 19. Jh. durch Geschäftshäuser, im 20. Jh. durch Banken. Zerstörungen im 2. Weltkrieg: nach Schadenskarte von 1945 bei Gebäuden an Nordseite zwischen Montgelas-Palais und Parcus-Haus (→ Promenadeplatz **2** bzw. **12**) »sehr schwere und Totalschäden« vermerkt, dagegen an Südseiten geringere Zerstörungen. Bei Wiederaufbau Versäumnisse der Rekonstruktion: präpotente Rasterfassaden bei Nr. **10** und **8** *(Bank für Gemeinwirtschaft)* anstelle des beschädigten Maffei-Palais (vermutlich von M. Gunetzrhainer nach 1685 als Herberge errichtet, seit 1727 im Besitz der Grafen Seinsheim, seit 1821 der Familie Maffei) oder der 1960/61 errichtete Neubau der *Deutschen Bank*, in ihm die Front des sog. Gunetzrhainerhauses (→ Promenadeplatz **15**) einbezogen. Erwähnenswerte Einzelbauten: **Nr. 6** *Hotel Bayerischer Hof*, im Auftrag von Josef v. Maffei 1839-42 (vermutlich durch F. v. Gärtner) errichtet, 1897 gründerzeitlicher Neubau (Architekt: Meister); trotz schwerer Beschädigungen bereits 1945 als Provisorium betrieben, 1960-63 durch Schleich verändert neu gebaut und 1971-73 mit Ausbau des anschließenden Montgelas-Palais (→ Promenadeplatz 2) erweitert. (Zwischen Hotel und Palais bis Ende 19. Jh. das Haus Nr. 4: Geburtsstätte von Franz Graf Pocci, * 1807.) – An Südseite gegenüber *Dresdner Bank* (→ Promenadeplatz 7), **Nr. 9** *August-Lenz-Haus*, 1909-11 als Jugendstilhaus von Cube und Stöhr, das ehemalige *Wohnhaus* **Nr. 11** durch Münzel 1982-83 in Anlehnung an Fassade von 1822 neu erbaut.

Ehemaliges Palais Montgelas, 1811-13 von Herigoyen errichtet, seit 1969 zum links anschließenden Hotel Bayerischer Hof gehörend.

PROMENADEPLATZ 2 ☐ 6

Ehemaliges Palais Montgelas* Nach Plänen von Herigoyen 1811-13 erbautes Palais für Maximilian Graf Montgelas an der Stelle des 1803 erworbenen barocken Perusa-Palais und des östlich anschließenden, 1425 errichteten Salzstadels; gleichzeitige Innenausstattung durch Métivier. Nach Entlassung Montgelas' (1817) Verkauf des Palais an den Staat und (ab 1825) Verwendung als ›Ministerium des königlichen Hauses und des Äußeren‹ (bis 1918). Métiviers Umbauprojekt (1845/46) und Einrichtung einer Deputiertenkammer führten zu der falschen Angabe, dass im Montgelas-Palais die Stände getagt hätten. (Das von Klenze 1817 umgebaute Redoutenhaus an Prannerstraße von 1819-1933 Sitz des bayerischen Landtags; dieses und das von Siebert 1884 errichtete Gebäude im 2. Weltkrieg zerstört.) Nach 1920 als Bürogebäude, von 1945-62 als Erzbischöfliches Ordinariat genutzt; seit 1969 zum westlich anschließenden Hotel Bayerischer Hof gehörend, 1971-73 durch Schleich grundlegend restauriert und unter Beibehaltung historischer Gegebenheiten zur Hoteldependance ausgebaut. ***Beschreibung:*** Über rustiziertem Erdgeschoss zwei Obergeschosse, von breitem Gebälk mit zurückhaltendem Empirefries abgeschlossen. (Proportionen durch Aufsetzen des dritten Obergeschosses zwischen 1865 und 1870 beeinträchtigt.) *Platzfassade** aus sechsachsigem Mittelrisalit, durch Pilaster gegliedert und von dreiachsigen Rücklagen flankiert; das linke Rundbogenportal früher Einfahrt des ursprünglich achtachsigen Perusa-Palais. Analog dazu die 17-achsige *Straßenfassade* mit fünfachsigem pilastergegliederten Mittelrisalit (in ursprünglichem Entwurf durch Säulen besonders hervorgehoben). An beiden Fronten Eingreifen der Mittelrisalite in das Walmdach. An ***Innenräumen*** von Métivier erhalten (und restauriert) *Königssaal, Montgelas-Salon* und *Ministerzimmer*; daneben mehrere Repräsentationsräume 1971/72 mit Antiquitäten ausgestattet (*Bibliothek:* Eichentäfelung aus Loire-Schloß; ›*Watteau-Salon*‹: bemalte Panneaus aus Schlösschen bei Versailles); Gaststätte ›Palais-Keller‹ in den Kellergewölben des 15. Jh. (Rest des zweiten Salzstadels) eingebaut. ***Bedeutung:*** Am Übergang vom frühklassizistischen zum monumentalen Stadtpalais Klenzescher Prägung (Leuchtenberg-Palais, → Odeonsplatz 4) stehender Bau, der in den ausgewogenen Proportionen, dem zurückhaltenden Empiredekor und der ursprünglichen Innenausstattung – entsprechend der Herkunft des Bauherrn – französischen Einfluss verrät; durch sorgfältige Restaurierung Rettung eines der wenigen erhaltenen Hauptwerke Herigoyens. Die drei Prunkräume im zweiten Obergeschoss – neben jenen im Prinz-Karl-Palais (→ Königinstraße 5) – einzige original erhaltene Innenausstattung Métiviers. – Vor der Seitenfront an der Kardinal-Faulhaber-Straße (Gedenkplatte im Bürgersteig) Ermordung des bayerischen Ministerpräsidenten K. Eisner am 19.2.1919 durch Graf A. Arco-Valley.

Bodendenkmal für Kurt Eisner an der Stelle seiner Ermordung.

PROMENADEPLATZ 7 □ 6

Dresdner Bank Von Littmann 1906-07 errichtetes Verwaltungsgebäude; im Krieg teilweise beschädigt, im Innern neu gestaltet und durch ernüchternden fünfachsigen Anbau erweitert (von Wiedemann, 1966-67). ***Beschreibung:*** Stahlbetonbau, mit Kalkstein verblendet; achtachsige Fassade, über bossiertem Erdgeschoss mit schmalem Gesims zwei durch Mauerpfeiler zusammengefasste Obergeschosse; darüber kleinteiliges Mezzanin unter Balustrade und Walmdach; an der Einmündung der Hartmannstraße akzentuierender Eckrisalit mit Haupteingang, ausgezeichnet durch Kolossalpilaster und Giebel, ursprünglich auch noch durch vier Statuen (fehlen heute); plastischer Schmuck durch Düll und Pezold. ***Bedeutung:*** In die ursprüngliche Platzbebauung (18. und frühes 19. Jh.) geschickt eingefügter Repräsentationsbau bei disziplinierter Verwendung klassizistischer Formenelemente.

Promenadeplatz: *Dresdner Bank.*

PROMENADEPLATZ 12 □ 6

Parcus-Haus Ursprünglich als Wohn- und Geschäftshaus für Gebrüder Parcus (Besitzer der ›Dr. Wild'schen Druckerei‹) anstelle der ehemaligen ›Hirschhäuser‹ Ecke Pacellistraße/Promenadeplatz nach Plänen von F. v. Thiersch 1887-88 errichtet (Vorderhaus; Rückgebäude um Hof 1890). Ab 1922 im Besitz des Amtlichen Bayerischen Reisebüros; schwere Bombenschäden 1944, zwischen1948 und 1950 durch O. Roth unter vereinfachter Wiederherstellung der Neorenaissancefassaden wieder aufgebaut, allerdings ohne die charakteristische (über 30 m hohe) Kuppel. Erneuter Umbau 1971/72, 1998-2000 von Lanz dem ursprünglichen Aussehen angenähert unter Rekonstruktion der Kuppel (Architekt: Winkelbauer). ***Beschreibung:*** Zwei je fünfachsige Fassaden an Pacellistraße und Promenadeplatz durch kurzen Flügel verbunden; der so entstandene Winkel durch konkave Rundungen überspielt und als dreiachsige und fünfgeschossige Hauptfassade gestaltet: das zweistöckige Sockelgeschoss (in Granit) mit Pfeilern, darüber das dritte und vierte Obergeschoss (in Sandstein) mit korinthischen Kolossalsäulen und als fünftes Obergeschoss ein niedrigeres Attikageschoss; aus diesem der achtseitige Tambour mit Kuppel und hoher Laterne hervortretend. ***Bedeutung:*** Erster Bau F. v. Thierschs in München. »Gegenüber den meist barocken Adels- und Bürgerhäusern war Thierschs Neubau ein Maßstabsbruch« (Horst Karl Marschall), der Umstrukturierung des kleinteilig umbauten Platzes einleitete, heute jedoch, angesichts der Neubauten nach 1945 (v. a. an Nordseite), kaum mehr als störend erkannt werden kann. – In einem Vorgängergebäude aus dem 15. Jh. Wohnhaus und Werkstatt des Buchdruckers Johannes Schobser (ab 1500).

Gunetzrhainer-Haus: *Mittelrisalit.*

PROMENADEPLATZ 15 □ 6

Gunetzrhainerhaus* (auch sog. *Ostermaierhaus*) 1726 vom späteren Oberhofbaumeister J. B. Gunetzrhainer erworben und kurz darauf umgebaut, 1944 großenteils zerstört, bei Errichtung der *Deutschen Bank* (Architekt: Peschke und Dionisius 1960-61) in den Neubau integriert unter Rekonstruktion der ***Fassade*** in ihrer charakteristischen Mischung von Putzgliederung und zierlichem Stuckdekor in Régenceformen; in schmaler Rundbogennische Hausmadonna (Kopie nach Gerhard, Original im Bayerischen

Nationalmuseum). ***Bedeutung:*** Schönes und nach dem letzten Krieg selten gewordenes Beispiel eines bürgerlichen Wohnbaus und Künstlersitzes des frühen Rokoko (wenn auch nur durch verdienstvolle und vorbildliche Nachbildung überliefert).

Achaios, Kleinasien, 220-214 vor Chr.

Römische Sesterz mit Bildnis Kaiser Hadrians, um 125 nach Chr.

Staatliche Münzsammlung: *Tetradrachme* aus Syrakus, um 413-399 vor Chr.

RESIDENZSTRASSE 1 ☐ **6**

Staatliche Münzsammlung* Erste Anfänge durch Albrecht V., unter ihm und Wilhelm V. Erwerbung der Kollektion von Bischof Knöringen von Augsburg und Joh. Fickler; unter Maximilian I. besaß das Münzkabinett bereits 1500 römische Goldmünzen (bei Plünderung durch die Schweden im 30-jährigen Krieg beträchtlich geschädigt); Max III. Joseph unterstellte die Sammlung der Bayerischen Akademie der Wissenschaften. Bedeutende Zugänge durch Karl Theodor sowie, nach 1803, durch die Schätze aus den säkularisierten Klöstern, ferner Erwerb der Sammlungen von St. Emmeram in Regensburg und von St. Peter in Salzburg. Ludwig I. sammelte vor allem altgriechische Münzen, erwarb die Sammlung Cousinéry (1811 und 1816), Max II. keltische ›Regenbogenschüsselchen‹ (1858); ferner gelang Ankauf der Sammlungen Möhl, Castilio und Steiglehner. Der bedeutendste Zugang 1956 durch die Kollektion Arndt (antike Gemmen); 1961 gelang Erwerb der Sammlung Koenig (›Rechenpfennige‹). Seit 1960 befindet sich die Münzsammlung im ›Hofdamenstock‹ der Residenz. ***Bedeutung:*** Hervorgegangen aus dem humanistisch bestimmten Interesse der Renaissancefürsten, bereichert durch den repräsentativen Anspruch der Barockzeit und ergänzt durch das wissenschaftliche Interesse des 19. Jh., ist die Münchener Sammlung durch die Erwerbungen im 20. Jh. zu internationalem Rang aufgestiegen. Sie ist die größte Sammlung ihrer Art in der Bundesrepublik (ca. 2500 Objekte ausgestellt, ca. 250 000 in Studiensammlung) und besitzt die umfangreichste Präsenzbibliothek (über 14 000 Bände) zu Numismatik, Geldgeschichte, Glyptik. Eintrittszeiten → S. 41.

RESIDENZSTRASSE 1 (Eingang) ☐ **1**

Altes Residenztheater (sog. ›Cuvilliéstheater‹)* Nach Brand der Neuveste 1750, dem das von N. G. Stuber im alten St.-Georgs-Saal 1750 eingerichtete Logentheater zum Opfer fällt, wird Cuvilliés d. Ä. 1750 mit Planung und Errichtung des ›Neuen opera Hauß‹ (unter Mitarbeit seines Sohns und Lespilliez') beauftragt. *Grundsteinlegung* Sommer 1751 nordöstlich des heutigen Max-Joseph-Platzes: der Neubau nur zugänglich über sog. ›Schwarze-Saal-Treppe‹ (→ Residenzplan S. 279, Raum-Nr. 12); *Eröffnung* 12.10.1753, Innenausstattung noch nicht vollendet. Kurfürst Max III. Joseph verfügt 5.5.1755 *Einstellung* der Bauarbeiten. Im Lauf des 18. Jh. noch kleinere Veränderungen. Am 3.2.1795 durch Kurfürst Karl Theodor der Öffentlichkeit zugänglich gemacht. Abermals *Veränderungen* im Sinn des Klassizismus: 1801 durch Mannlich (Entfernung der Deckenfresken über Zuschauerraum und Kurfürstenloge; neuer Mittellüster von F. J. Schwanthaler); *Renovierung* 1823 und Wiederaufnahme des 1819 ins neue Nationaltheater verlegten Spielbetriebs; Errichtung einer Verbindungsbrücke zwischen den beiden Theatern (durch Thurn 1823/24). Das ›Opera Hauß‹ ab 1825 nur noch unregelmäßig bespielt, Ende 1831 wegen (angeblicher?) Baufälligkeit geschlossen. Durch Anlage des *ersten Wintergartens* für König Max II. (→ S. 271) zwischen Königsbau der Residenz und Nationaltheater (von Kreuter 1851) Eingriffe in Zuschauerhaus des alten Theaters: Abnahme der Logenverkleidungen und Auslagerung. Bereits 1852 Entscheidung des Königs für *Wiederherstellung* des Theaters. Das Projekt von Foltz für neues Schauspielhaus an Maximilianstraße (→ S. 251) von Max II. abgelehnt, dafür Auftrag an Foltz zur *Wiederherstellung* des Theaters: 1856-57; am 28.11.1857 Wiedereröffnung. 1883/84 Installation von *elektrischem Licht* (erstmals an einer deutschen Bühne), 1885 *Renovierung* (»aber keine neuen Zutaten«). Einbau einer *Drehbühne* (der ersten in Europa) durch Lautenschläger (eingeweiht am 29.5.1896). – Auf Veranlassung des Intendanten Golling 1943/44 *Ausbau* der Rokokoeinrichtung, ausgelagert im Pfarrhaus in Obing und in den Kellerräumen der Befreiungshalle Kelheim. Noch im Februar 1944 provisorische *Raumausstattung* (durch Kaspar) zur Fortführung des Spielbetriebs,

Cuvilliés-Theater: *Kurfürstenloge.*

jedoch bereits 18.3. *Vernichtung* von Bühnenhaus und Zuschauerraum durch Spreng- und Brandbomben. – Wegen Einbau des **›Neuen Residenztheaters‹** in die alten Umfassungsmauern (von K. Hocheder 1948-51, → Max-Joseph-Platz 1) erfolgte Wiederherstellung des Alten Residenztheaters 1956-58 durch Einbau in den sog. ›Apothekenstock‹ der Residenz: Zugang von Residenzstraße über Kapellenhof zum Brunnenhof bzw. über Apothekenhof und Durchfahrt zum Brunnenhof (→ Plan S. 276f.).

Künstler: Cuvilliés, Vater und Sohn, sowie Lespilliez (Entwürfe und Bauleitung), Gießl (Bauausführung), J. B. Zimmermann (Deckenfresko im Zuschauerraum und Stuck), Hörmannstorffer (Decke in Kurfürstenloge und Fassmalereien), J. B. Straub (Figuren und plastische Hauptverzierungen), J. und M. Dietrich (Ornamentschnitzereien), Pichler (alle Kistlerarbeiten), Murböckh (Vergoldungen); Gaspari (Bühneneinrichtung), Wink, J. A. Schöpf u. a. (Theatermaler).

Beschreibung: Über lange Eingangsgalerie am Brunnenhof zum *Foyerumgang* um achteckigen Innenhof mit drei *Bronzegöttinnen* (Venus, Ceres, Pomona, frühes 17. Jh. wohl Umkreis von Krumper und Petel), die vierte Figur ergänzte Bronzenachbildung (1958) eines römisch-antiken Marmortorsos; im Umgang *Gemälde* aus der sog. ›Großen Schönheitengalerie‹ Max Emanuels von Corlando, Ende 17. Jh. Vom *Vestibül* (mit Treppe zum 1. Rang) Zugang zum Parterre; *Gemälde* von Pellegrini und Desmarées (Werkstatt). Der ***Zuschauerraum*** über annähernd hufeisenförmigem Grundriss im Farbklang Weiß-Gold-Rot; Decke heute wolkenartig graublau bemalt (Zimmermann-Fresko, ›Athene und Merkur‹, 1753 entstanden, bereits 1801 aus originalem Bau beseitigt. Beiderseits der zweigeschossigen, durch reiche Ornamentierung zum künstlerischen wie zeremoniellen Mittelpunkt akzentuierten *Fürstenloge** über marmoriertem Eingangsportal zum *Parkett* (sein zur Bühne abfallender Boden konnte durch Cuvilliés' konstruierte Hebemaschinen gehoben werden); beiderseits je 28 Logen in vier Rängen: *Parterrelogen* (ehemals für Stadtadel) mit einfachen ornamentierten Brüstungen und Stützen; darüber *1. Rang* (ehemals für Hochadel), hervorgehoben durch rot (geschnitzte) Draperien, reiche, plastisch behandelte Stützen* (Atlanten und Karyatiden symbolisieren Jahreszeiten) und reiche Kartuschen im oberen Rahmenabschluss; der *2. Rang* (ehemals für niederen Adel) nur noch ausgezeichnet durch Brüstungsreliefs und emblemgeschmückte Köpfe* in bekrönenden Kartuschen (Allegorien der Tageszeiten, Elemente, irdische Reichtümer und Erdteile), die Stützen als Palmstämme ausgebildet; der *3. Rang* (ehemals für Hofbeamte) einfach ornamentiert, die Kartuschen in der umlaufenden Hohlkehle (bereits in den Jahren 1851-57 verloren gegangen) 1957/58 ergänzt,

Cuvilliés-Theater: Karyatide.

ebenso der Plafondrahmen. *Proszenium* als Bühnentor durch kräftige Säulenstellung ausgezeichnet, die zweigeschossigen Proszeniumlogen von Kurhut bekrönt; an der Hohlkehle des *Bühnenbogens*, von Genien flankiert, Allianzwappen Bayern-Sachsen; *Bühnenöffnung* durch geschnitzte, geraffte Vorhänge gerahmt (Wiederherstellung von 1959-62). ***Bedeutung:*** In seiner Einheitlichkeit und der Qualität der künstlerischen Ausgestaltung einzigartige Rokokoschöpfung Bayerns; trotz der Anregung durch das Markgräfliche Opernhaus zu Bayreuth (Galli-Bibiena, 1744-48) und des (Cuvilliés wahrscheinlich bekannten) Theaterprojekts für Versailles (Gabriel, 1748) zeigt das Münchener Theater die geniale Umsetzung barocker Formendichte in geschmeidig-fließendes Überspielen der Architektur durch das (Rokoko-)Ornament. Bei Aufführungen vor allem zeitgenössischer Opern des 18. Jh. vollkommener Zusammenklang von Raumkunst, Musik und Theater. – Uraufführungsstätte von Glucks ›Orpheus und Euridyke‹ (1773), Mozarts ›Idomeneo‹ (1781) sowie Schauplatz zahlreicher Separatvorstellungen für König Ludwig II. (seit 6.5.1872).

Ehem. Hauptpost: *Kolonnade.*

RESIDENZSTRASSE 2 ☐ **6, 7**

Ehemalige Hauptpost, auch ›Residenzpost‹ genannt, genutzt von *Deutscher Post AG* und *Telekom.* ***Geschichte:*** Als Palais Törring-Jettenbach errichtet (einer der stattlichsten barocken Palastbauten Münchens) zwischen Hofgraben im Osten und Süden und Areal des Franziskanerklosters im Norden; Hauptfassade an Westseite. Langwierige Vorplanungen, zu denen ein »kaiserlicher Hofbaumeister« (wohl eher Fischer von Erlach d. J. als Hildebrandt?) zugezogen wurde und zu dem der Pariser Architekt Boffrand 1738 einen Gesamtplan lieferte. Schließlich Baubeginn 1747 nach Plänen von I. A. Gunetzrhainer, Vollendung bis 1754; Stuckaturen von J. B. Zimmermann, Skulpturen nach Entwürfen von J. B. Straub (heute im Bayerischen Nationalmuseum). – Teilkäufe (ab 1804) durch ›Generaladministration der königlichen Posten‹, nachdem das Königliche Postamt (seit 1809 im Palais Paumgarten-Frauenstein (Theatinerstraße, heutige Nr. etwa 9) unter Raumnot litt. Verkaufsabsichten des Törring-Palais führten 1827 zu Umbauprojekt Klenzes für Herzog Wilhelm bzw. Maximilian der wittelsbachischen Nebenlinie Birkenfeld-Gelnhausen; noch im selben Jahr jedoch Entscheidung für Neubau Herzog-Max-Palais an → Ludwigstraße 13. Endgültiger Kauf des Törring-Palais durch Post 1834, dem Klenze-Planung ab 1833 vorausging. Baubeginn Frühjahr 1835, Bauführung durch Ohlmüller, Eröffnung 1838. ***Beschreibung:*** Das Palais eine tiefe Vierflügelanlage mit dreigeschossiger Hauptfassade unter ausladendem Dachgesims und vorgewölbtem dreiachsigen Mittelrisalit, beiderseits flankiert von vierachsigen Rücklagen; restliche Seiten untergeordnet. – Klenze bei seinem Umbau an Forderung König Ludwigs gebunden, den → Max-Joseph-Platz zu zentrieren: in der Mitte Denkmal für Max. I. Joseph auf Achse des Nationaltheaters bezogen, gleiche Abstände zum Königsbau als Nordseite und zur neuen Fassade an Südseite. (Rund 20 Jahre später sollte diese Fixierung für Anlage der → Maximilianstraße bestimmend werden.) Klenze legt der ästhetisch unbefriedigenden Palaisfassade und der bescheidenen Altbebauung (u. a. Hofwagenremise) südlich des 1776 aufgelassenen Franziskanerfriedhofs und des 1802/03 abgebrochenen Franziskanerklosters seine ›florentinische‹ Arkadenfassade* vor; damit verbunden die Verbreitung der Hauptfassade um beidseitig eine Fensterachse. Die Front am Platz (ca. 86 m lang) nur zweigeschossig, von zwei je einachsigen Eckrisaliten verfestigt; dazwischen im Erdgeschoss 13-jochige eingezogene Arkadenhalle auf hohem Sockel, in den Bogenachsen 13 Rundbogenfenster mit ädikulaähnlichen Rahmungen im Obergeschoss vor verputzter Wand mit aufgemalter Quaderung. Heller Kalkstein der Arkaden gegen pompejanischrot gefärbte Rückwand abgesetzt (angeregt durch Schinkels Altes Museum in Berlin, 1824-30); in Mittelarkade Einfahrt zum Hof, in sechs Bogenrücklagen alternierend ›Roßebändiger‹-Fresken (von Hiltensperger, zum Oktoberfest 1839 enthüllt). Der weitere *Ausbau* für die Post im 19. Jh. hatte Umbauten und Modernisierungen im Innern zur Folge, wie Einrichtung des ersten Telefonumschaltbüros in München; Anschluss an Post-Straßenbahn. Durch Bombentreffer 1944 schwer beschädigt und ausgebrannt, Klenzes Fassade und die barocke Hauptfront erhalten; Letztere jedoch beim Wiederaufbau (ab 1949) abgebrochen, das viersäulige Portal abgetragen und sinnwidrig ins Innere der neuen Schalterhalle versetzt; die neue Fassade an Residenzstraße in spröder Baubeamten-›Architektur‹ bis 1953 errichtet, unter Beibehaltung der ursprünglichen Traufhöhe zusätzlich ein drittes Obergeschoss, in der Mitte eingetiefte vierachsige Vorhalle. Betriebsaufnahme 1953, in früherem ›Rittersaal‹ Einrichtung (1954) der damals größten Telefonvermittlungszentrale in Deutschland. – Erste Restaurierung der Klenzeschen Portikusfassade 1951, durch Lacher 1977 Fresken und Bemalung nach Befunden und Klenzes farbigen Plansskizzen erneuert; Außenrenovierung 1992-94. Modernisierung mit Um- bzw. Rückbau aus Wiederaufbauzeit für 2005 vorgesehen. ***Bedeutung:*** Nach Wiederaufbau unter Verzicht auf Rekonstruktion der barocken Hauptfassade nur Klenzes Arkadenfassade *kunsthistorisch* und *städtebaulich* wesentlich. Sie dokumentiert – angeregt durch Brunelleschis Fassade des Findelhauses in Florenz – zusammen mit dem gegenüberliegenden, von Palazzo Ruccellai und Palazzo Pitti beeinflussten Königsbau der Residenz (→ S. 264) die vorbildhafte Rolle florentinischer Renaissancearchitektur. Klenzes farbige Bemalung (1834/35 konzipiert) damals kontrovers diskutiert, letztlich jedoch als eigenständige, gelungene Synthese von antiker Polychromie und monochrom verstandener Baukunst anerkannt. – Mangelnde Funktionalität eines zum Postdienstgebäude (dem damals größten in Deutschland) umgebauten und adaptierten Adelspalais macht L'art-pour-l'art-Vorstellung von König Ludwig I. sichtbar, der die Errichtung des disfunktionalen Arkadenportikus durch sein dilletantisches Machtwort durchsetzte.

RESIDENZSTRASSE 3 □ 6

Wohn- und Geschäftshaus zum Falkeneck (Inschrift) bzw. volkstümlich (nach der hier niedergelassenen traditionsreichen Volkskunstfirma) *Wallach-Haus* genannt, 1904/05 (Inschrift) anstelle von drei Altmünchener Häusern durch Drollinger als Eckhaus errichtet. ***Beschreibung:*** Einheitlich gestaltete, aber feinsinnig rhythmisierte Fassade, deren 15 Fensterachsen in fünf Dreiergruppen gegliedert sind, von denen je eine an der Residenzstraße und am Eck, die restlichen drei am Hofgraben liegen, wo sich auch der Hauseingang (in der sechsten Achse) mit aufwändigem Säulenportal und stuckierter Rahmung befindet. Die beiden mittleren der vier Geschosse durch Kolossalpilaster zusammengefasst und durch gekehltes Konsolengesims und reichen z. T. figuralen Stuckdekor hervorgehoben. An der Westseite die mittlere Fensterachse durch Hausmadonna in Halbrelief (Inschrift: Patrona Bavariae) im ersten Obergeschoss ausgezeichnet, von zwei Puttengruppen mit Emblemen der Künste und des Handels in Flachrelief begleitet; an der Südseite die zweite Achse durch reicheren Stuckzierrat und die siebte Achse durch stuckierten Flacherker betont, jeweils von Giebeln mit Büsten bekrönt: links Pallas Athene, rechts Merkur. Nach schwerer Beschädigung 1944 zwischen 1946 und 1958 wieder aufgebaut und teilweise (v. a. im Dachbereich) vereinfacht erneuert (Inschrift). ***Bedeutung:*** Eine der heute selten gewordenen feinfühlig gestalteten Neubarockfassaden der Altstadt, deren Stuckdekor sich an Asamischem Formengut orientiert und dieses mit Rocaillen bereichert.

Residenzstraße: *Eilles-Hof.*

RESIDENZSTRASSE 13 □ 6

Eilles-Hof* Das spätgotische Haus ab 1714 bis Säkularisation Bestandteil des Püttrich-Regelklosters; danach Sitz der Hofjagdintendanz (bis Ende 19. Jh.). Erhalten der schöne Hof, wohl frühes 16. Jh. 1971 vorbildlich restauriert. (In den folgenden Jahren, bis 1979, in ein umfangreiches Passagensystem zwischen Residenz-, Perusa- und Theatinerstraße eingebunden.) ***Beschreibung:*** Dreistöckiger schmaler Hofraum mit Bogengängen und durchbrochenen Backsteinbrüstungen; im Erdgeschoss geschickt eingebaute Schaufenster. ***Bedeutung:*** Letzter vollständig erhaltener Altmünchener Innenhof mit nach innen verlegten ursprünglich nicht verglasten Altanen (Lauben); ähnliche Lösungen noch in den Innstädten (und vielfach noch in Salzburg) erhalten.

Preysing-Palais: *Fassade an Residenzstraße.*

Preysing-Palais: *Fassadendetail.*

Preysing-Palais: *Treppenhaus.*

RESIDENZSTRASSE 27 ☐ 6

Preysing-Palais* Für den kurfürstlichen Oberstjägermeister Maximilian IV. Graf Preysing 1723-28 von J. Effner erbaut. 1835 Sitz der im selben Jahr gegründeten Bayerischen Hypotheken- und Wechselbank, 1843 an sie verkauft: Umbauten im Erdgeschoss (Schalterhalle) und in den Obergeschossen. Seit 1905 im Besitz der Versicherungsbank, Umbaupläne zu Kaufhaus (1910) durch Einzug des ›Herrenclubs‹ und des Bayerischen Automobilclubs verhindert; im Erdgeschoss Restaurant, umfangreiche Umbauten nach Plänen von G. v. Seidl; Sitz des ›Presseclubs‹. – Im Krieg schwer getroffen, 1946 Sprengung der Fassade an Theatinerstraße, die der an Residenzstraße gerade noch verhindert; die nach außen gedrückte Fassade an Viscardigasse nach innen gezogen und stabilisiert. 1958 Verkauf der Ruine an Bauunternehmer Hartlaub, der Rekonstruktion des Palais durch Schleich 1958-60 ermöglichte, ebenso den Innenausbau nach Erfordernissen eines Büro- und Geschäftshauses. Renovierung der Fassaden 1985. ***Beschreibung:*** An drei Seiten freistehender Baublock, vierte Seite ehemals an Haus Gumppenberg angelehnt (erst 1841 ff. durch Feldherrnhalle, → Odeonsplatz, ersetzt). Beide *Straßenfassaden* je neun Achsen mit dreiachsigem Mittelrisalit, über streifenrustiziertem Erdgeschoss (mit geschickt eingefügten Schaufenstern) zwei gleich hohe Stockwerke und niedrigeres drittes Obergeschoss unter hohem, heute ausgebautem Walmdach. Die *Mittelrisalite* reicher gegliedert mit Segmentgiebel an Theatiner- und Dreieckgiebel an Residenzstraße, nach unten verjüngten Kolossalpilastern (vgl. Oberes Belvedere in Wien, von Hildebrandt) und säulengetragenem Balkon; das originale Portal vom Bayerischen Nationalmuseum zurückerworben (für Tor an Theatinerstraße nachgeschaffen). Eckverfestigung der Fassaden durch paneelartige, stuckierte Flächen anstelle von Pfeilern oder Pilastern. Südostecke abgerundet und zu Fensterachse ausgebildet, im Erdgeschoss mit Monumentalvase verziert. Fassade an Viscardigasse 13-achsig und gleiche Stockwerkszahl, jedoch einfacher gegliedert als die beiden Hauptfassaden. ***Inneres:*** Mehrmaligem Besitzerwechsel fielen ursprüngliche Innenräume im 19. Jh. zum Opfer, u. a. der zweigeschossige *Festsaal* und die zweigeschossige *Hauskapelle* (von J. B. Zimmermann in Ölfarben ausgemalt, nach Exsekrierung 1844 Inventar z. T. an Pfarrkirche Niederaschau gelangt), bis zur Zerstörung erhalten das die volle Gebäudehöhe einnehmende Treppenhaus mit dreiarmiger gegenläufiger *Prunktreppe** mit Wendepodest: beim Wiederaufbau Gliederung der Wände sowie die Karyatiden unter Einbeziehung originaler Teile in ursprünglicher Form rekonstruiert; das von Amigoni gemalte *Deckenbild* wohl bereits im 19. Jh. entfernt, Thematik nicht überliefert; in Eingangshalle zwei *Portraits*: rechts Kurfürst Max Emanuel, links der Bauherr Johann Maximilian IV. Graf Preysing-Hohenaschau (Kopien nach Desmarées). Beim *Innenausbau* Einfügen einer durchgehenden Ladenpassage im Erdgeschoss, die hohen Räume hinter den drei Fassaden in ursprünglicher Höhe rekonstruiert, ihre Rückseite durch geschickt eingefügte sieben Zwischengeschosse (inkl. Ausbau Dachgeschoss) um zwei Innenhöfe hinterbaut. ***Bedeutung:*** Erstes Rokokostadtpalais in München, trotz Cuvilliés' nachfolgenden Bauten das reichste und durch Übertragen von Elementen der Raumdekoration nach außen für München neuartig und vorbildhaft (vgl. Asam-Haus, → Sendlinger Straße 34). Trotz Einfluss durch wienerische (Palast-)Architektur (v. a. durch Bauten Hildebrandts) eigenständige Leistung Effners und sein Hauptwerk.

RICHARD-WAGNER-STRASSE ☐ 1

Bezogen auf das ehemalige Wohnhaus R. Wagners an Südseite der Brienner Straße (im Krieg zerstört) gegenüber nach Norden bis Gabelsbergerstraße nach Plänen von Romeis 1898-1904 angelegter Straßenzug (seine abgewinkelte malerische Führung nach Korrektur durch Th. Fischer 1896). *Bebauung* als geschlossene Komposition mit Fassadendekor in Mischformen der Spätgotik und deutschen Renaissance – ein in München selten gewordenes Beispiel eines nahezu unverfälscht erhaltenen Ensembles des ausgehenden Historismus. Im Haus Nr. 10 (Romeis 1899-1902) Sitz des *Paläontologischen Museums* (→ S. 49).

RINDERMARKT

□ 6

Einer der ältesten Münchener Straßenzüge, parallel zur ersten Stadtbefestigung verlaufend und gemeinsam mit Diener- und Fürstenfelder Straße die innere ›Ringstraße‹ der Heinrichsstadt; wohl bereits um 1240 als Viehmarktplatz nachweisbar, seit 1369 in Nähe des Roßmarkts verlegt und mit Wohngebäuden vornehmer Patrizier umbaut. Im 2. Weltkrieg schwer mitgenommen, der Straßenzug zum Oberanger beim Wiederaufbau begradigt. Dabei Bildung einer trapezförmigen Freifläche, ihre Westseite von den Ruffinihäusern (→ Rindermarkt 10), die Ost- sowie die gerundete Nordseite von bis zu fünfstöckigen Nachkriegsbauten begrenzt: ihre Fassaden z. T. durch die für München typischen dekorativen Malereien etwas aufgewertet; erwähnenswert der ebenfalls Münchener Traditionen folgende Blankziegelbau einer Gaststätte (Rindermarkt 5, Architekt Eckstein 1969-71). An Südostecke der sog. ›Löwenturm‹ (s. u.), der zusammen mit den Anwesen Rindermarkt 7 und Rosental 3 seit dem 14. Jh. in der Hand der wohlhabenden Familie Pötschner war. Den Übergang zum Rosental (Nr. 3-4) bildet markantes sechsgeschossiges Geschäfts- und Bürohaus ›*Leomax*‹ (im siebten Obergeschoss Wohnungen), nach Plänen des Architekturbüros Seidlein & Partner 2000-2002 errichtet, das sich wirkungsvoll von dem nun freigestellten historischen Bauwerk **Löwenturm** ›distanziert‹. Die Wurzeln des 23 m hohen und siebenstöckigen Bauwerks und seine Funktion nicht eindeutig geklärt: wohl kaum *Wehrturm* im ersten Mauerring der Heinrichsstadt (12./13. Jh.), wofür sein Mauerwerk zu schwach, sein Standort außerhalb des Berings strategisch widersinnig; dagegen möglicherweise *Beobachtungs-* oder *Wasserturm* (spätes 14./Anf. 15. Jh., aber nicht nachweisbar); aufgefundene *Wandmalereien* (Vögel, Bäume, Schriftzeichen) werden auf spätes 15. Jh. (Anf. 16. Jh.?) geschätzt. Denkbar auch *Schleusen-* oder *Stauwerk* zwischen höher gelegenem Stadtgraben (Färbergraben) und tiefer gelegenem Roßschwemmbach (am heutigen) Viktualienmarkt (Helm. Stahleder). Der 1948 geplante Abbruch des Turms verhindert, 1951 Sicherung der Bausubstanz und Einbindung in Bausubstanz. Bei Errichtung des ›Leomax‹ Stabilisierung des Turms und seiner Fundamente durch Betoninjektionen. *Bodenfunde* (v. a. im Eckhaus) förderten Reste von Gebrauchskeramik und Scherben eines glasverarbeitenden Betriebs zutage (die wissenschaftliche Auswertung noch ausstehend).
In die abschüssige Freifläche wurde 1964 der ›*Rindermarktbrunnen*‹ (Entwurf Henselmann) eingefügt; die Neugestaltung des Areals durch die Landschaftsarchitekten Mahl und Gebhard (2002/03).

Rindermarktbrunnen von Henselmann, 1964.

RINDERMARKT 1

□ 6

St. Peter* Erste und bis 1271 einzige Pfarrkirche der Stadt. ***Geschichte:*** Nach Grabungen 1952 ff. (Schleich) während des Wiederaufbaus ist Gründungsbau älter als die Stadt; er stammt aus der ersten Hälfte des 11. Jh.: Typus *romanischer* bayrischer Klosterkirchen (dreischiffige Pfeilerbasilika ohne Querschiff, mit Ostapsis und zwei eingebundenen Westtürmen); im Verlauf des 12. Jh. Hinzufügung zweier Apsiden, Anbau der ›Reichen Kapelle‹, Wiederaufbau des an der Nordostecke gelegenen ›Alten Raums‹ (Rest einer vielleicht weit älteren Bebauung) und seine vermutliche Überbauung mit einem Wehrturm (neben dem Talburgtor) der ersten Stadtbefestigung um 1175/80; erste große Erweiterung (Chor) zwischen 1180 und 1200, nach anzunehmender Brandkatastrophe, zweite große Erweiterung (Westatrium) zwischen 1220 und 1230; *gotischer Neubau* 2. Hälfte 13. Jh. (1278-93: Bauablässe), Weihe Untergeschoss Westturm 1284, Weihe der Kirche 1294; nach Zerstörung durch Stadtbrand 1327 Neubau einer *gotischen* Basilika und des Chors mit Chorhauptkapelle (Weihe 1368) und Veränderung der ursprünglichen Zweiturmfassade: Reduzierung der beiden ausgebrannten Turmstümpfe, Vereinigung zu dem heute noch bestehenden *Mittelturm* (zwischen 1379 und 1386) mit nebeneinanderstehenden, viergiebeligen Spitzhelmen (vgl. Sandtner-Modell im Bayerischen Nationalmusuem); 1607 durch Blitzschlag zerstört, Neubau in heutiger Form vermutlich nach Entwurf von Schön d. Ä. 1607-21 (zerstört 1944, rekonstruiert 1946/51); 1630-36 Erneuerung von zwei Ostjochen des Hauptschiffs und Neubau

Lage der Romanischen Peterskirche

St. Peter; *Hochaltar.*

St. Peter; *Hochaltar.*

des *Chors* durch I. Pader und Heiß: eine der frühesten barocken Dreikonchenanlagen (Vorbild: Dom zu Salzburg, 1614-28); zwischen 1640 und 1646 *Einwölbung der Schiffe* und *Barockisierung* des Innern sowie weitere Umbauten durch Heiß, abgeschlossen 1654; Änderungsvorschläge für den Chor von J. A. Müller (1726), Ä. Q. Asam (1729), wohl auch J. M. Fischer (nicht verbürgt), 1730/31 Auftrag für Chorgewölbe an I. A. Gunetzrhainer und J. Mayr; Stuckierung des Chors vermutlich nach Entwurf von N. G. Stuber. 1753-56 Neugestaltung des Langhauses durch Gunetzrhainer. – Östlich des Chors (bis Abbruch 1880) romanische *Kapelle* (2. Hälfte 12. Jh.), als ›alte Peterskapelle‹, seit 18. Jh. als ›Wieskapelle‹ bezeichnet. Der das ganze Areal der Peterskirche umgebende *Petersfriedhof* 1777 aufgelassen, die wertvollsten Grabsteine an Außenwänden der Kirche und in einigen Seitenkapellen angebracht.
1944 und 1945 große Bombenzerstörungen; Absicht, die aufs Schwerste beschädigte Kirche zu sprengen (1945); konnte verhindert werden: erste Sicherungsmaßnahmen 1946 (provisorische Turmbedachung) und 1949 (Sicherung des Ostchors). Mit Gründung des »Wiederaufbauvereins ›Alter Peter‹« 1950 Beginn des eigentlichen konsequenten ***Wiederaufbaus***: bis 1952/53 der Chorpartie, bis 1954 von Langhaus und Seitenschiffen; zuerst vereinfachte Deckengestaltung (durch Schleich; von diesem auch Erforschung der Fundamente der romanischen Vorgängerbauten). 1966 Entdeckung der sog. ›Hochkapelle‹ im Nordturm, in seiner Außenmauer die Katharinenglocke angebracht (die früher bei Versehgängen und Hinrichtungen geläutet wurde); 1968 Befestigung der Turmfundamente und Verspannung durch Stahlkonstruktion wegen U-Bahn-Bau. Renovierung von Westbau samt Turm 1973, des Kirchenschiffs und Chors 1974/75. – Die Arbeiten an der annähernden Rekonstruktion des Innenraums (s. u.) erst

Fresken: A *›Petrus als Patron der Stadt und des Erdkreises‹ (»urbis et orbis«): von N. G. Stuber 1730/31, von J. B. Zimmermann 1753 überarbeitet; Restaurierungen 1821, 1837-40, 1859, 1882, 1911/12. Kriegszerstörung 1944/45; nach Rekonstruktion des Gewölbes wolkenähnliche Ausmalung 1952, Nachschöpfung des Zimmermann-Freskos 1985 durch Manninger. (In den vier Zwickeln unter der Kuppel Stuckreliefs ›Begegnungen Jesu mit Petrus‹, von J. B. Zimmermann 1731, rekonstruiert.) Anstelle erster Gewölbeausmalung 1636 (durch Th. Hofmann und Bluemb) ›Kreuzigung Petri‹* **B** *und in zwei kleinen Feldern* **C** *›Petrus im Gefängnis‹ und* **D** *›Geißelung des Petrus‹ von Zimmermann um 1753 (unter Beteiligung von Schülern, wohl u. a. Gartenschmid); Nachschöpfung durch Peuker 1998-2000 z. T. nach Entwurfsskizze Zimmermanns.* **E** *und* **F** *über den Seitenaltären: ›Petrus heilt Besessenen‹ und ›Fußwaschung‹: freie Nachschöpfungen Peukers 1988/89. Über acht Mittelschiffarkaden Blendbogenfelder mit 16 Fresken ›Leben Petri‹ (von Zimmermann*

St. Peter: Von der Zweiturm- zur Einturmfassade

Gotischer Neubau
2. Hälfte des 13. Jh.
(1294 Weihe)
Doppelturmfassade mit unbekannter Bekrönung, 1327 ausgebrannt

Wiederaufbau mit Einturmlösung
1379–86 mit zwei Spitzhelmen, die 1607 infolge Blitzschlag ausgebrannt sind

Renaissance-Helm
1607–21
1944 zerstört
1946–51 rekonstruiert

2000 abgeschlossen. ***Äußeres:*** Dreischiffige Basilika, beidseitig an Seitenschiffe unter Pultdächern Kapellen zwischen eingezogenen Strebepfeilern angefügt; im Erdgeschoss Rundbogenfenster, Rundfenster in den Seitenschiff- und Hochschiffwänden. Diese sowie Turm verputzt, dagegen der mächtige *Dreikonchenchor** in Blankziegelmauerwerk mit Rundbogen- und Rundfenstern; in östlichen Ecken der Konchen zwei runde Treppentürmchen mit welschen Hauben eingestellt. Mittelkonche durch eingeschossigen Sakristeianbau ummantelt, an seiner Nordseite ›Kurfürstenportal‹ von I. A. Gunetzrhainer 1731 (zerstört). – Eigenwilliger *Turm* mit 92 m Gesamthöhe; die frühgotischen Turmstümpfe der ursprünglichen Doppelturmfassade wie massige Stützpfeiler für Einturmfassade: zwei polygonale Treppentürmchen flankieren einfaches Mittelportal in der sparsam durch Bogenfries und Zahnschnitt dekorierten Fassade. Als älteste Turmuhr Münchens (unter Glockenstube) erstmals 1371 genannt, zwei bzw. drei spitzbogige Schallfenster bezeichnen Glockengeschoss (acht Glocken, im Ton auf Geläut der Frauenkirche abgestimmt). Darüber umlaufend Turmgalerie in 57 m Höhe, umgibt ehemalige Türmerstube für Feuerwächter (nachgebaut mit dem von Steinheil 1841 konstruierten ›Pyroskop‹ im Feuerwehrmuseum, → S. 42); letzter Wächter, Stefan Wimmer, 1936 wegen Aushängen einer weißblauen Fahne verhaftet. ***Inneres*** (halbfette Ziffern und Buchstaben beziehen sich auf Kirchengrundriss unten): Zwischen den gotischen Turmstümpfen mit Kapellen (**10** und **11**) Vorjoch, darüber Doppelempore. Neunjochiger Raum einer dreischiffigen Pfeilerbasilika, das *Mittelschiff* durch Pilaster in zwei Geschosse gegliedert: im Erdgeschoss Arkaden, über gekröpftem, umlaufendem Gesims Obergaden mit Blendarkaden und Rundfenstern; Stichkappe im rekonstruierten Tonnengewölbe; 1998-2000 Deckengemälde (**B**) nachgeschaffen, Stuck illusionistisch gemalt. *Seitenschiffe:* mit z. T. neu eingezogenen Stichkappentonnen, der Rocaillenstuck (nach erhaltenen Resten) anstelle der interimistischen Profilrahmen (Schleich 1953/54) wiederhergestellt (1996-97). Die Schiffe ebenfalls neunjochig, im ersten und achten Joch Seiteneingänge, dazwischen je sechs Wandpfeilerkapellen (**4-9** und **12-17**) sowie je eine Kapelle im neunten Joch (**3** und **18**); die Nachschöpfung der kleinen Deckenfresken (F. Zimmermann und Gehilfen) in den zwölf Kapellen nicht mehr möglich. An östlichen Stirnseiten Seitenaltäre (**2** und **19**). – Durch Stufen erhöhter quadratischer Chor in Breite des Langhauses, beidseitig flankiert durch Sakristei und Schatzkammer; in den Obergeschossen Oratorien (südlich die sog. ›Bäckerkapelle‹), ihre beiden Deckenfresken (›Sturz des Magiers Simon‹ und ›Petrus heilt Lahmen‹, von N. G. Stuber 1730/31) nach Kriegszerstörung nicht rekonstruiert. Dagegen das 1944 zerstörte Vierungsfresko (**A**) 1985 nachgeschaffen. In der durchlichteten Apsis der prächtige Hochaltar* (**1**) mit Sitzfigur des Petrus (dessen Tiara beim Tod eines Papstes bis zur Wahl des Nachfolgers abgenommen wird). ***Bedeutung:*** Die erste und älteste Pfarrkirche Münchens ein für Kunst- und Kirchengeschichte der Stadt gleichermaßen bestimmender Bau, dessen reiche Ausstattung von der Gotik über Renaissance, Barock und Rokoko bis zum Klassizismus reicht. Der triumphale Hochaltar, eine der eindrucksvollsten

St. Peter: *Posaunenengel von der Kanzel* (Prötzner, 1750).

St. Peter

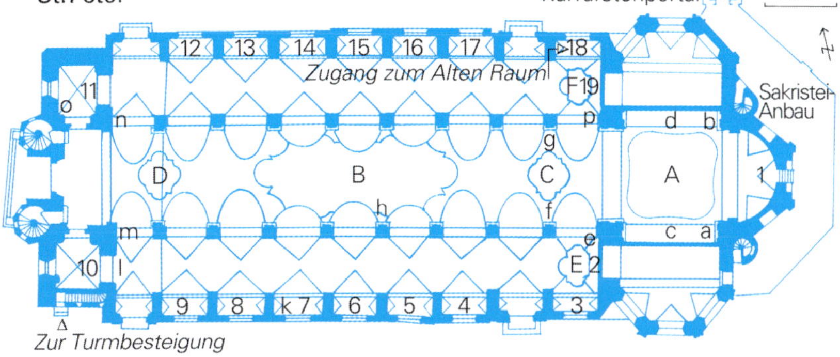

und Schülern 1753-56); sechs Gemälde (in den beidseitigen drei westlichen Feldern) erhalten und 1952 durch Peltzer provisorisch ausgebessert, restliche zehn Kriegsverlust; der gesamte Zyklus 1974-80 durch Manninger restauriert bzw. nach Fotos nachgeschaffen. Die chronologisch aneinander gereihten Szenen durch Schriftkartuschen (mit Hinweisen auf Neues Testament und Apostelgeschichte) erläutert; rechte, Südseite *von vorne nach hinten: Berufung des Petrus, Sturm auf dem See, Wandel auf dem See, Petrus bekennt sich zu Christus, Verheißung an Petrus, Verleihung der Schlüsselgewalt, Verklärung Jesu, Petri Verleugnung;* linke, Nordseite *von hinten nach vorne: Reumütiger Petrus, Jesus erscheint den Jüngern, Übertragung des Hirtenamts, Pfingstwunder, Strafgericht über Ananias, Firmung in Samaria, Vision zu Joppe, Befreiung Petri aus dem Kerker.*

Ausstattung: **1** Hochaltar**; Überlegungen zum Ersatz des schlichten Altars von 1643/44 von C. Amort (1661), S. Spielberger (1678), B. Ableithner (1682/83), Breno (1687),*

G. N. Stuber (1712); einschließlich ab 1730 Ausführung unter Beteiligung von Ä. Q. Asam: Einfügen der als Gnadenbild verehrten Sitzfigur des Petrus* (von Grasser 1517, im 18. Jh. teilweise übergangen), flankiert von den vier lateinischen Kirchenvätern* (von Ä. Q. Asam 1732); restliche Figuren von J. G. Greif, der Tabernakel von J. F. Canzler 1785, die beiden Cherubim von F. J. Schwanthaler 1804. (Die Petrus-Figur während des Kriegs in Reit im Winkl, die Kirchenväter in Marquartstein ausgelagert.) Der spätgotische Hochaltar 1643 entfernt, das Retabel (vermutlich Stiftung von Herzog Albrecht IV.) zwischen 1492 und 1495 entstanden: doppelter Wandelaltar mit zwölf Gemälden von Polack (vielleicht Mitarbeit des Mair von Landshut). Geschlossen: vier Tafeln mit Passionsszenen, einmal geöffnet: acht Tafeln (Leben von Petrus und Paulus), zweimal geöffnet: Mittelschrein mit Grassers Petrus, in den Flügeln Reliefs mit insgesamt 46 Figuren (von Grasser beeinflusst), nur noch eine (David) im Berliner Museum erhalten; dagegen von Polacks Tafeln fünf in St. Peter (an den Seitenwänden des Chors), sechs im Bayerischen Nationalmuseum, eine verschollen.

a und **b** Maria und Christus (von Prötzner um 1750), **c** an der Wand Dreisitz* von I. Günther 1767, gegenüber **d** Chorgestühl von J. Dietrich 1750, beide bekrönt von ursprünglich nicht zugehörigen Figuren der vier Kardinaltugenden (von Greif). – Am Chorbogen **e** Epitaph für Dekan Joseph Ignaz von Unertl († 1759) von Günther.

Im Mittelschiff an den Stirnseiten der Arkadenpfeiler Apostelfiguren: **f** Paulus (von Greif), **g** Andreas* (von Faistenberger, zwischen 1708 und 1712, nach Entwurf von J. A. Wolff 1708), die übrigen zehn von Prötzner; von diesem auch die Kreuzigungsgruppe (**h**) und die 1750 geschaffene Kanzel **i** gegenüber. Ölgemälde an den Seiten der Pfeiler – ›Leben Jesu‹ und ›Leben Mariä‹ sowie Kreuzweg (Station 13 und 14 moderne Kopien) von Karth 1776.

Im südlichen Seitenschiff **2** Maria-Hilf-Altar von Günther 1757/58, gefasst von Escherich (rekonstruiert), Gnadenbild von K. Loth 1653 (Kopie des viel verehrten ›Maria-Hilf‹-Bildes in der Innsbrucker Kapuzinerkirche von Lucas Cranach), Rahmen nach Entwurf von Straub 1775 (heute Kopie). – In jeder Seitenkapelle vor der Zerstörung jeweils ein Altar; heute in jeder zweiten Kapelle (5, 7, 9 und 12, 14, 16) ein Rokokobeichtstuhl aus der Münchener St. Michaelskirche (seit 1954) sowie aus geretteten Gemälden jeweils ein sog. ›Halbaltar‹ auf Konsolen, darunter Grabsteine (seit 1973); die Kapellen durch Gitter des 17. Jh. geschlossen. **3** Silbergefasste Verkündigungsgruppe, 2. Viertel 18. Jh., Greif zugeschrieben. **4** Kreuzaltar von Schinnagl 1645, die Engel wohl von

St. Peter: Kniender Engel, 2. Hälfte des 17. Jh.

B. Ableithner; Altargemälde und Oberbild ›St. Michael‹, beide Schönfeld-Nachfolge, 2. Hälfte 17. Jh.; Anna-Selbdritt-Gruppe B. Ableithner um 1660 (auch C. Pader zugewiesen). **5** Altaraufbau von Schinnagl, Gemälde ›Maria in den Wolken‹ (Leihgabe Alte Pinakothek). **6** Johannesaltar von I. Günther 1758, jetzt Florianaltar: Heiligenfigur und zwei Engel von Straub 1750; Oberbild ›Hll. Johannes und Andreas‹ von J. U. Loth, Gemälde ›Maria mit neun Jungfrauen‹, an der Westwand ›Der tote Johann Nepomuk‹ von Degle wohl 1756. **7** Reste des ehemaligen Dreikönigsaltars von Straub 1754, Gemälde ›Anbetung der drei Könige‹ Schönfeld-Nachfolge; in der Predella Vitus-Statue, Straub-Werkstatt 1754; an Westwand **k** Bronzeepitaph von 1613 für Familie Wilh. di Lasso. **8** Sebastiansaltar, wohl von Schinnagl um 1650; Altargemälde ›Maria mit den Pestheiligen Sebastian und Rochus und dem Stadtpatron St. Benno‹ 1675 (Schönfeld-Nachfolge); an Westwand Reliquienschrein mit Hl. Honoratus. **9** Halbaltar mit Gemälde ›Arme Seelen‹ von Glink, Pestbild von Polack um 1517. **10** Taufkapelle: Taufstein von Krumper 1620, Deckel von Prötzner um 1750; Altarblatt ›Taufe Christi‹ 1706 (anonym), mit Rahmen von Rösner 1974. **l** (über dem Eingang) Epitaph* des Stadtkommandanten Johann Egid de Courcelles de Wachsenstein († 1755) von Günther 1755. **m** Pötschner-Epitaph, wohl von M. Haldner, datiert 1505. **n** Epitaph für Dekan Ulr. Aresinger († 1485) von Grasser 1482 (innovativ und einflussreich für nachfolgende Bildhauerwerke in München). – An den gegenüberliegenden beiden Pfeilern Basen mit gotischen Pfeilerprofilen (14. Jh.) freigelegt. In der Turmhalle Mahnmal für die Gefallenen und die durch Bomben Umgekommenen: Kruzifix von Lenz ca. 1948. **11** Katharinenkapelle: Eligius-Altar von Günther um 1765-70; Epitaph für Karl Wilhelm Graf von Daun († 1792) von Boos; **o** Ölberggruppe: Christus von F. J. Schwanthaler 1795, die drei Jünger von Entres um 1846. **12** Altaraufbau von Schinnagl, Gemälde ›Beweinung Christi‹ von de Pay (Kopie nach van Dyck, Original im Kunsthistorischen Museum Wien). **13** Matthäus- und Matthias-Altar: Aufbau 1676, wohl von Schinnagl, Gemälde ›Hl. Liborius als Fürbitter bei der Mutter Gottes‹ 1748 J. B. (oder F.) Zimmermann; Schrein vom Goldschmied Keßler 1677 mit den Gebeinen der Hl. Munditia; Büstenreliquiar der Hl. Walburga. **14** St.-Anna-Altar: Aufbau von Straub 1750, Gemälde ›Joseph und Joachim‹ (1647) und Oberbild ›Johannes der Täufer‹, beide von Sandrart; an Westwand Gemälde ›Mariä Tempelgang‹. **15** Sigismund-Altar, seit 1803 im Glasschrein Kopie des Gnadenbilds in der Wallfahrtskirche Wies bei Steingaden (angeblich aus der 1880 abgebrochenen ›Wies-Kapelle‹ östlich der Peterskirche); Gemälde Hl. Sigismund im Auszug Sandrart zugeschrieben, auf der Mensa ›Hl. Familie‹ aus Günther-Werkstatt, Fassung 1883. **16** Altarumrahmung aus vorhandenen Resten komponiert, Gemälde ›Martyrium des hl. Erasmus‹ von K. Loth, wahrscheinlich 1677 erworben; Auszugsbild ›Hl. Korbinian‹ von Prugger. **17** Martinsaltar*, sog. ›Schrenk-Altar‹; steinernes Retabel (Originalfassung

1956 freigelegt) in drei Zonen übereinander: zuunterst ›Kreuzigung Christi‹, darüber Apostel und Jüngstes Gericht, bekrönt von Wimperg mit thronendem Christus. Ältester erhaltener Altar Münchens: nach jüngsten Forschungen spätestens in den 1390er Jahren entstanden; Confirmatio für 1407 urkundlich gesichert. – An Westwand sog. ›Pötschner-Altärchen‹ von 1477 (datiert); geschlossen vier Bildfelder: links Petrus und Paulus/Nikolaus und Wolfgang, rechts Stephanus und Laurentius/Erasmus und Martin; geöffnet: Mittelbild ›Anbetung der Könige‹, auf linkem Flügel der Eremit Antonius und Onophrius, darunter Christophorus und weibliche Mitglieder der Stifterfamilie, auf rechtem Flügel Johannes Baptist und Johannes Evangelist, darunter Georg und männliche Mitglieder der Familie Pötschner. Maler unbekannt.* **18** *Silbergefasste Gruppe ›Kreuztragender Christus und Maria‹, anonym, Anfang 18. Jh. – An östlicher Schmalseite des nördlichen Seitenschiffs* **19** Corpus-Christi-Altar *von I. Günther 1757/58 (gefasst von Escherich), Gemälde ›Abendmahl‹ von U. Loth (um 1655, aus Vorgängeraltar), Tabernakel von Canzler 1758. Neben Altar Erinnerungsmal an die von Papst Pius VI. 1782 in St. Peter zelebrierte Messe. – Am Chorpfeiler* **p** Epitaph *für Dekan A. I. Hertl († 1768) von Straub.*

Schöpfungen des Münchener Barock mit homogener Verbindung von gotischer Sitzfigur Grassers mit spätbarocken Plastiken Asams. Im Dreikonchenchor (Übernahme vom Salzburger Dom) frühes Eindringen barocker Vorstellungen in München. – Der Baukörper der Kirche südlich des Marienplatzes, die Plastizität ihrer Choranlage über dem Viktualienmarkt, die Turmfassade im Straßenzug des Rindermarktes sind wesentliche Bestandteile des architektonischen Stadtbildes – abgesehen von der charakteristischen Form des Turms (gleichsam ›Musterlösung‹ für barocke Turmbekrönungen durch Zwiebel-Laterne-Obelisk; vergleichbare Formen in Augsburg: Maria Stern 1574-76, Nordturm von St. Ulrich 1594, Perlach-Turm 1614-16, Rathaus 1618 ff.); Turm als ›Alter Peter‹ eines der charakteristischen Wahrzeichen Münchens. (Nach verhinderter Sprengung der Kirche erste exemplarische Leistung der frühen Wiederaufbauphase der 1950er Jahre.)

RINDERMARKT 10 ☐ **6**

Ruffinihäuser Die aus drei Häusern bestehende und auf annähernd dreieckigem Grundstück um einen Innenhof angeordnete Gruppe nach einem durch G. v. Seidl gewonnenen Wettbewerb aus drei verschiedenen Haustypen 1903-05 errichtet. Im 2. Weltkrieg viele Beschädigungen, 1954 durch Schleich restauriert bei Neubau der Ostseite (ausgenommen zwei Giebel an der Sendlinger Straße sowie ein Türmchen). ***Beschreibung:*** Von steilen Walmdächern überdeckte, in ihrer Silhouette malerisch bewegte Baugruppe, über Erdgeschoss (mit Vordach bzw. Rundbogenschaufenstern) drei Stockwerke, überwiegend mit Rechteckfenstern; zwischen ihnen reicher figürlicher, pflanzlicher und allegorischer Dekor; an den zwei Ecken zweistöckige Polygonalerker (Pettenbeckstraße/Sendlinger Straße); nüchterne Gliederung des Abschnitts Sendlinger Straße/Rosental, je fünf Doppelachsen zwischen Pilastern; ähnlich die elfachsige Südfront am Rindermarkt. ***Fassade:*** Besonders reich dekoriert das Haus Sendlinger/Pettenbeckstraße: Reliefs auf farbigem Grund von Seidler und Widmer, Fresko von Wahler mit Darstellung des 1808 abgetragenen, auch ›Blauententurm‹ genannten Ruffiniturms (ursprünglich Sendlinger Tor der ersten Stadtmauer). ***Bedeutung:*** Im malerischen Nebeneinander verschiedener Stile Eindruck einer in Jahrhunderten gewachsenen Baugruppe: sozusagen ›Musterkatalog‹ von Seidls Motivquellen. Der *›Seidl-Stil‹* aber war mehr als nur der Versuch, das Altmünchener Bürgerhaus zu revitalisieren; vergleichbar den Bestrebungen von Tessenow, Riemerschmid, Taschner, Muthesius, Th. Fischer u. a. Seidls Ruffinihäuser ein Hauptwerk der sog. ›Reformarchitektur‹, die das ornamentale Vokabular des Historismus nicht verleugnet, Renaissance- und Barockmotive flächig stilisiert, sie frei und ungezwungen anwendet und scheinbare ›Unregelmäßigkeiten‹ überspielt. Dabei fällt der dekorativen Wirkung der Farbe eine wesentliche Rolle zu.

Ruffinihäuser: Detail der Fassade gegen Rindermarkt.

ROCHUSSTRASSE 6 ☐ **6**

Ehemaliges Karmeliterinnenkloster Durch Stiftung von Herzog Maximilian Philipp und seiner Gemahlin Mauritia Febronia de Latour d'Auvergne nach Plänen des baukundigen Laienbruders im Münchener Karmeliterkonvent Frater Dominicus Loiper (Ordensname: Dominicus a S. Euphrosina) auf unregelmäßigem Grundstück entlang der

Stadtmauer 1711-14 errichteter *Klosterbau* (Oberleitung: Viscardi, Bauführung: Kögelsberger) unter gleichzeitiger Einbindung der im Bau befindlichen Dreifaltigkeitskirche (→ Pacellistraße 12). Nach Säkularisation Aufhebung des Klosters, die Gebäude seit 1802 zu städtischem *Pfand- und Leihhaus* umgewandelt. (Deshalb Kreuzgasse seit 1368, von 1806-1951 Pfandhausstraße, ab 1951 Pacellistraße genannt.) Die ursprüngliche Schauseite des Klosters gegen Süden 1877 abgebrochen und 1878 durch Neo-Renaissanceneubau für den *Bayerischen Kunstgewerbeverein* (Architekt: Knab und Gedon) ersetzt; nach Kriegszerstörungen vereinfacht wieder aufgebaut. – Erste Renovierungen der desolaten nordöstlichen Gebäude 1961 durch Schleich ohne sonderliche Rücksichtnahme auf historische Bausubstanz; Grundstückstausch mit der Stadt ermöglicht geschickte Bebauung unter behutsamer Angleichung an historische Gegebenheiten und Sanierung nach modernen Gesichtspunkten: Ausbau zu Bürogebäude für Erzbischöfliches Ordinariat (nach Plänen von Eggendorfer 1975-79). **Beschreibung:** Östlich und nördlich der Dreifaltigkeitskirche auf trapezförmigem Areal errichteter dreigeschossiger Klosterbau aus drei Trakten um zentralen irregulären Innenhof. Heutige Anlage nach Osten um zwei kleinere Höfe erweitert. Einfache Gestaltung der Fassaden in Anlehnung an historische Gegebenheiten, v. a. an Rochusstraße. – Im Haupthof (als ›Pacelli-Passage‹ öff. zugänglich) Wiederherstellung der barocken Brunnenanlage sowie Aufstellung der Büste von Herzog Maximilian Philipp (1638-1705).

Müllersches Volksbad.

ROSENHEIMER STRASSE 1 ☐ 12

Müllersches Volksbad Stiftung eines »vorzugsweise für Unbemittelte« bestimmten ›*Volksbads*‹ durch den Zivilingenieur Karl Müller 1894. *Vorentwürfe* 1894 und 1895 als Entscheidungshilfe für Standortwahl und Raumprogramm: Skizzen von Th. Fischer (für Sendlinger-Tor-Platz und Kohleninsel), von Eggers (für Isartorplatz, Goethestraße, am Muffatwerk, auf Praterinsel); Entscheidung der Stadt für den von C. Hocheder Anfang 1895 vorgeschlagenen Bauplatz am *östlichen Isarufer unterhalb des Gasteigs*: dafür ausschlaggebend neben technischen Vorteilen (Wasserzufuhr durch alte Hofbrunnenanlage, Dampferzeugung durch benachbartes Muffatwerk, Wasserentsorgung durch Auer Mühlbach) die Nähe zu den Vorstädten Giesing, Au, Haidhausen (überwiegend Arbeiterbevölkerung). – *Planungsauftrag* 1895 an Hocheder, **Baubeginn** 1897, Rohbau/Aufbringen der Dächer 1899, *Eröffnung* 9.5.1901. Keine nennenswerten Kriegsschäden, nur Turmhelm ausgebrannt, 1951 wieder hergestellt; Ende 1950er Jahre Erneuerung der Technik. Umfangreiche *Renovierung, Restaurierung und Sanierung*: 1978/79 Fassaden und Turm, neue Dachdeckung; 1981-82 denkmalschutzgerechte Rekonstruktion der Frauen-, 1983-84 der Männerschwimmhalle; 1990-92 Rekonstruktion des Römisch-Irischen Schwitzbads (dabei Freilegung von Deckenmalereien im ›Ruheraum‹); gleichzeitig sukzessive Modernisierung aller technischen Anlagen; 1998/99 ergänzende Arbeiten am Turm (mit Instandsetzung des Uhrenschlagwerks), Freilegung des Gewölbestucks der Schwimmhallen und Erneuerung der Beckenfliesen nach alten Vorlagen. ***Beschreibung:*** Über hoher Kaimauer die etwas zurückgesetzte breit gelagerte, dreigeschossige Längsfront (mit Dachbalustrade) zwischen überkuppeltem Bauteil über Römisch-Irischem Bad (im Süden) und dem differenziert gegliederten, achtseitigen ›Vierungsturm‹ über Frauenschwimmhalle. Parallel zu diesem Trakt, als zweite Achse der Anlage, ein von zwei kurzen Flügeln flankierter ›Ehrenhof‹ gegen ansteigende Rosenheimer Straße, in der Mitte der Längsachse Eingangshalle, überragt vom knapp 50 m hohen Turm (mit Wasserreservoir); daran, gegen Norden anschließend, der Trakt mit Männerschwimmhalle unter Walmdach: auch ohne Kenntnis der inneren Funktion im äußeren Erscheinungsbild sichtbar, was durch damalige Geschlechtertrennung gefordert war. ***Inneres:*** Diese Trennung konstituierend für Grundriss durch die beiden nebeneinander angelegten Haupthallen mit den sie begleitenden Umkleide- und Brausekabinen. Der noch gemeinsamen *Eingangshalle* mit Büste des Stifters (von Gamp) und Modellen von Eingangsfront und Haupteingang (ca. 1900) folgt die mit Korbbogentonne überwölbte *Männerschwimmhalle* (mit rd. 30 zu 13 m großem

Becken), an nördlicher Schmalseite Bronzefigur ›Schlangenbändiger‹ (von Hahn); an westlicher Längsseite angefügt unter längsoktogonaler ›Vierungs‹-Kuppel die *Frauenschwimmhalle* (Beckengröße rd. 18 zu 11 m): erst 1989 (!) offizielle Aufhebung der Geschlechtertrennung, aber bereits 1976 Einführung eines Nacktbadetags. Allerdings wird *Römisch-Irisches Schwitzbad* weiterhin wechselseitig benutzt: bei dessen Raumaufteilung die Anregung durch antik-römische Thermen am deutlichsten sichtbar. – Darüber hinaus *Angebot* an Licht- und Arzneibädern, Unterwassermassagen, Moor- und Solbädern sowie ursprünglich 86 separaten Wannen- und 22 Brausebädern (im Untergeschoss); ihre derzeitige Reduzierung auf vier bzw. zehn Kabinen Folge der veränderten Wohnungsverhältnisse. (Selbst das ehemalige Hundebad ist seit 1978 überflüssig geworden.) – Die gesamte dekorative ***Ausstattung*** der Räume (durch Floßmann, J. Rauch, Pfeifer, Bersch) verrät zwar Einflüsse des Jugendstils, das Bauwerk jedoch generell als »Deutschlands schönstes Jugendstilbad« zu bezeichnen (wie vielfach zu lesen), ist ungenau: Hocheder stand dem (süddeutschen/münchnerischen) Barock näher, was zur Charakterisierung ›Hocheder-Barock‹ führte (vgl. z. B. ehemaliges Verkehrsministerium → Arnulfstraße 32). ***Bedeutung:*** In der strukturellen Bejahung der Funktion der einzelnen Bauteile Auflösung des Blockbausystems und Verzicht auf Zwang zur Symmetrie (vergleichbar den künstlerischen Grundsätzen im Städtebau von Camillo Sitte 1889); bei Verwendung traditioneller dekorativer Elemente ist Hocheders eigenständige Bewältigung der vorbildlosen Aufgabe ›Badeanstalt‹ ein beachtlicher Beitrag zur Architekturentwicklung vom Historismus zu sachlicher Strenge. Sein Volksbad galt lange Zeit als modernstes Hallenschwimmbad Europas, heutzutage eines der wenigen original erhaltenen Beispiele dieses Bautyps.

Müllersches Volksbad: *Turmuhr.*

Müllersches Volksbad: *Männerschwimmhalle.*

Nördlich des Volksbads (Zellstraße 4) die Gebäudegruppe des ehemaligen **Muffatwerks**. Zur besseren Wasserversorgung der Stadt nach Projekt von Muffat errichtet, seit 1837 in Betrieb: Pumpenantrieb durch Auer Mühlbach, zusätzlich seit 1867 durch Dampfmaschine in eigenem Maschinenhaus. Stilllegung der Anlage 1883 nach Eröffnung der Mühltaler Quellwasserleitung. 1893 Ausbau zur Stromerzeugung für Straßenbeleuchtung und für Straßenbahnbetrieb 1895, 1898 erweitert; planender Architekt: C. Hocheder. Nach Brandschaden 1911 Anbau einer modernen Schaltanlage an Nordseite von Maschinenhalle und Kesselhaus, dieses 1936 vergrößert. – Im Erscheinungsbild klar gegliedert durch das hohe ehemalige *Kesselhaus* und die zur Isar hin angefügte *Maschinenhalle*, überragt von dem 1988/89 restaurierten ›Muffat-Kamin‹, der auf Wasserturmsockel des Muffat-Brunnhauses errichtet worden war; von diesem noch erhalten der zweistöckige Baukörper (mit Gärtnerschen Rundbogenfenstern). – Unter Wahrung denkmalpflegerischer Forderungen (Erhalt der Maschinenhalle, Kranbahn, Dachkonstruktion) Umgestaltung eines der selten gewordenen Industriedenkmäler in München nach Plänen von Goldstein 1990-93: als ›**Muffathalle**‹ vorbildlich für Konzert, Avantgardetanz, Theater, Performances u. a. adaptiert.

ROSENHEIMER STRASSE 5 ☐ 12

Der Gasteig – Münchens Kulturzentrum An der Stelle des von Peter v. Osterwald erworbenen, seit Anfang des 13. Jh. bestehenden Leprosenhauses am Isarabhang (→ St. Nikolai am Gasteig, Innere Wiener Straße 1) Errichtung eines *astronomischen Observatoriums* mit turmartigem Mittelrisalit 1773/74, seit 1795 im Besitz des vom späteren Graf Rumford 1790 gegründeten kurfürstlichen *Armeninstituts*; nach Erweiterungen 1803 und Ersatz durch spätklassizistischen Neubau des ›Armenversorgungshauses‹ 1861-68 (erste Entwürfe bereits 1854) nach Plänen von Muffat und Zenetti; Ende 1920er Jahre in *Altersheim am Gasteig* umbenannt. – Bereits 1971/72 Ideenwettbewerb für Bau eines umfangreichen städtischen *Kulturzentrums* (ohne verbindliche Fixierung auf endgültigen Standort), 1974/75 Ausschreibung eines Bauwettbewerbs für den Standort ›am Gasteig‹ (Gasteig = ›gacher‹, steiler Steig). Abbruch des Altersheims 1976 (obwohl in Denkmalliste!), 1978-85 *Realisierung* der Pläne des Architektenteams Raue-Rollenhagen-Grossmann-Lindemann. Umfangreiche Renovierungs- bzw. Sanierungs-

Kulturzentrum am Gasteig.

Kulturzentrum am Gasteig: *Philharmonie.*

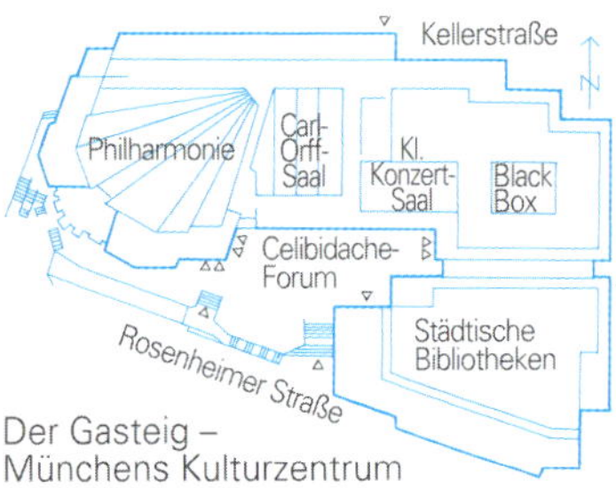

Der Gasteig –
Münchens Kulturzentrum

arbeiten 2003-04: Erneuerung der Daten- und Kommunikationstechnik, der technischen Gebäudeausrüstung, der Gastronomiebereiche sowie der Flur- und Foyerzonen. ***Beschreibung:*** Zwischen Rosenheimer und Kellerstraße sowie ›Am Gasteig‹ gelegener mehrteiliger, als ›offenes Haus‹ konzipierter Baukomplex aus stereometrisch verschiedenen Baukörpern in Handschlagziegel, Glas und Sichtbeton. Städtebaulich beherrschend der Baukörper der *Philharmonie,* Herzstück des ›Gasteig‹, ein polygonaler Konzertsaal (innenarchitektonisch ein später Nachklang von Scharouns Berliner Neuer Philharmonie, 1960-63), entworfen nach den Grundformen des klassischen Theaters, reine Kombination von Terrassensystem und Fächerform, mit knapp 2400 Sitzplätzen der größte Konzertsaal Deutschlands (Berlin: 2200), ausgestattet mit einer Orgel (Fa. Kais/Bonn) mit 72 Registern und fast 5800 Pfeifen. Die prismenartig verglasten Foyers bilden Süd- und Westfassade des Kopfbaus und dominieren – von der Ludwigsbrücke aus gesehen – die städtebauliche Situation. – Im Zentrum des Gebäudekomplexes der *Carl-Orff-Saal,* ein Mehrzwecksaal mit rd. 600 Sitzplätzen, ferner der *Kleine Konzertsaal* mit 190 leicht ansteigenden Sitzplätzen; *Black Box* (Umgestaltung zur ›White Box‹ vorgesehen), ein Werkstatt- und Studiotheater mit 140-225 zum Teil variablen Sitzplätzen. Ebenfalls in diesem Bauteil das *Richard-Strauss-Konservatorium,* die *Städtische Sing- und Musikschule* sowie die *Münchner Volkshochschule.* Direkt an der Rosenheimer Straße gelegen die *Münchner Stadtbibliothek Am Gasteig* (s. u.), in der Flucht der Rosenheimer Straße der zweite architektonische Akzent neben dem Kopfbau des Philharmonietrakts. Dazwischen das *Celebidache-Forum* als Kommunikationsareal unter freiem Himmel; in diesem Bereich moderne Skulpturen: ›Blaues Oval‹ (R. Geiger), ›Stahl-Stele‹ (A. Lechner 1987); vor östlicher Front (gegen ›Gema‹-Gebäude, Rosenheimer Straße 11) der ›Professor-Erich-Schulze-Brunnen‹ (auch ›Gema-Brunnen‹) von Hien (1989). – Auf östlich anschließendem ausgedehnten Gelände das ehemalige ›Bürgerliche Bräuhaus‹ (im Krieg weitgehend zerstört), in dessen Bürgerbräukeller Joh. Georg Elser (am 9.4.1945 im KZ Dachau ermordet) das vergebliche Sprengstoffattentat auf Hitler am 8.11.1939 durchgeführt hatte. (Gedenkplatte beim Brunnen.)
Bedeutung des ›Gasteig‹: Die städtebaulich exponierte Lage an der Hangkante zur Isar verlangt architektonische Akzentuierung unter Berücksichtigung der Transparenz und Durchgängigkeit im Inneren des gesamten Komplexes. Das Konglomerat und die Vielfalt der verschiedenen und unterschiedlichen Institutionen mussten in einen sinnvoll funktionierenden Zusammenhang gebracht werden. Dünne Pfeiler und durchlaufende vertikale Glasstreifen jedoch vermögen nicht, den kompakt-drückenden Eindruck

aufzuheben, der durch das Material (Sichtbeton- und Metallbänder, Blankziegelmauern) und überkragende, zu voluminös geratene ›Attika‹Zonen hervorgerufen wird. Inhaltliche Vorbilder (d. h. Kulturzentren) finden sich beispielsweise in New York, Paris und London. – Inzwischen jedoch ist ›der Gasteig‹ – trotz aller Einwände und Vorbehalte – zu einem wichtigen Zentrum für kulturelle Aktivitäten in München geworden, laut Agenturstudie die »erfolgreichste unter den deutschen Kulturstätten«.

Münchener Stadtbibliothek Am Gasteig Gegründet 1843; Mittelpunktsbücherei des heute größten deutschen städtischen Bibliothekssystems (mit rd. 30 Stadtteilbüchereien). Kern ist der *Magazinbestand* der ehemaligen Zentralbibliothek (über 600 000 Bücher und Zeitschriftenbände aus allen Wissensgebieten); Gliederung in *Allgemeine Freihandbibliothek* (über 52 000 Bände), nach Sachgebieten geordnet; *Zeitschriftenlesesaal* (mit rd. 700 Zeitschriften Präsenzbestand); *Musikbibliothek*, angegliedert eine Audiothek; *Philatelistische Bibliothek* (rd. 39 000 Bände); *Kinder- und Jugendbibliothek* (rd. 49 000 Bücher, Zeitschriften, Spiele).

Rosenstraße: *Sigi-Sommer-Denkmal*, 1998.

ROSENSTRASSE 8 ☐ 6

Sigi-Sommer-Denkmal Am südlichen Beginn des Fußgängerbereichs in Richtung Marienplatz (vor Haus Nr. 8) die etwas überlebensgroße Bronzestatue des originellen Lokalschriftstellers Sigi Sommer (1914-96); die Darstellung (von M. Wagner, aufgestellt 1998) Anspielung auf Sommers beliebte *Kolumnistenfigur* ›Blasius, der Spaziergänger‹.

ROSSMARKT 15 ☐ 10

Meisterschule für Mode An Westseite des früheren Oberanger/Roßmarkt (vom 14. Jh. bis 1808, dann wieder seit 1957) errichteter palastähnlicher mächtiger Bau für die ›Landschaft‹ (Standesvertretung) Kurbayerns (seit 1394 im ›Landschaftshaus‹ am Schrannen-/Marienplatz). ***Geschichte:*** Im geheimen Auftrag der Landstände erwarb 1774/75 der Weingastgeb F. Albert drei Häuser am Roßmarkt, auf deren Grundstücken der *Landschaftliche Neubau* errichtet werden sollte. Tradierte Ansicht, er sei bereits 1774/75 nach Plänen von Cuvilliés d. J. gebaut worden, fraglich: nach Abbruch der Altbauten allenfalls Baubeginn möglich. Weiterbau nach Cuvilliés' Tod (10.1.1777) durch Stadtmaurermeister Widmann (seit 1778/79) anzunehmen, obwohl von ihm signierte Pläne erst von 1793 erhalten: enge Anlehnung an Cuvilliés' Entwurf (v. a. Fassade), so weit fertig gestellt, dass Übernahme durch Landschaft am 24.10.1798 erfolgte; jedoch nie genutzt. Abschaffung der Landschaft durch Montgelas 1.5.1808, Gebäude bereits 1807 im Besitz der Stadt (Krankenhaus). Ab 1811 Umwandlung zum ›*Königlich weiblichen Erziehungsinstitut für höhere Stände*‹ (nach Montgelas' Instruktionen) durch Herigoyen: Rückgriff auf ursprünglichen Cuvilliés-Entwurf und geringfügige vereinfachende Modifikationen (bei Schornsteinsetzung, Dachgauben, Segmentgiebeln, Verwendung von Pilastern statt Säulen am Portal), vollendet 1813. (Nach Verkündigung der bayerischen Verfassung 26.5.1818 Umbau des ehemaligen Redoutenhauses an Prannerstraße zum neuen Ständehaus durch Klenze 1818/19, → S. 328.) Ab 1840 *Taubstummeninstitut*, von 1848-68 *Armee-Montur-Depot* (bis Errichtung des Zeughauses an → Lothstraße 17); danach *Stiftung des Stadtkrankenhauses*, 1905 abermals in städtischem Besitz und bis 1931 für Frauenarbeitsschule genutzt, danach von der im selben Jahr gegründeten *(Deutschen) Meisterschule für Mode*. Im 2. Weltkrieg beschädigt, 1949 für Modeschule wiederhergestellt. ***Beschreibung:*** Hauptgebäude am Roßmarkt, durch tiefe Einfahrtshalle Zugang zum Hof und ursprünglich östlich vorgesehenem, nicht ausgeführtem Rückgebäude am Straßenzug Unterer Anger. Klar gegliederter mächtiger, von kolossalen Eckpfeilern begrenzter *Baublock* unter hohem Walmdach; monumentale *Fassade*: rustiziertes Erdgeschoss (mit Mezzanin), sechs Fensterachsen beiderseits des Mittelportals (mit Doppelpilastern); über schmalem Gesims zweites Obergeschoss, das Hauptgeschoss durch Fensterbalkone und kräftige Segmentgiebel hervorgehoben. Die imposante *Einfahrtshalle* mit säulengetragenen Gewölben, *Hofraum* mit gärtnerischer Gestaltung durch Sckell vorgesehen. – Durch häufigen Besitzerwechsel und unterschiedliche Funktion von ursprünglicher Ausstattung nur Rudimente erhalten; ausgenommen der *Kapellenraum* (im zweiten Obergeschoss) und der zweigeschossige *Dachstuhl* aus dem späten 18. Jh. ***Bedeutung:*** Als Reaktion auf die Rokokophase (z. B. Palais Holnstein, → Kardinal-Faulhaber-Straße 7) Hinwendung zu strengerer Auffassung von Baukunst, die sich an der ›Gravitas‹ römisch-monumentaler Palastarchitektur des 16. und 17. Jh. orientiert: eine der letzten noch vom Geist des Hochbarock geprägten Fassaden in München, in der Einzelmotive der französischen ›Revolutionsarchitektur‹ den kommenden Empirestil ankündigen. Nach links angefügt der 1975-78 nach Plänen von Wirth errichtete mehrteilige Komplex des **Kommunalreferats** (Roßmarkt 3); im Erdgeschoss des turmartigen achteckigen Risalits gegen den Straßenzug Oberanger zwei gegenständige, lebensgroße *Bronzepferde* (Nageler 1982), die an den hier bis 1805 abgehaltenen Pferdemarkt erinnern.

Salvatorplatz: *Literaturhaus München.*

SALVATORPLATZ 1 ☐ 6

Literaturhaus München Nach Plänen von Löwel 1887 errichtetes Schulgebäude, von Kiessler restauriert und durch Aufsetzen eines dritten und vierten Obergeschosses (in Stahl-Eisen-Konstruktion) 1995-97 erweitert. Seit 1828 offener Markt für alle Händler, die aus Orten, die mehr als sechs Stunden von München entfernt waren, auch ›Bamberger Markt‹ (wegen Gärtner und Gemüsehändler aus Bamberg), ›Griechischer Markt‹ (wegen Nachbarschaft zur griechisch-orthodoxen Kirche seit 1829, → Salvatorplatz 17) oder ›Landshuter Markt‹ (ab 1850) genannt: für Marktbetrieb im Erdgeschoss der Schule eine offene Markthalle eingefügt, seit Aufhebung des Markts 1906 in Schule integriert, von Kiessler zum ›Kaffeehaus Dukatz‹ umgestaltet (Installation für Oskar Maria Graf, Konzeption: Holzer). – Träger des ›Literaturhauses‹ ist die von Landeshauptstadt München sowie von Münchener Verlagen und Buchhandlungen gegründete Stiftung ›Buch-, Medien- und Literaturhaus München‹, ihr Zweck die »Förderung der Literatur, der Wissenschaft und Kunst im Bereich des Buches und der sonstigen Medien«. Außer einem großen Ausstellungsraum, dem Café im Erdgeschoss sowie verschiedenen Mehrzweckräumen enthält das Haus folgende Institutionen: ›Akademie des Deutschen Buchhandels‹, das ›Deutsche Bucharchiv‹ (mit Bibliothek und Datenbank), das ›Institut für Urheber- und Medienrecht‹, das ›Mediumforum München‹ und den ›Verband Bayerischer Verlage und Buchhandlungen‹; daneben ›Arbeitskreis für Jugendliteratur‹.

Griech.-orthodoxe Salvatorkirche: *Inneres mit Ikonostase.*

SALVATORPLATZ 17 ☐ 6

Salvatorkirche Als Friedhofskirche der Pfarrei zu Unserer Lieben Frau ab 1493 erbaut, Weihe 15.8.1494. Nach heutigem Forschungsstand durch Hofmaurermeister Trager, bisherige Zuschreibung an Rottaler, Randeck oder Jörg von Halsbach wiederlegt; ausgeschmückt von hervorragenden Künstlern (u. a. Fuetrer, Mälesskircher, Mielich, Gerhard, Candid). An Nordseite des Turms Anbau der 1516 von Herzog Wilhelm IV. gestifteten *St.-Georgs-Ritterkapelle* (von 1811 an für einige Jahre Atelier von F. J. Schwanthaler, 1887 abgebrochen). Renovierung der Kirche 1774, Auflassen des umgebenden Friedhofs 1789, Säkularisierung 1803 und Exsekrierung der fünf Altäre. Die Verwendung der profanierten Kirche als Depot für Kunstgut aus säkularisierten Klöstern verhindert ihren 1804 befohlenen Abbruch (1807 in Allerheiligenkirche am Kreuz verlagert). 1806 zur Pfarrkirche der Münchener Protestanten bestimmt, jedoch bis 1813 als königliche Wagenremise benutzt; Schlüsselübergabe 1821 an evangelische Gemeinde, 1823 Umbauplanung von Vorherr (Kirche als Schulhaus, daneben Kirchenneubau: nicht ausgeführt); 1823 Projekt Klenzes für Einbau von Getreideschüttböden, bis 1827 als Schwefel- und Salpeterniederlage genutzt. Mit Errichtung der evangelischen St.-Matthäus-Kirche 1827 (→ Nußbaumstraße 1) Rückgabe der Salvatorkirche an den Staat; 1828 durch Ludwig I. der griechisch-orthodoxen Gemeinde zugesprochen, bis 1830 auf Staatskosten (unter Aufsicht von Ziebland) renoviert und ausgestattet; Weihe (in griechisch-orthodoxem Ritus) als »Griechische Kirche zum Erlöser« bereits am 18.12.1829, dem Namenstag von Zar Nikolaus I. (nach Julianischem Kalender), verbunden mit

Stiftung liturgischer Geräte. – Renovierung 1869, 1883/84, 1934. Schäden durch Bomben (1944) und Artilleriebeschuss (1945), 1948 behoben; 1982 Außenrenovierung, umfassende Innenrestaurierung vorgesehen. ***Beschreibung:*** Schlichter, unverputzter Backsteinbau, gegen Osten dreiseitig gebrochene Schmalseite; durch zweifach gestufte Strebepfeiler gegliedert, am Dachansatz glattes Friesband unter hohem Satteldach. Die Südseite mit fünf, die Nordseite mit drei Fenstern (die beiden östlichen durch Treppentürmchen, Glockenturm und Sakristeianbau verbaut); an schmuckloser Westseite flache, überwölbte Vorhalle mit *Hauptportal* (in Gewände rechts seit 1972 Grabstein für den griechischen Maler Gysis, † 1901, und seine Familie, entworfen von Lenbach); rechts neben Vorhalle angefügt Emporenstiege (1. Viertel 17. Jh.). Ursprünglich zwei gegenüberliegende *Nebenportale* (im zweiten Joch von Westen), wie bei Friedhofskirchen üblich, das nordseitige 1789 vermauert. Unter dessen Vorbau Reste spätgotischer *Fresken*: Gedächtnisstätte der Patrizierfamilie Franz Ridler (wohl von Mälesskircher 1495), freigelegt von Kleemann, restauriert 1988/89. Daneben eine 1935 von der Stadt gestiftete bronzene Gedenktafel mit Namen einiger auf dem ehemaligen Salvatorfriedhof bestatteten Persönlichkeiten. – Der rund 70 m hohe *Turm* in vier Geschossen ungegliedert, darüber zwei hohe, oktogonale Geschosse mit schmalen Strebepfeilern über den Ecken (vgl. Türme der Frauenkirche); ursprünglich achtseitiger Spitzhelm, nach Blitzschlag 1767 mit kugelförmiger Zwiebel wiederhergestellt, diese aber 1878 beseitigt. ***Inneres:*** Der einschiffige fünfjochige Raum mit angefügter dreiseitiger ›Apsis‹ von feinstrahligem, sternförmigem Netzgewölbe überspannt; Wandgliederung durch gekehlte, mit Schildbogen verbundene Pfeiler und vorgelegte Dienste, in ca. 3 m Höhe abgesetzt für Aufstellung von Apostelfiguren (seit 1878 dafür Ikonen). Die wertvollen *Glasfenster* von Trautenwolf (1497, 1499, 1507) für die elf Fenster (nur im unteren Drittel) bei Säkularisation stark beeinträchtigt, 1829 noch vorhandene Scheiben wahllos zusammengefügt; 1917 (!) wegen Fliegergefahr ausgebaut, 1928 wieder eingesetzt, 1934 teilweise erneuert. Im letzten Krieg fast gänzlich zerstört, einige gerettete noch in Salvator-, andere in Frauenkirche (→ S. 142). – Die ersten gotischen *Altäre* aus ehemaliger Salvatorkapelle am Schwabinger Tor übernommen, seit Säkularisation entfernt; von der ursprünglichen Ausstattung nur noch erhalten fünf *Gemälde* von Candid (um 1600) an Emporenbrüstung sowie *Freskenfragmente* über Südportal und Sakristeitüre (wohl 2. Hälfte 16. Jh., vielleicht von Mielich). Derzeitige ***Ausstattung*** hauptsächlich 19. und z. T. 20. Jh.: neuromanische *Ikonostase*, nach modifiziertem Entwurf von Klenze (um 1829) mit Gemälden von Dimitriou (1829) und Ergänzungen von Praoudakis (1878); in byzantinischem Stil nachempfunden der *Bischofsthron* mit Baldachin (1965) und das *Parathronion* des Kirchenpräsidenten (1971) sowie *Kanzel* (Ambon) mit sieben Gemälden von Athos (1967). Unter zahlreichen modernen Ikonen bemerkenswert drei Bilder von Evangelisten (1902; das vierte gestohlen) sowie zwei Tafeln ›Hl. Georg‹ und die ›Die drei Hierarchen‹ (1902). Weitere (bewegliche) Ausstattungsstücke → Grundriss (mit Legende). – ***Bedeutung*** als *Bauwerk*: Neben der gleichzeitigen mächtigen Frauenkirche und der (der Dombauschule nahe stehenden) Allerheiligenkirche am Kreuz als grazil-präzises Werk in der Einheit wohldurchdachter Proportionen der von Landshut beeinflussten spätgotischen Architektur. – Als *›griechische Kirche‹* Zentrum der ersten und ältesten griechisch-orthodoxen Kirchengemeinde in Deutschland.

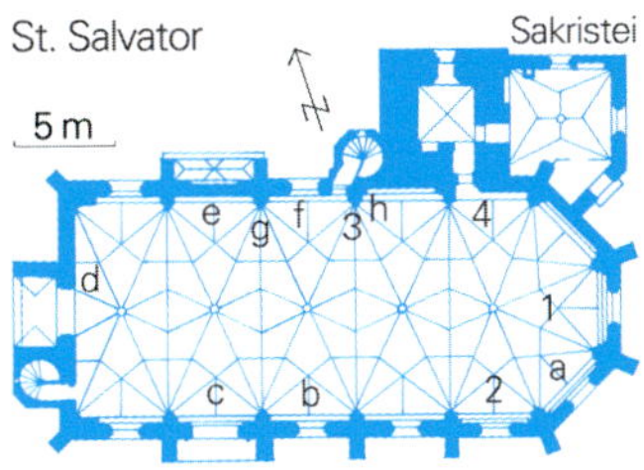

1 *Ikonostase (um 1829)* **2** *Parathronion (1971)* **3** *Kanzel (1967)* **4** *Bischofsthron (1965)*
a *Darstellung der griechisch-orthodoxen Kalvarienberg-Kapelle in Jerusalem (Dospefsky, 2. Hälfte 19. Jh.)* **b** *Epitaphios ›Grablegung Christi‹ (1880)* **c** *Altarkreuz (auf Goldgrund, 1850)* **d** *›Hl. Familie mit Johannes-Knaben‹ (Kopie von Schidone nach Raffael Ende 16. Jh.)* **e** *›Christus vor Pilatus‹ (von Argyros nach Entwurf von F. A. v. Kaulbach 1918)* **f** *›Beweinung Christi‹ (von Adziritis, nach Entwurf von Kaulbach)* **g** *›Auferstandener Christus‹ (Kopie von Adziritis nach Rembrandt)* **h** *Hagiokalendarion (um 1442?), darüber ›Auferstandener Christus‹ (Gemälde von Schnitzelbaumer 1843).*

Pfarrkirche St. Anna: *Turm.*

SANKT-ANNA-PLATZ 5 □ **8**

Pfarrkirche St. Anna Nachdem St.-Anna-Klosterkirche (seit 1808 Pfarrkirche) bereits um Mitte des 19. Jh. zu klein geworden, 1885 Ausschreibung eines Wettbewerbs unter Münchener Architekten; 1. Preis an G. v. Seidl (weitere Preise an H. v. Schmidt und Wintergerst); Bauauftrag an Seidl. *Grundsteinlegung* 30.10.1887, Einwölbung und Dach 1890, *Weihe* 22.10.1892; Ausstattung erst 1928 endgültig abgeschlossen. – 1944/45 durch Brand- und Sprengbomben beschädigt (v. a. Turm und nördliches Seitenschiff); nach Krieg bis 1954/55 durch H. Roth im Wesentlichen wieder instand gesetzt, 1971/72

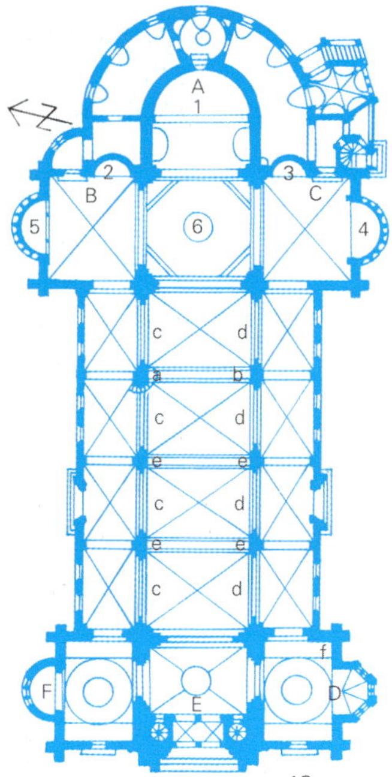

Pfarrkirche St. Anna

Innenraum durch A. Dietrich ›kahl‹restauriert (Übertünchen der gesamten ornamentalen Ausmalung und der Mosaiken, Abschlagen der Tondi im Mittelschiff); Restaurierung 1980, 1985 (außen) und 1986-90 (unter Entfernung der Mosaikenübermalungen und Wiederaufstellung verbannter Ausstattungsstücke). ***Beschreibung:*** Auf unregelmäßiger Terrasse (Bauschutt aus ganz München) mit Freitreppen und Doppelschalenbrunnen (›vier Paradiesströme‹, Entwurf Seidl, Ausführung Pruska 1894) errichtete dreischiffige Basilika (deren Silhouette an Maria Laach erinnert) mit östlichem und westlichem Querschiff (Grundrissvorbild: St. Michael in Hildesheim); über Haupt-(West-) Portal beherrschender, reich gegliederter Turm (58 m) mit Rhombendach, im Giebelfeld Nische mit Statue der Anna Selbdritt. An diese Baugruppe (›Westwerk‹) anschließend vierjochiges Langhaus, über Vierung oktogonaler Turm. An den vier Stirnseiten der Querschiffe Apsiden, die Chorpartie aus Presbyterium und Hauptapsis von Sakristeianbauten (unter Pultdächern) umschlossen (angeregt durch Nôtre-Dame in Paray-le-Monial). In zweigeschossiger, von Doppelsäulen flankierter Vorhalle Hauptportal, darüber reliefierter Türsturz (›Selige und Verdammte‹) und Tympanonrelief ›Weltgericht‹, beide von Pruska 1912 bzw. 1894 (vgl. Ste-Madeleine in Vézelay); auf Giebel der Portalhalle ikonographisch einzigartige Bronzefigur des Apokalyptischen Christus* als Reiter mit Bogen und Ölzweig (von F. v. Miller d. Ä., 1910, gestiftet von Prinzregent Luitpold). ***Inneres:*** Dem Vorraum unter dem Turm und den seitlich anschließenden Kapellen im Westquerhaus folgt basilikaler Raum zu vier leicht queroblongen Jochen, denen in den Seitenschiffen vier längsrechteckige Joche entsprechen; darüber Kreuzgratgewölbe, im Mittelschiff getrennt durch Gurtbögen über auskragenden säulenförmigen Diensten auf hoch angebrachten Konsolen. Die östlichen Querschiffarme ebenfalls kreuzgratgewölbt, über der Vierung achteckige Kuppel auf Trompen; nach tonnengewölbtem Presbyterium die in Gold und verhaltener Farbigkeit schimmernde hohe Apsis mit Ziboriumsaltar. – Über dem Vorraum im Turm Empore mit Klaisorgel, Prospekt von Kneer 1979/80. – Trotz Kriegseinwirkung und v. a. falsch verstandener Versachlichung von historischen Kunstwerken bewahrt die Kirche eine bemerkenswerte Ausstattung des späten 19. und frühen 20. Jh.: → Grundriss mit Legende.

Altäre *(alle entworfen von G. v. Seidl)* **1** Hochaltar *in Form eines ›Ziboriums‹ gestaltet; an den vier Ecken* Symbolfiguren *der Evangelisten (Pruska 1890).* **2** Marienaltar: *›Madonna‹ (Pruska 1892), dekoratives* Mosaik *anstatt der verblassten Fresken (1917); in den 1950er Jahren übertüncht, 1989 wieder freigelegt.* **3** Herz-Jesu-Altar: *Christusfigur (Pruska 1892), dekoratives* Mosaik *(bezeichnet Franz Roth 1928), wie bei 2 übertüncht und wieder freigelegt.* **4** Antonius-Altar: *Figur des Heiligen (Pruska, um 1895), hinterfangen von gemalten Szenen ›Leben des Heiligen‹ (Feuerstein 1896?), dekoratives* Mosaik *(1917), wie bei 2 übertüncht und wieder freigelegt; vor Altarnische auf Säulen die* Franziskanerheiligen *Dominikus (links) und Franziskus (G. Bayer d. Ä. 1895), über Altarnische fünf Tondi ›Geheimnisse des Freudenreichen Rosenkranzes‹ (Pruska 1895/96).* **5** Josephs-Altar: *Farbig glasierte Terrakottafigur (Pruska, 1896), dekoratives* Mosaik *(1919), wie bei 2 übertüncht und wieder freigelegt; zu Seiten je vier alttestamentarische* Propheten *(Terrakotten von Pruska 1925/26), über Altarnische vier* Heilige *›Sebastian‹, ›Katharina‹, ›Georg‹, ›Barbara‹ (Holz? von Pruska, 1903).* **6** Altarinsel *mit Volksaltar, Ambo und Altarkreuz (Faller 1972).*

Fresken: **A** *›Heilige Dreifaltigkeit‹ mit Aposteln, Maria und Anna (R. v. Seitz 1892, als Pfarrangehöriger gratis gemalt).* **B** *und* **C** *an Ostwand der Querhäuser beachtenswerte* Gemälde *von Becker-Gundahl (1907/08):* **B** *›Hochzeit zu Kana‹,* **C** *›Kommunion der Apostel‹; die jeweils gegenüber geplanten* Fresken, *›Paradies‹ und ›Jüngstes Gericht‹, nicht ausgeführt.* **D** Kriegergedächtnis-Kapelle *mit Fresko ›Auferstandener Christus‹ (Greiner, um 1953).* **E** *Über Hauptportal: ›Sonnenuhr‹ (als Memento mori) aus Erbauungszeit, 1996 wieder freigelegt.* **F** Taufkapelle *mit Fresken ›Sündenfall‹ und ›Verkündigung Mariä‹ (Greiner, um 1955),* Osterleuchter *(Faller 1972).*

Weitere Ausstattung: **a** Kanzel *(Pruska 1892) mit Reliefs.* **b** *›Mater dolorosa‹ unter* Missionskreuz *(Ende 19. Jh.).* **c** *und* **d** Reliefs *(abwechselnd rund und achteckig) über den Arkaden des Mittelschiffs, bei* **c** *›griechische Kirchenväter‹ (von W. Athanasius, Basilius, Chrysostomus und Gregor von Nazianz), bei* **d** *›lateinische Kirchenväter‹ (von Westen: Ambrosius, Augustinus, Hieronymus, Gregor d. Gr.), von Pruska entworfen (1909/10) und durch Nymphenburger Porzellanmanufaktur in gebrannter Tonerde ausgeführt und farbig glasiert; bei Renovierung in 1950er Jahren abgenommen und zerschlagen, Athanasius und Ambrosius erhalten; diese 1989 wieder angebracht, die übrigen sechs Tondi rekonstruiert (Fa. Wiegerling, Bad Tölz, 1995/96).* **e** Vier Gemälde *›Engel mit Leidenswerkzeugen‹ (W. Niessen 1894), in 1950er Jahren entfernt, seit 1987 wieder angebracht.* **f** Holzfigur *›Hl. Anna mit ihrer Tochter Maria‹ (Ende 17. Jh., 1972 aus Kunsthandel erworben). An den Wänden der beiden Seitenschiffe* 14 Kreuzwegstationen *(Feuerstein 1898).* Orgel *(Fa. Klais 1980), Prospekt entworfen von Kneer.*

Bedeutung: Seidls erster Sakralbau in München in seiner Gesamtkonzeption berechnet auf Verschmelzung von Reiseeindrücken romanischer Bauten in Deutschland, Italien und Frankreich – insofern Beispiel für eine Art ›Bildungsarchitektur‹ bei freier Anwendung empfangener Eindrücke. Einmaliges Zusammenwirken von Architekt (Seidl) mit Bildhauer (Pruska) und Malern (Seitz, Feuerstein, Becker-Gundahl) führte zu einem bemerkenswerten Gesamtkunstwerk; dabei Fresken von Becker-Gundahl wichtiger Beitrag zur Erneuerung der Ars sacra: »das Beste, was in Münchener Kirchen seit dem Jüngsten Gericht von Peter Cornelius entstanden ist« (H. Bößl). Das monumentale, den Stadtteil Lehel beherrschende Bauwerk ein »bedeutendes Zeugnis des Historismus und der Stilrezeption des 19. Jahrhunderts in München« (Bauer/Rupprecht).

Pfarrkirche St. Anna: *Tympanon* vom Westeingang.

SANKT-ANNA-PLATZ 21 □7

Klosterkirche St. Anna* Durch Kurfürst Karl Albrecht 1726 bewilligte Translokation der Hieronymiten (seit 1689 in Klösterl am Walchensee) als Seelsorger für die 1724 nach München eingemeindete Vorstadtsiedlung Lehel. Bau ihrer (gewesteten) **Klosterkirche** (auch als Votivkirche für Geburt des Kurprinzen Max Joseph, 1727, gelobt) nach Plänen von J. M. Fischer: erhalten die Kopie (1727) eines Fischer-Entwurfs von 1725/26 mit Grundriss von Kirche und links anschließendem Klosterflügel (s. u.). Bereits 1726 Fundamentaushub für Kirche anzunehmen, Beginn der Bauarbeiten 1727; *Grundstein* 19.5.1727 durch Kurfürstin Maria Amalia, im Herbst 1727 Aufsetzen des Dachstuhls, Weihe der Gruft 1728; Deckenfresko von K. D. Asam 1729 (datiert), Benediktion 24.12.1730; vollendet unter Bauführung von P. J. Zwerger 1733, jedoch *Weihe* erst 9.9.1737. Innenausstattung durch K. D. und Ä. Q. Asam (Vertrag für Hochaltar 1738) bis 1739 abgeschlossen; allerdings erst 1754 Pflasterung der Kirche und Aufstellung der Betstühle. – **Kloster:** Baubeginn des linken Flügels 1729 (obwohl beiderseits der östlichen Schaufront der Kirche je ein Trakt von Fischer geplant); vorläufige Errichtung der Anlage südlich der Kirche um quadratischen Hof, erst um 1753/54 mit Erwerb des ganzen Baugrunds nach ursprünglichem Plan vollendet: damit symmetrische Gesamtfront durch Errichtung des rechts an Kirche anschließenden Trakts. – Nach Aufhebung des Klosters 1802 werden hier 1804 die zum Einstampfen vorgesehenen Bücher aus aufgelösten Klosterbibliotheken gelagert. Die Klosterkirche von 1807-92 *Pfarrkirche* (nach St. Peter und Frauenkirche dritte Pfarrei Münchens), abgelöst nach Fertigstellung der St.-Anna-Pfarrkirche (→ Sankt-Anna-Platz 5); Übergabe von Kirche und Kloster 1827 an Franziskanerorden. 1852/53 Vorblendung einer neuromanischen doppeltürmigen Kirchenfassade in Sichtziegel (Entwurf von Voit), gleichzeitig Innenrenovierung; 1878/79 durchgreifende Restaurierung, dabei stilverfremdende Übermalungen der Asam-Fresken (durch Kress, 1934 Freilegung der originalen Substanz). 1893 Verlust wertvoller Altarblätter von K. D. Asam bei geringfügiger Umgestaltung des Innern. – Kirche und Kloster bei Luftangriff (25.4.1944) fast völlig zerstört; zwischen 1945 und 1951 Sicherung erhaltener Bausubstanz, Abtragung der ausgebrannten Türme bis auf Traufhöhe der Klosterflügel und Wiederaufbau des *Kirchenraums* in gewollt einfachsten Formen. 1965-66 barock nachempfundene Rekonstruktion der Fassade (nach Fischerschem Idealentwurf) und Wiederherstellung des ursprünglichen Innenraums 1967-79 durch Schleich. Gleichzeitig Erneuerung der *Klostergebäude* (zurückhaltende Architekturgliederung) und Neubau des linken Flügels 1989-93. ***Äußeres:*** Gewestete Kirche nur in ihrer wohl erst um 1753/54 vollendeten Schaufront gegen den Platz in Erscheinung tretend. Heute durch Einbeziehung der Turmstümpfe von 1852-53 und ihre Gestaltung (Fensterachse der anschließenden Klostertrakte) jetzt als vorgezogener, gegenüber der ursprünglichen Form breiter proportioniert wirkender Mittelrisalit; klar durch je zwei Kolossalpilaster beiderseits des Eingangs gegliedert; über Kapitell mit Kämpfern hohe Attika mit Vierpassfenster; darüber zierlicher Zwerchgiebel und Dachzone. ***Inneres:*** ›Ovaler‹ Hauptraum, von Nischen umgeben (Konchenoval), deren Trennwände vorgelegte Pilaster besitzen; auf diesen über hohen Kämpfern die Deckenvoute mit einschneidenden Bogen, zwischen ihnen der geschwungene, teilweise der Grundriss-

Klosterkirche St. Anna: *Stifterwappen* über dem Triumphbogen.

Klosterkirche St. Anna: *Anbetender Engel* von Straub am Tabernakel, um 1756.

Rokokofassade 1727-1852, 1965/66 rekonstruiert

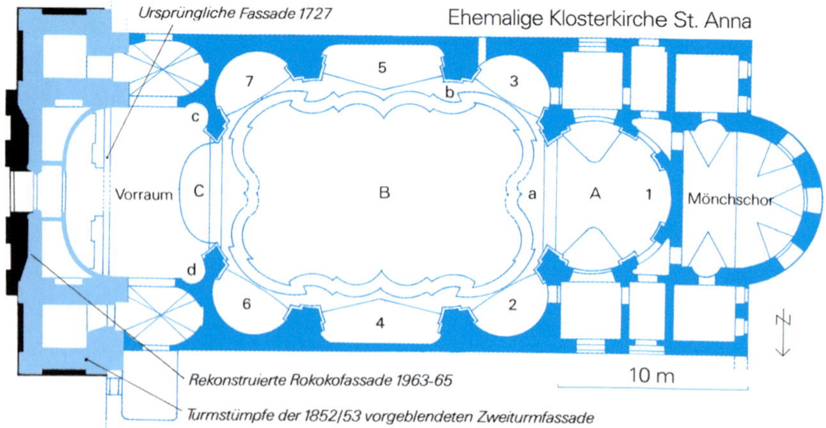

Deckenfresken *K. D. Asam 1729, Totalzerstörung der Kirche 1944, Fresken unter Verwendung von 1942 (!) angefertigten Farbfotos von Manninger nachgeschaffen.* **A** Chorfresko *›Verherrlichung des Namens Anna‹/= Gnade (1970)* **B** Hauptfresko *›Erhebung Annas in den Himmel‹ (1972)* **C** über Orgelempore *›Tod Annas‹ (1976)* **a** *in Scheitel des* Chorbogens *Doppelwappenkartusche: ›Allianzwappen‹ (Kurfürst Karl Albrecht von Bayern/Maria Amalia von Österreich).* ***Altäre und Ausstattung*** *Unter Verwendung geretteter und aus Schutt geborgener Originalstücke weitgehend rekonstruiert (ab ca. 1970):* **1** Hochaltar *(1970); original* Tabernakel *und* Anbetungsengel* *(Straub um 1756, vielleicht nach Entwurf I. Günthers) sowie Stuckfiguren ›Pius V.‹ (links) und ›Augustinus‹ (rechts, Ä. Q. Asam); die beiden Engel auf Baldachin nachgeschaffen (Schreiner), Altargemälde (K. D. Asam) ›Anna unterrichtet ihre Tochter Maria‹ nachempfunden (Manninger 1975). Die vorderen Seitenaltäre* **2** *und* **3** *im Aufbau am besten erhalten geblieben, ihre Altarblätter durch rechtzeitige Auslagerung die einzigen geretteten* Gemälde *von K. D. Asam; beide Altäre 1973 restauriert.* **2** Hieronymus-Altar: Gemälde *›Letzte Kommunion des Heiligen‹ (1738); davor kleine* Abendmahlsdarstellung *(anonym, um 1650);* **3** Gemälde *›Hl. Paula von Rom und ihre Tochter Julia Eustochium‹ (1735); darunter Bild ›Herz Jesu‹ (anonym, 18. Jh.);* **b** Kanzel *(Straub 1756, wohl nach Entwurf von I. Günther), auf* Schalldeckel *›Christus als Weltenrichter‹ (von Straub), wohl beste Skulptur* in der Kirche; am Korpus Relief ursprünglich ›Guter Hirte‹, Mitte 19. Jh. entfernt, seit 1934 ›Stigmatisation des Hl. Franziskus‹ (K. v. Hofmann, wiederhergestellt 1974). Die* Hauptseitenaltäre **4** *und* **5** *am meisten gelitten:* **4** Antonius-Altar: *1975 völlig neu konzipiert unter Verwendung einer anonymen* Statue des Heiligen *(1682), umgeben von neun in der Art von Votivbildern gestalteten* Medaillons: *›Vita des Antonius und seine Verehrung in München‹ (Auer); der* Engel *rechts renovierte* Stuckfigur *(Ä. Q. Asam), der* Engel *links* Holzkopie *nach Asam (Rösner 1952); auf der Mensa im Schrein (böhmisch, um 1750) gotisches Reliquiar von 1480.* **5** Kreuzaltar: *flankiert von zwei 1976 restaurierten Engeln (Ä. Q. Asam); unter ›Kruzifix‹ (anonym, um 1800) mit den beiden trauernden Putten (Kopien von Rösner 1976) ›Mater dolorosa‹ (anonym 17. Jh.) mit Krone des Münchener Goldschmieds Hoetzer (1622).* Hintere Seitenaltäre **6** *und* **7** *ebenfalls rekonstruiert:* **6** Altar der Hl. Margarethe von Cortona: Gemälde *der büßenden Heiligen (Sang 1732) aus der 1802/03 abgerissenen Franziskanerkirche (am heutigen Max-Joseph-Platz);* **7** Portiunkula-Altar: *Gemälde ›Hl. Franziskus erfleht von Muttergottes Portiunkula-Ablass‹ (Kopie von Manninger 1979 nach fränk. Maler J. P. Herrlein, ca. 1750); auf Mensa Statue ›Mutter Anna mit Maria‹ (spanisch, frühes 17. Jh.).* Im Vorraum *Rokokogitter, in den Seitennischen* **c** *und* **d** Holzskulpturen *›Hl. Franziskus‹ und ›Hl. Antonius‹ (Rösner 1951/52); am Seiteneingang links ›Rosenkranzmadonna‹ (um 1700; Weltkugel und Kranz mit Medaillons 1978).* Orgel: *1998/99 Einbau eines neuen, auf den Rokoko-Raum und das historische süddeutsche Klangbild abgestimmten Instruments (Fa. Herm. Mathis/Näfels);* skulpturaler Dekor *von W. Graf unter Verwendung einer barocken Strahlenkranz-Madonna und zweier neubarocker Engel von der Vorgängerorgel (H. Frank).*

konstruktion folgende Rahmen des Deckengemäldes eingespannt. Von der einstmals reichen Innenausstattung nur Bruchstücke gerettet, bei Rekonstruktion mitverwendet. (Zur Ausstattung → Grundriss mit Legende.) ***Bedeutung:*** Erste Rokokokirche Münchens (und Altbayerns), zugleich erster Bau Fischers in München, bei dem er Kirche und Kloster gemeinsam projektieren konnte. In der Grundrissdisposition Abkehr von den italienischen Regeln (Übergang vom Langhausschema von Osterhofen zum zentralisierten Vorentwurf für Berg am Laim), im Aufbau Verzicht auf Wandsäulen, durchgehendes Gebälk, auf Kuppel, gerade Wände und rechten Winkel. – Die auf gutem Vorlagenmaterial beruhende Wiederherstellung eines nahezu gänzlich zerstörten Kirchenraums bemerkenswertes Beispiel für schöpferische Denkmalpflege.

SANKT-JAKOBS-PLATZ

□ 10

Annähernd im Mittelpunkt des *Angerviertels* gelegenes Areal (das größte innerhalb der mittelalterlichen ›Ludwigsstadt‹), im 2. Weltkrieg weitgehend seiner historischen Substanz beraubt, seine ursprünglich unregelmäßige Begrenzung trotzdem heute noch erkennbar: im Nordosten der Gebäudekomplex des *Münchner Stadtmuseums* (→ Sankt Jakobs-Platz 1), östlich davon der offene Übergang zum → *Sebastiansplatz* mit typisch Altmünchener Häusern; an südlicher Platzseite Neubau des zerstörten *Angerklosters* mit der Kirche *St. Jakob am Anger* (→ Unterer Anger 1); an Westseite von Altbebauung noch erhalten *Ignaz-Günther-Haus* (→ St. Jakobs-Platz 15) und das anschließende neubarocke Orag-Haus (1897). Auf Platz selbst ehedem eine Abfolge unterschiedlicher Räume und Straßen, bebaut mit ›kleinem‹ *Feuerhaus* (zwischen 1600 und 1650 errichtet, 1824-26 abgebrochen), 1670 Bau eines *Seidenhauses* zur Fabrikation von Seide; 1768 projektiert I. A. Gunetzrhainer einen städtischen *Salzstadel*, 1795 errichtet Schedel von Greifenstein das ›große‹ *Feuerhaus*, 1850 wurde neben Angerkloster die städtische *Heuwaage* gebaut. – Erst seit 1886 ›Sankt-Jakobs-Platz‹ genannt, bis dahin ›Anger‹ oder ›Heumarkt‹. Bereits seit 13./14. Jh. Sammelplatz der ›Jakobspilger‹ nach Santiago de Compostela; auch Standort der *Jakobidult* und später auch der *Dreikönigs-* oder *Gebnachtdult*: die in der Regel an Heiligenfesttagen abgehaltenen Märkte (›Dult‹ bedeutet so viel wie ›Kirchenfest‹) waren für das Wirtschaftsleben der Stadt von großer Bedeutung und wurden selbst von Kaufleuten aus Augsburg, Nürnberg, Regensburg usw. beschickt. Die *Jakobidult* dürfte vielleicht bis zum Ende des 13. Jh. zurückreichen, erstmals erwähnt ist sie 1310; sie dauerte anfangs drei Tage (24. bis 26. Juli) und konnte sich, modifiziert und seit 1905 in die Au verlegt, bis zur Gegenwart erhalten. (Mit der Jakobidult verbunden war das sog. ›Scharlachrennen‹: der Preis bei diesem erstmals 1393 erwähnten Pferderennen war ursprünglich ein scharlachrot gefärbtes ›Londoner Tuch‹ von meist 26 Ellen Länge. Letztes Scharlachrennen: 1786). Die *Gebnachtdult* wurde seit etwa 1554 abgehalten. Nach 1791 Verlegung der Dult in die Kaufinger- und Neuhauser Straße, 1801 auf den Promenade-, 1805 auf den Max-Joseph-Platz; von 1822-74 wurde sie auf dem Maximiliansplatz abgehalten, 1875-1905 auf dem Johannisplatz in Haidhausen; mit der letzten Umsiedlung zum Mariahilfplatz in der Au die Gebnachtdult eingestellt, während Jakobidult zusammen mit der Mai- und der Herbstdult erhalten blieb, auch wenn wirtschaftliche Bedeutung und kirchlicher Anlass verloren gegangen sind.

Jüdisches Gemeinde- und Kulturzentrum Für den seit Kriegsende unbebauten und städtebaulich vernachlässigten Jakobsplatz in 1980er Jahren Entwürfe verschiedener Projekte für Platzgestaltung und Randbebauung; ebenfalls ohne Folgen erneute Pla-

St. Jakobsplatz: *Modell* des geplanten Jüdischen Zentrums.

nungsansätze zu Beginn der 1990er Jahre und 1994. – Während dieses Zeitraums etwa ab Mitte der 80er Jahre Suche der Jüdischen Gemeinde nach geeignetem Bauplatz für ein Zentrum mit Ziel, die über Stadtgebiet verstreuten Einrichtungen zu vereinen: (Haupt-)Synagoge, Gemeindezentrum, Verwaltung und Rabinat sowie Ganztagsschule, Kindergarten, koscheres Restaurant; damit verbunden Errichtung eines (städtischen) Jüdischen Museums. Erster Planungsvorschlag für Standort Jakobsplatz von Architekt Jacoby/Frankfurt (Februar 1999), Modelle von A. Straub und Wunderlich (Nov. 1999: Entwurfsseminar Kiessler an TU). Mai 2000 Ausschreibung städtebaulicher Wettbewerb (Oktober 2000: 274 Einsendungen), anschließend Realisierungswettbewerb bis Juli 2001: sechs Preise, vier Ankäufe; 1. Preis an Architekturteam Wandel, Hoefer, Lorch (Saarbrücken): zur Ausführung vorgesehen; Grundsteinlegung 2003, Fertigstellung 2005/6 vorgesehen.

Synagogen in München 1229 erster Jude »Abraham de Municha« erwähnt; Pogrome 1285 und 1349. 1380/81 *erste Synagoge* auf Gelände des (heutigen) Marienhofs, in München jedoch kein Getto. Vertreibung der Juden 1442 aus der Stadt und dem Herzogtum durch Herzog Albrecht III. (Dabei Umbau der Synagoge zur Kirche ›Maria in der Gruft‹ durch Hofmedicus Hartlieb, 1803 säkularisiert und abgebrochen, die hochgotische Pietà nach Salmdorf verbracht; → S. 247.) Erst ab Mitte 18. Jh. wieder Juden in München, jedoch Verbot (öffentlicher) Glaubensausübung; ab 1763 *Betstube* in Privathaus (über heutiger Mohrenapotheke, Tal 13). Mit sog. ›Judenedikt‹ (10.6.1813) unter Max I. Joseph rechtliche Grundlage (trotz zahlreicher Beschränkungen) für Bildung von Kultusgemeinden im Königreich: Gründung der *Israelitischen Kultusgemeinde in München* 1818; volle Gleichberechtigung erst 1869 und 1871. – Errichtung der *zweiten Synagoge* in München an Westenriederstraße (heutige Hausnummer 10/12) nach Plänen von Métivier: Grundstein 26.7.1824, Weihe 21.4.1826 in Anwesenheit König Ludwigs I., abgebrochen 1889. – *Dritte Synagoge*: Anfang der 1870er Jahre in ›Eschenanlage‹ vorgesehen (Pläne von Oppler und E. Lange), 1878 Neubau anstelle der Métivier-Synagoge (Pläne von Berger und A. Schmidt) erwogen; schließlich Errichtung der *Münchener Hauptsynagoge* an Herzog-Max-Straße nach Plänen von Schmitt 1884-87; Abbruch noch vor der sog. ›Reichskristallnacht‹ auf Befehl Hitlers bereits ab 9.7.1938. (Am ehemaligen Standort Denkmal von Peters 1968/69.) – Als *vierte Synagoge* für orthodoxe Juden die »Ohel Jakob«-Synagoge anstelle eines Betsaals in der (späteren) Herzog-Rudolf-Straße 3 errichtet (Pläne von Exter, 1891-92), nachdem Anmietung des Métivier-Baus durch Rabinat abgelehnt. In der sog. ›Reichskristallnacht‹ (9./10.11.1938) durch Brandstiftung zerstört. – Auf Initiative zweier Betvereine (Linath Hazedek und Agudas) Bau der *fünften Synagoge* für Ostjuden in Reichenbachstraße 27 anstelle eines seit 1914 bestehenden Betsaals: Neubau nach Plänen von Meyerstein (geweiht 5.9.1931); in der Reichskristallnacht 9./10.11.1938 vollständig verwüstet. – Einrichtung einer *provisorischen Synagoge* 1939 im Maschinensaal der ehemaligen Zigarettenfabrik Abeles GmbH (Lindwurmstraße 125). Am Kriegsende lebten nur noch 84 Juden in München. – Wiedergründung der Kultusgemeinde 19.7.1945, Wiederherstellung der *Synagoge* an der Reichenbachstraße, Weihe 20.5.1947.

Münchner Stadtmuseum: *Zeughaus.*

SANKT-JAKOBS-PLATZ 1 □ 10

Münchner Stadtmuseum* Ausgedehnter Museumskomplex, aus sechs verschiedenen Trakten zusammengewachsen. ***Beschreibung:*** An der Nordostseite des Jakobsplatzes ab 1410 Errichtung des Stadthauses, später **Marstall**, neben ›der Stadt Wagenfuhr‹ (Ende 14. Jh.), 1944 durch Bomben zerstört, 1976-77 in Anlehnung an ursprünglichen Bau wiedererrichtet: der östliche Bauteil zweigeschossig unter hohem Satteldach mit drei Reihen Dachfenster und zweistöckigem schlanken Zwerchgiebel; ›Ohrwaschl‹ bildet Überleitung zum westlichen Bauteil mit niedrigem Erdgeschoss unter hohem, dreistöckigem Pultdach. Nach Mauer mit Toreinfahrt das **Zeughaus*** (ursprünglich Korn- und Büchsenhaus), 1431 erbaut und 1491-93 durch Neubau ersetzt (Architekt: Rottaler): lang gestreckter dreigeschossiger Baublock mit hohem dreigeschossigen Südgiebel, von diagonal gestellten Ecktürmchen flankiert; die sechs Spitzbogenfenster an Erdgeschosslängsseite 1926-28 anstelle kleinerer Fenster eingebrochen, entsprechen den sechs Gewölbejochen der dreischiffigen, sechsjochigen und mit Kreuzrippen gewölbten gotischen Pfeilerhalle*, Fassadenbemalung durch Polack nicht mehr erhalten. 1790/1800 befand sich im Erdgeschoss die Küche zur Bereitung der ›Rumford-Suppe‹. Nach Kriegsschäden 1949-54 wiederhergestellt. Nördlich an das Zeughaus angefügt als erster Erweiterungsbau des Museums der **Grässel-Trakt** (Architekt: Grässel, 1926-28): am Oberanger vierachsige Fassade mit zweiachsigem Staffelgiebel (in Anlehnung an gotisches Zeughaus), die Verlängerung nach Osten als Nordtrakt des Eingangshofs eher einem Schulhaus ähnelnd: drei Reihen breit gelagerte große Fenster und übergiebelter Mittelrisalit. Im rechten Winkel angefügt der **Leitenstorfer-Trakt** (Architekt: Leitenstorfer, 1930-31), dessen Fassade mit den hohen schmalen Obergeschossfenstern die Ostseite des Hofs schließt. Nach Kriegszerstörungen (2/3 der Gesamtanlage) Wiederaufbau 1949-51 und abermalige Erweiterung durch **Gsaenger-Trakt** (Architekt: Gsaenger, 1959-64): Dreiflügelanlage um großen Hof, mit ungegliederten, zu groß geratenen Fassaden aus vier Stockwerken über Erdgeschoss (am Rosental mit Arkaden) ohne Bezug zur historischen Substanz der Altbauten. Abschluss des Ausbaus durch Verbindung von Leitenstorfer- und Gsaengerbau: 1976-78 Errichtung des **Hofmann-Trakts** am Übergang von Sebastians- zum Jakobsplatz als Rekonstruktion des zerstörten *›Stadthauses am Anger‹* (1410: ehemals Fuhrpark, Heuboden und städtischer Marstall): zwei Geschosse unter hohem Walmdach mit drei Reihen Dachfenstern und malerischem Treppenturm am Sebastiansplatz (Architekt: Hofmann, Erdle, P. Wagner).

Geschichte des Museums: Bestrebungen, ein historisches Museum der Stadt München einzurichten, bereits 1853: seinen Kern sollten die Bestände des bürgerlichen Zeughauses bilden. Trotz befürchteter Konkurrenz durch Bayerisches Nationalmuseum (gegründet 1855) betrieben E. v. Destouches und A. Zenetti Gründung eines eigenen Museums, was seit 1874 Sammeltätigkeit in städtischen Lokalitäten zur Folge hatte und zur notdürftigen Aufstellung im Zeughaus führte; 1879 gelang Erwerbung der ›Maillinger-Sammlung‹ (einer »Bilderchronik der Stadt München«), die ebenfalls im Zeughaus untergebracht wurde. 1888 konnte hier das ›Historische Museum‹ der Stadt München eröffnet werden. Die Einrichtung des Stadtarchivs 1925-27 im ehemaligen Wehramtsgebäude an der Winzererstraße 68 sowie die Gründung der Städtischen Galerie im Lenbachhaus (1925, → Luisenstraße 33/35) vereitelte eine zentrale städtische Kulturpflege. Durch beachtliche Zugänge – Stiftungen Lotzbeck und Otto Gebler sowie die Sammlungen Greis, Neuner, Bürkel, Zettler, Schwanthaler, Rehlen – Ausbau des Museums unter gleichzeitiger Wandlung zum Konzept eines Heimathauses, das nach dem 2. Weltkrieg um die Darstellung historischer Einzelaspekte bereichert und durch Angliederung von Spezialsammlungen, die zu Münchens Geschichte in Beziehung stehen, ausgeweitet wird. Das Münchner Stadtmuseum, das derzeit zu den größten zivilgeschichtlichen Sammlungen in Deutschland zählt, gliedert sich in folgende außerordentlich reichhaltige

Bestände* Münchner Zeughaus: Rüstungen vom 15. Jh. an sowie Schutz- und Trutzwaffen (die umfangreichste Sammlung Deutschlands, international an dritter Stelle nach Graz und Wien). *Münchener Wohnkultur* mit Möbeln vom 17.-20. Jh. und *Münchener Stadtgeschichte*. Umfangreiche *Gemäldesammlung* (v. a. München-Vedute, Bildnisse, kulturhistorische Motive). Die Sammlung *Plastik* und *Kunsthandwerk, Münzen, Medaillen* (vom späten Mittelalter bis heute) praktisch ein eigenes Kunstgewerbemuseum, ferner *Bürkelsche Münzsammlung* (eine nahezu vollständige Sammlung bayerischer Münzen vom Mittelalter bis 1920er Jahre). *Textilien, Tracht, Mode* mit rd. 40 000 Objekten, neben Modemuseen in New York, Paris und Den Haag eine der bedeutendsten Sammlungen zur Geschichte der Mode von ca. 1700 bis Gegenwart – ergänzt durch ›Modellarchiv‹ der 1931 gegründeten *Meisterschule für Mode* in München und durch das *Von-Parish-Kostümforschungs-Institut*. Eine eigene Abteilung umfasst *Volkskunde* und *Spielzeug*, eine andere das *Puppentheater* (mit Schaustellerei).

Entwicklung des Münchner Stadtmuseums
Schwarz: Umfang bis 1944
Blau: Erweiterungen 1959-1978

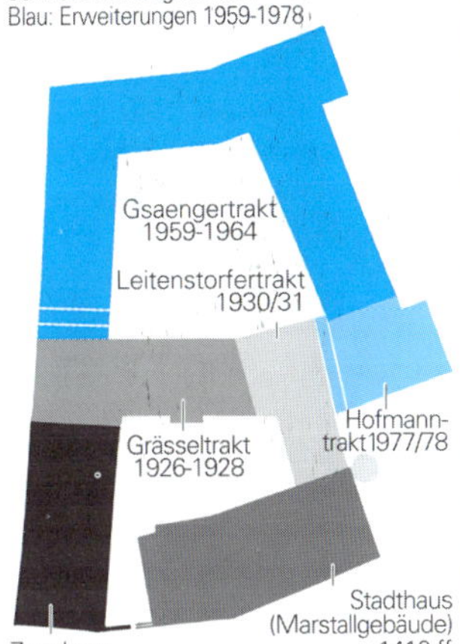

Stadtmuseum, Waffenhalle

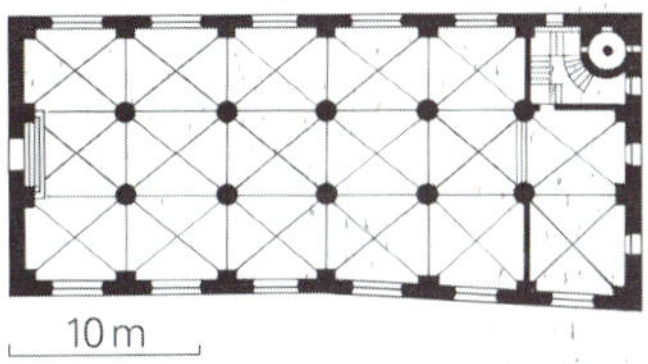

Münchner Stadtmuseum, Sammlung Münchner Zeughaus: *Pikenierharnisch*; München, um 1580.

Münchner Stadtmuseum: *Moriskentänzer* (›Prophet‹) von Erasmus Grasser, 1480.

Reichhaltig die *Graphische Sammlung* zur Kunst- und Kulturgeschichte Münchens (u. a. Sammlungen Maillinger, Zettler, Proebst), daneben *Populärgraphik* (Bilderbogen, Karikaturen, Flugblätter) und *Plakatsammlung*, die Münchens Beitrag zur Entwicklung des künstlichen Plakats (ab etwa 1880) dokumentiert.

Schauräume Wegen sukzessiver Neugestaltung des Museums derzeit nur zugänglich: *Erdgeschoss* ***Kassenhalle*** mit vergoldetem Bronzefragment des 1981-83 restaurierten → Friedensengels und Zinkgussstatue ›Heinrich der Löwe‹ (von Knoll 1863, ehemals an Fassade des Alten Rathauses); anschließend ***Morisken-Saal*** mit zehn ›Moriskentänzern‹* (von Grasser 1480, die einzige freiplastische Darstellung dieser Tanzform, Primärleistung Grassers ohne Vorbild), den vier ›Heldenputti‹* (um 1638/40) von der → Mariensäule, dort seit ihrer Restaurierung Abgüsse; Einblicke in Stadtgeschichte von Gründung bis 17. Jh. – Stadthistorische Abteilung (seit 2002) ***München und der Nationalsozialismus*** von 1918-1945: München als »Hauptstadt der Bewegung«, als »Hauptstadt der Deutschen Kunst« und als Standort der NSDAP-Zentrale. (Nach kritischen Einwänden bis 2003 überarbeitet.)

Modemuseum mit wechselnden Präsentationen von Kleidung, Wäsche und Accessoires (vom 18. Jh. bis Gegenwart), dazu Grafik, Plakate, Werbung und Fotos. – ***Filmmuseum*** (renoviert und modernisiert 2002-03) entspricht didaktischem Konzept des Stadtmuseums: Archivierung und Vorführungen im eigenen Kino. – *1. Stock:* ***Fotomuseum*** dokumentiert internationale Geschichte der Fotographie anhand der Sammlungen Breitenbach und Scheid; Archive von Fotografen (u. a. Relang, Moses, List, Kester, Flöter, Löcherer, Hanfstengl); regelmäßige monografische und thematische Ausstellungen (Kataloge). Umfangreiche Sammlung historischer Fotoapparate und optischer Geräte.

Münchner Stadtmuseum, Plakatsammlung: *Werbeplakat* von Walter Schnackenberg für das exklusive Münchner Kabarett *Bonbonnière*, um 1920.

1. Stock: ***Stadtbild München*** mit Ansichten und Modellen aus fünf Jahrhunderten, u. a. Kopie des Sandtnerschen Stadtmodells (1570, Bayerisches Nationalmuseum in doppeltem Maßstab (1931), Modelle von ›Herbergen‹, Modell ›Olympiapark‹ (1970); dazu Stadtpläne, Gemälde, Grafiken, Fotos von Straßen und Plätzen, Stadttoren und Befestigungen; Dokumentation der Zerstörungen im 2. Weltkrieg und des Wiederaufbaus. Seit 2003 aktuelles Stadtmodell (Maßstab 1:500) ausgestellt. – *2. Stock:* ***Wohnkultur:*** Die bereits Anfang der 1980er Jahre aufgelöste Abteilung ›Bürgerliche Wohnkultur‹ (mit rd. 20 aufgebauten historischen Innenräumen vom 17.-20. Jh.) seit 1997 abgelöst durch eine kaum informierende Präsentation von Einzelstücken als »Zitate aus Münchener Interieurs von 1888 bis 1910«, dargeboten als ›Installationen‹, die den reichen Beständen des Museums kaum gerecht werden können. – *3. Stock:* ***Puppentheatermuseum*** mit Abteilung Schaustellerei: Kulturgeschichte des Puppenspiels mit Münchener Theatern und Objekten des internationalen Figurentheaters, Jahrmarkts- und Volksvergnügungen mit Schwerpunkt Oktoberfest: die Münchener Sammlung die größte der Welt. – *4. Stock:* ***Musikinstrumentenmuseum*** 1940 auf der Basis der Privatsammlung von Georg Neuner als ›Städtische Musikinstrumentensammlung‹ gegründet. Ausgestellt sind etwa 1500 Instrumente aus allen Erdteilen mit einem Sonderbereich mechanischer Musikinstrumente mit großem Stern-Orchestrion. (Führungen, sonntägliche Matineen und Abendkonzerte mit zumeist historischen Instrumenten: → S. 42).

Außerhalb des Museums ***Lapidarium*** an Nieserstraße: skulptierte Architekturteile vom → Siegestor, die bei dessen Wiederaufbau (1956 ff.) nicht mehr verwendet wurden (u. a. Rundrelief mit Allegorien der Rheinpfalz und Schwabens; Entwurf von J. M. v. Wagner um 1841-43).

Außenstelle: ***Von-Parish-Kostümbibliothek*** Entwicklung der Kleidung unter historischen, ethnographischen und folkloristischen Aspekten; Kemnatenstraße 50 (Nymphenburg, → S. 42).

SANKT-JAKOBS-PLATZ 15 ☐ **10**

Ignaz-Günther-Haus Auf Fundamenten des 14. Jh. errichtetes Doppelanwesen an Oberanger und Jakobsplatz, vom Rokokobildhauer I. Günther 1761 erworben und bis zu seinem Tod 1775 bewohnt. Bei grundlegender Instandsetzung (1975/76 durch Ludwig) für Verwaltung des Münchener Stadtmuseums ausgebaut (leider an Platzseite zu große Fenster). ***Beschreibung:*** Über Erdgeschoss drei Stockwerke mit durchgehendem Mittelerker; ähnlich die ebenfalls dreiachsige Fassade am Oberanger: hier Kopie der ›Hausmadonna‹ Günthers (Original im Bayerischen Nationalmuseum) angebracht. In 2. Hälfte des 17. Jh. aufgestockt. – Im Innern die vom Jakobsplatz zugängliche ›Himmelsleiter‹ erhalten, ebenso ein Hausbrunnen sowie die in einem Raum des ersten Stocks der Haushälfte am Oberanger erhaltene Holzbalkendecke (Anfang 16. Jh.), als Sitzungszimmer genutzt. – Der Werkstattraum Günthers als Gedächtniszimmer eingerichtet. ***Bedeutung:*** Das aus dem Spätmittelalter stammende Wohnhaus (›Traufseitentyp‹) gutes Beispiel für Münchener Bürgerhaus, das als Wohn- und Arbeitsstätte des bedeutendsten Rokokobildhauers besonderen kulturhistorischen Wert besitzt.

SANKT-MARTINS-PLATZ 1 □ **23**

St. Martinsplatz: *Ostfriedhof.*

Ostfriedhof Erster von fünf Friedhöfen, deren Anlage im Zuge des Wachstums der Stadt (1871: rd. 170 000 Einwohner, 1890: rd. 350 000) notwendig geworden war. Vorschlag von Löwel, einen Zentralfriedhof (ähnlich dem 1874 eröffneten Zentralfriedhof in Wien) anzulegen, wegen Gegenvorschlag von Grässel (1890) nicht ausgeführt; Planung von fünf Einzelfriedhöfen: neben Ostfriedhof (1894 ff.) *Nordfriedhof* (1896 ff., → Ungererstraße 130), *Westfriedhof* (1897 ff., → Baldurstraße 28) und der im Süden gelegene *Waldfriedhof* (1905 ff., → Fürstenrieder Straße 288) sowie *Neuer Israelitischer Friedhof* (1904-07, an Garchinger Straße 37). ***Beschreibung:*** Anschließend an ehemaligen Gemeindefriedhof (1821) der Vorstadt Au ab 1894 auf einer Fläche von rd. 30 ha angelegt; um 2000 mit rd. 35 000 Grabstellen besetzt. Die *Gebäude* nach Entwürfen von Grässel 1894-1900 errichtet. Dem zentralen kreisrunden *Kuppelsaal* der Aussegnungshalle (20 m Durchmesser, 24 m hoch: an dritter Stelle nach Pantheon/Rom und Befreiungshalle/Kelheim) vorgelagert. Hof durch sechssäuligen dorischen Portikus zugänglich, symmetrisch flankiert von *Flügelbauten* mit dorischen Säulen; gegen Gräberfeld Terrasse und Schmuckanlage (für Ehrengräber), akzentuiert durch Plastikgruppe (G. Müller). Nach Kriegszerstörungen durch Döllgast rekonstruiert, allerdings ohne die reiche ursprüngliche Wanddekoration (mit Kuppelgemälde ›Jüngstes Gericht‹ von Guntermann). Renovierung der Gesamtanlage 1997-2000. – Im Ostteil des Friedhofs *Krematorium* (Grässel 1927-29, zusätzlich Steinhauser 1978-80) und *Urnenhalle*. ***Bedeutung:*** In Anwendung klassisch-antiker Architekturformen dem sepulkralen Pathos des frühen Christentums angenähert, ein frühes Beispiel für den sich ankündigenden Neoklassizismus.

SANKT-PAULS-PLATZ 11 □ **18**

St. Paul Dritter, neben St. Benno (→ Ferdinand-Miller-Platz 1) und St. Maximilian (→ Auenstraße 1), für neue Stadtteile notwendiger Kirchenbau: Erste Entwurfsskizze 1877 von Berger; 1884 Ausschreibung eines Ideenwettbewerbs (96 Einsendungen), daraus 1885 neun Skizzen ausgewählt; Hauberrisser zur Ausarbeitung von Plänen für St. Paul aufgefordert, 1889 mit Errichtung beauftragt. Grundsteinlegung 29.6.1892, Weihe 24.6.1906, bis 1914 Ausstattung im Wesentlichen vollendet. – 1944/45 Kriegsschäden (u. a. Verlust der farbigen Glasfenster), 1949-51 purifizierender Wiederaufbau; Außenrenovierung 1979-89. ***Beschreibung:*** Basilikaler neugotischer Kirchenbau in Backstein mit Hausteinverkleidung, seine *Westfassade* als Schauseite gegen Theresienhöhe ausgebildet: über drei Obergeschosse (mit Fialen an den Ecken) sechsseitiges abschließendes Obergeschoss mit steilen Spitzhelmen (76 m); zwischen den Türmen Giebel des Mittelschiffs (vorgelegt zierliches

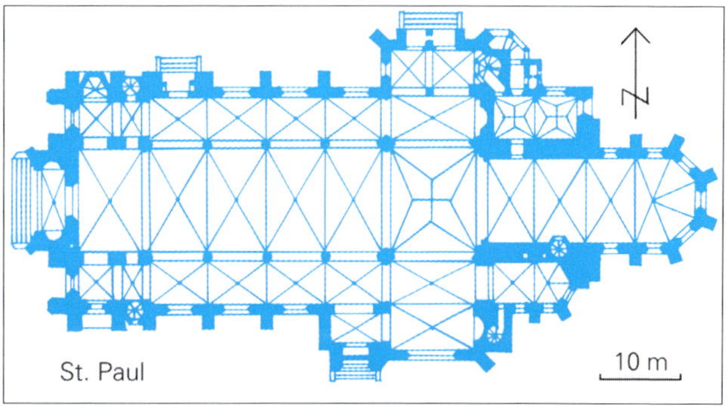

Stabwerk in steigenden Spitzbogen), darunter achtteiliges Radfenster und übergiebelter Portalvorbau: in Giebelnische Statue des Kirchenpatrons, über Portal Tympanon ›Christus als Weltenrichter‹ (von Waderé, gestiftet von Prinzregent Luitpold). *Seitenfronten* in vier Achsen schlichter, die Fenster der Seitenschiffe breiter als die des Mittelschiffs, von Strebepfeilern ausgehende Strebebögen über den Pultdächern der Seitenschiffe; an Nordseite zwei Nebenportale. Über Fluchtlinie des Baukörpers vorgezogen die niedrigeren, nicht mit Hauptschiff firstgleichen und reduzierten Querschiffe mit ihren übergiebelten Stirnseiten. (Das ursprünglich am südlichen Querhaus angebaute ›Marienportal‹ in 1950er Jahren vermauert.) – Dachfirst des Mittelschiffs vom blockhaften quadratischen Sockel des Hauptturms (mit Eckfialen) überragt, gefolgt von achtseitigem Glockengeschoss mit hohen Schallfenstern, über deren Wimpergen oktogonale, gewölbte Haube mit abschließender offener Laterne und schlankem ›Riesen‹ (98 m; angeregt durch Bartholomäus-Dom in Frankfurt). Anschließend der schmal aufragende *Hochchor* mit fünfseitiger *Apsis*, der zusammen mit den Türmen in der Achse der Landwehrstraße die stadtseitige, pittoreske *Ostschauseite* der Kirche bildet. ***Inneres:*** Lichter dreischiffiger Raum mit rötlich braunen Naturstein-Architekturgliedern vor weiß getünchten Wänden, alle *Gewölbe* mit Kreuzrippen überspannt. Nach Vorhalle (darüber Empore) vier querrechteckige Joche, denen vier leicht längsoblonge der Seitenschiffe entsprechen; die *Hochschiffwände* dreigeschossig: weit gespannte Spitzbogenarkaden (auf Rundpfeilern) – dreibogige Triforien – Maßwerkfenster; über quadratischer *Vierung* Sterngewölbe, die beiden quadratischen Querschiffarme je zweijochig, im nördlichen Orgelempore mit seitlich eingebauter Wendeltreppe. – Durch mächtiges Triumphtor Überleitung zum tiefen, dreijochigen *Chorraum*: seine ersten beiden Joche vom Hauptturm überbaut (an Südwand schlanke Wendeltreppe, die an gotisches Sakramentshaus erinnert), danach noch ein Joch und das Apsispolygon (5/8 geschlossen), durch hohe schlanke Fenster belichtet. – Die im Krieg zerstörten Glasfenster ebenso verloren wie der mit steinernem Baldachin überdachte *Hochaltar* (die ganze Ausstattung von Hauberisser entworfen, ausgeführt von Albertshofer und G. Busch) oder der aufwändige *Georgsaltar* im südlichen Querschiff (von Albertshofer und Korn), an seiner Stelle barocke Muttergottes mit Kind (sog. ›Buxheimer Madonna‹). – Von ursprünglicher *Ausstattung* nach einer den historistischen Stilen des 19. Jh. verständnislos und ablehnend gegenüberstehenden Purifizierung nur noch Einzelstücke erhalten: die an Architektur gebundene *Bauplastik* (von Korn); *Marienaltar* in der südlichen Seitenkapelle (drei Flügelgemälde von Hackl 1900: ›Anbetung der Könige‹ zwischen ›Verkündigung‹ und ›Heimsuchung‹); *Josephsaltar* im nördlichen Querhaus (drei Flügel mit Reliefs von Buscher 1900: Joseph mit Johann Baptist und Elisabeth, flankiert von ›Vermählung Josephs mit Maria‹ und ›Ruhe auf der Flucht‹; bei beiden Seitenaltären das reiche Sprengwerk entfernt). *Kanzel* mit fünf Brüstungsreliefs (vier Kirchenväter und Sämann) von Buscher 1903. – An den Seitenschiffswänden 14 nahezu vollplastische *Kreuzwegstationen* (ursprünglich vor Goldgrund) von Busch; in Kriegergedächtniskapelle unter südwestlichem Fassadenturm *Pietà* von B. Schmitt (1904), im Triumphbogen monumentales Kruzifix von Filler (1960). Neugestaltung des Innern (Architekt E. Wimmer 2002-03): vorgerückte Altarinsel, Werktagskirche im Chor. ***Bedeutung:*** Die Kirche als plastisch-bizarre Gruppierung der Baumassen auf Fernsicht komponiert und in Achse der Landwehrstraße gestellt, die städtebaulich die westliche Ludwigvorstadt mit dem Rand der Altstadt (Sonnenstraße) verbindet. Der Blick von Theresienwiese/Thersienhöhe macht architektonisch beherrschende Funktion des Neubaus im Stadtbild deutlich. (Gegenpol zu dem nahezu gleichzeitig errichteten Verkehrsministerium mit seiner ursprünglichen Kuppel nördlich der Bahnanlagen, → Arnulfstraße 32.) – Die nach (rheinisch-)gotischen Motiven (um 1300) frei gestaltete Kirche zeigt, trotz der bis ins Detail gehenden sorgfältigen Durchbildung, die Überwindung des ›dogmatischen‹ Historismus. Neben Heiligkreuz in Giesing (→ Ichostraße 1) eine der wenigen in ihrer architektonischen Substanz erhaltenen neugotischen Kirchen (darüber hinaus letzter neugotischer Kirchenbau in München).

Pfarrkirche St. Paul.

Schleißheim: *Neues Schloß, Westseite.*

SCHLEISSHEIM □ 26

Geschichte Im Moor- und Waldgebiet um das bereits 785 beurkundete Kirchdorf Schleißheim erwirbt Herzog Wilhelm V. in den 1580er Jahren mehrere einsame Schwaigen mit Klausen und Kapellen (zumeist aus Besitz geistlicher Orden), 1597 vom Freisinger Domkapitel die *Schwaige Schleißheim* (mit Magdalenenkapelle). 1598 dankt Wilhelm zugunsten seines Sohnes Maximilian ab und errichtet bis 1600 an der Stelle des späteren Alten Schlosses schlichtes Herrenhaus (›Wilhelmsbau‹) als Mittelpunkt einer Einsiedelei: zu vier bereits bestehenden hölzernen Waldkapellen Bau von fünf weiteren Kapellen »nach Art der neun [Stations-]kirchen zue Rom« (Philipp Hainhofer 1611) – St. Maria, Jakob, Nikolaus, Korbinian, Franziskus, Ignatius, Margareta, Wilhelm und Renatus (Letztere zum Gedenken an Wilhelms 1602 verstorbene Gemahlin Renata). Diese Eremitagen in Säkularisation abgerissen, erhalten nur noch St. Jakob als Friedhofskapelle in Hochmutting.

Altes Schloß Im Vorgängergebäude *Wilhelmsbau* mit schwarz tapezierten, der Meditation dienenden Räumen bewohnte der wie ein Kanoniker gekleidete Herzog nur zwei Räume. Dem Herrenhaus gegen Westen angefügt drei unterschiedlich große *Höfe*, umgeben von Ökonomiebauten für Acker- und Milchwirtschaft (Käsebereitung) sowie für Pferdezucht. (Nach Zerstörungen im 2. Weltkrieg in überkommenen Formen z. T. rekonstruiert bzw. renoviert, seit 1960er Jahre von Tierärztlicher Fakultät der Universität München genutzt.) – Nachdem Herzog Wilhelm 1616 Herrenhaus und Ökonomie gegen Leibrente an seinen Sohn und Nachfolger Maximilian abgetreten hatte, ließ dieser bereits 1617 das alte Haus abtragen und z. T. auf dessen äußeren Grund-

Schleißheim, Altes Schloß 1617-23, Zustand 1687

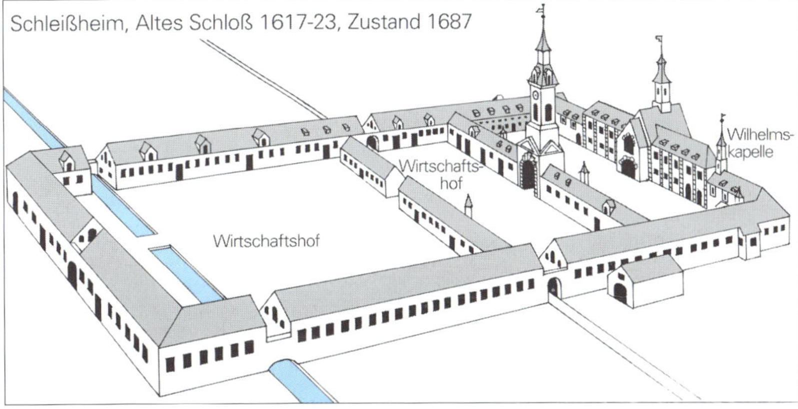

Schleißheim: *Altes Schloß von Südosten.*

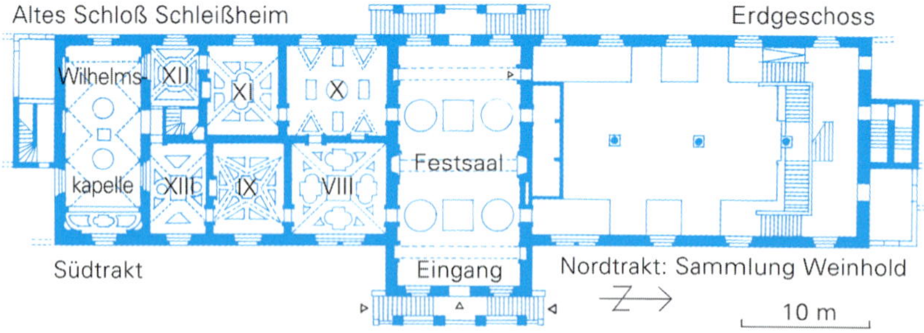

Schleißheim, Altes Schloß: *Zubereitung des einst berühmten Schleißheimer Parmesankäses,* Szene aus der 1944 zerstörten Freskenfolge zum Landleben nach Entwurf von Peter Candid, 1617-23.

Ökomenische Sammlung Gertrud Weinhold: *Die Reiterheiligen Boris* und *Gleb (Reiseikone)*, Bronze, Russland.

Hl. Georg, Malerei, Äthiopien, Mitte 20. Jh.

mauern durch Baumeister Schön d. Ä., vermutlich beraten von Krumper und Candid, den etwas größeren Neubau errichten – das später so genannte *Alte Schloß:* Dabei auch Abtragen aller Bauteile im Keller bis auf ca. 1 m über bisherigem Estrich und Verfüllen mit Bauschutt; das somit gewonnene Souterrain mit völlig neuer Raumaufteilung. (Bei Bauarbeiten 1986 Freilegung der zugeschütteten Bauteile – Wände, Wandvorlagen, Kreuzpfeiler, Treppen – des wilhelminischen Baus.) Bereits für kurz nach Neubaubeginn Ausführung von Deckenbildern im Mittelsaal und in den gegen Norden und Süden anschließenden parallel ›en filade‹ verlaufenden doppelten Zimmerfluchten überliefert: entsprechend dem Charakter eines Gutshofs *Bildthematik* auf Landwirtschaft und Landleben abgestimmt, ausgeführt nach Candids Entwürfen u. a. von Brüderl, Käppler, Chr. Zimmermann, Donauer; Stuck von C. Marolt, z. T. von T. J. Pader (bis 1622); Vollendung des Schlosses mit Kapelle bis 1623. Der Südflügel (heute Schloßwirtschaft) diente in kalter Jahreszeit als Winterwohnung, der Nordflügel unter Kurfürst Ferdinand Maria umgebaut (1651/52); an jeweiligen Schmalseiten Treppentürme angefügt. Restaurierung der Fresken im Mittelsaal durch Amigoni (zwischen 1723 und 1726). Die *Wilhelmskapelle* im Südflügel 1818 profaniert, im Mittelsaal evangelische Kirche 1928-36. – Durch schwere Bombenschäden Verlust der Deckenfresken in den Räumen des Hauptgeschosses (nur noch in Entwurfszeichnungen von Candid bzw. Vorkriegsfotos überliefert) und allmählicher Verfall; schließlich nur noch Mauer der westlichen Längsseite aufrecht stehend (Abformung erhaltener Reste des ›Stempelstuck‹), dagegen östliche Längswand abgebrochen. Ansätze zum *Wiederaufbau* 1972 durch Türken der Ost- und Stabilisierung der Westfassade (Ernst Götz); Rohbau bis 1974 und anlässlich Max-Emanuel-Ausstellung 1976 provisorischer Innenausbau. Rekonstruktion des ursprünglich steinernen Tonnengewölbes über Mittelsaal in Rabitz und Innenausbau des Nordflügels für museale Nutzung 1985/86 (s. u.), von 1986-89 rekonstruierender Wiederaufbau der historischen Raumfolge im Südflügel (einschließlich der Kapelle 1993-94). ***Beschreibung:*** Zugang zum Neues schloß über westlich gelegenen ersten großen *Wirtschaftshof* (›Wilhelmshof‹) und den durch den hohen, im 18. Jh. (von Lespilliez?) vereinfachten Tor- und Uhrenturm zum eigentlichen *Schloßhof* (›Maximilianshof‹) mit zwei Denkmälern: links *Mariensäule* für die Opfer der beiden Weltkriege (anonym; aufgestellt 1922, renoviert 1954), rechts *Gedenkstein* für die 1914-18 Gefallenen der »Königlich bayerischen Fliegertruppen« (→ Flugwerft Schleißheim, S. 382). Ganze Hofbreite vom lang gestreckten, zweigeschossigen *Schloßbau* eingenommen: die Fassade über flach rustiziertem Sockelgeschoss die Beletage, je fünf Fensterachsen beiderseits des dreiachsigen, geflucteten Mittelbaus mit Zwerchdach und vorgelegter zweiarmiger Freitreppe; die Fenster (abwechselnd mit Dreiecks- und Segmentgiebeln, durch rustizierte Pilaster getrennt; darüber hohes durchgehendes Krüppelwalmdach. In letzter nördlicher Achse Durchfahrt zum Ehrenhof zwischen Neuem Schloß und dem Altbau: dessen Ostfassade fast gleich gestaltet wie Westfassade gegen Maximilianshof: der Mittelbau ebenfalls mit hohem Giebel, jedoch vorgezogen vor die beiden Seitentrakte, vorgelegte Freitreppe unter übergiebeltem Vorbau. (Darunter ursprünglich Zugang zu einer Grotte bzw. einem ›Nymphäum‹; vgl. ähnliche Anlage im Schloß Hellbrunn bei Salzburg: erbaut von Solari 1613-15.) – Das vorgelagerte ›Alte Residenzgartl‹

mit Balustrade beim Bau von Schloß Lustheim (1684 ff.) und Anlage des Parks durch barockes Parterre ersetzt. ***Bedeutung:*** Evtl. angeregt durch das von Herzog Wilhelm IV. erbaute Jagdschloss Laufzorn (Grünwalder Forst), Einflüsse oberitalienischer Gartencasinos und Bezüge zum Palladio-Schüler Scamozzi (Anfang 17. Jh. in Salzburg tätig). In Anwendung flächig-›linearer‹ Gliederungen für Landschloss spätmanieristischen Architekturtendenzen nahe stehend; bei Gestaltung der Innenräume durch radikale Abkehr von klassischen Regeln noch deutlicher: rustizierte Pilaster, Gurtbogen und Kreuzrippen rüstungsartig ›geschoben‹ vor vorgetäuschter Ziegelmauerung ohne Berücksichtigung konstruktiver ›Logik‹. (Ähnlich atektonische Auffassung verrät die von Krumper 1621 entworfene blecherne Palmen›säule‹ über Steinkern in der Paulanerkirche.) Im Alten Schloß zwei ***Zweigmuseen*** des Bayerischen Nationalmuseums eingerichtet: die ökumenische **Sammlung Gertrud Weinhold*** »Das Gottesjahr und seine Feste« mit Objekten des religiösen Festglaubens und der Alltagskultur der Völker, eröffnet 1986, als Vermächtnis 1992 im Besitz des Freistaats Bayern (→ S. 44). – **Sammlung zur Landeskunde Ost- und Westpreußens** »Es war ein Land ...«, Depotausstellungen im ›Haus der Ost- und Westpreußen‹ (Oberschleißheim, Ferdinand-Schulz-Allee 3).

Anbetung der Könige, Yoruba-Schnitzerei von Bisi Takeye, Lagos/Nigeria um 1970.

Calaveras-Combo (Totencombo), Pappmaché, Mexiko um 1970.

Schleißheim, Neues Schloß: *Gartenseite*.

Neues Schloß* Zeitlich der jüngste Bau in Schleißheim; die Breitenausdehnung seiner Fassade von der bereits durch E. Zuccalli festgelegten Breite der großzügigen, 1688 begonnenen Parkanlage (s. u.) vorgegeben, die Altes Schloß mit Lustheim verbinden sollte. ***Baugeschichte:*** Kurfürst Max Emanuel beauftragte Zuccalli mit Entwürfen für Neubau: vorbereitete Projekte ab 1691/92 – u. a. Umbau und Erweiterung des Alten Schlosses; Vierflügelanlage mit Altem Schloß als Westtrakt; Dreiflügelanlage und Abbruch des Alten Schloßes; ferner Projekte mit längs oder quer gerichtetem ovalen Mittelsaal. Endgültige Entwürfe (1693) vom Architekten 1694/95 dem Kurfürsten in Brüssel (Statthalterschaft der habsburgischen Niederlande) vorgelegt: sie dokumentieren Absicht, Schleißheim zur neuen Residenz auszubauen. Nach Rückkehr Max Emanuels *Grundsteinlegung* für den Corps de logis am 14.4.1701. Durch mangelhafte Fundamentierung 1702 Einsturz eines Teils der Gartenfassade: zwar äußerlich Anlass für Planänderung (Verzicht auf zweites Obergeschoss an Parkseite, dafür Anlage einer Terrasse über Großer Galerie), doch wohl eher erklärbar aus vorbildhafter Abhängigkeit vom Gartenpalais Liechtenstein in der Rossau/Wien (Gerhard Hojer); Rohbau 1704 unter Dach. *Bauunterbrechung* durch Spanischen Erbfolgekrieg und Max Emanuels Exil in Frankreich; die von ihm 1714/15 bei de Cotte bestellten Entwürfe nicht ausgeführt. *Baufortführung* erst 1719 unter Leitung von J. Effner, der unter Beibehaltung von Zuccallis Strukturen der Fassaden ihre Oberflächengliederung durch plastische Dekorationen bereicherte und sie in Régenceformen ›modernisierte‹. (Effners Projekt einer Vierflügelanlage unter Einbeziehung des Alten Schloßes, dargestellt in seinem *Modell** von 1725, → Raum 15, nicht ausgeführt.) Beim *Innenausbau* (im Wesentlichen abgeschlossen 1726) Beibehalten der durch Zuccalli festgelegten Raumdisposition. (Die dabei tätige Künstlerelite s. u.: ›Inneres‹.) – Unter Max Emanuels Nachfolger Karl Albrecht keine, unter Max III. Joseph nur geringfügige Arbeiten: Eingangsportale durch I. Günther 1763; Ausstat-

Schleißheim, Neues Schloß: *Sala terrena*.

Schleißheim, Neues Schloß: *Treppenhaus.*

Schleißheim, Neues Schloß: *Weißer Saal.*

tung des neuen Speisesaals (Raum 28, Deckenfresko von Wink 1768-71). Seit spätem 18. Jh. *Galerieschloss* für die reichen wittelsbachischen Gemäldebestände (s. u.: ›Barockgalerie‹). – Ab 1819 *Veränderungen* durch Klenze: Abtragen der barocken Dreiecks- und Segmentbogengiebel an Mittelbau und Eckpavillons sowie (vermutlich) der barocken Dachgauben; Purifizierung der Westfassade: Régencebauschmuck durch klassizistischen Dekor ersetzt. 1846/47 Fertigstellung der Prunktreppe (ebenfalls durch Klenze) sowie wahrscheinlich Vollendung der nördlichen Galerie. – Zerstörungen des Corps de logis im April 1945 durch zwei Sprengbomben; Renovierung der Klenzeschen Westfassade unterblieben, dafür 1956-62 Rekonstruktion nach erhalten gebliebener Ostfassade Effners. ***Äußeres:*** Der lang gestreckte, streng symmetrisch gestaltete Schloßbau als ›Riegel‹ zwischen Altem Schloß im Westen und Schloß Lustheim im Osten: Die Südnordabmessung (rd. 330 m) von den beiden Seitenkanälen (→ Plan S. 381) bestimmt. Der *Corps de logis* dreigeteilt: in der Mitte elfachsiger Risalit mit den Repräsentationsräumen (→ Grundrisse mit Legenden), beiderseits durch achtachsige Trakte mit fünfachsigen Pavillonbauten verbunden: im Süden *›Herkules-Pavillon‹*, im Norden *›Pallas-Pavillon‹* (in Anspielung auf den Kurfürsten bzw. die Kurfürstin und die entsprechenden zwei Statuen). Westfassade gegen Altes Schloß in kaum unterbrochener Bauflucht, die Ostfassade gegen Park durch Vorsprünge des Mittelbaus und der Pavillons lebhafter gegliedert – jedoch auf zu niedrigem Sockelgeschoss. An Pavillons anschließend und etwas zurückgesetzt die von Zuccalli vorgegebenen eingeschossigen *Galerien*, durch je sieben Arkaden mit trennenden Rundbogennischen zum östlichen Parterre geöffnet und unter König Ludwig II. mit überlebensgroßen Stuckfiguren besetzt (Entwurf Fr. Widnmann, Modelle Hauttmann, um 1883): allegorische Darstellungen der Wissenschaften, Künste, Berufsstände, in Stein ausgeführt für die Fassaden von Schloß Herrenchiemsee (1972 restauriert, teilweise ergänzt und neu gefasst); Abschluss der Galerien durch kubische ›Trabantenpavillons‹ (wie alle Gebäude auch sie unter Walmdächern). Im südlichen Pavillon seit 1999/2000 Kostümmuseum und Forschungszentrum. Corps de logis an West- und Ostseite durch Rundbogenfenster in allen drei Geschossen und durch Kolossalpilaster im Erdgeschoss und ersten Obergeschoss hervorgehoben, die Fenster der zweiten Obergeschosse durch Schräggewände (wohl angeregt durch Borrominis Fenster am Palazzo Barberini in Rom, 1629) dekorativ akzentuiert; an Ost-(Park-)Seite das zweite Obergeschoss als Terrasse über Großer Galerie zurückgesetzt. Die flankierenden Seitenflügel und beiden Pavillons über Erdgeschoss Mezzanin, über Obergeschoss Kranzgesims und eine Art zurückgesetzte Attika im Kniestock der Walmdächer. ***Inneres:*** Die bereits von Zuccalli festgelegte klare und zweckmäßige *Raumdisposition* im Erdgeschoss und Obergeschoss des Corps de logis – großzügige und gleichsam logische Verknüpfung von Treppenanlagen und Festsälen mit den beiderseitigen Wohnappartements für Kurfürst und Kurfürstin sowie für Kurprinz und Kurprinzessin (gewissermaßen monumentalisierte ›appartements doubles‹) – wird von Effner bei der Ausstattung 1719-26 übernommen, das *ikonographische Programm* für die Säle wohl von Max Emanuels Kabinettssekretär F. X. I. v. Wilhelm. Für die großartige *Ausgestaltung** der Raumfluchten die besten Künstler und Kunsthandwerker verpflichtet: neben Effner als leitendem Architekten sicherlich als »dessinateur« Cuvilliés, als Stuckateure Dubut, J. B. Zimmermann und Volpini, als Holzbildhauer und Kistler Pichler (und seine große Werkstatt), als Kunstschmied Motté, als Maler Amigoni, K. D. Asam, N. G. Stuber. – Ausführliche Beschreibung der Innenräume → Legenden zu den beiden Grundrissen. ***Bedeutung:*** Großartige Manifestation fürstlich-absolutistischen Machtanspruchs in den gravitätischen Formen des italienischen Barock (Zuccalli), gezügelt durch die französisch geschulte Disziplin Effners. Der Schloßbau in seinen Ausmaßen wie in seinem Programm nur verständlich aus Max Emanuels Bedeutung als Feldherr und Heerführer (als legendärer «Türkensieger«) sowie aus seinen weit gesteckten politischen Ambitionen (Königs- und sogar Kaiserwürde), für deren Darstellung sowohl Versailles als auch das sog. ›Schönbrunn-Projekt II‹ von Fischer von Erlach die Maßstäbe setzten. Ungeachtet der politischen Fehlschläge des »Blauen

Kurfürsten« gehört Neues Schloß Schleißheim zu den hervorragendsten Leistungen europäischer Palastbaukunst.

Barockgalerie* im Neuen Schloß: Hervorgegangen aus der Sammlertätigkeit Max Emanuels, hauptsächlich während seiner Statthalterschaft in den Spanischen Niederlanden (1692-99); bereichert durch Gemälde aus der offenbar zu klein gewordenen ›Cammer-Galleria‹ Maximilians I. Nach Max Emanuels Tod wurde das (unvollendete) Schloß vollends zum Galerieschloss, das bis zur Erbauung des Galeriegebäudes (→ Galeriestraße 4) 1784 auch die Bestände der Mannheimer Galerie aufnahm. Durch Einrichtung der Alten Pinakothek weiterer Gemälde beraubt, beherbergt das Schleißheimer Schloß heute überwiegend italienische, holländische und flämische Werke des 17. Jh. Seit 1978 Neuordnung dieser Bestände sowie Erweiterung zur *Staatsgalerie europäischer Malerei des Barock* aus den Beständen der Bayerischen Staatsgemäldesammlungen; abgeschlossen voraussichtlich 2004.

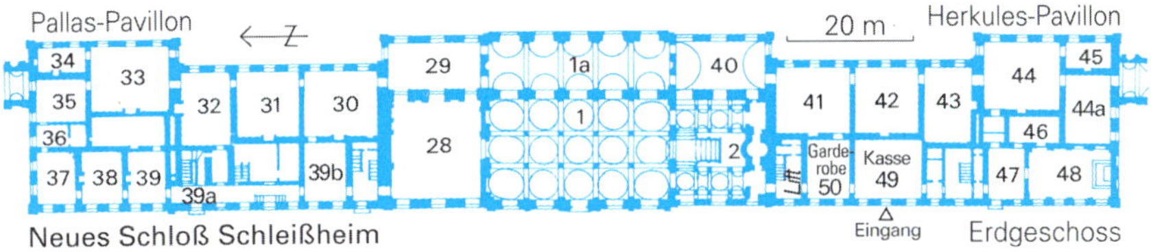

Rundgang durch die Prunkräume und Barockgalerie. Raumfolge und -bezeichnungen nach Angaben im amtl. Führer »Schleißheim – Neues Schloß und Garten«.

Erdgeschoss: 1 Eingangshalle *(auch ›Salle des colonnes‹): dreischiffig zu fünf Jochen; in den 15 böhmischen Kappen illusionistische Malereien in Ockertönen (Einblicke in Kuppeln), gerahmt von steingrauen Figurenpaaren (von N. G. Stuber 1723; vervollständigt 1749); von acht Marmorsäulen ausgehend 22 Gurtbögen, stuckiert von Volpini 1725. Restauriert 1905. – Fünf offene Bögen zum Gartensaal.* **1 a** Sala terrena: *Flachtonne mit fünf Gewölbefeldern; in Grisaille-Malerei Stuck vortäuschend (von Stuber 1723-25, fertig gestellt wohl von Helterhof 1764): im Gewölbescheitel Rundbilder mit Götter (Saturn, Ceres, Apoll, Flora, Bacchus), umgeben von jeweils zwei lagernden Figurenpaaren; virtuose Stuckarbeiten von Volpini (1725). Rest. der Malereien durch Peskoller (1975/76).* **2** Treppenhaus: *an südlicher Schmalseite der Salle des colonnes (1), bezogen auf Achse des Mittelschiffs, Zugang zur dreiläufigen Prunktreppe mit Wendepodest in dreigeschossiger Raumschale. Wandgliederung durch kannelierte Pilaster (ab 1720), Stuck: Zimmermann und Dubut; Marmortreppe und -geländer erst 1846/47 durch Klenze. Im Spiegelgewölbe querovale Öffnung für Laterne mit Kuppelfresko ›Venus lässt durch Vulkan die Waffen für Aeneas schmieden‹ (von K. D. Asam 1721), Ausmalung des Dachraums um Laterne (Nymphen und Flussgötter) von Stuber 1722/23; restauriert 1951/52 (durch Drobek und Körner), ferner 1967/68.*

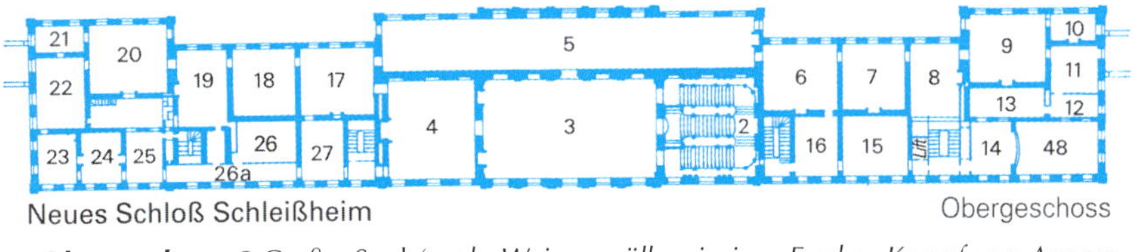

Obergeschoss: 3 Großer Saal *(auch ›Weißer Saal‹): Planung von Zuccalli 1704, Ausbau durch Effner ab 1719. Zweigeschossiger Saal, gegen Treppenhaus drei offene Arkaden, Wände durch kannelierte Kolossalpilaster auf hohen Adlerpostamenten gegliedert; reicher plastischer Stuck von Zimmermann (1722/23), im flachen Muldengewölbe riesiges Fresko ›Kampf von Aeneas und Turnus um die Königstochter Lavinia‹ (von Amigoni 1721/22), nach schweren Kriegsschäden instand gesetzt 1950 (von Drobeck und Körner), renoviert 1992. – An beiden Schmalseiten großformatige Schlachtengemälde von Beich (in Auftrag gegeben 1702): Verherrlichung von Max Emanuels Kriegstaten; über Arkaden zum Treppenhaus ›Niederlage der Türken am Berg Harsan, 1687‹, gegenüber ›Entsatz von Wien, 1683‹. Restaurierung des Saals 1969/70, der Beich-Gemälde 1976.* **4** Viktoriensaal *: *ursprünglich Speisesaal, einer der schönsten barocken Innenräume, 1723-25 ausgestattet nach Entwürfen von Effner. Wandaufbau in zwei Zonen: die untere in Régence-Boiserien (von Pichler und Werkstatt) mit eingelassenen Gemälden (s. u.), darüber umlaufend Hohlkehle mit (französischen) Doppelkonsolen und Puttenreliefs (von Dubut); die obere Zone mit doppelten, nahezu vollplastischen Herkules-Hermen (Entwurf von de Cotte), die an Hof- und an Gartenseite je drei Fenster, an den Süd- und Nordseiten je drei Gemälde (von Amigoni) flankieren: Putten mit kriegerischen Emblemen und Schilden mit Buchstaben, die den Namen M-A-X EMA-NV-EL ergeben. Über schmalem Gesims freskierte Flachdecke, ›Ankunft des Aeneas bei Dido‹ (von Amigoni), im Krieg stark zerstört, rekonstruiert 1950 von Drobek und Körner. – Gemälde in der unteren Wandzone (restauriert 1955 und 1976) schildern Taten Max Emanuels: über dem Kamin die sog. Audienztafel ›Max Emanuel empfängt türkische Gesandtschaft vor Belgrad 1688‹ (von Amigoni 1723), gegenüber die beiden Prinzen Karl Albrecht und Ferdinand Maria im Feldlager ihres Vaters bei zweiter Belagerung Belgrads 1717 (von Vivien und Beich); zusammen mit diesen beiden zeitlichen Fixpunkten sollen die neun Schlachtenbilder (von Beich) mit Szenen aus den siegreichen Türkenkriegen des ›Blauen Kurfürsten‹ seine politischen Ansprüche legitimieren. (Beginnend rechts von der Audienztafel: Erstürmung Belgrads 1688; Eroberung der Festung Neuhäusl 1685; Entsatz der Festung Gran 1685; Eroberung der Festung Ofen 1686; Eroberung der Festung Gran 1683; Die zerstörte Donaubrücke bei Pest 1685; Übergang über die Drau 1687;*

Schleißheim, Neues Schloß: *Große Galerie.*

Rückzug der Armee bei Esseg; Übergang der Armee über die Save 1688 – jeweils durch lateinischen Bildtitel erläutert.) **5** Große Galerie *(auch ›Schöne Galerie‹): bereits durch Zuccalli 1701/04 vorgesehener, unter Effner 1720-25 ausgestatteter langer Saal (61 m) an Ostseite des Mittelbaus, durch elf rundbogige Fenstertüren belichtet, ihre Spandrillen und die vier Türumrahmungen von strengen Régenceornamenten (Pichler-Werkstatt ab 1723) gefüllt; in den Fensterlaibungen Grotesken mit Vögeln und Früchten (von Waxschlunger 1722). Umlaufende Stuckhohlkehle mit (französischen) Doppelkonsolen und vergoldeten Flachreliefs (Nymphen, Putti, Meereswesen) von Dubut und Gesellen (1721); darüber Spiegeldecke mit zarter Groteskmalerei auf weißem Grund mit monochromen figürlichen Szenen auf Goldgrund (möglicherweise auf Amigoni zurückgehend). Supraporten an nördlicher Schmalseite von Conca (›Apollo und Niobiden‹ sowie ›Diana und Niobiden‹), an südlicher Seite schildhaltende Genien (von Le Brun). – Renovierungen im späten 18. und im 19. Jh., Kriegszerstörungen behoben, umfassende Restaurierung (Bespannung mit ursprünglich rotem Damast) 1971/72, Decke 1975/76 durch Walcher restauriert, abermals 1995. Seitdem Hängung von Meisterwerken europäischer Barockmalerei (Bestände der Bayerischen Staatsgemäldesammlungen).*

Von der Galerie zugänglich die vom Hofzeremoniell vorgeschriebenen symmetrisch angeordneten **Paradezimmer** *des Kurfürsten (im Südflügel, Raum-Nrn. 6-11) und der Kurfürstin (im Nordflügel, Raum-Nrn. 17-21). Innenausbau unter Effner 1722–25, das Appartement des Kurfürsten in Rot und Gold (›Rotes Appartement‹) bis 1723, das der Kurfürstin in Blau und Silber (nur teilweise bis 1725). In beiden Appartements* Wandvertäfelungen *von Pichler (und Werkstatt),* Wirkteppiche *an den Wänden,* Stuck *(Hohlkehlen) von Zimmermann; die Zentren der* Deckengemälde *von Amigoni, die umgebende* Quadraturmalerei *von einem unbekannten ›quadraturista‹.*

Appartement des Kurfürsten: 6 Vorzimmer: *Deckengemälde ›Zweikampf zwischen Achill und Hektor‹ (am rechten Bildrand weiß gekleideter Mann: wohl Selbstbildnis Amigonis); an den Wänden Wirkteppiche aus der ›Schleißheimer Folge‹ (nach Entwürfen von Hondt), Supraporten ›Herkules‹ und ›Bacchus‹ von Reni.* **7** Audienzzimmer: *Deckengemälde ›Odysseus entdeckt Achill unter den Töchtern des Lykomedes‹; an den Wänden weitere Teppiche aus der ›Schleißheimer Folge‹.* **8** Paradeschlafzimmer: *Deckenbild im Vorraum ›Ruhender Mars‹; über Bettalkoven mit barockem Paradebett Groteskenmalereien (von Waxschlunger); an den Wänden Wirkteppiche der ›Schleißheimer Folge‹, ornamentale vergoldete Schnitzereien (Pichler-Werkstatt 1724/25, vielleicht von Cuvilliés entworfen).* **9** Wohnzimmer *(oder ›Großes Kabinett‹): Deckenfresko ›Apollo und die Musen‹, nach Kriegszerstörungen großenteils erneuert; vergoldeter Stuck in Hohlkehle wohl Dubut-Werkstatt. Wandbespannung (grüner Damast) 1972 erneuert.* **10** Rotes Kabinett* *(auch ›Jagdkabinett‹): geschnitzte Füllungen der Boiserie von Pichler, textile Wanddekoration (Lyoner Damastdessin 1961-63 erneuert) mit Goldborten in Régence-Formen benäht, in den Füllungen gewirkte Panneaux (nach Groteskenstichen von Watteau); über Eingangstüre Fresko ›Juno und Diana‹(?) in der Art Bertins. Reich mit Grotesken und figürlichen Motiven bemalte Spiegeldecke (von Stuber 1724) über stuckierter Hohlkelle (Zimmermann).* **11** Niederländisches Malereikabinett *(auch ›Braunes Kabinett‹): über Hohlkehle (vergoldete Stuckaturen auf Braun) Flachdecke mit goldenem und braunem Groteskenwerk (von Waxschlunger um 1722), Türen und Sockelvertäfelungen von Gerstens (1725); an den Wänden (seit 1972) Gemälde niederländischer Kleinmeister. Restaurierung: Hohlkehle 1966, Decke 1967-70, Wandbespannung 1972 erneuert.* **12** Oratorium *mit Einblick in die nicht zugängliche*

Schloßkapelle 48 *dem Hl. Maximilian geweiht: Ausstattung ab 1721, Konsekration 7.9.1724. Rechteckiger, durch alle drei Geschosse geführter Raum, Erdgeschoss und Mezzanin durch Kolossalpilaster zusammengefasst, darüber umlaufende Hohlkehle, gefolgt von Obergeschoss mit korinthischen Pilastern und reich stuckierter Hohlkehle; Abschluss durch Tonnenwölbung mit beiderseits vier Stichkappen (entsprechend den vier Fensterachsen und Logenfenstern). Decke mit drei Szenen bemalt: Almosenspende und Hinrichtung des Heiligen, in der Mitte Glorie des Maximilian (von K. D. Asam 1721), die sechs Rundmedaillons zwischen den Stichkappen (Szenen aus dem Leben des Heiligen in Grisaille-Malerei) möglicherweise von Asams Mitarbeiter J. A. Müller. – In dem von Effner entworfenen Altaraufbau Gemälde ›Maximilian mit der Gottesmutter‹ (von Conca). – Deckenrestaurierung 1965-67.*

Die anschließenden Räume – **13** Oratorium und **14** Empore *– nicht zugänglich; zurück zum Vorzimmer (Raum 6) des Kurfürsten-Appartements und zu* **15** *und* **16** Dokumentationsräume *mit Stichdarstellungen der kurfürstlichen Schlösser im Raum München zur Zeit Max Emanuels; im Raum 15* Holzmodell* *der Schloßanlage Schleißheim nach Konzept Effners: begonnen 1722, vollendet wohl 1725 durch Farbfassung von Stuber (die als Grundlage für Fassadenrestaurierung des Neuen Schlosses 1972 bzw. 1975 diente). Durch Große Galerie (Raum 5) zum Nordflügel des Corps de logis mit dem*

Appartement der Kurfürstin: 17 Vorzimmer: *über Hohlkehle (versilberter Stuck vielleicht von A. Baader und Gesellen) Flachdecke mit Fresko ›Allegorie des Friedens‹ (dieses und die folgenden Fresken von Amigoni 1724/25), umgeben von acht Medaillons und Eckkartuschen (christliche*

Tugenden und Landschaften); Supraporten von Cignani, Triva und Veronese-Schule. Kriegsschäden der Fresken behoben, Wandbespannung 1978 erneuert. **18** Audienzzimmer: *über Wandtäfelungen (mit geschnitzten Flachornamenten) versilberte Hohlkehle mit Stuckzierraten (wohl von J. G. Baader), Supraporten von B. A. Albrecht. Flachdecke mit Fresko ›Die drei Grazien als Allegorie der Einheit‹, in umgebenden acht kleinen Feldern Landschaften und Putti. Fresken nach Kriegsende restauriert, der Raum 1976.* **19** Paradeschlafzimmer: *Deckenbild im Vorraum ›Ceres als Allegorie des Sommers‹, in den Ecken vier Nereiden-Paare mit Puttendarstellungen; schwere Kriegsschäden durch Rekonstruktion behoben. Über Bettalkoven (mit ›Imperialbett‹) Groteskenmalerei (von Waxschlunger). Versilberter Stuck in Hohlkehle und am Deckengurt wohl von Zimmermann; Wandbespannung in originalem Design und ursprünglichem Farbton 1976 erneuert.* **20** Wohnzimmer *(oder ›Großes Kabinett‹): über Hohlkehle mit Doppelkonsolen und figürlichen Flachreliefs (wohl von Dubut) rekonstruiertes Deckenfresko ›Triumph der Tugend über das Laster‹, eingerahmt von hoch aufragender, reich gegliederter (Garten-)Mauer in Quadraturmalerei; in den illusionistischen Ecknischen mythologische Szenen. Schwere Kriegsschäden durch Rekonstruktion behoben, die ursprüngliche Wandbespannung (gelber Brokatell) 1976*

Schleißheim, Neues Schloß: *Kammerkapelle.*

wegen Hängung bedeutender Gemälde (von Caravaccio, Reni, Pietro da Cortona, Dolci u. a.) durch neutrales Grau ersetzt. **21** Kammerkapelle* der Kurfürstin *(oder ›Obere Kapelle‹): Kleiner Raum mit Scagliolaplatten (von Fistulator 1629) aus Münchener Residenz verkleidet, 1725 von J. G. Baader angebracht; von ihm vermutlich die Kunstmarmorintarsien der Altarnische, Mensa und Fensternischen in Bandwerkornamentik der 1720er Jahre ergänzt. Altarblatt ›Mariä Himmelfahrt‹ aus Rubens-Werkstatt. Von Zimmermann stuckierte Spiegeldecke durch gelängten Vierpass geöffnet zu einer ovalen Laterne aus pfeilergetragenen Arkaden; durch sie Deckengemälde ›Himmlische Glorie‹ (von Stuber 1726) sichtbar. Auf Balustrade der Laterne fast vollplastische Stuckfiguren (Tugenden und Engelputti, von Zimmermann). Fresken nach Kriegsschäden restauriert.* **22-27** Galerieräume: *Meisterwerke der europäischen Barockmalerei (Italien).*

Durch folgenden Raum 17 zu Großer Galerie und Großem Saal über Prunktreppe zurück ins **Erdgeschoss: 28** Speisesaal: *ursprünglich Garde-Saal; von Effner 1719 im Wesentlichen angelegt, Wände durch kannelierte Pilaster und hohe Hohlkehle mit Puttenreliefs (wohl von Dubut) bei Umgestaltung 1762-74 übernommen, vermutlich durch Stuck von F. X. Feichtmayr d. J. bereichert. Im Spiegelgewölbe Deckenfresko ›Kalypso empfängt Odysseus‹ (von Wink um 1768); 1945 durch Sprengbombe in Randzonen schwer beschädigt, durch Körner 1957/58 rekonstruiert, bei Restaurierung des gesamten Saals 1974/75 durch Peskoller originale Farbfassung der Wände und Stuckaturen freigelegt. – An Ostseite durch drei offene Arkaden unmittelbarer Zugang zu* **29** Nördliche Antecamera *(auch ›Billard-‹ oder ›Musiksaal‹): Raum bei Neubau 1701/04 unter Zuccalli festgelegt, unter Effner Stuckierung durch Zimmermann 1723/24, Überarbeitung durch diesen 1756/57 und Ausmalung durch Helterhof 1764: Flachtonne mit monochromer, ornamentaler (Bandwerk-)Malerei; im Scheitel drei Tondi (Allegorie des Glücksspiels und Putti mit Spielgeräten), in den Schildbogen ›Apollo und der Python-Drache‹ (Südseite) und ›Pandora und Epimetheus‹ (Nordseite). Restaurierung in originaler Farbfassung durch Peskoller 1975/76. An nördlicher Schmalseite Zugang zum ehemaligen* **Appartement der Kurprinzessin**; *die Räume 1976 mit Wandbespannung nach originalen Dessins des 18. Jh. ausgestattet. Heute die Säle* **30-33** Galerieräume: *Meisterwerke der europäischen Barockmalerei (im Aufbau).* **34** Stuckaturkabinett *(ab 1742 auch ›Schreibkabinett der Kaiserin‹ Maria Amalia): Scagliolo-Verkleidung 1724/25 von Langenbucher, vermutl. von diesem auch Tafel in Schmalwand mit Régenceornamentik; der vergoldete Deckenstuck Zimmermann zugeschr.* **35** Drechselzimmer: *Als ›Werkstatt‹ für Kurfürst Max III. Joseph eingerichtet; die heutige Leinwandtapete in Formen des späten Klassizismus.* **36-39 b** Galerieräume: *Meisterwerke der europäischen Barockmalerei (im Aufbau). Durch Raum 30 zu Nördlicher Antecamera und Sala terrena zu* **40** Südliche Antecamera: *wie im nördlichen Pendant reicher Stuckdekor, wohl von Zimmermann 1723/24 (Entwurf von Effner). Flache Tonne mit imitierter Stuckdekoration in Grisaille-Malerei von K. D. Asam 1724/25: im Scheitel drei Motive (Zephir, seitlich Puttenszenen), in den Schildbogen ›Pomona und Vertumnus‹ (Nordseite) und ›Flora und Zephir‹ (Südseite). Rest. durch Peskoller 1975/76.*

An südlicher Schmalseite Zugang zum ehemaligen **Appartement des Kurprinzen**; *von ursprünglicher Ausstattung unter Effner die renovierten Stuckhohlkehlen erhalten, die grün und rot gehaltene Wandbespannung 1976/77 nach originalen Dessins des 18. Jh. erneuert. Heute die Säle* **41-44** Galerieräume: *Meisterwerke der europäischen Barockmalerei (im Aufbau).* **45** Blaues Kabinett: *in Silber auf Blau ausgestattet, geschnitzter Dekor von Pichler-Werkstatt; Deckenstuck von Zimmermann (wohl 1723/24). Restaurierung 1978 abgeschlossen. Die Räume 44 a-48 nicht zugänglich; 46 Sakristei, 47 Vorraum zur Schloßkapelle: Raum* **48**: *→ Beschreibung bei Raum* **12**.

Schleißheim: *Schloß Lustheim.*

Schloß Lustheim* Anstelle der von Herzog Wilhelm V. nach Tod seiner Gemahlin Renata (1602) »auf dem Klösterlfeld« erbaute *Renatuskapelle* (mit Wohnung für vier Augustinereremiten) Bau des Schlosses anlässlich der Vermählung Max Emanuels mit der Kaisertochter Maria Antonia und Besuch des Kaisers Leopold 1685. Nach Plänen von H. Zuccalli 1684 begonnen (unter Verwendung von Baumaterial der abgebrochenen Seitenpavillons von Schloß Nymphenburg, → S. 389), Ausstattung vollendet 1688/89. – Renovierung 1727; Kriegsschäden erst 1961-71 behoben, dabei originale Farbgebung (Gliederung Ockergelb auf Weiß) wiederhergestellt. ***Beschreibung:*** Längsfronten nach Osten und gegen → Altes Schloß im Westen ausgerichtet: zwischen zwei je vierachsige risalitartige *Seitenflügel* zurückgesetzter dreiachsiger *Mittelbau*; davor Terrassen mit Balustraden und Freitreppen. Die Risalite auf putzgenutetem Souterrain, die zweigeschossigen Fassaden durch flache Lisenen gegliedert, je vier rechteckige Fenster nur im Erdgeschoss mit Segment- und Dreiecksgiebeln; Fassaden des Mittelbaus (mit zweigeschossigem Festsaal) durch Kolossalpilaster und korinthisches Kapitelle unter Kranzgesims (mit Trophäen) hervorgehoben, die ehemaligen Zugänge durch Säulenportale mit Sprenggiebeln und Wappenkartuschen akzentuiert (Stuck von Perti). Die drei Baukuben ursprünglich unter getrennten Dächern, ab 1727 durch Walmdächer zusammengefasst; der Mitteltrakt durch Belvedere überhöht. ***Inneres:*** Von ursprünglich reicher Ausstattung eines Lust- und Jagdschlosses nur noch Türen, Bemalung der Wände (z. T.) und Fensterleibungen erhalten, dagegen vollständig die *Deckenfresken** (von Gumpp, Rosa, Trubillio 1686-87) im Festsaal und Erdgeschossappartements: im nördlichen Risalit das der Kurfürstin, im südlichen des Kurfürsten; Thematik ›Diana‹, angeregt vom Programm im Schloß Venaria Reale bei Turin (von Tesauro, um 1660), Beschreibung → Legende beim Grundriss.

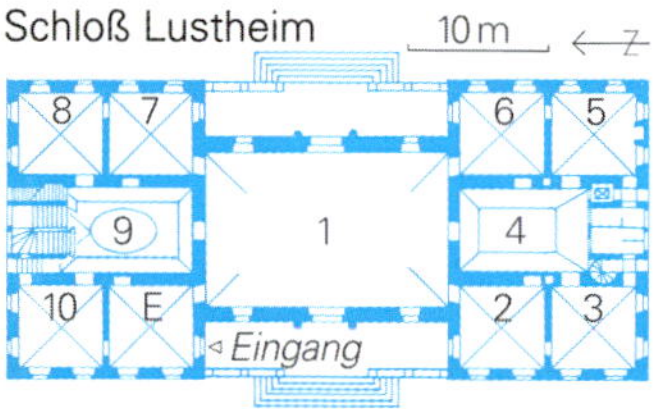

Gewölbe und Flachdecken zur Gänze freskiert: Mittelfeld *(Diana-Mythos), umgeben von* Randzone *(Maler genannt, wenn von anderer Hand als Mittelbild); unter Gewölbegesims* Wandfries *mit Rankenwerk (Gumpp-Werkstatt).*

1 Festsaal: *›Jupiter erhebt Diana zur Göttin der Jagd‹ (Rosa), Quadratura-Malerei der Randzone (Bernardi 1685/86), Figuren (Rosa); in Medaillons der Seitenmitten mythologische Szenen (Endymion, Kallisto, Opfer an Juno, Akaeon). – An den Wänden* Ölgemälde*: Hofjagden (Corlando), Blumenstillleben (Warrée), Portraits von Max Emanuel (Vivien) und Kunigunde Sobieska (anonym um 1700) sowie sechs Portraits der »Kindergalerie Max Emanuels« (Maingaud, 1690er Jahre); Stuck von Manazzi.* Sog. Rotes Appartement *des Kurfürsten:* **2** Vorzimmer: *›Diana und Opis (Kybele) fangen den armenischen Tiger‹ (Gumpp), in Seitenmitten der* Randzone *Nymphen mit Jagdbeute, in den Diagonalkartuschen Putti mit Hirschen. – Anonymes* Ölgemälde *Böttgers (1682-1719), Erfinder des europäischen Porzellans.* **3** Audienzzimmer: *›Diana bestraft Ampelos‹ (Gumpp), in Seitenmitten der Randzone Putti (als Allegorien der vier Elemente) mit Jagdwild.* **4** Galerie: *›Kampf gegen die Giganten‹ (Gumpp und Trubillio); über der Empore ›Diana vor Juno‹ (?, Gumpp 1703).* Sog. Grünes Appartement *des Kurfürsten:* **5** Schlafzimmer: *›Werbung von Otos und Ephialtes um Diana‹ (Gumpp), in Seitenmitten der Randzone Kartuschen mit Puttenszenen, in Diagonalmedaillons Göttinnen (Diana, Ceres, Minerva, Venus?). – Über restauriertem Marmorkamin Ölportrait Friedrich Augusts II. von Sachsen (Silvestre d. J.).* **6** Vorzimmer: *›Opferung der Iphigenie‹ (Rosa), in der Randzone (Gumpp) weibliche Akte, die (gegen Uhrzeiger ›gelesen‹) in acht Phasen eine ganze Drehung um ihre Körperachse vorführen.* Sog. Blaues Appartement *der Kurfürstin:* **7** Vorzimmer: *›Kalais und Zetes vertreiben die Harpyen‹ (Rosa), in Rahmenzone (einzige in Lustheim in echtem Stuck, von Manazzi?) weibliche Genien und Flussgötter, in Seitenmitten Kartuschen mit Puttenszenen, in Eckkartuschen (schwer deutbare) Diana-Szenen.* **8** Äußeres Zimmer: *›Ende der Nachtfahrt der Mondgöttin Luna-Diana‹ (Rosa), Randzone (Gumpp) als phantastische, stark untersichtige Scheinarchitektur, in Seitenmitten Nischen mit Göttinnenbüsten (Kybele, Aurora, Ceres, Luna-Diana), dazwischen Putten, die verschiedene Formen der Niederjagd darstellen.*
Sog. Gelbes Appartement *der Kurfürstin:* **9** Galerie: *›Diana in der Schmiede der Kyklopen‹ (Trubillio), Randzone (Gumpp) in überreicher illusionistischer Architektur (an südlicher Schmalseite bayerisch-österreichisches Allianzwappen), in kleinen Eckkartuschen (nicht deutbare) Diana-Szenen;* über Kabinett *›Arrundas wird wegen Tötung der Camilla von Diana bestraft‹ (Gumpp 1703),* über Empore *›Diana‹ (Gumpp 1703).* **10** Schlafzimmer: *›Diana und Enmymion‹ (Trubillio), in reicher Randzone (Gumpp) acht Kartuschen mit genrehaften Diana-Szenen.* **11** Vorzimmer *(heute Eingangsraum): ›Venus lädt zur Liebe, Diana zur Jagd‹ (Trubillio), die ornamentale Randzone (Gumpp) in Seitenmitten Kartuschen mit vier Diana-Szenen (Kallisto, Cenchrias, Strafende Diana, Kephalos und Prokris), in Eckkartuschen (nicht deutbare) Diana-Szenen.*

Südlich und nördlich vom Schloß zwei (heute) freistehende Bauten nach Plänen von Zuccalli: **Südlicher Pavillon mit Renatusklause**, Baubeginn 1684, Renatuskapelle 1685 fertig, Weihe 1688 (gleichzeitig wohl auch Bauabschluss; Bauleitung durch Ph. Zwerger). Restaurierung 1996-2003. ***Beschreibung:*** Querrechteckiger Baukörper von sieben zu vier (nördlich) bzw. fünf Achsen (südlich). Erdgeschoss in Streifenrustika, Obergeschoss durch Lisenen auf Gurtgesims gegliedert. In (westlicher) Hauptfassade fünfjochige Pfeilerloggia, in den rahmenden beiden Achsen des Erdgeschosses (und Obergeschosses) leere Figurennischen, fünf Rechteckfenster im Obergeschoss alternierend mit Segment- und Dreiecksgiebeln. Das ursprünglich flache Zeltdach (mit Dachhäuschen) wohl im 18. Jh. durch heutiges Walmdach ersetzt. – ***Inneres*** geteilt durch Mittelkorridor: rechts *Mönchswohnung* (›Eremitorium‹) in Erdgeschoss und Obergeschoss, links *Kapelle*: in rechteckige Mauerschale eingeschriebene zweigeschossige längsovale Kuppelrotunde mit Pilastergliederung, als Stuck›Gurte‹ im Holzlattengewölbe fortgeführt. Zuccallis Grundrissdisposition vorgebildet in Vignolas ovalem ›Tempietto di Sant' Andrea‹ (Rom, um 1550) und in Sant' Anna die Palafrenieri (Vatikanstadt, begonnen 1573); zahlreiche Nachbildungen im süddeutschen Spätbarock und Rokoko. – Stuck von Breno, im ovalen Mittelfeld *Fresko* ›Glorie des Hl. Renatus‹ (von Gumpp 1687), Hauptaltar (im östlichen Scheitel des Ovals) mit *Gemälde* ›Renatus vor Madonna‹ (von Trubillio 1689); Seitenaltärebemalung erst 1720/30 durch Werkstatt J. B. Zimmermann. Im Obergeschoss gegenüber dem Hauptaltar fürstliches Oratorium.

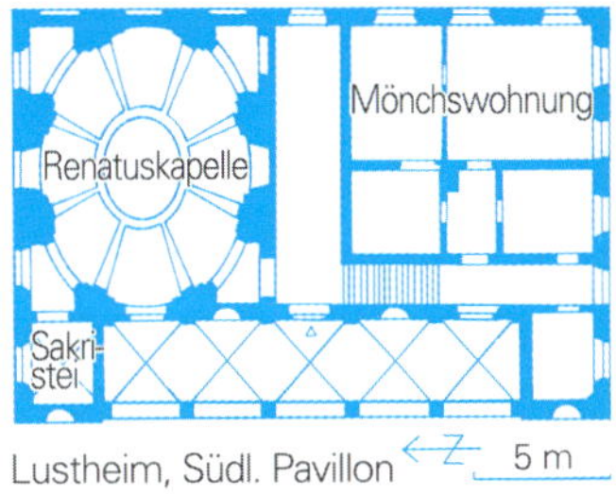

Lustheim, Südl. Pavillon

Nördlicher Pavillon mit ›Schönem Stall‹: Pendant zum südlichen Pavillon, um 1688/89 errichtet, jedoch einfacher. ***Beschreibung:*** Baublock auf rechteckigem Grundriss, Hauptfassade nach Westen orientiert. Das wegen des Saals (s. u.) höhere Erdgeschoss (als beim Kapellenbau) mit Streifenrustika und fünfjochiger Pfeilerloggia, flankiert durch einachsige flache Risalite (mit Figurennischen), nach umlaufendem Gurtgesims im Obergeschoss mit je einem Fenster fortgeführt, dazwischen fünf Achsen, alle Fenster ohne Verdachungen. Das ursprüngliche Zeltdach (mit Dachhäuschen) um 1720 (?) durch Walmdach ersetzt. ***Inneres:*** Ausbau durch Wohlgemuth 1689. An Loggia unmittelbar anschließend ein das ganze Erdgeschoss einnehmender *Saal*, wohl erst später zu einem Stall für 16 Pferde umfunktioniert: seither ›Schöner Stall‹. Seine *Freskierung* der Wände (Scheinarchitektur mit Pilastern, Figurennischen, Fenstern) sowie Ausmalung der flachen Voutendecke (spätestens 1690) bisher C. G. Stuber zugeschrieben, aber nicht belegbar; eher ein Maler anzunehmen, der nicht an Arbeiten in Lustheim beteiligt war. (Bildprogramm → Legende beim Grundriss.)

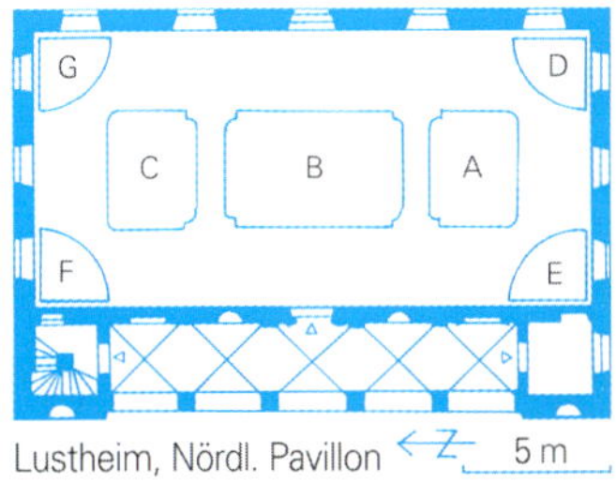

Lustheim, Nördl. Pavillon

Flache Voutendecke mit drei Freskenfeldern in Quadratura-Malerei (Rotsandstein imitiert). Bisherige Zuschreibung an C. G. Stuber wohl nicht haltbar; Entstehungszeit: spätestens 1690.
Tageszeiten: **A** *›Aurora‹ – Morgen (auf Mittelbild orientiert),* **B** *›Phoebus-Apollo‹ – Mittag,* **C** *›Luna-Diana‹ – Abend (auf Mittelbild orientiert).*
Jupiter-Szenen *mit inschriftlichen Hinweisen auf Herrscher-Ikonographie):* **D** *Jupiter als Kind,* **E** *Jupiter und Minerva,* **F** *Jupiter und die Drei Parzen,* **G** *Jupiter verjagt Saturn.*

Zirkelbauten Schloß Lustheim auf kreisrunder ›Insel‹ im Zentrum einer achtstrahligen Gartenanlage (→ Parkplan S. 381) errichtet; die beiden Pavillons als Kopfbauten einer ringförmigen »Galleria« und »Orancheria« vorgesehen, deren Bau durch Max Emanuel 1695 angeordnet anstelle der von Zuccalli in seinem Gartenplan (1690) konzipierten doppelreihigen Halbkreisallee. ***Beschreibung:*** An beide Pavillons ursprünglich gegen Osten zwei Achtelkreise als zweigeschossige *Galerien* mit Erdgeschossarkaden angefügt, der verbleibende Viertelkreis aus zwei *Orangerieflügel* (abwechselnd Kolonnaden und Wandfelder mit Nischen) bestehend, unterbrochen durch Lücke mit freiem Zugang zum Umland (Fortführung der Westostachse des Parks in Richtung Garching). Nach Entwurf Zuccallis um 1695-1700 langsamer Baufortschritt; erst 1718 Stuckarbeiten (von Marazi) an Orangerie überliefert, 1719 Errichtung von Dachbalustraden mit Ziervasen (von Matteo) auf nördlichem Pavillon (und wohl auch auf allen Lustheimer Gebäuden: vgl. Gemälde von Beich 1718, Stich Corvinus/Disel um 1723), doch bereits 1729 wieder abgetragen (zunehmende Baufälligkeit); unter Karl Albrecht Verfall (1735/36), ruinöser Zustand 1741, danach um 1750 abgebrochen.

Bedeutung: Schloß Lustheim Zuccallis selbstständigstes Werk, das die stilistischen Merkmale seiner Architektur (wie von Serlio und Palladio angeregt) weitgehend unverfälscht zeigt; typologisch von der italienischen ›Villa suburbana‹ bestimmt, jedoch Palladios symmetrische Zuordnung der vom Hauptsaal direkt erreichbaren Appartements übernommen. In der Verschmelzung von Jagdhaus, ›Lustgebäu‹ und Wohnschlösschen damals ohne Vorbild und dadurch architekturhistorisch beispielhaft. Stilgeschichtlicher Auftakt des spätbarocken höfischen Schloßbaus in Bayern, das dem Reich der Diana gewidmete Bildprogramm der großflächigen Deckenmalerei erster bedeutender Freskenzyklus des Barocks in Deutschland. – Wegen der Lage auf kreisförmiger Insel als ›paradiesisches Eiland‹, als ›Isle enchantée‹ und in Anspielung auf das mythische Kythera als ›Insel der Glückseligkeit‹ interpretiert. – Renatuskapelle einziger von Zuccalli geplanter und noch weitgehend erhaltener Sakralraum.

Schloß Lustheim, Meißener Porzellansammlung: *Allegorie Amerika* von Kändler und Eberlein, 1745/47.

Meißner Porzellan-Sammlung Ernst Schneider* im Erdgeschoss und Kellergeschoss von Schloß Lustheim (Zweigmuseum des Bayerischen Nationalmuseums): 1967 Angebot, die weltberühmte Sammlung nach München zu geben, wenn separate Aufstellung in einem Barockbau möglich; Zustandekommen der Stiftung 1968, nachdem Lustheim als Museum festgelegt. Restaurierung (seit 1961) abgeschlossen 1971, Eröffnung 1972. ***Bedeutung:*** Neben der Sammlung im Dresdner Zwinger die Schneider-Stiftung die repräsentativste Kollektion von Meißner Porzellan: in 15 Sälen über 1800 Objekte ausgestellt. Die Sammlung umfasst kostbarste Meißner Geschirre, Tierfiguren und Tafelaufsätze von den ersten Versuchen Böttgers bis zu Meißner Porzellan aus der Zeit des Siebenjährigen Kriegs. (Eintrittszeiten → S. 44).

Park* Zwischen → Neuem Schloß und → Schloß Lustheim angelegter Park, der in seiner streng geometrischen Gestaltung auf italienisch/französische Gartenbaukunst des Barock zurückgeht und die Kanäle in die Disposition mit einbezieht. (Wasserzuführung durch weiträumig angelegtes → Kanalsystem, gespeist von Würm und Isar. ***Geschichte*** ähnlich wechselvoll wie Anlage und Ausbau der Schlösser: *1. Projekt* von Zuccalli zwischen Altem Schloß im Westen und Schloß Lustheim im Osten (entstanden wohl 2. Hälfte 1680er Jahre, möglicherweise bereits bei Baubeginn von Lustheim 1684?): Park östlich halbrund geschlossen, im Süden und Norden durch die Seitenkanäle (angelegt 1689-96). Mit Baubeschluss für Neues Schloß (Grundstein: 1701) Änderung der bisher italienisierenden Parkplanung im Sinn französischer Gestaltung: *2. Projekt* um 1701-03, wohl von Carbonet (1703/04 in München): vom Neuen Schloß bis Lustheim Parterre mit Broderien und Rasenflächen sowie Mittelkanal, jenseits der begrenzenden Seitenkanäle Boskettzonen (Verbreiterung der schmalen Anlage auf das Doppelte); durch Spanischen Erbfolgekrieg nicht ausgeführt. – *3. Projekt* von Desgots im Auftrag von Max Emanuel um 1713-15 ausgearbeitet: in westlicher Hälfte (vor Neuem Schloß) reich gestaltetes Parterre mit Broderien, abgeschlossen durch Kaskade, gefolgt von östlicher Hälfte (bis Lustheim) mit Mittelkanal, flankiert von unterschiedlich gestalteten Boskets, auch jenseits der Seitenkanäle. – Dagegen greift beim *4. Projekt* de Cotte 1714/15 auf Zuccallis Planschema zurück, sieht neben der Längsachse eine deutliche Querachse vor sowie eine strengere und variablere Abfolge der einzelnen Kompartimente; auch hierbei Boskettzonen jenseits der Seitenkanäle vorgesehen. – Das *5. Projekt* von Girard (bald nach 1715) Grundlage für Ausführung ab 1717 unter Übernahme von Zuccallis Konzept (s. u.: Beschreibung). Die für Kaskade vorgesehenen Bleiplastiken (Masken von Dubut 1719, vier Gruppen Delphinreiter von G. de Groff 1724), zwei vergoldete Bleivasen von Villemotte 1723 nach Nymphenburg versetzt, heute verschollen; ebenso vier Flussgöttinnen (von Volpini 1723/24), dagegen erhalten die beiden Marmorfiguren Herkules und Pallas (von Volpini 1718/21 bzw. 1722/23) an Kaskade im Nymphenburger Park (→ S. 281), am ursprünglichen Ort 1999 Kopien aufgestellt. – Anfang 19. Jh. überlässt *F. L. v. Sckell* in einem Vorschlag (1801) den Park seinem »natürlichen« Wuchs, 1865 restauriert *K. v. Effner* im Auftrag Ludwigs I. westliches Parterre vor Neuem Schloß nach Girards Plan. – Südlich des rechten Seitenkanals Anlage eines ›landschaftlichen Gartens‹ 1965. Langjährige Renovierungsarbeiten 1999 abgeschlossen mit Rekonstruktion des Parterres (Broderien, Rasenflächen, vier Fontänenbassins); Renovierung der Kaskade und Einfügung dreier Fontänen (1999-2001), Aufstellen von Kopien der Herkules- und Pallas-Statuen vor ›Herkules-‹ bzw. ›Pallas-Pavillons‹ des Neuen Schlosses. Veranlasst durch gartenarchäologische Grabungen (1999/2000) weit

Schleißheim, Schloßpark: *Brücke über den Ringkanal bei Lustheim.*

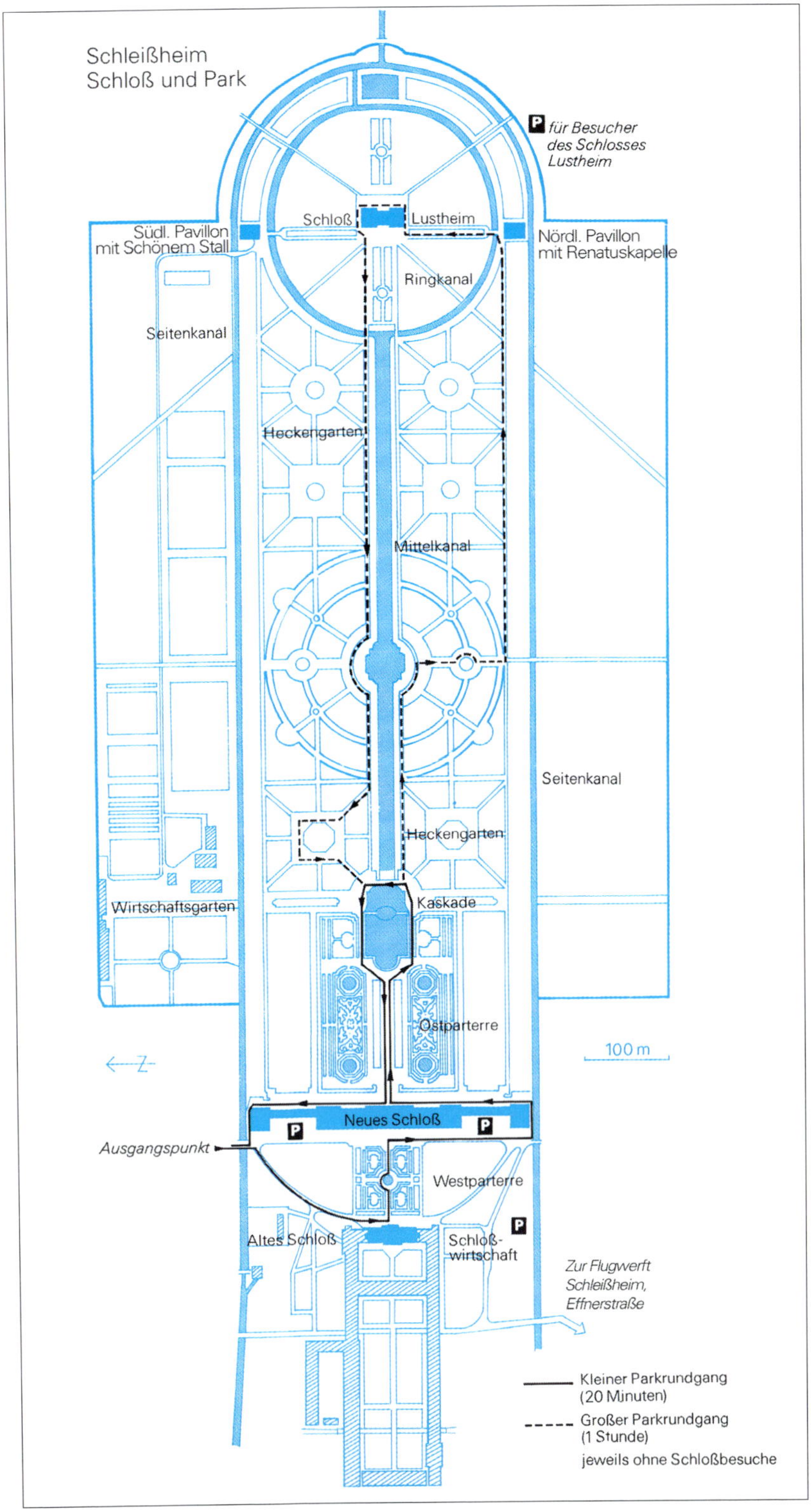

Schleißheim: *Im Schloßpark.*

Schleißheim, Neues Schloß:
Fernblick über den Muttelkanal und das Parterre auf die Ostseite.

Schleißheim, Neues Schloß: ›Ceres‹, Stuckfigur in den Galerie-Arkaden, um 1883.

reichende Restaurierungsvorhaben (u. a. Rekonstruktion der beiden Fontänenalleen im Ostparterre, Umgestaltung der Boskettzonen) als Rückführung zum barocken Original. ***Beschreibung:*** Breite des Parks durch Anlage der beiden Seitenkanäle bestimmt, die ursprüngliche Länge (rd. 1400 m) vom Alten Schloß bis Schloß Lustheim um ›westliches Parterres‹ zwischen Altem und Neuem Schloß verkürzt. Durch dessen Errichtung in voller Breite Umorientierung des Parks von West nach Ost: vor Neuem Schloß großes, leicht eingesenktes Parterre mit Broderien, mittlerer Promenade und großem Bassin mit Kaskade; diese gespeist vom höher gelegenen Mittelkanal. In seiner Achse als Point de vue im Osten Schloß Lustheim auf einer durch einen Ringkanal gebildeten Insel. Dem östlichen Kanalhalbkreis ist ein weiterer, größerer zugeordnet, in dem die beiden Seitenkanäle zusammenfließen. Beiderseits des Mittelkanals Auffahrtsalleen, von sechs Boskettbereichen (mit nicht ausgeführten Wasserbassins) begleitet, getrennt durch einen großen quadratischen Boskettgarten, dem zwei konzentrierte Kreise eingeschrieben sind und dessen Zentrum mit einer bassinartigen Ausweitung der Kanalachse genau in der Mitte zwischen Neuem Schloß und Lustheim zusammenfällt. (Bemerkenswert: die hier nord-südlich verlaufende Querachse auf die rund 12 km entfernte St. Michaels-Kirche an Neuhauser Straße ausgerichtet – Beispiel für die auf Geometrie beruhende Raumordnung des Barock; vgl. Schloß Fürstenried, Gesamtanlage Schloß Nymphenburg.) ***Bedeutung:*** Trotz Eingriffe in historisch überlieferten Bestand (v. a. im 19. Jh.) lässt sich durch wieder aufgefundene, auf Girard zurückgehende Planunterlagen der barocke Originalbestand weitgehend rekonstruieren. Nach Abschluss der 2000/01 begonnenen umfangreichen Arbeiten wird der Schleißheimer Park, neben dem Herrenhausener Park (Hannover), die einzige erhaltene Gartenanlage des Absolutismus in Deutschland sein.

FLUGWERFT SCHLEISSHEIM (Effnerstraße 8) ☐ 27

Als *Zweigmuseum* des Deutschen Museums ›Nationales Zentrum für die Geschichte der Luft- und Raumfahrt‹; Aufbau des Museums ab 1985. ***Geschichte:*** Mit der Aufstellung einer ›Königlich bayerischen Fliegertruppe‹ (1912) gleichzeitig ein Gelände südwestlich der Schlösser Schleißheim (→ S. 371 ff.) zum *Militärflugplatz* ausgebaut; zugleich *Postfliegerstation.* Kurz vor 1. Weltkrieg wird Fliegertruppe eigene Einheit aus Fliegerkompanie und Fliegerschule (›Militärfliegerstation Schleißheim‹), ergänzt durch eine Fliegerfunkschule, deren Lehrmittelsammlung nach 1918 durch Übernahme in den Bestand des Deutschen Museums gerettet wurde. (Bei der Werftkompanie ver-

Flugwerft Schleißheim: *Ausstellungshalle.*

brachte Paul Klee vom August 1916 bis Januar 1917 einen Teil seiner Rekrutenzeit, u. a. mit Anstreicharbeiten betraut.) Während des Kriegs weiterer Ausbau des Flughafens (u. a. zentrales Werftgebäude, Großflugzeughalle; die Flugzeugmeisterei blieb Planung). Nach Auflösung der Fliegertruppe 8.5.1920 Errichtung einer bayerischen ›*Polizei-Fliegerstaffel*‹; deren Auflösung durch Siegermächte 1921 verfügt, jedoch in ›Flugüberwachung Bayern-Süd‹ ohne eigene Flugzeuge umgewandelt. – Die »Grundstrukturen deutscher Luftfahrtgeschichte spiegeln sich in der Geschichte Schleißheims in der Weimarer Republik« (Hellmuth Trischler). – Schleißheim entwickelte sich zu einem Zentrum für Flugverkehrsgesellschaften: 1919 Gründung des *Bayerischen Lloyd*, planmäßige Post- und Passagierflüge (ab 11.4.1921 nach Konstanz), der Lloyd 1923 vom größeren *Junkers-Luftverkehr* übernommen. Ab 1922 wird Schleißheim durch Ernst Udet (›Udet-Flugzeug GmbH‹) als Werkflugplatz benutzt. 1923 gründet Hugo Junkers in der Schleißheimer Schloßgaststätte die multinationale *Trans-Europa-Union* (›TrEU‹) mit Oskar von Miller als Vorsitzendem (und damit Verbindung zum Deutschen Museum). 1925 Gründung des *Süddeutschen Aero-Lloyd*, 1926 der *Süddeutschen Luft-Hansa* (auf staatlichen Druck umgewandelt zur *Deutschen Luft-Hansa* als Einheitsgesellschaft des deutschen Luftverkehrs); 1927 Errichtung einer Niederlassung der 1925 in Berlin-Staaken etablierten *Deutschen Verkehrs-Fliegerschule* (›DVS‹, 1934 nach Cottbus verlegt). – Schleißheim bereits seit 1922 Ausgangspunkt von sog. ›Pionierflügen‹ (wie Landung Franz Hailers 1922 auf Zugspitzplatt, 1925 und 1926 Überquerung der Alpen) oder Schauplatz fliegerischer Großveranstaltungen (z. B. 1925 anlässlich der Deutschen Verkehrsausstellung). Durch Anlage des Verkehrsflughafens München-Oberwiesenfeld ab 1928 (→ S. 127) Ende des zivilen Werftflugplatzes Schleißheim.

Flugwerft Schleißheim.

Neben ziviler Luftfahrt diente Schleißheim in den 1920er Jahren auch als geheime *Ausbildungsstätte für Militärpiloten*, die (wie Mölders, Galland u. a.) zur Elite der späteren – 1934 noch getarnten, ab 1935 offiziell aufgebauten – Luftwaffe gehörten; bis 1936 einzige *Jagdfliegerschule* im Deutschen Reich, 1940 umgewandelt in *Zerstörerschule*. Ab 1942 Leitstelle für Tag- und Nachteinsätze der *Luftverteidigung* in Süddeutschland; erster alliierter Großangriff am 21.12.1942; 1943 Baubeginn eines *Führungsgefechtstands* für Einsätze der Jagdflugzeuge im süddeutschen Raum. Schwerster Luftangriff auf Schleißheim am 22.7.1944; bei Kriegsende Oberschleißheim der am stärksten zerstörte Ort im Landkreis München. Ende April 1945 kampflose *Übergabe* des Fliegerhorsts an US-Armee.

Nach notdürftiger Instandsetzung von *US Air Force* genutzt (Stationierung von B-26-Bomben); 1946 Sprengung der Startbahn, kurz darauf (1947) ihre Wiederinstandsetzung wegen beginnender Ost-West-Konfrontation. 1950 Errichtung eines modernen Tower, in der einzigen *Fliegerschule* außerhalb der USA Ausbildung von Helikopter-Piloten für Vietnameinsätze. Bereits 1964 Stationierung der *Fliegerstaffel Süd* des Bundesgrenzschutzes, Abzug der US-Einheiten 1968, Übergabe an Bundesrepublik 1973; Auflösung der letzten Bundeswehreinheit 1981. Seitdem nur noch Flugplatz für Sportfliegerei, Halle als Depot für historische Flugzeuge verwendet. 1983 Gründung eines *Vereins für Erhaltung der Flugwerft* (›Der Werftverein‹), Gebäude teilweise unter Denkmalschutz gestellt. 1983/84 Vorentscheidung zur Errichtung einer *Zweigstelle des Deutschen Museums*; 1985 Beschluss, die Werft zu sanieren und gleichzeitig Bau einer neuen Ausstellungs- und Restaurierungshalle für Einrichtung des *Zentrums für die Geschichte der Luft- und Raumfahrt*. ***Beschreibung*** der Bauten und ihre ***Bedeutung:*** An Nordseite des Flugfelds Errichtung der Gebäude in Anlehnung an das Konzept der Werft der Flieger-Ersatzabteilung in Fürth bei Nürnberg; 1912-13 Bau der *Kommandantur* (nach Plänen von Baurat Besold), das älteste erhaltene Flughafengebäude Deutschlands; gleichzeitig Errichtung von ersten *Flugzeughallen* in Holzbauweise sowie Bau der *Wache* (vollendet 1913); 1914 Erweiterung durch sog. *Kraftwagenhalle* nach Osten, sonstige Gebäude zunächst an Westseite des Platzes; 1917 Errichtung des 14 m hohen *Torturms* (sog. ›Flugwarte‹) und Bau der *Werft* mit der ›Rüsthalle‹ (vollendet 1919). Während sich die bisher erstellten Bauten formal den Gebäuden der benachbarten Schloßanlage unterordneten, wurde für die Werft (Bauausführung und evtl. Entwurf: Fa. Rank) eine gewölbte Deckenkonstruktion aus Eisenbeton-Dachbindern gewählt, eine architekturhistorisch bedeutsame Bauweise, die der 1916 von Eugène Freyssinet in *Orly bei Paris* errichteten Luftschiffhalle (1944 zerstört) entspricht und die (als ›Plastische Architektur‹) in der Flugzeughalle von *Orvieto* (Pier Luigi Nervi, 1935/36) oder im TWA-Empfangsgebäude des New Yorker *Kennedy-International-Airport* (Eero Saarinen, 1956-62) weiterentwickelt ist. Außer *Kommandantur, Wache* mit Flugwarte und *Werft* keines der nennenswerten Gebäude vor 1919 erhalten, dagegen die beiden nach 1935 am Südwestrand des Flugplatzes erbauten *Junkers-Hallen* (zwei- und dreibogige Hangars, bei denen Prinzipien der Flugzeugkonstruktion auf Bautechnik übertragen wurde; Entwurf: H. Junkers) den Krieg überstanden; eine der beiden Hallen derzeit vom Deutschen Museum als Depot genutzt. – Nach Übernahme der Flugwerft Schleißheim veranlasst Deutsches Museum Restaurierung der erhaltenen Gebäude; 1988 bundesweiter *Wettbewerb* für Neubau einer erweiterten Ausstellungshalle sowie einer Halle für Restaurierungsarbeiten: unter 99 Einsendungen 1. Preis und Ausführungsauftrag an Reichert, Pranschke und Maluche (Architekten) sowie an H. Seeberger (Tragwerkplanung): westlich der Altbauten das (konventionelle) *Restaurierungsgebäude* (sog. ›Gläserne Werkstatt‹) mit Besuchergalerie im Obergeschoss, daran anschließend die *Ausstellungshalle* mit der vollständig verglasten Front zum Flugfeld, die geschwungenen Tragwerksdächer über gesamtem Ausstellungsraum von Stahlpylonen abgespannt; Baubeginn Frühjahr 1990, Eröffnung des Museums 12.9.1992. – Unter historischem Aspekt betrachtet ist Flugwerft Schleißheim Schauplatz der Pionierepoche der Fliegerei in Deutschland, verstrickt in die einschränkenden Bedingungen des Versailler Vertrags und in die Kriegspolitik des 3. Reichs. *Werfthalle* und *Kommandantur* älteste original erhaltene Flughafengebäude in Deutschland (vielleicht sogar der Welt); in ihrer architektonischen Form Kompromiss zwischen traditionellen Gebäudeteilen und modernem ›gefalteten‹ Bogentragwerk über Werfthalle. Die Neubauten vorbildlich gestaltete Ingenieurarchitektur.

Museum (→ S. 44): Eingang an historischer ***Werfthalle***: Einführung in die technischen und wirtschaftlichen Aspekte der Luftfahrt; Exponate: *Douglas DC 3*, Bomber *Heinkel He 111* und *Halberstadt CL IV*, Segelflugzeug *Olympia Meise*. Im westlichen Gebäudeteil frühe Flugapparate (Lilienthal, Wolfmüller, Vollmoeller) und Exponate zu *Luft- und Ballonfahrt*. Im anschließenden Flügel der ***Kommandantur*** *Geschichte des Flugplatzes*; gefolgt von ***›Gläserner Werkstatt‹***, in der Reparatur, Restaurierung und Konservierung alter und jüngerer Flugzeuge beobachtet werden können. In der neuen ***Ausstellungshalle*** (nordöstlicher Teil) Geräte für *Flugsimulation* und *Flugtraining*, ferner *Leicht-* und *Sportflugzeuge* sowie *Lastensegler DFS 230*; im mittleren Bereich Militärflugzeuge (u. a. *Dornier Do 24 ATT, Lockheed F-104 ›Starfighter‹, MiG 15*, Prototyp des *Überschalljägers HA 300*, der Deltaflügler *Saab 35 ›Draken‹*, die russische *Antonow Au-2*); im südwestlichen Teil *Senkrechtstarter VAK 191 B* und Hubschrauber (u. a. *Sikorsky S 58, SE 3130 ›Alouette‹*) sowie die erste Stufe der *Europa-I-Rakete*; um die Flugzeuge gruppiert *Triebwerke, Bodengeräte, Schleudersitze* usw. Von der Decke hängend Segelflugzeuge (u. a. *Grunau Baby, ›Musculair 2‹*). Sanierung der Junkers-Hallen als begehbares Depot des Deutschen Museums.

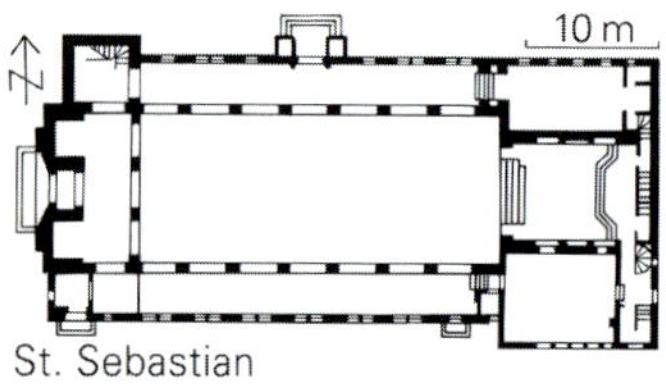

St. Sebastian

SCHLEISSHEIMER STRASSE 212 ☐ 15

St. Sebastian Nach Wettbewerb 1927 Auftrag zum Neubau der Pfarrkirche (mit östlich anschließendem Pfarrhaus) an O. O. Kurz und Herbert; *Grundstein* 1928, *Weihe* 1929. Presbyterium und Langhaus 1944 zerstört, dabei Verlust der ursprünglichen Altarplastiken (von Scheuerle) und der Ausmalung (von Kozics und Rupprecht); 1946-49 rekonstruierender Wiederaufbau durch Höhne; letzte Renovierung 1983/84. (Anbau eines Gemeindehauses nach Plänen von Beck, Enz und Yelin.) ***Beschreibung:*** Typus einer dreischiffigen Basilika in unverputztem Klinker, über Presbyterium ›Vierungs‹-Turm unter Pyramidendach, an nördlichem Seitenschiff angefügter hoher West-*Turm* mit eingeschnittenen Eocköffnungen als Schalllöcher der Glockenstube, zurückgesetztes Zeltdach. *Hauptfassade* mit leicht vorgezogenem Mittelschiff unter Walmdach. Über Hauptportal Steinskulptur des Titelheiligen (E. Kurz 1929), über nördlichem Seitenportal Lamm Gottes (Giesin 1929). – Das basilikale *Innere* auf klare Formen reduziert: Presbyterium mit Tonnengewölbe, im Gemeinderaum kahle Hochschiffwände und schmale Fenster, schmucklos eingeschnittene Durchgänge zu den niedrigen Seitenschiffen. Die neue Flachdecke von W. Braun bemalt, Hochaltar und Ambo von Friedrichsen (1966), Kreuzweg (Mosaik) in ehemaliger Taufkapelle von Moroder (1966). ***Bedeutung:*** Der in eindeutigen stereometrischen Formen errichtete Bau gehört neben St. Gabriel in Bogenhausen (Kurz und Herbert 1925-26) und der evangelischen Auferstehungskirche im Westend (Bestelmeyer 1930-31) zu den wenigen bemerkenswerten Sakralbauten in den Formen des ›Neuen Bauens‹ (dessen organische weitere Entwicklung durch die Nazis gewaltsam verhindert). – St. Sebastian bildet mit den nördlich und südlich nach Plänen von Kurz und Herbert errichteten Wohnblöcken (Beispiel für ein kirchliches Wohnbauprogramm) ein architektonisch einheitliches Ensemble.

SCHLOSS BLUTENBURG* ☐ 28

Ehemaliges Lust- und Jagdschloss der bayerischen Herzöge (etwa 1425-1613 genutzt), 1441 durch Erwerbung des Dorfes Obermenzing vom Kloster Wessobrunn zur ›Hofmark Menzing‹ erhoben. Besitzer: ca. 1425-63 Herzog Albrecht III. (1432-35 Aufenthalt mit Agnes Bernauer!), 1467-1501 Herzog Sigismund, 1663-76 Kurfürstin Henriette Adelaide, 1702-30 Kurfürstin Therese Kunigunde, 1801-25 König Max I. Joseph; dazwischen an Adelige und verdiente Beamte verpfändet oder auch verkauft, darunter 1676-1702 an Freiherrn v. Berchem, der durch Restaurierung und Umbau das heutige Aussehen der Anlage weitgehend bestimmt hat. – 1690 Treffen Max Emanuels mit Kaiser Leopold I.; 1827 Staatsgut, bis 1976 an wechselnde Nutzer verpachtet, 1979-83 durch A. und H. Schnierle Gesamtrestaurierung und Adaptierung für *Internationale Jugendbibliothek* (→ S. 387). ***Beschreibung:*** Auf Insel zwischen zwei Armen der Würm (der östliche zu zwei Seen aufgestaut) errichteter mehrteiliger burgähnlicher Schloßkomplex, von Norden zugänglich: beiderseits des *Torturms* zweigeschossige flankierende Trakte, in der Flucht des westlichen *Schloßkapelle* (s. u.) mit rechtwinklig angefügtem Baukörper unter hohem Satteldach (›Alter Saalbau‹) und anschließendem Wehrgang; gegenüber das lang gestreckte ehemalige Ökonomiegebäude (›Neuer Saalbau‹) sowie niedrigeres Gebäude: diese drei Flügel das ***Äußere Schloß*** bildend, vierte Seite gegen Süden zum ***Inneren Schloß*** offen: auf nahezu quadratischem Areal mit vier durch Wehrmauern verbundenen Ecktürmen, an der Westseite das dreistöckige *Herrenhaus* mit hohem Walmdach.

Schloß Blutenburg.

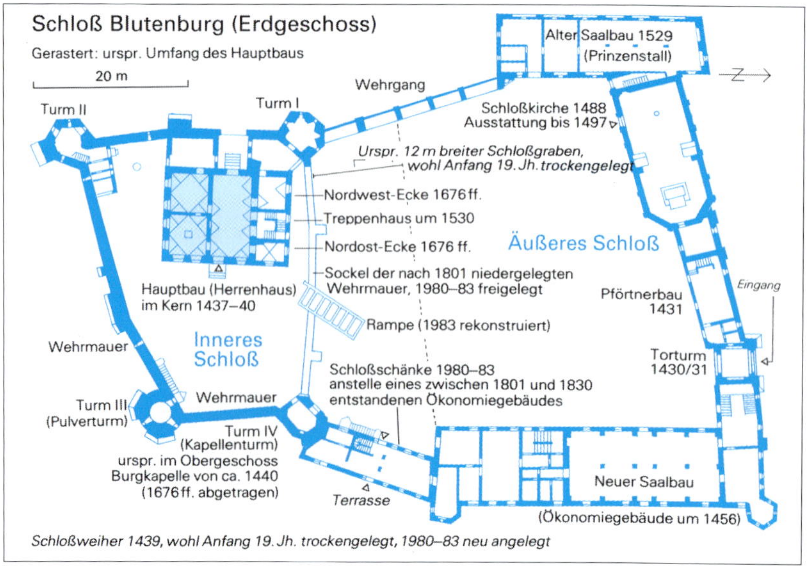

Schloß Blutenburg, *Schloßkirche.*

Baugeschichte: An der Stelle einer etwa 1200 auf einer Würminsel errichteten Wehranlage (Fundamente eines Wehrturms 1981 im Südostraum des Herrenhauses festgestellt) bestehender wittelsbachischer Besitz (1425: »Bluytenburg«), 1432 erstmals sicher erwähnt, wohl in den 30er Jahren zur zweiteiligen Wasserburg »Plüdenburg«/ »Pluedenburg« umgebaut und erweitert (dabei 1439 Verbreiterung eines Würmarms zu einem Weiher): *Inneres Schloß* mit zweigeschossigem Hauptbau auf quadratischem Grundriss und einer hohen Wehrmauer zwischen vier zinnenbekrönten Ecktürmen; der zwischen Pulver- und Kapellenturm (Turm III und IV) eingefügte Ostbau 1676 ff. abgetragen; an der Nordseite heute zugeschütteter Graben und anschließend *Äußeres Schloß*, in 2. Hälfte 15. Jh. ausgebaut: an Ostseite um 1456 Ökonomiegebäude (heute ›Neuer Saalbau), Torbau mit Pförtnerhaus und ab 1488 Errichtung der Schloßkirche; der westlich angefügte Prinzenstall (heute ***›Alter Saalbau‹***, hier Studienbibliothek und Katalogabteilung eingerichtet) erst 1529 errichtet; zwischen 1801 und 1830 anstelle einer (vom Schloßgraben unterflossenen) Wehrmauer zwischen Kapellenturm und Neuem Saalbau Ökonomiegebäude eingefügt (1980-83 zur Schloßschänke umgestaltet). Gärtnerische Gestaltung der reizvollen Freianlagen durch Teutsch. – ***Herrenhaus*** ca. 1437-40 als zweigeschossiger, walmdachgedeckter Hauptbau mit vier Fensterachsen an der Ostseite errichtet, um 1530 an der Nordseite durch nicht ganz mittiges Treppenhaus auf quadratischem Grundriss erweitert und durch zweites Obergeschoss erhöht, 1676 ff. durch Ergänzung der Nordwest- und Nordostecke zu geschlossener Rechteckanlage ergänzt. (1979-83 Einrichtung von Direktion und Verwaltung der Internationalen Jugendbibliothek.) ***Wehrmauern*** auf drei Seiten das Innere Schloß umgebend, 1676 ff. auf heutige (Erdgeschoss-)Höhe abgetragen; einzig die Westmauer des Äußeren Schlosses in ursprünglicher Höhe mit Wehrgang erhalten. Die ***vier Türme*** über Eck stehend in die Wehrmauer eingefügt, in ihrem Bestand dem 14. Jh. angehörend, erst nach 1676 auf jetzige Höhe gebracht und mit steilen Zeltdächern versehen; mit Ausnahme des Turms III (›Pulverturm‹) waren die Türme polygonal und dreistöckig (über Untergeschoss); im obersten Geschoss des Turms IV Burgkapelle St. Andreas und Georg eingebaut (›Kapellenturm‹); in den Türmen I, III und IV heute Studios und Lesestuben eingerichtet, in Turm II Geschäftsstelle der ›Freunde Schloß Blutenburg‹. – An der Ostseite ***Neuer Saalbau***, um 1456 als Ökonomiegebäude errichtet: zweigeschossig unter Satteldach mit Dachfenstern, an der Außenseite die polygonalen Stümpfe zweier Ecktürme (heute im Erdgeschoss Jugendbuchausleihe, im Obergeschoss Saal für

Wechselausstellungen und Konzerte); nach Westen im rechten Winkel anschließend zwei niedrigere Flügel beiderseits des ***Torturms***; über Tordurchfahrt zwei Geschosse, darüber Pyramidendach. – Rechts neben Tor Bronzetafel zum Gedenken an Jella Lepmann (1891-1970), Gründerin (1948) der
Internationalen Jugendbibliothek, seit 1983 im Schloß Blutenburg untergebracht, ihr Träger seit 1996 die ›Stiftung Internationale Jugendbibliothek‹. Im linken Flügel beim Torturm *Jella-Lepman-Saal* und *Walter-Trier-Galerie* (mit ›Malstudio‹ 1994), *Erich-Kästner-Zimmer* (im Torturm, 1990), 1996 Eröffnung eines eigenen *Museums für Michael Ende* (1929-95; → S. 49).

Schloßkirche Hl. Dreifaltigkeit* im Nordflügel des Äußeren Schlosses: 1488 unter Herzog Sigismund wohl durch Bauhütte der Frauenkirche errichtet, möglicherweise noch geplant von Jörg von Halsbach (nach Ansicht von Norbert Lieb durch Rottaler, von Volker Liedke durch Trager erbaut), um 1490 ausgestattet. ***Äußeres:*** Verputzter Backsteinbau mit flachen Strebepfeilern, darüber der farblich restaurierte gemalte Fries (Flechtwerk und wittelsbachische Wappen: möglicherweise von Fuetrer) unter dem steilen Dach mit barockem Giebelreiter (nach 1676 anstelle eines wohl gotischen aufgesetzt); Spitzbogenportal und Blendfeld mit Darstellung des Gnadenstuhls in Stufengiebelfeld eingefügt, dazwischen Jahreszahl 1488; in Sockelzone (hinter Schutztafeln) spätgotische Wandbilder (1. Feld: Hl. Sippe, 2.: Anbetung der Könige, 3. und 4.: zerstört). ***Inneres:*** Einschiffiges Langhaus mit Maschennetzgewölbe auf Wappenkonsolen, kaum abgetrennter Chorraum (einjochig mit 3/8-Schluss unter sechsstrahligem Chorhauptstern). Altäre mit kielbogigen Tafelbildern von Polack (1491). *Flügel-Hochaltar** Dreifaltigkeit in der Glorie (›Gnadenstuhl‹); Gespreng: Christus als Weltenrichter mit Maria und Johannes, Adam und Eva; Predella: vier Evangelisten; linker Flügel: innen Taufe Jesu, außen Hl. Sigismund; rechter Flügel: innen Krönung Mariä, außen Hl. Bartholomäus mit dem Stifter Herzog Sigismund. *Linker Seitenaltar:* Christus als König; Predella: 14 Nothelfer; Gespreng: Christus. *Rechter Seitenaltar:* Verkündigung Mariä, 1491 datiert; Predella: Hl. Sippe; Gespreng: Maria. *Plastiken:* an den Wänden zwölf Apostel mit auferstandenem Christus und Maria*, zurückhaltend polychrom gefasste Holzfiguren (2/3 Lebensgröße), bisher dem sog. ›Meister der Blutenburger Apostel‹ (Grasser-Umkreis) zugewiesen, von Liedke Ölgast vorgeschlagen, neuestens (von K. Otto) M. Haldner (und Werkstatt) zugeschrieben – was unterschiedliche künstlerische Qualität der zwischen 1490 und 1495 entstandenen Skulpturen erklären würde; neben Madonna beste Arbeit der Hl. Bartholomäus. – Im Altarraum fialenartiges *Sakramentshäuschen* (1489), *Glasfenster* (Entwurf wohl Polack): 16 Szenen von Verkündigung bis Passion, darüber 16 Wappenscheiben der Wittelsbacher und verwandter Geschlechter (u. a. der mailändische Wurm der Sforza), eine Scheibe datiert 1497. ***Bedeutung:*** Charakteristischer spätgotischer herrschaftlicher Landsitz von einmaliger Geschlossenheit als Gesamtkunstwerk, dessen Ikonographie in der Kapelle deutlich wittelsbach-dynastische Bezüge aufweist. Kapelle stimmungsvolles, unversehrt spätgotisches Kleinod mit einzigartig qualitätvoller Ausstattung, eine der besterhaltenen des Mittelalters überhaupt. Die Figuren, vorab die ›Blutenburger Madonna‹ in eleganter Lineatur des Faltenwurfs und vornehm verhaltenem Ausdruck, zählen zu den höchsten Leistungen der altbayerischen Spätgotik.
In unmittelbarer Nähe zum Schloß: südlich in Grünanlage an der Amper, am Pilgerweg nach Santiago de Compostela, ein barocker spanischer *Bildstock* (Vorderseite: sitzender Hl. Jakobus, Rückseite: Kruzifix), 1983 von der Xunta de Galicia dem Land der Bayern geschenkt.
Nordöstlich des Weihers am Schirmerweg das *Todesmarsch-Mahnmal* (errichtet April 2001) zum Gedenken an die Leiden von über 10 000 Häftlingen aus dem KZ Dachau, die Ende April 1945 »evakuiert« und ins bayerische Oberland getrieben wurden: bisher über 20 Abgüsse des Denkmals (Entwurf von Pilgrim) in allen Orten aufgestellt, durch die der Todesmarsch zog.

Blutenburg, Schloßkirche Hl. Dreifaltigkeit: *Gnadenstuhl*, Mitteltafel von Jan Polack aus dem Flügel-Hochaltar, 1491.

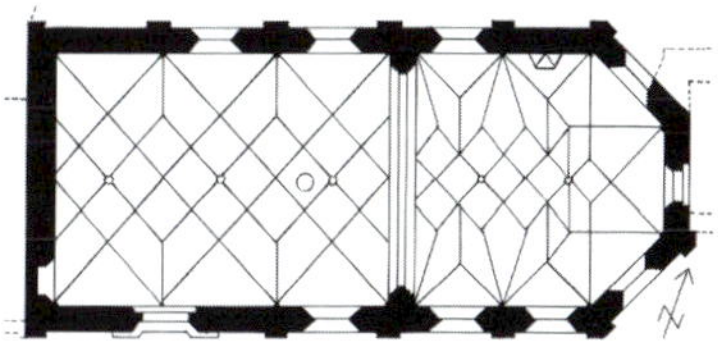

Blutenburg, Hl. Dreifaltigkeit 5 m

SCHLOSS NYMPHENBURG □ 13, 17

Schloß Weitläufige, zwischen 1668 und dem 20. Jh. zusammengewachsene, streng symmetrische Anlage, vom Anfang des 18. Jh. bis Ende der Monarchie 1918 Sommerresidenz der Wittelsbacher: im Zentrum das Hauptschloss mit beherrschendem *Mitteltrakt*, nach Süden und Norden anschließend *Galerien* und beidseitig angefügt je zwei über Eck gestaffelte kubische *Pavillons*. An diese angebaut zwei lang gestreckte niedrigere Baukörper (*Küchenbau* und *Gardemeublebau*), durch südlichen und nördlichen ›Wassergang‹ über den sog. ›Viereckkanal‹ hinweg mit vierflügeligem *Marstall* und *Kavalierbau* im Süden und mit ebenfalls vierflügeligem *Orangerie*- und *Klosterbau* verbunden. Dem rd. 685 m breiten Gesamtkomplex an der Stadt-(Ost-)Seite der *Ehrenhof* vor dem Hauptschloss vorgelagert, erweitert durch eine breit gelagerte ›Cour du château‹ und durch den Halbkreis des → *Schloßrondells*, bis ca. 1779/80 durch eine Ringmauer mit zehn Rondellbauten eingegrenzt. Der von einem großen Bassin (im oberen die stadtseitige Fontäne) ausgehende knapp 2 km lange *Kanal*, an seinem Ende der teichartige *Kessel* mit dem 1954 errichteten ›Hubertusbrunnen‹ (→ Waisenhausstraße); der Kanal, beidseitig begleitet von je 20 Häusern an ›Südlicher‹ und ›*Nördlicher*‹ *Auffahrtsallee*, sollte Achse der 1729/30 geplanten, aber nicht realisierten ›Carlstadt‹ werden. – Vor Garten-(West-)Seite des Schlosses ausgedehnter → *Park*, seine Achse ebenfalls durch einen Kanal bestimmt. – Übersicht über die ***Entwicklung von Schloß Nymphenburg*** (→ Plan unten): Erwerbung von Schwaige Kemnat und Hofmark Menzig 1663, die Kurfürst Ferdinand Maria seiner savoyischen Gemahlin Henriette Adelaide schenkt. Bereits Ende 1662 Beschäftigung des Kurfürsten mit Neubauplänen für eine ›Maison de plaisance‹, dabei Anregungen aus Turin (wie Pläne von Castellamonte 1662), jedoch kein unmittelbarer Einfluss. Ende 1663 steht Raumprogramm fest (vier ›Apartements nobles‹), 1664 erstmals Name »Borgo delle Ninfe«. – Nicht fixierbar der planende Architekt: Hofbaumeister Schinnagl von Kurfürstin abgelehnt; Barelli (seit 1663 in München) möglich: Fundamentaushub für Mitteltrakt 1664 setzt einigermaßen verbindlichen Bauplan voraus; jedoch Anna Bauer-Wild: »Gesamtplanung dieser architektonisch so disparaten Anlage lag offensichtlich in der Hand von Dilettanten … Wahrscheinlich waren an Planung mehrere Personen aus dem Kreis um die Kurfürstin beteiligt, nicht zuletzt P. Spinelli, der sich als Bausachverständiger fühlte«; Henriette Adelaide als »Ideengeberin« denkbar.

Bedeutung: Entwicklung aus Einzelbaukörpern (Barelli, Zuccalli), wie in Italien üblich, und Zubauten mit lang gestreckten Fassaden (Effner) unter Einfluss französischer Architektur zu einer der weitläufigsten und einheitlichsten Schloßanlagen in Mitteleuropa. Als Sommerresidenz der Wittelsbacher im 18. und 19. Jh. Manifestation von dynamischen Ansprüchen des Kurfürstentums und, später, des Königreichs. In ihrem originalen Bestand nahezu unversehrt bis heute erhalten, die Innenräume des Kernschlosses finden im ›Steinernen Saal‹ ihre höchste künstlerische Steigerung.

Beschreibung der Schloßgebäude

A: Mittelpavillon – *Würfelförmiger Baublock zu ursprünglich 13 Front- und elf Seitenachsen, ab 1664 errichtet, 1672 als Rohbau vollendet. Über Erdgeschoss vier Obergeschosse, durch einfache Gurtgesimse getrennt; hohes Walmdach, an jeder Seite Zwerchgiebel, 1678 abgetragen, als Zuccalli kräftigeres Kranzgesims anbringt. 1677-79 Bau der zweiarmigen, gegenläufigen Freitreppe an Ostseite (bis dahin Zugang durch Portal im Erdgeschoss). – Ab 1679 Baustillstand; 1701 durch Zuccalli in beide Schauseiten je drei große Rundbogenfenster in zwei Reihen übereinander eingebrochen, darüber Querovalfenster an Stadtseite, an Gartenseite Rundnischen mit Imperatorenbüsten; zum Gartenparterre gleiche Freitreppe wie an Stadtseite 1701/02 errichtet und Wagendurchfahrt zum Park (1702) angelegt. – Nach Spanischem Erbfolgekrieg 1714 Bauleitung durch Effner: Ersatz der Lisenen durch Kolossalpilaster (an Stadtseite bis unter drittes Obergeschoss, an Gartenseite bis Kranzgesims), darüber Balustrade mit Ziervasen (1739 entfernt); die drei Mittelachsen um1720 durch Dreiecksgiebel akzentuiert, im gartenseitigen Giebel Gipsfiguren von F. de Gabrieli (?) 1722. Die urspr. vier Fensterachsen zu Seiten der Rundbogenfenster auf drei reduziert. 1776 der ganze Baukörper auf Marmorart verputzt. 1826/27 entfernt Klenze die Giebel, ersetzt Übergang zum Dach durch kräftiges, auf Konsolen aufsitzendes hölzernes Kranzgesims. 1953-56 Instandsetzung der Fassaden, grundlegende Renovierung und Wiederherstellung der ursprünglichen Farbigkeit des 18. Jh. (graugrüne Gliederungen auf weißem Grund) zwischen 1970 und 1972.*

B *und* **C:** südliche und nördliche Galerien – *Zweigeschossiger Verbindungsflügel zwischen Mitteltrakt und südlichen sowie nördlichen Pavillonbauten: im Erdgeschoss fünfjochige Korbbogenarkaden als Durchgänge zum Park, im Obergeschoss fünf Rechteckfenster in zurückhaltender Gliederung; darüber Balustrade. Aus erster Bauphase (1668 ff.) zwar nicht dokumentiert, jedoch ab*

1677 mit ersten Pavillonbauten anzunehmen. Dagegen verbürgt die Galeriebauten von Viscardi in zweiter Bauphase (ab 1701) als zweiseitig belichtete Galerien, denen 1795/96 durch M. Verschaffelt gegen den Park kleinere Räume vorgelegt wurden.

D, F *und* **E, G:** südliche und nördliche Pavillonbauten – *Beiderseits von Mitteltrakt und Galerien je zwei Pavillons, deren Staffelung über Eck wohl von Schloß Het Loo (ca. 1685-87) beeinflusst. Im Süden* **D** Königsbau, *Rohbau 1674 (früher »Großer Bavillon gegen Wasserhaus« genannt, zwischen 1715 und 1726 ›Prinzenpavillon‹) und* **F** Knabenbau, *Fundamente 1676 (früher ›Brunnhaus‹ oder ›Wasserpavillon‹, auch ›Mundkuchel- und Zergaden-Pavillon‹); im Norden* **E** Kronprinzenbau *(früher »Großer Bavillon gegen Kapelle« genannt, im 18. Jh. ›Spiegelpavillon‹) und* **G** Kirchenbau *(früher ›Kapellenpavillon‹ oder ›Kapellenstock‹). Die vier Pavillons auf nahezu quadratischem Grundriss und mit gleicher Traufhöhe unter hohen Walmdächern; über rieselverputztem Erdgeschoss durch Lisenen gegliederte zwei Obergeschosse. Königs- und Kronprinzenpavillon jeweils achtachsige Hauptfassaden, die beiden anderen mit jeweils fünf Fensterachsen und Mezzaninfenstern. – Bereits in erster Bauphase zwei Pavillons mit Erdgeschoss und zwei Obergeschossen vorgesehen unter Zeltdächern und aufgesetzten Kuppeln: Der südliche 1674 begonnen, 1675 Rohbau, ab 1677 Innenausbau; für nördlichen Fundamente ausgehoben (1675). Nach Baueinstellung 1679 Abbruch der Pavillons und Abtransport geeigneten Baumaterials zur Errichtung von Schloß Lustheim (→ Schleißheim), ab 1684. – Neubauten durch Viscardi, zugleich mit den Galerien:* Königsbau *1702-1704/05, dem nach Osten ein längsrechteckiger Baukörper mit Innenhof und Exedren an den Schmalseiten angefügt werden sollte (Plan von 1701/02, nicht ausgeführt).* Kronprinzenbau *1703-04 (Anfang 19. Jh. Wohnung von Kronprinz Ludwig im zweiten Obergeschoss).* Knabenbau *1704 und 1714-16, nach Teilabbruch des alten Küchenbaus und Brunnhauses (1673) und Installierung des Brunnwerks (für Fontäne des stadtseitigen Parterres) im Keller.* Kirchenbau *1704 und 1714-16. Abbruch (1702) der weitgehend hölzernen, bereits im 14. Jh. erwähnten Magdalenenkapelle und Neubau einer*

Schloßkirche nach Plänen von Zuc*calli, von Viscardi räumlich gestaltet (geweiht 1715): rechteckiger zweieinhalbgeschossiger Raum zu vier Jochen mit* Kavaliersoratorium *über erstem (südlichem) Eingangsjoch und durch Fenster geschlossenes* Fürstenoratorium *über niedrigem (westlichen) Seitenschiff; hier* Seitenaltar *(Entwurf wohl Effner) mit* Altargemälde *›Hl. Hubertus‹ von Sing. In der*

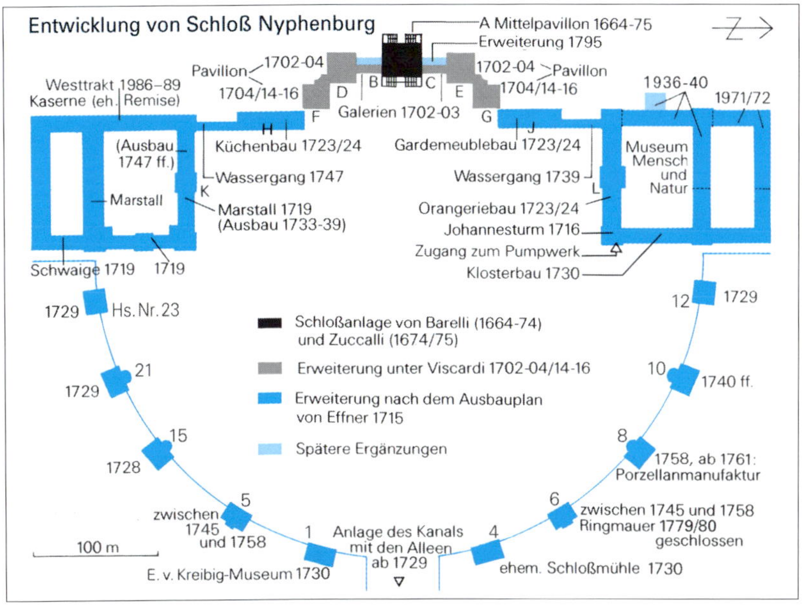

Schloß Nymphenburg: *Audienzzimmer mit* Porträt des Schloßgründers, Kurfürst Ferdinand Maria, und seiner Gemahlin Henriette Adelaide, 1666.

nördlich angefügten, flach abgerundeten Chornische der prächtige Hochaltar, anstelle eines Gemäldes lebensgroße frühbarocke Figurengruppe ›Christus erscheint Maria Magdalena als Gärtner‹ (früher Faistenberger, neuerdings Angermair zugeschrieben); Tabernakel vermutlich von Cuvilliés d. Ä. entworfen und wie die Putti im Umkreis von I. Günther ausgeführt. Raumgliederung (wohl Viscardi 1713) durch kannelierte Kolossalpilaster mit Kompositkapitellen; ursprünglich Stuckfelderdecke von Kögelsberger, umgestaltet im Sinn des Rokoko 1759, mit zwei Gewölbefresken von Mölck bemalt: ›Büßende Magdalena‹ und ›Gastmahl im Haus des Pharisäers‹; rahmende Stuckornamentik von Funck. – Kanzel von Eberhard (frühes 19. Jh.), gegenüber Elfenbeinkruzifix (18. Jh.) aus der ehemaligen Kapelle der Herzog-Max-Burg; seit 1828 große Steinskulptur des Wasserheiligen Johann Nepomuk in der Kirche (von 1732 an vor dem Johannis-Brunnhaus aufgestellt). Im 18. und 19. Jh. auch Pfarrkirche von Nymphenburg/Kemnaten, danach durch Neubau der Christkönigskirche (→ Notburgastraße 17) abgelöst.

H *und* **I:** Küchenbau und Gardemeublebau – *An die beiden äußeren Pavillonsbauten nach Süden und Norden anschließende niedrige, zweigeschossige Baukörper zu je 13 Fensterachsen (mit dreiachsigen Mittelrisaliten), nach Plänen von Effner 1723/24 errichtet: im südlichen ursprünglich ›Comedihaus‹, 1750 als Küchengebäude eingerichtet; der nördliche Trakt für Passspiel und Billard (später für Verwahrung von Möbeln) genutzt. 1739 Errichtung eines neunachsigen Verbindungsgangs zum Orangeriebau (***L***) über den nördlichen Arm des Kanalvierecks hinweg (sog. ›nördlicher Wassergang‹); 1747, bereits unter Bauleitung Gunetzrhainers, Anbau des gleichgestalteten ›südlichen Wassergangs‹ zum Marstall und den Kavalierwohnungen (***K***).*

K: Marstall und Kavalierbau – *Von Effner geplante, ab 1718/19 errichtete, vom Hauptschloss abgesonderte zweistöckige Vierflügelanlage um zwei unterschiedlich große Höfe. Im Nordtrakt gegen Cour du château der* Marstall, *seine 23-achsige Fassade durch drei turmähnliche, dreiachsige Risalite gegliedert: westlich der ›Schwanenturm‹ (erst 1747 durch Wassergang und Küchenbau,* **H**, *mit Hauptschloss verbunden), in der Mitte ›Uhrturm‹ (mit Durchfahrt zum Marstallhof, 1734/1749), östlich, als Eckrisalit, ›Prinz-Karl-Turm‹ (mit Wach- und Arreststube, vollendet 1718); in den verbindenden Trakten im Erdgeschoss die gewölbten, dreischiffigen Stallungen, im Obergeschoss* Kavalierwohnungen *(1719, Ausbau durch Effner, Gunetzrhainer und Cuvilliés 1733-39); 1747 ff. Einrichtung der* Hofwagenburg. *An Prinz-Karl-Turm gegen Süden angefügt der östliche* Kavalierbau, *durch gleich gestalteten Eckrisalit (›Bauschreiberturm‹) abgeschlossen (errichtet 1718-21 nach Effners Planung durch Kögelsberger): im Erdgeschoss sog. ›Leibstallung‹, im Obergeschoss Kavalierwohnungen. (In diesen Trakten seit 1952* Marstallmuseum, *→ S. 399, seit 1982 auch* Nymphenburger Porzellansammlung Bäuml, *→ S. 399, eingerichtet.) Südlich Begrenzung des ersten Hofs (›Marstallhof‹) durch weiteren Marstallflügel und einer* ›Schwaige‹ *um zweiten Hof (errichtet 1719 ff.); der nach Westen offene, U-förmige Marstallhof ursprünglich wohl durch kurvig angelegtes Gitter vom Park abgetrennt, 1986-89 durch einen an barocke Planung orientierten Trakt für Büros und Werkstätten der staatlichen Schlösserverwaltung geschlossen.*

L: Orangerie und Klosterbau – *Nach Effners Gesamtplan für den Schloßkomplex (1715/16) nördlich der Cour du château ein*

Schloß Nymphenburg: Steinerner Saal, Blick zum Gartensaal.

wie (südlich) Marstallbau gestalteter Vierflügelbau um zwei Höfe vorgesehen, zu seiner Zeit aber nur wenige Bauteile erstellt: 1716 an Südwestecke der dreiachsige Johannisturm mit Pumpwerk* (für Rondellfontäne), J. v. Baader ersetzt 1806 alte Anlage durch drei hintereinander geschaltete Pumpen, 1835 von Höß in Gusseisen erneuert, 1974/75 wieder instand gesetzt; neben der Pumpenanlage des Brunnhauses im Park (→ S. 398) wohl die ältesten noch erhaltenen und funktionsfähigen Vollmetall-Maschinenanlagen des 19. Jh. in Deutschland (erstrangige Denkmäler früher Technik), durch Gitter vom Vorraum aus zu besichtigen. – Nördlich des Johannisturms angefügt der 1720 geplante, ab 1724 errichtete Ostflügel/Klosterfrauentrakt mit dreiachsigem Mittelrisalit (›Kistlerturm‹, 1724/1731) und abschließendem dreiachsigen Risalit (›Verwalterwirtshaus‹, 1719-ca. 1729: Pendant zum Johannisturm). Im südlichen Teil dieses Trakts die 1734-39 nach Effners Plänen eingefügte Klosterkirche Zur Hl. Dreifaltigkeit, ausgestattet u. a. durch J. B. Zimmermann (Stuck), Faistenberger und Straub (Altäre, Skulpturen), Tiepolo (Hochaltargemälde, heute in Alter Pinakothek): obwohl einer der bemerkenswertesten Sakralräume des höfischen Rokoko, bei Umbauten für ›Deutsches Jagdmuseum‹ (s. u.) 1938 profaniert und zu Bibliothekssaal umgestaltet; 1944 durch Bomben zerstört. – An nördlichem Risalit gegen Westen kurzer Trakt (sog. ›Kinderbau‹) angefügt, gegen Norden der verlängerte Ostflügel (wohl 1717/18) als Kapuzinerkloster (mit Hospiz), 1730 den Stiftsdamen der Congrégation de Notre Dame du Sacre Cœur (bis 1802) überlassen, 1835 als ›Königliches Erziehungsinstitut‹ den Englischen Fräulein übergeben, 1937 geschlossen.
Der Südflügel (analog zur Fassade des Marstalls) durch Gunetzrhainer nach Effners Vorgaben 1753-58 als Orangerie errichtet: beiderseits des dreiachsigen ›Uhrturms‹ zwei lange Säle (mit je zehn hohen Rundbogenfenstern gegen Süden), dem östlichen Johannisturm entsprechend der ›Pater-Frank-Turm‹ im Westen (über nördlichen Wassergang mit Gardemeublebau **I** verbunden); hier Eingang zum Museum Mensch und Natur (→ Maria-Ward-Straße 1 b). Im Erdgeschoss zwischen 1945 und 1958 provisorisches Museum für ausgelagerte Kunstwerke der noch nicht wieder aufgebauten Münchener Residenz. – Im Obergeschoss westlich des Uhrturms der beidseitig belichtete, über 33 m lange und fast 11 m breite Hubertussaal (auch ›Komödien-‹ oder ›Langer Saal‹ genannt) mit ursprünglich verhältnismäßig einfacher Ausstattung; seit 1999 umfangreiche Sicherungsarbeiten für vorgesehene Nutzung als Mehrzwecksaal für Konzerte, Vorträge, Ausstellungen (wobei Eingangshalle, Treppe, Vorsaal des Umbaus von 1938 nahezu unverändert übernehmbar); Vollendung 2003.
Um- und Neubauten für Deutsches Jagdmuseum: 1936/37 gelingt Hitlerintimus Christian Weber der Zugriff auf das Nordgeviert von Schloß Nymphenburg: erste Pläne für Ausbau des Orangerietrakts noch durch Bauamt der Schlösserverwaltung 1937, am Ende dieses Jahres Übernahme weiterer Um- und Neubauten durch O. E. Bieber, der dafür den Effner-Plan von 1715/16 zugrunde legt. Auf dem im 18. Jh. durch hohe Mauern im Norden und Westen begrenzten Geviert entstehen – neben Ausbau des ehemaligen Klosterflügels – im Anschluss an ›Kinderbau‹ der Nord- und Westflügel um den ersten Hof (1938/39) mit westlichem Anbau eines Diaramenhauses (im Bereich des sog. Bischofsgartens); von 1945-84 Nutzung durch Zoologische Staatssammlungen, im Westflügel seit 1990 ›Museum Mensch und Natur‹ eingerichtet. – Anlässlich der Eröffnung des ersten Teils des Deutschen Jagdmuseums (am 16. Oktober 1938) Umgestaltungen im Orangerie- und Klosterbau sowie Neugestaltung des Eingangbereichs vor Uhrenturm: neue breite Brücke über nördlichen Arm des Kanalvierecks und Anlage eines Vorplatzes. (Über weitere Geschichte des Jagdmuseums →S. 300). Weiter reichende Bauvorhaben durch Krieg verhindert; in den 1960er Jahren durch Universitätsbauamt Aufgreifen der Umbauung des zweiten Hofs mit zweigeschossigen Trakten (1971/72) für ›Institut für Genetik‹ der Universität München.

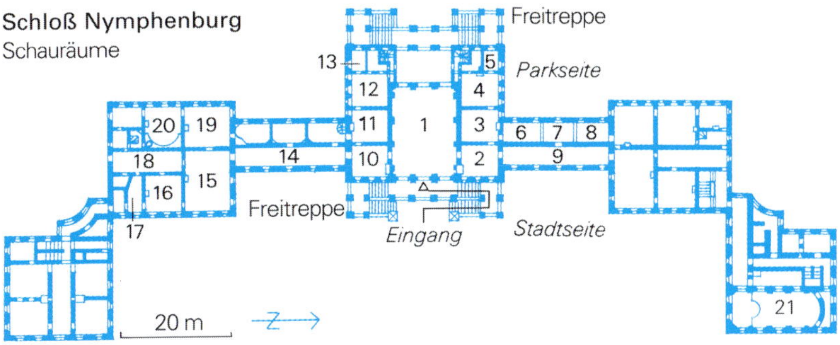

Inneres (bei Schloßführung zugänglich)
1 Festsaal* (auch ›Großer‹ oder ›Steinerner Saal‹ genannt) Über zwei Geschosse gehender Saal unter abgeflachtem Muldengewölbe, Wände durch Kolossalpilaster gegliedert, an Parkseite durch Gartensaal (darüber Musikerempore) erweitert. Von erster Ausstattung unter Zuccalli (1679 unvollendet) nichts erhalten; zweite Ausmalung der Felderdecke (unter Zuccalli und Viscardi) durch Gumpp 1701-02 mit Motiven Diana-Mythos und Jagdallegorien; bei Umgestaltung 1755 ff. entfernt (nur durch Skizzen von Kendlbacher z. T. überliefert); dritte Ausstattung unter Cuvilliés durch J. B. Zimmermann 1755-57 (unter Mitwirkung des Sohns Franz Michael und Schülers Heigl): ›Nymphen huldigen der Göttin Flora‹ (als Verherrlichung der Regierungszeit des Friedensfürsten Max III. Joseph gedeutet); von Zimmermann auch die Mittelbilder an den Seitenwänden ›Cephalus und Procris‹ (links) und ›Mars und

Karl Stieler: *Caroline von Holnstein*, 1834.

Venus‹ (rechts) sowie die Gemälde über Gartensaal (›Latona und die lykischen Bauern‹) und Musikerempore (›Zephyr und Flora‹). Stuckierung nach Entwürfen von Cuvilliés durch Zimmermann-Werkstatt. (Seit Fertigstellung des Saals 1757/58 keine grundlegende Restaurierung, erst 1990-95 Reinigungs- und Festigungsarbeiten: als authentischer Rokokosaal im Original erhalten!)

*An beiden Seiten des Saals die Ap*partements des Kurfürsten *(im Norden Räume 2-5)* und der Kurfürstin *(im Süden Räume 10-13):* **2** Vorzimmer *Holztäfelung in französischem Régencestil (von Pichler wohl 1720/25), in gefelderter barocker Decke Mittelbild Erdgöttin ›Ceres‹ (von Zanchi, ca. 1674/75), in den Eckfeldern Putti (von Gumpp); an Rückwand Gemälde ›Max Emanuel vor Festung Namur‹ (von Vivien 1711), an Seitenwand Portrait der Kurfürstin Therese Kundigunde (von F. J. Winter, nach Vivien).* **3** Audienzzimmer *Barocke Felderdecke mit Mittelbild ›Triumph der Kriegslist‹ (von Gumpp, 1701-02); Brüsseler Wandteppiche ›Diana‹ (aus einer Götterfolge um 1720) und Monatsbilder (um 1690); über Kamin Portrait der Kurfürstin Therese Kunigunde (von Maingaud).* **4** Ehemaliges Schlafzimmer *Barocke Felderdecke mit Mittelbild Meeresnymphe ›Thetis‹ (J. Werner zugeschrieben, um 1674); Wandtäfelung 19. Jh.; Gemälde ›Max Emanuel nach der Schlacht am Berg Harsan‹ (Vivien-Werkstatt um 1710), an linker Wand sog. ›Kleine Schönheitengalerie‹: neun Damen vom Hof Ludwigs XIV. (von Gobert um 1715).* **5** Kabinett *Unter Leitung von Cuvilliés d. Ä. 1763/64 zum ›Drechselkabinett‹ umgestaltet; Deckenstuck von F. X. Feichtmayr d. J., die naturalistische Farbgebung auf alter Grundlage 1950/51 erneuert.* **6** Schönheitengalerie *Dieser (und die beiden folgenden Räume) bei Verbreiterung der nördlichen Galerie (→ Raum 9) unter Kurfürst Karl Theodor (durch Verschaffelt 1795/96) entstanden, 1967 neu eingerichtet: fünf Portraits von Versailler Hofdamen aus der sog. ›Großen Schönheitengalerie‹ (von Gobert um 1715).* **7** Wappenzimmer *Seit 1967, Knüpfteppiche mit Allianzwappen Kurpfalz und Pfalz-Sulzbach (Mannheim, 1756).* **8** Karl-Theodor-Zimmer *Bildnisse des Kurfürsten und seiner Gemahlinnen Elisabeth Auguste (von Hickel 1780) und Maria Leopoldine (von Hauber 1797).* **9** Nördliche Galerie *Verbindungsgang zum Kronprinzen-Pavillon (→ S. 389); Raumausstattung unter Max Emanuel durch Pichler; in die Wandfelder eingefügt zehn Veduten* von Beich: Schloß Nymphenburg, Park, Parkburgen im Zustand von 1722/23 (s. a. Raum 14).* Appartement der Kurfürstin **10** Vorzimmer *Weißgoldene Vertäfelung unter Max III. Joseph, aus erster Bauperiode erhalten die barocke Felderdecke: im Mittelbild Wassernymphe ›Arethusa‹ (von Triva 1673); an den Wänden Portraits von Karl Albrecht als Kaiser Karl VII. und seiner Gemahlin Maria Amalia (beide Desmarées-Atelier).* **11** Audienzzimmer *In barocker Felderdecke Mittelbild Erdgöttin ›Kybele‹ (Maler unbekannt, Triva zugeschrieben); an Rückwand Doppelportrait der Schloßgründer Ferdinand Maria und Henriette Adelaide (Bombelli zugeschrieben, 1666), an Seitenwänden allegorische Bildnisse des Kurfürstenpaars (von Catani um 1675).* **12** Schlafzimmer *Barocke Felderdecke mit Mittelbild ›Flora‹ (von J. Werner um 1675/75); an Rückwand Bildnisse von Max Emanuel und Therese Kunigunde (von J. A. Wolff 1704).* **13** Chinesisches Lackkabinett *Unter Leitung Cuvilliés' d. Ä. 1763/64 umgestaltet: Deckenstuck von F. X. Feichtmayr d. J.; in der weißen Wandvertäfelung große Felder mit Einlagen in Koromandellack (Lackschnitt auf Tongrund), vermutlich aus chinesischen Setzschirmen des 17. Jh., in den kleinen Feldern Lackmalereien (Chinoiserien) von Höringer.* **14** Südliche Galerie *Verbindungsgang zum Königsbau(-Pavillon → S. 389), erst 1760 ausgestaltet unter Verwendung von zehn Veduten* verschiedener Wittelsbachischer Schlösser (s. a. Raum 9) von Beich (1722/23) sowie N. G. Stuber (die drei Schlösser Schleißheim) und drei Motive von Stephan (1756/57). Der Königsbau enthielt im Obergeschoss die Wohnung der Kurfürstinnen, ab 1806/07 der Königinnen.* **15** Schönheitengalerie Ludwigs I. *Ursprünglich Kleiner Speisesaal, 1807 durch A. Gärtner für Königin Caroline umgestaltet; die Bildergalerie (ursprünglich in Münchener Residenz) 1949/50 hier eingerichtet: 36 Portraits von Frauen aus verschiedenen Gesellschaftsschichten (von Stieler 1827-50).* **16** Maserzimmer *Gegen 1810 klassizistisch eingerichtet; Portraits von Ludwig I. und Königin Therese (von Vogel 1841, nach Stieler).* **17** Kabinett *Zarte Groteskendekoration (von Hörmannstorfer 1775).* **18** Kleine Galerie *Fortsetzung der Südlichen Galerie; hier zwei der ursprünglich Schönheitengalerie hinzugefügten Portraits (von Dürck 1861).* **19** Blauer Salon *Von Gärtner um 1810/20 umgestaltet.* **20** Schlafzimmer *Gleichzeitig mit Blauem Salon von Gärtner neu eingerichtetes Geburtszimmer König Ludwigs II. (25.8.1845).*

Schloß Nymphenburg:
In der Schönheitengalerie König Ludwigs I.

Amalienburg* Von 1734-39 als Jagdschlösschen für Kurfürstin Maria Amalia im Auftrag ihres Gemahls Karl Albrecht erbaut nach Plänen von Cuvilliés; Schnitzereien von Dietrich, Stuckierung von J. B. Zimmermann (dieselben Künstler wie bei ›Reichen Zimmern‹ der Residenz → S. 269). Restaurierungen: 1769 der Malereien der Innenräume durch Hörmannstorffer und Stuck durch F. X. Feichtmayr d. J., während des Kriegs Tarnanstrich, danach überkalkt; 1956-58 Außen- und Innenrestaurierung (Malereien renoviert durch Proquitté); 1986-87 Fassadenfärbelung in der nachgewiesenen ursprünglichen Farbgebung in Zartrosa und Weiß, 1990/91 Innenrenovierung; die 16 Vasen auf Attika (entworfen von Zimmermann), 1736 aufgesetzt, zu unbekannter Zeit entfernt, 1991 von H. Geiger nachgeschaffen, 1992 wieder aufgesetzt. ***Beschreibung:*** Über sehr niedrigem Sockel eingeschossiger Baukörper, auf seine Mittelachse aus östlicher Richtung (bis Umgestaltung des Parks in Landschaftsgarten 1804 ff.) Boskettgarten mit 24 Fontänen orientiert, ausgehend von eine Kaskade mit Minerva-Figur (von G. de Groff). *Schauseite* gegen Osten mit dreiachsigen Rücklagen zu Seiten des konvex-konkav-konvex vorspringenden dreiachsigen Mittelrisalits des kreisrunden Spiegelsaals; über der Mitteltüre flache Kalotte mit Figurengruppe (Diana samt Putti und Jagdutensilien (von Zimmermann), darüber Dreiecksgiebel und die über Zentrum des Spiegelsaals errichtete, von kunstvollem Schmiedeeisengitter eingefasste runde Plattform. Die beiden einfacher gestalteten *Schmalseiten* jeweils dreifenstrig, über ihnen Walmdach, ebenso unmittelbar aufsitzend wie über den Seitenteilen der *Westfassade*. (Die Flächen des Schindeldachs ursprünglich mit weiß-blauen Rauten bemalt.) Diese westliche Längsfassade strenger gestaltet als Ostseite: zwischen zwei zweiachsigen Flankenteilen konkav zurückweichende Fassade zu fünf Achsen, wobei Mittelachse durch Portalädikula mit kräftiger Attika hervorgehoben ist.

Schloß Nymphenburg: Amalienburg: Spiegelsaal.

Badenburg Als Badeschlösschen nach Plänen von J. Effner 1718-19 für Max Emanuel erbaut; vor Umgestaltung des barocken Parks durch eine Sichtschneise über Mittelkanal hinweg mit nördlich gelegener Pagodenburg verbunden. Im frühen 19. Jh. entfernt Klenze an Nordseite plastischen Stuckdekor (von Dubut) und versachlicht im Sinn des Klassizismus. 1943 durch Brandbomben schwere Schäden, behelfsmäßige Sicherungen noch während des Kriegs, 1946 Notreparaturen; erste Restaurierung 1952/53, durchgreifende Restaurierung und Wiederherstellung der originalen Farbgebung 1978-85. ***Beschreibung:*** Auf hohem, genutetem Sockel zweigeschossiger Baukörper, durch

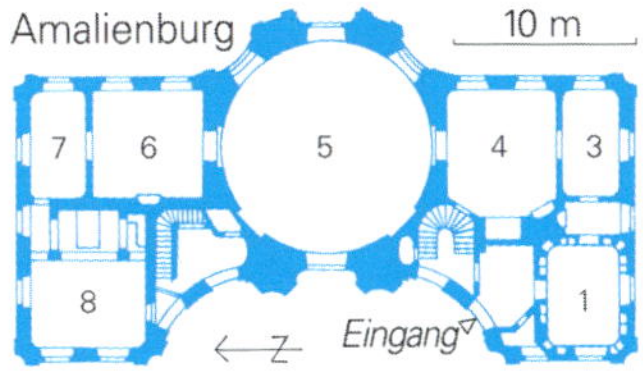

1 Hundekammer *Vertäfelter Raum mit Gewehrschränken, darunter Hundekojen; Jagdmotive in blauer Camaieu-Malerei (von Moretti).* **2** Retirade *Vertäfelt mit Bemalung (von Hamilton), halbrunde Toilettennische und Deckenspiegel mit dekorativer Bemalung (von Moretti).* **3** Blaues Kabinett *Erster Raum in der Flucht der prunkvollen Wohnräume: elegant geschnitzte versilberte Zierrate (von Dietrich), Stuck in Silber (von Zimmermann).* **4** Ruhezimmer *Auf Gelb versilberte Wandschnitzereien (Jagdmotive), in versilberten Deckenstuck übergehend; seitlich der Bettnische Portraits von Karl Albrecht und Maria Amalia (Desmarées-Werkstatt).* **5** Spiegelsaal* *Kreisrunder Raum unter Flachkuppel; die bisherige Wandgestaltung mit klassizistischen Architekturgliedern hier ersetzt durch Auflösung der Wand mittels Spiegel und Fenster in Rocaille-Dekoration: vergoldetes Schnitzwerk auf Blau (von Dietrich), Deckenstuck (von Zimmermann, Silberfassung von Bigarello).* **6** Jagdzimmer *Wände in Silber und Gelb, durch wandfeste Gemälde (von Horemans und Feret) als ›Galerieraum‹ eingerichtet.* **7** Fasanenzimmer *(oder ›Indianisches Kabinett‹) Mehrfarbige Ornamentmalerei (in Art chinesischer Stofftapeten) mit eingefügten Fasanen auf hellblauem Grund; Deckenstuck versilbert.* **8** Küche* *Mit blau-weißen und mehrfarbigen Kacheln (z. T. vermutlich aus Delfter Manufaktur Rose) verkleideter kostbarer Küchenraum; über den Wänden Hohlkehle mit Groteskenornamenten, im Deckenspiegel Grotesken mit chinesischen Szenen (Öl auf Leinwand, von Moretti, ca. 1737).*

Lisenen begrenzte Wandfelder; schmales Kranzgesims unter viel gestaltetem Walmdach. Die *Raumdisposition* in den Fassaden sichtbar: gegen Süden dreiteiliger, längsrechteckiger *Wohntrakt* (Achsfolge 2-3-2) mit etwas eingetiefter Mitte; dieser vorgelagert Freitreppe, auf ihren Wangen zwei liegende Löwen (von Ch. de Groff, 1769; heute Kopien); der anschließende Gartenteil gegen Süden deshalb ›Löwental‹ genannt. – Gegen Norden vorspringender *Saalbau* mit abgerundeten Ecken, rundbogigen Fenstertüren und querovalen Fenstern darüber; der dreiachsige Mittelteil durch Pilaster mit Metopenarchitrav hervorgehoben; breite Freitreppe vermittelt zum Park. ***Bedeutung:*** In seiner Art einmaliger Bau: erstes heizbares ›Hallenbad‹ der europäischen Neuzeit; angeregt wohl durch türkische Badehäuser, die Max Emanuel in Ungarn (um 1685/86) kennen lernte. In Anlage des Baderaums (mit Zuschauergalerie) und Ausstattung (Deckengemälde) Hinweis auf Funktion eines ›Schau‹-Bades, in dessen Becken »Nymphen in einem Passin mit Spiellen sich erlustigen« (Luisa Hager nach zeitgenössischer Beschreibung).

Badenburg, Erdgeschoss

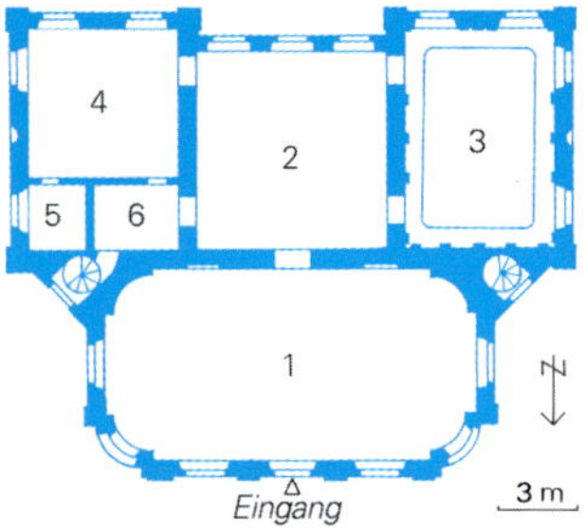

Badenburg, Untergeschoss (Schwimmhalle)

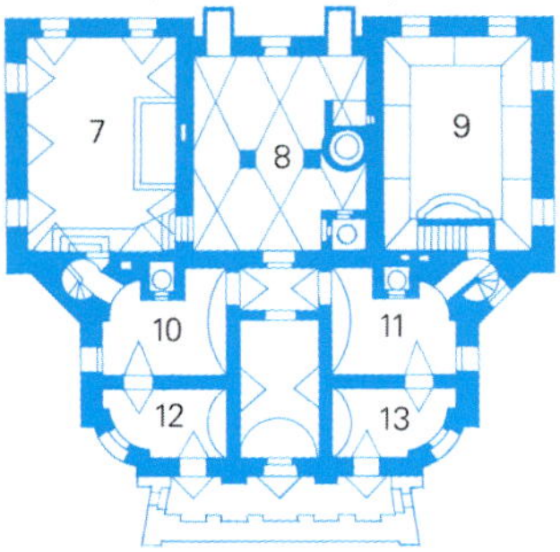

1 Festsaal *Zweigeschossiger Raum mit reicher, weiß gefasster spätbarocker Stuckierung (von Dubut 1721); über Hohlkehle Spiegelgewölbe mit Fresko ›Der Morgen, der Frühling und das Wasser‹: erstmals Komposition über terrestischer Zone (nach Beispiel Riccis Fresko über ›Blauer Stiege‹ in Schloß Schönbrunn 1701/02); ursprünglich durch Amigoni um 1719 freskiert, 1943 fast völlig zerstört, 1952/53 summarisch in Brauntönen rekonstruiert (durch Körner), 1984-86 von Manninger nachgeschaffen. In den beiden inneren Ecknischen Wandbrunnen mit Tritonenkindern auf Delphinen (von G. de Groff 1722).* **2** Vorzimmer, *als Speisezimmer verwendet, Wände des weiß gefassten Raums mit chinesischen Papiertapeten (um 1780/90).* **3** Bad* *Vom Vorzimmer zugänglich die vierseitig umlaufende Zuschauergalerie auf prächtigen Büstenkonsolen (Stuck, von Dubut), die Wände in Stuckmarmor (von Bader) verkleidet; über stuckierter Hohlkehle (von J. B. Zimmermann 1736 erneuert) im Deckenspiegel Ölgemälde mit mythologischen, auf Bad und Wasser bezogenen Szenen (von Bertin 1719). – Das Badebecken vertieft im Sockelgeschoss, die Wände über Wasserspiegel mit blau-weißen holländischen (z. T. Rotterdamer) Kacheln verkleidet (→ Raum 9).* **4** Ehemaliges Schlafzimmer *Wanddekoration mit chinesischer Papiertapete (Jagdgesellschaft eines hohen kaiserlichen Beamten).* **5** Kabinett *Wände mit chinesischer Papiertapete (2. Hälfte 18. Jh., 1954 erworben), Deckenfeld mit versilberten Bandwerkgrotesken und Brokatmusterfeldern auf (heute) gelbem Grund, dazwischen acht Affenfiguren (deshalb »Affenplafond«), in der Art der ›Singerien‹ Darstellung menschlicher Tätigkeiten durch Affen (wahrscheinlich von Waxschlunger 1720/21; Zuschreibung an N. G. Stuber fraglich).* **6** Garderobe *Chinesische Handdrucktapete (frühes 17. Jh.) mit Motiven sog. ›Neujahresbilder‹. Im Obergeschoss kleinere einfache Zimmer für Kurfürst und engstes Gefolge; nach Kriegszerstörung wieder hergestellt (nicht zugänglich). Im Untergeschoss (nicht zugänglich)* **7** Küche. **8** Heizungsraum *mit vollständig erhaltener historischer Heizanlage.* **9** Badebecken *ehedem in Blei ausgelegt; Zugang durch eine Treppe hinter verkacheltem Einbau von Raum 11. Unter dem Festsaal* **10** *und* **11** Ruhezimmer *sowie* **12** *und* **13** Zimmer *für Wannenbäder.*
Der gesamte Baukörper im Untergeschoss von überdecktem, im Grundriss nicht eingezeichnetem ›Lüftungsgang‹ ummantelt (nicht zugänglich).

Magdalenenklause

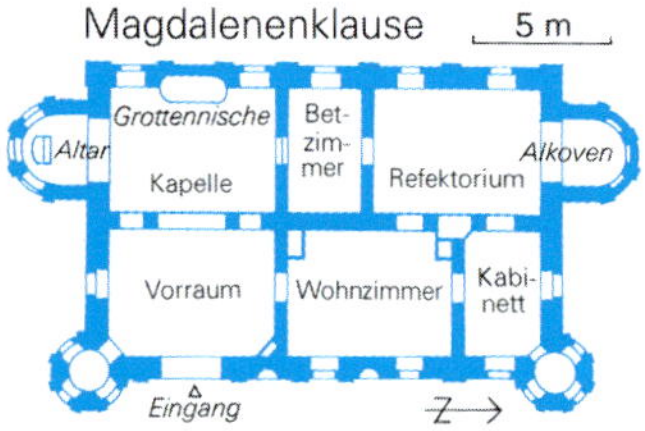

Magdalenenklause* ›Eremitage‹ in Form einer künstlichen Ruine, ab 1725 von J. Effner für Max Emanuel erbaut, Weihe 1728, nach Pagodenburg und Badenburg die letzte der vom Kurfürsten geschaffenen Parkburgen. Restaurierungen: 1750 Erhöhung des Walmdachs und Renovierung von Grottenwerk und Fresken (im Kapellenbereich), 1952/53 Außen- und Innenrestaurierung. ***Beschreibung:*** Auf längsrechteckigem Grundriss errichteter ebenerdiger Backsteinbau mit künstlich angebrachten Verfallserscheinungen (Sprünge in den Mauern, abgebröckelter Verputz, verfallene Architekturglieder). *Haupt-(Ost-)Fassade* mit Portal zu Vorraum und Kapelle, geschmiedetes Gitter (von Motté 1726), im gesprengten Giebel darüber kleiner Glockenstuhl; neben Kapelleneingang Türe zu den Wohnräumen des ›Büßenden‹; an beiden Ecken erkerähnliche Rundbauten. Den *Schmalseiten* im Süden die Kapellenapsis, im Norden der dreiseitig gebrochene Bettalkoven angefügt. ***Inneres:*** *Vorraum* (auch Vestibül oder Grottenhalle): Wände mit ursprünglich starkfarbig gefasstem Grottenwerk (von Joch 1726). – *Kapelle* querrechteckiger Raum, Wände ebenfalls mit Grottierwerk verkleidet, darüber Kreuzgratgewölbe mit vier von Grottenwerk gerahmten trapezförmigen

Feldern: Fresken zur Magdalenen-Legende (von N. G. Stuber 1726); dem Eingang gegenüber Grottennische mit Stuckfigur ›Büßende Magdalena‹ (von Volpini 1726), an linker Seite grottierte Altarnische mit Deckenfresko ›Glorie der Hl. Magdalena‹ (von Stuber 1726). – In den vier einfach mit Eichentäfelung ausgestatteten *Wohnräumen – Vorraum, Wohnzimmer, Kabinett* (Bibliothek), *Refektorium* mit Alkoven – neben Mobiliar Ölbilder (von Desmarées 1739), Federzeichnungen zur Passion Christi (von Schwarz 1589), Stiche (darunter Eremiten-Serie von Sadeler) und Wachsbossierungen (Darstellung der ›Vier letzten Dinge‹, 1. Hälfte 18. Jh.) – alle auf Bußthematik bezogen – von ursprünglicher Einrichtung erhalten. – Bei Renovierungsarbeiten (1975) aus dem Keller eine Messingdruckpumpe, wohl 1726, geborgen. ***Bedeutung:*** Höfisches Gegenstück zu den klösterlichen Eremitorien, die der Buße und der Betrachtung der Vergänglichkeit dienten. Diese Geisteshaltung verdeutlich durch ruinösen Verfall: Magdalenenklause eine der frühesten Beispiele ruinierter (Garten-)Architektur in Europa unter erstmaliger Verwendung von romanischen, gotischen und maurischen Bauformen in Deutschland (Metaphern der Vergänglichkeit), die später für den sentimentalischen Landschaftsgarten charakteristisch werden sollten.

Schloß Nymphenburg: Pagodenburg: Salettl.

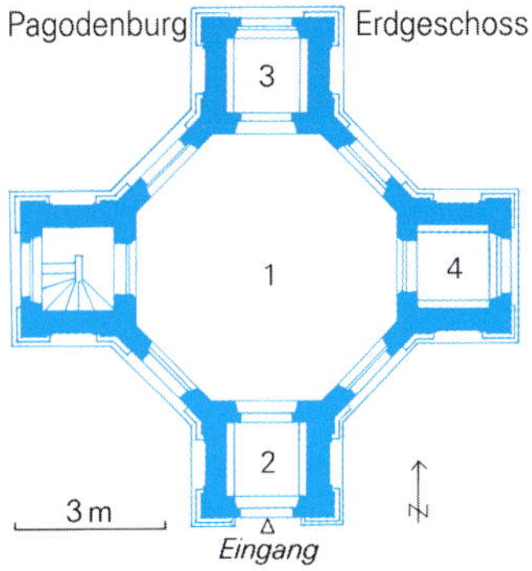

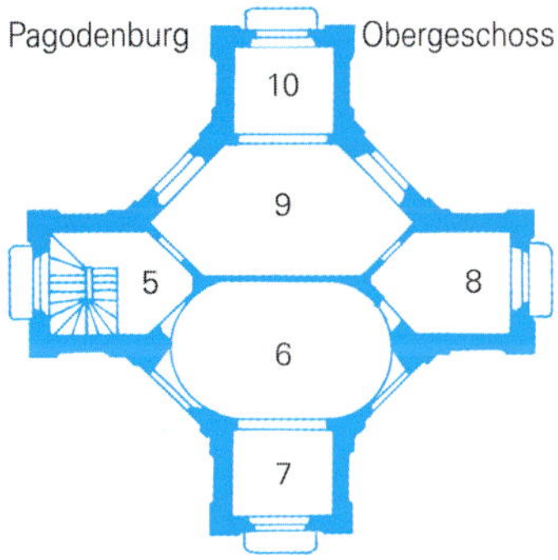

Pagodenburg* Nach Plänen von J. Effner 1716-19 für Max Emanuel errichtet (nach Überlieferung der Grundriss vom Kurfürsten erdacht) – vorgebildet u. a. im ›*Pavillon du soleil*‹ (in Marly, von Hardouin-Mansart 1676 ff.) und im oktogonalen *Jagdpavillon* in Bouchefort bei Brüssel (von Boffrand für Max Emanuel ab 1705 errichtet, unvollendet). Effners Bau Vorbild für die nach Münchener Plankopien erbaute »*Pagodenburg*« (!) der Markgräfin Sybilla Augusta im Park von Schloß Rastatt (von Rohrer 1722); dasselbe Grundriss-Schema beim Schloß *Clemenswerth* (von Schlaun für Kurfürst Clemens August von Köln, Sohn Max Emanuels, im westfälischen Hümmeling 1737-40 errichtet). – Restaurierung 1752, um 1767/68 (durch Cuvilliés d. Ä.), 1787, 1834/35, 1870; 1961/63 (Behebung geringfügiger Kriegsschäden), 1973/74 (weitere Sicherungen), 1975/76 durchgreifende Renovierungen, mit Unterbrechungen bis 1981). ***Beschreibung:*** Zweigeschossiger Bau auf kreuzförmigem Grundriss; an oktogonalem Mittelbau vier flachrechteckige Arme angefügt. Gliederung durch kolossale Pilaster (mit korinthischen Kapitellen) an den Ecken der Anbauten und in ihren Übergängen zum Mittelbau; darüber glatte Attikamauer (die flaches Dach verdeckt) mit ehemaliger Balustrade und Ziervasen. Im Erdgeschoss Rundbogenfenster (bzw. -türen) mit Kopfmasken (Bacchus, Flora, Neptun und Ceres, wohl Werkstatt G. de Groff) im Scheitel, im Obergeschoss Stichbogenfenster und schmiedeeiserne Ziergitter (von Motté mit eingefügten »fleurons de bronze« von Groff). ***Inneres*** von raffinierter Raumdisposition bestimmt; Eingang (durch Vorräume im nördlichen und südlichen Kreuzarm) in achteckigen *Saal* (›Saletl‹), im westlichen Arm Kabinett, im östlichen *Treppenhaus*; im Obergeschoss der Mittelbau in zwei Räume geteilt (›*Chinesischer Salon*‹ und *Ruhezimmer*), jeweils mit ›Erkern‹ gegen Süden und Norden; im westlichen Arm das fünfeckige ›*Rote Kabinett*‹. (Raumbeschreibung → Legende zu den Grundrissen.) ***Bedeutung:*** Die kleine höfische ›Lustarchitektur‹ eine geniale Synthese aus dem Zusammenspiel französischer Formdisziplin im Außenbau und exotischer Laune in der extravaganten Raumaufteilung – eine der frühesten ›Maisons d'Indes‹ in Europa.

1 Mittelsaal (›*Saletl*‹) *Verkleidung mit weiß-blauen holländischen Kacheln (wohl Rotterdamer Manufaktur), Stuckaturen in Hohlkehle (Werkstatt de Groff); ornamentische Deckengemälde Allegorien der vier Erdteile und mythologische Figuren (von Gumpp 1718/19). Die Bemalung der Decken nach Gumpps Tod 1719 durch seine Werkstatt; ihr ursprüngliches Aussehen, trotz mehrfacher Erneuerungen, großteils erhalten.* **2** südlicher Vorraum *ornamentale Deckengemälde Bacchus-Szenen.* **3** Nördlicher Vorraum *ornamentale Deckengemälde Venus-Szenen.* **4** Östlicher Vorraum *ornamentale Deckengemälde Bacchanal.* **5** Treppenhaus *im Erdgeschoss weiß-blau gekachelt; im Obergeschoss Decke mit Grotesken und Huldigung an einen orientalischen Fürsten.* **6** ›Chinesischer Salon‹ *längsovaler Raum, Vertäfelung in roter und schwarzer Lackmalerei sowie chinesischen Papiertapeten; Deckengemälde Chinoiserien (sog. ›Pagoden‹).* **7** Erkerraum *Deckengemälde mit orientalischen Fürsten.* **8** Rotes *(oder Chinesisches)* Kabinett *bemalte chinesische Seiden- und Papiertapeten; Deckengemälde Thronender orientalischer Fürst.* **9** Ruhezimmer *längssechseckiger Raum mit weiß-goldener Régencevertäfelung; ornamentale Deckenmalerei mit mythologischer Szene.* **10** Erkerraum *Wandbespannung mit (seltenem) Genueser Samtbrokat; Decke ornamentiert.*

Schloß Nymphenburg: Pagodenburg.

Park* Fürstlicher »Lustgarten« westlich des Schlosses auf rd. 200 ha großem Areal – ursprünglich eine der weitläufigsten und bedeutendsten barocken Gartenanlagen in Deutschland; ab ca. 1800 Umgestaltung zu (englischem) Landschaftspark.

Geschichte: Die anfängliche *Gartenanlage* Henriette Adelaides (»giardinetto«) westlich vom Mittelbau des Schlosses 1671 als kleines Geviert in italienischen Formen angelegt (wohl angeregt durch Parterre-Garten von Jagdschloss Venaria Reale bei Turin, 1660er Jahre): zentrales Bassin, umgeben von Broderien und vier Springbrunnen, durch strahlenartig angelegte Wege miteinander verbunden; gegen Westen durch halbrunde Mauer mit Statuennischen abgeschlossen (Vorwegnahme des 1729 ff. stadtseitig angelegten → Schloßrondells); Anlage einer Grotte (entworfen von C. Amort 1672), Trassierung des sog. *Fürstenwegs* nach Pipping 1675. – Unter Max Emanuel Beseitigung des Gartens seiner Mutter und Ausbau zum großzügigen Barockpark: 1701 Anstich der Würm (nördlich von Pasing) und Kanaltrassierung auf Fürstenweg (→ Kanalsystem mit Karte S. 178f.), wurde im Park *Mittelkanal* (**B**); Bauleitung: Baron Neuhaus, Planung und Ausstechen des Kanals durch Geometer Paur. 1702 Auftrag für *Gesamtplanung* an Le-Notre-Schüler Carbonet, nach Spanischem Erbfolgekrieg ab 1715 (bis ca. 1720) weitergeführt von Girard unter Mitarbeit von J. Effner: ausgedehnter *Boskettgarten* mit rechtwinklig und diagonal geführten Alleen, der Mittelkanal als konstituierende Achse auf Turm der Pippinger Kirche ausgerichtet, geometrisch angelegte *Kanäle* und Einfassung von Hauptschloss: westlich *Großes Parterre* und östlich *Cour du château* durch ›Kanal-

Götterstatuen im Großen Parterre: **1** Kybele **2** Saturn *(beide Marchiori, nach 1765)* **3** Jupiter *(Modell I. Günther 1765, Ausführung Auliczek 1791/92)* **4** Juno *(Modell J. B. Straub 1766, Ausführung Auliczek 1791/92)* **5** Proserpina *(Modell J. B. Straub 1778, Ausführung Auliczek 1778)* **6** Pluto *(Modell J. B. Straub 1771, Ausführung Auliczek 1778)* **7** Bacchus *(Boos 1782)* **8** Venus **9** Merkur *(beide nach Bozetti Günthers 1773, Ausführung Boos 1778)* **10** Diana **11** Apollo *(beide frei nach Modellen Hagenauers, Ausführung Boos 1785)* **12** Ceres *(Boos 1782)*

Statuen an der Kaskade: **a** Mars *(Auftrag an I. Günther, Ausführung Boos nach 1775)* **b** Thetis *(Ch. de Groff, um 1765/75)* **c** Flussallegorie Donau? *(Volpini 1715-17)* **d** Flora *(Dubut, um 1725)* **e** Pallas Athene *(Volpini 1722/23, kopiert von Geith 1999)* **f** Herkules *(Volpini 1718/19, kopiert von Leschinger 1999); beide Statuen ursprünglich vor Gartenfassade des Neuen Schlosses → Schleißheim; dort Kopien* **g** Windgott Äolus *(Dubut, um 1725)* **h** Flussallegorie Isar? *(Volpini 1715-17)* **i** Neptun *(G. de Groff 1737)* **k** Minerva *(Auftrag an I. Günther, Ausführung Boos nach 1775)*

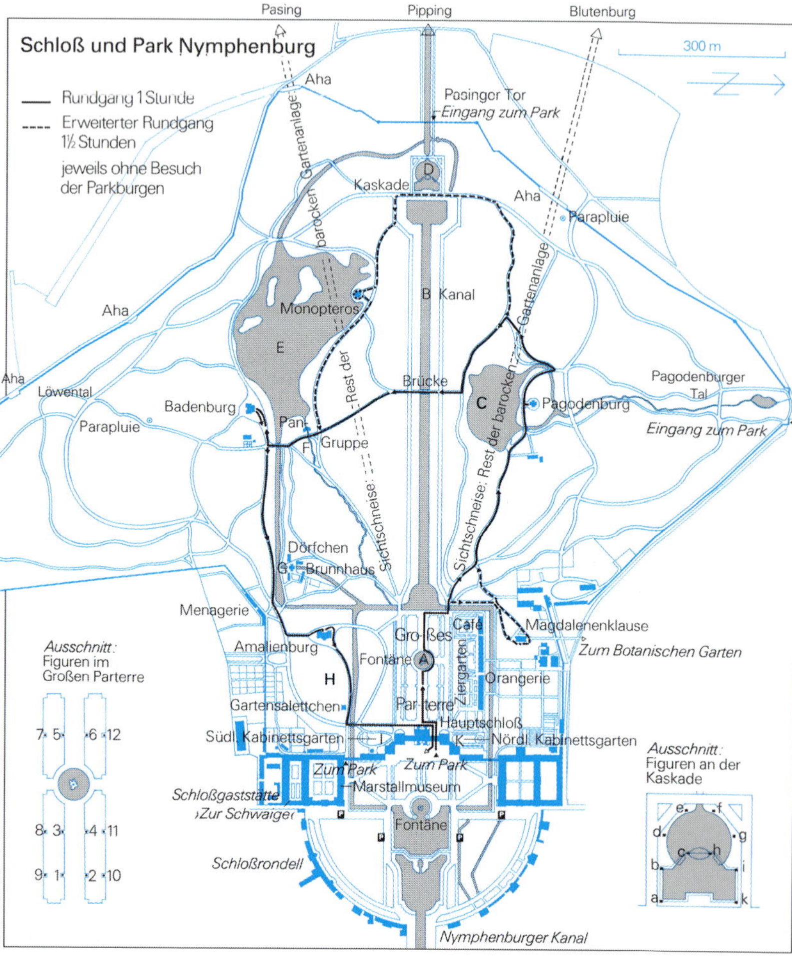

Karree‹; parkseitig *Broderieparterre* mit Fontäne (**A**), beidseitig begrenzt durch Heckenwände (vor Lattengerüst, sog. ›Treillagen‹), dahinter *Heckengärten* (sog. ›Salles vertes‹) mit Labyrinth, Heckentheater u. a. von Hecken eingefassten Freiräumen. Nördlich vor → Badenburg und südlich vor → Pagodenburg Anlage von *Boskettgärten* mit Wasserbecken um 1720 (trotz leichter Divergenz ihrer Nordsüdachsen ursprünglich in Sichtverbindung), ferner Einrichtung zweier *Kabinettsgärtchen* (**I** und **K**) nördlich und südlich der Pavillonbauten am Hauptschloss (um 1720): Broderiebeete, durch Laubengänge vor Einblicken geschützt (›giardini segreti‹). Auch → Amalienburg ursprünglich in Boskettgarten und längsrechteckigem Broderieparterre mit Fontänenallee vor östlicher Hauptfassade stehend. – Ab 1733 *Ummauerung* des gesamten Parks, wobei vier ›*Ahas*‹ den scheinbar ungehinderten Übergang ins freie Land vortäuschen: zwei der Diagonalalleen vom Hauptschloss aus orientiert nach Nordwesten auf ca. 3 km entferntes Schloß Blutenburg (heute verstellt), die südwestliche Achse symmetrisch gegen Pasing angelegt. Der im ganzen 18. Jh. gerühmte französische Park im Wesentlichen unverändert; 1792 durch Karl Theodor der Allgemeinheit zugänglich gemacht.

Um 1800 erste *Änderungen* im Nahbereich des Schlosses zu »natürlichen« Gärten durch M. Sckell: Südlicher Kabinettsgarten (**I**), Areal östlich der Amalienburg, teilweise Großes Parterre; 1801 Gutachten von F. L. Sckell über Umgestaltung des gesamten französischen Parks in (englischen) *Landschaftsgarten*: unter Beibehaltung des Parterres und des Mittelkanals zwei aufeinander bezogene Gartenhälften mit künstlich angelegten Seen vor Pagodenburg und Badenburg (**C** und **E**); Umwandlung der geraden Kanäle zu ›natürlichen Wasserläufen‹; voneinander abweichende Geländeformen: nördlich des Mittelkanals Modellierung durch aufgeworfene flache Hügel, südlich nahezu ebenes Gelände, im Umfeld der Kaskade (**D**) miteinander verschmolzen; die beiden diagonalen ehemaligen Alleen zu weiten ›natürlichen‹ Wiesengründen umgewandelt (südwestlich 1808, nordwestlich zwischen 1810 und 1826); südlich der Badenburg Umgestaltung des Boskettgartens zum *Löwental*, nördlich der Pagodenburg zum *Pagodenburger Tal* mit idyllischem gewundenen Bachlauf (›serpentine‹) und kleinem Weiher. ***Bedeutung:*** So meisterhaft Sckells ›natürlicher‹ Landschaftsgarten gelang und so geschickt er mit den vorhandenen Gegebenheiten eine ideale Ordnung der Natur verwirklichte, so bedauernswert ist der Verlust des Zusammenwirkens von Schloßanlage, französischem Park und Parkburgen in einer großartigen barocken Gesamtkonzeption. Die Änderungen im Sinn eines englischen Landschaftsgartens befreite zwar die Natur von den Fesseln einer architektonisierten Gartenkunst, isolierte aber auch die einzelnen Bauten voneinander und zerstörte ihre Einordnung in einen hierarchisch geprägten ›Kosmos‹.

Beschreibung (folgt der Führungslinie → Plan): Westlich unmittelbar vor Hauptschloss das bereits unter Max Emanuel angelegte *Große Parterre*, neu gestaltet ab 1770: Versetzung der marmornen *Götterstatuen* vom Parterrerand nach innen (→ Planausschnitt); Aufstellung von zwölf monumentalen *Ziervasen* (mit Reliefs ›Puttenreigen‹ von Boos 1785/89-98) an den Ecken der Rasenflächen; Entfernung der vergoldeten *Bleigruppe* ›Flora‹ (von G. de Groff 1719) aus dem Mittelbassin (**A**) wohl erst 1800. – Nördlich vom Parterre rechteckiger *Ziergarten*, von drei Gewächshäusern begrenzt: als *1. Gewächshaus* nach Plänen von F. L. Sckell 1807 in Holz und Glas errichtet, nach Brand 1868 durch Mühlthaler in Glas-Eisen-Konstruktion (seitdem ›Eisernes Haus‹) ersetzt; daran anschließend *2. Gewächshaus* (sog. ›Geranienhaus‹, von Sckell 1816), gegenüber *Figurengruppe* Paris mit Juno, Minerva und Venus (›Paris-Urteil‹ von Ohnmacht 1804-07); gegen Westen *3. Gewächshaus* (›Palmenhaus‹, von Sckell 1820; nach dessen Tod 1830 Installierung der ersten Warmwasserheizung Deutschlands). Hinter den Gewächshäusern der rechteckige ehemalige ›Bischofsgarten‹. – An westlicher Schmalseite des Großen Parterres ›Kessel‹ als Beginn des *Mittelkanals* (**B**), Achse sowohl des barocken Parks wie des Landschaftsgartens; an beiden seitlichen Brücken über Kanalkarree Beginn der *Sichtschneisen*, bezogen auf Mitteltrakt des Schlosses und orientiert nach Pasing (links) und Schloß Blutenburg (rechts); von hier aus Zugang zur → *Magdalenenklause* (und

Schloßpark Nymphenburg: ›Diana‹ von Boos nach Modell von Hagenauer, 1785.

Schloßpark Nymphenburg: Monopteros am Badenburger See.

weiter zum Botanischen Garten, → Menzinger Straße 65). – Parallel zur rechten Sichtschneise Weg zur → *Pagodenburg* mit dem zwischen 1810 und 1823 ausgehobenen *Pagodenburger See* (**C**) und dem nördlich des Schlösschens angelegten ›Pagodenburger Tal‹ (Ausgang zur Amalienburgstraße). Als Point-du-vue am Westende des Kanals die *Kaskade* (**D**) in ihrer ursprünglich barocken Form (allerdings ohne die 1717 geplante Architekturkulissen): Entwurf vielleicht von Roëttiers, ausgeführt von J. Effner 1716-17; heutige Marmorfassung 1768-71 (Entwurf Cuvilliés?); umgebende Statuen → Planausschnitt. – Dem Pagodenburger See entspricht südlich des Mittelkanals der zwischen 1804 und 1807 angelegte *Badenburger See* (**E**). Auf einer Landzunge *Monopteros*: zehnsäuliger überkuppelter Rundtempel in korinthischer Ordnung (mit polychromer Fassung, von Klenze 1857 entworfen, erst 1864/65 mit kleinen Änderungen durch Mühlthaler ausgeführt). Erster Bau von F. L. Sckell 1804/05 in Holz (formal in Nachfolge von Vanbrughs Rotunde in Stowe) mit Apollostatue (daher ›Apollotempel‹ genannt); obwohl bereits 1810 baufällig, unterblieb die von Sckell 1812 vorgeschlagene und von C. v. Fischer korrigierte Ausführung eines steinernen Vestatempels (mit Cella); dafür zehnsäuliger ionischer Monopteros 1817/18 wieder in Holz neu errichtet, danach verschiedene Reparaturen. Klenze hatte für seinen Neubau in der Mitte eine Statue vorgesehen, dafür Aufstellung einer Inschriftenstele (1865) mit Hinweis auf Max Emanuel (als Gründer des Parks) und Max I. Joseph (als dessen Umgestalter); Restaurierung 1977/78. – Beim östlichen Auslauf des Sees **F** Gruppe des Flöte blasenden *Pan mit Ziegenbock* (von Lamine 1815, schwächere Wiederholung seines Pan im Schwetzinger Schloßpark 1774). Am Südufer des Sees → *Badenburg*, an ihrer Rückseite das ›Löwental‹. Entlang dem Kanal Richtung Amalienburg am jenseitigen Ufer Gruppe kleiner Häuschen (**G**) *›Hameau‹* (Dörfchen) mit *›Grünem Brunnhaus‹*, 1762 angelegt: auf zweigeschossigem Mittelgebäude seitlich zwei obeliskenartige Wassertürme für Fontäne im Großen Parterre (**A**); diese entfernt, nachdem J. v. Baader 1803/04 und 1817 zwei *Wassermaschinen* konstruiert hatte – frühe technische Meisterwerke, vom Hofbrunnenmeister Höß ausgeführt, 1835 in Gusseisen erneuert; die heute noch funktionierenden Maschinen 1974/75 überholt (nicht zugänglich). Nach links → *Amalienburg* und entlang dem *Ludwigsgärtchen* **H** (anstelle des ursprünglichen Boskettgartens um 1800 für die Kinder des Kurfürsten angelegt) zu dem von M. Verschaffelt 1799/1800 für Kurprinz Ludwig erbauten achteckigen *Gartensalettchen* mit angefügtem ›Hexenhäuschen‹ (Holzbau mit in Ruinenmanier aufgemaltem Ziegelmauerwerk, renoviert 1980/83); davor wiederhergestellt Weiher (das Ensemble nicht zugänglich). – Neben den Seitenpavillons des Hauptschlosses *Südlicher Kabinettgarten* **I**: barocke Anlage mit ›Kleiner Kaskade‹ (Entwurf Cuvilliés d. Ä. 1764, von seinem Sohn 1768 vollendet), zu Beginn 19. Jh. Landschaftsgärtchen (von Sckell) und klassizistische Hintergrundarchitektur: in den Nischen ›Venus Italica‹ (von Canova 1804-11, heute im Residenzmuseum), durch Kopie der ›Venus vom Esquilin‹ (Rom, Kapitolisches Museum) ersetzt; ferner ›Leda mit dem Schwan‹ und ›Satyr mit Bacchusknaben‹ sowie vor der Kaskade Gruppe ›Diana‹ und ›Endymion‹ (von Eberhard 1810, 1812 sowie 1820). Dem nördlich angrenzenden Küchenbau angebaut das achteckige *›Vogelhaus‹* (»Canarihaus«) von Max III. Joseph, errichtet 1751-57 von Cuvilliés d. Ä., Außenbemalung Mitte der 1750er Jahre von Hörmannstorffer (mehrfach erneuert, zuletzt 1974). Symmetrisch dazu **K** der *Nördliche Kabinettsgarten*, sog. ›Kaisergärtchen‹ (nicht zugänglich), in ursprünglich umlaufendem Laubengang Marmorbüsten auf Hermensockeln (wohl von Hofbildhauern Max Emanuels/Werkstatt Volpini?). ***Bedeutung:*** Von der ursprünglich streng barocken Gestaltung (angeregt durch Venaria Reale bei Turin) nur noch Teile erhalten (Parterre, Mittelkanal mit Kaskade, Sichtschneisen); einst Zusammenwirken von Hauptschloss, Garten und Parkburgen zu großartiger Gesamtanlage. Zwar befreite die Umgestaltung des barocken Parks im Sinne des englischen Landschaftsgartens die Natur von den Fesseln architektonischer Gartenkunst, isolierte aber auch die einzelnen Bauten voneinander, deren Bezüge nicht mehr erkennbar: sie liegen seit Sckell wie zufällig in der von ihm gestalteten ›natürlichen‹ Landschaft.

Schloßpark Nymphenburg: Kanalbrücke.

SCHLOSS NYMPHENBURG ☐ 17

Marstallmuseum* (im südlichen Flügel) → Plan S. 388) ***Geschichte:*** Bereits von Maximilian I. an der Ostseite der Neuveste als ›Reiche Remise‹ eine Wagenburg und Sattelkammer eingerichtet. Die Bestände 1923 in der ehemaligen Hofreitschule am → Marstallplatz aufgestellt, 1941 verlagert und 1952 in den früheren Stallungen von Nymphenburg als ›Marstallmuseum‹ eröffnet; 1977 ff. Erweiterung des Museums durch Ausbau des Obergeschosses (dabei die ehemaligen Kavalierszimmer mit Dienerkammern, bis auf eines dieser Appartements, beseitigt) für Aufstellung der ›Türkenbeute‹ von Max Emanuel und der Prunkgeschirre. ***Bestände:*** In vier großen Räumen Prunkkarossen, Kutschen und Schlitten sowie Pferdegeschirre, Gemälde, Zeichnungen und Entwürfe ausgestellt. Besonders zu beachten in Halle 1: *Krönungswagen* Karl Albrechts für seine Kaiserkrönung, gebaut in Paris 1740/41, *Herkulesschlitten*, um 1740, vielleicht aus der Werkstatt Straub. *Paradewagen* aus der Zeit Max III. Joseph, Paris 1750. Zwei *Münchener Krönungswagen*, München 1813 bzw. 1818, beide mit Bildhauerarbeiten von F. J. Schwanthaler. In Halle II: Coupés, Landauer, Berlinen des 19. Jh. Ecksaal und Halle III: Fahrzeuge Ludwigs II. *Nymphenschlitten*, entworfen von F. Seitz, gebaut 1872-80: *Prunkschlitten*, ausgeführt von Gedon nach Entwurf von F. Seitz 1872-80; *Prunkwagen* sog. ›Hochzeitswagen‹ für die nicht zustande gekommene Vermählung König Ludwigs II. 1870/71: Schnitzereien von Gedon und Karg, Malereien von R. Seitz und Schwoiser. ***Bedeutung:*** Neben der Wagenburg beim Schloß Schönbrunn in Wien eine der reichhaltigsten und vollständigsten Sammlungen dieser Art (→ S. 43).

Nymphenburger Porzellan-Sammlung Bäuml* Nach Übernahme der Leitung der Nymphenburger Porzellanmanufaktur durch Albert Bäuml (1888) sukzessive Sammeltätigkeit Altnymphenburger und Frankenthaler Porzellans; empfindliche Kriegsverluste 1943. Der heutige Bestand – nahezu 1200 Objekte – seit 1986 im Obergeschoss des Marstallmuseums (unter Einbeziehung des 1980-82 restaurierten ›Tapetenzimmers‹ mit klassizistischen Handdrucktapeten um 1830) ausgestellt. Er illustriert die künstlerischen Leistungen der Manufaktur von ihrer Gründung (1747) bis 1930 und übertrifft in seiner Vielfalt die in den Porzellankammern der Residenz und im Bayerischen Nationalmuseum gezeigten Werke der Manufaktur (→ Eintrittszeiten S. 43).

Marstallmuseum: *Krönungswagen* Kaiser Karls VII., Paris 1740/41.

SCHLOSSRONDELL ☐ 13, 17

Rondellbauten (→ Plan S. 388) Dem *Ehrenhof* vor Hauptschloss östlich die *Cour du château* zwischen Marstall- und Orangeriebauten als querrechteckiges Parterre (drei Puttengruppen mit kurfürstlichen und kaiserlichen Insignien, von Auliczek 1778, sowie Fontäne) vorgelagert, übergehend zu weitem Halbkreis des *Rondells*, wohl von J. Effner als Leiter des Nymphenburger Bauwesens noch im Auftrag Max Emanuels konzipiert. Konstituierend für Anlage der von doppelstufigem Bassin ausgehende, 1728-30 ausgehobene *Kanal*, der Mittelkanal im Park in östliche Richtung fortführt und nach rd. 2 km am ›Kessel‹ endet. Seine (heute verbaute) Sichtachse auf Schloß Suresnes in Schwabing (→ Werneckstraße 24) ausgerichtet; 1954 als Point de vue in der Kanalachse Hildebrands ›Hubertusbrunnen‹ (→ Waisenhausstraße) wieder aufgebaut. – Beidseitig des Kanals *Südliche* und *Nördliche Auffahrtsallee* mit je 20 Wohnhäusern als Symmetrieachse für die von Karl Albrecht vorgesehene *Carlsstadt*, 1728/29 wohl von Effner (unter angenommener Beteiligung Cuvilliés?) geplant, jedoch nicht ausgeführt. ***Beschreibung:*** Die vermutlich auf Entwürfe von Effner zurückzuführenden zehn Häuser für höhere Hofbedienstete in zwei Fünfergruppen angeordnet, durch erdgeschosshohe Mauern miteinander verbunden (letzte Lücke 1779/80 geschlossen); jedes Gebäude zweigeschossig mit zurückhaltend gegliederten Fassaden, die Mitten unterschiedlich akzentuiert. Am einfachsten die beiden fünfachsigen, 1730 errichteten Walmdachhäuser an Einmündung der Auffahrtsalleen: **Nr. 1** ehemaliges *Wohnhaus* (›Hofkistlerhaus‹), nach Restaurierung seit 1990 Museum der Erwin-von-Kreibig-Stiftung (→ S. 39); **Nr. 4** ehemalige *Schloßmühle*. Anspruchsvoller die beiden folgenden, zwischen 1745 und 1758 errichteten ehemaligen *Kavaliershäuser* (→ Grundrisstyp A)

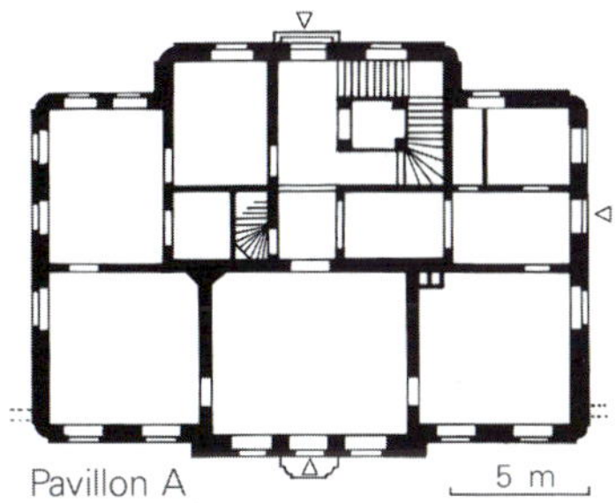

A *Grundrisstyp für ehemalige Kavaliershäuser Nr. 5 und Nr. 6, beide errichtet zwischen 1745 und 1758*

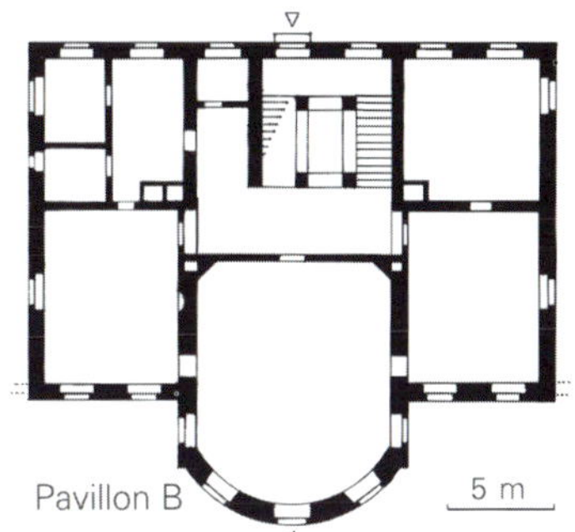

B *Grundrisstyp für ehemalige Kavaliershäuser (Schema ›Maison de plaisance‹) Nr. 15, errichtet 1728 (als Haus für den Hofcontrollor), und Nr. 8, errichtet 1758 (seit 1761 Nymphenburger Porzellanmanufaktur)*

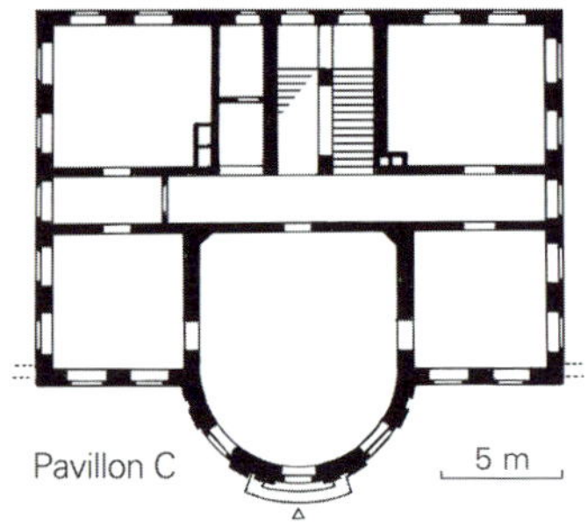

C *Grundrisstyp für ehemalige Kavaliershäuser (Schema ›Maison de plaisance‹) Nr. 21, errichtet 1729, und Nr. 10, errichtet um 1740/50*

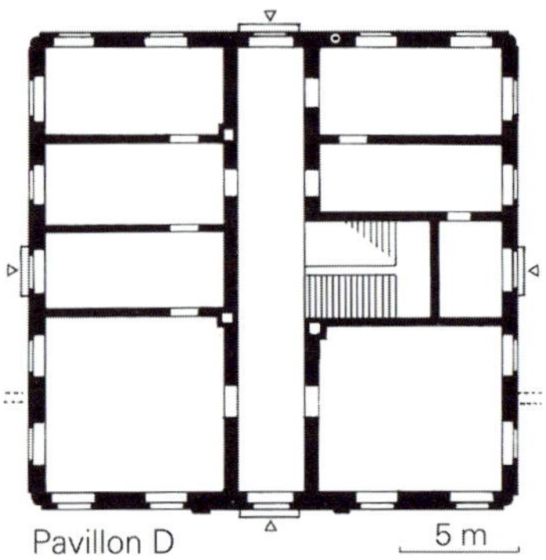

D *Grundrisstyp für ehemalige Wohnhäuser Nr. 23, errichtet 1729 (Raumdisposition verändert) und Nr. 12, errichtet 1729.*

zu jeweils sieben Achsen mit dreiachsigen, übergiebelten Mittelrisaliten (ihre Mansardendächer wohl die frühesten Beispiele dieser Dachform im Raum München): **Nr. 5** seit 1931 zum Krankenhaus der Barmherzigen Brüder (Romanstraße 93) gehörend, **Nr. 6** ursprünglich zur Porzellanmanufaktur (im Nachbarhaus, → Nördliches Schloßrondell 8) gehörig, 1999-2001 von B. Jacobs gepachtet, restauriert und zum Kultur- und Gesellschaftshaus ausgebaut. – Am aufwändigsten die folgenden vier villenähnlichen *Gebäude* mit ihren vorgezogenen runden Mittelrisaliten unter Walmdächern; in ihrer Raumdisposition von Blondels konzipierten ›Maisons de plaisance‹ beeinflusst (→ Grundrisstypen B und C): **Nr. 15** ehemals *Haus des Hofcontrollors,* als frühester Bau 1728 errichtet, seit 1916 Krankenhaus der Barmherzigen Brüder; **Nr. 8**, errichtet 1758, seit 1761 Sitz der ›Churfürstlichen Porcelain-Fabrique‹ (→ Nördliches Schloßrondell 8). **Nr. 21** *Wohnhaus,* errichtet 1729, mit halbrundem Mittelrisalit unter Walmdach, desgleichen **Nr. 10** *Wohnhaus,* errichtet 1740/50, heute privat genutzt. – Die beiden folgenden Häuser wieder einfacher: **Nr. 23** ehemaliges *Wohnhaus,* errichtet 1729, nach Renovierung und Veränderung der Raumdisposition seit 1958 Sitz der Carl-Friedrich-von-Siemens-Stiftung; **Nr. 12** *Wohnhaus* mit Walmdach, errichtet 1729 (Grundriss-Typ D), 1732 Unterkunft für Klosterfrauen, 1835 den Englischen Fräulein übergeben, seit 1968/69 als Schülerinnenwohnheim adaptiert und gegen Norden durch Anbauten erweitert. ***Bedeutung:*** Der Cour du château östlich vorgelegtes halbkreisförmiges ›Rondell‹, als riesiger Ehrenhof (Radius rd. 240 m) mit Grünflächen, Bassins und Kanälen vom Gärtnersohn J. Effner und von Girard ohne Vorbild gestalteter Empfangshof (Gerhard Hojer). Außer der groß angelegten Zusammenfassung des weitläufigen Schloßkomplexes konstituierend für den wohl von Effner entwickelten Plan für eine auf das Schloß bezogene Ansiedlung ›Carlstadt‹ (Vorbild wohl Karlsruhe) mit Achse des Nymphenburger Kanals bis ›Kessel‹ an → Waisenhausstraße: Realisierung dieser im Kurfürstentum letzten barocken ›Raumordnung‹ bereits nach Tod Karl Albrechts (1745) aufgegeben.

SCHÖNFELDSTRASSE 3 und 5 ☐ 3

Staatsarchiv München und **Bayerisches Hauptstaatsarchiv** Auf Fundamenten des 1794 erbauten ›Stuckbohrhauses‹ Errichtung eines ›Montur-Magazins‹ (1807 ff.), das 1816 zum ›Kriegs-Oekonomieratsgebäude‹ umgebaut werden sollte (Pläne von Klumpp); zur selben Zeit Einbau einer St.-Maximilians-Kapelle im westlichen Flügelbau an der Schönfeldstraße. Klenze erarbeitet seit 1822 Pläne, die einen Neubau mit der Wohnung des Kriegsministers vorsehen (fertig gestellt 1825, weitgehend nach Entwürfen von Klenze ausgestattet, von Schönherr ausgemalt) und die Errichtung eines Baukörpers an der Ludwigstraße, das *Kriegsministerium* (→ Ludwigstraße 14), in die Gesamtplanung einbeziehen. Flügelbauten und zurückgesetzte Fassade bilden breit gelagerten, flachen ›Ehrenhof‹, ursprünglich von der Schönfeldstraße durch Staketenzaun abgetrennt. Im 2. Weltkrieg schwer zerstört, gegen Ende der 1950er Jahre für Unterbringung der Staatsarchive vorgesehen. (Diese ab 1843 in Gärtners Bibliotheks- und Archivbau, nach Krieg behelfsmäßig im ehemaligen ›Führerbau‹ an Arcisstraße.) – 1959 Abbruch des Mitteltrakts bis auf Grundmauern und Beginn des Wiederaufbaus, gemeinsam mit ehemaligem Kriegsministerium, beide bezugsfertig 1967. Der Flügel östlich des Ehrenhofs folgte 1970-72, der Magazin- und Verwaltungsbau entlang der Schönfeldstraße 1976-77. Seit 1978 in den Bauteilen etabliert: Bayerisches Hauptstaatsarchiv, *Abteilung I und II*: Schönfeldstraße 5, *Abteilung III*: Ludwigstraße 14, (*Abteilung IV*: Leonrodstraße 57), *Abteilung V*: Ludwigstraße 14, *Staatsarchiv München*: Schönfeldstraße 3. ***Beschreibung:*** Um fünf Fensterachsen von der Straße zurückgesetzter zweigeschossiger *Mitteltrakt* zu elf Achsen; Erdgeschoss in Streifenrustika, in der Mitte Portal mit säulengetragenem Balkon (einzig original erhaltener Bauteil); Obergeschoss glatt verputzt mit Hausteingliederung (rustizierte Ecklisenen, Fensterumrandung), darüber im hohen Architrav Mezzanin. Gleiche Wandgestaltung bei den dreiachsigen *Flügelbauten,* durch zwei vierjochige *Galerieflügel* mit Mitteltrakt verbunden (im Erdgeschoss nicht, wie ursprünglich, geschlossen). Der linke, westliche Kopfbau zugleich südlicher Flügel des *Kriegsministeriums.* – Rechts im Ehrenhof bronzenes Pferdestandbild: ›Denkmal für die deutsche Kavallerie 1870-1945‹ (Bleeker 1960). ***Bedeutung:*** In Übereinstimmung mit Fassade des Kriegsministeriums gelang Klenze eine disziplinierte Gestaltung eines militärischen Zweckbaus, der sich in seiner gestrafften Formsprache von der auftrumpfenden ›Monumentalität‹ von Gärtners Staatsbibliothek abhebt.

Schönfeldstraße, Staatsarchive: Ehrenhof mit Kavallerie-Denkmal von Bleeker, 1960.

SCHUSSENRIEDER STRASSE 6 (Lochhausen) □ **28**

St. Michael Ehe Heinrich der Löwe die Salzstraße 1156/58 über München umleitete, lag Lochhausen an der Handelsstraße von Salzburg über Oberföhring (→ Niebuhrstraße) nach Augsburg. Eine 1170 erwähnte Kirche 1449 renoviert, bis 1513 Filialkirche von Aubing, dann eigene Pfarrkirche. Aus spätgotischer Zeit erhalten der Chor, 3/8 geschlossen mit abgetreppten Stützpfeilern und nördlich angebautem Satteldachturm. (Ursprünglich romanische Kirche anzunehmen, in Bausubstanz nicht nachweisbar.) Um 1727/39 barockisiert, 1926-27 Erweiterung des barocken Langhauses (1735-39) nach Plänen von Bömmel (in Form von gotischen und barocken Elementen); zwischen 1965 und 1988 sukzessive Gesamtrenovierung. ***Inneres:*** Im Chorraum spätgotisches Gewölbe unter Stuck von 1740/45, *Deckenfresko* ›Krönung Mariens‹ (Zächenberger zugeschrieben, wohl 1742), an nördlicher Chorwand *Fresko* ›Vision der Hl. Margareta Alacoque‹ (Frz. Schmidt aus Alling; vielleicht 1737: Gründung der Herz-Jesu-Bruderschaft). *Hochaltar* vor dunkelblauem Stuckvorhang in der Apsis (um 1740) mit Nischenfiguren: in der Mitte ›St. Michael‹ (wahrscheinlich von Schmidt), links Kopie der sog. ›Lochhauser Madonna‹, rechts Kopie der 1974 gestohlenen ›St. Margareta‹ (das Original ebenfalls von Schmidt). Im neubarocken *Kirchenschiff* die spätbarocken Seitenaltäre 1966 entfernt, an ihrer Stelle ›Hl. Joseph‹ (nachempfundener Barock; rechts) und links Original der ›Lochhauser Madonna‹ (wohl Münchener Skulptur von etwa 1475); an Seitenwänden die früheren *Seitenaltargemälde* ›Krönung Mariens‹ und ›Hl. Anna Selbdritt‹ (beide anonym, 1. Hälfte 18. Jh.); *Kanzel* um 1700, gegenüber aus einstiger Barockausstattung Kreuzigungsgruppe; Zyklus von *Apostelbildern* (1. Hälfte 18. Jh.), *Kreuzwegstationen* 1861 (Maler unbekannt).

SCHWANTHALERSTRASSE 13 □ **5**

Deutsches Theater Zwischen den Häuserzeilen an der Schwanthaler- und Landwehrstraße anstelle des ehemaligen Ateliers von Ludwig Schwanthaler von Bluhm und Stöhr (Entwurf J. Rank) 1895-96 errichteter Bau; von den beiden Straßen durch monumentale neubarocke Toreinfahrten (Nr. 13 und Nr. 20) erreichbare, architektonisch bescheiden gestaltete kleine Höfe; in der Nische rechts neben dem überbauten Haupteingang ›Faunbrunnen‹ (Entwurf: C. Fischer 1896). Einweihung des Baus: 26.9.1896; dessen Neurokokoausstattung (Ausmalung von Ferd. Wagner u. a. 1895/96) durch Brandbomben 1943 nahezu gänzlich (außer ›Silbersaal‹) vernichtet; vereinfachter Wiederaufbau 1950-51, Renovierung 1959. Bei Architektenwettbewerb für abermalige Renovierung 1974 ging der 1. Preis an Reinhard Riemerschmid, dieser 1977 mit Gesamtneubau unter Berücksichtigung der traditionellen Doppelfunktion Theateraufführungen/Faschingsveranstaltungen beauftragt; Bauzeit 1977-82. Für Gastspiele fremder Bühnen und als Ergänzung der von Münchener Theatern nicht oder wenig gepflegten Genres (Musicals, Ballett- und Tanzvorstellungen, Shows und Entertainment) genutzt. – Durch umfassenden ***Innenausbau*** kaum Reminiszenzen an das frühere Theater – ausgenommen der restaurierte Neurokoko-›Silbersaal‹ sowie in der Kassenhalle verwendete Säulen und Ballustradenteile des ursprünglichen Baus. Die ungewöhnlichen Farbkombinationen bei erneuter Innenrenovierung 1992/93 (Architekt Zehetbauer) zurückgenommen; dennoch blieb die Ambivalenz von Showbusiness und Tanzpalast, die der ***Geschichte*** des Deutschen Theaters entspricht, erhalten: erfolglos gegen die etablierten Bühnen Münchens wird es ab etwa 1900 Hochburg des Münchener Faschings, beherbergt ab 1903 (mit Unterbrechung) den 1902 von Carl und Ida Krone gegründeten

›Wanderzirkus Charles‹, wird Varietétheater und Gastspielbühne; avanciert unter Hans Gruß zwischen 1920 und 1933 zu berühmtem Varieté- und Revuetheater; Auftritte von Karl Valentin (1924-26), Nina Payne (1927), Josephine Baker (1928: erster Auftritt in Deutschland), Tiller Girls; Gastspiele wie ›Porgy and Bess‹ (1957), Tanzgruppe ›Brasiliana‹ (1959). – Das meistbesuchte Theater Münchens gefährdet: die Behebung der 2002 festgestellten maroden Bausubstanz derzeit von Stadt nicht finanzierbar; Schließung bis spätestens Anfang 2004 zu befürchten.

Sebastiansplatz mit Blick zum Münchner Stadtmuseum (Hofmanntrakt).

SEBASTIANSPLATZ ☐ **10**

Zwischen → Sankt-Jakobs-Platz und → Viktualienmarkt gelegener kleinräumiger ›Platz‹, von alten, z. T. unversehrt erhaltenen Häusern aus dem späten Mittelalter sowie aus Umbauten des 19. Jh. Name des Platzes abgeleitet von einer *Sebastianskapelle*, die ab ca. 1515 hier (heutige Nr. 10) stand und zum ehemaligen Haus des Ebersberger Benediktinerstifts (dessen Patron der Hl. Sebastian) gehörte; nach Säkularisation in Privatbesitz (1809), profamiert 1814 (in Bierwirtschaft umgewandelt). – Von besonderem Interesse die Häuserzeile an Nordostseite des Platzes: die Nummern **3**, **4** und **6** zwischen 1480 und 1495 genannt, die Nummern **5**, **7** und **8/9** erst 1567 und 1571 (wohl aber älter). Außer Nr. 4 kaum Kriegsschäden, ab 1977 grundlegend saniert. ***Beschreibung:*** Die über Erdgeschoss zwei- bis dreigeschossigen Traufenhäuser auf schmalen, tiefen Parzellen errichtet, Lichthöfe zwischen Vorder- und Rückgebäude. Haus Nr. 3 durch Burmeister 1984 restauriert (im Hof Holzlauben), ähnlich Nr. 4 (modernisierter Innenhof); bei Nrn. 7 und 8 die für München typischen ›Ohrwaschl‹ (halbierte, an das Nachbarhaus angrenzende Zwerchgiebel); ferner im Haus *Nr. 8* die in gotischer Münchener Bauweise übliche ›Himmelsleiter‹ erhalten, eine in geradem Lauf vom Erdgeschoss bis zum Speicher durchgehende Treppe. (Weitere Beispiele: → Burgstraße 5, *Ignaz-Günther-Haus*, → Sankt-Jakobs-Platz 15). ***Bedeutung:*** Die von Burmeister 1977 konzipierte und in folgenden Jahren durchgeführte Sanierung berücksichtigte weitgehend Wiederherstellung bzw. Erhaltung dieses mit historischen Handwerkerhäusern bebauten Quartiers (›Sebastiansblock‹, dessen Gebäude an Blumenstraße und Rosental durch Bomben verloren).

SEDERANGER 6 ☐ **19**

Bayerische Rückversicherung Nach Plänen von Kiessler und Schultz von 1970-76 errichtete Bürohausgruppe aus einem *Verwaltungsbau* (drei viergeschossige Zylinder dreipassartig um einen Versorgungskern) und einem von diesem abgesetzten *Casinobau* (ursprünglich zweistöckig über kreisrundem Grundriss, 1992 um zwei Geschosse aufgestockt), mit Verwaltungsgebäude durch drei Untergeschosse verbunden. Freigespannte Fußboden- bzw. Deckenscheiben konzentrisch über Glasfassaden vorkragend und durch schlanke Stahlrohre filigran verbunden. ***Bedeutung:*** Bemerkenswerte architektonische Lösung aus dem spannungsreichen Wechselspiel zwischen aufgelöstem Baukörper (Glaswände!) und eindeutig begrenzten Raumbasen, stabilisiert durch Stahlrohr›stützen‹; durch rechteckige Nachbarbauten beeinträchtigt. – Bedeutende Sammlung von Grafik des 20. Jh. als mäzenatischer Beitrag zur Auseinandersetzung mit zeitgenössischer Kunst, Architektur und Design.

SENDLINGER STRASSE ☐ **6, 9, 10**

Vom heutigen Beginn des Fußgängerbereichs an Rosenstraße in südöstlicher Richtung ausgehender Straßenzug zum → Sendlinger-Tor-Platz. (Von dort weiter zum 1877 eingemeindeten Dorf an ehemaliger Fernhandelsstraße über Wolfratshausen nach Mittenwald und Tirol.) Name erstmals genannt 1318, doch wohl älter: Ruffini-(oder Püttrich-)turm (→ Rindermarkt 10) 1310 als ›Tor gegen Sendling‹ erwähnt, das wohl um 1310 errichtete Sendlinger Tor 1319 belegt. – Reizvolles Straßenbild durch leichte Abweichung von der Geraden. Bereits sehr früh Ansiedlung von Brauereien entlang der Straße nachweisbar: Schützbräu 1372, Gilgenreiner- und Unterpollingerbräu 1390; im

15. Jh.: Eberlbräu 1431, Faberbräu 1462, Hascherbräu 1481, Leistbräu 1490, gegen Ende des Jahrhunderts Hackerbräu (→ Sendlinger Straße 14); im 16. Jh.: Unterottlbräu 1513, Singlspieler- und Oberottlbräu 1541, Löwenhauserbräu 1551, Gilgenbräu 1560. Die ehemals altstädtische Bebauung (vgl. Sandtner-Modell 1572 im Bayerischen Nationalmuseum) abgelöst von bürgerlich-gründerzeitlichen Gebäuden des 19. und frühen 20. Jh., im Krieg etwa zur Hälfte vernichtet; beim Wiederaufbau durch moderne Neubauten ohne bemerkenswertes Niveau ersetzt. – In den letzten zwei bis drei Jahrzehnten zu belebter Einkaufs- und Flanierstraße geworden, bereichert durch Passagensysteme zur Kreuzstraße (Zugang bei Nr. 46 und 50), besonders gelungen der 1983 vollendete ›Asamhof‹ mit Wohnbebauung und Gaststätten.
Beginn der Straße *Nr. 1*: westliche Ecke der Ruffinihäuser (→ Rindermarkt 10) markiert Mauerring der ›Heinrichsstadt‹; *Nr. 8*: ehemaliges Redaktionsgebäude der ›Münchener Neuesten Nachrichten‹ (→ Sendlinger Straße 8), gefolgt von *Nr. 10*, ehemals *Faberbräu* (in dessen Malztenne Dramen von Lessing und Schiller, ›Die Räuber‹ 1784, ›Kabale und Liebe‹ 1788, aufgeführt wurden). *Nr. 11*: ehemaliges altes, noch weitgehend erhaltenes *Bürgerhaus* vor 1800 mit frühklassizistischer Putzgliederung in Art der 1780er Jahre, in neuerer Zeit vereinfachend verändert; in Ecknische Marienbüste, datiert 1731. – Beachtlich das *Alte Hackerhaus* (→ Sendlinger Straße 14), bei *Nr. 23* Standort des Bernrieder Klosterhauses (1690-1802) anstelle eines 1470 erstmals erwähnten Hauses; 1775-1800 Wohnung des Mozart-Sängers Valesi (Wallishauser), dessen Schüler C. M. v. Weber hier 1800 seine erste Oper (›Die Macht der Liebe und des Weines‹) komponierte; 1944 zerstört, 1961 wieder aufgebaut (Gedenktafel). *Nr. 27*: *Bürohaus*, nach Plänen von Atzenbeck 1924/25 errichtet mit in München seltener spätexpressionistischer Art-déco-Bauplastik. *Nr. 29* und *31*: *Haus zum Singlspieler*, anstelle des Singlspielerbräu (erster Brauer 1541 nachweisbar) von Grässel 1898 errichtetes Doppelhaus in verputztem Backstein mit Hausteingliederung: über zweistöckigem Sockel drei Obergeschosse mit zwei reliefverzierten doppelgeschossigen Erkern, vor hohem Walmdach zweistöckiger Volutengiebel. Bemalung (durch Pfleiderer): Tänzerin und Musikant sowie unter zwei Zwillingsfenstern des dritten Obergeschosses Darstellung einer Hufschmiede sowie Blick durch Gasse zum Sendlinger Tor. 1986 durch W. Maurer und Gwiazda vorbildlich renoviert. Gegenüber der Dreierkomplex aus Priesterhaus, Asamkirche und Asam-Haus (→ Sendlinger Straße 30, 32, 34). *Nr. 56* ehemaliges *Wohn- und Geschäftshaus*, nach Plänen von Ostenrieder 1899 errichtetes fünfgeschossiger Putzbau – eines der wenigen noch erhaltenen Beispiele mit eigenwilliger neugotischer Hausteingliederung (ursprünglich farbig gefasst) an Erker und Fenstergesims des obersten Stockwerks (sog. ›Astwerkgotik‹; das Erdgeschoss mit ursprünglich zwei Flachbögen (gestützt durch Mittelsäule in Form eines knorrigen Baums) durch Ladeneinbauten dilettantisch entstellt.

Sendlinger Straße: Süddeutscher Verlag.

SENDLINGER STRASSE 8 ☐ 6

Süddeutscher Verlag Nach Plänen von Littmann 1905-06 als Redaktionshaus der ›Münchener Neuesten Nachrichten‹ errichtetes Gebäude, hinter dem in der Tiefenstaffelung des Grundstückes die technischen Betriebe (Setzerei, Druckerei usw.) untergebracht waren. Nach Kriegszerstörungen im Innern völlig verändert wieder aufgebaut, Verzicht auf Restaurierung der ursprünglichen Architekturplastik (von Seidler). – Erweiterungsbau am Färbergraben (Architekt: Groethuysen/Schreiber/Sachsse 1963-70); 1983-85 Errichtung des neuen *Druckzentrums München-Steinhausen* (Entwurf: Architektengemeinschaft SV – von Seidlein/Fischer/Winkler und Effinger). ***Beschreibung:*** Über Naturstein-Sockelzone (sieben Bogenfenster im Erdgeschoss, darüber kräftig reliefiertes, rhythmisiertes Fensterband) zurückgesetzte zwei Obergeschosse, von Erkern gegliedert; darüber weit vorspringende Dachzone. ***Bedeutung:*** Trotz der Abmessungen (65 m) und der Funktion des Gebäudes geschickt in den Straßenverlauf eingefügte Fassade, deren architektonische Qualität durch die starre Schematik der beiden anschließenden Neubauten (Nr. 6 u. 10, beide von Raue, 1967-68 bzw. 1960) deutlich wird.

Sendlinger Straße: *Altes Hackerbräuhaus.*

SENDLINGER STRASSE 14 ☐ 6

Altes Hackerbräuhaus An Ecke Hacken-/Sendlinger Straße eine der ältesten Münchener Braustätten, seit Ende 15. Jh., als herzogliches ›Bräulehen‹ bereits 1363 bezeugt. Seit 1738 in Besitz von Simon Hacker (»Hackerbräu«), nach Einheirat von Joseph Pschorr (1793) Vergrößerung entlang der Hackenstraße durch Braustätten, 1825 durch Brand großenteils zerstört. Wiederaufbau der Brauerei und Errichtung des vornehmen klassizistischen Eckhauses 1829-31; durch Lehmann 1982-84 sorgfältig restauriert. ***Beschreibung:*** Erdgeschoss als Sockelgeschoss in Streifenrustika gestaltet, darüber drei durch Gesimse getrennte Obergeschosse: an beiden Straßenfronten je neun Fensterachsen, die Rechteckfenster im ersten Obergeschoss durch Rundbogenfelder mit stilisiertem Pflanzendekor hervorgehoben; Pilastergliederung der Obergeschosse in der klassizistischen Abfolge von dorischer, ionischer und korinthischer Ordnung. (Entwerfender Architekt/Baumeister dieses ›Palazzo‹ unbekannt.) – Bei Restaurierung 1984 Wiederentdeckung und Instandsetzung der ehemaligen Wohnräume von Mathias Pschorr im zweiten Obergeschoss: den 1882 in Neurokoko ausgestatteten ›Silbersalon‹, das altdeutsche Esszimmer und das Herrenzimmer (in Neorenaissance) – selten gewordene Beispiele großbürgerlicher Wohnkultur des ausgehenden 19. Jh. (leider nicht zugänglich). – Die Kellergewölbe (15. Jh.) des ehemaligen Brauhauses und Erdgeschoss als Restaurant eingerichtet, der Innenhof mit hölzernen Laubengängen als Wirtsgarten verwendet.

St.-Johann-Nepomuk-Kirche (›Asam-Kirche‹).

SENDLINGER STRASSE 30 ☐ 10

Priesterhaus Zeitlich jüngste Erwerbung der Brüder Asam eines Bürgerhauses (1734) nördlich der in Bau befindlichen *St.-Johann-Nepomuk-Kirche* (→ Sendlinger Straße 32); bereits 19.6.1733 Stiftung für die Geistlichen an der neuen Kirche durch Regierung genehmigt, 1734 an Generalvisitator der Diözese Freising, Philipp Franz Lindmayr, veräußert. 1771 wegen Baufälligkeit abgebrochen, bis 1773 Neubau durch unbekannte Baumeister. Bombenschäden 1944, bis 1954 sukzessive behoben; 1981 Renovierung der Fassade nach originalen Befunden, 1991-93 neuer Innenausbau. ***Beschreibung:*** Vierachsige Straßenfront, über hellem Erdgeschoss in Streifenbossen und Korbbogenfenstern vier Stockwerke mit hell umrahmten Rechteckfenstern vor dunkler Hauswand, im ersten Obergeschoss Fenster mit flacher Segmentbogenbedachung, das zweite Obergeschoss durch optisch fortlaufende Segmentbogen besonders hervorgehoben; drittes Obergeschoss einfacher gestaltet, ebenso das vierte, das beim Neubau 1773 aufgesetzt wurde (und das ursprüngliche Gleichgewicht des Ensembles Priesterhaus/Kirche/Asam-Haus stört). ***Bedeutung:*** Das in der Art des jüngeren Cuvilliés errichtete Gebäude heute einzige noch annähernd original erhaltene Bürgerhausfassade in architektonischer Gliederung des Spätbarock.

SENDLINGER STRASSE 32 ☐ 10

St.-Johann-Nepomuk-Kirche* (›Asam-Kirche‹) Nach Kauf zweier Häuser durch Ä. Q. Asam (1729 und 1730) zur Errichtung seines eigenen Wohnhauses (→ Sendlinger Straße 34: ›Asam-Haus‹) erweitert Asam Anfang 1733 seinen Besitz durch das nördlich anschließende Anwesen, um hier nach eigenem Wunsch (und auf Drängen der Anwohner) eine Kirche »in honorem S. S. Johannis Nepomucensi et Carolis Borromaei« zu bauen. (Johann Nepomuk 1729 heilig gesprochen, gleichzeitig Schutzpatron des Kurfürstentums Bayern.) Nach langwierigen Verhandlungen mit kirchlichen und staatlichen Behörden März 1733 *Erlaubnis* durch Karl Albrecht und seinen Bruder Johann Theodor (Fürstbischof von Freising) zum Bau der Kirche mit eigener Familiengruft im Untergeschoss und Privatoratorium (begrenzt auf Asams Lebenszeit). Für Entwurf, aber zumindest für Ausführung ist Zusammenarbeit mit J. M. Fischer sehr wahrscheinlich. – *Grundsteinlegung* am Namenstag von Johann Nepomuk, 16.5.1733, im Beisein des Kurprinzen Max (III.) Joseph; *Rohbau* am 24.12.1734 benediziert; 1735 Vollendung des Deckenfreskos durch Ä. Q., 1738 im Altarraum (Presbyterium) tätig, 1740 an Fassade;

1746 *Weihe* der noch unvollendeten Kirche (deren Vollendung Ä. Q., † 1750, nicht erlebt). 1751 Aufsetzen des Glockentürmchens, 1771 Stuckarbeiten noch nicht alle gefasst; 1771/74 Abbruch und Umbau des Privatoratoriums an Nordwestecke, Änderungen an beiden Altären im Presbyterium 1783 und 1820. Große Innenrestaurierung 1860/61 durch Maler Schabet und Vergolder Radspieler. 1939 Beginn einer umfassenden Restaurierung (u. a. Reinigung des Deckenfreskos 1941-42), jedoch noch vor endgültigem Abschluss schwere Bombenzerstörungen 1944 und 1945 (Dach mit Glockentürmchen, Decke, Fenster, Portal, ›Erker‹ mit oberem Hauptaltar, Sakristei). Leicht veränderte Wiederherstellung 1946-48, Fassadenrenovierung an Kirche und Asam-Haus 1972/73, Aufsetzen des durch Burmeister rekonstruierten Türmchens (1975); dem ursprünglichen Aussehen annähernde Korrektur 1982 in Zusammenhang mit umfassender Innenrestaurierung durch Schleich 1975-83: Rekonstruktion der zweiteiligen Orgel, Neugestaltung der Altäre im Presbyterium (dabei umstrittene Änderung der Lichtführung). 1999-2001 Sanierung und Restaurierung der Fassade (u. a. Bauplastik) unter Leitung von Schmitz (wegen verfälschender Farbgebung durch Diözesanbauamt zurückgetreten).

Äußeres: Flankiert rechter Hand vom ›Priesterhaus‹ und links anschließend vom ›Asam-Haus‹ beherrschend die Kirchenfassade, wohl beeinflusst von K. I. Dientzenhofers Prager Kirchenbauten (St. Johann Nepomuk auf dem Hradschin, 1720-28, Dientzenhofers erster Sakralbau in Prag, und St. Johann Nepomuk ›am Felsen‹, 1730-39); aus seitlich unbehauenen Felsen emporwachsend – ursprünglich Brunnen vorgesehen: Johann Nepomuk als ›Wasserheiliger‹ (Gesuche 1737 und 1740 abgelehnt) – zwei leicht nach innen gedrehte kolossale Pilaster, in den Kapitellen Reliefs: links Papst Benedikt XIII. (Kanonisierung von Johann Nepomuk, 1729), rechts Kardinal Johann Theodor Fürstbischof von Freising; zwischen ihnen vorgewölbt die eigentliche Schaufront mit säulengerahmtem Portal, auf den Türflügeln vier Reliefs (oben: ›Joh. Nepomuk im Kerker‹ und ›Folterung Joh. Nepomuks‹; unten: ›Bestrafung der grabschändenden Calvinisten‹ und ›Erlösung Leidender‹). Der vorschwingende Segmentbogen von der vollplastischen Gruppe des in den Himmel auffahrenden Titelheiligen bekrönt, flankiert von zwei Engeln (Hinweis auf Beichtgeheimnis und Martyrium). Dahinter riesiges, konvex verglastes Fenster, von Säulen gerahmt und altarähnlich übergiebelt: als eigenwillige Umdeutung eines borrominesken Nischenmotivs gestaltetes ›Vorhangfenster‹, von G. A. Gumpp 1724-28 im Innsbrucker Landhaus vorgebildet (dessen Landhaussaal von K. D. Asam 1734 ausgestattet); am Auszug darüber die Allegorien von Glaube, Hoffnung und Liebe. Die ganze Breite der Front übergreifend, auf hohem Gebälk über den rahmenden Kolossalpilastern aufliegend, der mehrfach geschwungene Hauptgiebel, das etwas zurückgesetzte Glockentürmchen 1751 aufgesetzt.

Asam-Kirche: *Gnadenstuhl.*

Asam-Kirche: *Stuckengel* am Gesims.

Inneres: Querovale *Vorhalle* mit Beichtstühlen, die Decke – mit Sonnenrelief und gepunkteten Strahlen – getragen von Hermenengeln; Schmiedeeisengitter 1776 eingezogen, trennt Vorhalle sinnwidrig vom lang gestreckten, hohen *Kirchenraum*: beherrscht von zwei Hauptaltären übereinander im querovalen Presbyterium und den beiden Seitenaltären beim Eingang zum Altarraum, hervorgehoben durch das ›Würdemotiv‹ der vier gedrehten Säulen: diese tragen die freischwebende Gruppe des ›Gnadenstuhls‹*. Wiederholung des Säulenmotivs an der Orgelempore, wo zwei Säulen mit ausschwingendem Gebälk den Reichsadler (Hinweis auf den Wittelsbacher Kaiser Karl VII.) rahmen. Die Stuckmarmorwände des Gemeinderaums durch vielgestaltige Architekturelemente mit reichem plastischen Dekor gegliedert, in ›Obergeschoss‹-Höhe von geschwungenem umlaufenden Balkon unterteilt; über der ebenfalls bewegten Hohlkehle zehn in Silber gefasste Stuckreliefs* von Ä. Q. Asam mit Szenen aus dem Leben Johann Nepomuks; auf gedrücktem Muldengewölbe das durchgehende Deckengemälde ›Leben, Leiden, Sterben und Verherrlichung des Hl. Johann Nepomuk‹ (von K. D. Asam, datiert 1735). – Für Beschreibung der ***Ausstattung*** → Legenden zu Grundriss und Längsschnitt. ***Bedeutung:*** Neben Rohr und Weltenburg einzige ausschließlich von den Gebrüdern Asam gestaltete Kirche, *soziologisch* bemerkenswert als Privatkirchenbau bürgerlicher Künstler, *kirchengeschichtlich* wegen des 1729 heilig gesprochenen Titelheiligen. Als Bauwerk großartiges, einheitlich durchgestaltetes und ikonographisch konsequent ausgestattetes Gesamtkunstwerk im typischen ›Asamstil‹: ersichtlich beeinflusst vom Pathos des römischen Hochbarock (eines Bernini, Borromini), dazu starke Einflüsse aus Böhmen (wie z. B. die Anwendung des Felsenmotivs an Münchener Fassade, angeregt wohl durch ›St. Johann Nepomuk auf dem Felsen‹ in Prag, wo der Hochaltar auf einem gewachsenen Felsen steht: Assoziation der Kirche, die auf dem Felsen Petrus errichtet wurde).

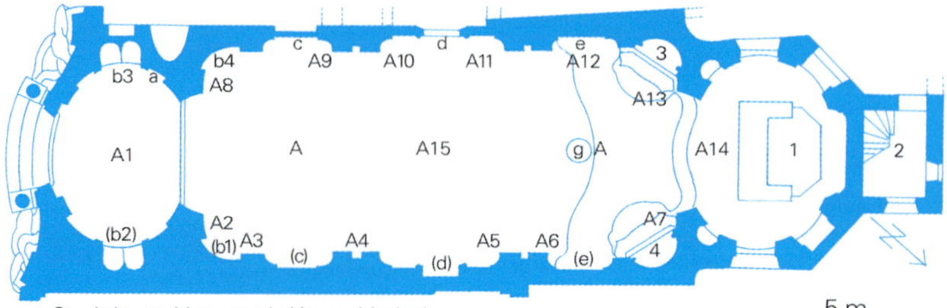

St. Johann Nepomuk (Asamkirche)

St. Johann Nepomuk, Längsschnitt (nach E. Burmeister)

***Altäre* 1** Hochaltar *im Erdgeschoss: vor rotem Stuckvorhang ›Sarkophag-Altar‹; Altarbank mit Silberreliefs (um 1783), Glasschrein mit Wachsfigur des Hl. Johann (in ihr Reliquien gefasst), bekrönt von durchbrochener Pyramide mit Nachbildung des Zungenreliquiars (1983 rekonstruiert nach Skizze Asams anstelle der 1783 von Boos angebrachten ausladenden Strahlenglorie). Der ovale Altarraum von acht Hermenengeln umgeben, in Gestik und Attributen ebenso auf Eucharistie bezogen wie Reliefs der Messegeräte in Hohlkehle unter der Galerie.* **2** Chor- oder Galeriealtar *für die 1738 eingeführte Dreifaltigkeitsbruderschaft: Tabernakel und zwei Anbetungsengel** 1767 von I. Günther (bis 1913 in Pfarrkirche Griesstätt), darüber die von Schleich ursprünglich für die Asamkirche vermutete Fensterlösung hinter dem Altar (in Anlehnung an Weltenburg, Osterhofen u. a. Asamkirchen), bei Renovierung 1982-83 unter Rückgriff auf den Johann-Nepomuk-Altar in der Prämonstratenserkirche Osterhofen (Ä. Q. Asam 1735) eingefügt; original dagegen die asamische in Silber gefasste Stuckgruppe (Titelheiliger zu Füßen der Muttergottes) sowie das 1795 erwähnte »groß runde Fenster«, 1820 durch dunkeltoniges Ölbild von A. Seidl ersetzt, 1944 zerstört; an dessen Stelle 1960 halbplastische Figur des schwebenden Johann Nepomuk von Lorch (bei Restaurierung 1975-83 entfernt), dafür hochovales Fenster eingebrochen, das ursprünglich Seitenlicht beeinträchtigt. – Seitlich des Altars in Nischen Stuckfiguren Johannes des Täufers (links, Kopie des 1944 zerstörten Originals) und Johannes Evangelist, beide von Ä. Q. Asam. – Über dem Altarraum die Gruppe des* Gnadenstuhls*: *vier gewundene Säulen tragen in oberster Gebälkzone Seraphim, überfangen vom Glorien-›Baldachin‹ mit der Heilig-Geist-Taube.*

Seitenaltäre *vor Zugang zum Presbyterium, die Nischen von Hermenengeln mit Insignien der ursprünglich vorgesehenen Heiligen flankiert:* **3** Marienaltar: *Statue ›Maria de Victoria‹, noch zu Lebzeiten Ä. Q. Asams aufgestellt; ursprünglich Quirinus-Altar geplant.* **4** Josephsaltar: *Statue des Heiligen 1923 von Drexler erneuert; ursprünglich Ägidius-Altar geplant. Hier seit 1750 Reliquien des Hl. Victor, von Papst Benedikt XIV. an Kurprinz Max Joseph 1742 geschenkt, an Asam-Kirche übergeben.*

***Fresken* A** *Deckenfresko im gesamten Muldengewölbe, die Motive A1-A15 ineinander übergehend:* **A1** *Wallfahrt zum Gnadenbild von Altbunzlau (über der Empore; Gegenstück zu A14);* **A2** *Johann Nepomuk ermahnt König Wenzel;* **A3** *Folterung des Kochs;* **A4** *Johann Nepomuk als Rechtsbeistand;* **A5** *Johann Nepomuk spendet Almosen;* **A6** *Beichte der Königin;* **A7** *Johann Nepomuk vom Volk verehrt;* **A8** *Johann Nepomuk weist Bestechungsversuch König Wenzels zurück;* **A9** *Gefangennahme des Johann Nepomuk;* **A10** *Martyrium des Johann Nepomuk: Brückensturz;* **A11** *Bergung des Leichnams;* **A12** *St. Michael im Kampf gegen die Türken, d. h. gegen die Ketzer;* **A13** *Johann Nepomuk von Fürsten verehrt – zusammen mit A7 übergehend im Presbyte-*

rium in: **A14** Allegorie auf die Kanonisierung des Johann Nepomuk (1729), fortgeführt zur Mitte der Decke: **A15** Dreifaltigkeit und Maria Immaculata.
Ausstattung und Wandgemälde: *Buchstaben in* (Klammern) *beziehen sich auf* rechte, ohne Klammern *auf* linke *Seite*.
Vorraum: **a** Epitaph* *für Joh. Nep.(!) v. Zech (von I. Günther 1758, nach Peter Steiner »virtuoser Höhepunkt der Münchener Grabmalkunst des Rokoko«); schräg links darüber* Hermenengel *mit* Ex-voto-Bild *1746 (Darstellung des damals bestehenden unteren Hochaltars). – Wegen Johann Nepomuk als Beichtheiligem ist die Bedeutung des Bußsakraments vor allem im Eingangsbereich durch die Häufung von* **4 Beichtstühlen** *hervorgehoben. Deren Programm – die vier letzten Dinge: Tod, Gericht, Hölle, Himmel – ist allerdings durch das die Abfolge trennende und erst nach Asams Tod sinnwidrig eingefügte Gitter beeinträchtigt. Die Reihe beginnt bei Beichtstuhl* **(b1)** *mit dem darüber erscheinenden Unbußfertigen Sünder (Anspielung an den Arzt Cenodoxus aus dem gleichnamigen Drama von Bidermann 1609): Hinweis auf Tod (Mors); weiter über Beichtstuhl* **(b2)** *der hl. Hieronymus als Künder des Göttlichen Gerichts (»surgite, venite«); über Beichtstuhl* **b3** *St. Petrus, der aufgrund seiner Binde-Löse-Gewalt die Verdammten in die Hölle weist (»supplicium aeternum«); über Beichtstuhl* **b4** *der Bußfertige Gerechte mit Verheißung des Ewigen Lebens (Himmel: »aeterna vita«).*
Hauptraum Erdgeschoss: **c** *Wandbild* Schutzengel; **(c)** *Wandbild* Übergabe des Rosenkranzes an Dominikus*; beide von Manninger 1981 nachgeschaffen.* **d** *Wandbild* Vertreibung der Wechsler aus dem Tempel *(Chr. Wink 1787, von Manninger gegen 1983 nachgeschaffen); Türe Zugang zur Gruft, → g.* **(d)** *Wandbild* Fußwaschung Petri durch Christus *(F. E. Asam 1794, von Manninger gegen 1983 nachgeschaffen); davor einfacher Beichtstuhl.* **e** *Wandbild* Christus und Nikodemus *(?), am Wandpfeiler links daneben* Kruzifixus *mit viel verehrter* Mater dolorosa. **(e)** Kanzel *am Corpus Relief ›Predigt Johannes des Täufers‹. (Durch Rundöffnung im Boden Blick in die Gruft g.)* – Presbyterium: *Über den beiden seitlichen Sakristeitüren hochovale* Grisaille-Portraits *von Ägid Quirin* **f** *und Kosmas Damian* **(f)***; beide 1944 verbrannt, durch Kopien ersetzt.*
Untergeschoss: **g** Gruft: *von Ä. Q. geplant und noch begonnen (Stuckvorzeichnung am Gewölbe), jedoch von Boos mit Figur ›Christus im Grab‹ vereinfacht vollendet.* – Heilig-Grab-Grotte: *ältestes noch original in situ bestehendes ›Heilig Grab‹ der Barockzeit in München. (Zugänglich nur Karfreitag und Karsamstag durch die Türe bei* **d**.*)*
Hauptraum Obergeschoss: **h** *Wandbild* Verehrung des Johann-Nepomuk-Grabmals, **(h)** *Wandbild* Verehrung der Zungenreliquie des Johann Nepomuk. *In der Hohlkehle unter Deckengesims versilberte* Stuckreliefs*: Lebensstationen des Heiligen (angeregt durch Pfeffels Illustrationen 1725/30 zur »Vita« des Johann Nepomuk von Balbinus):* **i** *Geburt Johanns in Pomuk (um 1340),* **k** *der junge Johann als Lehrer,* **l** *Johann als Messdiener,* **m** *Johann malt ein Kreuz ans Elternhaus,* **n** *Johann als Büßer vor seiner Priesterweihe,* **o** *Ernennung zum Generalvikar (1389),* **p** *Johann bekräftigt Beichtgeheimnis,* **q** *Linderung der Wunden nach Johanns Folterung,* **r** *Johanns Abschiedspredigt,* **s** *Johann im Kerker.*

Asam-Haus *Fassade.*

SENDLINGER STRASSE 34 □ **10**

Asam-Haus* Ä. Q. Asam kauft 1729 und 1730 zwei Häuser aus dem 16. Jh. an Sendlinger Gasse zur Errichtung seines Wohnhauses mit Werkstatt; nach Erwerb des nördlich anschließenden Grundstücks 1733 für den Bau einer Kirche (›St. Johann Nepomuk‹, → Sendlinger Straße 32) wird der 1731 angefertigte »Bau-Riss« für eigene Hauskapelle hinfällig. Mit Stuckierung der Fassade um 1735 Vollendung des Baus, im 19. Jh. Veränderung des Erdgeschosses für gewerbliches Nutzung; im 2. Weltkrieg kaum beschädigt, restauriert 1972/73, erneute Außenrestaurierung des Stucks (weiß auf gelbem Grund) sowie Ausbau und Sanierung des Innern 1999-2000 für Kunstreferat des Erzbischöflichen Ordinariats. ***Beschreibung:*** Viergeschossige Fassade, Anordnung der Fenster der beiden Altbauten trotz überspielender Stuckdekoration noch ablesbar: zwei und drei Achsen mit Mittelerker über Eingangsportal, die originalen Portalflügel im Bayerischen Nationalmuseum. Im ***Innern***: *Treppenhaus*, vom ersten zum zweiten Stock Stuckkruzifix und vier Stuckreliefs mit Nepomuk-Szenen (ähnlich den Holzreliefs am Kirchenportal); bei letzter Restaurierung im Rückgebäude Entlastungstreppe und Lift eingebaut. Im zweiten Stock saalartiger *Raum* (»Salettl«) mit drei Fenstern zur Straße, die 1812 eingezogene Zwischenwand entfernt, die vermutlich noch von K. D. Asam entworfene und nach seinem Tod ausgeführte Wandbemalung (grüne Flächen, rot und gelb gerahmt) freigelegt; Öffnung eines schräg in ein Fenster der Kirche (→ Längsschnitt S. 406) eingeschnittenen ›Spions‹ mit Blick auf Beichtstuhl (Nr. [b1]); weitere Einblicke in Kirche durch Ovalfenster (unter i) auf Kanzel und vom ehemaligen *Privatoratorium* (unter l, heute Wohnungsflur) zum Reliquienschrein auf unteren Hochaltar (Nr. 1). ***Programm*** der Stuckfassade* inhaltlich Ergänzung zur sakralen Thematik der Kirchen-

Asam-Haus:
Neben dem sakralen Bereich der benachbarten Kirchenfassade die künstlerische Welt des Bauherrn. Beherrscht von der Lichtgestalt des Apoll *der ›Himmel‹ von Kunst und Wissenschaft, zu dem* Pallas Athene *dem willigen Menschen (in Gestalt eines Putto) den Weg weist. Zwischen erstem und zweitem Obergeschoss rechts die* Naturwissenschaften, *links die* Schönen Künste; *daran anschließend* Unbeschwertheit *(Satyrn), aber auch die vor der Fama fliehende* Vergänglichkeit *des einfachen, naiven Lebens ohne Heiligung durch Apoll und (katholisches) Christentum, dessen ›Himmel‹ an architektonisch ausgezeichneter Stelle, am Erker, versinnbildlicht wird: zuoberst das* Christusmonogramm IHS, *gefolgt von der z. T. vergoldeten* Maria Immakulata, *in Höhe der Wissenschaften und, im weitesten Sinn, des Irdischen, darunter (gemalt) der* Hl. Joseph *(heute unkenntlich) als Patron des Handwerks und – nach damaliger Auffassung damit verbunden – der Künste: unmittelbar über dem Portal in Reliefs* Malerei *(links) und* Architektur *(rechts), dazwischen über Portalbogen Sinnbild der* Bildhauerei *(Plastik eines Putto bearbeitet Mauerkrone); seitlich, am Übergang vom Erker zum Portal, Hermengenien* (Dichtkunst *links,* Musik *rechts), auf verjüngtem Ovalfeld Jaspis-Einlage (links, im rechten gemalt). Die Reliefs auf den ursprünglichen Portalflügeln (im Bayerischen Nationalmuseum) versinnbildlichen Altes und Neues Testament. – Zahlreiche Putti und Puttiköpfe ergänzen anspielend auf Reichtum, Fruchtbarkeit, Tugend die allegorischen Aussagen.*

fassade – gewissermaßen Darstellung der künstlerischen Welt des Bauherrn (→ Legende zur Fassadenzeichnung). ***Bedeutung:*** In seiner Fassadengestaltung ungewöhnlich anspruchsvoller Künstlerwohnsitz des frühen 18. Jh., möglicherweise angeregt durch die für Rom einzigartige manieristische Stuckfassade (1556-60) des Palazzo-Spada. Asam verteilt frei über die Fassade seines Hauses eine in sein Metier als Bildhauer umgedeutete *plastische* Form der in Oberbayern und Schwaben seit dem 16. Jh. weit verbreiteten Fassaden*malerei* ohne Rücksicht auf architektonische Gliederung. Die dabei dargestellte Thematik aus antik-heidnischer Mythologie (links vom Erker) und aus christlichem Glauben verkündet die Universalität barocker ›Welt-an-schauung‹, ehe Rationalismus und Aufklärung diese Gesamtschau des abendländischen Kulturkreises aufzulösen beginnen.

Asamhaus, Fassadenprogramm

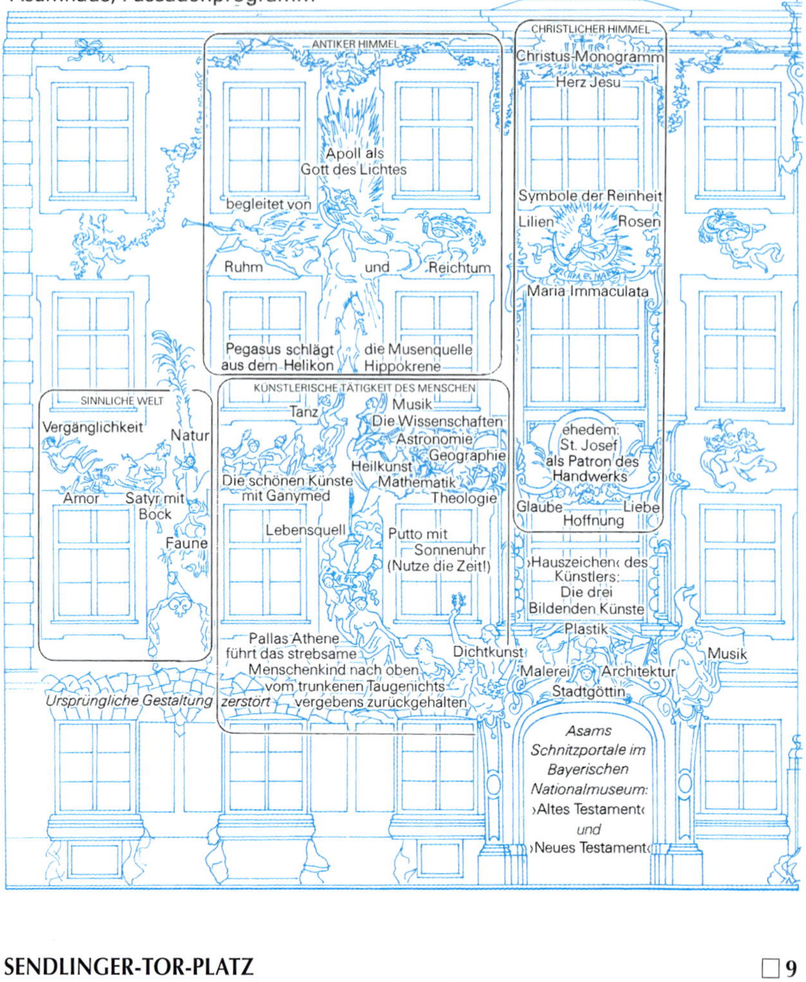

SENDLINGER-TOR-PLATZ ☐ **9**

Im Zusammenhang mit Entfestigung Münchens (ab 1791) erste Pläne für Gestaltung des Areals vor dem Tor (analog zum → Karlsplatz) als Empfangsraum mit einmündenden Straßen durch Thurn: 1803 und 1807 Kombination von Rechteck und Halbkreis, 1807 auch Kreisform (durch Obelisk zentriert). Erweiterung der durch Wallanlagen und Bastion (→ Befestigung S. 27) mehrfach gewinkelten Zufahrt, 1810 Zuschütten des Vorfelds für niveaugleiche Anbindung an → Sendlinger Straße. – Bereits 1809 Berücksichtigung der Beziehung von altem Stadttor zum annähernd gegenüberliegenden Krankenhaus der Barmherzigen Brüder (Baubeginn 1809, → Ziemssenstraße 1) durch F. L. Sckells Planung eines Kreisplatzes mit Übergang zur Lindwurm- und Nußbaumstraße sowie zur projektierten Sonnenstraße (benannt nach dem durch Vorherr vorgeschlagenen offenen Bausystem »Sonnenbau«) und ihre Weiterführung gegen (spätere) Müller- bzw. Blumenstraße. Zum Halbrundplatz 1812 abgeändert, als zweiter Bauabschnitt des Generalplans für die Stadterweiterung (zusammen mit Errichtung der ›Ludwigvorstadt‹) genehmigt; dagegen die aufwändige Planung Himbsels (1818) verworfen, geblieben aber die Grundfiguren von Rechteck (vor dem Tor) und der angesetzte Halbkreis. Im Verlauf des 19. Jh. uneinheitliche Randbebauung, im westlichen Segment problematische Einführung der Pettenkoferstraße. – Abbruch der Stadtmauer südöstlich des Tors (1872/73) und Neubau eines Schulhauses (Pläne von Voit d. J., 1876/77), Anlage der Grünfläche zwischen Lindwurm- und Nußbaumstraße im Stil englischer Gärten, 1883-86 Abbruch der Mauer nordwestlich des Tors und Herstellung einer Grünanlage im Verlauf der → Herzog-Wilhelm-Straße. Installation eines Brunnens anlässlich der Eröffnung der Wasserversorgung aus Mangfallgebiet 1883. Nicht ausgeführt das Projekt Th. Fischers (1920/21) zur Errichtung eines Hochhauses zwischen Lindwurm- und Nußbaumstraße. – Ab 1954 Beheben der Kriegsschäden: westliche Rondellbauten mit Überbrückung der Pettenkoferstraße, bereits 1953 Baubeginn der *St. Matthäus-Kirche* (→ Nußbaumstraße 1), ihre platzbeherrschende Position reduziert durch Verkehrsausbau für Altstadtring 1967-71, der empfindliche Störung der ursprünglichen Platzfunktion zur Folge hatte: vom zentrierten Rundplatz zur Verkehrskreuzung, der neue *Brunnen* (Entwurf Schumann 1972) an Peripherie geschoben. Dagegen erhalten das rechteckige Vorfeld der Toranlage: im Haus Nr. 11 *Sendlinger-Tor-Lichtspiele* (ältestes Kino Münchens, durch Gabriel 1913 eingerichtet), gegenüber Neubau der *Zentrale der Kreissparkasse* (Pläne von Nestler, 1984-87). Seit Mitte der 1980er Jahre allmählich Bebauung des südwestlichen Rondellbereichs. (Mit Eröffnung der U-Bahn – 1971 der Linien U 3 und U 6, 1980 der Linien U 1 und U 2 – »Sendlinger Tor« wichtiger Kreuzungspunkt.)

Sendlinger Tor (→ Sandtner-Modell, Abb. S. 26) Im Zug der zweiten Stadterweiterung unter Herzog Ludwig dem Strengen gegen Ende des 13. Jh. errichteter *Torbau* zur Fernstraße nach Süden (Sendling-Wolfratshausen-Mittenwald-Innsbruck). Erste urkundliche Erwähnung 1319; bei Verdoppelung des Mauerrings zwischen 1430 und 1475 Ausbau nach Schema der anderen Stadttore mit Mittelturm/Torzwinger (Wehrhof)/zwei äußeren Flankentürmen zur *›Torburg‹*; ihr vorgelagert halbrunde Bastion, zwischen 1619 und 1645 in barocken *Festungsgürtel* integriert. Bereits um 1773/77 Entwurf zur Umgestaltung durch Cuvilliés d. J., mit 1791 einsetzende *Entfestigung* verschiedener Projekte für repräsentative Gestaltung des Vorfelds (s. o.) sowie für nicht realisierte Neubauten des Tors: Thurn 1806, Schedel von Greifenstein 1809, Himbsel 1818 – selbst noch 1894 Projekt Th. Fischers. (Allen gemeinsam die Problematik einer Bauaufgabe, deren ursprüngliche Funktion sich überlebt hat.) – An Feldseite Anhebung des Niveaus im Vorfeld um 7 m durch Auffüllen des Grabens 1810 (damit ›Versinken‹ der Toranlage) und Abtragen des beherrschenden Mittelturms. 1860/61 Durchbruch von Fußgängerportalen beiderseits der Wagendurchfahrten (durch Muffat) sowie Restaurierung der beiden sechseckigen (!) Flankentürme und der Seitenmauern des Wehrhofs (durch Zenetti). Mit Schleifung der südöstlichen und nordwestlichen anschließenden Stadtmauern (1872/73 bzw. 1883/86) Freistellung der Torburg; 1906 Durchbruch von Fußgängerpassagen in den beiden Flankentürmen und Ersatz der ursprünglich drei schmalen Tordurchfahrten durch einen großen Bogen (Entwurf von Bertsch). – Kriegsschäden zwischen 1949 und 1952 behoben, Renovierung 1978-82.

Sendlinger Tor, Feldseite.

Sendlinger Straße: *Sendlinger Tor*, Stadtseite mit Wehrhof.

SIEGESTOR ☐ 19

Als nördlicher Abschluss der Ludwigstraße »Dem Bayerischen Heere« gewidmeter *Triumphbogen* (sein südliches Pendant *Feldherrnhalle*, → Odeonsplatz). Bereits bei Planung der → Ludwigstraße von Kronprinz Ludwig 1816 erwogener Torbau, konkretisiert

Siegestor: Feldseite.

Fernblick vom Siegestor zur Ludwigskirche.

1825/26 zu einer ›römischen‹ Triumphpforte (im Gegensatz zu ›griechischen‹ Propyläen, → Königsplatz 2): nach Klenzes Plan (1827) auf Kreisplatz bei Einmündung der Veterinär- in Ludwigstraße, wegen F. v. Gärtners Planung des Universitäts-Forums nach Norden (Höhe der später angelegten Akademiestraße) verschoben. Angeregt durch *Arc de Triomphe du Carrusel* in Paris (1806-08 durch Fontaine und Percier zum Ruhm der Grande Armée errichtet) und durch *Arco del Sempione* in Mailand (begonnen 1807 nach Entwurf von Cagnola zu Ehren Napoleons bzw. des Vizekönigs von Italien Eugène de Beauharnais, ab 1814 Torso, ab 1826 als *Arco della Pace* durch Österreicher bis 1838 vollendet). ***Planung und Ausführung:*** Auftrag an Gärtner, dessen erster Entwurf 1840 nach Einwänden von J. M. v. Wagner modifiziert 1842: Vorbild *Konstantinsbogen* in Rom (allerdings in ›steileren‹ Proportionen). *Grundsteinlegung* 13.10.1843, nach Gärtners Tod (1847) durch Metzger bis 1848 (Abdankung von König Ludwig I.) weitergeführt, 1849 Fortsetzung des Baus 1849 und Anbringung der Inschriften: an Stadtseite »Erbaut/von Ludwig I. Koenig von Bayern/MDCCCL«, Widmung an Feldseite »Dem Bayerischen Heere«; *Einweihung* 15.10.1850 – allerdings noch ohne bekrönende *Quadriga*. (Aus demselben Jahr hölzernes Architekturmodell im Maßstab 1:20, heute in Schleißheim, Neues Schloß.) Nach Aufstellung der Bavaria auf Löwenquadriga 1852 Übergabe des Monuments als Geschenk an die Stadt mit Festlegung in Schenkungsurkunde (1.11.1852), dass die stadtauswärts gerichtete Quadriga nie umgedreht werden dürfe. – Schwerer Bombentreffer am 12.7.1944, Abbruch der Ruine (wegen Einsturzgefahr) 1945 beschlossen, vom US-amerikanischen Oberst Eugene Keller verhindert. 1956 durch O. Roth und Wiedemann *Wiederinstandsetzung* bis 1958: Feldseite weitgehend in ursprünglicher Form, Stadtseite vorerst als Provisorium, dann durch Konservierung des zerstörten Zustands sowie durch Inschrift (von Hanns Braun, Typographie von Hart) ›Dem Sieg geweiht, vom Krieg zerstört, zum Frieden mahnend‹ zu einem Mahnmal umgedeutet. 1969-72 Restaurierung der Quadriga, 1992/93 Einrüstung zur Schadensfeststellung, 1995/96-98 Generalsanierung. ***Beschreibung:*** Aus hohem Mittel- und zwei niedrigeren Seitenbogen komponierter Baublick (21 m hoch, 24 m breit, 12 m tief) an Nahtstelle zwischen architektonischer Ludwig- und malerischer Leopoldstraße, der Backsteinkern (mit entlastenden Bogenkonstruktionen über den Durchfahrten und in der Attika) in nahezu fugenlos versetzten, ursprünglich polierten Blöcken aus Kelheimer Kalkstein verkleidet. *Stadt*- und *Feldseite* ehedem gleich gestaltet, gegliedert durch jeweils vier vorgestellten Säulen auf hohen Sockeln, die Kapitelle korinthisch (Kopien nach jenen vom Pantheon in Rom), bekrönt von vollplastischen *Viktorien* aus Schlanders-Marmor, nach Gipsmodellen von J. M. v. Wagner (nur noch an Feldseite erhalten); ebenfalls von Wagner die Gipsmodelle für die in Carrara-Marmor gearbeiteten Reliefs in den sechs Rechteckfeldern mit unterschiedlichen *Kampfszenen* (lt. Themenprogramm von 1841 »keine wirklich vorgefallenen Schlachten«) und für die sechs Tondi in der Attikazone mit *Allegorien* der bayerischen Kreise (zwei davon, Schwaben und Rheinpfalz, nicht wieder angebracht; seit 1995 im ›Lapidarium‹ des Stadtmuseums, → S. 368). – Die insgesamt 22 Tonnen schwere *Löwenquadriga* mit Bavaria – als identitätsstiftendes Symbol Bayerns gemeint – nach Modell von Wagner; am rechten Rad des (zerstörten) Wagens Inschrift, nach der Wagner die Bavaria lebensgroß modellierte und Brugger mit Abänderung ausführte, Halbig die vier Löwen schuf und F. v. Miller d. Ä. die Gruppe aus Kanonen der Schlacht von Navarino goss; einer der Löwen war in der Londoner Weltausstellung 1851 zu sehen. Anlässlich der Olympiade 1972 erfolgte nach dreijähriger Restaurierung und Nachschaffung der Bavaria (durch E. Dietz und Strehle) Wiederaufstellung. ***Bedeutung:*** Städtebauliche Empfangsfunktion vom nördlichen Umland zur Stadt wie umgekehrt, monumentaler Endpunkt von Ludwigs I. ›via triumphalis‹. Die bemerkenswert hohe Handwerkskunst der Steinmetze in München einmalig (wohl bewirkt durch ständige Kontrollen des Königs). Das Vorbild Konstantinsbogen mindert nicht die Qualität von Wagners Figuralplastik, die »in der streng plastischen Geschlossenheit und Einheit ihrer Erscheinung mit zu den besten Arbeiten der klassizistischen Plastik in München« gehört (Alex. Heilmeyer).

SONNENSTRASSE 24/26 □ 9

Deutsche Telekom Auf ehemaligem Grundstück der Elisabethinerinnen (Mathildenstraße 10) errichteter Krankenhausbau nach Plänen von Bürklein (erster Entwurf noch in Gärtnerschem Rundbogenstil), ausgeführt durch Zenetti 1853-56 in ›gotischen‹ Formen mit Terrakottaverkleidung; Vorgängerbau die alte *›chirurgische Schule‹* und die in ihr 1832 eingerichtete *›Frauengebäranstalt‹*. (Deren Vorläufer die bereits 1589 erwähnte Anstalt im Heiliggeistspital, wohl die älteste dieser Art in Deutschland.) Das Defizit dieser *städtischen* Anstalt, die auch Gebärende aus anderen bayerischen Regierungsbezirken (außer Franken) aufnehmen musste, führte 1876 zur Verstaatlichung als *Universitätsfrauenklinik* (1916 in die von Kollmann 1914-16 errichtete Frauenklinik an Maistraße verlegt). – Der 1916-20 als *Lazarett* verwendete Altbau vom Deutschen Reich erworben und für den 1909 in München eingeführten *Postscheckdienst* nach Plänen von Vorhoelzer und Holzhammer 1920/21 umgebaut: dabei Veränderung der neunachsigen Straßenfront (Öffnung der ursprünglichen Ausfachungsfelder mit ihren Segment- und Spitzbogenfenstern durch vertikal vergrößerte Fensterflächen) und Entfernung der Anstaltskapelle im zweiten Stock; an Rückseite Anbau eines *Erweiterungsflügels*; Eröffnung als *›Postscheckamt‹*: April 1922. (Abbildung des historischen Baus auf Gedenktafel in Eingangshalle, z. T. mit irreführenden Zeitangaben.) – Nach Behebung von Kriegsschäden ungefüge *Erweiterungsbauten* in Beton gegen Westen und Süden 1972-78 nach Plänen der Hochbauabteilung der Deutschen Bundespost; umfassende Restaurierung des Altbaus 1978-79, Aufstellung (1979) der *Bronzestatue* ›Franziskus als Friedensbote‹ (von Mayer 1978). Umbenennungen in ›Postgiroamt‹ (1981), ›Postbank‹ (1992); seit 2000 Nutzung durch ›Deutsche Telekom‹. ***Beschreibung*** (des Altbaus): Breit gelagerte flache Fassade zu neun Jochen, in voller Höhe durchlaufende Spitzbogen; ihr stumpf endendes Stabwerk kaschiert die Stockwerkseinteilung in drei Geschosse; dreijochiges Mittelteil, die beiderseits je drei Joche durch schlanke Lisenen getrennt. Abschluss durch Rundbogenfriese, darüber Bogenkranzgesims auf Konsolen; flaches Walmdach. ***Bedeutung:*** *Formal* wichtig für Weiterentwicklung der anglisierenden Neugotik des (kriegszerstörten) Wittelsbacher Palais (F. v. Gärtner 1843-49), die Fassade auf Initiative von König Max II. als Prototyp des ›Maximilianstils‹ ausgeführt und wegweisend für Bebauung der → Maximilianstraße. – *Funktionell* einer der ersten, ausschließlich für klinische Geburtshilfe bestimmten großen Neubauten in Deutschland (neben dem ›Geburtshilflichen Krankenhaus‹ in Leipzig).

Sonnenstraße: Telekom-Gebäude.

SPIRIDON-LOUIS-RING 100 ☐ 14

Ost-West-Friedenskirche Russisch-orthodoxe Kapelle, 1954 von Timofej Prochorow (»Väterchen Timofej«) und seiner Frau Natascha († 1975) auf bis heute ungestaltetem Ödland südlich des einstigen Schuttbergs (und heutigen Olympiaparks) aus Ruinenschutt und Fundstücken (anstelle einer 1952 entstandenen ersten Kapelle) im vereinfachten Typus orthodoxer Kreuzkuppelkirchen errichtet und mit zahllosen Heiligenbildern westlichen Kaufhausstils und byzantinischer Tradition (Ikonostase) auf silberpapierbelegtem Fond ausstaffiert. ***Bedeutung:*** Unbekümmert-origineller Dilettantenbau eines angeblich am 22.1.1894 (!) in Bahajewkaja Stanisita am Don geborenen und nach dem 2. Weltkrieg über Österreich nach München gelangten Eremiten. Zusammen mit Wohnhaus und ›Museum‹, das Bildzeugnisse aus der Geschichte des Oberwiesenfelds (erster Münchener Flughafen) sowie des Entstehens der Kirche zeigt, ist dieser »berühmteste Schwarzbau Münchens« inmitten eines im Sommer reich blühenden Gartens ein liebenwert-anspruchsloses privates Rückzugsparadies in der tristen Großstadtbrache.

STADTMAUER, STADTTOR

→ Befestigung Münchens, S. 26f.

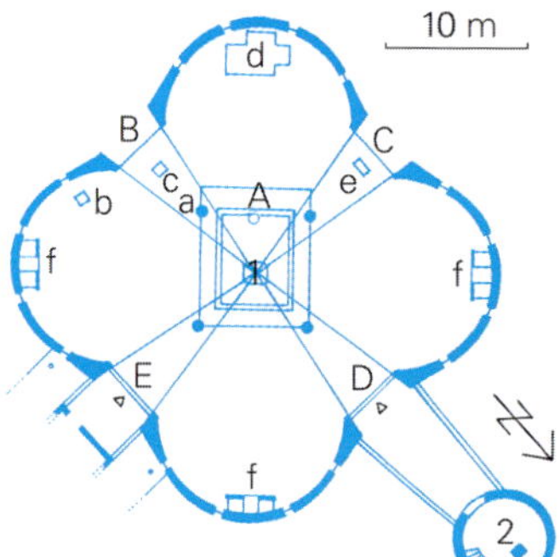

St.Nikolaus ›Am Hasenbergl‹

1 Altar *auf diagonal zu den Fenstern gestellter ›Altarinsel‹, an ihren Ecken Bodenplatten mit Inschriften (Seligpreisungen).* **A** Tabernakelstele *(Bronze) mit spiralig ansteigenden Reliefs: ›Zug des Gottesvolks zum Himmlischen Jerusalem‹ (von Faller).* **B** Glasfenster *›Weihnacht‹; davor* **c** Taufstein *(von Frick);* **C** Glasfenster *›Ostergeheimnis‹; davor* **e** Kreuz *mit barockem Corpus;* **D** Glasfenster *›Pfingstwunder‹;* **E** Glasfenster *›Allerheiligen‹ (alle Fenster von Dumler).* **a** Sitzende Maria mit Jesuskind *(Bronze, von Potzler);* **b** Hl. Nikolaus; **d** Orgel *(Orgelbau G. Nenninger, München);* **f** Beichtstühle.
2 Marienkapelle: *im Sockelzylinder des Turms ›Mater dolorosa‹, in den acht schmalen Fenstern* Glasgemälde *»Zeichen religiöser Verehrung« (von Krug).*

STANIGPLATZ 13 ☐ 26

St. Nikolaus am Hasenbergl: Pfarrkirche mit Pfarrhaus und Gemeindezentrum nach Plänen von Lill errichtet; *Grundstein* 17.6.1962, *Weihe* 23.6.1963; bis 1965 Kuratie. 1977-80 Erneuerung bzw. Erweiterung von Pfarrhaus und -zentrum (Architekt: Meixner). ***Beschreibung:*** In Blankziegel aufgemauerter *Zentralbau* aus vier kreuzweise angeordneten Halbkreiskonchen, durch vier breite Fensterbänder in voller Bauhöhe voneinander getrennt; im Erdgeschossbereich eingefügt drei bronzene Eingangstüren (von Bergmeister), im vierten Band Zugang zur Sakristei. Unter umlaufenden Betonstreifen kleine Fenster, an den vier Scheitelpunkten der Konchen wasserspeierähnliche ›Konsolen‹ mit Hinweisen auf alttestamentarische Vorläufer des Opfers Christi: Abel, Moses, Melchisedech, Manna-Wunder (von Faller). *Turm* von Nordseite abgerückt und durch verglasten Gang mit Kirche verbunden: auf hoher zylindrischer Basis aufsitzender, sehr schlanker Kegel (57 m) mit vier Reihen eingeschnittener Schallschlitze. Eingänge zur Kirche von Westen und Süden, an Ostseite Sakristei mit Übergang zum Pfarrhaus. ***Inneres:*** Ideelle und geometrische Mitte des Zentralraums der *Altar* mit Tabernakelstele auf dreistufiger ›Altarinsel‹, umgeben von vier ›Baldachin‹-Säulen, die die zeltartig ansteigende *Decke* aus Holzlamellen durchstoßen. Die vier Raumschalen reliefartig strukturiert durch vorgezogene Bindersteine; die trennenden farbigen Fenster spenden gleichmäßige Beleuchtung. Unter umlaufenden Betonstreifen tief eingesetzte *Glasfenster* mit Kreuzweg (Entwurf: Dumler). ***Bedeutung:*** Einer der frühesten modernen Kirchenbauten Münchens, bei dem konsequent das »umstehende Volk« unmittelbar in die Liturgie einbezogen wurde. – Zusammen mit der gleichzeitig errichteten protestantischen Evangeliumskirche (Stanigplatz 11, Architekt: Werz und Ottow) städtebaulicher Schwerpunkt innerhalb der ersten planmäßig 1960-65 angelegten Großsiedlung Münchens mit über 7600 Wohneinheiten («zur Behebung der Wohnungsnot«).

STOLLBERGSTRASSE 18 ☐ 7

Wohnhaus Blum Nicht genehmigter, 1856 begonnener Hausbau durch Bauherrn und Steinmetzmeister Heinrich Blum; Fassade angeregt durch das im Krieg zerstörte Wohnhaus von Johann Nepomuk Sepp in Rheinbergerstraße, erbaut von Berger 1854-56. Nach verfügter Baueinstellung Eingabeplan für einfachen, schmucklosen Bau nach Entwurf des Maurermeisters Windwart und des Zimmermeisters Erlacher sowie eines Änderungsentwurfs für reiche Schmuckfassade im Maximilianstil durch Bleibenhaus; Vollendung 1858. Gesamtrestaurierung 1989-96, in Denkmalliste aufgenommen 1997. ***Beschreibung:*** Dreigeschossiger unverputzter Backsteinbau; Sandsteingliederung um die gekuppelten Fenster der Seitenteile und des dreiachsigen Mittelrisalits, der durch ein Halbgeschoss mit Flankentürmchen und Zinnen die Dreipass-›Attika‹ der übrigen Fassade überragt. Über den Fenstern des ersten Stockwerks Relieffelder (Allegorien der vier Jahreszeiten als Putten, religiöse Szenen und zwei Reiterfiguren unter Baldachinen. ***Bedeutung:*** Für Münchener Architekturlandschaft seltenes Beispiel anglisierender Neugotik, besterhaltenes kleines Privathaus in unmittelbarer Nähe zur Maximilianstraße und in reiner Ausformung des ›Maximilianstils‹.

SÜDLICHES SCHLOSSRONDELL → Schloßrondell

TAL □ **6, 7, 11**

Tal: Merkurbrunnen nach Entwurf von F. v. Thiersch, Nachguss von 1994.

Lang gezogener, leicht S-förmiger Straßenraum zwischen *östlichem Tor* der Urbs leonina (›Talburgtor‹, später Turm des Alten Rathauses, → Marienplatz 15) und *Isartor* (→ Tal 50). Bereits vor 1253 Bezeichnung ›Tal‹ (gelegentlich auch ›valle‹) üblich für das gegenüber der Stadt auf der Isarterrasse niedrigere Areal, das sich außerhalb der Stadtmauer als ›Grieß‹ (seit etwa 1319 nachweisbar) bis zur Isar erstreckte. Beiderseits der hier verlaufenden *Salzstraße* ist in Stadtnähe außerhalb der Heinrichsstadt sehr frühe *Besiedlung* anzunehmen; diese und das vermutlich 1208 gegründete Heiliggeistspital (→ Tal 2) veranlasste erste Stadterweiterung bis Höhe Radlsteg/Hochbrückenstraße mit neuem *Osttor*, wahrscheinlich um Mitte 13. Jh. errichtet (als ›Kaltentor‹ 1319 erstmals genannt). Wachstum der Stadt («excreverit in immensum«) führte zur zweiten Erweiterung mit neuem Mauerring (→ Befestigung S. 26), beim Tod Ludwigs des Strengen 1294 wohl abgeschlossen; lediglich die Umfriedung des östlichen Teils des Tals bis Isartor (erstmals 1336/37 genannt) dürfte sich noch hingezogen haben. Bereits 1271 verursachte weiteres Anwachsen der Stadt *Teilung* in zwei Pfarrsprengel: südlich des Ostwest-Straßenzugs ›Peterspfarrei‹, nördlich ›Frauenpfarrei‹, im Tal weitergeführt als ›Tal in Sankt Peters Pfarr‹ (auch ›Tal secunda‹) und ›Tal in Unser Frauen Pfarr‹ (auch ›Tal prima‹); Weiterführung auch im Grieß *außerhalb* des Stadttors als ›Grieß in Peters Pfarr‹ bzw. ›Grieß in Unser Frauen Pfarr‹ (wobei der Grieß wie innerhalb der Stadt liegt). – Bedingt durch Fuhrverkehr auf Salzstraße schon frühe Ansiedlung von Herbergen und dienstleistenden Gewerben (wie Schmiede), daneben Wohnstätten von Flößern und Fischern. Durch Kriegseinwirkung allerdings weitgehende Zerstörung der alten, abwechslungsreichen Bausubstanz. Vom Anfang des 19. Jh. u. a. noch erhalten *Nr. 27* sowie die sorgfältig restaurierten schmalen Fassaden von *Nr. 16* und *18* (bei Letzterem die drei Stichbogenarkaden im Erdgeschoss erst 1962 bei rekonstruierendem Neubau eingefügt). – Vor ›Mohrenapotheke‹ (*Nr. 13*) seit 1975 der *Merkurbrunnen*, entworfen von F. v. Thiersch (nach Bronzefigur von Giambologna, um 1570; heute im Nationalmuseum Bargello/Florenz), ausgeführt von H. Kaufmann, in Eschenanlagen 1902 aufgestellt; im Krieg beschädigt und im Städtischen Bauhof deponiert; 1974/75 restauriert und im Tal aufgestellt; am 10.8.1993 gestohlen, durch Fa. Strehle/Neuötting nachgegossen, abermals errichtet im Mai 1994. – In der südseitig abzweigenden *Sterneckerstraße*, Haus *Nr. 2*, gotisches Bürgerhaus des 14. Jh., eines der ältesten Häuser Münchens; ab ca. 2004 ›Bier- und Oktoberfestmuseum‹ (→ S. 48).

TAL 2 □ **6**

Heiliggeist von Norden 1885

Kirche 14. Jh. 1723-30 barockisiert

Heiliggeistkirche Herzog Ludwig der Kelheimer gründet im ›Tal‹ wohl 1208 ein *Pilgerhaus*, ›Pflegheim‹ und Spital mit Katharinenkapelle (1327/28 in sog. ›Weiberhaus‹ integriert); sein Sohn Otto errichtet 1253 erste *Spitalkirche*, möglicherweise nach Stadtbrand (14.2.1327) vom Vorläuferbau der heutigen Kirche ersetzt: jedoch von Bautyp, Grundriss mit Chorumfang, Staffelhallenkirche eher frühes 15. Jh., nach einem zweiten Brand im Tal (1418) eher wahrscheinlich; seit 1392 Heilig-Geist-Patrozinium verbürgt. Bauliche Veränderungen erst zwischen ca. 1635 und 1670. *1. Barockisierungsphase:* 1643 Versetzen des Kreuzaltars wohl von Chorschranke an Südwand, neues Hochaltarretabel 1649 von U. Loth. – *2. Phase* 1661-64: zweigeschossiger Hochaltar modernisiert (Loths Altarblatt durch Pfleger um einen Apostel erweitert, Auszugsbild

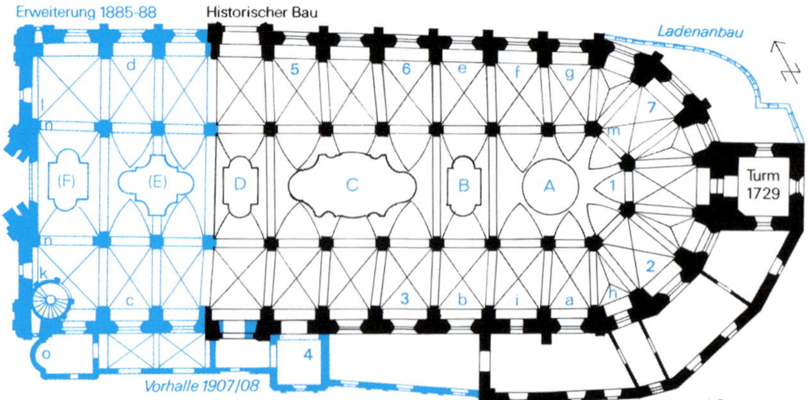

Heiliggeistkirche

Fresken: *Die im Krieg zerstörten Deckenfresken über Mittelschiff von K. D. Asam durch Manninger 1970-75 rekonstruiert:* **A** *›Hl. Geist als Spender der sieben Gaben‹ (s. a. Gemälde a-g);* **B** *›Engel verehren den Hl. Geist‹;* **C** *›Gründung des Heiliggeistspitals‹ (mit Darstellung des Münchener Wohltätigkeitsbrauchs des ›Brezenreiters‹), von Asam datiert 1727;* **D** *›König David‹ (über ehemaligem Emporenjoch). Durch Verlängerung der Kirche nach Westen zwei weitere Deckenfresken von Glötzle 1888:* **E** *›Die Grundsätze der Bulle Leos XIII.‹ und* **F** *›Hl. Cäcilie‹, nach Zerstörung nicht rekonstruiert.*

Altäre: *Alle Altäre unter Verwendung originaler Teile neu gestaltet:* **1** Hochaltar, *nach Plänen Stubers von Matteo 1728-30 errichtet; Gemälde ›Sendung des Hl. Geistes‹ (U. Loth 1644), die Anbetungsengel* (J. G.*

Tal, Heiliggeistkirche: Anbetungsengel von J. G. Greif vom Hochaltar, 1729/30.

ergänzt), neuer Kreuzaltar mit Altarbild von Storer (1662/63), von ihm auch gleichzeitig Gemälde ›Kruzifix mit Maria und Johannes‹ im Chorumgang. – *3. Phase* 1710-31: zunächst Absicht, die schadhafte (gotische) Kirche abzubrechen und durch gelobte Dreifaltigkeitskirche (→ Pacellistraße 12) zu ersetzten; stattdessen Umbauprojekt von Viscardi 1710/11, nicht ausgeführt; dagegen umfassende ›Modernisierung‹ im Sinn des Barock durch Ettenhofer und Sonnleithner 1724-30 (Erhöhung der Seitenschiffe, Erneuerung von Gewölben und Dachstuhl, größere Fenster, über ihnen Ochsenaugen); Ausmalung durch Brüder Asam und N. G. Stuber 1727; Stuckierung von Ä. Q. Asam entworfen, von Schmidtgartner 1727 ausgeführt; mit Errichtung des Turms 1729/30 Neugestaltung abgeschlossen, *Weihe* 1731. Bei Säkularisierung beabsichtigt, die Kirche in ein Kaufhaus umzuwandeln; nicht durchgeführt, jedoch 1844 zur Pfarrkirche erhoben. Dagegen 1807 **Heiliggeistspital** aufgehoben, die Gebäude auf dem Areal des → Viktualienmarktes sukzessive abgebrochen. (Verlegung des Spitals 1823 in ehemaliges Elisabethinerinnenkloster an Mathildenstraße, ab 1907 im Spitalneubau am Dom-Pedro-Platz, errichtet nach Plänen von Grässel 1904-07.) – Nach Abbruch des letzten Spitalgebäudes 1885 (sog. ›Weiberhaus‹) *Erweiterung* der Kirche bis 1888 um drei Joche nach Westen und neobarocke Fassade (von Löwel), ferner Anbauten von Sakristei und Taufkapelle an der Südseite (von Berndl, 1908). 1944/45 bis auf Außenmauern zerstört, dabei großenteils Vernichtung der reichen und hochwertigen Ausstattung; seit 1946 Wiederaufbau in mehreren Etappen (1946-49; 1950-51; 1957-58 Wiederaufbringen der Turmhaube in ursprünglicher Form; seit 1963 Wiederherstellung des Inneren und seiner Ausstattung, vollendet 1975. Erneuerte, sehr helle Außenfärbelung 2001-02. ***Äußeres:*** Einfacher, nur an Nordseite durch Strebepfeiler gegliederter Baukörper mit siebenfach gebrochenem Ostabschluss; in der Achse der schlanke Ostturm, im Westen die heute vom Marienplatz einsehbare neubarocke, von Viscardi-Bauten beeinflusste Fassade; Skulpturen von A. Heß. ***Inneres:*** Dreischiffige Halle mit Chorumgang, Hauptschiff mit Stichkappentonne, Seitenschiffe mit Kreuzgratgewölben auf hohen Pfeilern (ursprünglich wohl achteckig, seit 1727 kreuzförmig ummantelt). Die an den Außenmauern der Seitenschiffe erhalten gebliebenen Stuckreste von 1726 ermöglichten originalgetreue Rekonstruktion an Wänden, Decken und Pfeilern (1969 ff.). – Beschreibung der ***Ausstattung*** → Legende mit Grundriss. ***Bedeutung:*** Älteste (Staffel-) Hallenkirche Münchens, in ihrer kirchlichen Funktion über ein halbes Jahrtausend mit Heiliggeistspital (eine der frühesten Gründungen dieser Art in Bayern) aufs Engste verbunden: Spitalpfarrei seit 1271, seit 1844 Stadtpfarrkirche. Verluste bei der Entgotisierung durch zahlreiche qualitätvolle barocke Neuschöpfungen ausgeglichen. Die Neubarockfassade Löwels mit Gestaltungselementen Viscardis von erstaunlicher Einfühlung. *Restaurierung* nach Kriegsschäden (Leitung: Schleich) bemerkenswert in dem Versuch, den durch die Barockisierung geprägten völlig zerstörten Raum wiederherzustellen.

Greif 1729/30) 1955 restauriert. **2** Immaculata-Altar, *von Matteo 1728-30, Gemälde ›Unbefleckte Empfängnis‹ (J. A. Wolff um 1730).* **3** Josephsaltar: *Gemälde ›14 Nothelfer‹ (Schönfeld, 1660er Jahre), Plastik ›Hl. Joseph‹ (Spätbarock).* **4** Kreuzkapelle: *Kruzifix (um 1500).* **5** Marienaltar, *unter Verwendung von alten Teilen rekonstruiert (von Grübl); im Schrein Gnadenbild* der ›Hammerthaler Muttergottes‹ aus Kloster Tegernsee (um 1450), 1620 an Weinwirtin ›Zum Hammerthaler Hof‹ geschenkt, der Augustinerkirche vermacht, bei ihrer Säkularisierung 1802 nach Heiliggeist gerettet.* **6** Dreifaltigkeitsaltar; *darüber frei schwebend ›Krönung Mariens‹ (2. Hälfte 17. Jh.).* **7** Sakramentsaltar: *Gemälde ›Herz Jesu‹ (anonym, 18. Jh.).*

Gemälde: *An den Wänden, z. T. unter den Fenstern, Ölbilder ›Sieben Gaben des Hl. Geistes‹ (Horemans um 1730 nach Radierungsfolge von Bergmüller):* **a** *Gabe der Weisheit,* **b** *des Verstands,* **c** *des Rats,* **d** *der Stärke,* **e** *der Wissenschaft (verbrannt),* **f** *der Frömmigkeit (datiert und signiert),* **g** *der Gottesfurcht.* – Gemälde *aus vernichteten Altären:* **h** *›Hl. Antonius‹ (Desmarées um 1770),* **i** *›Taufe Christi‹ (Steidl um 1720);* **k** *Tableau aus sieben Tafelbildern ›Sieben Werke der Barmherzigkeit‹ (Manninger, Ende 1970er Jahre).* **l** *›Hl. Geist und göttliche Tugenden‹ (Schilling um 1730).* – *An den Außenseiten der Pfeiler gegen die Seitenschiffe* 14 Kreuzwegstationen *(um 1730) in beachtlichen Rokokorahmen.*

Plastiken und Reliefs: **m** *Marmorgrabdenkmal der Brigitte Manhart (1576);* **n** *Teile des bronzenen Grabmals* für Herzog Ferdinand von Bayern († 1608) und seine bürgerliche Gemahlin Maria Pettenbeck († 1614), entworfen von Krumper (ursprünglich in der 1808 abgebrochenen Sebastians-Schloßkapelle beim Rosental; seitdem in der Heiliggeistkirche);* **o** *›Pietà‹ (Huber, Anfang 20. Jh.).* – Schmiedeeisernes Gitter *(F. Dürr 1734).*

Tal, Heiliggeistkirche: Ausschnitt mit so genanntem Brezenreiter aus dem rekonstruierten mittleren Deckenfresko.

TAL 50 ☐11

Isartor Im Zusammenhang mit zweiter Stadterweiterung (im Wesentlichen beim Tod Herzog Ludwigs des Strengen 1294 abgeschlossen) Errichtung des östlichen Stadttors am Ende des → Tals (→ Plan S. 10). ***Geschichte:*** Fertigstellung des (Haupt-)*Turms* 1337, bei Anlage des zweiten Mauerrings (zwischen 1429 und 1499) Bau der beiden vorgeschobenen achteckigen *Flankentürme* und Bildung eines *Wehr-* oder *Fanghofs* durch verbindende Mauern. Bemalung des Hauptturms (wohl auch der Flankentürme) mit liegenden Rauten in Stadtfarben Schwarz/Gelb. Renovierung des Torbaus 1608 (kurz danach Baubeginn der Wallbefestigung). Im Lauf der folgenden Jahrzehnte Verschlechterung der Bausubstanz und durch regellose Anbauten Verkehrsbehinderungen am Stadtzugang. – Grundsätzliche Umbaupläne erst gegen Ende des 18. Jh.: um 1773/74 von Cuvilliés d. J.; im Gefolge der Entfestigung der Stadt (ab 1791) Projekte zur Neugestaltung der Zufahrt im Vorfeld des Grieß bis hin zur Isar, u. a. von Thurn und Bollinger (1805-07) mit Abbruch des Hauptturms; von Schedel von Greifenstein (1807) mit Demolierung der gesamten Toranlage bis auf Flankentürme. Niederlegung der südlichen Wehrhofmauer 1812 und Öffnung zum ehemaligen Zwinger, in dem Herigoyen sein ›Königliches Theater am Isartor‹ errichtete (Theaterbetrieb wegen Konkurrenz zum Nationaltheater eingestellt, später Städtisches Leihhaus, zuletzt Filmtheater; nach Kriegszerstörungen 1953 abgebrochen). Abrisspläne 1817 von Sckell und Himbsel, durch Herigoyens Entwurf für Wiederherstellung des Tors verhindert. Jedoch 1819 Entwurf Klenzes für Gestaltung des Vorfelds mit Abbruch der restlichen Torbauten – ebenso unausgeführt wie Vorherrs monumentale Neugestaltung 1819/21. Bei Klenzes Entwurf (1822) für Ausbau der Zweibrückenstraße (damals: Wiener Chaussee) ist Wiederherstellung des Tors vorgesehen. 1823 setzt sich Kronprinz Ludwig für Erhalt bzw. Rekonstruktion ein, bittet 1831 F. v. Gärtner um Vorschläge. (Gleichzeitig Projekt von Thurn: Erhalt der Flankentürme und der verbindenden Stirnmauer, jedoch Beseitigung von Wehrhof und Hauptturm.) Auftrag an Gärtner zur Wiederherstellung des ursprünglichen Zustands; vom Magistrat 1832 aus Kostengründen abgelehnt, vom König auf eigene Kosten 1833-35 durchgeführt. ***Beschreibung:*** Ursprünglich im Verlauf des inne-

Isartor.

Valentin-Karlstadt-Musäum.

ren und äußeren *Berings* eingebundene Torburg (vgl. Sandtners Stadtmodell von 1570 im Bayerischen Nationalmuseum) mit rechteckigem ›Wehr‹- oder ›Fanghof‹, mit stadtseitigem hohen Hauptturm sowie zwei achteckigen Flankentürmen und verbindender Stirnmauer an Feldseite. Durch Gärtner annähernd *heutiger Zustand*: Neuerrichtung der seitlichen Zwingermauern zwischen Hauptturm und Flankentürmen, Öffnung der Stirnmauer durch drei Spitzbogentore: beiderseits des Mitteltors Kolossalfiguren Hl. Michael (für Gerechtigkeit) und Hl. Georg (für Tapferkeit), von Eberhard (aufgestellt 1835, nach 1945 entfernt); *Fresken* über den beiden niedrigeren Seitentoren Maria als Landes-, Benno als Stadtpatron (von Neher bzw. Kögel); darüber in ganzer Breite der Stirnwand (rd. 20 m) *Fresko* von Neher (enthüllt 1835) des historisch nicht haltbaren ›Siegeseinzugs Kaiser Ludwigs des Bayern nach der Ampfinger Schlacht 1322‹ (mit Portraits von Münchener Persönlichkeiten), bereits 1850 neu gemalt von P. Wagner und Boß, 1911 abermals restauriert. In den 48 Feldern unterhalb der Maschikulis der Flankentürme (vor Kriegszerstörung) *Wappen* der Familien, die sich bei Ampfing ausgezeichnet hatten. – 1880 *Durchbruch* von Fußgängerpforten in den Flankentürmen, 1888 *Verbreiterung* der seitlichen Tore in der Stirnmauer (dabei Zerstörung des Marien- und Benno-Freskos. – Torbau 1944 beschädigt, 1946-47 sukzessive wieder aufgebaut; umfassende Restaurierung 1971/72 in Zusammenarbeit mit polnischen Staatlichen Werkstätten für Denkmalpflege (PKZ); dabei Anlage eines ›Wehrgangs‹ zwischen Valentin- und Liesl-Karlstadt-Turm. – Nördlich des Tors 1984 bei Ausschachtungsarbeiten für einen Neubau Reste des inneren und äußeren Mauerrings des 13. bzw. 15. Jh. aufgedeckt (→ Plan S. 27, Schaubild S. 242 und → Thomas-Wimmer-Ring 1 a). ***Bedeutung:*** Nach allmählicher Demolierung der vier anderen Haupttore Münchens (→ Befestigung S. 26) ab Anfang des 19. Jh. ist Isartor das einzige mittelalterliche Stadttor, in dem trotz der historisch-romantischen Rekonstruktion durch Gärtner originaler Umfang und Aussehen der für München typischen ›Torburg‹ überliefert ist – »eine der stattlichsten Anlagen dieser Art in Bayern« (Heinrich Habel).

Valentin-Karlstadt-Musäum Von dem Münchener Schriftsteller und Bühnenbildner Hannes König als ›Münchner Volkssänger-Curiositäten-Musäum‹ gegründete und eingerichtete *Erinnerungsstätte* an den skurrilen Schauspieler, Volkssänger, Meister der hintersinnigen Sprachspielereien und Wegbereiter des Absurden Theaters Karl Valentin; am 19.9.1959 im südlichen Flankenturm des Isartors eröffnet. Im obersten Stockwerk originelles *Plüsch- und Pleurösen-Café*. – 1973/74 im nördlichen Turm *Volkssängermuseum* eingerichtet, in dem hauptsächlich Sonderausstellungen stattfinden (→ S. 42).

Pfarrkirche Erscheinung des Herrn in der Blumenau.

TEROFALSTRASSE 68 (Blumenau) ☐ **21**

Erscheinung des Herrn Kirche zusammen mit Pfarrzentrum für die zwischen 1964 und 1967 errichtete Wohnsiedlung Blumenau nach Plänen von Eisele 1969-70 errichtet. ***Beschreibung:*** Die verschiedenen Gebäude in ihrer einheitlichen Gestaltung als Baugruppe von den umgebenden Wohnhäusern abgehoben; Pultdach der Kirche über quadratischem Grundriss von verglastem Aufbau überragt. Eigenwillig die Dachkonstruktion im ***Innern:*** An Stahlseilen aufgehängte Holzbalken›ständer‹ geben Einblick in den offenen Dachstuhl frei. Unter dem lichtschachtähnlichen Aufbau Altar, Ambo und Priestersitz, denen von drei Seiten Bänke zugeordnet sind. Der Tabernakel ist sowohl auf den großen Kirchenraum bezogen als auch auf die zu diesem geöffnete Werktagskirche. ***Bedeutung:*** Reduzierung auf rein architektonische Formen, v. a. im Innern zurückhaltende bildliche Ausstattung (von Brosig, Munz, Persy) und der Verzicht auf ein Heiligenpatrozinium signalisieren ökomenische Tendenzen der späten 1960er Jahre.

St. Stephan

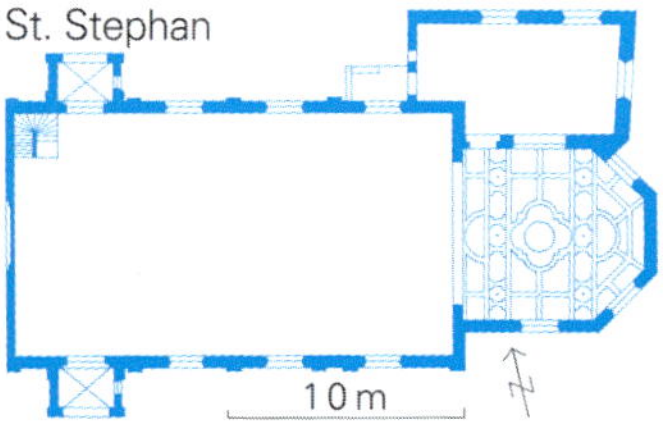

THALKIRCHNER STRASSE 15 ☐ **9**

St. Stephan Neubau von 1674 bis 1681 (Weihe 1681), als Ersatz für die wegen Bau der Befestigungsanlagen 1638 abgerissene, von Albrecht V. 1576-78 errichtete Salvatorkapelle des Pestfriedhofs (›äußerer Freithof‹) vor dem Sendlinger Tor (quadratischer Bau mit geschweifter Kuppel, 1576-78; siehe Stich von J. Stridbeck um 1697). ***Beschrei-***

bung: Saalbau mit Dachreitertürmchen an der Westseite, der kurze Altarraum schmäler, dreiseitig geschlossen. Nordportal mit Bronzetürflügel (von Berberich 1985/86). – Langhaustonne nach Kriegsbeschädigung (1944) vereinfacht neu eingezogen, Rahmenstuck (mit Cherubim, Rosetten, Rauten, Monogrammen) an Tonne des Altarraumes aus Erbauungszeit erhalten; Altäre und Kanzel aus dem Ende des 18. Jh. – Bis 1876 alljährlich am Namenstag des Kirchenpatrons (26. Dezember) Stephaniritt. ***Bedeutung:*** Stuckdekor im Chor neben Augustinerkirche (→ Neuhauser Straße 2) einziges original erhaltenes Beispiel dieser Stilstufe im Altstadtbezirk Münchens.

St. Stephan am Eingang zum Südfriedhof.

THALKIRCHNER STRASSE 17 □ 9

Südlicher Friedhof* Als Begräbnisstätte armer Leute, Landfahrer, Handwerksburschen im 16. Jh. außerhalb der Stadt angelegt und 1563 eingeweiht, durch Herzog Albrecht V. mit erster Kapelle (1576-78) versehen, im 17. Jh. hauptsächlich Pestfriedhof (die neue Kirche 1674-81 dem Pestpatron St. Stephan geweiht). 1705 in mehreren Massengräbern 682 bei der ›Sendlinger Mordweihnacht‹ gefallene Oberländer Bauern beigesetzt. Wird nach Aufhebung der Gottesäcker in der Stadt (Spezialreskript von 1788) *Gesamtfriedhof* für München. 1818-21 durch Arkadenhalbkreis zur sinnbildlichen Figur eines Sarkophags erweitert (fünfte Vergrößerung: Entwurf von Vorherr); die 1818 beschlossene Errichtung eines *Denkmals* für die Oberländer (verwundeter Löwe, von Leeb 1825, nicht ausgeführt) erst 1831 realisiert: Brunnen nach Entwurf von F. Gärtner, gegossen von Stiglmaier (erstes Werk der Neugotik in München: am 1.11.1831 aufgestellt). Infolge der Choleraepidemie 1836/37 abermalige *Erweiterung* im Süden durch quadratischen ›Campo Santo‹ mit verbindender offener Vorhalle* (Entwurf von F. Gärtner, Vorbild ›Certosa‹ bei Bologna; Pläne 1842 fertig, Einweihung 1850 mit Umbettung des 1847 verstorbenen Architekten. – Seit 1.1.1944 keine Bestattungen mehr. Nach schweren Bombenschäden veränderter Wiederaufbau der Anlage durch Döllgast 1954/55. ***Bedeutung:*** Seit Ende des 18., vor allem aber im 19. Jh. Begräbnisstätte vieler berühmter Persönlichkeiten (→ Plan S. 418).

Links: Südfriedhof, *Neue Arkaden.*

Rechts: Südfriedhof, *Grabmal* des 19.Jh.

50 berühmte Tote des Südfriedhofs

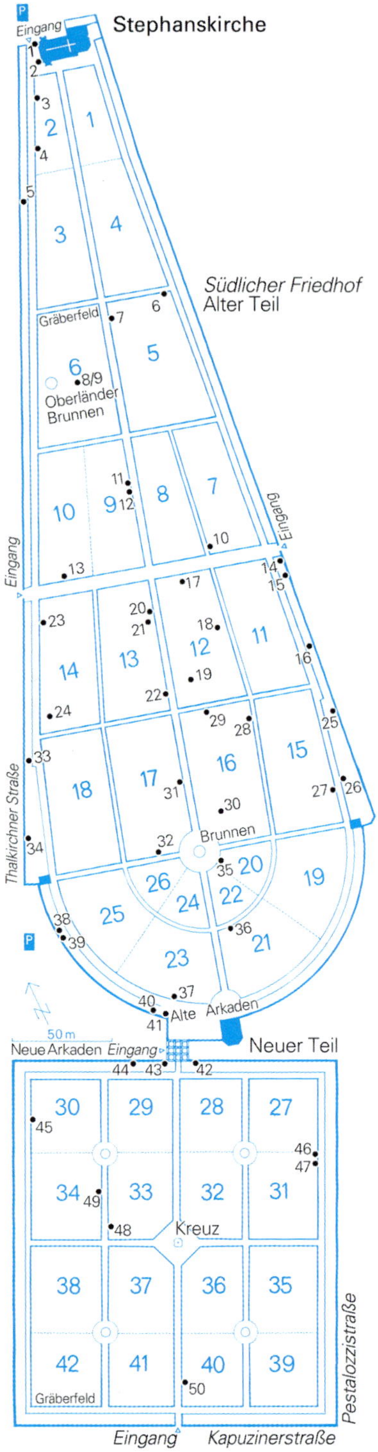

Die Bezifferung folgt der Ordnung der Gräberfelder von rechts nach links. Die teilweise erwähnte Grabnummer soll das Auffinden in den großen Gräberfeldern erleichtern.

1 Boos, R. A. Bildhauer
2 Straub, J. B., Bildhauer
3 Schlagintweit, Brüder, Asienforscher, (2-7-17)
4 Schmeller, J. A., Germanist, (2-7-40)
5 v. Miller, F., Erzgießer
6 Senefelder, A., Erfinder der Lithographie, (5-2-1)
7 Spitzweg, C., Maler, (5-17-10)
8 Rottmann, K., Maler, (6-7-34)
9 v. Sckell, F. L., Gartenarchitekt, (6-7-34)
10 Gabelsberger, F. X., Erfinder der Stenographie, (7-10-54)
11 Métivier, J. B., Architekt, (9-1-19)
12 v. Herigoyen, E. J., Architekt, (9-1-20)
13 Lachner, F., Komponist und Dirigent, (10-6-55)
14 v. Döllinger, I., Gründer der Altkatholischen Kirche
15 Stieler, K., Maler der Schönheitengalerie
16 v. Kaulbach, W., Historienmaler
17 Böhm, Th., Erfinder der Böhmflöte, (12-10-5)
18 Jacobi, F. H., Philosoph, (12-2-27)
19 Edlinger, J. G., Maler, (12-11-469)
20 Bürklein, F., Architekt der Maximilianstraße, (13-1-17)
21 v. Dillis, J. G., Maler, (13-2-23)
22 v. Heß, P., Schlachtenmaler, (13-1-51)
23 v. Baader, F. X., Philosoph, (14-12-13)
24 Schleich, E., Landschaftsmaler, (14-11-51)
25 v. Martius, K. F. Ph., Botaniker und Brasilienforscher
26 v. Seidl, G., Architekt
27 Ohm, G. S., Physiker, (15-1-41)
28 Morgenstern, Chr., Maler und Großvater des Dichters, (16-1-5)
29 Fallmerayer, J. Ph., Orientalist, (16-11-2)
30 v. Schwind, M., Maler, (16-9-43)
31 v. Fischer, K., Architekt, (im Grab Müller, Inschrift an Schmalseite) 17-1-28
32 Krenkl, F. X., Münchener Original, (17-9-57)
33 v. Winter, P., Komponist
34 v. Goerres, J., Historiker und Publizist
35 Schnorr v. Carolsfeld, K., Maler, (10-1-3)
36 Ett, K., Kirchenmusiker, (21-1-18)
37 v. Kobell, W., Maler, (23-13-20)
38 v. Reichenbach, Georg, Techniker und Erfinder
39 v. Fraunhofer, J., Optiker und Erfinder
40 v. Utzschneider, J., Techniker und Unternehmer
41 v. Maffei, J. A., Lokomotivbauer
42 v. Schwanthaler, L. M., Bildhauer
43 v. Gärtner, F., Architekt
44 v. Klenze, L., Architekt
45 Jolly, Ph. G., Physiker, (30-13-11)
46 v. Pettenkofer, M., Arzt und Hygieniker, (31-1-34)
47 v. Possart, E., Schauspieler, (31-1-30)
48 v. Siebold, Ph. F., Arzt und Japanforscher, (33-13-5)
49 v. Steinheil, K., Optiker und Erfinder, (34-1-20)
50 v. Liebig, J., Chemiker, (40-12-11)

THEATINERSTRASSE ☐6

Bei *zweiter Stadterweiterung* (unter Herzog Ludwig dem Strengen, 2. Hälfte 13. Jh.) als Verlängerung der Weinstraße angelegte Ausfallstraße nach Norden zwischen ›Wilbrechtsturm‹ der leoninischen Stadtumwallung (1175 ff.) bis zum ›Schwabinger Tor‹ (→ Befestigung S. 27 und Planskizze S. 10). Als »Schwabinger Gasse« erstmals 1295, als »Hintere Schwabinger Gasse» 1352 belegt (zur Unterscheidung von der nahezu parallel verlaufenden 1367 so genannten »Vorderen Schwabinger Gasse«, seit vor 1683 »Residenzstraße«); Anfang 19. Jh. Bezeichnung »Theatinerstraße« (nach Theatinerkirche St. Kajetan, → Theatinerstraße 22, und Theatinerkloster benannt). Die spätmittelalterliche ***Bebauung*** (vgl. Sandtner-Modell 1570, Volckmer-Stadtplan 1613) im 17. und v. a. 18. Jh. weitgehend verdrängt, als die Straße zu einem der bevorzugten Adelsquartiere avancierte. In stattlichen, von namhaften Architekten (hauptsächlich an Westseite) errichteten *Palais* residierten hier u. a. die Arco-Valley, Berchem, Capri, Fugger, Haimhausen, Hörwarth, Ingenheim, Lerchenfeld, Leyden, Lodron, Pfetten, Piosasque de Non, Portia, Preysing, Spreti, Tattenbach und Törring im 19. Jh. die Eichthal. Daneben entwickelte sich die Gegend wegen ihrer Nähe zur Residenz zur bevorzugten Wohnanlage für Hofbeamte und Künstler, unter denen sich die Maler H. G. und C. D. Asam, P. Candid, J. U. und J. K. Loth, H. Mielich sowie N. Prugger, die Bildhauer Chr. Angermayer, E. Q. Asam, A. Faistenberger und H. Krumper, die Architekten E. und G. v. Seidl (Geburtshaus alte Nr. 33) sowie die Hofmusiker D. Mancini und der Uhrmacher J. Kreitmayr finden. Außerdem lag hier (alte Nr. 18) der *Gasthof zum Goldenen Hirsch* (1728-1800), neben dem *Schwarzen Adler* in der Kaufingerstraße die Nobelherberge Alt-Münchens. Der vornehme Charakter im 19. Jh. durch gründerzeitliche *Geschäftshäuser* beeinträchtigt (s. u.: → *Verluste an historischer Bausubstanz*). Schwere *Bombenzerstörungen* (besonders 1944 und 1945): lt. »Schadenskarte der Innenstadt« 1945/46 an gesamter Westseite »sehr schwere und Totalschäden«, »nicht oder gering beschädigt« die Theatinerkirche (→ Nr. 22); dagegen gesamte Ostseite »sehr schwere und Totalschäden« (ausgenommen → Nr. 38). – Erste Vorschläge für *Wiederaufbau* bereits 1945/46 (u. a. von K. Meitinger, Abel, Leitenstorfer, Voelckers), jedoch einheitlich durchgestaltetes Architekturbild nicht zustande gekommen; dafür deutlich sichtbar die »Licht- und Schattenseiten jenes ... Architekturstils, der [bis in die 1980er Jahre] beim Wiederaufbau der Geschäftshäuser bevorzugt wurde« (Michael Brix). Ganzer Straßenzug bis Odeonsplatz seit 1975 Teil des innerstädtischen *Fußgängerbereichs.*

Beschreibung Nr. **1**: sog. ›Bäckereck‹ (seit Anfang 15. Jh.); am Neubau zur Schäfflerstraße farbig gefasste *Schäfflerfigur* (ebenso am Haus Weinstraße 12): entworfen von R. Seitz, modelliert von A. Seitz, in Zink gegossen von Fa. Kustermann 1888, renoviert 1912; die Figur am Bäckereck 1944 beschädigt, in städtische Obhut genommen und nach Restaurierung 1953 wieder aufgestellt. (Die Pendantfigur im Krieg zerstört, durch unbekannten Künstler nachgeschaffen, 1949 aufgestellt.) – Nr. **7** *›Arco-Palais‹*: Eckgebäude an Theatiner-/Maffeistraße als Geschäftshaus 1910 in versachlichten Neobarockformen errichtet an der Stelle das 1908 abgebrochenen Palais Tattenbach, gegen 1770 wohl nach architektonischer Disposition von Cuvilliés d. J. erbaut; Portal und laubenartiges Kabinett im Bayerischen Nationalmuseum. – Nr. **8**: Neubau eines *Büro- und Geschäftshauses* (nach Plänen von G. Meister und O. E. Bieber 1910) anstelle der ehemaligen Königlichen Stadtkommandantur (1860-1910), der Staatschuldentilgungskasse (ab etwa 1840) und der Königlichen General-Post-Administration (ab 1809 bis Umzug in Hauptpostamt 1833, → Residenzstraße 3). – Nach Norden anschließend (ab ehemals Nr. 9) *Neubau der Hauptniederlassung* der Bayerischen Hypotheken- und Wechselbank (Nr. **11**) mit neoklassizistischen Anklängen nach Plänen von Waas und Abel (Fassaden) zwischen 1949-53; die den ehemaligen Haupteingang flankierenden Bronzestatuen (Handel, Geistige Arbeit, Handwerk/Industrie und Landwirtschaft) von Friedrichsen und E. Dietz (1951). Anschließend bis Einmündung der Salvatorstraße *Erweiterungsbauten* nach Plänen von C. W. Buchner und G. H. Winkler (1956-60). Anfang 1990er Jahre *Umbauprojekt* der Hypo-Bank: Ideenwettbewerb 1994 (Sieger:

Theatinerstraße: Blick nach Norden.

Design ist Trumpf in der ›Lounge‹ der Hypo-Kunsthalle.

Theatinerstraße: Passagensystem der Fünf Höfe.

Architekturbüro Herzog & de Meuron), nicht ausgeführt; von diesem nach Fusion zu ›Hypo Vereinsbank‹ (1997) Neuansatz der Planung (1998): Umgestaltung des gesamten Bankenareals zwischen Theatiner-/Kardinal-Faulhaber- und Maffei-/Salvatorstraße, verbunden mit Anlage des Passagensystems der *›Fünf Höfe‹* (1999-2003): Ersatz der ehemaligen ›Hypo-Passage‹ (einziger, 1958/59 ausgeführter Teil der Abel-Planung: als ›Atlantis-Passage‹ bereits 1946 von ihm entworfen) durch ›Perusahof‹ und ›Prannerpassage‹, gekreuzt mit der Nordsüdachse des ›Maffeihofs‹ (nach Plänen von Gianola) und der ›Salvatorpassage‹ mit abzweigendem ›Viscardihof‹. (Die künstlerische Dekorierung der ›Höfe‹ u. a. durch Th. Ruff, Zaugg, Eliasson, T. Giese.) – Die Fassaden der 1950er Jahre weitgehend unangetastet, dagegen Eingangsbau Perusahof (ehemals Nr. 9 und 10) mit Zugang zur neuen ›Kunsthalle‹ (der Hypo-Kulturstiftung) in Stahl und Glas mit befremdlichen bronzenen Faltläden (›Lochblechvorhänge‹); Wohnneubauten an Salvatorstraße 3 nach Plänen von Hilmer & Sattler, dahinter ›Amirahof‹ mit Tauben-Marie-Brunnen (Henselmann 1958), Stiftung zur 800-Jahr-Feier der Stadt (bis 1997 in ehemaliger Vereinsbank-Passage, Maffeistraße 3). – Nr. **20, 21**: *Ehemals Kloster der Theatiner.* Von Perti ab 1663 südlich der Kirche (→ Nr. 22) für die 1661 nach München berufenen Theatiner erbauter weitläufiger Komplex (westlich bis Salvatorplatz); Hauptgebäude zwischen 1679 und 1682; Kloster bereits 1800 aus wirtschaftlichen Gründen aufgehoben und 1802 säkularisiert, mit Gründung des Kultusministeriums 1847 z. T. von diesem sowie vom Innenministerium genutzt. 1944/45 bis auf Westtrakt zerstört, heutiger Komplex sukzessive für das (seit 1999) ›Bayerische Staatsministerium für Unterricht, Kultus, Wissenschaft und Kunst‹ errichtet. – 1970-72 der Trakt um *›Theatinerhof‹* unter Berücksichtigung ökonomischer und städtebaulicher Erfordernisse: durch G. Gsaenger Rekonstruktion des *Theatinertrakts* weitgehend in seiner ursprünglichen Form: rustiziertes Erdgeschoss, darüber zwei Stockwerke unter Walmdach bei leichter Veränderung der Proportionen. – Innenhof beherrscht von der imposanten, ursprünglich nicht freistehend konzipierten südlichen Längsfront der Kirche. Der Brunnen (Muschelkalk und Carrara-Marmor) ›konvexe und konkave Formen‹ von Rucker (1973). – Erwähnenswert Nr. **45**, Engelapotheke (seit 1818 im zerstörten ›Lesmüller-Haus‹): am Neubau Ecke Theatiner-/Perusastraße über Eingang Engelrelief (Vorbild der Engel im rechten Schaufenster von F. J. Schwanthaler). ***Verluste an historischer Bausubstanz*** (die hier verwendete Nummerierung nach »Häuserbuch der Stadt München«, Band Kreuzviertel): Nr. 10 *›Mielich-Haus‹*: seit 1550 im Besitz des Malers Mielich, ab 1612 der Grafen Törring-Jettenbach; um 1735 Umbau (wohl durch I. A. Gunetzrhainer oder Umkreis): fünfachsige stuckierte Fassade zu drei Stockwerken, durch Ladeneinbauten im Erdgeschoss (noch vor 1. Weltkrieg) beeinträchtigt. – Nr. 11 *Palais Fugger-Zinneberg*: elfachsiger Bau, 1741 nach Plänen von Cuvilliés d. Ä. begonnen, vollendet erst 1759/60 durch Lespilliez (Stuck von M. Zimmermann); um 1760 Sitz der 1759 gegr. *Bayerischen Akademie der Wissenschaften*, im Rückgebäude (von Lespilliez 1760-64) *Hofbibliothek* (spätere Staatsbibliothek, → Ludwigstraße 16) und ›Maut- und Packhaus‹ (an ehem. Promenade-, heute Kardinal-Faulhaber-Straße); ab 1827 im Besitz des Verlegers Johann Friedrich v. Cotta (»Cotta-Haus«), 1886 von Bayerische Hypotheken und Wechselbank ersteigert, 1896 abgebrochen und durch neobarocken Neubau (Pläne von E. Schmidt) unter Einbeziehung dreier, 1891 erworbener, nördlich anschließender Häuser 1896-98 ersetzt (u.a. Nr.12 das aus dem 16. Jahrhundert stammende sog. »Künstlerhaus«: ab 1608 Eigentum Krumpers, 1635 an seinen Schwiegersohn J. M. Loth, bis 1823 im Besitz dieser Familie). – Nr. 16 *Palais Piosasque de Non,* nach Plänen von Cuvilliés d. Ä. wohl 1726 beg., Vollendung nicht belegbar; 1801 vom Hofbankier Aron Elias Seligmann erworben (nach dessen Konversion und Nobilitierung 1814 zum Baron von Eichthal »Palais Eichthal«); 1896 für Erfordernisse der Hypobank teilweise umgebaut. – Nr.18: um 1730 erbaut Palais (evtl. nach Plänen von J. Effner), Dependence des Innenministeriums. – Nr. 19 Palais Berchem: in Anlehnung an Fassadenschema des nördlich anschließenden Theatinerklosters (Nr. 20/21) von E. Zuccalli um 1680 erbaut und mit dem (1944 zerstört) ›Kühbogen‹ über der Salvatorstraße mit Klostertrakt verbunden.

THEATINERSTRASSE 22 □ 6

Theatinerkirche St. Kajetan Gründer des Theatinerordens (1524) Gaetano (Kajetan) da Thiene wird 1567 bayerischer Landespatron; noch vor seiner Kanonisierung (1671) Gelöbnis 1659 der Kurfürstin Henriette Adelaide (seit 1650/52 Gemahlin des Kurfürsten Ferdinand Maria), bei Geburt eines Erbprinzen eine Kirche zu stiften; der lang ersehnte Thronfolger Max Emanuel 1662 geboren. Nach vergeblichen Bemühungen um den Theatinerpater, Mathematiker und Architekten Guarini *erste Entwürfe* von Barelli 1662 (von ihm Entwurf zur Theatinerkirche S. Bartolomeo in Bologna, 1653 ff.); weitere *Entwürfe* 1663 (auf Wunsch von Henriette Adelaide) nach Vorbild der Theatiner-Mutterkirche Sant' Andrea della Valle (begonnen 1591, Kuppel von Maderno 1609 ff., Fassade Rainaldi 1661-65); *Grundsteinlegung* 29.4.1663, Bauleitung durch baukundigen Theatinerprobst Spinelli, dem Barelli nach aufgedeckten Baufehlern (Verwechslung von römischem und Bologneser Fuß) 1665 unterstellt wurde; *dritte Entwurfsreihe* Barellis 1667 (mit Kuppel und 1672/74 seitlich angefügten Türmen). – *Einwölbung* des Langhauses bis 1672 und Beginn der *Stuckierung* (wohl unter Leitung von Moretti). Durch Weggang Barellis 1669 wird E. Zuccalli unter Spinellis Leitung Bauführer, der 1675 im Wesentlichen *Rohbau* abschließt: *Weihe* der noch unvollendeten Kirche am 11.7.1675. Nach Ausscheiden Spinellis neue *Entwürfe* von Zuccalli (zusammen mit Trubillio) zwischen 1676 und 1678: reichere Kuppel und Zweiturmfassade; Errichtung des *Nordturms* 1676-85, des *Südturms* 1685-90 (mit den noch von Spinelli inspirierten, von Santa Maria della Salute in Venedig entlehnten expressiven Voluten); Anlage der *Fürstengruft* (s. u.) 1679-85. Größtenteils Vollendung der *Ausstattung* (Stuck durch G. N. Perti 1685-88). – Errichtung der von Zuccalli entworfenen *Loreto-Kapelle* und *Heiligen Stiege* 1683-88 an Nordflanke der Kirche (mit Ausmalung der Decke und zweier Wandbilder von D. Faistenberger um 1686), 1820 abgebrochen. – Reparatur- und Dacharbeiten an Kuppel (1718-20) sowie Stuckerneuerung in der Kuppel (von Morazzi), weitere Renovierungen 1732, 1764 und 1789. *Hauptfassade* nur notdürftig verputzt, bis Kurfürst Max III. Joseph 1765 den Ausbau vorläufig des Mittelsteils in Anlehnung an Zuccallis Disposition durch Cuvilliés d. Ä. anordnet; Vollendung der gesamten Fassade im Geist des Rokoko durch Cuvilliés d. J. 1768. – Bereits 1801 Aufhebung des Klosters (→ Theatinerstraße 20/21), Profanierung der Kirche 1802 (bis 1805 Heumagazin), 1826 Erhebung zur königlichen Hofkirche. – An Westseite der Chorapsis von König Max II. für sich und Königin Marie *Mausoleum* (im Maximilianstil) vorgesehen: Entwurf von Metzger (1848) und Riedel (1859-64), jedoch nicht ausgeführt; dafür Umgestaltung der Kapelle (→ Grundriss 4) und Anbau der Grablege für das Herrscherpaar (durch Riedel 1864). – Von 1838-1953 Kollegiatstiftskirche, seit 1954 von Dominikanern betreut. – Schwere *Bombenschäden* 1944 und 1945, v. a. Chor samt Chorschranken sowie Teile der Ausstattung. 1946-49 Sicherungs-, bis 1955 Wiederherstellungs- und Restaurierungsarbeiten; 1975 Neueindeckung von Kuppel und Turmhelmen in Kupfer; seit 1998 umfassende Innenrenovierung (v. a. Reinigung des Stuckdekors, Entfernung der Dispersionsübermalung der 1950er Jahre und Färbelung des Stucks nach neuen Befunden), ferner statt Neugestaltung (2001/02) nun Rekonstruktion der 1930 wiederhergestellten, 1945 zerstörten barocken Chorschranke. Abschluss der Arbeiten 2003/05. ***Äußeres:*** Kirche ursprünglich an drei Seiten umbaut: Nordseite durch Stadtmauer, ab 1819 durch Palais Moy (→ Theatinerstraße 23) verdeckt, West- und Südseite durch Klosterbauten; erst nach Wiederaufbau des Klosterflügels an Theatinerstraße (→ S. 420) und Anlage des ›Theatinerhofs‹ zeigt die *Südfront* der Kirche eindrucksvoll die tektonische Rationalität barocker Baukonstruktion: Gliederung nur durch mächtige Strebepfeiler mit Voluten und kaum vortretende Bänder und Lisenen. Dagegen reiche Gestaltung der zweigeschossigen *Fassade* an Theatinerstraße bzw. zum Platz vor der zurückgesetzten Feldherrnhalle (anstelle der 1840 abgerissenen Gaststätte ›Bauerngirgl‹ und des alten Kriegsministeriums errichtet). *Tektonischer Aufbau:* hoher übergiebelter Mittelrisalit mit Hauptportal im Erdgeschoss und großem Fenster im Obergeschoss eingetieft und mit Rundsäulen besetzt; die Vertikalgliederung durch

Theatinerstraße: Theatinerkirche St. Kajetan.

Theatinerkirche: Blick in die Kuppel.

Theatinerkirche: Allianzwappen Bayern-Sachsen im Giebel.

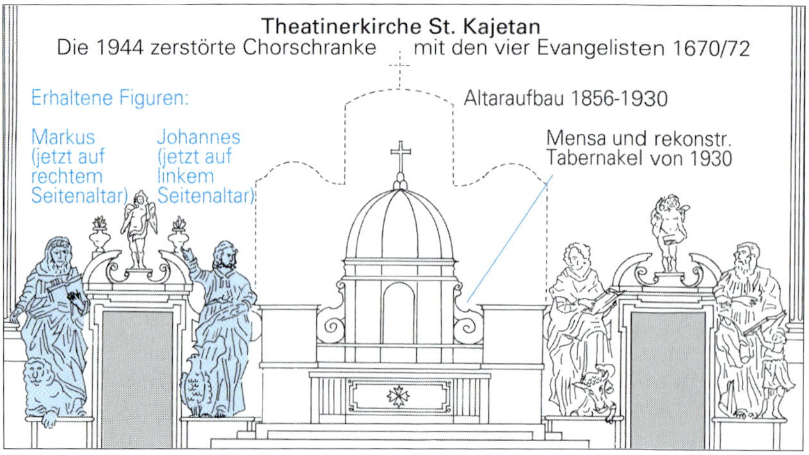

Theatinerkirche: Engel mit Grundriß der Kirche aus der Stuckdekoration der westlichen Innenwand.

Pilaster betont (auch in den beidseitigen einstöckigen Fassadenachsen sowie in den Türmen); die Kapitelle im Erdgeschoss dorisch/toskanisch, im Obergeschoss ionisch. Zwischen beiden Geschossen kräftige und verkröpfte Gesimszone mit hoher Attika, die gesamte Fassade einschließlich der Türme zusammenbinden. – *Plastischer Dekor* 1767 ff. von Boos (nach Entwurf von I. Günther): In den Nischen neben Hauptportal Marmorfiguren der Hll. Kajetan und Maximilian, neben dem Mittelfenster Adelheid und Ferdinand; über den Nebenportalen Relieftondi mit Petrus und Paulus; von Günther wahrscheinlich auch die Puttenreliefs, das Allianzwappen Bayern-Sachsen im Giebel (Max III. Joseph vermählt mit Maria-Anna von Sachsen) und vermutlich auch die Flammenvasen. – Die beiden *Türme* dreigeschossig, an den Ecken gestufte Pilaster, im dritten Obergeschoss Dreiecks- und Segmentbogengiebel, darüber die achteckigen Helme mit den charakteristischen pittoresken Voluten. Der heute als ›typisch‹ angesehene Ockerton der Kirche erst von ca. 1860 (!). ***Inneres:*** Gewestete *Wandpfeilerkirche* auf Kreuzkuppelgrundriss; Querhausarme und Chor von gleicher Tiefe, in angesetzter Halbrundapsis der Hochaltar; vor ihm (ursprünglich) Psallier-(und ›Musik‹)chor sowie (kriegszerstört) Chorschranke und Mensa. Kräftige *Wandgliederung* durch insgesamt 46 kannelierte Halb- und Dreiviertelsäulen mit Kompositkapitellen (interpretiert als Hinweis auf 46-jährige Bauzeit des Tempels in Jerusalem: Joh. 2, 20). Auf gekröpften umlaufenden Gesimsen wuchtige, reich stuckierte Attika (vgl. Fassade), gefolgt von hoher Fensterzone und *Stichkappentonne* mit kräftigen, stuckierten Gurtbogen. Dreijochiges, östlich und westlich durch je ein Halbjoch verlängertes *Mittelschiff*, von ihm durch beiderseits drei rundbogige Arkaden zugänglich die untereinander verbundenen *Seitenkapellen*; ihre Kuppeln anfangs reich stuckiert, von Spinelli abgeschlagen, dafür um 1695 von Zendralli mit Grisaillen (Motive unbekannt) bemalt; um 1718/20 einfacher erneut stuckiert. Über Vierung hohe *Tambourkuppel* auf Pendentifs; im Tambour versteckt Spiegel, um Tageslicht in die Kuppel zu reflektieren. Unter den acht Fenstern Nischen mit vollplastischen 4 m hohen Stuckengeln als Allegorien der ›Acht Seligkeiten‹. (Bisherige Zuschreibung an Leuthner aufzugeben zugunsten eines unbekannten italienischen Meisters.) Achtteilige Rippenkuppel mit Auge, über Laterne anstelle der um 1718/20 entfernten Stuckdekoration Ölgemälde (auf Leinwand) ›Gottvater‹ von Amigoni (um 1720), von Schilling 1764 als Tafelbild neu gemalt, 1955 nach Kriegsschäden restauriert und wieder angebracht. – Die Innenseite der *Eingangswand* als Triumph-›Fassade‹ monumental instrumentiert, ihr Programm Hinweis auf Anlass zum Kirchenbau: neben Weiheinschrift über Portal Personifikationen von Religion und Hochherzigzeit (mit Kirchengrundriss), im Sprenggiebel der ersehnte Thronerbe, im Architrav darüber Allianzwappen Bayern/Savoyen. (Seit 1954 Gemälde ›Hll. Ursula und Cordula‹ von Candid, aus ehemaliger Augustinerkirche; nun wieder entfernt.)

1 Altarbereich nach Gepflogenheit des Theatinerordens in Altarwand, Psallierchor und Mensa vor Chorschranken getrennt: **a** Altarwand: der ursprünglich marmorierte Säulenaufbau nach zerstörtem Vorbild rekonstruiert; anstelle des von Candid 1669/70 entworfenen Altarbilds Gemälde von Zanchi ›Die Hll. Kajetan und Adelheid in der Glorie‹ (1672-75), im Krieg verbrannt, durch ›Thronende Maria mit Heiligen‹, von Crayer 1646 (aus Alter Pinakothek) ersetzt. Auf gesprengten Giebeln Stuckfiguren geistlicher und weltlicher Würdenträger des Hauses Savoyen: links Ludovica von Savoyen (in Klarissinnentracht) und ihr Vater Herzog Amadeus IX., rechts König Ludwig IX. von Frankreich und die Dominikanerin Margarita von Savoyen. Seitlich an Apsiswand in reichen Stuckrahmen Ovalreliefs Christus (**b**) und Maria (**c**, mit Kurhut). Vor Chorschranke Mensa; Altar von 1675 durch Überbau 1856 verändert, 1930 in urspr. Form wiederhergestellt (→ Abb. S. 422), 1944 zerstört; bisherige ›Notlösung‹ (O. Auer) durch Rekonstruktion der barocken Schranke vorgesehen. Tabernakel, seitliche Zugänge zum Presbyterium, flankiert von überlebensgroßen Holzfiguren der vier Evangelisten (von Ableithner 1670-72), die zu den »kraftvollsten, lebendigsten und beseeltesten Schöpfungen« der hochbarocken Bildhauerkunst zählen; zwei davon gerettet und auf Bekrönungen der Querschiffaltäre (Markus auf **2**, Johannes auf **3**) aufgestellt; ursprünglich Mensa 1722, deren Aufsatz 1839/40 und 1854/56, umgestaltet 1929/30 durch Seltzer. – Die beiden Querschiffaltäre mit dem Hochaltar formal als Einheit, ikonologisch in gegenseitiger Wechselbeziehung zu sehen: **2** Marienaltar: Gemälde ›Hl. Sippe‹ von Cignani 1676 (ursprünglich als Hochaltarbild vorgesehen: im Zentrum thronende Maria mit der Fürstenkrone des Hauses Savoyen und dem Jesusknaben mit den Gesichtszügen des Kurprinzen Max Emanuel; auf der Mensa Vorstellbild ›Verkündigung Mariä‹ (von Desmarées nach 1730), im Auszug Stuckfiguren Hll. Christina und Maximilian (links) sowie Hl. Margarita von Savoyen und (anstelle eines Hl. Rochus bis 1944) die Holzfigur des Evangelisten Markus* (von Ableithner). Bei **d** Epitaph für Kurprinz Joseph Karl Friedrich († 1803), bei **e** reizvolles klassizistisches Grabmal* der Prinzessin Josepha Caroline († 1821) von Eberhard 1821-24/25, Architektur nach Entwurf Klenzes 1825. Über den seitlichen Durchgängen Stuckfiguren der lateinischen Kirchenväter: **f** Ambrosius, **g** Hieronymus (nicht von Leuthner, wie bisher angenommen, eher von einem anonymen italienischen Meister). **3** Kajetanaltar: Gemälde ›Fürbitte des Hl. Kajetan während der Pest in Neapel‹ von Sandrart 1667-71 (noch vor Kanonisierung Kajetans 1671 in Auftrag gegeben); darunter Vorsatzbild des Hl. Florian; im Auszug Stuckfiguren Hll. Katharina und Antonius von Padua (rechts) sowie Hl. Cäcilia und ein 1944 zerstörter männlicher Heiliger, der durch Holzfigur des Evangelisten Johannes* (von Ableithner) ersetzt wurde. Über den seitlichen Durchgängen Stuckfiguren der lateinischen Kirchenväter: **h** Papst Gregor, **i** Augustinus. Am südöstlichen Vierungspfeiler **k** Kanzel* von Faistenberger 1685-89, am Kanzelkorb Christus und Maria, seitlich die Hll. Kajetan und Andreas Avellinus. – In den Seiten›schiffen‹:

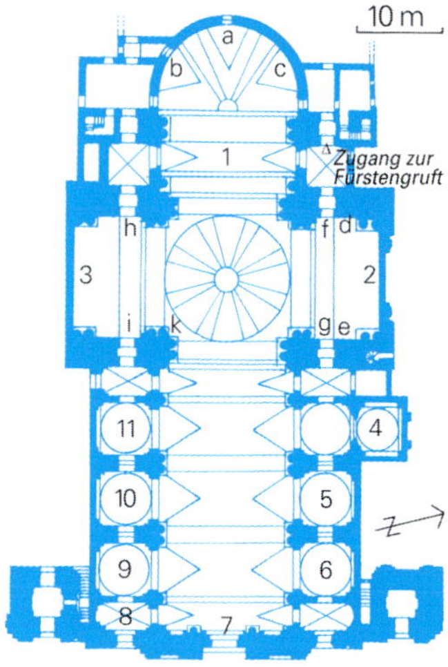

Theatinerkirche St. Kajetan

4 Grabkapelle mit den Sarkophagen für König Max II. († 1864) und seine Gemahlin Marie († 1889, links), errichtet nach Plänen von Riedel. **5** Schutzengelaltar: Gemälde ›Schutzengel der Menschheit‹ von Zanchi 1677; Vorsatzbild ›Hl. Josef mit Jesuskind‹. **6** ehemals Cäcilienaltar: Gemälde ›Vier Hl. Jungfrauen‹ (Hll. Lucia, Apollonia, Margareth, Agatha) von Liberi und Triva nach 1685. **7** über Hauptportal Gemälde ›Die Hll. Ursula und Cordula‹ von Candid, ehemals in Augustinerkirche (Leihgabe der Bayerischen Staatsgemäldesammlungen). **8** Georgsaltar: Gemälde ›Hl. Georg‹ von Weiß 1750; davor Nachbildung (2. Hälfte 19. Jh.) des Mariengnadenbilds von Loreto. **9** Anstelle des zerstörten Altars neu gestaltet mit Gemälde ›Sel. Margarita von Savoyen‹ von Triva um 1665; darunter ›Verkündigung Mariä‹, an den Seiten zwei Statuen: ›Hl. Karl Borromäus‹ (links) und ›Hl. Dominikus‹ (Herkunft unbekannt). **10** Kreuzabnahmealtar: Gemälde von einem Schüler Tintorettos, 1670 in Venedig erworben. **11** Andreas-Avellinus-Altar: Gemälde ›Tod des Hl. Andreas Avellinus‹ von K. Loth 1677; darunter ›Christus mit dem Gralskelch‹ von Fugel (zugeschrieben). – Beichtstühle von Faistenberger, ausgenommen die Rokoko-Beichtstühle beiderseits des Hauptportals (ursprünglich in der Jesuitenkirche St. Michael).

Vom rechten Querschiff Zugang zur **Fürstengruft**: 1679-85 angelegt, 1775 erneuert, 1824 erweitert und in neun Abteilungen gruppiert; 1952 grundlegend neu gestaltet. Hier u. a. bestattet Kurfürstin Henriette Adelaide † 1676), Kurfürst Ferdinand Maria († 1679), Kurfürst Max Emanuel († 1726), Kurfürstin Therese Kunigunde Sobieska († 1730), Kaiser Karl VII. († 1745), Kaiserin Amalia Maria († 1756), Kurfürst Max Joseph († 1777), Kurfürst Karl Theodor († 1799), König Max I. Joseph († 1825), König Max II. († 1864), König Otto von Griechenland († 1867), Prinzregent Luitpold († 1912), Kronprinz Rupprecht († 1955). – Unter dem Chor die Gruft der Theatinermönche, jene von über 200 italienischen Höflingen unter nördlichem Querhaus.

Jüngste Forschungen über ***Stuckierung*** in der Theatinerkirche (Michael Kühlenthal, Norbert Jocher, Christoph Niedersteine) bedingen *Revision* der bisherigen Zuschreibungen. Von Barelli 1667 die zu stuckierenden Flächen in Langhaus, Querschiffen und Chor (nach Gepflogenheit des Bologneser Barock) festgelegt, ohne Spielraum für eigenständige Gestaltungen einzuschränken. *Ausführung* durch Trupp oberitalienischer Bau- und Dekorationskünstler, federführend durch Tessiner und Comasken unter Mithilfe Graubündener und einheimischer Kräfte: von ihnen rund 20 namentlich überliefert (wie fünf Perti, zwei Legoni, zwei Moretti). Dennoch beispielhaft homogene Dekoration, die jedoch wegen Mangel an archivalischen Quellen und stilkritischen Kategorien keine individuelle Zuschreibung ermöglicht; selbst Wechsel der Architekten bzw. Bauführer blieb ohne Auswirkung auf Arbeitssystem der Stuckateure. *Motivschwerpunkte* Blatt- und Fruchtstäbe, Rosetten, Blüten- und Fruchtmedaillons, Muscheln, Fruchtschnüre und Girlanden, Blatt- und Akanthusranken; dazwischen Figuralplastik (wie in Architektur eingebundene Putten: von Leuthner 1674/75). – Trotz Vorbildrolle der Theatinerkirche für bayerische Barockarchitektur blieb Arbeitsablauf der Stuckierung ohne unmittelbare Nachfolge – wohl aber Art und Motive des Stucks (wie z. B. in Klosterkirchen Benediktbeuern 1681-85, Tegernsee 1688/89, Fürstenfeld 1699 ff.). ***Bedeutung:*** Nach 30-jährigem Krieg zunehmender Einfluss des italienischen (Hoch-) Barock in Altbayern. Erster Höhepunkt die durch den Hof (Kurfürstin Henriette Adelaide) initiierte Kirche der Theatiner sowie die durch Barelli und Zuccalli importierten italienischen Architekturformen: Bau als Typus der hochbarocken römischen Basilika auf Kreuzgrundriss mit beherrschender durchlichteter Tambourkuppel; von Zuccalli die Durchbildung der Kuppel und, ihr zugeordnet, das Motiv der Zwillingstürme; von Barelli projektierte ›plastische‹ monumentale Fassade, von Cuvilliés ein Jahrhundert (!) später rokokohaft ›flächig‹ umgedeutet. Kuppel und Türme (mit ihren ausgefallenen Bekrönungen) bringen Akzent des Mediterranen ins Stadtbild und tragen wesentlich zur Erscheinung Münchens als Barockstadt bei. – Die in Italien vorgeprägte ›Bühne‹ für das triumphale *Theatrum sacrum* der Messfeier in der ursprünglichen Abfolge von Altaraufbau/Chor/Chorschranke/Mensa in Theatinerkirche erstmals in Altbayern eingerichtet. – Gliederung des Langhauses (halbes Vorjoch/drei Hauptjoche/halbes Schlussjoch) und der Wandaufbau in seiner Plastizität und in der prunkend-üppigen Stuckierung gaben kaum zu überschätzende Impulse für barocken Kirchenbau im ges. süddeutschen Raum.

THEATINERSTRASSE 23 □ **2**

Palais Moy Nördlich an Theatinerkirche unmittelbar anschließende Parzellen (Theatinerstraße 23 und 24), von Klenze 1817-19 mit *Wohnhäusern* (für Juwelier F. X. Trautmann und Schönfärber A. Gsellhofer) in einheitlich palastartiger Frontgestaltung überbaut; seit 1893 im Besitz des Grafen Moy de Sons (noch heute ›Palais Moy‹). Im 2. Weltkrieg schwer beschädigt (Verlust der gesamten Innenausstattung, z. T. auch Außenarchitektur); 1950-52 rekonstruierender *Wiederaufbau* nach Plänen von G. H. Winkler – ausgenommen die Erdgeschosszone, die innere Aufteilung und die Fassaden des architektonisch strengen Innenhofs. ***Beschreibung:*** Die *Ostfassade* an Traufhöhe des südlich an Kirche angebauten Klostertrakts (→ S. 420) orientiert. Über bossiertem Erdgeschoss elf Rundbogenschaufenster, in den beiden Obergeschossen 15 Fensterachsen; an Nordfassade (an Brienner Straße) mit zwölf (+ fünf) Achsen dieselbe Stockwerksgestaltung, der fünfachsige westliche Teil jedoch um ein Geschoss höher: die Fenster auf durchlaufenden Gesimsen, die des ersten Obergeschosses mit Dreiecksgiebel; in den Walmdächern Giebelgaupen. In beiden Fronten jeweils ein Zugang zum Innenhof mit Schalenbrunnen aus Muschelkalk von H. G. Winkler (1951). ***Bedeutung:*** In das Architekturbild aus Residenz, Kirche und (Odeons-)Platz sehr geschickt eingefügter klassizistischer Baukörper neben barocker Kirche mit Kloster. Der Beginn der → Brienner Straße durch Palais Moy und Haus Odeonsplatz 1 architektonisch gefasst (der ursprünglich von Klenze 1816 als Pendant zu seinem Hofgartentor, → S. 161, geplante Torbau jedoch nicht ausgeführt).

THEATINERSTRASSE 38 □ **6**

Geschäfts- und Wohnhaus Nach Entwurf von Littmann (ausgeführt von Goebel) 1903 (Inschrift)/04 für chemischen Tapetenfabrikanten Fr. Fischer errichtetes fünfgeschossiges Gebäude (Erdgeschoss und Obergeschoss Verkaufsräume und Büros, drei Obergeschosse Wohnungen und Atelier) an der Stelle zweier dreiachsiger Altmünchener Bürgerhäuser, mit Künstlergeschichte der Stadt aufs Engste verwoben: im linken Haus (ehemals Nr. 38) lebten die Bildhauer Angermayer 1619-37 und A. Faistenberger 1684-1748; das linke (ehemals Nr. 39) gehörte dem Hofmaler Prugger 1659-94, dem Maler und Pruggers Schwiegersohn H. G. Asam bzw. seinem Sohn Kosmas Damian (* 1686), der hier mit seinem Bruder Egid Quirin (* 1692) aufgewachsen war. – Ab 1934 Sitz der Hamburg-Amerika-Linie, 1939 durch Schwerdt für ›Café Feldherrnhalle‹ (Erdgeschoss und erstes Obergeschoss) umgebaut. Schwere Bombenschäden 1944, rekonstruierender Wiederaufbau 1946 (Café bis 1994 und Büros); seit Restaurierung 1995 wieder Ladengeschäft. ***Beschreibung:*** Vornehmes fünfgeschossiges Geschäftshaus mit konkav-konvex-konkav geschwungener *Sandsteinfassade*, deren beide untere Geschosse zu einer einheitlichen großflächig verfensterten Ladenfront zusammengefasst sind (wobei die rechteckigen Seiteneingänge mit ihren Okuli ein Architekturmotiv von Fischer von Erlach zitieren: Palais Batthyány-Schönborn in Wien, 1700). Die in der Abfolge 1:5:1 gegliederten sieben Fensterachsen in den drei obersten Geschossen von kräftigen glatten Lisenen eingefasst, die das schmale Dachgesims unterlaufen und die Attika gliedern sowie seitlich von Puttengruppen mit prallen Blumenschalen bekrönt sind. Von der reichen *Bauplastik* der Fa. Ph. Holzmann (u. a. Mäanderbänder, Festons, Kapitelle, Masquerons, Vasen) der Puttenfries am vierten Obergeschoss durch Kriegseinwirkung verstümmelt. ***Bedeutung:*** Eine der am aufwändigsten instrumentierten Geschäftsfassaden der Altstadt, die sich entgegen den Tendenzen ihrer Entstehungszeit den Gestaltungsprinzipien und der Ornamentik des Jugendstils versagt, dafür in Material, Architektur und Zierat einem klassizistisch gefärbten Wiener Reichs- und böhmischen Barock verbunden ist: dabei ungemein harmonische Balance zwischen vertikaler und horizontaler Gliederung wie zwischen kraftvoller Tektonik und subtilem Dekor.

Theatinerstraße 38: Wohn- und Geschäftshaus.

THERESIENHÖHE ☐ **18**

Einerseits Bezeichnung für Gelände *auf* der diluvialen Isarterrasse (»Sendlinger Haide«) nördlich von Untersendling/westlich über → Theresienwiese; andererseits Name für den mit Errichtung der *Ruhmeshalle* (→ Theresienhöhe 16) angelegten Straßenzug: ausgehend vom Fuß der Freitreppe zur *Bavaria* in schrägem Anstieg nach Norden entlang der Hangkante bis zum westlichen Ende der (Lerchen-, ab 1850) Schwanthalerstraße. Im Zug des Ausbaus einer weiteren Süd-Nord-Verbindung 1891 Verlängerung des bisherigen Straßenzugs Theresienhöhe bis Anschluss an Lindwurmstraße am Sendlinger Berg in Untersendling; bei Anlage des *Ausstellungsparks* 1908 (→ Theresienhöhe 15) durch westliche Umgehung der Ruhmeshalle beide Abschnitte miteinander verbunden um Preis der Abtrennung des *Bavariaparks* (→ S. 430) von der Ruhmeshalle. (Von Überbrückung der abgesenkten Bahnanlagen an Umbenennung des südlichen Abschnitts der ›Theresienhöhe‹ in Lipowskystraße, 1912.)

In Grünanlage an ›Theresienhöhe‹/Hans-Fischer-Straße in ›Burgfriedens-Bestätigung‹ 1724 übernommener und als einziger an ursprünglicher Stelle verbliebener **Burgfriedenstein Nr. 3**: roh behauener stelenartiger Stein von 1460, überarbeitet 1728 mit Mönchswappen an Stadt- und Rautenwappen an Feldseite. Von einst 27 aufgestellten Burgfriedensteinen erhalten: *Stein Nr. 9* (ursprünglich am Schwabinger Schlagbaum), seit 1958 am → Elisabethplatz aufgestellt; *Stein Nr. 12/13* im Englischen Garten (→ S. 120); *Stein Nr. 22* (ursprünglich an Thalkirchner Straße) im Hof des Münchner Stadtmuseums. Ein weiterer, nicht nummerierter Stein bei Marsstraße 46.

THERESIENHÖHE 15 ☐ **18**

Ausstellungspark Bereits 1892 (Stadterweiterungswettbewerb) Forderung nach städtebaulich befriedigender Lösung für Gelände auf Theresienhöhe. 1891 Auftrag an G. v. Seidl für erste Pläne eines Gesamtprogramms mit Ausstellungsgebäuden (damit Aufwertung des ›Westends‹), 1903 Gründung des Vereins ›Ausstellungspark‹ (seit 1964 ›Münchener Messegesellschaft‹) als Voraussetzung zur Anlage eines »Ausstellungsplatzes« mit Bauten aus Beton, Eisen und Glas für Ausstellungen, Großveranstaltungen u. Ä.; ferner Erwerb von Grundstücken: annähernd halbovales Gelände (inkl. Grundstück der ›Alten Schießstätte‹, ersetzt durch Neubau an → Zielstattstraße 6) um ›Bavariapark‹ (→ S. 430), begrenzt im Norden, Westen und Süden von (heutiger) Heimeran-, Ganghofer- und z. T. Hans-Fischer-Straße, gegen Osten auf einer Länge von rund 770 m zur Theresienwiese geöffnet. ***Historische Bebauung:*** Anlässlich der ersten großen »Ausstellung München 1908« architektonische Gesamtplanung von Bertsch in Zusammenarbeit (Stadtgartendirektion) Heiler (unter Vermeidung von Eingriffen in Bestand des Bavariaparks). Schwerpunkt der *Bebauung* mit Ausstellungshallen (1907/08) im nördlichen, etwa dreieckigen Areal zwischen Theresienhöhe und Ganghoferstraße. An Theresienhöhe (Nr. 15) ursprünglich *Hauptportal* mit Kassen und Verwaltung (nach Plänen von F. Rank); gegen Westen in die Tiefe versetzte *Ausstellungsbauten* (ursprünglich Hallen I, II, III) als Stahl- bzw. Stahlbeton-Skelettbauten errichtet (nach Planung von Bertsch). (In Halle I nach Innenumbau durch Th. Fischer 1910 zur ›Musikfesthalle‹ Uraufführung von Mahlers VIII. Symphonie, »Symphonie der Tausend«.) – Gegenüber der Halle III ehedem das architektur- und kulturhistorisch bedeutsame *Münchener Künstlertheater* (→ Abb. 58) mit seiner sog. ›Reliefbühne‹ (nach Plänen von Littmann in Formen des sezessionistischen Jugendstils 1908 erbaut, Fassadendekoration von Düll und Pezold, ihre farbige Fassung sowie Decken- und Wandmalereien von Mössel); saisonal bespielt (1909-10 unter Leitung von Reinhardt), bis 1928 v. a. als Kino verwendet; 1944 total zerstört. Neben dem Theaterbau das (ebenfalls 1944 zerstörte) *Theater-Café* (nach Plänen von Pfann). – Begrenzung gegen Westen durch (zerstörtes) *Hauptrestaurant* (Pläne von E. v. Seidl; Ausmalung durch Becker-Gundahl, J. Diez, F. Erler und Hertrich, Bildhauerarbeiten von Bradl und Wackerle). – Südlich des Bavariaparks, auf ebenfalls annähernd dreieckigem Areal, Anlage des *Vergnügungsparks* nach Konzeption von Schachner, bebaut mit verschiedenartigen, z. T. temporären Gebäuden – u. a. mit *Marionettentheater Münchner Künstler* (von P. L. Troost 1908, Stuckreliefs von Wackerle), bis zur Kriegszerstörung Kostüm- und Requisitendepot der Münchener Kammerspiele; ferner originelle *Park-* und *Kioskbauten* von Wiederanders, 1920er Jahre).

Theresienhöhe: Verkehrszentrum des Deutschen Museums.

Bemerkenswerte ***Ausstellungstätigkeit*** v. a. seit den 1920er Jahren; anlässlich der ›Deutschen Verkehrsausstellung‹ 1925 Errichtung des 41 m hohen *Aussichts- und Leuchtturms* (nach Plänen von Harbers, Lechner und Norkauer), 1971 gesprengt. Nach Beheben der Kriegsschäden an den historischen Hallen neben *Ausstellungen* (1948 ›Presseausstellung‹, 1953 ›Deutsche Verkehrsausstellung‹, 1965 ›Internationale Verkehrsausstellung‹) zunehmender Schwerpunkt *Messen* (bereits 1949 erste ›Handwerksmesse‹), was zum Bau von Großhallen führte: zwischen 1950 und 1980 Errichtung von sieben Hallen durch städtisches Baureferat; 1953 Bau der denkmalgeschützten Kongresshalle* (nach Plänen von Etzold, Freymuth und Strobl, Wandgemälde von Lacher) anstelle des zerstörten Künstlertheaters; 1963-64 Anlage des 1954 gegründeten Bauzentrums (mit Freiflächen für ›Baumusterschau‹ im südlichen Areal); 1965 Bau von drei Hallen für ›Internationale Verkehrsausstellung‹ (Pläne von Landauer); 1972 Halle für olympische Ringkämpfe (durch Lanz), nach den Spielen in *zwei Hallen* umgewandelt; von 1979-83 mit Überbauung der Bahnstrecke (vom Haupt- zum Südbahnhof) *drei Hallen* und *Eingang Süd* (nach Plänen von Obermeyer, Schultz-Brauns und Troberg). *Endstand:* 105 000 qm Ausstellungsfläche. Mit Eröffnung der neuen → *Messe München* in Riem (Frühjahr 1998) Einstellung der Messetätigkeit auf Theresienhöhe und Abbruch der zwischen 1950 und 1983 errichteten Messehallen – ausgenommen die unter Denkmalschutz gestellte *Kongresshalle* (für kulturelle Veranstaltungen vorgesehen) und die ehemaligen *Hallen I, II* und *III* (für ›Deutsches Museum Verkehrszentrum‹, s. u.). – Auf dem gesamten restlichen Areal des ehemaligen Messegeländes (rd. 47 ha) Errichtung des neuen ***Stadtteils ›Alte Messe‹*** um den revitalisierten Bavariapark (s. u.) und die drei historischen Hallen als Herzstück: internationaler städtebaulicher Wettbewerb 1996/97, Sieger für Gesamtkonzept Architekturbüro Steidle und Partner. Im

Verkehrszentrum: Die denkmalgeschützte Halle 3 (1908) des ehem. Ausstellungsparks mit einigen rasanten Exponaten.

nördlichen und westlichen Bereich Schwerpunkte Gewerbe- und Bürogebäude (neben Wohnungen), im südlichen Bereich Schwerpunkt ca. 1500 Wohnungen sowie Schule, Läden, gastronomische Betriebe; Akzent durch 43 m hohen Wohnturm ›Park Plaza‹ (von Steidle) sowie Bauten u. a. von Hilmer & Sattler (München), Ortner und Ortner (Berlin), Krischanitz (Wien), KPS Engel und Zimmer sowie Eichbauer (München). Baubeginn 2000, voraussichtlicher Endausbau bis 2003/04. Im Gesamteindruck eine schematische Massierung gleichartiger Baukörper und gerasterter Fassaden, im Gefolge von Le Corbusiers Forderung nach Internationalität der Verlust regionaler Besonderheiten. (Ähnliches Dilemma bei der gleichzeitig errichteten Messestadt Riem.)
Deutsches Museum Verkehrszentrum Deutsches Museum übernimmt 1999 von der Stadt die ehemaligen Ausstellungshallen I, II, III zur Einrichtung eines ausgedehnten Forums, »in dem neue Technologien vorgestellt, aktuelle Verkehrsprobleme dargestellt und diskutiert werden. Verkehr wird hier erstmals als Netzwerk begreifbar gemacht, präsentiert in seinem Wechselspiel mit Kultur, Wirtschaft und Gesellschaft«. Die wegen ihrer für die Erbauungszeit außergewöhnlich modernen Bauten (Halle III z. B. größte in Eisenbeton konstruierte Halle Europas) unter Denkmalschutz gestellt, erfordern umfangreiche Sanierungs- und Sicherungsarbeiten, Restaurierung und Rückbau in annähernd ursprünglichen Zustand. *Eröffnung* einer ersten Ausbaustufe in Halle III im Mai 2003 (100-jähriges Gründungsjubiläum des Deutschen Museums), zweite Stufe in den Hallen I und II voraussichtlich im Mai 2005. Geplanter ***Aufbau des Museums***: *Halle I* ›Stadtverkehr‹: Chaos, Ordnung, Strukturen; Schausammlung von Fahrzeugen aller Art im städtischen Verkehrsszenario und ihre historische Entwicklung. – *Halle II* ›Reisen‹: Lust und Last des Reisens; Schausammlung der Reiseverkehrsmittel und die Veränderung der Weltsicht durch nahezu unbegrenzte Mobilität. – *Halle III* ›Mobilität und Technik‹: Darstellung der Entwicklung der Beweglichkeit und der erfolgreichen und gescheiterten Erfindungen; Erkenntnis der Grenzen und technischen Möglichkeiten (vorgeführt in eigens eingerichteten ›Zukunftslabors‹. (Zusätzlich Einrichtung eines sog. *›begehbaren Depots‹* in den Bahngebäuden in Freilassung, wohl Anfang 2003.)

THERESIENHÖHE 16 ☐ 18

Ruhmeshalle* Als *Gedenkstätte* für ›ausgezeichnete Bayern‹ zwischen 1843 und 1853 nach Plänen von Klenze erbaut. ***Baugeschichte:*** Bereits 1807 Vorschlag von F. L. von Sckell, ein *Pantheon* als nationale Ruhmeshalle auf künstlichem Hügel im → Englischen Garten zu errichten; von Kronprinz Ludwig seit 1809 parallel zum Projekt *Walhalla* als Gedenkstätte für die ›größten Deutschen‹ verfolgt. 1810 Gedanke zur Errichtung eines ›National‹Denkmals über Theresienwiese, 1824 eigenhändige Grundrissskizze Ludwigs für bayerische ›Ruhmeshalle‹ (Anklänge an Schinkels Altes Museum in Berlin,

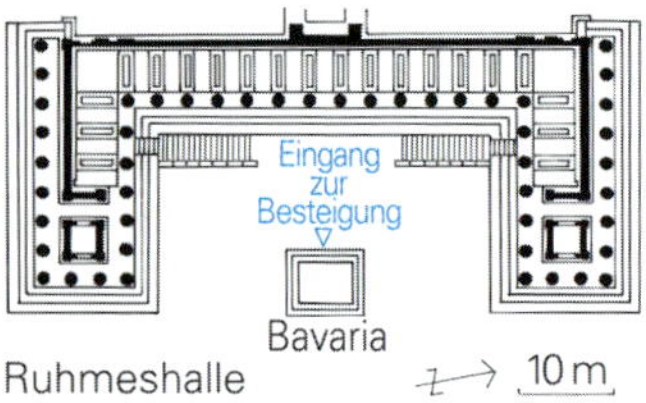

begonnen 1824), dazu Notizen für aufzunehmende Persönlichkeiten: erstmals schon 1809 über Dillis von Westenrieder Liste bedeutender Bayern erbeten; von 1828 stammt Aufstellung von Schenk als Ergänzung einer Liste von Hormayr – 1825 legt Ludwig als König *Theresienhöhe* als Standort der ›Ruhmeshalle‹ fest (von Klenze bereits 1817 für die Walhalla ins Auge gefasst); Beginn des Erwerbs der Grundstücke sowie zwischen 1826 und 1831 Ausgestaltung des westlich anschließenden Areals zum (späteren) *Bavariapark* (→ S.430). – Erste Entwürfe Zieblands für Ruhmeshalle 1828 (angeregt durch C. v. Fischers Walhalla-Entwurf von 1809/10) und von Klenze 1830 (Tholos in korinthischer Ordnung). Schließlich am 28.2.1833 *Wettbewerbseinladung* (ohne Forderung nach einem bestimmten Stil) an Ziebland, F. v. Gärtner, Ohlmüller und Klenze; Einsendeschluss 1.2.1834. *Ergebnis: Zieblands* dorischer Tempelentwurf wegen Ähnlichkeit mit ›Walhalla‹ (seit 1830 im Bau) ausgeschieden. – *Gärtner* plant überkuppelten Rundbau in italienischen Frührenaissanceformen, von quadratischer Arkadenhalle umgeben; dazu zweiter, vereinfachter Entwurf. – *Ohlmüller*-Entwurf ein Zentralbau in Spitzbogenstil auf Achtspitzgrundriss (angeregt durch Beschreibung des ›Gralstempel‹ im Titurel-Epos). – *Klenze*, dem die Projekte seiner Konkurrenten zur Kenntnis gebracht worden waren, legte erst *nach* Ende der Einsendefrist vier Alternativen (zwei im Rundbogen-, zwei im klassischen Stil) vor, später noch einen fünften Entwurf: Verbindung eines u-förmigen dorischen Portikus mit Kolossalplastik – eine Lösung, zu der ihn anlässlich eines Besuchs bei Schinkel (November/Dezember 1833) dessen Entwurf zum Denkmal für Friedrich der Große an der Schloßbrücke in Berlin angeregt haben dürfte. *Planungsauftrag* an Klenze 8.3.1934; *Grundsteinlegung* 15.10.1843, Ausführung mit leichten Modifizierungen bis *Einweihung* (ohne größeren Festakt) 15.10.1853. – Im Dez. 1944 von Spreng- und Brandbomben getroffen, Halle völlig ausgebrannt, die Büsten z. T. stark beschädigt. Erste Sicherungen 1953 und 1957, Wiederaufbau 1964-72: Ersatz von drei Säulen, der ursprünglich offene Dachstuhl vereinfacht, anstelle des ehemaligen Fußbodens aus verschiedenen farbigen Porzellanplatten Marmormosaik.

Ruhmeshalle: Porträtbüsten berühmter Bayern.

Beschreibung: Auf Geländestufe westlich über Theresienwiese u-förmiger, leicht geböschter, 4,30 m hoher *Sockel* mit Marmorverkleidung (Naturmaterial im Wesentlichen Untersberger Marmor, nur Rückseite gegen Westen verputzt mit aufgemalter Quaderung); auf dreistufigem *Stylobat* der dreiflügelige, nach Osten offene *Portikus* (68 m breit, 32 m tief), *Metopengebälk* und *Dach* von 48 dorischen Säulen getragen. Die 13-jochige *Hallenrückfront* und sechs Joche der beiden *Seitenflügel* (mit quadratischer Cella) und ihre jeweils dreijochigen Giebelfronten zurückgesetzt; ihre beiden Außenseiten achtjochig. – In den *Giebelfeldern* der beiden Seitenflügel Allegorien der vier Provinzen Bayerns (ausgeführt von L. Schwanthaler 1843-48): links Altbayern und Rheinpfalz, rechts Schwaben und Franken. Im umlaufenden Gebälk *94 Metopen*: in 44 Flachreliefs mit Viktorien, dazwischen 50 Reliefs mit symbolischen Darstellungen aus staatlichem und kirchlichem Leben sowie aus unterschiedlichen beruflichen Tätig-

Theresienhöhe: Ruhmeshalle und Bavaria.

keiten (ausgeführt nach Entwürfen und Modellen von Schwanthaler ab 1843 von K. Bader, Ganzer, Haag, Hänle, Schefzky, M. Schneider, J. Trautmann, L. Ziebland u. a.). – Über zwei Freitreppen in den inneren Winkeln des Hofraums Zugang zur eigentlichen Ehrenhalle; vor ihren pompejanischroten Wänden die *Marmorbüsten* angebracht: 74 im Jahr 1853, weitere zehn nach 1868. Nach Zerstörungen durch 2. Weltkrieg Büsten von neun Persönlichkeiten, die auch in der Walhalla vertreten sind, nicht wieder aufgestellt; ferner neun Büsten so zerstört oder beschädigt, dass sie zunächst nicht restauriert oder nachgebildet werden. 1966 Beschluss des Bayerischen Wirtschaftsrats, verdienstvolle Persönlichkeiten weiterhin durch Büsten (nach Auswahl des Ministerrats) zu ehren; Neuzugänge 1972: sechs, 1976: fünf, 1987: sieben, 1997: zwei (als erste Frauen Lena Christ und Clara Ziegler); derzeit insgesamt 95 Büsten. (Ausführliche Beschreibung der *Metopenreliefs und* Büsten in: Amtlicher Führer »Ruhmeshalle und Bavaria«, München 1997, S. 44 ff. bzw. S. 49 ff.)

Bavaria* Auf Klenzes Alternativentwurf zur *Ruhmeshalle* (1834) erstmals Kombination von rahmender Architektur mit Kolossalstatue: die ›gräzisierende‹ *Figur* in kurzem zweimal gegürteten Chiton (erinnert an klassische Amazonendarstellungen: Phidias/Polyklet), gelehnt an Herme quadrifrons und Lorbeerkranz in der linken Hand, ihr zu Füßen sitzender Löwe; die Variation Herme mit Portraitbüste des Königs von diesem abgelehnt. – Die Verbindung von Architektur und Kolossalplastik wohl vorgebildet in antik-römischen Altaranlagen (z. B. Tivoli, Praeneste/Palestrina), von Schinkel für ›Arminius-Denkmal‹ (1814/15) oder von Bandel für ›Hermanns-Denkmal‹ (1819/20) aufgenommen, aber nicht ausgeführt. Dagegen hatte Klenzes Entwurf Realisierungschancen durch die Erzgießer Stiglmaier und F. Miller d. Ä.; nach Entscheidung des Königs für Klenzes Entwurf schließt der Architekt mit beiden Erzgießern und dem Bildhauer L. v. Schwanthaler am 28.5.1837 *Vertrag* über Herstellung der Kolossalstatue. Zunächst noch auf Klenzes ›klassischem‹ Entwurf fußende Skizzen, Entwürfe, Modelle Schwanthalers (Amazone bzw. Athena promachos), ab 1838 Wandlung von einer klassizistisch-romantischen Frauengestalt zu einer ›germanisierten‹ ausgeführten Figur. Unter Mitwirkung von Lazzarani (seit 1840) einzelne Modellteile, ab 1841 Abformung der ganzen Figur in Gips, bis 1843 alle Teile in Originalgröße vollendet, und Beginn der Gussvorbereitungen. *Guss* in fünf einzelnen Teilen: Kopf 1844, Bruststück Oktober 1845, Hüftstück 1846, gesamtes Oberteil vollendet Juli 1848, untere Hälfte der Figur und Löwe 1849; Beginn des Zusammenbaus der einzelnen Teile auf Theresienhöhe ab 22.6.1850, *Enthüllung* 9.10.1850. – Im 2. Weltkrieg nahezu unversehrt; umfassende *Sanierung* 2000-02. ***Maße*** des Standbilds (nach geringfügig voneinander abweichenden Angaben): *Höhe* von Fuß bis Kopf 15,75 m/16,4 m; *Höhe* von Fuß bis Eichenkranz 18,52 m/19,3 m/20,5 m; *Gesamthöhe* einschließlich Sockel rund 30 m. ***Guss*** u. a. vermutlich aus Erz von 30 (?) geopferten lebensgroßen Imperatorenstatuen aus der Residenz (von Gerhard um 1590-95) und türkischen Kanonen, nach der Seeschlacht bei Navarino (18.10.1827) aus dem Meer geborgen; unterschiedliche Angaben über *Materialverbrauch*: 1283,5 Zentner (ca. 64 t), 1438,7 Zentner (ca. 72 t), 1560 Zentner (ca. 78 t) bei Materialstärke von rd. 18 mm im unteren Drittel und rd. 12 mm darüber.

Kopf der Bavaria mit Ausblicksöffnung in der Stirne.

Beschreibung: Gerade zweiläufige *Freitreppe* von Theresienwiese (flankiert von zwei Kandelabern) auf 48 Stufen empor zum 8,92 m hohen *Sockel* der Bavaria in Fluchtlinie der beiden Seitenflügel der Ruhmeshalle. Die aufrecht stehende *Frauenfigur* (ursprünglich bronzemetallisch »goldschimmernd«, heute durch Korrosion schwärzlich) über langem Gewand mit Bärenfell von linker Schulter bis Mitte Oberschenkel bekleidet; an ihrer rechten Seite sitzender Löwe (zunächst Symbol für Kraft und Stärke, erst später für Bayern gedeutet). In ihrer rechten Hand Eichenlaubbüschel und Schwert in der Scheide, mit der linken hält sie (blechernen) Eichenlaubkranz hoch empor; das volle Haar mit Eichenlaub umwunden. (Die Gesichtszüge der Bavaria nach Schwanthalers Modell Cornelia aus Berlin.) – An Rückseite des Sockels Zugang zu steinerner Wendeltreppe mit 66 Stufen bis Kniehöhe der Bavaria, von da an eiserne Wendeltreppe (52 Stufen) in den Kopf; durch Öffnung in bekränzter Stirn, Ausblick*. Das Ensemble aus

Statue und Architektur vom ›Hain‹ des *Bavariaparks* (s. u.) hinterfangen. ***Bedeutung:*** Ruhmeshalle und Bavaria von Ludwig I. als speziell auf Königreich Bayern bezogene *patriotische Mitte* des neuen, vergrößerten Bayern gedacht, Klenzes gelungenstes ›Nationaldenkmal‹ (neben Walhalla und Befreiungshalle): die einfühlsame Adaption dorischer Bauformen durch den Klassizisten in Zusammenarbeit mit dem ›romantischen‹ Bildhauer führte zu neuem ikonographischen Typus der *Landesallegorie*. Bereits 1807 Vorschlag von F. Kobell, ein »Nationaldenkmal« mit Bildnissen des (ersten) Königspaars auf dem Maximiliansplatz zu errichten, überragt von einer Statue »Bayerns in kolossaler Größe«; nicht ausgeführt. – Schwanthalers Bavaria erste Kolossalstatue der europäischen Kunstgeschichte seit der Antika, durch Stiglmaier und Miller Wiederbelebung des monumentalen Bronzegusses, vom König bewusst als Konkurrenz zur Kolossalstatue Neros verstanden; Ludwig: »Nero und ich sind die Einzigen, die so Großes gemacht haben, seit Nero keiner mehr!« (Übrigens: Der Vergleich der *Bavaria* mit Bartholdis *Freiheitsstatue* in New York, eingeweiht 1886, unzutreffend; sie ist nicht gegossen, sondern besteht aus handgetriebenen und vernieteten Kupferplatten über einem von Eiffel konstruierten Stahlgerüst.)

Bavariapark Mit Festlegung des Standorts für geplante *Ruhmeshalle* durch König Ludwig I. ab 1826 Erwerbung von Grundstücken auf der Isarterrasse; bis 1831 Anlage eines *Eichenhains* durch Hofgärtner L. K. Seitz, in dem eine ›Villa Theresenburg‹ für Ludwigs Gemahlin Therese vorgesehen war. Nach Aufgabe des Projekts wurde der Park im englischen Stil später zur Naturkulisse für Ruhmeshalle, ein ›heiliger Hain‹, eine profane Weihestätte als Symbol für die *elysäischen Gefilde*, die den sterblichen Menschen verwehrt, den Erwählten (in der Ruhmeshalle) aber zugänglich sind: Mit Einweihung des Monuments 1853 Umbenennung in *Bavariapark*, seit 1872 für einige Monate im Jahr der Öffentlichkeit zugänglich gemacht. Erst anlässlich der »Ausstellung München 1908« wurde der Landschaftspark mit seiner von Bäumen umstellten zentralen Wiese durch Heiler in den neu angelegten Ausstellungspark (→ Theresienhöhe 15) integriert, durch die Ausstellungsbauten kaum beeinträchtigt. Erst später und dann v. a. nach 2. Weltkrieg führte der rigorose Ausbau zum Messegelände zu Eingriffen in den historischen Bestand und zu Reduzierung der gärtnerischen Anlagen. – Nach Verlegung der Messe nach Riem 1998 (→ Messe München) und urbanistischer Neugestaltung des gesamten ehemaligen Geländes (→ S. 425 ff.) erfolgte Revitalisierung des Bavariaparks (wieder eröffnet 9.5.1999): weitgehende Wiederherstellung des alten Wegenetzes und Neuaufstellung von erhaltenen, um 1907/08 entstandenen Plastiken, wie die steinerne ›Liegende Quellennymphe‹ (von Düll und Pezold), der ›Ruhende Faun‹ (von Bermann, die vier steinernen Reitergruppen ›Reichtum‹ (Jüngling auf Seekuh, von Bleeker), ›Schönheit‹ (Jungfrau auf Einhorn, von Hahn), ›Phantasie‹ (Reiterin auf steigendem Pferd, von Ebbinghaus) und ›Kraft‹ (Herkules auf Stier, von Behn); Bronzegruppe ›Wilde Pferde‹ (von Roemer), bronzener ›Hirsch‹ (von Georgii), weibliche Herme mit Brunnenbecken (von Düll und Pezold). (Manche Plastiken heute u. a. im Tierpark Hellabrunn, am Orleansplatz oder im Münchner Stadtmuseum.) ***Bedeutung:*** Wenn auch die heutige Gestaltung und Platzierung der Statuen nicht mehr dem seinerzeitigen Konzept folgen kann (es fehlt u. a. der Bezug zu zerstörten Bauten), vermitteln sie doch eine ungefähre Vorstellung von dem ausgewogenen Zusammenspiel von architektonischer und gärtnerischer Planung, wie sie für das Kulturbild der Münchener Kunst um 1910 von wesentlicher Bedeutung und ohne den Einfluss A. v. Hildebrands kaum denkbar war.

THERESIENSTRASSE 35 a ☐2

Museum Brandhorst Für die von Anette und Udo Brandhorst dem Freistaat Bayern gestiftete Sammlung (mit zusätzlicher Kapitalausstattung) eigenes Gebäude; Lage: in Fluchtlinie des zweiten Bauabschnitts der Pinakothek der Moderne (→ Barer Straße 40) entlang der Türken- bis Theresienstraße. Bei europaweit ausgeschriebenem Wettbewerb (aus früher Phase ausgeschieden Chipperfield, Moneo, Ortner & Ortner, Piano, Staab) 250 Bewerbungen, davon 24 Entwürfe in engerer Wahl. Entscheidung Sommer

2002 für vier gleichwertige Lösungen: Büro Meck Architekten (München), Team Bär Stadelmann Stöger (Nürnberg), Zaha Hadid (London), sauerbruch hutton (Berlin/London). ***Beschreibung:*** Durch schmalen Baugrund vorgegeben längsrechteckiger Quader, von höherem quer gelegten Kopfbau an Theresienstraße abgeschlossen. Die Reduzierung auf eindeutige stereometrische Baukörper ordnen das Gebäude funktionell seinem Zweck unter (im Gegensatz zu dem extravaganten Hadid-Entwurf). Baubeginn: voraussichtlich Ende 2004, Vollendung geplant Anfang 2007. ***Bedeutung der Sammlung:*** Mit rd. 550 Werken bietet die (private) Sammlung Brandhorst ein annähernd gesamtes Spektrum zeitgenössischer Weltkunst – eine dialoghafte Ergänzung der (staatlichen) Pinakothek.

THERESIENSTRASSE 46-48 □ 2

Wohn- und Geschäftshaus Nach Plänen von S. Ruf 1951/52 in kostengünstiger Schottenbauweise für den ›Verein zur Behebung der Wohnungsnot‹ errichtete Gebäude. ***Beschreibung:*** Über Erdgeschoss mit verschiedenen großen Läden sieben durch zwei der Nordseite vorgelegte Treppenhäuser erschlossene Stockwerke mit insgesamt 42 Wohnungen unter Flachdach. Die rd. 53 m lange südseitige Straßenfassade von durchlaufendem Balkon (mit Stahlstützen) horizontal gegliedert und durch zwei seitliche ›Risalite‹ vertikal akzentuiert. ***Bedeutung:*** Durch kompromisslose Anwendung ›moderner‹ Architekturformen und Bautechnik (erstes Glashaus Münchens) richtungsweisendes Beispiel für deutschen *Miethausbau* der Wiederaufbauzeit in den 1950er Jahren – ein geglückter Anschluss an die durch 3. Reich gewaltsam unterdrückte internationale Baukunst. (In konsequenter Anwendung von Glas bei Stahlbetonskelettbau vergleichbar dem nahezu gleichzeitigen Bürobau des *Kitan-Hauses*, Maximiliansplatz 12, nach Plänen von Brenninger 1953.)

THERESIENWIESE □ 18

Westlich an Ludwigvorstadt grenzendes, nahezu dreieckiges ebenes Gelände zwischen Lerchenstraße (ab 1850 Schwanthalerstraße) im Norden, Sendlinger Landstraße (seit 1878 Lindwurmstraße) im Südosten und der von Süden nach Norden verlaufenden diluvialen Schotterterrasse (→ S. 6) im Westen; in Stadtplänen ab ca. 1810 bzw. 1826 (ohne exakte Begrenzung als »Theresenwiese« (auch »Theresens-Wiese«) eingetragen, erst in späten 1840er Jahren zu »Theresienwiese« geändert. (Inoffiziell »Oktoberfestwiese« oder kurz »Festwiese« genannt.) ***Geschichte:*** Anlässlich Vermählung des Kronprinzen Ludwig mit Prinzessin Therese Charlotte Luise von Sachsen-Hildburghausen (12.10.1810) durch König Max I. Joseph Stiftung eines jährlich stattfindenden »Theresenfests« auf der »großen Wiese bei Sendling«. Das zur Hochzeit von der ›National-Garde-Kavallerie‹ veranstaltete Pferderennen (das an Tradition des sog. ›Scharlachrennens‹ bei Jakobidult, → S. 365, anknüpft) von Landwirtschaftsverein für sein ›Centralfest‹ auf der Theresienwiese übernommen; letztes Rennen 1913. ***Beschreibung:*** Die Ovalform auf Begrenzung durch *Pferderennbahn* zurückzuführen: erstmals im Katasterplan von 1849 mit rd. 700 zu 350 m eingetragen nördlich der heutigen Mathias-Pschorr-Straße bis zur Lerchen- bzw. Schwanthalerstraße. Bereits 1843 erhält das ebene Gelände durch Errichtung der *Ruhmeshalle* einen beherrschenden Point-de-vue. Zunehmende Bebauung des Wiesenviertels macht Festlegung der Baulinien notwendig, jedoch erst 1887 endgültig fixiert. Vorher verschiedene Projekte: 1874 *Stadtpark* (K. Effner) mit Ruhmeshalle/Bavaria als Mittelpunkt; 1877 *Volkspark* von Heilmann, 1879 von Hauberrisser und Zenetti; ab 1880 Verhandlungen über *Verkehrsanbindung*: Projekte von Voit 1882 und 1885 mit Ausrichtung der Zufahrtsstraßen auf *Bavaria*. Endgültige Festlegung des *Bavariarings* (um 1887) als ostseitige Begrenzung der ›Wiesn‹, die dabei auf ein Gesamtareal von rd. 1000 zu 500 m reduziert wurde; gleichzeitig Ausrichtung der Querachse (seit 1932 Matthias-Pschorr-Straße) auf Ruhmeshalle/Bavaria. Anfang des 20. Jh. Planierung des Wiesengeländes und Anlage von Straßenzügen. – Zerstörerische Eingriffe (v. a. Monumentalisierung durch Kongress- und

Theresienwiese: Stätte des Oktoberfestes.

Versammlungsbauten) im Rahmen der Neubaupläne des 3. Reichs (Bestelmeyer 1934, Buchner 1935, Alker 1938, Giesler 1941) durch Kriegsausbruch und Zusammenbruch verhindert. – Neben nördlichem Haupteingang zur Wiese *Gedenkstätte* für die Opfer eines Attentats eines Rechtsextremisten am 26.9.1980 (13 Tote, 219 Verletzte). Gegen Theresienhöhe Errichtung eines *Oktoberfest-Behördenbaus* (Polizei, Erste Hilfe u. Ä.) nach Architektenwettbewerb durch Staab 2002-04.

THOMAS-WIMMER-RING 1 □ **11**

Stadtbefestigung Bei Ausschachtungsarbeiten (1984) für den Sparkassenneubau Aufdeckung von Resten des inneren und äußeren Stadtmauerrings und des von ihnen begrenzten Zwingers (→ S. 26) nördlich des Isartors (→ Schaubild S. 242). Die auf Initiative des Amateurstadtforschers Alfred Kling verfügte Einstellung der Bauarbeiten zwang den Architekten Hempel, seinen ursprünglichen Entwurf für einen kompakten Baukörper zu ändern: an seiner Stelle ein 1987-88 aus Stahl und Glas errichteter Bau von elegant-leichter Konstruktion. In seinem Tiefgeschoss der aus Natursteinquadern (!) fundierte und leicht gebogene *äußere Mauerring* (15. Jh.) nach Freilegung und Sanierung (leider mit Kalk überschlämmt!) z. T. sichtbar integriert; hinter dem Neubau (beim Straßenzug Lueg ins Land) parallel in einem Abstand von 8-10 m der aus Ziegel bemauerte und um einige Lagen auf ca. 70-80 cm erhöhte *innere Mauerring* offen: Beide Mauerreste bei eine Stärke von jeweils rd. 1,10-1,30 m ca. 25 m lang. – Nördlich davon bei Baumaßnahmen (1984) am Haus Herrenstraße 11 (Passage Thomas-Wimmer-Ring 1 a) die Grundmauern des *Scheiblingturms* (zwischen 1460 und 1500 als Geschützturm errichtet, 1890/92 abgetragen) freigelegt und gesichert. ***Bedeutung:*** Einzige Stelle, an der Reste des mittelalterlichen Doppelmauerrings um die Stadt Ludwigs des Strengen (→ Plan S. 27) offen zutage treten und in Ausdehnung, Zwingeranlage und Material zu sehen sind. In den gegenüberliegenden Grünanlagen (vor Haus Isartorplatz 7) der mit den Mitteln der Prinzregent-Luitpold-Stiftung 1907 von Killer geschaffene **Fortuna-Brunnen**.

Tierpark Hellabrunn: Werbeplakat von Ludwig Holwein.

TIERPARKSTRASSE 30 □ **20-23**

Münchener Tierpark Hellabrunn* An Königinstraße, nördlich Veterinärschule, 1860-70 erster Tiergarten Münchens; bereits 1862 Plan zur ›Gründung eines zoologischen Gartens‹ in den oberen Isarauen; erst 1910/11 unter geschickter Ausnutzung des Hanggeländes und der Auenlandschaft mit Seitenarm der Isar und gewachsenen Nagelfluhfelsen angelegt (36 ha), von E. v. Seidl architektonisch einfühlsam gestaltet, wobei die Einfriedung der Gehege durch natürliche Hindernisse (Wassergräben, Schluchten) und leichte Gitter möglichst wenig stört. Der 1922 erzwungenen Schließung folgte 1928 Neueröffnung. Trotz schwerer Bombenschäden bereits im Mai 1945 wieder zugänglich, aber erst ab 1970 Konzept einer Erneuerung der Gesamtanlage: 1967-69 Restaurierung des 1913-14 nach Plänen von E. v. Seidl errichteten *Elefantenhauses,* der ersten freitragenden Beton-Glas-Kuppel der Welt. Erstellung eines *Generalausbauplans* durch Gribl (ab 1972), bei dessen Einzelbauwerken und Gehegegestaltungen die Formen moderner (Beton-)Architektur noch z. T. überwiegen; um Mitte der 1970er Jahre größere Betonung der artgerechten natürlichen Umwelt. 1975 Bau eines *Polariums* (Architekt: Lanz), 1975-77 Anlage eines ›Kindertierparks‹ (Architekt: Gribl); bemerkenswert die 1977-81 errichtete begehbare *Freiflugvoliere,* ein von zehn Stahlpylonen getragenes Stahlnetz (Planung Gribl in Zusammenarbeit mit Otto und Happold) über einer sorgfältig gestalteten Landschaft. 1981-82 Neubau eines Hauses für *Halbaffen und Siamangs* (Architekt: Gribl), 1989-90 eines Hauses für *Nashörner und Tapire* (Architekt: Kochta und H. Lechner). Nach Plänen von Kochta wurden errichtet: 1993-95 *Raubtierhaus* und *Dschungelzelt,* 1997 Riesenschildkrötenhaus mit Insektarium, 1998-2000 *Menschenaffenhaus* und 1999-2000 *Tropenhaus.* ***Bedeutung des Tierparks:*** Erster nach geographischen Gesichtspunkten angeordneter Zoo (›Geo-Zoo‹, angeregt durch Carl Hagenbeck) mit den hauptsächlichsten Tierarten, z. T. durch erfolgreiche Züchtungen und Rückzüchtungen (Ur) bereichert. Mit über 4800 Tieren in mehr als 480 Arten größter und landschaftlich reizvollster Tierpark Europas. Durch die zunehmende Zerstörung der Biotope und die damit verbundene Verarmung der Fauna fällt den zoologischen Gärten immer mehr die Aufgabe zu, bedrohten Tierarten Zuflucht zu gewähren. Dieser Aufgabe hat sich Hellabrunn im Besonderen verschrieben, ferner der wissenschaftlichen Tierbeobachtung sowie der Erforschung des Verhaltens, der Physiologie, Pathologie und Biochemie. (Eintrittszeiten → S. 50.)

Am Eingang zum Tierpark.

TITURELSTRASSE 5-9 ☐ 20

Wohnanlage Für Wissenschaftler und Gastdozenten der Münchener Hochschulen nach Plänen von Ebert 1968-70 errichtet. ***Beschreibung:*** Anlage aus zwei Terrassenhaustrakten in Sichtbetonschottenbauweise, der sechs- bis achtgeschossige Osttrakt mit tief gestaffelten Appartements in einstöckigen, der schräg versetzte Westtrakt mit (z. T. Doppelgeschoss-)Wohnungen in zweistöckigen Rücksprüngen. ***Bedeutung:*** Die sorgfältig geplante Anlage erstes *Hügelhaus* in Bayern, ausgewogen in Proportion und Baumasse (von nachgeahmten Bauten in dieser architektonischen Qualität kaum erreicht).

TÜRKENSTRASSE 4 ☐ 2

Ehemaliges Palais Dürckheim Im Auftrag von Georg Friedrich Graf Dürckheim nach Plänen von Kreuter 1843-44 errichtetes Stadtpalais; Umbauten im Innern 1855 und an östlich gelegenem Rückgebäude 1864 (durch Zenetti); daran anschließend Sitz der Preußischen Gesandtschaft bis 1909 (Umzug in → Prinzregentenstraße 9); Fassadenveränderung im Erdgeschoss 1912 (Architekt unbekannt). Kriegsschäden behoben, durch Neuordnung der Straßenführung des Altstadtrings Freistellung des ursprünglich in Türkenstraße eingebundenen Baus, 1977/78 restauriert und als Gästehaus der Bayerischen Landesbank an deren Neubaukomplex (→ Brienner Straße 18) angehängt. ***Beschreibung:*** *Hauptfassade* des kubischen Baukörpers gegen Türkenstraße, *Nordfassade* am Ring untergeordnet. Die fünfachsige Front zweigeschossig über hohem, glatt verputztem Erdgeschoss, im leicht vortretenden *Mittelrisalit* Wagendurchfahrt unter akzentuierendem Palladiomotiv; bei Umbau 1912 durch drei Rundbogenfenster ersetzt, das Einfahrtstor in linke Achse verschoben (Zerstörung der ursprünglich ausgewogenen Fassadenkomposition). In den beiden *Obergeschossen* Rechteckfenster, in der Beletage durch Verdachungen betont. *Architekturglieder* aus Sandstein in hell-dunkler Sichtziegelmauerung. Für Kreuter typisch das weit überstehende flache *Walmdach.* ***Bedeutung:*** Einziger in München erhaltener Bau Kreuters, der wohl der erste von F. v. Gärtners Schülern war, der die vom Lehrer an der *Salinendirektion* (→ Ludwigstraße 27) angewandte, von Schinkels *Bauakademie* in Berlin angeregte Fassadengestaltung mit verschieden getönten Ziegeln und Formsteinen einsetzte – wobei der dekorative Effekt den Forderungen der Tektonik untergeordnet wurde. Das kleine Palais *Hauptwerk* der Stilstufe zwischen ›Rundbogen‹- und ›Maximilianstil‹. (Formal vergleichbar mit dem um 1845 errichteten Wohnhaus des Maurermeisters J. F. Schöpke, Türkenstraße 30, für das der entwerfende Architekt nicht bekannt ist; Einfluss Kreuters jedoch unverkennbar.)

UBOSTRASSE 6 (Aubing) ☐ 28

St. Quirin Patrozinium dieser (Pfarr-)Kirche lässt Schluss zu, dass ihr *Bau* auf eine Tegernseer Gründung (Patrozinium St. Quirin!) des 8. Jh. zurückgeht: damit älteste Kirche im westlichen Umland Münchens. – Aubing erstmals genannt 1010; eine der größten ›Urpfarreien‹ im Münchener Raum, zu der bis zum 18. Jh. eine Reihe von Filialen gehörte (u. a. Allach, Blutenburg, Laim, Ober- und Untermenzing, Pasing, Pipping). In dem durch Erbstreitigkeiten der Wittelsbacher entbrannten ›Bayerischen Krieg‹ Aubing durch Herzog Ludwig den Gebarteten 1422 niedergebrannt, dabei wohl auch Kirche geschädigt; allerdings keine entsprechenden Baunachrichten überliefert. Erst für 9.8.1480 *Altarweihe* gesichert, vermutlich in Zusammenhang mit dem von Herzog Sigismund betriebenen Neubau (oder Wiederaufbau?). *Ausmalung* der spätgotischen

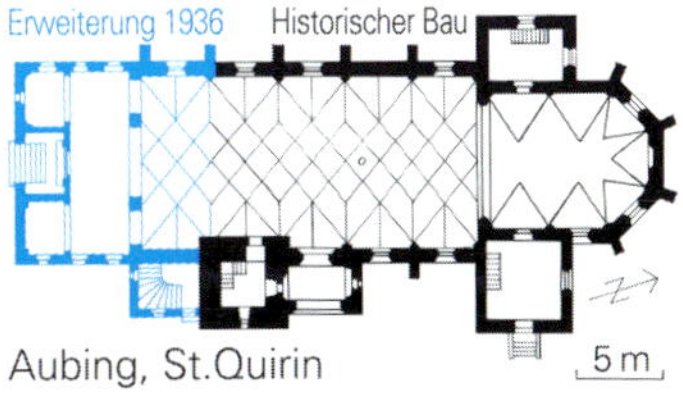

Aubing, St.Quirin

Aubing: St. Quirin.

Aubing, St. Quirin: Kirchenpatron St. Quirin, 1668.

Kirche zwischen 1580 und 1594, neu ausgestattet nach 30-jährigem Krieg ab 1668. Reparaturen 1724 und 1787, doch bereits 1740 Barockisierung des Chorraums. Renovierungen 1852 und 1899. Projekt der (nicht realisierten) *Erweiterung* 1913 durch nördlich angebautes Seitenschiff (nach M. Kurz), schließlich 1936/37 Vergrößerung der Kirche gegen Westen (Pläne von Kurz); Restaurierung 1967/68. ***Beschreibung:*** Vom romanischen Bau nur noch *Turm* an Südseite erhalten (obwohl seine Detailformen – aus Ziegeln gemauerte Friese – auch 15. Jh. angehören könnten); daneben spätgotisch gewölbte *Vorhalle. Langhaus* mit Strebepfeilern (fünf Joche und Erweiterungsbau), mit dem geringfügig eingezogenen *Chor* unter gemeinsamem hohen Satteldach, mit Strebepfeilern besetzter 3/8-Schluss; an Chornordseite *Oratoriumanbau*, an Südseite *Sakristei* (beide zweigeschossig, spätes 15. Jh.). ***Inneres:*** Der ursprünglich vierjochige Gemeinderaum gegen Westen um ein Gewölbe- und ein Emporenjoch (gut an spätgotische Formen angepasst) sowie um Vorhalle (von Kapellen flankiert) vergrößert. Das einschiffige *Langhaus* von leicht spitzbogiger Parabeltonne mit Netzrippen überwölbt, ebenso der etwas schmälere zweijochige *Chor* mit flacher, runder Altar›apsis‹. Um 1750/70 gotische Dienste durch Rokokopilaster ersetzt, anstelle der abgeschlagenen Gewölberippen dekorative Malerei um *Deckenfreskos* in Vierpassfeld, ›Verehrung des Lamms‹ (Maler unbekannt, Ähnlichkeiten mit F. S. Zwinck, aber auch mit F. J. Degler); im 19. Jh. übertüncht, 1967 freigelegt, durch G. Bauer restauriert. – Ebenfalls 1967 freigelegt *Wandmalereien* von 1580/94: um südliches Fenster im ersten Joch Hll. Gregor und Hieronymus, darüber Verkündigung mit Stiftern (Familie Gotzmann), um nördliches Fenster Stifterehepaar mit seinen Kindern (›Gotzmann-Epitaph‹); einige andere Wandmalereien wegen mangelhafter Qualität nur konserviert und wieder übertüncht. – Über Türe an Chornordwand Wandbild ›Jüngstes Gericht‹ (um 1570), gegenüberliegend Reste der Ausmalung (um 1594). ***Ausstattung:*** Zweisäuliger frühbarocker *Hochaltar* von 1668, unter Mittelbogen ausgezeichnete Schnitzfigur des gekrönten Quirinus*, flankiert von Silvester (links) und der ›Moosheiligen‹ Margarethe (rechts); Künstler unbekannt. – Die etwas späteren *Seitenaltäre* dem Hl. Silvester (rechts) geweiht, Altargemälde ›Wunder des Hl. Silvester‹ (datiert und signiert: Johann Pichler 1675); der linke Altar der Hl. Familie geweiht, Altargemälde ›Hl. Wandel‹ (wohl ebenfalls von Pichler). – An den Wänden von Chor und Langhaus gute überlebensgroße *Figuren*: Salvator Mundi und Mater dolorosa sowie zwölf Apostel (2. Viertel 18. Jh.), Prötzner d. Ä. zugeschrieben: vgl. dieselbe Figurenfolge in St. Peter, → Rindermarkt 1). – In nördlicher Westkapelle spätgotischer Schreinaltar ›Hl. Ursula mit vier Gefährtinnen‹ (datiert 1499); auf Rückwand Gemälde ›Schmerzensmann‹ (von Manser 1581). ***Bedeutung:*** Für den Münchener Raum typische spätgotische ›Dorf‹-Kirche, die in der kompakten Einfachheit ihrer Baumasse die durch moderne Neubauten ausufernde Ortsmitte bestimmt; trotz beachtenswerter Innenausstattung hinter den benachbarten Kirchen im → Schloß Blutenburg und St. Wolfgang (→ Pippinger Straße 49 a) zurückbleibend.

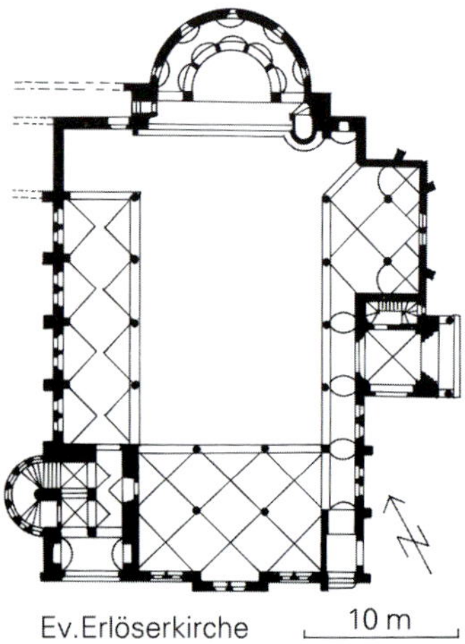

Ev. Erlöserkirche

UNGERERSTRASSE 13 □ **15**

Erlöserkirche Evangelisch-Lutherische Pfarrkirche in Schwabing, die fünfte protestantische Kirche Münchens. Anfangs, in den 1880er Jahren, Gottesdienste in einem ›Betsaal‹ in der alten Knaben- bzw. Mädchenschule an Haimhauser Straße (1888-92 bzw. 1892-1901). Nach Gründung eines *Kirchenbauvereins* 1895 erste Baupläne auf Gelände der späteren Erlöserkirche (Ende 1896); erster Entwurf Th. Fischers Okt. 1897; Grundstückserwerb 1899. Fischers *Ausführungspläne* (Juni 1900) durch Lokalbaukommission Januar 1901 genehmigt, jedoch *Grundsteinlegung* bereits 29.4.1900; *Einweihung*: 6.10.1901. (Gleichzeitig Errichtung des Pfarrhauses nach Plänen Fischers nordöstlich der Kirche an Ungererstraße.) – Erhebung zur selbstständigen Pfarrei 1920. *Renovierung* 1938 durch Bestelmeyer, beraten von K. Kaspar: gegen Protest Fischers vereinfachende Ausmalung (Ornamente ausgenommen); nach Behebung verhältnismäßig geringfügiger Kriegsschäden (1944 und 1945) erneute Innenraumrenovierung 1947 und 1948: aus Sparsamkeitsgründen einheitlich weiß getüncht, Apsisgemälde in den oberen Teilen leicht verändert. Seit 1960er Jahre Rekonstruktion des Raums im Sinne Fischers (jedoch mit Kompromissen): Freilegung bzw. Wiederherstellung der Wanddekoration (nach Befund); abermalige Einweihung 4.7.1976. ***Beschreibung:*** Basilikaler Baukörper unter hohem Satteldach, an der Westseite gestaffelter Vorbau und hoher Turm, an der Südseite (Hauptfassade am Feilitzschplatz) angefügte Eingangshalle und kapellenartiger Emporenraum, an der Ostseite vortretende Apsis. Der flach gedeckte Gemeinderaum auf drei Seiten von Emporen umzogen, die Erd- und Obergeschossarkaden mit jugendstilhaft umgedeuteten ›Kapitellen‹ (von Neumeister). In triumphbogenähnlicher Stirnwand (mit symbolischer Bemalung) Apsis mit Arkadenumgang, darüber Fresko ›Das ›Leben der Gemeinde unter dem Schutz des Erhöhten‹ von Koegel 1903/04 (gestiftet von Prinzregent Luitpold), das bei Restaurierung 1938 durch ein Mosaik ersetzt werden sollte (nicht realisiert). Die ursprünglich vorgesehene Ausmalung des Kirchenschiffs nicht ausgeführt. In westlicher Vorhalle Kalksteinskulptur ›Christus ans Kreuz gelehnt‹ von Hildebrand (1880er Jahre, Stiftung des Bildhauers); in der Apsis der von Fischer entworfene bemerkenswerte Taufstein (formale Anklänge an ›Jugendstil‹). ***Bedeutung:*** Trotz verkehrstechnischer Neugestaltung des Platzes Münchener Freiheit ist Erlöserkirche dominierender städtebaulicher Abschluss in der Sichtachse von Ludwig-/Leopoldstraße. *Kunsthistorisch* bedeutsam als Überwindung des »dogmatischen Historismus« in München, »allerdings nicht im Sinne moderner Sachlichkeit oder gar des Konstruktivismus«, sondern als Synthese von einheimischen Traditionen (oberbayerischer Dorfkirchen) mit zeitgenössischen Tendenzen (Umdeuten romanisierender Formen in Jugendstil). Fischers erster Kirchenbau steht am Beginn seines »bahnbrechenden Wirkens auf dem Gebiet der protestantischen Sakralbaukunst« (Zitate: Heinrich Habel).

Ev. Erlöserkirche: Jugendstil-Taufstein nach Entwurf von Theodor Fischer.

UNGERERSTRASSE 75 □ 15

Verwaltungszentrum Stadtsparkasse München An städtebaulich exponierter Lage (Kreuzung Ungerer- mit Schenkendorfstraße) nach Plänen von Kochta 1985 bis 88 errichteter Bau. ***Beschreibung:*** Über x-förmigem Grundriss vier annähernd axial-symmetrische Flügelbauten um einen zentralen kubushaften Baukörper, der die Annexe um ein Stockwerk überragt und von einer zurückgesetzten Glaspyramide bekrönt ist. (Darunter der alle Stockwerke umfassende Hallenraum; von dessen Galerien die Bürogeschosse erschlossen.) Die Außenfassaden mit brasilianischem (teils naturbelassenem, teils poliertem) Granit verkleidet, durch unterschiedlich gestaltete Fenster und Fenstergruppen sowie verglaste Treppenhäuser akzentuiert; die jeweils fünf Fassaden der vier ›Höfe‹ aus verspiegeltem Glas. Drei der Höfe durch Schallschutzwände (farbig gefasste und verglaste Stahlkonstruktionen) zu den Straßen hin schalldämpfend abgeschlossen, der vierte Hof ähnlich einem ›Ehrenhof‹ nach Süden orientiert und durch Brunnenanlage (von Paolozzi: Anklänge an den ›Canopo‹ in der Villa Adriana bei Tivoli) sowie einen leicht konvexen, zehnachsigen Pfeilerportikus von der Fußgängerzone des Neubauviertels (nördlich des Ungererbads) optisch getrennt. ***Bedeutung:*** In der amorphen Bebauung der Ungererstraße städtebaulich wesentlicher Akzent als architektonischer ›Eckpfeiler‹ bei der Stadteinfahrt. Der konsequent durchkomponierte Bau, bei dem als ›fünfte Fassade‹ auch die Dachflächen gestaltet wurden, zählt zu den in München seltenen bemerkenswerten Beispielen zeitgenössischer Architektur.

Ungererstraße: Sparkassen-Verwaltungszentrum.

UNGERERSTRASSE 130 □ 16

Neuer Nordfriedhof Im Anschluss an den 1884 eingerichteten Gemeindefriedhof (›Leichenacker‹) der 1890 nach München eingemeindeten (seit 1887) *Stadt* Schwabing ab 1896 angelegter Friedhof – gemäß den von Grässel konzipierten ›würdigen‹ Begräbnisstätten für die wachsende Großstadt in historisierenden Formen (neben Ostfriedhof 1894-1900, Westfriedhof 1897-1902, gefolgt vom Waldfriedhof 1905-07). Ursprüngliche Fläche rd. 26 ha, seit 1920 sukzessive nach Norden und Osten um 12 ha erweitert. Architektonische Gestaltung der von zwei Flügeln (Leichenhallen, Seziersäle,

Ungererstraße: Nordfriedhof.

Amts- und Verwaltung) symmetrisch flankierten Aussegnungshalle, beeinflusst von ravennatischen Vorbildern (S. Vitale) und byzantinischen Architekturmotiven (Hagios Sergios und Bakchos, 526-37, in Konstantinopel). Übergang zu den regelmäßig angelegten Gräberfeldern durch Platzanlage und Ehrengräberfeld (u. a. mit Mahnmal der im 1. Weltkrieg gefallenen Münchener Juden, von Landauer 1925).

UNGERERSTRASSE 131 □ **16**

Griechisch-orthodoxe Allerheiligenkirche An der Stelle der nach Plänen von R. Steidle 1927-29 errichteten katholischen Filialkirche *Allerseelen* (Pfarrkirche 1936-58) durch Baufirma Brannekämper entworfenes und 1993-95 erbautes Gotteshaus für die griechisch-orthodoxe Gemeinde Münchens. ***Äußeres:*** Tonnengewölbtes, von Lichtkuppel überragtes Hauptschiff, von seitlichen Anbauten mit quer gestellten Tonnen flankiert; Ostfassade mit drei Apsiden als Straßenfront gestaltet, an Südostecke frei stehender, etwa 25 m hoher Glockenturm. Nach Westen, an den Kirchenbau angefügt, Gemeinderäume, Verwaltung und Wohnung des Presbyters. ***Inneres:*** Über dem Hauptschiff (mit Bischofsstuhl) die von dem Ikonenmaler Voutsinas (Thessaloniki) ausgemalte *Kuppel* (Christus als Pantokrator); von ihm auch ringförmige Ausmalung um die *Kuppelöffnung* (Erschaffung der Welt) und die Freskierung der *Hauptapsis* (Muttergottes mit Kind, darunter Abendmahl). Die aus Eichenholz geschnitzte dreitürige *Ikonostase* (von Chouvardas) mit Heiligendarstellungen geschmückt. – Wie der Bau selbst steht auch die gesamte Ausstattung der Kirche in der Tradition der griechisch-orthodoxen Auffassung von religiöser Kunst.

UNTERSBERGSTRASSE 1 □ **23**

Maria Königin des Friedens Als Seelsorgskirche für den Ostteil Giesings nach Plänen von Vorhoelzer 1936-37 errichtet, seit 1941 Pfarrkirche; schwerste Bombenschäden 1944, in Anlehnung an ursprünglichen Bau 1945-47 durch Vorhoelzer wiederhergestellt. ***Beschreibung:*** Als städtebaulicher Akzent mächtiger, sparsam gegliederter Baublock mit schmalen, hohen Fenstern; Hauptportal unter Stichbogen (mit Relief *Mariae Verkündigung* von Knappe) in Rundbogennische an Westseite; an Nordwestseite angebauter, durch Strebepfeiler gegliederter viergeschossiger Turm mit Pyramidendach (ursprünglich als Campanile mit verbindenden Arkaden an Südwestseite geplant). Das Innere ein monumentaler, siebenachsiger Einheitsraum mit eingezogenen Strebepfeilern unter ebener Holzdecke. In der Chorwand *Thronende Madonna* von A. Burkhart (das größte Fresko Münchens des 20. Jh.); vom selben Künstler die ehemaligen Seitenaltäre (1938/39): links: *Hl. Elisabeth* als Patronin der Caritas, rechts *Josephsaltar* (Geburt Christi und Flucht nach Ägypten) sowie Kreuzweg (1940/41). Tabernakel von Olofs (um 1937), Kruzifix und Hl. Georg von Filler (1950/51). In Werktagskapelle Hängekreuz von Friedrichsen (Ende 1950er Jahre). ***Bedeutung:*** Erster Kirchenbau Vorhoelzers, in ›Materialgerechtigkeit‹ und Formsprache vermittelnd zwischen Tradition und moderner Sachlichkeit (vgl. Vorhoelzers Postbauten, z. B. → Goetheplatz 1); als Baumasse mit dem wuchtigen Turm beherrschend im Straßenbild des bereits in den 1930er/40er Jahren konzipierten (heutigen) ›Mittleren Rings‹.

St. Jakob am Anger: Neubau 1956.

UNTERER ANGER 1 □ **10**

St. Jakob Kirche des ersten Franziskanerklosters in München, nach Klostertradition 1221/22 bei einer alten Jakobskapelle (Betreuung der Pilger nach Santiago de Compostela: Patrozinium!) vor den Mauern der leonischen Stadt gegründet; 1257 erstmals urkundlich genannt. Durch Herzog Ludwig den Strengen 1284 auf ein Gelände nördlich des Alten Hofs (heute Max-Joseph-Platz/Nationaltheater) verlegt. Nach Übergabe des Klosters an Klarissen noch im selben Jahr *Umbauten* des Männerchors der in den 1250er Jahren errichteten Basilika (mit breitrechteckigem Drei-Apsiden-Chor) wohl unter Einbeziehung der vom Ende des 12. Jh. stammenden Kapelle: Überwölbung mit spitzbogigem Kreuzrippengewölbe (ältestes gotisches Zeugnis in Oberbayern); 1738

Neubau und Erweiterung zum fünfjochigen Langhaus (Mittelschiff und doppelgeschossige Seitenschiffe mit geschlossenen Emporen), 1404 Einzug von Netzgewölben; um 1600 renaissancehafte Restaurierung (dabei Übertünchen der gotischen Fresken) und Umgestaltung der Nordfassade als einzige Schaufront. Pläne zu groß angelegtem Neubau von Kirche und Kloster (Klosterbaumeister Pröbstl zusammen mit Ä. Q. Asam, der Lösung ähnlich Weltenburg vorschlug) aus Kostengründen unterblieben (nach Forschungen von Gabriele Dischinger). Von 1735-38 barocke *Ausstattung* (Fresko und Stuck) durch J. B. Zimmermann. Nach Säkularisation Abbruch (1807) des Franziskanerhospizes (sog. ›Väterhaus‹), was Neugestaltung der Westfassade notwendig machte: erste Entwürfe durch Schauß, dann (vermutlich) durch Schedel von Greifenstein; Vereinfachung des Außenbaus (Nord- und Westfassade) durch Vorherr nach Plänen von C. v. Fischer (1810); Fertigstellung 1811 im Sinn eines herb-spröden Klassizismus. 1944 sehr schwer beschädigt, wurde die durchaus rekonstruierbare Ruine (einzige im Kern romanische Kirche Alt-Münchens) 1954 endgültig demoliert und 1956 durch einen sachlich-puritanischen Neubau aus Beton und Blankziegelbau ersetzt (Architekt: Haindl; Hochaltarplastik von Henselmann, Ausmalung von Nagel).

VIKTUALIENMARKT □ **6, 10**

Der nach früherer Bezeichnung für Lebensmittel »Victualien« benannte Markt spielt für München eine ähnliche Rolle wie der ungleich größere, 1973 aufgelassene ›Bauch von Paris‹ für die französische Hauptstadt. In München wurde der Markt seit Dekret vom März 1807 durch König Max I. Joseph auf Gelände des Heiliggeistspitals (s. u.) angelegt. ***Beschreibung:*** Heutige Ausdehnung (rd. 20 000 qm) etwas größer als Gelände des Spitals, auf trapezförmigem Areal sukzessive entstanden: nordöstlich Schmalseite gegen ›Tal‹ begrenzt von Heiliggeistkirche (→ Tal 2), im Westen durch Straßenzug *Rosental* (mit angrenzenden Abteilungen ›Metzgerzeile‹, ›Freimarkt‹ und ›Bauern-‹/›Blumenmarkt‹), im Südosten durch *Heiliggeiststraße* und *Dreifaltigkeitsplatz* (mit ›Fischmarkt‹, ›Waldmarkt‹ und Biergarten sowie ›Gärtnermarkt‹) bis *Westenriederstraße*; im Südwesten (mit ›Kartoffelmarkt‹) bis *Frauenstraße* erweitert. (Im Bereich des Bauernmarkts, Prälat-Zistl-Straße 3, ›Städtische Freibank‹ im nördlichen Kopfbau der ehemaligen *Maximilians-Getreidehalle*, → Blumenstraße 24.) – In den Marktabteilungen (mit insgesamt rund 160 Einzel- und Doppelverkaufsbuden und ›-standeln‹) *Gedenkbrunnen* für populäre Münchener Volksschauspieler und Sänger: *Karl Valentin* († 1948, von E. A. Rauch 1953), *Weiß Ferdl* († 1949, von Erber 1953), *Liesl Karlstadt* († 1960, von Osel 1961), *Elise Aulinger* († 1965, von Rückel 1977), *Roider Jakl* († 1975, von Osel 1977), *Ida Schumacher* († 1956, von Neubauer-Wörner); der Maibaum mit Figuren (ursprünglich entworfen von Rattelmüller) nach Sturmschäden 1988 und 1990 leicht verändert. ***Geschichte:*** Bisheriger Marktplatz (ab 1854 ›Marienplatz‹) und angrenzende Flächen für Marktbetrieb der wachsenden Stadt nicht mehr ausreichend; bereits gegen Ende des 18. Jh. Verlegung des *Lebensmittelmarkts* auf ›Petersplatz‹ anstelle des 1777 aufgelassenen Petersfriedhofs; durch Dekret von Max I. Joseph der ›Viktualien‹-Markt in den Hof des Heiliggeistspitals verlegt, gefolgt vom *Kräutl-*, *Gemüse-* und *Eiermarkt*, ferner vom *Vogelmarkt* (und kurzzeitig vom *Hundemarkt*); wenig später wird *Obstmarkt* Bestandteil des Viktualienmarkts, ab 1832 auch der *Blumenmarkt*. Bereits 1831 Verlegung des *Fischmarkts* (bisher beim ›Fischbrunnen‹)

Viktualienmarkt: Historische Ansicht der Maximilians-Getreidehalle mit dem inzwischen verlorenen südlichen Abschnitt.

Auf dem Viktualienmarkt.

an Ostrand des Marktareals, 1837 findet *Hopfenmarkt* im ehemaligen Weiberbau des Spitals statt. Mit Errichtung der Maximilians-Getreidehalle ist Ende des Kornmarkts auf bisherigem Schrannenplatz besiegelt. 1870 erfolgt Versteigerung der Verkaufsbuden (anstelle der unregelmäßig angeordneten Standplätze) und Bau der Terrasse unterhalb des Petersbergls für sog. ›Metzgerzeile‹. (Von Modernisierungen abgesehen seitdem keine wesentlichen Veränderungen.)

Heiliggeistspital Stiftung eines *›Pilgerhauses‹* mit Katharinenkapelle (vor Talburgtor, Turm des Alten Rathauses) durch Herzog Ludwig den Kelheimer 1208 (1204?), Vergrößerung und Verbindung mit *Spital* 1251 durch Herzog Otto II. (dazu Grundstiftungen in Ober- und Untersendling, Großhesselohe und Bogenhausen) sowie Gründung einer *Spitalkirche* zum Heiligen Geist (→ Tal 2); seit 1271 Spital und Kirche selbstständige Pfarrei. Nach Stadtbrand 1327 Wiederaufbau des zerstörten Spitals, das bis zum 16. Jh. annähernd das Areal des heutigen Viktualienmarkts einnimmt (vgl. Sandtnersches Stadtmodell 1570): bereits 1286 Bierbrauerei-Gerechtsame durch Herzog Ludwig (und Errichtung einer Braustätte), an Westseite der Kirche Anbau des *Frauenspitals* 1327/28, verlängert gegen Süden durch Trakt für *Männerspital*; dran anschließende Randbauten um Innenhof (*Stallungen, Werkstätten* mit *Heuboden, Brauerei, Bäckerei* und *Badhaus*); im Hof südlich der Kirche *Benefiziatenhäuser, Waisenhaus* (›Findelstube‹) und *›Stube der Sinnlosen‹* (Irrenhaus) 1498, gegen Dreifaltigkeitsstraße *Pfarrhaus*; am heutigen Dreifaltigkeitsplatz *Friedhof* (seit 1543) mit Dreifaltigkeitskapelle; 1589 Einrichtung einer *Gebärstube*. – Nach Unterstellung des Spitals unter königliche Administration (1807) teilweise Abbruch (1808 ff.) der Hofgebäude und der Küche. 1818 Rückgabe an Stadtverwaltung und Feststellung, dass Weiterführung des alten Spitals nicht möglich. Zwar Umwandlung der Kirche in Lager- und Kaufhaus unterblieben, jedoch Umnutzung des Frauenhauses (›Weiberbau‹) zu Getreide- und hauptsächlich Hopfenhalle (ab 1823 bis Neubau der Maximilians-Getreidehalle); 1854 für Erweiterung des Alten Rathauses erwogen (Umbauplan von Muffat), dann aber Stadtwaage und Fleischhalle von 1870-85. Danach Abbruch für Vergrößerung der Heiliggeistkirche (→ Tal 2). – Bereits 1823 Umsiedlung von rund 230 Pfründnern in ehemaliges Elisabethinerinnenkloster an Mathildenstraße, das 1844-47 erweitert wurde. Da bis Ende 19. Jh. Vergrößerung des Spitals am bisherigen Standort nicht mehr möglich: Verlegung und Neubau eines modernen Heiliggeistspitals nach Neuhausen, 1904-07 nach Plänen von Grässel errichtet.

Viktualienmarkt, Figuren bekannter Münchener Volkssänger und -schauspieler:

Roider Jackl.

Karl Valentin.

Elise Aulinger.

VON-DER-TANN-STRASSE 2 □3

HVBRealEstate Nach 1826 entstandenen Plänen von Himbsel 1827-28 als Schulhaus errichtet, seit 1870er Jahre städtische Berufsschule. Ab 1929 Sitz des ›Beuterschen Marionettentheaters‹ (im Erdgeschoss), 1939 Verkauf durch Stadt an Deutsches Reich zur Einrichtung einer Modellwerkstatt im Rahmen der Neubaupläne des 3. Reichs für München als ›Hauptstadt der Bewegung‹. Der 1944/45 ausgebrannte Bau 1949 von Deutscher Beamten-Versicherung erworben und 1950/51 wieder aufgebaut; seit 1961 im Besitz der Bayerischen Handelsbank: 1963-64 (durch Winkler) zum Bankgebäude ausgebaut; Fusion mit HypoVereinsbank. ***Beschreibung:*** Monumentaler, klar gegliederter dreigeschossiger Baublock, hohes rustiziertes Erdgeschoss mit sieben Rundbogenfenstern, in den beiden Obergeschossen gekuppelte Rundbogenfenster in der Abfolge 3-5-3 Achsen, durch flache breite Lisenen (im ersten Obergeschoss) bzw. schlanke Doppelpilaster (im zweiten Obergeschoss) voneinander getrennt; zwischen ausladenden geschweiften Konsolen die Fenster eines dritten, 1963/64 aufgestockten Obergeschosses; darüber Walmdach. – Die östliche Schmalseite (ehemals Brandmauer) in Anlehnung an Struktur der Hauptfassade mit je drei Rundbogenfenstern in den drei Geschossen nachempfunden, während an (nördlicher) moderner Hoffassade die fünfgeschossige Stockwerksfolge ablesbar. ***Bedeutung:*** Erster kommunaler Schulhausneubau Münchens anlässlich Bildungskampagne bei Regierungsantritt Ludwigs I. (mit vorausblickend projektierter Warmluft-Zentralheizung, aus Kostengründen dann doch nicht eingebaut). Einziges im originalen Zustand wiederhergestelltes Schulgebäude Himbsels, das in seiner anspruchsvollen, repräsentativen Fassadeninstrumentierung vorbildlich für Schulhausbauten bis zum Ende des 19. Jh. wurde – zugleich aber auch die Relativierung der Hierarchie der Bauaufgaben anzeigt.
Diese Rolle deutlich im Vergleich mit dem benachbarten biedermeierlichen **Wohnhaus** (Von-der-Tannstraße 3), 1814 erbaut, 1944 beschädigt, 1947 wieder hergestellt, 1973 von ehemaliger Handelsbank erworben, 1983 entkernt, nach Plänen von Karg ausgebaut.

Waisenhausstraße: *Hubertusbrunnen.*

WAISENHAUSSTRASSE □18

Hubertusbrunnen* An den ›Kessel‹ beim östlichen Ende des Nymphenburger Kanals 1954 versetzter Brunnenpavillon. Als Geschenk der Stadt München zum 85. Geburtstag Prinzregent Luitpolds (1906) vor Bayerischem Nationalmuseum (→ Prinzregentenstraße 3) in einem längsrechteckigen Gartenparterre errichtet (ergänzt durch bronzenes Reiterdenkmal für den Regenten). Bei Begradigung der Achse der → Prinzregentenstraße im Jahr 1937 (s. a. S. 331) Beseitigung des Parterres und Abbruch des Pavillons; das Denkmal an neu errichteter Terrasse vor das östlich erbaute ›Studiengebäude‹ versetzt. ***Geschichte:*** Von Hildebrand erster Vorschlag bereits 1893 für *Brunnentempel* am südlichen Ende des Englischen Gartens (etwa beim heutigen Haus der Kunst), dem Hl. Hubertus (Schutzheiliger des Wittelsbacher Hausordens und zugleich der Jäger) gewidmet; gleichzeitig Projekt eines *Reiterdenkmals* (von städtischem Baurat Grässel angeregt) für Prinzregent Luitpold. 1904 offizieller Auftrag der Stadt an Hildebrand zur Gestaltung der Gesamtanlage zwischen Nationalmuseum und Prinzregentenstraße: ab 1906 Errichtung des Brunnentempels, 1907 Übergabe an Luitpold (vollendet 1908/09). Vorarbeiten für Denkmal bereits 1895, Grundsteinlegung 1901, Guss durch Millersche Erzgießerei 1908, Ausstellung aber erst 1913 (nach Luitpolds Tod 1912). ***Beschreibung:*** Ursprünglicher Entwurf Hildebrands für den Brunnen als oblonges Sechseck, zu leicht *rechteckigem Baukörper* abgeändert; in weiteren Entwürfen Verzicht auf hohe Mittelkuppel und vier Nebenkuppeln an den Ecken (bekrönt von bronzenem Bock, Gämse, Reh und Eber). Endgültig ausgeführt niedrigere *Kuppel* (mit vier querovalen Fenstern) mit kniender Hubertusfigur (Entwurf Hildebrand, ausgeführt 1908/09 von Georgii), gerundeten *Eckbauten* mit flachen Rundbogennischen für bemerkenswerte *Bronzefiguren**: ›Mann mit Jagdbeute‹ (Entwurf 1911, Guss 1912/13), ›Jugendlicher Bogenschütze‹ (Entwurf 1907, Guss 1912/17), ›Wurzelweib‹/›Hexe‹ (ca. 1913/15) und ›Junge Jägerin‹/›Diana‹ (1913/17); alle vier Figuren erst durch Stiftungen von Kronprinz Rupp-

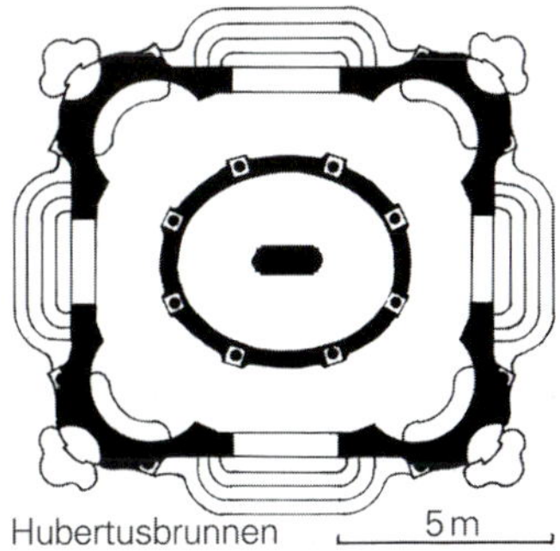

Hubertusbrunnen

Hubertusbrunnen: Figur des *Wurzelweibs* von Adolf von Hildebrand, 1913/15.

recht, Kunstfonds Ehrengut und Mathias Pschorr 1916-20 gegossen, 1921 aufgestellt. (Replik der ›Diana‹ im Vorgarten des Hildebrandhauses, → Maria-Theresia-Straße 23). In den vier Seitenwänden des Pavillons Rundbogen, durch ornamentale Gitter (Entwurf Hildebrand) geschlossen. Im ***Innern*** Zentralraum, inmitten des leicht ovalen Wasserbeckens Bronzehirsch (Entwurf Hildebrand, ausgeführt 1908/09 von Georgii, Kreuz auf Drängen von Cosima Wagner eingefügt), belichtet von oben durch Ovalfenster in Kuppel, umstanden von acht Arkaden auf toskanischen Säulen und umgeben von gewölbtem Umgang; vor ausgerundeten Ecken Nischen mit Sitzbänken. (Die ursprünglich in Mosaik vorgesehenen Decken- und Gewölbebilder nicht ausgeführt). ***Bedeutung:*** Obwohl aus ursprünglichem Bezug zum Bayerischen Nationalmuseum gerissen, erweist sich die an Barock orientierte Architektur und ihre Überhöhung durch klassisch empfundene (Bronze-)Plastik als selbstständige, bemerkenswerte und zeitlose Schöpfung Hildebrands, die ideell in einer Reihe mit Hofgartentempel und Monopteros steht. Würdiger Point de vue in der Achse des Nymphenburger Kanals.

WARNBERG 1 ☐ **30**

Marienanstalt und Erholungsheim (in Solln) Ursprünglich wohl *Jagdschlösschen* der bayerischen Herzöge, das Hauptgebäude 1597 von Herzog Wilhelm V. den Jesuiten geschenkt. Im 19. Jh. Erziehungsanstalt für Mädchen, heute ›Marienanstalt Warnberg‹. ***Schloßkapelle*** St. Ignatius: Renaissancesaal mit flacher Stichkappentonne und gutem Rahmenstuck (wohl Régence). Bemerkenswert der *St.-Annen-Altar* mit der Hauptgruppe der *Hl. Anna selbdritt* (weitgehend eigenhändiges qualitätvolles Werk Grassers um 1490) im Schrein eines wohl im 19. Jh. zusammengefügten neugotischen Altars aus originalen gotischen Skulpturen (Hll. Barbara und Katharina?), aus zwei nicht zugehörigen Standflügeln und neueren Zutaten (mittlerer Engel). Drei *Holzreliefs* – ›Hl. Drei Könige‹, ›Ölberg‹, ›Marientod‹ – vermutlich Münchener Arbeiten um 1500 (durch Volker Liedke Grasser zugeschrieben); ferner spätgotische *Kreuzigungsgruppe* sowie *Gemälde* ›Hll. Sebastian und Laurentius‹ (17. Jh.). Im Vorraum des linken Nebeneingangs kleine vergoldete *Büste* des Jesuitenpaters und neulateinischen Dichters Jacob Balde (1603/04-68), modelliert von Mutter 1869. – Balde weilte öfter in Warnberg und besang die Örtlichkeit (›Balderuhe‹) in lateinischen Versen (z. B. »Ode von Warnberg«). Im Park höchster Punkt des Münchener Stadtgebiets: 579 m.

Werneckstraße: *Schloß Suresnes*.

WERNECKSTRASSE 24 ☐ **15**

Schloß Suresnes Herzstück des durch Franz Xaver Ignaz v. Wilhelm (1674-1741) aus verschiedenen Grundstücken gebildeten Edelsitzes beim Dorf Schwabing, benannt nach dem Ort Suresnes zwischen Paris und Versailles, wo sich Wilhelm als Kabinettssekretär des exilierten Kurfürst Max Emanuel mit seinem Herrn 1713 aufhielt. Errichtung des Schlosses zwischen 1714/15 und 1718, vielleicht nach Plänen von J. B. Gunetzrhainer; aus derselben Zeit Anlage des barocken Parks. Anfang des 19. Jh. klassizistisch, nach 1880 spätklassizistisch-barockisierend umgebaut; 1925 durchgreifende Erneuerung von Schloß und Park in neoklassizistischen Formen (sowie Erweiterung nach Norden durch Küchentrakt und Arkadengang zwischen zwei kuppelgedeckten Pavillons; Architekt: Bücklers). 1944 schwere Brandbombenschäden, in den folgenden Jahren behoben; 1969/70 gründliche Außen- und Innenrenovierung (unter beratender Mitwirkung von Brannekämper, Hart und Heid) auf Basis des Umbaus von 1925. Häufiger Besitzerwechsel führte zu verschiedenen Bezeichnungen (wie Werneck-, Manteuffel- oder Steinheil-Schlösschen), nach Erwerb durch Erzdiözese München und Freising (1937) Einrichtung eines Altersheims (›Albertusstift‹ bis 1977), danach Nutzung durch Katholische Akademie in Bayern (s. u.). ***Äußeres:*** Zweistöckiger Bau zu elf Achsen, Mitte durch dreiachsigen dreigeschossigen Risalitbau betont (seit 1925 im Erdgeschoss Eingang unter Balkon auf Pfeilern, Gartenseite mit halbrundem Vorbau); im Erdgeschoss putzbandgerahmte Rundbogenfenster, im Obergeschoss Rechteckfenster, nur an Eingangsseite im Risalit durch gesprengte Giebel hervorgehoben. Im ***Innern*** nur

noch zwei Räume* mit zartem frühklassizistischen Stuckdekor vom Ende des 18. Jh. erhalten; in einem der schönsten Zimmer die Privatbibliothek des Theologen und Religionsphilosophen Romano Guardini eingerichtet. ***Bedeutung:*** Letztes erhaltenes der zahlreichen einstmals vor der Stadt gelegenen Lustschlösschen des 18. Jh. Von hohem Wert die beiden Innenräume als unzerstört gebliebene Raumschöpfungen des Münchener Klassizismus. Als Wirkungsstätte bedeutender Wissenschaftler und Künstler wichtig für Münchener Kulturgeschichte: »Optische und astronomische Werkstätte« von C. A. Steinheil (ab 1855, für 1862 Sternwarte erwähnt), Atelier der Bildhauerin Elisabeth Ney (1869/70) und von Paul Klee (1919-21); Zuflucht von Ernst Toller (1919).
Park* Verlust der ursprünglich barocken Anlage bei Umgestaltung (wohl 1818) in Landschaftsgarten Sckellscher Art – wohl durch weitere Änderungen 1870 und 1924/25. Bei der vorbildlichen Restaurierung 1969/70 des 10 000 qm großen Gartens durch Mosbauer Wiederherstellung des barocken Parterres in Verbindung mit Landschaftsgarten; dabei Verwendung von Gartenplastiken des 18. (zwei Zwerge Callotscher Prägung) und 19. Jh. (z. T. nicht ursprünglich hier aufgestellt).
Katholische Akademie in Bayern Östlich des Parks, gegen Mandl- und Gunezrainerstraße, die Neubauten der Akademie: parallel zur Mandlstraße (Nr. 23) das *Kardinal-Wendel-Haus* (mit Verwaltung und Büroräumen; nach Plänen von Wechs, 1962). Nach Westen angebaut der Trakt mit *Vortragssaal* und Speisesaal (Architekt Nowack) und *Außenrelief* ›Vom Chaos zur Ordnung‹ (von Gerg 1962); an Südwestecke gegen den Park *Kapelle* angebaut. – Am Ende der Gunezrainerstraße (→ Nr. 9) das 1976 erworbene älteste Bauernhaus Schwabings, der ›*Viereckhof*‹ (benannt nach Schwabinger Bauernfamilie). Auf verbleibendem dreieckigen Vorplatz *Maibaum* mit Wappenschilden der sieben bayerischen Diözesen sowie Schilder mit Symbolen für (ehemals) typische Schwabinger Handwerke. Der leicht beschädigte *Löwe* einzig erhaltenes Relikt des im Krieg zerstörten und 1949/50 abgetragenen ›Wittelsbacher Palais‹ (→ Brienner Straße 18); Bildhauer: Halbig.

WERNER-HEISENBERG-ALLEE 25 ☐ 26

Allianz-Arena Nachdem München am 15.3.2002 durch den Internationalen Fußballverband FIFA den Zuschlag als Austragungsort der Fußball-Weltmeisterschaft 2006 erhalten hatte, konnte die seit 1998 laufende Diskussion mit den beiden lokalen Bundesligavereinen *FC Bayern München* und *TSV 1860 München* über Umbau des Olympiastadions (→ Olympiapark) oder Neubau eines Fußballstadions am 24.6.2001 in den Grundsatzbeschluss des Stadtrats zur Errichtung eines Stadions in Fröttmaning münden, dem am 21.10.2001 ein Bürgerentscheid mit 65,7 % zustimmte. Den ausgelobten Wettbewerb gewann am 8.2.2002 das Basler Architekturbüro *Herzog & de Meuron* (Jacques Herzog und Pierre de Meuron mit Partner Harry Gugger und Christine Binswanger) zusammen mit der *Fa. Alpine Bau* (vor dem eher ›klassischen‹ Entwurf von *Gerkan Marg und Partner*). Angesichts der äußerst knappen Bauzeit bis zur Bespielbarkeit Sommer 2005 und dem Eröffnungsspiel der Weltmeisterschaft im Juni 2006 musste das Genehmigungsverfahren so beschleunigt werden, dass bereits am 21.10.2002 die *Grundsteinlegung* für das 280 Mio. Euro teure Projekt erfolgen konnte. Da ein Großteil der Kosten (ca. 75-90 Mio. Euro) vom Allianzkonzern übernommen wird, erhielt die Anlage den Namen *Allianz-Arena*. ***Technische Angaben:*** Lage südlich des Autobahnrings Nord (A 99) und westlich der Autobahn München-Nürnberg (A 9), südwestlich des Autobahnkreuzes das *Stadion*, das äußerlich an riesigen ovalen Schwimmreifen erinnert – 258 m lang, 227 m breit, 50 m hoch, ausgelegt für ca. 66 000 (überdachte) Sitzplätze in vier Rängen. Außenhaut des Stadions aus Ethylen-Terfluor-Ethylen (ETFE) in 8000 Elementen zu 8 x 4 m, in Weiß oder den Farben der beiden Clubs (rot oder blau) beleuchtbar (→ Abbildungen S. 70). Südlich des Stadions entlang der A 9 das viergeschossige *Parkhaus* für rund 9000 Pkw, verborgen unter einer gärtnerisch gestalteten Hügellandschaft (›Esplanade‹), dazu Parkflächen für rund 11 000 Fahrzeuge und 350 Busse; Grünflächengestaltung unter Einbeziehung des Müllbergs (östlich der A 9) durch Vogt Land-

Fußballstadion Allianz-Arena: *Modell* der bis 2005 fertigzustellenden Anlage.

schaftsarchitekten Zürich. ***Bedeutung:*** Das allein für Fußball errichtete Stadion erhielt bereits im Vorfeld den Ruf, sowohl eines der schönsten und spektakulärsten wie auch teuersten Weltmeisterschaftsstadien Deutschlands zu werden. Dieses »Lichtobjekt im Münchener Norden« (de Meuron) führt auch zu einer bedeutenden urbanistischen Aufwertung des von Autobahn, Mülldeponien, Schuttberg und Klärwerk dominierten Areals in der Fröttmaninger Heide – obwohl es in seiner gleichsam ›teigigen Architektur‹ an die künstlerische Qualität des Olympiastadions nicht heranreicht.

Westpark: *Thailändischer Pavillon*

WESTPARK □ **21, 22**

Unter Berücksichtigung einer möglichen Internationalen Gartenbauausstellung ›IGA 83‹ in München Entwurf eines Planungskonzepts 1977 für das schmale, 2,5 km lange, 72 ha große Gelände westlich von Untersendling. Planung (nach Wettbewerb, 1. Preis) durch Kluska (1977): wegen ungünstiger Randbedingungen (stark befahrene Verkehrsadern) als ›Tallandschaft‹ mit Wasserflächen zwischen künstlich aufgeschütteten, moränenartigen Hügeln 1978-83 angelegt; Bepflanzung mit rund 6000 Großbäumen und über 100 000 Stauden; die zwei Teile durch 12 m breite Fußgängerbrücke über Mittlerem Ring verbunden. – Für die **IGA 83 München** nach vier Leitideen gestaltete IV. Internationale Gartenbauausstellung (28.4.-9.10.83): Internationalität (durch ›Nationengärten‹)/Natur in der Stadt/Schönheit und Gestalt der Pflanze/Grüne Erholung – Grüne Spiele. – Im Ausstellungskonzept vorgesehen die Schaffung einer großflächigen *Grünanlage* innerhalb eines dicht bebauten Stadtteils; *Baumbepflanzung* unter Prämisse, dass der Park »mit einem Ausgangsalter von 25 bis 30 Jahren« erscheint. ***Beschreibung:*** Nach Ausstellungsende vereinfachende Umgestaltung zu Naherholungsgelände mit Kinderspielplätzen und Sportanlagen bei gleichzeitiger Erhaltung und Pflege verschiedener Biotope. Im Ostteil liebevoll eingerichtete *Kleingartenanlagen*, am Teich *Gartencafé*, über dem ›Farntal‹ Biergarten. Das ›Sardenhaus‹ die einzige außersardische *Nuraghe* der Welt. Über Fußgängerbrücke Verbindung zum Westteil: Am Hauptweg *Bayerwaldhaus* (Mitte 17. Jh.), am ›Großen See‹ *Theatron*, gegenüber *Chinesischer Garten* (mit sog. Square-Pavillon), *Japanischer Garten* (gleicher Garten in Münchens Partnerstadt Sapporo) und *Thailändischer Pavillon* (im See); über dem artenreichen ›Rosengarten‹ *Restaurant* und *Biergarten.* (Zur Orientierung → Plan des Westparks.) ***Bedeutung:*** Die vor der IGA-Planung bereits festgelegte Bebauung (z. T. auf ehemaligem ›Moll-Gelände‹) mit ausgedehntem Stadtteil in einem ohnehin schon dicht besiedelten Gebiet zwischen Unter- und Mittersendling durch Anlage des Westparks verhindert: damit Gewinn eines weiträumigen, vielgestaltigen Naherholungsgeländes, das durch geschickte naturnahe Gestaltung (u. a. von T. und G. Hansjakob) an oberbayerische Moränenlandschaft erinnert.Für **Bundesgartenschau** auf Messegelände Riem seit 2001/2002 Planung und Arbeiten; vorgesehene Eröffnung: 28.4.2005.

Winthirstraße: *Mariä Himmelfahrt*

WINTHIRSTRASSE 15 (Neuhausen) □ **18**

Mariä Himmelfahrt Bis 1882 Filialkirche von Sendling, Nikolaus-Patrozinium bis 1872; Pfarrkirche bis 1890, seither Nebenkirche von Herz Jesu. – Im 15. Jh. Errichtung eines Steinbaus anstelle einer hölzernen Kapelle, um 1600 erweitert, um 1700 umgestaltet (Satteldachturm erhält Barockhelm), 1794 Brandbeschädigung und Wiederherstellung; 1867-71 Neubau von Langhaus und Turm, der 1931 einstürzt und Langhaus beschädigt; Wiederaufbau durch Berndl unter Beibehaltung des gotischen Chors, Weihe 1933. Nach Kriegszerstörung 1944 Wiederaufbau des Langhauses in alten Formen durch Sommersberger 1949. ***Beschreibung:*** Auf rechteckigem Grundriss errichteter Gemeindesaal mit abgeschrägten Ecken an Westseite, im Osten leicht eingezogen erhaltener gotischer Chor angefügt; an seiner Nordseite niedriger Sakristeianbau. Abgewalmtes Satteldach mit verschindeltem Dachreiter als Glockenstuhl. An den Außenwänden *Gedenkplatte* für Bustelli (von Chr. Wolf 1972), *Bronzereliefs* ›Evangelisten‹ (von Panzer), ›Christus und Johannes‹ (von Wimmer), Medaillon für Papst Johannes Paul (von Brüchert), ›Pflügender Bauer‹ sowie Priestergrabmal (mit Kopie eines gotischen

Abendmahlreliefs, von Knappe). An den Türen Bronzereliefs (biblische Szenen, von Verbert 1988). ***Inneres:*** Der Gemeinderaum unter Holzbalkendecke. Im Chor seit 1970 frühbarocker *Hochaltar* aus Bernhaupten (bei Bergen/Chiemgau), dessen neugotisches Bild durch Winthir-Darstellung (anonym 1760) ersetzt; seitlich *Engel* der Schwanthaler-Schule (Anfang 19. Jh.), das *Altarkreuz* aus Nymphenburger Porzellan (Entwurf: I. Günther), flankiert von *Porzellanfiguren* Johannes und Maria (Entwurf: Bustelli). In drei Chorfenstern *Glasgemälde* (von Knappe 1981); an Nordwand des Chors spätgotische *Kalksandsteinfigur* Maria mit Kind (Reste alter Bemalung, Haare und Krone vergoldet), wohl aus Joinville-Vignary-Werkstatt (nördlich Lothringen) um 1400; im Kunsthandel erworben, 1987 an Winthirkirche gestiftet. – Am Chorbogen *Hl. Barbara* (schwäbisch) und *Hl. Johann Nepomuk* (beide Mitte 18. Jh.). – An Langhausnordwand spätgotischer *Hl. Veit* und *Majolika-Pietà* (Chiemgau 1749). Zwei Altarflügelreliefs *Geburt Christi* und *Marientod* (Ende 15. Jh.) aus der Frauenkirche. – Rechts am Chorbogen *Grabplatte* über dem vermuteten Grab des (nicht kanonisierten) seligen Winthir (Denkmal am Rotkreuzplatz), eines Glaubensboten unbekannter Herkunft, dessen Gebeine 1931 gefunden, nach wissenschaftlichen Untersuchungen (Prähistorisches Institut München) bis zu 1000 Jahre alt. Im stimmungsvollen **Friedhof** (erstmals 1315 urkundlich erwähnt) Gräber bzw. Epitaphien u. a. von *Josef Anton Sambuga* (1752-1815; Erzieher von König Ludwig I.), des Erzgießers *Johann Baptist Stiglmaier* (1791-1844), der Familie von Miller (u. a. *Ferdinand v. Miller* d. Ä., 1813-87, *Oskar v. Miller*, 1855-1934: Schöpfer des Deutschen Museums), des sog. ›Millionenbauern‹ aus Neuhausen, *Lorenz Hauser* (1869-1918), der Opernsängerin *Berta Morena* (1877-1952), des Dichters *Peter Dörfler* (1878-1955), des Dirigenten *Fritz Rieger* (1910-78), der Schriftstellerin *Ruth Schaumann* (1899-1975), des Kunsthändlers *Günther Franke* (1900-76), des Münchener Schriftstellers *Sigi Sommer* (1914-96).

Winthirstraße, Mariä Himmelfahrt: *Grabstätte der Familie von Miller* und *Grabplatte für Oskar von Miller (1855-1934)*

WITTELSBACHER PLATZ □2

Nahezu quadratischer ›Saalplatz‹ im Bereich des ersten Bauabschnitts der → Brienner Straße, die ihn an seiner Südseite tangiert; an Westseite *Arco-Palais* (1824/25, → Wittelsbacher Platz 1) und modern wieder aufgebautes Geschäfts- und Bürohaus; an Seite gegenüber Westfassade des *Odeons* (1826-28, → Odeonsplatz 3) und des ehemaligen *Palais Méjan* (bis Brienner Straße, 1823/24, von Métivier, Fassade von Klenze), nach Kriegszerstörungen in Anlehnung an Klenzes Wohnhausbauten durch Wiedemann rekonstruiert, zusammen mit Odeon für Innenministerium 2000-03 umgebaut und saniert; an Nordseite *Palais Ludwig Ferdinand* (1823-26 und 1850, → Wittelsbacher Platz 4). *Pflasterung* mit Granitplatten und Kleinsteinfeldern (1977) und v. a. *Randbepflanzung* mit kleinwüchsigen Kugelahornbäumen widerspricht Klenzes Konzept und verwischt somit den Eindruck einer mediterranen städtischen Piazza. ***Bedeutung:*** Einheitlichkeit der Fassaden (Urheberrecht vertraglich bei Klenze!) ermöglichte architektonisch geschlossenes Erscheinungsbild der Platzanlage; schönster, typisch klassizistischer Platz Münchens, durch Klenze als ergänzendes Pendant zu Odeonsplatz und Ludwigstraße geschaffen; zugleich erhält die von C. v. Fischer ursprünglich konzipierte lockere Bebauung durch die Weite des Platzraums großstädtische Akzente. **Reiterdenkmal*** für Kurfürst Maximilian I. in der Mitte des Platzes, das durch seine Ausrichtung auf Brienner Straße die Süd-Nord-Achse betont und den geplanten Bezug auf den Mittelrisalit des Arco-Palais aufhebt. – Abschluss des Vertrags mit Thorwaldsen 1830, erste Skizzen bis 1832, Originalmodell (in Rom) 1833-35; Bronzeguss durch Stiglmaier 1836/37, Enthüllung 1839 auf dem von Klenze entworfenen Sockel. ***Bedeutung:*** Thorwaldsens Reiterdenkmal gilt als eine der besten Plastiken des Klassizismus, bei dem jedoch die Forderung König Ludwigs zu berücksichtigen war, geschichtliche Personen (v. a. Herrscher) nicht mehr in antikisierender, gewissermaßen zeitloser Idealgewandung darzustellen, sondern im jeweiligen Kostüm ihrer Epoche – hierin ist die ›romantische‹ Vorankündigung einer historistischen Legitimierung des Realismus zu sehen.

Wittelsbacher Platz: *Reiterdenkmal für Kurfürst Maximilian I.* von Leo von Klenze (Sockel) und Berthel Thorwaldsen (Figur), 1830-39

Wittelsbacher Platz: *Palais Arco-Zinneberg*

WITTELSBACHER PLATZ 1 □2

Ehemaliges Palais Arco-Zinneberg Als Investitionsobjekt durch Zimmermeister X. Gampenrieder 1824-25 errichtet; von diesem die unregelmäßige Grundrissdisposition, die Fassaden nach Klenze-Entwurf vorgeblendet. 1833 Verkauf an Maximilian Graf Arco-Zinneberg. Während des 19. Jh. im Innern mehrmals umgebaut. 1916-18 Lazarett, 1928 ausgebaut für Deutsche Werkstätten. Nach schweren Kriegszerstörungen bis auf Grundmauern abgetragen, 1959/60 vereinfachte Rekonstruktion der Fassaden durch G. H. und C. Winkler; gleichzeitig neue Raumaufteilung für Nutzung als Geschäfts- und Bürohaus. ***Äußeres:*** Breit gelagerte Fassade* zum Platz mit je fünf Fensterachsen beiderseits des dreiachsigen Mittelrisalits; über seinem Säulenbalkon (einziger erhaltener originaler Bauteil) Mittelfenster als Palladio-Motiv nachgestaltet. Die beiden Seitenfronten (an Brienner und Finkenstraße) je fünfachsig. Kräftige Eckrustika rahmt glatte Mauerflächen, durchlaufende Gesimse und gerade Fensterverdachungen betonen Breitenlagerung des Baukörpers. Bei Wiederaufbau Umwandlung des Erdgeschosses und Veränderung der Proportionen durch abweichende Gestaltung der Dachzone und Verzicht auf Wiederherstellung des flachen Kegeldachs über dem einstigen kreisrunden Festsaal mit kassettiertem Kuppelgewölbe. ***Bedeutung:*** Trotz moderner Eingriffe der Baublock in der Ausgewogenheit seiner Proportionen erkennbar in der Verteilung von Fenster- und Mauerflächen und disziplinierten Anwendung von Architekturgliedern eines der ausgereiftesten Werke Klenzes.

Wittelsbacher Platz: *Palais Ludwig Ferdinand*

WITTELSBACHER PLATZ 4 □2

Ehemaliges Palais Ludwig Ferdinand, heute Hauptverwaltung der Siemens AG Klenzes Projekte eines Obelisken als *Armeedenkmal* (auf Odeonsplatz) ebenso wenig ausgeführt wie *Kuppelkirche* (in Anlehnung an Pantheon in Rom) für Münchener Protestanten (1818 ff.) in Sichtachse zwischen Leuchtenberg-Palais und Odeon. In seinem Lageplan (1823) »vor dem Schwabinger Tor« anstelle der Kirche Areal für Errichtung eines Wohnhauses eingetragen; Grundstück an Nordseite des Wittelsbacher Platzes 1824 durch Gold- und Silberdrahtfabrikanten K. A. Vogel erworben; Planungsauftrag an Klenze 1825 für Ost- und Südfassaden auf Grundlage der Grundrissdispositionen des Maurermeisters F. X. Widmann, der auch Bau ausführte und 1826 das fertige Gebäude kaufte; Klenze bewohnte (bis 1859) erstes Obergeschoss. 1878 von Prinz Ludwig Ferdinand erworben und im Innern umgestaltet; auch von seinem Bruder Alfons (deshalb auch ›Alfons-Palais‹) bewohnt. 1925/26 Umbauten für Süddeutsche Holzindustrie AG, weitere Eigentümerwechsel führten zu Veränderungen im Innern. Im Krieg ausgebrannt, notdürftig wiederhergestellt; ab 1948 von Siemens AG gemietet, sukzessiver Ausbau und 1974 für den Konzern erworben; repräsentativer Innenausbau nach Plänen von Hollein (1980/81). ***Beschreibung:*** Auf L-förmigem Grundriss errichtetes Palais mit zwei gleich strukturierten Fassaden, wobei schmalere *Ostfassade* (ursprünglich Eingangsseite mit Tor an früherer Fürstenstraße, seit 1977 Kardinal-Döpfner-Straße) aufwändig gestaltet: durch rustizierte Lisenen dreigeteilt, kräftig vorspringender siebenachsiger Mittelrisalit, von schmalen, einachsigen Seitenteilen flankiert; hohes Erdgeschoss und Mezzanin, über Gurtgesims zwei Obergeschosse, die Vollgeschosse jeweils mit Rundbogenfenstern (im Erdgeschoss und ersten Obergeschoss gerade verdacht). *Südfassade* gegen Wittelsbacher Platz flächiger gestaltet bei gleicher Stockwerksteilung; die ursprünglich elf Achsen von Klenze auf neun reduziert, erst 1850 nach Abbruch eines nebenstehenden Wohnhauses (18. Jh.) durch Widmann auf zwölf Achsen verlängert. Um 1900 die mittleren vier Achsen durch Balkon im Hautgeschoss zusammengefasst; 1968 Vorsetzen einer Terrasse mit Freitreppe und Umgestalten zweier Fenster zu Eingangsportalen. ***Bedeutung:*** Architektonisches Bindeglied zwischen Odeons- und Wittelsbacher Platz, dadurch zwei unterschiedliche Fassaden in herbem Klassizismus mit formalen Anklängen an oberitalienische Renaissance. Die breit gelagerte Südfassade am Wittelsbacher Platz (mit axial orientiertem Reiterdenkmal für Kurfürst Maximilian) wirkt (heute) als Hauptfassade gegenüber der kleinteiligen, steilen Ostfassade.

ZEILLERSTRASSE 3 (Grünwald) □ **30**

Burg Grünwald Besiedlung des östlichen Hochufers der Isar durch Funde bereits für Jungsteinzeit, für Bronze- und Urnenfelderzeit (um 1000 v. Chr.) belegt. Auf Sporn der Isarterrasse ca. 2 km südlich Grünwald (über Georgenstein) die *Römerschanze*: Mehrperiodige, spätrömische bis hochmittelalterliche Abschnittsbefestigung über mutmaßlicher mansio der Römischen Kaiserzeit zur Sicherung des Isarübergangs der Römerstraße Iuvavum – Augusta Vindelicum (Salzburg-Augsburg); im 12./13. Jh. kleiner Ministerialensitz. (Gelände und Schanze von J. G. D. v. Linprun um 1762/63 aufgenommen, 1764 publiziert: früheste Aufnahme eines Burgstalls.) – Der heutige Ort *Grünwald* ins Frühmittelalter zurückreichend, als Siedlung der Derbolfinger (Ministerialen der Grafen von Andechs) 1048 erstmals urkundlich erwähnt. Mit Aussterben der Andechser 1248 und Übergang ›Derbolfings‹ (Derblfings) an Wittelsbacher Beginn der Geschichte der *Hofmark ›Groinwalde‹*. ***Beschreibung der Burg:*** Aussehen der spätmittelalterlichen Anlage über östlichem Steilufer der Isar durch Amann (1568), Donauer (um 1585) und Wening (1701) überliefert und nach Planaufnahme (1796) rekonstruierbar, nachdem nur noch Ost- und Nordseite (= Bergseite) sowie ein Teil der Westseite erhalten; dagegen Bauteile der Südseite (Palas und Kapelle) wegen Unterspülung durch Isar zwischen 1671 und 1681 abgetragen. Ursprünglich war die unregelmäßige Rechteckanlage von 8-11 m hoher Ringmauer (mit Wehrgang) umschlossen. Am gefährdetsten die Ost- und Nordseite mit vorgelegten *Trockengräben*, geschützt durch Zwingermauern mit rundem Eckturm (1497); dahinter hoher Osttrakt, dem (links) *Torhaus* 1487 vorgesetzt: die Portalflügel mit Reichsadler und gerautetem Brustschild bemalt, im Treppengiebel elf Wappen (von Fuetrer 1487), mit Wittelsbach verbundene Fürstenhäuser: von links unten nach oben Polen, Neu-Burgund und Jerusalem, Holland, Braunschweig und Österreich; im Giebelfeld Bayern; nach rechts unten: Portugal, Mailand, Görz, Kleve und Jülich-Berg. Auf Hofseite *Pflegerwohnung* und *Ökonomiegebäude*, gegen Feldseite eingestellter kleiner *Turm* und *›Glöcklturm‹* (1487), 1727 um zwei Geschosse auf heutige Höhe abgetragen. An Nordostecke fünfstöckiger *Großer Turm*, der wohl eher als ›Lueg-ins-Land‹ diente denn als Bergfried; die anschließende Nordseite heute durch niedrigere Mauer geschlossen, an Nordwestecke *Kleiner Turm* (1487) und Überleitung zur Westseite mit Küchenbau und Dürnitz; ursprünglich nach Süden anschließend Palas: große, wohl 1486/87 auf Resten der Andechser Burganlage durch Ludwig den Strengen zwischen 1248 und 1265/72 errichtet, im 17. Jh. einsturzgefährdet und zwischen 1671 und 1681 ebenso abgetragen wie die als Nachfolgerin der älteren – 1405 erwähnten – Turmkapelle St. Georg errichtete Schloßkapelle St. Georg und Katharina, aus der möglicherweise die beiden spätgotischen Flügel eines Marienslebens vom ›Grünwalder Altar‹ stammen. ***Geschichte:*** Nach Übernahme der andechsischen Burg durch Wittelsbacher überwiegend Nutzung als Jagdschloss (im 14. Jh. »iaidhaws« genannt), für entsprechende Umbaumaßnahmen aber keine Belege überliefert; fortifikatorische Rolle jedoch sicherlich gewahrt. Im Hausvertrag von Pavia (1329) Nieder- und Oberbayern (und damit auch Grünwald) an Kaiser Ludwig; Grünwald seit 1329 Sitz des Jägermeisteramts Oberbayern. Ab 1347 Witwensitz der Kaiserin Margarete von Holland, ihre Söhne vereinbaren 1348 gemeinsame Nutzung der Reviere um Grünwald. Nach dritter Teilung Bayerns 1398 vergebliche Belagerung der Burg durch Herzog Stephan II. von Bayern-Ingolstadt. – Geburtsort von Johann Grünwalder (Sohn von Herzog Johann II. und seiner namentlich nicht bekannten Münchener Geliebten; von 1448-52 Kardinalbischof von Freising); Zuflucht der herzoglichen Familie während der Pest in München 1439 und 1440; Anlage einer Zollstation am Fuß der Burg zur Kontrolle der Isarflößerei. Bei Verzicht von Herzog Sigismund 1467 auf Mitregentschaft Abfindung mit Grünwald und Anlage eines Wildparks unterhalb der Burg. Nach Rücktausch der Burg umfangreiche Erneuerung und Umbauten unter Herzog Albrecht IV. (durch Maurermeister Jörg von Weikertshofen), jedoch weder spätgotische Ausstattung (u. a. von Fuetrer) noch spätere von Mielich (1572) erhalten. – 1496 Geburt des späteren Herzog Ludwigs X. von Landshut-Niederbayern, der sich gemein-

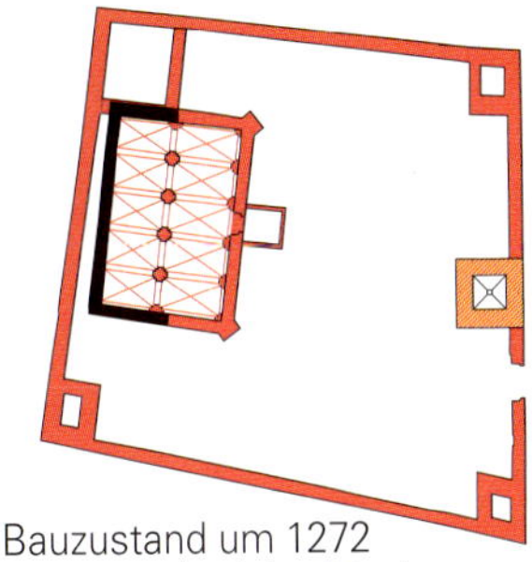

Bauzustand um 1272
■ = vorwittelsbachisch

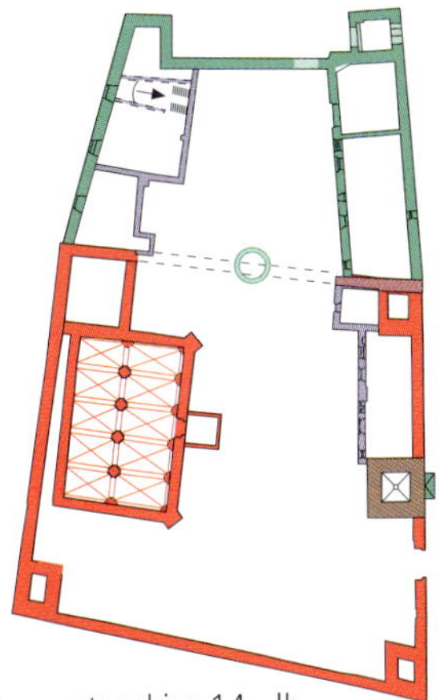

Bauzustand im 14. Jh.

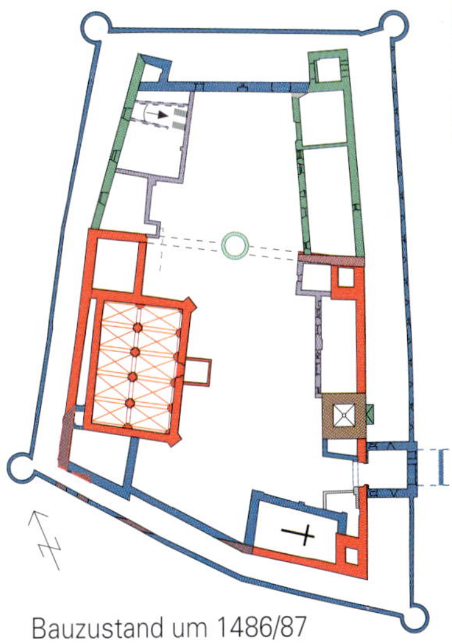

Bauzustand um 1486/87

Burg Grünwald:
Baugeschichtliche Entwicklung des wittelsbachischen Jagdschlosses (schematisiert, nach L. Wamser, 2003).

Burg Grünwald

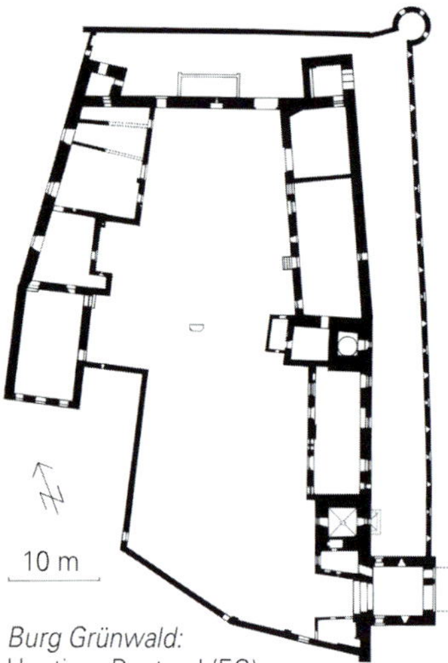

Burg Grünwald:
Heutiger Bestand (EG)

sam mit seinem Bruder, Herzog Wilhelm IV. von München-Oberbayern, bei der ›Konferenz von Grünwald‹ 1522 für den Katholizismus und gegen das Luthertum entschieden. – Ausbau der *Schwaige Laufzorn* (südlich von Grünwald) zu ›fürstlichem Lusthaus‹ unter Wilhelm IV. (nach Art des alten Altes Schlosses Schleißheim → S. 372) deutet allmählichen Niedergang der Burg Grünwald an: unter Herzog Maximilian ihr Abbruch erwogen, schließlich ab 1602 (bis 1872/73) als Pulvermagazin verwendet, Verfall und Abbruch von Palas und Kapelle; in der Flucht der Westmauer Errichtung eines Gefängnisgebäudes (1697/98) für straffällige Standespersonen (u. a. der Goldmacher Graf Domenico Manuel Caetano, 1704 befreit, 1709 in Küstrin erhängt); letzter Häftling 1794. – 1879 ersteigert der Münchener Präparator und Bildhauer Zeiller die ›Burg‹; partielle Umgestaltung zu Wohnzwecken, 1883 erste *Grabungen* Zeillers, Einrichtung eines *Anthropologischen* Museums (Wachspräparate) im Westflügel. – Projekt 1964, Eigentumswohnungen einzubauen, verhindert, 1977 vom Freistaat Bayern erworben: gründliche Restaurierung des Osttrakts 1977-79, des Westtrakts 1980-83 und Einrichtung als *Zweigmuseum* der ›Archäologischen Staatssammlung München‹ (→ Lerchenfeldstraße 2). Seit 2000 Grabungen durch Ludwig Wamser mit Ermitlung der reichen baugeschichtlichen Entwicklung der Burganlage. ***Bedeutung:*** Durch geschickte und behutsame Rekonstruktion Bewahrung des äußerlichen Erscheinungsbilds einer spätmittelalterlichen ›Höhenburg‹; ihre Kernanlage ältestes Wittelsbacher Jagdschloss, eine der besten und besterhaltenen frühen landesherrlichen Burgen im Einzugsbereich Münchens. Politisch wie geistesgeschichtlich am folgenschwersten die ›Grünwalder Konferenz‹ 1522, die das Herzogtum für den Katholizismus rettete und damit die Position des Herzogtums in der Auseinandersetzung mit der Reformation für die kommenden drei Jahrhunderte festlegte. – Durch Karl Valentin (der 1941-43 im Schloßhotel logierte und im Burghof graben ließ) in seiner Ballade »Die Raubritter vor München« fälschlich zu einem Raubritternest hochstilisiert, dadurch aber auch sehr populär gemacht.
Burgmuseum Grünwald Neben Wechselausstellungen im Ostflügel (hauptsächlich Vorgeschichte der Region um München) Dokumentation zur *Geschichte der Burg* im Turm (von der Plattform weite Aussicht!); im Westflügel *Römisches Lapidarium* (Grab-, Weihe- und Altarsteine) sowie die Abteilungen *Römisches Straßenwesen* (mit rekonstruiertem Reisewagen) und *Römische Küche* (im Keller). – *Naive Wandmalereien* um 1700 im Gefängnis des Goldmachers Caetano. – *Zeiller-Museum* mit Werken von Ludwig von Schwanthaler sowie Wachsfiguren und Kuriositäten des Münchener Präparators und Bildhauers Paul Zeiller; Eintrittszeiten → S. 46.

ZIELSTATTSTRASSE 6 ☐ **22**
Schießstätte der königlich privilegierten Haupt-Schützengesellschaft München 1406
Aus Münchener Armbrust- und Stachelschützen-Bruderschaft des 14. Jh. hervorgegangen, errichtete diese älteste noch bestehende historische Münchener Gesellschaft (seit 1406) eine *Zielstatt* vor Neuhauser Tor, nach 1487 (durch aufkommende Feuerwaffen) weiter nach Westen – etwa an Stelle des heutigen Hauptbahnhofs – verlegt (Zugang durch ehemaliges ›Schießstättgäßchen‹, seit ca. 1812 ›Schützenstraße‹ und bis 1847 in Betrieb; durch Anlage des (Haupt-)Bahnhofs vertrieben. Ersatzbau *Neue Zielstatt* auf ›Pschorr-Anger‹ nördlich der Ruhmeshalle an Theresienhöhe durch Bürklein 1851-53 erbaut, 1944 ausgebrannt. (›Schießstättstraße‹ seit 1853 Verbindung vom Messeplatz zur Schwanthalerstraße). Die stetig dichtere Bebauung der Schwanthalerhöhe machte abermalige Verlegung der Schießstätte der königlich privilegierten Hauptschützengesellschaft (kurz ›Münchner Haupt‹ genannt) notwendig: Anlage der *Schießstätte* und Errichtung des *Schützenheims* auf ›Sendlinger Oberfeld‹ 1892/93. ***Beschreibung:*** Nach Plänen von Pfann und Blumentritt im malerischen Neubarockstil der Seidl-Zeit erbaute ausgedehnte asymmetrische, zweigeschossige Anlage mit 1978 restauriertem *Hauptbau* (im Erdgeschoss Ladesaal, Büros und Gastwirtschaft, im Obergeschoss Repräsentationsräume und Festsaal) und mit Wandelgängen, Schießständen sowie einem Schussfeld mit Erdwällen. ***Ausstattung*** weitgehend aus Erbauungszeit, insbesondere

die *Gaststätteneinrichtung* mit (nach Altmünchener Brauch) balustradenflankierter Thekengasse und die über alle Räume verteilten rund 140 wertvollen historischen *Schützenscheiben** von 1638 bis heute; ferner zwei bemerkenswerte *Rokokogenrebilder* (vielleicht von Horemans) mit Szenen des unter Kurfürst Karl Albrecht 1729/30 begangenen ›Jakobischießens‹ (im Ladesaal); im Festsaal das berühmte 4 m hohe und unzählige Male plagiierte *Gemälde* »Schützenliesl« (von F. A. v. Kaulbach 1878), zu dem die umschwärmte Kellnerin im Sterneckerbräu Coletta Möritz (genannt die Schöne Coletta) Modell gestanden hatte. ***Bedeutung:*** Inmitten des öden Obersendlinger Industriegebiets überraschende Altmünchener Idylle aus der Prinzregentenzeit mit anheimelnder Architektur und großer, teilweise als Biergarten genutzte Grünanlage; im Innern behagliche, weitgehend unverändert erhaltene Räume mit wertvollen historischen Reminiszenzen.

ZIEMSSENSTRASSE 1 □ 9

Medizinische Klinik Innenstadt der Universität München (Krankenhaus links der Isar) Urzelle des im Lauf des 19. Jh. immer umfangreicher angewachsenen *Klinikviertels ›links der Isar‹* das von den Brüdern Nockher am sog. Oberanger vor dem Sendlinger Tor 1742 gestiftete *Spital* mit einer 1746 geweihten *Kapelle* (Vesperbild auf Altar vielleicht von J. B. Straub). 1750 gründete der Hospitalorden der Barmherzigen Brüder eine Niederlassung in München, die an der Stelle des heutigen Hauptgebäudes an Ziemssenstraße ihr *Spital* als Vierflügelanlage über nahezu quadratischem Grundriss zwischen 1752 und 1754 errichtete (ob nach Plänen von J. M. Fischer?, sicher nicht von Kirchgrabner), dazu *Kloster* und *Spitalkirche* St. Maximilian (Entwurf wohl von Gießl): Grundstein zur Kirche durch Kurfürst Max III. Joseph am 14.6.1764, Weihe 1772. Einbau eines Anatomischen Theaters 1785, auf Veranlassung des Medizinalrats und Hygienikers F. X. Häberl von 1794-96 erhebliche Erweiterung durch zwei Flügel an Nordseite und Modernisierung des Krankenhauses (Einbau von Zentrallüftung und Wasserklosetts nach Häberls Erfindung). Trotzdem dekretiert König Max I. Joseph am 7.3.1808 *kompletten Neubau* an der Stelle des bisherigen Spitals, Klosters und der Kirche mit dem Ziel, vier der sechs bestehenden Münchener Spitäler hierher zu verlegen. Durch Entkernung des Altbaus Verlust und Verschleuderung der bemerkenswerten *Kapellenausstattung*: Deckengemälde ›Leben und Wirken des hl. Ordensstifters Johannes von Gott‹ (von M. Günther, wohl 1760er Jahre), Hochaltargemälde ›Hl. Maximilian‹ (von della Croce, um 1762; seit 1812 in St. Maximilian/Augsburg), Hochaltar von I. Günther um 1760 (verändert in St. Johann Baptist/Johanneskirchen, → Gleißenbachstraße 2, wieder aufgestellt); ferner zwei Heilige und Figurengruppe (von I. Günther, seit 1957 im Krankenhaus der Barmherzigen Brüder in Nymphenburg, → Romanstraße 93). Verlust eines der »Hauptwerke der Münchener Spätrokokokunst« (Peter Volk) zwar durch Säkularisation ermöglicht, der eigentliche Grund für Missachtung eher das Unverständnis gegenüber einer ›unzeitgemäß‹ gewordenen Kunstform. – *Aufhebung* des Klosters erst ein Jahr später, 16.3.1809, verfügt. Auf seinen Grundmauern *Neubau* und *Erweiterung* des ursprünglich quadratischen Komplexes nach Westen zur Rechteckanlage mit nun zwei Binnenhöfen nach Plänen von Schedel von Greifenstein unter Berücksichtigung weiterer Verbesserungen gemäß einem (abgewandelten) ›Idealplan‹ (von Häberl 1808), Innenausbau durch Herigoyen, vollendet 1813. Die dreigeschossige (Haupt-)***Fassade*** nach Sckells Vorstellungen in das keilförmige Vorfeld eingestellt und auf Sendlinger-Tor-Platz bezogen; entworfen von C. v. Fischer 1809: über rustiziertem Erdgeschoss zwei Obergeschosse unter Walmdach; zwei je fünfachsige Risalite und zwei je dreiachsige Rücklagen flankieren Mittelrisalit mit ursprünglicher Toreinfahrt, darüber zwei Stockwerke übergreifende, von ionischen Säulen gerahmte Inschriftentafel »Aegrorum medelae et solamini providentia Maximiliani Iosephi regis MDCCCXIII« (seit Umbau 1896-1902 – Fenstervergrößerung, Aufstockung – Inschrift in Metalllettern); dahinter die zweigeschossige, ebenfalls veränderte katholische *Krankenhauskapelle* St. Max und Rochus: anstelle des Fischerschen klassizistischen Altars mit

Ziemssenstraße, Medizinische Klinik: Äskulapstab als Fassadenschmuck

Gemälde von Langer neubarock ausgestattet. – Der Neubau 1813 nach damaligen hygienischen Vorstellungen durch einen bebauungsfreien ›cordon sanitaire‹ (Sanitätszirkel) von 580 m Durchmesser isoliert, bereits 1827 wegen Behinderung der Stadtentwicklung gegen Südwesten wieder aufgehoben. Weiterer Ausbau des Krankenhauses: 1820 Einbau eines Operationssaals (unter Glaskuppel) im westlichen Flügel; ferner: westlich an Spitalbau (und durch gedeckten Übergang mit ihm verbunden) Errichtung von *Mutterhaus und Kirche* für die 1827 von König Ludwig berufenen und 1832 eingetroffenen Barmherzigen Schwestern (→ Nußbaumstraße 5); das Krankenhaus 1878 durch Anbau eines Südflügels und 1894 eines Nordflügels (an Lindwurm- bzw. Nußbaumstraße) vergrößert. Seit Neugestaltung der Eingangshalle Ziemssenstraße (Anfang 20. Jh.) *Gedenktafeln* für den Bauherrn F. X. Häberl und den (nicht mit ihm verwandten) Erweiterer der Anstalt Simon v. Häberl (Portraitmedaillons vertauscht); Gedenkstein für Ersteren von Métivier gestaltet, Bildnismedaillon wohl von L. v. Schwanthaler 1832. – Weiterer Ausbau zum ›Klinikviertel‹ zwischen Nußbaum-, Goethe- und Lindwurmstraße, u. a. durch *Psychiatrische Klinik* (von Littmann und Stempel 1902-04), *ehemaliges Haunersches Kinderspital* (von Hoepfel 1908-09). ***Bedeutung:*** Eine der wenigen erhaltenen, wenngleich durch späteren Eingriff beeinträchtigten Fassadenschöpfungen Fischers. Das Krankenhaus zur Entstehungszeit 1813 neben jenen gleichzeitig in Fulda und in Bamberg errichteten das größte und modernste Deutschlands. Wirkungsstätte berühmter Ärzte: 1859-74 Josef v. Lindwurm, 1872-90 Johann Nepomuk v. Nußbaum, 1874-1902 Hugo v. Ziemssen, 1918-27 Ferdinand Sauerbruch.

ZWEIBRÜCKENSTRASSE 12 ☐ 11

Deutsches Patent- und Markenamt – Nachfolgebehörde des 1877 gegründeten *Kaiserlichen Patentamts* in Berlin; die 1945 z. T. zerbombte »Zentralbehörde auf dem Gebiet des gewerblichen Rechtsschutzes« ab Oktober 1948 wieder in Tätigkeit, ergänzt durch eine weitere Patentannahmestelle in Darmstadt. Am Einspruch der sowjetischen Besatzungsmacht Einrichtung eines gesamtdeutschen Patentamts gescheitert (seit 1949 separates DDR-Patentamt in Ostberlin). Nach Gründung der Bundesrepublik und Bewerbung mehrerer westdeutscher Städte erhält München Zuschlag zur Errichtung des ›Deutschen Patentamts‹: anfangs, ab 1950, im Deutschen Museum (Bibliothekstrakt) untergebracht, seit 1959 im *Neubau* an Zweibrücken-/Erhardtstraße nach Plänen von Hart und Winkler an der Stelle der teilweise beschädigten Schwere-Reiter-Kaserne 1953-59 in zwei Bauabschnitten errichtet. ***Beschreibung:*** An Zweibrückenstraße vierflügeliger Rohklinkerbau in vorbildlicher Mauerung um Innenhof; über Durchgang zur Straße Sgraffito mit Darstellung der ehemaligen Reiterkaserne (ab 1810; Entwurf von Klumpp), vor oberstem Stockwerk des sechsgeschossigen Gebäudes gegen Zweibrückenstraße erinnern zwei vergoldete Halbkugeln an Vakuumversuche des Otto von Guericke 1654 (›Magdeburger Halbkugeln‹). Dem Südflügel im rechten Winkel gegen Erhardtstraße angefügt das zwölfgeschossige Scheibenhochhaus mit dem zurückgesetzten Kantinengeschoss unter auskragender Sonnendachkonstruktion; als Stahlbetonskelettbau mit Mauerwerksausfachung errichtet. Im dreieckigen Vorfeld zur Erhardtstraße die dreigeschossige Patentauslegehalle (mit Trafostation und Abstellräumen) auf sechseckigem Grundriss vorgelegt. ***Bedeutung:*** Das seinerzeit größte Amtsgebäude in München durch seine Lage am Zugang zur Innenstadt von großer städtebaulicher Wichtigkeit: dank vorzüglicher ›handwerklicher‹ Behandlung von Stahlbeton und Ziegelmauerwerk bilden Hochhaustrakt und Vierflügelblock einen beherrschenden architektonischen Auftakt in der Epoche des Wiederaufbaus. – Gemeinsam mit dem Europäischen Patentamt (→ Erhardtstraße 27) besitzt München eine der größten Patentbehörden der Welt.

Die Münchner Schlösser

Schloss Nymphenburg mit seiner barocken Architektur, der weitläufigen Parklandschaft und den kleinen Parkschlössern gilt als Gesamtkunstwerk von europäischem Rang. Als Sommerresidenz war es einst Refugium für den Münchner Hof. Das Marstallmuseum beherbergt Prunkwagen, höfische Schlitten und Reitzeug der bayerischen Herrscher. Im Obergeschoss dokumentiert die erlesene Sammlung Bäuml fast lückenlos die Erzeugnisse der Nymphenburger Porzellanmanufaktur von 1747 bis 1930.
Öffnungszeiten: 1. April – 15. Oktober: 9 –18 Uhr
16. Oktober – 31. März: 10 – 16 Uhr

Das Antiquarium in der Residenz München

Die Residenz München war Jahrhunderte lang Wohn- und Regierungssitz der bayerischen Herzöge, Kurfürsten und Könige aus dem Hause Wittelsbach. Mit etwa 130 Schau- und Sammlungsräumen ist sie eines der bedeutendsten Raumkunst-Museen Europas. Die Schatzkammer der Wittelsbacher zählt mit ihren Sammlungen von Insignien, Kunstkammerobjekten und Schmuckstücken zu den herausragendsten ihrer Art.
Öffnungszeiten: 1. April – 15. Oktober: 9 –18 Uhr
16. Oktober – 31. März: 10 –16 Uhr

Schloss Dachau geht auf eine frühmittelalterliche Burg zurück und wurde von 1546 bis 1577 zu einer mächtigen Vierflügelanlage ausgebaut. Aus dieser Zeit stammt die prunkvolle Renaissance-Holzdecke. Anfang des 19. Jh. wurde ein Teil der Anlage abgebrochen, nur der barockisierte Saaltrakt blieb erhalten.
Öffnungszeiten: 1. April – 30. September: 9 – 18 Uhr
1. Oktober – 31. März: 10 – 16 Uhr, Mo. geschlossen

Das Schloss Dachau

Das Neue Schloss Schleißheim

Politische Ambitionen führten zum Bau des **Neuen Schlosses Schleißheim**, da Kurfürst Max Emanuel (vergeblich) auf die Kaiserwürde hoffte. Die monumentale Anlage birgt ein großzügiges Treppenhaus, prunkvolle Festsäle und vier Staatsappartements.
Öffnungszeiten: 1. April – 30. September: 9 –18 Uhr
1. Oktober – 31. März: 10 –16 Uhr, Mo. geschlossen

Weitere Informationen:

Bayerische Schlösserverwaltung
Postfach 38 01 20 · 80614 München
Tel. (0 89) 17 90 80 · www.schloesser.bayern.de

Bildnachweis

Allianz Arena AG: 70 u. (2), 441, Umschlag Rückseite re. o.; Petra Almesberger: 431; Archiv des Verlags: 52 o., 56 o., 60 4, 64, 208; Artothek, Weilheim: 20 1, 2, 3, 21 4, 35 2, 36 2, 91, 92, 95 (3), 337 u.; Augustiner Brauerei: 201 o.; Bavaria Filmstadt: 50 1, 2; Bayerisches Nationalmuseum: 26 u., 27, 30 335 (2), 380 o.; Bayerische Staatsbibliothek: 53 o., 217 o.; Bayer. Verwaltung der Staatl. Schlösser, Gärten und Seen: 21 3, 23 1, 57 u., 164 o., 372 2; Bildarchiv der Autoren: 9, 10, 11, 13 l., 16 (2), 17 (2), 18 (3), 22 3, 4, 23 3, 4, 24, 26 o., 32 2, 4, 33 u., 35 3, 36 1, 51 o., 54, 55, 58 2,3, 59, 60 1, 2, 3, 61, 62, 63 2, 3, 66 o., 67 (2), 68 o., 70 o., 73 (2), 88, 94 2, 98 3, 99 1, 104, 116 3, 131 u., 132, 138, 149, 157 o., 180 u., 189 o., 198, 216 u., 218, 219 (2), 226, 227 u., 229 o., 231 1, 240 o., 245 li. o., 260, 278 o., 285, 305, 314, 316 (2), 337 o., 338, 341 o., 351 u., 368 u., 432, 435, 437, 443 2, 3; BMW AG: 38 u.; BMW-Museum: 322 3; Büro Roman Lorenz: 365; Deutsches Museum: 66 u., 294, 295 (2), 296, 382, 427 (2); Die Neue Sammlung – Staatliches Museum für Angewandte Kunst: 99 2;Diözesanmuseum, Freising: 35 4; Markus Dlouhy: Umschlag Vorderseite, 5, 49 u., 57, 196, 197 u., 262, 309; Dombergmuseum, Freising: 247 u.; FC Bayern München AG: 69 o.; Flughafen München GmbH: 128, 129; Mineralogische Staatssammlung: 49 o.; Dietmar Mitschke: 105 u., 130. Mozarteum, Salzburg: 52 u.; Richie Müller/ Kunsthalle der Hypo-Kulturstiftung: 47; Münchner Stadtmuseum: 1, 2, 13 r., 20 4, 21 1, 22 2, 36 3, 4, 37 1, 2, 3, 56 u., 63 1, 65, 68 u., 240 u., 241, 367, 368 o.; Museum Mensch und Natur: 231 3; Museum Villa Stuck: 339; Neue Messe München: 289 (2); Werner Neumeister: 23 2, 358; Pinakothek der Moderne: 97 (2), 99 3; Andreas Pohlmann: 254; Schleißheim, Sammlung Weinhold: 372 3, 4, 373 1, 2; Schloß Grünwald: 446, Siemens AG: 38 o.; Staatliche Antikensammlung: 193; Staatliche Graphische Sammlung: 35 1; Staatliche Münzsammlung: 346 (3); Staatliche Sammlung Ägyptischer Kunst: 162 u.; Staatliches Museum für Völkerkunde: 255 u., 258; Stadtarchiv München: 332; Stadtwerke München: 69 u., 357; H. Steinmetz U: 347 u.; Städtische Galerie im Lenbachhaus: 34 (2), 37 4, 223 o.; Süddeutscher Bilderdienst: 53 u.; TSV 1860 München: 69 o.; Valentin-Karlstadt-Musäum: 416 o.; VG-Bildkunst, Bonn : 33 o., 97 (2); Jens Weber: 98 2.

Alle übrigen Fotos stammen von Christian M. Weiß.

Wir danken allen Rechteinhabern für die Erlaubnis zu Nachdruck und Abbildung. Trotz intensiver Bemühungen war es nicht möglich, alle Rechteinhaber zu ermitteln. Wir bitten diese, sich an den Verlag zu wenden.

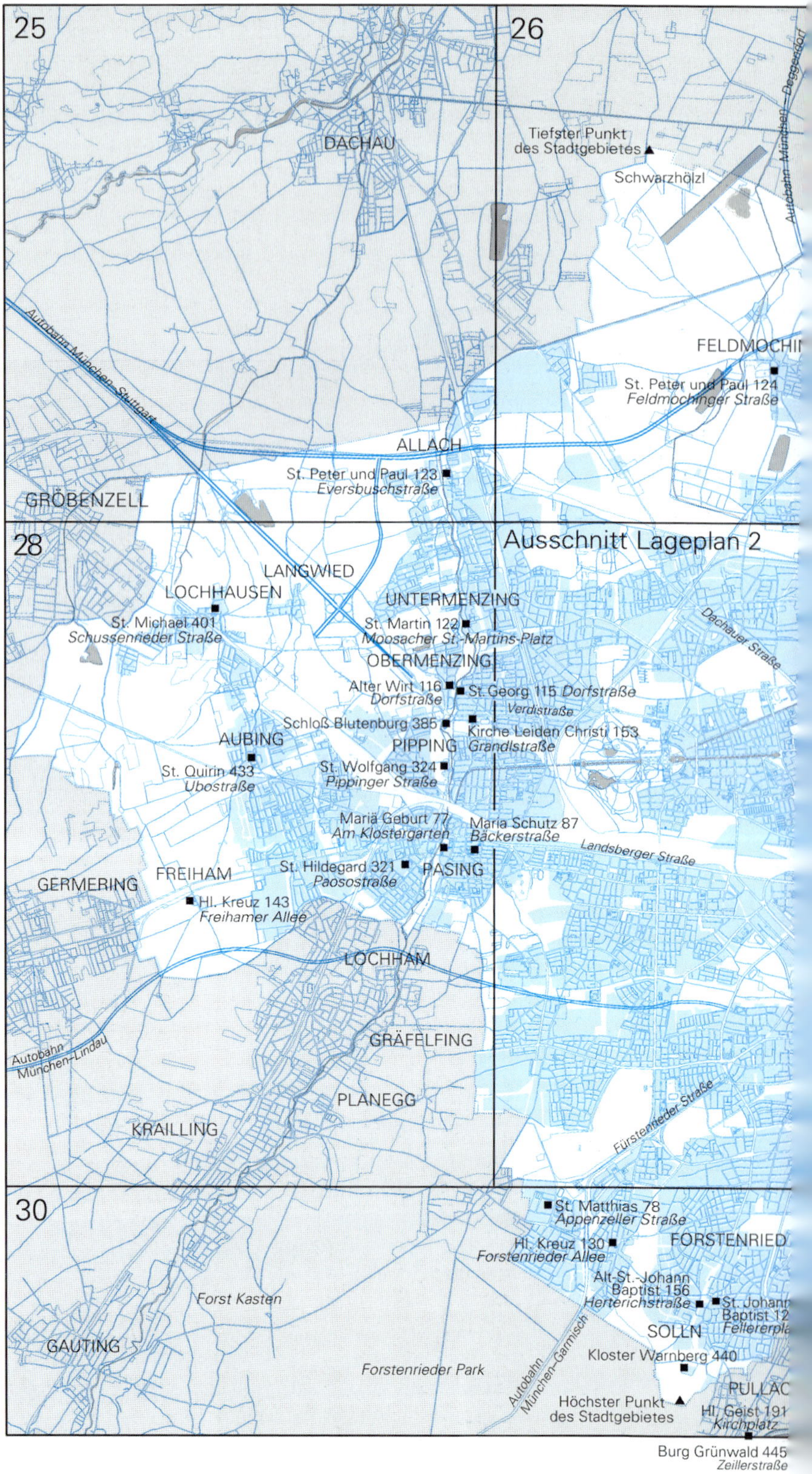

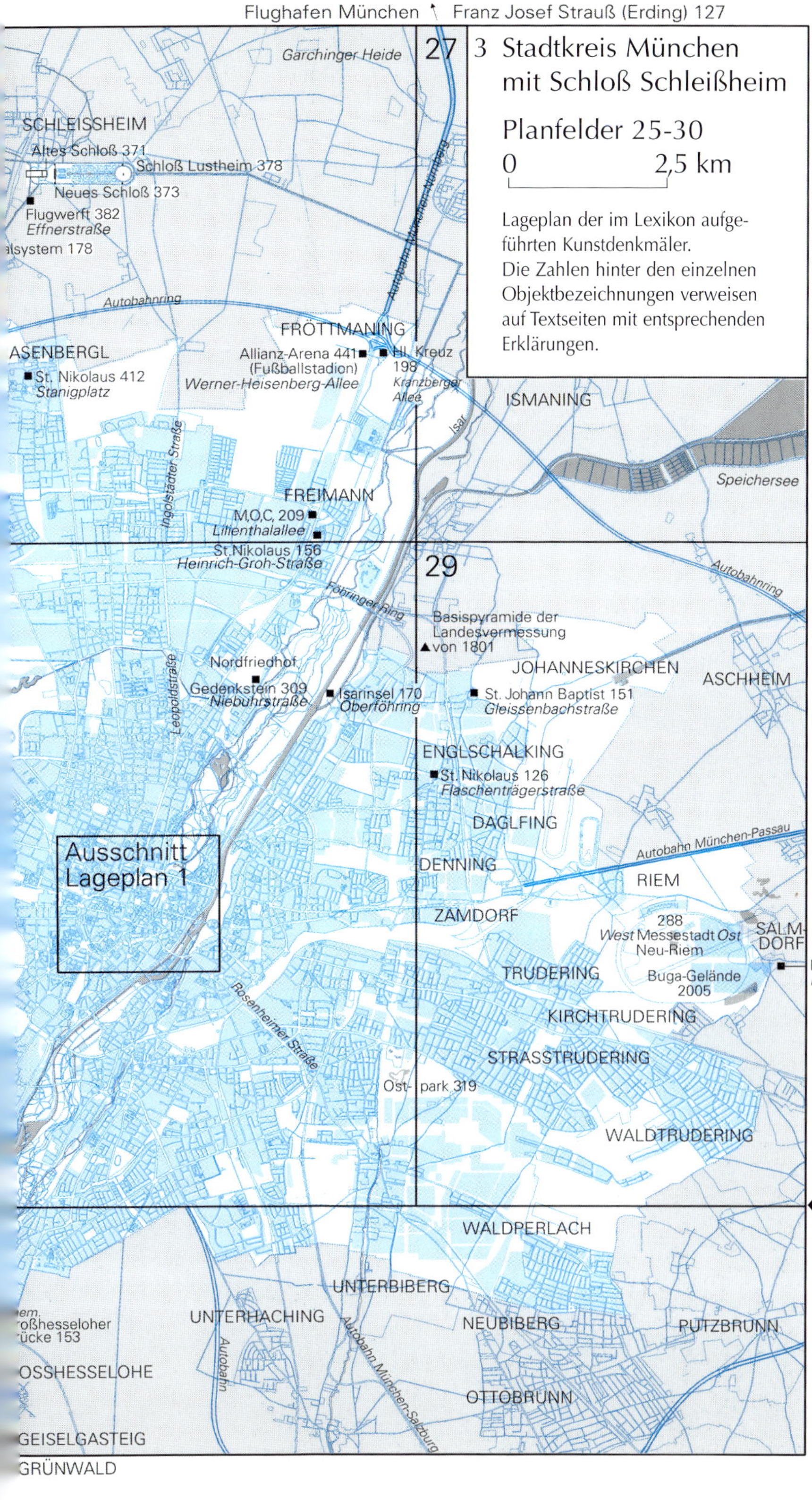

Impressum

Der Ludwig Verlag ist ein Unternehmen des Verlagshauses Ullstein Heyne List GmbH & Co. KG, München.

Projektleitung: Dr. Harald Kämmerer

Bildredaktion: Joachim Hellmuth

Layout, Satz: Regina Bocek und Christian M. Weiß, München

Umschlag:
Christian M. Weiß, München

Produktion:
Angelika Kerscher, Gabriele Kutscha

Lithografie:
Repro Ludwig, A-Zell am See

Druck und Bindung: Legoprint, I-Lavis

ISBN 3-7787-5125-5

← **Lageplan 3**

Lageplan 1:
Altstadt mit Altstadtring (Planfelder 1-12) in der vorderen Einbandklappe

Lageplan 2:
Innenstadt mit Mittlerem Ring (Planfelder 13-24) in der hinteren Einbandklappe

Halbfette Seitenzahlen verweisen auf Haupteinträge, Zahlen mit * auf Abbildungen. Begriffe in [eckigen] Klammern beziehen sich auf abgegangene Bauten und Anlagen, Regentennamen ohne nähere Bezeichnung auf bayerische Herrscher. Zahlreiche Objekte sind unter einem Hauptstichwort zusammengefasst: Architekten-Teams, Brunnen, Denkmäler, Gedenktafeln, Gedenkstätten, Flughäfen, Friedhöfe, Grünanlagen, Historische Gaststätten und Hotels, Kirchen und Kapellen, Kleinkunstbühnen, Künstlerwohnhäuser, Museen und Sammlungen, Palais, Schlösser und Schlößchen, Stadttore und Stadttürme, Technik-Denkmäler, Theater, Villen.